Forschung und Entwicklung in der Sozialwirtschaft
Band 10

Herausgegeben von
Prof. Dr. Wolf Rainer Wendt

FORSCHUNG UND ENTWICKLUNG IN DER SOZIALWIRTSCHAFT

Markus Emanuel

Die Qualitätsentwicklung in der Kinder- und Jugendhilfe

Eine institutionsökonomische Analyse

Nomos

Die Deutsche Nationalbibliothek verzeichnet diese Publikation in der Deutschen Nationalbibliografie; detaillierte bibliografische Daten sind im Internet über http://dnb.d-nb.de abrufbar.

Zugl.: Frankfurt/Main, Univ., Diss., 2015

ISBN 978-3-8487-2275-4 (Print)
ISBN 978-3-8452-6379-3 (ePDF)

D 30

1. Auflage 2015

Für Sebastian

Danksagung

Das Erstellen einer Dissertation ist nur mit Unterstützung vieler Menschen im privaten und beruflichen Umfeld zu realisieren. In erster Linie gilt mein Dank: *Anja*, *Frank*, *Sebastian*, meinen Eltern und meinen beiden Katern. Sie alle haben sowohl aktive Unterstützungsarbeit geleistet als auch viele Entbehrungen hingenommen. Ein herausragender Dank gilt *Simone Emanuel*, die über die vielen Jahre stets eine wichtige Stütze war und mich bis zum Schluss unablässig motiviert hat, weiter zu machen.

Ebenso danke ich meinem Freundeskreis für die geduldige Akzeptanz meiner zeitlichen Unterpräsenz und die emotionale Unterstützung. Ohne alle nennen zu können, sind mir besonders wichtig: *Freia Adams, Heiko Alles, Erica Augello, Melanie Ferrarese, Christian März, Meike* und *Oliver Schiele, Nicole Sommerfeld* und *Regina Stadtmüller*. Für das stetige Erinnern an die schönen Dinge des Lebens abseits von Arbeit und für viele wohltuende, kraftspendende Momente meinen herzlichen Dank in tiefer Verbundenheit an *Simone Schlosser*.

Für die Möglichkeit der inhaltlichen Auseinandersetzung und Diskussion gilt mein besonderer Dank *Lutz Müller-Alten* und *Annette Rabe*. Darüber hinaus haben mich viele freundschaftlich verbundene Arbeitskolleg_innen in unterschiedlicher Weise unterstützt, auch dafür vielen Dank; besonders an: *Leonie Hammerla, Alex Roth, Elke Schimpf* und *Renate Zitt*.

Viele Ideen und Gedanken dieser Arbeit sind in der Auseinandersetzung mit dem Jugendamt Darmstadt im Projekt „Qualitätsentwicklung der Hilfe zur Erziehung“ entstanden. Für zahlreiche fachliche Diskussionen in einer offenen und konstruktiv-kritischen Atmosphäre danke ich dem Jugendamt Darmstadt, vor allem *Thomas Gehrisch, Klaus Fischer* und *Cornelia Drott* und allen freien/privaten Trägern.

Die Haltung, dass ein Dank an den Betreuer und die Betreuerin der Dissertation den Gepflogenheiten widerspräche, da es schließlich ihre Pflicht sei, den Doktoranden zu begleiten[1], teile ich nicht. Schließlich ist es nicht selbstverständlich das doppelte Wagnis einzugehen, zum einen einem berufstätigen Fachhochschulabsolventen die Dissertation zu ermöglichen

1 Vgl. *Eco* 2002: 228.

und zum anderen einen eher ungewöhnlichen Theorieansatz für die Erziehungswissenschaft zu begleiten. Dafür danke ich meinem Erstbetreuer *Micha Brumlik* sehr herzlich. Meiner Zweitgutachterin *Gisela Kubon-Gilke* danke ich sehr herzlich für die vielen motivierenden und klärenden Fachdiskussionen und die unendliche Geduld, einen Sozialarbeiter dabei zu unterstützen, sich das theoretische Feld der Ökonomik verständlich zu machen.

Markus Emanuel, Darmstadt im September 2015

Inhaltsverzeichnis

Abbildungsverzeichnis

Tabellenverzeichnis

Abkürzungsverzeichnis

a. A.	anderer Ansicht
AG	Arbeitsgemeinschaft
AGFW	Arbeitsgemeinschaft der Freien Wohlfahrtsverbände
ASD	Allgemeiner Sozialer Dienst
BGH	Bundesgerichtshof
BR	Bundesrat
BRD	Bundesrepublik Deutschland
BT	Bundestag
BVerfGE	Bundesverfassungsgericht
BVerwG	Bundesverwaltungsgericht
CAF	Common Assessment Framework
CDU	Christlich Demokratische Union
d. h.	das heißt
DE	Diskussionsentwurf
DOPAM	Doppeltes Prinzipal-Agent-Modell
Drs	Drucksache
ebd.	ebenda
EFQM	European Foundation for Quality Management
EV	Entgeltvereinbarung
FDP	Freie Demokratische Partei
FE	Fürsorgeerziehung
FEH	Freiwillige Erziehungshilfe
GG	Grundgesetz
h. M.	herrschende Meinung
HJ	Hitlerjugend
i. V. m.	in Verbindung mit
JHA	Jugendhilfeausschuss
JWA	Jugendwohlfahrtsausschuss
JWG	Jugendwohlfahrtsgesetz
KGSt	Kommunale Gemeinschaftsstelle für Verwaltungsmanagement
KJB	Kinder- und Jugendbericht
KJHG	Kinder- und Jugendhilfegesetz

LJHA	Landesjugendhilfeausschuss
LV	Leistungsvereinbarung
m.w.N	mit weiteren Nachweisen
NIÖ	Neue Institutionenökonomik
NPO	Non-Profit-Organisation
NSM	Neues Steuerungsmodell
NSV	Nationalsozialistische Volkswohlfahrt
o. ä.	oder ähnliches
P-A-Theorie	Prinzipal-Agent-Theorie
QE	Qualitätsentwicklung
QEV	Qualitätsentwicklungsvereinbarung
QM	Qualitätsmanagement
RE	Referentenentwurf
RJWG	Reichsjugendwohlfahrtsgesetz
RStGB	Reichsstrafgesetzbuch
s. o.	siehe oben
s. u.	siehe unten
SGB	Sozialgesetzbuch
SPD	Sozialdemokratische Partei Deutschlands
SPFH	Sozialpädagogische Familienhilfe
SROI	Sozial Return of Invest
TAK-Theorie	Transaktionskostentheorie
TQM	Total Quality Management
u. U.	unter Umständen
u. ä.	und ähnliches
u. a.	und andere
UN	United Nations
USA	United States of Amerika
VWL	Volkswirtschaftslehre
WVR	Weimarer Reichsverfassung
z. B.	zum Beispiel

Einleitung

Die vorliegende Arbeit hat die Qualitätsentwicklung (QE) in der Kinder- und Jugendhilfe zum Thema. Konkreter Gegenstand der Betrachtung ist die Qualitätsentwicklungsvereinbarung gemäß § 78b SGB VIII (QEV) und damit die Steuerung der Qualität der Hilfe zur Erziehung. Zwei Ansätze der Neuen Institutionenökonomik als Teilgebiet der modernen Volkswirtschaftslehre werden als theoretische Analyseperspektiven herangezogen. Die zentrale Fragestellung lautet: Welche Möglichkeiten und Grenzen liegen im Instrument der Qualitätsentwicklungsvereinbarung nach § 78b SGB VIII, um die Qualität der Hilfe zur Erziehung zu sichern und zu entwickeln? Das wird analysiert aus der Perspektive der Transaktionskostentheorie und der Prinzipal-Agent-Theorie. Diese Vereinbarung ist dabei in engem Zusammenhang mit der Leistungs- und Entgeltvereinbarung zu sehen: Was wird (in welcher Qualität) zu welchem Preis geleistet?

Über die Qualität der sozialpädagogischen Leistungen der Hilfe zur Erziehung wird in den letzten Jahren vermehrt diskutiert. Dabei fällt auf, dass nach wie vor zwei zentrale Aspekte nur unzureichend reflektiert und analysiert werden. Zum Ersten ist dies die Frage nach den konstitutiven Merkmalen der Hilfe zur Erziehung als sozialstaatlich verbürgte, sozialrechtlich normierte, sozialpädagogisch vermittelte und meritorische Leistung in der Zusammenschau. In den meisten Auseinandersetzungen werden je nach Perspektive nur bestimmte Merkmale in den Blick genommen. Die Hilfe zur Erziehung als meritorische Leistung wird kaum untersucht. Zum Zweiten wird im Qualitätsdiskurs ausschließlich die Veränderung des Erbringungskontextes zu mehr Marktelementen heftig kritisiert, ohne den Erbringungskontext dezidiert zu rekonstruieren, um entsprechend die avisierten Änderungen bewerten zu können. Letzteres mag vor allem daran liegen, dass in der Vergangenheit finanzpolitische Vorgaben, betriebswirtschaftliche Ansätze und das „Neue Steuerungsmodell“ (NSM) den fachlichen Qualitätsdiskurs überformten. Es wurden Begrifflichkeiten und Instrumente aus der Betriebswirtschaft unreflektiert übertragen bzw. bestenfalls punktuell angeglichen.[2] Dies hat jedoch nichts mit einer Ökonomisie

2 Vgl. *Treeß* 1999b: 16.

rung der Sozialen Arbeit zu tun, und es bleibt die Frage offen, wie aus der Perspektive der Sozialen Arbeit die Theorien und Modelle aus den Wirtschaftswissenschaften den eigenen fachlichen Qualitätsdiskurs konstruktiv befruchten können, ohne den Betrachtungsgegenstand zu überformen. Hierzu soll die vorgelegte Arbeit einen Beitrag leisten.

Im ersten Kapitel werden die aktuellen Qualitätsdiskurse in der Kinder- und Jugendhilfe dargestellt und auf ihre Implikationen und theoretischen Bezüge hin analysiert. Zu Beginn wird das für Steuerungsfragen dominierende Modell der „Neuen Steuerung“ vorgestellt und auf die Auswirkungen zur Erbringung von Hilfe zur Erziehung hin untersucht. Im Folgenden werden die in der Sozialen Arbeit vorherrschenden Qualitätsmodelle referiert und auf die Hilfe zur Erziehung bezogen. Der letzte Teil dieses Kapitels befasst sich mit den unterschiedlichen betriebswirtschaftlichen wie auch sozialarbeitswissenschaftlichen Modellen der Qualitätssteuerung sowie deren Bewertung und Konsequenzen für die Erbringung von Hilfe zur Erziehung.

Das zweite Kapitel rekonstruiert die Hilfe zur Erziehung als sozialstaatlich verbürgte, sozialrechtlich normierte, sozialpädagogisch vermittelte und meritorische Leistung; kurz: als soziale, personenbezogene Dienstleistung.[3] Ausgangspunkt sind Überlegungen zum Konzept der Sozialstaatlichkeit, aus dem sich die Ziele und Leistungen der Sozialgesetzgebung und somit der Kinder- und Jugendhilfe ableiten. Diese Perspektive wird gewählt, da es für die ökonomisch fundierte Analyse bedeutsam ist, dass die Hilfen zur Erziehung keine einfachen Dienstleistungen am freien Markt darstellen. Vielmehr sind es Dienstleistungen, die staatlich finanziert sind und von denen gesellschaftlich gewünscht wird, dass sie von bestimmten Personen konsumiert werden; es geht also um *soziale* Dienstleistungen mit meritorischem Charakter. Darüber hinaus ist die Legitimationskrise des Sozialstaates neben den Standards der Profession ein wichtiger Bezugspunkt der Qualitätsdiskussion in der Sozialen Arbeit.[4] In den theoretischen Diskussionen zur Krise des Sozialstaats wird zunehmend das Paradigma der Aktivierung als Strategie seiner Modernisierung fokussiert. Diese führe zu einem neuen Steuerungsmix für das Angebot sozialer Dienste, somit auch der Hilfe zur Erziehung. Mehrheitlich wird diese Ent-

---

3 Dabei verweist „sozial“ auf den sozialpolitischen und sozialstaatlichen Erbringungskontext und „personenbezogen“ auf das kommunikative und interaktive Erbringungsverhältnis, vgl. ähnlich *Piel* 1996: 90.

4 Für die Sozialpädagogik vgl. z. B. *Köpp/Neumann* 2003.

wicklung in der Sozialen Arbeit kritisch eingeschätzt bzw. abgelehnt, aber es müsste doch eigentlich darum gehen die Stärken und Schwächen dieser Strategie[5] aufzudecken. Im zweiten Schritt wird der sozialrechtliche Status der Hilfe zur Erziehung in der Rechtsentwicklung nachgezeichnet und somit das rechtlich normierte Verhältnis der drei Akteure Familie, Jugendamt, freier/privater Träger rekonstruiert. Daraus wird analytisch ein komplexes und interdependentes Beziehungs- und Beauftragungsvieleck entwickelt. Dies gibt auch Hinweise auf die unterschiedlichen – analytisch trennbaren – Ebenen, auf denen vor allem die Jugendämter[6] in Verhandlungen treten. Die erste ist die Ebene der Sachbearbeitung im Team im Rahmen der Hilfeplanung nach § 36 SGB VIII. Auf einer zweiten Ebene agiert die Verwaltungsleitung des Jugendamtes über die Vereinbarungen nach § 78b SGB VIII und auf der dritten Ebene der Jugendhilfeausschuss im Rahmen der Gesamtverantwortung und Planungsverantwortung. Im dritten Teil dieses Kapitels werden die beiden dominierenden Paradigmen der Hilfe zur Erziehung herangezogen, um diese als lebensweltorientierte soziale Dienstleistung zu konturieren. Vor allem der sozialpädagogische Gehalt führt zur Grundlegung der Hilfe zur Erziehung als *soziale, personenbezogene* Dienstleistung. Dies hilft die fachlichen Spezifika der Hilfe zur Erziehung nicht mit den Annahmen der ökonomisch orientierten Analyse zu überformen. Im Anschluss an die sozialstaatliche, sozialrechtliche und sozialpädagogische Rekonstruktion der Hilfe zur Erziehung in ihrem heutigen Verständnis wird der Versuch unternommen, auch den ökonomischen Charakter der Dienstleistung als meritorisches Gut in wirtschaftstheoretischer Perspektive zu fassen. Im letzten Teil dieses Kapitels stehen der Erbringungskontext im Mittelpunkt der Betrachtung und der eigentliche Gegenstand der Arbeit: die Vereinbarungen über Qualitätsentwicklung, Leistung und Entgelt nach §§ 78a-g SGB VIII. Hier gilt es, einen Blick auf die formale Figur der Vereinbarung zu werfen. Praxisorientiert wird der Frage nachgegangen, welche möglichen Inhalte in dieser Vereinbarung zum Tragen kommen und welche Erkenntnisse die bislang wenigen Studien zu konkreten abgeschlossenen QEVen bieten. Letztlich spielt auch der Verhandlungsprozess selbst eine Rolle, da sich in ihm unter-

---

5 Vgl. *Schönig* 2004: 7.

6 Mit Jugendamt ist im Verlauf dieser Arbeit jeweils die Verwaltungseinheit gemeint, die für die Planung, Durchführung und Steuerung der Hilfen zur Erziehung verantwortlich zeichnet. Wenn der Jugendhilfeausschuss als Bestandteil des Jugendamtes auch gemeint ist, wird er explizit genannt.

schiedliche Machtpotentiale abbilden, die möglicherweise auch im Rahmen der institutionsökonomischen Analyse eine Rolle spielen (asymmetrische Information, Kosten, Monopolspielräume u. a.). Am Ende wird eine Bewertung des subsidiär-korporatistischen Erbringungskontextes vorgenommen und mit der vielfach geforderten Orientierung an mehr Wettbewerb kontrastiert.

Kapitel drei führt in die theoretische Analyseperspektive ein. Aus dem Bereich der Neuen Institutionenökonomik werden die Prinzipal-Agent-Theorie und die Transaktionskostentheorie vorgestellt. Im Rahmen der Prinzipal-Agent-Theorie werden Probleme und Kosten analysiert, die dadurch entstehen, dass ein Akteur (Prinzipal) einen anderen Akteur (Agent) mit der Vertretung seiner Interessen als Sachwalter_in betraut. Ein zentraler Aspekt im Rahmen dieser Interessenvertretung ist die Tatsache der asymmetrischen Information (Informationsvorsprung des Agenten vor dem Prinzipal). Für die Soziale Arbeit gibt es bisher nur wenige Versuche, die Prinzipal-Agent-Theorie nutzbar[7] zu machen, z. B. im Hinblick auf die Qualitätsfrage[8] oder im Hinblick auf die theoretische Fundierung einer sog. Professionsökonomik[9]. Beide Ansätze sind jedoch kaum im Kontext der Qualitätsdebatte in der Sozialen Arbeit rezipiert worden. Die Prinzipal-Agent-Theorie nimmt eine akteurstheoretische Perspektive ein. Die Transaktionskostentheorie folgt einer Governanceperspektive und versucht zu erhellen, wann bestimmte Transaktionen innerhalb einer Organisation erfolgen, wann sie über den Markt abgewickelt werden und wann sich Zwischenlösungen etablieren. Weiter wird betrachtet, in welchen Fällen sich bestimmte Vertragsklauseln anbieten und ob sich möglicherweise

---

7 Es gibt zwar mehrere Arbeiten, die die Prinzipal-Agent-Theorie für den Gegenstand der Kinder- und Jugendhilfe als Erklärungsmodell hinzuziehen, um die Beauftragungsverhältnisse transparent zu machen, jedoch werden keine entsprechenden institutionellen Analysen durchgeführt. So verwenden z. B. *Schneider/Beckmann/Roth* in ihrer Studie zum Jugendhilfeausschuss die Prinzipal-Agent-Theorie zur Erörterung der Verhältnisse zwischen Politik, Jugendhilfeausschuss und Jugendamt, um nach der Feststellung, dass aufgrund gesetzlicher Aufträge ein Dilemma zwischen kollektiver und individueller Rationalität entsteht, den Ansatz nicht weiter zu verfolgen, vgl. *Schneider/Beckmann/Roth* 2011: 85-92. Hier liegt jedoch aus meiner Sicht ein Kurzschluss vor, der vor allem auf ein Missverständnis des Nutzenbegriffes, des Rationalitätsbegriffs und der Modellierung von Präferenzen und Restriktionen zurück zu führen ist.

8 Vgl. *Emanuel* 2001, *Kubon-Gilke* 2005b.

9 Vgl. *Langer* 2004a.

die Beteiligung Dritter an der Durchführung der Transaktion als sinnvoll erweist. Beide Ansätze betrachten die Wirkungen und Anreize institutioneller Arrangements auf die Produktion oder – im Kontext der Hilfe zur Erziehung – auf die Dienstleistungserstellung. An dieser Perspektive zeigt sich, dass es nicht darum geht, den eigentlichen Gehalt der Dienstleistung (sozialpädagogische Arbeit) mit einer ökonomischen Theorie zu analysieren, sondern die institutionellen Rahmenbedingungen in den Blick zu nehmen, innerhalb derer diese Dienstleistungen entschieden, geplant und erbracht werden. Das heißt, die institutionsökonomischen Analysen fragen nach effizienten[10] institutionellen Arrangements. Als analytischer Bezugspunkt kann dabei das Modell des idealen Marktes helfen, indem die Frage gestellt wird, welches Arrangement sich im idealen Wettbewerb durchsetzen würde. Im Verhältnis zu dieser fiktiven *first-best*-Lösung kann dann untersucht werden, welche institutionellen Arrangements vielversprechend sind, wenn man die bekannten Steuerungsprobleme des Marktes beachtet. So wird im Wettstreit verschiedener Steuerungsmodi, z. B. Markt versus Staat, nach der Lösung gesucht, die am nächsten an die *first-best*-Lösung heran reicht. Die ökonomische Analyse gesteht also dem Markt per se keine Überlegenheit als Steuerungsmodus zu, sondern modelliert einen idealen Markt als Referenzpunkt. Reale Märkte, das ist vor allem das Thema der Neuen Institutionenökonomik, verursachen in der Regel Steuerungsprobleme und Ineffizienzen, die bis zum völligen Zusammenbruch des Marktes führen können. Demnach gibt es in bestimmten Konstellationen Vorteile der staatlichen Steuerung durch institutionelle Vorgaben und strukturelle Festlegungen bis hin zur kompletten Eigensteuerung und Dienstleistungserbringung.

Im vierten Kapitel wird der Frage nachgegangen, ob ein Instrument wie die QEV überhaupt geeignet ist, die Qualität einer sozialstaatlich verankerten, sozialpädagogisch vermittelten und personenbezogen erbrachten Dienstleistung zu sichern und zu entwickeln. Und wenn dies grundsätzlich der Fall sein sollte, ist zu fragen, welche Rahmenbedingungen benötigt werden, um dies effektiv und effizient zu gewährleisten. Hierzu wird die QEV mit den theoretischen Perspektiven der Prinzipal-Agent-Theorie und der Transaktionskostentheorie analysiert. Zum Abschluss wird ein Modell „trilateral-korporatistischer Qualitätssteuerung in partnerschaftlicher Zu-

10 Die Verwendung des Effizienzbegriffs ist vor allem in sozialarbeiterischen Zusammenhängen diffus. Eine Begriffsbestimmung erfolgt in Kap. 2.4.1.

sammenarbeit" vorgestellt. Dieses Modell bietet einen Ausblick auf Möglichkeiten der institutionellen Gestaltung des Erbringungskontextes der Hilfe zur Erziehung, welcher die Steuerung über Vereinbarungen ernst nimmt, auf QE zielt und gleichzeitig die konstitutiven Merkmale der Hilfe zur Erziehung nicht überformt.

Auf den ersten Blick erscheint es möglicherweise irritierend, dass für die nachfolgende Analyse einer Leistung der Sozialen Arbeit, genauer der Kinder- und Jugendhilfe, eine ökonomische Theorie herangezogen wird. In der gegenwärtigen Diskussion zur Lage der Sozialen Arbeit wird eher darauf verwiesen, dass sich die Soziale Arbeit gegen eine „Ökonomisierung" des Sozialen zur Wehr zu setzen habe und ökonomische Theorien unzureichend, unbrauchbar oder gar gefährlich für die Bewertung und Analyse der Sozialen Arbeit seien. Innerhalb der Diskussion um ökonomische Analysen von Allokationsproblemen in der Sozialen Arbeit ist allerdings eine unübersichtliche Begriffsverwendung und eine „diffuse Argumentationsvielfalt"[11] festzustellen. Mit „Ökonomisierung" werden mindestens sieben Thematiken angesprochen. Erstens wird die zunehmende Orientierung der Bevölkerung an materiellen Werten so bezeichnet. Zweitens wird die Anwendung von Programmen, Methoden und Techniken aus der Betriebswirtschaftslehre als Ökonomisierung verstanden. Drittens wird die Strategie der Privatisierung, die wiederum sehr unterschiedlich verstanden werden kann, dem Ökonomisierungsdiskurs zugeordnet. Viertens bezeichnet Ökonomisierung die allgemeine Einführung von mehr marktlichen Steuerungselementen[12] in bestimmte Erbringungskontexte von Gütern und daraus resultierend fünftens die Öffnung geschlossener, korporatistisch gesteuerter Erbringungskontexte für gewerbliche Anbieter. Sechstens wird die Erfassung immer weiterer Lebensbereiche durch Marktmechanismen ebenfalls als Ökonomisierung bezeichnet. Siebtens wird auf der theoretischen Analyseebene unter Ökonomisierung die Anwendung eines individualistischen Verhaltensmodells, dem so genannten methodologischen Individualismus, auf alle Lebensbereiche verstanden.[13] Aus dieser Perspektive wird im Wettstreit mit dem in der Soziologie eher vorherr-

---

11 Vgl. *Wüstenbecker* 1999: 297.

12 Auch Deregulierung, Verwettbewerblichung, Vermarktlichung sind solche Etiketten für einen Prozess der Neujustierung des Erbringungskontextes und der Beauftragungsverhältnisse in den Hilfen zur Erziehung, vgl. *Wüstenbecker* 1999: 297.

13 Vgl. *Kubon-Gilke* 2005a: 20f (m.w.N), ergänzend *Kirchgässner* 1997: 127ff, *Nullmeier* 2011: 293.

schenden methodologischen Kollektivismus auch der Vorwurf des ökonomischen Imperialismus begründet. Es gibt jedoch kein stichhaltiges Argument, ökonomische Denkmodelle als Analyseinstrumente per se abzulehnen.[14] Es stellt sich vielmehr die Frage, was ökonomische Theorien der Sozialen Arbeit im Hinblick auf die Analyse von Steuerungseingriffen, institutionellen Arrangements sowie deren Effekte und Anreize anbieten können. *Langer* meint hierzu, dass „die eigentliche 'Gefahr' für professionelle Arbeit weder in der ökonomischen Analyse, dem 'ökonomischen Imperialismus' noch der kapitalistischen Warenproduktion zu vermuten ist, sondern in der Sprachlosigkeit professionstheoretischer Wissenschaftlichkeit gegenüber ökonomischer Theorie, der Unklarheit der eigenen Identität und ihrer Professionalität und der ideologischen Abwehr von Ökonomie in der Sozialen Arbeit."[15] Die Frage der Qualität in der Sozialen Arbeit ist eng verknüpft mit der Sorge um eine „Ökonomisierung" des Sozialen und bietet sich in dieser Hinsicht ganz besonders an, den Versuch zu unternehmen, eine aus der Sozialen Arbeit heraus definierten Leistung mit den Analyseinstrumenten einer ökonomischen Theorie zu beleuchten und nach Erkenntnissen zu suchen, die dabei helfen, die Qualität der Sozialen Arbeit zu verbessern, ohne ihre Wesensmerkmale, Grundannahmen, Ziele und Ansprüche zu überformen. Die Ökonomik[16] ist eine wichtige Bezugswissenschaft der Sozialen Arbeit[17] und wird hier als eine Sozialwissenschaft verstanden, die mit eigenen – noch vorzustellenden – Grundannahmen in der Lage ist, die soziale Wirklichkeit, nicht immer, aber erstaunlich oft treffend zu analysieren.[18] Eine institutionsökonomische Analyse kann durch ihren Blickwinkel nicht unerhebliche Beiträge zur Aufdeckung nicht intendierter Anreize und Wirkungen liefern sowie systemische Fehlallokationen im Auftragsverhältnis zwischen Jugendamt und freiem/privatem Leistungserbringer aufdecken, ohne den sozialpädagogischen Gehalt der Leistung selbst zu überformen. Denn es ist unhintergehbar, "dass Pädagogik immer auch institutionell ist und organisiert werden muss – und

14 Das gilt um so mehr, da in der Ökonomik nicht nur eine theoretische Modellierung des methodologischen Individualismus vorherrscht.

15 *Langer* 2004a: 257.

16 Im Folgenden wird in Anlehnung an *Kirchgässner* zwischen Ökonomie und Ökonomik insofern unterschieden, als dass die Ökonomik als methodische Herangehensweise und die Ökonomie als deren klassischer Gegenstandsbereich definiert wird, vgl. *Kirchgässner* 2008: 2ff.

17 Vgl. *Staub-Bernasconi* 2007: 37.

18 Vgl. *Langer* 2004a: 257.

dass man dies besser und schlechter machen kann"[19]. Organisatorische und institutionelle Rahmensetzungen sind für den Erziehungserfolg konstitutiv.[20] Von daher ist es erstaunlich, dass sich bisher zur Frage der Qualität in der Sozialen Arbeit kaum institutionsökonomische Analysen finden. Die vorliegende Arbeit soll diese Lücke schließen helfen.

Zur Terminologie:

- Zwischen „Sozialpädagogik“ und „Sozialarbeit“ oder „Soziale Arbeit“ werden keine inhaltlichen Differenzen gemacht, die Begriffe werden synonym verwendet.
- Die Träger innerhalb der Kinder- und Jugendhilfe werden differenziert in freie/private Träger und öffentliche Träger. Die öffentlichen Träger bezeichnen die Städte und Landkreise, die ein Jugendamt unterhalten.[21] Die freien/privaten Träger sind nichtstaatlich und können unterschieden werden in gemeinnützige und gewerbliche Träger.[22] Dabei können nur die gemeinnützigen Träger auch anerkannte Träger der Kinder- und Jugendhilfe nach § 75 SGB VIII sein. [23]
- „Freie Wohlfahrtspflege“ bezeichnet den gesamten Komplex frei-gemeinnütziger Träger in der Sozialen Arbeit, die in den großen Spitzenverbänden[24] organisiert sind.
- Als Adressat_innen werden im Kontext der Hilfe zur Erziehung Eltern, Kinder und Jugendliche und als Leistungsberechtigte nur die Eltern bezeichnet.
- Die Fachkraft des freien/privaten Trägers, die im Kontext der Hilfe zur Erziehung direkt mit der Familie arbeitet, wird in dieser Arbeit als Auftragspädagog_in bezeichnet. Damit werden zwei Dinge deutlich

---

19 *Lüders* 1997: 79.

20 Vgl. für die Heimerziehung *Messmer* 2007: 30.

21 Als öffentliche Träger gelten die Verwaltungskörperschaften, die die Aufgaben der öffentlichen Kinder- und Jugendhilfe erfüllen, vgl. *Wiesner* 2011a, § 3, Rn. 11.

22 Der Begriff freie Träger umfasst privat-gemeinnützige (auch frei-gemeinnützige) als auch privat-gewerbliche (auch frei-gewerbliche) Träger, vgl. *Münder* in *Münder/Meysen/Trenczek* 2013, § 3 Rn. 7, *Münder* 2012, § 25, Rn. 15, *Münder* 2011d: 443f, *Münder* 2011a: 186f. Dezidiert zum Verhältnis gewerblicher zu gemeinnützigen Trägern vgl. *Münder* 2008: 8ff. Zu den rechtlichen Aspekten der unterschiedlichen Trägerformen vgl. *Banafsche* 2010: 123ff.

23 Das Merkmal der Gemeinnützigkeit ist damit nicht konstitutiv für freie/private Träger, vgl. *Wiesner* 2011a, § 3, Rn. 10.

24 Zur umfassenden Darstellung der sechs Spitzenverbände vgl. *Boeßenecker/Vilain* 2013: 81ff, *Merchel* 2008: 91ff, *Banafsche* 2010: 47ff. Zur Organisation und Tätigkeiten der Spitzenverbände vgl. *Ottnad/Wahl/Miegel* 2000: 15ff.

gemacht. Erstens hat das Kind oder der Jugendliche in der Regel nicht um die Hilfe zur Erziehung gebeten, sodass es sich um einen Erziehungsauftrag der Sozialisationsinstanzen wie z. B. Eltern, Schule, Kinderbetreuungseinrichtung, Jugendamt usw. handelt. Zweitens zeigt der Begriff auf, dass die Fachkraft nicht nur ihren eigenen fachlichen Ansprüchen und den Bedürfnissen der Kinder und Jugendlichen folgt, sondern ihr Handlungsrahmen von (Kontroll-)Aufträgen Dritter eingeengt wird.[25]

– Stellt man in Rechnung, dass die Kinder- und Jugendhilfe vor allem in ihrer Lebenslagen- und Biografieorientierung eine eigenständige Kindorientierung verfolgt, müsste damit konsequenterweise vom „Kinder- und Jugendamt" vom „Kinder- und Jugendhilfeausschuss" sowie von „Kinder- und Jugendhilfeplanung" die Rede sein.[26] Allerdings hat sich diese Bezeichnung (noch) nicht durchgesetzt, sodass hier weiter vom „Jugendamt", vom „Jugendhilfeausschuss" und von der „Jugendhilfeplanung" gesprochen wird.

---

25 Vgl. *Emanuel/Müller-Alten* 2008: 16.

26 Für den Kinder- und Jugendhilfeausschuss vgl. *Pitschas* 2002: 225.

1 Qualität der Kinder- und Jugendhilfe im Steuerungsdiskurs

Innerhalb der Kinder- und Jugendhilfe wird seit geraumer Zeit eine Fachdebatte zum Thema Qualität geführt. Es existiert eine unüberschaubare Masse an Literatur[27], was sowohl auf Hartnäckigkeit als auch Differenziertheit des Themas verweist. Die Begriffsverwendung in den Debatten ist diffus. Im Verlauf dieser Arbeit wird der Begriff der „Qualitätsentwicklung“ verwendet, wenn es sich um Modelle handelt, die versuchen, die fachlichen Anforderungen und Besonderheiten der Sozialen Arbeit aufzugreifen. Von „Qualitätsmanagement“ ist die Rede, wenn es sich um fachfremde Modelle handelt, die im Produktionssektor entwickelt wurden und auf die Soziale Arbeit übertragen werden sollen.[28]

Die Auseinandersetzungen um „Standards“[29], die sich einerseits z. B. als „Handlungsmaximen“ hauptsächlich auf strukturelle Rahmenbedingungen und andererseits als „Konzepte“, „Methoden“, „Verfahren“, „Techniken“ auf das sozialpädagogische Handeln beziehen[30], können als Qualitätsdebatte rekonstruiert werden.[31] Neben die professionstheoretisch

---

27 Vgl. *Stähr* 2000: 167, *Busch* 1999b: 258, *Treeß* 1999b: 16, *Speck* 2006: 38, vgl. die Bibliografie in *Jordan/Reismann* 1998: 167ff.

28 Im Wissen, dass diese Unterscheidung willkürlich ist und ebenso Vorannahmen transportiert, erscheint eine polarisierte, konsequente Begriffsverwendung für die vorliegende Fragestellung angemessen. Zur Begriffswahl „Qualitätsentwicklung“ für die Hilfe zur Erziehung: vgl. Kap. 2.5.2.

29 Der Begriff Standard wird als „fachlicher Standard“ im Sinne eines Orientierungsrahmens bzw. einer Leitlinie für fachliches Handeln verwendet und nicht als eindeutige Handlungsanweisung, vgl. *Kulbach/Wohlfahrt* 1996: 104. Im Kontext von Strukturbedingungen und rechtlichen Vorgaben wird der Begriff Mindeststandard verwendet. Dieser kann (muss aber nicht) auch einen Qualitätsstandard als Maßstab zur Qualitätsbewertung darstellen. Zur Problematik und Vielschichtigkeit des Begriffs „Standard“, vgl. *Merchel* 2003b: 47f und *Merchel* 2013: 63ff.

30 In der Kenntnis und angemessen situativen Anwendung von Konzepten, Methoden, Verfahren und Techniken entsteht das „Handeln nach den Regeln der Kunst“, vgl. *Kreft/Müller* 2008: 139ff und *Merchel* 1998c: 21f.

31 Vgl. *Jordan/Reismann* 1998: 107, *Merchel* 1998b: 382, *Braun* 1999: 105, *Merchel* 2000e: 16, *Merchel* 2000f: 162, *Merchel* 2000b: 20, *Stähr* 2000: 168, *Winkler* 2000: 139, *Wiesner* 2003b: 11, *Rose* 2004: 211, *Speck* 2006: 46f., *Wagner*, *J.* 2007: 147f, *Olk/Speck* 2008: 77, *Dahme/Wohlfahrt* 2011: 1176, vgl. auch Kap. 1.2.2. Auch die Diskussion um die strafrechtliche Garantenstellung in der Kinder- und

fokussierte Qualitätsdiskussion ist spätestens seit den 90er-Jahren eine verwaltungswissenschaftliche, betriebswirtschaftliche und finanzwissenschaftliche Orientierung getreten, die über die Qualitätsthematik und neue rechtliche Anforderungen die Fragen nach Wirtschaftlichkeit und Wirksamkeit pointiert in den Diskurs einbrachte. Leistungserbringer sehen sich damit konfrontiert ihre Legitimation über Ergebnisse und Wirkungen nachzuweisen. Der Rückgang der Finanzkraft der Kommunen führte dazu, die Qualitätsdebatte im weitesten Sinne als mögliche Kostenbegrenzungsstrategie zu begreifen.[32] Weiter werden gesamtgesellschaftliche Themen im Hinblick auf die Qualität der sozialstaatlich erbrachten sozialen, personenbezogenen Dienstleistungen als massiver Reformstau und ausgeprägter Strukturkonservatismus diskutiert.[33] Im Kontext der Debatten um die Rolle des Staates bei der Erbringung sozialer Dienstleistungen wurde auch die Kritik an deren Verrechtlichung, Professionalisierung und Bürokratisierung ein Motor der Qualitätsdiskussion. Vor dem Hintergrund des neuen Sozialstaatsverständnisses als Gewährleistungsstaat kann QE als ein Ansatzpunkt zur Aufrechterhaltung einer Steuerungskontrolle des Staates interpretiert werden.[34]

Die Diskussion um Qualitätsentwicklung (QE) und Qualitätsmanagement (QM) wird einerseits als weiteres Modethema abgetan[35], andererseits als das zentrale Thema zur Professionalisierung der Kinder- und Jugendhilfe[36] gesehen. Diese Professionalisierung kann als genuin-fachliche durch die „Wiederentdeckung des Pädagogischen“[37] oder quasi-fachliche durch die Übertragung betriebswirtschaftlicher Ansätze in der Hoffnung der Überwindung sozialpädagogischer Dilemmata unterschieden wer-

Jugendhilfe (vgl. *Trenczek* 2002: 383ff, *Bringewat* 2001: 33f, *Wiesner* 1997: 216ff) lässt sich als Qualitätsdiskurs rekonstruieren. Diese Perspektiven werden hier nicht weiter verfolgt.

32 Vgl. *Mosebach* 1997: 218f, *Späth* 1998: 18, *Biebricher/Boeßenecker/Weigel-Stollenwerk* 1999: 616, *Merchel* 2000e: 15, *Hornstein* 2000: 129f, *Winkler* 2000: 138, *Gerull* 2001: 440, *Merchel* 2002c: 127f.

33 Vgl. *Warzecha* 1999: 46.

34 Vgl. *Flösser* 1999b: 26f, *Busch* 1999b: 261, *Olk/Speck* 2008: 80, *Marquard* 2011: 50.

35 Vgl. *Kunkel* 2013: 457, *Speck* 2006: 47.

36 Vgl. *Merchel* 2000e: 20f.

37 *Späth* 1999: 60.

den[38], die dann zur sozialpädagogischen Deprofessionalisierung wird.[39] Die Qualitätsdebatte in der Kinder- und Jugendhilfe spannt sich zwischen den Polen einer Chance auf genuin fachlicher und quasi fachlicher Professionalisierung sowie einem Abwehrreflex gegen betriebswirtschaftliche Modernisierung auf.[40] Die gesetzliche Verpflichtung, Qualität als Leistungsmerkmal und deren Weiterentwicklung zwischen Jugendämtern und Leistungserbringern entgeltrelevant zu vereinbaren, gab der Qualitätsdiskussion einen neuen Impuls.[41] Der Fokus wird stärker auf die Prozesse, Ergebnisse und Wirkungen der Leistungen gelegt, Mindeststandards werden kontrolliert, die fachlichen Standards der Leistungserbringer konkretisiert und deren Bewertung über Qualitätskriterien und Indikatoren systematisiert.[42] Die Debatte zur Qualität in den Hilfen zur Erziehung kann als Antwort auf die Legitimationsanfragen von Politik und Gesellschaft gewertet werden.[43] Weiter eröffnet die neuere Qualitätsdebatte einerseits einen Weg zur Repolitisierung der Kinder- und Jugendhilfe durch eine öffentliche Debatte über Aufgaben, Ziele und Finanzbedarfe.[44] Andererseits besteht die Gefahr der Entpolitisierung durch die Qualitätsdiskussion, sollten betriebswirtschaftliche QM-Systeme mit einem Kostensenkungsziel unangepasst übertragen werden.[45]

Die Diskussion zur Qualität in der Kinder- und Jugendhilfe ist komplex und wird in unterschiedlichen Diskursen behandelt. Analytisch trennen lassen sich mindestens drei Ebenen.[46] Erstens die Ebene der relevanten

---

38 Vgl. *Thole/Closs* 2000: 13.
39 Vgl. für viele *Flösser/Oechler* 2004: 181.
40 Vgl. *Merchel* 2013: 33ff, *Merchel* 2000f: 161f.
41 Vgl. *Baltz* 1998: 381, *Merchel* 2000f: 164.
42 Vgl. *Merchel* 2000f: 163, *Merchel* 2000e: 16.
43 Vgl. für viele *Pluto/u. a.* 2007: 376. Anders argumentiert *Hornstein*, der vor den Impulsen von außen keine Tradition der Qualitätsdiskussion im heutigen Sinne in der Kinder- und Jugendhilfe ausmacht. Aus seiner Sicht ließen die ordnungspolitische Funktionszuschreibung an die Kinder- und Jugendhilfe als Normalisierungsarbeit und die verbürgte Autonomie der freien/privaten Träger in ihren Tätigkeiten keine Anfragen an die Qualität der sozialpädagogischen Arbeit von außen zu, vgl. *Hornstein* 2000: 131f.
44 Vgl. *Merchel* 2000f: 163f, *Merchel* 2004b: 148.
45 Vgl. *Hornstein* 2000: 134, *Merchel* 2004b: 148.
46 Vgl. ähnlich *Bauer*, der einen subjektiven (unmittelbares Handlungsgeschehen), objektiven (z. B. Qualifikation der Fachkraft), instrumentellen (Rahmenbedingungen) und normativ-funktionalen (allgemeine Zielvorgabe im gesellschaftlichen

Organisationen[47], bei denen der Qualitätsdiskurs auf eine interne Qualifizierung und Modernisierung von Strukturen und Prozessen dieser Organisationen zielt. Hier werden vor allem Fragen der Leitbildentwicklung[48], Personalentwicklung[49] und der internen Qualitätssteuerung diskutiert. Für den Bereich der freien/privaten Träger werden diese Fragen in den Diskursen um „Sozialmanagement"[50] und für die Jugendamtsverwaltung um das „Neue Steuerungsmodell" (NSM) verhandelt. Zweitens die Ebene der direkten sozialpädagogischen Interaktion. Hier wird Qualität einerseits professionstheoretisch als fachliches Handeln und andererseits dienstleistungstheoretisch als Nutzen für die Adressat_innen thematisiert. Dabei wird der Frage nachgegangen, was die Qualität der Hilfe zur Erziehung als professionell erbrachte Leistung als solche ausmachen könnte. Die dritte Ebene nimmt die institutionellen Rahmenbedingungen in den Blick, innerhalb derer die Ansprüche auf soziale Dienstleistungen normiert und die nötigen Ressourcen allokiert werden. Hierbei werden die rechtlichen, politischen und ökonomischen Vorgaben[51] auf ihre Auswirkungen auf die Qualitätssteuerung hin befragt.

Im Zentrum dieser Arbeit steht die dritte Ebene mit den rechtlichen, sozialpolitischen und ökonomischen Rahmenbedingungen, unter denen die Hilfe zur Erziehung erbracht werden soll, verknüpft mit ihren fachlichen Standards. Die innere Modernisierung der Leistungserbringer und der Ju-

---

Kontext) Qualitätsbegriff differenziert, vgl. *Bauer* 2000: 34, *Bauer* 2001a: 100f und *BMFSFJ* 2002a: 78.

47 Hier sind Jugendamt und freie/private Träger gemeint.

48 Vgl. *Kulbach/Wohlfahrt* 1996: 85ff, *Herpich-Behrens/Müller-Fritzsche* 1999: 9. Die Leitbildorientierung wird von der BAGFW als wichtiges Korrektiv zu einseitig betriebswirtschaftlichen QM-Systemen positioniert. Über die Leitbilder soll die Werteorientierung der Wohlfahrtsverbände stark gemacht werden, vgl. *BAGFW* 2012: 4f. Empirisch gesehen arbeiten viele Einrichtungen an ihren Leitbildern im Kontext der QE, vgl. *Gragert*/u. a. 2005: 93ff.

49 Vgl. *Kulbach/Wohlfahrt* 1996: 108ff, *Bänfer* 1999: 25.

50 Vgl. *Grohs/Bogumil* 2011: 304ff, vgl. die Sammelbände mit dem Versuch der praktischen Versöhnung von Managementtechniken und der Sozialen Arbeit: z. B. *Schubert* 2005a, *Arnold/Maelicke* 2009. Zur kritischen Auseinandersetzung mit Sozialmanagement in der Sozialen Arbeit: vgl. *Grunwald* 2009, *Flösser/Otto* 1996a, *Winkler* 2008: 120ff. Für einen Kurzüberblick über die Debatte zum Sozialmanagement im weiteren Sinne: vgl. *Merchel* 2009: 62ff.

51 Vgl. *Nüßle* 1994: 435, ähnlich *Merchel* 2000b: 12ff.

gendämter bleibt weitgehend ausgeblendet.[52] Auf der betrachteten Ebene sind für die Frage der Qualität der Hilfen zur Erziehung die Vereinbarungen über Leistung, Entgelt und Qualität nach den §§ 78a-g SGB VIII das zentrale Instrument. Hierüber sind sowohl die Art der Leistung, ihre Qualität, das zu zahlende Entgelt und die „Grundsätze und Maßstäbe für die Bewertung der Qualität der Leistungsangebote sowie (…) geeignete Maßnahmen zu ihrer Gewährleistung"[53] zwischen freiem/privatem Träger und Jugendamt zu vereinbaren.

Aus organisationssoziologischer Sicht in Anlehnung an die Strukturationstheorie von *Giddens* kann Qualität in Kinder- und Jugendhilfeeinrichtungen im Hinblick auf eine „Dualität von Struktur" analysiert werden. Struktur und Handeln sind nicht unabhängig voneinander zu verstehen, sondern Handeln bringt Strukturen hervor und gleichzeitig ermöglichen und begrenzen Strukturen das Handeln. Strukturen können in den Dimensionen Sinnkonstitution[54], Herrschaft und Legitimation erfasst werden. Die aus dem SGB VIII abgeleiteten Mindeststandards[55] sind rechtliche Normen, die sanktionierbar und somit als Legitimationsdimension der Strukturen von Kinder- und Jugendhilfeeinrichtungen verstehbar sind. Die Vereinbarungen gemäß den §§ 78a-g SGB VIII selbst wären allerdings der Herrschaftsdimension, die durch autoritative, administrative und finanztechnische Machtmittel wirken, zuzuordnen. Letztlich wäre das fachliche Handeln als kognitive Ordnung der Organisation der Sinnkonstitutionsdimension zuzuweisen. Die Trennung der Dimensionen ist nur analytischer Art. Sie sollten zusammen konzeptionalisiert werden.[56] Eine These im Qualitätsdiskurs lautet, dass innerhalb von Erziehungshilfeorganisationen

52 Wohlwissend, dass die Qualität einer sozialen Dienstleistung in starkem Maße von den organisationsinternen Aspekten, wie z. B. der Arbeitssituation der Fachkräfte, abhängig ist, vgl. *Merchel* 1995: 304. Für die Herausforderungen im Hinblick auf QE an das Management einer Organisation, die Hilfe zur Erziehung leistet: vgl. z. B. *Grunwald/Steinbacher* 2007: 54ff. Für die Auswirkung von QM auf die Binnenlogik der Organisationen: vgl. *Beckmann* 2009: 115ff. Für weitere empirische Befunde zu den Auswirkungen der Einführung der §§ 78a-g auf die Binnenstruktur von Leistungsanbietern: vgl. *Messmer* 2007: 155f.

53 § 78b Abs. 1 Ziff. 3 SGB VIII.

54 Auch bezeichnet als Signifikation.

55 Siehe Kap. 1.3.2.

56 Vgl. *Giddens* 1988: 77ff, *Klatetzki* 1998: 324ff.

der Legitimationsdimension ein Vorrang vor der Sinnkonstitutionsdimension eingeräumt wird[57]:

> „Die Qualität der Leistung hängt in erster Linie von der richtigen Anwendung der materiellrechtlichen Leistungsvoraussetzungen ab, die das Gesetz vor gibt, hier also von der möglichst genauen Bestimmung des erzieherischen Bedarfs und von der an möglichst rationalen Kriterien orientierten Ermittlung der dem jeweiligen erzieherischen Bedarf angemessenen, also geeigneten und notwendigen Hilfe."[58]

Doch in der Sozialen Arbeit, in der kommunikatives Handeln im Zentrum steht, kommt der Sinnkonstitutionsdimension eine entscheidende Bedeutung zu. In den Hilfen zur Erziehung wirkt sie stark auf die Qualität der Leistung.[59] Aufgrund des koproduktiven Charakters der sozialen, personenbezogenen Dienstleistung ist die Sinnkonstitutionsdimension unmittelbar entscheidend.

Qualität ist mittelbar auch von der Legitimationsdimension abhängig, normiert in Mindeststandards, die als rechtliche Ziel-, Struktur- oder Prozessvorgaben im SGB VIII Niederschlag gefunden haben. Bei den fachlichen Zielvorgaben sind die Grundsatzziele der Kinder- und Jugendhilfe und die rechtlich normierten Zielvorgaben in den einschlägigen Vorschriften zu den Hilfen zur Erziehung zu beachten.[60] Zwar gab es zur Einführung des KJHG eine Reihe von Fachtagungen und Fortbildungen zu den neuen Ansprüchen und fachlichen Ausrichtungen[61], dennoch wurden und werden diese rechtlichen Qualitätsvorgaben in der Praxis als nicht konsequent eingehalten beurteilt.[62] Die Vereinbarungen nach §§ 78a-g SGB VIII

---

57 Vgl. *Klatetzki* 1998: 324ff.

58 *Maas* 1997: 75. A. A. ist *Schmidt-Obkirchner*: „Dem Prozesscharakter der Erziehung können die rechtsstaatlichen Instrumente der Konditionalnorm und des VerwAktes (sic!), die, basierend auf einer Prognose typischer Ereignisabfolgen für die verantwortlichen Fachkräfte zur Lösung des zu bearbeitenden Problems eine eindeutige Handlungsanweisung zur Seite stellen, nicht gerecht werden, weil der Prozessablauf aufgrund der individuellen Lebenslage nicht typisierbar, ganz in die Ungewissheit situativer Interaktion gestellt und der gemeinsamen Situationsinterpretation der unmittelbar beteiligten Personen unterworfen ist." *Schmid-Obkirchner* in *Wiesner* 2011a, § 27, Rn. 40 mit Bezug auf *Luthe* 1993.

59 Vgl. *Bauer/Dittrich/Schäfer* 1999: 46.

60 Vgl. *Struck* 1997a: 156. Siehe Kap. 1.3.2.

61 Vgl. *Rose* 1996: 52f.

62 Vgl. *Späth* 1999: 61f mit konkreten Beispielen. Vgl. *Busch* 1997: 193f, im Hinblick auf die Anforderungen an Beteiligung im Rahmen der Hilfe zur Erziehung. Vgl. *Kulbach* 1998: 447, *Böllert* 2003a: 47, siehe auch Kap. 2.2.4.

bieten die Chance, die rechtlichen Anforderungen und Mindeststandards verbindlich zu konkretisieren. Sie erhalten Entgeltrelevanz und werden gestärkt.

Die Herrschaftsdimension wird innerhalb der Organisation durch die Leitung repräsentiert, die über den Einsatz der allokativen und autoritären Ressourcen verfügt. Die Sinnkonstitutionsdimension muss demnach mit der Herrschaftsdimension abgeglichen werden, um Realisierungschancen zu haben.[63] Die Leitung vereinbart mit dem Jugendamt die Leistungen, die Entgelte und die Qualitätsentwicklung. Demnach müssten die Inhalte der Vereinbarungen nach § 78b SGB VIII als Herrschaftsdimension mit dem fachlichen, operativen Handeln der Akteure abgeglichen werden. Wenn die rechtlichen Normen als Legitimationsdimension in den Vereinbarungen abgebildet sind, wäre auch der Abgleich von Sinnkonstitutionsdimension und Legitimationsdimension ermöglicht.

Mit der Strukturationstheorie lässt sich rekonstruieren, dass die rechtlichen Vorgaben als Mindeststandard, das fachliche Selbstverständnis der Professionellen und die Vereinbarungen nach §§ 78a-g SGB VIII in unterschiedlichen Dimensionen liegen, die mit verschiedenen Machtpotentialen auf das Handeln wirken. Aus dieser Perspektive ist es relevant, wie die Vereinbarungen nach §§ 78a-g SGB VIII gestaltet sind und welche Steuerungswirkungen sie implizieren, wohlwissend, dass die Frage, wie sich das Feld im Hinblick auf die Steuerung der Hilfe zur Erziehung tatsächlich durch die Vereinbarungen verändert, eine empirisch zu klärende ist.

Die Neuordnung der Finanzierungsbeziehungen zwischen öffentlichen Trägern (Jugendämtern) und freien/privaten Trägern (gemeinnützige und gewerbliche Leistungsanbieter) durch die §§ 78a-g SGB VIII mit den Vereinbarungen zu Leistung, Qualität und Entgelt kann als Einführung zentraler Instrumente zur Qualitätssteuerung begriffen werden. Die Umstellung vom retrospektiven Selbstkostendeckungsprinzip auf ein prospektives Entgelt für eine in Qualität und Quantität bestimmte Leistung, die explizite Zulassung gewerblicher Leistungsanbieter und die Stärkung des Wunsch- und Wahlrechts der Adressat_innen haben auf mindestens drei Ebenen deutliche Auswirkungen. Die erste zielt, als Erbringungsverhältnis bezeichnet auf die Leistungserbringung der Hilfe zur Erziehung an sich, und wird im Hinblick auf die Lebenswelt- und Dienstleistungsorientierung der

63 Vgl. *Klatetzki* 1998: 329.

Hilfe zur Erziehung diskutiert.[64] Die zwei weiteren Ebenen betreffen den Erbringungskontext und nehmen die Beauftragungsverhältnisse zwischen Familie, Jugendamt und Leistungserbringer und die Vertragsebene zwischen Jugendämtern und Leistungserbringern in den Blick. Die Beauftragungsverhältnisse werden innerhalb des jugendhilferechtlichen Dreiecks unter sozialrechtlicher und sozialpädagogischer Perspektive rekonstruiert.[65] Für die Diskussion und Analyse der Vertragsebene bieten sich sozialrechtliche und ökonomische Perspektiven an.[66]

Es handelt sich hierbei um Verträge jeweils zwischen „Leistungserbringer“ und „Leistungszahler“ über eine Leistungsqualität, die in einem koproduktiven Prozess mit „Leistungsadressat_innen“ erst hergestellt wird. Der Versuch, bestimmte Ergebnisse in Arbeitsvollzügen, die vom „Leistungszahler“ nicht beobachtbar sind, über Verträge zu sichern, ist ein klassisch institutionsökonomisches Problem. Die vorliegende Arbeit hat zum Ziel, das Instrument der Vereinbarung nach §§ 78a-g SGB VIII unter institutionsökonomischer Perspektive auf ihre Auswirkungen auf die Qualitätssteuerung in den Hilfen zu Erziehung hin zu befragen. Damit der konstitutive Charakter der Hilfe zur Erziehung als sozialstaatlich verbürgte, sozialrechtlich normierte und sozialpädagogisch erbrachte Dienstleistung nicht überformt wird, ist es notwendig, die Hilfe zur Erziehung in ihrer sozialstaatlichen Genese, sozialrechtlichen Normierung und sozialpädagogischen Fachlichkeit zu rekonstruieren.[67]

Zu Beginn steht die Beschäftigung mit dem vorherrschenden Steuerungsdiskurs in der Kinder- und Jugendhilfe im Zentrum. Als dominantes Modell der Verwaltungsmodernisierung wird das Neue Steuerungsmodell (NSM) mit seinen Auswirkungen für die Hilfe zur Erziehung diskutiert und die Verbindung zu den Vereinbarungen nach §§ 78a-g SGB VIII aufgezeigt. Anschließend wird der aktuelle Qualitätsdiskurs in der Kinder- und Jugendhilfe im Hinblick auf die verwendeten Qualitätsbegriffe, Qualitätsdimensionen und Qualitätsmodelle beleuchtet. Auf dieser Grundlage werden die vorherrschenden Modelle der Qualitätssteuerung in der Kinder- und Jugendhilfe betrachtet. Letztlich soll an diesem Stand der aktuellen Qualitätsdiskussion in der Kinder- und Jugendhilfe die theoretische

64 Vgl. Kap. 2.3.
65 Vgl. hauptsächlich Kap. 2.2.
66 Vgl. hauptsächlich Kap. 2.4.
67 Vgl. Kap. 2.

Lücke aufgezeigt werden, die mit der vorliegenden Arbeit verkleinert wird.

1.1 Das Neue Steuerungsmodell (NSM)

Die Diskussion in Deutschland um das NSM bezieht sich auf die Entwicklungen in Skandinavien, den Niederlanden[68] und vor allem Großbritannien.[69] Hier wurden zwei Kritiklinien am Wohlfahrtsstaat formuliert. Die erste stellte unter dem Schlagwort „value for money" die Effektivität und Effizienz der wohlfahrtsstaatlichen Organisationen infrage. Die Adressat_innen der sozialen Dienste werden als Kund_innen begriffen, denen ein Recht auf eine angemessene Leistung, abgeleitet aus ihrem Bürger_innenstatus und Steuerzahler_innenstatus, zugesprochen wird. Ziel der Bemühungen ist es, für die Anbieter Konsequenzen für schlechte Dienstleistungsqualität zu konstruieren und dadurch auch Diskriminierungen im Hinblick auf die Inanspruchnahme der Leistungen abzubauen. Die zweite Kritiklinie stellte die negativen Folgen der Professionalisierung und Bürokratisierung der Sozialen Dienste in den Mittelpunkt und beklagte ein System der Verantwortungslosigkeit bei Schlechtleistung. Als Instrumente zur Gegensteuerung werden externe Beschwerdeverfahren und die Stärkung von Partizipationsrechten, die dennoch nicht sehr weit gingen, diskutiert.[70] In wohlfahrtsstaatlicher Perspektive ist mit der Diskussion um die Kernaufgaben des Staates die Veränderung vom *welfare state* zum *enabling state* angestrebt. Auf der Ebene der Governancestruktur wird dem reinen Marktmodell eine effiziente Ressourcenallokation bescheinigt und die Erbringung sozialstaatlicher Dienstleistungen in einer wettbewerbsorientierten Marktordnung angestrebt, in der der Staat zum Gewährleister wird. Auf der Ebene der Organisationen wird das marktorientierte Unternehmen zum Leitbild und die öffentliche Verwaltung „verbetriebswirtschaftlicht".[71]

---

68 Die Gemeinde Tilburg in den Niederlanden galt als ein Vorbild für die Entwicklung des deutschen NSM, vgl. *Kulbach/Wohlfahrt* 1996: 37, *Jann* 2005: 76, *Jordan/Reismann* 1998: 57.

69 Vgl. *Olk* 1994: 19, *Herrmann* 1995b: 309, *Zimmer/Nährlich* 1997: 666ff, *Möller* 1997: 686. Weitere Länder, auf deren Debatten sich bezogen wurde, waren Neuseeland, Schweiz und die USA, vgl. *Reichard* 2003: 16.

70 Vgl. *Hansen* 1997: 3ff.

71 Vgl. *Zimmer/Nährlich* 1997: 666ff.

Zentrale Forderungen in der konkreten Umsetzung in England waren: kommunale Sozialplanung betreiben, ein verbessertes Assessment im Einzelfall sicherstellen, das *contracting-out* einführen, Beschwerdemanagement und eine Aufsicht über die Einhaltung der gesetzten Standards[72] gewährleisten. Vor allem die Vertragsgestaltung im Rahmen des *contracting-out* wurde für die Qualitätsgewährleistung als wichtig erachtet. Dabei standen der Einbezug der Adressat_innen in die Vertragsverhandlungen und die Möglichkeit, die Einhaltung der Verträge zu prüfen, im Vordergrund. Analog zur deutschen Heimaufsicht wurden *inspections units* geschaffen, die Mindeststandards festsetzen und private wie öffentliche Einrichtungen registrieren, beraten und prüfen. Eine Besonderheit ist dabei der konsequente Einbezug von Nichtprofessionellen, ehemaligen Adressat_innen und deren Familien bzw. Freund_innen in diese Arbeit.[73] Zusammenfassend kann für die englische Diskussion festgehalten werden, dass hier sowohl Effizienz- als auch Demokratisierungsaspekte eine Rolle spielten und der Fokus sehr auf die Perspektive der Adressat_innen gelegt wurde.[74] Diese ausschließliche Orientierung an der Perspektive der Adressat_innen läuft Gefahr, in eine „naive Dienstleistungsorientierung“[75] zu geraten.

Verwaltungsmodernisierung ist in Deutschland seit den 50er-Jahren ein stetiger Prozess, mit wechselnden Zielen und unterschiedlichen inhaltlichen Ausrichtungen auf verschiedenen Gebietskörperschaftsebenen.[76] Die Diskussion um eine Modernisierung bzw. Fortentwicklung der kommunalen Sozialverwaltung wurde in Deutschland intensiv seit den 70er-Jahren als „Neuorganisation sozialer Dienste“[77] geführt. Diese Entwicklungen wurden bedingt positiv bewertet[78], wobei die in den 90er-Jahren aufkommende Diskussion zum NSM[79] starker Kritik ausgesetzt war. Auslöser für

---

72 Hier im Sinne der Verbindlichkeit von Handlungsschritten und deren Kontrolle, vgl. *Merchel* 2013: 64.

73 Vgl. *Hansen* 1997: 9ff.

74 Vgl. *Hansen* 1997: 16f.

75 Vgl. *Müller* 1996b: 9ff.

76 Für einen Überblick vgl. *Naschold/Bogumil* 2000: 142ff, *Jordan/Reismann* 1998: 47ff, *Hermann* 1995b: 319ff. Die Suche nach wirksamen und sparsamen Organisationsformen für das Arbeitsfeld der Kinder- und Jugendhilfe kann auf eine lange Tradition zurück blicken, vgl. *Schrapper* 1996, 61ff.

77 Vgl. *Jordan/Reismann* 1998: 47ff.

78 Vgl. *Flösser* 1996b: 22, *BMFSFJ* 2002a: 79ff.

79 Vgl. *KGSt* 1994a, *KGSt* 1995a, *Schilling* 2000: 145ff.

die kommunale Verwaltungsreform der 90er-Jahre waren hauptsächlich die Finanzkrise der öffentlichen Haushalte, Unzufriedenheit mit der Leistungserbringung der Verwaltung und ihrem Modernisierungsrückstand gegenüber dem Ausland.[80] Der öffentlichen Verwaltung wurden mangelnde Effektivität und Effizienz, geringe Zielgenauigkeit der Maßnahmen und Programme, fehlende Kund_innenorientierung, starre Strukturen bzw. kaum Innovationspotential und per se zu hohe Kosten vorgehalten.[81] Als größte Steuerungsprobleme wurden die zentrale Ressourcenbewirtschaftung und die inputorientierte Steuerung identifiziert.[82] Die KGSt fasste den Modernisierungsbedarf der Verwaltung als Strategie-, Management-, Attraktivitäts- und Legitimitätslücke.[83] In der Krisenrhetorik wurde von Finanz-, System-, Vertrauens- und Attraktivitätskrise gesprochen.[84] Nachdem erkannt wurde, dass durch Privatisierung von Ämtern oder Aufgaben zwar einige dieser Mängel partiell behoben werden konnten, jedoch statt der Kosten eher die politische Kontrolle abnahm, wurde stärker auf neue Steuerungskonzepte gesetzt.[85] Diskutierte Konzepte sind z. B. das *lean management*[86], welches stark an industrieller Produktion angelehnt ist, und das Neue Steuerungsmodell der KGSt (NSM), welches mittlerweile als alternativloses Leitbild der Verwaltungsreform angesehen wird.[87]

Ziel des NSM in Deutschland ist eine Qualitäts- und Produktivitätssteigerung der öffentlichen Verwaltung durch die Veränderung der Rolle der

---

80 Vgl. *KGSt* 1994a: 7, *Naschold/Bogumil* 2000: 80ff, *Struck* 2000b: 3, *Messmer* 2007: 17, *Merchel/Schrapper* 1996b: 7f, *Kühn* 1995: 340, *Zimmer/Nährlich* 1997: 664ff, *Wohlfahrt* 1998: 363, *Reichard* 2003: 4f. Die Kostensenkung wird als stärkstes Motiv zur Einführung der Neuen Steuerung in den Jugendämtern gesehen, vgl. *Merchel* 1996c: 214f, aus empirischer Sicht vgl. *van Santen* 1998: 46.

81 Für viele vgl. *Schaarschuch* 1996b: 12ff, *Flösser* 1996a: 55f. Zur Unzulänglichkeit dieser Problemanalyse der Verwaltung vgl. *Grunow* 1996: 33.

82 Vgl. *Trube* 2001: 32.

83 Vgl. *KGSt* 2007: 13ff.

84 Vgl. *Jordan/Reismann* 1998: 51ff. Attraktivitätskrise bezeichnet die abnehmende Attraktivität der öffentlichen Verwaltung für Arbeitnehmer_innen.

85 Vgl. *Tegethoff* 1995: 137, *Kulbach/Wohlfahrt* 1996: 31f.

86 Vgl. *Kulbach/Wohlfahrt* 1996: 32f, *Flösser/Otto* 2003: 56f. Zum Einfluss des *lean managements* auf die Neue Steuerung in der Kinder- und Jugendhilfe und deren Kritik vgl. *Tegethoff* 1995: 143ff. Kritisch am *lean management* wird gesehen, dass alle Effizienzreserven aus einer Organisation gehoben werden sollen, dadurch aber keine Spielräume für Innovation mehr vorhanden sind, vgl. *Tegethoff* 1995: 135, *Jordan/Reismann* 1998: 40.

87 Vgl. *Jann* 2005: 75.

Politik, die Einführung marktlicher Koordinierung durch Wettbewerbssurrogate und eine Stärkung der Position der „Kund_innen“[88] oder plakativ: „Kundenorientierung und Wirtschaftlichkeit“.[89] Folgten bisher Prozesse und Strukturen den Anforderungen einer „bürokratischen Organisation“, sollen sich diese zukünftig zu einer Dienstleistungsorganisation oder gar einem Dienstleistungsunternehmen[90] verändern.[91] Die Neumodellierung der Akteur_innen im Rahmen des NSM zielt auf die Ebene der Organisationen und Einrichtungen ebenso wie auf die Ebene der direkten Leistungserbringung. Plakativ können die angestrebten Veränderungen folgendermaßen umrissen werden: Die Sozialverwaltung wird zum „Dienstleistungsunternehmen“, die Verwaltungsfachkräfte zu „Dienstleister_innen“, die freien/privaten Träger zu „Sozialunternehmen“ und die Leistungsberechtigten zu „Kund_innen“.[92]

Das NSM wurde in mehreren Berichten der KGSt entwickelt[93] und bezog sich auf alle Verwaltungsbereiche. Die KGSt gibt über ihre Berichte keine konkreten Implementationsvorgaben und keine geschlossene Konzeption an die Hand.[94] In regelmäßigen Abständen erscheinen Berichte mit Praxisempfehlungen zur Einführung betriebswirtschaftlicher Instrumente. Diese „Instrumentenlastigkeit“ des Modells kann bis heute nicht überwunden werden.[95] Einige Berichte fokussierten explizit die gesamte Kinder- und Jugendhilfe zu den Themen Organisation der Jugendhilfe[96], Outputorientierte Steuerung[97], Aufbauorganisation des Jugendamtes[98], In-

88 Vgl. *KGSt* 1994a: 15ff, *Schnurr* 1998: 362, *Jordan/Reismann* 1998: 56. Zur Problematik des Kund_innenbegriffs s. u.

89 *Merchel* 1996c: 215.

90 *Flösser* spricht von einem „Konzern Stadt“, vgl. *Flösser* 1996a: 57. Allerdings ist zu beachten, dass Verwaltungen nur teilweise an die Organisations- und Steuerungsformen privatwirtschaftlicher Unternehmen angepasst werden sollen, vgl. *Kühn* 1995: 341.

91 Vgl. *KGSt* 1994a: 15, *Olk* 1994: 20f, *Flösser/Otto* 1996b: 7, *Tegethoff* 1995: 138f, *Naschold/Bogumil* 2000: 161ff, *Olk* 1994: 20.

92 Vgl. *Schaarschuch* 2003: 151f.

93 Vgl. vor allem *KGSt* 1994a und 1995a.

94 Vielmehr soll jede Kommune ihre je spezifische, auf die Gegebenheiten vor Ort abgestimmte Strategie der Verwaltungsmodernisierung entwickeln, vgl. *KGSt* 1994b: 15.

95 Vgl. *Naschold/Bogumil* 2000: 163.

96 Vgl. *KGSt* 1993.

97 Vgl. *KGSt* 1994b.

98 Vgl. *KGSt* 1995c.

tegrierte Fach- und Ressourcenplanung[99], Kontraktmanagement[100] und strategisches Management.[101] Die Motive der KGSt, die Kinder- und Jugendhilfe als Modell herauszugreifen, blieben unklar. Die Spekulationen reichten von der Auswahl aufgrund der steigenden Kosten im kommunalen Haushalt[102] bis zur Befürchtung, über das NSM solle der historisch gewachsene Sonderstatus des Jugendamtes abgeschafft werden.[103] Damit wäre auch die korporatistische Steuerung zu Gunsten einer reinen Verwaltungssteuerung in Frage gestellt.[104] Die KGSt selbst begründet die Auswahl mit der „erheblichen Bedeutung" der Kinder- und Jugendhilfe für die Bürger_innen und dem großen Finanzbedarf.[105]

Ansatzpunkte einer Neuen Steuerung für die Kinder- und Jugendhilfe sind in der Binnensicht die Organisationsformen, das Management und das Personal des Jugendamtes. Die Organisationsformen sollen durch dezentrale Führungs- und Organisationsstrukturen[106] moderner werden. Instrumente sind Kontraktmanagement, Budgetierung, dezentrale Fach- und Ressourcenverantwortung, zentrale Steuerung und Fachcontrolling. Das Management soll professionalisiert und auf outputorientierte Steuerung fokussiert werden. Das bedeutet die Ausrichtung des gesamten Verwaltungshandelns an den beabsichtigten und tatsächlichen Ergebnissen.[107] Hierbei spielen Produktorientierung, Kosten- und Leistungsrechnung, QM und Kund_innenorientierung eine zentrale Rolle. Letztlich gehe es um Motivation und Qualifikation des Personals durch organisationsinternen Wettbewerb mittels Zielvereinbarung, Kund_innenorientierung und QM. Der Er-

99 Vgl. *KGSt* 1996.

100 Vgl. *KGSt* 1998.

101 Vgl. *KGSt* 2000.

102 Vgl. für viele *Krone/u. a.* 2009: 22 und *Grunwald* 2001: 69f.

103 Vgl. *Nikles* 1998: 208ff, *Wiesner* 2001b: 4ff, *Merchel* 1999c: 145f. Die Struktur des Jugendamtes als einheitliche Fachbehörde ist, trotz Vorstößen dies zu ändern, empirisch gesehen relativ stabil, vgl. *van Santen/u. a.* 2003: 473, *Pluto/u. a.* 2007: 54, siehe auch Kap. 2.5.1.

104 Vgl. *Grunwald* 2001: 82f.

105 Vgl. *KGSt* 1994b: 7. Unklar ist, was mit „erheblicher Bedeutung" gemeint ist.

106 Für einen kurzen Überblick zu den unterschiedlichen Ansätzen, Gefahren und Chancen von Aufbauorganisationen des Jugendamtes im Kontext des NSM und die Auswirkungen auf den Jugendhilfeausschuss vgl. *Bußmann/Esch/Stöbe Blossey* 2003: 31ff. *Grunow* stellt in Frage, ob das NSM überhaupt auf Dezentralisierung ausgerichtet ist und nicht eher auf Zentralisierung durch Machtstärkung des zentralen Managements, vgl. *Grunow* 2003: 183ff.

107 Vgl. *KGSt* 1994b: 8ff.

bringungskontext soll stärker auf Dienstleistungsorientierung im Sinne einer Adressat_innenorientierung ausgerichtet und durch wettbewerbsähnliche Elemente, vor allem Leistungskontrakte und neue Finanzierungsmodelle, ergänzt werden.[108] Anders ausgedrückt wird angestrebt, Verwaltungen in unternehmerische Institutionen zu verwandeln, die durch wettbewerblichen Druck Kosten senken, die Qualität der Leistungen steigern und die Positionen und Perspektiven der Adressat_innen stärker beachten[109]:

> „Die Generalthese ist, daß über eine am Kund_innen-Modell sich orientierende Form der Dienstleistung das Passungsverhältnis von Angebot und Nachfrage optimiert werden kann und zu einer Effektivitäts- und Effizienzsteigerung der öffentlichen sozialen Dienste führen wird.“[110]

Für die Kinder- und Jugendhilfe sind die Produktorientierung und das Kontraktmanagement die folgenreichsten Instrumente.[111] Sie stehen für eine Strategie, mehr Wettbewerbs- und Marktelemente in den Erbringungskontext einzuführen, wovon man sich eine effizientere Ressourcenallokation verspricht.[112] Als drittes Element sei die Kund_innenorientierung betrachtet, die vor allem für mehr Qualität in der Dienstleistungserbringung sorgen sollte.

1.1.1 Produktorientierung

Im NSM avancierte das „Produkt“[113] zum Kernbegriff der outputorientierten Steuerung[114] und zum „Ausgangspunkt aller Informations- und Ent-

---

108 Vgl. *KGSt* 1994a: 15ff, *Merchel/Schrapper* 1996b: 8, *Eichmann* 1996: 41ff, *Jordan/Reismann* 1998: 60ff, *Oppen* 1999: 292, *Trube* 2001: 35ff, *Dahme/Wohlfahrt* 2005: 265, *Dahme/Wohlfahrt* 2006: 63ff. Für eine ausführlichere Darstellung und Kritik an der Übertragbarkeit auf die Kinder- und Jugendhilfe vgl. *Olk* 1994: 20ff, *BMFSFJ* 2002a: 79f, *Kühn* 1995: 345ff. Siehe auch Kap. 2.4.

109 Vgl. *Olk/Rauschenbach/Sachße* 1995: 27, *Olk* 1995: 111, *Busch* 1997: 194f, *Schmidt* 1996: 38ff.

110 *Schaarschuch* 2003: 152.

111 Zur kritischen Betrachtung der Instrumente Budgetierung, Dezentralisierung der Fach- und Ressourcenverantwortung und Controlling, vgl. *Trube* 2001: 41ff.

112 Vgl. *Messmer* 2007: 19, *Galuske* 2004: 63.

113 Der Begriff „Produkt“ geht an der Aufgabe von Verwaltung, Leistungen nach außen zu vermitteln, vorbei. Kritisch zum Begriff Produkt statt Leistung vgl. *Grunow* 1996: 37f. Befürwortend zum Begriff Produkt vgl. *Eichmann* 1996: 43f.

114 Vgl. *KGSt* 1995a: 9ff, *KGSt* 1994a: 20f.

scheidungsprozesse."[115] Da auf den verschiedenen Hierarchieebenen im Sinne der Differenzierung von strategischer und operativer Steuerung unterschiedliche Informationsdichten sinnvoll sind, werden mehrere Leistungen zu Produkten, diese zu Produktgruppen und diese letztlich zu Produktbereichen aggregiert.[116] Die Hilfen zur Erziehung finden sich im vorgeschlagenen Produktkatalog der KGSt in zwei verschiedenen Produktbereichen wieder, den „familienergänzenden" und „familienersetzenden Hilfen für junge Menschen und ihre Familien in besonderen Lebenslagen", und werden über sechs Produktgruppen zu ca. 15 Produkten[117] differenziert.[118]

Die Produktorientierung zielte darauf, die Hilfen zur Erziehung durch einheitliche Merkmale zu beschreiben wie z. B. Art der Aktivitäten, Zielgruppe, gesetzliche Grundlage, den exakten Leistungsumfang und Daten zu Quantität, Qualität und Zielerreichung.[119] Für die Produkte werden Kennziffern entwickelt wie Öffnungszeiten, Besucherzahlen, durchschnittliche Betreuungszeiten etc. Diese Daten sollen von den Fachkräften erhoben und vom internen oder einem externen Fachcontrolling aufbereitet und ausgewertet werden, um auf dieser Grundlage die Leistungs- und Entgeltverhandlungen zu führen. Dadurch sollte eine Steuerung ermöglicht werden, die die Effektivität und Effizienz der Leistungen erhöht.[120] Im Ergebnis wird im NSM über die Produktorientierung versucht eine Gewissheit über die richtigen Produkte, kausale Planbarkeit[121] sowie Quantifi-

---

115 *KGSt* 1995a: 9.

116 Vgl. *KGSt* 1994b: 18.

117 Die Anzahl ist abhängig von der Zuordnung der beschriebenen Produkte der KGSt zum Bereich § 27 SGB VIII Hilfe zur Erziehung.

118 Vgl. *KGSt* 1994b: 22f. Die KGSt folgt bei der Hilfe zur Erziehung den Hilfesettings im SGB VIII und suggeriert einen abschließenden, abgegrenzten Katalog von Hilfen. Ein Produkt „flexible Hilfe" fehlt. Zur Kritik dieser starken Differenzierung vgl. *Hinte* 1996: 6, *Müller* 1996b: 41. Eine Orientierung des Produktkatalogs für die gesamte Kinder- und Jugendhilfe der KGSt an der Rechtssystematik erfolgte jedoch nicht, vgl. *Tegethoff* 1995: 144, *KGSt* 1994b: 16.

119 Für die vollständigen Merkmale vgl. *KGSt* 1994b: 13 und 28ff.

120 Kritisch hierzu: vgl. *Rose* 1996: 54, *Merchel* 1996a: 153ff, *Tegethoff* 1995: 144f, *Kühn* 1995: 346, *Haupert* 2000: 557ff, *Möller* 1997: 698, *Olk* 1994: 26f. Eher abwägend vgl. *Kulbach* 1995: 4ff, der Chancen in der Produktorientierung sieht, ohne diese stichhaltig zu begründen. Für die Jugendarbeit vgl. *Müller* 1996a, 79ff, der in Produktbeschreibungen neben den Gefahren auch die Chance sieht, diese zur Legitimation von Leistungen zu nutzen, z. B. dadurch, dass sie Infrastrukturen beschreiben.

121 Vgl. *Trube* 2001: 50.

zierbarkeit und damit Vergleichbarkeit und Messbarkeit der Leistungen herzustellen.[122]

1.1.2 Kontraktmanagement

Kontraktmanagement findet zwischen verschiedenen Ebenen statt.[123] Zentrale Elemente des Kontraktmanagements des NSM im Verhältnis zwischen Politik und Verwaltung sind die Konzeption der Ämter als selbstständige Einheiten, die mit der Politik Zielvereinbarungen im Sinne von Leitlinien abschließen und dieser rechenschaftspflichtig sind sowie mit dezentraler Fach- und Ressourcenverantwortung nach einem eigenen Betriebsplan agieren.[124] Diese Ebene wird auch als strategisches Kontraktmanagement bezeichnet, während das operative Kontraktmanagement auf die konkrete Ebene von Leistungserbringung zielt, um die Leitlinien umzusetzen. Diese Kontrakte finden zwischen Verwaltungsbereichen, zwischen der Verwaltung und ihren Mitarbeiter_innen oder zwischen Verwaltung und Dritten Anwendung. Für das Kontraktmanagement sind die Produktorientierung und die Operationalisierbarkeit von Zielen Voraussetzung.[125] Da genau diese Aspekte für die Hilfe zur Erziehung problematisch erscheinen, wurde von der KGSt ein spezieller Bericht vorgelegt[126], der das Instrument des Kontraktmanagements auf das Außenverhältnis zwischen Jugendamt und freien/privaten Trägern anwendete.[127] Über die Gestaltung von Leistungsverträgen sollte u. a. ein effektiver und effizienter Mitteleinsatz verfolgt, die kooperative Zusammenarbeit mit den freien/ privaten Trägern verbessert, Transparenz hergestellt und das fachliche Ziel der Prävention gestärkt werden. Im Hinblick auf die Frage der Qualität stehen die Einhaltung vereinbarter Standards und die Spielräume für Kreativität und Innovation im Fokus.[128] Auch wenn dieser Bericht einige fachliche Besonderheiten der Kinder- und Jugendhilfe sensibel aufgenommen hat[129], bleibt die grundlegende Idee der fachlichen Sozialraumorientierung

---

122 Vgl. *Heiner* 1996c: 210, *Trube* 2001: 50.
123 Vgl. *Merchel* 2004b: 133.
124 Vgl. *Flösser* 1996a: 58ff.
125 Vgl. *Trube* 2001: 36ff, *Kulbach/Wohlfahrt* 1996: 39f.
126 Vgl. *KGSt* 1998.
127 Vgl. *Wiesner* in: *Wiesner* 2011a, Vor § 78a SGB VIII, Rn. 16.
128 Vgl. *KGSt* 1998: 11.
129 Vgl. *Merchel* 1999c: 143, *Schilling* 2000: 153, *Trube* 2001: 50.

in Verbindung mit dem Steuerungsinstrument des Kontraktmanagement erheblicher fachlicher und juristischer Kritik ausgesetzt.[130] Die Neuregelungen der §§ 78a-g SGB VIII zu Entgelt, Leistung und Qualitätsentwicklung können als Übertragung einiger Mechanismen des NSM auf die externen Vertragspartner (freie/private Träger) rekonstruiert werden.[131] Allerdings stehen sie teilweise im Widerspruch zum Kontraktmanagement im Sinne des Sozialraumbudgets.[132] Durch gegenseitige Verträge (Vereinbarungen über Leistung, Entgelt und Qualitätsentwicklung) wird das korporatistische Verhältnis[133] zwischen Jugendamt und freien/privaten Trägern mit dem bis dato einseitigen Bewilligungsverhältnis, in dem Maßnahmen[134] durch einen einseitigen Verwaltungsakt des Jugendamtes gegenüber dem freien/privaten Träger bewilligt wurden, gelockert.[135] In der abzuschließenden Leistungsvereinbarung sind u. a. Art, Ziel und Qualität der Leistungen genau zu beschreiben. Für die Hilfe zur Erziehung als einzelfallbezogene Leistung wird dies als umsetzbar eingeschätzt.[136] Das Verhältnis von Leistungserbringern zu Leistungsempfänger_innen konzentriert sich zunehmend auf Elemente der Prozess-, Ergebnis und Wirkungsqualität[137] sowie Wirtschaftlichkeitsüberlegungen[138], was Auswirkungen auf die interne Organisation des freien/privaten Trägers hat.[139] Das Jugendamt ziehe sich auf die Rolle als Gewährleistungsträger zurück.[140] Positiv daran zu vermerken ist, dass Leistungen entgegen einseitigem Verordnen der Idee nach kooperativ auszuhandeln sind und zwar von allen Beteiligten auch durch die Adressat_innen.[141]

---

130 Ausführlich siehe Kap. 2.3.1.

131 Vgl. *KGSt* 1994a: 17, *Stähr/Hilke* 1999: 168. Vgl. für die Rechtslage vor 1999 *Kulbach/Wohlfahrt* 1996: 65f.

132 Vgl. Kap. 2.3.1.

133 Verstanden als „spezielle Austauschbeziehung zwischen Staat und Verbänden", *Rosendahl* 1999: 448.

134 Der „Maßnahmen"-Begriff wird hier bewusst verwendet, da er das Objekt-Verhältnis der Adressat_innen und die Beauftragung durch das Jugendamt ausdrückt.

135 Vgl. ausführlich Kap. 2.5.3.

136 Vgl. *Merchel* 1996c: 253.

137 Vgl. *Maaser* 2007: 55f, der die Auswirkung auf die kirchlichen Wohlfahrtsverbände expliziert.

138 Vgl. *Olk/Rauschenbach/Sachße* 1995: 27, *Olk* 1995: 112.

139 Vgl. *Kulbach/Wohlfahrt* 1996: 76 und 94ff.

140 Vgl. *Merchel* 2000d: 279.

141 Vgl. *Reinhold* 1999: 310, *Trube* 2001: 38.

1.1.3 Kund_innenorientierung

Die Verwaltungen sollen im Rahmen der Neuen Steuerung zu Dienstleistungsunternehmen umgebaut werden.[142] Eine systematische Konzeption eines Kund_innenbegriffs oder der entsprechenden Kund_innenorientierung für das besondere Verhältnis zwischen Bürger_in und Verwaltung wird in den KGSt Berichten nicht entwickelt.[143] Der Ansatz zur Kund_innenorientierung wird zur Leerformel[144], obwohl dieser ein Hauptmotiv des NSM ist.[145] Einzelne konkrete Aspekte einer stärkeren Bürger_innen- und Kund_innenorientierung wurden jedoch umgesetzt.[146] Aus Sicht der Kommune können die Ansätze zu „Dienstleistungen aus einer Hand" in z. B. Bürger_innenbüros als stärkere Orientierung an den Bürger_innenwünschen gesehen werden.[147] Die neueren Ansätze der bürger_innenorientierten Kommune stellen die Bürger_innenorientierung konsequenter ins Zentrum der Reformbemühungen.[148] Allerdings sind diese Ansätze zum großen Teil erwachsenenzentriert und blenden die Wünsche und Bedürfnisse von Kindern und Jugendlichen aus.[149] Auch werden Bürger_innen als konsistente Gruppe konstruiert, was angesichts unterschiedlicher Artikulationsmöglichkeiten, Machtpotentiale zur Rechtsdurchsetzung, Zugangschancen usw. zu ausschließenden Effekten führen kann.

Die Thematik der Kund_innenorientierung steht in engem Zusammenhang mit dem QM[150], das von der KGSt als zentrales Reformelement betrachtet wird.[151] Für die Frage der Qualität der sozialen Dienstleistungen durch die Sozialverwaltung ist die Orientierung an den Interessen, Wünschen und Bedürfnissen der Adressat_innen zentral. Dennoch kann bei sozialen Dienstleistungen der öffentlichen Hand nicht ausschließlich auf eine Bedürfnisorientierung abgestellt werden, da hier Fragen der Verfah-

---

142 Vgl. *KGSt* 1994a: 7.

143 Vgl. *Struck* 1996: 273.

144 Vgl. *Grunow* 1996: 39f, *Grunow* 2003: 178ff.

145 Vgl. *Wohlfahrt* 1998: 365, *Jordan/Reismann* 1998: 58.

146 Aus empirischer Sicht der am stärksten umgesetzte Bereich aller NSM-Elemente, vgl. *Bogumil/Grohs/Kuhlmann* 2006: 175, *Bogumil* 2013: 285.

147 Vgl. *Kühnlein* 2001: 128ff, *Bogumil* 2013: 285, *Jordan/Reismann* 1998: 58f.

148 Vgl. *Nährlich* 2001: 169.

149 Vgl. *Glenneschuster* 2001: 188f.

150 Vgl. *Jordan/Reismann* 1998: 59.

151 Vgl. Kap. 1.4.1.

rensgerechtigkeit[152], der Verteilungsgerechtigkeit, der Rechtsansprüche und der begrenzten Ressourcen eine Rolle spielen.[153] Außerdem enthält der Kund_innenbegriff[154] Implikationen, die für die Hilfe zur Erziehung nicht zutreffen.[155] Als fruchtbares Konzept zur stärkeren Einbeziehung der Adressat_innen von sozialen, personenbezogenen Dienstleistungen kann das der „Bürgernähe" gelten, welches in der Debatte zur Neuen Steuerung weitgehend unbeachtet blieb.[156]

1.1.4 Kritische Würdigung

Insgesamt treffen die Forderungen des NSM auf Professionalisierungsdiskurse innerhalb der Kinder- und Jugendhilfe. Diese wurden im Sinne einer fachlichen Profilierung der Praxis durch die Einführung des SGB VIII sowie des Achten und Neunten Jugendberichts ausgelöst.[157] Jedoch sind beide Diskussionsstränge[158] kaum aufeinander bezogen. Die Debatte um die Kinder- und Jugendhilfe als soziale, personenbezogene Dienstleistung wird vor einem fachtheoretischen Hintergrund geführt[159], während die Debatte des NSM eher einen betriebswirtschaftlichen Hintergund aufweist.[160]

---

152 Vgl. *Tegethoff* 1995: 142.

153 Vgl. *Grunow* 1996: 42.

154 Der Kund_innenbegriff umfasst hier neben einzelnen Bürger_innen auch die Bürgerschaft als Gemeinschaft, vgl. *Tegethoff* 1995: 142.

155 Vgl. für viele *Braun* 1999: 108ff, vgl. Kap. 2.3.2.

156 Vgl. *Grunow* 1996: 46ff. Die relevanten Qualitätsmerkmale im Hinblick auf die Bürger_innennähe von Sozialverwaltungen werden mit Bedürfnisgerechtigkeit, Anliegensgerechtigkeit und Situationsgerechtigkeit sowie Gesichtspunkte der kommunikativen Kompetenz, der partizipativen Interessen und der Transparenz des Gesamtsystems bezeichnet, vgl. *Grunow* 1996: 53. Die KGSt erwähnt im Kontext von QM zwar das Konzept „Bürgernähe", sieht es aber als umsetzungsschwach, vgl. *KGSt* 1995b: 23f, *KGSt* 1997: 13.

157 Vgl. *Grohs* 2007: 249ff. Z. B. hat der Neunte Jugendbericht die Kinder- und Jugendhilfe als Dienstleistung und eine stärkere Adressat_innenorientierung formuliert, vgl. *Merchel* 1996a: 152, *Pluto* 2005: 21, *Struck* 1996: 262, *Merchel* 1996c: 218, *Wabnitz* 1998: 12.

158 *Langer* sieht drei Stränge, indem er das Konzept der Sozialraumorientierung als Vermittlungsstrategie zwischen Neuer Steuerung und den fachlicher Profilierung einordnet, vgl. *Langer* 2007: 225f, siehe auch Kap. 2.3.1.

159 Vgl. *Merchel* 1996a: 152, *Struck* 1996: 262, *Merchel* 1996c: 218f, *Schilling* 2000: 153. *Schaarschuch* z. B. formuliert aus demokratietheoretischer Perspektive einen alternativen Ansatz für die Erreichung von mehr „Kund_innenorien-

An der Konzeption des NSM und der Modernisierung der Sozialverwaltung gab und gibt es vielfältige Kritik aus der Fachwissenschaft der Sozialen Arbeit.[161] Das Hauptargument der Kritik, auch als Ökonomisierungsthese[162] bezeichnet, zielt darauf, dass über das NSM eine betriebswirtschaftlich-technologische Rationalität auf sozialarbeiterische Prozesse übertragen wird, die fachlichen Aspekten wie Offenheit, Reziprozität, Partizipation, Ko-Produktion, Aushandlung und lebensweltliche Bezüge zu wider läuft.[163] Damit verbunden war die Kritik an der aufkommenden Definitionsmacht des Kostenarguments[164], welches innerhalb des Verwaltungshandelns das Spannungsfeld von Ressourcen und Bedürfnissen bei der Bedarfseinschätzung[165] einseitig zu Gunsten des Ressourcenarguments

---

tierung", in dem er eine Demokratisierung der Sozialen Dienste fordert. Dabei geht es um Partizipation im politischen Sinne, die weit über Responsivität hinausgeht und den Adressat_innen von sozialen Dienstleistungen reale Entscheidungsmöglichkeiten auf der institutionellen, organisatorischen und professionellen Ebene einräumt, vgl. *Schaarschuch* 1996b: 21. Die Akteursfigur, die dahinter steht, wäre der/die Nutzer_in als Träger_in von Bürgerrechten, vgl. *Schaarschuch* 1996b: 19ff. Zur weiteren Auseinandersetzung mit der dienstleistungstheoretischen Konzeption der Sozialen Arbeit vgl. Kap 2.3.2.

160 Zur Differenzierung von naiven und kritischen Dienstleistungsorientierungen im Kontext des NSM, vgl. *Müller* 1996b: 9ff. Zur Gefahr einer verkürzten Rezeption des Dienstleistungsansatzes der Sozialen Arbeit durch technologisch-ökonomische Ansätze, vgl. *Grunwald* 2001: 126.

161 Vgl. *Müller* 1996b, *Pitschas* 2002: 240ff, *Fröhlich-Gildhoff/Engel/Rönnau* 2006: 18f, *Backhaus-Maul* 2003: 217ff, *Wagner, J.* 2007: 24ff. Vgl. auch die Übersichten bei *Kulbach/Wohlfahrt* 1996: 49ff, *Jordan/Reismann* 1998: 79ff. und *Grunwald* 2001: 69ff, ferner vgl. die Sammelbände *Flösser/Otto* 1996a, *Merchel/Schrapper* 1996a und *Boeßenecker/Trube/Wohlfahrt* 2001. Für eine Zusammenfassung der Kritik vgl. *Grunow* 2003: 171ff und 185f. Für eine Kritik aus der Perspektive der Lebensweltorientierung vgl. *Thiersch* 2000: 529, *Thiersch* 2001: 214. Für weitere eher verwaltungswissenschaftliche Kritiklinien vgl. *Naschold/Bogumil* 2000: 130ff, *Jann* 2005: 82f.

162 Vgl. *Grohs* 2007: 252, *Grunwald* 2001: 20ff.

163 Vgl. für viele *Flösser* 1996b: 27.

164 Vgl. *Grunwald* 2001: 67, *Luthe* 2003: 174ff, *Schnath* 2003: 61f, *Finis Siegler* 2009: 176. Ebenso mit praktischen Beispielen vgl. *Hinte* 1996: 9f, aus empirischer Sicht vgl. *van Santen/u. a.* 2003: 114, *Pluto* 2005: 35.

165 Bedarf wird hier verstanden als eine politische Konstruktion, die als Aushandlungsergebnis zwischen dem fachlich und politisch Erforderlichen bzw. Machbaren zu Stande kommt, vgl. *Merchel* 1996a: 157.

aufzulösen scheint[166] und damit eine Dehnung des Rechtsrahmens[167] darstellt. Dieser Aspekt wird häufig fälschlicherweise als ausschließliche Orientierung am Effizienzargument bezeichnet. Er meint jedoch in der Sache der Kritik die ausschließliche Steuerung über Kosten.[168]

In der Diskussion ist es hilfreich, zwischen Sachziel (betrifft Effektivität) und Formalziel (betrifft Effizienz) zu unterscheiden.[169] Es macht keinen Sinn, ausschließlich ein Formalziel ohne ein Sachziel zu verfolgen.[170] Aus der Aufgabendefinition öffentlicher Verwaltung müsste das Sachziel die Leistungserstellung (z. B. Gewährleistung bedarfsgerechter Hilfe zur Erziehung) sein, die das Formalziel (z. B. Einhaltung des Haushaltsplans) dominiert. Problematisch ist, dass keine hinreichend operationalisierten Zielsysteme für die Leistungen in den Kommunen vorliegen[171] und somit die Bestimmung des Sachziels ungenau bleibt. Dies erleichtert die Dominanz des Formalziels.

In extremer Position wird durch das NSM ein radikaler Systemwechsel in der Kinder- und Jugendhilfe zur Leistungskürzung und Kostenreduzie-

---

166 Vgl. *Luthe* 2003: 174ff. Aufgezeigt an einer konkreten Entgeltvereinbarung vgl. *Kiehl* 2001: 14ff. Jedoch verwischt die Argumentation, dass nicht das Instrument selbst das Problem ist, sondern seine Ausgestaltung. Die berechtigte Kritik der betrachteten EV trifft deren Anwendung, nicht deren Struktur.

167 Vgl. *Luthe* 2003: 174ff.

168 Vgl. *Hansen* 1997: 23, *Dahme/Wohlfahrt* 2006: 61f, *Olk* 1994: 19. Der Effizienzgedanke wird ausschließlich als Rationalisierungsgewinn begriffen, der Kosten senkt zu Lasten von Leistungsqualität, vgl. *Schmidt* 1996: 47. Der Effizienzbegriff wird in der Diskussion unterschiedlich verwendet. In den professionstheoretischen Argumentationen, die sich z. B. an *Oevermann* anlehnen, wird auf eine „professionelle Effizienz" rekurriert. Diese ist ausschließlich durch die Profession selbst erkennbar und daher von außen nicht messbar. Es ist gerade die Autonomie und die hermeneutische Kompetenz, die für eine Profession konstitutiv ist, durch die jedoch eine objektive Zielkongruenz der an der Dienstleistung Beteiligten nicht herstellbar ist. Eine Effizienzmessung oder –steigerung von außen ist nicht möglich. Demgegenüber steht eine „technische" oder „betriebswirtschaftliche" Effizienz, die als reine Input-Output-Relation gefasst wird und dem Effizienzverständnis des NSM zu Grunde liegt. Als dritte Möglichkeit, den Effizienzbegriff zu fassen, werden die Wohlfahrtsverluste durch Transaktions- und Agenturkosten betrachtet vgl. *Krone/u. a.* 2009: 94ff, vgl. Kap. 4.1.

169 Vgl. *Krone/u. a.* 2009: 99.

170 Es muss das Sachziel dominieren, vgl. *Schulz-Nieswandt* 2009: 98.

171 Vgl. *Krone/u. a.* 2009: 101f. Hiermit sind nicht etwa Produktbeschreibungen im Sinne der KGSt gemeint, sondern z. B. aussagekräftige Fachpläne der Jugendhilfeplanung.

rung durch Absenkung bis hin zur Auflösung rechtlicher und fachlicher Standards befürchtet.[172] In dieser Perspektive wird Kostensenkung aber nicht zum Ziel der Neuen Steuerung und ihrer Instrumente[173], sondern zu ihrem Ausgangspunkt.[174] Es werden weniger Ressourcen bereitgestellt und versucht, mit den Instrumenten Kontraktmanagement, Produktorientierung, Budgetierung etc. dieses Sparprogramm umzusetzen. Das Formalziel wird zum Sachziel.

Dies zeigt sich auch im Widerspruch von z. B. wachsenden Herausforderungen an Fachlichkeit und Qualität des Personals sowie steigendem Bedarf an Unterstützungsleistungen für Familien bei gleichzeitiger Fixierung oder gar Senkung des Ressourceneinsatzes.[175] Im Grunde ist die Ausrichtung an der Haushaltskonsolidierung aber eine extreme Verkürzung der Anliegen des NSM.[176]

Eine zweite Kritikebene betrifft die konkreten Instrumente des NSM vor allem die Produktorientierung, das Controlling[177] und das Kontraktmanagement[178], bezeichnet als Rebürokratisierungsthese.[179] Allgemein ist an der Produktorientierung problematisch, dass sie vorhandene (ineffiziente) Leistungsprozesse zementiert, gegen das Prinzip der dezentralen Verantwortung und Steuerung verstößt und sich nicht für politische Steuerung eignet, da sie auf verwaltungstechnischen Output orientiert ist.[180] Weiter stellen die Produktbeschreibungen zwischen Leistung, Zielen und Qualität keinen sinnvollen Begründungszusammenhang her, sondern unterstellen eher implizite Kausalitäten, die fachlich nicht nachvollziehbar erschei-

---

172 Vgl. *Busch* 1997: 149, 193ff, 196, 266.

173 Vgl. *Oppen* 1999: 292, *Wohlfahrt* 1998: 364f.

174 Vgl. *Kühn* 1995: 347, ähnlich *Grunow* 1996: 40.

175 Vgl. *Niehuis* 2000: 261f. Zu den wachsenden inhaltlichen Anforderungen an die Kinder- und Jugendhilfe aus einer post-modernisierungstheoretischen Sicht vgl. z. B. *Winkler* 2000: 143ff.

176 Vgl. *Wohlfahrt* 1998: 364f.

177 Das Controlling wird hier nicht weiter dezidiert behandelt. Für eine kurze Auseinandersetzung mit Controlling im Kontext des NSM auf sozialpädagogischer Perspektive vgl. *Müller* 1996b: 26ff.

178 Das Kontraktmanagement kann in avisierter Form der KGSt nicht umgesetzt werden. Möglichkeiten werden in einer sozialraumorientierten (im territorialen Sinne) Variante gesehen, vgl. *Schubert* 2005b 159ff. Das entspricht dem auf die Kinder- und Jugendhilfe angepassten KGSt Ansatz, vgl. *KGSt* 1998.

179 Vgl. *Grohs* 2007: 252, ebenso, *Pitschas* 2002: 242.

180 Vgl. *Naschold/Bogumil* 2000: 209.

nen.[181] Die Hilfe zur Erziehung als soziale, personenbezogene Dienstleistung ist darüber hinaus grundsätzlich nicht als Produkt im Sinne der KGSt beschreibbar.[182] Denn sie ist bedarfsgerecht im Einzelfall zu entwickeln, hat aber dennoch gruppen- und sozialraumbezogene Anteile und entsteht konkret erst in Ko-Produktion mit den Adressat_innen. Das „Produkt" ist in seiner Komplexität nicht einseitig vorher bestimmbar bzw. bekannt.[183] Es ließe sich lediglich der Anteil des Jugendamtes, z. B. als Infrastruktur der Hilfen zur Erziehung oder die eigenen Beratungssettings in Produktbeschreibungen, abbilden. In diesem Sinne könnten Produktbeschreibungen zu Legitimationszwecken durchaus nützlich sein[184], und es wäre möglich, mit Kennzahlen als „Messziffern von Jugendhilfewirklichkeit"[185] im Sinne der Infrastruktur zu arbeiten.[186] Das Ziel, über Produkte outputorientiert im Sinne erzielter Wirkungen zu steuern, ist aber nicht erreichbar.[187] Doch genau diese Wirkungen sind für die politische Steuerung relevant. Weiter ist zu beachten, dass über die Produktbeschreibungen ein Maßstab für das

> „gesellschaftlich wünschenswerte Ausmaß und die Art der professionell bereitzustellenden Intervention gefunden werden"[188]

müsste. Diese normative Dimension der Leistungen der Kinder- und Jugendhilfe wird von der outputorientierten Steuerung der KGSt nicht be-

---

181 Vgl. z. B. *Heiner* 1996b: 24f, ähnlich *Engel/Flösser/Gensink* 1996: 53ff.

182 Vgl. *Engel/Flösser/Gensink* 1996: 55, *Müller* 1996b: 91f, *Kupffer* 1999: 309ff, *Trube* 2001: 51f, *Bauer* 1996: 25ff, *Bauer* 2000: 37f, *Thole/Cloos* 2000: 535ff.

183 Vgl. *Hinte* 1996: 5f, *Kulbach/Wohlfahrt* 1996: 49ff. Selbst die Hilfesettings im SGB VIII liefern keine abschließende Aufzählung, vgl. *Struck* 1996: 265. Für das Argument der Komplexität durch Ko-Produktion und die Gestalt als Mix aus einzelfall-, gruppen- und sozialraumbezogenen Leistungen, die nicht in einzelne Bestandteile zerlegbar sind vgl. *Kühn* 1995: 345, *Merchel* 1996c: 218. A. A. sind *Jordan/Reismann*, die in der Produktbildung lediglich ein Zusammenfassen von Steuerungsinformationen sehen und die Auswirkungen auf die Leistungserstellung nur als mittelbar bewerten, vgl. *Jordan/Reismann* 1998: 110. Ob im Kontext der Neuen Steuerung eine derart reflexiv, einschränkende Perspektive auf Grenzen der Produktbildung eingenommen wird, darf allerdings bezweifelt werden.

184 Vgl. *Müller* 1996a: 78ff, *Müller* 1996b: 93, *Müller* 1999: 51.

185 *Pothmann* 2001: 443.

186 Die betrachteten Sachverhalte müssten quantifizierbar, komprimierbar und standardisierbar sein, vgl. *Pothmann* 2001: 443ff.

187 Für viele vgl. *Müller* 1996a: 78ff.

188 *Flösser* 1996a: 62, ferner vgl. *Niehuis* 2000: 262.

achtet.[189] Durch die Verknüpfung von Produktorientierung und outputorientierter Steuerung entsteht der Eindruck, die Ergebnisse bzw. Wirkungen der Kinder- und Jugendhilfe seien gleichzusetzen mit den angebotenen Produkten der Sozialen Dienste.[190] Der Unterschied von Output und Outcome wird vernachlässigt.[191] So könnte man durch Produktbeschreibungen die Infrastruktur der Hilfen erfassen, vielleicht auch verbessern, aber einen Zugriff auf die Effektivität der Leistungen, die in Ko-Produktion entstehen, erhält man dadurch nicht.

Die KGSt übersieht einerseits diese Differenz, da sie Aufgaben und Ziele der öffentlichen Verwaltung zur maßgeblichen Grundlage der Produkte erklärt.[192] Um andererseits selbst die Einschränkung für die Kinder- und Jugendhilfe zu formulieren:

> „Die steuerungsgeeignete Definition von Outputs ist bei den zahlreichen öffentlichen Leistungen, die nicht mit quantitativen oder monetären Maßstäben gemessen werden können, schwierig."[193]

Für soziale, personenbezogene Dienstleistungen der Sozialverwaltung müssten konsequenterweise nicht die Produkte für die öffentliche Aufgabe und die mit ihr verfolgten Ziele der eigentliche Kernbegriff der outputorientierten Steuerung sein, sondern die beteiligungsorientierten Leistungsprozesse.[194] Eine weitere Kritik bezieht sich auf die eingriffsorientierten Aufgaben der Verwaltung, die nur schwer mit Produkten und Kund_innenorientierung in Einklang zu bringen sind.[195]

Die Frage nach dem Verständnis von Produkten wird ebenso im Verhältnis von (Fach-)Controlling zu Jugendhilfeplanung virulent und gerät in Spannung zur Neuen Steuerung.[196] Auf den ersten Blick sind zwar Übereinstimmungen zwischen Jugendhilfeplanung und dem NSM erkennbar.[197]

189 Vgl. *Herrmann* 1995b: 321f.

190 Vgl. *Flösser* 1996a: 63f, *Flösser* 1996b: 28, *Merchel* 1996c: 218, *Engel/Flösser/Gensink* 1996: 56.

191 Vgl. *Jordan/Reismann* 1998: 103, *Hofemann* 2005: 43.

192 Vgl. *KGSt* 1995a: 10.

193 *KGSt* 1994a: 21f.

194 Das „Produkt ist der Prozess", *Hofemann* 2005: 40.

195 Für viele vgl. *Kühn* 1995: 345. A. A. ist *Eichmann*, vgl. *Eichmann* 1996: 43.

196 Vgl. *Jordan/Reismann* 1998: 96ff.

197 Vgl. *KGSt* 1994b: 10. Hier wird allerdings lediglich festgestellt, dass outputorientierte Steuerung und Jugendhilfeplanung ähnliche Steuerungsfragen stellen, ohne z. B. die wichtigere Frage zu klären, wer die Definitionsmacht über Erhebungsmethoden, Datenauswahl etc. hat.

In der Diskussion über Jugendhilfeplanung, verstanden als subjekt-, beteiligungs- und kommunikationsorientierter Prozess gegenüber einer produktorientierten Planung sowie einfachen Quantifizierungsansätzen, wurde ein NSM-konformes Planungsverständnis sowohl aus organisationssoziologischer als auch aus sozialpädagogischer Perspektive zurückgewiesen.[198] Somit wird die Jugendhilfeplanung einerseits als notwendiges Instrument zur Unterstützung der Neuen Steuerung und andererseits als korrigierende Fachplanung gegen die Neue Steuerung positionierbar.[199]

Insgesamt wird die Produktorientierung für den Verwaltungsbereich und besonders für die Kinder- und Jugendhilfe als unpassend abgelehnt.[200] Demnach würde eine Produktorientierung durch Reduktion von Komplexität, Missachtung der konstitutiven Elemente der sozialen, personenbezogenen Dienstleistung sowie deren sozialstaatlichen Ausformung den professionellen Gehalt der Hilfe zur Erziehung aufgeben. Ohne eine angemessene Produktorientierung erscheint auch das Kontraktmanagement nicht umsetzbar.

In engem Zusammenhang zu den Unzulänglichkeiten der Produktorientierung in den Hilfen zur Erziehung stehen Probleme, das Kontraktmanagement im Sinne der Programmatik des NSM anzuwenden. *Müller* arbeitet heraus, dass die unterschiedlichen Steuerungsebenen in der Kinder- und Jugendhilfe (gesellschaftliche, verwaltungstechnische, fachplanerische und fachpädagogische Ebene) teilweise in Zielkonkurrenz stehen.[201] Daher ist ein Kontraktmanagement „durch" alle Steuerungsebenen im Hinblick auf ein gemeinsames strategisches Ziel nicht ohne weiteres umsetzbar. Das Modell der KGSt geht hier von einer wesentlich geringeren Komplexität in der Zielkongruenz der Steuerungsebenen aus, die aus einer betriebswirtschaftlichen Perspektive durchaus sinnig erscheint, für die Kinder- und Jugendhilfe aber nicht zutrifft. *Backhaus-Maul* weist darauf

---

Im Bericht zum Kontraktmanagement wird versucht, entgegen einem technokratischen Controllingverständnis für die Sozialverwaltung ein evaluativ-reziprokes zu entwickeln, vgl. *KGSt* 1998: 31ff, *Trube* 2001: 62.

198 Vgl. *Strack* 1996: 13, *Merchel* 1996a: 157. Dezidiert zum Verhältnis von Jugendhilfeplanung und Neue Steuerung vgl. *Herrmann* 1995b: 315ff, *Merchel* 1996c: 248f, *Puhl* 2001: 41ff.

199 Vgl. *Jordan/Reismann* 1998: 100. Allerdings wäre für eine fachorientierte Steuerung die Qualifizierung einer dezentralen, kleinräumigen Jugendhilfeplanung Voraussetzung, vgl. *Rose* 1996: 56.

200 Vgl. *Grunow* 1996: 37f.

201 Vgl. *Müller* 1996b: 13ff.

hin, dass die Folge des Einsatzes der Instrumente des NSM in Verbindung mit den Finanzierungsproblemen der Kommunen dazu führen könnte, dass die sozialpolitischen Gestaltungsmöglichkeiten und auch der kommunale Gestaltungswille abnehmen wird. Damit würden auch für die freien/privaten Träger die Einflussmöglichkeiten über Gremien schwinden.[202] Allerdings ist das nur die eine Seite. Denn wie schlagkräftig Gremien auf der kommunalen Ebene in der Gestaltung von Sozialpolitik sind, hängt maßgeblich von den Akteuren, also auch den freien/privaten Trägern selbst ab. Außerdem kann die Gestaltung der kommunalen Sozialpolitik nicht einfach aufgegeben werden. Sie findet statt, so oder so. Wenn die Entscheidungen nicht mehr in den Gremien getroffen werden, stellt sich die Frage, inwieweit sich private/freie Träger eine Verhandlung der Themen in der Öffentlichkeit zu eigen machen.

Eine dritte Kritikebene nimmt die Veränderung der Governancestruktur in den Blick.[203] Dabei berücksichtige das NSM zu wenig die Spezifika der sozialen, personenbezogenen Dienstleistungen in öffentlicher Verantwortung[204] und die Sonderstellung der Kinder- und Jugendhilfe. So zeige z. B. die Definition von Jugendhilfeplanung als nur „internes" Produkt[205] das eklatante Missverständnis der KGSt vom Kinder- und Jugendhilfesystem.[206] Der Grundannahme der Neuen Steuerung, den Marktmechanismus mit Wettbewerbssurrogaten als Allheilmittel für die gesamten Probleme der öffentlichen Sozialverwaltung anzusehen[207], wurde eine Absage erteilt.[208] Der Marktmechanismus könne als Koordinierungsmechanismus

---

202 Vgl. *Backhaus-Maul* 2003: 207.

203 Vgl. *Luthe* 2003: 174ff, *Fröhlich-Gildhoff* 2004: 35, vgl. Kap. 2.5.

204 Vgl. *Oppen* 1999: 293 (m.w.N). Im Hinblick auf die Kooperation freie/private Träger und Jugendamt am Beispiel der Leistungsverträge vor der Einführung der §§ 78a-g SGB VIII vgl. *Jordan/Reismann* 1998: 117ff, und für die Vereinbarungen nach § 78b SGB VIII vgl. Kap. 2.5.3.

205 Vgl. *KGSt* 1994b: 24.

206 Vgl. *Jordan/Reismann* 1998: 102, *Pluto* 2005: 22. Weiter wird z. B. oft „Jugendamt" geschrieben, aber nur die Jugendamtsverwaltung gedacht, *Niehuis* 2000: 262, *Struck* 1996: 263. Im NSM fehlt der Einbezug der freien/privaten Träger in Planungs- und Entscheidungsprozesse und eine Auseinandersetzung mit dem Konstrukt des „Bedarfs", vgl. *Merchel* 1996a: 157ff, *Merchel* 1996c: 214 und 249ff. Außerdem findet kaum ein Einbezug der kommunalpolitisch Verantwortlichen über den Jugendhilfeausschuss statt, vgl. *Bußmann/Esch/Stöbe-Blossey* 2003: 43f.

207 Vgl. *KGSt* 1995b: 12.

208 Vgl. *Schaarschuch* 1996b: 15ff, *Schmidt* 1996: 40.

bei sozialen, personenbezogenen Dienstleistungen nicht funktionieren, da diese über das Medium Recht und nicht Geld gesteuert würden, das Marktversagen[209] selbst Grund für soziale Dienstleistungen sei und dem Markt moralische Kategorien fremd seien.[210] Zwar wurden immer wieder Befürchtungen geäußert, dass vor allem das Kontraktmanagement zu einer Wandlung bis Auflösung des korporatistischen Systems innerhalb der Kinder- und Jugendhilfe führen würde[211], empirisch gesehen ist es jedoch auffällig stabil.[212] Für die Kinder- und Jugendhilfe wird in der Umsetzung des NSM die Gefahr der Aushöhlung zentraler Maximen wie Subsidiarität, Pluralität, Autonomie freier/private Träger und partnerschaftliche Zusammenarbeit gesehen.[213] Daher fordert *Struck,* die „dialog- und partizipationsorientierten Steuerungsinstrumente“[214] der Kinder- und Jugendhilfe gegenüber der Neuen Steuerung stärker zu Geltung zu bringen.[215]

Viertens werden die Auswirkungen auf die freien/privaten Träger und die Jugendämter als Organisationen diskutiert. Für die Rolle der freien/privaten Träger wird befürchtet, dass der Druck zur Intensivierung betrieblicher Strukturen zunimmt und sie ihre Funktion als sozialpolitische Mitgestalter und anwaltliche Interessenvertreter nicht mehr wahrnehmen können und zunehmend um ihre Existenz fürchten müssen. Für die klassischen Wohlfahrtsverbände stehen die Auswirkungen auf deren innerverbandliche Struktur im Mittelpunkt.[216] Für die Jugendämter entzündete sich

---

209 Der Begriff „Marktversagen“ ist missverständlich. Genau genommen versagt der Markt nicht, sondern er erbringt ein nach bestimmten Kriterien ineffizientes Ergebnis.

210 Vgl. *Schaarschuch* 1996b: 15ff. Diese Argumentation vermischt jedoch die Frage von Akteur und Koordinierungsmechanismus, vgl. Kap. 2.5.1. Dennoch wird dem Ergebnis gefolgt, dass der Markt alleine die sozialen Dienstleistungen nicht effizient allokieren kann, allerdings aus einer institutionsökonomischen und sozialstaatskonzeptionellen Argumentation heraus, vgl. Kap. 2.4.3.

211 Vgl. für viele *Olk* 1994: 22, vgl. Kap. 2.5.3.

212 Analysiert im Hinblick auf den Wandel der Trägerstrukturen als Indikator für einen Wandel des korporatistischen Systems vgl. *Grohs* 2010: 421.

213 Vgl. *Wabnitz* 2006: 333, *Busch* 1997: 266. Es wird z. B. auf den möglichen Widerspruch zwischen Kontraktmanagement und partnerschaftlicher Zusammenarbeit verwiesen, vgl. *Niehuis* 2000: 262f.

214 *Struck* 1997b: 205.

215 Vgl. *Struck* 1997b: 203ff.

216 Vgl. *Merchel* 1996c: 250, zusammenfassend *Grunwald* 2001: 80ff, *Maaser* 2007: 58.

eine kritische Debatte um die Abschaffung des historisch gewachsenen Sonderstatus des Jugendamtes[217] (Fragmentierungsthese[218]).

Eine fünfte Kritikebene fokussiert die Auswirkungen auf das sozialpädagogische Handeln.[219] Innerhalb des Jugendamtes wird über das NSM eine verstärkte Orientierung an managerialistischen Denkweisen bei den Fachkräften konstatiert, die gleichzeitig als Deprofessionalisierungsthese[220] gekennzeichnet wird. Die Neue Steuerung vernachlässige fachliche Standards und setze ausschließlich auf die Umsetzung rechtlich-administrativer Vorgaben (Mindeststandards). Dabei wird der Managerialismus verstanden als Selbstzweck der Steuerung von Kosten. Im Zentrum steht nicht der Erfolg der Dienstleistung selbst (Sachziel), sondern der Sparerfolg (Formalziel). Hinzu kommen Arbeitsplatzunsicherheiten und Arbeitsverdichtung.[221] Damit steht die konkrete Kritik am NSM im Kontext der allgemeinen kritischen Auseinandersetzung mit der Veränderung des Erbringungskontextes der Hilfe zur Erziehung.[222]

Weitere Probleme lagen in der Implementierung des NSM, die auf eine Diskrepanz zwischen inhaltlichem Konzept und praktischer Umsetzung verweisen.[223] Z. B. steuern Jugendamtsverwaltungen weiterhin über Ressourcen, was der Idee einer outputorientierten Steuerung widerspricht.[224] In Deutschland wurde die Umsetzungsdiskussion auf die Binnenmodernisierung der Verwaltung verkürzt.[225] Mangelnde Prozessorientierung[226], bürokratische Abarbeitung einzelner Instrumente[227], fehlende Mitarbei-

---

217 Vgl. *Nikles* 1998: 208ff, *Merchel* 1999c: 145f, *Merchel* 2000d: 280f, *Wiesner* 2001b: 4ff.

218 Vgl. *Grohs* 2007: 252.

219 Vgl. *Luthe* 2003: 174ff.

220 Vgl. *Grohs* 2007: 252.

221 Vgl. *Schnurr* 1998: 378ff, *Schmidt* 1996: 44, *Thiersch* 1995a: 319, *Tegethoff* 1995: 144, *Fröhlich-Gildhoff* 2004: 35f. *Möller* sieht im Konzept des NSM einen Widerspruch zwischen der Notwendigkeit motivierte Fachkräfte zur Umsetzung zu brauchen und gleichzeitig die Angst vor Arbeitsplatzverlust bzw. Versetzung zu schüren, vgl. *Möller* 1997: 692ff.

222 Vgl. Kap. 2.5.3.

223 Vgl. *Jordan/Reismann* 1998: 41, *Naschold/Bogumil* 2000: 224, *Bußmann/Esch/Stöbe-Blossey* 2003: 25.

224 Vgl. Aus empirischer Sicht *Gadow/u. a.* 2013: 59.

225 Vgl. *Zimmer/Nährlich* 1997: 672, *Naschold/Bogumil* 2000: 222, *Grunwald* 2001: 67, *Reichard* 2003: 20.

226 Vgl. *Merchel* 2000d: 277.

227 Vgl. *Niehuis* 2000: 264, *Jann* 2005: 82.

ter_innenbeteiligung[228], fehlende Beteiligung der freien/privaten Träger[229] sowie konkrete Umsetzungsprobleme auf den unterschiedlichen Ebenen von Methode, Modellierung, Handlung und Politik[230] sind nur einige Beispiele. Aber gerade die Beteiligung etwa von Politik, Mitarbeiter_innen und der freien/privaten Träger im JHA sind aus empirischer Sicht Erfolgsfaktoren einer fachlich gelingenden Modernisierung.[231] Der zentrale Aspekt ist die geringe Einbeziehung von Politik in den Modernisierungsprozess. Eine Verwaltungsreform ist ohne Politikreform nicht zu haben.[232] Dies alles weist einerseits darauf hin, dass der strategische Gehalt des NSM kaum verstanden wurde.[233] Andererseits ist es aber auch ein Hinweis auf die mangelnde Steuerbarkeit von Veränderungsprozessen komplexer Organisationen bzw. Arrangements durch externe Programmimpulse.[234] Im Hinblick auf die Ziele des Kontraktmanagements, den Erbringungskontext der Hilfe zur Erziehung zu verändern, zeigt *Grohs* empirisch die Abhängigkeit von den Gegebenheiten vor Ort. Die konkreten Implementierungsfolgen des Kontraktmanagements hängen vom Zusammenspiel von Politik, Verwaltungsleitung und Fachebene, bestehend aus Fachverwaltung und freien/privaten Trägern, ab. Es kann daher nicht davon ausgegangen werden, dass sich der Erbringungskontext zwangsläufig zu mehr Pluralität bei den Anbietern und effizienterer Leistungserbringung hin verändert.[235]

---

228 Vgl. *Flösser* 1996b: 27, *Bassarak* 1998: 14, *Bogumil* 2013: 285. Insgesamt wird die fehlende Umsetzung von Organisations- oder Personalentwicklung bemängelt, vgl. *Oppen* 1999: 292, aus empirischer Sicht vgl. *Bogumil/Grohs/Kuhlmann* 2006: 161f.

229 Vgl. *Jordan/Reismann* 1998: 117, *Wohlfahrt* 1998: 366, als fehlende Beteiligung des JHA vgl. *Bußmann/Esch/Stöbe-Blossey* 2003: 63ff.

230 Vgl. *Strunk* 1998a: 54ff, *Kühn* 1995: 344, *Möller* 1997: 692f, *Reichard* 2003: 21f, mit empirischen Hinweisen vgl. *van Santen* 1998: 36ff, *Eichmann* 1996: 46, *Naschold/Bogumil* 2000: 223ff, *Jann* 2005: 82, *Bußmann/Esch/Stöbe-Blossey* 2003: 43ff. Für die Ebene der Organisationsentwicklung vgl. *Merchel* 2000d: 276f.

231 Vgl. *Grohs* 2007: 270, *Bußmann/Esch/Stöbe-Blossey* 2003: 98.

232 Vgl. *Naschold/Bogumil* 2000: 230.

233 Vgl. *Merchel* 1999c: 139, *Niehuis* 2000: 26. Für das Beispiel der Budgetierung vgl. *Flösser*, 1996a: 69f.

234 Vgl. *Schnurr* 1998: 363, *Merchel* 1999c: 139 und 142, *Merchel* 2000d: 277, *Naschold/Bogumil* 2000: 227.

235 Vgl. *Grohs* 2010: 419. Die Einführung von Instrumenten des NSM kann in bestimmten Konstellationen sogar zur Verhinderung der Ziele des NSM führen, vgl *Grohs* 2010: 426.

Eine mögliche Konsequenz ist, dass die Umsetzung des NSM in der Kinder- und Jugendhilfe „bei weitem nicht zu den erheblichen Folgen geführt [hat], wie dies allgemein behauptet wird.“[236] Empirische Studien legen den Schluss nahe, dass die Empfehlungen der KGSt vielerorts aufgegriffen wurden, jedoch nicht in Reinform umgesetzt werden, auch weil die konzeptionelle Dichte der KGSt Empfehlungen oft zu schwach ist.[237] Eine empirische Studie zur Implementierung des NSM im Verhältnis zu fachlichen Reformansätzen in 15 Jugendämtern typisiert drei Strategien, wie die Verwaltungsreform angegangen wird. Die betriebswirtschaftliche Strategie setzt auf die Instrumente des NSM und zielt primär auf Kostensenkung. Andere Jugendämter setzen verstärkt auf die konsequentere Umsetzung des SGB VIII und der Sozialraumorientierung als kinder- und jugendhilfebezogene Strategie. In einer „Verknüpfungsstrategie“ werden aktiv beide Ansinnen verbunden. Die Instrumente des NSM werden so angepasst, eingesetzt und angewandt, dass sie der Unterstützung fachlicher Ziele dienen. Dies zeigt sich besonders im Umgang mit Jugendhilfeplanung, Berichtswesen, dezentraler Ressourcenverantwortung und Produktorientierung.[238] Eine institutionsökonomisch orientierte Fallstudie klassifiziert die von ihr untersuchten Kommunen anhand ihrer Effizienzstrategie. Bei allen wurde eine Orientierung an ökonomischen Kriterien im Kontext der Verwaltungsreform, auch unabhängig vom NSM, festgestellt. Es lassen sich vier unterschiedliche Effizienzstrategien typisieren. Die budgetorientierte Effizienzstrategie verfolgt eine technische Effizienz im Sinne der Input-Output Relation und kann analog der oben genannten betriebswirtschaftlichen Strategie verstanden werden. Die netzwerkorientierte Strategie setzt auf die sozialräumliche Kooperation von Jugendamt und freien/privaten Trägern und erzielt Effizienz durch Reduzierung von Transaktionskosten. Die professionsorientierte Effizienzstrategie versucht durch Steuerung der professionellen Dienstleistungsprozesse Effizienz zu erhöhen und gesteht

---

236 *Böllert* 2003a: 41, aus empirischer Sicht vgl. *Grohs* 2007: 269. Dementgegen wird vom Paradigmenwechsel durch das NSM gesprochen, vgl. *Pitschas* 2002: 167, *Fröhlich-Gildhoff/Engel/Rönnau* 2006: 16. Für eine Kolonialisierung der Kinder- und Jugendhilfe durch das NSM in einzelnen Städten vgl. *Merchel* 2000d: 278.

237 Für die Jugendämter vgl. *Pluto* 2005: 29f, *Bußmann/Esch/Stöbe-Blossey* 2003: 98, allgemein vgl. *Bogumil/Grohs/Kuhlmann* 2006: 157, *Bogumil* 2013: 285.

238 Vgl. *Bußmann/Esch/Stöbe-Blossey* 2003: 29ff.

den Professionellen ein hohes Maß an Autonomie[239] zu, bei gleichzeitiger Einbindung in die Organisationsstrukturen und deren Weiterentwicklung. Als letzter Typ nehmen wirkungsorientierte Effizienzstrategien die Leistungswirkung in den Blick. Diese rein fachbezogenen Vorgehensweisen beziehen sich auf ausschließlich subjektiv bewertete Outcomes oder zeichnen sich als anspruchsvolle Verbindung von fachlichen sowie ökonomischen Kriterien durch klare Indikatoren und Steuerungsinstrumente aus. Erfolgskriterien einer gelungenen Implementierung sind die Einbindung der Politik in die Strategieentwicklung, die Beteiligung der Mitarbeiter_innen, die Beachtung von ökonomischen Fragen und Transaktionskosten.[240]

Die Bilanz der KGSt zur Umsetzung des NSM fällt gemischt aus.[241] Zwar schätzen in einer Befragung die Verwaltungsleitungen die Zielerreichung der Reform insgesamt als überwiegend erreicht ein, jedoch differenziert sich das Ergebnis bei genauerer Betrachtung stark und die Selbsteinschätzung der Verwaltungsleitungen ist vorsichtig zu interpretieren.[242] In der bereichsorientierten Bilanzierung fällt auf, dass das NSM in allen Bereichen Impulse gesetzt hat, jedoch nur in einigen, wie z. B. der Optimierung der Organisationsstruktur, weitgehende Veränderungen bewirken konnte. Felder wie das strategische Management oder systematische Personalentwicklung sind hingegen nach wie vor unterentwickelt.[243] Aus verwaltungswissenschaftlicher Sicht wird dem NSM eher ein Scheitern attestiert.[244] Eine breite empirische Untersuchung nach zehn Jahren NSM kommt zum Schluss:

---

239 Im Gegensatz zu Konditionalprogrammen kann das zweckorientierte Handeln z. B. innerhalb der Sozialverwaltung „lediglich auf seine Zweckmäßigkeit hin überprüft werden, und dies nur von Angehörigen der eigenen Profession" *Jordan/Reismann* 1998: 43. Da es demnach nicht um Richtigkeit geht, bedarf es der professionellen Autonomie.

240 Vgl. *Krone/u. a.* 2009: 180f.

241 Vgl. *Grohs/Bogumil* 2011: 307f.

242 Vgl. *KGSt* 2007: 60ff.

243 Vgl. *KGSt* 2007: 25ff.

244 Vgl. *Zimmer/Nährlich* 1997: 679. Eine empirische Studie in den alten Bundesländern kommt zum Ergebnis, dass maximal 10 % der untersuchten Organisationsentwicklungsprozesse, die im weiteren Kontext der Neuen Steuerung stehen, als gelungen angesehen werden können, vgl. *Bassarak* 1998: 11ff, *Bogumil/Grohs/Kuhlmann* 2006: 178, *Bogumil* 2013: 285. Dennoch gibt es einzelne Hinweise auf gelungene Reformierung von Einzelaspekten, wie z. B. kürzere Wartezeiten, vgl. *Jordan/Reismann* 1998: 77. Inwieweit diese jedoch als positive Auswirkung der Neuen Steuerung als Gesamtkonzeption einzuordnen sind bleibt fraglich.

> „Eine einheitliche Entwicklung, ein umfassender ‚Paradigmenwechsel‘ der deutschen Verwaltung vom weberianischen Bürokratiemodell zum New Public Management ist allerdings nicht festzustellen.“[245]

Gleichzeitig lässt auch die vehemente Kritik am NSM nach, was daran liegen mag, dass vielerorts Einzelteile mehr oder weniger erfolgreich implementiert wurden und die Instrumente zur Verwaltungsnormalität wurden.[246] Als Weiterentwicklung des NSM werden mittlerweile Ansätze eines strategischen Managements diskutiert, die „die Frage des politisch Gewollten mit den Instrumenten des Neuen Steuerungsmodells“[247] verbinden sollen. Ein konkretes Modell ist z. B. der Ansatz der bürgerorientierten Kommune.[248]

Neben diesen kritischen Einwänden wird auch gesehen, dass das NSM die Kinder- und Jugendhilfe zu einer Modernisierung ihrer Fachlichkeit herausgefordert hat.[249] In den Grundgedanken des NSM zu mehr Kund_innenorientierung und Wirtschaftlichkeit wird bei Beachtung der Besonderheiten der Kinder- und Jugendhilfe durchaus Potential zur Verbesserung der Qualität der Leistungen und zur Klärung fachlicher Grundannahmen gesehen.[250] Aus empirischer Sicht kann das NSM als Unterstützung profilierender Fachdebatten (QE, Sozialraumorientierung, Adres-

---

245 *Bogumil/Grohs/Kuhlmann* 2006: 177f, vgl. *Bogumil* 2013: 285, *Grohs/Bogumil* 2011: 311.

246 Vgl. *Bußmann/Esch/Stöbe-Blossey* 2003: 28f.

247 *Wohlfahrt* 2001b: 70.

248 Vgl. *Nährlich* 2001: 168ff, *Naschold/Bogumil* 2000: 228f.

249 Vgl. *Merchel* 1996a: 163, *Schmidt* 1996: 46ff, *Flösser* 1996a: 69ff, *Hinte* 1996: 2, *Lüders* 1997: 76ff, *Wabnitz*: 1999: 124, *Schilling* 2000: 157, *Fröhlich-Gildhoff* 2004: 36f, *Merchel* 2013: 22f. Allgemein wird dem NSM bescheinigt, dass es in der Lage sei, mehr demokratische und politische Transparenz und Kontrolle zu ermöglichen, wenn es angemessen umgesetzt wird. Demnach ist das Generalthema Transparenz und nicht Ökonomisierung, vgl. *Jann* 2005: 83f.
Für *Olk* weisen Teile der Verwaltungsmodernisierung als Organisationsentwicklungsprozess zur Verbesserung von mehr Effizienz und Effektivität durchaus in die richtige Richtung, allerdings nicht, wenn sie ausschließlich zur Kostenersparnis eingesetzt werden, vgl. *Olk* 2000: 110f.
A. A. ist *Hansen*, der konstatiert, es fehle ein „professionalisierungskritischer Umgang mit dem Thema, die Abkehr von paternalistischen Grundmustern und die Modernisierung der Sozialen Arbeit.“ *Hansen* 1997: 23.

250 Vgl. *Lüders* 1997: 80. Zur Debatte über Gefahren und Chancen einer „Kund_innenorientierung“ vgl. die zusammenfassenden Darstellungen bei *Jordan/Reismann* 1998: 84ff, *Bußmann/Esch/Stöbe-Blossey* 2003: 26ff, zum Thema Zielentwicklung vgl. *Jordan/Reismann* 1998: 129.

sat_innenorientierung u. a.) gelten.[251] Ist die „Kund_innenorientierung" im Rahmen des NSM an den Besonderheiten der Kinder- und Jugendhilfe vorbeigegangen, hat sich sowohl im sozialpädagogischen als auch dienstleistungstheoretischen sowie demokratietheoretischen Diskurs die Rolle der Adressat_innen und der Zusammenhang zur Qualität der sozialen Dienstleistung geschärft.[252] Allerdings wurde die konsequente Adressat_innenorientierung (als Mitbestimmung bei der Planung und Bereitstellung von Leistungen, als Stärkung ihrer Rechte und Wahlmöglichkeiten und als Abbau von diskriminierenden Zugangsmöglichkeiten) kaum umgesetzt.[253] In der Fortentwicklung des NSM wurde versucht, diesen Aspekt stärker zu betonen.[254] In einem Bundesmodellprojekt wurden die Grundgedanken des NSM auf die Besonderheiten der Kinder- und Jugendhilfe übertragen. Positiv ist dabei gelungen, den JHA als zentrales Steuerungsgremium und damit die Jugendhilfeplanung zu stärken und die multifunktionale Rolle der freien/privaten Träger zu reflektieren.[255] Durch den Ansatz, die Steuerung wirkungsorientiert auszurichten, ist allerdings über die avisierte Produktbeschreibung und -definition[256] wieder eine administrativ-technokratische Rationalität stark gemacht worden. Weiter schlägt das Modell zusätzliche Vernetzungs- und Kooperationsgremien vor[257], was eine Erhöhung von Abstimmungsbedarfen und Transaktionskosten nach sich zieht.[258]

Insgesamt zeigt sich, wie schwierig es ist, das komplexe, historisch gewachsene System der Erbringung von Leistungen der Kinder- und Jugendhilfe in einen neuen Steuerungsmodus zu überführen, ohne letztlich konstitutive Elemente der Kinder- und Jugendhilfe zu überformen oder zu vernachlässigen, aber gleichzeitig Effizienzreserven zu heben.

---

251 Vgl. *Grohs* 2007: 270. Z. B. für einen möglichen produktiven Bezug von Lebensweltorientierung und Neuer Steuerung vgl. *Birtsch* 1997: 269f. Allgemein zur Verbindung von Neue Steuerung und Kinder- und Jugendhilfe vgl. *BMFSFJ* 2002a: 259.

252 Vgl. *Blandow/Gintzel/Hansbauer* 1999: 67f, am Beispiel der Partizipation.

253 Vgl. *Hansen* 1997: 23, *Oppen* 1999: 292.

254 Siehe oben.

255 Vgl. *BMFSFJ* 2000: 17ff.

256 Vgl. *BMFSFJ* 2000: 51ff.

257 Zum Beispiel Sozialbezirksgremien vgl. *BMFSFJ* 2000: 68ff.

258 Vgl. *Jordan/Reismann* 1998: 105 als Reaktion auf den Zwischenbericht zu diesem Projekt.

Um die Impulse des NSM für eine fachgerechte Modernisierung der Kinder- und Jugendhilfe zu nutzen, müssten sich dessen Ansätze in die Strukturprinzipien der Kinder- und Jugendhilfe einpassen und nicht umgekehrt. Die Maßstäbe zur Optimierung und die Anwendungsbereiche sind aus der Fachlichkeit der Sozialen Arbeit zu definieren. Wenn die Kinder- und Jugendhilfe die Definitionsmacht über Qualität und Quantität ihrer Leistungen behält, kann eine Modernisierung der Prozesse und Strukturen der Leistungserbringung zu einer Qualitätsverbesserung und zu Kostenvorteilen führen und damit ein Gewinn für alle Akteure sein.[259] Es geht letztlich um eine reflektierte Anwendung Neuer Steuerung.[260] Notwendige Voraussetzung für die fachliche Fundierung wäre die konsequente Beteiligung von Mitarbeiter_innen und Adressat_innen bei der Umsetzung des NSM.[261] So gesehen wäre das NSM mit *Naschold/Bogumil* eher ein Ansatzpunkt für individuelle und kollektive Lernprozesse als ein rationales Steuerungsmodell.[262] Dies ist anschlussfähig an eine strategische Positionierung zur aktiven fachwissenschaftlichen Gestaltung der Reformen, um das Feld nicht fachfremden Professionen zu überlassen.[263] Demnach sind die Vereinbarungen nach §§ 78a-g SGB VIII nicht per se als problematisch für die Hilfe zur Erziehung einzustufen. Es ist vielmehr zu überlegen, in-

---

259 Vgl. *Wabnitz* 2006: 331, *Wabnitz* 1998: 12f, *Marquard* 2000: 136f, *Hinte* 1996: 3f. *Schilling* sieht in den Berichten zum Kontraktmanagement und zur Integrierten Fach- und Ressourcenplanung in der Jugendhilfe eine Definitionsmacht der Kinder- und Jugendhilfe über die Neue Steuerung, vgl. *Schilling* 2000: 154. Dies mag programmatisch möglich sein. Ob dies in der Praxis umgesetzt werden kann, erscheint jedoch fraglich.

260 Vgl. *Merchel* 1996c: 255f, *Prölß* 2000: 274, *Pitschas* 2002: 243ff, *Grohs/Bogumil* 2011: 311f.

261 Vgl. *Kühn* 1995: 348. Auch *Eichmann* sieht in der sachgerechten Einführung der Grundideen der Neuen Steuerung in die Kinder- und Jugendhilfe eine Unterstützung der fachlichen Anliegen der Sozialen Arbeit, vgl. *Eichmann* 1996: 46f, ähnlich *Schilling* 1997: 387f. Für eine Position der produktiven Auseinandersetzung, vgl. *Jordan/Reismann* 1998: 127f. *Späth* sieht im Neuen Steuerungsmodell, ebenfalls interpretiert unter fachlichen Maximen, eine Möglichkeit, den Paradigmenwechsel des SGB VIII zum Leistungsrecht zu unterstützen, vgl. *Späth* 1996: 358ff. Für eine dezidierte Auseinandersetzung mit den Spannungen und Übereinstimmungen von Neuer Steuerung und SGB VIII vgl. *Merchel* 1996c: 217ff. Als Beispiele für Übertragungsversuche auf die Besonderheiten der Sozialverwaltung vgl. z. B. *Strunk* 1998b: 372f, der für das Sozialamt eine Steuerung als Prozessmoderation andenkt.

262 Vgl. *Naschold/Bogumil* 2000: 231.

263 Vgl. *Jordan/Reismann* 1998: 80.

wieweit sie in der Lage sind, bei angemessener Handhabung die fachlichen Voraussetzungen für QE zu unterstützen. Dafür müssten sie von der scheinbar unumgehbaren Auslegungsperspektive des NSM befreit[264] und aus fachlicher Perspektive reformuliert werden.

Im Gegensatz zu den fachgeleiteten Versuchen ist davon auszugehen, dass die verkürzte, ideologisierte Interpretation der Leitgedanken des NSM[265] nicht zur Steigerung von Effektivität und Effizienz führen wird.[266] Es ist vielmehr zu befürchten, dass sich professionelle Handlungsvollzüge zunehmend an Anforderungen von Dokumentationen, Nachweisen etc. statt an den Bedarfen der Adressat_innen orientieren werden.[267] Dennoch wird die Soziale Arbeit nicht umhin kommen, sich weiter mit den Fragen nach den Wirkungen und Qualitäten ihrer Leistungen zu beschäftigen, will sie dies nicht anderen Fachwissenschaften – allen voran der Betriebswirtschaft[268] – überlassen.

1.2 Annäherungen an den Qualitätsbegriff

Die Diskussion um die Qualität in der Sozialen Arbeit bzw. in der Kinder- und Jugendhilfe ist von Beginn an geprägt von der Schwierigkeit einer allseits akzeptierten Definition dessen, was unter Qualität zu verstehen ist.[269]

---

264 Es ist unstrittig, dass der Kontext der Einführung der §§ 78a-g SGB VIII genau auf diese Auslegungsperspektive verweist, allerdings heißt das nicht, dass sie von einer autonomen Profession der Sozialen Arbeit angenommen werden muss. Selbst ein Gesetzespositivismus würde deutlich mehr Spielraum eröffnen, als die Auslegung im Kontext des NSM vermuten lässt, vgl. Kap. 2.5.2.

265 Die wichtigsten Forderungen sind hier: Verwaltungen zu „Konzernen" umbauen, Hilfe zur Erziehung als Produkt betrachten und einen reinen Marktmechanismus für die Allokation und Distribution von sozialen, personenbezogenen Dienstleistungen einführen, ohne die Besonderheiten der Leistungen und Strukturen der Kinder- und Jugendhilfe zu beachten.

266 Weitere Argumente werden im Verlauf dieser Arbeit entwickelt. *Reichard* sieht hingegen trotz der benannten Schwächen das NSM als tragfähiges Konzept für die Modernisierung der Verwaltung, vgl. *Reichard* 2003: 24. Für die Sozialverwaltung kann dem nicht zugestimmt werden.

267 Vgl. *Meinhold* 2003: 148.

268 Vgl. *Merchel* 2000d: 280.

269 Vgl. *Böllert* 2004: 122, *Merchel* 2005b: 45. Neben den Disziplin übergreifend differenten Ansichten zu „Qualität" als Begriff und Phänomen, gilt auch die fehlende Konsensfähigkeit der freien/privaten Träger der Sozialen Arbeit zumindest

Problematisch ist, dass Qualitätsdefinitionen und -modelle zuerst im Kontext der klassischen Warenproduktion entstanden sind und auf den Bereich von sozialen, personenbezogenen Dienstleistungen übertragen wurden[270], anstatt aus deren Besonderheiten eigens entwickelt worden zu sein. Demnach wird die Qualitätsdiskussion auch als von außen auferlegt empfunden. Gründe sind Legitimationsanforderungen an die Erbringung sozialer, personenbezogener Dienstleistungen und eine allgemeine Stärkung betriebswirtschaftlicher Sichtweisen in der Erstellung.[271]

1.2.1 Qualitätskonzepte

Einhellig scheint die Einschätzung zu sein, dass es keinen konsistenten eindimensionalen Qualitätsbegriff gibt, sondern dass es Sinn macht, verschiedene Qualitätsbegriffe zu unterscheiden.[272] Qualität ist ein relationaler Begriff[273], der sowohl von der Person, die ihn verwendet, als auch vom Kontext, in dem er verwendet wird, abhängig ist.[274] Die Systematisierungen im Hinblick auf Produkte und Dienstleistungen[275] nutzen einerseits die Unterscheidung zwischen Endprodukt und Erstellungsprozess, ande-

---

über einen inhaltlichen Kern als Hindernis für eine gemeinsame Definition, vgl. *Rose* 1996: 57.

270 Vgl. *Lindner* 2000: 36, für die Kinder- und Jugendarbeit.

271 Vgl. für viele *Merchel* 2004b: 136.

272 *Kulbach* differenziert produktorientierte (Übereinstimmung mit messbaren Eigenschaften), herstellungsorientierte (Vermeidung von Fehlern im Herstellungsprozess), kundenorientierte (Erfüllung von Kundenanforderungen) und wertorientierte Qualitätsbegriffe, vgl. *Kulbach* 1998: 443f. Dabei können die produktorientierten, herstellungsorientierten und kundenorientierten Sichtweisen dem instrumentellen Qualitätsbegriff nach *Bauer* untergeordnet werden. *Garvin* hat die in der Betriebswirtschaft gängigen Qualitätsbegriffe in transzendente (rein subjektive Bewertung), produktbezogene (Erfüllung festgelegter Anforderungen an das Endprodukt; ein Mehr eines Attributs ist gleich ein Mehr an Qualität), kundenbezogene (Erfüllung der Anforderungen der Kund_innen), wertorientierte (bestes Preis/Leistungsverhältnis) und fertigungsbezogene (Erfüllung von Spezifikationen an Teilkomponenten im Herstellungsprozess) Verständnisse systematisiert, vgl. *Garvin* 1984: 25ff. Die Qualitätsbegriffe nach *Harvey/Green, Honig/ u. a., Piel* und *Bauer*, die für die Hilfe zur Erziehung nutzbar sind, werden unten expliziert.

273 Vgl. *Schaarschuch/Schnurr* 2004: 310, *Beckmann/Richter* 2005: 136ff.

274 Vgl. *Harvey/Green* 2000: 17, *Heid* 2000: 41, *Jordan/Reismann* 1998: 13.

275 Hier sind keine sozialen, personenbezogenen Dienstleistungen gemeint.

rerseits die zwischen verschiedenen Perspektiven wie Hersteller_innen, Lieferant_innen und Kund_innen. Gerade die Differenzierung zwischen Prozess und Produkt ist jedoch, wie in der Diskussion um die Produktorientierung im NSM gezeigt, für soziale, personenbezogene Dienstleistungen nicht eindeutig anwendbar.

Für die Hilfe zur Erziehung sind vier Ansätze zur Systematisierung von Qualitätskonzepten anschlussfähig. Erstens die Konzeptionierung von *Honig/u. a.*[276] für eine „(sozial)pädagogische Qualität", zweitens die Systematisierung von *Bauer*[277] für soziale Dienstleistungen, drittens die Differenzierung von *Piel*[278] anhand der Relation von Angebots- und Nachfrageseite und viertens von *Harvey/Green*[279] für den Erziehungs- und Bildungsbereich.

Der Ansatz von *Honig/u. a.* versucht

> „Qualität als ein erziehungswissenschaftliches Konzept zu bestimmen, das die soziale Wirklichkeit von Erziehung und Bildung empirisch zu analysieren vermag."[280]

Dabei stellen sie fest, dass Qualität in den bisherigen Diskursen in der Regel nicht als analytischer Begriff, sondern als operatives Konstrukt verwendet wird. Ausgehend von einer wahrgenommenen Dominanz evaluativer Qualitätskonzeptionen in der Pädagogik wird kritisiert, dass in diesen Ansätzen die Beurteilungsmaßstäbe für Qualität mit dem Wesen von Qualität verwechselt werden. Durch die analytische Trennung von Beschaffenheit und Werturteil von pädagogischen Handlungen soll eine Analyse der „Prozesse der sozialen Strukturierung durch Normen (Qualitätspraktiken)"[281] möglich werden.[282] Ausgangspunkt ist ein relationaler Qualitätsbegriff, der die Genese von Qualitätsmaßstäben in der pädagogischen Praxis zum analytischen Gegenstand macht. Dieser Ansatz zielt damit auf eine erziehungswissenschaftliche Rekonstruktion des Qualitätsbegriffs, also auf eine Antwort auf die Frage „Qualität *von was*?". Unter handlungstheoretischer Perspektive sind für die Pädagogik sowohl die Intentionen

---

276 Vgl. *Honig* 2002, *Honig/Joos/Schreiber* 2004, ausführlich *Honig/Neumann* 2004: 251ff, ähnlich *Köpp/Neumann* 2003.
277 Vgl. *Bauer* 1996: 11ff, *Bauer* 2001a: 97ff.
278 Vgl. *Piel* 1996: 88ff.
279 Vgl. *Harvey/Green* 2000.
280 Vgl. *Honig/Joos/Schreiber* 2004: 18.
281 Vgl. *Honig/Joos/Schreiber* 2004: 27.
282 Vgl. *Honig/Neumann* 2004: 255ff.

als auch die Wirkungen des pädagogischen Handelns qualitätsrelevant.[283] Damit wird das Qualitätsproblem zu einem Problem der „Verknüpfung von Intention und Wirkung"[284].[285] Diese Verknüpfung lässt sich nicht durch pädagogisches Handeln, sondern nur über die Bewertung der Bedeutung dieses Handelns herstellen. Bei dieser Bewertung sind mehrere Perspektiven, vor allem die der Adressat_innen zu beachten. Eine Reduzierung der pädagogischen Qualität auf die gelungene Verknüpfung von Intention und Wirkung würde aber dem emanzipatorischen Anspruch von Erziehung zuwiderlaufen. Die Frage nach pädagogischer Qualität lässt sich demnach handlungstheoretisch nicht klären.[286] Durch die Reflektion des Technologiedefizits nach *Luhmann/Schorr*[287] wird herausgearbeitet, dass es

> „nicht mehr darum geht, durch bestimmtes Handeln bestimmte Wirkungen zu erzielen, sondern die Wirkungswahrscheinlichkeit von Ursachen (...) durch ein strategisches Hinzufügen und Kombinieren zu erhöhen."[288]

Hierzu entwickeln sich sog. Technologieersatztechnologien, die eine Reaktion auf das Problem des gleichzeitigen selbst-, fremd- und systemreferenziellen Agierens der Fachkräfte darstellen. In der Konsequenz zeigt sich, dass durch die Evaluation von Ergebnissen oder Wirkungen keine Erkenntnisse über pädagogische Qualität gewonnen werden. Dies kann nur erreicht werden, wenn man erforscht wie Qualität entsteht.[289] Ohne diesen Ansatz inhaltlich zu bewerten, kann der Versuch, eine „pädagogische Qualität" aus ihren eigenen fachlichen Ansprüchen, konstitutiven Begrenzun-

---

283 Vgl. *Honig* 2002: 220f. „Erst wenn zur Legitimität pädagogischer Intentionen die begründete Erwartung ihrer Wirksamkeit hinzutritt, lässt sich von pädagogischer Qualität überhaupt sprechen, umgekehrt reichen Wirkungen, Effekte allein nicht aus, um ein Handeln als pädagogisches zu qualifizieren, sie müssen auch begründet sein" *Honig* 2002: 221.

284 *Honig* 2002: 221.

285 Vgl. *Honig/Neumann* 2004: 257ff.

286 Vgl. *Honig* 2002: 220ff.

287 Vgl. *Luhmann/Schorr* 1982b: 11ff.

288 *Honig* 2002: 224.

289 Vgl. *Honig* 2002: 223ff, *Honig/Neumann* 2004: 264ff. Hieraus entwickelt *Honig* einen eigenen Forschungsansatz, der einen institutionentheoretischen Ansatz (Kinderbetreuungseinrichtungen verstanden als eine soziale Ordnung, die Organisation und Interaktion nicht voneinander trennt) auf der Gegenstandsebene mit einem feldtheoretischen Ansatz auf der Methodenebene verknüpft, vgl. *Honig* 2002: 226, *Honig/Joos/Schreiber* 2004: 27f.

gen und unauflösbaren Paradoxien heraus empirisch zu konzeptionalisieren, nur begrüßt werden. Nimmt man die vorgetragene Analyse ernst, wird deutlich, dass die Qualitätsdiskussion in pädagogischen Feldern den zweiten Schritt vor dem ersten getan hat.

Die Kinder- und Jugendhilfe ist derzeit aus rechtlichen und legitimatorischen Gründen im Dilemma, die Qualitäten ihrer Leistungen zu beschreiben und QE zu betreiben, ohne über einen systematisch-analytischen Qualitätsbegriff, der sich aus der eigenen Fachwissenschaft herleitet, zu verfügen.[290] Auch wenn die Unzulänglichkeit und Zumutung einer unpassend übertragenen Qualitätsdiskussion aus der Betriebswirtschaft auf die Soziale Arbeit häufig beklagt wird, sind bisher keine Anzeichen erkennbar, den obigen Ansatz in ähnlicher Weise auf das Feld der Hilfe zur Erziehung zu übertragen.

Bauer unterscheidet im Bereich sozialer Dienstleistungen subjektive, objektive, instrumentelle und normative Qualitätsbegriffe. Dabei bezieht sich der subjektive auf das direkte Handlungsgeschehen im Einzelfall, der objektive auf das professionelle Handeln der Fachkräfte, der instrumentelle auf die institutionell-organisatorischen Rahmenbedingungen und der normative auf die sozialpolitischen Ziele der Kinder- und Jugendhilfe allgemein.[291] Ein für die sozialen Dienstleistungen weit verbreiteter[292] und am Produktionsbereich angelehnter *instrumenteller* Qualitätsbegriff verwendet eine deskriptive Definition und bestimmt Qualität als „Grad, in dem ein Satz inhärenter Merkmale Anforderungen erfüllt"[293]. Qualität ist hier eine strategische Größe im Hinblick auf Absatz und Verkauf und damit Management- bzw. Leitungsaufgabe. Ziel ist die Normierung und Standardisierung von Prozessen innerhalb der Organisation. Im Zentrum steht nicht die Qualität der sozialen Dienstleistung an sich, sondern der „betrieblich-organisationale Erbringungsrahmen"[294]. Die Qualitätskriterien könnten innerhalb eines solchen Verständnisses zentral, z. B. von Spit-

---

290 Vgl. *Beckmann/u. a.* 2003b: 9.

291 Vgl. *Bauer* 2001a: 101.

292 Vgl. *Mosebach* 1997: 219.

293 Norm EN ISO 9000:2005. Die vorangehende Version der Norm formulierte: „Gesamtheit von Merkmalen einer Einheit bezüglich Eignung, festgelegte und vorausgesetzte Erfordernisse zu erfüllen", EN ISO 9000:2000.

294 *Bauer* 1996: 27.

zenverbänden, entwickelt und dezentral implementiert werden.[295] Zu einer solchen Qualitätssicherung[296] eignen sich Zertifizierungen, Fremdevaluationen und Nutzer_innenbefragungen. Es wird anerkannt, dass durch dieses Qualitätsverständnis und die entsprechenden Instrumente der organisationale Erbringungsrahmen verbessert werden kann. Allerdings wird auch auf die Nachteile von Dokumentationen und der top-down-Ausrichtung dieser Ansätze hingewiesen, vor allem in der Anwendung auf die soziale Dienstleistung im Einzelfall selbst.[297] Im Hinblick auf die Relation von Angebots- und Nachfrageseite entspricht dem instrumentellen Qualitätsbegriff *Piel*s sozialtechnologischer Ansatz. Der Fokus liegt auf dem Endprodukt, dessen Qualität anhand vorher festgelegter Standards bestimmt wird. Verantwortlich für die Qualität ist allein die Anbieterseite. Für soziale, personenbezogene Dienstleistungen ist die Perspektive unzureichend.[298] Die entwickelten Sozialmanagementansätze zielen in der Regel auf diesen

---

295 Vgl. *Bauer* 1996: 27. Zur Schwierigkeit der damit verbundenen innerverbandlichen Koordination und Abstimmung vgl. *Biebricher/Boeßenecker/Weigel-Stollenwerk* 1999: 619.

296 Hier wird explizit der Begriff Qualitätssicherung verwendet. Der Begriff der Qualitätssicherung erscheint vielen Autor_innen zu technokratisch, da er suggeriert, die Qualität der sozialen Dienstleistung ließe sich in standardisierten Prozessen sichern. Außerdem liegt ihm ein instrumentelles Qualitätsverständnis zugrunde und er fokussiert Prüfung und Kontrolle. Die Sicherung instrumenteller Qualität könne auch zur Abnahme objektiver Qualität führen, da die Qualitätsansprüche möglicherweise steigen, aber ein vereinbarter Qualitätsstandard weiterhin erreicht und so (ein schlechter) Standard gesichert wird. Letztlich verhindere die Fokussierung auf Standardisierung und Sicherung eine Qualitäts*entwicklung*, vgl. *Meinhold* 1994: 43, *Bauer* 1996: 34ff, *Heiner* 2004: 133f. Das Argument dynamischer, weil normativ auszuhandelnder, Qualitätsstandards ist allerdings nicht stichhaltig gegen eine Qualitätssicherung an sich, sondern allenfalls gegen den Prozess der Entwicklung und Festlegung von Standards. Qualitätssicherung ist denkbar bei der Sicherung von (rechtlichen) Mindeststandards, wie z. B. bei der Erteilung einer Betriebserlaubnis für Heime. Eine Qualitätssicherung im Sinne von Mindeststandards wäre für die Hilfen zur Erziehung als soziale Dienstleistung hilfreich, jedoch nicht als alleiniges Element einer QE. *Meinhold* hält es für machbar, Qualitätssicherung anstatt unter einem sozialtechnologischen auch unter einem professionellen (selbst-)reflexiven Verständnis umzusetzen, vgl. *Meinhold* 1995: 288ff. Dem kann nur für Mindeststandards gefolgt werden. Eine Qualitätssicherung fachlicher Standards für die sozialpädagogische Interaktion erscheint hingegen nicht möglich.

297 Vgl. *Bauer* 2001a: 104ff.

298 Vgl. *Piel* 1996: 92.

instrumentellen Qualitätsbegriff.[299] Der *objektive* Qualitätsbegriff[300] bezeichnet Qualität als Unterscheidungskriterium. Er zeigt die Güteeigenschaft (Wertung) und den Gütegrad (Vergleich) von etwas an, zielt also gerade nicht auf Standardisierung und Normierung. Im Hinblick auf die Wertung (gut oder schlecht als Güteeigenschaft) wird im Fachdiskurs in der Regel davon ausgegangen, dass soziale Dienstleistungen per se „gutes Handeln" darstellen, da es sich um Hilfe handelt. Das heißt, die allgemeine Güte sozialer Dienstleistungen wird nicht in Frage gestellt.[301] Diese Sichtweise knüpft an die Traditionen Sozialer Arbeit als solidarische, karitative oder diakonische Hilfe an, vernachlässigt aber den Aspekt der heutigen beruflich organisierten, zielgerichtet gesteuerten und professionalisierten Sozialen Arbeit als Dienstleistung.[302]

Im Hinblick auf den Gütegrad geht es um die relative (im Sinne von besser oder schlechter) Qualität der sozialen Dienstleistung. Diese orientiere sich ebenfalls nicht an Ergebnissen und Wirkungen der sozialen Dienstleistungen oder an der Qualifikation der Fachkräfte, sondern werde gleichgesetzt mit dem Erfolg der sozialen Dienstleistung im Wettbewerb mit anderen konkurrierenden Leistungsanbietern. Mit anderen Worten: „Qualität ist das, was sich besser auf dem Markt durchsetzt."[303] Damit wird bessere bzw. schlechtere Qualität nicht durch Indikatoren der Fachlichkeit, sondern allein durch betriebswirtschaftliche Erfolgsindikatoren bestimmt.[304] Diese betriebswirtschaftlichen Erfolgsindikatoren setzen jedoch einen Marktmechanismus für einen Qualitätswettbewerb voraus, der bei sozialen Dienstleistungen nicht per se funktioniert. Folglich wird mit diesem Qualitätsverständnis behauptet, die „ökonomische Effizienz"[305] und nicht die personenbezogene Wirkung der sozialen Dienstleistung sei der alleinige Gradmesser der Qualität. Dies würde eine Ökonomisierung

---

299 Vgl. *Bauer* 2000: 34.

300 Auch als wertorientierter Qualitätsbegriff bezeichnet, vgl. *Kulbach* 1998: 443.

301 Vgl. *Bauer* 2000: 38, *Bauer* 1996: 30, *Bauer* 2001a: 109. Allerdings ändert sich dies im Kontext der Legitimitätsanfragen an die Soziale Arbeit, vgl. *Flösser* 2001: 11.

302 Vgl. *Roth* 2013: 4ff. In Anlehnung an *Späth* ließe sich an den Formulierungen „Wohlfahrtsverbände tun Gutes" oder „Wohlfahrtsverbände tun ihre Arbeit gut" der Unterschied zwischen einem moralisch-ethischen Werturteil und einem Qualitätsurteil illustrieren, vgl. *Späth* 1998: 19.

303 *Bauer* 1996: 30, vgl. *Bauer* 2001a: 110.

304 Vgl. *Bauer* 2001a: 110.

305 Im Sinne einer technischen oder betriebswirtschaftlichen Effizienz.

der Sozialen Dienstleistungen widerspiegeln.[306] Diesem „ökonomisierten Qualitätsverständnis“ müsse ein normatives entgegengesetzt werden. *Bauers* zentrale Kritik zielt auf eine Fokussierung des instrumentellen Qualitätsbegriffs, der für die Verbesserung der Organisation sozialer Dienstleistungserbringer in angepasster Form durchaus berechtigt sei, aber dessen Mess- und Prüfverfahren auch auf den objektiven Qualitätsbegriff unreflektiert übertragen werden. Somit würden die Spezifika der sozialen Dienstleistung als Ko-Produktion und damit vor allem die Bedeutung der Professionalität der Fachkräfte überformt.[307]

Ein normatives Qualitätsverständnis lässt sich nur anhand professioneller und berufsethischer Kriterien entwickeln. Diese sind durchaus heterogen und letztlich das Ergebnis gesellschaftlicher Auseinandersetzungen. Grob differenzieren lassen sich zwei normative Zielhorizonte, die sich in emanzipativen bzw. paternalistischen Ansätzen widerspiegeln.[308] Anders gewendet kann auch von adressat_innenorientierten bzw. expertokratischen Ausrichtungen gesprochen werden.[309] Hier setzt *Piel* die entscheidende Differenzierung. Der expertokratische Ansatz folgt exklusiv fachlichen Standards und setzt auf Fremdinterpretation und stellvertretende Interessenswahrnehmung in einem Subordinationsverhältnis. Der adressat_innenbezogene Ansatz hingegen stärkt die Position der Adressat_innen als Subjekte und kann eine konsumeristische oder demokratische Ausrichtung annehmen. Der konsumeristische Qualitätsbegriff konstruiert souveräne Kund_innen und macht deren Bedürfnisbefriedigung zum alleinigen Ziel.[310] Er ist ergebnisorientiert, zielt auf die verbesserte „Außendarstellung administrativer Leistungsfähigkeit“[311], bedient eine naive

306 Vgl. *Bauer* 1996: 30f, *Bauer* 2001a: 110f, s. u.

307 Vgl. *Bauer* 2001a: 111.

308 Vgl. *Bauer* 1996: 32f.

309 Der Verlauf der Qualitätsdiskussion über verschiedene Phasen zeigt ein Pendeln zwischen expertokratischen und adressat_innenorientierten Ausrichtungen. Waren die Diskussionen zu Beginn der Professionalisierung bzw. Modernisierung und der anschließenden Institutionenkritik stark expertokratisch geprägt, gelang durch die Selbsthilfebewegung eine stärkere Orientierung an der Adressat_innenperspektive. Der Einzug der Sozialmanagement- und Qualitätsmanagementpraktiken betonte wiederum die Expert_innensicht, wobei gleichzeitig durch die Lebensweltorientierung und Dienstleistungsorientierung die Adressat_innenperspektive als fachliche Maxime eingebracht wurde, vgl. am Beispiel psychiatrischer Arbeitsfelder *Seckinger/Stiemert-Strecker/Teuber* 2000: 9ff.

310 Vgl. *Piel* 1996: 93f.

311 *Piel* 1996: 95.

Dienstleistungsorientierung[312] und geht am meritorischen Charakter der Hilfe zur Erziehung vorbei.[313] In der Konstellation der Hilfe zur Erziehung entstehen im Hinblick auf eine konsequente, ausschließliche Orientierung an den Bewertungen, Wünschen und Erwartungen der Adressat_innen normative und methodische Probleme, deren Lösung sich nicht abzeichnet, sondern die vielmehr als konstitutiv für die Hilfe zur Erziehung gelten.

Der demokratische, adressat_innenorientierte Ansatz hingegen ist prozessorientiert und zielt auf die Erweiterung von Selbstbestimmungsmöglichkeiten und die Emanzipation der Adressat_innen. Damit setzt er die Bedürfnisse der Adressat_innen nicht absolut, sondern rückt auch deren Entstehung und Entwicklung in den Blick.[314] Für die Hilfen zur Erziehung verweist diese Polarisierung auch auf das doppelte Mandat[315] von Hilfe und Kontrolle. In den letzten Jahren ist zusätzlich der *capability approach* einflussreich im Hinblick auf die normative Orientierung geworden.[316] Für die Qualitätsdebatte hätte eine Orientierung an einem emanzipatorischen Zielhorizont zur Konsequenz, einen dynamischen, prozessorientierten Qualitätsbegriff zu verwenden und die Adressat_innen die Qualität der Dienstleistung stärker mitbestimmen zu lassen.[317] Die emanzipatorische Ausrichtung der Qualitätsdiskussion ist aufgrund der spezifischen Konstellation innerhalb der Hilfe zur Erziehung eine Zielperspektive, der es sich anzunähern gilt.

Für die Besonderheiten Sozialer Dienstleistungen als Bildungs- und Erziehungsprozesse, die koproduktiv verlaufen, unterscheiden *Harvey/Green* fünf Qualitätsverständnisse. Erstens kann Qualität das Besondere bezeichnen, das Übertreffen von hohen Standards oder wenigstens die Einhaltung von Mindeststandards. Zweitens kann Qualität als Konsistenz oder Perfektion verstanden werden. Dabei geht es um die Fehlerlosigkeit von Prozessen und darum, die richtigen Dinge richtig zu tun. Drittens kann die Zweckmäßigkeit, also bestimmte Anforderungen zu erfüllen, als Qualität

312 Vgl. *Müller* 1996b: 9ff.
313 Vgl. Kap. 2.4.3.
314 Vgl. *Piel* 1996: 93ff.
315 Vgl. *Böhnisch/Lösch* 1973: 27ff. Es kann davon ausgegangen werden: je stärker strafrechtliche Aspekte den Kinderschutzdiskurs bestimmen, desto dominanter wird der expertokratische Ansatz.
316 Vgl. Kap. 2.3.
317 Vgl. *Bauer* 1996: 33, *Piel* 1996: 96.

betrachtet werden. Viertens steht Qualität für einen adäquaten Gegenwert im Sinne des „*value for money*". Letztlich kann grundlegende Veränderung der Form (Transformation) als Qualität begriffen werden.[318] Ihr transformativer Qualitätsbegriff zielt auf grundlegende Veränderungen der an der Dienstleistungsproduktion Beteiligten. Diese Transformation ist ein ausgehandeltes Geschehen. Sie differenzieren im Hinblick auf diese Transformation eine „Weiterentwicklung" und eine „Bemächtigung" der Adressat_innen. Die Weiterentwicklung bezieht sich für Bildungsangebote auf einen Zugewinn von Wissen, Fertigkeiten und Fähigkeiten.[319] Um nicht auf der Ebene einer rein quantitativen Bewertung des Zugewinns zu bleiben, sollten „Lernende (…) sowohl im Zentrum des Lernprozesses, als auch im Zentrum des Prozesses der Evaluation von Lernen stehen."[320] Das führt zu Bemächtigung (Empowerment[321]) der Lernenden, also eine Abgabe der Macht der Professionellen an die Adressat_innen. Damit erhalten die Adressat_innen zum einen Gestaltungsmacht über ihren Transformationsprozess und zum Zweiten die Möglichkeit zur Selbstermächtigung. Beides führt zu einem Mehr an Selbstbestimmung.[322]

Die Systematisierungsversuche des Qualitätsbegriffs für soziale, personenbezogene Dienstleistungen verweisen auf einige zentrale Fragestellungen für die Hilfen zur Erziehung. Zum einen wird übereinstimmend davon ausgegangen, dass Qualität in den Hilfen zur Erziehung kein absoluter Bewertungsmaßstab ist. Qualität ist ein komplexes Konstrukt, dass nicht ohne Bezug zu gesellschaftlichen und persönlichen Normen, Werten, Zielen usw. konzeptionalisiert werden kann. Sie ist immer normativ[323] und dynamisch.[324] Relevant sind gesellschaftliche Kontexte ebenso wie die Interessen verschiedener Akteure, die mit unterschiedlichen Machtpotentialen

---

318 Vgl. *Harvey/Green* 2000: 18ff.

319 Vgl. *Harvey/Green* 2000: 31ff.

320 *Harvey/Green* 2000: 32.

321 Der Begriff ist schillernd und wird hier im Sinne von Selbstbemächtigung und Selbstaneignung verwendet, vgl. *Herringer* 2006: 14ff.

322 Vgl. *Harvey/Green* 2000: 31ff.

323 Vgl. *Wabnitz* 1999: 125, *Merchel* 2000f: 168, *Merchel* 2013: 40, *Vilain* 2003b: 179.

324 Vgl. *Merchel* 2000f: 168f. *Oppen* zeigt über eine Systematisierung der vergangenen Diskussionsphasen (60er bis 90er-Jahre) zum Thema Qualität, die sie als Modernisierungsschübe versteht, dass sich das Verständnis von Qualität in immer mehr Teileigenschaften differenziert hat, vgl. *Oppen* 1999: 293ff.

ausgestattet sind.[325] Diese Erwartungen der beteiligten Akteure können höchst unterschiedlich sein:

> „Kostenträger wollen mehr Planungssicherheit, Leistungsempfänger suchen optimale Unterstützung, die Öffentlichkeit erwartet sichtbare Erfolge und «Sozialverträglichkeit» der Angebote, Träger sind an Ruf und Auslastung der Einrichtung, Fachdisziplinen an «kunstgerechter» Leistungserbringung und Mitarbeiter an guten Arbeitsbedingungen interessiert.“[326]

Qualität kann demnach nur durch Aushandlung[327] gefasst und QE nur dialogisch umgesetzt werden.[328] Gleichzeitig ist QE immer nur ausschnitthaft, zeitabhängig und unvollständig, da eine Reduktion von Komplexität vorgenommen wird.[329] Weiter ist zu beachten, dass es unterschiedliche Aushandlungsarenen auf verschiedenen Ebenen gibt. So wird auf der Ebene der direkten Leistungserbringung zwischen Auftragspädagog_in und Familie, auf der organisationalen Ebene zwischen Leitung, Fachkräften und Adressat_innen sowie auf der institutionellen Kontraktebene zwischen Jugendämtern und freien/privaten Trägern über Qualitätsbegriffe verhandelt.[330] Die Wechselwirkungen von Qualitätsaushandlungen auf der Ebene der institutionellen Verhandlungen zu der Ebene der Verhandlungen in der direkten sozialpädagogischen Interaktion bleiben weitgehend unbeachtet.[331]

Ein angemessenes Qualitätskonzept nimmt das Charakteristikum der Ko-Produktion auf und verbindet die Produzent_innenperspektive mit der Adressat_innenperspektive.[332] So haben Adressat_innen in zweifacher Hinsicht Einfluss auf Qualität, und zwar in ihrer „Herstellung“ und ihrer Bewertung.[333] Aus der Notwendigkeit der Aushandlung und den unterschiedlichen Machtpotentialen ergibt sich zwangsläufig die Frage, welche

---

325 Vgl. *Schaarschuch/Schnurr* 2004: 312ff, *Grunwald/Steinbacher* 2007: 56, *Merchel* 2013: 44f.

326 *Gerull* 2001: 442.

327 Vgl. *Merchel* 1998b: 386, *Gerull* 2000: 12, *Beckmann/u. a.* 2003b: 14, *Vilain* 2003b: 188f, *BAGFW* 2012: 4.

328 Vgl. *Braun* 1999: 119, *Braun* 2004: 40.

329 Vgl. *Rose* 1996: 59f, *Merchel* 2000b: 16ff, *Meinhold* 1994: 42, *Beckmann/u. a.* 2003b: 10f.

330 Vgl. *Beckmann/u. a.* 2003b: 16ff.

331 Vgl. *Beckmann/u. a.* 2003b: 12.

332 Vgl. *Oppen* 1999: 293ff.

333 Vgl. *Müller* 1999: 46.

Rolle die Adressat_innen im Qualitätsdiskurs spielen. Daher sind Qualitätskonzepte, die auf einfache Soll-Ist Vergleiche zielen[334], unzureichend.

1.2.2 Qualitätsdimensionen

Der Qualitätsbegriff wird in der Kinder- und Jugendhilfe klassischerweise in drei Qualitätsdimensionen oder „Qualitätsmodi"[335] analytisch zerlegt.[336] Es handelt sich um Strukturqualität (auch Potenzialqualität genannt), Prozessqualität und Ergebnisqualität, die auf eine Differenzierung von *Donabedian* zurückgehen, der diese für den Krankenhaussektor entwickelt hat.[337] Diese Systematisierung des Qualitätsbegriffs wurde innerhalb der Sozialen Arbeit problematisiert[338] und durch andere Qualitätsdimensionen erweitert, wie z. B. Normqualität[339], Konzeptqualität[340], Mitarbeiter_innenqualität, Organisationsqualität und Ressourcenqualität[341], Mitbestimmungsqualität und Umgangsqualität[342], Kommunikationsqualität[343], Beziehungsqualität[344] oder Erlebnisqualität.[345] Diese Dimensionen versuchen die Besonderheiten der sozialen, personenbezogenen Dienstleistung aufzugreifen, haben sich aber nicht durchgesetzt. Auch die englischen Bezeichnungen Input, Troughput, Output und Outcome werden häu-

334 Die Qualität einer sozialen Dienstleistung lässt sich nicht einfach als Maß an Übereinstimmung zwischen den Erwartungen der relevanten Akteure an die soziale Dienstleistung und die tatsächlich erbrachte soziale Dienstleistung definieren, vgl. so aber *Gerull* 2001: 442f.

335 Vgl. *Warzecha* 1999: 47.

336 Vgl. für viele *Jordan/Reismann* 1998: 58. Eine andere Trias lautet: technische, funktionale und Beziehungsqualität, vgl. *Kulbach/Wohlfahrt* 1996: 103.

337 Vgl. *Donabedian* 1982: 69ff.

338 Ein zentraler Einwand ist, dass innerhalb der Qualitätstrias ein linearer Zusammenhang zwischen Struktur, Prozess und Ergebnis unterstellt wird, vgl. *Mosebach* 1997: 220, *Finis Siegler* 2009: 159. Diese Kausalität ist aufgrund des Technologiedefizits innerhalb der Sozialen Arbeit aber nicht gegeben.

339 Vgl. *Vilain* 2003b: 179f. Zur ethisch-normativen Dimension des Qualitätsbegriffs vgl. auch *Heiner* 1996b: 28f.

340 Vgl. *Meinhold* 1994: 45ff, *Heiner* 1996b: 31, *Emanuel* 2001: 140ff.

341 Gemeinsam mit der Konzeptqualität als produktionsbezogene Dimensionen vgl. *Heiner* 1996b: 31.

342 Vgl. *Emanuel* 2001: 140ff.

343 Vgl. *Meinhold* 1994: 45ff.

344 Vgl. *Wagner, J.* 2007: 202.

345 Vgl. *Bauer/Dittrich/Schäfer* 1999: 47.

fig verwendet. Es gibt jedoch für die sozialen, personenbezogenen Dienstleistungen keine allgemeingültige Übereinkunft, wie die analytische Dimensionierung anhand dieser Begriffe vorgenommen wird.[346] Der Qualitätsbegriff wird vom Gesetzgeber im Kontext der Vereinbarungen nach §§ 78a-g SGB VIII auf Struktur-, Prozess- und Ergebnisqualität festgelegt.[347] Die neueren Diskussionen greifen stärker den Begriff der „Wirkungsqualität" auf. Teilweise wird Ergebnisqualität mit Wirkung gleichgesetzt.[348] Für die Hilfe zur Erziehung als soziale, personenbezogene Dienstleistung in Ko-Produktion muss davon ausgegangen werden, dass der Prozess (Leistungserstellung) nicht vom Ergebnis (Leistung) trennbar ist.[349] Lediglich die Folgen der Leistungserstellung können als erzielte (hypothetische) Wirkungen *analytisch* gesondert betrachtet werden.[350] Unter der Perspektive der Legitimation Sozialer Arbeit durch den Qualitätsdiskurs gerät die Soziale Arbeit hierdurch in ein Dilemma. Ist einerseits über eine Ergebnisorientierung im Sinne einer erbrachten Leistung (eine Stunde Elternberatung durch eine Auftragspädagog_in) ein Legitimationsnachweis über die verbrauchten Ressourcen gut zu erstellen, werden die konstitutiven Elemente des uno-actu-Prinzips[351] und der Ko-Produktion aufgegeben. Andererseits führt eine Orientierung an den Wirkungen zu einem Legitimationsproblem, da die Wirkungszusammenhänge komplex, nicht kausal und nicht linear sind sowie nicht prompt[352] aus den Leistungen folgen. Legt man den Fokus ausschließlich auf Wirkung der Hilfe zur Erziehung wird die Soziale Arbeit an einem Qualitätsverständnis gemessen, das sie selbst nur sehr begrenzt beeinflussen kann. Wirkungsevaluationen könnten

---

346 So wird z. B. der Output als Prozessqualität (vgl. *Jordan/Reismann* 1998: 20) oder als besonderer Bestandteil der Ergebnisqualität (vgl. *Piel* 1996: 102) bezeichnet. In der Sache wird bei beiden ausgedrückt, dass sich bei sozialen, personenbezogenen Dienstleistungen Prozess und Ergebnis nicht trennen lassen.

347 Vgl. *BT-Drs* 13/10330: 17.

348 Vgl. *Merchel* 2002b: 18. Der Begriff Ergebnisqualität wird von der KGSt (1998) durch Wirkungsqualität gleichbedeutend ersetzt, vgl. *Treeß* 1999b: 17.

349 Vgl. *Piel* 1996: 102, *Langer* 2004a: 256.

350 Siehe unten. *Merchel* konstruiert Wirkungen als einen wichtigen, aber nicht alleinigen Bestandteil von Ergebnis, vgl. z. B. *Merchel* 2013: 50.

351 Produktion und Konsumtion fallen zeitlich zusammen, vgl. *Finis Siegler* 2009: 32.

352 Vgl. *Schmidt* 1996: 36, *Kulbach* 1998: 444.

zum vermeintlichen Nachweis der Nichtwirkung Sozialer Arbeit und damit zu ihrer Delegitimation beitragen[353]:

> „Qualität der Leistung ist nicht nur von den Fähigkeiten und der Einsatzbereitschaft des Produzenten, sondern auch von der Kooperationsfähigkeit und der Kooperationsbereitschaft des ‚Konsumenten' abhängig"[354]

und darüber hinaus von vielen weiteren Aspekten. *Olk* spricht von „riskanten Evaluationen".[355]

Um nicht falsch verstanden zu werden, hier geht es nicht um die grundsätzliche Legitimation der Sozialen Arbeit, diese ist politisch zu verhandeln, sondern um den Nachweis, keine Verschwendung von Ressourcen zu betreiben.

Im Folgenden wird auf die Begriffe Strukturqualität, Prozessqualität und Wirkungsqualität zurück gegriffen.

Strukturqualität

Die Dimension der Strukturqualität erfasst vor allem personelle und finanzielle (sachliche) Ressourcen.[356] Für die Hilfe zur Erziehung handelt es sich als sog. Bereitstellungsleistung um vorgehaltene Ressourcen zur Leistungserstellung[357], also um die Rahmenbedingung möglicher Dienstleistungen.[358] Unstrittige Aspekte zur Strukturqualität aus fachlicher Sicht sind z. B. die Qualifikation der Fachkräfte[359], die Finanzierungsform[360], eine Festanstellung der Fachkräfte, die Arbeit innerhalb eines Teams, eine regelmäßige Supervision und die angemessene räumliche und sachliche Ausstattung.[361] Die Auseinandersetzung mit Strukturqualität erscheint im Gegensatz zu Prozess- oder Wirkungsqualität relativ einfach, da sie sich sehr gut zur Entwicklung von Qualitätsstandards und Indikatoren eignet

---

353 Vgl. *Olk* 1994: 27.
354 *Braun* 2007: 131, vgl. ferner *Finis Siegler* 2009: 45.
355 *Olk* 1994: 27.
356 Vgl. *Jordan/Reismann* 1998: 19.
357 Vgl. *Piel* 1996: 98.
358 Vgl. *Jordan/Reismann* 1998: 21.
359 Vgl. *Karsten* 1998/1999: 422ff, *Merchel* 1998c: 20f.
360 Zu den unterschiedlichen Auswirkungen vgl. *Merchel* 1998c: 21 und *Haferkamp* 1995: 164ff.
361 Vgl. *Merchel* 1998c: 20ff mit weiteren Beispielen.

sowie gut messbar ist.[362] Die leicht messbaren Kriterien sind jedoch wenig aussagekräftig im Hinblick auf die relevanten qualitativen Aspekte. So sagt ein Betreuungsschlüssel wenig über die Betreuungsqualität aus.[363] Die Empfehlung, die Qualitätsdiskussion solle sich auf strukturelle Elemente beziehen[364], wird auch als Flucht der Sozialen Arbeit in vermeintliche Gewissheiten interpretiert.[365] *Klatetzki* präferiert aus organisationstheoretischer Perspektive eine Fokussierung auf Strukturqualität. Er begreift die Strukturmerkmale von Einrichtungen als Repräsentanz des pädagogischen Denkens der Fachkräfte.[366] Daher geht es eher um die Suche nach Strukturen, die fachliches Arbeiten unterstützen, und nicht um die Festlegung von Strukturstandards.[367] Der Reiz der Fokussierung auf Strukturen für die Leistungsanbieter mag auch an der konkreten Konsequenz für die eigenen Arbeitsbedingungen[368] und der hohen Anschlussfähigkeit an die jahrelang gepflegte „Input-Steuerung" der Sozialverwaltung liegen.

Kritisch an einer Fokussierung der Strukturen ist, dass die Verantwortung für Qualität nach außen verlagert wird, da die Strukturen weitgehend staatlicherseits vorgegeben sind und der Fokus auf intern verursachte Qualitätsmängel schwindet.[369] Folgt man allerdings konsequent dem Verständnis der Hilfe zur Erziehung als Ko-Produktion nach dem uno-actu-Prinzip, werden auch die Adressat_innen zum Potential der Leistungserstellung (externer Produktionsfaktor) und damit relevant für die Strukturqualität.[370] Die Familien mit ihren Fähigkeiten und Motivationen sind entscheidende Faktoren für Qualität und Kosten der Hilfen zur Erziehung. Daraus ergibt

---

362 Vgl. *Merchel* 2000f: 177, *Pitschas* 2002: 246, *Merchel* 2013: 30f.

363 Vgl. *Müller* 1996b: 59, *Gilbert* 2000: 150.

364 Vgl. *AFET-Fachausschuss Organisations- und Personalentwicklung* 2001: 11, *Müller* 1996b: 91 mit Blick auf Beratungs*settings*.

365 Vgl. *Thole/Cloos* 2000: 535ff.

366 Vgl. *Klatetzki* 1994: 38f.

367 Diskutiert in der Gegenüberstellung von mechanischen und organischen Systemen. Das Maß an Annäherung der Struktur einer Kinder- und Jugendhilfeeinrichtung an ein organisches System wird zum Qualitätskriterium, vgl. *Klatetzki* 1999: 70ff.

368 Vgl. *Jordan/Reismann* 1998: 27.

369 Vgl. *Merchel* 2000f: 162.

370 Vgl. *Piel* 1996: 98, *Braun* 1999: 116.

sich die Forderung, in die Familien zu investieren und nicht in Anbietersysteme.[371]

Prozessqualität

Die Prozessqualität bezeichnet die Vermittlung zwischen den Potentialen der Leistungsbereitstellung (Strukturen) und den Zielerreichungen der Hilfen (Wirkungsqualität). Hier zeichnen sich zwei unterschiedliche Implikationen des Begriffs Prozessqualität ab, die auf die Besonderheit der Ko-Produktion und des uno-actu-Prinzips zurückzuführen sind und analytisch getrennt werden können. Zum einen werden unter Prozessqualität bestimmte Grundelemente des Ablaufs einer Leistungserstellung verstanden, die mit bestimmten Standards versehen werden können. Hier wird der Begriff Prozess eher in seiner zeitlichen Ablaufdimension von Tätigkeiten begriffen und betrachtet einerseits Meta-Prozesse[372] des Erbringungssystems, andererseits die rein internen Prozesse des Leistungsanbieters. Diese Prozessarten könnten auch als Strukturmerkmale des eigentlichen koproduktiven Leistungserstellungsprozesses konzeptioniert werden. In diesem Sinne wird zum anderen mit dem Prozessbegriff die Einheit von Produktion und Konsumtion erfasst, wodurch weniger die Abläufe, als vielmehr das interaktive Handeln mit den Adressat_innen selbst fokussiert wird.[373] Hierbei rücken stärker die Regeln der fachlichen Kunst[374] und die Ko-Produktion der Adressat_innen[375] in den Blick. Die Prozessqualität wird in diesem Verständnis zur zentralen Dimension[376] bei der QE in den Hilfen zur Erziehung, da diese selbst Bildungs- und Erziehungs*prozesse* darstel-

---

371 Vgl. *Gross/Badura* 1977: 377f.

372 Für eine solche Qualitätsperspektive vgl. *Harnach-Beck*, die in einer qualitativ hochwertigen sozialpädagogischen Diagnostik und Hilfeplanung im Hilfeverlauf eine notwendige, wenn auch keine hinreichende Voraussetzung für gute Ergebnisqualität sieht, vgl. *Harnach-Beck* 1999: 27ff und 35. Anschlussfähig sind hier auch rechtliche Prozessvorgaben des SGB VIII, wie z. B. die Einhaltung des halbjährlichen Turnus der Hilfeplangespräche.

373 Vgl. *Jordan/Reismann* 1998: 23 und *Piel* 1996: 99f, die das erste Prozessverständnis durch eine Trennung in Kontaktaufnahme zwischen Jugendamt und Adressat_innen und den Leistungserstellungsprozess durch Dritte aufgreift.

374 Vgl. *Kreft/Müller* 2008: 139ff, *Merchel* 1998c: 21f.

375 Vgl. *Piel* 1996: 106.

376 Vgl. *Lindner* 2000: 39ff und 44.

len.[377] Zur Unterscheidung dieser beiden Implikationen ist es hilfreich, die Prozessqualität in ein „Was" und in ein „Wie" analytisch zu trennen.[378] Damit wird das „Was" als direkte sozialpädagogische Interaktion an die Autonomie der Profession gebunden und berechtigterweise gegen Standardisierungen immunisiert. Gleichzeitig wird es einem Kontrollrecht der Adressat_innen[379] entzogen, weil es sich an einem normativen Zielhorizont orientiert. Ohne diesen von den Wünschen und Möglichkeiten der Adressat_innen abweichenden Zielhorizont wäre Hilfe zur Erziehung nicht notwendig. Im Hinblick auf das „Wie" lassen sich Qualitätskriterien wie Transparenz, Mitbestimmungs- und Mitgestaltungsrechte, Kontrollrechte etc. formulieren. Dabei ist zu beachten, dass diese nicht in Formalisierungen stecken bleiben, sondern den reflexiven und flexiblen Hilfeprozessen Rechnung tragen.[380] Aus empirischer Sicht macht sich die Qualität der Heimerziehung nicht dadurch aus, dass sie standardisierte und regelhafte Umgangs- und Kommunikationsformen sichert, sondern inwieweit sie in der Lage ist, orientiert an den individuellen Bedürfnissen und Erwartungen der Adressat_innen davon abzuweichen.[381] Da diese Vermittlung nur als sozialpädagogische Interaktion zwischen den Adressat_innen und den Fachkräften realisiert werden kann, rückt diese in den Fokus der Qualitätsbestimmung. Allerdings ist dies in der Qualitätsdebatte immer noch selten.[382] Partizipation ist ein zentrales Qualitätskriterium in der Prozessqualität des „Wie". Ein „Mehr" an gelungener Partizipation würde ein

---

377 Vgl. *Meinhold* 1994: 43, *Nüßle* 1994: 439f, *Bauer* 2000: 35, *Vilain* 2003b: 178.

378 Vgl. *Blandow/Gintzel/Hansbauer* 1999: 70ff, *Hansbauer/Kriener* 2000: 256ff.

379 Für die Kinder und Jugendlichen direkt, z. B. in der Heimerziehung, lässt sich dies über die Noch-Nicht-Mündigkeit begründen, vgl. *Brumlik* 2004: 98ff, *Blandow/Gintzel/Hansbauer* 1999: 70. Das entlastet keineswegs von der Begründungsbedürftigkeit dieses „Was". Für die Eltern in ambulanten Hilfen zur Erziehung ist diese Begründung über die – lediglich im Sinne der Kinder und Jugendlichen ausgeübte – Sachwalterfunktion begründbar, vgl. Kap. 2.2.4.

380 Vgl. *Blandow/Gintzel/Hansbauer* 1999: 71ff.

381 Vgl. *Blandow/Gintzel/Hansbauer* 1999: 72. Aus empirischer Sicht vgl. *Hansbauer/Kriener* 2000: 259ff. Empirisch für flexible Hilfeformen vgl. *Munsch* 2007: 46. Allgemein für die Hilfe zur Erziehung vgl. *Müller* 2000: 227.

382 Als Ausnahmen vgl. *Hansbauer/Kriener* 2000, *Pfeifer-Schaupp* 2000a: 55f, *Pfeifer-Schaupp* 2000b: 2ff, der auf die „unsichtbare Seite" der Qualität (Haltung, Beziehung, Spontanität, Humor etc.) abstellt. Vgl. *Emanuel/Müller-Alten* 2008: 58ff, die die pädagogische Interaktion zwischen Auftragspädagog_in und Kind/Familie ins Zentrum der Qualitätsbetrachtung stellen. Aus empirischer Sicht für die Intensive Einzelbetreuung vgl. *Fröhlich-Gildhoff* 2003: 243ff.

„Mehr" an Prozessqualität bedeuten.[383] Partizipation ist eine allseits bestätigte Voraussetzung für das Gelingen von Hilfe zur Erziehung.[384] Fachliche Prämissen, wie z. B. Partizipation, Subjektorientierung und Bedarfsorientierung, in den Hilfen zur Erziehung einzulösen, erfordert eine konsequente Orientierung an der Prozessdimension von Qualität[385], und zwar sowohl im „Was" als auch im „Wie". Vor allem aufgrund des Theoriedefizits der Hilfe zur Erziehung[386] haben sich jedoch keine einheitlichen Prozessstandards, die Qualität ausmachen, herausgebildet.[387] Auch die Perspektive, dass eine Profession kein definiertes Ergebnis, sondern einen Prozess nach den fachlichen Regeln der Kunst zu gewährleisten hat, stärkt diese Dimension. Demnach wäre neben der zentralen Kategorie der Prozessqualität ausschließlich noch die Struktur- bzw. Potentialqualität zu beachten, jedoch als notwendige, aber keinesfalls hinreichende Bedingung.[388] Allerdings kann der völlige Verzicht auf ergebnisorientierte Elemente aus der Qualitätsdiskussion aufgrund ihrer selbstkritischen Funktion nicht ganz überzeugen.[389]

Wirkungsqualität

Die Wirkungsqualität fokussiert die Zielerreichung der Hilfe zur Erziehung und drückt die Effektivität aus.[390] Es gibt keine Übereinkunft über den Wirkungsbegriff und schon gar nicht über ein Wirkungsmodell.[391] Die wirkungsorientierten Ansätze können als jüngste Weiterentwicklung[392] und deren Evaluation als grundsätzlich neue Dimension der Qualitätsde-

---

383 Vgl. *Blandow* 1999: 56, ähnlich *Kulbach* 1998: 446.

384 Zur theoretischen Begründung s. u. Für empirische Nachweise vgl. für die SPFH *Fröhlich-Gildhoff/Engel/Rönnau* 2006: 137, für die Heimerziehung *Blandow* 1999: 45ff, *Blandow/Gintzel/Hansbauer* 1999: 66ff. Für die Hilfe zur Erziehung gesamt vgl. *Wolf* 2007b: 39f, *Albus/u. a.* 2010a: 9, *Albus* 2011: 44ff.

385 Vgl. *Gabriel* 2000: 327, *Lindner* 2000: 36, *Piel* 1996: 97.

386 Vgl. *Winkler* 2001: 255.

387 Vgl. *Merchel* 1998c: 22ff, am Beispiel der SPFH, in der es eher strittige und eher unstrittige prozessorientierte Qualitätskriterien zu geben scheint. Die dort genannten Kriterien betreffen sowohl das „Was" als auch das „Wie".

388 Vgl. *Freier* 2000: 303.

389 Vgl. *Merchel* 1998: 253 bei *Flösser* 1999a: 4.

390 Vgl. *Piel* 1996: 102ff, *Jordan/Reismann* 1998: 19.

391 Vgl. *Albus/u. a.* 2010a: 15.

392 Vgl. *Merchel* 2013: 57f.

batte bezeichnet werden.[393] Die Frage nach Wirkungsqualität rückt auch für andere Arbeitsbereiche der Sozialen Arbeit in den Fokus.[394] Ein Grund ist der Legitimationsaspekt in der Qualitätsdiskussion gegenüber Geldgebern[395], aber auch Adressat_innen.[396]

Im Diskurs lassen sich mindestens vier Effektivitätsstrategien erkennen. Zum Ersten wird in Analogie zur Produktorientierung ein instrumenteller Wirkungsbegriff verwendet und der Logik der Neuen Steuerung gefolgt (*Wirkung über Produkte*).[397] Die Messstrategie folgt vermeintlich objektiven, leicht messbaren Indikatoren. Zum Zweiten wird auf die Einhaltung fachlicher Standards rekurriert, die dem Handeln nach den Regeln der fachlichen Kunst eine positive Wirkungsrelation unterstellen (*Wirkung über fachliches Handeln*).[398] Die Messstrategie versucht fachliche Standards zu operationalisieren und evaluativ zu bewerten. Zum Dritten wird Wirkung als Finanzierungsvariable umdefiniert und als Verhandlungsmasse in die Entgeltverhandlungen der Vereinbarungspartner gelegt. Die Messstrategie leitet sich aus dem jeweils für die wirkungsorientierte Finanzsteuerung verhandelten Wirkungsverständnis ab und operiert mit Wahrscheinlichkeiten und dem Gesetz der großen Zahlen (*Wirkung über finanzielle Anreize*).[399] Zum Vierten gibt es eine forschungsgeleitete Wirkungsorientierung, die aus empirisch abgeleitetem Wirkungswissen gespeist wird (*Wirkung über forschungsgeleiteten Theorie-Praxis-Transfer*).[400] Die Frage nach einer geeigneten Messstrategie ist hier in die Wirkungsforschung eingelegt. So werden z. B. empirisch fundierte Konzepte, wie das der Verwirklichungschancen, für mögliche Bewertungen operationalisiert.[401] In den deutschen Diskursen dominieren die drei erstgenannten Strategien während die letzte, die international große Beachtung erfährt, vernachlässigt wird.[402]

---

393 Vgl. *Honig* 2002: 218f.
394 Vgl. *Merchel* 2013: 59 (m.w.N), *BAGFW* 2012: 13.
395 Vgl. *Engel/Flösser/Gensink* 1996: 48.
396 Vgl. *Rose* 1996: 57, *Struzyna* 2007: 5f.
397 Vgl. Kap. 1.1.1.
398 Vgl. z. B. *Früchtel/Budde/Herweg* 2010: 28ff.
399 Vgl. z. B. *Schröder* 2002b: 8ff.
400 Vgl. *Albus/u. a.* 2010a: 20 (m.w.N).
401 Vgl. *Albus/u. a.* 2010a: 118ff.
402 Vgl. *Albus/u. a.* 2010a: 20ff, ausführlich *Schrödter/Ziegler* 2007: 7ff.

Trotz der unterschiedlichen Ansätze gilt: die Erbringer der Hilfen zur Erziehung „tun sich schwer nachzuweisen, was sie wirklich leisten.“[403] Es wird ein Wissensdefizit über die Auswirkungen eigener Praxis konstatiert[404], auch wenn klar ist, dass empirische Wirkungsforschung nur Aussagen zu wahrscheinlichen und nicht zu kausalen Zusammenhängen treffen kann.[405]

Die Diskussion um Wirkungen in der Sozialen Arbeit wirft mehrere Probleme auf. Erstens gibt es „die“ Wirkung[406] in der Hilfe zur Erziehung nicht. Sie ist ein Konstrukt, das in Abhängigkeit von verschiedenen Perspektiven, Bewertungszeitpunkten und im Hinblick auf die Kontinuität im Lebenslauf zu sehen ist.[407] Unbestritten scheint mittlerweile, dass Wirkungsqualität ohne subjektive Einschätzungen der Beteiligten nicht festzustellen[408] und eine Bewertung von Wirkungsqualität im Dreieck von freier/privater Träger, Jugendamt und Familie zu sehen ist.[409] Familien bewerten die Leistungen oft höher als Fachkräfte, was womöglich in einer niedrigeren Erwartungshaltung, in Höflichkeit oder in Dankbarkeit begründet ist[410] und weil sie keine professionellen Angemessenheitskriterien haben.[411] Auch bei der Bewertung der anderen Akteure gibt es Eigeninteressen. So können für den Leistungserbringer eine positive Selbstdarstellung und für das Jugendamt Kosten-Nutzen-Abwägungen bewertungsleitend sein.[412] Trotz dieser unterschiedlichen Interessen, verschiedenen Bewertungsindikatoren und unterschiedlichen Potentiale in der Definitionsmacht ist Wirkungsqualität dialogisch zu bestimmen.[413]

Zweitens ist es aus methodisch-fachlichen Gründen nicht möglich, den Zusammenhang von sozialpädagogischem Handeln oder sozialpädagogi-

---

403 *Thiersch* 2001: 214.

404 Vgl. *BMFSFJ* 2002a: 258.

405 Vgl. *Schrödter/Ziegler* 2007: 17f.

406 Wirkungen sozialer Dienstleistungen sind „nicht gegenständlicher, nicht greifbarer und für Dritte nicht sichtbarer bzw. nicht unmittelbar erkennbarer“ (*Bauer* 1996: 19) Art.

407 Vgl. *Gabriel, T.* 2007: 15f. Zu verschiedenen Wirkungsmodellen vgl. *Kettiger/Schwander* 2011: 116ff.

408 Vgl. *Piel* 1996: 105, *BMFFSJ* 1998: 163ff.

409 Vgl. *Lambach* 2003: 98.

410 Vgl. *Gilbert* 2000: 152.

411 Vgl. *Lambach* 2003: 98.

412 Vgl. *Lambach* 2003: 98.

413 Vgl. *Merchel* 2013: 62f.

schen Arrangements und Wirkungen ursächlich nachzuweisen.[414] Die Wirkungen der Sozialen Arbeit sind nicht linear und eindeutig steuerbar (Kausalitätsproblem).[415] Die Implikationen hierbei bestehen darin, dass die Adressat_innen alleinig entscheiden, inwieweit sie Gelegenheiten, Angebote, Räume usw., die soziale Dienstleistungen bereitstellen, für ihre Entwicklungsprozesse nutzen. Die Soziale Arbeit zielt auf

> „Verwirklichung sozialer Werte wie z. B. Selbstwert, Eigenverantwortlichkeit, Beziehungsfähigkeit, Handlungskompetenz, Kontrolle über die eigenen Lebensumstände. AdressatInnen sind Individuen mit Eigensinn und freiem Willen, sie lassen sich nicht wie Dinge instrumentell beeinflussen. Was mit den Hilfe-Angeboten geschieht, entscheiden sie selber mit ihren Vorstellungen vom ‚guten Leben'."[416]

Wirkung zeige sich in der Veränderung des Verhaltens oder der Einstellungen der Adressat_innen, die durch Definition von bestimmten Akteuren auf ein sozialpädagogisches Handeln bzw. Arrangements zurückzuführen ist.[417] Anstatt direkten Wirkungsnachweisen könnten immerhin Faktoren identifiziert werden, die Hilfeverläufe positiv bzw. negativ beeinflussen.[418]

Drittens ist durch die Komplexität von Bildungs- und Erziehungsprozessen unklar, welchen Anteil die soziale Dienstleistung an der Wirkung hat (Komplexitätsproblem).[419] Die Implikation in dieser Argumentation zielt auf den Einfluss externer Faktoren.

Viertens erscheint steuerungstheoretisch die mögliche Verknüpfung von Wirkung und Finanzierung problematisch.[420] Denkbar wäre hier, dass nur noch Handlungsprogramme in der Hilfe zur Erziehung finanziert werden würden, die eine ausreichende Wirksamkeit in Studien nachweisen konnten („wirkungsgeprüfte Methoden"[421]), oder dass über Bonus und Malus

---

414 Vgl. *Merchel* 2013: 59, *Kaufmann* 2009b: 105. Dies ginge wohl nur mit Kontrollgruppen, die keine sozialpädagogischen Leistungen erhalten, was forschungsethische und rechtliche Fragen aufwirft.

415 Vgl. *Klatetzki* 1994: 37.

416 *Rose* 1996: 58, vgl. ferner *Schmidt* 1996: 37, *Effinger* 1994: 33.

417 Vgl. *Merchel* 2013: 59.

418 Vgl. *Wiesner* 2003b: 19.

419 Vgl. *Schmidt* 1996: 36, *Kulbach* 1998: 444.

420 Vgl. *Merchel* 2013: 59f. Vgl. ferner *Buestrich/u. a.* 2010: 123ff, die Wirkungsorientierung kritisch als Strategie zur Umsetzung von Anreizkontrakten sehen.

421 *Struzyna* 2007: 11.

die Wirksamkeit im Einzelfall belohnt oder bestraft würde.[422] Für die Leistungserbringer sind solche Regelungen problematisch, da sie die Hilfe als Ko-Produktion nicht alleine verantworten[423], sondern sowohl von der Vorleistung[424] des Jugendamtes als auch von den Adressat_innen abhängig sind.[425]

Fünftens wird sozialpolitisch in der Wirkungsorientierung eine „Begleiterscheinung des aktivierenden Sozialstaats"[426] gesehen, mit dem Ziel, über die Elemente der Leistungssteuerung direkten Einfluss auf die Handlungsvollzüge zu erhalten, damit Fallarbeit zu standardisieren[427] und letztlich weitere Kostensenkungen zu realisieren.[428] In post-wohlfahrtsstaatlicher Perspektive wird in der wirkungsorientierten Steuerung eine Schwächung der Professionalisierung Sozialer Arbeit erkannt. Demnach wird die rationale, effiziente und effektive Leistungserbringung sozialer, personenbezogener Dienstleistungen nicht mehr in das Ermessen der Profession Sozialer Arbeit gestellt, sondern an validen empirischen Wirkungsmessungen festgemacht. Bezeichnet wird dies als Abkehr vom Wohlfahrtsprofessionalismus.[429]

An einer alleinigen Fokussierung auf die Wirkungsdimension wird kritisch gesehen, dass Prozesse und Strukturen in den Hintergrund geraten und damit das konstitutive Element der Ko-Produktion vernachlässigt wird.[430] Eine Orientierung an fachlichen Standards der Leistungserbrin-

422 Kritisiert werden finanzielle Fehlanreize (Diskrepanz zwischen finanziellen und fachlichen Zielen der Leistungserbringer), vgl. z. B. *Struzyna* 2002: 41ff. Im Kontext des Fachkonzeptes Sozialraumorientierung wird ähnlich argumentiert, vgl. Kap. 2.3.1. Unterstützend wirken die Legitimationsdiskurse des Gesundheitswesens, in denen prinzipielle Messbarkeit der Leistungswirkung angenommen und ein eindeutiger Bezug zu Finanzierungsanreizen konstruiert wird, vgl. z. B. *Müller, H.* 2002: 26ff. Hier besteht die Gefahr, dass sich ein instrumenteller Wirkungsbegriff mit gleichzeitiger Bedeutung als Finanzierungsvariable durchsetzt. Zu den Problemen und unerwünschten Folgen solcher Regelungen vgl. *Merchel* 2002b: 19f und *Merchel* 2013: 60f.

423 Vgl. *Wiesner* 2003b: 19.

424 Vgl. Kap. 2.5.2.

425 Vgl. *Braun* 2008: 129.

426 *Dahme/Wohlfahrt* 2001: 14.

427 Vgl. *Dahme/Wohlfahrt* 2001: 14.

428 Vgl. *Merchel* 2013: 60f.

429 Zur Ausführung vgl. *Ziegler* 2008: 164, ähnlich *Opielka* 2008: 137f. Allgemeiner im Sinne einer Modernisierung der Kinder- und Jugendhilfe vgl. *Fischer* 2005: 267ff.

430 Vgl. *Merchel* 2000b: 26, *Merchel* 2000f: 178f.

gung – durch entsprechende Qualitätskriterien der Prozessqualität – darf demnach nicht durch einen Perspektivwechsel auf die Wirkungen ausgeblendet werden.

Unterschiedliche empirische Forschungsansätze haben inzwischen Wirkungsqualität zum Gegenstand gemacht.[431] Dabei bilden sich unterschiedliche Wirkungsverständnisse ab. In einer retrospektiven, adressat_innen-orientierte Perspektive kann Wirkung z. B. verstanden werden als „Wiederherstellung der Handlungs- und Selbsthilfetätigkeit“[432] der Adressat_innen. Wirkungen können hier nur mit Adressat_innen definiert werden.[433] Ein anderes Wirkungsverständnis, welches objektive Kriterien und subjektive Einschätzungen gemeinsam betrachtet, liegt der JULE Studie[434] zu Grunde. Das Forschungsdesign greift die Lebensweltorientierung als Grundkonzeption der Hilfe zur Erziehung auf und versucht, die Adressat_innenperspektive über Interviews in die Evaluation aufzunehmen. Wirkung wird verstanden als wahrscheinliche Folge aus der Einhaltung fachlicher Standards, was sich auch empirisch erhärten ließ. Wiederum anders wird in der JES Studie[435] bei der Wirkungsdimension stark auf Messung von Indikatoren gesetzt, die normative Anpassungsleistungen der Adressat_innen anzeigen, wie z. B. Legalbewährung und psychopathologische Skalen. Wirkung bedeutet hier Aufbau von Ressourcen und Abbau von Defiziten. Innerhalb der genannten Studie wird mit *Donabedian*s Qualitätsmodell gearbeitet und ein kausaler Zusammenhang[436] zwischen Struktur, Prozess und Ergebnis suggeriert. Die Studie will quantifizierbare und standardisierbare Merkmale dieser Qualitätsdimensionen erfassen. Sie ist expertokratisch und technologisch-kausal ausgerichtet.

Auch weitere kleinere Evaluationsstudien rücken die Wirkungsfrage der Hilfe zur Erziehung in den Mittelpunkt.[437] Im Hinblick auf die Wirkungsforschung bleibt zu beachten, dass „Wirkung“ abhängig ist von den Zielen der Hilfe, den Perspektiven der bewertenden Personen, den Erhebungszei-

---

431 Für eine Übersicht vgl. *BMFSJ* 1998: 56ff, *Wolf* 2007b und *Gabriel/Keller/Studer* 2007.

432 *Gehres* 1997: 180.

433 Vgl. *Munsch* 2007: 44.

434 Vgl. *BMFFSJ* 1998.

435 Vgl. *BMFSFJ* 2002b, *Macsenaere* 2007: 25ff.

436 Kritisch hierzu: vgl. *Merchel* 2013: 53.

437 Vgl. *Albus/u. a.* 2010a: 19 (m.w.N). Für eine Übersicht wirkungsbezogener Erkenntnisse aus empirischen Studien im Rahmen von Metastudien vgl. *Wolf* 2007b: 5ff und *Gabriel/Keller/Studer* 2007: 4ff.

ten, den Forschungsfragen etc.[438] In einem umfangreichen Modellprojekt wurden neue fachliche Instrumente zur QE gemäß § 78b SGB VIII an mehreren Modellstandorten erprobt.[439] Als Bewertungsmaßstab für Wirkung wurden die Befähigungs- und Verwirklichungschancen von Kindern und Jugendlichen ausgewählt und mit sog. Capabilities-Indikatoren abgebildet.[440] Diese wurden zur Wirkungsmessung operationalisiert.[441] Als zentraler Wirkfaktor wird in diesem Modellprogramm die Partizipation identifiziert. Dies betrifft die Adressat_innenbeteiligung auf operativer Ebene (sozialpädagogischen Alltag) und auf planerischer Ebene (Hilfeplanverfahren). Ebenso ist die Mitarbeiter_innenbeteiligung im Sinne der Mitbestimmung innerhalb der eigenen Organisation ein wichtiger Wirkfaktor.[442] Letztlich beeinflusst auch die Qualität des interorganisationalen Diskurses die Wirkung auf die Erhöhung der Capabilities der Kinder und Jugendlichen.[443] Die im Kontext dieses Modellprogramms entdeckten Wirkfaktoren bestätigen empirisch die Aspekte, die bereits bisher in den fachlichen Diskursen zur Hilfe zur Erziehung verhandelt wurden.[444]

Anschlussfähig an die Debatte um die Wirkungsorientierung ist die einer „evidence based" Sozialen Arbeit. *Merchel* sieht innerhalb dieser Diskussion noch keinen konsistenten Ansatz, da das Verständnis von Evidenz von „offensichtlichen" über „irgendwie plausiblen" bis hin zu „klinisch-diagnostisch untersuchten" Wirkungseffekten reiche.[445] Kritisch wird gesehen, dass mit dem Konzept der Evidenzbasierung vermeintlich empirisch gesicherte Wenn-Dann Programmierungen in die Soziale Arbeit Einzug halten. Nach möglichst genauer Diagnose des Bedarfs kann das Programm mit der größten Wirkungswahrscheinlichkeit ausgewählt werden. Die professionelle Entscheidungsfindung wird auf unterkomplexe Zuordnungstätigkeiten reduziert. Weiter werden mit einer solchen medizi-

---

438 Vgl. *Gabriel/Keller/Studer* 2007: 33, *Albus* 2011: 43.
439 Zur Anlage des Programms vgl. *Struzyna* 2007: 8ff.
440 Vgl. *Albus* 2011: 43f. Für die Brauchbarkeit des Capabilities Ansatz für die Soziale Arbeit vgl. auch *Graf/Babic/Castro* 2013: 178f.
441 Vgl. *Albus/u. a.* 2010a: 105ff.
442 Vgl. *Albus* 2011: 44ff.
443 Vgl. *Albus* 2011: 43.
444 Vgl. *Albus* 2011: 46.
445 Vgl. *Merchel* 2013: 58.

nisch-technischen Zuordnungslogik die politischen und normativen Dimensionen der Sozialen Arbeit negiert.[446]

Insgesamt haben sich die drei Dimensionen Strukturqualität, Prozessqualität und Wirkungsqualität in der Hilfe zur Erziehung durchgesetzt.[447] Allerdings kann ausgenommen für die Strukturqualität nicht von einem einheitlichen Verständnis der Dimensionen zu Prozess und Wirkung ausgegangen werden. Die Frage nach der analytischen Definintion des Qualitätsbegriffs in Dimensionen ist demnach abhängig von der Konzeption des Qualitätsbegriffs selbst und des zu Grunde liegenden Qualitätsmodells, als systematischer Zusammenhang der Dimensionen. Voraussetzung einer Qualitätssteuerung ist ein abgestimmtes Verständnis aller beteiligten Akteure[448] über den Qualitätsbegriff und das Qualitätsmodell. Erst daraus lassen sich Qualitätsdimensionen sinnvoll und für alle verständlich bestimmen. Für die QEV bedeutet dies, dass dem „Vereinbaren" von Grundsätzen und Maßstäben für die Bewertung von Qualität die Aushandlung über Begriff und Modell vorausgehen muss. Da beide Verhandlungspartner jeweils mehrere QEV schließen, entsteht das Interesse, wenigstens annähernd allgemeingültige Begriffe und Modelle zu verwenden. In der rechtlich geforderten Vielfalt von Inhalten, Methoden und Arbeitsformen der Kinder- und Jugendhilfe liegt möglicherweise ein Dilemma, da diese differenten Orientierungen einer Einigung auf verallgemeinerbare Modelle und Begriffe im Wege stehen könnten.

Hier bekommt die organisationsübergreifende QE eine wichtige Bedeutung und die Landesjugendämter mit den Landesjugendhilfeausschüssen als Akteure einer größeren territorialen Ebene eine wichtige Rolle. Vor dem Hintergrund der Beteiligung von Adressat_innen an der Aushandlung von Begriff und Modell von Qualität entsteht ein praktisches Dilemma, solange die Adressat_innen nicht in eigenen Interessensvertretungen organisiert sind. Darauf wird zurückzukommen sein.

---

446 Vgl. *Früchtel/Budde/Herweg* 2010: 30. Zu einer ausführlichen kritischen Auseinandersetzung vgl. *Otto/Polutta/Ziegler* 2010b: 8ff. Für die Einordnung des Bundesmodellprogramms Wirkungsforschung in diese Diskussion vgl. *Albus/Micheel/Polutta/Ziegler* 2010b: 231ff.

447 Vgl. *Schaarschuch/Schnurr* 2004: 309, *Merchel* 2013: 47.

448 Vgl. *Meinhold* 1994: 44, *Kromrey* 2000: 53.

1.2.3. Rechtliche Aspekte einer Qualität in den Hilfen zur Erziehung

Konkrete Anhaltspunkte für qualitätsrelevante Themen bzw. Mindeststandards lassen sich neben den einschlägigen Vorschriften[449] der §§ 78b und 79a SGB VIII aus weiteren rechtlichen Bestimmungen des SGB VIII in Verbindung mit den Jugendberichten, wie z. B. zur Lebensweltorientierung oder Dienstleistungsorientierung, entnehmen.[450]

Als allgemeine Qualitätsmaßstäbe[451] der Kinder- und Jugendhilfe im Hinblick auf die Hilfen zur Erziehung können die Regelungen des SGB VIII zum Grundsatzziel der Kinder- und Jugendhilfe (§ 1 SGB VIII)[452], zur Gesamtausstattung, Gewährleistungspflicht und Jugendhilfeplanung (§§ 79, 80 SGB VIII)[453], zur Beachtung unterschiedlicher Lebenslagen von Mädchen und Jungen (§ 9 SGB VIII)[454], zum Fachkräftegebot (§§ 72, 72a SGB VIII), zur partnerschaftlichen Zusammenarbeit (§ 4 SGB VIII), zur Achtung der Selbstständigkeit freier/privater Träger (§ 4 SGB VIII), zum Pluralitätsgebot (§ 3 SGB VIII), zur Zweigliedrigkeit des Jugendamtes (§ 70 SGB VIII) und zur Erteilung von Betriebserlaubnissen incl. Prüfrechte (§ 43ff SGB VIII) verstanden werden.[455] Auch die Forderung nach struktureller Zusammenarbeit mit anderen Stellen und öffentlichen Einrichtungen (§ 81 SGB VIII) lässt sich als Qualitätskriterium reinterpretieren.

---

449 Für die Hilfe zur Erziehung: § 78b Voraussetzungen für die Übernahme des Leistungsentgelts und § 79 a SGB VIII *Qualitätsentwicklung* in der Kinder- und Jugendhilfe.

450 Vgl. *Engel/Flösser/Gensink* 1996: 50, *Münder* 1996: 221ff, *Jordan/Reismann* 1998: 15f und 107f, *Späth* 1998: 26, *Figiel* 1997: 25, *Harnach-Beck* 1999: 35ff, *Treeß* 1999b: 16, *Merchel* 2000e: 16ff, *Wabnitz* 1999: 125f, *BMFFSJ* 1998: 20 und 73f, *Jordan* 2001: 50, *Rose* 2004: 212. Eine schlagwortartige Zusammenstellung findet sich bei *Gerull* 2001: 452f. Kritisch hierzu: *Lindner* 2000: 40. Die rechtlichen Normen sind in bestimmten QM-Systemen expliziter Bezugspunkt der Qualität, wie z. B. beim SQ-J, einem auf dem EFQM-Modell beruhenden Selbstbewertungssystem, vgl. *Biebricher* 2003: 143.

451 Zur Verwendung müssen die rechtlichen Vorgaben konkretisiert werden, vgl. *Meinhold* 2003: 133.

452 Vgl. *Wabnitz* 1999: 125.

453 Vgl. *Rose* 1996: 52, *Figiel* 1997: 27f, *Merchel* 2000e: 17, *Wabnitz* 1999: 125.

454 Vgl. *Merchel* 1996a: 161, *Merchel* 2000e: 17.

455 Vgl. *Struck* 1997a: 156, *Rose* 1996: 52, *Figiel* 1997: 27f, *Späth* 1999: 68f, *Späth* 1998: 26f, *Treeß* 1999b: 17, *Merchel* 1996a: 161, *Wabnitz* 1999: 125.

Auf der Ebene der konkreten Leistung der Hilfe zur Erziehung werden weitere rechtliche Vorgaben qualitätsrelevant. Der aus rechtlicher Sicht alleinige qualitative Maßstab für die Art und den Umfang einer Hilfe zur Erziehung ist die Geeignetheit und Notwendigkeit den festgestellten erzieherischen Bedarf zu decken (§ 27 SGB VIII).[456] Die weiteren Normen zu bestimmten Settings der Hilfen zur Erziehung (§§ 28-35 SGB VIII) stellen im Sinne des Fachdiskurses keinen qualitativen Mindeststandard dar, was sich vor allem in der Diskussion um Flexible Hilfen zeigt.[457] Hier wird das Spannungsfeld von Legitimationsdimension und Sinnkonstitutionsdimension besonders deutlich.[458] Sicherlich ist entscheidend, wie diese unbestimmten Rechtsbegriffe auszufüllen sind. Hier gilt das Primat der Sozialen Arbeit, die beansprucht, im Kontext ihrer Professionalität unter den Paradigmen der Lebenswelt- und Dienstleistungsorientierung den individuellen Bedarf der Adressat_innen mit diesen gemeinsam und im Zusammenwirken mehrerer Fachkräfte bestimmen zu können. Diese Definitionsmacht der Sozialen Arbeit wurde durch die Neue Steuerung in Frage gestellt.[459]

Weiter sind die Mitwirkungs- und Entscheidungsrechte der Adressat_innen zentral (§§ 5, 8, 9, 36, 37 SGB VIII).[460] „Beteiligung ist ein (...) unverzichtbares Qualitätsmerkmal."[461] Qualitätsrelevante Vorschriften sind die Fortschreibung der Hilfeplanung im Einzelfall[462], die Beachtung der Grundrichtung der Erziehung und Schlüsselprozesse, wie z. B. die Auswahl der leistungserbringenden Einrichtung im Zusammenwirken mehrere Fachkräfte.[463] Aus der Vorgabe, Kinder- und Jugendliche zu beteiligen, können auch strukturelle Qualitätsaspekte abgeleitet werden, wie z. B. Jugendvertretungen in Heimen.[464] Einen weiteren Komplex von

456 Vgl. *Rose* 1996: 52. Hier geht es gerade nicht um eine *optimale* Hilfe, so aber *Figiel* 1997: 27.
457 Vgl. Kap. 2.3. Kritisch hierzu: vgl. *Merchel* 2000e: 17.
458 Vgl. *Klatetzki* 1998: 326ff zur Sinnkonstitution in „flexiblen" Organisationen.
459 Vgl. Kap. 1.1.4.
460 Vgl. *Struck* 1997a: 156, *Späth* 1998: 27, *Merchel* 2000e: 17, *Wabnitz* 1999: 125.
461 *BMFSFJ* 2002a: 20.
462 Vgl. *Merchel* 2000e: 18. Die Hilfeplanung wird als Qualitätssteuerung aber kaum genutzt, vgl. *Bauer* 1999: 18.
463 Vgl. *Späth* 1999: 66.
464 Vgl. *Späth* 1998: 25.

Qualitätsaspekten stellen die Regelungen zum Datenschutz im SGB VIII (§§ 60ff SGB VIII) dar.[465]

Die rechtlichen Normierungen sind als Mindeststandards zu verstehen, in deren Zusammenhang teilweise der Begriff der Qualitätssicherung passend angewendet werden kann (z. B. bei der Betriebserlaubnis). Es geht nicht um die Sicherung einer bestimmten fachlichen Qualität, sondern um die Sicherung der Vorgaben des SGB VIII als Mindeststandards für eine Mindestqualität. Die Aufnahme dieser Aspekte als Maßstäbe für die Bewertung der Qualität der Leistungen im Rahmen der QEV erscheinen durchaus sinnvoll, jedoch nicht im Sinne des Mindeststandards. Zum Beispiel die Beteiligung an sich – im Sinne eines „ob beteiligt wird" – zum Maßstab von Prozessqualität zu machen, ist unsinnig. Diesen Mindeststandard zu verletzen, käme einem Rechtsverstoß gleich. Die meisten Bestimmungen im Hinblick auf die Hilfe zur Erziehung würden sich im obigen Sinne auf das „Wie" der Prozessqualität beziehen. In diesem Sinne ist es hingegen sinnvoll, Maßstäbe für ein „Wie" der Beteiligung als Prozessqualität in der QEV zu vereinbaren.

1.3 Qualitätsentwicklung in der Hilfe zur Erziehung

Im Hinblick auf die lange Tradition der Qualitätsdiskussion innerhalb der Sozialen Arbeit ist die Frage relevant, wodurch sich der aktuelle Diskurs von früheren unterscheidet. Für *Merchel* sind die zentralen Unterschiede die Fokussierung der Prozess- und Wirkungsdimension von Qualität, die Anforderung, Konzepte zu konkretisieren und die fachlichen Standards transparent zu machen, die Implementierung einer kontinuierlichen, systematischen Qualitätsbewertung, das Denken über die eigene Organisation hinaus sowie die Verbindung zwischen fachlicher und sozialpolitischer Debatte.[466] Vor der weiteren Darstellung der Diskussion sei auf die Unterschiede zwischen klassischen, industriell gefertigten Produkten und sozialen Dienstleistungen für eine Qualitätsbewertung hingewiesen.[467] Es geht in der Kinder- und Jugendhilfe besonders bei der Hilfe zur Erziehung um eine bestimmte Art der sozialen, personenbezogenen Dienstleistung.[468]

---

465 Vgl. *Späth* 1999: 68, *Späth* 1998: 27, *Wabnitz* 1999: 126.
466 Vgl. *Merchel* 2013: 31ff.
467 Vgl. *Bauer* 1996: 34ff, *Bauer* 2000: 36, *Merchel* 2005b: 46.
468 Zur ausführlichen Herleitung vgl. Kap. 2.3.2.

Die Besonderheiten lassen sich sowohl auf der Ebene der direkten Leistungserbringung als auch auf der Ebene des institutionell-rechtlichen Rahmens beschreiben.[469]

Klassische Dienstleistungen werden in der Regel durch die Merkmale Immaterialität, Nichtlagerfähigkeit und Nichttransportfähigkeit von Sachleistungen abgegrenzt.[470] Für *personenbezogene* Dienstleistungen sind die Einbeziehung des/der Kund_in in die Leistungserstellung als externer Faktor (Ko-Produzent_in) und die Gleichzeitigkeit der Leistungserstellung (uno-actu-Prinzip) zu ergänzen. Manche Sichtweisen gehen soweit, dass die Fachkräfte „nur" die Ko-Produzent_innen der Leistung sind, oder anders formuliert: Das Subjekt steuert die Profession.[471] Hinzu kommt, dass die Hilfe zur Erziehung mindestens ein Erfahrungsgut[472], wohl eher ein Vertrauensgut ist.[473] Eine Besonderheit für die Qualität der Hilfen zur Erziehung ist die Fokussierung auf die sozialpädagogische Beziehung, also die starke Abhängigkeit von bestimmten Personen. Dies scheint in der Kinder- und Jugendhilfe als Erziehungs- und Bildungsprozess noch stärker zu sein als in der Pflege oder Medizin.[474] Die Hilfen zur Erziehung zeichnen sich durch hohe Flexibilität, offene Interaktion und geringe Standardisierung aus, die sich als „Offenheit"[475] und „Responsivität"[476] von Prozessen und Strukturen aus den fachlichen Paradigmen der Lebensweltorientierung und Dienstleistungsorientierung theoretisch ableiten lassen.[477] Für die Qualität in den Hilfen zur Erziehung gilt eine relativ hohe Unsicherheit über Ursache-Wirkungsbeziehungen: Die Soziale Arbeit ver-

469 Die Ebene der internen organisationalen Erbringung bleibt ausgeblendet.

470 Vgl. *Brommer* 1999: 8f.

471 Vgl. *Schaarschuch* 1996a: 94, *Schaarschuch/Schnurr* 2004: 311f. *Rose* nennt die Adressat_innen die „wahren ProduzentInnen" *Rose* 1996: 59.

472 Bei Erfahrungsgütern lässt sich die Qualität erst im Nachhinein, teilweise mit großer zeitlicher Verzögerung beurteilen, vgl. *Brommer* 1999: 46.

473 Vertrauensgüter zeichnen sich dadurch aus, dass selbst im Nachhinein die Qualität der Leistung für die Nutzer_innen nicht eindeutig feststellbar ist, vgl. *Braun* 1999: 111, *Braun* 2007: 135f. Seltener auch als „Glaubensgut" benannt, vgl. z. B. *Finis Siegler* 2009: 117 und 133f.

474 Vgl. *Figiel* 1997: 26. Für die Heimerziehung vgl. *Gehres* 1997: 177. Für die Qualität der Hilfen zur Erziehung vgl. *Emanuel/Müller-Alten* 2008: 11ff.

475 Vgl. *Thiersch* 1992a: 38, *Thiersch* 2001: 217.

476 Vgl. *Petersen* 1996: 76.

477 Vgl. Kap. 2.3.

fügt nicht über kausal wirkende Techniken und Methoden.[478] Dies würde ihrem emanzipativen Anspruch auch zuwider laufen.

Vor allem aus diesen Besonderheiten der Hilfe zur Erziehung als soziale Dienstleistung werden in der Qualitätsdiskussion über klassische industrielle Produkte einerseits und soziale, personenbezogene Dienstleistungen andererseits zwei verschiedene Rationalitäten und Logiken ausgemacht. Für die klassischen industriell gefertigten Produkte steht der instrumentelle oder sozialtechnologische Qualitätsbegriff, der ebenfalls der Produktlogik der KGSt zu Grunde liegt.[479] Für die Soziale Arbeit wird konstatiert, dass die Frage nach sozialpädagogischer Qualität an sich nicht mehr gestellt wurde[480] und für die Leistungsanbieter eine pragmatische Strategie[481] der Einführung von QM-Systemen überwiegte. Daher gibt es eine Vielzahl von unterschiedlichen Modellen und Konzepten zur Qualitätssteuerung, die von den Leistungserbringern eingesetzt, erprobt und entwickelt werden.[482]

Auf der Ebene des institutionell-rechtlichen Rahmens ist eine wichtige Unterscheidung, dass der Staat viel stärker die Bedingungen der Leistungserbringung reglementiert als bei nicht-sozialen Dienstleistungen. Er macht z. B. Vorgaben im Hinblick auf die Qualifikation der Fachkräfte, die Qualität und Quantität der Leistungsansprüche, den Kreis der „Kund_innen“, Voraussetzungen der Refinanzierung usw.[483] Die Leistungserbringung ist stark verflochten mit der Kommunalpolitik, mit ihren eigenen sachfremden Interessen (Wiederwahl).[484] Durch die Konstruktion des jugendhilferechtlichen Dreiecks, welches unter Einbezug der internen Beziehungskonstellationen in Familie und freiem/privatem Träger zum Fünfeck[485] wird, entsteht bei der Hilfe zur Erziehung eine nicht-schlüssige Tauschbeziehung. Das bedeutet, dass die Finanzierung und Inanspruch-

---

478 Vgl. *Figiel* 1997: 26.

479 Vgl. Kap. 1.2 und Kap. 1.1.1.

480 Als Ausnahme vgl. *Winkler* 2000: 137ff, *Honig* 2002, *Köpp/Neumann* 2003, *Honig/Joos/Schreiber* 2004, *Honig/Neumann* 2004: 251ff.

481 Vgl. *Flösser/Oechler* 2004: 177, *Merchel* 2005b: 42f.

482 Vgl. *Olk/Speck* 2008: 81, vgl. Kap. 1.4.

483 Vgl. *Oppen* 1999: 302.

484 Vgl. *Oppen* 1999: 302.

485 Kind, Eltern, Auftragspädagog_in, freier/privater Träger, Jugendamt, vgl. *Müller-Alten* 2003: 406. Durch eine Trennung des Jugendamtes in ASD-Fachkraft und Träger wird das Fünfeck zum Sechseck, vgl. Kap. 2.2.4.

nahme der Dienstleistung verschiedenen Akteuren zugeordnet wird.[486] Das System der Leistungserbringung bei der Hilfe zur Erziehung verfügt über wenige Rückkopplungsmöglichkeiten bei Schlechtleistung, verbunden mit einer eingeschränkten Souveränität der Konsument_innen[487] und eingeschränkter Konsument_innenmacht. Daraus folgt, dass für die Anbieter eine Senkung der Betriebskosten bei gleichzeitiger geringerer Leistungsqualität ohne große Risiken umsetzbar scheint[488], es sei denn, dass „die Unzufriedenheit mit einer Leistung so stark angewachsen ist, daß ein Legitimationsverlust der Einrichtung droht."[489] Im Hinblick auf QE führt das dazu, dass die qualitätsfördernde Funktion der Konsument_innenmacht durch anderweitige Instrumente übernommen werden soll. Das Jugendamt versucht sicherzustellen, dass es keine Schlechtleistung finanziert, obwohl es aufgrund eines Informationsproblems die Leistung nicht selbst beobachten kann.

Unter Beachtung dieser Besonderheiten stellt die QE in der Hilfe zur Erziehung zwei neue Anforderungen an die Leistungserbringer. Erstens sind die explizite Erarbeitung und Begründung von angemessenen, sozialpädagogischen Kriterien, Maßstäben und Indikatoren von Qualität in der Hilfe zur Erziehung zu leisten. Zweitens geht es um die Entwicklung von systematischen, methodisch gesicherten und der Hilfeform angemessenen Bewertungsverfahren des fachlichen Handelns sowie deren Implementierung in die Organisation mit dem Ziel der QE.[490]

Die Anforderung an Leistungserbringer, QE zu betreiben, konfrontiert sie mit der Frage der Operationalisierung von Qualität und deren Messung. Die Verständigung mit den relevanten Akteuren über einen Begriff und ein Modell von Qualität ist hier vorausgesetzt. Konkret zu leisten ist die Definition von Qualitätskriterien, anhand derer die Qualität der Leistung bestimmt werden soll. Der nächste Schritt ist Indikatoren und entsprechende Kennzahlen zu entwickeln. Darauf aufbauend werden Instrumente zur Erkennbarmachung der Erreichung der Kriterien benötigt. Letztlich ist die Bewertung und Diskussion dieser Erkenntnisse innerhalb

---

486 Vgl. *Finis Siegler* 2009: 136, *Finis Siegler* 2012: 427, ausführlich vgl. Kap. 2.4.3.

487 Vgl. *Oppen* 1999: 302f, vgl. Kap. 2.4.2 und 2.5.1.

488 Vgl. *Bauer* 2001b: 19.

489 *Merchel* 2000f: 169.

490 Vgl. *Merchel* 2005b: 46, ähnlich mit der Ergänzung, dass es um eine Legitimation nach Außen geht, vgl. *Meinhold* 1998: 10 und *Meinhold* 2003: 148.

der Organisation über den Einzelfall hinaus zu leisten. Gleichzeitig ist die Reflexion der Grenzen und Unzulänglichkeiten dieser Indikatoren und Instrumente gefordert. Für beides bedarf es Offenheit, Fehlerfreundlichkeit bzw. Vertrauensschutz und Transparenz innerhalb der Organisationen und zwischen freien/privaten und öffentlichen Träger.[491] Dieser Gesamtprozess ist eine fachliche Herausforderung.[492]

Die Verständigung auf bestimmte Qualitätskriterien und Indikatoren zur Qualitätsbewertung ist vorab notwendig, wenn ein mehr oder weniger an Qualität einer Leistung ausgemacht werden soll.[493] Indikatoren zu finden, die valide in Beziehung zu bestimmten Qualitätsdimensionen und deren Kriterien stehen, ist für soziale, personenbezogene Dienstleistungen besonders schwierig.[494] Es erscheint leistbar, sinnvolle und angemessene Kriterien und entsprechende Indikatoren für die organisationale Ebene (Strukturen, Abläufe von Unterstützungsprozessen) zu entwickeln[495], während dies für die direkte sozialarbeiterische Interaktion (Prozess im Sinne von Ergebnis) und vor allem für die Wirkungen weitaus schwieriger ist. Es ist eine Herausforderung, komplexes, kommunikatives Handeln in Indikatoren abzubilden, die Komplexität reduzieren und hypothetische Kausalität konstruieren sollen.[496] Die Komplexität bezieht sich inhaltlich darauf, dass ein Sachverhalt nicht mit einem Indikator erfassbar ist, und zeitlich darauf, dass Wirkungen oft zeitverzögert eintreten.[497] Das Ausweichen auf leicht messbare Indikatoren hat zur Folge, dass diese Sachverhalte verbessert werden, aber nicht die für die Qualität relevanten.[498] Wichtig bei der Bildung von Indikatoren ist, dass sie messbar sind und klar mit den zu beobachtenden Effekten zusammen hängen. Dieser Zusammenhang ist plausibel darzulegen.[499] Es fehlen jedoch Übereinkünfte, was eine gute Hilfe zur Erziehung ausmacht[500]:

---

491 Vgl. *Meinhold* 1994: 48, *Merchel* 2000b: 23, *Merchel* 2003a: 67f., *Merchel* 2005b: 48, *Merchel* 2000b: 30f.

492 Vgl. *Speck* 2006: 52.

493 Vgl. *Merchel* 2000b: 16ff, *Merchel* 2000f: 168, *Flösser* 2001: 10.

494 Vgl. *Flösser* 1996a: 61, *Kühn* 1995: 346, *Kromrey* 2000: 53f.

495 Vgl. *Merchel* 2013: 76.

496 Vgl. *Blandow/Gintzel/Hansbauer* 1999: 76ff.

497 Vgl. *Kettiger/Schwander* 2011: 126f.

498 Vgl. *Kromrey* 2000: 53f.

499 Vgl. *Wolf* 2007a: 20.

500 Vgl. *BMFFSJ* 1998: 65, ähnlich *Busch* 1997: 196, *Hamberger* 2008: 369.

> „Wir wissen eigentlich nicht, was wir tun und welche Wirkung unser Handeln hat und zwar nicht, weil wir zu dumm sind, sondern weil wir gar nicht wissen können, was wir wissen müßten.“[501]

Dennoch hat jede sozialpädagogische Handlung ein intendiertes Ziel[502], also eine avisierte Wirkung. Dies ist ein konstitutives Element aller Sozialpädagogik, weshalb sie auch immer normativ ist. Die Reflexion dieses Ziels ist elementarer Bestandteil ihrer Professionalität.[503] Zur Annäherung an diese Ziele sind Planungen, Handlungsschritte, transparente Verfahren[504] und „Kriterien für die Überprüfbarkeit der Annäherung an die Ziele“[505] begründbar. Konkrete Vorschläge zur Bestimmung von Qualitätskriterien und Indikatoren wurden unter Beachtung der Besonderheiten der Sozialen Arbeit vorgelegt. Diese folgen unterschiedlichen Perspektiven. So stehen z. B. konkrete Verhaltensregeln als fachliche Qualitätsstandards[506], die Konzeptionsarbeit mit einer Beschreibung und Fokussierung von Schlüsselsituationen[507] oder die aus unterschiedlichen Paradigmen, Konzepten, empirischen Studien und theoretischen Bezügen hergeleiteten Qualitätsmerkmale[508] im Mittelpunkt. Als klassische Indikatoren der Wirkung lassen sich normativ-objektive Aspekte, wie Schulerfolg, Ausbildungsabschluss und Legalbewährung, von subjektiv-individuellen der Adressat_innen, wie Lebensqualität, Zufriedenheit, soziale Beziehungen, Alltagsbewältigung, unterscheiden.[509] Ein adressat_innenorientierter Ansatz zur Bestimmung von Wirkungsqualität macht zum Maßstab erfolgreicher Kinder- und Jugendhilfe, ob es den Kindern und Jugendlichen durch die Hilfe besser gelungen ist, sich ihre Biografie anzueignen.[510] Neuere

---

501 *Klatetzki* 1994: 37f.
502 Vgl. *von Spiegel* 1999: 362.
503 Vgl. *Lambach* 2003: 102.
504 Vgl. *Jordan* 2001: 49.
505 *Meinhold* 1994: 41.
506 Vgl. *Meinhold* 1998, 26ff.
507 Vgl. *von Spiegel* 2000: 55f.
508 Für ambulante Hilfen zur Erziehung vgl. *Merchel/Schone* 1999: 227ff. Für die Heimerziehung vgl. *Merchel* 1999e: 252ff. Für flexible Hilfen vgl. *Boomgaarden*, 1999, 269ff. Für die Kinder- und Jugendhilfe insgesamt vgl. *Jordan/Reismann* 1998: 25. Für Humandienstleistungen allgemein vgl. *Heiner* 1996c: 221ff. Für Servicedienstleistungen vgl. *Zeithaml/Parasuraman/Berry* 1990, dargestellt bei *Müller* 1999: 46f.
509 Vgl. *Flösser* 1999a: 3, *BMFFSJ* 1998: 140ff.
510 Vgl. *Gehres* 1997 176ff, *Blandow* 1999: 57. Zur Operationalisierung einer QEV vgl. ebd.: 57f.

Diskussionen nehmen als Wirkung die Steigerung von Verwirklichungschancen in den Blick.[511]

Auch aus empirischen Studien, wie z. B. der JULE-Studie[512], lassen sich Indikatoren für eine Qualitätsbewertung ableiten. Eine weitere Möglichkeit wäre die gemeinsame Entwicklung einer „Basisqualität".[513] Die unterschiedlichen Ansätze verweisen darauf, dass es keinen Konsens für die „richtigen" Qualitätskriterien und Indikatoren gibt. Sie sind auch in den Studien und theoretischen Ausarbeitungen abhängig vom Begriff und Modell der Qualität. Auch die Anlehnung an Ergebnisse von Studien oder Vorschläge von theoretischen Ausarbeitungen führen an einer dialogischen Entwicklung zwischen allen Beteiligten nicht vorbei.

Im Kontext des Einsatzes von Indikatoren und entsprechender Kennzahlen wird in der Sozialen Arbeit häufig argumentiert, dass sich die sozialpädagogischen Leistungen einer Messung entziehen.[514] Die Auseinandersetzung über die Möglichkeiten, Soziale Arbeit „messbar" zu machen, hält *Merchel* für ebenso notwendig wie kritikanfällig.[515] „Messung" ist

---

511 Vgl. *Albus/u. a.* 2010a: 118ff.

512 Für die Arbeit des Jugendamtes sind qualitätsrelevant: fachlich begründete Bedarfsfeststellung, Vermittlung eines adäquaten Betreuungssettings, präzise Auftragsformulierung an die Einrichtung, fachliche Kooperation aller Beteiligten in Planungsprozessen, flexibel fortgeschriebene und umgesetzte Hilfeplanung, fachlich begründete und geplante Beendigung, vgl. *BMFFSJ* 1998: 153ff. Für die Leistungsanbieter werden die Aspekte situationsangepasste Planung und Reflektion des Hilfeangebots, spezifische, den individuellen Bedürfnissen angepasste Angebote, verlässliches, tragfähiges Betreuungssetting, fachlich reflektierter Beteiligung der jungen Menschen und ihrer Eltern, begründete Kooperation der beteiligten Fachkräfte sowie fachlich geplante Beendigung benannt, vgl. *BMFFSJ* 1998: 157ff.

513 Basisqualität bezeichnet hier einen Mindeststandard, der aus den rechtlichen Vorgaben und bestimmten fachlichen Anforderungen zusammengesetzt ist, vgl. *Pfeifer-Schaupp* 2000a: 55. Für Leitfragen zur Entwicklung solcher Basisstandards vgl. *Pfeifer-Schaupp* 2000b: 6ff und *Pfeiffer-Schaupp*, 2001: 17ff. Der Vorschlag ist als Einstieg in die Beschäftigung mit QE hilfreich. Kritisch ist jedoch die unsystematisch und willkürlich anmutende Auswahl der Standards als Mindestanforderung, auch wenn betont wird, dass sie ergänzt und modifiziert werden kann. Es fehlt z. B. die Mindestanforderung, sich über einen Qualitätsbegriff und ein Qualitätsmodell zu einigen. Der Einstieg erfolgt direkt über die Frage nach Qualitätsstandards.

514 Vgl. *Meinhold* 1994: 41, *Nüßle* 1994: 434, *Heiner* 1996b: 22. Dezidiert für das Problem der Messung von Wirkungen vgl. *Schmidt* 1996: 36, *Kulbach* 1998: 444.

515 Vgl. *Merchel* 2002c: 129f, *Merchel* 2013: 74f.

nicht im Sinne der Betriebswirtschaften zu verstehen, sondern als Abfolge der Schritte: Selektion eines Aspekts, Indikator bilden, Skalierung festlegen, konkreten Wert bilden.[516] Der Kritik an einer „Messeuphorie" ist zuzustimmen, solange die sozialpädagogische Leistung selbst gemessen werden soll. Es ist allerdings möglich, Indikatoren zu messen, die bestimmte Rückschlüsse auf die sozialpädagogische Leistung nahe legen.[517] Dass es sich dabei um hypothetische Konstruktionen handelt, ist nicht zu bezweifeln. Ebenso kann nicht bezweifelt werden, dass die Gefahr besteht, in extremer Vereinfachung Indikatoren mit der Leistung selbst gleichzusetzen und die Leistungserbringer oder die Fachkräfte unter Druck zu setzen. Es bleibt anzuerkennen, dass „sozialtechnokratische Steuerungsphantasien"[518] immer am Kern der Sozialen Arbeit vorbeizielen. Weiter gilt es zu unterscheiden, ob es sich um die Ebene des Einzelfalles[519], die Ebene des Leistungserbringers oder die Ebene des Gesamtsystems Kinder- und Jugendhilfe[520] handelt. Für aggregierte Zusammenhänge können mittels Kennzahlen Hypothesen und Wahrscheinlichkeitsaussagen getroffen werden.[521] Die QEV bezieht sich auf konkrete Leistungspotentiale eines Leistungserbringers und demnach auf aggregierte Einzelfälle.

Letztlich bleibt es dabei: Die Entwicklung von Indikatoren und Kennzahlen zur Qualitätsbewertung ist notwendig und gleichzeitig reflexiv und kritisch zu gestalten[522], während darauf geachtet werden muss, dass die Ebenen der organisationalen Strukturen und Prozesse[523] (instrumentell), der direkten Leistungserbringung im Hinblick auf die Adressat_innen (subjektiv) und der Professionellen (objektiv) sowie der gesellschaftlichen Ziele (normativ) unterschieden werden. Dabei ist sicherlich der subjektive und objektive Qualitätsbegriff am anspruchsvollsten.

---

516 Vgl. *Lambach* 2003: 100f. .

517 Vgl. ähnlich *Müller* 1999: 44.

518 *Merchel* 2004b: 143

519 Zum Problem der Verallgemeinerbarkeit von Ergebnisqualität, als Erreichung verhandelter Ziele im Einzelfall vgl. *Merchel* 1998c: 27f.

520 Hier kann in eine kommunale und überkommunale Ebene unterschieden werden.

521 Vgl. *Jordan/Reismann* 1998: 31, *Lambach* 2003: 101.

522 Vgl. z. B. *Merchel* 2000f: 170ff, ausführlicher *Merchel* 2013: 72ff, *Jordan/Reismann* 1998: 28.

523 Hier sind nicht die primären Leistungsprozesse der sozialarbeiterischen Interaktion gemeint, sondern die organisationalen Unterstützungsprozesse, wie z. B. die Erstellung von Schichtplänen.

Die Auseinandersetzung über QE wurde als Aushandlung *aller* relevanten Akteure unter Beachtung emanzipatorischer Partizipation der Adressat_innen charakterisiert.[524] Die bei der Qualitätsaushandlung relevanten Akteure sind diejenigen,

> „die sich ein Urteil über die Qualität einer Dienstleistung bilden können und deren Urteil die Akzeptanz der Dienstleistung beeinflusst."[525]

Für die Hilfe zur Erziehung sind dies in erster Linie die zuständige Fachkraft des Jugendamtes, die Auftragspädagog_innen des künftigen Leistungserbringers und die betroffenen Familienmitglieder[526], und in zweiter Linie nicht weniger wichtig die Politik und die kommunale Öffentlichkeit.[527] Diese Annahme wird kritisiert, da die Frage auftaucht, ob diese Perspektivendivergenz in der Qualitätsbestimmung nicht gerade das Problem ausmacht, das durch QE gelöst werden soll?[528] Eine Interessenidentität von Sozialer Arbeit und den Adressat_innen darf nicht unkritisch vorausgesetzt werden.[529] Ein Mittelweg ist die Idee, bei der Diskussion um Qualität in der Sozialen Arbeit zwischen der Ebene der Professionellen („gute Arbeit" als fachlich begründetes Handeln) und der Ebene der Adressat_innen („gute Dienste" als Gebrauchswertorientierung) zu unterscheiden, um sie anschließend wieder miteinander in Beziehung zu setzen.[530] Dies wäre anschlussfähig an die Differenzierung *Bauer*s in subjektive und objektive Qualitätsbegriffe. Doch zeigt sich hier erneut das Di-

---

524 Vgl. Kap. 1.2.1.

525 *Meinhold* 1994: 42.

526 Klassischerweise werden in der deutschen Diskussion diese drei Perspektiven für die Definition von Dimensionen, Merkmalen und Indikatoren von Qualität der sozialen Dienstleistung als relevant angeführt, vgl. *Stiemert-Strecker/Teuber/Seckinger* 2000: 47, *Busch* 1999b: 263.

527 Vgl. *Engel/Flösser/Gensink* 1996: 59. Dabei ist zu beachten, dass durch diese Akteure unterschiedliche Bewertungsperspektiven eingenommen werden. *Merchel* differenziert die Perspektive der Adressat_innen, der beteiligten Fachorganisationen und der Profession, vgl. *Merchel* 2013: 41f.

528 Vgl. *Hansen* 1997: 17. In Großbritannien hat man sich im Rahmen der Diskussion über *quality assurance* konsequent an der Adressat_innenperspektive orientiert, vgl. ebd. Zur Problematik dieser Sichtweise s. u.

529 Vgl. *Meinhold* 1995: 289, *Blandow/Gintzel/Hansbauer* 1999: 66, *Brülle/Reis* 1999: 290.

530 Vgl. *Rose* 1996: 60f mit Bezug auf *Maja Heiner*. Zur Perspektive der Gebrauchswertorientierung im Qualitätsdiskurs vgl. *Beckmann/Richter* 2005. In dienstleistungstheoretischen Qualitätskonzepten ist diese Trennung nicht möglich, weil im Hinblick auf Angemessenheit der Leistungen (Bedürfnisgerechtigkeit) das fach-

lemma der Ko-Produktion, da einerseits das Wissen der Adressat_innen über „gute“ Dienste für ein begründetes fachliches Handeln kontrafaktisch voraus gesetzt werden müsste, andererseits aber begründetes fachliches Handeln möglicherweise erst zu dieser Einsicht bei den Adressat_innen führt.

Ist außerhalb der Sozialen Arbeit die strikte Orientierung an den Wünschen und Bedürfnissen der Kund_innen der zentrale Kern der QE bzw. des Qualitätsmanagements, so muss für die Kinder- und Jugendhilfe eine Orientierung an professionellen Prinzipien[531] und gesellschaftlichen Normen hinzutreten[532] bei gleichzeitiger, weitgehender Beachtung der Adressat_innenbedürfnisse und -wünsche.[533] Qualitätskriterien in der Hilfe zur Erziehung können nicht ohne Beachtung der Erwartungen der Adressat_innen an die Leistung vollständig sein. Dies fordert eine Stärkung der Rolle der Adressat_innen heraus.[534] Es bleibt zu beachten, dass die Orientierung an dieser Qualitätseinschätzung aus Erwartungssicht der Adressat_innen nicht zu einer umfänglichen Umsetzung der entsprechenden Aspekte führen kann. Es gibt gute Gründe, sich nicht ausschließlich an den Erwartungen der Adressat_innen zu orientieren.[535] Es geht um eine „multiperspektivische Qualitätskonzeption“[536], die über einen partizipativ organisierten Prozess (vor allem zur Zielentwicklung) die divergierenden Interessen der Beteiligten (Jugendamt, freie/private Träger, Familie) zusammenbringt.[537]

Partizipation der Adressat_innen wird im doppelten Sinne zum zentralen Aspekt von Qualität der Hilfe zur Erziehung. Zum einen ist Partizipation eine Voraussetzung für gelingende Leistungsprozesse auf der Ebene

---

lich begründete Handeln von der Gebrauchswertorientierung nicht trennbar ist, vgl. *Piel* 1996: 106.

531 Hierbei einsteht eine Spannung zwischen professioneller Autonomie und Adressat_innenpartizipation, vgl. *Merchel* 2004b: 149f.

532 Vgl. *Vilain* 2003b: 179f. Eine ausschließliche Orientierung an den Wünschen der Adressat_innen könnte dazu führen, dass Fachkräfte keine schmerzhaften Veränderungsprozesse mehr anstoßen würden, vgl. *Meinhold* 1994: 44, *Braun* 2007: 138.

533 Vgl. *Hollerith* 1995: 14. Ausführlich vgl. die Diskussion um Paternalismus und Meritorik in Kap. 2.4.

534 Vgl. *Hansbauer* 2000: 52ff, *Schipmann* 2002: 144, *Finis Siegler* 2009: 163f. Ähnlich aus demokratietheoretischer Sicht, vgl. *Schaarschuch* 1996b: 21.

535 Vgl. auch die Ausführungen zur Meritorik in Kap 2.4.2.

536 *Engel/Flösser/Gensink* 1996: 48, vgl. ferner *Kulbach* 1998: 445.

537 Vgl. *Kulbach* 1998: 446.

des Einzelfalls (Qualitätskriterium der Leistung), zum anderen ist Partizipation Voraussetzung für einen dialogischen Aushandlungsprozess über Begriff, Modell, Indikatoren und Bewertung von Qualität (Qualitätskriterium der Qualitätsentwicklung).

Ergebnisse der empirischen Wirkungsforschung verweisen auf einen engen Zusammenhang von Partizipation der Adressat_innen an allen Stationen, vom Erstkontakt beim Jugendamt bis zur Beendigung der Hilfe[538], und den Wirkungen der Hilfe zur Erziehung.[539] Dabei ist Partizipation sowohl Mittel, z. B. zur Herstellung einer besseren Passung zu Einrichtung bzw. Auftragspädagog_in oder dem besseren verstehen ihrer Deutungsmuster[540], als auch Zweck an sich, z. B. als unhintergehbares Bürgerrecht.[541] Eine stärkere Partizipation der Adressat_innen ist aus demokratietheoretischer[542], sozialpädagogischer[543], dienstleistungstheoretischer[544], menschenrechtstheoretischer, funktionaler[545] und rechtlicher[546] Sicht begründbar.[547] Ein Qualitätsbegriff sozialer Dienstleistungen mit systematischem Bezug zu den fachlichen Paradigmen Sozialer Arbeit, vor allem Lebensweltorientierung, Dienstleistungsorientierung und nicht zuletzt Sozialer Arbeit als Menschenrechtsprofession, kommt um eine Integration der Konzepte Partizipation und Empowerment nicht umhin.[548]

538 Für die Partizipation in der Hilfeplanung vgl. *Albus/u. a.* 2010a: 62ff.

539 Vgl. *Wolf* 2007b: 39f, *Albus/u. a.* 2010a: 9.

540 Vgl. *Wolf* 2007b: 39f.

541 Vgl. ähnlich *Früchtel/Budde/Herweg* 2010: 29.

542 Vgl. *Engel/Flösser/Gensink* 1996: 58ff, siehe Kap. 2.3.2.

543 Vgl. für viele *Späth* 1994: 52ff. Im Hinblick auf die Relevanz der persönlichen Beziehung, z. B. in der Pflege vgl. *Gabriel* 2007: 120f. Vgl. ebenso die Ausführungen zum Adressat_innenstatus im Konzept der Lebensweltorientierung in Kap. 2.3.1.

544 Vgl. *Schaarschuch* 2000: 172f.

545 Leistungen der Hilfe zur Erziehung werden ohne Beteiligung nicht wirksam, vgl. *Heiner* 1996c: 212.

546 Vgl. Kap. 1.2.3.

547 Vgl. *Blandow/Gintzel/Hansbauer* 1999: 66ff, *Blandow* 1999: 48f, *Seim* 2000: 165ff. Für eine ausführliche Auseinandersetzung mit den Begründungshintergründen von Partizipation in der Kinder- und Jugendhilfe vgl. *Abeling/u. a.* 2003: 238ff. Hier werden modernisierungstheoretische, dienstleistungstheoretische, ökonomische und demokratietheoretische Theoriebezüge getrennt.

548 Vgl. *Seckinger/Stiemert-Strecker/Teuber* 2000: 12, *Stiemert-Strecker/Teuber/Seckinger* 2000: 36ff.

Partizipation wird zu einem unverzichtbaren Qualitätskriterium[549] und müsste in der QEV Niederschlag finden.[550] Für die einzusetzenden Qualitätssteuerungssysteme bedeutet dies, dass ausschließlich interne Modelle nicht hinreichend sind, solange die Adressat_innensicht nicht „systematisch ergänzend und korrigierend einbezogen“[551] werden. Adressat_innen sind an der Leistungsüberprüfung[552] und an der Entwicklung von Qualitätskriterien[553] zu beteiligen.[554] Es gilt, vorrangig solche Qualitätskriterien zu entwickeln, die aus Sicht der Adressat_innen für den Erfolg der Leistung stehen und die sie beurteilen können.[555] Nur so lässt sich über Wirkungsanalysen aus Adressat_innensicht die Verbesserung der Leistungen erzielen.

Aus Sicht der Adressat_innen sind vor allem soziale Aspekte der Leistung relevant für die Einschätzung zur Qualität. Es geht darum, „wie“ die Leistung erbracht wird. Dies lässt sich nicht mit formalen, technischen Indikatoren zur Prozessqualität erfassen, die tatsächlich aber im derzeitigen Qualitätsdiskurs dominieren.[556] Für die QE bedeutet dies, dass eine Beteiligung der Adressat_innen an der Evaluation und Weiterentwicklung der Angebote besonders für den Bereich der sozialen Aspekte wichtig wäre.[557] Allerdings ist eine konsequente Beteiligung der Familien in den praktischen Umsetzungen der QE kaum vorhanden.[558] Es gilt, durch Empowerment und bzw. oder eine anwaltschaftliche Vertretung die Beteiligung der Familien an den Qualitätsdiskursen zu stärken.[559]

Eine prospektive, dynamische Orientierung in der Aushandlung des Qualitätskonzepts stellt sehr hohe Anforderungen an die Beteiligung der betroffenen Familien. Ausgehend davon, dass die Fachkräfte der Jugend-

---

549 Vgl. insbesondere *Petersen* 1996: 84, *BMFFSJ* 1998: 14, *BMFSFJ* 2002a: 20, *Merchel* 2004b: 149f.

550 Vgl. *Blandow/Gintzel/Hansbauer* 1999: 117f.

551 *Brülle/Reis* 1999: 290.

552 Vgl. *Jordan* 2001: 52.

553 Vgl. *Heiner* 1996c: 212, *Späth* 1998: 19, *Niehuis* 2000: 266.

554 Vgl. *Struck* 2003: 33.

555 Vgl. *Struzyna* 2003: 78.

556 Vgl. *Hansbauer* 2000: 53ff. Aus empirischer Sicht für die Heimerziehung vgl. *Hansbauer/Kriener* 2000, 256f.

557 Vgl. *Hansbauer* 2000: 54, *Hansbauer/Kriener* 2000. 268f.

558 Für die Seite der Leistungserbringer im Einzelfall vgl. z. B. *Blandow/Gintzel/Hansbauer* 1999: 65. Für die Seite der Jugendämter im Einzelfall vgl. z. B. *Bünder* 2002: 93ff.

559 Vgl. *Blandow/Gintzel/Hansbauer* 1999: 68.

ämter und der Leistungsanbieter über Erfahrungen aus vielen Einzelfällen verfügen, dürfte es für Familien im Vorfeld einer Hilfe zur Erziehung schwierig sein, sich umfassend an der Formulierung von Indikatoren zur Qualitätsbewertung der erst in Anspruch zu nehmenden Hilfe zu beteiligen. Dies scheint ein wichtiges Argument für eine Interessensvertretung der Adressat_innenseite in der Qualitätsaushandlung durch „in der Hilfe zur Erziehung erfahrene" Familien zu sein. Dieser Aspekt wird unten im Hinblick auf die Verhandlung der Vereinbarungen nach den §§ 78a-g SGB VIII noch diskutiert.

Die Stärkung der Adressat_inneninteressen und -definitionen im Hinblick auf die Leistungsqualität benötigt einerseits Wahl- (*choice*), Beschwerde- (*voice*) und Ausstiegsmöglichkeiten (*exit*) sowie andererseits die Motivierung der Adressat_innen, sich einzubringen.[560] Für die Hilfe zur Erziehung sind die Ausstiegsmöglichkeiten (*exit*) stark eingeschränkt[561], sodass eine Konzentration auf *choice* und *voice* sinnvoll erscheint.[562] Eine QE, die Adressat_innenorientierung ernst nimmt, müsste demnach die Möglichkeiten von *choice* und *voice* konsequent stärken, sowohl auf der Prozess- als auch der Strukturebene.[563] Analog müssten für die Einrichtungen der freien/privaten Träger Kontrollrechte vor allem der Kinder und Jugendlichen gestärkt werden.[564] Weiter wären Unterstützungsressourcen nötig, diese Kompetenzen bei den Adressat_innen zu fördern.

Denkt man die Anforderungen an eine konsequente Partizipation der Adressat_innen auf der Ebene der Leistungserstellung und der QE zu Ende, würden sich auf der Diskursebene der Qualitätsdiskurs und der Partizipationsdiskurs weiter annähern[565] und in letzter Konsequenz ineinander aufgehen.

Die Stärkung von Partizipation der Adressat_innen durch die Fachkräfte hat auf Seiten der Fachkräfte autonome Handlungsräume in ihren Organisationen zur Voraussetzung.[566] Eine Standardisierung und Formalisie-

---

560 Vgl. *Kulbach* 1998: 447.

561 Vgl. *Wagenblass* 2001: 1939. Selbst bei freiwillig in Anspruch genommener Hilfe zur Erziehung muss davon ausgegangen werden, dass ein Handlungsdruck für die Familie besteht, der einen einfachen Verzicht auf die Hilfeleistung erschwert.

562 Vgl. *Abeling/u. a.* 2003: 258f.

563 Vgl. *Kulbach* 1998: 447, *Jordan* 2001: 52.

564 Vgl. *Blandow/Gintzel/Hansbauer* 1999: 69.

565 Vgl. *Hansbauer* 2000: 55, *Hansbauer/Kriener* 2000: 254ff.

566 Vgl. *Albus/u. a.* 2010a: 165.

rung der professionellen Handlungsvollzüge verhindert die Partizipation der Adressat_innen und damit eine gelingende QE. Die Qualitätsentwicklungssysteme sollten daher nicht zu einer Standardisierung und Formalisierung der Arbeitsabläufe führen.

1.4 Relevante Modelle der Qualitätssteuerung bei den Hilfen zur Erziehung

Die betriebswirtschaftliche Managementliteratur kennt eine ganze Reihe von Systemen zur Qualitätssteuerung. Die meisten wurden für die industrielle Güterproduktion entwickelt.[567] Zu unterscheiden sind sog. „gut genug"-Modelle der Qualitätssicherung, die an Minimalstandards orientiert sind und einen zu erreichenden Endpunkt der Organisationsentwicklung anstreben, von sog. „immer-besser"-Modellen. Letztere zielen auf einen kontinuierlichen Verbesserungsprozess im Hinblick auf Qualität. Die bekanntesten sind die DIN EN ISO 9004:2000, das TQM und das EFQM-Modell.[568] Da es im Kontext der Hilfe zur Erziehung um Qualitäts*entwicklung* geht, kommen wenn überhaupt ausschließlich diese Modelle für eine Anwendung in Betracht. Bei der Überlegung, welcher Ansatz der QE gewählt wird, können neben den betriebswirtschaftlich orientierten QM-Systemen die fachwissenschaftlich orientierten Ansätze in deskriptiv-analytische und normativ-steuernde unterschieden werden. Deskriptiv-analytische Ansätze würden eher auf einen gemeinsamen transparenten Lernprozess auch zwischen verschiedenen Anbietern setzen.[569] Solche Ansätze könnten in der Lage sein, die instrumentelle, objektive, subjektive und normative Ebene des Qualitätsbegriffs zu vermitteln. Außerdem würden sie die Strukturprinzipien der Kinder- und Jugendhilfe aufgreifen, indem

567 Daneben gibt es auch in der betriebswirtschaftlichen Managementliteratur eine explizite Beschäftigung mit Dienstleistungsqualität. Die hier entwickelten Ansätze, wie z. B. das GAP-Modell (vgl. *Schlick/Rochhold* 2007: 941ff) gehen jedoch von einem einfachen Kund_innen-Anbieter-Modell aus, das Souveränität und Autonomie auf der Nachfrageseite voraussetzt sowie Kund_innenbindung als zentrale Voraussetzung für Unternehmenserfolg definiert. Beides trifft für die Soziale Arbeit nicht zu.

568 Vgl. *Seghezzi* 2007: 158.

569 Vgl. *Merchel* 2000f: 167. An anderer Stelle spricht er von verfahrensstandardisierenden und evaluativen Grundintentionen der QM-Systeme, vgl. *Merchel* 2013: 142.

die Jugendhilfeplanung[570] eine zentrale Rolle in der QE einnimmt. Die normativ-steuernden Konzepte würden sich an der Einhaltung von (Minimal-)Anforderungen orientieren, wie sie durch rechtliche Standards vorgegeben werden.[571] Diese Ansätze würden das instrumentelle im Sinne organisationaler Strukturen und Prozesse und das objektive im Sinne fachlicher Standards und das normative Qualitätsverständnis im Sinne rechtlicher Standards bedienen. Das subjektive Qualitätsverständnis würde vernachlässigt. Das kann negative Folgen für die Versorgungssituation[572], aber auch für die Wirkungen der Leistungen haben.[573]

Für Anbieter von Hilfe zur Erziehung gilt die gesetzliche Verpflichtung, die Qualität der Leistungsangebote zu beschreiben und über

> „Grundsätze und Maßstäbe für die Bewertung der Qualität der Leistungsangebote sowie über geeignete Maßnahmen zu ihrer Gewährleistung"[574]

eine QEV mit dem örtlichen Jugendamt abzuschließen. Dabei gilt es, sowohl Qualitätskriterien als auch ein umfassendes Modell zur QE zu entwickeln. Es ist das Problem zu lösen, dass erstens sozialarbeiterisches Verwaltungshandeln als Interaktion zwischen Familien und Jugendamt, zweitens sozialpädagogisches Handeln zwischen Auftragspädagog_innen und Familie und drittens die organisationale Kooperation zwischen freien/privaten Trägern und Jugendamt in systematischer Verbindung von diesem Modell erfasst werden müssten.

Aufgrund des Kostendrucks erscheint es dringend geboten, dass die Kinder- und Jugendhilfe ein tragfähiges Modell zur Qualitätsbewertung für ihr Feld entwickelt.[575] Aus Zeitdruck sind in einer ersten Phase etliche aus den betriebswirtschaftlichen Kontexten stammende Modelle mehr oder weniger angepasst übertragen worden. In einer zweiten Phase wurden Modelle entwickelt, die Besonderheiten der Sozialen Arbeit aufnehmen.[576] Insgesamt gibt es mittlerweile eine nicht mehr zu überschauende Vielfalt an Modellen und Verfahren zur QE bzw. zum QM.[577] Grundsätzlich pro-

---

570 Jugendhilfeplanung wird hier verstanden als kollektiver Lernprozess, vgl. *Herrmann* 1995a: 143ff.

571 Vgl. *Merchel* 2000f: 167.

572 Vgl. *Brülle/Reis* 1999: 289.

573 Vgl. *Piel* 1996: 106.

574 § 78b Abs. 1 Ziff. 3 SGB VIII.

575 Vgl. *Merchel* 1996a: 162.

576 Vgl. *Olk/Speck* 2008: 76.

577 Vgl. z. B. die Übersicht bei *Buckley/Boeßenecker* 2006: 12ff.

blematisch an allen QE-Verfahren ist, dass Leistungserbringer kaum freiwillig eigene Qualitätsmängel aufdecken werden. Da sich Jugendämter eher an kurzfristigen Kostenvergleichen orientieren, haben auch sie keine strategische Perspektive auf die „Lieferung" guter Qualität der Leistungsanbieter. Daher wird die Einführung einer „Dritten Instanz" eingefordert, die auf die QE achtet. Vorgeschlagen werden die Landesjugendämter oder die Adressat_innen. Dies könnte die Idee eines fachlich regulierten Qualitätswettbewerbs[578] voranbringen.[579]

Innerhalb der Kinder- und Jugendhilfe werden unterschiedliche Modelle zur QE und zum QM diskutiert.[580] Diese können nach verschiedenen Aspekten unterschieden werden. Erstens kann gefragt werden, ob sie eher auf die interne Qualitätsverbesserung der Leistung oder die Legitimation nach außen gerichtet sind. Zweitens ist die Definitionsmacht über die Qualität der Leistung ein trennendes Kriterium. Drittens kann es sich um ein Modell mit der Maxime „gut genug" oder „immer besser" handeln. Im Folgenden wird eine Systematisierung in Ansätze mit stärkerer betriebswirtschaftlicher Orientierung und Ansätze mit stärkerer sozialarbeiterischer Orientierung vorgenommen.[581]

1.4.1 Betriebswirtschaftlich orientierte Ansätze

Als einflussreiche[582] Ansätze in der Praxis der Sozialen Arbeit gelten Zertifizierungen nach der ISO-Norm, das EFQM-Modell[583] und das Qualitätsmanagement des NSM, die stark an Total-Quality-Managemen-Systeme (TQM) angelehnt sind. Alle Modelle nähern sich in ihren Weiterentwicklungen zunehmend einander an.[584] Sie bedienen einen betriebswirtschaftlich instrumentellen Qualitätsbegriff und wurden aus fachfremden Kontex-

---

578 Vgl. Kap. 2.5.3.

579 Vgl. *van Santen/u. a.* 2003: 487f.

580 Vgl. *Gerull* 2000, *Boeßenecker/u. a.* 2003, *Merchel* 2013: 78ff. Für das Feld der Kinderbetreuung vgl. *Esch/u. a.* 2006.

581 *Merchel* differenziert vier Grundtypen von QM-Systemen: die DIN EN ISO Zertifizierungen, das EFQM, das Benchmarking und die Evaluationsansätze, vgl. *Merchel* 2013: 78.

582 Vgl. *Reuter-Spanier/Roth* 1999: 38, *Gerull* 2001: 445, *Flösser/Oechler* 2004: 177, *Speck* 2006: 56f, *Merchel* 2013: 78.

583 European Foundation for Quality Management.

584 Vgl. *von Bandemer* 2005: 452.

ten auf die Soziale Arbeit übertragen.[585] Speziellere Ansätze, die nur Ausschnitte der Qualitätsthematik betrachten, wie z. B. die Balanced Scorecard[586], Benchmarking[587] oder GAB-Verfahren[588] bleiben unberücksichtigt.[589]

Die DIN EN ISO 9000ff[590]

Die Beschäftigung mit Normierungsversuchen der Qualität von Produkten ist schon sehr alt. In heutiger Form etablierten sich entsprechende Verfahren in der Rüstungsindustrie ab den 50er-Jahren.[591] Diese können als Vorläufer der heutigen DIN EN ISO 9000ff-Reihe für QM gelten, die von der EU 1990 verabschiedet und seither mehrfach revidiert wurde. Die DIN EN ISO 8402 mit ihrer Definition von Qualität als

> „Gesamtheit von Merkmalen einer Einheit bezüglich ihrer Eignung, festgelegte und vorausgesetzte Erfordernisse zu erfüllen“[592],

war der Vorläufer der DIN EN ISO 9000ff und galt zu Zeiten der Diskussion um die Einführung des NSM. Diese Definition und das darauf fußende QM-System waren sehr stark an einer Standardisierung des Herstellungsprozesses von industriellen Gütern ausgerichtet.

Die wichtigsten derzeit geltenden Bestimmungen für den hier betrachteten Zusammenhang sind die DIN EN ISO 9000:2005, 9001:2009 und 9004:2009. Die Norm 9000:2005 legt Grundlagen und Begriffe zum

---

585 *Meinhold/Matul* versuchen ein betriebswirtschaftliches QM-Konzept mit den besonderen Bedingungen der Sozialen Arbeit im Hinblick auf die sozialarbeiterische Interaktion, die Trägerebene und die sozialpolitische Ebene zu versöhnen, vgl. *Meinhold/Matul* 2003.

586 Vgl. *Koch* 2003: 15ff, *May* 2007: 37ff.

587 Vgl. ausführlich *Merchel* 2013: 101ff.

588 Vgl. *Ackermann* 2001: 28ff.

589 Für weitere Beispiele, vgl. *Merchel* 2013: 131ff.

590 DIN: Deutsche Industrie Norm. EN: Europäische Norm, ISO: Institut Standardization Organisation. 9000 bezeichnet die Normenreihe. Für Qualitätsmanagement relevant sind die Ausgaben: DIN EN ISO 9000 Qualitätsmanagementsysteme, Grundlagen und Begriffe, DIN EN ISO 9001 Qualitätsmanagementsysteme, Forderungen, DIN EN ISO 9004 Qualitätsmanagementsysteme, Leitfaden zur Leistungsverbesserung, DIN EN ISO 19011 Leitfaden für Audits von Qualitätsmanagement- und/oder Umweltmanagementsystemen.

591 Vgl. *Vilain* 2003a: 23f.

592 DIN EN ISO 8402.

QM fest.[593] Qualität wird definiert als „Grad, in dem ein Satz inhärenter Merkmale Anforderungen erfüllt".[594] Die Norm 9001:2009 definiert die Minimalanforderungen für ein QM-System und ist die Grundlage für eine Zertifizierung.[595] Damit handelt es sich um ein „gut genug"-Modell. In der neuesten Norm 9004:2009 wird hingegen ein prozesshaftes QM-Verständnis zu Grunde gelegt. Ziel ist nicht die Zertifizierung, sondern ein ständiger Verbesserungsprozess der Qualität als Regelkreis in Anlehnung an die Philosophie eines TQM-Systems. Weitere Fortentwicklungen liegen in der Beachtung mehrerer Kund_innenperspektiven und des prozesshaften Charakters von Dienstleistungen. Damit handelt es sich um ein „immer besser"-Modell, das keine Zertifizierung, sondern „business excellence" zum Ziel hat.[596] Die DIN EN ISO formuliert acht Grundprinzipien[597], die in vier Qualitätsbereichen[598] umgesetzt werden müssen. Für alle vier Bereiche sollen die Verfahrensweisen zur Herstellung, Sicherung und Verbesserung von Qualität in einem Qualitätshandbuch dokumentiert und die Einhaltung der Vorgaben im Arbeitsalltag realisiert werden. Das prozesshafte Verfahren zeigt sich im permanenten Zyklus von Planen, Ausführen, Überprüfen und Verbessern. Zentrale Elemente des QM-Systems sind das Qualitätshandbuch, der/die Qualitätsbeauftragte und die Dokumentationen.[599] Als Chancen dieses Modells werden die erzwungene Auseinandersetzung mit innerorganisationalen Prozessen auf allen Ebenen und die Schaffung von Transparenz und Verbindlichkeit gesehen.[600]

Aus der Kinder- und Jugendhilfe wurde dieses QM-Modell, vor allem in seinen älteren Varianten als ausschließliche Zertifizierung heftig kriti-

---

593 Vgl. *Wagner, K.* 2007: 175.

594 Norm EN ISO 9000:2005. Die vorangehende Version der Norm EN ISO 9000:2000 definierte Qualität als: „Vermögen einer Gesamtheit inhärenter Merkmale eines Produkts, Systems oder Prozesses zur Erfüllung von Anforderungen von Kunden und anderen interessierten Parteien".

595 Vgl. *Wagner, K.* 2007: 175.

596 Vgl. *Wagner, K.* 2007: 175, *Seghezzi* 2007: 160f. Für die älteren Versionen vgl. *Vilain* 2003a: 24ff, *Rugor/Studzinski* 2003: 99f, *von Bandemer* 2005: 453.

597 Kundenorientierung, Verantwortlichkeit der Führung, Einbeziehung der beteiligten Personen, Prozessorientierter Ansatz, Systemorientierter Managementansatz, Kontinuierliche Verbesserung, Sachbezogener Entscheidungsfindungsansatz, Lieferantenbeziehungen zum gegenseitigen Nutzen.

598 „Leitungsverantwortung", „Ressourcenmanagement", „Leistungsrealisierung" und „Messung, Analyse und Verbesserung".

599 Ausführlich vgl. *Merchel* 2013: 79ff.

600 Vgl. *Merchel* 2013: 86f.

siert.[601] Die Hauptargumente gegen die Zertifizierung sind die Nicht-Standardisierbarkeit der Hilfe zur Erziehung, die Fokussierung formaler Aspekte des Leistungsprozesses, die Orientierung an den strukturell-organisatorischen Rahmenbedingungen und die Vernachlässigung der Perspektiven der Mitarbeiterschaft und der Adressat_innen.[602] Weiter wird die Qualität für die Adressat_innen nicht direkt transparenter, sondern nur indirekt.[603] Ein weiteres Problem von externen Zertifizierungen ist, dass sie sich durch die Fachkräfte der betroffenen Träger leicht umgehen lassen.[604] Ob sich die durchaus hohen Kosten lohnen, ist eine weitere Frage.[605] Die Qualitätssicherung nach DIN EN ISO innerhalb der Kinder- und Jugendhilfe könnte sehr begrenzt für stark standardisierte Abläufe brauchbar sein.[606] Dabei besteht die Gefahr, dass innerhalb der Organisation die zertifizierten Anteile stärker gewichtet würden als andere.[607] Insgesamt erscheint Zertifizierung unter dem Anspruch einer fachlichen wie adressat_innenorientierten QE aus oben genannten Gründen kein tragfähiges Modell.[608] Dennoch wird in Handbüchern die praktische Einführung von QM nach der DIN ISO Norm für soziale Einrichtungen propagiert.[609] Auch scheint die Zertifizierung vor allem für große Verbände eine lukrative Strategie zur QE zu sein.[610] Ob dies ein Hinweis auf eine tendenzielle Entwicklung der großen Verbände zu Franchise-Unternehmungen ist, bleibt abzuwarten. Es könnte auch ein Hinweis auf eine Positionierung im europäischen Wettbewerb der sozialen Dienstleistungen sein.

Die Fortentwicklung der Normenreihe hat einige Veränderungen gebracht. Die Zertifizierung ist nicht mehr verpflichtend. Die neueste Norm nimmt als ständiger Entwicklungsprozess die Orientierung an mehreren

---

601 Vgl. *Merchel* 2000f: 173ff (m.w.N).

602 Vgl. *Heiner* 1996b: 26, *Mosebach* 1997: 223, *Merchel* 1998b: 384, *Lotz* 1998: 38, *Rebbe* 2000: 5, *Bauer* 2000: 35, *Merchel* 2000f: 174, *Merchel* 2013: 87.

603 *Merchel* stellt Zertifizierungen generell in Frage, da sie keine Transparenz schaffen, vgl. *Merchel* 2005b: 49.

604 Vgl. *Meinhold* 1994: 48.

605 Vgl. *Merchel* 1998b: 384, *Merchel* 2013: 87.

606 Vgl. *Brülle/Reis* 1999: 290.

607 Vgl. *Gerull* 2001: 446.

608 Vgl. *Merchel* 2000f: 180. Zur ausführlichen Kritik an Zertifizierungen in der Sozialen Arbeit vgl. *Merchel* 2013: 202ff.

609 Vgl. z. B. *Rugor/Studzinski* 2003: 24ff.

610 Vgl. *Merchel* 2013: 79. Auch die *BAGFW* empfiehlt ihren Mitgliedern die Orientierung an anerkannten QM-Systemen, wie der DIN EN ISO, vgl. *BAGFW* 2012: 8.

Anspruchsgruppen und an den Inhalten von (Dienstleistungs-)Prozessen auf. Dennoch bleiben wesentliche Kritikpunkte im Hinblick auf die Soziale Arbeit erhalten. Grundsätzlich kritisch an diesem Ansatz ist das rationale, steuerungsoptimistische Verständnis von Organisationen.[611] Es fördert Formalisierung, Bürokratisierung und kann zur Erstarrung von Organisationen beitragen.[612] Aber gerade die Möglichkeit zur und letztlich die tatsächliche Orientierung an den nicht standardisierbaren Verläufen ist ein wesentliches Erfolgsmerkmal der Leistungen der Hilfe zur Erziehung.[613] Unbeachtet bleibt nach wie vor der normative Auftrag der Hilfe zur Erziehung, der sich nicht direkt in den Anforderungen der Adressat_innen („Kund_innenwunsch") ausdrückt.[614] Dem Modell fehlen eine ethische Komponente[615] und eine Ausrichtung auf Nachhaltigkeit.

Die Attraktivität für QM-Systeme nach der DIN ISO für soziale Einrichtungen liegt wohl darin, dass sie zu den derzeitigen Anforderungen der Kostenträger in Form der LV, EV und QEV in einer speziellen Interpretation hoch kompatibel sind.[616] Demnach ist davon auszugehen, dass sich die DIN EN ISO, vor allem als Zertifizierung, stark auf die Außenlegitimation von Leistungsqualität fokussiert und die Qualitätsdefinition von Expert_innen dominiert wird. In der alten Variante als Zertifizierung ist es als „gut genug"-Modell und in der neuesten Form als „immer besser"-Modell einzustufen.

European Foundation for Quality Management (EFQM)

QM wurde in den 30er-Jahren für die industrielle Güterproduktion entwickelt. Alle heutigen theoretischen Arbeiten, Ansätze und Konzepte hierzu lassen sich auf eine frühe amerikanische und eine daran anschließende japanische Schule zurückführen.[617] Der Begriff des QM verweist darauf, dass Qualität in einer Organisation allumfassend gedacht werden soll und

---

611 Vgl. *Merchel* 2013: 84ff.

612 Vgl. *Meinhold* 1994: 47, *Meinhold* 1995: 291, *Oppen* 1999: 301, *Krause* 2000: 71.

613 Vgl. *Brülle/Reis* 1999: 290, *Müller* 2000: 227, *Munsch* 2007: 46, ähnlich *Busch* 1997: 196 (m.w.N).

614 Vgl. *Vilain* 2003a: 28f, *Merchel* 2013: 88.

615 Vgl. *KGSt* 2009: 25.

616 Vgl. *Rugor/Studzinski* 2003: 94f.

617 Vgl. *Injac* 2007: 16ff.

Aufgabe des Managements ist.[618] Der umfassendste Ansatz ist das Total Quality Management (TQM), welches jedoch kein anwendbares QM-System, sondern vielmehr eine Sammlung von Prinzipien, Instrumenten und Handlungsanweisungen zum Thema Management einer Unternehmung darstellt.[619] Es wird bezeichnet als ein „Konzept zur systematischen Erreichung eines höchstmöglichen Qualitätsgrades"[620] der angebotenen Leistungen. Die Grundannahme des TQM geht davon aus, dass die Führung und die Mitarbeiterschaft auf allen Ebenen der Unternehmung gemeinsam und ständig Verantwortung für die Sicherung und Verbesserung von Leistungs- bzw. Produktqualität übernehmen. Sowohl alle internen Akteure, Prozesse und Strukturen als auch die externen sind qualitätsrelevant und müssen gemanagt werden.[621] Das TQM besteht aus drei zentralen Orientierungen: Nachfrageorientierung, Mitarbeiter_innenorientierung und Managementorientierung.[622] Dies zeigt sich in zentralen Elementen[623], die jedes Modell, welches auf TQM basiert, bedient und die sich entweder auf „Fähigkeiten" oder auf „Resultate" des Unternehmens beziehen. Dabei geht es um das verwirklichte Modell der Qualitätsführung und um klar definierte Parameter zur Bewertung desselben.[624] TQM ist prozesshaft angelegt und folgt den Phasen Planung, Lenkung, Prüfung und Dokumentation von Qualität in einem Regelkreis als ständiger Verbesserungsprozess.[625] Es verfolgt demnach einen multiperspektivischen, prozessualen und ganzheitlichen Ansatz. Doch genau darin liegt auch das Problem. TQM ist ein umfassender Ansatz, der nicht nur die Leistungsqualität verbessern will, sondern die gesamte Organisation weiterentwickeln will. QM ist in diesem Sinne „nicht Teil der Organisationsstruktur, sondern die Organisationsstruktur selbst."[626] Letztlich verschwindet die Fokussierung der Leistungs-

---

618 Vgl. *Meinhold* 1994: 43, *Hollerith* 1995: 12, *Bauer* 1996: 35f.

619 Vgl. *Merchel* 2013: 126.

620 *Naschold/Bogumil* 2000: 89.

621 Vgl. *Mosebach* 1997: 221.

622 Vgl. *Arnold* 2009: 465ff.

623 1. Politik und Strategie des Unternehmens, 2. Engagement (Einstellung) der obersten Verwaltung, 3. Engagement aller Angestellten, 4. Handhabung der Ressourcen, 5. Leitung der Prozesse, 6. Zufriedenheit der Käufer und Endverbraucher, 7. Positiver Einfluss auf die Gesellschaft, 8. Erreichte Verbesserung und geschäftlicher Erfolg.

624 Vgl. *Injac* 2007: 30.

625 Vgl. *Arnold* 2009: 465ff.

626 *Arnold* 2009: 466.

qualität und es bleibt ein vages Modell zum allgemeinen Management, welches als Managementphilosophie für sich genommen kaum innovative Anregungen für die Soziale Arbeit liefert, da hier die Multiperspektivität, Prozessualität und Leitungsverantwortung Allgemeingut der QE-Diskussion sind.[627] Für die Soziale Arbeit entwickelte sich dennoch eine Diskussion zum TQM als konkretes Modell zur Qualitätsbewertung und Qualitätsförderung[628], deren inhaltliche Auseinandersetzung jedoch eher zum EFQM anschlussfähig ist.

Ein nach den Grundprinzipien des TQM entwickeltes und dessen Bewertungskriterien konkretisierendes QM-System stellt das EFQM-Modell dar.[629] Es ist ein umfassendes System der Qualitätsbewertung anhand bestimmter Kriterienbündel. Das EFQM ermöglicht vor allem ein Benchmarking der Leistungsanbieter untereinander.[630] Im Zentrum steht die systematische Selbstbewertung der Tätigkeiten und Ergebnisse der Organisation. Damit unterscheidet sich dieses Modell deutlich vom DIN EN ISO-System, da es gerade nicht um Standardisierung von Prozessen geht.[631] In der früheren Version (1999) fokussierte das EFQM die Strukturdimension von Qualität und wurde daher als „reaktive Qualitätssicherung" betrachtet.[632] Diese Strategie könnte eine fachlich orientierte QE behindern.[633] Das EFQM wurde stetig weiterentwickelt und 2010 mit acht Basisprinzipien reformuliert:

- ausgewogene Ergebnisse erzielen
- Kundennutzen mehren
- mit Vision, Inspiration und Integrität führen
- mittels Prozessen lenken

627 Vgl. *Merchel* 2013: 129f.

628 Vgl. z. B. *Oppen* 1999: 309ff. Bei der Qualitätsförderung wurden die oben genannten Grundprinzipien als zentraler Bezugspunkt aller Verbesserungsaktivitäten formuliert. Bei der Qualitätsbewertung ging es um ein sinnvolles Set aus Daten und Fakten, die aus unterschiedlichen Quellen, wie z. B. Befragung von Fachkräften und Adressat innen, (Selbst-) Evaluationen, Sozialplanung, Fachcontrolling, stammen, vgl. *ebd.*

629 Vgl. *Gerull* 2001: 445, *Flösser* 1999b: 30. Im Grunde handelt es sich um einen jährlichen „Europäischen Qualitätspreis", der die Implementierung von QM in europäischen Unternehmen unterstützen soll, vgl. *Langnickel* 2003: 38, *Merchel* 2013: 89.

630 Vgl. *Flösser* 1999b: 28.

631 Vgl. *Merchel* 2013: 90.

632 Vgl. *Flösser* 1999b: 31.

633 Vgl. *Flösser* 1999b: 31.

- durch Menschen erfolgreich sein
- Innovation und Kreativität fördern
- Partnerschaften aufbauen
- Verantwortung für eine nachhaltige Zukunft übernehmen.

Das EFQM-Konzept geht davon aus, dass sich QM-Systeme in Organisationen entwickeln, und trennt analytisch drei Entwicklungsphasen: die „Anfänge“, „auf dem Weg sein“ und „reife Organisation“.[634] Das zugrunde liegende Verständnis geht von „lernenden Organisationen“ aus.[635] Aufbauend auf die Basisprinzipien werden neun Kriterienbündel definiert, die wiederum in „Befähigerkriterien“[636] und „Ergebniskriterien“[637] aufgeteilt werden. Die Befähigerkriterien entsprechen der Struktur und Prozessdimension, während die Ergebniskriterien die Wirkungsdimension betreffen.[638] Die Kriterienbündel werden unterschiedlich gewichtet und jedem werden Unterkriterien zugeordnet, die innerhalb der Organisation selbst entwickelt werden. Im ersten Schritt wird durch die Selbstbewertung der Kriterien der Qualitätsstand erhoben, der dann über ein zirkuläres Prozessmodell ähnlich wie beim DIN EN ISO-Ansatz zur steigenden Verbesserung führen soll.[639]

Für die Soziale Arbeit entwickelt dieses Modell einen gewissen Charme, da es zulässt, die entscheidenden Kriterien selbst zu entwickeln, und auf Selbstbewertung setzt.[640] Weiter ist es in der Lage, die Philosophie des SGB VIII und die Strukturmaximen der Kinder- und Jugendhilfe aufzunehmen. So passe die starke Prozessorientierung zu Hilfeplanung und Jugendhilfeplanung.[641] Auch eine Kombination mit weiteren Modellen, wie einer Zertifizierung, scheint problemlos möglich.

Eine Übertragung des EFQM-Modells auf die Hilfen zur Erziehung ist mancherorts erfolgt, z. B durch das SQ-J Modell (Selbstbewertung des Qualitätsmanagements in der Jugendhilfe). Dabei wird aber weniger die

634 Vgl. *von Bandemer* 2005: 455.

635 Vgl. *Langnickel* 2003: 39.

636 1. Führung, 2. Strategie, 3. Mitarbeiter, 4. Partnerschaften und Ressourcen, 5. Prozesse, Produkte und Dienstleistungen.

637 6. Kundenbezogene Ergebnisse, 7. Mitarbeiterbezogene Ergebnisse, 8. Gesellschaftsbezogene Ergebnisse, 9. Schlüsselergebnisse.

638 Vgl. *Langnickel* 2003: 41.

639 Vgl. *Merchel* 2013: 91ff.

640 Vgl. *Merchel* 2013: 98f, *Rebbe* 2000: 4.

641 Vgl. *Rebbe* 2000: 8.

direkte sozialarbeiterische Interaktion mit den Adressat_innen bewertet und entwickelt, sondern vielmehr der betriebliche Erbringungsrahmen.[642]

Zentraler Kritikpunkt am EFQM-Modell aus sozialarbeiterischer Sicht ist die Vernachlässigung der Leistungserstellung als Ko-Produktion. Die Adressat_innen werden nicht einbezogen.[643] Weiter ist die starke Orientierung an der Selbstbewertung der erreichten Qualität und der Identifizierung von Stärken und Schwächen, ohne zugleich einen methodischen Weg aufzuzeigen, wie Qualität erhöht werden kann, kritisiert worden.[644] Damit ist es eher ein Modell zur Qualitätsbewertung als zur QE. Auch wird die Abhängigkeit von externer Begleitung[645], der große Implementationsaufwand und die Schwierigkeit, Qualitätsziele und -standards mit zugehörigen Indikatoren für soziale, personenbezogene Dienstleistungen zu entwickeln, kritisch angemerkt.[646] Dies ist jedoch kein EFQM spezifisches Problem. Das EFQM-Modell versucht durch eine Anpassung für öffentliche Verwaltungen, den Besonderheiten des öffentlichen Sektors gerecht zu werden. Hierfür wurde eigens das CAF-Verfahren[647] entwickelt. Dabei wurde vor allem versucht, die Rolle der Bürger_innen als Mitproduzent_innen der Leistungen zu fassen.[648] Eine konsequente Umsetzung der Aspekte Ko-Produktion und uno-actu-Prinzip, wie für soziale, personenbezogene Dienstleistungen nötig, ist nicht gelungen. Positiv zu vermerken bleibt, dass sowohl das EFQM als auch das CAF-Modell anschlussfähig für ethische Aspekte ist.[649] Weiter hat das EFQM methodische Schwächen, da die Abgrenzung der Kriterienbündel unscharf, deren Gewichtung intransparent und die entsprechenden Kriterien sehr allgemein sind.[650] Au-

642 Vgl. *Rebbe* 2000: 5ff. Eine Implementationshilfe zur Anwendung in Einrichtungen der Hilfen zur Erziehung wurde auf der Grundlage vom EFQM ergänzt mit Selbstevaluationselementen vom EREV erstellt, vgl. *BMFSFJ* 1999: 23ff. Kritisch hierzu: vgl. *Biebricher* 2003: 143ff.

643 Vgl. *Flösser* 2000b: 167.

644 Vgl. *Flösser* 2000b: 166f, *Gerull* 2001: 447.

645 Vgl. *Langnickel* 2003: 43.

646 Vgl. *Naschold/Bogumil* 2000: 90.

647 Common Assessment Framework – Verbesserung öffentlicher Organisationen durch Selbstbewertung.

648 Vgl. *Bundesverwaltungsamt* 2013: 43ff.

649 Im CAF-Modell wurden die klassischen Maßstäbe Economy, Effectiveness und Efficiency für die öffentliche Verwaltung um Ethics und Environment ergänzt, vgl. *Bundesverwaltungsamt* 2013: 74.

650 Vgl. *Merchel* 2013: 100f.

ßerdem entstehen durch ausschließliche Selbstbewertungen „blinde Flecken".[651]

Das EFQM setzt als Selbstbewertungsinstrument stark auf interne Qualitätsverbesserungen. Allerdings zielt der Einsatz konzeptionell stark normierter Modelle als Signal auch immer auf Außenlegitimation. Die Qualitätskriterien sind vorstrukturiert, die Bewertung wird den Organisationen und damit den Fachkräften selbst überlassen. Der starke Fokus auf Qualitätsbewertung lässt eine Tendenz zum „gut genug" und das Verständnis von lernenden Organisationen eine Tendenz zum „immer besser" erkennen.

Qualitätsmanagement in der Jugendhilfe nach der KGSt

Die Empfehlungen und Positionierungen der KGSt zur Frage des Qualitätsmanagements sind für die gesamte Kinder- und Jugendhilfe bedeutsam, da davon auszugehen ist, dass QM-Systeme, die sich innerhalb der Verwaltungen durchsetzen, auch Außenwirkungen auf die freien/privaten Träger haben werden bzw. explizit über das Kontraktmanagement auf diese wirken.[652] Für die externen Leistungsanbieter wird die Outputsteuerung durchgereicht und über das Kontraktmanagement werden nicht mehr nur quantitative Leistungspakete, sondern auch Qualitätskriterien der Leistung vereinbart und kontrolliert. Denn nur so lässt sich unter verschiedenen Angeboten das „beste"[653] auswählen.[654] Eine outputorientierte Steuerung ist ohne Maßstäbe für Qualität nicht umsetzbar.[655] Die bei den Kund_innen ankommende Qualität wird als „Kriterium für die Beurteilung und für die Finanzierung der Leistungen immer bedeutsamer."[656] Unter dem Kostensenkungsdruck würde die Leistungsqualität für die Adressat_innen ohne Maßstäbe und Kontrolle von Qualität sinken.[657]

---

651 Vgl. *Langnickel* 2003: 47.

652 Vgl. *Grunwald* 2001: 80f.

653 Das könnte eine festgelegte Quantität und Qualität einer Leistung zum günstigsten Preis oder zu einem festen Preis die größte Quantität und Qualität bedeuten. Für beides sind klare Qualitätskriterien nötig.

654 Vgl. *Oppen* 1999: 297.

655 Vgl. *Kulbach* 1998: 445.

656 *Merchel* 1996c: 216.

657 Vgl. *Oppen* 1999: 297, *Merchel* 1996a: 162, *Schütte* 2001: 72.

Die KGSt konstruiert unterschiedliche „Kund_innentypen" und stellt in Bezug zum Typus „Hilfe-Empfänger_in"[658] fest, dass hier nur die Zufriedenheit im Nachgang auswertbar sei.[659] Damit werden die komplexen, herausfordernden Aufgaben eines QM in der Hilfe zur Erziehung schlicht negiert und implizit außer der retrospektiven Zufriedenheitsbewertung weitergehende QM-Bemühungen ad acta gelegt.

Der Qualitätsbegriff im Kontext der Neuen Steuerung ist weder in seinen Annahmen expliziert, noch ist er systematisch anwendbar.[660] Es werden zwei Strategien angewandt, entweder die Qualität wird auf messbare Indikatoren wie z. B. Schulabschluss reduziert, oder allein das Vorhandensein der Leistung (Output) wird zur Qualität erklärt.[661] Das QM des NSM in Verbindung mit den Produktbeschreibungen zielt auf eine Reduktion der „Ungewissheit des Wissens" und der „Ungewissheit der Zukunft" auf der Ebene der Inhalte (Produkte) und der Organisationen (QM).[662] Dieser „eindimensionale Qualitätsbegriff"[663] ist eine technische Verkürzung, der die konstitutiven Merkmale Sozialer Arbeit die genau in dieser Ungewissheit als Erziehungs- und Bildungsprozess bestehen, statt sie zu erfassen, überformt.[664]

Es besteht die Gefahr, dass dadurch die Qualität sozialer, personenbezogener Dienstleistungen vermindert statt gesichert oder entwickelt wird.[665]

Die Frage nach der Qualität der Leistungen tritt innerhalb des NSM konzeptionell insgesamt sehr stark in den Vordergrund[666] und QM wird als Bestandteil der Verwaltungsmodernisierung begriffen.[667] Die Notwendigkeit eines QM wird aus der Kund_innenorientierung, der Rolle als Auftraggeber an Dritte und als Unterstützer für ansässige Unternehmen abgeleitet.[668] Aus empirischer Sicht hat ca. jede siebte Kommune ein QM ein-

658 Es wird auf Sozialhilfe und Wohngeld verwiesen, vgl. *KGSt* 1995b: 29. Für die Empfänger_innen sozialer, personenbezogener Dienstleistungen wird kein Typus gebildet.

659 Vgl. *KGSt* 1995b: 27.

660 Kritisch dazu: vgl. *Heiner* 1996c: 216ff.

661 Vgl. *Merchel* 1996c: 219, vgl. auch Kap. 1.1.4.

662 Vgl. *Kade/Seitter* 2003: 65.

663 Vgl. *Herrmann* 1995b: 323.

664 Vgl. *Rose* 1996: 58.

665 Vgl. *Effinger* 1998: 42.

666 Vgl. *Merchel* 1998b: 383, *Merchel* 1996c: 216, *Wohlfahrt* 1998: 364.

667 Vgl. *KGSt* 2009: 13 und 37.

668 Vgl. *KGSt* 1995b: 9, *KGSt* 1994a: 22.

geführt.[669] Dennoch finden sich auf der konzeptionellen Ebene der Produktbeschreibungen kaum tragfähige Konzepte zur Qualitätsbeschreibung und auch keine Abstimmung zwischen Jugendämtern und freien/privaten Trägern.[670] Auch die Dienstleistungsqualität und Kund_innenorientierung spielen in der praktischen Umsetzung der Neuen Steuerung eine untergeordnete Rolle.[671] Die fachliche Qualitätsdiskussion der Sozialen Arbeit ist kaum mit der um die Neue Steuerung verknüpft.[672]

Der Bericht zum Kontraktmanagement versucht sensibel mit den Besonderheiten der spezifischen Leistung Hilfe zur Erziehung im Hinblick auf Qualität umzugehen.[673] Dennoch spricht er von „Qualitätssicherung" und schiebt die Verantwortung für Strukturen und Prozesse alleine dem Leistungserbringer zu. Das zugrunde gelegte Wirkungsmodell orientiert sich einerseits stark an der Zielerreichung von vereinbarten Zielen im Hilfeplan und andererseits an Standards. Da nur wenig über die Entstehung von Zielen, Standards und Indikatoren ausgesagt wird, bleibt ein explizites Wirkungsverständnis und Wirkungsmodell im Dunkeln. Es ist davon auszugehen, dass sich implizit die Engführungen der Produktorientierung der KGSt durchsetzen. Die KGSt sieht QM gegeben, wenn die Verwaltung

> „ihre Dienstleistungen (...) konsequent an den Bedürfnissen der Bürger_innen orientiert, Standards dokumentiert und im Rahmen von Controlling laufend überprüft."[674]

Als geeignetes QM-System für die Verwaltung, welches auch kompatibel mit dem NSM ist, wurde 1998 das Modell einer Selbstbewertung vorgeschlagen. Eine Orientierung am DIN EN ISO-Modell wurde explizit kritisch beurteilt.[675] Etwa zehn Jahre später wird festgestellt, dass es zwar vielerlei Ansätze und Instrumente zur Qualitätsverbesserung in den Kommunen gibt, aber Umsetzungen eines QM als Gesamtkonzept die Seltenheit bleiben.[676] Die aktuelle Position der KGSt schlägt eine Orientierung

669 Dies bezieht sich auf die Verwaltungseinheiten Bauaufsicht und Jugendamt, vgl. *Bogumil/Grohs/Kuhlmann* 2006: 164.

670 Vgl. *Merchel* 2013: 22f, *Merchel* 1999c: 249ff, *van Santen* 1998: 46. Allgemein für die Verwaltungsmodernisierung vgl. *von Bandemer* 2005: 452.

671 Vgl. *Hofemann* 2005: 38.

672 Vgl. *Niehuis* 2000: 264, *Merchel* 2000d: 279f.

673 Vgl. *KGSt* 1998 19ff.

674 *KGSt* 1995b: 13.

675 Vgl. *KGSt* 1998: 15ff.

676 Vgl. *KGSt* 2009: 7.

an TQM als ganzheitlichem Managementansatz verbunden mit konkreten Ansätzen zur Selbstbewertung nach den Modellen der EFQM und dem CAF vor, bei gleichzeitiger Zurückhaltung gegenüber Zertifizierungen.[677] Wesentlich ist für die KGSt, dass innerhalb einer Kommunalverwaltung ein einheitliches QM-System implementiert wird.[678] Das QM im Kontext der outputorientierten Steuerung zielt als Selbstbewertungsinstrument auf interne Qualitätsverbesserungen und weniger auf Außenlegitimation. Das ist auch nicht weiter verwunderlich, handelt es sich bei der Verwaltung in der Regel um den Kostenträger. Die Anlehnung an CAF und EFQM zeigen eine Tendenz zu einem „immer besser"-Modell. Allerdings lassen die outputorientierte Steuerung, die Produktorientierung und die Aussagen zum Typus „Hilfeempfänger_in" auf ein „gut genug"-Modell schließen. Die Definitionen im Kontext des QM werden expertokratisch gefällt.

1.4.2 Fachwissenschaftlich orientierte Modelle

Neben diesen betriebswirtschaftlich orientierten Modellen entwickelten sich innerhalb der Profession der Sozialen Arbeit auch eigene Ansätze zur QE im weitesten Sinne. Ein weit verbreitetes Instrument ist die Evaluationsstudie Erzieherischer Hilfen (EVAS), die als hilfebegleitendes Erhebungsinstrument im Einzelfall den Beginn, den Verlauf im halbjährlichen Rhythmus und das Ende mit einem Dokumentationsbogen erhebt. Analog dem Wirkungsbegriff der JES Studie wird das Qualitätsmodell *Donabedians* zu Grunde gelegt und auf vermeintlich objektiv messbare Kriterien (z. B. Legalbewährung) in der Wirkungsdimension rekurriert. Die permanente Evaluationsstudie versteht sich prospektiv im Sinne einer Verlaufsorientierung von Hilfebeginn bis Ende und operiert über die Aggregation einer großen Grundgesamtheit[679] von Einzelfällen. Die Ergebnisse der statistisch ausgewerteten Daten sollen Grundlage für QE-Prozesse sein.[680] Die Studie versteht sich selbst als Gegenentwurf zu „weichen" selbstevaluativen Ansätzen[681] und folgt damit einem rational-technischen Wir-

---

677 Vgl. *KGSt* 2009: 15.
678 Vgl. *KGSt* 2009: 20 und 42.
679 Auf der Homepage wird mit über 200 Einrichtungen und 20.000 Einzelfällen geworben, vgl. http://www.ikj-mainz.de/index.php/EVAS.html [Abruf: 31.1.2014].
680 Vgl. *Macsenaere/Herrmann* 2004: 26ff, *Arnold/Adams* 2004: 14ff.
681 Vgl. *Arnold/Adams* 2004: 21.

kungsmodell, das auf Kausalzusammenhängen aufbaut. Weiterhin ist kritisch zu sehen, dass die Adressat_innen weder bei der Wahl der Indikatoren noch bei den Bewertungen beteiligt werden und als Kriterien die Anpassung an Normalitätsskalen gewählt wird.

QE ist eine professionelle Anforderung, mehr über die Wirkungen von Hilfen herauszufinden.[682] Die Anforderung, Wirkungen nachzuweisen, sollte über Evaluationsforschung gelöst werden.[683] Damit wird Evaluation zum zentralen Teil der QE in der Sozialen Arbeit.[684] In empirischen Studien zeigt sich, dass der Evaluation im Rahmen der QE eine große Bedeutung zukommt. Das zeigt sich auch in der häufigen Verankerung von evaluativen Instrumenten in QEVs.[685] Bei Evaluation geht es um informationsgestützte und kriteriengeleitete Bewertungsprozesse auf der Grundlage von Verfahren der empirischen Sozialforschung.[686] Es hat sich ein sozialpädagogisches Profil heraus gebildet, das quantitative und qualitative Methoden integriert.[687] Unter dem Begriff Evaluation lassen sich viele unterschiedliche Modelle fassen, die in unterschiedliche Typen differenzierbar sind.[688] So fragt eine summative Evaluation im Sinne der Input-Output-Relation nach dem Verhältnis von Zielen und Wirkungen eines Programms, während die formative Evaluation prozessbegleitend den Verlauf des Programms beurteilt und korrigierende Eingriffe ermöglicht.[689] Beispiele der formativen Evaluation sind experimentelle[690] oder transformativ/emanzipatorische[691] Ansätze. *Kromrey* differenziert unterschiedliche Zielrichtungen von Evaluation als Forschungsparadigma (angewandte Wirkungsforschung), Kontrollparadigma (Erfolgskontrolle von Programmen) und Entwicklungsparadigma (QE im eigentlichen Sinne). Auch wenn die QE durch das formativ wirkende Entwicklungsparadigma sehr gut unterstützt werden kann, sind durch die externen Legitimationsanforderungen an die Organisationen und die Notwendigkeit von Grundlagenwissen auch Elemente des Kontroll- sowie des Forschungsparadigmas für

682 Vgl. *Pluto/u. a.* 2007: 376.
683 Vgl. *Heiner* 1996b: 32.
684 Vgl. *Koditek* 1997: 50, *Mosebach* 1997: 221, *Heiner* 2000: 208.
685 Vgl. *Pluto/u. a.* 2007: 376f und 386f.
686 Vgl. *Markert* 2003: 48.
687 Vgl. *Markert* 2003: 49.
688 Vgl. *Heiner* 2000: 207, *Beywl/Heiner* 2000: 114ff.
689 Vgl. *Heiner* 1996b: 33, *Markert* 2003: 52.
690 Vgl. *Heiner* 2004: 138ff.
691 Vgl. *Müller-Kohlenberg* 2004: 369ff.

eine QE relevant.[692] Anschlussfähig ist eine Differenzierung der Evaluationsverfahren anhand des Ausmaßes ihrer Vorstrukturierung. Sie können sehr stark vorstrukturiert sein und auf eine Qualitätssicherung von Mindeststandards zielen oder mittlere bis geringe Vorstrukturierung aufweisen und QE fördern.[693] Evaluation kann extern oder intern erfolgen.[694] Die interne Evaluation kann fremdperspektivisch (Fachberatung) oder selbstperspektivisch (Selbstevaluation) angelegt sein.[695] Die Begriffsdefinitionen sind hier nicht trennscharf.[696] Starke Verbreitung und häufigen Einsatz haben evaluative Verfahren als sog. Programmforschung erfahren. Die Anforderungen an Programmforschung sind methodisch sehr hoch und oft schwer umsetzbar.[697] Auf der Ebene der Hilfen zur Erziehung wäre auch von Programmevaluation zu sprechen („Heimerziehung" als Programm).[698]

Eine intensive Auseinandersetzung mit evaluativen Verfahren ist erst im Kontext der Qualitätsdiskussion entstanden.[699] Über Evaluation können alle Qualitätsdimensionen in den Blick genommen werden, sowohl die organisationalen Rahmenbedingungen (Struktur) als auch die professionellen Handlungsmuster (Prozesse) sowie beobachtbare Veränderungen bei den Adressat_innen (Wirkung).[700] Aufgabe der Evaluation kann die Bestimmung von Qualitätsdimensionen und Qualitätskriterien sowie deren Operationalisierung über Indikatoren für eine bestimmte Leistung sein.[701] Entweder orientiert man sich dabei ausschließlich an der Beurteilung der Adressat_innen, womit man eher Aussagen zur Akzeptanz erhält[702] statt

692 Vgl. *Kromrey* 2000: 25ff mit Bezug auf *Koditek*.
693 Vgl. *Heiner* 1996b: 36ff.
694 Vgl. *Landert* 1996: 74ff.
695 Vgl. *Heiner* 1996b: 34, *Kromrey* 2000: 33, *Merchel* 2013: 115f.
696 Vgl. *Markert* 2003: 52f, *Speck* 2006: 45, *Pluto/u. a.* 2007: 382.
697 Vgl. *Kromrey* 2000: 30ff.
698 Vgl. *Beywl/Heiner* 2000: 113.
699 Vgl. *Markert* 2003: 49, *Pluto/u. a.* 2007: 377.
700 Vgl. *von Spiegel* 1997: 35f, *Markert* 2003: 54.
701 Vgl. *Kromrey* 2000: 52. Andere Perspektiven sehen die Entwicklung von Qualitätskriterien als Prozess der QE, der durchlaufen sein muss, bevor Evaluation einsetzbar ist, vgl. *von Spiegel* 1997: 36, *von Spiegel* 1999: 353f. Allerdings ist dies eher eine Diskussion um die Reichweite des Evaluationsbegriffs, da die Erarbeitung von Qualitätskriterien der Adressat_innen wiederum mit evaluativen Methoden machbar ist, s.u.
702 Vgl. *Müller-Kohlenberg/Kammann* 2000: 99ff, *Kromrey* 2000: 54f, *Becker-Lenz* 2004: 284.

zur Wirkung, oder aber man entwickelt objektive Kriterien, die subjektive Relevanz haben.[703] Für die Hilfe zur Erziehung ist die Frage relevant, wer die Evaluationskriterien festlegt und wer letztlich die Ergebnisse bewertet[704], auch wenn durch Einbezug der Adressat_innen möglicherweise professionelle Standards in Frage gestellt werden. Der angemessene Einbezug der Adressat_innenperspektive in der Hilfe zur Erziehung ist methodisch anspruchsvoll. Zum einen kann die Artikulation ihrer Einschätzungen an Machtgefällen, fehlenden Artikulationsräumen etc. scheitern. Zum Zweiten kann die Einschätzung zur Hilfe zur Erziehung zu einem späteren Zeitpunkt als der Evaluation deutlich anders ausfallen. Dies ist aber relevant, da die Hilfe zur Erziehung Wirkungen für die zukünftige Entwicklung des jungen Menschen erreichen will. Zum Dritten kann durch den positiven Prozess der Hilfe zur Erziehung eine neue Zielperspektive bei den Beteiligten entstehen, die den Gesamtprozess anders erscheinen lassen. Aus Sicht der Einrichtungen wäre zu fragen, ob es überhaupt gewünscht ist, kritische Anregungen aus Adressat_innenperspektive zu erhalten, wenn dies im Sinne der Legitimation nach außen als schlechte Dienstleistung ausgelegt wird.[705] Hingewiesen wird auf die Notwendigkeit der Abstimmung zwischen internen evaluativen Verfahren und der Praxisreflexion in den Einzelfällen, die einerseits eine methodische und fachliche, andererseits eine organisatorische Spannung (zwischen operativer Ebene und Leitung) austarieren muss.[706]

Für eine QE in der Sozialen Arbeit werden besonders intensiv die Selbstevaluationsansätze diskutiert.[707] Diese können als spezifische Form eines Systems zur QE verstanden werden.[708] Es existieren unterschiedliche akzentuierte Definitionen von Selbstevaluation.[709] Ihnen gemeinsam ist,

---

703 Vgl. *Kromrey* 2000: 53. Zur Akzeptanzforschung vgl. *Müller-Kohlenberg/Kammann* 2000: 99ff, *Kromrey* 2000: 54f.

704 Vgl. *Kromrey* 2000: 33f.

705 Ähnlich vgl. *Müller-Kohlenberg/Kammann* 2000: 99 und 114ff.

706 Vgl. *Heiner* 2000: 211ff.

707 Vgl. *Müller* 2000: 227. Aus Sicht eines Ministeriums als Finanzierer vgl. *Scherrer* 1996: 16f. Aus empirischer Sicht vgl. *Pluto/u. a.* 2007: 385. Die Akzeptanz liegt in der hohen Flexibilität und der relativen Autonomie der Fachkräfte.

708 Vgl. *Merchel* 2013: 116ff, *Heiner* 1996b: 20.

709 Für eine dezidierte Gegenüberstellung der Ansätze einer begründungszentrierten Selbstevaluation, einer kriteriengeleiteten Selbstevaluation und einer nutzenfokussierten Selbstevaluation vgl. *Speck* 2006: 60ff.

> „dass eine Selbstevaluation auf eine Untersuchung des eigenen beruflichen Handelns ausgerichtet ist und eine freiwillige, selbstgesteuerte, zielgerichtete und Daten gestützte Dokumentation, Analyse und Bewertung des eigenen Handelns und der Ergebnisse anhand selbst festgelegter Kriterien durch die jeweiligen Fachkräfte beinhaltet."[710]

Bei der Selbstevaluation geht es um eine „methodisch kontrollierte, verwertungs- und bewertungsorientierte Form des Sammelns und Auswertens von Informationen."[711] (Selbst)Evaluationen sind demnach von spezifischen Interessen zur Auswertung und Bewertung von Praxis geleitet.[712] Sie gliedert sich in drei Phasen. Erstens die Phase der Aushandlung des Evaluationsplanes, zweitens die Phase der Gewinnung von Informationen und Erkenntnissen und drittens die Phase der Ergebnisvermittlung.[713] Die einzusetzenden Methoden sind nicht festgelegt, vielmehr wird entsprechend der Anforderungen an die Fragestellung und Rahmenbedingungen der Selbstevaluation aus den empirischen Sozialforschungsmethoden die entsprechenden ausgewählt.[714] Soll Selbstevaluation eine QE unterstützen, braucht sie eine mittlere Vorstrukturierung.[715] Die zentrale und notwendige Herausforderung ist eine Präzisierung der Ziele und Qualitätskriterien durch prüfbare Kategorien und Indikatoren, also eine Operationalisierung, die für alle Beteiligten eine nachvollziehbare, aussagefähige und glaubwürdige Evaluation ermöglichen.[716] Eine methodische Herausforderung ist der Einbezug der Adressat_innen in die Selbstevaluation. Er ist unerlässlich, vor allem wenn das Evaluationsinteresse auf die Wirkung der Leistungen zielt.[717] Aus der Konstruktion von Qualität als auszuhandelndes multiperspektivisches Konstrukt[718] müsste auch die Selbstevaluation multiperspektivisch und responsiv ausgerichtet sein.[719] Hilfreich sind Be-

---

710 *Speck* 2006: 45.

711 *Kromrey* 2000: 22, ähnlich vgl. *Merchel* 2013: 116.

712 Vgl. *Kromrey* 2000: 22.

713 Vgl. *Beywl/Heiner* 2000: 116ff, *Merchel* 2013: 116ff. Es gibt unterschiedliche Differenzierungen der Phasen, wie z. B. Vorbereitung und Planung, Methodenauswahl und Operationalisierung, Datenerhebung und Auswertung, Berichterstellung und Ergebnistransfer, vgl. *Markert* 2003: 50ff. Allerdings folgen alle einer ähnlichen Strukturierung und unterscheiden sich im Differenzierungsgrad.

714 Vgl. *Kromrey* 2000: 22.

715 Vgl. *Heiner* 1996b: 38.

716 Vgl. *Merchel* 2013: 116ff.

717 *Müller-Kohlenberg* 1997: 12f.

718 S.o.

719 *Müller-Kohlenberg* 1997: 10ff.

fragungsformen, die Adressat_innen zu Narrationen anregen und dadurch Wirkfaktoren und Qualitätsbewertungen freilegen, die nicht durch Kategorien bzw. Frageformen der Professionellen gesetzt wurden.[720]

Die wichtigsten Vorteile der Selbstevaluation liegen im direkten Bezug auf den beruflichen Alltag, in der hohen Akzeptanz bei den Fachkräften, in den professionalisierenden Effekten auf die Anwender_innen selbst[721] und in den relativ geringen Kosten.[722] Weiter wird durch die Selbstevaluation der zwangsläufig mit angestoßene Organisationsentwicklungsprozess stärker an den Aspekten der Wirkung orientiert.[723] Das Verfahren der Selbstevaluation ist durch seine Diskursivität und Prozesshaftigkeit an einen nicht instrumentellen Qualitätsbegriff anschlussfähig.[724] Letztlich wird durch selbstevaluative Verfahren die eigene Verhandlungsposition der Leistungsanbieter im Kontraktmanagement gestärkt, da sie anhand eigener und nicht externer Auswertungsergebnisse argumentieren.[725] Allerdings kann umgekehrt genau die Selbstevaluation als interne Evaluation die Außenlegitimation schwächen[726], dennoch stärken interne Verfahren die Verantwortlichkeit des Leistungserbringers für die Qualität.[727]

Nachteilig können die unzureichende Distanz und mögliche blinde Flecken sowie die Unzulänglichkeit für umfassende und kontinuierliche Bewertungen vor allem in großen, optional differenzierten Organisationen gesehen werden. Weiter ist Selbstevaluation für die Fachkräfte anspruchs- und voraussetzungsvoll und auf deren Perspektive fixiert.[728] Mit Selbstevaluation lässt sich eine QE, die die gesamte Organisation in den Blick nimmt, nicht umsetzen[729], dennoch kann durch systematischen und wiederkehrenden Einsatz über Selbstevaluation eine QE in Einrichtungen

720 Vgl. z. B. *Hollenstein* 1993: 353f.

721 Vgl. besonders *Heiner 20*00: 208ff.

722 Vgl. *von Spiegel* 1997: 40, *Markert* 2003: 55, *Böllert* 2001: 119, *Merchel* 2013: 121. Zu weiteren Vorteilen vgl. *von Spiegel* 1997: 40, *Gerull* 2000: 99ff und *Speck* 2006: 60. Zu Vorteilen interner Evaluation, die auf Selbstevaluation übertragbar sind vgl. *Heiner* 2004: 136f.

723 Vgl. *Landert* 1996: 82.

724 Vgl. *Merchel* 2013: 122f.

725 Vgl. *Landert* 1996: 82f.

726 Vgl. *Heiner* 2004: 137.

727 Vgl. *Speck* 2004: 25f.

728 Vgl. *Markert* 2003: 55, *Merchel* 2013: 124ff. Zu diesen und weiteren Nachteilen vgl. *von Spiegel* 1997: 40 und *Heiner* 2004: 138ff.

729 Vgl. *Merchel* 2013: 120.

kontinuierlich gestaltet werden.[730] Durch Fremdevaluation wird versucht, die jeweiligen Nachteile der Selbstevaluation auszugleichen. Dadurch gehen jedoch wieder andere Vorteile verloren.[731] QE durch (Selbst)Evaluation kann unter bestimmten Bedingungen die Professionalisierung der Hilfe zur Erziehung fördern, aber auch zu einer stärkeren Bürokratisierung führen.[732] Werden die evaluativen Verfahren zur QE nicht als Bestandteil des professionellen Handelns im Sinne der Selbstkontrolle von den Fachkräften akzeptiert, können sie leicht unterlaufen werden. Sie müssen als integraler Bestandteil des professionellen Handelns verstanden werden.[733] Neben der Selbstevaluation wird der externen Evaluation eine entscheidende Rolle zur Professionalisierung der Kinder- und Jugendhilfe zugewiesen, vor allem damit die Erkenntnisse nicht innerhalb der Organisationen verbleiben, sondern dem gesamten Feld zur Verfügung stehen.[734] Dies könnte jedoch auch über Qualitätsdialoge mit Ergebnissen interner Evaluation erreicht werden.

Selbstevaluation erscheint als geeigneter Ansatz im Sinne einer QE, wie sie der Gesetzgeber fordert. Interne Evaluation ist ein geeignetes Mittel im Kontext der QEV nach § 78b SGB VIII, vor allem für Aussagen zu Prozessen und Wirkungen der Hilfe zur Erziehung. Sie sollte in ein übergreifendes QE Verfahren eingebunden sein.[735] Sie ist in der Lage, methodisch auf die Besonderheiten der Hilfe zur Erziehung als soziale personenbezogene Dienstleistung abgestimmt zu werden und vor allem „autonome Handlungsspielräume“[736] für die Fachkräfte nicht einzuschränken. Kritisiert wird an den bisher eingesetzten (Selbst-)Evaluationsverfahren deren geringe Problemorientierung und theoretische Fundierung sowie eine fehlende rekonstruktive Vorgehensweise.[737]

Wenn es gelingt, die Perspektiven der Adressat_innen in die Definition über den Qualitätsbegriff, die Qualitätsdimensionen und die entsprechende Operationalisierung einzubeziehen[738], kann entgegen den auf einen instru-

---

730 Vgl. *Merchel* 2013: 121.
731 Vgl. *Markert* 2003: 56.
732 Vgl. *Müller* 2000: 227.
733 Vgl. *Müller* 2000: 228ff.
734 Vgl. *Heiner* 1996b: 45, *Heiner* 2000: 207, *BMFSFJ* 2002a: 258f.
735 Vgl. *Beywl/Heiner* 2000: 130f.
736 *Müller* 2000: 227.
737 Vgl. *Becker-Lenz* 2004: 287ff.
738 Aus empirischer Sicht ist der Einbezug von Adressat_innen in die Evaluation noch schwach ausgeprägt, vgl. *Pluto/u. a.* 2007: 388 und 423.

mentellen Qualitätsbegriff ausgerichteten betriebswirtschaftlich orientierten Ansätzen eine der Hilfe zur Erziehung angemessene QE entstehen. Hierzu benötigen die Fachkräfte entsprechende Ressourcen und Kompetenzen.

Die aus der Fachwissenschaft der Sozialen Arbeit entwickelten Ansätze der QE zielen auf einen selbstorganisierten Lernprozess innerhalb der Organisation und führen demnach eher zu einer internen Qualitätsverbesserung. Selbstevaluation sieht konzeptionell nicht zwangsläufig die Beteiligung von Adressat_innen vor und läuft so Gefahr, expertokratisch zu bleiben. Vor allem als formative Evaluation ist es ein „immer besser“ Modell.

1.4.3 Zusammenfassung

Der Fachdiskurs über die geeigneten Instrumente und Methoden der QE in der Kinder- und Jugendhilfe ist lebhaft und längst nicht abgeschlossen.[739] Die Positionen in der Diskussion über die Qualitätssteuerungssysteme reichen von grundsätzlicher Ablehnung über vermittelnde Aussagen bis hin zu leichtfertiger Übernahme der betriebswirtschaftlichen Ansätze.

Die unkritisch befürwortende Position geht davon aus, dass die betriebswirtschaftlichen Modelle mit minimalen, leicht vorzunehmenden Anpassungen auf soziale, personenbezogene Dienstleistungen anwendbar sind.[740] Die Argumentation gegen QM und QE an sich stützt sich vor allem in der Praxis auf die Annahme, dass Soziale Arbeit aufgrund ihrer Komplexität nicht erfassbar und vergleichbar ist.[741] In dieser Sicht birgt die Qualitätsdebatte im Allgemeinen und QM im Besonderen die Gefahr, alleinig zu einem Instrument der Kontrolle durch die Arbeitgeber_innen[742], der Kostenbegrenzung oder des Benchmarkings bzw. Rankings vor Ort zu werden.[743] Besonders die fachfremden QM-Systeme lösen bei Fachkräften eine Abwehr aus, die sich daraus begründet, dass die Begriffe, Modelle und Annahmen nicht anschlussfähig an die Fachwissenschaft der Sozialen Arbeit sind und die politischen Ziele teilweise intransparent blei-

---

739 Vgl. *Gerull* 2000: 198ff.

740 Vgl. z. B. *Pradel* 2007: 44ff und 55ff.

741 Vgl. *Kulbach* 1998: 444, *Peters* 2004: 158, *Fischer* 2005: 143, *Biebricher/Boeßenecker/Weigel-Stollenwerk* 1999: 620ff.

742 Vgl. *Kulbach* 1998: 444.

743 Vgl. *Merchel* 2000b: 30f.

ben.[744] Die vermutete Abwehr der Fachkräfte scheint sich vor allem aus dem Unbehagen vor externer, fachfremder Qualitätsbeurteilung zu speisen und löst sich, wenn es um selbstevaluative Instrumente geht.[745] Betriebswirtschaftlich orientierte Ansätze könnten dazu führen, dass die Profession der Sozialen Arbeit an Kontur verliert.[746] Ein anderer wichtiger Grund für die Abwehrhaltung ist eine ausschließliche Rekonstruktion der Qualitätsdiskussion als Kostenersparnisstrategie.

Die vorgestellten betriebswirtschaftlichen Ansätze erscheinen aus mindestens sechs Gründen problematisch. Erstens sind sie konzeptionell verengt; entweder auf Qualitätsbewertung (EFQM) oder Prozessstandardisierung (DIN EN ISO). Die rechtlichen und fachlichen Anforderungen fokussieren in erster Linie jedoch eine Qualitäts*entwicklung*, die dem dynamischen, multiperspektivischen und komplexen Charakter der Erbringung von Hilfe zur Erziehung in einem korporatistisch geprägten Erbringungskontext gerecht werden soll. Zweitens wird mit den betriebswirtschaftlichen QM-Verständnissen suggeriert, ausschließlich die Leistungsanbieter wären für die Leistungsqualität verantwortlich. Dies verweist auf einen instrumentellen Qualitätsbegriff. Versuche, Jugendämter und Familien alleinig als Stakeholder des Leistungsanbieters zu interpretieren[747], bestätigen dies. Damit wird die Leistung als Ko-Produktion und das komplexe, interdependente Verhältnis von Jugendamt, Leistungserbringer und Familie[748] in Fragen der Aufträge, Interessen und Bedürfnisse negiert. Vor allem eine gegenstandsangemessene Adressat_innenbeteiligung gelingt diesen Ansätzen nicht. Drittens folgen die Ansätze einem einfachen Ursache-Wirkungs-Modell, das aufgrund des Technologiedefizits in der Sozialen Arbeit nicht greift. Viertens suggerieren betriebswirtschaftliche Ansätze eine mögliche Trennung von Form und Inhalt[749], die für die Hilfe zur Erziehung als personenbezogene, soziale Dienstleistung nicht angenommen werden kann. Fünftens neigen sie zu unzulässiger Reduktion von Komple-

744 Vgl. *Merchel* 2000f: 166f, *Rose* 2004: 214.

745 Vgl. *Meinhold* 1994: 41f.

746 Vgl. *Flösser/Oechler* 2004: 181, *Burghardt* 2010: 32f.

747 Vgl. *Arnold* 2009: 470.

748 Bei Beachtung der inneren Konstellationen dieser „Stakeholder" in Leitung und Mitarbeiter_innen bei Jugendamt und Leistungserbringer und bei der Familie in Eltern, Jugendliche und Kinder verschärft sich das Problem weiter.

749 Vgl. *Merchel* 2013: 36.

xität.[750] Für die Hilfen zur Erziehung ist das besonders relevant, da die Erhaltung bzw. Erhöhung von Komplexität als Eröffnung neuer Optionen, Gelegenheiten und Orte für Adressat_innen als Qualitätsstandard gilt.[751] Der Umgang mit Ungewissheit ist konstitutiv für die Soziale Arbeit, setzt demnach professionelle Autonomie voraus und sperrt sich einer weitgehenden Standardisierung. Es ist vielmehr die Abweichung vom Standard, also eine flexible, reflexive Handlungsform, die sozialpädagogische Interaktionen auszeichnet, zu Wirkungen führt und somit als Qualitätskriterium gelten muss.[752] In diesem Sinne führt eine QE über Komplexitätsreduktion zu Qualitätsminderung. Sechstens sind diese Ansätze nicht in der Lage die politische Dimension der sozialen, personenbezogenen Dienstleistungen zu erfassen.[753]

Diese Ansätze sind demnach nicht geeignet eine QE der Hilfen zur Erziehung zu unterstützen und könnten allenfalls ergänzend für bestimmte Teilaspekte der sozialen Dienstleistungserstellung eingesetzt werden.[754] Auch die umfangreiche QS-Reihe des Bundesministeriums[755] entwickelt keine Modelle der QE aus den Spezifika der Sozialen Arbeit, sondern versucht eine Übertragung von betriebswirtschaftlich orientierten Konzepten

---

750 Vgl. *Struck* 1997a: 156f. Dass die modernen QM-Systeme noch stark auf Aufsichts-, Kontroll-, und Eingriffsrechte beruhen und damit für den Kinder- und Jugendhilfebereich unpassend sind (vgl. ebd.), kann nicht mehr angenommen werden.

751 Vgl. *Wolf* 2000: 204.

752 Vgl. *Heiner* 1996c: 220, *Brülle/Reis* 1999: 290, *Müller* 2000: 227, *Beckmann/u. a.* 2003b: 22, *Merchel* 2004b: 138, *Flösser/Oechler* 2004: 181, *Olk/Speck* 2008: 87, ähnlich *Busch* 1997: 196 (m.w.N). Aus empirischer Sicht vgl. *Munsch* 2007: 46 und *Albus/Micheel/Polutta/Ziegler* 2010b: 241.

753 Vgl. *Schaarschuch/Schnurr* 2004: 319f.

754 Vgl. *Figiel* 1997: 28.

755 Zwischen 1996 und 2001 erschienen 36 Hefte zu unterschiedlichen Themen und Arbeitsfeldern der Kinder- und Jugendhilfe. Bezeichnend ist schon der Titel der Reihe, der immer noch den Begriff der Qualitätssicherung verwendet, der in den Diskussionen zur Neuregelung der §§ 78a-g SGB VIII vehement abgelehnt und durch QE ersetzt wurde, vgl. Kap. 2.5.2. Auf neueren Heften ist der Hefttitel QE und die Heftreihe heißt QS.

voranzutreiben.[756] Insgesamt dienen diese Ansätze eher zielgerichteten Steuerungsinteressen.[757]

Da der praktischen Qualitätsdiskussion in der Sozialen Arbeit bisher ein theoretisches Fundament fehlt, ist die Übertragung von betriebswirtschaftlichen QM-Systemen nicht verwunderlich.[758] Deren Einsatz erscheint jedoch unsystematisch und beliebig. Empirisch zeigt sich dies z. B. in den Vorgaben zum Qualitätsbericht des Landes Berlin. Hier können die Leistungserbringer folgende Maßnahmen zur Qualitätsgewährleistung gemäß § 78b Abs. 1 Ziff. 3 SGB VIII ankreuzen(!): QM-System (ISO, EFQM, CAF, TQM, etc.), Zertifizierung, Rezertifizierung, Audits, Selbstbewertung, Fremdbewertung, Qualitätsmanagementbeauftragter, Q-Zirkelarbeit, Leitbildentwicklung, Handbuchentwicklung, Evaluation.[759] Es ist schnell ersichtlich, dass hier Konzepte, Instrumente und Funktionen völlig durcheinander geraten.

Eine vermittelnde Position attestiert derartigen QM-Systemen eine Brauchbarkeit für die Soziale Arbeit, wenn die Besonderheiten der sozialen, personenbezogenen Dienstleistungen Beachtung finden und die Instrumente angepasst werden. Es sei möglich, einen dritten Weg zwischen einer radikalen Verbetriebswirtschaftlichung und einem „etatistischen Verwaltungskonservatismus"[760] zu eröffnen[761], dem es gelingt

> "die Ansprüche einer konsequenten Qualitätsorientierung mit dem Gedanken einer offenen und responsiven Struktur der Produktion sozialer Dienstleistungen zu verbinden und daraus Instrumente der Planung und Steuerung zu entwickeln, die den besonderen Konstellationen der Sozialen Arbeit als personenbezogener sozialer Dienstleistung im Spannungsfeld zwischen verrechtlichter Herrschaftsbeziehungen und individueller Hilfe gerecht werden."[762]

---

756 So z. B. das derzeit aktuellste Heft zum Thema von 2001 „Qualitätsentwicklung in der ambulanten Kinder- und Jugendhilfe", das auf dem EFQM beruht, vgl. *BMFSFJ*, 2001, auch *BMFSFJ* 1999. Kritisch hierzu: vgl. *Hornstein* 2000: 133f, *Merchel* 2000f: 166.

757 Vgl. *Merchel* 2000f: 173ff.

758 Vgl. *Beckmann/u. a.* 2003b: 9f.

759 Vgl. Anlage B Formular Qualitätsbericht des Berliner Rahmenvertrag für Hilfen in Einrichtungen und durch Dienste der Kinder- und Jugendhilfe (BRVJug), Fassung vom 10.10.2011.

760 *Oppen* 1999: 293.

761 Vgl. *Oppen* 1999: 293. Zur möglichen Implementation von TQM vgl. *Oppen* 1999: 303ff. Ebenso für den Weg der angepassten Übertragung vgl. *Meinhold/Matul* 2003: 98ff.

762 *Reis/Schulze-Böing* 1998b: 14.

Die Machbarkeit einer solchen Anpassung wird kritisch gesehen.[763] Selbst wenn die Adressat_innenbeteiligung in den Prozes der QE aufgenommen werden kann, erscheint die Spannung zwischen Standardisierung der Qualitätselemente in diesen Verfahren zu einer offenen, responsiven Struktur der Sozialen Arbeit nicht lösbar.[764] Dem kann zugestimmt werden, da bei einem konsequenten Einbezug der Adressat_innen als Ko-Produzenten an allen Stationen des QE-Prozesses und einer offenen, responsiven Gestaltung der Verfahren, Methoden und Fragestellungen bei gleichzeitiger Achtung der professionellen Autonomie der Fachkräfte die betriebswirtschaftlich orientierten Verfahren ihre konstitutiven Merkmale von Vergleichbarkeit und Standardisierung aufgeben. Die QM-Verfahren wären ein Torso, entlastet von ihrer eigentlichen qualitätsbildenden Funktion und ohne einen gleichzeitigen Gewinn für die Qualitätsfrage in den Hilfen zur Erziehung. Daher ist die Entwicklung fachwissenschaftlicher Modelle der QE, die sich nicht aus den betriebswirtschaftlichen Modellen direkt ableiten, sondern aus den konstitutiven Elementen des Gegenstandes, nämlich der sozialen, personenbezogenen Dienstleistung, Voraussetzung einer gelingenden QE in der Kinder- und Jugendhilfe.

Der Qualitätsdiskurs sollte aus der Profession heraus offensiv geführt werden.[765] Gefordert wird ein Rückbezug an die fachlichen Prinzipien Adressat_innenbeteiligung, Kommunikation und Selbstreflexion.[766] Angemessen und zielführend für die Hilfe zur Erziehung wären praktische Ansätze und Instrumente der QE, die die Bemächtigung der Adressat_innen in den Vordergrund stellen[767] und gleichzeitig fachlich interne Reflexions- und Kommunikationsstrukturen im Hinblick auf QE stärken.[768] Vielversprechende Perspektiven zu Qualitätsbewertung scheinen hermeneutische, interaktive, dialogische, kasuistische, rekonstruktive und qualitative Ver-

763 Die Begründungen rekurrieren auf unterschiedliche Logiken von industrieller Güterproduktion, sozialen, personenbezogenen Dienstleistungen und Verwaltungshandeln, vgl. *Naschold/Bogumil* 2000: 92f, *Bauer* 2001a: 113.

764 Vgl. *Engel/Flösser/Gensink* 1996: 58.

765 Vgl. *Merchel* 1998c: 29.

766 Vgl. *Struck* 1997a: 157.

767 Z. B. geben neuere Entwicklung einer transformativ-emanzipativen Evaluation den vermeintlichen Neutralitätsstatus zu Gunsten einer expliziten Stärkung der Adressat_innensicht in der Evaluation auf, vgl. *Müller-Kohlenberg* 2004: 369ff.

768 Vgl. *Struck* 1997a: 156f.

fahren zu bieten.[769] Die Frage, ob sich bestimmte fachwissenschaftliche QE-Verfahren innerhalb der Kinder- und Jugendhilfe durchsetzen oder es eher bei Metakriterien[770] für gute QE-Verfahren bleibt, ist unentschieden. Als ein professionsorientiertes Modell, kann die Idee begriffen werden, QE als Verbesserung der nutzbaren Kinder- und Jugendhilfeinfrastruktur zu verstehen und als Steuerungsmodus auf Netzwerksteuerung zu setzen.[771] Dies kann als Qualitätsentwicklungsverständnis der Flexiblen Hilfen gelten.[772] Empirisch wird deutlich, dass die Verbreitung der fachwissenschaftlichen Modelle zur QE bei den freien/privaten Trägern größer ist, als die der betriebswirtschaftlich angelegten Modelle[773], aber auch, dass QM und Evaluation selten zielgerichtet und auf allen Organisationsebenen bei freien/privaten Trägern eingesetzt werden.[774] Die häufig vertretene Befürchtung, die Implementierung von QM führe zwangsläufig zu unsachgemäßer Standardisierung und folglich zu einer Deprofessionalisierung, kann empirisch nicht bestätigt werden. In einer Studie über Leistungsanbieter von Sozialpädagogischer Familienhilfe (SPFH) zeigte sich, dass diese weitgehend über eine ermächtigende Form der Formalisierung verfügten, unabhängig davon, ob sie konkrete QM-Verfahren einsetzten oder andere Qualitätspraxen ausübten. Die Einführung von QM-Modellen ist nicht ursächlich für restringierende bzw. ermächtigende Formalisierungsformen. Das bedeutet auch, dass der Einsatz von anerkannten QM-Systemen als Legitimationsausweis nach außen positioniert wird und in der Ausführung mehr *talk* als *action* vorherrscht.[775]

---

769 Vgl. *Oppen* 1999: 311f, *Merchel* 2000b: 31ff, *Merchel* 2000f: 180, *Speck* 2006: 48. Für eine rekonstruktive Evaluation vgl. *Becker-Lenz* 2004: 283ff.

770 Für konkrete Metakriterien vgl. *Schaarschuch/Schnurr* 2004: 320, *Merchel* 2013: 208ff.

771 Vgl. *Peters* 2004: 166ff.

772 Vgl. Kap. 2.3.1.

773 Es werden vor allem Fortbildungen und externe bzw. Selbst-Evaluationsverfahren genannt, vgl. *Gragert/u. a.* 2005: 93ff. Für die SPFH vgl. *Fröhlich-Gildhoff/Engel/Rönnau* 2006: 65. Aus seiner inhaltsanalytischen Untersuchung zu QEV hat *Merchel* gefolgert, dass „der Evaluationsbegriff (…) zu einer diffusen Legitimationsformel [wird], die man ‚irgendwie' im Qualitätskontext verortet." *Merchel* 2006: 87.

774 Vgl. *Fröhlich-Gildhoff/Engel/Rönnau* 2006: 105f.

775 Vgl. *Beckmann/u. a.* 2007: 275ff, *Beckmann* 2009: 143ff. Es wird gleichzeitig auch auf Einschränkungen der professionellen Autonomie hingewiesen, jedoch sind diese nicht in direkten Zusammenhang mit Qualitätspraxen zu bringen.

Die derzeitig sinnvollsten Ansätze scheinen nach den obigen Ausführungen Ansätze der Selbstevaluation zu sein. *Merchel* entwickelt ein pragmatisches Modell der „kriteriengeleiteten Evaluation", das die Spezifika der Sozialen Arbeit beachtet.[776] Allerdings sind solche Selbstevaluationsverfahren in zweierlei Hinsicht problematisch. Erstens gibt es keinen Grund, dem Jugendamt mitzuteilen, wenn man durch Selbstevaluation Schwachstellen und Schlechtleistung entdeckt, und es daher eher dazu kommt, über ein zweites QM-Verfahren zu Legitimationszwecken nach außen zu reporten. Und zweitens bleiben die Erkenntnisse zur QE für die Hilfe zur Erziehung innerhalb der Organisation (vielleicht noch des Trägers), solange deren Ergebnisse nicht in den Jugendhilfeplanungsprozess mit dem Jugendamt und anderen Leistungsanbietern eingespeist werden. Hierfür wird ein kooperatives und fehlerfreundliches Klima zwischen den Akteuren von Nöten sein.[777] Im Hinblick auf die Neue Steuerung scheint vor allem das Kontraktmanagement und das Controlling nach Vorstellungen der KGSt eher nicht dazu in der Lage zu sein, ein solches Klima zu schaffen. Die Produktorientierung in der Kinder- und Jugendhilfe widerspricht den zentralen Formen und Verfahren der Selbstevaluation. Das NSM hat in positiver Hinsicht einen produktiv-irritierenden Impuls in die Kinder- und Jugendhilfe gesetzt, ist aber in keiner Weise in der Lage für die Anforderungen und Problematiken der (Qualitäts-)Steuerung der Hilfe zur Erziehung einen weiterführenden Beitrag zu leisten. Von einem allgemein akzeptierten System der QE in der Hilfe zur Erziehung kann nicht gesprochen werden. Die eingesetzten Verfahren und Modelle entwickeln sich eklektisch aus vorhandenen und aus anderen Bereichen übertragenen Ansätzen in der Auseinandersetzung mit den jeweiligen Kinder- und Jugendhilfeeinrichtungen.[778] Dies zeigt, dass es bei der Entwicklung eines QE-Modells

> „weniger um ein konkretes Instrument [geht] als vielmehr um eine fundamentale Vorstellung von der Umsetzung zentraler Interessen und um ein wichtiges

---

Messmer kommt in seiner qualitativen Studie zu anderen Einschätzungen, *Messmer* 2007: 162f.

776 Vgl. *Merchel* 2013: 147ff. Kritisch an diesem Modell bleibt, dass im Sinne *Honigs* die Verwechslung von Wesen und Bewertung von Qualität bleibt und erstaunlicherweise der Einbezug der Adressat_innen nicht thematisiert wird.

777 Vgl. Kap. 4.3.

778 Vgl. *Gerull* 2000: 211.

politisches, ökonomisches und pädagogisches Korrektiv zu einem allzu einfachen kurzfristigen Kostendenken (...).“[779]

Die QEVen sind somit auch als Instrument zu begreifen, einen offenen Entwicklungsprozess in dieser Frage zu ermöglichen, und nicht die Einrichtungen zu zwingen, sich vorschnell einem drittbesten[780] QE-System zu verschreiben, nur weil es die QEV vorsieht. Dies entspricht einem Verständnis von QE als „Entwicklungs- und Experimentierrahmen für erweiterte Kommunikations- und Reflexionschancen“[781]. Das Experimentieren betrifft auch die QE-Systeme selbst.[782]

Die relevanten inhaltlichen Aspekte von QE sind auf mindestens drei Ebenen zu verorten. Erstens die direkte sozialpädagogische Interaktion zwischen Auftragspädagog_in und Familie. Häufig wird diese Ebene als *black box* behandelt und bei Qualitätsbetrachtungen ausgespart. Allerdings ist diese Ebene empirisch gesehen der zentrale Wirkungsfaktor auf Qualität. Zweitens die Ebene der Organisation, die als Arbeitsplatz die unmittelbaren Rahmenbedingungen für die sozialpädagogische Interaktion bilden. Qualitätsfördernde Instrumente sind hier Organisationsentwicklung und Leitbildentwicklung. Drittens die Ebene der institutionellen Rahmung im sozialrechtlichen Dreieck bzw. Sechseck zwischen Familie, Jugendamt und freier/privater Träger. Hier ist die Frage der Kooperationskultur, der Verbindlichkeit von Verfahrensabläufen sowie der Verfahrenstransparenz wichtig.[783] Diese Ebene wird häufig auf das kontraktuale Verhältnis von Jugendamt und Leistungsanbieter verkürzt und auf die Vereinbarungen fokussiert.[784]

Die in empirischen Studien herausgearbeiteten Qualitätskriterien sind ebenso auf diese drei Ebenen beziehbar. Im Bundesmodellprojekt zur Wirkungsorientierung wurden für alle drei Ebenen zentrale Wirkfaktoren her-

---

779 *Vilain* 2003b: 190.

780 Drittbeste deshalb, weil das zweitbeste QE-System für ein angemessenes fachwissenschaftlich orientiertes QE-System steht und das beste QE-System nur analytisch existiert, da alle Systeme Schwächen bzw. Nachteile haben.

781 Vgl. *Struck* 2003: 33.

782 Vgl. ähnlich *Heiner* 1996c: 229.

783 Die Akzeptanz des Leistungsanbieters, die Transparenz und Nachvollziehbarkeit von Aufträgen und Zielen der Hilfe sowie des professionellen Handelns und die Partizipationsmöglichkeiten der Adressat_innen haben einen unmittelbaren Einfluss auf die Qualität der Hilfe zur Erziehung, vgl. *Schmidt* 1996: 37, *Flösser* 1996a: 65f.

784 Vgl. z. B. *Beckmann/u. a.* 2003b: 16ff.

ausgearbeitet. Neben den Faktoren der Partizipation und der Arbeitsbeziehung[785] zwischen Fachkraft und jungen Menschen, die auf der Ebene der direkten sozialpädagogischen Interaktion liegen, stellten sich folgende Faktoren als mittelbar wirksam heraus: fachlich-reflexive Ziel- und Handlungskonzeptionen, professionelle Arbeitsautonomie, Organisationsverbundenheit der Fachkräfte, Mitbestimmung der Fachkräfte in der Organisation, Qualität des Teamklimas, Aufgaben- und Ressourcenstrukturen, verbindliche Verfahren und Rahmenbedingungen für die Hilfeplanung, dialogische Verfahren der Wirkungssteuerung („Wirkungsdialog"). Diese professionellen und institutionell-organisatorischen Wirkfaktoren sind nicht überraschend, schließen sie doch an die fachlichen Diskurse zur Lebensweltorientierung und Dienstleistungsorientierung an.[786] Sie unterstreichen die Besonderheit des Erbringungsverhältnisses sowie des Erbringungskontextes in der Hilfe zur Erziehung und sind für die QE zu beachten.

Auf allen drei Ebenen spielt die Beteiligung der Adressat_innen für die gelingende QE eine herausragende Rolle[787]:

> „Die zentrale fachliche Herausforderung der Qualitätsdiskussion ist die Verbesserung der Definitionsmacht der Adressatinnen und Adressaten über das, was gute oder schlechte Arbeit ist."[788]

Allerdings wird insgesamt eine Anbieter- bzw. Expertendominanz in der Qualitätsdiskussion der Kinder- und Jugendhilfe konstatiert, die Interessen und Perspektiven der Adressat_innen werden hingegen vernachlässigt.[789] Durch die weitere Professionalisierung werden Adressat_innen „Objekte einer neuen Qualitätssicherungs-Expertokratie"[790]. In Folge dessen werden die instrumentellen Qualitätskonzepte und die Strukturdimension von

---

785 Als Qualitätskriterien dieser Beziehung sind vielfältige Vorschläge gemacht worden: z. B. Aufmerksamkeit, Respekt, Geduld, Höflichkeit, Takt, vgl. *Blandow/Gintzel/Hansbauer* 1999: 78.

786 Vgl. *Albus/u. a.* 2010a: 159.

787 Vgl. *Merchel* 2000f: 169, *Struck* 2000b: 4, *Merchel* 2013: 197ff, ausführlicher Kap. 1.3.

788 Vgl. *Struck* 2000b: 5.

789 Vgl. *Busch* 1999b: 259ff, *Merchel* 2000b: 17, *Merchel* 2000f: 169, *Bauer* 2001a: 113, *Struzyna* 2003: 73, *Merchel* 2013: 44f. Aus empirischer Sicht vgl. *Gragert/u. a.* 2005: 93ff. Aus empirischer Sicht für die Adressat_innenbeteiligung im Entscheidungsprozess des Jugendamtes vgl. *Petersen* 1996: 82.

790 *Hansen* 1997: 18.

Qualität gestärkt[791], während die subjektiven Qualitätserfahrungen der Adressat_innen in der Qualitätsdiskussion kaum eine Rolle spielen.[792]

Die Qualitätsdiskussion insgesamt und die QE im Besonderen können Beiträge zur Demokratisierung der Kinder- und Jugendhilfe und der Gesellschaft insgesamt leisten. Dazu müsste die Aushandlung über Qualität und QE prozedural, konfliktakzeptierend und verhandlungsorientiert sein und die unterschiedlichen Machtpotentiale der Beteiligten transparent thematisieren.[793] Wenn es gelingt, die Adressat_innen der Hilfe zur Erziehung aktiv und diskursiv in die Qualitätsdiskussion der Hilfe zur Erziehung auf allen Ebenen einzubeziehen, haben sie die Möglichkeit, ihre Vorstellungen von Wirksamkeit und Gerechtigkeit und ihre Präferenzen einzubringen. Damit würde nicht nur die Zufriedenheit mit den Leistungen, sondern auch die

> „Nachvollziehbarkeit und Akzeptanz von politisch oder rechtlich gesetzten Grenzen von Gestaltungsspielräumen“[794]

steigen.

Strukturell gesichert werden könnte dieser Einfluss gegen die mächtigen Interessen der Kostenträger und Leistungserbringer sortiert nach dem Empowermentpotential für die Adressat_innen durch sozialen Verbraucherschutz[795], Beschwerdemanagement der beteiligten Akteure[796], externe Beschwerdestellen[797] sowie durch Verbände, Beiräte und Ausschüsse von ehemaligen Adressat_innen.[798] Abgesehen von unsystematisch eingesetzten Instrumenten eines Beschwerdemanagements innerhalb von Kinder- und Jugendhilfeeinrichtungen gibt es solche gesicherten Strukturen für die Hilfe zur Erziehung bisher nicht.

---

791 Diskutiert im deutsch-englischen Vergleich vgl. *Hansen* 1997: 18f, *Bauer* 2001b: 18f.

792 Vgl. *Bauer* 2001a: 113.

793 Für ein solches Modell vgl. *Schaarschuch/Schnurr* 2004: 320f.

794 *Oppen* 1999: 315.

795 Vgl. z. B. *Trede* 1998: 328ff.

796 Vgl. *Flösser/Oechler* 2004: 181f.

797 Z. B. im fachlich regulierten Qualitätswettbewerb, vgl. *Böllert* 2004: 129.

798 Vgl. *Oppen* 1999: 315, *Stiemert-Strecker/Teuber/Seckinger* 2000: 39.

1.5 Kritische Diskussion

Die inhaltlichen Wurzeln der Qualitätsdiskussion liegen in der Auseinandersetzung mit der Fachlichkeit der Sozialen Arbeit.[799] Es lassen sich für die Hilfe zur Erziehung mehrere Ansätze aufzeigen, die auf fachliche Probleme und Unzulänglichkeiten hinweisen[800], die als Qualitätsmangel interpretiert werden können. Daraus ergab sich auch die Hoffnung, mit der Qualitätsdebatte eine weitere Professionalisierung voranzutreiben.[801] Jedoch dominieren Auseinandersetzungen um Verfahren und weniger um den eigentlichen Gehalt von Qualität die Fachdiskussion.[802] Eine explizit fachtheoretische Auseinandersetzung um Qualität an sich findet kaum statt.[803] Aufgrund der wenig fachtheoretisch ausgerichteten Qualitätsdebatte ist vielmehr mit einer Deprofessionalisierung auf der Handlungsebene[804] und einer Schwächung der Professionsebene[805] zu rechnen.

Die neueren Diskussionen um QE und QM verbunden mit den rechtlichen Änderungen durch die Einführung des KJHG sind als Auswirkung gesamtgesellschaftlicher Modernisierung[806] und damit als Bestandteile einer Modernisierung der Kinder- und Jugendhilfe rekonstruierbar.[807] Vor allem die verwaltungswissenschaftlichen und finanzwissenschaftlichen Diskussionsstränge innerhalb der Sozialen Arbeit förderten eine Abwehr, das Thema QE weiter zu verfolgen, da eine „Verbetriebswirtschaftlichung" des sozialen Sektors und die „Enteignung der eigenen Professi-

799 Vgl. *Merchel* 2000f: 180.

800 Für eine kurze Übersicht zu entsprechenden Studien und Erkenntnissen im Feld der Hilfe zur Erziehung vgl. *Merchel* 2013: 20 (m.w.N).

801 Siehe Kap. 1.1.4 für den Kontext des NSM.

802 Vgl. *van Santen/u. a.* 2003: 487, *Schaarschuch/Schnurr* 2004: 309, *Flösser/Oechler* 2004: 175, vgl. Kap. 1.2.1.

803 Als Ausnahme vgl. *Winkler* 2000: 137ff, *Honig* 2002, *Köpp/Neumann* 2003, *Honig/Joos/Schreiber* 2004, *Honig/Neumann* 2004: 251ff.

804 Vgl. für viele *Flösser/Oechler* 2004: 181.

805 Vgl. z. B. *Depner/Trube* 2001: 230ff. Ein Stärkung der Professionsebene im Kontext der Qualitätsdebatte kann nur über eine allgemeine ethische Fundierung der Sozialen Arbeit erfolgen, vgl. ebd. 2001: 234ff.

806 Vgl. *Winkler* 2000: 139ff.

807 Vgl. *Langer* 2007: 225, *Fischer* 2005: 303ff.

on"[808] befürchtet wurden.[809] In kritischer Analyse wurden diese Modernisierungsbestrebungen vor allem anhand des NSM als Reorganisation sozialstaatlicher Leistungserbringung rekonstruiert.[810]

In einer polarisierten Ausrichtung wird die gesamte Qualitätsdiskussion als eine „verdeckte Macht- und Wertediskussion"[811] zur Neuordnung der Verhältnisse zwischen Staat und Markt sowie einer Neuverteilung der Ressourcen verstanden, die zum Ziel hat, unter dem Deckmantel der Qualitätssemantik die Soziale Arbeit in Verwaltung und Trägern/Verbänden einer kapitalistischen Warenlogik und Gewinnmaximierungsstrategie zu unterwerfen.[812] Dieser Trend wird als „Ökonomisierung des Sozialen" bezeichnet, der monetär berechenbaren Effekten einen absoluten Vorrang einräumt und andere positive Effekte, die sich nicht direkt messen lassen, überhaupt nicht mehr zählen lässt.[813] Auf der Steuerungsebene wird ein Umbau (sozial-)staatlicher Aktivitäten hin zu mehr Marktsteuerung und einem „schlanken, fitten Staat"[814] ausgedrückt.[815] Für die Soziale Arbeit wird auch vom „Einzug des neoliberalen Projekts"[816] gesprochen. Aus berufspolitischer Sicht kann in diesen Diskussionen auch ein „Kampf" um Deutungs- und Zuständigkeitshoheiten zwischen den Professionen erkannt werden, wobei die Qualitätsdebatte in dieser Sichtweise einen „professional war"[817] zwischen Betriebswirtschaft und Sozialer Arbeit darstellen würde[818], mit der Pointe, dass beides keine klassischen Professionen sind.

---

808 *Merchel* 2000e: 20.

809 Vgl. *Karsten* 1998/1999: 421, *Struck* 2000b: 2, *Merchel* 2000e: 20. Auch bezeichnet als Unterordnung sozialpädagogischer Strukturprinzipien unter ökonomische Denkmodelle, vgl. *Wagner, J.* 2007.

810 Vgl. *Schütte* 2001: 52ff. Rekonstruiert als Versuch einer ideologischen Reprogrammierung im Sinne liberal-konservativer Deregulierung vgl. z. B. *Kunstreich* 1996: 57ff. Zur kritischen Rekonstruktion der Qualitätsdebatte aus gouvernementaler Perspektive vgl. *Herrmann* 2007: 305f.

811 Vgl. *Hörmann* 1999: 16.

812 Vgl. *Haupert* 2000: 562ff, *Wagner*, J. 2007. Auch als managementbasierte Ideologie bezeichnet, vgl. *Dahme/Wohlfahrt* 2011: 1176.

813 Vgl. *Evers* 2011: 268, *Winkler* 2000: 143.

814 Vgl. *Mührel* 2010b: 10.

815 Vgl. für viele *Galuske* 2002b: 247.

816 Vgl. für viele *Schaarschuch* 2003: 150. Hier in Bezug auf die Dienstleistungsdiskussion.

817 *Karsten* 1998/1999: 420.

818 Als Beispiel einer solch polarisierten Qualitätsdebatte vgl. z. B. *Speck* 2004: 15ff.

Für die vorliegende Arbeit sind zwei Kritikpunkte dieser Diskussion zentral. Erstens, dass es einen Mainstream in der (nicht nur sozialpolitischen) Politikberatung gibt, in allen Lebensbereichen den Mix der drei Koordinationsmechanismen Markt, Befehl und Pflicht zu alleinigen Gunsten des Marktes zu verschieben. Mit der Meinungsführerschaft einer bestimmten ökonomischen Denkrichtung, deren politisch einflussreichste Vertreter *Hayek* und *Friedman* waren, setzte sich die Forderung durch, die Wettbewerbswirtschaft sei das System, welches die effizientesten und effektivsten Ergebnisse[819] in der Leistungserstellung hervorbringe. So sollte auch die öffentliche Sozialverwaltung zunehmend rein marktwirtschaftlich organisiert werden[820]: „Wo bisher Bürokratie war, sollte fortan Markt sein."[821] Diese Strategie folgt einem marktliberalen Paradigma und ist mit äußerster Skepsis und konstruktiv-kritischen Analysen zu begleiten. Obwohl durch die Finanzkrise das Vertrauen in die Märkte erschüttert ist, wird es wohl Jahre dauern, bis sich eine Neuorientierung durchgesetzt hat.[822] Empirisch zeigt sich eine Tendenz der Beharrung gegen diese „Neuprogrammierung", da zwar neue Instrumente und Strukturen eingeführt werden, aber im Ergebnis kaum Änderungen entstehen. Die Spielregeln wurden geändert, doch dieselben Spieler_innen spielen das gleiche Spiel, weshalb auch von „Scheinökonomisierung" gesprochen wird.[823]

In der Theorie zeigen die Erkenntnisse der Neuen Institutionenökonomik, dass aus unterschiedlichen Gründen der Markt mitnichten unter allen Umständen das beste Ergebnis erbringt, also auch nicht immer effektiv und effizient ist.[824] Daraus folgt aber auch nicht, dass Marktmechanismen immer den schlechtesten Koordinierungsmechanismus darstellen. Vielmehr geht es darum, für die je spezifischen Anforderungen an die Herstellung und Verteilung bestimmter Güter und Dienstleistungen, den je effektivsten und effizientesten Mix aus den drei Koordinierungssystemen zu entdecken.

Allerdings ist es irritierend, dass die Strategie, den Markt als Koordinierungsmechanismus in allen Zusammenhängen zu stärken, auszubauen

---

819 „Märkte ordnen und regulieren demnach effektiver und effizienter als staatliche Interventionen" *Mührel* 2010b: 9.

820 Vgl. *Wendt* 2008b: 332ff.

821 *Wendt* 2008b: 332.

822 *Mührel* 2010b: 10.

823 Vgl. *Grohs* 2010: 424.

824 Siehe Kap. 3.

bzw. einzuführen, als „neoliberal" gekennzeichnet wird. In Abgrenzung zum wirtschaftsliberalen Paradigma haben die Begründer des Neoliberalismus die Schwächen der Marktsteuerung erkannt und eine starke Regulierung der Marktsteuerung durch staatliche Interventionen und Vorgaben gefordert.[825] Die Begriffsverwirrung liegt daran, dass sich in den letzten vierzig Jahren angebotsorientierte Theorien durchgesetzt haben und diese ebenso mit dem Label „neo-liberal" gekennzeichnet wurden. Damit steht heute Neo-Liberalismus als sinnentleertes Schimpfwort für Deregulierung, schwachen Staat usw.[826] Vielmehr haben wir es mit einer Rückkehr des Wirtschaftsliberalismus[827] zu tun, von dem sich gerade die Begründer des Neoliberalismus abgrenzen wollten. Demzufolge ist an dem in der Diskussion Kritisierten nichts genuin Neoliberales zu finden. Wenig hilfreich ist der Versuch, dies dadurch kenntlich zu machen, dass von einem „deformierten" Neoliberalismus[828] die Rede ist. Treffender wäre es, von einem fundamentalistischen Alt-Liberalismus zu sprechen, da man unterstellen muss, dass keinerlei Erkenntnisse über die Probleme der Marktkoordinierung bis hin zum völligen Marktversagen aufgenommen wurden.

Zweitens wird zu Recht kritisiert, dass sich eine ausschließlich monetäre Bewertung von Wirkungen sozialer, personenbezogener Dienstleistungen durchzusetzen beginnt. Die Wirkungen der Hilfe zur Erziehung zeigen sich in Kategorien des sozialen Verhaltens, der Lebenszufriedenheit, der Verwirklichungschancen etc., die sich einer rein monetären Bewertung entziehen. Das bedeutet, eine Bewertung der Qualität einer sozialen, personenbezogenen Dienstleistung nur über den Kostenaspekt ist nicht möglich.

Das bedeutet jedoch nicht, dass die Kosten der sozialen Dienstleistung keine Rolle spielen dürften:

> „Unter volkswirtschaftlich-sozialpolitischen Gesichtspunkten ist zu fordern, dass die Dienstleistung in gewünschter Qualität so ressourcenschonend und bedarfsangemessen wie möglich erstellt und gerecht verteilt wird."[829]

Will eine Gesellschaft soziale Dienstleistungen anbieten, entstehen Opportunitätskosten. Da wir in einer Welt begrenzter Ressourcen leben, ist zu

825 Vgl. Kap. 2.1.4

826 Vgl. *Sesselmeier* 2012: 105.

827 Auch bezeichnet als Klassischer Liberalismus, Paläoliberalismus oder Alt-Liberalismus.

828 Vgl. *Maier-Rigaud* 1998: 159.

829 *Gerull* 2001: 455.

entscheiden, was mit den eingesetzten Ressourcen erreicht werden soll. Die Frage nach der Qualität der sozialen Dienstleistung wird relevant. Sind die Kosten alleiniges Qualitätskriterium, ist die qualitativ beste soziale Dienstleistung diejenige, die nichts kostet. Eine soziale, personenbezogene Dienstleistung, die keine Opportunitätskosten auslöst, gibt es bei begrenzten Ressourcen nicht. Man gerät mit dieser Argumentation in einen Zirkelschluss. Demnach kann eine soziale, personenbezogene Dienstleistung nicht an einem „wirtschaftlich besseren Resultat“[830] gemessen werden, da sie gar kein wirtschaftliches Resultat hat. Modelle, die versuchen, ein wirtschaftliches Resultat zu errechnen, wie z. B. der SROI[831], laufen ins Leere. Aber die soziale Dienstleistung hat sehr wohl Kosten, und diese eingesetzten Ressourcen transparent auszuweisen und auf mögliche Verschwendung hin zu prüfen, ist nicht nur legitim, sondern im Hinblick auf Generationengerechtigkeit geboten.[832]

Ein damit verbundenes Problem der Qualitätsdiskussion innerhalb der Sozialen Arbeit scheint der Anspruch zu sein, auf „optimale“[833], „bestmögliche“[834] bzw. „maximale“ Leistungen zu zielen:

> „Bei sozialen Dienstleistungen, die in der Regel öffentlich finanziert sind, kommt es durch die begrenzten Ressourcen häufig zu einer noch optimalen statt maximalen Qualität.“[835]

Diese Perspektive schafft mehrere Probleme. Erstens sind Ressourcen immer begrenzt, unabhängig davon, ob öffentlich finanziert wird oder privat. Zweitens kann die Frage, was eine maximale oder optimale Qualität darstellt, nicht beantwortet werden, ohne einen durch Restriktionen (zeitlich, räumlich, finanziell u. a.) begrenzten Entscheidungsrahmen zu setzen. Dies wird jedoch in der Diskussion unterlassen. Dies gleicht dem Versuch die maximale oder optimale Reichweite eines Autos zu bestimmen, dessen Tank nie leer wird und dessen Teile sich nicht abnutzen. Drittens widerspricht es der bedarfsorientierten Rechtsanspruchskonstruktion vieler sozialer, personenbezogener Dienstleistungen, besonders der Hilfe zur Erziehung. Es sollen nicht optimale oder gar maximale, sondern das Kindeswohl gewährleistende Erziehungsbedingungen angestrebt werden. Die

830 *Bauer* 1996: 3.
831 Social return of invest.
832 Vgl. *Langer* 2004a: 481f.
833 Vgl. *Bauer* 1996: 37.
834 *Späth* 1998: 20.
835 *Kulbach* 1998: 444.

Leistungen werden als bedarfsgerecht im Einzelfall ausgehandelt und damit normativ festgesetzt. Das ergibt den Mindeststandard in diesem Einzelfall. Viertens ist es aus sozialarbeiterischer Sicht problematisch, ein Optimum an Hilfe anzustreben. Eine solche Sichtweise stützt paternalistische und expertokratische Ansätze. Fünftens lässt sich mit diesem Fokus keine sinnvolle Ressourcensteuerung betreiben, da für eine immer noch bessere Qualität immer weitere Ressourcen eingefordert werden. Die Soziale Arbeit hat, vereinfacht ausgedrückt, zwei Möglichkeiten: entweder sie nimmt die Ressourcen, die zur Verfügung stehen und macht das Beste daraus. Dann würde sie ein Optimum anstreben, das von der Ressourcenvorgabe begrenzt ist. Oder sie formuliert klar ihre Aufgaben und Ziele, auch im Hinblick auf eine konkrete – nicht optimale – Qualität und versucht diese mit möglichst geringen Ressourcen zu erreichen. Damit würden die Ressourcenansprüche von den normativen Qualitätsaspekten begrenzt. Immer bessere Leistungen erbringen zu wollen und gleichzeitig steigenden Ressourcenverbrauch einzuklagen, führt zu der Frage, wodurch die soziale Dienstleistungserbringung noch eingeschränkt sein soll. Aus Professionssicht sollte diese Einschränkung durch normativ ausgehandelte Bedarfe der Adressat_innengruppen definiert sein, anhand derer ein angemessenes Budget zur Verfügung gestellt wird. Derzeit erscheint es eher so, dass die Einschränkung durch die vorhandenen, also im gesellschafts-politischen Verteilungskampf für die Soziale Arbeit übrig gebliebenen Ressourcen bestimmt ist. Das scheint die eigentliche Herausforderung an die Qualitätsdiskussion im Hinblick auf die Ressourcenfrage zu sein. Deren Verhandlung kann nicht professionstheoretisch, sondern muss politisch erfolgen. Eine Repolitisierung der Sozialen Arbeit im Qualitätsdiskurs ist zwingend erforderlich.

Die berechtigte Kritik an einem ausschließlich monetären Bewertungsparadigma wird in der Diskussion unzulässigerweise auf Fragen der Effizienz ausgedehnt. Effizienz drückt das Verhältnis von Kosten zu Nutzen oder Aufwand zu Ertrag aus. Dieses ökonomische Prinzip definiert aber nicht das Ziel.[836] Wird der Nutzen oder der Ertrag fachwissenschaftlich definiert, hat ein Bezug zu den eingesetzten Ressourcen nichts gemein mit „Ökonomisierung". *Merchel* plädiert, die Effizienzkategorie gänzlich aus der QM-Debatte herauszuhalten, da diese aufgrund der mangelnden Kau-

836 Vgl. *Hofemann* 2005: 45. Ausführlich für die Soziale Arbeit vgl. *Finis Siegler* 2009: 15 und 150ff.

salzusammenhänge mit Kosten-Nutzen-Relationen nicht vereinbar sei.[837] Der Fokus müsse auf Effektivität liegen.[838] Das Problem ist aber auch die Sprachlosigkeit der Sozialen Arbeit im Hinblick auf die Definition der Ziele und Wirkungen der sozialen, personenbezogenen Dienstleistungen.[839] Da dem „ökonomisierten" Qualitätsverständnis der Bezug zur Geeignetheit der sozialen Dienstleistung im Hinblick auf die fachlichen Ziele fehle, wird ihr ein blinder Fleck unterstellt, den es mit einem normativen Qualitätsverständnis zu schließen gelte.[840] Die ergänzend zum „ökonomischen Qualitätsoptimum" in Stellung gebrachte normative Qualitätsdefinition ist in der viel gescholtenen effizienzorientierten enthalten, da der Effizienzbegriff keinen eigenen qualitätsrelevanten Bedeutungskern besitzt. Effizienz ist auch kein Ziel des Handelns an sich. Das bedeutet, es ist für eine Effizienzbewertung immer ein Ertrag, ein Nutzen, eine Wirkung o. ä. zu definieren. Eine fachwissenschaftliche Definition dieser Begriffe ist jenseits normativer Wertsetzungen der Sozialen Arbeit schlichtweg nicht denkbar. Demnach ist auch eine effizienzorientierte Qualitätsdefinition der Sozialen Arbeit ohne normative Bezüge nicht möglich.[841]

Wenn einem Ökonomismus die Neigung zu Überheblichkeit und Kolonialisierung unterstellt wird[842], kann dies nachvollziehbar z. B. für Paradigmen der ideologischen Überhöhung der Steuerungsfähigkeiten des Marktmechanismus gelten, jedoch nicht für die Ökonomik als Wissenschaft von Kooperationsproblemen[843] als Ganzes. Es stellt sich die Frage, ob nicht in der Ökonomisierungsthese ein Widerspruch überspannt wird, der so gar nicht besteht.[844] In der Rhetorik von der „Ökonomisierung des Sozialen" liegt die Gefahr, die Sicht darauf zu verstellen, dass auch soziale Dienstleistungen knappe Güter sind, die mit beschränkten Ressourcen hergestellt und nach bestimmten Regeln verteilt werden müssen. Dabei entstehen mehrfache Koordinierungsprobleme. Zur Frage, wie das bewerk-

837 Vgl. *Merchel* 2013: 67f, ähnlich *Grunow* 2003: 182.

838 Vgl. *Merchel* 2013: 67f.

839 Vgl. *Rose* 2004: 216. *Müller* spricht von einer großen Verunsicherung der fachlichen Zunft, vgl. *Müller* 1999: 57.

840 Vgl. *Bauer* 1996: 31.

841 „Das Kriterium der Effizienz kann als soziale Konstruktion letztlich nicht ohne normative (ethische) Argumentationen definiert werden und ist somit begründbar bzw. legitimationsrelevant." *Langer* 2004a: 377.

842 Vgl. z. B. *Opielka* 2008: 137.

843 Vgl. *Schlicht* 1994: 335.

844 Vgl. *Jordan/Reismann* 1998: 95.

stelligt werden soll, kann eine kritisch angewandte Ökonomik wertvolle Beiträge liefern. So ist eine Anwendung ökonomischer Theorien innerhalb der Sozialen Arbeit nicht per se zu verurteilen.[845] Voll zugestimmt werden kann einem „Kampf gegen die Ökonomisierung", wenn damit gegen eine ideologisch motivierte und steuerungstheoretisch blinde Einführung völlig deregulierter Marktmechanismen für soziale Dienstleistungen und gegen eine ausschließlich monetäre Bewertung von Wirkungen Sozialer Arbeit argumentiert wird.

Nötig scheint eine klare normative Positionierung im Hinblick auf Prozesse und Wirkungen der Sozialen Arbeit. Gefordert sind Professionalität und Berufsethik.[846] Wenn es gelingt, einen fachlich gesteuerten Qualitätswettbewerb unter den spezifischen Bedingungen des Kinder- und Jugendhilfesystems nach rechtlichen Vorgaben und in historisch gewachsenen Strukturen unter Wahrung der konstitutiven Elemente der Hilfe zur Erziehung als soziale, personenbezogene Dienstleistung zu implementieren, der Wirkung fachwissenschaftlich begreift, ist nichts dagegen einzuwenden, wenn sich in einem staatlich regulierten Erbringungskontext diejenigen Anbieter durchsetzen, die die Leistungen in gewünschter Qualität am ressourcenschonendsten bereitstellen können.

Die Ausführungen zur Qualitätsdiskussion im Allgemeinen und zur QE im Besonderen haben gezeigt, dass zwei Aspekte für eine Effektivitätssteigerung im Vordergrund stehen. Zum einen wird auf die sozialpädagogische Interaktion zwischen Auftragspädagog_in und Familie als operative Leistungserbringung abgezielt. Über die Stellschrauben der Personalentwicklung und Adressat_innenbeteiligung soll die Qualität der sozialpädagogischen Interaktion und damit deren Effektivität verbessert werden. Zum anderen wird der organisationale Rahmen der Leistungserbringung fokussiert und versucht, über Organisationsentwicklung und Leitbildentwicklung der Fachkraft einen unterstützenden Kontext, dessen zentraler Kern die Sicherung professioneller Autonomie darstellt, zu gewährleisten. Ein weiterer Aspekt der für die QE eine wichtige Rolle spielt, sind die institutionellen Regeln der Zusammenarbeit zwischen Jugendamt, freiem/privatem Träger und Familie im sozialrechtlichen Dreieck bzw. Sechseck. Diese werden als mittelbar wirksam für die sozialpädagogische Interaktion und damit als qualitätsrelevant anerkannt, aber nicht als eigenständige

845 Vgl. *Kleve* 2001: 29ff, der aus systemtheoretischer Sicht eine „Ökonomisierung" der Sozialen Arbeit ambivalent bewertet.

846 Vgl. *Opielka* 2008: 137.

Größe unter Effektivitätsaspekten betrachtet. Die Frage in welchem Verhältnis diese Akteure formal bzw. faktisch zueinander stehen, wird marginal. Die These dieser Arbeit geht davon aus, dass gerade die Frage nach den Beauftragungsverhältnissen zwischen den Akteuren eine unmittelbare Qualitätsrelevanz hat. Einen Ansatz zur Analyse von Beauftragungsverhältnissen bietet die Prinzipal-Agent-Theorie. Im Hinblick auf Effizienzsteigerung ist es dann konsequent, nicht nach Effizienzreserven innerhalb der sozialpädagogischen Interaktion oder innerhalb der Organisation des Leistungserbringers zu suchen, sondern in der Gestaltung der Leistungsbeauftragung und den dadurch entstehenden Verträgen. Hierzu bietet sich die Transaktionskostentheorie an. Letztlich wird zu fragen sein, inwieweit die derzeitige Konstruktion der QEV im Hinblick auf die Beauftragungsverhältnisse und Transaktionskosten eine QE ermöglicht oder erschwert sowie Transaktionen günstiger oder teurer macht.

2 Der Leistungstypus „Hilfe zur Erziehung“

In diesem Kapitel werden die Hilfen zur Erziehung in ihren konstitutiven Merkmalen für den Kontext der Fragestellung erfasst. Dabei werden zwei Aspekte besonders fokussiert: Zum Ersten das institutionelle Arrangement, in dem die Hilfen zur Erziehung allokiert und erbracht werden, also die Beauftragungs- und Vertragsverhältnisse der beteiligten Akteure. Zum Zweiten die Besonderheiten, die die Hilfe zur Erziehung von marktüblichen Dienstleistungen unterscheiden. Hierzu werden drei unterschiedliche Perspektiven auf die Hilfen zu Erziehung eingenommen. Zuerst eine sozialpolitisch-sozialrechtliche Perspektive, welche die Ausformung und Auswirkung des aktivierenden Paradigmas des modernisierten Sozialstaates im Hinblick auf das Verhältnis von Bürger_innen, Staat und freie Wohlfahrtspflege herleitet und in Rekonstruktion der Sozialrechtsentwicklung die Problematik der Beauftragungs- und Vertragsverhältnisse in der Kinder- und Jugendhilfe entfaltet. Ferner eine sozialpädagogische Perspektive, die eine Fundierung der Hilfe zur Erziehung als soziale, lebensweltorientierte Dienstleistung vornimmt. Und schließlich eine wirtschaftswissenschaftliche Perspektive, die die Hilfe zur Erziehung als meritorisches Gut im Hinblick auf den Steuerungsmechanismus in der Kinder- und Jugendhilfe und den paternalistischen Gehalt diskutiert. Im Ergebnis ist damit die Hilfe zur Erziehung als sozialstaatlich verbürgte, sozialrechtlich normierte, sozialpädagogisch vermittelte und meritorische Leistung konturiert.

Es geht nicht darum, die Hilfe zur Erziehung in ihrer operativen, expliziten, einzelfallbezogenen Gestalt zu erfassen. Die Methoden, Techniken und sozialpädagogischen bzw. therapeutischen Settings der Hilfen werden nicht betrachtet. Diese sind zwar ebenso relevant für die Qualität der Leistung an sich, jedoch nicht Gegenstand der Überlegungen, die nach der Relevanz der institutionellen Rahmung für die Qualität der Hilfe zur Erziehung fragen.

Ausgangspunkt dieses Kapitels sind Überlegungen zum Konzept der Sozialstaatlichkeit, aus welchem sich allgemein die sozialpolitischen Ziele der Kinder- und Jugendhilfe und im Speziellen der Hilfen zur Erziehung ableiten lassen. Dazu wird die sozialpolitische Perspektive im Kontext der Sozialstaatsdiskussion und der Sozialrechtsentwicklung entfaltet. Diese Perspektive zeigt die konzeptionelle Idee, welche hinter dem sozialrechtlich kodifizierten Allokationsmodus der Hilfe zur Erziehung steht, und gibt erste Hinweise auf die dazu normierten Beauftragungsverhältnisse. Vor allem das Verhältnis von Bürger_innen, Staat und freier Wohlfahrtspflege ist hierbei von Bedeutung.

2.1 Das Konzept der Sozialstaatlichkeit und seine Bedeutung für die Hilfen zur Erziehung

Die Hilfen zur Erziehung lassen sich nicht jenseits einer Theorie des Sozialstaates verstehen. Dabei sind drei Aspekte für das Verständnis der Hilfe zur Erziehung als sozialstaatliche Dienstleistung relevant. Erstens die normativen, impliziten Ziele des sozialstaatlichen Handelns, zweitens die Frage nach paternalistischen Eingriffen und drittens der vorherrschende Steuerungsmechanismus von sozialstaatlichen Leistungen im Horizont der Modernisierungs- und Aktivierungsdiskurse.

Nach einer kurzen Begriffsklärung, ist ein Überblick über die Entstehungsgeschichte und die Organisationsstruktur des deutschen Sozialstaates notwendig, um die Leistungen der Kinder- und Jugendhilfe als sozialstaatliche Leistungen[847] zu konturieren und die normativen Implikationen

---

847 Die Frage, in welchem Verhältnis der staatliche Schutzauftrag zur sozialstaatlichen Dienstleistung steht, wird hier nicht weiter ausgeführt. Der Großteil der Hilfen zur Erziehung wird von den Eltern beantragt und findet demnach im Kontext sozialstaatlicher Leistungserbringung statt. Vielmehr wird eine Freiwilligkeit unterstellt, die jedoch nicht als Motivationslage zu verstehen ist, sondern einen Handlungsrahmen bezeichnet, der bei einer Nichtinanspruchnahme der Hilfe zur Erziehung keine juristischen Folgen (weder für die Eltern noch für die Fachkräfte) und keine unerwünschten Konsequenzen seitens des Jugendamtes gegenüber den Eltern hat, auch wenn der Kontakt durch Dritte initiiert wurde, in Anlehnung vgl. *Gissel-Palkovich* 2009: 30. Die Eingriffsrechte und -pflichten des Staates, die über § 1666 BGB Absatz 3 konkretisiert wurden, werden für die vorliegende Fragestellung nicht betrachtet. Es handelt sich hierbei um eine modelltheoretisch notwendige, rein analytische Trennung. Diese Eingrenzung bedeutet jedoch nicht, dass die Hilfe zur Erziehung außerhalb des Diskurses um Hilfe und Kontrolle gesehen werden kann. Vielmehr ist dieses Doppelmandat für die sozialpädagogisch vermittelte und sozialstaatlich verbürgte Leistung konstitutiv. Leistung und Eingriff sind zwei Seiten der gleichen Medaille: dem Kindeswohl, vgl. *Kunkel* 1995a: 279. Auch im Fokus der ökonomischen Koordination zeigt sich das Doppelmandat in der Modellierung als Hochkostensituation, vgl. Kap 3.1.
Es mag unbefriedigend erscheinen, den Gegenstand der Hilfen zur Erziehung zu untersuchen, ohne die Dimension der angeordneten Inanspruchnahme bzw. den

aufzuzeigen. Dabei geht es nicht um eine umfassende Analyse des Sozialstaatskonzeptes der Bundesrepublik Deutschland, sondern nur um die Kernaspekte seiner Entstehung, Entwicklung und Strukturprinzipien.[848]

2.1.1 Begriffsbestimmung: Sozialstaat oder Wohlfahrtsstaat?

„Die Bundesrepublik Deutschland ist ein demokratischer und sozialer Bundesstaat."[849] So formuliert es Artikel 20 GG. Ein weiterer Hinweis findet sich in Artikel 28 GG der von einem „sozialen Rechtsstaat" spricht.[850] Je nach Sichtweise werden diese Hinweise in der staatsrechtlichen, sozialpolitischen und sozialethischen Literatur als „Sozialstaatspostulat", „Sozialstaatsklausel" oder „Sozialstaatsgrundsatz" bezeichnet. Strittig ist demnach, ob die Bundesrepublik Deutschland ein Sozialstaat[851] ist oder noch werden soll.[852] Hieraus wird das sog. „Sozialstaatsprinzip" hergeleitet. Es zählt zu den wichtigsten Grundsätzen der verfassungsrechtlichen Ordnung. Aus ihm erwachsen in erster Linie Verpflichtungen für den Gesetzgeber, während die/der einzelne Bürger_in aus ihm unmittelbar keine Sozialleistungsansprüche ableiten kann.

In der Diskussion um Sozialstaatlichkeit werden zwei Termini verwendet: „Sozialstaat" und „Wohlfahrtstaat". Ob diese Termini als Synonyme

---

Eingriff in die elterliche Sorge bei Kindeswohlgefährdung einzubeziehen. Im Sinne einer Reduktion von Komplexität ist es jedoch begründbar, dass die Auswirkungen einer familiengerichtlichen Anordnung vor allem auf die zu untersuchenden Beauftragungsverhältnisse äußerst folgenreich wären. In dieser Konstellation würde das Familiengericht als zusätzlicher Prinzipal gegenüber den Eltern (formal) und dem Jugendamt (faktisch) auftreten. In weitergehenden Analysen wäre dies als Spezialfall der vorliegenden Arbeit zu bearbeiten.

848 Da es ausschließlich um die deutsche Kinder- und Jugendhilfe geht, kann eine international vergleichende Analyse des deutschen Sozialstaatskonzeptes ausbleiben.

849 Art. 20 Abs. 1. S. 1 GG.

850 Art. 28. Abs. 1 S. 1. GG. Diese Formulierung bezieht sich auf die Bindung der einzelnen Bundesländer an den Grundsatz des republikanischen, demokratischen und sozialen Rechtsstaats. Demnach ist aus dieser Regelung keine nähere Konkretisierung des Sozialstaatsprinzips interpretierbar.

851 Zur Verwendung und Bedeutung des Wortes „Sozialstaat" in der Literatur vgl. *Zacher* 1989: 23ff.

852 Vgl. *Bellermann* 2001: 9f. Die Positionierung in dieser Frage hat ganz konkrete Auswirkungen auf die Gestaltung einer Sozialpolitik, insbesondere bei der Frage, ob es sich hierbei um eine kausale oder finale Politik handeln solle.

verwendet werden können oder gar sollen, ist bislang ungeklärt. Das mag daran liegen, dass es keine allgemein verbindliche Konvention darüber gibt, was unter Sozialstaat zu verstehen sei.[853] *Galuske* unterscheidet drei Positionen.[854]

Die Erste geht davon aus, dass der Begriff Sozialstaat ein politischer Begriff ist und normative Funktion hat, während Wohlfahrtsstaat als analytische Kategorie verstanden wird, die deskriptiver Natur ist.[855] Die zweite Position geht davon aus, dass der Sozialstaat ein Aspekt eines umfangreicheren wohlfahrtsstaatlichen Arrangements ist. Nach *Kaufmann* hat der Sozialstaat einen qualitativen Unterschied zum Wohlfahrtsstaat, von dem erst gesprochen werden sollte, wenn die Systeme sozialer Sicherung und die sozialen Dienstleistungen immer breiteren Bevölkerungskreisen zu Gute kommen und Arbeitnehmer_innen staatlich gewährleistete Rechte einklagen können.[856] *Luhmann* betont, dass der Wohlfahrtsstaat auf allgemeine Kompensation von Nachteilen zielt und nicht nur, wie der Sozialstaat, mit Maßnahmen der sozialen Hilfen auf die Folgen der Industrialisierung reagiert.[857] Auch *Böhnisch* sieht in „Wohlfahrtsstaat“ den erweiterten Begriff, der die gesamte sozialökonomische Politik umfasst, während er unter Sozialstaat vor allem die Staatstätigkeit versteht.[858] Den Wohlfahrtsstaat als ein späteres Entwicklungsstadium des Sozialstaates zu begreifen, ohne die Indikatoren zu benennen, welche die wohlfahrtsstaatliche Qualität ausmachen[859], führt dazu, dass der Begriff Wohlfahrtsstaat für eine Ausweitung staatlicher Versorgung mit sozialen Diensten und Sozialen Versicherungen steht[860], die die persönlichen Freiheiten zugunsten von Gleichheitszielen einengt. Diese Sichtweise bestätigt sich in den anhaltenden Diskussionen um einen aktivierenden Sozialstaat und entfaltet den Sozialstaat zu einer Alternative des Wohlfahrtsstaats. Nach *Ullrich* liegt der Unterschied darin, dass der Wohlfahrtsstaat größere Eingriffsmöglichkeiten in das Marktgeschehen hat.[861] In diesem Sinne spricht sich *Ritter* für eine Verwendung des Begriffs Sozialstaat aus. Dazu kommt,

853 Vgl. *Butterwegge* 2005: 16.
854 Vgl. *Galuske* 2002a: 80f.
855 Vgl. z. B. *Zacher* 1989: 25f.
856 Vgl. *Kaufmann* 1997: 31f n. *Galuske* 2002a: 80, *Ullrich* 2005: 19.
857 Vgl. *Luhmann* 1981: 7ff.
858 Vgl. *Böhnisch* 1994: 15.
859 Vgl. *Galuske* 2002a: 81.
860 Vgl. *Olk/Evers/Heinze* 2001: 572.
861 Vgl. *Ullrich* 2005: 15.

dass sich auch Missverständnisse vermeiden lassen, die sich in den USA aus der Unterscheidung weitgehend negativ besetzten Welfare (Sozialhilfe für Bedürftige) und einer positiv besetzten Social Security (Soziale Sicherung) ergeben.[862] Die dritte Position geht davon aus, dass es keine inhaltliche Differenz gibt, sondern nur eine sprachliche. Der Begriff Wohlfahrtsstaat lässt sich als Entsprechung des internationalen Terminus „welfare state“ verstehen und Sozialstaat ist die deutsche Entsprechung. Dem folgend kann davon ausgegangen werden, dass durch die international vergleichende Forschung und die daraus folgende theoretische Modellierung und Typisierung eine Begriffsunterscheidung obsolet wird und sich der Begriff Wohlfahrtsstaat durchsetzt.[863] *Koch* plädiert entgegengesetzt dafür, den Umstand zu nutzen, dass es im Deutschen zwei verwandte aber nicht identische Termini gibt. Mit den beiden Begriffen Sozialstaat und Wohlfahrtsstaat können zwei verschiedene Funktionssysteme des deutschen Sozialstaates benannt werden und damit zwei unterschiedliche Phasen der Sozialstaatsentwicklung. So fokussiere der Sozialstaat das klassische Funktionssystem der sozialen Sicherung und der Wohlfahrtsstaat das Funktionssystem der Wohlfahrt.[864]

Weitere Definitionen sind additiv und listen einzelne Regelungskreise auf, die den Sozialstaat im engeren Sinn ausmachen, wie z. B. die Soziale Sicherung und das Arbeitsrecht.[865] Andere lösen die Begriffsdopplung definitorisch, wie *Hentschel* mit einem dualen Wohlfahrtsstaat, der zum einen durch den Rechtsanspruch auf Geldleistungen und soziale Dienstleistungen und zum anderen durch den institutionalisierten Interessenausgleich konstituiert wird.[866]

Zwar erscheint die Differenzierung, den Wohlfahrtsstaat als erweitertes Arrangement im oben genannten Sinne des Sozialstaats zu verstehen, als stichhaltig, dennoch ist es für die hier zugrunde liegende Fragestellung sinnvoll, ausschließlich den Begriff des Sozialstaates zu verwenden, da sich gerade die Rekonstruktion der Kinder- und Jugendhilfe als sozial-

---

862 Vgl. *Ritter* 1989: 13. Allerdings wendet *Butterwegge* ein, dass gerade weil Wohlfahrt oftmals negativ besetzt ist, eine synonyme Verwendung der beiden Begriffe notwendig wäre, um zu verhindern, dass die Ansätze der Wohlfahrt und der Sozialen Sicherung gegeneinander ausgespielt werden, vgl. *Butterwegge* 2005: 16.

863 Vgl. *Ullrich* 2005: 16.

864 Allerdings verliert diese Definition ihre Stichhaltigkeit, sobald man europäische Nachbarländer betrachtet, vgl. *Butterwegge* 2005: 16.

865 Vgl. *Leisering* 2004: 11.

866 Vgl. *Hentschel* 1983: 7.

staatliche Dienstleistung im verfassungsrechtlichen Sinne auf das Sozialstaatsgebot im Grundgesetz beziehen muss.[867] Im Folgenden wird ausschließlich der Begriff „Sozialstaat“ verwendet und der Begriff Wohlfahrtsstaat nach *Luhmann* und *Kaufmann* impliziert.

2.1.2 Entwicklung des deutschen Sozialstaatsmodells vor der Bonner Republik

Die Betrachtung der historischen Entwicklung des deutschen Sozialstaates dient dazu, die normativen Implikationen vor allem im Hinblick auf paternalistische Momente aufzuzeigen. Weiter können auch die entwickelten Steuerungsmechanismen sozialstaatlicher Leistungen identifiziert werden, die durch die Krise des Sozialstaates und seiner Modernisierung im Sinne des Aktivierungsparadigmas deutlich verändert wurden. Jedoch gibt es im Hinblick auf die Restrukturierungen solcher Steuerungsmechanismen Probleme, die mit Pfadabhängigkeiten[868] und daraus resultierenden Lock-in-Effekten[869] erklärt werden können. Diese Ausgangslage liefert wichtige Hinweise zur Wirkung und Ausgestaltung der heutigen institutionellen Rahmenbedingungen, unter denen die Hilfe zur Erziehung erbracht wird. Weiter lassen sich aus der Entwicklung des Verhältnisses Bürger_innen, Staat und freie Wohlfahrtspflege konstitutive Elemente der späteren Hilfen zur Erziehung aufdecken.

---

867 „Von ‚Sozialstaat‘ ist hierzulande die Rede, wenn auf das Sozialstaatsprinzip des deutschen Grundgesetzes (Artikel 20 GG) Bezug genommen wird.“ *Pilz* 2004: 15.

868 „Prägekraft, die frühere Entscheidungen über die Art der staatlichen Intervention für spätere Entwicklungen haben.“ *Hockerts* 2001: 185. In positiver Lesart: „Bindung der sozialpolitischen Entwicklung an frühere institutionelle Grundentscheidungen“ *Leisering* 2000: 91; in negativer Lesart: „Beharrungsvermögen der traditionellen sozialstaatlichen Systeme“ *Bieback* 1984: 273.

869 Vgl. *Sesselmeier* 2012.

Sozialstaatliche Aktivitäten im Kaiserreich

Es gibt historisch gesehen keinen konkreten Zeitpunkt, der als Beginn der sozialstaatlichen Aktivitäten zu kennzeichnen wäre.[870] Ein wichtiger Hinweis auf einen systematisch agierenden zentralen Sozialstaat findet sich in der kaiserlichen Botschaft an den Reichstag vom 17.11.1881. Der deutsche Kaiser spricht hierin von einem höheren Maß an staatlicher Fürsorge, in der Überzeugung, dass die sozialen Schäden im Reich nur durch die positive Förderung des „Wohls der Arbeiter" zu überwinden wären. Dieses innenpolitische Engagement des Staates in der „Sozialen Frage"[871] wird als Schutzreflex der Verbündeten *Bismarcks* auf die stärker werdende Sozialdemokratie gewertet.[872] Diese bismarckschen Sozialgesetze knüpften an ältere, bestehende Systeme vor allem des Handwerks an. Sie entstanden nicht adhoc, sondern sind als vorläufiger Abschluss einer längeren Entwicklung zu werten.[873] Die Herausbildung des modernen Sozialstaates fiel mit der Hochindustrialisierung und Urbanisierung zusammen. Arbeitslo-

---

870 Vgl. *Döring* 2004: 11. Kollektive Daseinsvorsorge und Daseinsfürsorge gab es schon im Altertum. Oft wird aber die Sozialpolitik im Sinne sozialstaatlicher Aktivitäten mit der kirchlichen und kommunalen Armenfürsorge verknüpft, also spätmittelalterlich oder frühneuzeitlich, vgl. *Ullrich* 2005: 19, *Lampert/Althammer* 2004: 13f. Eine historische Herleitung der Jugendfürsorge selbst müsste demnach viel früher als im Deutschen Kaiserreich ansetzen. Da jedoch vor allem der sozialstaatliche Gehalt der Kinder- und Jugendhilfe rekonstruiert werden soll, erscheint es ausreichend, die Phase der institutionellen Herausbildung sozialstaatlicher Aktivitäten im Hinblick auf Kinder und Jugendliche in den Blick zu nehmen. Für historische Arbeiten zur Geschichte der Fürsorge vgl. z. B. *Scherpner* 1966 und *Sachße/Tennstedt* 1998. Zu den historischen Phasen der Sozialpolitik vor der Reichsgründung vgl. *Boeckh/Huster/Benz* 2011: 23ff. Für einen Einblick in die historische Entwicklung des Sozialrechts mit Fokus auf die Sozialversicherung vgl. *Hänlein/Tennstedt* 2012.

871 Der Soziale Konflikt fand durch sozialpolitische Gesetzgebungen eine soziale Befriedung, vgl. *Böhnisch/Arnold/Schröer* 1999: 29.

872 Das Sozialistengesetz von 1878 und die Sozialversicherungsgesetze um 1880 sind als Doppelstrategie gegen die Sozialdemokratie zu verstehen, vgl. *Lampert/Althammer* 2004: 67f, *Metzler* 2003: 17f, *Scherpner* 1966: 165. *Tennstedt* hingegen sieht hierin nur ein notwendiges aber nicht hinreichendes Motiv. Er erklärt den Systemsprung zur Sozialversicherung ergänzend mit der Entscheidung zur Verstaatlichung des Versicherungswesens und der Haftpflichtrevision im Kontext der inneren Reichsgründung und Wirtschaftsförderung, vgl. *Tennstedt* 1997, ebenso *Boeckh/Huster/Benz* 2011: 59.

873 Vgl. *Ullrich* 2005: 20f, *Döring* 2004: 15f. Für eine ausführliche Darstellung vgl. *Lampert/Althammer* 2004: 66-68.

sigkeit wurde erstmals als Problem sui generis im Industrialisierungsprozess wahrgenommen. Die ersten neuzeitlichen sozialpolitischen Gesetze waren daher auf Industriearbeiter zugeschnitten[874] und bedeuteten den Beginn einer eigenständigen Arbeiterpolitik in Abgrenzung zur Armenpolitik.[875] Mit diesen Versicherungsgesetzen ging eine Entprivatisierung von Risiken des Arbeitsprozesses einher[876], die als inhärent im Industrialisierungsprozess galten. Die Risiken wurden vergesellschaftet und auf kollektive Organisationen verlagert.[877] Der Qualitätssprung im System lag in der Zusicherung von Rechtsansprüchen auf soziale Leistungen für die betroffenen Personen. Man war in einer Notlage nicht mehr auf die kirchliche Mildtätigkeit oder die Armenfürsorge angewiesen. Dies hatte nachhaltigen Einfluss auf den Status der Empfänger_innen dieser Leistungen, es wurde nicht mehr als ihr Verschulden angesehen, in Not geraten zu sein.[878] Der quantitative Fortschritt in der sozialen Sicherung blieb aus, da die Leistungshöhe, -dichte sowie der Empfänger_innenkreis bescheiden waren.[879]

Durch die Sozialpolitik im Kaiserreich wurden soziale Missstände und Risiken des Lebens in der industriellen Gesellschaft abgemildert. Sozialpolitik kann aus soziologischer Perspektive allgemein definiert werden als „Aufrechterhaltung der Funktionsfähigkeit der gesellschaftlichen Gemeinschaft und ihrer Integrationsfunktion“.[880] Flankiert wurde die staatliche Sozialpolitik von betrieblicher Sozialpolitik und vor allem durch Anstren-

---

874 Vgl. *Metzler* 2003: 18f, *Sachße/Tennstedt* 1998: 374f, *Sachße/Tennstedt* 1988: 15, *Wendt* 2008a: 416f, *Boeckh/Huster/Benz* 2011: 48, *Schmidt/Ostheim/Siegel* 2007. Die ersten Gesetze waren 1883 das Krankenversicherungs- 1884 das Unfallversicherungs- sowie 1889 das Invaliditäts- und Alterssicherungsgesetz. Hinzu kamen 1927 die Arbeitslosen- und 1995 die Pflegeversicherung. Die Grundprinzipien wie z. B. gemeinsame Finanzierung von Arbeitnehmer und Arbeitgeber oder die Versicherungspflicht für bestimmte Gruppen sind bis heute erhalten.

875 Vgl. *Böhnisch/Arnold/Schröer* 1999: 29.

876 Im Gegensatz zu den aktuellen Entwicklungen in der Sozialpolitik, z. B. die sog. „Hartz-Reformen“, die man durch eine Re-Privatisierung der Risiken des Arbeitsmarktes kennzeichnen könnte.

877 Vgl. *Döring* 2004: 11, *Metzler* 2003: 22.

878 Vgl. *Metzler* 2003: 26f.

879 Vgl. *Sachße/Tennstedt* 1998: 263ff, *Ullrich* 2005: 24, *Schmidt/Ostheim/Siegel* 2007: 123f.

880 *Ullrich* 2005: 16f, ebenso vgl. *Böhnisch/Arnold/Schröer* 1999: 297f, *Kaufmann* 2009b: 77.

gungen der Kommunen[881], denen die Armenfürsorge oblag. Im Gegensatz zu den Arbeitnehmer_innen hatten die Armen keine Rechtsansprüche und mussten ihre Bedürftigkeit in entwürdigenden Kontrollen nachweisen, zudem verloren sie ihr Wahlrecht. Arme hatten kein Recht auf Hilfe, sondern erhielten diese nur aus Gründen öffentlicher Sicherheit und Ordnung.[882] Typisch für den deutschen Sozialstaat im Kaiserreich war das Spannungsverhältnis von staatlicher Vorsorge (Rechtsanspruch auf soziale Leistung) und kommunaler Fürsorge (Almosen, jenseits staatsbürgerlicher Rechte).[883] Durch die Einführung der Sozialversicherung wurde der diskriminierende Charakter der Fürsorge verstärkt. In ihr zeigte sich das Grundprinzip des paternalistischen Sozialstaates. Durch die Etablierung der staatlichen Sozialpolitik begannen ein Ausbau, ein Funktionswandel[884] und eine Modernisierung der kommunalen Fürsorge.[885] Durch die fortschreitende Industrialisierung und Urbanisierung und die Zunahme an Komplexität, Differenziertheit und Bürokratie des Fürsorgesystems[886] waren die ehrenamtlichen Helfer_innen zunehmend überfordert. Dies führte zur Verberuflichung ihrer Tätigkeiten und einer Reorganisation der kommunalen Fürsorge in Form von Professionalisierung und Modernisierung.[887] In diesem Zuge änderte sich auch das Verhältnis der kommunalen Fürsorge zur freien/privaten Wohlfahrt.[888] Das Verhältnis der Privatwohltätigkeit zur kommunalen Fürsorge wandelte sich von Abgrenzung und je-

---

881 Sozialstaatliche Aktivitäten auf kommunaler Ebene sind der staatlichen Politik ebenso zeitlich vorausgegangen, wie die unternehmerischen Unterstützungsleistungen z. B. durch *Robert Bosch* oder *Alfred Krupp*, vgl. *Boeckh/Huster/Benz* 2011: 48f.

882 Vgl. *Hasenclever* 1978: 20f, *Sachße/Tennstedt* 1988: 27.

883 Vgl. *Metzler* 2003: 34.

884 Die kommunale Wohlfahrt zeichnete sich zunehmend durch soziale Dienstleistungen aus und zielte auf Probleme der familiären Reproduktion, vgl. *Sachße/Tennstedt* 1998: 376.

885 Vgl. *Sachße/Tennstedt* 1998: 222 263, 375f. Zur ausführlichen Herleitung vgl. *Sachße/Tennstedt* 1988: 152ff.

886 Vgl. *Sachße/Tennstedt* 1988: 38.

887 Vgl. *Sachße/Tennstedt* 1988: 23f. *Metzler* 2003: 31f. Konzeptionell zeigt sich die Professionalisierung und Reformierung der kommunalen Fürsorge am Übergang vom Elberfelder zum Straßburger Modell, vgl. *Sachße/Tennstedt* 1988: 25ff, *Wendt* 2008a, S329ff, *Wendt* 2008b: 158ff. Zur Entstehung der beruflichen Sozialen Arbeit im Kontext der Sozialstaatsentwicklung vgl. *Sachße/Tennstedt* 1988: 202ff und *Wendt* 2008a und 2008b.

888 Im Reich sind zwei große Wohlfahrtsverbände entstanden: die Innere Mission und die Caritas, vgl. *Boeckh/Huster/Benz* 2011: 48. Zur Situation der freien

weiliger Eigenständigkeit zu Kooperation und Indienstnahme. Das duale System der Fürsorge, welches bis heute die Kinder- und Jugendhilfe prägt, entsteht.[889]

Die dominanten Leitideen, welche die Diskussion zur Gestaltung der Sozialpolitik bestimmt haben, waren der Liberalismus und der Marxismus.[890] Die Mitte des 19. Jahrhunderts konkurrierenden Politikverständnisse bildeten liberale, konservative, revolutionäre und reformistische Positionen.[891] Die Entwicklung des Deutschen Sozialstaats ist bis heute geprägt vom Austarieren dieser widerstreitenden Positionen als „geschlossene historische Kompromisse“.[892]

Der Einstieg in sozialstaatliche Aktivitäten im Hinblick auf Kinder und Jugendliche findet in den Bereichen Arbeits- und Gesundheitsschutz statt. 1839 wurden durch ein preußisches Regulativ erstmals Arbeitsschutzmaßnahmen für Kinder und Jugendliche festgeschrieben.[893] Im liberalen Staat des 19. Jahrhunderts wurde die Schulpflicht durchgesetzt und die gewerbliche Kinderarbeit[894] eingeschränkt. Eine planmäßige öffentliche Kinder- und Jugendhilfe, die dem Wohl des einzelnen jungen Menschen dienen soll, war noch nicht abzusehen.[895] Bereits abzusehen war eine Konfliktlage zwischen proletarischen Familien, in denen die Kinder des ausgelieferten lohnabhängigen Arbeiters durch diese Regelungen geschützt wurden, und der bürgerlichen Familie, die um den Einfluss auf ihre Kinder gegenüber staatlichen Interventionen fürchtete.[896] Ähnliche Konflikte zeigen sich heute um Bildungszugänge in der Diskussion um öffentliche Bildung

---

Wohlfahrtspflege in Form von bürgerlichen Vereinen und Stiftungen im Vorfeld der großen Wohlfahrtsverbände vgl. *Sachße* 1994b: 13ff.

889 Vgl. *Sachße/Tennstedt* 1998: 222, 263, 375f, *Wendt* 2008a: 330f.

890 Vgl. *Böhnisch/Arnold/Schröer* 1999: 31. Für eine ausführliche Darstellung der einflussreichen gesellschaftlichen Reformbewegungen „Lebensreform“ und „Sozialreform“ vgl. *Sachße/Tennstedt* 1988: 19ff.

891 Vgl. *Kaufmann* 2001: 21.

892 Vgl. *Esping-Anderson* 2004: 189.

893 Vgl. *Döring* 2004: 11, *Lampert/Althammer* 2004: 64, *Rehm* 1925: 443f. Ausgangspunkt dieser Regelung war der Rückgang der Wehrtauglichkeit gesundheitsgeschädigter Jugendlicher, vgl. *Scherpner* 1966: 158, *Obermayer* 1979: 8.

894 Vgl. *Hasenclever* 1978: 27, *Lampert/Althammer* 2004: 71.

895 Vgl. *Hasenclever* 1978: 20-24.

896 Vgl. *Barabas/Sachße* 1974: 34f. Öffentliche Erziehung wurde aus kapitalismuskritischer Perspektive als Aufbereitung der Arbeitskraft für den Qualifikationsprozess betrachtet, vgl. *Barabas/Sachße* 1974: 43.

als Positionsgut.[897] Die Frage zum Verhältnis vom Primat der familialen Erziehung zur öffentlichen – oder vergesellschafteten – Erziehung wird die weiteren gesellschaftspolitischen, jugendpolitischen und jugendrechtlichen Diskussionen der folgenden Jahrzehnte mitbestimmen.

Die klassische Jugendfürsorge nahm ihren Ausgang im Pflegekinderwesen außerhalb der Armenfürsorge und entwickelte sich aus unterschiedlichen Richtungen[898], was zu einer Zersplitterung ihrer institutionellen Organisation führte. Dennoch etablierte sich die Jugendfürsorge seit 1900 als professionalisiertes, sozialpolitisches Feld.[899] Um die Wende zum 20. Jahrh. bahnt sich im Zuge der kulturkritischen Reformbewegungen und der allgemeinen sozialen und pädagogischen Strömungen dieser Zeit ein Wandel in der Einstellung zum Kind an.[900] Aus dem Erziehungsgedanken, ein Kind habe einen Anspruch auf Erziehung, also mehr als Schutz und Versorgung, entwickelt sich eine Art Jugendfürsorgebewegung. Diese Entwicklung gipfelt 1924 in der Gründung der Jugendämter und der Kodifizierung im RJWG.[901]

Die sozialpolitischen Entwicklungen in der Kaiserzeit sind geprägt von einer erstarkenden Position des Staates im Hinblick auf die Einflussnahme auf Lebenslagen der Menschen gegenüber den Kommunen. Die Sozialversicherungsgesetze lassen den Staat für die Bürgerschaft als Sachwalter ihrer lebensweltlichen Belange im Hinblick auf soziale Sicherheit erkennbar werden. Gleichzeitig ergibt sich durch die Rationalisierung, Professionalisierung und Bürokratisierung der öffentlichen und dadurch ausgelöst auch der freien Wohlfahrtspflege die Diskussion um paternalistische Eingriffe des Staates.

Max Weber kritisierte früh die Übermacht der sozialstaatlichen Bürokratie als Frage nach der Vereinbarkeit von Staatsbürgergesellschaft und Sozialstaat. Die Debatte um die sozialstaatlichen Interventionen richtete sich zunehmend an der Frage aus, wie paternalistisch diese ausgelegt sein soll. Der Status der Leistungsberechtigten gegenüber dem Staat war ein entscheidender Unterschied zwischen den abgesicherten Rechten der Arbeitnehmer_innen im Rahmen der staatlichen Sozialpolitik und den ent-

---

897 Aus bildungssoziologischer Perspektive vgl. z. B. *Becker* 2009b: 24, *Becker* 2009c: 485.

898 Vgl. hierzu Kap. 2.2.

899 Vgl. *Metzler* 2003: 33, *Sachße* 1996: 558.

900 Vgl. *Hasenclever* 1978: 21.

901 Vgl. *Sachße/Tennstedt* 1988: 29ff, Kap. 2.2.

würdigenden Maßnahmen[902] der Fürsorge der Gemeinden gegenüber den Armen. Das Verhältnis von sozialen Rechten gegenüber fürsorgerischen Leistungen mit Bedarfsprüfungen bestimmte auch die weitere Entwicklung sozialstaatlicher Leistungen.

Sozialstaatliche Leistungen während des Ersten Weltkriegs (1914-1918)

Waren im Kaiserreich die bestimmenden Tendenzen der sozialstaatlichen Entwicklung die Zentralisierung, Bürokratisierung, Standardisierung und Professionalisierung[903] wurden in der Zeit des ersten Weltkrieges im Bereich der Fürsorge Ansprüche und Grundsätze vereinheitlicht und ein einheitliches Reichsrecht geschaffen. Daneben existierte weiterhin die Armenfürsorge der Kommunen. Durch den anhaltenden Krieg wurden soziale Problemlagen drängender als materielle. Die soziale Fürsorge richtete sich auf Rehabilitation, Beratung und Vermittlung aus. Die kriegsbedingten Fürsorgeleistungen lassen sich in zwei Bereiche gliedern. Erstens die Kriegsfürsorge des Reiches zur Absicherung der von den Soldaten zurückgelassenen Familien. Diese Leistung wurde von der klassischen Armenfürsorge abgegrenzt, um denjenigen, die durch den Krieg bedürftig geworden sind, die entwürdigende Bedürftigkeitsprüfung zu ersparen. Es galt zwar das Bedarfsprinzip, aber es bestand ein Rechtsanspruch auf Kriegsbeschädigtenfürsorge.[904] Zweitens die kommunale Kriegswohlfahrtspflege als freiwillige Leistung in Abgrenzung zur Armenpflege, die vielfältige kriegsbedingte Notlagen auffangen sollte. Im Rahmen der Kriegswohlfahrtspflege entstand ein koordiniertes Miteinander zwischen öffentlicher und freier Wohlfahrtspflege, welches als faktischer Gesamtkomplex der Fürsorge das spätere korporatistische System vorprägen sollte.[905] Dies zeigte sich auch in der Finanzierungsstruktur. Erstmals erhielten Kommunen von Ländern und Reich finanzielle Zuschüsse für originär kommunale Aufgaben und die Trennung von privater und öffentlicher Fürsorge wurde durchlässig, da öffentliche Gelder in private Fürsorgeorganisationen flos-

902 Bedarfsprüfungen müssen nicht per se entwürdigend sein. In der sozialadministrativen Praxis stellen sie sich jedoch häufig so dar.

903 Vgl. *Sachße/Tennstedt* 1992a: 130, *Sachße/Tennstedt* 1992b: 273.

904 Vgl. *Sachße/Tennstedt* 1988: 48ff, *Metzler* 2003: 43f, *Wendt* 2008b: 160f.

905 Vgl. *Wendt* 2008b: 162.

sen.[906] Die Zersplitterung der öffentlichen Fürsorge nimmt weiter zu.[907] Forderungen nach der organisatorischen als auch inhaltlichen Vereinheitlichung der (Jugend-)Fürsorge wurden vor allem durch die Leistungserbringer aufgestellt.[908] Zentralisierung und Verstaatlichung durch das Reich waren prägend für die Fürsorgeentwicklung während der Kriegszeit.[909] In den Zeiten großer Not und Unzufriedenheit in der Bevölkerung durch den Krieg wurden immer größere sozialpolitische Anstrengungen notwendig, die Arbeitskräfteproblematik zu lösen[910] und die revolutionäre Stimmung zu dämpfen.[911] Der Krieg forcierte die Konstitution und den Ausbau des Sozialstaates.[912] Die vielfältigen Regulierungsversuche und Leistungen staatlicher Institutionen in den Kriegsjahren haben ein Anspruchsprinzip fest im Sozialstaatsdenken verankert.[913] Daraus entstand eine Dynamik, die einen weiteren Ausbau der Leistungen unabwendbar erscheinen ließ, zumal sich gezeigt hat, wie sehr die Legitimation eines Staates von seiner sozialen und ökonomischen Leistungsfähigkeit abhing.[914]

Insgesamt stand eine Entwicklung der Wohlfahrtspflege vom Konzept bürgerlicher Sozialreform in der Kaiserzeit zu einer wohlfahrtsstaatlichen Sicherungsstrategie. Es kamen neue Aufgaben auf die Sozialadministration zu, die ab nun ein zu bezahlendes hauptberufliches Fachpersonal[915] voraussetzte.

Die Weimarer Republik (1918-1933)

Die sozialstaatliche Entwicklung in der Weimarer Republik[916] war geprägt von der hohen Inflation durch die Kriegsfinanzierung, Reparationszahlungen und Geldpolitik der Reichsbank, wodurch sich eine Phase des Auf-

---

906 Vgl. *Metzler* 2003: 45, *Sachße/Tennstedt* 1988: 41ff und 211.
907 Vgl. *Hasenclever* 1978: 41.
908 Vgl. *Wendt* 2008b: 162ff.
909 Vgl. *Sachße/Tennstedt* 1988: 41.
910 Vgl. *Sachße/Tennstedt* 1988: 64.
911 Vgl. *Metzler* 2003: 45ff.
912 Vgl. *Sachße/Tennstedt* 1988: 64.
913 Vgl. *Metzler* 2003: 53, *Sachße/Tennstedt* 1988: 65.
914 Vgl. *Metzler* 2003: 53. Diese Argumentation gilt auch für die heutige Legitimation des Staates, vgl. *Döring* 2004: 5 und 68.
915 Vgl. *Sachße/Tennstedt* 1988: 66.
916 Zur ausführlichen Darstellung vgl. *Sachße/Tennstedt* 1988: 66ff.

und Ausbaus von 1918-1927 und eine Phase des rigorosen Abbaus bis 1933 abzeichneten.[917] Die erste Phase ist geprägt von Reformen des bestehenden Systems bei gleichzeitiger sozialstaatlicher Expansion.[918] Die kriegsbedingte und durch strukturelle Arbeitslosigkeit verstärkte Verarmung der gesamten Bevölkerung setzte sich fort. Dies bedeutete den Verlust u. a. des ehrenamtlichen Engagements des Mittelstandes und besonders der Frauen. In der Folge wurde die Tendenz zur Professionalisierung und Bürokratisierung der Fürsorge und der Wohlfahrt verstärkt.[919] Es gelang jedoch nicht, ein umfassendes, in sich geschlossenes Konzept von Sozialstaatlichkeit zu entwickeln.[920] Der zentrale Ansatzpunkt der Weimarer Sozialpolitik war die Arbeiterpolitik[921], welche jedoch zur Erreichung der sozialpolitischen Ziele nicht hinreichte, da der Status „Arbeitnehmer“ nicht mehr von allen erreichbar war.[922] Dadurch wurden neben dem Sozialversicherungssystem und der kollektiven Arbeitsrechte auch noch andere Gebiete zu Tätigkeitsfeldern der sozialstaatlichen Intervention[923], wie z. B. die Wohnungspolitik, Arbeitsmarktpolitik und die Betriebsverfassungspolitik. In diesem Kontext entwickelte sich auch eine expandierende kommunale Sozialpolitik.[924]

In der Weimarer Verfassung wurden erstmals Grundrechte garantiert. Dabei handelte es sich neben liberalen Schutzrechten der Bürger_innen gegen staatliche Eingriffe auch um demokratisch-politische sowie soziale und wirtschaftliche Grundrechte. Der Art 161 der Weimarer Verfassung sprach dem Sozialversicherungssystem Verfassungsrang zu.[925] Die Gleichheit aller Bürger_innen wurde zur Leitidee, die durch sozialpolitische Interventionen erreicht werden sollte.[926] Dies kann als weiterer Schritt zur Verankerung der Sozialstaatsidee gedeutet werden, in dem die Bürger_innen den Sozialstaat vor allem als Gewährleister für die soziale Sicherheit sehen. Mit diesen Entwicklungen wurde aber auch die Ambivalenz moder-

---

917 Vgl. *Pilz* 2004: 27.

918 Vgl. *Lampert/Althammer* 2004: 80.

919 Vgl. *Sachße/Tennstedt* 1988: 76ff, *Metzler* 2003: 65-68.

920 Am Beispiel der Sozialversicherungen vgl. *Metzler* 2003: 70f.

921 Ihre Ausrichtung war gewerkschaftsorientiert und antirevolutionär, vgl. *Sachße/Tennstedt* 1988: 78ff.

922 Vgl. *Sachße/Tennstedt* 1988: 78ff.

923 *Wendt* spricht vom „Interventionsstaat“ *Wendt* 2008b: 166.

924 Vgl. *Kaufmann* 2001: 59.

925 Vgl. *Sachße/Tennstedt* 1988: 77, *Metzler* 2003: 54-60, *Schmidt* 2005: 49.

926 Vgl. *Sachße/Tennstedt* 1988: 77.

ner Sozialstaaten deutlich. Mit einer Verstärkung der staatlichen Interventionen verändert sich die Haltung der Bürger_innen gegenüber dem Sozialstaat. Da Fürsorge und Wohlfahrt zunehmend verstaatlicht wurden, verstärkte sich die Haltung der Bürger_innen, der Sozialstaat müsse diese gewährleisten[927]:

> „Die Sozialfürsorge entwickelte sich von einer obrigkeitsstaatlichen Armenfürsorge zu einem sozialstaatlich verbrieften Recht."[928]

In der Weimarer Republik erstarkte damit im Gegensatz zur Zeit des Kaiserreichs der Status der Fürsorgeempfänger_innen. Zum einen wurde die Bedürftigkeit als politisch bedingt wahrgenommen und entsprechend legitim vom Staat Abhilfe gefordert. Zum anderen erhielten die Betroffenen durch ihr Wahlrecht politische Durchsetzungsmacht.[929]

Insgesamt kennzeichnet die wohlfahrtstaatliche Entwicklung der Weimarer Republik die zunehmende Bedeutung des Reiches als finanzierende und steuernde Instanz[930] sowie die Stärkung des Status der Leistungsberechtigten. Gleichzeitig kam es zu einem Bedeutungsverlust der klassisch bürgerlichen Wohlfahrtspflege und zu einer völligen Reorganisation der privaten und konfessionellen Wohlfahrtspflege.[931] Ein weiteres wichtiges Entwicklungsmoment im Hinblick auf das duale System ist die Ausweitung der wohlfahrtsstaatlichen Bürokratie und ihre intensive korporatistische Verzahnung mit der Vereinskultur.[932] In dieser Zeit wurde durch Finanzknappheit der öffentlichen Haushalte[933] eine Stärkung des Subsidiaritätsprinzips[934] durch das Reich forciert. Dies spiegelte sich in den gesetzlichen Festschreibungen in der Reichsfürsorgeverordnung und dem RJWG, welche der freien/privaten Wohlfahrt faktisch eine Vorrangstellung vor der kommunalen schuf. Diese Grundregel der Aufgabenteilung gilt in der Kinder- und Jugendhilfe[935] bis heute fort.[936] In der Folge professionalisierte

927 Vgl. *Metzler* 2003: 65ff.
928 *Pilz* 2004: 28.
929 Vgl. *Sachße/Tennstedt* 1988: 81.
930 Dennoch blieb die organisatorische und finanzielle Zersplitterung der Wohlfahrtspflege erhalten, vgl. *Sachße/Tennstedt* 1988: 143.
931 Vgl. *Sachße/Tennstedt* 1988: 143 und 160.
932 Vgl. *Sachße/Tennstedt* 1988: 83f.
933 Vor allem die der Kommunen, vgl. *Boeckh/Huster/Benz* 2011: 65.
934 Vgl. *Wendt* 2008b: 169, vgl. Kap. 2.5.3.
935 Vgl. § 4 Abs. 2 SGB VIII.
936 Vgl. *Stolleis* 2001: 280f.

sich die freie Wohlfahrtspflege und erfuhr eine organisatorische Stärkung durch die Gründung von Spitzenverbänden und deren Zusammenschluss in der „Liga der freien Wohlfahrtspflege“.[937] Das Subsidiaritätsprinzip wurde neu austariert im Spannungsfeld von Stärkung der Selbsthilfe der Betroffenen zur Sicherung der eigenen Zuständigkeit der freien Träger. Bisher wurde Subsidiarität als Argument für staatliche Zurückhaltung in der Fürsorge gebraucht. Im Ergebnis fand vor allem durch die Verrechtlichung der Fürsorge eine Angleichung der freien Wohlfahrtspflege an die behördliche im Hinblick auf Normen und Maßstäbe des Handelns statt. Freie/private Träger wurden zu parastaatlichen Organisationen.[938] Es entstand ein „wohlfahrtsindustrieller Komplex“[939] der in den organisierten Spitzenverbänden eine monopolartige Stellung bei der Interessen- und Politikformulierung fand.[940] Subsidiarität muss hier als Steuerungsprinzip im Wohlfahrtssektor zur Stärkung der spitzenverbandlichen freien Wohlfahrtspflege gegen die kommunale Sozialpolitik verstanden werden.[941] Die Stärkung der freien Wohlfahrtspflege durch das Subsidiaritätsprinzip und die starke Zentralisierung durch das Reich stellten eine doppelte Schwächung der kommunalen Ebene dar.[942] Zu den Tendenzen der Zentralisierung, Bürokratisierung und Professionalisierung kamen in der Weimarer Republik noch die Trends der Demokratisierung und Verrechtlichung hinzu.[943]

Die weitere Entwicklung im Nationalsozialismus

Bereits vor der Machtübernahme der Nationalsozialisten wurde dem Weimarer Sozialstaat vorgeworfen, er habe die Menschen von der Fürsorge abhängig gemacht. In Zeiten des wirtschaftlichen Abschwungs war der Wohlfahrtsstaat für die Unternehmerschaft eine Schwächung der Wirtschaftskraft und der Motivation der Arbeiterschaft.[944] Den Ausbau des

---

937 Vgl. *Sachße/Tennstedt* 1988: 213, *Boeckh/Huster/Benz* 2011: 66f.
938 Vgl. *Wendt* 2008b: 169.
939 *Sachße/Tennstedt* 1988: 172.
940 Vgl. *Kulbach/Wohlfahrt* 1996: 12f.
941 Vgl. *Sachße/Tennstedt* 1988: 169.
942 Vgl. *Sachße/Tennstedt* 1988: 214.
943 Vgl. *Sachße/Tennstedt* 1992a: 130.
944 Vgl. *Wendt* 2008b: 170f.

Wohlfahrtsstaates trafen Ablehnung, Kritik und politische Polemik.[945] Weiter stellten sich im Geiste des Sozialdarwinismus und der Debatten um Euthanasie selektionistische Interventionen des Sozialstaates bereits in der Weimarer Republik ein.[946]

Die Machtübernahme *Hitler*s hatte großen Einfluss auf sozialpolitische Institutionen und Leitvorstellungen, dennoch kam es nicht zu einer völligen Abkehr von bestehenden Systemen. Obwohl sich die gesamten politischen Anstrengungen der Nationalsozialisten den Kriegsplänen nachordneten, wurde das institutionelle Gefüge nicht wesentlich verändert. Die Selbstverwaltung der Sozialkassen wurde durch das Führerprinzip ersetzt, die Leistungen der Sozialversicherungen wurden begrenzt und die Gewerkschaften verboten.[947] Der institutionell kaum veränderte und sektoral sogar ausgebaute deutsche Sozialstaat wurde durch die Nationalsozialisten rassistisch-ideologisch überformt. Die Sozialpolitik im Nationalsozialismus zeichnete sich durch einen Doppelcharakter aus: Während begünstigten Volksgruppen (die deutschen „Volksgenossen") mehr Sozialleistungen zu Teil wurden, zumindest zu Beginn des Krieges, mussten bestimmte Bevölkerungsgruppen, wie z. B. Juden, Kommunisten und Sozialdemokraten, mit geringen Leistungen auskommen oder verloren all ihre Ansprüche parallel zum Verlust ihrer Bürgerrechte.[948] Alle sozialpolitischen Interventionen verfolgten einen disziplinierenden Anspruch.[949]

Die wohlfahrtsstaatliche Entwicklung im Nationalsozialismus lässt sich in zwei Phasen einteilen. In der autoritären Phase von 1933-1938 wurden die demokratischen Elemente rigoros abgebaut, vor allem durch die Abschaffung des Mehrparteiensystems, der betrieblichen Mitbestimmung, der Tarifautonomie und zuletzt durch das Verbot der Gewerkschaften. Gleichzeitig wurden Fürsorgeleistungen unter rassenhygienischen Gesichtspunkten entdiskriminiert und ausgebaut. Das positive Image der Fürsorge entstand durch die Hinwendung und Unterstützung „wertvoller Volksgenossen". Im Gegensatz zur früheren Fürsorge sollten nur diejenigen unterstützt werden, die unter rassehygienischen und erbbiologischen

---

945 Vgl. *Sachße/Tennstedt* 1988: 217.

946 Vgl. *Sachße/Tennstedt* 1988: 217. Zu beobachten ist dies vor allem im Gesundheitswesen, vgl. *Sachße/Tennstedt* 1992a: 129f, *Wendt* 2008b. 181, *Stolleis* 2001: 311.

947 Vgl. *Pilz* 2004: 31, *Kaufmann* 2001: 70, *Stolleis* 2001: 310.

948 Vgl. *Boeckh/Huster/Benz* 2011: 72f, *Pilz* 2004: 30, *Metzler* 2003: 121ff.

949 Vgl. *Metzler* 2003: 106.

Gesichtspunkten der Volksgemeinschaft dienlich sind. Damit sollte die Sozialpolitik von einer Klassenpolitik zu einer Rassenpolitik umgebaut werden. In der völkischen Phase von 1938-1945 wurden staatliche Eingriffe in weitere Lebenslagen und Lebensverhältnisse ausgeweitet und neue starke politische Organisationen, wie z. B. 1933 die Nationalsozialistische Volkswohlfahrt (NSV), in direkter Konkurrenz zur katholischen Caritas geschaffen. Die NSV ist zuständig für alle Fragen der Volkswohlfahrt und der Fürsorge. Sie wird per Erlass zum Reichsspitzenverband der freien Wohlfahrtspflege und beansprucht die Führung im neuen Zusammenschluss der „Reichsgemeinschaft der freien Wohlfahrtsverbände Deutschlands“. Im Mittelpunkt standen nicht mehr konfessionelle Vorgaben oder individuelle Bedürfnislagen, sondern das Wohl des ganzen Volkes. Die NSV übernahm immer mehr Aufgaben im Bereich der Fürsorge von den Kommunen. Besonders betroffen waren die Jugendämter, welche sukzessive ihre Kompetenzen verloren. Die NSV verfolgte streng nationalsozialistische Erziehungsziele. Wer sich den „Erziehungsversuchen“ widersetzte, konnte in ein polizeiliches Arbeitserziehungslager oder in ein Jugendschutzlager, eine Sonderform der Konzentrationslager, verwiesen werden.[950] Das vor allem in der Weimarer Republik ausgebaute und gestärkte duale System wurde empfindlich gestört. Die rassistischen Selektionskriterien wurden zunehmend für alle wohlfahrtsstaatlichen Leistungsbereiche konstitutiv. Insgesamt wurde durch die wohlfahrtsstaatlichen Interventionen im Nationalsozialismus nicht mehr die Integration von sozial schwachen Menschen, sondern die Verschärfung rassistisch definierter Ungleichheit verfolgt. Mit ihren rassistischen und gegen das Individuelle gerichtete Grundstrukturen bricht die Sozialpolitik der Nationalsozialisten mit den demokratischen und humanistischen Traditionen und ist nur als Regression des wohlfahrtsstaatlichen Arrangements zu begreifen.[951]

Im Bereich der Kinder- und Jugendhilfe war auf organisatorischer Ebene die Gleichschaltung und Unterordnung der nichtstaatlichen Wohlfahrts-

---

950 Vgl. *Sachße/Tennstedt* 1992b: 150ff, *Wendt* 2008b: 181ff, *Metzler* 2003: 130, *Pilz* 2003: 31, *Hasenclever* 1978: 142, *Lampert/Althammer* 2004: 85. Zu den dezidierten Aufgaben der NSV vgl. *Arbeiterwohlfahrt Bundesverband e.V.* 1988, vgl. Kap. 2.2.

951 Vgl. *Sachße/Tennstedt* 1992a, *Sachße/Tennstedt* 1992b: 273ff, *Lampert/Althammer* 2004: 86.

organisationen[952] unter die NSV und inhaltlich die Ausrichtung der Erziehungsziele an rassehygienischem Gedankengut konstitutiv.[953] Durch den Nationalsozialismus wurde im Hinblick auf gesellschaftlich tragende Institutionen ein Vakuum hinterlassen, welches von den üblichen Wohlfahrtverbänden nur sukzessiv gefüllt werden konnte[954], sodass erst einmal „nur noch die Familie als soziale Auffanginstitution bereit stand“[955], die im Nationalsozialismus durch die Ausweitung öffentlicher Einflussnahme in die private Lebensgestaltung gekennzeichnet war.[956] Letztlich lässt dies die in der jungen Bundesrepublik folgende starke Familienorientierung der Sozialpolitik und insbesondere der Jugendfürsorge konsequent erscheinen.[957]

2.1.3 Sozialstaatlichkeit und Sozialpolitik in der Bundesrepublik Deutschland

Im Folgenden wird kurz auf die weitere Entwicklung im Bereich der Wohlfahrtspflege und Jugendfürsorge in der Übergangsphase zur Bundesrepublik und danach eingegangen. Anschließend werden explizit das Sozialstaatsprinzip der Bundesrepublik Deutschland, der paternalistische Gehalt der Sozialpolitik und der entstehende institutionelle Steuerungsmechanismus sozialer Leistungen dargestellt. Dies zeigt sich vor allem an der kontrovers geführten Debatte über das Verhältnis von Freiheit und Gleichheit und damit dem eigentlichen Verständnis sozialer Gerechtigkeit. Dabei wird vor allem auch auf die staatsrechtlichen Debatten[958] rekurriert, da sich die Hilfe zur Erziehung als sozialstaatliche Dienstleistung vor allem

952 Die Arbeiterwohlfahrt wurde aufgelöst, der Paritätische Wohlfahrtsverband mit der NSV zwangsvereinigt, das Deutsche Rote Kreuz auf Sanitätsaufgaben beschränkt und die Zentralwohlfahrtsstelle der Juden in Deutschland musste sich in noch bestehende jüdische Selbstverwaltungsorganisationen einordnen. Lediglich die Innere Mission und der Caritasverband verblieben als freier Wohlfahrtsverband, wurden aber von der NSV faktisch immer weiter verdrängt, vgl. *Kulbach/Wohlfahrt* 1996: 15, *Stolleis* 2001: 323.

953 Vgl. *Sachße/Tennstedt* 1992b: 165f.

954 Vgl. *Sachße/Tennstedt* 2012: 50f.

955 Vgl. *Derleder* 2007: 111.

956 Vgl. *Sachße/Tennstedt* 1992b: 155.

957 Vgl. Kap. 2.2.

958 Für einen Gesamtüberblick zur staatsrechtlichen Entwicklung in Deutschland seit 1945 vgl. *Maurer* 2007: 74ff.

als sozialrechtlicher Anspruch der Eltern und auch der Kinder und Jugendlichen konstituieren lässt.[959]

Wohlfahrtspflege und Jugendfürsorge

Unmittelbar nach dem Krieg war die kommunale Ebene diejenige, auf der sich Not, Elend und Bedarfe der kriegsbetroffenen und kriegsgeschädigten Bürger_innen manifestierte. Die kommunale Fürsorge wurde stark benötigt und ausgebaut[960], ihre Sozialverwaltung war die zunächst am besten funktionsfähige Instanz zur Bekämpfung der Notstände. Die wichtigsten Änderungen der Fürsorgegrundsätze in der Gründungsphase der Bundesrepublik waren die Anerkennung eines Rechtsanspruchs auf Fürsorge[961], die Lockerung der Rückerstattungspflicht der Leistungsempfänger_innen, die Orientierung vom Kausal- zum Finalprinzip und die Vereinheitlichung durch Richtsätze. Damit wurde eine weitere Stärkung des Status der Leistungsberechtigten erreicht.[962] Vor allem der Rechtsanspruch auf Sozialhilfe ist als Wendepunkt vom Fürsorgewesen zum Sozialstaat zu sehen.[963] Im Hinblick auf die großen Wohlfahrtsverbände konnten die Innere Mission und der Caritasverband an ihre Strukturen der Weimarer Zeit anknüpfen. Die Arbeiterwohlfahrt hingegen wurde neu aufgebaut. Das Deutsche Rote Kreuz nahm die während des Nationalsozialismus entzogenen wohlfahrtlichen Aufgaben in seinen weiterhin bestehenden Ortsverbänden wieder auf. Die Mitgliedsverbände gründeten unter Wahrung ihrer Eigenständigkeit einen Zentralverband. Der Paritätische Wohlfahrtsverband wurde als Dachverband selbstständiger Einrichtungen und Dienste neu gegründet. Ebenso erfuhr die Zentralwohlfahrtsstelle der Juden eine Neugründung. Alle Verbände schlossen sich erneut in einer Arbeitsgemeinschaft der Spitzenverbände der freien Wohlfahrtspflege (AGFW) zusammen. Durch die politische Nähe und den Erfolg der Wohlfahrtspflege in der Nachkriegszeit, vor allem durch Caritas und Innere Mission, erlangte die AGFW gro-

959 Im Verlauf werden auch sozialpolitische Argumentationen aufgezeigt. Dabei ist darauf zu achten, dass die sozialpolitische und sozialrechtliche Entwicklung sich in gegenseitigen Interdependenzen entwickeln.

960 Vgl. *Sachße/Tennstedt* 2012: 53ff.

961 1954 durch das Bundesverwaltungsgericht festgestellt, vgl. *BverwG* 1: 161.

962 Vgl. *Sachße/Tennstedt* 2012.

963 Vgl. *Dobner* 2007: 142.

ßen Einfluss auf die frühe Sozialpolitik der Bundesrepublik und eine monopolartige Stellung im Feld der Wohlfahrtspflege. Die Ministerialbürokratie war angewiesen, wenn nicht gar abhängig von der Expertise der AGFW. Durch den verlässlichen Einstieg des Bundes in die projektorientierte und institutionelle Förderung der freien/privaten Wohlfahrtsverbände verloren diese jedoch einen Teil ihrer Selbstständigkeit und es kam zu einer gewissen Verstaatlichung der freien Wohlfahrtspflege. Das korporatistisch-duale System freier und öffentlicher Wohlfahrtspflege wurde weiter gefestigt. Die Entwicklung der Jugendfürsorge war geprägt von Bewahrungs- und Nacherziehungsdiskursen, die neue Zielgruppen[964] hervorbrachten und zu einer repressiven, die persönliche Freiheit negierenden Praxis führten.[965]

Die Übernahme der Regierungsgeschäfte durch die Siegermächte nach der Kapitulation 1945 kam einer Zäsur der deutschen Sozialstaatsentwicklung gleich. Durch die immensen Notlagen der Menschen durch die Kriegsfolgen war die sozialstaatliche Entwicklung von Expansion geprägt. Deutschland wurde in vier Besatzungszonen aufgeteilt. Eine zentrale Steuerung des gesamten Reichsgebietes fehlte, sodass die kommunale Ebene und die freie Wohlfahrtspflege in ihrer Position deutlich gestärkt wurden.[966] Forciert durch den Kalten Krieg entschieden sich die westlichen Besatzungsmächte und die Sowjetunion für unterschiedliche wirtschafts- und sozialpolitische Konzepte.[967] Nach der Gründung der Bundesrepublik kamen wieder Reformdebatten in der Jugendfürsorge in Gang und es wurde versucht, an die Standards des RJWG aus der Weimarer Republik anzuknüpfen. Im Zuge der gesetzlichen Neuordnungen des Bundessozialhilfegesetzes und des JWG wurde das Verhältnis zwischen öffentlicher Trägerschaft und der freien Wohlfahrtspflege Gegenstand kontroverser und vehementer Auseinandersetzungen, die in einer gesetzlich nor-

964 Heimatlose Jugendliche, verwahrloste Mädchen und arbeitsscheue Jugendliche.

965 Vgl. zu allem *Sachße/Tennstedt* 2012.

966 Vgl. *Kulbach/Wohlfahrt* 1996: 15, *Hockerts* 2001: 186f.

967 Im Folgenden wird nur das bundesrepublikanische Modell betrachtet, da das in der DDR durch die sowjetische Besatzungsmacht implementierte Sozialstaatsmodell im Rahmen der Wiedervereinigung 1989 durch das westdeutsche Modell völlig überformt wurde, vgl. z. B. *Döring* 2004: 36, *Pilz* 2004: 43, *Metzler* 2003: 193, *Leisering* 2000: 95. Für die Kinder- und Jugendhilfe vgl. *BMFSFJ* 1994: 581. Für einen Überblick zur sozialpolitischen Entwicklung in der DDR vgl. *Schmidt, M.* 2004, mit Perspektive auf die Fürsorge vgl. *Sachße/Tennstedt* 2012: 71ff.

mierten starken Stellung der freien Wohlfahrtspflege mündeten.[968] Letztlich hat sich insbesondere das Verhältnis zwischen freier/privater und öffentlicher Kinder- und Jugendhilfe zu einer partnerschaftlichen Zusammenarbeit bei gemeinsamer Planungs- und Durchführungsverantwortung des Gesamtangebotes[969] entwickelt, auch wenn die (gegenseitigen) Abhängigkeiten gestiegen sind.[970] Kritisch kann gesehen werden, dass die freie Wohlfahrtspflege vor allem durch die fast ausschließliche Finanzierung[971] durch den Staat zu einem „ausführenden Organ staatlicher Sozialpolitik"[972] geworden ist. *Maelicke* sieht die freien/privaten Wohlfahrtsverbände als „quasistaatliche" Organisationen: sie folgen den Änderungen der Prinzipien, Logiken und Strukturen der öffentlichen Träger, sie haben konzernähnliche Macht und sind weit entfernt von ihren Adressat_innen.[973]

Hinzu kommt, dass die Art der sozialen Dienstleistungserbringung zwischen öffentlichen und freien/privaten Trägern kaum noch zu unterscheiden ist.[974] Diese Einschätzung von 1994 gilt es im Hinblick auf die partnerschaftliche Zusammenarbeit kritisch zu prüfen, da sich im Kontext der Modernisierung des sozialstaatlichen Arrangements unter dem aktivierenden Paradigma die These formulieren lässt, dass der öffentliche Träger sich auf Finanzierung und Steuerung konzentriert und sich aus der direkten Leistungserbringung zurückzieht.

Das Sozialstaatsprinzip der Bundesrepublik Deutschland

Mit der Konstituierung der Bundesrepublik Deutschland 1949 waren wesentliche Vorstellungen, was das „Soziale" im zu gründenden Staat bedeu-

---

968 Vgl. Kap. 2.2.
969 Nach *Maelicke* ist jedoch die Durchführungsverantwortung bei den freien/privaten Trägern und die Planungsverantwortung bei den öffentlichen Trägern gestärkt worden, vgl. *Maelicke* 1993: 33.
970 Vgl. *Sachße* 1994b: 23ff.
971 Zu den unterschiedlichen Möglichkeiten der Finanzierung privater/freier Träger und deren Kritik vgl. *Kulbach/Wohlfahrt* 1996: 24ff.
972 *Ottnad* 2001: 20.
973 Vgl. *Maelicke* 1993: 33.
974 Vgl. *Sachße* 1994b: 23ff.

ten soll, bereits gesellschaftlich fest verankert.[975] Das Grundgesetz, als vorläufige Verfassung des westdeutschen Staates, hatte die Frage der Wirtschaftsverfassung und der konkreten sozialstaatlichen Bestimmungen dennoch offen gelassen.[976] In der Auseinandersetzung, ob für den Aufbau der neuen Bundesrepublik nicht mehrere Jahre Planwirtschaft notwendig waren, fiel die Entscheidung zu Gunsten der Marktsteuerung. Das Konzept der sozialen Marktwirtschaft setzte sich durch.[977]

Die staatsrechtlichen Debatten der 50er-Jahre waren geprägt von der Frage nach dem Verhältnis von Staat und Gesellschaft. Die liberale Position sah den Staat in klarer Abgrenzung zur Gesellschaft und postulierte den Rechtsstaat als Garant für einen Rahmen, indem sich die freiheitliche Gesellschaft selbstbestimmt entfalten konnte. Dem Sozialstaat mit steuernder Einflussnahme auf die Verteilung von Wohlstand wurde die Legitimation abgesprochen.[978] *Abendroth* hingegen sah in der Verfassung[979] eine Grundlegung für einen Staatsbegriff, der die Gesellschaft einschloss, und betrachtete somit Demokratie, Sozialpflichtigkeit und Rechtssicherheit als Einheit.[980] Nach *Zacher* hat das Grundgesetz jedoch die Sichtweise des Gegenübers von Staat und Gesellschaft normiert.[981] Der normative Grundgehalt, der sich für die Bundesrepublik Deutschland daraus ergab, ist, dass die Gesellschaft eine soziale Ordnung will.[982]

Es gibt nur wenige Klauseln, die dem Bonner Staat sozialstaatliche Konturen gaben.[983] Die Begriffe „Sozialstaat“, „Sozialpolitik“ oder „Wohlfahrtsstaat“ finden sich im Text des Grundgesetzes nicht. Es gibt keine konkretsachliche Bestimmung des Phänomens „Sozialstaat“, es ist

---

975 Dies war vor allem die Gewährung des Existenzminimums durch die Armenfürsorge und die Sozialversicherungen, vgl. *Zacher* 2000: 57ff.

976 Vgl. *Kaufmann* 2001: 72f. *Schmidt* spricht von sechs Weichenstellungen in der Verfassung: Rechtsstaat, Republik, Demokratie, Bundesstaat, einen zu den internationalen und supranationalen Organisationen offenen Staat und eben Sozialstaat, vgl. *Schmidt* 2011: 26.

977 Vgl. *Zacher* 1989: 34f. Zur sozialen Marktwirtschaft s. u.

978 Wichtigste Vertreter waren *Carl Schmitt* und *Ernst Forsthoff*, vgl. *Derleder* 2007. 112. Zu den Grundsatzpositionen im Hinblick auf das Verhältnis von Sozialstaat zu Rechtsstaat vgl. *Zacher* 1989: 51f.

979 Im Postulat des demokratischen und sozialen Rechtsstaates.

980 Vgl. *Derleder* 2007: 113. Zu einer Übersicht zu den unterschiedlichen Positionen vgl. *Obermayer* 1979.

981 Vgl. *Zacher* 1989: 30f.

982 Vgl. *Zacher* 2001: 345.

983 Vgl. Kap 2.1.1.

von hoher Unbestimmtheit gekennzeichnet und bedarf daher der Konkretisierung.[984] Es gibt kein vom Grundgesetz präjudiziertes Sozialstaatsmodell[985], vielmehr werden die Konkretisierungen durch Urteile vor allem des Bundesverfassungsgerichts (*BVerfGE*) erreicht.[986]

Das Sozialstaatsprinzip ist ein Grundprinzip des GG. Es handelt sich um eine verfassungsrechtliche Grundentscheidung, auch Staatsstrukturprinzip oder Staatsfundamentalnorm genannt. Verfassungsrechtliche Grundentscheidungen bestimmen die Struktur und das Wesen der Bundesrepublik Deutschland.[987] Das Sozialstaatsprinzip ist nicht nur ein Programmsatz, sondern eine „verbindliche Verfassungsnorm“[988] und entfaltet demnach „*rechtliche* Bindungswirkungen.”[989] Klassische „Soziale Grundrechte“ wie z. B. ein Recht auf Arbeit oder Wohnung, gibt es jedoch nicht. Die verfassungsrechtlich garantierten Leistungsansprüche gegen den Staat (z. B. Recht auf Bildung, Sozialhilfe) werden dennoch als soziale Grundrechte verstanden[990], deren Umsetzung im freiheitlichen Staat Abhängigkeiten unterliegt.[991] Das Sozialstaatsprinzip ist bei seiner Anwendung und Konkretisierung immer im Wechselspiel mit anderen Verfassungsnormen zu sehen. So beeinflusst das Sozialstaatsprinzip vor allem die Grundrech-

---

984 Vgl. *Zippelius/Würtenberger* 2008, § 13, Rz. 16, vgl. *Jarass/Pieroth* 2004: 572. Die Autoren betonen, dass das Sozialstaatsprinzip vor allem im Vergleich zum Rechtsstaatsprinzip bisher nur geringe rechtliche Kraft entwickelt hat, vgl. ebenso *Maurer* 2007.

985 Vgl. *Bellermann* 2001: 10. Zu den unterschiedlichen Interpretationen des Sozialstaats vgl. *Zacher* 1989: 27f.

986 Vgl. *Pilz* 2004: 47.

987 Vgl. *Maurer* 2007: 167f. Die Sozialstaatlichkeit ist als Staatsstrukturprinzip (vgl. z. B. *Maurer* 2007: 167f) und als Staatszielbestimmung (vgl. z. B. *Zippelius/Würtenberger* 2008, § 5 Rz. 31) anerkannt. Auch benannt als „soziales Staatsziel“, vgl. *Schmidt* 2011: 31, ebenso *Zacher* 1989: 24, *Papier* 2012, § 3, Rz. 1. Im Folgenden wird immer vom „Sozialstaatsprinzip“ gesprochen, da diese Unterscheidung hier keinen Erkenntnisbeitrag bringt.

988 *Maurer* 2007: 231. Es verpflichtet den Gesetzgeber, das Sozialstaatsprinzip in allen Rechtsbereichen zu entfalten und umzusetzen, vgl. ebd. S. 232.

989 *Stein/Frank* 2010: 168 (HiO).

990 Vgl. *Stein/Frank* 2010: 451, *Bellermann* 2001: 10, *Kaufmann* 2003: 47ff.

991 Vgl. *Maurer* 2007: 171.

te[992], wird aber auch durch sonstige Verfassungsnormen[993] beeinflusst und eingebettet. Das Sozialstaatsprinzip kann die Beschränkung von Grundrechten legitimieren.[994] Das Sozialstaatsprinzip sei unmittelbares Recht, aus dem sich allerdings auch in Verbindung mit den Grundrechten keine subjektiven Leistungsrechte ableiten lassen.[995] Ebenso lassen sich konkrete Pflichten aus dem Sozialstaatsprinzip regelmäßig nicht ableiten.[996] Adressat des Sozialstaatsprinzips ist in erster Linie der Gesetzgeber.[997]

Das normative Konzept[998] des Sozialstaates umfasst das Ziel der staatlichen Verantwortung, für möglichst viele Gesellschaftsmitglieder Wohlstand, Freiheit, Sicherheit, Gleichheit und Schutz vor Not zu gewährleisten. Die handlungsleitenden Prinzipien dabei sind Inklusion, Teilhabe, Gerechtigkeit, Solidarität und Subsidiarität. Sowohl die Ziele als auch die Prinzipien stehen in einem Spannungsverhältnis, welches jeweils im politischen Prozess konstruktiv zu vermitteln ist. Das normative Konzept ist geprägt von großer Offenheit, wodurch seine eigentliche Gestaltung von den gesellschaftlichen Verhältnissen und dem politischen System bestimmt ist.[999]

Als Konkretionen des Sozialstaatsprinzips zeigen sich u. a. soziale Sicherungssysteme gegen die Wechselfälle des Lebens[1000] und die Fürsorge für Hilfebedürftige unter Sicherstellung der Mindestvoraussetzungen eines menschenwürdigen Daseins.[1001] Die Fürsorge für Hilfebedürftige kann als

992 „Im Sozialstaat garantieren die Grundrechte nicht bloße Rechte ohne Rücksicht auf ihre soziale Relevanz, sondern einen sozial relevanten Status der Freiheit und der Gleichheit." *Stein/Frank* 2010: 172.

993 Vor allem durch die Verfassungsnormen Republik, Demokratie, Rechtsstaat und Bundesstaat, vgl. *Zacher* 2003: 451f.

994 Vgl. *Papier* 2012, Rz. 5ff.

995 Vgl. für viele *Papier* 2012, § 3, Rz. 8. Die wichtigste Ausnahme ist der Anspruch auf Gewährung der „Mindestvoraussetzung für ein menschenwürdiges Dasein" *BverfGE* 82, 60/80.

996 Vgl. *Jarass/Pieroth* 2004: 577, ebenso *Zippelius/Würtenberger* 2008, § 13, Rz. 16.

997 Vgl. *Jarass/Pieroth* 2004: 577.

998 Hier wird von Konzept gesprochen, da es für den Sozialstaat keine allgemein akzeptierte normative Hintergrundtheorie gibt, vgl. *Kersting* 2000: 1.

999 Vgl. *Zacher* 2000: 51f.

1000 Damit sind im Sozialstaatsprinzip die Renten-, Unfall-, Kranken- und Pflegeversicherung fundiert.

1001 Vgl. *Jarass/Pieroth* 2004: 572f, ebenso *Reinke* 2010: 209 mit Bezug auf *BVerfGE* 35, 202 (235f), 40, 121 (133), 43, 213 (226f), 44, 353 (375), 45, 276 (387), 82, 60.

„Minimalgehalt des Sozialstaatsprinzips"[1002] gesehen werden. Darüber hinaus verlangt das Sozialstaatsprinzip, dass die staatliche Gemeinschaft zur Wiedergutmachung oder zum Ausgleich von Schäden in der Regel Lasten mitträgt, die aus einem von der Gesamtheit zu tragenden Schicksal entstanden sind und mehr oder weniger zufällig einzelne Bürger_innen oder bestimmte Gruppen von Ihnen getroffen haben.[1003] Aus dem Sozialstaatsprinzip ergibt sich, dass der Staat Leistungen zu erbringen hat, wie z. B. die Sozialhilfe, die Daseinsvorsorge und weitere Leistungen in sozialer und kultureller Art.[1004]

Nach *Zacher* haben sich in der Diskussion um die Konturen des Sozialstaates folgende Sichtweisen durchgesetzt. Der Sozialstaat leistet Hilfe gegen Not und Armut, zielt auf mehr (nicht nur formale) Gleichheit, gewährleistet soziale Sicherheit und Chancengleichheit. Als allgemeine konzeptionelle Klammer wird auf die Herstellung bzw. Erhaltung einer gerechten Sozialordnung abgezielt. Diese Einschätzung geht auf die Rechtsprechung des *BVerfGE*s zurück.[1005] Aus dem Sozialstaatsprinzip folgt im Sinne eines Gerechtigkeitspostulats die Pflicht des Staates für einen Ausgleich sozialer Gegensätze[1006] (bzw. sozialer Ungleichheiten)[1007] und damit für soziale Gerechtigkeit[1008] und eine gerechte Sozialordnung zu sorgen.[1009] Nach einem Urteil des *BVerfGE* verpflichtet die Sozialstaatsklausel zur Herstellung „sozialer Gerechtigkeit".[1010]

1002 *Bieritz-Harder* 2010: 21.

1003 Vgl. *Jarass/Pieroth* 2004: 573.

1004 Vgl. *Maurer* 2007: 234.

1005 Vgl. *Zacher* 1989: 27f. Der Sozialstaatsklausel werden verschiedene Bedeutungen zugesprochen: Soziale Gerechtigkeit und sozialer Ausgleich, Soziale Gerechtigkeit und soziale Sicherheit, Sozialpflichtigkeit und Sozialplanung, gerechte Sozialordnung in einer egalitären Demokratie, vgl. *Richter* 2001: 1023. Sozialpflichtigkeit verpflichtet den Staat, ein menschenwürdiges Dasein sicherzustellen. Sie umfasst auch die Daseinsvorsorge im weitesten Sinn und sieht die Bürger_innen als Träger eigener Rechte, vgl. *Stein/Frank* 2010: 170.

1006 Vgl. *Obermayer* 1979: 14f.

1007 Vgl. *BVerfGE* 35: 355f. Hieraus kann abgeleitet werden, dass jede soziale Ungleichheit der sozialen Gerechtigkeit widerspricht, vgl. *Stein/Frank* 2010: 169.

1008 Vgl. *Zippelius/Würtenberger* 2008, § 13, Rz. 4.

1009 Vgl. *BVerfGE* 22: 204, *Döring* 2004: 4. Der Gesetzgeber soll für einen Ausgleich der sozialen Gegensätze sorgen, wie etwa im Arbeitsrecht oder im Mietrecht geschehen, vgl. *Jarass/Pieroth* 2004: 574f.

1010 Vgl. *BVerfGE* 5: 198.

Vor allem im Verständnis von Sozialer Gerechtigkeit zeigt sich die normative Ausrichtung des Sozialstaates.[1011] Gerechtigkeit ist ein mehrdimensionaler Begriff, der nicht eindeutig definiert ist und unterschiedlich interpretiert werden kann.[1012] Es lassen sich zwei Begriffstypen bilden. Der erste bezeichnet ein *Thema* der Gerechtigkeit, wie z. B. Generationengerechtigkeit, Geschlechtergerechtigkeit. Der zweite bezeichnet ein *Kriterium* von Gerechtigkeit, z. B. Leistungsgerechtigkeit, Bedarfsgerechtigkeit, Verfahrensgerechtigkeit, Verteilungsgerechtigkeit, Ergebnisgerechtigkeit.[1013] Soziale Gerechtigkeit steht in einem Spannungsfeld, was sich in der unterschiedlichen Ausrichtung von Gerechtigkeitstheorien und deren Verwendung als Begründung sozialpolitischer Forderungen zeigt.[1014] Die jeweilige „Programmatik sozialer Gerechtigkeit"[1015] lässt sich nur im Kontext einer gerechtigkeitstheoretischen Verortung verstehen und unter Rückbezug auf normative Entscheidungen entwickeln.[1016] Diametral lassen sich egalitaristische und non-egalitaristische Konzeptionen trennen.[1017] Die Spannweite vom theoretischen Verständnis der egalitaristischen Ansätze reicht von einem libertären Pol der prozeduralen Gerechtigkeitsauffassungen[1018] *Hayek*s über eine mittlere Position der vertragstheoretischen Konzepte *Rawls* bis hin zu utilitaristischen Auslegungen.[1019] Den libertären Ideen liegt zu Grunde, dass es nur um faire Verfahrensregeln gehen kann, während die Ergebnisse nicht unter Gerechtigkeitsaspekten beurteilt werden können. Recht nah an dieser Idee bewegt sich das

---

1011 Vgl. *Bäcker/u. a.* 2008: 53. Eine analytische Zuordnung könnte wie folgt aussehen: liberale Sozialstaatsregime folgen der Konzeption der Leistungsgerechtigkeit, sozialdemokratische der Verteilungsgerechtigkeit, konservative der Bedarfsgerechtigkeit und garantistische der Teilhabegerechtigkeit, vgl. *Opielka* 2003: 552.

1012 Für einen Überblick zu unterschiedlichen Gerechtigkeitsauffassungen vgl. *Kubon-Gilke* 2002: 332ff. Ausführlich zu den einzelnen Dimensionen sozialer Gerechtigkeit vgl. *Becker/Hauser* 2009: 26ff, *Dobner* 2007: 61ff.

1013 Vgl. *Schramm* 2007: 70f.

1014 Alle sozialpolitischen Eingriffe folgen mindestens implizit bestimmten Gerechtigkeitsideen, vgl. *Dobner* 2007: 44.

1015 *Mührel* 2010b: 11.

1016 Vgl. *Bäcker/u. a.* 2008: 53f.

1017 Vgl. *Horn* 2003: 25f, *Schramm* 2007: 74f, der statt von nonegalitärer von absoluten oder non-relationalen Ansätzen spricht.

1018 Vgl. *Kubon-Gilke* 2013: 422f. Wichtigste Vertreter dieser Richtung sind *Friedrich August von Hayek*, *Milton Friedman* und *Robert Nozick*.

1019 Vgl. *Becker/Hauser* 2009: 13f.

Konzept der Chancengerechtigkeit nach *Dworkin*. Auch das Konzept, der „Sozialen Marktwirtschaft“ legt liberale, freiheitorientierte Gerechtigkeitsvorstellungen zu Grunde. Die Konzeption *Rawls* fordert über seine Idee des „Schleiers des Nichtwissens“ nicht nur faire Verfahrensregeln, sondern auch faire Verteilungsergebnisse, allerdings mit legitimen sozialen Ungleichheiten, solange von den Auswirkungen der Ungleichheit alle profitieren.[1020] Die egalitaristischen Ansätze unterscheiden sich also in der Frage, welche Güter egalitär verteilt werden sollen (Rechte, Chancen, Ressourcen u. a.) und im Hinblick auf was Egalität erreicht werden soll (Verfahren, Ergebnis, Verteilung).[1021] Non-egalitaristische Ansätze[1022] kritisieren das Gleichheitsziel als unangemessen für die Herstellung von Gerechtigkeit[1023] und rekurrieren auf materiale, ergebnisorientierte bzw. anspruchsrelative Verteilung und nicht auf das Verhältnis von Individuen untereinander.[1024] In jüngerer Zeit gewinnt der non-egalitäre, befähigungsorientierte Ansatz von *Martha Nussbaum,* in deren Zentrum die Verwirklichungschancen (Capabilities) stehen, an Relevanz. Der Ansatz zielt auf Teilhabegerechtigkeit. Vor allem dieser Ansatz erscheint für die Hilfen zur Erziehung perspektivenreich[1025], da sich mit der von ihr entwickelten Konzeption des „guten Lebens“ die sozialpolitischen Interventionen auch bis in den Nahbereich von Familie mit Bezug auf die Menschenrechte normativ begründen lassen.[1026] Allerdings wird an diesem Ansatz kritisiert,

---

1020 Vgl. *Schramm* 2007: 75, *Becker/Hauser* 2009: 16f. Zu den sozialpolitischen Implikationen vertragstheoretischer Konzepte vgl. *Farhauer* 2002: 14f. Zur Darstellung und Kritik der benannten Ansätze vgl. *Kubon-Gilke* 2013: 421ff. Zur Systematisierung der Gerechtigkeitstheorien als Auslegungen des suum-cuique vgl. z. B. *Otto/Schrödter* 2009: 80.

1021 Vgl. *Horn* 2003: 26.

1022 Wichtige Vertreter sind *Harry Frankfurt* und *Michael Walzer*.

1023 Zur Begründung vgl. *Horn* 2003: 26.

1024 Vgl. *Winkler* 2007: 102f. Zur Begründung eines Vorrangs des anspruchsrelativen Begriffs von Gerechtigkeit vgl. *Horn* 2003.

1025 Durch seine Verknüpfung einer strukturtheoretischen, einer subjekttheoretischen und einer normativen Perspektive ist der Verwirklichungschancenansatz für die Soziale Arbeit besonders anschlussfähig, vgl. *Otto/Scherr/Ziegler* 2010: 157, *Otto/Ziegler* 2012b: 3ff. Für die sozialpädagogische Perspektive vgl. *Ziegler/Schrödter/Oelkers* 2012: 305ff. Für die Kinder- und Jugendhilfe vgl. *Otto* 2009: 103f. Für die Sozialen Dienste vgl. *Brumlik* 2013a: 45f.

1026 Vgl. *Otto/Scherr/Ziegler* 2010. Zur Auseinandersetzung mit einer normativen Begründung von Hilfebedürftigkeit vgl. *Brumlik/Keckeisen* 1976 241ff. Für eine normative Begründung sozialer Dienste für die Soziale Arbeit vgl. *Brumlik* 2004: 204ff.

dass die prozessuale Entwicklung kindlicher Entscheidungsfähigkeit unbeachtet bleibt.[1027] Gleichzeitig ist mit der Ausrichtung auf ein Leben, dass die Adressat_innen schätzen, eine Abgrenzung gegen paternalistische Ansätze begründet.[1028] Mit dem Verwirklichungschancenansatz lässt sich die Soziale Arbeit gerechtigkeitstheoretisch begründen. Für die Profession ist die Gewährung Sozialer Gerechtigkeit als Sicherung eines sozialen Minimums an Verwirklichungschancen konstitutiv.[1029] Das Konzept des „guten Lebens" ist auch anschlussfähig an die sozialarbeiterischen Konzeptionen der Lebensbewältigung und Lebensweltorientierung mit dem Ziel des gelingenderen Alltags.[1030] Weiter ist mit ihrem non-egalitaristischen Ansatz die Orientierung an einem sozialen Mindeststandard leistbar[1031], den im Kontext der Kinder- und Jugendhilfe das Kindeswohl darstellt. Mit diesem Ansatz ist es möglich die Nichtgewährleistung des Kindeswohls auf eine Nichtgewährleistung sozialer Gerechtigkeit normativ zu beziehen und damit die Hilfen zur Erziehung in letzter Konsequenz nicht nur kausal, sondern auch final als sozialstaatliche Leistung zu konzeptionieren.

Dementgegen wird über die Ausrichtung am aktivierenden Paradigma[1032] zunehmend auf Chancengleichheit[1033] und Gleichheit der Startbedingungen[1034] fokussiert.[1035] Zu den Startbedingungen zählt auch das familiäre Milieu. Zwar argumentiert *Giersch* 1960 noch damit, dass eine Angleichung der Bedingungen in der Familie nur um den Preis ihrer Zer-

---

1027 Vgl. *Graf/Babic/Castro* 2013: 179f.

1028 Vgl. *Scherr* 2012: 19ff.

1029 Vgl. *Schrödter* 2007: 20ff.

1030 Vgl. *Otto/Ziegler* 2010b: 9.

1031 Vgl. *Winkler* 2007: 102f.

1032 Vgl. Kap. 2.1.6.

1033 Chancengleichheit bedeutet die Herstellung solcher Bedingungen, welche die Nutzung von Freiheitsrechten ermöglichen. Dies sind die Voraussetzungen zum Erwerb materieller und immaterieller Güter, vgl. *Wiesner* 2003a: 156, *Ullrich* 2005: 161.

1034 Vgl. *Giersch* 1960: 75f. Die Gleichheit der Startbedingungen kann als Teil der Chancengleichheit gesehen werden. Das Ziel der Chancengleichheit ergibt sich im Zusammenhang mit den Freiheitsgrundrechten ebenfalls aus dem Sozialstaatsprinzip. Es geht nicht um die rechtliche Gleichbehandlung aus Artikel 3 GG, sondern um die Angleichung der tatsächlichen Voraussetzungen zum Erwerb materieller und immaterieller Güter und damit der faktischen Vorbedingungen, die zur Nutzung der Freiheitsrechte notwendig sind, vgl. *BVerfGE* 33, 303/331.

1035 Vgl. *Olk/Evers/Heinze* 2001: 572.

störung erreicht werden kann.[1036] Heute jedoch kann vor allem der Rechtsanspruch auf die Hilfe zur Erziehung zum Ausgleich erzieherischer Bedarfe als Beitrag zur Herstellung von Gleichheit der Startbedingungen interpretiert werden. Zwar richtet sich dieser an die Eltern und nicht an die Kinder, aber als Sachwalter haben Eltern den Auftrag, bei Bedarf diese Leistungen in Anspruch zu nehmen. Für die Hilfen zur Erziehung erscheinen neben der Teilhabegerechtigkeit auch Bedarfsgerechtigkeit und Chancengleichheit als Dimensionen Sozialer Gerechtigkeit anschlussfähig.[1037] Die Bedarfsgerechtigkeit impliziert die Deckung des Bedarfs u. a. an meritorischen Gütern, während Chancengleichheit für einen Ausgleich der Unterschiede in den Sozialisationsmöglichkeiten der Eltern sorgen soll.[1038] Die Inanspruchnahme von

> „erzieherischen Maßnahmen wird (...) immer mehr zu einem wichtigen Faktor von Bildung und sozialer Teilhabe und damit von Chancengleichheit“.[1039]

Leistungsgerechtigkeit spielt im Hinblick auf die Hilfe zur Erziehung eine untergeordnete Rolle.[1040] In der vorliegenden Arbeit wird die Soziale Gerechtigkeit als Teilhabegerechtigkeit normativ begründet[1041], da diese weitergehender zu begreifen ist als Bedarfsgerechtigkeit und Chancengleich-

1036 Vgl. *Giersch* 1960: 76.

1037 Chancengleichheit und Bedarfsgerechtigkeit können nicht gegeneinander ausgespielt werden, sie sind komplementär aufeinander bezogen, vgl. *Becker/Hauser* 2009: 284.

1038 Vgl. *Becker/Hauser* 2009: 28 und 35.

1039 *Mierendorff* 2010: 114.

1040 Sie wird relevant im Hinblick auf die Mitwirkungspflicht von Eltern und jungen Menschen bei der Hilfe zur Erziehung, was zu einem Modell von Leistung und Gegenleistung in der Koproduktion wird.

1041 Eine sozial-philosophische Auseinandersetzung mit Sozialer Gerechtigkeit im Hinblick auf die Kinder- und Jugendhilfe müsste möglicherweise das gesamte SGB VIII, wenn nicht sogar den verfassungsrechtlichen Vorrang der elterlichen Erziehung in Frage stellen, da das Sachwalterproblem normativ aus historischen Gründen entschieden wurde und nicht in theoretischer Auseinandersetzung mit der Frage, was soziale Gerechtigkeit für Kinder *gegenüber* ihren Eltern bedeutet.

heit. Nimmt man die im SGB I[1042] und SGB VIII[1043] normierten Ziele der Sozialgesetzgebung in Verbindung mit dem Sozialstaatspostulat und der Sicherung der Menschenwürde ernst, so bliebe ein Anspruch auf soziale Gerechtigkeit, der ausschließlich auf Bedarfe und Chancen ausgerichtet ist, in seiner Wirkung hohl. Denn er würde genau in die Deckungslücke von functionings und capabilities fallen.

Das Sozialstaatsprinzip erschöpft sich nicht in Sozialer Gerechtigkeit und Sozialer Sicherheit, sondern zielt auch auf Soziale Freiheit. Sie soll den Missbrauch wirtschaftlicher Macht eindämmen und persönliche Abhängigkeitsverhältnisse mildern (z. B. Mieterschutz- oder Arbeiterschutzrechte).[1044] Soziale Freiheit heißt, die Autonomie zu haben, selbstbestimmt die eigene Konzeption des guten Lebens zu wählen, solange dies mit der Freiheit anderer verträglich ist.[1045] Die Konzeption des Sozialstaates zielt demnach auf das Verhältnis der normativen Ziele von Gleichheit, Freiheit und Sicherheit.[1046] Der Zweck der Verfassung liegt in realer, in der sozialen Wirklichkeit vorhandener Freiheit und nicht nur in formaler, rechtlicher Freiheit. Allerdings steht dies der prinzipiellen Freiheit[1047] und Würde der Einzelperson entgegen. Vielmehr wird also ein freiheitlicher Sozialstaat[1048] verankert, in dem der Selbsthilfe immer der Vorrang zukommt. Dieser Gedanke lässt sich auch für den Gleichheitsbegriff explizieren. Geht es lediglich um eine formale Gleichheit in dem Sinne, dass alle gleiche Rechte haben, unabhängig davon, ob sie sie verwirklichen können, wird die soziale Wirklichkeit ausgeblendet und bleibt folgenlos für das staatliche Handeln. In Verbindung mit der formalen Freiheit können somit Personengruppen, die über bestimmte Ressourcen verfügen,

1042 § 1 Abs. 1 SGB I: „Das Recht des Sozialgesetzbuchs soll zur Verwirklichung sozialer Gerechtigkeit (…) Sozialleistungen einschließlich sozialer und erzieherischer Hilfen gestalten. Es soll dazu beitragen, ein menschenwürdiges Dasein zu sichern, gleiche Voraussetzungen für die freie Entfaltung der Persönlichkeit, insbesondere auch für junge Menschen, zu schaffen, (…).“

1043 § 1 Abs. 1 SGB VIII: „Jeder junge Mensch hat ein Recht auf Förderung seiner Entwicklung und auf Erziehung zu einer eigenverantwortlichen und gemeinschaftsfähigen Persönlichkeit.“

1044 Vgl. *Pilz* 2004: 17

1045 Vgl. *Hosemann/Trippmacher* 2003b: 13.

1046 Vgl. *Bäcker/u. a.* 2008: 54.

1047 Zur Kontur eines Freiheitsstaates mit einem Höchstmaß an individueller Freiheit vgl. *Derleder* 2007: 116.

1048 Vgl. *Zacher* 1989: 124.

diese Verfügungsmacht zu ihren Gunsten gegen andere Personengruppen ausnutzen.[1049] Diese Konzeption mündet im liberalen oder bürgerlichen Rechtsstaat und nicht im sozialen Rechtsstaat. Insbesondere der Gleichheitssatz wird durch das Sozialstaatsprinzip beeinflusst, sodass er keine bloße formale Gleichheit, sondern faktische Chancen garantiert.[1050] Die soziale Lage der Betroffenen kann mitberücksichtigt werden, z. B. im Steuerrecht. Es wird demnach nicht nur der Bezug zu einer realen Gleichheit hergestellt, sondern auch die Verbindung zur Unverletzlichkeit der Menschenwürde.[1051] Im *sozialen* Rechtsstaat geht es darum, die Gleichheit der *realen* Freiheit anzustreben. Der Staat ist also aufgefordert, einen Ausgleich zu schaffen, z. B. durch die Einschränkung der Vertragsfreiheit.[1052] Diese Einschränkungen unterbinden

> „einen Missbrauch der Freiheit durch die (wenigen) sozial Mächtigen und vermehren gerade dadurch die reale Freiheit der (vielen) sozial Schwachen, die ihre Interessen aus eigener Kraft nicht durchsetzen können."[1053]

Im Hinblick auf das Verhältnis von Gleichheit und Freiheit sprechen *Stein/Frank* von einer Sozialbindung der Freiheitsrechte.[1054]

Das Sozialstaatsprinzip zielt auf soziale Gerechtigkeit (hier Teilhabegerechtigkeit) und steht in einem Spannungsverhältnis von Freiheit, Gleichheit und Sicherheit[1055], welches sich in der frühen Phase der Bonner Repu-

---

1049 Ein eindrucksvolles Beispiel ist die Vertragsfreiheit auf dem Arbeitsmarkt. Formal sind Arbeitssuchende wie auch Arbeitgebende „frei“, die besten Konditionen für sich auszuhandeln. Dass bei hoher Arbeitslosigkeit die Arbeitssuchenden kaum ihre Interessen durchsetzen können und die Bedingungen der Arbeitgeberseite akzeptieren müssen, hat im bürgerlichen bzw. liberalen Staat keine Relevanz für staatliches Eingreifen, vgl. *Stein/Frank* 2010: 167.

1050 Vgl. *Zippelius/Würtenberger* 2008, § 13, Rz. 2ff.

1051 Vgl. *Stein/Frank* 2010: 169. Hierin sieht *Tiedemann* jedoch auch die Schwäche des Sozialstaatsprinzips, indem er argumentiert, dass alle Entscheidungen des *BVerfGEs*, welche einen Bezug zum Sozialstaatsprinzip herstellen, auch mit Bezug auf die einschlägigen Grundrechte wie Menschenwürde, Gleichheit usw. ausreichend begründbar seien, vgl. *Tiedemann* 2003: 95ff.

1052 Vgl. z. B. vgl. *Zippelius/Würtenberger* 2008, § 13, Rz. 22.

1053 *Stein/Frank* 2010: 167. Die grundlegende Arbeit hierzu stammt von *Heller*, vgl. *Heller* 1930. Sie fand Eingang in das Grundgesetz, vgl. *Stein/Frank* 2010: 168, *Kaufmann* 2001: 54ff.

1054 Vgl. *Stein/Frank* 2010: 172f.

1055 Vgl. *Mührel* 2010b: 11. *Derleder* expliziert dieses Verhältnis in den Figuren von Freiheitsstaat, Sicherheitsstaat, Rechtsstaat, Sozialstaat, Steuerstaat und Kulturstaat, vgl. *Derleder* 2007.

blik in unterschiedlichen Traditionen und Vorstellungen der sozialpolitischen Programme der großen Volksparteien zeigte.[1056] Das in der Kinder- und Jugendhilfe gültige Subsidiaritätsprinzip[1057] ist eine mögliche Antwort auf das Austarieren dieses Spannungsverhältnisses. Auf der Akteursebene zeigt sich diese Frage zwischen Eltern und Staat, zwischen Eltern und Kindern sowie zwischen freien/privaten und öffentlichen Trägern der Kinder- und Jugendhilfe.[1058] Dieses Spannungsverhältnis wird in der Diskussion um Paternalismus[1059] und Meritorik[1060] verhandelt.[1061]

2.1.4 Koordinierungsmechanismen im Sozialstaat

Aus dem Spannungsverhältnis von Gleichheit, Freiheit und Sicherheit sowie dem sozialstaatlichen Ziel der sozialen Gerechtigkeit entstehen Fragen zur Auswahl des angemessenen Koordinierungsmechanismus bzw. des richtigen Mix der Koordinierungsmechanismen für die Bereitstellung von Sach- und Dienstleistungen.[1062] Grundsätzlich unterscheidet man drei Koordinierungsmechanismen[1063]: Markt, Befehl und Pflicht. Während der Markt über Angebot und Nachfrage koordiniert, geschieht dies beim Be-

---

1056 Das Sozialstaatsprinzip wurde von großen Volksparteien unterschiedlich interpretiert, so fokussierten die CDU und die FDP eher das Freiheitsparadigma, während die SPD eher das Gleichheitsparadigma bediente. Die neuen sozialen Bewegungen, aus denen auch die Grünen hervorgegangen sind, stehen für ein drittes Paradigma, welches sich an Solidarität orientiert (quartiersbezogene Selbsthilfe). Es verbindet die Ziele von Selbstbestimmung und Freiwilligkeit mit der Beseitigung von sozialem Ausschluss, vgl. *Bellermann* 2001: 17ff. Hier zeigen sich auch unterschiedliche gerechtigkeitstheoretische Grundideen der politischen Parteien, vgl. *Mührel* 2010: 11.

1057 Vgl. ausführlich Kap. 2.4.

1058 Vgl. ausführlich Kap. 2.2.

1059 Beispielhaft für familienpolitische Leistungen vgl. *Ott* 2013: 183ff.

1060 Vgl. *Kubon-Gilke* 2013.

1061 Vgl. ausführlich Kap. 2.4.

1062 Hier wird im Folgenden nur allgemein auf den sozialstaatlichen Koordinierungsmechanismus eingegangen. Eine spezifische Erläuterung für die Hilfe zur Erziehung erfolgt in Kap. 2.5.

1063 Die Ausgestaltung des Koordinierungsmechanismus wird z. B. davon beeinflusst, ob die Freiheit des Einzelnen im Mittelpunkt steht oder diese anderslautenden Gemeinwohlinteressen unterzuordnen sind. Im ersten Fall werden Staatseingriffe abgelehnt, im zweiten erscheinen sie erforderlich, vgl. *Schrüfer* 2010: 49.

fehl über hierarchische Zentralsteuerung und bei Pflicht über Rechte und Pflichten in Traditionssystemen.[1064] Je nachdem welcher der drei Koordinierungsmechanismen im Mix Dominanz erhält, sind entsprechend drei Denkfiguren sozialstaatlicher Modelle anschlussfähig. Liegt die Betonung auf dem Markt als Koordinierungsmechanismus, ist das sozialstaatliche Modell ein „Nachtwächterstaat“ analog beim Befehlssystem ein starker Staat und beim Traditionssystem eine Bürgergesellschaft. Für die Erbringung der Hilfe zur Erziehung kann davon ausgegangen werden, dass sich im Zusammenspiel der Akteure öffentlicher Sektor (Jugendamt), Leistungsempfängerin (Familie) und Leistungserbringer (freie/private Träger) ein bestimmter Koordinierungsmix herausgebildet hat. Dieser sieht sich, wie unten gezeigt wird, durch die Modernisierung der Kinder- und Jugendhilfe im Zuge des aktivierenden Paradigmas des Sozialstaates neuen Herausforderungen ausgesetzt.

Kaufmann erweitert die klassische Dreiteilung der Handlungskoordinationsformen durch die des Korporatismus und der Professionalität.[1065] Der Typus „Korporatismus“ ist für die Erbringung der Hilfen zur Erziehung neben Markt und Befehl (Hierarchie) relevant und wird in der Analyse im Kapitel 2.3 näher beleuchtet. Im Folgenden wird grundlegend die Wirtschaftsordnung der BRD als „soziale Marktwirtschaft“ in den Blick genommen, die als steuerungstheoretischer Referenzrahmen des Koordinierungsmix der Hilfen zur Erziehung angesehen werden kann.

Unbestritten ist, dass das Sozialstaatsprinzip nicht durch das der Marktwirtschaft[1066] beschränkt wird, da dieses kein Verfassungsprinzip darstellt[1067], dennoch kann die soziale Marktwirtschaft als Prämisse des Sozialstaates verstanden werden.[1068] Das Sozialstaatsprinzip widerspricht der Ansicht des Altliberalismus, dass die Wirtschafts- und Gesellschaftsordnung im freien Spiel der Kräfte über einen möglichst unregulierten Markt

---

1064 Für eine ausführliche Darstellung im Kontext sozialpolitischer Fragestellungen vgl. *Kubon-Gilke* 2013, aus soziologischer Perspektive in den Dimensionen Markt, Hierarchie und Solidarität vgl. *Kaufmann* 2009b: 237ff, im Hinblick auf die Sozialen Dienste vgl. *Olk/Rauschenbach/Sachße* 1995: 17f.

1065 Vgl. *Kaufmann* 2009b: 253ff.

1066 Die Marktwirtschaft ist die Vernetzung verschiedener Märkte. Märkte können verstanden werden als Ermöglichung von „praktischen Lebensbeziehungen, (…) die sich zweckrational über Güterinteressen in Tauschverhältnissen organisieren“ *Mührel* 2010c: 100f.

1067 Vgl. *Jarass/Pieroth* 2004: 575.

1068 Vgl. *Zacher* 1989: 35.

austariert werden könnte.[1069] Vielmehr leitet sich aus der Verfassung der Auftrag an den Staat ab, sozial- und wirtschaftspolitisch aktiv zu sein.[1070]

Die geistigen Väter der sozialen Marktwirtschaft waren neoliberale Volkswirtschaftler wie *Walter Eucken, Franz Böhm, Alexander Rüstow* und *Wilhelm Röpke*.[1071] Für die neoliberalen Vordenker war zentral, dass der Markt ordnungspolitische Rahmensetzungen braucht, die Macht und Freiheit regeln.[1072] Außerdem brauchte es Sozialpolitik zur Abfederung sozialer Notlagen. Beides, Ordnungs- und Sozialpolitik[1073], sind demnach „essentielle Elemente“[1074] der sozialen Marktwirtschaft[1075] und können nur durch einen starken Staat umgesetzt werden.[1076] In der Literatur wird in der Regel auf *Eucken*, *Böhm*, *Röpke* als Wissenschaftler, auf *Müller-Armack* als maßgeblicher Ministeriumsbeamter und *Erhardt* als zuständiger Minister verwiesen.[1077] Unerwähnt bleibt häufig *Rüstow*, der *Müller-Armack* und *Eucken* maßgeblich beeinflusst hat und für die Frage des geeigneten Koordinierungsmechanismus sozialer Dienstleistungen interessante Beiträge liefert. *Rüstow* hat 1932 sein neoliberales Konzept von der Trennung des Marktes vom Marktrand entwickelt. Markt und Marktrand stehen in enger Verbindung zueinander,

> „aber keineswegs in dem Sinne, daß der Rand eine Nebensache wäre und die Hauptsache der Markt – sondern gerade umgekehrt. Ich habe immer wieder betont, daß der Marktrand, der Marktrahmen, das eigentliche Gebiet des Menschlichen ist, hundertmal wichtiger als der Markt selber. Der Markt selber hat lediglich eine dienende Funktion. Der Markt ist ein Mittel zum Zweck, ist kein Selbstzweck, während der Rand eine Menge Dinge umfaßt, die Selbstzweck sind, die menschliche Eigenwerte sind – Kultur, Erziehung usw.“[1078]

1069 Vgl. *Stein/Frank* 2010: 172.

1070 Vgl. *Maurer* 2007: 233, *Kutscha* 1984: 395.

1071 Vgl. *Schrüfer* 2010: 57, *Maier-Rigaud/Maier-Rigaud* 2009: 69.

1072 Allerdings war die Konzeption der sozialen Marktwirtschaft keineswegs homogen. Es gab unterschiedliche Strömungen wie den soziologischen oder kommunitaristischen Liberalismus, den evolutorischen Liberalismus und den Ordo-Liberalismus, vgl. *Renner* 1999. Innerhalb dieser Strömungen bewegen sich z. B. auch die Differenzen von *Eucken* zu *Müller-Armack*.

1073 *Rüstow* spricht von Wettbewerbspolitik und Sozialpolitik.

1074 *Maier-Rigaud/Maier-Rigaud* 2009: 70.

1075 Und damit auch der neo-liberalen Konzeption.

1076 Vgl. *Mührel* 2010c: 102.

1077 Vgl. für viele *Boeckh/Huster/Benz* 2011: 86, *Sachße/Tennstedt* 2012: 41f.

1078 *Rüstow* 1961: 68.

Die neoliberale Schule um *Rüstow* forderte eine „umfassende außerökonomische Einbettung und Begrenzung der Marktwirtschaft“.[1079] Der Markt sollte im Dienst höherer Werte wie Familie, Gemeinde, Staat, dem Ästhetischen, dem Ethischen, dem Kulturellen, letztlich dem Menschlichen stehen. Die Begründung für die marktwirtschaftliche Ordnung liegt demnach nicht in ihrer überlegenen Produktivität und Effizienz, sondern darin, dass sich die oben genannten höheren Werte über eine freiheitliche Wirtschaftsordnung mit starker staatlicher Sozial- und Wettbewerbspolitik gewährleisten lassen. Das wesentlich Soziale an der sozialen Marktwirtschaft war für die neoliberale Konzeption, dem Markt Schranken zu setzen. Ebenso fordert die neoliberale Konzeption, das Prinzip der Leistungskonkurrenz ausschließlich auf eine eng definierte wirtschaftliche Sphäre zu beschränken und nicht auf außerökonomische Sphären auszuweiten.[1080] Indem *Rüstow* das Äquivalenzprinzip (Leistung entspricht Gegenleistung) als privat-wirtschaftliches Prinzip und die distributive Gerechtigkeit[1081] als öffentliches, staatliches Prinzip sieht, folgt für ihn, dass soziale Leistungen, die dem Äquivalenzprinzip folgen (Rentenversicherung), dem Markt überlassen werden sollten, während der Staat den Abschluss einer Versicherung kontrolliert (Versicherungspflicht). Die Sozialpolitik, die soziale Gerechtigkeitsziele verfolgt, soll ausschließlich über den Staat als Fürsorge rein und unvermischt gewährleistet werden.[1082] *Rüstow* konzeptioniert die soziale Marktwirtschaft mit konstitutivem Rückbezug auf überwirtschaftliche Werte und Kontexte und legt die Grundlage für eine Lebenslagenpolitik.[1083] Es handelt sich beim Konzept der sozialen Marktwirtschaft um eine umfassende wirtschafts- und sozialpolitische Leitidee, die sich deutlich vom Wirtschaftsliberalismus abgrenzt und diesen ablehnt.[1084] Eine wichtige Forderung war die Verwirklichung der Startgerechtigkeit als Ausdruck einer egalitären Gerechtigkeitsvorstellung. Damit ist der Mark-

---

1079 *Maier-Rigaud/Maier-Rigaud* 2009: 70.

1080 Vgl. *Maier-Rigaud/Maier-Rigaud* 2009: 71ff.

1081 Mit der Wortwahl „distributiv“ wird die eingreifende Pflicht des Staates betont.

1082 *Rüstow* 1963c: 131f.

1083 *Rüstow* spricht von Vitalpolitik, „die nicht nur wirtschaftliche Werte, in Ziffern meßbare, in Geldsummen ausdrückbare Werte berücksichtigt, sondern die sich bewußt ist, dass es viel wichtiger ist, wie der Mensch sich in seiner Situation fühlt. Dieses Sichfühlen des Menschen in seiner Lebenslage hängt zwar als Grundlage ebenfalls von ökonomischen Dingen ab, aber in weit höherem Maße von überökonomischen Dingen”, *Rüstow* 1963b: 82f.

1084 Vgl. *Maier-Rigaud/Maier-Rigaud* 2009: 73.

trand mit den sozialpolitischen Leistungen, die auf soziale Gerechtigkeit zielen, in Verbindung gebracht. Nimmt man hierzu die aus dem Sozialstaatsprinzip gestützte Forderung nach Rechtsansprüchen hinzu, ist die Forderung im Hinblick auf die Hilfe zur Erziehung eindeutig. Die Hilfe zur Erziehung ist eine sozialstaatliche Dienstleistung, welche im Marktrand liegt und daher „rein und unvermischt" als Sozialleistung des Staates zu erbringen ist. Das reine Marktprinzip wird explizit ausgeschlossen.

Es wird deutlich, dass das ursprüngliche neoliberale Konzept[1085] nichts mit dem zu tun hat, was derzeit in der allgemein sozialwissenschaftlichen Literatur als Neoliberalismus[1086] diskutiert wird. Dort ist in den meisten Fällen der Wirtschaftsliberalismus oder Alt-Liberalismus gemeint.[1087] Da sich diese Begriffsdopplung wohl nicht mehr aufheben lässt, gilt es „zwei Neo-Liberalismen"[1088] zu unterscheiden: für den einen gilt ein politisch gesteuerter Mix der Koordinierungsmechanismen, für den anderen der Marktradikalismus.

Die soziale Marktwirtschaft kann verstanden werden als Gesellschaftstheorie mit politischem Programm. Die drei zentralen Prinzipien sind das Personalprinzip, welches die Eigenverantwortung in der Lebensgestaltung jedes einzelnen fordert, das Solidaritätsprinzip, welches auf Gemeinschaft und Gesellschaft in der Ausgleichung von Interessensgegensätzen und Benachteiligungen verweist, und das Subsidiaritätsprinzip, welches den Selbstgestaltungmöglichkeiten des Einzelnen und der Gemeinschaft vor der Tätigkeit des Staates einen Vorrang einräumt.[1089] Diese Konzeption war Ausgangspunkt der Wirtschaftspolitik *Erhards*.[1090] Nach den Erfahrungen der Weltwirtschaftskrise wollte man den Kräften des Marktes allein nicht mehr vertrauen. Der Staat sollte den Markt regulieren, übergroße ökonomische Macht begrenzen und zu starke soziale Ungleichheiten

---

1085 „Der neue Liberalismus jedenfalls (…) fordert einen starken Staat, einen Staat oberhalb der Wirtschaft, oberhalb der Interessenten, da wo er hingehört." *Rüstow* 1963d: 258.

1086 Vgl. als Ausnahme *Boeckh/Huster/Benz* 2011: 426.

1087 Im Folgenden wird im Kontext der Denktraditionen von Alt-Liberalismus und im Kontext der Koordinierungsmechanismen von Marktradikalismus gesprochen.

1088 *Renner* 1999: 35ff.

1089 Vgl. *Mührel* 2009b: 107. *Mührel* erkennt in der Sozialen Marktwirtschaft eine „kommunitaristische Gesellschaftstheorie, die auf einem menschenfreundlichen Neoliberalismus und der katholischen Soziallehre fußt." *Mührel* 2009b: 107.

1090 Vgl. *Schrüfer* 2010: 57.

durch sozialstaatliche Interventionen verhindern.[1091] Wie sich über die Jahre das theoretische Konzept der Sozialen Marktwirtschaft in Deutschland entwickelt hat, lässt sich eindrucksvoll aus dem Einigungsvertrag zwischen der Bundesrepublik Deutschland und der Deutschen Demokratischen Republik heraus lesen:

> „Soziale Marktwirtschaft (...) wird insbesondere bestimmt durch Privateigentum, Leistungswettbewerb, freie Preisbildung und grundsätzlich volle Freizügigkeit von Arbeit, Kapital, Gütern und Dienstleistungen."[1092]
> „Die Sozialunion (...) wird insbesondere bestimmt durch eine der Sozialen Marktwirtschaft entsprechende Arbeitsrechtsordnung und ein auf den Prinzipien der Leistungsgerechtigkeit und des sozialen Ausgleichs beruhendes umfassendes System der sozialen Sicherung."[1093]

Diese Ausrichtung an Leistungsgerechtigkeit, sozialem Ausgleich und sozialer Sicherheit ist für den heutigen deutschen Sozialstaat prägend.

Esping-Anderson hat eine Typologie von Wohlfahrtsstaatlichkeit nach den Kriterien Dekommodifizierung, Stratifizierung und die Rolle von Staat, Markt und Familie im Hinblick auf die Wohlfahrtsproduktion entworfen. Danach ist Deutschland ein konservativ-korporatistischer Wohlfahrtsstaat[1094], geprägt von Korporatismus, Etatismus und Paternalismus. Zentrale Ziele und Werte sind soziale Sicherheit, Subsidiarität und Beibehaltung von Statusunterschieden. Die präferierte Leistungsform sind die Sozialversicherung und Fürsorgeleistungen. Die Umverteilung ist mäßig und primär horizontal. Zentral für die Wohlfahrtsproduktion sind die Familien.[1095] Deutschland kann jedoch nicht nur als konservativer Wohlfahrtsstaat, sondern muss vor allem seit den 70er-Jahren als Mischung von konservativem, liberalem und sozialdemokratischen Wohlfahrtsstaat verstanden werden.[1096] Im deutschen Sozialstaat hat sich demnach ein spezifischer welfare-mix aus Staat, Markt, Familie und freie/private Organisa-

---

1091 Vgl. *Metzler* 2003: 149.

1092 Art. 1 Abs. 3 Vertrag über die Schaffung einer Währungs-, Wirtschafts- und Sozialunion zwischen der Bundesrepublik Deutschland und der Deutschen Demokratischen Republik (Staatsvertrag) vom 18. Mai 1990.

1093 Art. 1 Abs. 4 Staatsvertrag vom 18. Mai 1990, s. o.

1094 Vgl. *Kohl* 2000: 129. Im Hinblick auf die dominierenden Leitideen im sozialstaatlichen Institutionsgefüge wird auch vom katholischen Sozialstaat gesprochen, vor allem unter Betonung der Begriffe Reziprozität, Solidarität und Subsidiarität, vgl. *Lessenich* 1996: 212.

1095 Vgl. *Ullrich* 2005: 43ff, *Kohl* 2000: 129ff.

1096 Vgl. *Kohl* 2000: 138.

tionen zur Erfüllung der Wohlfahrtsproduktion gebildet. Dieses Wohlfahrtsmodell integriert die großen Interessenverbände von Kapital und Arbeit ebenso wie die der großen Religionsgemeinschaften.[1097] Stark beeinflusst wird das jeweilige Wohlfahrtsmodell und damit der Koordinierungsmechanismus von der Sozialpolitik, denn diese greift

> „in vielfältiger Weise in Wirtschaft und Gesellschaft ein und bewirkt eine politisch-staatliche Korrektur und Überformung der Marktprozesse."[1098]

Baecker/u. a. unterscheiden drei Eingriffsformen: Die regulative Politik normiert und steuert durch rechtliche Ge- und Verbote das Verhalten von Menschen, Institutionen und Unternehmen (Ordnungspolitik). Die marktliche Einkommensverteilung wird im Rahmen der distributiven Politik durch sozialpolitische Leistung korrigiert. Die Infrastruktur- und Dienstleistungspolitik stellt in bestimmten Bedarfsfeldern Einrichtungen und Dienste bereit, die weitgehend kostenlos in Anspruch genommen werden können (beides in weitem Sinne Sozialpolitik).[1099]

Die hier vorgenommen Trennung in Ordnungspolitik und Sozialpolitik birgt die Gefahr, die Sozialpolitik zu unterschätzen. Denn im Rahmen der sozialpolitischen Auseinandersetzungen werden die institutionellen Rahmenbedingungen und Tauschregeln immer mit verhandelt und darüber auch ordnungspolitische Bindungswirkung erreicht. Demzufolge ist Sozialpolitik im Kontext der vorliegenden Arbeit (aber auch für die Diskussion innerhalb der Sozialen Arbeit insgesamt) in erster Linie als ordnungspolitische Governance-Struktur-Bildung zu begreifen. Über die politischen Auseinandersetzungen wird ausgehandelt, welche Leistungen als soziale Leistung zu definieren sind und durch welchen Mix an Koordinierungssystemen diese allokiert und distribuiert werden. Vor dem Paradigma des aktivierenden Sozialstaates muss Sozialpolitik als Eingriff in die Marktsteuerung begriffen werden. Legitimiert ist diese durch das Ziel, soziale Gerechtigkeit herzustellen, nicht zuletzt durch die aus der Generationenge-

1097 Vgl. *Gabriel* 2007: 117.
1098 *Bäcker/u. a.* 2008: 47.
1099 Vgl. *Bäcker/u. a.* 2008: 47f.

rechtigkeit folgende Anlehnungen an Effizienz[1100] und Effektivität.[1101] Denn die Steuerungsprobleme des Marktes, die bis zum Marktversagen reichen können, führen dazu, dass der Markt eher selten effiziente und effektive Ergebnisse liefert. In den meisten Fällen stellen Zentralsteuerung oder Traditionssysteme (bzw. der Mix aus Markt und diesen beiden) bessere Koordinierungsmechanismen dar. In diesem Sinne ist Sozialpolitik dazu angehalten in den Bereichen der Kinder- und Jugendhilfe, in denen eine „Strategie der Warenförmigkeit und Regulation über den Markt“[1102] gefordert wird, die aber nachweislich schlechte Ergebnisse liefert[1103], einzugreifen und andere, bessere Koordinationsmechanismen sicherzustellen. Demnach ist Sozialpolitik als Ordnungshandeln zu begreifen, welches die institutionellen Gefüge der Erbringung sozialstaatlicher Leistung tiefgreifend beeinflusst und damit nach *Schönig* das Handeln der Professionellen auf eine bestimmte Handlungslogik fixiert.[1104]

Die Verfassung verpflichtet den Staat durch das Sozialstaatsprinzip zur Sozialpolitik.[1105] Die Sozialpolitik steht hier im Fokus, obwohl im Kontext der Hilfen zu Erziehung die Jugendpolitik bzw. Kinder- und Jugendhilfepolitik zu betrachten wären. Aber da sowohl eine staatliche Jugendpolitik wie auch Kinder- und Jugendhilfehilfepolitik kaum Durchsetzungskraft[1106] besitzt, ist nicht davon auszugehen, dass es ihr gelingt, im Hinblick auf die Besonderheiten einer sozialen Dienstleistung wie der Hilfe zu Erziehung besondere Koordinierungsmechanismen in Abgrenzung zu den gängigen sozialpolitischen Mechanismen einzufordern und durchzusetzen. Daher wird davon ausgegangen, dass die Koordinierungsmechanis-

---

1100 Es muss nicht zwangsläufig ein *trade-off* zwischen Effizienz und Gerechtigkeit gesehen werden, vgl. *Suchanek* 2002: 133ff. Zur Diskussion dieses *trade off* an konkreten Koordinierungsproblemen vgl. *Kubon-Gilke* 2002: 339ff. Zum allgemeinen Verhältnis von Effizienz und Gerechtigkeit vgl. *Held/Kubon-Gilke/Sturn* 2002: 14ff. Dabei wird Gerechtigkeit als Voraussetzung von effizientem Wirtschaften begriffen.

1101 Auch bezeichnet als nachhaltige Gerechtigkeit, vgl. *Heinze* 2003: 157f.

1102 *Kunstreich* 2011: 28, ferner vgl. *Dimmel* 2008: 228ff, *Gabriel* 2007: 110. Kritisch zur Forderung von mehr Markt vgl. für viele *Galuske* 2004: 63.

1103 Zu den Problemen der Marktsteuerung und Marktversagen vgl. Kap. 3.

1104 Vgl. *Schönig* 2004: 6.

1105 Vgl. *Kaufmann* 2009a: 15, in Bezug auf *Zacher* 2008: 549-564.

1106 Vgl. *Böhnisch* 1980a und 1980b, *Hornstein* 2003, *Merten* 2002b: 9, ähnlich *Hafeneger* 1990 und 1994. Das gilt auch für die kommunalpolitische Ebene, vgl. *Merchel* 2002a: 10.

men der Sozialpolitik für soziale Dienste[1107] im Allgemeinen auch für die Hilfe zur Erziehung Geltung haben.

Zu den Pflichten des Sozialstaates gehören neben oben erwähnten die Gewähr elementarer personaler Dienste, wie Erziehung, Betreuung und Pflege.[1108] Sozialpolitik bezeichnet jenes politische Handeln

> „das darauf abzielt, erstens die wirtschaftliche und soziale Stellung von wirtschaftlich und/oder sozial absolut oder relativ schwachen Personenmehrheiten durch den Einsatz geeignet erscheinender Mittel im Sinne der in einer Gesellschaft verfolgten gesellschaftlichen und sozialen Grundziele (freie Entfaltung der Persönlichkeit, soziale Sicherheit, soziale Gerechtigkeit, Gleichbehandlung) zu verbessern und zweitens das Auftreten existenzgefährdender Risiken zu verhindern."[1109]

Damit ist die staatliche Sozialpolitik[1110] die politische Antwort auf die „Soziale Frage" einer Gesellschaft.[1111] Sozialpolitik kann in ihrer historischen Entwicklung und Ausrichtung auf die Lösung der Sozialen Frage als Vergesellschaftungsprozess der industriekapitalistischen Moderne gefasst werden.[1112] Die linke Sozialstaatskritik sieht Sozialpolitik daher primär funktionalistisch als „staatliche Bearbeitung des Problems der dauerhaften Transformation von Nicht-Lohnarbeiter in Lohnarbeiter."[1113] Daran anschließend lässt sich eine Funktionsbestimmung[1114] der Sozialen Arbeit[1115] in Form der Sozialen Dienste bestimmen. In Anlehnung an das Le-

---

1107 Innerhalb dieser Arbeit steht der Begriff Soziale Dienste für die Organisation bzw. Institution der Anbieter und der Begriff soziale Dienstleistung für deren Leistungen, vgl. analog *Cremer/Goldschmidt/Höfer* 2013: 10f.

1108 Vgl. *Schmidt* 2011: 31f.

1109 *Lampert/Althammer* 2004: 4.

1110 In Deutschland wird Sozialpolitik fast ausschließlich als staatliche Sozialpolitik aufgefasst, obwohl es eine Reihe nichtstaatlicher Träger und Akteure gibt, vgl. *Bellermann* 2001: 25.

1111 Vgl. *Kaufmann* 2001: 15 und 24ff.

1112 Vgl. *Böhnisch/Arnold/Schröer* 1999.

1113 *Offe* 2006 (1977): 157. Die Konzentration auf eine lohnarbeiterzentrierte Sozialpolitik scheint heute abgelöst von einer alle Bürger_innen umfassenden Gesellschaftspolitik, vgl. *Kohl* 2000: 134.

1114 Allerdings ist das Verhältnis von Sozialpolitik zur Sozialen Arbeit nicht nur untergeordnet instrumentell, sondern auch advokatorisch konkurrent zu sehen, vgl. *Schönig* 2004: 5f.

1115 Zur Begründung der Inhärenz von Sozialpolitik und Sozialer Arbeit vgl. *Sünker* 2002: 108ff.

benslagenkonzept[1116] von *Weisser* und seine Fortentwicklung im Lebensbewältigungsparadigma *Böhnischs* erhält die Soziale Arbeit ihre sozialpädagogisch-inhaltlichen Konturen als sozialstaatliche Leistung:

> „Jugendhilfe ist also im Lichte sozialstaatlicher Vergesellschaftung (...) Teil sozialstaatlicher Daseinsvorsorge.“[1117]

Durch eine Ausrichtung nicht nur an der Sozialen Frage, sondern, wie oben angedeutet, an den Menschenrechten, erweitert sich die Zielgruppe von der arbeitenden Bevölkerung zu allen Bürger_innen des Staates. Hier wäre neben dem Lebensbewältigungsparadigma[1118] der Sozialen Arbeit auch das Paradigma der Menschenrechtsprofession[1119] anschlussfähig.

Die wissenschaftliche Diskussion um Sozialpolitik fand in der frühen Bundesrepublik in einem konstruktiven Diskurs unter der Figur einer „Aktiven Sozialpolitik“ und in einem kritischen Diskurs unter dem Problem der „Staatszentrierung“ statt. Der konstruktive Diskurs sah Sozialpolitik als präventive, gesellschaftsgestaltende Strategie, um mehr Lebensqualität zu gewährleisten. Dieser Strategie lag ein neues Vertrauen in die staatliche Steuerungs- und Planungsfähigkeit zugrunde.[1120] Die Kritik formulierte die Gefahr der Staatszentrierung unter den Aspekten von Verrechtlichung, Bürokratisierung, Professionalisierung und Ökonomisierung und forderte aus ökonomischer[1121] Perspektive, mehr auf Marktorientierung, und aus soziologischer Perspektive, mehr auf intermediäre Instanzen zu setzen.[1122]

In der Gegenwart erscheint *Lampert* staatliche Sozialpolitik aus vier Tatsachen heraus notwendig. Erstens gibt es gesellschaftliche Gruppen, denen es nicht möglich ist, Ansprüche gegenüber den klassischen Systemen der Sozialen Sicherung zu begründen. Zweitens ist die Absicherung gegen unerwartete Lebensrisiken notwendig. Drittens werden durch industrielle Entwicklungsprozesse Anpassungslasten produziert, die kontrol-

---

1116 Das Lebenslagenkonzept wurde von *Weisser* als sozialpolitisches Bezugskonzept entwickelt. Vor allem in prekären Lebenslagen enthält das Konzept eine sozialpädagogische Aufforderungsstruktur, vgl. *Böhnisch/Arnold/Schröer* 1999: 85f, *Böhnisch* 1999. Damit ist auch inhaltlich die Hilfe zur Erziehung als sozialstaatliche Leistung rückgebunden.

1117 *Böhnisch* 1980a: 19.

1118 Vgl. *Böhnisch* 2001 29ff.

1119 Vgl. *Staub-Bernasconi* 1994: 82ff, *Staub-Bernasconi* 2007: 20ff.

1120 Impulsgebende Voraussetzung dieses Diskurses war die Entwicklung des Lebenslagenkonzeptes von *Weisser*.

1121 Hier wirtschaftsliberaler Ausrichtung.

1122 Vgl. *Kaufmann* 2001: 91f.

liert, als individuelle Last verringert und gerecht verteilt werden müssen. Die vierte Tatsache liegt in der gesellschaftspolitischen Zielsetzung, mehr soziale Gerechtigkeit zu verwirklichen. Weiter sollen durch eine gleichmäßigere Verteilung der Chancen für den Erwerb von Bildung, Einkommen und Vermögen die Chancen zur Verwirklichung materialer Freiheit gleichmäßiger verteilt werden. Dies soll bei gleichzeitiger Verringerung nicht leistungsgebundener Einkommens- und Vermögensunterschiede gelingen.[1123] Anschlussfähig ist die Kategorisierung *Kaufmanns*, der von drei sozialpolitischen Dimensionen ausgeht. Erstens Schutz als Eingreifen des Staates zu Gunsten sozial und/oder wirtschaftlich schwachen Personenmehrheiten im Sinne kurzfristiger Gefahrenabwehr. Zweitens Sicherung als längerfristiges System, um das Risiko von Einkommensverlust für alle abzudecken. Und drittens Befähigung, um Chancenungleichheit im Lebensverlauf durch frühzeitige und nachhaltige Förderung zu sichern, in Abgrenzung zur Abmilderung von individuellen Gefährdungen oder kategorialen Risiken. Befähigung gilt demzufolge auch als Leitidee des aktivierenden Sozialstaats.[1124] Die dritte Dimension ist hier zentral, da sie die Hilfe zur Erziehung als Unterstützungsleistung zur Herstellung sozialer Gerechtigkeit in den Wirkbereich der Sozialpolitik legt.[1125]

Analytisch lassen sich zwei sozialpolitische Prinzipien[1126] als Pole gegenüber stellen. Zum einen das gesetzliche Sozialversicherungssystem für abhängig Beschäftigte. Dieses System folgt der Logik des Versicherungsprinzips[1127] und zielt auf soziale Sicherheit durch Lebensstandardsicherung. Normativ gesehen stehen Beitrags- und Leistungsgerechtigkeit im Mittelpunkt.[1128] Ein zweiter Pol knüpft an die Traditionen der klassischen Armenfürsorge an. Die Armenfürsorge hat eine lange kommunale und

---

1123 Vgl. *Lampert/Althammer* 2004: 15.

1124 Vgl. *Kaufmann* 2009a: 18. Dadurch wird er zum befähigenden und ermöglichendem Staat, vgl. *Olk* 2000: 109.

1125 Hier sei nochmals darauf hingewiesen, dass diese Zuordnung nur die zweitbeste Interpretation darstellt, aber aufgrund der mangelnden Durchsetzungsfähigkeit einer Kinder- und Jugendhilfepolitik derzeit alternativlos scheint.

1126 Neben dieser Polarisierung gibt es weitere Kategorisierungen, wie z. B. Versicherung, Versorgung Fürsorge, vgl. *Boeckh/Huster/Benz* 2011: 152f, *Pilz* 2004, 91ff. Oder Soziale Sicherung, Soziale Entschädigung und Soziale Förderung, vgl. *Schmidt* 2011: S. 382f.

1127 Vgl. *Lampert/Althammer* 2004: 237f.

1128 Einige Leistungen der Sozialen Sicherung folgen einer Bedarfslogik, wie z. B. die Kranken- und die Pflegeversicherung, vgl. *Döring* 2004: 46f.

kirchliche Geschichte. Sie folgt der Logik des Fürsorgeprinzips.[1129] Ziel ist, allen Mitgliedern der Gesellschaft einen standardisierten Mindestbedarf[1130] bei Eintritt eines Risikos zu gewährleisten. Normativ ist sie auf „Bedarfsgerechtigkeit“ ausgerichtet.[1131] Konstitutiv für Fürsorgeleistungen ist, dass

> „die Hilfsbedürftigkeit und damit auch die Art der Hilfe von der gewährenden Stelle selbst definiert und festgelegt wird, was die Gefahr in sich birgt, daß – etwa aus Sparsamkeitsgründen – die Hilfe unzulänglich bleibt und die Hilfebedürftigkeit nicht behebt.“[1132]

Zum anderen, dass die Betroffenen ihre Lebensverhältnisse offen legen müssen.[1133] Erbracht werden sozialstaatliche Leistungen als Geldleistung, Sachleistung oder Dienstleistung.[1134]

Die Hilfe zur Erziehung ist eine soziale Dienstleistung, die einerseits durch einen Rechtsanspruch der Personensorgeberechtigten normiert ist, gleichzeitig aber der Bedarfslogik folgt. Sie ist als sozialstaatliche Leistung final auf Teilhabegerechtigkeit ausgerichtet und liegt im Wirkungskreis der Sozialpolitik. Die Veränderungen des sozialstaatlichen Arrangements durch die „Krise des Sozialstaats“ haben demnach unumgänglich Konsequenzen für den Erbringungskontext der Hilfe zur Erziehung.

2.1.5 Die Krise des Sozialstaates

Die Entwicklung des Deutschen Sozialstaates bis in die 70er-Jahre war geprägt von Expansion der Leistungen, Zielgruppen und Interventionsfelder. Abgesehen von der Reform der Sozialhilfe 1962 wurden keine tiefgreifen-

---

1129 Vgl. *Lampert/Althammer* 2004: 238. Die konstitutiven Prinzipien der Fürsorge sind die Bedürftigkeitsprüfung, die Steuerfinanzierung und die Einbeziehung der gesamten Lebenssituation der Menschen, nicht nur in einem Bereich, z. B. als Arbeitnehmerin, Mieterin o. ä., vgl. *Bellermann* 2001: 72f.

1130 Z. B. ein garantiertes Minimum an Einkommen bzw. medizinischer Versorgung.

1131 Diese sozialstaatliche Leitvorstellung wird eng mit dem britischen Sozialpolitiker *Beveridge* in Verbindung gebracht. Vgl. *Döring* 2004: 39f.

1132 *Bellermann* 2001: 125.

1133 Vgl. *Bellermann* 2001: 125.

1134 *Boeckh/Huster/Benz* 2011: 153.

den strukturellen Reformen durchgesetzt.[1135] 1972/1973 hatte die Expansion des westdeutschen Sozialstaates ihren Höhepunkt erreicht. Durch die Erdölkrise 1973 und massive strukturelle Veränderungen in den Wirtschaftsunternehmen und -sektoren[1136] sank das Bruttosozialprodukt und es stieg die Arbeitslosigkeit. Damit wuchsen die Ansprüche auf sozialstaatliche Leistungen, vor allem der Sozialversicherungssysteme.[1137] Seit den 1970er-Jahren beherrschen die Vokabeln „Krisen"[1138] und „Grenzen"[1139] die Debatten um den deutschen Sozialstaat.[1140] Inhaltlich lassen sich unterschiedliche Positionierungen zum Sozialstaat benennen, die auch zu unterschiedlichen Kritiklinien und deren Lösungsvorschlägen führen.[1141]

Das konservative Verständnis setzt auf die Prinzipien Subsidiarität, Äquivalenz und sozialen Ausgleich, während die Institution der Familie im Zentrum steht. Die grundlegende Kritik bezieht sich auf die ausufernden sozialstaatlichen Aufgaben und Ausgaben, die einerseits die Leistungsbereitschaft der Bevölkerung schmälern und andererseits den Leistungsmissbrauch fördern würde.[1142]

1135 Es gab zwar durchaus strukturelle Veränderungen, aber nicht als Brüche, sondern als relativ pfadtreue Entwicklung, vgl. *Kohl* 2000: 134ff, *Olk/Evers/Heinze* 2001: 572.

1136 Hier wären vor allem Rationalisierung und Schrumpfung des sekundären Sektors zu nennen, wenn auch der tertiäre wuchs, vgl. *Boeckh/Huster/Benz* 2011: 111.

1137 Vgl. *Zacher* 1989: 65ff. Zwar kann diese Zeit als Hauptphase der Krisenrethorik über den Sozialstaat bezeichnet werden, aber sicher nicht als ihr Beginn. Die ersten Debatten zu den Grenzen der Sozialpolitik setzten 1957 ein. *Adenauer* warnte vor einem totalen Versorgungsstaat und versuchte die Eigeninitiative und Selbstverantwortung durch seine Vermögenspolitik zu stärken, vgl. *Hockerts* 2001: 189f.

1138 *Metzler* spricht gar von finaler Krise, vgl. *Metzler* 2003: 236.

1139 Vgl. z. B. *Boeckh/Huster/Benz* 2011: 425ff, *Häberlein* 1981: 71.

1140 Vgl. *Hockerts* 2001: 193.

1141 Für die folgenden Ausführungen vgl. *Pilz* 2004: 52-88. Neben den dargestellten nennt *Pilz* noch gerechtigkeitsorientierte Sichtweisen auf den Sozialstaat, vgl. *Pilz* 2004: 76ff. Allerdings liegt diese Interpretation m. A. nach außerhalb der Systematik, da sie keine Konzeption abgrenzt, sondern eher einen Referenzpunkt der Überprüfung soziapolitischer Instrumente und Entscheidungen liefert, nämlich die Auswirkung auf soziale Gerechtigkeit.

1142 Vgl. *Pilz* 2004: 52ff. Zur dezidierten Argumentation der dort noch neo-konservativen Richtung bezeichneten Sozialstaatskritik vgl. *Vobruda* 1987. Zur Ausformung der neo-konservativen Kritik als wirksame und sich selbst bestätigende politische Formel vgl. *Opielka* 1987: 128ff.

In der neoliberal[1143]-angebotsorientierten Perspektive bezieht sich die Hauptkritik am Sozialstaat auf seine zu hohen Kosten, seine fehlende Effizienz sowie seine starke Bürokratisierung. Die Lösungsvorschläge kreisen um das Ziel der Stärkung des Marktes als Koordinierungsmechanismus für alle Güter, auch soziale Dienstleistungen. Dies äußert sich konkret in den Forderungen nach Deregulierung, Privatisierung, Wettbewerbsorientierung[1144] und Unterordnung der Sozialpolitik unter die Wirtschaftspolitik[1145], als Stärkung der „Freiheit“ vor staatlicher Bevormundung.[1146] Diese Kritik ist die Ausgangslage der Einführung des NSM.[1147]

Der Ansatz zur „Föderalisierung des Sozialstaates“ bzw. Regionalisierung der Sozialpolitik beinhaltet die Forderung, mehr sozialpolitische Kompetenzen auf die Länderebene zu verlagern und damit einen föderativen Wettbewerb zu begründen. Dies solle zu mehr Innovation und Kostensenkungen bei der Sozialversicherung führen.[1148] Für die Kinder- und Jugendhilfe wurde dieser Ansatz im Kontext der Föderalismusreform von den Ländern vertreten, die für alle Leistungen des SGB VIII die Gesetzgebungskompetenz forderten.[1149]

Die kritisch-alternativen Sichtweisen betonen die Problematik der Standortkonkurrenz und fordern wichtige sozialstaatliche Aufgaben wie die Sozialversicherung weiterhin zu gewährleisten. Die Lösung der Finanzierungsproblematik wird im Umbau der Beitragsgrundlagen, z. B. im Sinne einer Bürgerversicherung, gesehen.[1150] In einer kritischen linken Position gilt der Sozialstaat als Stütze des bestehenden Systems, in dem der Kapitalismus zwar eingehegt ist, aber seine Grundstrukturen (Privateigentum) unangetastet geblieben sind. Solange disziplinierende und pazifieren-

---

1143 Hier ist wirtschaftsliberal gemeint.

1144 Vgl. z. B. *Bock/Thole* 2004b: 11. Dort werden noch „Destabilisierung“ genannt, was allerdings keine eigene Kategorie, sondern Folge der drei genannten ist, und „Ökonomisierung“, was wiederum durch die drei genannten klarer bezeichnet ist.

1145 Vgl. *Pilz* 2004: 60ff, *Gintzel* 2005: 5f.

1146 Vgl. *Metzler* 2003: 220. Der Zielkonflikt zwischen sozialer Sicherheit und individueller Handlungsfreiheit scheint in der Debtte stärker zugespitzt, als er tatsächlich ist, vgl. *Ullrich* 2005: 114f.

1147 Vgl. Kap. 1.1.

1148 Vgl. *Pilz* 2004: 55ff.

1149 Zu den Debatten im Rahmen der Föderalismusreform und ihrem Ausgang für die Kinder- und Jugendhilfe vgl. *Schmid/Wiesner* 2006a und 2006b, vgl. Kap. 2.2.3.

1150 Vgl. *Pilz* 2004: 86ff.

de Funktionen des Sozialstaates noch wirken, ist mit grundlegenden gesellschaftlichen Veränderungen nicht zu rechnen.[1151] Der Ausbau der sozialstaatlichen Leistungssysteme wird als verstärkte Kontrolle über zentrale Lebensbereiche der Bürger_innen, der Kolonialisierung ihrer Lebenswelten[1152] und der Abhängigkeit von Herrschaft und Willkür von Expert_innen gesehen.[1153] Dominanz von Expert_innen über Laien, Verrechtlichung etc. sind allerdings keine sozialstaatsimmanenten Probleme, sondern eher Modernisierungserscheinungen allgemeiner Art.[1154] Der Einfluss dieser Argumentationen ging in den 80er-Jahren immer weiter zurück, während die neoliberale Kritik an Gewicht gewann.[1155] Eine weitere Position, welche sozialdemokratische, neoliberale, konservative und zivilgesellschaftliche Elemente enthält, ist die des aktivierenden Sozialstaats.[1156]

Die Gestalt der Krise des Sozialstaates ist vielschichtig. Analytisch lassen sich eine Finanzkrise, eine Legitimationskrise und eine Strukturkrise trennen.[1157] Die Diskussion um Grenzen des Sozialstaats ist von der Finanzierungsfrage dominiert.[1158] Die ökonomische bzw. finanzielle Krise zielt auf die Kosten der sozialen Leistungen.[1159] Der Sozialstaat ist zu teuer, behindere wirtschaftliches Wachstum und die internationale Wettbewerbsfähigkeit der deutschen Wirtschaft.[1160] Durch die reaktive und kompensatorische Ausrichtung des deutschen Sozialstaates in Bezug auf seine ökonomische Basis (das Marktsystem) gerät vor allem das Sozialleistungssystem unter Druck. Zwar gab es zu Beginn der Krise unterschiedliche politische Konzeptionen zur Bewältigung der finanziellen Probleme in den Sozialleistungssystemen, doch in den politischen Entscheidungen

1151 Vgl. *Lenhardt/Offe* 1977: 101ff.
1152 Vgl. *Habermas* 1981: 229ff.
1153 Vgl. *Ullrich* 2005: 113.
1154 Vgl. *Ullrich* 2005: 113, *Metzler* 2003: 215.
1155 Vgl. *Metzler* 2003: 220.
1156 Vgl. *Pilz* 2004: 72. Zum Konzept des aktivierenden Staates s. u.
1157 Vgl. *Dobner* 2007: 19ff. Zur Finanzkrise vgl. z. B. *Offermann* 1998. Zur strukturellen Krise vgl. z. B. *Heinze* 2003. Auch bezeichnet als ökonomische, politische und strukturelle Krise, vgl. *Metzler* 2003: 209ff.
1158 Vgl. *Dobner* 2007: 43.
1159 Dabei darf jedoch nicht deren ökonomischer Nutzen bzw. ihre Produktivitätswirkungen vergessen werden, vgl. *Olk* 2000: 99f.
1160 Vgl. *Häberlein* 1981: 71, *Metzler* 2003: 214. Die Ökonomie erscheint dabei als *black box*, die aus sich heraus Wachstum generiert. Ob dazu staatliche Interventionen hinderlich oder gar nötig sind, bleibt in den politischen Debatten strittig, vgl. *Boeckh/Huster/Benz* 2011: 426.

setzte sich zwischen 1974 und 1982 unabhängig von den Regierungskoalitionen das konservativ-liberale Modell der Leistungskürzung, Stärkung der Selbstverantwortung[1161] und Bekämpfung von Sozialleistungsmissbrauch durch. Im Ergebnis steht eine Reprivatisierung sozialer Risiken und Lasten und der Versuch, durch Absenkung des Marktlohnes die angebliche Markteffizienz zu verbessern. Dies wird jedoch nicht erreicht. Gründe liegen z. B. in der Pfadabhängigkeit des Sozialleistungssystems und dem Widerstand der Betroffenen.[1162] Insgesamt kann die Zeit ab 1982 im Sinne einer angebotsorientierten Wirtschaftspolitik mit der Formel „Mehr Markt, weniger Staat“ beschrieben werden.[1163] Ob tatsächlich von einer Finanzkrise angesichts hoher Export-Überschüsse gesprochen werden kann, bleibt dahingestellt.[1164] Im Hinblick auf den Verlust und den gezielten Abbau von gesellschaftlichen Bindungen (Prozesse der Flexibilisierung und Enttraditionalisierung) kann eher eine „kulturelle Erosionskrise“[1165] festgestellt werden. Die Individualisierungsprozesse begünstigen die Auflösung solcher Bindungen und führen demnach auch zur Individualisierung von Problemlagen und Risiken. Als Gegenentwurf werden kollektive Lösungen eingefordert, die im Sinne der Auswahl des Koordinierungsmechanismus für soziale Leistungen ausschließlich in der Vergabe öffentlicher Aufträge gesehen wird.[1166]

Der zweite Ansatz stellt auf die Reformresistenz sozialstaatlicher Institutionen, Möglichkeiten politischer Steuerungsfähigkeit und die generelle Legitimation sozialstaatlicher Interventionen ab. Hiermit werden die normativen Grundlagen des Staates massiv in Frage stellt. Das ist Kern der politischen Krise bzw. der Legitimationskrise des Sozialstaates. Ergänzend wird auch auf das Problem der Ineffizienz sozialstaatlichen Handelns ab-

---

1161 Zur Forderung nach mehr Selbstverantwortung vgl. *Kutscha* 1984: 389f. Kritisch hierzu: vgl. *Lampert* 2000: 10.

1162 Vgl. zu allem *Bieback* 1984: 258ff. Zur Reformstrategie im konservativ-korporatistischen Sozialstaat durch Kostendämpfung und Verschärfung des Zugangs zum Leistungsbezug vgl. *Heidenreich* 1999: 200.

1163 Vgl. *Hockerts* 2001: 193f.

1164 Auch ein einfacher Abbau sozialstaatlicher Leistungen ist nicht per se feststellbar, was an der Entwicklung der Sozialleistungsquote zu erkennen ist. Die Sozialleistungsquote schwankt im Zeitraum von 1991 bis 2013 zwischen 26,9 % (1991) und 30,8 % (2003) und steht aktuell bei 29,6 % (2012), vgl. *BMAS* 2013: 173.

1165 *Negt* 2011: 19.

1166 Vgl. *Negt* 2011.

gehoben. Vor allem durch den Prozess der Modernisierung, also Professionalisierung, Bürokratisierung, Demokratisierung und Säkularisierung, sind die Transaktionskosten des Sozialstaates stark gewachsen. Dazu trägt vor allem die hohe Komplexität und Interdependenz der gesellschaftlichen, politischen und ökonomischen Zusammenhänge bei, die bei sozialstaatlichen Interventionen unkalkulierbare Nebeneffekte hervorrufen.[1167] Daraus folgte eine „Unregierbarkeitsthese“ des Staates.[1168] Die Krise der Regierbarkeit speist sich aus der mangelnden Problemverarbeitungsfähigkeit des Staates, da die Bevölkerung immer weitere Ansprüche an den Sozialstaat stellt. Die Gründe dafür werden nicht in der ökonomischen Gesamtsituation gesehen, sondern werden individualisiert.[1169]

Die dritte These geht von einer grundsätzlichen Inkompatibilität des Sozialstaates mit den aktuellen gesellschaftlichen Gegebenheiten aus. Der Sozialstaat könne unter den Bedingungen der Postmoderne nicht mehr bestehen.[1170] Besonders deutlich wird das an drei Problemfeldern: der demographischen Entwicklung, der Zukunft der Erwerbsgesellschaft (Arbeitszentrierung und Entgrenzung)[1171] und dem Spannungsverhältnis von Individualisierung und Solidarität.[1172]

Boeckh/Huster/Benz sehen in der Debatte um die Krise des Sozialstaates die Reformulierung des Gegensatzes vom Primat der Politik zum Primat des Marktes, in sozialstaatlichen Grundnormen ausgedrückt: als Gegensatz von Eigenverantwortung und Solidarität.[1173] Die Gegenüberstellung vom Primat der Politik zum Primat des Marktes[1174] vermischt zwei unterschiedliche Dinge. Politik wird hier als Koordinierungsmechanismus im Gegensatz zum Markt gesehen. In diesem Verhältnis ist sie jedoch eher eine Entscheidungsinstanz. Politik entscheidet darüber, ob Güter über den Markt, eine Zentralverwaltung oder ein Traditionssystem bzw. über wel-

---

1167 Vgl. *Metzler* 2003: 214f, *Boeckh/Huster/Benz* 2011: 427.

1168 Vgl. *Hockerts* 2001: 193.

1169 Vgl. *Kutscha* 1984: 388.

1170 Vgl. *Metzler* 2003: 209.

1171 Entgrenzung verstanden als räumliche Entgrenzung im Sinne der Globalisierung, vgl. *Boeckh/Huster/Benz* 2011: 427, *Böhnisch/Arnold/Schröer* 1999: 86ff, *Hosemann/Trippmacher* 2003b: 4.

1172 Vgl. *Dobner* 2007: 19ff, *Metzler* 2003: 225. Zur Krise der Solidarität im arbeitnehmerzentrierten Wohlfahrtsstaat und möglichen Perspektiven für eine neue Solidarität vgl. *Opielka* 1987: 128ff.

1173 Vgl. *Boeckh/Huster/Benz* 2011: 425ff.

1174 Vgl. z. B. *Bock/Thole* 2004b: 12.

chen Mix dieser drei Arten bereitgestellt werden. Anders gesagt: Die Politik hat entschieden, dass bei der Bereitstellung von sozialen, personenbezogenen Dienstleistungen zunehmend Marktmechanismen implementiert werden, und zwar auf Kosten der Zentralsteuerung und der Traditionssysteme. Das sollte nicht per se kritisiert, sondern dezidiert auf die Folgen hin analysiert werden. Einerseits sind die Folgen weniger eklatant wie allgemeinhin behauptet, andererseits sind bisher keine bahnbrechenden Verbesserungen im Hinblick auf die Effektivität und Effizienz erzielt worden. Was mit dem Primat der Politik hier verwechselt wird, ist das Primat der Bürokratie bzw. für die Kinder- und Jugendhilfe der Sozialverwaltung. Ob die Forderung der Wiederherstellung des Primats der Sozialverwaltung genau so vehement eingefordert würde, sei dahingestellt.

Aus diesem Grund ist eine Betrachtung der Veränderungen des sozialstaatlichen Arrangements nicht unbedingt eine irgendwie geartete Krise, sondern viel eher eine Steuerungsproblematik der Sozialpolitik.[1175] Die unterschiedlichen Krisendiagnosen und Lösungsvorschläge führten ab den 80er-Jahren zu einer Modernisierung des sozialstaatlichen Arrangements, die sich sowohl als Abbau[1176], Umbau[1177] und teilweise Ausbau[1178] der sozialstaatlichen Leistungen zeigen lässt. Vor allem für den Abbau und die Einschränkungen von sozialstaatlichen Leistungen wurde auf die Krise des Sozialstaates, insbesondere seine Finanzkrise, verwiesen. *Zacher* stellt jedoch in Frage, ob dies aus ökonomischer Notwendigkeit geschah oder es sich nicht doch um politisches Kalkül handelte.[1179] Für die Kinder- und Jugendhilfe und besonders die Hilfen zur Erziehung war die Modernisierung des Sozialstaates folgenreich. Seit Mitte der 90er-Jahren ist die Kinder- und Jugendhilfe unter Druck geraten[1180], obwohl oder gerade weil das aktivierende Paradigma Dienstleistungen statt Geldleistung stärkt.[1181] Die Modernisierung des Sozialstaates verlangt einen Perspektivwechsel von den Reformanstrengungen der klassischen sozialstaatlichen Sicherungs-

1175 Auch *Kaufmann* sieht eher Steuerungsprobleme als eine Krise, jedoch vor allem aufgrund der Untauglichkeit des Krisenbegriffs, vgl. *Kaufmann* 2009b: 230f.

1176 Vgl. z. B. *Gintzel* 2005: 16, der gar vom Abriss des Sozialstaates spricht. Wobei sich das empirisch nicht bestätigen lässt, vgl. *Schönig* 2004: 4.

1177 Hier ist die Neujustierung des sozialstaatlichen Arrangements als Modernisierung im Sinne des aktivierenden Paradigmas gemeint.

1178 Z. B. die Einführung des Rechtsanspruchs auf einen Krippenplatz.

1179 Vgl. *Zacher* 1989: 88f.

1180 Vgl. *Sünker* 2002: 115, *Bock/Thole* 2004b: 16.

1181 Vgl. *Schönig* 2004: 5.

systeme hin zu einer politischen Gestaltung und Sicherung der sozialen Infrastruktur für Familien.[1182] Soziale Dienste sind politisch und rechtlich schwächer als monetäre Hilfen, daher konnten diese in der Krise des Sozialstaates leichter eingeschränkt bzw. abgeschafft werden, da keine rechtlichen Änderungen nötig waren.[1183] Die Kritik am Sozialstaat aus steuerungstheoretischer und dienstleistungsorientierter Sicht reduziert ihn auf die Rolle des Produzenten von sozialer Sicherheit.[1184] Der Sozialstaat als Vergesellschaftungsprinzip[1185] gerät damit weder in die Krise noch in die Kritik, sondern lediglich seine ökonomische Reichweite sowie seine Institutionen[1186] und damit auch der Koordinierungsmechanismus seiner Leistungen.

2.1.6 Aktivierender Sozialstaat und Modernisierung der Kinder- und Jugendhilfe

Die Diskussion zur Krise des Sozialstaats in Deutschland hat in den letzten Jahren zu seiner Modernisierung und damit zu seinem Umbau geführt, der mit dem Paradigma[1187] des aktivierenden Sozialstaates[1188] als bedeutendstes Modell[1189] beschrieben werden kann. Als Leitlinien des aktivierenden Paradigmas können die Aktivierung von Selbsthilfepotentialen

---

1182 Vgl. *Richter* 2002: 4.

1183 Vgl. *Zacher* 1989: 113.

1184 Vgl. *Böhnisch/Arnold/Schröer* 1999: 298.

1185 Der Sozialstaat kann nicht begriffen werden als individueller Vertragspartner jedes einzelnen, der seine Investition dem Ertrag dieser Investition gegenüberstellt. Vielmehr stellt sich der Sozialstaat als kollektives, sozialvertragliches Konstrukt heraus, vgl. *Böhnisch/Arnold/Schröer* 1999: 300f.

1186 Vgl. *Böhnisch/Arnold/Schröer* 1999: 300.

1187 Einstweilen wird auch vom „politischen Leitbild" gesprochen, vgl. z. B. *Dahme/Wohlfahrt* 2002: 11, *Opielka* 2003: 543.

1188 Zur Abgrenzung zu Ansätzen eines aktiven Staates als älteres sozialdemokratisches Modell, eines schlanken Staates als rein neo-liberales Modell, eines gemeinwohlorientierten Staates als kommunitaristisches Modell und zu einem steuernden Staat als wohlfahrtspluralistisches Modell vgl. *Lamping/u. a.* 2002. Zur Kritik des scheinbar gemeinwohlorientierten Kommunitarismus vgl. *Ziegler* 2008: 170, *Brumlik* 1995a: 44ff. Zum Verhältnis des Paradigmas der Dienstleistungsorientierung zur Kommunitarismusdebatte vgl. *Böllert* 2003b: 91ff. Zur Tauglichkeit als neues Leitbild des Sozialstaates vgl. *Keupp* 2000.

1189 Vgl. *Schönig* 2004: 10, *Dahme/Wohlfahrt* 2001: 10, *Dahme/Wohlfahrt* 2002: 10, *Galuske* 2004b: 4, *Trube* 2003: 335, *Opielka* 2008: 139.

(z. B. Ehrenamt), die Basisdemokratisierung der Gesellschaft (z. B. Bürger_innenbeteiligung) sowie die Verwaltungsmodernisierung inklusive einer Wettbewerbsorientierung (z. B. NSM) gesehen werden[1190], also allgemein die Umorganisation des Verhältnisses zwischen Staat, Gesellschaft und Individuum.[1191] Mit den ersten beiden Aspekten steht die Debatte um das aktivierende Paradigma im Feld des Zivilgesellschaftsdiskurses und fokussiert in seiner Individualisierungsstrategie im Hinblick auf soziale Sicherung eher „Teilnahme als Teilhabe“.[1192] Dabei zielt die Aktivierung des Individuums nicht nur auf Selbsthilfepotentiale innerhalb einer solidarisch verantworteten sozialen Sicherheit und Ermöglichung von Teilhabe[1193], sondern mehr und mehr auf die Entledigung der sozialen Bezüge zur Figur des „Selbstversorgersubjekts“[1194] mit mehr Eigeninitiative und Eigenvorsorge.[1195] Damit werden letztlich den Individuen die Ergebnisse ihrer Handlungen selbst zugeschrieben.[1196] Der dritte Aspekt steht für eine Stärkung des Marktmechanismus und einen Rückzug staatlicher Eingriffe.[1197] Damit zielt das aktivierende Paradigma auf eine neue Governancestruktur in der Bereitstellung sozialstaatlicher Leistungen.[1198] Diese Rationalisierungen haben die Soziale Arbeit in ihren Handlungsvollzügen und Programmen voll erfasst.[1199]

Für die praktische Umsetzung des Konzeptes des aktivierenden Sozialstaats steht in Deutschland in erster Linie die Agenda 2010 mit den Leit-

---

1190 Vgl. *Luthe* 2003: 167, *Dahme/Wohlfahrt* 2001: 10.

1191 Vgl. *Dahme/Wohlfahrt* 2001: 10.

1192 Vgl. *Kessl* 2001. In diesem Zusammenhang ist auch die Explikation der Subjektivierungsform des „unternehmerischen Selbst“ zu sehen, vgl. *Bröckling* 2007: 46ff.

1193 Eine Rückbindung einer Personenzentrierung im Kontext eines garantistischen Sozialstaatsmodell, wird nicht negativ beurteilt vgl. *Opielka* 2008: 128.

1194 *Kessl/Otto* 2002a: 445. Analysiert als neue post-wohlfahrtsstaatliche Subjektivierungsform vgl. *Ziegler* 2008: 161ff, *Kessl/Otto* 2002b: 135.

1195 Vgl. *Opielka* 2003: 543. Geläufige Sprachfiguren sind „Unternehmer in eigener Sache“ (*Olk* 2000: 108) oder „Unternehmer seiner selbst“ (*Oelkers* 2009: 75 (Hwg)). Bezogen auf den Arbeitsmarkt endet diese Figur industriesoziologisch betrachtet beim „Arbeitskraftunternehmer“ *Voß/Pongratz* 1998: 131ff, vgl. *Galuske* 2004: 60.

1196 Vgl. *Olk* 2000: 105.

1197 Vgl. *Galuske* 2008: 13f.

1198 Vgl. *von Bandemer* 2001: 605.

1199 Vgl. *Kessl/Otto* 2002a: 452ff.

begriffen „Fördern und Fordern".[1200] Die Diagnosen dieser Entwicklung sind in den Sozialwissenschaften mehrheitlich negativ.[1201] Die Kritiken zielen erstens aus gerechtigkeitstheoretischer Perspektive auf die Verschiebung der zu Grunde gelegten Gerechtigkeitsziele von Teilhabegerechtigkeit (oder schwächer Verteilungsgerechtigkeit) zur Chancengerechtigkeit[1202], zweitens aus steuerungstheoretischer Perspektive auf die Änderung des Koordinierungsmechanismus von Solidaritätssteuerung zu Marktsteuerung[1203] und drittens aus sozialpädagogischer Perspektive auf die Implikationen der Aktivierung als Handlungsstrategie gegenüber Leistungsempfänger_innen, die vor allem für die Adressat_innen der Sozialen Arbeit unangemessen erscheinen.[1204] Für die Soziale Arbeit bedeutet dies die Veränderung des korporatistischen Steuerungssystems und damit des Subsidiaritätsprinzips, eine neue Stigmatisierung ihrer Adressat_innen, selbstverschuldet ihre Lage verursacht zu haben, eine Verstärkung des Kontroll- und Normalisierungsauftrags der Sozialen Arbeit (als Neuer Paternalismus), eine Deprofessionalisierung durch Verlust von pädagogischen Freiheiten und Definitionsmacht[1205] und im Rahmen der Aktivierung eine Verantwortungsverschiebung zu den Individuen mit dem Ziel einer gesteuerten Selbststeuerung.[1206] Welcher dieser Aspekte absichtsvoll mit dem aktivierenden Paradigma verfolgt wurde und welcher sich als nicht-intendierter Effekt zeigt, wird an dieser Stelle nicht weiter untersucht. Mit Blick auf die Hilfen zur Erziehung ist bedeutsam, dass damit eine Aktivierung von Elternverantwortung impliziert ist.[1207] Bei aller kritischen Auseinandersetzung muss auch gesehen werden, dass eine Aktivierung im Sinne der Ermöglichung von mehr Selbstbestimmung bzw. subjektiver

---

1200 Vgl. *Fischer* 2005: 296. Für eine Darstellung der einzelnen Maßnahmen vgl. *Pilz* 2004: 203ff.

1201 Für viele seien zwei genannt: Interpretiert als Delegitimation sozialer Grundrechte vgl. *Opielka* 2003: 544. Als Abkehr von Hilfe zur Selbsthilfe und Hinwendung zur Hilfe zum Wettbewerb, umgesetzt durch fürsorgliche Belagerung bei gleichzeitiger Fokussierung von Verhaltens- statt Verhältnisorientierung vgl. *Galuske* 2008: 18. Als vermittelnde Position können Ansätze betrachtet werden, die auf „Ermöglichung" setzen vgl. *Kessl* 2006: 220f.

1202 Vgl. *Kessl* 2001: 143, *Dahme/Wohlfahrt* 2001: 11, *Kessl* 2006: 220.

1203 Vgl. *Bock/Thole* 2004b: 9, *Wohlfahrt* 2001a: 82.

1204 Vgl. *Schönig* 2004: 7, *Olk* 2000: 117.

1205 Vgl. *Galuske* 2004b: 10ff, *Wohlfahrt* 2001a: 85.

1206 Vgl. *Oelkers* 2009: 81ff.

1207 Vgl. *Oelkers* 2009: 79f.

Selbstführung anschlussfähig an die Tradition der Sozialen Arbeit ist.[1208] Aktivierung ist schon immer sozialpädagogisches Prinzip, welches unterschiedlich ausgerichtet werden kann.[1209] Mit der Ausrichtung der aktivierenden Agenda auf eine bestimmte Verhaltensänderung kommt der Sozialpädagogik eine entscheidende Schlüsselrolle zu, denn geht

> „es nicht um weitere Umverteilung von Geld, sondern um die mittel- und langfristige Änderung einer Kultur, also von Haltungen, Einstellungen und symbolisch artikulierten Lebensentwürfen (…) hat die Politik ihr Recht verloren und die Pädagogik als Praxis der Veränderung von Bildungs- und Aneignungsprozessen an Boden gewonnen."[1210]

Also der Modus sozialstaatlicher Dienstleistung ist nach wie vor ein sozialpädagogischer, jedoch mit einer reformulierten Zielrichtung.

Kessl argumentiert, dass auf der Adressat_innenebene die gewünschte Verhaltensänderung auf zweckrationale Kalkulation zielt, das heißt:

> „Kinder und Jugendliche [und ihre Eltern, M.E.] sollen ihr Handeln und damit das persönliche Risiko möglichst zielgenau kalkulieren."[1211]

Es würde dann nicht mehr um offene, emanzipatorisch ausgerichtete Lern- und Bildungsprozesse gehen, sondern um Verhaltenstraining[1212] oder allgemeiner um „Aktivierungspädagogik".[1213]

Im Rahmen des aktivierenden Paradigmas geht es nicht nur um die subjektive „Anpassung an die bestehenden Herrschaftsverhältnisse"[1214], sondern auch um die Erweiterung der Handlungsmöglichkeiten des Einzelnen im Sinne einer „Politik der Lebensführung"[1215] und letztlich um die Rück-

---

1208 Vgl. *Kessl/Otto* 2002a: 452f.

1209 Vgl. *Kessl* 2006: 221ff. Das zeigt sich z. B. an Fachbegriffen wie Prävention, Stadtteilorientierung oder Autonomie, die sowohl emanzipatorisch als auch aktivierend ausgefüllt werden können, vgl. ebd.: 228.

1210 *Brumlik* 2007: 82.

1211 *Kessl* 2006: 225.

1212 Vgl. *Kessl* 2006: 225, *Ziegler* 2008: 171. Dezidiert zur Bildungsreformdiskussion vgl. *Galuske* 2008: 16f. Dafür spricht im Bereich der Hilfen zur Erziehung die Zunahme verhaltenstherapeutischer Angebote und Programme, abzulesen auch an den einschlägigen Fortbildungsprogrammen der Fachverbände.

1213 *Kessl* 2006: 218.

1214 *Fischer* 2005: 90.

1215 *Dahme/Wohlfahrt* 2001: 13, *Wendt* 1999: 236. Grundgelegt als Konzept des „Dritten Weges" durch *Giddens* mit dem Ziel, nicht in Rechte oder Leistungen zu investieren, sondern in Humankapital durch Empowerment, vgl. *Reckwitz* gewinnung sozialstaatlicher Gestaltungsansprüche.[1216] In der Strategie der *life politics* wird jedoch ein „neuer Paternalismus“[1217] erkannt, der letztlich für die Hilfen zur Erziehung eine Abkehr vom Erziehungsziel des SGB VIII zur „eigenverantwortlichen und gemeinschaftsfähigen Persönlichkeit“ bedeute.[1218] Aktivierende Sozialpolitik verspricht aber auch ein Mehr an Freiheit gegenüber einer „sozialstaatlich-bürokratischen Überregelung“[1219]. Durch die steuernden Eingriffe des Gewährleistungsstaates[1220] werden jedoch Gestaltungsspielräume gleichzeitig wieder erheblich eingeengt.[1221] Dem aktivierenden Paradigma liege zumindest theoretisch eher ein befähigendes Motiv als ein paternalistisches Motiv zu Grunde.[1222] Zwar ist das befähigende Motiv anschlussfähig an z. B. emanzipatorische Forderungen[1223] der Sozialen Arbeit, jedoch scheint die Umsetzung des Aktivierungsgedankens nicht auf die Herstellung von Freiräumen zur Reflexions- und Kritikfähigkeit zu zielen, sondern eher auf die „rational-kal-

---

2007: 330f. Die Betonung des Humankapitals führt zum aktivierenden Sozialinvestitionsstaat, vgl. *Olk* 2009: 27.

1216 Vgl. *Fischer* 2005: 90, *Dahme/Wohlfahrt* 2001: 10f, *Dahme/Wohlfahrt* 2002: 10f, *Schirilla* 2003: 28.

1217 *Dahme/Wohlfahrt* 2001: 11, *Dahme/Wohlfahrt* 2002: 23. Im Rahmen des Aktivierungsparadigmas und der innewohnenden Strategie der „life politics“ wird die Soziale Arbeit nur noch auf die Erreichung der normativen Verhaltensanpassungen der Adressat_innen hinarbeiten. Dies steht im Widerspruch zur Lebensweltorientierung und zum hermeneutischen Fallverstehen und führt zur Deprofessionalisierung, vgl. *Dahme/Wohlfahrt* 2001: 14 *Dahme/Wohlfahrt* 2002: 23f.

1218 Vgl. *Gintzel* 2005: 16.

1219 *Maaser* 2007: 57.

1220 Die Rolle des Staates bei der Kinder- und Jugendhilfe ist analytisch trennbar in Gewährleistungsfunktion, Finanzierungsfunktion und Durchführungsfunktion. *Schuppert* differenziert drei Grundtypen der Verwaltungsverantwortung: die Erfüllungsverantwortung (das Jugendamt bietet selbst die Leistungen an), die Gewährleistungsverantwortung (freie/private Träger bieten die Leistung an) und die Auffangverantwortung (spiegelt sich allgemein im Rechtsanspruch auf Hilfe zur Erziehung), vgl. *Schuppert* 1998a: 423ff, *Schuppert* 1998b: 834f.

1221 *Maaser* zeigt dies am Beispiel Pflege, wo durch Fokussierung auf eindimensionale Ergebnisqualität die Spielräume für die soziale Interaktion verloren gehen, vgl. *Maaser* 2007: 57ff.

1222 Vgl. *Fischer* 2005: 90f. A. A. ist *Schirilla*, die das Verhältnis von Empowerment zu Kontrolle für zu unerforscht und damit für unbestimmbar hält, vgl. *Schirilla* 2003: 30f.

1223 Vgl. *Schirilla* 2003: 32f.

kulative Steuerung des eigenen Verhaltens"[1224] durch „verordnete Autonomie".[1225]

In den praktischen Konsequenzen der Steuerungsinterventionen des aktivierenden Sozialstaates werden weiter die Pfade der Gestaltung von sozialer Dienstleistung als allseitige Aktivierung vorgegeben, argumentativ erklärt als Wiederherstellung der Funktionalität des Sozialstaates.[1226] Auch dies kann als paternalistischer Eingriff gedeutet werden, allerdings auf anderer Ebene. Es wird nicht direkt paternalistisch ein bestimmtes Verhalten sozialstaatlich vorgeschrieben (Sozialversicherungspflicht), sondern eher der Modus des gesellschaftlichen Miteinanders als gegenseitige Aktivierung vorgegeben.

Der aktivierende Sozialstaat bekennt sich ausdrücklich zum sozialstaatlichen Ziel der Herstellung sozialer Gerechtigkeit. Im Spannungsfeld von Gleichheit und Freiheit geht der aktivierende Ansatz jedoch nicht von einer Ergebnisgleichheit aus, sondern fokussiert die Startchancengleichheit.[1227] Damit wird wieder stärker der Freiheitsbegriff betont.[1228] Dies bedeutet in letzter Konsequenz, dass sich die Balance von der Verteilungsgerechtigkeit (oder stärker Teilhabegerechtigkeit) hin zur Leistungsgerechtigkeit bzw. Chancengerechtigkeit verschiebt.[1229] Damit wird das Prinzip von Leistung und Gegenleistung zum inhärenten Moment der Herstellung sozialer Gerechtigkeit[1230] und der aktivierende Sozialstaat zum Konditionalstaat.[1231] Dies wird von *Lampert* als merklicher „Verlust an sozialstaatlicher Qualität"[1232] gesehen. Anderer Ansicht ist *Fischer*, der davon ausgeht, dass ein aktivierender Sozialstaat soziale Gerechtigkeit dennoch auch in Zeiten zurückgehender finanzieller Ressourcen erreichen kann, wenn es ihm gelingt, die Lasten innerhalb der Gesellschaft gerecht zu verteilen.[1233] Es wird deutlich, wie sehr das Verständnis sozialer Gerechtig-

---

1224 *Kessl/Otto* 2002a: 454.

1225 *Schirilla* 2003.

1226 Vgl. *Maaser* 2007: 58.

1227 Vgl. *Olk* 2000: 103. Chancengleichheit und Bedarfsgerechtigkeit können jedoch nicht gegeneinander ausgespielt werden. Sie sind komplementär aufeinander bezogen, vgl. *Becker/Hauser* 2009: 284.

1228 Vgl. *Kessl* 2006: 220.

1229 Vgl. *Lampert* 2000: 13ff.

1230 Vgl. *Fischer* 2005: 82 und 91ff, *Wohlfahrt* 2001a: 83, *Zacher* 2001: 613.

1231 Vgl. *Trube* 2003: 341.

1232 *Lampert* 2000: 14.

1233 Vgl. *Fischer* 2005: 82 und 91ff.

keit die Bewertung des sozialstaatlichen Arrangements bestimmt. Die Argumentation der Originalkonzeption der Sozialen Marktwirtschaft ist aufschlussreich, da sie gerade nicht die primäre Verteilung durch den Markt sieht, sondern klassische sozialstaatliche Leistungen, wie die Hilfe zur Erziehung im Marktrand, und damit in direkter Distribution durch den Staat.

Kritisch betrachtet hat das aktivierende Paradigma beträchtliche Folgen für das bisherige Subsidiaritätsprinzip.[1234] Die Überformung der korporatistisch vorgeprägten partnerschaftlichen Zusammenarbeit zwischen freien/privaten Trägern und Jugendamt durch die Einführung des Kontraktmanagements, in diesem Zusammenhang die Vereinbarungen nach §§ 78a-g SGB VIII, deutet *Fischer* als Schwächung des Subsidiaritätsprinzips.[1235] Die neuen Steuerungsstrukturen schwächen den Korporatismus und die Wohlfahrtsverbände.[1236]

Entgegen der vorherigen Auslegung, auch präventiv zu wirken, um der „marktwirtschaftlich induzierten Ungleichheitsdynamik"[1237] entgegenzuwirken, wird durch das aktivierende Paradigma die sozialstaatliche Unterstützung auf bereits eingetretene Krisen begrenzt. Soziale Gerechtigkeit endet bei einer „grundsichernden Schutzpolitik"[1238] und gibt damit den menschenrechtsorientierten Anspruch auf. Die Loslösung des Subsidiaritätsprinzip von einem menschenrechtsbegründeten Personenprinzip lässt die Argumentation zu, in der der Anspruch auf solidarische Unterstützungsleistungen nur durch das Einbringen von vorausgehender Eigenleistung legitimiert wird[1239], kurz: Eigenverantwortung geht vor Solidarität.[1240] Die konsequente Anwendung dieses Subsidiaritätsverständnisses führt durch zunehmende Verknüpfung von solidarischer Unterstützung an individuelle Vorleistung zur Paternalisierung[1241] und aufgrund der notwendigen Prüfung der vorhandenen eigenen Ressourcen zum Kontrollstaat.[1242] Weiter gibt der Staat bestimmte (hauptsächlich präventive) Leistungen der Distribution durch den Markt preis und Subsidiarität fällt auf die Befähi-

---

1234 Vgl. *Maaser* 2007: 59f, auch *Fischer* 2005: 114. Zur genaueren Betrachtung des Subsidiaritätsprinzips vgl. Kap. 2.5.3.

1235 Vgl. *Fischer* 2005: 142.

1236 Vgl. *Schönig* 2004: 6.

1237 *Maaser* 2007: 59.

1238 *Maaser* 2007: 60.

1239 Vgl. *Heimbach-Steins* 2007: 37f.

1240 Vgl. *Große Kracht* 2007: 48.

1241 Vgl. *Galuske* 2004: 58.

1242 Vgl. *Höffner* 2006: 168.

gung der Menschen zur Marktteilnahme zurück.[1243] Die Menschen sollen befähigt werden, ihre Wohlfahrtsbedarfe marktförmig zu befriedigen[1244], und mit der Marktfähigkeit wird letztendlich auch die eigene Arbeitsmarktfähigkeit fokussiert.[1245] Eine weitere Kritik am aktivierenden Sozialstaat richtet sich darauf, dass die gesamte Sozialpolitik nach technokratischen und betriebswirtschaftlichen Kriterien umgebaut und in den Dienst arbeitsmarktpolitischer Intentionen gestellt werden soll. Die zentrale Leitkategorie der Sozialpolitik wäre damit nicht mehr Teilhabe an der Gesellschaft, sondern eine Teilnahme am Arbeitsmarkt.[1246] Zu beachten ist, dass die Teilnahme am Arbeitsmarkt in kapitalistischen Gesellschaftsformen eine zentrale Schlüsselfunktion im Hinblick auf Teilhabe hat zum einen durch die Inklusion in die Arbeitswelt selbst, zum anderen durch die Möglichkeit, über den Lohn am Tauschhandel teilzunehmen. Dennoch besteht eine Gefahr, wenn das Subsidiaritätsprinzip in obigem Sinne normativ gesetzt wird. Damit könnte über die Beschwörung der Subsidiaritätsformel auch das aktivierende Paradigma eine normative Setzung erfahren. Im Kontext der vorliegenden Arbeit hat die Modernisierung des Sozialstaates mit dem aktivierenden Paradigma vor allem Auswirkungen auf das Verhältnis von Bürger_innen zum Staat und von Staat zu den freien/privaten Trägern sozialer Dienste.

Die aktivierende Logik zeigt sich in der Fokussierung von subjektbezogenen Aktivierungsstrategien, Intervention bzw. Sanktion bei abweichendem Verhalten und einer Verantwortung für die Durchführung bei Dritten (Zivilgesellschaft, freie/private Träger).[1247] Das Konzept des aktivierenden Sozialstaats zielt in erster Linie nicht auf Leistungsabbau, sondern auf eine neue Justierung des Koordinationsmechanismus der Wohlfahrtproduktion und dem Status seiner Akteure.[1248]

Das aktivierende Paradigma hat sich über die sozialpolitischen Entscheidungen und sozialrechtlichen Veränderungen, für die Hilfe zur Erzie-

---

1243 Vgl. *Maaser* 2007: 59f. „Das zentrale Ziel des aktivierenden (…) [Staates] ist die Inklusion der BürgerInnen in Märkte" *Marquard* 2011: 43, vgl. ebenso *Olk* 2009: 26.

1244 Vgl. *Esping-Anderson* 2004: 192.

1245 Vgl. *Nullmeier* 2011: 292, *Wohlfahrt* 2001a: 84, *Dahme/Wohlfahrt* 2001: 12. Das Ziel Vollbeschäftigung weicht dem Ziel Beschäftigungsfähigkeit, vgl. *Olk* 2009: 26.

1246 Vgl. *Pilz* 2004: 72ff.

1247 Vgl. *Marquard* 2011: 42.

1248 Vgl. *Fischer* 2005: 102ff, vgl. ausführlich Kap. 2.5.

hung besonders die Vereinbarungen nach §§ 78a-g SGB VIII als Kontraktmanagement, auf die Kinder- und Jugendhilfe übertragen und deren Modernisierung eingefordert. Die wichtigsten Instrumente für die hier vorliegende Fragestellung sind die Veränderung des Koordinierungsmechanismus zu mehr Marktelementen[1249], die stärkere Einbindung der Adressat_innen als Ko-Produzent_innen und die Implementierung von betriebswirtschaftlichen Techniken bei der Leistungserstellung.[1250] Insgesamt wird ein Wandel der Kinder- und Jugendhilfelandschaft herbeigeführt, der durch gesellschaftliche[1251] und politische Modernisierungsprozesse, Finanzknappheit kommunaler Haushalte, gewandelte Erwartungen der Adressat_innen an die Leistungserbringer, Kritik an der sozialen Dienstleistungserbringung und dem Auftreten neuer Anbieter geprägt ist.[1252]

Fischer skizziert unter Bezug auf eine soziologische Analyse des institutionellen Arrangements des Wohlfahrtstaates unter der Dynamik seiner Veränderungen durch modernisierungstheoretische Handlungsansätze eine Reorganisation der Kinder- und Jugendhilfe unter aktivierungspolitischer Perspektive.[1253] Als Prinzipien des aktivierenden Staates nennt er vier Aspekte.[1254] Erstens eine Reformulierung des gesellschaftlichen Dialogs als Stärkung des Status aller gesellschaftlichen Akteure unter Gewährleistung von einem größeren Maß an Partizipation.[1255] Zweitens eine neue Verantwortungsteilung[1256] zwischen den Akteuren. Der Staat soll nicht mehr für alles zuständig sein, sondern mit seinen Bürger_innen und anderen gesell-

---

1249 Allerdings bedeuten mehr Marktelemente nicht zwangsläufig weniger staatliche Aktivität. Die Entwicklungen in der Pflege zeigen, dass zur Sicherung der Qualität privater Anbieter erhebliche staatliche Anstrengungen unternommen werden, vgl. *Leisering* 2000: 110.

1250 Vgl. *Fischer* 2005: 112.

1251 Für die großen Wohlfahrtsverbände bedeutet die gesellschaftliche Modernisierung (Pluralisierung, Individualisierung, Säkularisierung) die Auflösung ihrer traditionellen Sozialmilieus, aus denen sie entstanden sind, und damit auch der großen Wertegemeinschaften, was zum Zerfall von Legitimation führt, vgl. *Sachße* 1994b: 28.

1252 Vgl. *Fischer* 2005: 139.

1253 Vgl. *Fischer* 2005: 104ff. Allgemein für den aktivierenden Staat vgl. von *Bandemer* 2001: 608f.

1254 Vgl. zu allem *Fischer* 2005: 98ff.

1255 Dabei soll im aktivierenden Paradigma nicht nur Partizipation in Entscheidungsprozessen, sondern auch in Erstellungsprozessen (Koproduktion) ermöglicht werden, vgl. *Olk* 2000: 110 und 115, vgl. Kap. 1.4.3.

1256 Als zentraler Aspekt des aktivierenden Staates vgl. *Lamping/u. a.* 2002: 29.

schaftlichen Akteuren in ein kooperatives Verhältnis treten. Dem Staat fallen nur noch unterschiedliche Teilverantwortungen zu, wie z. B. die Gewährleistungsverantwortung[1257], die Vollzugsverantwortung oder die Finanzierungsverantwortung. Drittens geht es um die Stärkung der Koproduktion als Neugestaltung des Wohlfahrtsmix. Ziel ist es, durch neue Koproduktionsformen die Stärken aller unterschiedlichen Akteure besser zu nutzen.[1258] Viertens die Leistungsaktivierung selbst, die sich auf die „tatsächliche Umsetzung der Zielvorstellungen unter Beteiligung aller Akteure“[1259] bezieht.

Über das Prinzip des gesellschaftlichen Dialogs kann im positiven Sinn wenigstens erwartet werden, dass der Adressat_innenstatus auf eine gleichberechtigte Ebene zu den Leistungsanbietern und zum Staat gehoben werden soll. Die Frage ist jedoch, ob diese Strategie für die Adressat_innen der Sozialen Arbeit überhaupt aufgehen kann. Im Hinblick auf die Hilfen zu Erziehung lassen sich diese Prinzipien der aktivierenden Modernisierungen nachzeichnen. Durch die Vereinbarungsstruktur zwischen Jugendamt und freien/privaten Trägern und die Rechtskonstruktion, dass Eltern Auftraggeber der Leistungserbringer sind und einen subjektiven Rechtsanspruch gegenüber dem Staat haben, werden letztlich alle vier Prinzipien bedient. Dennoch muss aus einer historischen Entwicklungsperspektive kritisch hinterfragt werden, ob die Pfadabhängigkeiten des korporatistischen Systems nicht stärker wirken als die politischen Impulse zur aktivierenden Steuerung dieses Systems. Dieser These folgend würden demnach aktivierende und modernisierende Steuerungsmechanismen auf korporatistisch geprägte Strukturen prallen. Dies wiederum würde zu neuen Ineffizienzen in den Aktivitäten führen.

Letztlich zeigen sich im Hinblick auf die Bürger_innen im aktivierenden Staat auf der einen Seite in der Individualisierung von Risiken und Anforderungen, eine mögliche Zumutung, auf der anderen Seite mehr Partizipation und Gestaltungsfreiheit.[1260] Dennoch bleibt im Hinblick auf die Familien in der Hilfe zur Erziehung eher Skepsis und Kritik zurück, da sie durch den erzieherischen Bedarf, bei aller Ressourcenorientierung, eigentlich genau jene Fähigkeiten und Kompetenzen eher nicht aufweisen, die

---

1257 Kritisch hierzu vgl. z. B. *Maaser* 2007.
1258 Ebenso vgl. *Olk* 2000: 108 und 114f.
1259 *Fischer* 2005: 100.
1260 Ähnlich vgl. *Olk* 2009: 33.

nötig wären, die Zumutungen und Anforderungen zu bewältigen und die positiven Aspekte zu nutzen.

2.1.7 Die Hilfe zur Erziehung als sozialstaatliche Leistung

Die Hilfe zur Erziehung lässt sich in zweifacher Hinsicht als sozialstaatliche Leistung mit verfassungsrechtlichem Bezug rekonstruieren. Zum Ersten ist sie im Hinblick auf die Sozialstaatskonzeption von sozialer Gerechtigkeit als sozialstaatliche Leistung zu bewerten. Zum Zweiten wird über die Konstitution des Grundrechts der freien Entfaltung der Persönlichkeit (Art 2 Abs. 1 GG) als soziales Grundrecht die Hilfe zur Erziehung zur Unterstützungsleistung dieses Grundrechts und damit ebenso verfassungsrechtlich rückgebunden. Die Hilfen zur Erziehung sind demnach eine sozialstaatliche Leistung mit verfassungsrechtlicher Grundlage.[1261] Unter der Perspektive der ethischen Legitimation der Hilfe zur Erziehung ist eine alleinige Bezugnahme auf soziale Gerechtigkeit jedoch nicht hinreichend. An ihre Seite müsse eine Theorie der Caritas treten.[1262]

Die Kinder- und Jugendhilfe ist final ausgerichtet.[1263] Als ein Finalziel ist die Durchsetzung sozialer Gerechtigkeit (als Teilhabegerechtigkeit) zentral.[1264] Diesen Finalzielen sind Instrumentalziele bezogen auf bestimmte Handlungsfelder vorgelagert. Für die Kinder- und Jugendhilfe ist das die Gewährleistung der Menschenwürde und der Voraussetzungen für eine freie Persönlichkeitsentfaltung.

Die Kinder- und Jugendhilfe soll

> „unter den Geboten des Sozialstaatsprinzips und des Gleichheitssatzes die Angleichung der Voraussetzungen für die freie Persönlichkeitsentfaltung durch Ausgleich eines tatsächlich bestehenden individuellen Defizits und Befriedigung eines hieraus resultierenden Bedarfs an Erziehung bewirken“[1265],

---

1261 Vgl. *Richter* 2001: 1028, *Pitschas* 2002: 168ff.

1262 Vgl. *Brumlik* 2013a: 41ff.

1263 Vgl. *Boeckh/Huster/Benz* 2011: 157.

1264 Vgl. *Lampert/Althammer* 2004: 449. Die beiden anderen Finalziele sind die Sicherung des inneren Friedens in der Gesellschaft und die Sicherung sowie Erhöhung der materialen Freiheit für alle durch Absicherung individueller Erwerbschancen bzw. durch ein System sozialer Sicherheit.

1265 *Wiesner* in: *Wiesner* 2011a, Vor §§ 11ff., Rn. 20, vgl. auch *Lampert/Althammer* 2004: 449.

damit alle jungen Menschen „ihr Grundrecht auf freie Entfaltung der Persönlichkeit verwirklichen können.“[1266]

Die Kinder- und Jugendhilfe leistet demnach einen Beitrag zu Grundrechtsverwirklichung[1267] von jungen Menschen und kann

> „aus ihren Grundsätzen heraus begründen, wie diese Dienstleistungen grundrechtskonform erbracht werden müssen.“[1268]

Mit der Neuordnung der Kinder- und Jugendhilfe im Sozialgesetzbuch Achtes Buch 1990[1269] wurde die Hilfe zur Erziehung bei gleichzeitiger Bedarfsprüfung als steuerfinanzierte, soziale, personenbezogene Dienstleistung mit subjektivem Rechtsanspruch der Eltern kodifiziert. Nach der Herleitung der normativen Implikationen des Sozialstaatsprinzips und der daraus begründeten Sozialpolitik[1270], die sich am Kindeswohl als zentralen Bezugspunkt ausrichtet[1271], handelt es sich bei der Hilfe zur Erziehung um eine sozialstaatliche Dienstleistung.[1272] Die Leistungsverpflichtung der Kinder- und Jugendhilfe geht auf das Sozialstaatsgebot aus Art. 20 Abs. 1 GG zurück.[1273] Die moderne Kinder- und Jugendhilfe ist ein „zentraler Baustein des sozialstaatlichen Arrangements“[1274] und „elementarer Bestandteil der deutschen Wohlfahrtspolitik“.[1275]

Die Kinder- und Jugendhilfe ist ein sozialpolitisches Betätigungsfeld zur Verwirklichung von mehr Gleichheit bezogen auf eine bestimmte Le-

---

1266 *Wiesner* in: *Wiesner* 2011a, Vor §§ 11ff., Rn. 19. Auch benannt als verfassungsrechtlich garantiertes „Person-Werden“, vgl. *Rothenburg* 2010: 63. Zum Begriff des “Person-Werden“ vgl. z. B. *Engels* 1997.

1267 Vgl. *Denninger* 1969: 379f.

1268 *Burghardt* 2010: 35.

1269 Vgl. Kap. 2.2.

1270 Die Lebenslage junger Menschen ist durch die Lebensumstände sowie die Erziehungsfähigkeit und -bereitschaft der Eltern maßgeblich bestimmt. Daraus ergibt sich die Notwendigkeit sozialpolitischer Hilfe, vgl. *Lampert/Althammer* 2004: 375.

1271 Vgl. *Lessenich* 1996: 216f. Zur Begründung vgl. *Esping-Andersen* 2004: 197.

1272 Die sozialstaatliche Ausrichtung der Kinder- und Jugendhilfe wurde früh gesehen: Jugendfürsorge ist wohlfahrtsstaatliche Aufgabe, und da sie nicht nur dem einzelnen Kind, sondern der Allgemeinheit zu Gute kommt, ist auch ihre öffentliche Finanzierung legitimiert, vgl. *Rehm* 1925: 105f.

1273 Vgl. *Münder*, in: *Münder/Meysen/Trenczek*, § 1, Rn. 2, vgl. auch § 1 SGB I.

1274 *Rauschenbach/Züchner/Schilling* 2011: 40.

1275 *Rauschenbach/Züchner/Schilling* 2011: 47, ebenso vgl. *Fischer* 2005: 22.

benssituation[1276] und mehr sozialer Gerechtigkeit.[1277] Sozialpolitisch gewendet steht die Hilfe zur Erziehung als sozialstaatliche Leistung für eine pädagogisch-ökologisch ausgerichtete sozialpolitische Interventionsform. In der analytischen Typologie von *Kaufmann*[1278] zielt diese in erster Linie auf die Verbesserung von Handlungskompetenz (Handlungsfähigkeit und -bereitschaft) und abgeschwächt auf die Verbesserung von Gelegenheitsstruktur (soziale, räumliche, sachliche Umwelt).[1279] Für eine Verbesserung der Gelegenheitsstruktur ist relevant, dass in der Regel freie/private Träger vom Grundsatz her mehr Bürger_innennähe und Ortsnähe als zentrale Verwaltungseinheiten bieten[1280], auch wenn im Kontext des NSM eine sozialräumliche Ausrichtung (Regionalisierung) der Sozialverwaltungen angestrebt wird. Im Hinblick auf die Verbesserung von Handlungskompetenz geht es um Prozesse sozialen Lernens. Eine entscheidende Frage ist, wer hier das Recht hat, über die inhaltliche Ausrichtung der Leistung zu entscheiden.[1281]

Mit Rückgriff auf *Oevermann*s Figur der Professionalisierungsbedürftigkeit[1282] lässt sich eine relative berufliche Autonomie der Sozialen Arbeit begründen. Wenn durch die Grundrechte die „freie Entfaltung der Persönlichkeit" garantiert ist, dann sind solche Professionen zugelassen, die Hilfen bei „Störungen der leiblichen und psychosozialen Integrität leisten können".[1283] Wenn das SGB VIII in § 1 Abs. 1 mit dem Recht auf Förderung der Entwicklung und auf Erziehung zu einer eigenverantwortlichen und gemeinschaftsfähigen Persönlichkeit der jungen Menschen daran anschließt, dann sind die Hilfen zur Erziehung eine sozialstaatliche Leistung zur Gewährung der Grundrechte im besten Sinne. Zusätzlich ist auch die grundrechtliche Gewährleistung der pädagogischen Freiheit hierüber begründbar.[1284]

Die Kinder- und Jugendhilfe kann als sozialpolitisches Instrument rekonstruiert werden. Allerdings besteht gleichermaßen die Gefahr, dass sie

1276 Vgl. *Zacher* 2001: 362.
1277 Vgl. *Thiersch* 2000: 531.
1278 Vgl. *Kaufmann* 2009b. S. 88ff.
1279 Vgl. *Kaufmann* 2009b. S. 88ff und 123f.
1280 Vgl. *Kaufmann* 2009b. S. 101f.
1281 Vgl. *Kaufmann* 2009b. S. 104, vgl. Kap. 1.2.
1282 Vgl. *Oevermann* 1997: 70ff.
1283 *Burghardt* 2010: 37.
1284 *Burghardt* spricht von Spielräumen der Arbeitsvollzüge, vgl. *Burghardt* 2010: 37f.

stark funktionalisiert wird. Dieses Spannungsfeld ist konstitutiv für die Hilfe zur Erziehung, da sie einer der intensivsten Unterstützungsleistungen zur Person-Werdung und damit auch Bürger_in-Werdung des Sozialstaates darstellt. Wenn demnach überlegt wird, welche institutionellen Rahmenbedingungen für die Hilfen zur Erziehung im Sinne der sozialpädagogischen Qualität förderlich sind, ist eine Positionierung in diesem Spannungsfeld von Nöten. Das bedeutet die sozialpädagogische Zielrichtung der Hilfen zur Erziehung im Kontext sozialpädagogischer Freiheit zu sichern. Oder konkreter: zur Erfüllung ihrer sozialstaatlichen Aufgabe ist die Gewährung der sozialpädagogischen Freiheit im direkten Erbringungsverhältnis der Hilfe zur Erziehung konstitutiv.

Die Hilfe zur Erziehung als soziale Dienstleistung sieht sich in der Folge des Umbaus des Sozialstaates im Sinne des aktivierenden Paradigmas grundlegenden Veränderungen ausgesetzt. Der Koordinierungsmechanismus verändert sich von einem System starker korporatistischer Verflechtung zwischen freien/privaten Träger und dem öffentlichen Träger bei gemeinsamer Planungs-, Durchführungs- und auch Finanzierungsverantwortung[1285] hin zu einem Koordinierungsmix mit stärkeren Anteilen von Marktelementen. Dadurch entstehen neue Ungewissheiten und Unsicherheiten bei den freien/privaten Trägern, aber auch eine größere Abhängigkeit der öffentlichen Träger von deren Leistungsangeboten. Die Vereinbarungen nach §§ 78a-g SGB VIII sehen vor, die Leistungen genau zu definieren und prospektive Entgelte hierfür zu verhandeln. Damit sollen Leistungen und „Preise“ vergleichbar werden und durch den Wettbewerbsmodus unter den Leistungsanbietern Innovationen und wirtschaftlicher Umgang mit den Finanzmitteln gefördert werden. Die starke Verzahnung mit dem öffentlichen Träger und die quasi-staatliche Ausrichtung der freien/privaten Träger würden in diesem Sinne aufgrund der neuen rechtlichen Regelungen einer zunehmend sozialwirtschaftlichen Orientierung weichen. Allerdings ist im Sinne der starken Pfadabhängigkeiten zu beachten, dass dieser Wechsel des Koordinierungsmodus nicht einfach umzusetzen ist, da die vorherige, über viele Jahrzehnte gewachsene korporatistische Struktur nachwirkt. Zur genaueren Betrachtung scheint die Rekonstruktion der Rechtsbeziehungen der Akteure in der Hilfe zur Erziehung notwendig.

1285 Die freien/privaten Träger haben immer schon Eigenmittel in die Finanzierungen eingebracht, wie z. B. Spenden und Kirchenmittel.

2.2 *Die Rechtsentwicklung vom Reichsjugendwohlfahrtsgesetz (RJWG) zum Sozialgesetzbuch Achtes Buch (SGB VIII) Kinder- und Jugendhilfe*

Die Rekonstruktion der Rechtsentwicklung[1286] dient hier einerseits als Indikator für gesellschaftliche Entwicklungen und Diskussionen zum angestrebten Sozialstaatsmodell. Sie ist damit Ausdruck der verwirklichten Sozialpolitik:

> „Politische Regulierung, die über das Recht vermittelt ist, kann (...) nicht als ein von gesellschaftlichen Deutungsmustern abgelöster, selbstbezogener Prozess verstanden werden."[1287]

Diese gesellschaftlichen Deutungsmuster sind im Sinne *Fleck*s auch als unterschiedliche Denkstile zu verstehen, die nur im Kontext der je spezifischen, historischen Entwicklungen rekonstruierbar sind.[1288] Die Entwicklung kann in einem interdependenten Wechselspiel zwischen unterschiedlichen Akteuren gesehen werden. So sind Novellen und Änderungen des Sozialrechts Ergebnis gesellschaftspolitischer Diskussionen und zugleich Auslöser eben dieser.[1289] In Anlehnung an *Mierendorff* kann der Rechtsentwicklung entscheidende Bedeutung zur Rekonstruktion struktureller

1286 Im Folgenden stehen nur die einschlägigen Materien zur Jugendfürsorge bzw. Kinder- und Jugendhilfe im Fokus. Die Bereiche Vormundschaftswesen, Jugendstrafrecht und Kinder- und Jugendschutz werden nicht behandelt. Für eine Analyse des Jugendstrafrechts und des Kinder- und Jugendschutz im Hinblick auf die Entwicklung kultureller und struktureller Muster moderner Kindheit vgl. *Mierendorff* 2010: 157-234. Für einen kritischen Kurzüberblick zu Repression und Resozialisierung im Jugendhilferecht vor dem SGB VIII vgl. *Barabas/ Sachße* 1974. Zur Entwicklung von Obervormundschaft und Kindesschutz in Abgrenzung zur väterlichen Munt vgl. ausführlich *Rehm* 1925: 7-95. Der Diskurs zur Einheit der Kinder- und Jugendhilfe, also dem Verhältnis von Jugendfürsorge und Jugendpflege bleibt ebenso ausgeblendet. Für einen Überblick zur Debatte um die Jugendpflege aus sozialrechtlicher Perspektive vgl. *Hasenclever* 1978 und aus pädagogischer Perspektive vgl. *Scherpner* 1966 oder *Giesecke* 1980 und 1981 auch *Rehm* 1925: 414ff.

1287 *Mierendorff* 2010: 74f.

1288 Vgl. *Lanwer* 2013: 2.

1289 *Mierendorff* spricht von stetiger Vermittlung und Auseinandersetzung des politisch-rechtlichen Regulierungsapparates mit gesellschaftlichen Teilbereichen, vgl. *Mierendorff* 2010: 75. Allerdings betont sie die Anpassungsbedürftigkeit des Rechts, wenn der durch dieses gesetzte normative Rahmen auf Ablehnung stößt. Dabei wird unterbetont, dass das Gesetz auch Impulse zu einer innovativen Praxisentwicklung leisten kann, vgl. *Reismann* 2001: 50f.

Muster des Kinder- und Jugendhilfesystems zugeschrieben und diese somit analysiert werden.[1290]

Andererseits können aus institutionsökonomischer Sicht über die Rechtsentwicklung Rückschlüsse auf die institutionalisierten Verhältnisse der Akteure untereinander gezogen werden. Für die vorliegende Fragestellung sind dabei die strukturellen Muster der Beauftragungsverhältnisse und Vertragsverhältnisse zu rekonstruieren und auf ihre Bedeutung für die Akteure hin zu befragen. Sie können als konstitutive Elemente der Hilfe zur Erziehung aus rechtlicher und institutionsökonomischer Sicht gelten. Dabei wird sich zeigen, dass es aus der historischen Entwicklung heraus notwendig ist, zwischen formalen (rechtlich kodifizierten) und faktischen (in der Praxis etablierten) Vertrags- und Beauftragungsverhältnissen zu unterscheiden.

Die Rechtsentwicklung ist im Hinblick auf die Kinder- und Jugendhilfe von vier Thematiken beherrscht. Erstens die Rolle der freien/privaten Träger in der Erziehung von Kindern, zweitens der Aufbau und die Etablierung der Jugendämter als staatliche Garanten für Erziehungsansprüche, drittens das Verhältnis von Eltern zum Staat und schließlich das Verhältnis der Eltern zu ihren Kindern. Innerhalb dieser vier Themenkomplexe wurden und werden die politischen und fachlichen Auseinandersetzungen über das grundlegende Verhältnis von privater zu öffentlicher Erziehung geführt. In der grafischen Darstellung entsteht ein Dreieck[1291]:

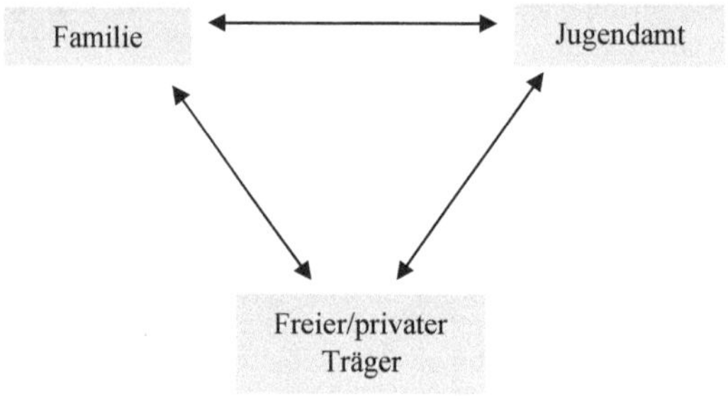

Abb. 1: Einfaches Leistungsdreieck; eigene Darstellung.

1290 Vgl. *Mierendorff* 2010, die systematisch strukturelle und kulturelle Muster von Kindheit anhand der Rechtsentwicklung entschlüsselt.

1291 Die Begrifflichkeiten wurden aus sozialpädagogischer Sicht gewählt. Aus rechtlicher Sicht besteht das jugendhilferechtliche Dreieck aus Leistungsberechtigten, Leistungserbringern und Leistungsträgern, vgl. *Münder* 2011d: 445f.

Zur Systematisierung werden die Entwicklungen des Reichsjugendwohlfahrtsgesetzes (RJWG), des Jugendwohlfahrtsgesetzes (JWG) und des SGB VIII Kinder- und Jugendhilfe chronologisch betrachtet, wobei der Fokus auf der Hilfe zur Erziehung bzw. ihrer Vorgängerinstitute Fürsorgeerziehung (FE) und Freiwillige Erziehungshilfe (FEH) liegt.

2.2.1 Die Entwicklung zum Reichsjugendwohlfahrtsgesetz (RJWG)

Die rechtliche Entwicklung für jugendfürsorgerische Leistungen beginnt auf Reichsebene etwa 1850 mit den Entwürfen in einem zu schaffenden Reichsjugendwohlfahrtsgesetz (RJWG). Das RJWG sollte die erste reichseinheitliche Regelung der Fürsorgeleistungen darstellen, die auf Kinder und Jugendliche ausgerichtet ist.[1292] Die Ausgangslage[1293] war geprägt von unterschiedlichen Akteuren, welche die wirtschaftliche, körperliche, sittliche und gesundheitliche Not der Jugend mit fürsorgerischen Leistungen[1294] zu lindern suchten.[1295] Hierzu gehörten die Armenfürsorge und die Waisenfürsorge als staatliche organisierte Bereiche sowie die Rettungshäuser, häufig in Organisation konfessioneller Vereine. Aus diesen konfessionellen Vereinen entwickelte sich die heutige freie/private Kinder- und Jugendhilfe unterschiedlicher Trägerschaften und Rechtsformen.[1296] Die

---

1292 Eine historisch angelegte Analyse der Rechtsentwicklung müsste deutlich früher beginnen. Da aber die Entwicklung des SGB VIII im Fokus steht, ist das RJWG als grundlegendes Vorläufergesetz als Ausgangspunkt ausreichend und zweckmäßig, vgl. *Wiesner* 2011b: 67. Für eine Darstellung der Jugendrechtsentwicklung im Kaiserreich vgl. *Hasenclever* 1974: 20-47, *Scherpner* 1966: 156ff. Für eine Auseinandersetzung mit der frühen FE im Übergang von der feudalen zur kapitalistischen Gesellschaft aus kapitalismuskritischer Sicht vgl. *Ahlheim/Hülsemann/Kapczynski* 1974: 13ff. Eine sehr umfassende Arbeit zur Geschichte der Jugendfürsorge hat *Rehm* vorgelegt, vgl. *Rehm* 1925. Für eine Kurzchronologie der Jugendhilfegesetzgebung vgl. *Kunkel* 2013: 20f. Für eine Übersicht der landesrechtlichen Regelungen vgl. *Sachße/Tennstedt* 1988: 87f.

1293 In der Vorphase der Kodifizierung des RJWG prägte der Deutsche Verein für öffentliche und private Fürsorge (DV) mit mehreren Fachtagungen und Empfehlungen die Fachdebatten. Zu den Inhalten vgl. z. B. *Orthbandt* 1982.

1294 Unter Fürsorge im Allgemeinen wurde die „organisierte Hilfeleistung der Gesellschaft an einzelnen ihrer Glieder, die in der Gefahr stehen, sich aus dem Gemeinschafts- und Gesellschaftsgefüge, aus ihrer Ordnung und ihrem Leben herauszulösen und ihr zu entgleiten" (*Scherpner* 1966: 10) verstanden.

1295 Vgl. *Scherpner* 1966: 165ff.

1296 Vgl. *Sachße/Tennstedt* 1998: 222-244, vgl. Kap. 2.1.2.

Regelungen vor dem RJWG zur Zwangs(fürsorge)erziehung können inhaltlich in drei Stränge differenziert werden.

Der Erste nimmt seinen Ausgang im Reichsstrafgesetzbuch (RStGB). Aufgrund einer neuen Haltung Kindern gegenüber, die maßgeblich durch *Rousseau* begründet wurde, folgte aus der Auseinandersetzung über den Umgang mit straffällig gewordenen Kindern um 1870 eine Reform des RStGB. Die Strafmündigkeitsgrenze mit 12 Jahren[1297] wurde eingeführt und die gemeinsame Unterbringung von Erwachsenen und Kindern in Strafanstalten aufgehoben. Für die strafmündigen Jugendlichen wurden Jugendabteilungen in den Haftanstalten geschaffen; für die strafunmündigen waren die Erziehungs- und Besserungsanstalten für Jugendliche zuständig. Die Einweisung erfolgte aber nicht über das Strafrecht, sondern über das Vormundschaftswesen, da sie aufgrund fehlender Einsicht straffrei ausgingen. Diese Möglichkeit bestand jedoch nur für Kinder über 12 Jahren. Die Kinder unter 12 Jahren wurden von diesen Regelungen nicht erfasst, da sie im Sinne des RStGB nicht straffällig sein konnten. Da straffälliges Verhalten der Kinder unter 12 Jahren als Folge eines „gröblichen Erziehungsmangels"[1298] interpretiert wurde und dies immer häufiger vorkam, wurde 1876 mit einer Novelle des RStGB die Unterbringung auf unbedingt strafunmündige Kinder unter 12 Jahren durch das Vormundschaftsgericht in Erziehungs- und Besserungsanstalten auf öffentliche Kosten ausgedehnt.[1299] Diese „öffentliche Zwangserziehung obervormundschaftlichen Gepräges"[1300] entstand demnach aus der Reformbewegung des Strafrechts. Mit der Novelle wurde reichsweit durch das Strafgesetz bestimmt, dass alle Länder zu entsprechenden Gesetzen angeregt und ermächtigt sind. Aus den teilweise bestehenden, teilweise neuen landesrechtlichen Regelungen[1301] entwickelte sich ein unterschiedlicher und da-

---

1297 Kinder unter 12 Jahren galten als unbedingt strafunmündig, weil bei ihnen das Vorhandensein der „erforderlichen Einsicht" grundsätzlich verneint wurde. Kinder über 12 Jahre wurden als bedingt strafmündig bezeichnet, da auch sie, wurde ihnen die erforderliche Einsicht im Einzelfall nicht zugesprochen, straffrei ausgingen, vgl. *Rehm* 1925: 339f.

1298 *Rehm* 1925: 340, vgl. auch ebd.: 445.

1299 vgl. *Scherpner* 1966, *Rehm* 1925: 100f, *Münder* 1990a: 47. "Mit dieser neuen Bestimmung war die Grundlage geschaffen für die sogenannte Zwangserziehung, aus der die heutige Fürsorgeerziehung hervor ging." *Scherpner* 1966: 162.

1300 *Rehm* 1925: 340.

1301 Diese landesrechtlichen Regelungen sind der Ausgangspunkt der späteren Normen zur FE im RJWG, die nicht freiwillig in Anspruch genommen werden mit unbefriedigender Rechtszustand.[1302] Unbefriedigend war dieser auch deshalb, weil häufig nur die Zwangserziehung solcher Minderjähriger geregelt war, die vor dem 12. Lebensjahr eine Straftat begangen hatten.[1303]

Die Regelungen des BGB von 1900 zur Zwangserziehung sind der zweite Strang im Kontext fürsorgerechtlicher Regelungen. Diese sollten sich aus dem strafrechtlich-polizeilichen Wirkungskreis lösen und wurden als „präventive Fürsorgeerziehung" in Verantwortung des Vormundschaftswesens gefasst.[1304] Das BGB regelte jedoch nur, dass das Vormundschaftsgericht bei schuldhafter Verletzung des Erziehungsrechts der Eltern zur Abwendung der darin begründeten „sittlichen Verwahrlosung" die entsprechenden Maßnahmen, insbesondere die Fremdunterbringung, anordnen kann. Damit gab es keinen öffentlich-rechtlichen Anspruch der Kinder, aufgrund der Verwahrlosung einzuschreiten, sondern nur im Rahmen des bürgerlichen Rechts die Aufforderung, bei schuldhaftem Versagen der Eltern tätig zu werden. Das Vormundschaftsgericht konnte gegen den Willen der Eltern eine Zwangserziehung anordnen, jedoch auf Kosten der Eltern, sodass diese Maßnahmen von der materiellen Leistungsfähigkeit der Eltern oder der mildtätigen Leistung freier/privater Träger abhängig blieben.[1305] Durch die Zwangserziehung wurde im Hinblick auf das Verhältnis Eltern-Kind-Staat ein konkurrierendes öffentliches Erziehungsrecht bei Versagen der Eltern angenommen.[1306] Aufgrund dieser reichsrechtlichen Regelung haben die Länder die öffentliche FE rechtlich neu gestaltet. Sie gingen vom öffentlich-rechtlichen Begriff der Verwahrlosung aus und machten sich die Möglichkeiten des Vormundschaftswesens aus dem bürgerlichen Recht zunutze. Aus der „Zwangserziehung" wurde die „Fürsorgeerziehung".[1307]

---

konnte, sondern immer durch das Vormundschaftsgericht angeordnet und aufgehoben wurde.

1302 Vgl. *Orthbandt* 1982: 376.

1303 Vgl. *Rehm* 1925: 341ff.

1304 Vgl. *Rehm* 1925: 343f.

1305 Es war landesrechtlich möglich, Ersatzerziehung in Fällen schuldhaften Versagens der Eltern zu beschließen und auch auf öffentliche Kosten (Land) durchzuführen. Reichseinheitlich wird dieser Umstand durch das RJWG so gelöst, dass im Notfall die Armenbehörde (Kommune) die Kosten zu tragen hat.

1306 Vgl. *BT-Drs* 11/5948: 52, *Rehm* 1925: 342.

1307 Diese war im bürgerlichen Recht noch ausgestaltet als „private Ersatzerziehung".

War bei der Zwangserziehung nach dem RStGB die Straffälligkeit der Kinder der Auslöser und bei der FE im bürgerlichen Recht das schuldhafte Versagen der Eltern der Auslöser, so war beim dritten Strang „die völlige objektive Verwahrlosung" der Auslöser. Diese Möglichkeit schaffte das Einführungsgesetz zum BGB 1896. Dabei ging es ausschließlich darum, Kinder vor „völligem sittlichem Verderben" zu schützen, unabhängig von den Gründen. In der Ausführung der nun neuen Regelungen zur öffentlichen FE konnte sich der Staat auf die vielfältigen und zahlreichen Jugendfürsorgeeinrichtungen der freien Wohlfahrtspflege stützen.[1308]

Vor Einführung des RJWG bestanden neben den zwei Sonderinstituten der strafrechtlich begründeten öffentlichen Zwangserziehung und der bürgerlich-rechtlich normierten Ersatzerziehung auf private Kosten die jeweiligen landesrechtlichen Regelungen[1309] zur öffentlichen FE im öffentlichen Recht. Diese sind aus der Obervormundschaft des Staates abgeleitet und benötigen keine strafrechtliche Gesetzesbasis mehr. *Rehm* zieht folgende Bilanz: Die Fürsorgeerziehungsgesetze wenden sich

> „gegen die Verwahrlosung als eine öffentliche Gefahr gegen Staat und Gesellschaft. Sie bekämpfen die Verwahrlosung als selbstständige Erscheinung um ihrer selbst willen, wo sie nur auftritt, nicht mehr bloß als einen Sonderfall der Strafgerichtsbarkeit, der Sicherheits-, Sitten-, und Gesundheitspolizei oder der Gewerbeaufsicht. Ihre Waffe ist die Ersatzerziehung auf öffentliche Kosten und unter öffentlicher Aufsicht."[1310]

Diese drei Vorgängerinstitute wurden durch die Einführung des RJWG in die „Fürsorgeerziehung" (FE) und in die „Schutzaufsicht"[1311] überführt. Die FE zeichnet sich durch fünf spezifische Aspekte aus:

1. „Sie dient der Verhütung (im engeren Sinne) oder Heilung erzieherischer Fehlentwicklung.

1308 vgl. *Rehm* 1925: 343f.

1309 Zu den sehr unterschiedlichen landesrechtlichen Regelungen in Form und Inhalt vgl. *Rehm* 1925: 347ff.

1310 *Rehm* 1925: 353.

1311 Zur Ausgestaltung und Entwicklung der Schutzaufsicht vgl. *BMJFG* 1972b: 134, *Gernert* 1978: 121, *Rehm* 1925: 326ff. Im SGB VIII findet sich die Schutzaufsicht als Teil der Hilfen zur Erziehung wieder (§ 30 SGB VIII „Betreuungshelfer"). Bis heute steht diese Maßnahme im Kontext des Jugendstrafrechts. Die Betrachtung dieser Maßnahme wird in dieser Arbeit nicht verfolgt, da sie für die Konstitution der Hilfe zur Erziehung nachrangig ist und im Rahmen der Kinder- und Jugendhilfe ein struktureller und inhaltlicher Fremdkörper bleibt, vgl. *Wiesner* 2011a, § 13, Rz. 26f.

2. Sie enthält, unter weitgehender Ausschaltung des Rechtes der Personensorgeberechtigten, als primäre Leistung die Erziehung des Minderjährigen in einem Heim oder in einer anderen Familie.
3. Sie wird vom Vormundschaftsgericht gemäß der §§ 62ff. RJWG (§§ 64ff. JWG) angeordnet und aufgehoben.
4. Sie wird von einem besonderen Kostenträger (§ 70 Abs. 1 RJWG § 85 JWG) – also nicht von der allgemeinen öffentlichen (wirtschaftlichen) Fürsorge – finanziert.
5. Sie wird von der ‚Fürsorgeerziehungsbehörde' (§ 70 Abs. 1 RJWG; jetzt vom Landesjugendamt: § 69 JWG), bei der die Verantwortung für die Erziehung des Minderjährigen über die Dauer der "Fürsorgeerziehung" liegt, durchgeführt."[1312]

Die FE[1313] als Vorläufer der Hilfe zur Erziehung ist keineswegs aus pädagogischen Erwägungen entstanden, sondern aus ordnungspolitischen Zweckerwägungen des Staates.[1314] Dennoch manifestierte sich das neu erwachte staatliche Erziehungsinteresse in einer „Pädagogisierung des Strafrechts"[1315]:

> „Die politischen Entwicklungen im 19. Jahrhundert zeigen, dass die Kinder- und Jugendhilfe ursprünglich zum großen Teil aus einem polizeirechtlichen, ordnungspolitischen Denken hervorgegangen ist. Erziehungsgedanke, Erziehungsanspruch und die Idee von der Förderung der Persönlichkeit haben sich erst langsam im Recht niedergeschlagen und über die einzelnen Reformen hinweg fest etabliert."[1316]

Das Verhältnis von Familie zum Staat war eindeutig bestimmt. Vor allem in den vorherrschenden liberalen Rechtsstaatstheorien der bürgerlichen Gesellschaft im 18. und 19. Jahrhundert war kein Platz für staatliche Fürsorge- und Erziehungsmaßnahmen außerhalb von Gefährdungstatbeständen. Diese werden als private Wohlfahrtstätigkeiten verstanden.[1317] Eine unmittelbare staatliche Hilfe in Fragen der Erziehung ohne „obrigkeitliche Vorzeichen"[1318] war undenkbar. Die Einführung des BGB im Jahr 1900 zementierte diese Haltung. Das Kind hatte nach dem BGB kein Recht auf Erziehung, sondern nur auf Unterhalt. Damit wirkte das „Staatsfreie Patri-

---

1312 *Schneider* 1964: 86f.
1313 Zur sozialpädagogischen Ausgestaltung der FE vgl. *Schneider* 1964: 44-56.
1314 Vgl. *Flug* 1929: 181.
1315 *Sachße* 1996: 558, vgl. auch *Flug* 1929.
1316 *Mierendorff* 2010: 82.
1317 Vgl. *Barabas/Sachße* 1974: 36, *Scherpner* 1966: 156.
1318 *Schneider* 1964: 9.

archalprinzip"[1319] bis in das BGB nach. An den politischen und fachlichen Vorstößen zur pädagogischen und rechtlichen Stärkung der Stellung des Kindes setzen gesetzliche Reformbestrebungen an. Diese wurden erstens aus der Perspektive, dass die Situation von Kindern nicht mit auf Erwachsene zugeschnittenem Recht erfasst werden kann, und zweitens aus der Zersplitterung[1320] auf der Ebene der Organisationen begründet.[1321] Die inhaltliche Entwicklung dieser einheitlichen Regelung war geprägt von der Tradition der FE und des Vormundschaftswesens.[1322]

Neben dem Verhältnis Familie zum Staat ist auch das Verhältnis Eltern zum Kind bedeutsam. Die Forderung nach einem Recht des Kindes auf Erziehung wurde von *Polligkeit* schon 1905 aufgestellt. Die Diskussionen dieser Zeit wurden von *Felisch* 1909 in fünf Forderungen pointiert[1323]:

> „'Erster Leitsatz: Das Kind ist ein anderes Wesen als der Erwachsene; deshalb bedarf die Jugend eines anderen Rechtes.'
> ,Zweiter Leitsatz: Das Jugendproblem ist die Frage der Bildung des Naturmenschen in einen Kulturträger.'
> ,Dritter Leitsatz: Das Kind hat ein öffentlich-rechtlichen Anspruch auf Erziehung.'
> ,Vierter Leitsatz: Die Jugendfrage hat einen universellen Charakter, dieser kann, solange das Gesetzgebungswerk zersplittert bleibt, nicht gebührend gewürdigt werden.'
> ,Fünfter Leitsatz: Ziel der gesetzgeberischen Arbeit muss eine auf den Grundsatze der Freiheit beruhte Erziehung zur selbstverantwortlichen Persönlichkeit sein.'"

Durch die Fokussierung des Rechts des Kindes auf Erziehung änderte sich das Wesen der FE. Alle Fürsorge müsse dem Wesen nach Erziehung sein.[1324] Sie war nicht mehr ausschließlich ordnungspolitisch ausgerichtet, sondern umfasst Maßnahmen,

---

1319 *Rehm* 1925: 95. Zwar hat der Staat gegenüber der Familie seine Zurückhaltung aufgegeben und den Eltern die Pflicht zur Erziehung im BGB aufgegeben, aber daraus kein eigenes Recht des Kindes gestaltet, vgl. *Rehm* 1924: 96ff.

1320 Vgl. *Scherpner* 1966: 172, *Sachße* 1996: 557f, *Sachße/Tennstedt* 1988: 100, *Schneider* 1968: 9.

1321 Vgl. *Polligkeit* 1930: 32f. Für eine sozialpädagogische Perspektive auf die Entwicklungslinien der Jugendfürsorge vgl. *Bäumer* 1929a: 5.

1322 Vgl. *Sachße* 1996: 557ff.

1323 *Felisch* 1917: 5ff. Für eine ausführliche Argumentation zur Notwendigkeit eines einheitlichen deutschen Jugendgesetzes vgl. *Felisch* 1912.

1324 Vgl. *Rehm* 1925: 104, *Scherpner* 1966: 172.

> „die es mit in irgendeinem Sinne nicht normalen Verhältnissen zu tun haben und hier vorbeugend, schützend oder heilend eintreten sollen.“[1325]

Flug spricht von der Etablierung einer „aktiven Erziehung im Sinne der neueren Sozialpädagogik.“[1326] *Scherpner* schreibt später,

> "Ziel dieses ganzen Bemühens der Jugendfürsorge ist es, dem Jugendlichen die ihm gemäßen Entwicklungsmöglichkeiten zu sichern und ihn in den Gesamterziehungsprozeß, das heißt in die regulären Gemeinschaftsbindungen hineinzuführen, damit er zum mündigen und selbstverantwortlichen Glied der Gesellschaft heranwächst."[1327]

Rehm postuliert:

> „Nicht mehr das Objekt staatlicher Besserung also, die in erster Linie auf die Sicherheit des Gemeinwesens abzielt, sondern als Subjekt, als Träger eines natürlichen Erziehungsanspruchs trat hier das Kind nunmehr auf."[1328]

Zu erkennen ist hier die Vorstellung von einer staatlichen Pflicht, jedem jungen Menschen dazu zu verhelfen; eine eigenverantwortliche und gemeinschaftsfähige Persönlichkeit[1329] auszubilden.

Die Verpflichtung des Staates zur Anordnung der FE wird nicht mehr nur aus dem Blickwinkel der Gesellschaft bestimmt, welche der Annahme folgte, dass verwahrloste Kinder und Jugendliche die Gemeinschaft gefährden. Verwahrlosung wird stattdessen als Not aus der Perspektive der Kinder und Jugendlichen interpretiert und daraus die Zielsetzung der Jugendfürsorge bestimmt.[1330] Dieser Anspruch zog schon damals als Konsequenz die staatliche Zuständigkeit als Unterstützung und Kontrolle für Erziehungsangelegenheiten nach sich und entfaltete das Spannungsfeld von Eingriff und Leistung. Vor allem das BGB mit seinem „Leitbild von Erziehung als elterlicher Privatautonomie“[1331] stand damit in Konkurrenz zu einem öffentlich verbürgten Recht des Kindes auf Erziehung.[1332] Die ge-

---

1325 *Bäumer* 1929b: 18.

1326 *Flug* 1929: 181.

1327 *Scherpner* 1966: 12.

1328 *Rehm* 1925: 101, vgl. auch *Schneider* 1964: 122f.

1329 Vgl. § 1 Abs. 1 SGB VIII.

1330 Vgl. *Flug* 1929: 184f.

1331 *Sachße* 1996: 561. A. A. ist *Bäumer*, die den Vorrang der Familie nur als rein praktische Natur ansieht. Aus dem Recht des Kindes leitet sie eine „Ausdehnung der Befugnisse des Staates und eine Einschränkung der Ansprüche der Familie“ *Bäumer* 1929a: 10, ab.

1332 Vgl. *Sachße* 1996: 561f.

samte Diskussion um die Einführung des RJWG muss im Kontext des Wandels von Familie[1333] und im Spannungsfeld von bürgerlicher und proletarischer Familie gesehen werden.[1334] Die folgenden Reformdiskussionen werden von der Grundsatzfrage beherrscht, wie weit Erziehung vergesellschaftet werden soll und wie weit Erziehung in den Privatraum der Familie bzw. der freien/privaten Träger verlagert bleibt.[1335] Diese Spannungen treffen zum einen in parteipolitischen Grabenkämpfen der jeweiligen konservativen, liberalen und sozialistischen/sozialdemokratischen Vertreter_innen und zum anderen in einer Art korporatistischem Ringen zwischen den wohlfahrtsstaatlichen (oft kirchlichen) Verbänden und den öffentlichen Behörden aufeinander.

Das Verständnis zur Stellung des Kindes hat sich an der Wende vom 19. zum 20. Jahrhundert (ca. 1890 – 1933) deutlich verändert, was im Kontext der Disziplinentwicklung der Erziehungswissenschaft als Phase der Reformpädagogik bezeichnet wird. Als zentrales Werk gilt das „Das Jahrhundert des Kindes“ von *Key*, während als Vordenker insbesondere *Rousseau*, *Pestalozzi*, *Comenius* genannt werden. Die Reformpädagogik muss als historische Phase verstanden werden, die unter dem Einfluss philosophischer, gesellschaftlicher und politischer Strömungen geprägt wurde.[1336]

Inkrafttreten des RJWG

Vor allem durch die Industrialisierung und die Kriegsverhältnisse des ersten Weltkrieges waren die Familie und die bis dato entwickelten behördli-

---

1333 Vgl. *Barabas/Sachße* 1974: 33f.

1334 Vgl. *Heinsohn/Knieper* 1974. Die Autoren kommen aus der – kritisierbaren – Annahme, der lohnabhängige Arbeiter hätte kein Interesse an Kindern als Erben, zu dem Ergebnis, dass „die Familie soweit gesellschaftliche Realität ist, wie hier genannte Aufgaben nicht vergesellschaftet sind, daß andererseits das Gesamtbild der Familienautonomie weitgehend Fiktion ist.“ ebd.: 27.

1335 *Polligkeit* spricht von drei Gruppen der Jugendfürsorge. Eine wird durch Familie (familial), eine durch Behörden (öffentlich) und eine durch Fürsorgevereine (privat) erbracht, vgl. *Polligkeit* 1930: 31. Im Folgenden werden die Begriffe *familial* für die private Familienerziehung, *öffentlich* für die behördlich-staatliche Erziehung und *freie/private* für die wohlfahrtliche, kirchliche sowie privatgewerbliche Erziehung verwendet.

1336 Vgl. zur Rekonstruktion *Oelkers* 2005. Für eine an den Protagonist_innen orientierte Übersicht vgl. *Kuhlmann* 2013: 91ff.

chen und freien Unterstützungssysteme erheblich unter Druck geraten.[1337] Aus der daraus resultierenden Notlage der Jugend wurde die Notwendigkeit einer reichsweiten Regelung immer dringender.[1338] Wenige Wochen vor dem Ende des 1. Weltkrieges führen die Bemühungen um ein Reichsgesetz für die Jugendfürsorge zu einer einzigartigen fachlichen Kundgebung, dem Deutschen Fürsorgetag[1339] 1918 in Berlin. In der Tagung gibt es Übereinstimmung, dass es eines eigenständigen, von der Armenbehörde getrennten Jugendamtes[1340] bedarf. Auch wird die Notwendigkeit eines Reichsgesetzes nicht bestritten, wenn auch die Frage der Priorität von Reichsgesetz zu Landesgesetzen offen bleibt. Von Seiten der katholischen Verbände wird die Sorge geäußert, die dem Jugendamt zugestandenen Machtbefugnisse könnten die freie/private Kinder- und Jugendhilfe nach Belieben ausschließen. Von Subsidiarität war noch keine Rede. Ergebnis der Tagung ist das Postulat, dass die Einrichtung von Jugendämtern in Stadt und Land als Träger der öffentlichen Fürsorge für unerlässlich gehalten wird.[1341]

Die neue Reichsregierung verspricht in ihrem Regierungsprogramm, den Ausbau des Mutterschutzes sowie der Säuglings- und Jugendfürsorge[1342] in Angriff zu nehmen. Mit der im August 1919 in Kraft getretenen

---

1337 Die soziale Fürsorge ist aus einer kompensatorischen Funktion all dieser Bereiche als Nothilfe für nicht vorhandene oder nicht ausreichende Familie entstanden. In der Folge hat sie sich aber als eigenständiges System mit Erziehungsaufgaben etabliert, vgl. *Bäumer* 1929a: 3f.

1338 Vgl. *Polligkeit* 1930: 34, *Hasenclever* 1978: 42, *Gernert* 1978: 16. Für eine ausführliche Übersicht der gesamtgesellschaftlichen und politischen Lage der Weimarer Republik in Bezug auf die Entwicklung der Jugendfürsorge vgl. *Sachße/Tennstedt* 1988: 99ff.

1339 Titel: Jugendämter als Träger der öffentlichen Jugendfürsorge im Reich, vgl. *Orthbandt* 1982: 379.

1340 Zur ausführlichen Darstellung des gesellschaftlichen Kontextes, in dem die Jugendämter entstanden sind und mit Bezugspunkten zur erziehungswissenschaftlichen Diskussion vgl. *Vogel* 1960: 9-28, *Rehm* 1925: 454ff.

1341 Vgl. *Hasenclever* 1978: 42f. Für eine dezidierte Übersicht der Für und Wider eines einheitlichen Jugendgesetzes vgl. *Hasenclever* 1978: 45f.

1342 Ende des 2. Jahrzehnts stehen vier unterschiedliche Vorschläge von einer möglichen reichsgesetzlichen Regelung der Jugendfürsorgematerie nebeneinander. Eine dieser Alternativen war ein „Jugendamtsgesetz", welches überall verpflichtend Jugendämter einführt. Diese sollen die bereits entwickelten Aufgaben der Jugendfürsorge übertragen bekommen. Die Armenkinderpflege soll von der Armenpflege abgetrennt werden und die gröbsten landesrechtlichen Unterschiede sollen vereinheitlicht werden. Diese pragmatische Lösung wird 1961 weitestge-

Weimarer Verfassung (WRV) erhielt der Schutz der Jugend mit den Grundrechten der Art. 120-122 WRV Verfassungsrang.[1343] Weiter ist durch Art. 7 WRV geregelt, dass die Gesetzgebungskompetenz des Reiches für die Mutterschafts-, Säuglings- und Jugendfürsorge gilt.[1344] Der erste Reichstag zeigt wegen innenpolitischer Schwierigkeiten, schwerer Kriegsfolgelasten und Finanznot der öffentlichen Hand an einem Gesetz für Jugendwohlfahrt kein Interesse.[1345] Nachdem vor allem Frauen im Reichstag aufgrund des zunehmenden Kinderelends und der „Zersplitterung und Planlosigkeit“[1346] der Kinder- und Jugendhilfe auf die Verabschiedung parteiübergreifend drängen[1347], wird am 1921 der erste Entwurf eines Reichsgesetzes für Jugendwohlfahrt dem Reichstag vorgelegt.[1348] Wichtigste Marken des Entwurfes sind im Hinblick auf die vorliegende Fragestellung der Anspruch des Kindes auf Erziehung, die Struktur der neuen Behörden und ihr Verhältnis zur freien/privaten Kinder- und Jugendhilfe, die Schutzaufsicht sowie die FE.

In der Gesetzesbegründung wird abgehoben auf die Kinder- und Jugendhilfe als Soziale Fürsorge.[1349] Vor allem die Möglichkeit zur Anordnung der FE sollte mit dem RJWG gegenüber den landesrechtlichen Regelungen ausgebaut werden. Die materielle Voraussetzung der FE war nun bereits eine drohende (bei Pflichtverletzung durch die Erziehungsberechtigten) oder eingetretene (ohne Verschulden der Erziehungsberechtigten) Verwahrlosung.[1350] Gegen den Entwurf gab es mehrere Einwände. Während die Länder im Reichsrat hauptsächlich die Übernahme der entstehenden Mehrkosten thematisierten, fokussierten ein Reichstagsausschuss, eine Sachverständigenkommission und viele weitere fachliche Stellungnahmen

hend mit dem Jugendwohlfahrtsgesetz (JWG) umgesetzt, vgl. *Hasenclever* 1978: 46f, *Münder* 1990a: 44f.

1343 Vgl. *Sachße* 1996: 562, *Rehm* 1925: 445.

1344 Vgl. *Polligkeit* 1930: 36, *Rehm* 1925: 458.

1345 Vgl. *Hasenclever* 1978: 52.

1346 *Rehm* 1925: 454.

1347 Vgl. *Wiesner* 2011b: 68.

1348 Vgl. *Hasenclever* 1978: 53, *Polligkeit* 1930: 37. Als Grundlage des Entwurfes muss der preußische Entwurf eines Jugendfürsorgegesetzes von 1918 und das württembergische Jugend-Amt-Gesetz von 1919 gesehen werden, vgl. *Rehm* 1925: 459.

1349 Vgl. *Hasenclever* 1978: 54.

1350 Vgl. *Bäumer* 1929b: 21, *Gernert* 1978: 122. Angeordnet wird die FE durch das Vormundschaftsgericht.

das Verhältnis von freier/privater und öffentlicher Kinder- und Jugendhilfe.[1351] *Barabas/Sachße* sprechen von „offenem Widerstand" der privaten Organisationen, die durch eine reichseinheitliche Gesetzgebung eine Tendenz zur Verstaatlichung der Erziehung und demnach den Verlust ihrer „unkontrollierten Machtposition" sahen.[1352] Hier liegt aus der Perspektive der Rechtsentwicklung der Beginn der bis heute andauernden Interessenskonflikte im Dreiecks-Verhältnis von familialer Erziehung zu öffentlicher[1353] Erziehung zu freier/privater Erziehung.

Die Bestimmung der Fürsorgeerziehungsbehörde war Sache der Länder, fast überall wurde das Landesjugendamt mit dieser Aufgabe betraut.[1354] Damit waren die örtlichen Jugendämter bei der FE zwar beteiligt, aber durchgeführt und finanziert werden sollte sie durch das Landesjugendamt.

Trotz der strittigen Punkte wurde am 14. Juni 1922 das RJWG mit einer großen Mehrheit im Reichstag verabschiedet, jedoch vor allem aus finanziellen Erwägungen nicht in Kraft gesetzt.[1355] Während Fachverbände auf die Umsetzung des RJWG, zur Not mit Einschränkungen, drängen, stellt der Städtetag das Gesetz sogar gänzlich in Frage. Im Jahr 1923 wird ein Kompromiss[1356] erzielt und das RJWG tritt im Rahmen einer Verordnung 1924 in Kraft, die faktisch den status quo festschrieb.[1357] Der Weimarer Demokratie ist mit der Einführung des RJWG 1924 dennoch die erste ge-

---

1351 Vgl. *Polligkeit* 1930: 37. Weiter forderte der Reichsrat die Aufrechterhaltung der Landesregelungen zu den Vormundschaftsgerichten und lehnte ein Reichsjugendamt ab. Für eine Zusammenstellung aller Konflikte im Entwurf vgl. *Hasenclever* 1978: 62ff.

1352 Vgl. *Barabas/Sachße* 1974: 37. Für die konfessionellen Organisationen ging es auch um die inhaltliche Ausrichtung der Erziehung, vgl. *Sachße/Tennstedt* 1988: 107.

1353 Auch wenn Befürwortern der vergesellschafteten, staatlichen Erziehung bewusst war, dass diese auch wiederum von der Position der bürgerlichen Familie in der Organisationsform des bürgerlichen Staates ausging, vgl. *Barabas/Sachße* 1974: 38.

1354 Vgl. *Münder* 1990a: 47

1355 Vgl. *Hasenclever* 1978: 59. Zum Gang der parlamentarischen Behandlung vgl. *Münder* 1990a: 48f.

1356 Erarbeitet wurde dieser Kompromissvorschlag vom DV, vgl. *Orthbandt* 1982: 381. Zu den Einzelheiten des Kompromisses vgl. *Bäumer* 1929b: 26, *Polligkeit* 1930: 39ff, *Hasenclever* 1978: 55-62, *Münder* 1990a: 49f, *Schneider* 1961: 113, *Schneider* 1968: 10. Zwar wurden für den Kompromiss wichtige Bestimmungen aufgegeben, es wird darin jedoch keine elementare Aushöhlung der Grundanliegen des Gesetzes gesehen, vgl. *Polligkeit* 1930: 30-41.

1357 Vgl. *Münder* 1990a: 50, ebenso *Wiesner* 2011b: 68f.

setzliche Grundlage einer neuen gesellschaftlichen, wohlfahrtsstaatlichen Aufgabe gelungen, die fachpolitisch hoch bedeutsam war.[1358]

In die Zeit der Weltwirtschaftskrise fällt die Notverordnung zur Fürsorge von 1932, welche die Altersgrenzen bei der FE um zwei Jahre absenkt und die es erlaubt, diese zu verweigern, wenn keine Aussicht auf Erfolg besteht.[1359] Damit wurde das Recht des Kindes auf Erziehung ausgehöhlt und bereits ein Instrument des Ausschlusses geschaffen, welches im Nationalsozialismus aufgegriffen und unter Bezug auf „biologische Ausschlusskriterien" pervertiert wurde.[1360] Die angespannte Finanzsituation der Weltwirtschaftskrise hatte auch Auswirkungen auf die Jugendwohlfahrt. *Münder* spricht von deren „faktischer Austrocknung".[1361] Die konstruktiven und fortschrittlichen Impulse und Debatten zur Fortentwicklung von Praxis und Recht der Jugendfürsorge versandeten.[1362]

In kritischer Betrachtung[1363] bleibt festzuhalten, dass das Primat der familialen Erziehung beibehalten und die öffentliche Erziehung negativ ergänzend hierzu konzipiert wird.[1364] Weiter wird kritisch gesehen, dass der Bezugspunkt des RJWG nicht die fachlichen Aufgaben waren, sondern die Behörde Jugendamt.[1365] Das Gesetz ist kein Leistungsgesetz[1366], da der einklagbare Rechtsanspruch auf Erziehung fehlt[1367], sondern ein Behördengesetz. Die Leistungsansprüche der Anspruchsberechtigten werden in den Zuständigkeitsregeln des Jugendamtes versteckt.[1368] Aus Mangel an

---

1358 Vgl. *Hasenclever* 1978: 73, *Rauschenbach/Züchner/Schilling* 2011: 43.

1359 Vgl. *Münder* 1990a: 51. Kurz darauf folgte eine zweite Verordnung, die jedoch keine inhaltlichen Veränderungen brachte, vgl. ebd.

1360 Vgl. *Hasenclever* 1978: 118.

1361 *Münder* 1990a: 50, vgl. *Hasenclever* 1978: 98f.

1362 Vgl. *Hasenclever* 1978: 126, *Münder* 1990a: 52.

1363 Zu einer umfassenden kritischen Würdigung des RJWG vgl. *Hasenclever* 1978: 73ff, und aus juristisch-sozialpädagogischer Perspektive vgl. *Schneider* 1964.

1364 Vgl. *Sachße* 1996: 562f, *Hasenclever* 1978: 83ff.

1365 Vgl. *Sachße* 1996, 563.

1366 Zur Problematik der Kodifizierung von Leistungen im Recht und Schaffung einer Leistungsbehörde im Kontext der Leitbilder des liberalen Rechtsstaates vgl. *Schneider* 1964: 10ff.

1367 Vgl. *Mierendorff* 2010: 88f. Die vorgesehen Leistungen werden durch das Gesetz nicht mit klar erkennbaren Rechts- und Teilhabeansprüchen verknüpft vgl. *Hasenclever* 1978: 83ff.

1368 Vgl. *Hasenclever* 1978: 83ff. *Vogel* sieht jedoch gerade im Jugendamt eine „institutionelle Sicherung des grundsätzlichen Erziehungsanspruchs" (*Vogel* 1960: 28) von Kindern und Jugendlichen.

gesetzgeberischer Erfahrung mit der Kodifizierung von Leistungen öffentlicher Erziehung wurde ein „unübersichtliches Durcheinander von Organisationsnormen, Zuständigkeitsregelungen und Leistungsverpflichtungen“[1369] produziert, was die stärkere Akzentuierung von Kontrolle und Aufsicht als ordnungspolitische Ausrichtung des Gesetzes forcierte.[1370] Wegen der Konzentration auf eingreifende Maßnahmen kann weder die Erziehungsfähigkeit in der Familie verbessert noch eine Etablierung der ambulanten Erziehungshilfen stattfinden. Es gibt keinerlei gesetzlichen Auftrag zu präventiven Leistungen und Angeboten, sodass es im Einzelfall zu schweren Schäden für den jungen Menschen kommen kann, bevor die öffentliche Kinder- und Jugendhilfe eingreift.[1371] Außerdem handelt es sich keinesfalls um einen auf alle Kinder gleichermaßen bezogenen Erziehungsgedanken. Zwar ging es um Angleichung von Lebensbedingungen der Kinder, jedoch nicht schichtübergeifend.[1372]

Dennoch wird das RJWG teilweise auch als gelungener Kompromiss gesehen[1373] und vor allem seine organisatorisch-institutionellen und sozialpädagogisch-konzeptionellen Innovationen gewürdigt.[1374] Vor allem die Festlegung auf den Erziehungsanspruch des Kindes gegen den Staat als „wahrhaften Wohlfahrtsgrundsatz“[1375] ist zu würdigen.[1376] War das armenbezogene Wohlfahrtsrecht ordnungspolitischen und das Strafrecht kriminalpolitischen Erwägungen unterworfen, so kamen im Kontext des RJWG erziehungspolitische Aspekte hinzu.[1377] Die Aufgabe der Kinder- und Jugendhilfe wird von vornherein als Erziehung postuliert, und nicht als Bestandteil von Armenpflege, Strafrecht, Polizeischutz u. a. Dies sichert der programmatische Rechtsanspruch jedes deutschen Kindes auf Erziehung (§ 1 RJWG). Positiv sieht *Hasenclever*, dass ein flächendeckendes Netz

---

1369 *Sachße* 1996: 562, vgl. *BT-Drs* 11/5948: 47.
1370 Vgl. *Sachße* 1996: 562, *Wiesner* 2011b: 69.
1371 Vgl. *Hasenclever* 1978: 83-87.
1372 Vgl. *Mierendorff* 2010: 85ff.
1373 Vgl. *Hasenclever* 1978: 73.
1374 Vgl. *Sachße/Tennstedt* 1988: 114.
1375 *Rehm* 1925: 97.
1376 Nicht erst bei Verwahrlosung soll der Staat eingreifen, sondern das Recht des Kindes auf Erziehung schon bei „Verkümmerung“ seiner Entwicklung sichern. Dies geschieht durch Unterstützung der Erziehung in der Familie. Somit entwickelt sich die öffentliche Kinder- und Jugendhilfe zu einer den Minderjährigen geleistete Erziehungshilfe, vgl. *Polligkeit* 1930: 60f, *Rehm* 1925: 102.
1377 Vgl. *Mierendorff* 2010: 86.

von Jugendämtern als zweigliedrige, kooperative Behörden in der Verschränkung von freier/privater und öffentlicher Kinder- und Jugendhilfe diesen Anspruch verwirklichen soll.[1378]

Das RJWG ist zweifelsohne die größte Errungenschaft der Weimarer Republik auf dem Gebiet der Jugendgesetzgebung[1379], dennoch ist es ein Kompromiss „widerstreitender Mächte“. Die Frage, wie weit die Vergesellschaftung von Erziehung gehen soll, zeigt sich als Konflikt zwischen Katholizismus und Sozialismus. So ging sie den konservativen Kräften zu weit und den sozialistischen/sozialdemokratischen nicht weit genug.[1380] Im Endeffekt bleibt jedoch das Primat familialer Erziehung unangetastet.[1381] *Rehm* hingegen argumentiert bereits 1924, dass durch immer komplexere Anforderungen die Familie ihren umfassenden Erziehungsauftrag nicht mehr erfüllen könne und demnach die „Jugendfürsorge als Erziehungsträger erster Ordnung“[1382] gefordert ist und auftritt.[1383] Selbst wenn dies zutreffend sei, kann rechtlich hingegen nicht von einem Erziehungsträger erster Ordnung gesprochen werden.

Über alle unterschiedlichen Perspektiven und Positionen hinweg gab es die normative Übereinstimmung, dass mit dem „Recht auf Erziehung“ alle Kinder angesprochen waren, unabhängig von ihrer Lebenssituation und Lebenslage. Damit war eine auf Kinder orientierte Rechtsmaterie in Abgrenzung zu den auf Erwachsene orientierten Rechtsregelungen etabliert.[1384]

Diese rechtlich-strukturell gefasste Normierung von Kindheit mit dem Anspruch auf Erziehung ist wohlfahrtsstaatlich gesehen von großer Bedeutung. Der Staat erkennt die Eigenständigkeit der Lebensphase Kindheit an und richtet sozialrechtliche Leistungen auf diese aus, wenn auch nicht konsequent genug gegen das Primat der familialen Erziehung. Dennoch ist

---

1378 Vgl. *Hasenclever* 1978: 83ff. *Bäumer* sieht in der Schaffung der Jugendämter einen entscheidenden Beitrag zur Auflösung der „äußeren Zersplitterung“ durch äußere Einheit und Herstellung von innerer Einheit, indem alle Kinder- und Jugendhilfe dem Erziehungsgedanken folgt, vgl. *Bäumer* 1929b: 22.

1379 Schneider spricht vom „großen Wurf“ *Schneider* 1964: 1.

1380 Vgl. *Sachße/Tennstedt* 1988: 108.

1381 Vgl. *Barabas/Sachße* 1974: 35, *Sachße* 1996: 562, *Pflug* 1929: 186.

1382 *Rehm* 1925: 117. *Rehm* stellt weiter fest, dass die Absicht *Pestalozzi*s, die Erziehung von der Familie aus zu erneuern, nicht möglich ist und gesellschaftliche Gruppierungen hier eingesprungen sind, vgl. ebd.: 116f.

1383 Vgl. *Rehm* 1925: 113ff.

1384 Vgl. *Mierendorff* 2010: 89f.

hier ein konstitutives Element der späteren Hilfen zur Erziehung als eine „die Phase Kindheit sichernde" Leistung angelegt. So lässt sich aus der Rechtsentwicklung ableiten, dass die heutige Hilfe zur Erziehung aus der wohlfahrtsstaatlichen Perspektive eine Leistung zur Sicherung des individuellen Erziehungsanspruchs des Kindes darstellt.

Durch das RJWG wurde erstmals lückenlos reichsweit eine Erziehungsbehörde geschaffen.[1385] Weitere Grundsatzentscheidungen waren die Stärkung des Subsidiaritätsprinzips im Hinblick auf das Verhältnis öffentliche Erziehung zur familialen Erziehung einerseits bzw. zur freien Wohlfahrtspflege andererseits.[1386] Im Hinblick auf das Verhältnis Familie zum Staat liegt in der ordnungspolitischen Ausrichtung und der vormundschaftlichen sowie strafrechtlichen Entwicklungslinie des RJWG trotz aller Familialisierung ein Schwerpunkt auf dem Eingriffsrecht des Staates. Das Jugendamt ist als Eingriffsbehörde konzipiert und wird als solche wahrgenommen.[1387]

Das Verhältnis Eltern-Kind zeigt weiter Ambivalenzen. Die elterliche Gewalt über die Erziehung des Kindes ist zwar stark begrenzt, jedoch nicht durch einen eigenen Subjekt- bzw. Grundrechtsträgerstatus des Kindes[1388], sondern durch die starke gesellschaftliche Überwachung im Falle der drohenden oder eingetretenen Verwahrlosung bzw. der Straffälligkeit des Kindes. Das Verhältnis von öffentlicher zu freier/privater Kinder- und Jugendhilfe oder in diesem Fall vom Jugendamt zu freiem/privatem Wohlfahrtsträger ist geprägt durch eine starke Stellung des Jugendamtes in zweigliedriger, kooperativer Struktur und im Wissen um die Angewiesenheit auf die Angebote der Wohlfahrtsverbände.

1385 Vgl. *Sachße* 1996: 563, *Schneider* 1968: 10.

1386 Dies zeigt die Diskussion um § 1 RJWG, der den Anspruch des Kindes auf Erziehung, die Abgrenzung zum Elternrecht und das Grundverhältnis der öffentlichen zur freien/privaten Kinder- und Jugendhilfe behandelt, vgl. *Hasenclever* 1978: 63ff. Zur Absicht, die Wohlfahrtspflege zu stärken vgl. *Bäumer* 1929b: 21.

1387 Auch wenn aus der Perspektive der obrigkeitlichen Position des Vormundschaftsgerichts mit dem Jugendamt eine Behörde mit beraterischen Leistungen geschaffen wurde, vgl. *Schneider* 1964: 82ff.

1388 Dies geschieht erst durch spätere Debatten in der Folge einer Entscheidung des *BVerfGE* von 1969, vgl. *Willutzki* 2000: 380f.

Das RJWG in der Zeit des Nationalsozialismus

Bereits im Sommer 1933 wird die Arbeit an einer ersten Gesetzesreform des RJWG aufgenommen. Als Träger der Reformkommission wird die „Reichsgemeinschaft der freien Wohlfahrtsverbände Deutschlands" gebildet, die unter der Führung der Nationalsozialistischen Volkswohlfahrt (NSV) steht und der die verbliebenen Wohlfahrtsverbände (Rotes Kreuz, Caritas, Innere Mission) angeschlossen werden.[1389] Das Reformvorhaben scheiterte jedoch an widerstreitenden Interessen. Daher gab es in der Nationalsozialistischen Zeit keine durchgreifende Reform des Jugendhilferechts, sodass das RJWG nahezu unverändert in Kraft blieb[1390] und der Anspruch des Kindes auf Erziehung weiterhin Bestand hatte, jedoch in völlig neuer Ausrichtung auf das nationalsozialistische Erziehungsziel.[1391] Die Verpflichtung der Jugendämter zur Unterstützung, Anregung und Heranziehung der freien/privaten Kinder- und Jugendhilfe wurde zwar nicht abgeschafft, aber auch nicht praktiziert.[1392] Durch die Einführung des Führerprinzips wurde auch die kollegiale, zweigliedrige Struktur des Jugendamtes abgeschafft.[1393] War schon im RJWG die Übertragung der gesundheitlichen Aufgaben der Kinder- und Jugendhilfe an ein Gesundheitsamt im Einvernehmen beider Behörden möglich, so etablierten sich die Gesundheitsämter im Nationalsozialismus zum „Mittelpunkt der Sozialen Arbeit".[1394] Die Jugendämter verlieren durch diese Entwicklungen immer mehr an fachpolitischem Gewicht und Einfluss, nicht zuletzt dadurch, dass sie letztlich ihre jugendfürsorgerischen Aufgaben der NSV gemäß § 11 RJWG so weit wie möglich übertrugen. In der Bewertung der Öffentlichkeit gerät das Jugendamt zu einer Eingriffsbehörde, der die notwendigen

---

1389 Zur Betrachtung der Fortentwicklung dieses Reformentwurfes gegenüber dem bestehenden RJWG vgl. *Hasenclever* 1978: 128-129.

1390 Es gibt lediglich kleine Änderungen, vgl. *Hasenclever* 1978: 130 und 150f, ebenso *Münder* 1990a: 52 und *Wiesner* 2011b: 69.

1391 So z. B. die Verordnung über Jugendwohlfahrt in den Sudetendeutschengebieten von 1939: „Ziel der Erziehung ist der körperlich und seelisch gesunde, sittlich gefestigte, geistig entwickelte, beruflich tüchtige deutsche Mensch, der rassebewußt in Blut und Boden wurzelt und Volk und Reich verpflichtet und verbunden ist. Jedes deutsche Kind soll in diesem Sinne zu einem verantwortungsbewußten Glied der deutschen Volksgemeinschaft erzogen werden." *RGBl* 1939, Teil I: 429, vgl. Kap. 2.1.

1392 Vgl. *Hasenclever* 1978: 130f.

1393 Vgl. *Schneider* 1968: 10f.

1394 *Hasenclever* 1978: 131.

Zwangseingriffe obliegen. Viele Jugendämter konzentrierten sich nur noch auf ihre Pflichtleistungen.[1395] Im Reich bleibt es bei der rechtlichen Sonderstellung der FE, die die nationalsozialistische Jugendpolitik[1396] von diesem Makel befreien und auf eine möglichst kleine Gruppe beschränkt werden soll. Für die schwierigen Jugendlichen bleibt am Anfang jedoch keine Alternative zur FE. Nach und nach erfolgt eine Teilung der Jugendlichen in drei Kategorien. Es sind die „guten", „halbguten" und „bösen" Elemente in der öffentlichen Erziehung.[1397] Die „guten" Jugendlichen werden in NSV-Jugendheimstätten betreut. Diese wurde neu gegründet oder durch Übernahme bestehender Heime geschaffen.[1398] Die Jugendämter werden verpflichtet, im Zuge vorbeugender Erziehungsfürsorge[1399] gefährdete Minderjährige in NSV-Heimstätten unterzubringen. Mit der durch die Jugendämter gegebenen örtlichen Zuständigkeit sollte die Erziehungsfürsorge von der FE abgegrenzt werden. Die vorbeugenden Hilfen werden zur Pflichtaufgabe erklärt. Für die „halbguten" Minderjährigen bleibt die FE zuständig. Es soll ihnen die Chance erhalten bleiben, in die HJ-Gemeinschaft zurückzukehren.[1400] Die Minderjährigen, die FE bzw. Erziehungsfürsorge erhalten, werden in getrennten Einrichtungen untergebracht. Ab 1940 werden für die bösen Minderjährigen polizeiliche Jugendschutzlager, in denen die Zustände denen eines Konzentrationslagers gleichen, eingeführt.[1401] Diese scheinbar sozialpolitischen Interventionen sind eher als Repression und Verfolgung zu verstehen.[1402]

Strukturell, organisatorisch und verfahrenstechnisch hat durch das Führerprinzip und die Konzentration auf die ideologischen Erziehungsziele des Nationalsozialismus eine starke Vereinheitlichung der Jugendfürsorge stattgefunden. Andererseits wurde aber durch die Typisierung im Gefolge

1395 Vgl. *Hasenclever* 1978: 131.

1396 Die Aufgaben der öffentlichen Jugend*pflege* macht sich die Hitlerjugend (HJ) zunutze und überformt diese völlig, vgl. *Hasenclever* 1978: 135f.

1397 Institutionell wird diese Dreiteilung umgesetzt in der Erziehungsfürsorge, der Fürsorgeerziehung und dem Jugendschutzlager, vgl. *Hasenclever* 1978: 134.

1398 Vgl. *Hasenclever* 1978: 132.

1399 Vormals die freiwillige Fürsorgeerziehung.

1400 Ziel war immer die Wiedereingliederung in die Volksgemeinschaft.

1401 Vgl. *Hasenclever* 1978: 133f, *Wiesner* 2011b: 69f.

1402 Vgl. *Metzler* 2003: 130, *Pilz* 2003: 31, *Hasenclever* 1978: 142, *Lampert/Althammer* 2004: 85.

der „rassenbiologischen Auslesekriterien" eine extreme soziale Spaltung herbeigeführt.[1403]

Das RJWG nach dem Ende des Zweiten Weltkrieges

Unmittelbar nach dem Ende des Weltkrieges wurde versucht, an die Weimarer Gesetzgebung anzuknüpfen, die Jugendgesetzgebung von nationalsozialistischem Gedankengut[1404] zu bereinigen, die unterschiedliche Rechtsentwicklung in Zonen und Ländern zu vereinheitlichen und die Bundesgesetzgebungskompetenz zu behaupten.[1405] Das Nazi-Regime hinterlässt nach seiner bedingungslosen Kapitulation von großer physischer und psychischer Not geprägte Kinder und Jugendliche.[1406] *Mierendorff* bezeichnet das Muster moderner Kindheit als stark beschädigt. Das RJWG ist von den Besatzungsmächten in seiner ursprünglichen Form für anwendbar erklärt worden.[1407]

Das im Jahr 1949 beschlossene Grundgesetz enthält zwei Paragrafen, welche die weitere Entwicklung des Kinder- und Jugendhilferechts maßgeblich beeinflussen werden. So wird erstens nach Art. 74 Nr. 7 GG die konkurrierende Gesetzgebung lediglich auf die „öffentliche Fürsorge"[1408] erstreckt. Zweitens postuliert Art. 6 GG keinen Anspruch der jungen Menschen auf Erziehung[1409] und keine Erziehungsziele[1410], sondern gesteht

1403 Vgl. *Mierendorff* 2010: 95.

1404 Die Entnazifizierung in den Behörden, nicht nur der Jugendämter, ist nach heutigem Kenntnisstand nicht konsequent betrieben worden, sodass zwar rechtssystematisch eine Abkehr von nationalsozialistischem Gedankengut erreicht wurde, diese aber nicht zwangsläufig sofort praxiswirksam wurde, vgl. *Wiesner* 2011b: 71, *Derleder* 2007: 110f, *Sachße/Tennstedt* 2012: 27 (m.w.N.).

1405 Vgl. *Hasenclever* 1978: 163.

1406 Vgl. *Hasenclever* 1978: 154, *Rauschenbach/Züchner/Schilling* 2011: 43.

1407 Vgl. *Mierendorff* 2010: 95-97.

1408 Die Begrifflichkeit der „öffentlichen Fürsorge" führt immer wieder zu Debatten, ob damit die Leistungen Jugendpflege und Jugendfürsorge mit eingeschlossen sind, auch nachdem das *BVerfGE* dies 1967 bejaht, vgl. *BVerfGE* 22, 180. Im Kontext der Föderalismusreform 2006 stand das Thema erneut auf der Agenda. Das Ergebnis ist, dass die Materie der Kinder- und Jugendhilfe weiterhin der Bundesgesetzgebungskompetenz unterliegt, vgl. *Schmid/Wiesner* 2006a.

1409 Vgl. *Pitschas* 2002: 177.

1410 Erziehungsziele können jedoch aus dem Menschenbild, welches das gesamte Grundgesetz durchdringt, abgeleitet werden, vgl. *Jestaedt* 2011: 104ff.

dem Staat lediglich eine „Wächterfunktion" zu.[1411] Die Betonung des Erziehungsrechtes der Eltern noch vor ihrer Pflicht kann als „Abwehr- und Schutzfunktion"[1412] vor staatlichen Übergriffen verstanden werden, die aus den Erfahrungen des Nazi-Regimes verständlich erscheinen.[1413]

Mit der Novelle tritt 1953 das Gesetz zur Änderung von Vorschriften des RJWG in Kraft.[1414] Die Verabschiedung der Novelle war von erheblichen kontroversen Debatten begleitet, z. B. um die Frage der gesetzlich verankerten Subsidiarität und der Verfasstheit der Jugendämter.[1415] Insgesamt sieht *Hasenclever* lediglich zwei Änderungen der Novelle als wesentlichen Fortschritt. Zum einen sind dies die klaren Aussagen zur Konstituierung der Jugendämter. So sind diese als selbstständige Behörden in einer sogenannten Zweigliedrigkeit aus Jugendwohlfahrtsausschuss (JWA)[1416] und Verwaltung[1417] zu errichten und ihre Aufgaben dürfen nicht mehr an andere Dienststellen abgegeben werden. Zum anderen ist dies die Aufhebung der Notverordnung von 1924, die eine Einschränkung der Aufgaben der Jugendämter zur Folge hatte.[1418] In dieser Reformdiskussion wurde auch deutlich, dass sich der Erziehungsgedanke weitgehend durchgesetzt hatte, jedoch noch kein alles durchdringendes Prinzip darstellte. Insofern hatte die Novelle 1953 einen „das Sozialen gestaltenden Charakter sowie eine Normalisierungsfunktion".[1419] Die Novelle konzipierte die Jugendwohlfahrt und die Jugendpflege einheitlich als Jugendfürsorge und richtete sich demnach an Familien, die in Not geraten waren. Dem liegt das Leitbild zu Grunde, dass die normal funktionierende Familie alle nötigen Leistungen selbst erbringt und nur kompensatorisch im Sinne der Für-

---

1411 Zum Verhältnis Eltern-Kind aus verfassungsrechtlicher Perspektive s. u.

1412 *Hasenclever* 1978: 162.

1413 Vgl. *Hasenclever* 1978: 161f, *Schrapper* 1997: 4. Erst durch das *BVerfGE* wird 1968 ein eigenes Recht des Kindes auf Entfaltung der Persönlichkeit, ein eigener Anspruch auf Schutz des Staates anerkannt, die Pflichtbindung der Eltern entsprechend ausgelegt und dem § 1 RJWG/JWG nachträglich eine verfassungsmäßige Grundlage gegeben, *BverfGE* 24, 119, 144.

1414 Kernstück sind die als Pflichtaufgaben definierten Leistungen gemäß § 4 RJWG, welcher die Jugendfürsorge regelt, vgl. *Hasenclever* 1978: 173.

1415 Vgl. *Hasenclever* 1978: 173.

1416 Für einen einführenden Überblick zu Zusammensetzung, Aufgaben, Rechte und Verfahrensfragen des Jugendwohlfahrtsausschusses vgl. *Schneider* 1968.

1417 Die Zweigliedrigkeit des Jugendamtes hat sich bis in die aktuelle Fassung des SGB VIII gehalten.

1418 Vgl. *Hasenclever* 1978: 174.

1419 *Mierendorff* 2010: 100ff.

sorgelogik die Unterstützung des Staates benötige. Damit war eindeutig die Jugendfürsorge *keine* eigenständige Sozialisationsinstanz neben Familie und Schule.[1420] Die Verantwortung für die Gestaltung von Kindheit ist in die Familie verwiesen.

Dennoch soll das Jugendamt neue differenzierte, offene Erziehungshilfen im bisherigen jugendfürsorgerischen Bereich schaffen und die vielfältigen Möglichkeiten des § 4 RJWG phantasievoll und schöpferisch ausgestalten.[1421] Insgesamt ist neben diesen Neuerungen mit der Novelle 1953 aber eher der rechtliche Stand von 1922, wie er vor den Einschränkungen durch die Verordnung vorgesehen war, hergestellt worden.[1422]

Die Reformdiskussion wird ab 1957 verstärkt geführt.[1423] Nahezu alle Fachverbände der Kinder- und Jugendhilfe liefern Stellungnahmen und Äußerungen zur Reform des Kinder- und Jugendhilferechts, die eine Kommission umsetzen soll.[1424] Wichtige Impulse lieferte die umfassende Erhebung über Organisation und Tätigkeiten der Jugendämter, die *Vogel* in einem Forschungsbericht „Das Jugendamt“1960 vorgelegt hat. Die Erhebung zeigt, dass es vielerlei Formen der Jugendämter und der Erfüllung ihres gesellschaftlichen Auftrags nach § 1 RJWG gibt. Es wird aber auch die Abhängigkeit der Jugendämter von der Leistungsfähigkeit und dem Leistungswillen ihrer kommunalen Träger und das dadurch bedingte Leistungsgefälle deutlich.[1425] Aus dem Kommissionsbericht hat *Hasenclever* in Zusammenhang mit den anderen Fachäußerungen folgende Konsenspunkte und kontrovers bleibende Punkte herausgestellt:

Einigkeit besteht beim Namen. Das Gesetz soll „Jugendhilfegesetz“ heißen. Es soll durchweg dem erzieherischen Grundgedanken unterliegen und für alle jungen Menschen bis 25 Jahre gelten, die erstmals als mitverantwortliche Subjekte an den Leistungen zu beteiligen sind. Das Recht auf Erziehung gemäß § 1 RJWG ist von einem Programmsatz in einen Rechtsanspruch dem Grunde nach umzuwandeln, und zwar zur Durchsetzung seines Entfaltungsrechts gemäß Art. 2 GG. Weiter wird im Einvernehmen

---

1420 Vgl. *Mierendorff* 2010: 102f.

1421 Vgl. *Hasenclever* 1978: 176.

1422 Vgl. *Münder* 1990a: 52f.

1423 *Rauschenbach/Züchner/Schilling* sprechen von einem zweiten explosionsartigen Expansionsschub der Kinder- und Jugendhilfe nach den 1920er-Jahren, vgl. *Rauschenbach/Züchner/Schilling* 2011: 43f.

1424 Vgl. *Hasenclever* 1978: 191f.

1425 Vgl. *Vogel* 1960.

ein systematisch geordneter, einheitlicher Aufgabenkatalog gefordert, der die Angebotsfunktion der Kinder- und Jugendhilfe betont und nicht den Zwangs- und Aufsichtscharakter des RJWG übernimmt. Zu den neuen Aufgaben zählen insbesondere die Jugendberufshilfe und differenzierte Erziehungshilfen. Im Mittelpunkt der Kinder- und Jugendhilfe soll das Jugendamt stehen. Wirtschaftliche und pädagogische Hilfen werden als Einheit gesehen. Keine Einigung kann erzielt werden bei den Fragestellungen zum Subsidiaritätsprinzip. Es wird die Frage diskutiert, ob der Staat und die Gemeinschaft die Berechtigung zur Erziehung in einem sozialen Rechtsstaat überhaupt haben sollen. Über Vorrang der freien/privaten Kinder- und Jugendhilfe oder partnerschaftliche Zusammenarbeit unter Verantwortung der öffentlichen Hand wird diskutiert, jedoch kein Konsens erreicht. Auch zur Verfasstheit des Jugendamtes und zur Zusammensetzung und Funktion des JWA kann keine Einigung erzielt werden. Eine bundeseinheitliche Heimaufsicht wird kategorisch abgelehnt.[1426] Der Schwung dieser Reformdiskussionen mündet letztlich in der Einführung des Jugendwohlfahrtsgesetzes (JWG) im Jahr 1961.

2.2.2 Das Jugendwohlfahrtsgesetz (JWG)

Eine wichtige Entwicklung in den 1950er-Jahren war die Zunahme des Einflusses wissenschaftlicher Experten bei der Formulierung sozialer Probleme, sozialpolitischer Vorhaben und ihrer Umsetzung.[1427] In der dritten Wahlperiode des Bundestages sollte ein neues Jugendhilfegesetz vorgelegt werden. Das im Jahr 1961 verabschiedete und 1962 in Kraft getretene Jugendwohlfahrtsgesetz (JWG) stellt jedoch nicht die große Reform dar, die angestrebt wurde, sondern muss eher als zweite Novelle des RJWG gelesen werden.[1428] In den 50er-Jahren wurde eine große Sozialreform mit einer systematischen Neuordnung aller sozialen Leistungen und eine

---

1426 Vgl. *Hasenclever* 1978: 194ff.

1427 Vgl. *Metzler* 2003: 185, *Föcking* 2010: 104 am Beispiel des BSHG. Für eine Übersicht über die drei prägenden Stellungnahmen zu der grundlegenden Reform (der Sozialplan von *Mackenroth*, die sog. "Professorendenkschrift" und der Sozialplan der SPD) vgl. *Hasenclever* 1978: 178ff. Zu Beiträgen der Wissenschaft im allgemeinen sozialpolitischen Kontext vgl. *Zacher* 1989: 58f.

1428 Vgl. *Mierendorff* 2010: 103, ebenso *Wiesner* 2011b: 73 und *Jans* 1982, der dennoch von einem weitergehenden Recht spricht.

„durchgreifende Erneuerung des Jugendhilferechts“[1429] angestrebt. Durch die in der Regierungserklärung angekündigte umfassende Sozialreform hätte man erwarten können, dass die Neustrukturierung ein System der sozialen Sicherung hervorbringt, das nicht mehr gleiche soziale Tatbestände mit unterschiedlichen Leistungen bedenkt, für diese die verschiedensten Träger vorsieht und anstatt kausal insgesamt final angelegt ist. Doch die Teilung in Versicherungs-, Versorgungs- und Fürsorgeleistungen wurde beibehalten. Zwar stehen die Versicherungsleistungen im Mittelpunkt der angedachten Reform, dennoch geht es zunehmend auch um Jugendfragen, z. B. zur Stellung der Jugend in Staat und Gesellschaft, um Leistungen für die Jugend im Gesamtsystem sozialer Leistungen und um eine Reform des Jugendhilferechts in engerem Sinne.[1430] Weiter ist die gesamte Fürsorge nach wie vor von objektiven Verpflichtungen der zuständigen Träger geprägt. Eine Hinwendung zu subjektiven Rechten der Betroffenen kann sich nicht durchsetzen.[1431]

Die Gründe für die erneuten Reformbestrebungen liegen zum einen im Scheitern der Reformanliegen der Novelle von 1953, die es nicht geschafft hat, ein leistungsfähiges Jugendamt zu etablieren. Weiter ist die zunehmende verfassungsrechtliche Spannung zwischen Freiheitsrechten, Elternrechten und Grundrechten der Kinder ein Grund für erneute Reformbestrebungen. Ziel der Reformbemühungen war ein modernes Leistungsgesetz mit klarem Aufgabenkatalog der Jugendämter und eindeutigen Ansprüchen von Kindern und Eltern.[1432] Allerdings wird das Jugendhilfegesetz wenig professionell vorbereitet.[1433] Zwischen 1959 und 1960 entstehen drei Vorentwürfe, die u. a. dadurch gekennzeichnet sind, dass sie die Aufgaben der öffentlichen Jugendhilfe einheitlich darstellen und die Erziehungshilfen für die Familien konkretisieren wollen.[1434] Die Entwürfe folgen der Leitidee der Stärkung des Elternrechts und des Subsidiaritätsprinzips[1435] und nicht der

---

1429 *Wiesner* 1990: 112.

1430 Vgl. *Hasenclever* 1978: 177, *Wiesner* 1990: 112f.

1431 Vgl. *Zacher* 1989: 48.

1432 Vgl. *Mierendorff* 2010: 104f.

1433 Es wird ohne ausreichende theoretische Grundlegung und ohne Auswertung konkreter empirischer Daten vom ministeriellen Jugendrechtsreferenten in Kürze erstellt, vgl. *Hasenclever* 1978: 198.

1434 *Hasenclever* 1978: 199.

1435 Vgl. *Mierendorff* 2010: 106f, ebenso *Wiesner* 2011b: 68.

„Herausarbeitung eines eigenständigen sozialpädagogischen Auftrags der Jugendhilfe und einer Subjektstellung des jungen Menschen.“[1436]

Die Diskriminierung der öffentlichen Kinder- und Jugendhilfeträger, denen die Legitimation zur Erziehung geradezu abgesprochen wird, wird von den kommunalen Spitzverbänden und anfänglich auch von den ev. Fachverbänden und anderen Fachgremien heftig abgelehnt. Diese Phase der Diskussion wird beherrscht vom Streit um die Stellung der freien/privaten Träger (Subsidiaritätsprinzip)[1437], undvom Streit um das Verhältnis zwischen elterlichem Erziehungsrecht und einer Legitimation öffentlicher Erziehung. Die heftigen Widerstände gegen und die Kritik an den Vorentwürfen führen dazu, dass der zuständige Jugendminister auf eine Novelle zum RJWG ausweicht, um die Verfassungsbedenken der Länder zu würdigen.[1438] Aber auch die Novelle stellt die Stärkung des Elternrechts und die mit diesem gestützte Vorrangstellung der Verbände in den Mittelpunkt. Die nachfolgenden Debatten werden von diesem Konflikt beherrscht und lassen Sachfragen in den Hintergrund treten.[1439] Obwohl bis zuletzt der Gegensatz von Partnerschaft der öffentlichen und freien/privaten Kinder- und Jugendhilfe unter Verantwortung der Gemeinden und einer Vorrangstellung der freien/privaten Kinder- und Jugendhilfe von Opposition und Regierung unaufgelöst bleibt, wird die Novelle 1961 mit Regierungsmehrheit verabschiedet.[1440] Mehrere Länder reichen eine Normenkontrollklage[1441] gegen das JWG beim *BVerfGE* ein und stellen die Vorrangs- und Förderbestimmungen, die Ausgestaltung der Jugendpflege, die Organisationsvorschriften für das Jugendamt, die Förderungsbefugnisse des Bundes und die Erklärung der Kinder- und Jugendhilfe zur Selbstverwaltungsangelegenheiten in Frage.[1442] Interessant ist, dass einige Länder in ihrer Begründung gegen den Vorrang der freien/privaten Träger argumentieren: „die öffentliche Jugendhilfe erfülle eine sozialstaatliche Verpflichtung (...)“[1443] und daraus ableiten, dass ein Vorrang nichtstaatlicher

---

1436 *Hasenclever* 1978: 199.

1437 Vgl. *Sachße* 1996: 563, der von einem Grundsatzkonflikt spricht.

1438 Neben der inhaltlichen Kritik, sind es auch zeitliche Gründe, die zum Ausweichen auf eine Novelle führen, vgl. *Hasenclever* 1978: 199f.

1439 Vgl. *Hasenclever* 1978: 200, *Mierendorff* 2010: 106f.

1440 Vgl. *Hasenclever* 1978: 201, *Wiesner* 1990: 113.

1441 Vorausgegangen waren Verfassungsbeschwerden mehrerer Städte.

1442 Vgl. *Wiesner* 2011b: 73f.

1443 *BVerfGE* 22, 180 (189).

Träger unzulässig wäre. Während bis zur Urteilsverkündung fünf Jahre vergehen, vollzieht sich in der Praxis in dieser Zeit kaum ein Wandel, sodass die angefochtene Klausel zum Verhältnis von öffentlicher zu freier/privater Kinder- und Jugendhilfe auch keine Wirkung entfaltet. Gemäß den Kräfteverhältnissen vor Ort arrangieren sich freie/private und öffentliche Träger wie ehedem. Die Regelungen des JWG werden vom *BVerfGE* 1967 im Wesentlichen bestätigt.[1444] Auf die Frage des absoluten Vorrangs der freien/privaten Träger lässt sich das Verfassungsgericht nicht konkret ein und stellt nur fest, dass das Gesetz die „öffentliche und private Jugendhilfe zu sinnvoller Zusammenarbeit zusammenführen will"[1445], und führt eine ausgewogene Interpretation des Verhältnisses von freier/privater und öffentlicher Kinder- und Jugendhilfe aus. Aus dem Sozialstaatsprinzip ist zwar abzuleiten, dass der Staat „für eine gerechte Sozialordnung zu sorgen"[1446] hat, aber nicht,

> „daß der Gesetzgeber für die Verwirklichung dieses Zieles nur behördliche Maßnahmen vorsehen darf; es steht ihm frei, dafür auch die Mithilfe privater Wohlfahrtsorganisationen vorzusehen."[1447]

Das duale und pluralistische System der öffentlichen und freien/privaten Träger etabliert sich weiter.[1448] Letztlich lässt sich aber auch kein absoluter Vorrang freier/privater Kinder- und Jugendhilfe begründen und die Gewährleistungspflicht für die entsprechenden Leistungen liegt ausschließlich beim öffentlichen Träger.

Mit der Einführung des JWG findet eine bedeutsame Veränderung der Normierung der unterschiedlichen Erziehungshilfen statt. Neben der Fürsorgeerziehung (FE)[1449] wird mit der Novelle 1961 (JWG) das Rechtsin-

---

1444 Vgl. *Hasenclever* 1978: 203ff. Zur Begründung vgl. *BVerfGE* 22, 180.

1445 *BVerfGE* 22, 180 (200).

1446 *BVerfGE* 22, 180 (204).

1447 *BVerfGE* 22, 180 (204).

1448 Vgl. *Zacher* 1989: 57.

1449 Mit den Änderungen im BGB (Abschaffung des Verschuldensprinzips der Eltern in § 1666 BGB und Einführung des 1666a BGB) und einem Urteil des *BGH* gibt es keinen eigenständigen Anwendungsbereich mehr für die Anordnung einer FE.

stitut der Freiwilligen Erziehungshilfe (FEH)[1450] eingeführt.[1451] Das JWG enthält unterschiedliche Voraussetzung für die FE (drohende Verwahrlosung), die FEH (§ 62) und die Erziehungsbeistandschaft (§ 55ff, beides setzt eine Gefährdung oder Schädigung voraus) sowie die sog. Formlosen Hilfen zur Erziehung, die völlig unzureichend durch sehr weite Generalklauseln erfasst (§ 6 Abs. 1 und 2 i.V.m. § 5 Abs. 1 JWG) werden.[1452] Die FE und die FEH sind als Eingriffe in die elterliche Sorge konstruiert und setzen das Überschreiten einer relativ hohen Gefahrenschwelle voraus.[1453] Das JWG

> „begreift erzieherische Hilfen in erster Linie als Maßnahmen zur Abwendung einer Gefahr und beschränkt sich daher weitgehend auf die Normierung eingriffsorientierter Merkmale; ihre Ausgestaltung als staatliche Sozialleistung, die von den Betroffenen unter gesetzlich bestimmten Voraussetzungen in Anspruch genommen werden kann, fehlt.“[1454]

Dies war der Entstehungskontext der Einzelfallhilfe im JWG. In der Praxis hatte sich ein zweispuriges Hilfesystem etabliert: die formlose Hilfe zur Erziehung als Leistung des Jugendamtes und die FEH sowie die FE als Leistung des Landesjugendamtes.[1455] Im JWG gab es demnach eigenständige Eingriffstatbestände des Kinder- und Jugendhilferechts[1456], wie die Bereitstellung eines Erziehungsbeistandes gegen den Willen der Eltern und die Anordnung der FE.[1457]

Die Änderungen lassen sich als Stärkung des Elternrechts und Zementierung der untergeordneten Stellung der öffentlichen Kinder- und Jugendhilfe kennzeichnen, auch wenn staatliche Eingriffe ins Elternrecht über das JWG immer noch rechtlich normiert sind. Eine Stärkung der Kinder-

---

1450 Vgl. *Wiesner* 1990: 112. Dabei handelt es sich um eine leistungsrechtliche Variante der FE (Freiwillige Unterbringung des Kindes außerhalb der Familie aus erzieherischen Gründen), vgl. *Wiesner* 2011b: 73. Dies ist ein wichtiger Wendepunkt zur Entwicklung der heutigen Hilfe zur Erziehung, die stark am Freiwilligkeitsprinzip angelehnt ist, durch das Antragsrecht der Eltern.

1451 Vgl. *Mierendorff* 2010: 107.

1452 Vgl. *BT-Drs* 11/5948: 67f. Es werden keine Tatbestandsvoraussetzungen formuliert, es ist die Rede von einer dem jeweiligen erzieherischen Bedarf entsprechend rechtzeitigen und ausreichenden Bereitstellung (§ 6 Abs. 1 JWG).

1453 Vgl. *BT-Drs* 11/5948: 68.

1454 *BT-Drs* 11/5948: 67.

1455 Vgl. *BT-Drs* 11/5948: 66.

1456 Neben denen des § 1666 BGB.

1457 Vgl. *BT-Drs* 11/5948: 46.

und Jugendhilfe als eigenständige Sozialisationsinstanz[1458] konnte mit dem JWG nicht erreicht werden.

Das JWG geht in seinem Kern auf das RJWG zurück[1459] und bringt den erhofften Wandel zu einem Leistungsgesetz nicht. Es werden eher die Mängel des RJWG auf Jahre festgeschrieben.[1460] Die Orientierung an der elterlichen Grundrichtung der Erziehung und das Subsidiaritätsprinzip werden zwar im Verhältnis zu den vorherigen jugendhilferechtlichen Regelungen deutlich gestärkt[1461], dennoch bleibt das JWG in seiner eingriffs-, polizei- und ordnungsrechtlichen Perspektive verhaftet.[1462]

Auch wurde die Stellung des Kindes nicht verbessert, vor allem die fehlende Konkretisierung des Rechtsanspruchs auf Erziehung wurde bemängelt. Weiter blieben Mitbestimmungs- und Anhörungsrechte marginal. *Mierendorff* spricht von der „Familialisierung“[1463] des JWGs und einer Neujustierung im Verhältnis von Eltern und Staat, vertreten durch das Jugendamt.[1464] Diese Tendenz sollte sich in der weiteren Diskussion um eine weitreichendere Reform des Jugendhilferechts fortsetzen. Im Verhältnis freie/private Träger zum öffentlichen Träger wird eine klare Schwerpunktverschiebung zu Gunsten der freien/privaten Kinder- und Jugendhilfe erreicht. Das Subsidiaritätsprinzip wird im Hinblick auf diese Konstellation gestärkt. Das Spannungsfeld zwischen Kinderrechten und Elternrechten verschiebt sich zu Gunsten der Eltern.

2.2.3 Das SGB VIII Kinder- und Jugendhilfe

Der Weg zur Verabschiedung des SGB VIII Kinder- und Jugendhilfe war langwierig. Erst nach jahrzehntelanger Reformdiskussion, die kurz nach

1458 Vgl. *Bäumer* 1929a. Indem sie Sozialpädagogik als Erziehung außerhalb von Schule und Familie und gleichzeitig Sozialpädagogik als Inbegriff der gesellschaftlichen und staatlichen Erziehungsfürsorge begreift, fundiert sich der Anspruch der Kinder- und Jugendhilfe als eigenständige Sozialisationsinstanz, vgl. ebd.

1459 Vgl. *BT-Drs* 11/6748: 1.

1460 Vgl. *Hasenclever* 1978: 201f, *Wiesner* 1990: 113, *Schneider* 1968: 11.

1461 Vgl. *Mierendorff* 2010: 106, *Hasenclever* 1978: 200.

1462 Vgl. *BT-Drs* 11/5948: 41, *Schneider* 1964, *Schmid-Obkirchner* 2011a: 143.

1463 *Mierendorff* 2010: 109.

1464 Vgl. *Mierendorff* 2010: 109f.

der Verabschiedung des JWG einsetzte, konnte das Gesetz zur Neuordnung des Kinder- und Jugendhilferechts in Kraft treten.

In den späten 60er- und frühen 70er-Jahren wurde durch die Studentenbewegung und die „Heimkampagne“ eine politische und kulturelle Aufbruchsstimmung erzeugt, der sich die öffentliche Kinder- und Jugendhilfe zu stellen hatte.[1465] Das Urteil des *BVerfGE*s, welches klarstellte, dass das Kind Grundrechtsinhaber ist, dem eine eigene Menschenwürde und ein eigenes Recht auf Entfaltung seiner Persönlichkeit zustehe[1466], hatte großen Einfluss auf die folgenden Diskussionen zur Jugendhilferechtsreform.

Die Bundesregierung von *Willy Brandt* kündigte in ihrer Regierungserklärung 1969 eine Reform des Jugendrechts[1467] an, mit dem das Jugendministerium beschäftigt war, während gleichzeitig das Bundesarbeitsministerium an einem einheitlichen, systematischen „sozialen Grundgesetz“, dem SGB, unter Einbezug des Jugendhilferechts, arbeitete.[1468] 1971 erschienen Grundthesen zur Neuordnung des Jugendhilferechts[1469], die von öffentlichen und freien/privaten Trägern gleichermaßen anerkannt wurden. Eine Forderung war die Abschaffung der Sonderinstitute FE und FEH. Aus dem 1972 vorgelegten Dritten Jugendbericht entstanden ebenfalls zentrale Forderungen an die Reform der Jugendhilfe, die die weitere Debatten bestimmten sollten.[1470] Die wichtigsten waren der

> „Ausbau der öffentlichen Jugendhilfe zu einem eigenständigen Erziehungsbereich; Ausbau des *Leistungs*charakters öffentlicher Jugendhilfe durch Betonung der offenen, präventiven vor den geschlossenen, reaktiven Maßnahmen;

1465 Vgl. *Sachße* 1996: 563f, *Hasenclever* 1978: 222, *Barabas/Sachße* 1974: 42.

1466 Vgl. *BVerfGE* 24, 119 (144f).

1467 In der Zeit bis 1974 folgten einige Reformen in anderen Rechtsgebieten, die Änderungen im JWG nach sich zogen. Für eine ausführliche Darstellung vgl. *Hasenclever* 1978: 208ff, *Heinsohn/Knieper* 1974: 2ff.

1468 Vgl. *Hasenclever* 1978: 208ff. Obwohl es wiederholte Kritik an der Einordnung eines Erziehungs- und Bildungsgesetzes in ein sozialpolitisches Gesetz gegeben hat, wird das JWG ab dem 1.1.1976 zu einem besonderen Teil des SGB. Seine abschließende Einordnung erfolgt mit der großen Jugendhilferechtsreform. Begründet wird dies mit der rechtssystematisch und sozialpolitisch engen Verknüpfung von Sozialhilfe und Kinder- und Jugendhilfe. Im Entwurf von 1978, der 1980 im Bundesrat scheitert (s. u.), wurde jedoch noch ein eigenständiges Jugendhilferecht präferiert, vgl. *Hasenclever* 1978: 214f, *Wiesner* 1990: 116. Kritisch zur Einordnung in das SGB vgl. z. B. *Utermann* 1973.

1469 Vgl. *Jans* 1982: 384f.

1470 Vgl. *Wiesner* 1990: 113.

Ausbau der Rechtsposition von Kindern und Jugendlichen durch Gewährung einklagbarer Ansprüche.“[1471]

Obwohl der 1973 veröffentlichte Diskussionsentwurf (DE)[1472] viel Kritik erntete, bekannte er sich zu einem differenzierten, leistungsorientierten Aufgabenkatalog, zu einem Rechtsanspruch auf Erziehungshilfe dem Grunde nach, zur Stärkung der Rechtsposition der Kinder und Jugendlichen sowie zu einem allgemeinen Mandat der Kinder- und Jugendhilfe, deren Interessen wahrzunehmen - um die wichtigsten im Hinblick auf die Fragestellung dieser Arbeit zu nennen.[1473] Der Diskussionsentwurf wird als Aufforderung gelesen, der „Jugend eine außerordentlich weitgreifende staatlich garantierte Daseinsvorsorge“[1474] zu bieten, und hat demnach eine sozialstaatliche Verantwortung für die Herstellung sozialer Gerechtigkeit begründet.[1475] Die wichtigste Streitlinie ging entlang der Frage, wie weit Erziehung vergesellschaftet werden darf.

Die konservative Haltung war, der Entwurf sei ein Einfallstor für staatliche Eingriffe in die Familie und müsse verhindert werden.[1476] Die Fachdebatte allerdings forderte eine klarere Orientierung an den Bedürfnissen der Kinder als Grundrechtsträger[1477], lehnte die Idealisierung der Familie als Sozialisationsinstanz ab[1478] und setzte auf eine „offensive“ Kinder- und Jugendhilfe, die „ein eigenständiger Sozialisationsbereich neben Elternhaus, Schule und Betrieb“[1479] werden sollte.[1480] *Böhnisch/Kuhlen* stellten fest, dass ein eigenständiges Jugendhilferecht der Kinder- und Ju-

---

1471 *Sachße* 1996: 564, vgl. auch *BMJFG* 1972a. Auch nach der Begründung des Gesetzentwurfes zum KJHG 1990 ging es um die stärkere normative Absicherung der Hilfe zur Erziehung durch einklagbaren Leistungsanspruch, vgl. *BT-Drs* 11/5948: 41. Zur zunehmenden präventiven Ausrichtung des Sozialrechts inkl. Jugendfürsorge vgl. *Mückenberger* 1976.

1472 Vgl. *BMJFG* 1972b. *Wiesner* beschreibt diesen Diskussionsentwurf bis 1990 als Messlatte für alle weiteren Reformbemühungen, vgl. *Wiesner* 1990: 113.

1473 Vgl. *Fichtner* 1975: 54ff, *Eckl* 1975: 60.

1474 *Eckl* 1975: 62.

1475 Vgl. *Barabas/Sachße* 1975: 119.

1476 Zur rechtlichen und inhaltlichen Kritik am Erziehungsanspruch des Kindes vgl. *Eckl* 1975, 62ff.

1477 Zur Unterscheidung von Grundrechtsfähigkeit und Grundrechtsmündigkeit vgl. *Pitschas* 2002: 183f.

1478 Vgl. *Greese* 1973, *Büssow* 1973. Konkret zum Eltern-Kind-Verhältnis vgl. *Hübner-Funk* 1973: 60f. Für eine verfassungsrechtliche Sicht vgl. *Ramm* 1986: 162f.

1479 *Greese* 1973: 8, vgl. *Bergmann-Krauss* 1973: 92.

1480 Ausführlich dazu in einer rückblickenden Bewertung vgl. *Merchel* 2003c: 16ff.

gendhilfe dazu verhelfen müsse, ihre sozialintegrativen Tendenzen[1481], ihre gesellschaftliche Isolation und ordnungspolitische Ausrichtung zu überwinden. Weiter prangern sie die starke Institutionenorientierung (vor allem die Familie als Institution)[1482] des Entwurfs an und die Tendenz zur Normierung von sozialen Tatbeständen anstatt sozialer Prozesse. Letztlich lesen sie im Entwurf eine Zementierung der bisherigen Strukturprinzipien der Kinder- und Jugendhilfe in Form des Prinzips der Individualisierung, der Kontrolle, der Sanktionierung, des Verschärfungszusammenhangs und der helfenden Beziehung.[1483] Diese helfende Beziehung[1484] ist jedoch nicht frei von wirksamen institutionellen Restriktionen:

> „Gleichzeitig wird in der Konstruktion der ‚helfenden Beziehung' aber unterschlagen, dass die Hilfebeziehung von den dem Klienten gegenüber tretenden Kinder- und Jugendhilfeinstitutionen schon vordefiniert ist und die Stellung des Sozialarbeiters selbst massiven institutionellen Abhängigkeiten unterliegt. Mit diesem Interventionsmuster wird somit die Komplexität des Erziehungsgeschehens auf das reduziert, was für die vorgegebenen Institutionen und Einrichtungen der Jugendhilfe machbar ist und ihre Grenzen nicht sprengt."[1485]

Die Normierung eines eigenen und einklagbaren Rechtsanspruchs auf Erziehung für den jungen Menschen im Entwurf ist bemerkenswert. Zwar sah *Denninger* 1969 schon im Recht auf Erziehung des § 1 JWG eine sozialstaatliche Pflicht und mithin einen Rechtsanspruch.[1486] Jedoch war die juristisch herrschende Meinung zum § 1 JWG eine andere, nämlich die, dass es sich beim Recht auf Erziehung nach § 1 JWG lediglich um einen Programmsatz handelte.[1487] Ein solcher Rechtsanspruch sollte durch den Diskussionsentwurf für die Erziehungshilfen konkretisiert werden. Jedoch war mit dem Rechtsanspruch nicht die Absicht verbunden, das Verhältnis

---

1481 Im Sinne einer einseitigen Anpassung an bestehende Verhältnisse.

1482 Diese institutionelle Orientierung im Hinblick auf Ehe und Familie wurde lange vom *BVerfGE* gestützt, aber mittlerweile aufgegeben, vgl. *Münder* 2000: 81.

1483 Vgl. *Böhnisch/Kuhlen* 1973.

1484 Zum Verständnis der helfenden Beziehung in der Fürsorge zur Einführung des JWG vgl. *Schneider* 1964: 45f.

1485 *Böhnisch/Kuhlen* 1973: 19. Hier zeigt sich früh, dass die institutionellen Arrangements durchaus als qualitätsrelevant identifiziert wurden. Im späteren Qualitätsdiskurs ist diese Perspektive jedoch eher randständig. Auch wenn es reichlich Arbeiten zum Widerspruch der administrativen und sozialpädagogischen Tätigkeit gibt, in denen das Problem des institutionellen Arrangements unhintergehbar implementiert ist.

1486 Vgl. *Denninger* 1969.

1487 Vgl. *Palandt* 1973 zu § 1 JWG.

von elterlicher Gewalt und staatlicher Befugnis zu verschieben.[1488] Der Entwurf legt sich nicht mit dem Elternrecht an[1489]. Er sollte

> „weder die grundsätzliche Subsidiarität staatlicher Erziehung gegenüber der Familienerziehung aufheben, noch selbstständige Rechtspositionen des Kindes gegenüber seinen Eltern schaffen.“[1490]

Auch das Verhältnis zwischen öffentlicher und freier/privaten Kinder- und Jugendhilfe blieb kontrovers, sodass mehrere Alternativkonstruktionen vorgeschlagen wurden.[1491] Letztlich wurde aber an der bisherigen subsidiären Rolle der öffentlichen Kinder- und Jugendhilfe nicht gerüttelt, lediglich Aufsichts- und Kontrollbefugnisse der öffentlichen Träger gegenüber den privaten Einrichtungen wurden erweitert.[1492] Die jahrelangen Reformdiskussionen zur Neuformulierung des Jugendhilferechts drehten sich vor allem um die Regelung des Verhältnisses von öffentlicher zu freier/privater Kinder- und Jugendhilfe, also der Ausgestaltung des Subsidiaritätsprinzips. Auch wenn dies im Rahmen der Einführung des JWG bereits thematisiert und höchstrichterlich entschieden wurde, so kann dieser Grundsatzkonflikt nicht als gelöst gelten und dominiert weiter die fachlichen Debatten bis zur Verabschiedung des KJHG im Jahr 1990.[1493]

Der Diskussionsentwurf fasste die Erziehungshilfen insgesamt neu. Es gab die sog. Allgemeine Erziehungshilfe, die im Falle allgemeiner erzieherischer Unterstützung zu leisten war und neben präventiven, ambulanten und beraterischen Leistungen auch Hilfen außerhalb der Familie umfasste. Daneben gab es die „Erziehungshilfe bei Gefährdung oder Störung der Entwicklung“. Hier war die Rede von „offenen“ und „halboffenen“ Erziehungshilfen, um die ambulanten, präventiven Leistungen vor der Fremdplatzierung zu stärken.[1494] An die Erziehungshilfen außerhalb des Elternhauses wurden Standards[1495] formuliert und die Erziehung in einer Pflege-

1488 Vgl. *Barabas/Sachße* 1974: 29.

1489 Vgl. *Weber* 1973: 33. A. A., vgl. *Eckl* 1975, 64, *Kroll-Schlüter* 1975: 198f.

1490 *Barabas/Sachße* 1974: 30.

1491 Im Hinblick auf pro und contra des sog. „Konkurrenzverbots“ vgl. *Steinmeyer* 1975, *Weiß* 1975.

1492 Vgl. *Barabas/Sachße* 1974: 30f. Zur Auseinandersetzung mit den Alternativvorschlägen vgl. *Weber* 1973.

1493 Vgl. *Sachße* 1996.

1494 Vgl. *Barabas/Sachße* 1974: 32.

1495 Z. B. Unterstützung der Kontakte der Eltern zum Kind (auch finanziell) und die Verpflichtung zur Zusammenarbeit mit den Eltern, vgl. *BMJFG* 1972b: 137f.

familie der Vorrang vor der Erziehung in einem Heim eingeräumt.[1496] Insgesamt sollte die Erziehungshilfe präventiver, niedrigschwelliger und qualifizierter erbracht werden.[1497] Den sozialstaatlichen Anspruch des Entwurfes sehen *Barabas/Sachße* im

> „Beitrag zur Herstellung der Gleichheit der Bildungschancen durch Vergesellschaftung der Erziehung und damit als Ausdruck eines Sozialstaatsverständnisses, in dem der Staat die Verantwortung zur Sozialgestaltung im Sinne sozialer Gerechtigkeit übernommen hat."[1498]

Dennoch bleibt im Hinblick auf die Vergesellschaftung die Situation eigentümlich: Durch die starke Stellung der freien/privaten Träger liegt die Betonung nicht ausschließlich auf vergesellschafteter Erziehung, sondern hat hohe private Anteile, nur auf anderer Ebene.[1499]

Ob dies zur Erreichung sozialstaatlicher Ziele eine günstige oder ungünstige Konstellation ist, bleibt dahingestellt. Interessant für die Fragestellung dieser Arbeit ist, inwieweit sich dieses Prinzip der Vorrangstellung „doppelter privater Erziehung" durch Familie und freie/private Wohlfahrtsorganisationen bis in das SGB VIII fortschreibt und damit zum konstitutiven Element der Hilfen zur Erziehung wird. Dieser Umstand hat Auswirkungen auf die Frage nach den formellen und faktischen Beauftragungsverhältnissen in der Kinder- und Jugendhilfe.

Im Jahr 1974 legt die Bundesjugendministerin einen auf den Diskussionsentwurf aufbauenden Referentenentwurf (RE) vor, der hinter den fachpolitischen Erwartungen zurück bleibt und bereits finanzpolitischen Bedenken der Länder und Kommunen Rechnung trägt, indem er Leistungseinschränkungen vorsieht und das Jugendamt als eigenständige Fachbehörde wieder preisgibt. Die Fachwelt reagiert enttäuscht. Die weiteren Reformbemühungen nach 1974 kommen sowohl bei den politischen Akteuren als auch in der Fachdiskussion auf unbestimmte Zeit zum Stillstand, weil sich die Erkenntnis durchsetzt, dass eine Novellierung des JWG im diskutierten Sinne mit erheblichen Kosten verbunden ist.[1500] Die Entwick-

---

1496 Vgl. *BMJFG* 1972b: 108ff.

1497 Vgl. *Bergmann-Krauss* 1973: 92, *Hasenclever* 1978: 222.

1498 *Barabas/Sachße* 1974: 38.

1499 *Barabas/Sachße* 1974: 39. „Der naturwüchsige Prozeß der Familiensozialisation weicht nicht planmäßiger öffentlicher Kontrolle, sondern der ideologischen Beeinflussung durch die jeweilige private Wohlfahrtsorganisation", ebd.: 39.

1500 Vgl. *Hasenclever* 1978: 219, *Wiesner* 1990: 114. Weitere Gründe liegen womöglich in der Überforderung eines kleinen Ministeriums mit einer komplizierlungen in der Praxis gingen jedoch weiter. Die von den Jugendämtern vor Ort entwickelten (und von ihnen finanzierten) offenen, familienorientierten Erziehungshilfen auf der Grundlage der Generalklausel des § 5 JWG in Verbindung mit § 6 JWG gewinnen zunehmend an Bedeutung.[1501] Bundeskanzler *Helmut Schmidt* gibt mit seiner Regierungserklärung 1976 den Impuls, der zu einem neuen RE 1977[1502] führt. Dieser wird zwar 1978 vom Bundeskabinett verabschiedet, scheiterte 1980 aber an der Ablehnung des Bundesrates.[1503] *Wiesner* macht für die Ablehnung hauptsächlich ideologische Gründe verantwortlich und spricht von einem „ideologischen Kriegsschauplatz“.[1504] Die für die vorliegende Arbeit relevanten inhaltlichen Gründe der Ablehnung des Bundesrates sind:

> „1. Dem Staat wird bei der Umschreibung der Aufgaben der Jugendhilfe eine zu starke Rolle eingeräumt und damit der durch Artikel 6 Abs. 2 GG vorgeschriebene Vorrang des Erziehungsrechtes der Eltern nicht ausreichend berücksichtigt. (...) 3. Die Beseitigung des Vorrangs der freien Träger verschlechtert deren Position erheblich. (...)“[1505]

Neben diesen Sachgründen sind erneut Finanzgründe ausschlaggebend für das Scheitern der Reform, da mit dem geplanten Rechtsanspruch auf Hilfe zur Erziehung Mehrkosten verbunden waren.[1506] Ein weiterer RE 1984 und seine Überarbeitung 1985, die wiederum nur als Novelle des JWG konzipiert waren, sind aus Zeit- und Kostengründen nicht weiter verfolgt

---

ten Materie (vgl. *Hasenclever* 1978: 220), in der marginalen Bedeutung der Kinder- und Jugendhilfe im politischen Gesamtspektrum (vgl. *Wiesner* 1990: 114), in dem erheblichen Zeitdruck, der den DE und den RE bestimmte (vgl. *Jans* 1982: 384) sowie in der heraufziehenden Krise 1974 und der daraus folgenden politischen Skepsis gegenüber einer Neuordnung der Jugendfürsorgematerie (vgl. *Bieback* 1984).

1501 Vgl. *Happe* 1982: 389.

1502 Zu den Intentionen dieses Entwurfes vgl. *Gernert* 1978: 26ff.

1503 „Damit war der bislang am „weitesten gediehene Versuch einer Reform des Jugendhilferechts gescheitert.“ *Wiesner* 1990: 117, vgl. ebenso *Münder* 1990a: 43.

1504 *Wiesner* 1990: 116. Vor allem *Franz-Josef Strauß* brandmarkte den Entwurf als umfassenden Eingriff in die intakte Familie, vgl. ebd.: 115. Zum weiteren gesellschaftspolitischen Hintergrund, vgl. *Wiesner* 2011b: 77f.

1505 *BT-Drs* 8/4388: 1f. Zur ausführlicheren Darstellung der Argumentation des Bundesrates vgl. *BT-Drs* 8/2571: 178.

1506 Vgl. *Jans* 1982: 387, *Happe* 1982: 388.

worden.[1507] Die bis dahin verfolgten und vorgelegten Reform-, Novellen- und Neuentwürfe zum Jugendhilferecht scheiterten letztlich immer an den ideologischen Kämpfen um das Verhältnis von Elternrecht und öffentlicher Jugendhilfe, der Frage eines materialisierten Kindesrechts und dem Verhältnis zwischen freien/privaten und öffentlichem Träger.[1508]

Im Jahr 1988 wurde unter dem Eindruck des Siebten Jugendberichts[1509] mit einem neuen RE ein aussichtsreicher Vorstoß gewagt, einen völlig neuen Gesetzesentwurf vorzulegen. Zu den wichtigsten Neuerungen dieses Entwurfes zählte auch die komplette Neuordnung der Hilfen zur Erziehung.[1510] Von der FE und der FEH wird in der Praxis kaum noch Gebrauch gemacht. Sie sollen durch das einheitliche Rechtsinstitut „Hilfe zur Erziehung“ auf der Ebene des örtlichen Jugendamtes ersetzt werden.[1511] Inhaltlich begründet ist dies darin, dass eine eindeutige Zuordnung, welche der beiden Leistungen zu gewähren ist, häufig zu Zuständigkeitsstreitigkeiten der unterschiedlichen Kostenträger (Landesjugendamt versus kommunales Jugendamt) führte.[1512] Für die Neukonzeption der Hilfe zur Erziehung im SGB VIII wird der Kindeswohlbegriff zu Grunde gelegt und auf alle anderen bisherigen Kriterien verzichtet. Der Staat geht grundsätzlich von einer funktionierenden Familienerziehung aus und muss für sein Angebot einen Bedarf feststellen, den die Eltern nicht bedienen können.[1513] Damit ist die Bedarfsorientierung auch ein Strukturelement der Hilfe zur Erziehung. Folgerichtig haben Personensorgeberechtigte den Anspruch auf Hilfe zur Erziehung. Mit der Bewilligung erfolgt kein Sorgerechtseingriff, es handelt sich um eine klassische sozialstaatliche Leis-

---

1507 Vgl. *BT-Drs* 11/5948: 41. Weiterhin wurde bemängelt, dass mit einer weiteren Novelle die Chance auf eine umfassende Reform auf Jahre vertan wäre, vgl. *Wiesner* 1990: 118.

1508 Vgl. *Mierendorff* 2010: 117. Ergänzend sind noch das Verhältnis von Bund zu Ländern/Kommunen und Finanzierungsfragen zu nennen, vgl. ebd. 2010.

1509 Der Siebte Familienbericht verlässt die bisherige Argumentationslinie einer „offensiven“ Kinder- und Jugendhilfe als eigenständige Sozialisationsinstanz und reformuliert die Kinder- und Jugendhilfe als kompensatorischen Unterstützungsbereich für die Familie. Er nahm damit die konservativen Kritiklinien auf, vgl. *Merchel* 2003c: 20ff.

1510 Vgl. *Wiesner* 1990: 119.

1511 Vgl. *BT-Drs* 11/5948: 42. Hierdurch vollzieht sich auch eine Kostenverlagerung vom Land auf die Kommunen, vgl. *BT-Drs* 11/5948: 45.

1512 Vgl. *BT-Drs* 11/5948: 66, ebenso, *Bergmann/Krauss* 1973: 96.

1513 Vgl. *BT-Drs* 11/5948: 68.

tung.[1514] Ein subjektiv-öffentliches Recht der Kinder und Jugendlichen auf Erziehung gegenüber dem Staat ist verfassungsrechtlich nicht umsetzbar.[1515] Dennoch wird in einem programmatischen Satz ein Recht der Kinder und Jugendlichen auf Erziehung statuiert, um ihren Subjektstatus im Erziehungsgeschehen zu betonen.[1516]

Zum Verhältnis freie/private Träger zu öffentlichem Träger wird die Position der freien/privaten Kinder- und Jugendhilfe erneut gestärkt und bestätigt. Der Funktionsschutz der freien/privaten Kinder- und Jugendhilfe wird damit begründet, dass nur so eine hohe Vielfalt von Inhalten, Arbeitsformen, Methoden und Wertorientierungen vorgehalten und damit auch faktisch das Wunsch- und Wahlrecht der Adressat_innen gewährleistet werden könne.[1517] Oder umgekehrt: Eine Konzentration auf die Angebote öffentlicher Kinder- und Jugendhilfe käme einer Aushöhlung des Wunsch- und Wahlrechts gleich. Allerdings kann das Wunsch- und Wahlrecht auch als Schwächung der korporatistischen Verzahnung zwischen öffentlicher und freier/privater Kinder- und Jugendhilfe gelesen werden, was für die Beauftragungs- und Vertragsverhältnisse bedeutsam ist.[1518]

Der Entwurf wurde allseits positiv aufgenommen und ohne weitere Verzögerung beschlossen, auch wenn seine Familienlastigkeit und die zu erwartenden Mehrkosten für die Kommunen problematisiert gesehen wurden (der Finanzausschuss des BR empfahl die Ablehnung).[1519] Die Stellungnahme des Bundesrates erhebt die Forderung, in § 1 SGB VIII der Kinder- und Jugendhilfe eine eigenständige Funktion im Verhältnis zu Eltern und Schule einzuräumen, so wie im JWG formuliert. Folgerichtig sollten die Kinder und Jugendlichen auch als Anspruchsinhaber in der Anspruchsnorm zur Hilfe zur Erziehung neben den Personensorgeberechtigten explizit genannt werden. Dies geschieht unter Berufung auf ein Urteil des *BVerwGs*[1520], dass dem Kind ein eigener Anspruch auf Tätigwerden der öffentlichen Kinder- und Jugendhilfe zukomme. Weiter prangert der Bundesrat erneut den Eingriff des Bundes in die Kompetenzen der Länder

---

1514 Vgl. *Sachße* 1996: 568, s. u.

1515 Vgl. *BT-Drs* 11/5948: 47. Dies verbietet die eindeutige Zuweisung der Erziehung in die Sphäre des Elternrechts (Art. 6 GG), s. u.

1516 Vgl. *BT-Drs* 11/5948: 47, *Wiesner* in: *Wiesner* 2011a, § 1, Rn. 13.

1517 Vgl. *BT-Drs* 11/5948: 46f.

1518 Vgl. Kap. 2.4.

1519 Vgl. *Wiesner* 1990: 120ff.

1520 Vgl. *BVerwG* 25.8.1987, 5 B 50.87.

und Kommunen an und fordert weiter eine Verstärkung der Förderungsverpflichtung der freien/privaten Kinder- und Jugendhilfe durch die öffentliche Kinder- und Jugendhilfe. Auch wird die Frage aufgeworfen, ob nicht doch eine Möglichkeit geschaffen werden müsste, dass ein Vormundschaftsrichter eine Hilfe zur Erziehung in einer Einrichtung über Tag und Nacht anordnen kann.[1521] Damit sind die bekannten Konfliktlinien vom Verhältnis Eltern-Kind-Staat und öffentliche-freie/private Kinder- und Jugendhilfe wieder präsent.

In der Gegenäußerung des Bundestages wird auf die Eingriffsorientierung des JWG verwiesen und die Formulierung einer eigenen Funktion der öffentlichen Kinder- und Jugendhilfe unter Bezug auf den Vorrang des elterlichen Erziehungsrechts aus der Verfassung abgelehnt. Kinder und Jugendliche als Anspruchsinhaber der Hilfe zur Erziehung zu nennen, wird ebenfalls eine Absage erteilt.[1522] Auch hier wird auf den verfassungsrechtlichen Vorrang der Elternerziehung rekurriert, es gehe um Hilfe *zur* Erziehung und nicht um die Erziehung der Kinder und Jugendlichen selbt. Auch aus dem Wächteramt heraus ist die Unterstützung oder Wiederherstellung der elterlichen Erziehungsfähigkeit Ziel des staatlichen Handelns und nicht eine unmittelbare staatliche Erziehung. Erst bei Überschreitung der Kindeswohlgrenze ändert sich dies, allerdings mit der Einschränkung der elterlichen Sorge durch die Familiengerichte gemäß § 1666 BGB und nicht durch einen eigenen Erziehungsauftrag des Staates. Ein eigenes Recht der Kinder und Jugendlichen auf Erziehung[1523] kollidiert mit dem verfassungsrechtlichen Elternrecht der Erziehung:

> „Deshalb hat das Kind oder der Jugendliche zwar ein Recht auf Ausübung der elterlichen Sorge und bei Versagen der Eltern ein Recht auf Betätigung des staatlichen Wächteramts, aus dem jedoch unterhalb der Eingriffsschwelle des § 1666 BGB kein Recht des Kindes oder Jugendlichen auf Hilfe an sich selbst, nämlich auf Erziehung unmittelbar gegen den Staat hergeleitet werden kann. Die Gefahr, daß Eltern nicht bereit sind, eine sinnvolle und notwendige Hilfe unterhalb des § 1666 BGB anzunehmen, ist nach der Wertentscheidung des Grundgesetzes in Artikel 6 Abs. 2 hinzunehmen. Der Staat hat nicht die

1521 Vgl. *BR-Drs* 503/89.

1522 Vgl. *BR-Drs* 503/89.

1523 Vgl. *BT-Drs* 11/6002. Der Rechtscharakter des § 1 SGB VIII, welcher von einem Recht des jungen Menschen auf Förderung und Erziehung spricht, ist bis heute unklar. Die Diskussion ähnelt der über § 1 JWG (siehe oben). Zur ausführlichen Auseinandersetzung vgl. *Münder* in: *Münder/Meysen/Trenczek* 2013, § 1, Rn. 4ff (m.w.N.), *Wiesner* 2011a, § 1 (m.w.N.).

> beste oder optimale Erziehung für das Kind zu gewährleisten, sondern er hat das Kind vor Schaden zu bewahren.“[1524]

In der Anhörung vor der Verabschiedung des Gesetzes wurden die zentralen Konfliktlinien erneut deutlich und die Vorstellungen über die Reform des Jugendhilferechts gingen weit auseinander. Der DV sowie die Vertreter der Kirchen und der kommunalen Spitzenverbände begrüßten den Entwurf und drängten auf seine baldige Verabschiedung in dieser Wahlperiode. Andere Anhörungsbeteiligte waren der Auffassung, er falle teilweise hinter das geltende Recht zurück und werde dem Erfordernis von Rechtsansprüchen und Leistungsverpflichtungen in wichtigen Leistungsbereichen nicht gerecht. Vermisst wurde vor allem eine gesetzliche Würdigung der Persönlichkeit der Kinder und Jugendlichen, die im Entwurf auf die Rolle von Erziehungsobjekten reduziert seien. Es werde eine Interessenidentität von Eltern und Kindern unterstellt, die gerade da nicht existiere, wo die Kinder- und Jugendhilfe intervenieren müsse und das Jugendhilferecht zur Geltung komme. Dem Entwurf liege das überkommene Erziehungsfeld der Allzuständigkeit der Eltern zugrunde, alle Beteiligungsformen für Kinder und Jugendliche kämen zu kurz. Dementsprechend forderte eine Reihe von Sachverständigen einen Rechtsanspruch der Kinder auf bestimmte Leistungen. Dieser Rechtsanspruch stehe nach dem Entwurf nur den Erziehungsberechtigten zu. Es handele sich hier aber nicht um Elternrecht, sondern um Jugendhilferecht. Demgegenüber wandte der Vertreter des Kommissariats der Deutschen Bischöfe ein, dass ein Rechtsanspruch des Kindes mit Art. 6 GG nicht vereinbar sei. Zudem sei nicht entscheidend, wer anspruchsberechtigt sei, sondern wichtig sei, dass die Kinder in wesentlichen Bereichen mitreden könnten.[1525] Die SPD forderte in ihren Änderungsanträgen

> "den Vorrang der Familie vor Kindern und Jugendlichen zugunsten eines besseren Gleichklangs beider Interessenfelder zurückzunehmen. Ferner sollte der Jugendhilfe ein eigenständiges Erziehungsziel neben der Familie und das Recht des Kindes auf Erziehung im Gesetz verankert werden (...). Für Kinder und Jugendliche sollte ein eigenes Antragsrecht auf Leistungen geschaffen werden.“[1526]

Diese Anträge wurden alle abgelehnt, dennoch wurde insgesamt wert geschätzt, dass das Gesetz ein wichtiger Schritt in die Richtung zu einem

---

1524 *BT-Drs* 11/6002: 5.
1525 Zu allem vgl. *BT-Drs* 11/6748: 79.
1526 *BT-Drs* 11/6748: 80.

modernen Leistungsgesetz darstellt.[1527] Die Hauptkritik zielte wieder auf das Verhältnis von Elternrechten und Kinderrechten, welches zu Gunsten der elterlichen Rechtsposition entschieden wurde.[1528]

Nach über 20jähriger Reformdiskussion konnte 1990 das neue Kinder- und Jugendhilfegesetz verabschiedet werden. Mit dem SGB VIII wurden die unklaren Zuständigkeits-, Organisations- und Finanzierungsregelungen des RJWG und JWG systematisch neu geordnet.[1529] Ziel der Reform war die

> „Ablösung des eingriffs- und ordnungsrechtlichen Instrumentariums des geltenden Gesetzes durch ein modernes, präventiv orientiertes Leistungsgesetz, das Eltern bei ihren Erziehungsaufgaben unterstützt und jungen Menschen das Hineinwachsen in die Gesellschaft erleichtert."[1530]

Das SGB VIII wurde seit 1990 mehrfach geändert und neu bekannt gemacht.[1531] Die für die Fragestellung wichtigsten Änderungen vollzogen sich mit der Einführung der §§ 78a-g SGB VIII[1532] zur Leistungs-, Entgelt- und Qualitätsentwicklungsvereinbarung sowie des § 79a SGB VIII[1533] zur Qualitätsentwicklung in der Kinder- und Jugendhilfe.[1534]

Die Kodifizierung des Jugendhilferechts im SGB VIII spiegelt die weitere Ausformung der sozialstaatlichen Idee der öffentlichen Erziehung wider, vor allem durch die Einräumung von Rechtsansprüchen im Hinblick auf Unterstützung, Beratung und präventiven sowie intensiven Hilfen für die Personensorgeberechtigen.[1535] Dies verdeutlicht den Wandel vom Eingriff zur Dienstleistung. Der Wandel von der ordnungspolitischen Ausrichtung zur dienstleistungsorientierten Kinder- und Jugendhilfe wird vor allem an der Abschaffung der FE und FEH und der Neukonzeption der Hilfe zur Erziehung fest gemacht. Dennoch zeigt die Ausrichtung an Erziehung ein staatliches Interesse, auf Verhalten einzuwirken. Demnach ist

---

1527 Vgl. *BT-Drs* 11/6748: 80.

1528 Vgl. *Mierendorff* 2010: 126.

1529 Vgl. *Sachße* 1996: 565f.

1530 *BT-Drs* 11/5948: 1.

1531 Es liegen bisher über 30 Änderungen vor, vgl. *Wiesner* 2011b: 80. Für eine Übersicht aller Änderungen bis 1.1.2012 vgl. *Kunkel* 2013: 356ff.

1532 Im Zuge des Zweiten Änderungsgesetz der Pflegeversicherung SGB XI im Jahr 1998, vgl. Kap. 2.4.

1533 Im Zuge der Stärkung eines aktiven Kinderschutzes durch Einführung des Bundeskinderschutzgesetzes (BKiSchG) im Jahr 2009, vgl. Kap. 2.4.

1534 Vgl. ausführlich Kap. 2.3.

1535 Vgl. *Sachße* 1996: 565.

das SGB VIII kein reines Leistungsgesetz.[1536] Dieser Aspekt kommt vor allem bei der Frage zum Ausdruck, um welche Art von Gut (als ökonomischer Kategorie) es sich bei den Dienstleistungen im Kontext der Hilfen zur Erziehung überhaupt handelt.[1537]

Die Entwicklungen im BGB und im Jugendhilferecht reflektieren auch die veränderten gesellschaftlichen Bedingungen, unter denen Kinder und Jugendliche aufwachsen. War die öffentliche Erziehung zu Beginn auf spezifische Probleme von Kindern und Jugendlichen am Übergang zur industriellen Moderne bezogen, so sind die heutigen gesellschaftlichen Bedingungen von Individualisierung und Pluralisierung geprägt.[1538] Aus den vielfältigen Veränderungen für Familien, die aus der „neuen Moderne“ resultieren, destilliert *Sachße*:

> „Die Anforderungen an öffentliche Jugendhilfe steigen – finanziell und normativ.“[1539]

Das SGB VIII kann als großer Fortschritt bezeichnet werden, hat es die von vielen Großstädten in der Praxis entwickelten fachlichen Neuerungen aufgenommen.[1540] Die Praxis der Kinder- und Jugendhilfe hatte sich weit von den Vorgaben des Jugendwohlfahrtsrechts entfernt und eine präventive und familienorientierte Ausrichtung[1541] eingeschlagen.[1542] Dies trifft insbesondere für den Bereich der Hilfen zur Erziehung zu, die nun in

---

1536 Vgl. *Mierendorff* 2010: 124ff.

1537 Daher gilt es Fragen der Meritorik, der Vertrauensgüter und des Paternalismus zu erörtern, vgl. Kap. 2.3.

1538 Vgl. *Sachße* 1996, 566. In der Gesetzesbegründung wird auf die veränderten Lebenslagen von Familien und der strukturellen Rahmenbedingungen, z. B. des Arbeitsmarktes, Bezug genommen, vgl. *BT-Drs* 11/5948: 41. Zur Kritik am Individualisierungstheorem vgl. *Brumlik* 1995a: 45ff.

1539 *Sachße* 1996: 567.

1540 Für die Hilfen zur Erziehung vgl. *BT-Drs* 11/5948: 41. A. A. ist *Münder*, der das KJHG als Enttäuschung charakterisiert, da es über die fachlich entwickelte Praxis hinaus keine zukunftsorientierte Impulse setzt, andererseits aber auch keine weitere fachliche Entwicklung verhindert, vgl. *Münder* 1990b: 352ff. Im Hinblick auf die Stellung der leistungsberechtigten Eltern und die zu beteiligenden Kinder und Jugendlichen im Kontext der Hilfe zur Erziehung ist es durchaus angemessen, von einer progressiven Ausrichtung des Gesetzes auszugehen. Die konsequente Umsetzung der Dienstleistungsorientierung des KJHG entgegen einer fürsorglichen, bürokratischen und expertokratischen Belagerung der Familien in der vorfindlichen Praxis darf stark bezweifelt werden, s. u.

1541 Vgl. *Mollenhauer/Brumlik/Wudtke* 1978.

1542 Vgl. *Mierendorff* 2010: 118.

einem systematischen Katalog als einzelne Hilfeformen kodifiziert sind. Insgesamt sind die unterstützenden, beratenden und begleitenden Leistungen stark in den Vordergrund getreten gegenüber den Kontroll- und Eingriffsleistungen. Die gesamte Rechtsentwicklung vom RJWG zum heutigen SGB VIII zeigt eine Entwicklung der Kinder- und Jugendhilfe von einem

> „interventionistisch-ordnungspolitischen Instrument zu einem stärker dienstleistungs- und angebotsorientierten Unterstützung- und Hilfesystem".[1543]

Die Verabschiedung des SGB VIII gilt auch als Zementierung der zweifachen Nachrangigkeit der öffentlichen Kinder- und Jugendhilfe, zum einen gegenüber den Eltern und zum anderen gegenüber der freien/privaten Kinder- und Jugendhilfe.[1544] Zentrale Merkmale der Leistungsorientierung in den Hilfen zur Erziehung aus rechtlicher Sicht sind der subjektive Rechtsanspruch der Adressat_innen, die Ausdifferenzierung des Leistungskatalogs, das Wunsch- und Wahlrecht und darüber hinaus die Gestaltung des gesamten – auch verwaltungsrechtlichen – Verfahrens unter dem Gestaltungsprinzip der Partizipation von Eltern und Kindern.[1545] Die Hilfe zur Erziehung wird letztlich als soziale Dienstleistung, oder noch spezifischer: als „sozialpädagogische Sozialleistung"[1546] konzipiert, und folgerichtig werden ihre Adressat_innen als Subjekte und nicht mehr als Objekte öffentlicher Fürsorge begriffen.[1547] Dennoch bleibt der fehlende Status der Kinder und Jugendlichen als Rechtssubjekt im SGB VIII kritisch.[1548] Der Wechsel vom JWG zum SGB VIII ist demnach als „Paradigmenwech-

---

1543 *Rauschenbach/Züchner/Schilling* 2011: 40 (Hwg), vgl. *Mierendorff* 2010: 117, *Wiesner* 2011b: 80f.

1544 Vgl. *BT-Drs* 11/5948: 42f.

1545 Vgl. *Schmid-Obkirchner* 2011a: 144ff. Die Kinder- und Jugendhilfe ist bemüht um eine höhere Beteiligungsorientierung der Adressat_innen, vgl. *Rauschenbach/Züchner/Schilling* 2011: 40, *Wiesner* 2011b: 81f.

1546 *Münder* 1993: 389.

1547 Vgl. *Schmid-Obkirchner* 2011a: 143, *Wiesner* 2011b: 81f, *Tammen* 2011: 251. Es wird auch von personenbezogener Dienstleistung in Abgrenzung zur Sach- und Geldleistung des Sozialleistungsrechts gesprochen, vgl. z. B. *Münder*, in: *Münder/Meysen/Trenczek* 2013, Einleitung, Rn. 56.

1548 Vgl. *Pitschas* 2002: 185f, der als konsequente Umsetzung der Grundrechte der Kinder und Jugendlichen einen Rechtsanspruch derselben im SGB VIII einfordert.

sel"[1549], „Perspektivenwechsel"[1550] oder Wechsel der „Grundorientierung"[1551] zu verstehen.

Die Hilfe zur Erziehung

Im Folgenden seien kurz die konstitutiven Elemente der Hilfe zur Erziehung[1552] aus rechtlicher Sicht[1553] zusammengefasst, die jedoch ohne die integrierte Perspektive der Sozialpädagogik nicht darstellbar sind. Recht wird aus sozialpädagogischer Perspektive immer wieder stark kritisiert, da es vor allem als Hindernis für die angestrebten pädagogischen Ziele gesehen wird. Dennoch kann das KJHG und mit ihm das heute gültige SGB VIII auch als „Sieg der Sozialpädagogik"[1554] gelesen werden. Innerhalb des Jugendhilferechts hat sich das Paradigma der Lebenswelt- und der Subjektorientierung in den Begrifflichkeiten und Regelungen durchgesetzt. In vielfältigen Vorschriften sind Standards und Prinzipien der Sozialpädagogik enthalten. So gehen z. B. im Recht[1555] kodifizierte Verfahrensstandards, wie Mitwirkungs-, Anhörungs- und Beteiligungsrechte, auf sozialpädagogische Forderungen nach Partizipation zurück.[1556] Das Jugendamt als Leistungsverwaltung[1557] muss die „Gestaltungsprinzipien und Spezifika pädagogischer Prozesse berücksichtigen".[1558] Für *Hornstein*

1549 *Rauschenbach/Züchner/Schilling* 2011: 47.

1550 Vgl. *Wiesner* 2011b: 80.

1551 *Münder* 1993: 389.

1552 Betrachtet wird zur Vereinfachung die Hilfe zur Erziehung im Inland, bei kinderlosen Minderjährigen ohne therapeutische oder berufliche Leistungen.

1553 Aus rechtlicher Sicht gilt es zu unterscheiden zwischen materiell-rechtlichen und verfahrens-rechtlichen Fragen. Das Wunsch- und Wahlrecht, die Hilfeplanung im Einzelfall, die Gesamtverantwortung und die Jugendhilfeplanung sind rechtlich gesehen materielles Recht. Hingegen sind die Vereinbarungen gemäß §§ 78a-g SGB VIII dem Verfahrensrecht zuzuordnen, vgl. *Schmid/Wiesner* 2006b: 452f. Die Zuordnung wird strittig diskutiert, vgl. *Mrozynski* 1999: 467ff.

1554 *Hornstein* 1997: 27. Gegenteilig gibt es auch die Einschätzung, dass mit dem SGB VIII eine Verrechtlichung der Jugendhilfe eingetreten sei, vgl. z. B. *Lakies* 1996: 451 (mwH).

1555 Z. B. die §§ 8, 9 und 36 SGB VIII.

1556 Vgl. *Hornstein* 1997: 28. *Münder* spricht von der Sozialpädagogisierung der Kinder- und Jugendhilfe, vgl. *Münder* 1993: 391.

1557 Vgl. *Schneider* 1964.

1558 *Schmid-Obkirchner* 2011a: 143.

sind die Hilfen zur Erziehung der Höhepunkt der sozialpädagogischen Durchdringung des Jugendhilferechts. Mit den Regelungen zu den Hilfearten als sozialpädagogische Arbeitsformen, der professionellen Teamarbeit, der Partizipation der Adressat_innen und der sozialpädagogischen Diagnostik gehen die rechtlichen Standards über die vorfindliche Praxis teilweise hinaus.[1559]

Der § 27 SGB VIII räumt den Personensorgeberechtigten[1560] einen subjektiv einklagbaren Rechtsanspruch[1561] auf Hilfe zur Erziehung ein. Sie entscheiden über die Inanspruchnahme im Rahmen ihrer Erziehungsverantwortung.[1562] Der Rechtsanspruch ist, aufgrund der Wertentscheidung des Grundgesetzes, bis zur Gefährdungsgrenze ausschließlich den Eltern vorbehalten. Da das Elternrecht aus Art. 6 GG ein fremdnützig auf das Kindeswohl ausgerichtetes Recht ist, sind auch die Hilfen zur Erziehung als Unterstützung der wohlverstandenen Interessen des Kindes anzusehen und nicht als eigennützigen Unterstützung der Eltern.[1563] Damit treten die Unterstützungsmöglichkeiten der Hilfen zur Erziehung kompensatorisch neben die Erziehungsmaßnahmen der Eltern.[1564] Ob ein subjektives Recht des Kindes auf Hilfe zur Erziehung rechtlich im SGB VIII kodifizierbar wäre, ist strittig. Letztlich würde es antragsrechtlich jedoch keinen Unterschied machen[1565], da das Recht bis zum 15. Lebensjahr durch die Personensorgeberechtigten ausgeübt würde und danach das Antragsrecht der Jugendlichen von ihnen eingeschränkt werden könnte.[1566] Auch wenn eine

1559 Vgl. *Hornstein* 1997: 28.

1560 Im Regelfall sind dies die leiblichen Eltern. Denkbar sind aber auch Pfleger_innen, Vormünder_innen und Adoptiveltern. Im Folgenden sind mit Eltern die Träger der Personensorge gemeint.

1561 In der aktuellen Diskussion um die Finanzknappheit der Kommunen steht dieser Rechtsanspruch jedoch zur Disposition, vgl. *Tammen/Trenczek* in *Münder/Meysen/Trenczek* 2013, Vor §§ 27-41, Rn. 6 und § 27, Rn. 2.

1562 An dieser Stelle sei nochmal auf die verfassungsmäßige Grenze der Elternautonomie über die Kindeserziehung aus Art. 6 Absatz 2 GG hingewiesen, nach der diese Autonomie an der Grenze zur Kindeswohlgefährdung endet, vgl. *Wiesner* 2011c: 182, *Tammen* 2011: 245.

1563 Vgl. *Wiesner* 2003a: 163f, ebenso *Schmid-Obkirchner* in *Wiesner* 2011a, Vor § 27, Rn. 22.

1564 Vgl. *Eichenhofer* 2011: 91.

1565 Das „formelle Antragsrecht im Sozialgesetzbuch der Jugendhilfe [ist, für Kinder und Jugendliche, M.E.] wenig bedeutsam“ *Müller-Alten* 2003: 415.

1566 Grundsätzlich gegen einen Anspruch des Kindes auf Hilfe zur Erziehung, weil damit eine Erziehungskonkurrenz von Staat und Eltern entstehen könnte, vgl.

Zuordnung des Rechtsanspruchs auf Hilfe zur Erziehung zu den Kindern rechtlich möglich wäre, ist eine Zustimmung der Eltern für die angebotenen Hilfen unbedingt notwendig.[1567] Die Forderungen nach einem Rechtsanspruch des Kindes auf Leistungen der Hilfe zur Erziehung ab dem 15. Lebensjahr zielen somit auf den Regelungskreis des Kindschaftsrechts und nicht des Sozialrechts.[1568] Die Hilfen zur Erziehung haben immer den Charakter, die Eltern in ihrer Erziehungsverantwortung zu unterstützen. Selbst in Verfahren vor dem Familiengericht sind Interventionen darauf gerichtet, die Eltern zur Inanspruchnahme etwaiger Hilfen, auch zur Fremdunterbringung, zu veranlassen. Selbst bei Pflegschaft oder Vormundschaft nimmt die eingesetzte Person die Hilfe zur Ausübung der dann übertragenen (Teile der) elterlichen Sorge in Anspruch.[1569]

Dem Kind selbst obliegen im Kontext erzieherischer Bedarfslagen eigene Rechtsansprüche bei Konfliktsituationen mit den Eltern gemäß § 8 Abs. 3 SGB VIII und § 42 Abs. 2 SGB VIII.[1570] Weitere Beteiligungsrechte finden sich in § 8 Abs. 1 und 2 SGB VIII, nach dem Kinder und Jugendliche an allen sie betreffenden Entscheidungen gemäß ihrem Entwicklungsstand zu beteiligen sind. In Anlehnung an das BGB sind nach § 9 SGB VIII zudem die wachsende Fähigkeit zur Selbstbestimmung und religiöse, kulturelle Eigenheiten sowie die unterschiedlichen Lebenslagen von Mädchen und Jungen zu beachten.[1571] Die Kinder sind auf diese Beteili-

---

z. B. *Wiesner* 2011c: 173. Pragmatisch für einen Anspruch, da er verfassungskonform wäre, vgl. *Tammen* 2011: 249. Inhaltlich für einen Anspruch, vgl. *Münder* 2000: 123.

1567 Vgl. *Wiesner* 2003a: 163f, *Schmid-Obkirchner* in *Wiesner* 2011a, § 27, Rn. 7. Eine Gewährung von Hilfe zur Erziehung gegen den Willen der Eltern ist nur durch eine familiengerichtliche Entscheidung zulässig, vgl. *Schmid-Obkrichner* in *Wiesner* 2011a, Vor § 27, Rn. 21.

1568 Vgl. *Wiesner* 2011c: 173. *Mrozynski* argumentiert, dass gerade der Rechtsanspruch der Kinder und Jugendlichen der Systematik des Sozialgesetzbuches entspräche, vgl. *Mrozynski* 1999: 475.

1569 Vgl. *Wiesner* 2011c: 173.

1570 Vgl. *Münder* 2000: 83 und *Wiesner* 2003a: 176ff. Weitere Beratungsrechte sind in § 18 Abs. 3 SGB VIII und eigene Leistungsansprüche z. B. im Rahmen den Eingliederungshilfe (§ 35a SGB VIII) und dem Anspruch auf einen Kindergartenplatz (§ 24 SGB VIII) gesichert, vgl. *Wiesner* 2011c: 172.

1571 Vgl. *Wiesner* 2003a: 176ff, *Schmid-Obkirchner* 2011a: 147, *Lakies* 1997: 215. Im Kontext der Hilfen zur Erziehung werden in „§ 36 SGB VIII Mitwirkung, Hilfeplan" die Beteiligungsrechte für Kinder und Jugendliche weiter konkretisiert. *Mierendorff* weist zu Recht darauf hin, dass Anhörungs- und Beteiligungsrechte im Gegensatz zu subjektiven Rechtsansprüchen eine schwache Rechtspogungsrechte hinzuweisen. Das Kind kann sich auch von selbst in allen Angelegenheiten an das Jugendamt wenden.[1572] Wenn Minderjährige sich melden und ein erzieherischer Bedarf absehbar scheint, kann das Jugendamt versuchen, die Eltern mit offensiver und aktiver Beratung und Motivation zur Inanspruchnahme von Leistungen zu gewinnen. Aus fachlicher Sicht ist grundsätzlich auf die Beteiligung und Mitwirkung der Eltern hinzuarbeiten. Das Jugendamt hat die Eltern allein schon im Sinne der Kinder und Jugendlichen zu motivieren.[1573] Es kann sogar von Amtswegen ein Verwaltungsverfahren zur Prüfung der Voraussetzungen der Leistung Hilfe zur Erziehung einleiten. Dies ist kein Eingriff in das Elternrecht, da die letztliche Beantragung[1574] und Inanspruchnahme der Hilfe zur Erziehung den Eltern verbleibt. Gegen den Willen der Eltern kann auch bei vorliegendem erzieherischen Bedarf keine Hilfe zur Erziehung realisiert werden.[1575]

Als Tatbestandsvoraussetzung[1576], dass der Anspruch von der Sozialleistungsbehörde[1577] (Jugendamt) anerkannt wird, muss ein erzieherischer

---

sition darstellen und daher als Kompromiss zwischen dem Spannungsfeld von Freiwilligkeit und Selbstbestimmung verstanden werden kann, vgl. *Mierendorff* 2010: 127ff.

1572 Vgl. *Wiesner* 2011c: 174, *Tammen* 2011: 250.

1573 Vgl. *Schmid-Obkirchner* in *Wiesner* 2011a, § 36, Rn. 14f.

1574 Ob überhaupt ein Antragserfordernis besteht ist unklar, ablehnend vgl. z. B. *Mrozynski* 1999: 467ff, *Münder* 2001b: 139, *Kunkel* 1998b: 252, *Schmid-Obkirchner* in *Wiesner* 2011a, § 27, Rn. 26, dafür vgl. *Maas* 1993: 467. Wenn ein Antragserfordernis angenommen wird, genügt eine irgendwie geartete Äußerung der betroffenen Eltern Unterstützung zu wünschen, vgl. *Lakies* 1996: 453f.

1575 Vgl. *Tammen* 2011: 273, *Lakies* 1996: 454, *Mrozynski* 1999: 471ff, *Mrozynski* 1999: 471, *Münder* 1993: 389, *Schmid-Obkirchner* in *Wiesner* 2011a, § 27, Rn. 26. *Müller-Alten* sieht in letzter Konsequenz jedoch den Elternwillen nicht als entscheidend an. Er argumentiert, dass Eltern in der Kinder- und Jugendhilfe durch den Kontrollauftrag in ihrer Freiheit derart eingeschränkt seien, dass sie sich dem Prozess der Verhandlung über Hilfe zur Erziehung gar nicht entziehen können. Bei extrem belastenden Situationen muss zudem ohnehin im Hinblick auf Kindeswohlgefährdung interveniert werden, vgl. *Müller-Alten* 2003: 410.

1576 Die Tatbestandvoraussetzungen sind mit den Rechtsfolgen die beiden Elemente eines Rechtsanspruchs. Sind die Tatbestandsvoraussetzungen erfüllt, kommen die Rechtsfolgen zur Anwendung, vgl. *Münder* 2001c: 88f.

1577 Das Jugendamt kann nicht nur als Sozialleistungsbehörde betrachtet werden, da die anderen ordnungspolitischen Aufgaben dem nicht zuzuordnen wären, vgl. *Lakies* 1996: 452f, *Lakies* 1997: 213. Da die Arbeit jedoch die *beantragten* Hilfen zur Erziehung im Fokus hat, ist die Begriffswahl folgerichtig.

Bedarf vorliegen, oder sozialpädagogischer formuliert: das „Vorliegen eines besonderen Unterstützungsbedarfs in Fragen der Erziehung“[1578] muss festgestellt sein. Damit ist rechtlich eine Problemfokussierung festgelegt, da immer benannt werden muss, warum die dem Wohl des Kindes entsprechende Erziehung nicht gewährleistet ist. Der Begriff „erzieherischer Bedarf“ ist ein unbestimmter Rechtsbegriff und damit auslegungs- und konkretisierungsbedürftig. Die Entscheidung des Jugendamtes kann vollumfänglich gerichtlich überprüft werden.[1579] Zu beachten ist, dass die Grenze der Kindeswohlgefährdung eine andere ist als die Nichtgewährleistung des Kindeswohls.[1580] Bei fehlender Kooperation der Eltern und gegebenem erzieherischen Bedarf, aber keiner Kindeswohlgefährdung, ist das vom Jugendamt hinzunehmen.[1581] Ein erzieherischer Bedarf besteht, „wenn sich die Sozialisationslage des Minderjährigen im Vergleich als benachteiligt erweist.“[1582] Weiter muss die ausgewählte Hilfe gemäß § 27 SGB VIII geeignet und notwendig sein.[1583] Über diese Geeignetheit[1584]

1578 *Rauschenbach/Züchner/Schilling* 2011: 59.

1579 Vgl. *Mrozynski* 1999: 467ff, *Lakies* 1997: 220f.

1580 Vgl. *Schmid-Obkirchner* in *Wiesner* 2011a, § 27, Rn. 3. Dennoch sind die Schwellen des § 27 SGB VIII „Nichtgewährleistung des Kindeswohls“ und der § 1666 BGB „Gefährdung des Kindeswohls“ in ihren Erscheinungsformen verknüpft. So kann eine Nichtgewährleistung auch schon eine drohende Gefährdung sein, vgl. *Tammen* 2011: 262. Die Wahrnehmung des Wächteramtes schwingt bei jedem helfenden Beratungskontakt des Jugendamtes mit, unabhängig vom Anlass, vgl. *Müller-Alten* 2003: 411.

1581 Vgl. *Schmid-Obkirchner* in *Wiesner* 2011a, § 27, Rn. 8.

1582 *Tammen* 2011: 246. Allerdings ist hier strittig, inwieweit der unbestimmte Rechtsbegriff des erzieherischen Bedarfs normativ ausgelegt wird. Für eine Orientierung an der Figur einer Normalfamilie vgl. *Tammen* 2011: 246. Für eine Orientierung an der Lebenslage einer konkreten Familie und deren Möglichkeiten vgl. *Schmid-Obkirchner* in *Wiesner* 2011a, § 27 Rn. 20, *Kunkel* 1998a: 206, *Willutzki* 2000: 382.

1583 Ob die „geeignete und notwendige Hilfe“ zum Tatbestand, vgl. z. B. *Kunkel* 1998a: 206, *Kunkel* 2013: 145, *Tammen/Trenczek* in *Münder/Meysen/Trenczek* 2013, § 27, Rn. 5, oder zur Rechtsfolge, vgl. *Maas* 1996: 114, *Schmid-Obkirchner* in *Wiesner* 2011a, § 27, Rn. 25a, gehört, ist strittig. Zur Diskussion, vgl. z. B. *Lakies* 1996: 454f. Das ist insofern relevant, dass beim Tatbestand das Jugendamt möglicherweise einen Beurteilungsspielraum und bei der Rechtsfolge Ermessen (Auswahl der Hilfeform) haben könnte, was wiederum Auswirkungen auf die gerichtliche Überprüfung der Jugendamtsentscheidung zur Leistungsgewährung hat. Dies ist eine Frage der Kontrolldichte und des Rechtsschutzes der und Notwendigkeit[1585] entscheidet das Jugendamt in einem Aushandlungsprozess[1586] mit der Familie. Hilfe zur Erziehung ist geeignet und notwendig, wenn die als erzieherischer Bedarf festgestellte Mangellage mit sozialpädagogischer Unterstützung beseitigt werden kann.[1587] Sind die beiden Voraussetzungen, erzieherischer Bedarf und Vorliegen einer geeigneten und notwendigen Hilfe, erfüllt, dann ergibt sich als eindeutige Rechtsfolge der Anspruch auf Hilfe zur Erziehung.[1588] Als konstitutiv für die Hilfe zu Erziehung kann demnach die Ausrichtung an der spezifischen Lebenssituation des Kindes bzw. Jugendlichen als Auslöser, die Feststellung des erzieherischen Bedarfs und die daraus abgeleitete Auswahl der Hilfeform in Art und Umfang gesehen werden.[1589] Sie ist damit kausal konstruiert, wenngleich der Gesamtkontext des SGB VIII durchaus final ausgerichtet ist.[1590]

Die Gestaltung der Hilfen zur Erziehung als soziale, personenbezogene Dienstleistung orientiert sich am Leitbild der Aushandlung. Dies ist sowohl für die Prüfung der Anspruchsvoraussetzungen, die Konzipierung und die Auswahl der Leistung zu Beginn als auch für die Anpassung während der Leistung im Rahmen der Hilfeplanung[1591] zentral. Eine angemessene Situations- und Bedarfseinschätzung von außen als „objektive Dia-

---

Leistungsberechtigten. In der Literatur gibt es hierzu unterschiedliche Auslegungen. Zur Diskussion und verschiedenen Einschätzungen, vgl. *Mrozynski* 1999: 467ff. Gegen ein Auswahlermessen und einen Beurteilungsspielraum, vgl. für viele *Lakies* 1997: 220f. Zur juristischen Diskussion unter dem Aspekt des Verhältnisses von Recht und Sozialpädagogik, vgl. *Schmid-Obkirchner* in *Wiesner* 2011a, § 27, Rn. 41ff (mwH).

1584 Die Geeignetheit einer Hilfe zur Erziehung kann nur im gemeinschaftlichen Deutungs- und Klärungsprozesses der Beteiligten festgestellt weren, vgl. *Schmid-Obkirchner* in *Wiesner* 2011a, Vor § 27, Rn. 34 (Hwg). Dies ist z. B. relevant bei der Frage, ob Familiengerichte aus ihrer Sicht geeignete Hilfen zur Erziehung direkt anordnen können.

1585 Zur näheren Erläuterung der Kategorien Notwendigkeit und Geeignetheit vgl, *Tammen* 2011: 246f.

1586 Zur Kritik am Aushandlungsprozess s. u.

1587 Im Gegensatz zu nur materieller Mangellage, vgl. *Tammen* 2011: 246.

1588 Vgl. *Kunkel* 1995: 350.

1589 Vgl. *Schmid-Obkirchner* in *Wiesner* 2011a, Vor § 27, Rn. 17.

1590 Vgl. *Münder*, in: *Münder/Meysen/Trenczek* 2013, Einleitung, Rn. 1.

1591 Den Begriff „Hilfeplanung“ kennt das Gesetz nicht, dabei ist hier der gesamte Prozess von der Kenntnis eines möglichen Bedarfs bis zur Erstellung des ersten Hilfeplans und dessen weitere Anpassung gemeint. Kritisch zum Begriff der Hilfeplanung vgl. *Maas* 1996: 113.

gnostik" ist nicht möglich[1592], sie wäre Sozialtechnologie.[1593] Es gibt für die Konkretisierung[1594] und Planung der Leistung kein „ausgearbeitetes und weithin anerkanntes Verständnis von sozialpädagogischer Diagnose, ihren Verfahren und Kriterien."[1595] Für die Hilfen zur Erziehung haben sich unterschiedliche Modelle zur Beschreibung erzieherischer Bedarfe etabliert, die unterschiedlichen Paradigmen folgen. Zu den wichtigsten zählen das multiperspektivische Fallverstehen nach *Burkhard Müller*[1596], die psycho-soziale Diagnostik nach *Harnach-Beck*[1597] und die hermeneutischen Diagnoseansätze nach *Mollenhauer/Uhlendorff* u. a.[1598] Über die Angemessenheit der einzelnen Ansätze lässt sich streiten. Unter Anerkennung der Besonderheiten sozialer, personenbezogener Dienstleistungen[1599] erscheint der konsequente Einbezug der subjektiven Bewertungen und Konstruktionen der Adressat_innen als konstitutiver Bestandteil einer sozialarbeiterischen Bedarfsbeschreibung.[1600] Weiter besteht die rechtliche Verpflichtung, die Adressat_innen an allen Leistungsphasen zu beteiligen.[1601]

1592 Vgl. *Müller-Alten* 2004: 15f, *Schmid-Obkirchner* in *Wiesner* 2011a, § 27, Rn. 30.

1593 Vgl. *Galuske/Rosenbauer* 2008: 80ff.

1594 Hier ist neben der Entscheidung für Art und Umfang einer Hilfe in der konkreten Praxis auch die beteiligungsorientierte Entscheidung zu treffen, welche Fachkraft in der entsprechenden Familie eingesetzt wird. Dies wird als Frage der „Passung" diskutiert, vgl. *Fröhlich-Gildhoff* 2003: 337, *Müller-Alten* 2004: 16, *Fröhlich-Gildhoff/Engel/Rönnau* 2006: 134.

1595 *BMFSFJ* 2002a: 254, ferner vgl. *Müller-Alten* 2004: 16, *Schmid-Obkirchner* 2011a: 144ff. *Kunkel* hält ein objektives Diagnoseverfahren für möglich, „zu dessen Regeln die Beachtung subjektiver Bedürftigkeit gehört" *Kunkel* 1998b: 255, ebenso vgl. *Maas* 1996. *Schrapper* sieht keine objektiven Beurteilungskriterien für das Kindeswohl und setzt auf das Zusammenwirken mehrerer Fachkräfte (§ 36 SGB VIII) als reflexives Verfahren zur Sicherung von Nachvollziehbarkeit und Plausibilität von Einschätzungen und Prognosen, vgl. *Schrapper* 1997: 8. *Willutzki* hält korrekte Diagnose und entsprechende Prognose für eine Illusion, vgl. *Willutzki* 2000: 384.

1596 Vgl. *Müller* 2012 und 2008.

1597 Vgl. *Harnach-Beck* 2003.

1598 Vgl. *Mollenhauer/Uhlendorff* 1992, *Uhlendorff* 2010 und *Uhlendorff/Cinkl/Marthaler* 2008.

1599 Vgl. Kap. 1.2.

1600 Vgl. *Müller-Alten* 2004: 15f, *Schmid-Obkirchner* in *Wiesner* 2011a, § 27, Rn. 30.

1601 Aus rechtlicher Sicht ist Partizipation ein entscheidendes Element für die Akzeptanz der Leistung und Voraussetzung für deren Gelingen, vgl. *Schmid-Ob-*

Die Aushandlung hat jedoch Grenzen an der fachlichen Vertretbarkeit der Leistungen. Eine nach sozialpädagogischer Bewertung ungeeignete Hilfe zur Erziehung kann von den Eltern auch nicht im Rahmen des Wunsch- und Wahlrechts eingefordert werden.[1602] Die Leistungen müssen geeignet und notwendig sein, sodass eine fachliche Einschätzung zur Bedarfslage aufgrund einer sozialpädagogischen Bewertung unumgänglich ist.[1603] Eine entsprechende Methodik ist nötig[1604], auch im Hinblick auf die Regeln der fachlichen Kunst. Letztlich ist eine Balance zwischen „professioneller Expertise und respektvoller Verständigungsbereitschaft“[1605] gefragt, wobei die konstitutiven Machtverhältnisse zwischen Adressat_innen und Fachkräften zu berücksichtigen sind. Sie können auch durch Aushandlung nicht aufgehoben[1606], sondern nur vermittelt werden.

Der Begriff der Aushandlung wurde sowohl aus rechtlicher[1607] als auch aus sozialpädagogischer[1608] Sicht kontrovers diskutiert. Im Ergebnis ist festzuhalten, dass es weder um eine alleinige expertokratisch-administrati-

---

kirchner 2011a: 144f, *Tammen* 2011: 251. Sie hat als rechtlicher Verfahrensgrundsatz „freiheitssichernde Funktion“ *Wiesner* in: *Wiesner* 2011a, Vor §§ 11ff., Rn. 38. Dies betrifft auch die Akzeptanz des Kindes bzw. Jugendlichen, vgl. *Mierendorff* 2010: 129. Kritisch hierzu: vgl. *Müller-Alten* 2004: 19. Zu den unterschiedlichen Begründungslinien für Partizipation vgl. Kap. 1.3.

1602 Vgl. *Tammen* 2011: 246, *Mrozynski* 1999: 467ff.

1603 Vgl. *Schmid-Obkirchner* 2011a: 148f.

1604 Vgl. *Tammen* 2011: 273.

1605 *Schrapper* 2013: 210.

1606 Vgl. *Galuske/Rosenbauer* 2008: 85.

1607 Aus rechtlicher Sicht sind vor allem die Frage der Feststellung des erzieherischen Bedarfs und die Bestimmung der Geeignetheit und Notwendigkeit der Hilfe relevant. Kontrovers wurde diskutiert, dass mit dem Aushandlungsmodell in Verbindung mit dem Verweis auf die Subjektstellung der Adressat_innen die öffentlich-rechtliche Verantwortung aufgegeben wird. Der Vorwurf ist, dass mit einem Aushandlungsmodell von gleichrangigen Vertragspartnern (Eltern und Jugendamt) ausgegangen wird, die es so in der Hilfe zur Erziehung nicht gibt und dies am Ende zu Lasten der Leistungsberechtigten geht, vgl. *Maus* 1996 und 1997, der den Aushandlungsbegriff ablehnt. Vgl. ebenso *Kunkel* 1998b: 251. Dagegen mit Hinweis auf die Beratungsfunktion des Jugendamtes, die keinesfalls wertungsneutral sei, vgl. *Mörsberger* 1997. *Münder* sieht keinen Widerspruch, da sich die Aushandlung nur innerhalb des Rahmens der geeigneten und notwendigen Hilfen bewegen kann, vgl. *Münder* 2001b: 140. Genau das bestreitet *Kunkel*: Da weder Ermessen noch Beurteilungsspielraum besteht, gibt es auch keine Aushandlungsmasse. Er spricht gar von „Aushandlungsideologie“ *Kunkel* 1995b: 352. *Schmid-Obkirchner* hält den Begriff schlicht für unpassend, ve Begutachtung/Diagnose noch um eine ausschließliche Orientierung an Elternwünschen[1609] gehen kann. Die Aushandlung erzieherischer Bedarfe und der geeigneten und notwendigen Hilfe in Art und Umfang bleibt ein Spannungsfeld, das im Einzelfall austariert, aber nicht aufgelöst werden kann.[1610] Der partizipative Charakter[1611] der Hilfen zur Erziehung ermöglicht den Subjektstatus und damit das Prinzip der Freiwilligkeit.[1612] Die daraus entstehende Problematik einer normativ zu begründenden Sozialen Arbeit wurde bereits sehr früh thematisiert. So postulieren *Brumlik/Keckeisen*, dass einerseits Hilfebedürftigkeit nicht allein von Fachkräften festgestellt werden kann, sondern im Diskurs mit den Adressat_innen (als Beratung) zu bestimmen ist.[1613] Andererseits ist dies an die Voraussetzung eines Personenstatus geknüpft, der bei Kinder- und Jugendlichen als Noch-Nicht-Person erst erreicht werden muss. Demnach sind hier unter Beachtung einer advokatorischen Ethik auch Entscheidungen ohne Zustimmung im Hier und Jetzt der betroffenen Kinder- und Jugendlichen begründbar.[1614] Dass diese Entscheidungen entgegen der Überzeugung und Freiwilligkeit von Eltern ebenfalls begründbar sind, liegt an ihrer Sachwalter-

---

da die Machtasymmetrien aus dem Laien-Professionellen-Verhältnis, dem Spannungsfeld der Fachkräfte aus Hilfe und Kontrolle und die Abhängigkeiten der Fachkraft als Arbeitnehmer_in in einer Behörde verdeckt werden. Ausführlich zu dieser Diskussion vgl. *Schmid-Obkirchner* in *Wiesner* 2011a, § 27, Rn. 52ff und § 36, Rn. 11-13.

1608 In diesem Diskurs ist die Frage nach dem expertokratischen Gehalt der „Diagnose“ als paternalistisch-normative Bevormundung zentral. Für eine klare fachliche (im Sinne psychosozialer Diagnostik) Position, vgl. z. B. *Harnach-Beck* 1999: 40ff. Für eigene fachliche Hypothesen der Fachkräfte vgl. *Müller* 2002: 45. Für fundierte Diagnostik *und* sozialpädagogisches Fallverstehen vgl. z. B. *Pies/Schrapper* 2003: 56 und 61.

1609 Die völlige Orientierung an elterlichen Interpretationen des Kindeswohls würde diesen eine „praktisch unbegrenzte Erziehungsmacht“ (*Willutzki* 2000: 382) einräumen.

1610 Vgl. *Urban* 2001: 399.

1611 Die Beratung und Beteiligung findet im Hilfeplanverfahren nach § 36 SGB VIII statt, vgl. *Wiesner* 2003a: 178, *Lakies* 1997: 221f. Darüber hinaus ist Partizipation während der Hilfeerbringung und auf der Ebene der kommunalen Jugendhilfeplanung zu gewährleisten.

1612 Vgl. *Mierendorff* 2010: 129.

1613 Vgl. *Brumlik/Keckeisen* 1976: 258f, *Brumlik* 2004: 208ff.

1614 Vgl. *Brumlik* 2004: 230ff.

funktion. Jedoch normiert das Grundgesetz hier eine hohe Grenze der Eingriffsbefugnis in das Elternrecht.[1615]

Das formale Verfahren, welches die „Beteiligungsrechte von hohem Verbindlichkeitsgrad“[1616] sichert, ist das Hilfeplanverfahren nach § 36 SGB VIII als „partizipativer Klärungs-, Entscheidungs- und Gestaltungsprozess“.[1617] Dieses Verfahren geht vom Subjektstatus der Eltern als leistungsberechtigte Bürger_innen aus.[1618] Verantwortlich für das Hilfeplanverfahren ist das Jugendamt. Die Erstellung des Hilfeplans dient zur Dokumentation des erzieherischen Bedarfes und der geeigneten und notwendigen Hilfe zur Erziehung.[1619] Dem Hilfeplan werden vier Funktionen zugeschrieben. Erstens ermöglicht er für das Jugendamt eine Selbstkontrolle. Zweitens ist er ein Koordinierungsinstrument für das Verhältnis Jugendamt und freier/privater Träger im Einzelfall. Drittens hält er die Wünsche, Annahmen und Erwartungen der Familien und weiterer Beteiligter fest. Viertens schafft er Transparenz für alle Beteiligten.[1620] Ein Anspruch an die Hilfe zur Erziehung aufgrund ihrer Auswirkungen auf die Biografien junger Menschen ist, sie zeit- und zielgerichtet durchzuführen.[1621] Auch hierzu dient der Hilfeplan.

Im Hinblick auf Beauftragungs- und Vertragsverhältnisse ist daher relevant, dass die Adressat_innen der Hilfe zur Erziehung in allen Phasen entscheidende „Mitwirker_innen“[1622] sind. Die Frage der Mitwirkung und Beteiligung der Adressat_innen wird damit nicht nur auf der Einzelfallebene, sondern auch strukturell auf der Vereinbarungsebene nach §§ 78a-g

1615 Vgl. Kap. 2.2.4.

1616 *Schmid-Obkirchner* 2011a: 147 (Hwg).

1617 *Wiesner* 2011b: 81 (Hwg), vgl. *Schmid-Obkirchner* in *Wiesner* 2011a, § 27, Rn. 22 und § 36, Rn. 1. Dennoch bleibt es bei einer Entscheidung des Jugendamtes, auch wenn sie durch kooperative Elemente mit den Leistungsberechtigten und auch im Zusammenwirken mehrerer Fachkräfte zustande kommt, vgl. *Münder* 2001b: 141.

1618 Vgl. *Münder* 1993: 397.

1619 Zur verfahrensrechtlichen Bedeutung des Hilfeplanverfahrens vgl. *Lakies* 1997: 222f.

1620 Vgl. *BT-Drs* 11/5948: 74.

1621 Vgl. *BT-Drs* 11/5948: 73, *Schmid-Obkirchner* in *Wiesner* 2011a, Vor § 27, Rn. 17.

1622 Wobei kritisch zu sehen ist, dass gerade den Eltern, die Hilfe zur Erziehung in Anspruch nehmen, die notwendigen Kompetenzen zur Einsichtsfähigkeit und Selbstbestimmtheit eher fehlen, vgl. *Klatetzki* 1995c: 16. Dennoch sind sie im diagnostischen Prozess „Co-Diagnostiker“, vgl. *Harnach-Beck* 1999: 37.

SGB VIII qualitätsrelevant. Daher wird zu prüfen sein, inwieweit die Sicherung der Mitwirkung und Beteiligung der Adressat_innen an allen Phasen der Leistungsgewährung institutionell auf Vereinbarungsebene gesichert werden kann.

Haben die Eltern einen Antrag formuliert und wurde der erzieherische Bedarf festgestellt, wird in einem partizipativen Prozess die geeignete und notwendige Hilfeform ausgewählt. Beispiele für Hilfesettings sind kodifiziert in den §§ 28 bis 35 SGB VIII.[1623] Diese Aufzählung ist nach Eingriffsintensitäten geordnet und nicht abschließend. Die Kodifizierung dieser Hilfeformen im Gesetz sollte die Bandbreite möglicher Hilfeformen deutlich machen. Daneben gilt immer, die im Einzelfall notwendige und geeignete Hilfeform zu gewähren, notfalls „neu zu erfinden“. Wichtig ist vor allem, dass z. B. nicht vor einer Heimunterbringung eine weniger intensive Hilfe ausprobiert und gescheitert sein muss. Der Maßstab ist ausschließlich die Geeignetheit und Notwendigkeit in Bezug auf den erzieherischen Bedarf.[1624]

Das gesamte Verfahren[1625] von der Entgegennahme des Antrags bzw. Kenntniserlangung eines möglichen Bedarfs, der Prüfung der Voraussetzung, der Gestaltung der Aushandlungsphase zur Bestimmung einer geeigneten und notwendigen Hilfeform, der Bewilligung der Kostenübernahme durch Verwaltungsakt, die Gesamtsteuerung der Hilfe bis zur Aufhebung des Sozialleistungsbescheides liegt allein in der Verantwortung des Jugendamtes. Dies betrifft sowohl die fachlich-inhaltliche als auch die verfahrenstechnische Ebene.[1626] In der Regel wird der öffentliche Jugendhilfeträger aber nicht selbst zum Leistungserbringer, sondern bedient sich der

---

1623 Die einzelnen Hilfeformen sind für die Strukturebene der Vereinbarungen nach §§ 78a-g SGB VIII kaum von Belang. Zwar erstreckt sich deren Regelungskreis nur auf teilstationäre und stationäre Hilfeformen, in der Praxis werden sie jedoch vielerorts auch für ambulante Hilfen verwendet, vgl. Kap. 2.5.2. Für eine Übersicht zu den einzelnen Hilfeformen aus juristischer Perspektive vgl. z. B. *Tammen* 2011: 256ff, aus sozialpädagogischer Perspektive vgl. z. B. *Seithe* 2001: 43ff, *Günder* 1999: 53ff.

1624 Vgl. für viele *Kunkel* 1998a: 206f.

1625 Das Verwaltungsverfahren der Hilfe zur Erziehung folgt bestimmten Besonderheiten, die in der Art als „sozialpädagogische Sozialleistung“ begründet sind. In diesem Kontext werden Fragen der Selbstbeschaffung, der Beurteilungs- und Ermessensspielräume des Jugendamtes und zum kooperativen Verfahren der Entscheidungsfindung diskutiert, vgl. *Münder* 2001b.

1626 Vgl. *Schmid-Obkirchner* 2011a: 148.

Dienste und Einrichtungen der freien/privaten Jugendhilfe. Dies ist begünstigt durch das Subsidiaritätsprinzip und durch das Wunsch- und Wahlrecht der Eltern.[1627]

Zusammenfassend lassen sich aus der rechtlichen Entwicklung der Hilfen zur Erziehung für die Frage nach den Beauftragungsverhältnissen und der Steuerungslogik der Transaktionen drei zentrale Bezüge rekonstruieren. Erstens das Verhältnis von Eltern zum Staat in Gestalt des Jugendamtes, zweitens das Verhältnis Eltern zu freier/privater Kinder- und Jugendhilfe sowie drittens das Verhältnis zwischen freier/privater und öffentlicher Kinder- und Jugendhilfe. Hinzu kommt, dass im Verhältnis Eltern-Kind für die sozialpädagogische Perspektive eine Spannung liegt, die sich ebenso auf die Beauftragungsverhältnisse auswirkt, auch wenn sie rein rechtlich als eindeutig gelöst gelten kann.[1628] Daher wird diese Konstellation in einem Exkurs kurz beleuchtet.

2.2.4 Die jugendhilferechtliche Kodifizierung der Hilfen zur Erziehung mit Blick auf die Beauftragungsverhältnisse

Im ersten Teil des SGB VIII wird das grundlegende Verhältnis zwischen Eltern-Kind-Staat und zwischen der öffentlichen und freien/privaten Kinder- und Jugendhilfe behandelt. Damit stehen die Beauftragungsverhältnisse im Fokus dieses grundlegenden Allgemeinen Teils des Gesetzes. Die Bundesregierung ließ keinen Zweifel daran, dass sie ein eindeutiges Verhältnis in diesen Fragen zu Gunsten der Eltern[1629] und zu Gunsten der freien/privaten Kinder- und Jugendhilfe durchsetzen wird. Ein eigener Anspruch der Kinder und Jugendlichen gegen den Staat könne nicht aus der Tatsache, dass sie Grundrechtsträger sind, abgeleitet werden. Elternrechte und Kindergrundrechte konkurrieren nicht miteinander, sie müssen in Abwägung und Ausgleich gegeneinander abgegrenzt werden.[1630] Daraus er-

1627 Beides wird im Rahmen der Steuerung der Hilfe zur Erziehung als meritorisches Gut in Kap. 2.4 näher betrachtet.

1628 Vgl. die Herleitung zum Verhältnis Kinder- und Jugendhilfe zum Elternrecht bei *Müller-Alten* 2003: 409f.

1629 Die Verfassung hat den Eltern und nicht dem Staat die Vertretung der Kindesinteressen anvertraut. Nur bei einer Gefährdung des Kindeswohls (§ 1666 BGB) ist der Staat zu Eingriffen ermächtigt, vgl. *BT-Drs* 11/5948: 45f.

1630 Vgl. *BT-Drs* 11/5948: 51.

gibt sich ein strukturelles Dilemma[1631] der Kinder- und Jugendhilfe. Für die vorliegende Arbeit wird mit Blick auf die Vereinbarungen nach § 78b SGB VIII von diesem Verhältnis abstrahiert, weil die Aushandlung der Dilemmata dieses Verhältnisses in das sozialpädagogische Erbringungsverhältnis verlagert ist und nicht auf der Ebene der Vereinbarungen verhandelt wird. Dennoch ist das Verhältnis für die Trennung von formaler und faktischer Beauftragung bedeutsam.

Nach dem Exkurs werden aus der historischen Herleitung die Beauftragungsverhältnisse innerhalb der Hilfen zur Erziehung für den weiteren Verlauf der Arbeit festgelegt. Nacheinander werden die Verhältnisse von Familie, Jugendamt, freier/privater Träger jeweils zueinander expliziert.

Aus der Dienstleistungsperspektive hat *Schwabe* versucht, die Verhältnisse der Beteiligten Akteure, Kinder und Jugendliche, Eltern, Jugendamt und freie/private Träger zu rekonstruieren.[1632] Für die Hilfen zur Erziehung stellt er fest, dass die Leistungsberechtigten (Eltern) nicht die Leistungsempfänger (Kinder und Jugendliche) sind. Dieser Hinweis ist sicher wichtig, jedoch nur bedingt richtig, da kaum eine Hilfe zur Erziehung denkbar ist (außer in Form des § 35 SGB VIII), in der die Leistungsberechtigten über Elternarbeit nicht stark involviert sind. Weiter sei die Stellung der Leistungsberechtigten nicht die autonomer Kund_innen oder Auftraggeber_innen, sondern Expert_innen treffen die Entscheidungen für sie. Innerhalb der Hilfen zur Erziehung kann in der Tat von einer starken „Dominanz des Expertensystems“[1633] ausgegangen werden.

Das Dienstleistungsviereck in der Hilfe zur Erziehung muss dies aber nicht zwangsläufig bedingen, wenn die Expert_innen z. B. die Familien befähigen, ihre Deutungen, Sichtweisen, Definitionen und Wünsche in den Hilfeprozess einzubringen. Dies ist sicher anspruchsvoll, jedoch auch rechtlich eindeutig gefordert. Die Kolleg_innen im Jugendamt bezeichnet er als Entscheider über den Hilfeanspruch und damit als Auftragnehmer_innen gegenüber den Eltern. Abgesehen davon, dass es sich um eine Entscheidung im Zusammenwirken mehrerer Fachkräfte handelt, kann dem zugestimmt werden. Weiter werden jedoch die Kolleg_innen im Jugendamt als Auftraggeber an den freien/privaten Träger bezeichnet, und

1631 Wie zu zeigen sein wird, ist es aus rechtlicher Sicht kein strukturelles Dilemma, sondern aus sozialpädagogischer.

1632 Vgl. *Schwabe* 1996: 12ff. Es wird auf die zentralen und nicht auf alle Aspekte dieser Ausführungen Bezug genommen.

1633 Vgl. *Späth* 1994: 57.

zwar abgeleitet aus dem „harten Rechtsverhältnis“.[1634] Ein weiteres hartes Rechtsverhältnis wird zwischen Eltern und Jugendamt im Sozialleistungsantrag gesehen. Hier zeigt sich die ganze Dimension des Auseinanderklaffens von formalen und faktischen Beauftragungsverhältnissen. Es ist vielmehr so, dass ein „hartes“ Rechtsverhältnis als privat-rechtlicher Vertrag zwischen Eltern und freiem/privatem Träger besteht, welches inhaltlich wesentlich zentraler ist als der Antrag auf Sozialleistung und der „Kostenübernahmebescheid“[1635] an den freien/privaten Träger. Auch wird beim Jugendamt die Möglichkeit gesehen, einen freien/privaten Träger mit „Nichtbelegung“ zu bestrafen. Dies ist nach geltendem Recht nicht möglich und zeigt das Modell der alten Anstaltsordnung aus dem RJWG. Diese Analyse der Strukturmerkmale des Dienstleistungsvierecks in der Hilfe zur Erziehung aus der Sicht eines Heimleiters zeigt, wie wenig die weitreichenden Änderungen des SGB VIII im Jahr 1996 in der Praxis angekommen sind.[1636] Auch wenn empirisch nicht erforscht ist, wie die Beauftragungsverhältnisse von den Akteuren wahrgenommen werden[1637], lässt sich festhalten, dass sie oft sehr undurchsichtig[1638] sind, vor allem für Adressat_innen.

Im Folgenden wird in der Abgrenzung daher in formale und faktische Beauftragungsverhältnisse unterschieden, um sowohl die normative Position als rechtliche Konstruktion als auch die deskriptive Position als Usance in der Praxis zu beachten.

Exkurs: Das Verhältnis Eltern-Kind

Das Verhältnis der Eltern zu den Kindern ist familienrechtlich (BGB) bzw. verfassungsrechtlich (GG) und nicht jugendhilferechtlich (SGB VIII) ge-

---

1634 *Schwabe* 1996: 13.

1635 Seit dem Rechtsanspruch der Eltern gibt es keine Kostenübernahmebescheide an den Leistungserbringer mehr, sondern die Eltern erhalten einen Bewilligungsbescheid, s. u.

1636 Vier Jahre später formuliert der gleiche Autor das Dienstleistungsviereck anders, mit einer klareren Positionierung zu den formalen Verhältnissen, vgl. *Schwabe* 2000: 195ff.

1637 Zwar sehen Einrichtsleitungen die Eltern als explizite Auftraggeber, aber das Jugendamt ist in der Praxis ebenso in dieser Rolle. Für den Leistungserbringer wird diese Situation zum Balanceakt, vgl. *Teuber* 2002: 24.

1638 Vgl. *BMFSFJ* 1994: 582,.

regelt. Die deutsche Verfassung hat ein Primat der elterlichen Erziehungsgewalt[1639] postuliert, in welches nur bei Gefährdung des Kindeswohls durch staatliche, genauer durch familiengerichtliche, Maßnahmen eingegriffen werden darf.

Zwar etabliert sich durch das SGB VIII die Kinder- und Jugendhilfe stärker als eigenständiges Erziehungssystem, jedoch weiterhin in klarer Unterordnung zum Primat der familialen Erziehung.[1640] Maßgabe der Leistungen ist nur indirekt die Verbesserung der Erziehungssituation von Kindern und Jugendlichen. Die Kinder- und Jugendhilfe hat eine die Erziehung der Eltern unterstützende und keine mit dem Elternrecht konkurrierende Funktion.[1641] Der Rechtsanspruch auf Hilfe zur Erziehung steht den Personensorgeberechtigten und nicht den Kinder und Jugendlichen zu.[1642] Die Gewährung von Hilfe zur Erziehung gegen den Willen der Eltern als Inhaber der elterlichen Sorge[1643] ist grundsätzlich rechtswidrig.[1644] Dennoch spricht vieles dafür, dass die Kinder- und Jugendhilfe über die Jahre hinweg zu einer faktisch eigenständigen, nicht anerkannten Sozialisationsinstanz geworden ist. Sie bleibt aber rechtlich nach wie vor ein komplementärer Annex der familialen Sozialisationsinstanz.[1645]

Über die gesamte Rechtsentwicklung gesehen wurde der Entwicklungs- und Erziehungsaspekt von Kindern und Jugendlichen aus der Perspektive der Erwachsenen und „im wesentlichen zur Abgrenzung der jeweiligen Verantwortlichkeiten thematisiert“.[1646] Erst seit einigen Jahren wird die Rechtsstellung der Kinder und Jugendlichen gestärkt, in dem zunehmend danach gefragt wird, inwieweit sie ihre Rechte unabhängig der Sachwalterfunktion ihrer Eltern wahrnehmen können. Im Mittelpunkt stehen die eigenständigen, einklagbaren Rechte von Kindern und Jugendlichen gegen

---

1639 Neben dem elterlichen Erziehungsrecht, gibt es auf staatlicher Seite „nur“ ein Erziehungsrecht durch Schule, welches durch Art. 7 GG legitimiert ist.

1640 Vgl. *Sachße* 1996: 662.

1641 Vgl. *BT-Drs* 11/5948: 1 und 42. Dies entbindet jedoch nicht vom Schutzauftrag.

1642 Vgl. § 27 SGB VIII Abs. 1, kritisch hierzu vgl. *Pitschas* 2002: 186.

1643 Genauer: Inhaber des Rechts zur Beantragung von Sozialleistungen und zur Bestimmung des Aufenthalts.

1644 Vgl. *Palandt* 2009, Einf. v. § 1626, Rz. 16.

1645 „Mit der Aufgabe einer Utopie der Jugendhilfe als zentraler Sozialisationsinstanz neben Familie und Schule ist die Leitidee des familienunterstützenden Systems bestätigt und fest etabliert worden.“ *Mierendorff* 2010: 126f.

1646 *Wiesner* 2003a: 156. Abgesehen vom Anspruch auf Erziehung im § 1 RJWG, vgl. ebd.

den Staat und ihre eigenen Eltern im Hinblick auf ihre Befähigung, diese Rechte selbst auszuüben. Dies muss unter dem Einfluss der UN-Kinderrechtskonvention[1647] gesehen werden.[1648]:

> „Kindeswohl wird – befördert durch die, die Rechte des Kindes umfassend ausformende und völkerrechtliche gewährleistende UN-Kinderrechtskonvention – als Inbegriff der einem Kind zukommenden Rechte verstanden (…).“[1649]

Das Elternrecht ist nicht Selbstzweck, sondern auf die Hinführung der Kinder zu Selbstbestimmung und Selbstverantwortung ausgerichtet. Es steht den Eltern nur um des Wohls und der Persönlichkeitsentwicklung des Kindes Willen zu. Demnach ist es fremdnützig im Interesse der Kinder und hat treuhänderischen Charakter. Kinder sind auch in Bezug auf die Eltern autonome Rechtssubjekte. Eltern sind zur sachgerechten Wahrnehmung ihres Erziehungsrechts verpflichtet.[1650]

Für *Münder* ist das Verhältnis von Kinder- und Jugendhilfe und Elternrecht eine schwierige Balance. Lange Zeit war verfassungsrechtlich gar kein Dreiecksverhältnis gesehen worden, sondern nur das Verhältnis Eltern-Staat, da die Kindesinteressen mit den Elterninteressen gleichgesetzt wurden, und zwar nach dem Grundsatz: Elternautonomie sichere zugleich das Kindeswohl.[1651] Im SGB VIII wird durch den Programmsatz in § 1 SGB VIII eine Anerkennung der Individualität von Kindern im Verhältnis zu Erwachsenen und der Gesellschaft ausgedrückt. Zuerst kommt die Förderung der eigenen Entwicklung und erst danach die Erziehung zu Eigenverantwortlichkeit und Gemeinschaftsfähigkeit.[1652] In diesem Sinne greift das Jugendhilferecht mit der Verpflichtung, Kinder an allen sie betreffenden Entscheidungen zu beteiligen und sie aktiv auf ihre Verfahrens-

---

1647 Die UN-Kinderrechtskonvention stellt den Vorrang des Kindeswohls und die Achtung der Kinderrechte in den Vordergrund, vgl. *Wiesner* in: *Wiesner* 2011a, § 1, Rn. 3. Zur Relevanz der Kinderrechte im Kontext der Kinder- und Jugendhilfe vgl. *Borsche* 2001a und 2001b. Für die Anforderungen im Hinblick auf Kinderpartizipation vgl. z. B. *Trede* 1998.

1648 Vgl. *Wiesner* 2003a 156ff, ebenso *Mierendorff* 2010: 129.

1649 *Eichenhofer* 2011: 90.

1650 Vgl. z. B. *Münder* 2000: 83, *Pitschas* 2002: 184, *Eichenhofer* 2011: 88f, *BT-Drs* 11/5948: 51, *Wiesner* 2003a: 161ff, *Palandt* 2009, § 1626, Rz. 2. Zur Entwicklung dieser Einschätzung, die sich erst gegen Ende der 60 er-Jahre entwickelte vgl. *Willutzki* 2000: 379f, vgl. § 1627 BGB.

1651 Vgl. *Münder* 2000: 83.

1652 Vgl. *Mierendorff* 2010: 123.

rechte hinzuweisen, ihren Status als Grundrechtsträger auf.[1653] Damit deutet sich schon an, dass die Ermöglichung von und damit auch die Befähigung zur Partizipation von Kindern und Jugendlichen in der Hilfe zur Erziehung ein zentraler Aspekt zur Verwirklichung ihrer Grundrechte darstellt. Demnach ist die öffentliche Kinder- und Jugendhilfe auch beauftragt, Kinder und Jugendliche zur Verwirklichung ihrer Grundrechte zu verhelfen in Abgrenzung und gleichzeitigem Ausgleich zum Elternrecht.[1654] Es entsteht das strukturelle Dilemma, dass Eltern die öffentliche Kinder- und Jugendhilfe beauftragen, das Selbstbestimmungsrecht der Kinder und Jugendlichen gegen sich selbst und das eigene Erziehungsprogramm zu behaupten. Dennoch bleibt diese sozialstaatliche Leistung den Eltern als Sachwalter der Erziehung ihrer Kinder vorbehalten.

Mit zunehmender Mündigkeit des Kindes tritt das Elternrecht zurück, bis es ganz erlischt. Ziel ist die Sicherung der selbstbestimmten Persönlichkeitsentwicklung des Kindes. In der Entwicklung des SGB VIII macht *Münder* zwar einen Wechsel von der Orientierung an der Institution Familie hin zu den Familienmitgliedern aus.[1655] Doch die Frage, wer Sachwalter_in auch für mögliche subjektive Rechte der Kinder ist, bleibt weiterhin bestehen:

> „Hat hier Jugendhilfe etwa die Aufgabe, selbständig, möglicherweise gegen den Willen der Eltern, Rechte von Kindern und Jugendlichen durchzusetzen?“[1656]

Oder bleibt es dabei, dass die Verwirklichung und Einforderung der Rechte, welche den Minderjährigen eingeräumt sind, Sache der Eltern ist? *Münder* spricht von einem Balanceakt, der auch bei aller nötigen Orientierung an den Interessen der Kinder und Jugendlichen unaufhebbar bleibt. Das ist und bleibt auch eine Problematik der Sozialleistung gegenüber der Fürsorge, da dort, wo von den Anspruchsinhabern, den Eltern, keine Leistung beantragt wird, auch nicht geleistet wird.[1657] Das Jugendamt muss die

---

1653 Vgl. *BT-Drs* 11/5948: 45f und 51, vgl. § 8 SGB VIII.

1654 Ein emanzipatorischer Auftrag der Jugendhilfe enthält die Verpflichtung, Kindesinteressen zu vertreten und die Befreiung von Behinderung und Benachteiligung zu ermöglichen, vgl. *Hasenclever* 1978: 222. Solche Behinderung und Benachteiligung kann auch von den Eltern selbst ausgehen.

1655 Im Verlauf der Änderungen des SGB VIII sind immer mehr unmittelbare Ansprüche für junge Menschen geschaffen worden, vgl. *Münder* 2000: 82f.

1656 *Münder* 2000: 83.

1657 Vgl. *Münder* 2000: 83f.

Kinder und Jugendlichen eigenständig in den Hilfeplanprozess einbeziehen, darf sich aber rechtlich gesehen nicht ausschließlich als Vertreter der Kindesinteressen verstehen[1658], sondern eher eine Vermittlerrolle einnehmen.[1659] Aus den Herausforderungen der Kinder- und Jugendhilfe als Verbesserung elterlicher Erziehungskompetenz, effektivere Gestaltung des Kinderschutzes und gelingendem Nebeneinander von öffentlicher und privater Erziehung wird eine „Neuformatierung der verfassungsrechtlichen Stellung der Kinder- und Jugendhilfe“[1660] nötig. Hieran schließen Überlegungen nach eigenständigen Kinderrechten an, die nicht immer kompatibel mit den elterlichen Erziehungsvorstellungen sein müssen und demnach die Frage nach der advokatorischen Rolle der Kinder- und Jugendhilfe unumgehbar stellen.[1661] Es handelt sich demnach um ein Dilemma bzw. Balanceakt der in der sozialpädagogischen Arbeit mit Familien mit Erziehungsdefiziten unauflösbar bleibt. Dieser zeigt sich jedoch nur aus sozialpädagogischer Perspektive. Das Recht hat mit der treuhänderischen Konstruktion des Elternrechts eine scheinbare Auflösung geschaffen.[1662] Aufgabe einer aktiven Kinder- und Jugendhilfe wäre, Kindern und Jugendlichen interessenorientiert durch Motivation und Beratung der Eltern zu ihrem sozialpädagogischen und sozialstaatlichen (nicht rechtlichen) Anspruch auf Hilfe zur Erziehung zu verhelfen. Doch auch Motivation und Beratung hat Grenzen. Die Frage nach der Gewährung der Grundrechte und der Rechte der UN-Kinderrechtskonvention für Kinder und Jugendliche bleibt aus sozialpädagogischer Sicht brisant. Es ist nicht – schon gar nicht mit Verweis auf ein treuhänderisches Elternrecht – begründbar, warum z. B. Jugendliche mit einem ernsthaften Anliegen in der Kategorie erzieherischer Bedarf sich zwar an das Jugendamt wenden können, dieses bei Nichtkooperation der Eltern unterhalb der Gefährdungsschwelle aber – rechtlich gesehen – wenig tun kann.

1658 *Schwabe* bezeichnet dies für die Hilfeplanung als „groteske Situation“, da für Kinder und Jugendliche aber gegen den Willen der Eltern Hilfe zur Erziehung geleistet wird oder umgekehrt, vgl. *Schwabe* 2000: 196.

1659 *Schmid-Obkirchner* in *Wiesner* 2011a, § 36, Rn. 16.

1660 *Rauschenbach/Züchner/Schilling* 2011: 64.

1661 Vgl. *Rauschenbach/Züchner/Schilling* 2011: 64f, ebenso *Münder* 2000: 83.

1662 Strukturell ist ein Konflikt zwischen Elternrecht und Kindesrecht wegen der treuhänderischen Ausrichtung des Elternrechts am Wohl des Kindes ausgeschlossen, vgl. *Wiesner* 2003a: 179f. Da dennoch in der Praxis Interessenskonflikte entstehen, wurde der „Anwalt des Kindes“ gemäß § 50 FGG eingeführt, nunmehr § 158 FamFG.

Dieser mögliche Interessengegensatz von Eltern und Kindern bleibt in der vorliegenden Arbeit modelltheoretisch in die Institution Familie verlagert, da bei erfolgreicher Motivation und Beratung durch das Jugendamt die Eltern einen Antrag stellen würden und bei Nichtkooperation keine Hilfe zur Erziehung zustande käme.[1663]

Das Verhältnis Eltern-Jugendamt

Die Eltern als Personensorgeberechtigte sind gegenüber dem Jugendamt als Sozialleistungsbehörde Anspruchsinhaber auf die Jugendhilfeleistung „Hilfe zur Erziehung“.[1664] Durch die freiwillige[1665] Antragstellung auf Hilfe zur Erziehung und damit auf die Übernahme der Kosten wird ein Verwaltungsverfahren im Jugendamt eingeleitet, welches die Tatbestandsvoraussetzungen des § 27 SGB VIII (Antrag der Eltern, erzieherischer Bedarf, Hilfe ist geeignet und notwendig) prüft und bei positivem Ausgang einen Bewilligungsbescheid an die Eltern für die über das Wunsch- und Wahlrecht im Hilfeplanverfahren vereinbarte Leistung bei dem ausgewählten Leistungsanbieter erstellt. Die Eltern können jederzeit die Hilfe zur Erziehung beenden.[1666] Damit ist im Verhältnis Eltern-Jugendamt formal ein über die historischen Auseinandersetzungen entschiedenes, liberales Bürger_innen-Staat Verhältnis begründet: Die Eltern treten als Inhaber der treuhänderischen elterlichen Sorge im Bürger_innenstatus einer Leistungsbehörde gegenüber.

Die Annahme, dass Eltern „durchsetzungsbereite Staatsbürger“[1667] sind und ein Eigeninteresse an der Inanspruchnahme der Leistung haben, kann

1663 Vorausgesetzt, es liegt keine Kindeswohlgefährdung vor.

1664 Vgl. für alle *Münder* 2012, § 25, Rz. 86.

1665 Es ist kritisch zu hinterfragen, inwieweit die Beantragung dieser Leistung freiwillig geschieht. Praxiserfahrungen zeigen, dass die Bereitschaft der Eltern zur Antragstellung aufgrund längerer motivierender Beratungsprozesse oder gar unter Androhung familiengerichtlicher Schritte zustande kommt. Dennoch ist in der Mehrzahl der Hilfen zur Erziehung ein Antrag der Eltern Auslöser der Leistung, auch wenn die Erstinitiative nicht von ihnen ausgeht.

1666 „Der öffentliche Träger erlangt beim Vorliegen der Tatbestandsvoraussetzungen keine eigenständige Rechtsposition. So steht ihm insbesondere kein eigenständiges Erziehungsrecht zu (…)“ *Tammen/Trenczek* in *Münder/Meysen/Trenczek* 2013, § 27, Rn. 14 (Hwg).

1667 *Münder*, in: *Münder/Meysen/Trenczek* 2013, Einleitung, Rn. 60. Eltern klagen äußerst selten ihre Rechte gerichtlich ein, vgl. *Münder* 2005: 89.

für die Hilfe zur Erziehung eher nicht angenommen werden[1668], auch weil die negativen Folgen der Nicht-Inanspruchnahme nicht unmittelbar die Eltern selbst trifft.[1669] *Maelicke* konstatiert zwar einen Bewusstseinswandel vom „Fürsorgeempfänger zum selbstbewussten und mündigen Konsumenten“[1670], jedoch nur für zwei Drittel der Bevölkerung, während ein Drittel mit dieser Selbstgestaltung überfordert sei.[1671] Dazu kommt, dass bürokratisch-juristisch verfasste Schriftstücke, Gesetzestexte usw. für den „einfachen Menschen“[1672] nicht unbedingt verstehbar sind und damit die Verwirklichung seiner Rechte auf Sozialleistungen verhindern können.[1673] Dennoch ist die Frage, ob es nicht auch einen Auftrag an die Kinder- und Jugendhilfe darstellt, potentielle Adressat_innen zur selbstbewussten Wahrnehmung ihrer Rechte anzuleiten und zu befähigen.[1674] Auftrag an die Professionellen ist es, die Adressat_innen im Hinblick auf Partizipation verhandlungsfähig, also zu Vertragspartnern zu machen.[1675] Weiter müssen organisationale Voraussetzungen für gelingende Aushandlungsprozesse geschaffen werden.[1676] Um den Subjektstatus zu stärken und zu erreichen, dass Eltern Hilfe zur Erziehung eigenverantwortlich wollen, ist häufig erst Befähigung nötig. Dazu braucht es kompetente Fachkräfte, Offenheit, Einfühlungsvermögen und eine vertrauensvolle Atmosphäre.[1677]

Beim Erstkontakt zwischen Jugendamt und Eltern beginnt auf jeden Fall der Auftrag der Kinder- und Jugendhilfe die potentiellen Adressat_innen zur Einflussnahme, Mitgestaltung und Beteiligung zu befähigen. Dies lässt sich zum einen aus dem rechtlichen Auftrag zur Beratung und Auf-

---

1668 Vgl. *Klatetzki* 1995c: 16.

1669 Daraus abgeleitet ist das Verfahren zur Inanspruchnahme der Hilfe zur Erziehung so zu gestalten, dass möglichst geringe Hürden entstehen, vgl. *Münder*, in: *Münder/Meysen/Trenczek* 2013, Einleitung, Rn. 60.

1670 *Maelicke* 1993: 33.

1671 Vgl. *Maelicke* 1993: 31f. Auch *Wiesner* sieht eine Überforderung von Leistungsberechtigten in der Kinder- und Jugendhilfe im Hinblick auf die Wahrnehmung ihrer Rechte, vgl. *Wiesner* 2002b: 171.

1672 *Häberlein* 1981: 68.

1673 Vgl. *Häberlein* 1981: 68.

1674 Vgl. auch Kap. 1.3.2.

1675 Vgl. *Pantucek* 1998b: 97, *Thiersch/Grunwald/Köngeter* 2012: 191, ebenso aus rechtlicher Perspektive im Hinblick auf die Sicherstellung des Wunsch- und Wahlrechts vgl. *Münder* 2001c: 97.

1676 Vgl. *Thiersch/Grunwald/Köngeter* 2012: 191. Zu Voraussetzungen gelingender Partizipation vgl. *Herrmann* 1995a: 169ff.

1677 Vgl. *Schmid-Obkirchner* in *Wiesner* 2011a, § 36, Rn. 23.

klärung[1678] und zum anderen aus fachlichen Standards zur Subjektorientierung der Adressat_innen[1679], aber nicht in einem utilitaristischen Sinne, sondern reguliert durch eine advokatorische Ethik, ableiten:

> „Aus der nach gemeinsamer Diskussion der Professionellen gewonnenen angemessensten Problemdeutung werden dann Schlußfolgerungen für das Handeln gezogen und umgesetzt. Die Anwendung von Theorien geschieht vor dem Hintergrund der regulierenden Prinzipien einer advokatorischen Ethik, die Personalität und Mündigkeit als oberstes Ziel pädagogischen Handelns bestimmt. Allein so ist eine Vertretung von Betroffenen gewährleistet, deren Zustimmung zu Handlungen nicht auf der Grundlage rationaler Verständigung erfolgen kann.“[1680]

Empirisch zeigt sich, dass die Beteiligung der Betroffenen und die Transparenz der Arbeit die zentralen Aspekte eines fachlichen Jugendamtshandelns darstellen.[1681] Für die Kinder und Jugendlichen kommt hinzu, dass Eigenverantwortlichkeit das Ergebnis von persönlicher Entwicklung und Erziehung ist und demnach nicht vorausgesetzt wird.[1682] Eine so verstandene Befähigung gehört zum sozialarbeiterischen Können gerade im Kontext der Hilfe zur Erziehung in dem die Adressat_innen professionelle Unterstützung benötigen.[1683]

Faktisch kann jedoch angenommen werden, dass die aus der Fürsorgegeschichte gewachsene Wahrnehmung des Jugendamtes als „Kinderwegholbehörde“ dazu führte, dass Eltern ihren starken Bürgerstatus gegenüber dem Jugendamt nicht wahrnehmen und eher dazu neigen, die Leistung der Hilfe zur Erziehung als Eingriff in ihre elterliche Autonomie zu begreifen. *Günder* geht aufgrund von Vorurteilen und mangelhafter Information der Bevölkerung von einem Image des Jugendamtes als Eingriffsbehörde aus, weshalb sich kaum Hilfesuchende direkt und ohne Umwege an das Jugendamt wenden würden.[1684] Aus Sicht einer professionellen Elternarbeit ist der Widerstand gegen Verlust von Selbstbestimmung aufgrund schlechter Vorerfahrung mit Helfersystemen und von wahrgenommenen Zwangs-

---

1678 Vgl. § 13 und § 14 SGB I.
1679 Vgl. *Hamberger/Köngeter/Zeller* 2008: 357.
1680 *Klatetzki* 1995c: 19f.
1681 Vgl. *BMFFSJ* 1998: 451.
1682 Vgl. *Rothenburg* 2010: 63.
1683 Vgl. *Fischer* 2005: 112.
1684 Vgl. *Günder* 1999: 29. In der JULE Studie wird andererseits ein Wandel in der Wahrnehmung zur Dienstleistungsbehörde angenommen, vgl. *BMFFSJ* 1998: 30.

kontexten als Grund für zurückhaltendes und abwartendes Elternverhalten anzunehmen. Dieses Verhalten wird häufig professionsseitig als unmotiviert und beratungsresistent interpretiert.[1685] Als bestimmender Handlungsmodus der Fachkräfte in der Kinder- und Jugendhilfe wird immer noch ein paternalistisch-fürsorglicher oder expertokratischer Modus[1686] und für die Eltern, Jugendlichen und Kinder in den Hilfen zur Erziehung unzureichende Partizipationsmöglichkeiten angenommen.[1687]

Diese Aspekte können sowohl vor als auch während des Kontakts zum Jugendamt wirksam werden. Das Verständnis, dass die freien/privaten Träger vom Jugendamt beauftragt werden, ist weit verbreitet und zeigt sich in der Formulierung „das Jugendamt belegt“[1688] deutlich, welches an die alte Anstaltsordnung anknüpft:

> „Auch in großen Teilen der Medien und der Öffentlichkeit herrscht bis heute die Meinung vor, jede Beteiligung des Jugendamts berechtige oder verpflichte es zur permanenten Aufsicht und zum jederzeitigen Eingriff.“[1689]

Faktisch wird das Jugendamt als Auftraggeber wahrgenommen.[1690]

1685 Vgl. *Behnisch/Miers* 2011: 12.

1686 Vgl. *Olk/Otto/Backhaus-Maul* 2003: LIII.

1687 Für die Kinder- und Jugendhilfe allgemein vgl. für viele *Jordan/Reismann* 1998: 87f. Für die Hilfe zur Erziehung vgl. *Kriener* 2001: 138ff, *Fröhlich-Gildhoff/Engel/Rönnau* 2001: 22 (beide mit Verweisen auf weitere empirische Studien), *Olk/Otto/Backhaus-Maul* 2003: LVf, *Pluto* 2011: 49ff. Für die Hilfeplanung vgl. besonders *Pies/Schrapper* 2003: 52ff, auch *Hamberger* 2008: 358f und *Oechler* 2009 153ff. Für die Übergänge zwischen Hilfeformen vgl. *Hamberger* 2008: 330f. Für das Feld der Elternarbeit vgl. *Gragert/van Santen/Seckinger* 2005: 74ff, *BMFFSJ* 1998: 26. Für mangelnde Beteiligung von Kindern in der Erziehungsberatung vgl. *Lenz* 2001: 128. Dezidiert für die Beteiligung von Eltern in Einrichtungen der Kinder- und Jugendhilfe vgl. *Gadow/u. a.* 2013: 297ff.

1688 Vgl. für viele z. B. *Schäfer* 2002: 80. So auch *Hinte*, der vom „belegen der freien Träger durch den ASD“ spricht, vgl. *Hinte* 2002: 99. Für die Qualitätsdiskussion beschreibt dies *Lotz* eindrucksvoll: “Das bedeutet mit Blick auf Nachfrager von Leistungen in der Erziehungshilfe, (hier meine ich die Jugendämter) „welche Qualitätsstandards (…) wollen Sie?“ *Lotz* 1998: 35.

1689 *Wiesner* 1997: 214.

1690 Auch wenn rechtlich gesehen die Personensorgeberechtigten die Nachfrager sind und die Jugendämter „nur“ die Refinanzierer und Gewährleister, muss im Rahmen der Wirkungen auf das Verhalten der Beteiligten davon ausgegangen werden, dass die Jugendämter als Auftraggeber wahrgenommen werden. Dies hat mehrere Gründe. Zum einen nehmen die Personensorgeberechtigten oft nicht freiwillig und aus voller Überzeugung die Leistung in Anspruch. Demnach nehmen sie die Auftraggeberrolle auch nicht an. Zum Zweiten zahlen die Ju-

Auch in der Literatur wird teilweise davon ausgegangen, dass das Jugendamt den Leistungsanbieter formal[1691] bestimmen darf. So wird dies salopp mit dem Auswahlermessen des Jugendamtes begründet und durch die Kostenzusage von Jugendamt an Leistungsanbieter ausgewiesen.[1692] Nicht nur, dass das Auswahlermessen juristisch grundsätzlich strittig ist[1693], durch das Wunsch- und Wahlrecht ist außerdem klar:

> „nicht das Jugendamt, sondern der Leistungsberechtigte entscheidet, welches bedarfsentsprechende Angebot er in Anspruch nehmen will. Er, nicht das Jugendamt entscheidet über die Vergabe einer Leistung an einen bestimmten Leistungserbringer“.[1694]

Weiter gibt es „Kostenzusagen“ nach Abschaffung der alten Anstaltsordnung durch das SGB VIII mit der jugendhilferechtlichen Dreieckskonstruktion nicht mehr. Die Eltern erhalten einen Bewilligungsbescheid des Jugendamtes im Rahmen eines Verwaltungsaktes und der Leistungserbringer erhält eine Kopie dieses Bewilligungsbescheides an die Eltern, mit dem er aufgrund seiner Leistungs-, Entgelt- und QEV mit dem Jugendamt die Leistung abrechnen kann.

Weiter wäre zu fragen, welche Kompetenzen und/oder Ressourcen nötig wären, um den Bürgerstatus gegenüber einer Behörde überhaupt wahrnehmen zu können. Hier scheint es vor allem im Hinblick auf das Verhältnis Familie zu Jugendamt empirische Forschungslücken zu geben. Daher kann nur angenommen werden, dass eine Diskrepanz zwischen dem formalen und dem faktischen Beauftragungsverhältnis klafft. Das hat auch Konsequenzen auf das faktische Verhältnis von Eltern-freier/privater Träger.

---

gendämter direkt an die Leistungserbringer, was die Wahrnehmung als Auftraggeber verstärkt, vgl. *Bissinger/u. a.* 2002: 43f. Und Drittens muss davon ausgegangen werden, dass die Formulierung der Inhalte und Ziele der Dienstleistung auch stark vom Jugendamt übernommen wird. Auch das wird in der Regel dem Auftraggeber zugeschrieben, vgl. *Möhring-Hesse* 2008: 155.

1691 Dass dies faktisch geschieht, ist eine andere Frage.

1692 Vgl. *Dahme/Wohlfahrt* 2005: 272.

1693 Siehe oben.

1694 *Wiesner* 2002b: 173, ebenso *Münder* 2005: 93f.

Das Verhältnis Eltern-freier/privater Träger

Die personensorgeberechtigten Eltern treten formal als direkter Auftraggeber für die Leistungen des freien/privaten Trägers auf.[1695] Zwischen Eltern und freiem/privatem Träger wird ein privatrechtlicher Erziehungsvertrag über die Leistung „Erziehung des Kindes" geschlossen. Dies erfolgt in der Regel stillschweigend, rechtlich als konkludent bezeichnet.[1696] Daraus ergibt sich die Besonderheit, dass den Eltern (und auch dem Leistungserbringer[1697], und selbst dem Jugendamt) in der Regel nicht bewusst ist, dass sie alleinige(!) Auftraggeber des Leistungserbringers sind. Auch das Wunsch- und Wahlrecht untermauert diese Stellung, da formal ausschließlich die Eltern den Leistungserbringer aussuchen, was faktisch jedoch meist ganz anders aussieht.[1698] Rechtlich wird die (teilweise) Ausübung der elterlichen Sorge an Dritte[1699] tatsächlich übertragen. Die Aushandlung über Inhalte dieses Erziehungsvertrages findet im Hilfeplangespräch gemäß § 36 SGB VIII statt.[1700] Theoretisch müsste für die Ausführung der Hilfe zur Erziehung kein Jugendamt involviert sein. Eltern könnten ihr Kind z. B. einer selbst gewählten Heimeinrichtung übergeben und diese mit der Erziehung, Pflege und Betreuung ihres Kindes beauftragen, vorausgesetzt sie wären in der Lage, die Kosten selbst zu tragen. Ausschließlich durch die Refinanzierung über den Leistungsanspruch der Eltern ge-

---

1695 Die Eltern „erteilen, beraten durch das Jugendamt, den inhaltlichen Auftrag, der mit der Erziehungshilfe erfüllt werden soll" *Späth* 1994: 54. Sie erteilen jedoch nicht nur den inhaltlichen, sondern auch den formalen Auftrag.

1696 Vgl. *Lakies* 1997: 219, *Münder* 2001a: 199, *Münder* 2012, § 25, Rz. 87.

1697 Vgl. *Münder* 2005: 91.

1698 Vgl. *Münder* 2011d: 446. Eingeschränkt wird das Wunsch- und Wahlrecht vom Mehrkostenvorbehalt, vgl. Kap. 3.

1699 Häufigste Beispiele sind Internat, Verwandte und Pflegeeltern, vgl. *Palandt* 2009, § 1626, Rz. 2.

1700 Es darf bezweifelt werden, ob den Eltern bewusst ist, dass sie im Hilfeplan einen Erziehungsvertrag gestalten. Zwar wird von „stillschweigend geschlossenem Vertrag" (vgl. *Lakies* 1997: 219, *Münder* 2001a: 199) gesprochen, das würde jedoch voraussetzen, dass es den Eltern bewusst ist. Praxiserfahrungen zeigen, dass die Aushandlung der Ziele und Aufgaben der Hilfe zur Erziehung durch das Jugendamt wahrgenommen werden. Juristisch müsste demnach das Jugendamt von den Eltern beauftragt sein, diesen Erziehungsvertrag in ihrem Sinne mit dem Leistungserbringer zu verhandeln. Ob dies rechtlich überhaupt möglich ist, bleibt in der bisherigen jugendhilferechtlichen Literatur nicht nur unbeantwortet, sondern unbeachtet.

gen den Sozialstaat wird das Jugendamt involviert. Das bedeutet, dass nach der Rechtskonstruktion nicht das Jugendamt den freien/privaten Träger beauftragt, sondern ausschließlich die Eltern. Sie sind alleinige Auftraggeber gegenüber dem Leistungsanbieter und nur wegen der Refinanzierung an das Verfahren des SGB VIII gebunden.[1701]

Faktisch wird jedoch ein anderes Beauftragungsverhältnis begründet. Durch die Wahrnehmung der Eltern, dass das Jugendamt die Hilfen zur Erziehung „empfiehlt", um z. B. von einer Einschaltung des Familiengerichts abzusehen oder dem Druck externer Institutionen[1702] folgend, geraten die Eltern in die Defensive. Sie fühlen sich nicht als Antragsteller und nicht als Auftraggeber, beide Rollen fallen faktisch dem Jugendamt zu, obwohl sie formal bei den Eltern liegen.

Die Gewährleistungsverpflichtung auf die sozialstaatliche Dienstleistung Hilfe zur Erziehung liegt ausschließlich beim Jugendamt als zuständige Behörde des öffentlichen Trägers der Kinder- und Jugendhilfe (§ 3 Abs. 2 und § 79 SGB VIII). Diese Verpflichtung wird in der Regel dadurch bedient, dass der öffentliche Träger den leistungsberechtigten Eltern gegenüber die Kostenübernahme der Leistung zusichert. Diese Zusicherung setzt jedoch voraus, dass der Hilfebedarf dem Jugendamt vor Beginn der Leistung bekannt und im Rahmen des kooperativen Hilfeplanverfahrens über den erzieherischen Bedarf und die Geeignetheit und Notwendigkeit der Hilfe unter Berücksichtigung des Wunsch- und Wahlrechts entschieden wurde. Demnach ergibt sich kein öffentlich-rechtliches Schuldverhältnis zwischen freiem/privatem Träger als Leistungserbringer und dem Jugendamt, sondern zwischen Jugendamt und Eltern, und ein privatrechtliches Schuldverhältnis zwischen Eltern und freiem/privatem Träger. So genannte „Leistungsstörungen" sind daher *rechtlich* auch nur im Verhältnis zwischen Eltern und freiem/privatem Träger zu regeln, weil das Jugendamt zwar die Gesamtverantwortung nach § 79 SGB VIII, aber nicht

---

1701 „Wenn der Personensorgeberechtige einen Rechtsanspruch auf die Jugendhilfeleistung hat, ‚verwandelt' sich sein Anspruch auf die Leistung selbst (...) in einen ‚Anspruch auf Kostenübernahme' für die benötigte Leistung. Der Anspruch des freien Trägers auf Entgelt gegenüber dem Bürger wird ‚umgelenkt' auf das Jugendamt, dieses zahlt faktisch an den freien Träger." *Lakies* 1997: 219. *Münder* spricht vom „Auseinanderklaffen der Rechtsbeziehungen", vgl. *Münder* 2001a: 199.

1702 Im Kontext der Hilfen zur Erziehung sind dies häufig die Schule und die Kinderbetreuungseinrichtungen.

die individuelle Verantwortung für die Vertragserfüllung zwischen Eltern und freiem/privatem Träger hat.[1703]

Das Jugendamt übernimmt nur dann die Kosten, wenn es von Beginn an über die Voraussetzungen im Rahmen des Verfahrens nach dem SGB VIII entschieden hat.[1704] Dies begründet den „Entscheidungsprimat“[1705] des Jugendamtes. Das SGB VIII enthält ein grundsätzliches Verbot der Selbstbeschaffung.[1706] Das ist interessant für die Rolle der Adressat_innen im „Beschaffungsprozess“. Sie müssen sich insofern den Vorgaben des Hilfeplanverfahrens beugen, um eine sichere Refinanzierung zu erhalten. Alternative Finanzierungsideen, wie z. B. die Verteilung von Gutscheinen an die Eltern, würden deren Nachfragestatus nur eingeschränkt bestärken[1707], da die Teilnahme am Verwaltungsverfahren weiterhin notwendig ist und diese wiederum durch die Expert_innen in den Jugendämtern dominiert werden. Das ist ein weiterer Grund dafür, dass bei den freien/privaten Trägern der Hilfen zur Erziehung das Jugendamt als Auftraggeber assoziiert werden könnte, selbst wenn die Familie mit direkten Zahlungsmitteln (Gutscheinen) käme.

Das Verhältnis Jugendamt-freier/privater Träger

Zwischen dem Jugendamt und dem freien/privaten Träger bestehen unterschiedliche Verhältnisse im Kontext der Hilfen zur Erziehung. Das wichtigste für die vorliegende Fragestellung sind die öffentlich-rechtlichen Verträge in Form der Vereinbarungen gemäß §§ 78a-g SGB VIII Leistungs-, Entgelt und Qualitätsentwicklungsvereinbarung. Hier werden Festlegungen getroffen, welches Entgelt für welche Leistung in welcher Qualität ge-

---

1703 Vgl. *Schmid-Obkirchner* in *Wiesner* 2011a, § 27, Rn. 72-76.

1704 Vgl. *Schmid-Obkirchner* 2011b: 300. Die Entscheidung des Jugendamtes ist zum Rechtsschutz der Adressat_innen vollumfänglich einer verwaltungsgerichtlichen Überprüfung zugänglich, vgl. ebd., vgl. *Tammen* 2011: 272ff, ausführlich vgl. *Tammen/Trenczek* in *Münder/Meysen/Trenczek* 2013, § 27, Rn. 55ff, mwH.

1705 *Schmid-Obkirchner* 2011b: 300.

1706 Vgl. *Schmid-Obkirchner* 2011b: 301f, *Tammen* 2011: 273. Auf die Ausnahmeregelungen wird an dieser Stelle verzichtet, da sie bei Systemversagen greifen sollen, vgl. *Schmid-Obkirchner* 2011b: 301, *Tammen/Trenczek* in *Münder/Meysen/Trenczek* 2013, Vor §§ 27-41, Rn. 30.

1707 Der Grund liegt in der Bedarfsprüfung und dem partizipativen Hilfeplanverfahren.

zahlt wird.[1708] Daneben bestehen noch weitere Rechtsverbindungen, wie z. B. die Erteilung von Betriebserlaubnissen und andere Aufsichtsbestimmungen. Jedoch besteht keine rechtliche Beauftragungssituation zwischen Jugendamt und freiem/privatem Träger in Bezug auf einzelne Familien.

Die Leistungserbringer sind keine Befehlsempfänger[1709] des Jugendamtes, vielmehr gilt § 4 SGB VIII zur Zusammenarbeit der öffentlichen Kinder- und Jugendhilfe mit der freien/privaten Kinder- und Jugendhilfe.[1710] In der Praxis tritt häufig die Konstellation auf, dass Eltern erst keine Hilfe zur Erziehung beantragen wollen, aber nach Verweis auf mögliche anstehende sorgerechtliche Maßnahmen des Familiengerichts doch zustimmen.[1711] Hierin liegt aus der Perspektive der freien/privaten Träger ein wesentlicher Grund für die Wahrnehmung der faktischen Beauftragung durch das Jugendamt. Daneben ergibt sich aus der Finanzierungsstruktur ein weiterer Grund, dass das Jugendamt als Auftraggeber im Erbringungskontext der Hilfe zur Erziehung agiert. Zwar schulden die Eltern den Leistungserbringern privat-rechtlich gesehen das Entgelt, aber in der Praxis erfolgt die Zahlung direkt vom Jugendamt an den Leistungserbringer. Hierbei werden zwischen Jugendamt und freiem/privatem Träger im Kontext der Hilfen zur Erziehung ausschließlich Vereinbarungen über Entgelte, Leistungen und Qualität wirksam.

Die besondere Situation, dass der rechtlich Leistungsverpflichtete (öffentliche Träger der Kinder- und Jugendhilfe mit seinem Jugendamt) in der Regel nicht leistet, sondern ein freier/privater Träger der Leistungserbringer ist, führt zum sog. sozialrechtlichen oder hier speziell jugendhilferechtlichen Dreiecksverhältnis.[1712] Dies besteht in der Kinder- und Ju-

1708 Vgl. *Münder* 2012, § 25, Rz. 88. Zur ausführlichen Darstellung der Vereinbarungen nach §§ 78a-g SGB VIII vgl. Kap. 3.

1709 Vgl. *Lakies* 1997: 217.

1710 Vgl. Kap. 3.

1711 Vgl. *Wiesner* 2003a: 163f.

1712 Vgl. *Lakies* 1997: 218ff, *Münder* 2001a. Die einzelnen Rechtsbeziehungen bestehen unabhängig voneinander, vgl. *Münder* 2012, § 25, Rz. 89. Aus systemtheoretischer Perspektive kann durch die Betrachtung von Eltern-Kind-Jugendamt-Leistungserbringer und Auftragspädagog_in ein Fünfeck rekonstruiert werden, welches die Wechselbezüglichkeiten der einzelnen Akteure aufzeigt, vgl. *Müller-Alten* 2003: 406. Diese Perspektive ließe sich auch für die institutionsökonomische Analyse fruchtbar machen. Dazu wäre das Arbeitgeber-Arbeitnehmer Verhältnis im Jugendamt zu thematisieren, wodurch im Endergebnis ein Sechseck entstünde. Durch die Modellierung in dieser Arbeit bleibt es beim Dreieck aus Familie, Jugendamt und freier/privater Träger.

gendhilfe aus den Eltern als Leistungsberechtigte (§ 27 SGB VIII), dem Jugendamt als leistungsverpflichteter Akteur (§ 17 SGB I, §§ 79, 3 SGB VIII) und dem freien/privaten Träger als leistungserbringender Akteur (§§ 3, 4 SGB VIII).

Die formalen Beauftragungs- und Vertragsverhältnisse müssen demnach von den faktischen Beauftragungsverhältnissen[1713] unterschieden werden. Aus der Analyse der Rechtsentwicklung muss dies als konstitutives Merkmal der Hilfe zur Erziehung anerkannt werden. Dies ist insofern bedeutsam, da sich durch die institutionelle Gestaltung des Leistungsdreiecks zwischen Jugendamt, freie/private Träger und Familie unterschiedliche Konsequenzen im Hinblick auf Qualitätsanreize ergeben, je nachdem, wie Beauftragungsverhältnisse wahrgenommen werden. Für die folgenden Ausführungen wird die These aufgestellt, dass in den Hilfen zur Erziehung formelle und faktische Beauftragungsverhältnisse in den dargestellten Konstellationen nicht deckungsgleich sind.

Folgende Schaubilder zeigen die formalen und faktischen Beauftragungsstrukturen der Hilfe zur Erziehung:[1714]

1713 Die Relevanz und Faktizität dieser Beauftragungsverhältnisse ist in der vorliegenden Arbeit aus der Rechtsentwicklung hergeleitet, und zwar unter der Vorannahme, dass der Paradigmenwechsel sozialrechtlicher Regelungen nicht unbedingt in gleicher Weise und schon gar nicht zeitgleich praxiswirksam wird. Um hier zu gesicherten Erkenntnissen zu gelangen, wären empirische Studien zur Selbstwahrnehmung der Beteiligten, vor allem von Eltern in diesen Leistungsprozessen im Hinblick auf ihren Auftragnehmer-Auftraggeber-Status hilfreich.
Aus systemtheoretischer Sicht wurde auf die Problematik fehlender Deckung von fachlichen Standards, rechtlichen Vorgaben und wahrgenommen Machtpotentialen im SGB VIII schon aufmerksam gemacht, allerdings auf der Ebene der konkreten Leistungserbringung und nicht der institutionellen Rahmung der Leistungserstellung. „Die rechtlichen Verbindlichkeiten und die Machtverhältnisse überlagern den partizipatorisch orientierten Dienstleistungs-Charakter der sozialpädagogischen Interaktion." *Müller-Alten* 2003: 474.

1714 Vgl. *Lakies* 1997: 214ff, *Münder* 2001a. In Kap. 3 werden dabei das Jugendamt, der Leistungserbringer und die Familie als Institutionen modelliert, wohlwissend, dass dadurch die Wechselwirkungen zwischen Eltern und Kindern in der Familie sowie Leitung und Angestellte in den Organisationen abstrahiert werden. Weiter wird eine Konstruktion der Aufteilung der elterlichen Sorge aufgrund einer Pfleg- und/oder Vormundschaft ausgeschlossen. Diese Annahmen würden zu einer deutlich komplexeren Beauftragungsstruktur führen, die in einem Exkurs kurz aufgezeigt, aber nicht weiter verfolgt werden soll. Dies wären Forschungsfragen für weitere Arbeiten in diese Richtung.

Ausgewählte *formale* Rechtsbeziehungen (Pfeilrichtung drückt Beauftragung aus):

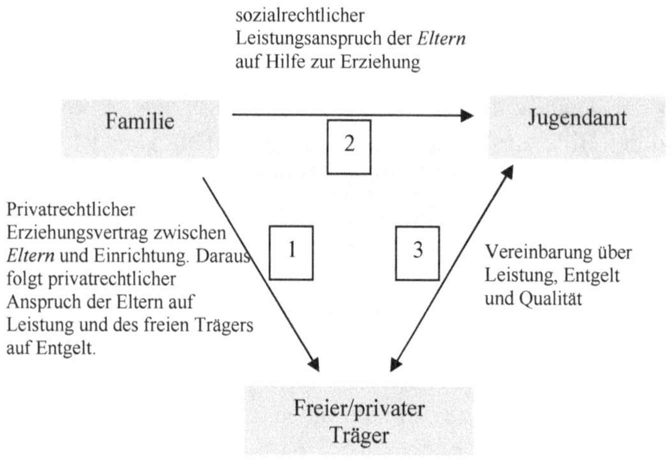

Abb. 2: Formales Leistungsdreieck; eigene Darstellung.

1 Die Eltern schließen mit dem Auftragnehmer einen Vertrag und beauftragen ihn mit der Leistung „Hilfe zur Erziehung“. Im Gegenzug liefern die Eltern den positiven Bescheid über ihren Sozialleistungsantrag beim Jugendamt, der die Refinanzierung der Leistung sichert.

2 Die Eltern beantragen „Hilfe zur Erziehung“ und erhalten im Rahmen des Verfahrens nach § 36 SGB VIII umfängliche Beteiligungs- und Mitbestimmungsmöglichkeiten[1715] zur Auswahl der geeigneten und notwendigen Hilfeform. Bei Vorliegen aller Voraussetzungen erfolgt die Bewilligung der Refinanzierung einer entsprechenden Hilfe zur Erziehung bei einem über das Wunsch- und Wahlrecht bestimmten Leistungsanbieter.

3 Das Jugendamt und der Leistungsanbieter schließen eine Vereinbarung über die Leistungen, deren Qualität und das entsprechende Entgelt ein-

1715 Aus der fachlichen Perspektive und der Besonderheiten der sozialpädagogischen Bedarfsfeststellung handelt es sich eher um Beteiligungs- und Mitbestimmungs*notwendigkeiten*.

zelfallunabhängig ab. Auf der Ebene des Einzelfalls werden die refinanzierbaren Aspekte im Hilfeplan vereinbart.

Ausgewählte *faktische* Beziehungen (Pfeilrichtung drückt Beauftragung aus):

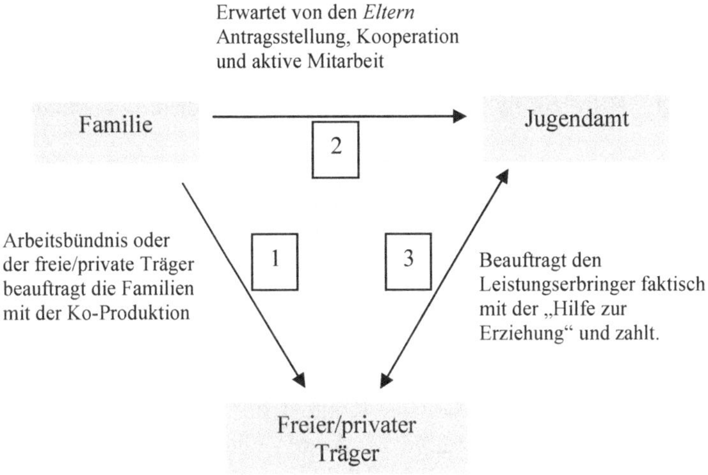

Abb. 3: Faktisches Leistungsdreieck; eigene Darstellung.

1 Zwischen Familie und Leistungserbringer wird ein Arbeitsbündnis[1716] angestrebt. Im besten Falle wird dies erreicht und beide Seiten arbeiten miteinander und erleben sich faktisch vom Jugendamt beauftragt. Gelingt es nicht, dieses Arbeitsbündnis herzustellen, wird die Familie sowohl vom Jugendamt als auch vom freien/privaten Träger beauftragt, bei der Leistungserstellung mitzuwirken.

2 Das Jugendamt erwartet von den Eltern die Antragstellung sowie Kooperation und aktive Mitarbeit während der Hilfe. Zwar kann diese Erwartung grundsätzlich über die Mitwirkungspflicht bei Sozialleistungen gestützt werden, jedoch nicht in der Hinsicht, dass die Familie sich als Leistungserbringer fühlt und vom Jugendamt Aufträge erhält.

1716 Aus fachlicher Sicht muss das Ziel dieses Arbeitsbündnisses immer „ein Einvernehmen zugunsten des Kindeswohls" (*Muller-Alten* 2003: 417) sein. Für eine sozialpädagogische Sicht des Arbeitsbündnisses vgl. *Müller* 1985: 119ff.

3 Faktisch wird das Jugendamt vom Leistungserbringer als Auftraggeber der Hilfe zur Erziehung wahrgenommen. Folgerichtig kann die Familie nicht mehr als Auftraggeber auftreten. Der Leistungserbringer richtet sich nach den Erwartungen und Vorgaben des Jugendamtes.

Im folgenden Kapitel wird die sozialrechtliche Perspektive auf die konstitutiven Elemente der Hilfe zur Erziehung um die sozialpädagogische Fachperspektive ergänzt. Hierzu wird zum einen das dominierende Paradigma der Lebensweltorientierung kurz skizziert und an die theoretische Fundierung der Hilfe zur Erziehung als Soziale Dienstleistung angeknüpft.

2.3 Die Hilfen zur Erziehung als sozialpädagogische Dienstleistung

Im folgenden Kapitel über die Hilfe zur Erziehung als sozialpädagogische Leistung wird im Anschluss an die ausführliche sozialstaatliche und sozialrechtliche Verortung eine Vergewisserung über die konstitutiven Merkmale aus sozialpädagogischer Sicht vorgenommen. Dabei wird nicht die direkte sozialpädagogische Arbeit im Kontext der Hilfen zur Erziehung untersucht[1717], sondern konstitutive Merkmale einer fachlich fundierten Hilfe zur Erziehung fokussiert, die im Hinblick auf die Beauftragungsverhältnisse und den Koordinierungsmechanismus bei deren Erbringung Relevanz haben.

Zum Ersten wird mit der Lebensweltorientierung das fachlich dominierende Paradigma in den Hilfen zur Erziehung ausgeführt und mit den Konzepten der flexiblen, integrierten Erziehungshilfen und der Sozialraumorientierung in Verbindung gebracht, um die konstitutiven Merkmale aus fachlicher Sicht zusammen zu stellen. Dies ist insofern von Bedeutung, dass die professionellen Anforderungen an die Hilfe zur Erziehung auf operativer Ebene nicht durch den Fokus als soziale Dienstleistung überformt werden sollen. Im zweiten Schritt wird das Konzept der Hilfen zur Erziehung als Soziale Dienstleistung erläutert, um ein Modell zu verwenden, welches anschlussfähig an die Fragen von Beauftragungsverhältnissen und Koordinierungsmechanismen ist und dennoch eine sozialpädago-

1717 Eine hilfeformbezogene Betrachtung wird ausbleiben, weil die Differenzierung strukturell im Hinblick auf die Vereinbarungen keinen Erkenntnisgewinn bringt, und aus fachlicher Sicht, weil die Entwicklung der einzelnen Hilfesettings heute unter dem Diktum der sozialraumorientierten, flexiblen, integrierten, passgenauen Hilfen geführt wird, vgl. *Krause/Peters* 2009: 194ff.

gisch spezifische Dimension hat.[1718] Die historische Entwicklung der Hilfe zur Erziehung aus sozialpädagogischer Perspektive wird an dieser Stelle nicht verfolgt, da die unterschiedlichen Prozesse der Verberuflichung, Professionalisierung und Institutionalisierung den Rahmen der Arbeit sprengen würden.[1719]

2.3.1 Die Hilfen zur Erziehung als lebensweltorientierte Soziale Arbeit

Die Hilfen zur Erziehung sind rechtlich im § 27 SGB VIII kodifiziert. Konkret im Gesetz ausgeführt sind die Erziehungsberatung (§ 28 SGB VIII), die Soziale Gruppenarbeit (§ 29 SGB VIII), die Erziehungsbeistandschaft (§ 30 SGB VIII), die Sozialpädagogische Familienhilfe (§ 31 SGB VIII), die Tagesgruppe (§ 32 SGB VIII), die Pflegefamilie (§ 33 SGB VIII), die Heimerziehung und sonstige betreute Wohnform (§ 34 SGB VIII), die Intensive sozialpädagogische Einzelbetreuung (§ 35 SGB VIII) sowie die flexiblen Hilfen nach § 27 Abs. 2 SGB VIII. Die im SGB VIII benannten Hilfeformen sind eher als Settings zu begreifen, in denen mit verschiedenen Methoden und fachlichen Qualifikationen an unterschiedlichen Orten mit Kindern, Jugendlichen, Eltern und sozialem Umfeld mehr oder weniger intensiv gearbeitet wird.[1720] Diese sind im Recht nur mittelbar mit fachlich-sozialpädagogischen Anforderungen ausformuliert.[1721] Die Aufzählung ist nicht abschließend, und im Rahmen der fachlichen Fortentwicklung werden heute eher flexible, integrierte Hilfen zur Erziehung favorisiert.[1722]

Alle erzieherischen Hilfen haben als konstitutive Elemente gemeinsam, dass sie in einem bestimmten Verhältnis zur Familienerziehung[1723] stehen, dass sozialpädagogische Beratung Teil aller Hilfeformen darstellt und dass

---

1718 Vgl. *Olk/Otto/Backhaus-Maul* 2003: LXI.

1719 Für einen Überblick vgl. *Kuhlmann/Schrapper* 2001, *Rauschenbach/Züchner/Schilling* 2011, *Trede* in: *Krause/Peters* 2009: 25-30.

1720 Vgl. *Trede* in *Krause/Peters* 2009: 16.

1721 Z. B. für die SPFH die Hilfe zur Selbsthilfe oder für die Erziehungsbeistandschaft der Einbezug des sozialen Umfelds.

1722 Vgl. unten.

1723 Vgl. *Nölke* 1997: 664ff. Die Professionellen übernehmen ein Teil der elterlichen bzw. gesellschaftlichen Verantwortung gegenüber den Kindern, vgl. *Frommann* 2009, in: *Krause/Peters* 2009: 94. Dabei wäre jedoch zu klären, was Familienerziehung aus erziehungswissenschaftlicher Sicht eigentlich ausmacht, vgl. *Mol-*

alle Hilfeformen auf fachlich qualifiziertes Personal sowie pädagogische Orte zurückgreifen.[1724] Weiter ist ihnen die rechtliche Kodifizierung gemeinsam, die vor allem eine Bedarfsfeststellung, eine Antragstellung und den Einbezug der Betroffenen in Wahl, Planung, Ausgestaltung und Fortentwicklung der Hilfe festschreiben.[1725] Sozialpädagogisch konstitutiv ist eine hermeneutische Herangehensweise, als gemeinsamer Deutungsprozess auch wegen der rechtlich normierten Beteiligung und Mitwirkung sowie dem Subjektstatus der Adressat_innen.[1726] Als weiteres konstitutives Element in den Hilfen zur Erziehung muss die sozialpädagogische Interaktion als kommunikatives, interaktives Handeln gelten.[1727] Auch wenn diese nicht nur mit der Familie, sondern auch anderen Personen im Umfeld eingegangen wird.[1728]

Eine konsistente Theorie der Hilfen zur Erziehung fehlt bislang:

> „Komplexität, Differenziertheit und Dynamik der Jugendhilfe lassen (…) einheitliche und umfassende Theorien unwahrscheinlich erscheinen.“[1729]

Wie auch für die Soziale Arbeit insgesamt[1730], gibt es in der Kinder- und Jugendhilfe unterschiedliche Bezugspunkte[1731] zur theoretischen Fundierung der Hilfen zur Erziehung. Durchgesetzt hat sich in der Grundlegung

---

lenhauer/Brumlik/Wudtke 1975. Bereits für die Fürsorge vgl. *Polligkeit* 1930: 31.

1724 Vgl. Trede in *Krause/Peters* 2009: 25. *Trede* nennt noch schnelle Verfügbarkeit und leichte Erreichbarkeit der nötigen Hilfe, jedoch ist hier erstens unklar ob sich das auf die Hilfe zur Erziehung selbst oder Hilfe innerhalb der Hilfe zur Erziehung bezieht und zweitens sind hier z. B. in der Heimerziehung erhebliche Zweifel angebracht, ob dies in beiden Lesarten gewährleistet ist.

1725 Vgl. Kap. 2.2. Zur Hilfeplanung.

1726 Vgl. *Schmid-Obkirchner* in *Wiesner* 2011a, § 36, Rn. 25.

1727 Vgl. *Mollenhauer* 1974: 17ff.

1728 Vgl. *BT-Drs* 11/5948: 73.

1729 *Winkler* 2001: 255.

1730 Vgl. *May* 2010, *Engelke/Borrmann/Spatscheck* 2008, für eine Einordnung von Theorien Sozialer Arbeit. Zur Konstitution einer eigenen Sozialarbeitswissenschaft, vgl. den Sammelband von *Mühlum* 2004.

1731 Als klassische „Theorie der Kinder- und Jugendhilfe“ kann die Sozialpädagogik *Mollenhauers* gesehen werden, vgl. *Mollenhauer* 1998 (1966): 429ff. Wobei dieser Ansatz nicht konsequent fortgeführt wurde.
Weit angelegte theoretische Begründungsversuche einer Theorie der Sozialpädagogik, vgl. z. B. *Winkler* 1988 oder *Sünker* 1989 konnten sich nicht durchsetzen. Dazu und zur Problematisierung des Theoriedefizits in der Sozialpädagogik, vgl. *Winkler* 1997: 54ff.

einer professionellen Praxis der Hilfen zur Erziehung die Konzeption[1732] der Alltags- und Lebensweltorientierung[1733] nach *Thiersch*[1734], die sich mit dem Begriff der Lebensbewältigung[1735] nach *Böhnisch/Schefold* zur „Lebensweltorientierten Sozialen Arbeit zur Lebensbewältigung“[1736] verbindet. Daneben sind vor allem noch systemische[1737], subjektorientierte[1738] und therapeutische[1739] Ansätze in den Hilfen zur Erziehung von Relevanz, jedoch weniger dominant. Sie erhalten ihren Einfluss eher auf der operativen Ebene von Methoden und Techniken und weniger als Gesamtkonzeption für die Hilfen zur Erziehung.

Die Lebensweltorientierung hingegen ist mit dem Achten Jugendbericht zu einem Leitbegriff der Kinder- und Jugendhilfe[1740] und einem ausformulierten Konzept geworden.[1741] Wissenschaftstheoretisch sucht das Konzept die Verbindung von hermeneutisch-pragmatischen Ansätzen der Erziehungswissenschaft mit phänomenologisch-interaktionistischen Ansätzen sowie einer kritischen Alltagstheorie bei gleichzeitigem Einbezug der Analysen von gesellschaftlichen Strukturen.[1742] Kernpunkt des Konzeptes

---

1732 Es wird von Ansätzen als Abgrenzung zu umfassenden Theorien gesprochen. Der Begriff Konzept steht für einen ausgearbeiteten, auf ein Handlungsfeld bezogenen, in sich schlüssigen Ansatz.

1733 Vgl. *Thiersch* 1992a. Für das Feld der Erziehungshilfen vgl. *Woog* 2008: 87ff. Die Begriffe Lebensweltorientierung und Alltagsorientierung werden mittlerweile synonym gebraucht, vgl. *Grunwald/Thiersch* 2003: 68.

1734 Vgl. *Winkler* 2001: 255 und *Füssenhäuser* 2005: 141, die von einem Leitparadigma für die Hilfen zur Erziehung spricht.

1735 Vgl. *Böhnisch/Schefold* 1985: 76, aktuell für die Hilfen zur Erziehung vgl. *Koch/Wolff* 2005: 376f.

1736 Vgl. *Grunwald/Thiersch* 2008b: 16.

1737 Für systemische Ansätze in den Hilfen zur Erziehung vgl. z. B. *Erler* 2003, *Omer/Schlippe/Du Bois* 2010.

1738 Für subjektorientierte Ansätze vgl. z. B. *Hekele* 2005, *Pantucek* 1998a.

1739 Für verhaltenstherapeutische Ansätze vgl. z. B. *Petermann/u. a.* 2008.

1740 Vgl. *Rauschenbach/Züchner/Schilling* 2011: 45, *Thiersch* 2001: 217, *Füssenhäuser* 2005: 141.

1741 Lebensweltorientierung ist keine Theorie der Kinder- und Jugendhilfe, vgl. *Thiersch* 1992a: 24. Zur Entwicklung des Konzepts seit den 70er-Jahren vgl. *Thiersch* 2001: 216f.

1742 Vgl. *Grunwald/Thiersch* 2008b: 17ff, *Thiersch* 2000: 533, *Grunwald* 2001: 102ff, *Thiersch/Grunwald/Köngeter* 2012: 182ff. Für die Hilfen zur Erziehung vgl. *Thiersch* 2001: 217ff. Zur Einordnung in die Theoriediskussion der Sozialpädagogik und der Rekonstruktion der einzelnen Bezugsdiskurse vgl. *Füssenhäuser* 2005: 157-184.

ist, die Aufgaben der Kinder- und Jugendhilfe nicht aus den gegebenen rechtlichen Rahmenbedingungen oder aus den vorhandenen institutionellen Arrangements heraus zu rekonstruieren, sondern aus einer „Darstellung der Normalität von Lebensverhältnissen".[1743] Demnach können Probleme nur vor dem Hintergrund dieser Normalität verstanden werden, und zwar als „Besonderung, Verhärtung und Zuspitzung in den Problemen einer Lebensbewältigung."[1744] Es wird davon ausgegangen, dass durch die Tendenzen der Pluralisierung und Individualisierung bei gleichzeitiger stärkerer Vergesellschaftung durch gesellschaftliche und sozialpolitische Vorgaben eine Vermittlung zwischen diesen Tendenzen als individuelle Lebensbewältigung zunehmend kompliziert wird. Für die Kinder- und Jugendhilfe bedeutet Lebensweltorientierung die Orientierung an den gegebenen Struktur-, Verständnis- und Handlungsmustern der Adressat_innen und eine Stabilisierung bzw. Hervorrufung von individuellen, sozialen und politischen Ressourcen.[1745] Es geht um die „ganzheitliche Wahrnehmung von Lebensmöglichkeiten und Schwierigkeiten, wie sie im Alltag erfahren werden."[1746] In diesem Sinne werden für die Hilfen zur Erziehung „Ausgangs- und Zielpunkt (…) die alltäglichen Lebensbedingungen der Kinder und Jugendlichen."[1747] In Abgrenzung zur „fürsorglichen Belagerung" soll durch den Empowerment-Ansatz[1748] die Selbsttätigkeit und Selbstständigkeit der Adressat_innen gefördert werden, ohne diesen Ansatz jedoch zu idealisieren.[1749] Mit der Orientierung an den Adressat_innen wird die Lebensweltorientierung auch zur Kritik an einer zunehmenden Orientierung an institutionellen Vorgaben, spezialisiertem Fachwissen und der Verberuflichung selbst.[1750]

Die Fokussierung des Alltags ist zentral, da das Ziel der Lebensweltorientierung auf der Ebene der Subjekte ein gelingenderer Alltag ist. Hier

1743 *Thiersch* 1992a: 20.

1744 *Thiersch* 1992a: 20.

1745 Vgl. *Thiersch* 1992a: 20ff, *Grunwald* 2001: 103.

1746 *Thiersch* 1992a: 24.

1747 *Moch* 2008: 132.

1748 Vgl. *Herringer* 2006. Zur kritischen Auseinandersetzung mit Empowerment als Verschmelzung von „Telos, Theorie und Technologie der Führung zur Selbstführung." *Bröckling* 2007: 184, vgl. ebd. S. 180ff. Zur Aktivierungspolitik vgl. auch Kap. 2.1.6.

1749 Vgl. *Thiersch* 2000: 536ff, *Thiersch* 1992b: 17. Für die Hilfen zur Erziehung vgl. *Thiersch* 2001: 216.

1750 Vgl. *Füssenhäuser* 2005: 139.

wird unter Rückgriff auf die kritische Alltagstheorie *Kosik*s die „Pseudokonkretheit“ des Alltags betont. Danach müssen im Alltag sowohl die Ressourcen als auch die Borniertheit gesehen werden als unentdeckte und verschüttete Möglichkeit auf einen gelingenderen Alltag. Die professionelle[1751] Aufgabe besteht dann darin, durch die Destruierung dieser Borniertheiten als Routinen neue Bewältigungsmöglichkeiten aufzuzeigen.[1752]

Die Lebensweltorientierung versteht sich als kritisches und reflexives Konzept und bezieht sich auf die heutigen Lebenswelten in Abgrenzung z. B. zur affirmativen, ideologischen Überhöhung der Familie.[1753] Lebensweltorientierte Kinder- und Jugendhilfe zielt auf die Frage der praktischen Umsetzung einer kompensatorischen Unterstützung von Menschen, deren Ressourcen nicht zur Lebensbewältigung hinreichen. Diese Unterstützung muss in den Lebenswelten ansetzen, jedoch ohne diese zu kolonialisieren. Der Ausgang der professionellen Bemühungen ist radikal von den Bemühungen und Erfahrungen der Adressat_innen im Hinblick auf ihre Entwicklungsaufgaben zu konstituieren, methodisch wie institutionell.[1754]

Die Lebensweltorientierung konkretisiert sich auf der Handlungsebene in fünf spezifischen Strukturmaximen.[1755] Erstens der Prävention als Stärkung[1756] ambulanter, begleitender, unterstützender Angebote. Zweitens der Regionalisierung/Dezentralisierung als Erreichbarkeit und Kooperation der Kinder- und Jugendhilfe im Stadtteil, der Stadt und der Region sowie die Verlagerung von Zuständigkeiten an die Basis bei gleichzeitiger Einhaltung von allgemeinen fachlichen Standards. Drittens der Alltagsorientierung als Herausforderung, das Verhältnis von spezialisierten Hand-

---

1751 Die Lebensweltorientierung wird demnach explizit als Professionalisierungsperspektive bezeichnet, vgl. *Dewe* 1998: 20ff.

1752 Vgl. *Thiersch* 1992a: 52f, *Grunwald/Thiersch* 2008b: 18. Zu den normativen Implikationen dieser Aufgabe s. u.

1753 Vgl. *Thiersch* 1992a: 5.

1754 Vgl. *Grunwald/Thiersch* 2008b: 22.

1755 Vgl. *BMJFFG* 1990: 85ff, *Thiersch/Grunwald/Köngeter* 2012: 188ff. Kritisch betrachtet können die Strukturmaximen die Frage nach einer unmittelbaren Umsetzung mit den Adressat_innen in deren Lebenswelt nicht beantworten. Sie werden daher eher als kritische Anfragen an Theorie und Praxis (vgl. *Freigang* 2008: 139f) und als politische Grundsätze und wohlbegründete Forderungen (vgl. *Richter* 2008: 458) verstanden oder ihnen wird strategischer Charakter zugewiesen, vgl. *Münder*, in: *Münder/Meysen/Trenczek*, Einleitung, Rn. 33f.

1756 Dies bedeutet jedoch keineswegs, dass „ambulant vor stationär“ eine lebensweltorientierte Maxime darstellt. Vielmehr müssen ambulante Hilfen immer aus dem Bedarf begründet sein, vgl. *Thiersch* 2001: 223f.

lungsformen und Institutionen zu den offenen und alltagsnahen neu zu bestimmen und letztere zu stärken. Viertens der Integration als Gegenposition zu Isolation und Absonderung bestimmter Zielgruppen und Problemkategorien aus den Normalangeboten. Fünftens der Partizipation als Wahrung der Selbstbestimmung der Adressat_innen, z. B. durch Sicherung der Antrags-, Mitbestimmungs-, Verweigerungs- und Einspruchsrechte. Neben den Strukturmaximen sind im Konzept der Lebensweltorientierung noch die Handlungsmaximen der Planung und Einmischung zentral. Planung zielt auf die koordinierende Vernetzung der vielfältigen Angebote. Die Einmischung wird im Sinne einer offensiven Erweiterung der Kinder- und Jugendhilfezuständigkeit im Sinne einer Querschnittspolitik gesehen.[1757]

Sozialpolitisch zielt das Konzept auf eine Realisierung sozialer Gerechtigkeit im Sinne einer realen nicht nur formalen Gerechtigkeit.[1758] Die Hilfen zur Erziehung werden gesehen „als Repräsentant sozialer Gerechtigkeit in konkreten Lebensverhältnissen“.[1759] Im Kontext der Lebensweltorientierung wird Gerechtigkeit eher gesellschaftstheoretisch als Zugangsgerechtigkeit begründet und weniger normativ.[1760] Soziale Gerechtigkeit ist ein

> „dialektisches Ergebnis eines strukturell angelegten Konflikts und seiner sozialen und politischen Austragung und Regulierung.“[1761]

Für die Soziale Arbeit erscheint Gerechtigkeit als Handlungsmaxime[1762], die sich zwar im Rückbezug auf normative allgemein gültige Positionen wie die Vorstellung vom „guten Leben“[1763] fassen lässt, aber dennoch im Hinblick auf die konkreten Verhältnisse in einem Aushandlungsprozess hergestellt werden muss. Die Leistungen der Sozialen Arbeit und damit auch die Hilfen zu Erziehung zielen im Hinblick auf die Realisierung sozialer Gerechtigkeit auf gerechte Verhältnisse im Alltag und damit auf reale Ressourcen zur Lebensgestaltung.[1764] Verbindungen zum Verwirkli-

1757 Vgl. *Thiersch* 1992a: 28ff. Zur Gefahr der Instrumentalisierung der Strukturmaximen vgl. *Grunwald/Thiersch* 2008b: 26f.

1758 Vgl. *Grunwald/Thiersch* 2008b: 16, *Thiersch* 2001: 218. Es wird skizzenhaft auf *Rawls* Bezug genommen, vgl. *Thiersch* 2000: 531.

1759 *Thiersch* 2001: 226, *Thiersch* 1998: 26.

1760 Vgl. *Ziegler/Schrödter/Oelkers* 2012: 297.

1761 Vgl. *Böhnisch/Schröer/Thiersch* 2005: 249.

1762 Vgl. *Thiersch* 2003: 85.

1763 Im Sinne *Nussbaums*.

1764 Vgl. *Thiersch* 2003: 86ff.

chungschancenansatz werden zwar gesucht[1765], aber nicht konsequent expliziert[1766], sodass der gerechtigkeitstheoretische Bezug der Lebensweltorientierung insgesamt schwach und eine Positionierung zu unterschiedlichen und neueren Gerechtigkeitstheorien vage bleibt.

Ausgehend von der radikalen Orientierung an den individuellen Lebensentwürfen und Bewältigungsmustern der Adressat_innen sieht das Konzept die Aushandlung von normativen Vorgaben vor, die jedoch in einem Horizont allgemeiner Normen stehen müssen. Dabei entsteht ein Spannungsfeld von Respekt vor den Lebensentwürfen und Alltagsstrukturen der Adressat_innen und dem Destruieren der Pseudokonkretheit des Alltags. Als methodischer Zugang wird eine moralisch inspirierte Kasuistik vorgeschlagen, deren Bezugsrahmen eine „advokatorische Ethik"[1767] darstellt.[1768] Aus dem Anspruch heraus, durch die Dekonstruktion der Borniertheit des Alltags unterdrückte Optionen und freiere Möglichkeiten offenzulegen, ist eine allgemeine normative Positionierung, in deren Horizont diese Dekonstruktion vorgenommen wird, unumgänglich. Der Ansatz der Verwirklichungschancen scheint hier anschlussfähig, wenn explizit ein Bekenntnis zur Konzeption eines guten Lebens als allgemeiner normativer Horizont im Rahmen der Lebensweltorientierung vorgenommen wird.

Fokussiert auf die Hilfen zu Erziehung bedeutet das Konzept der Lebensweltorientierung, dass es einen Zugang zu den heutigen Lebensschwierigkeiten von Familien durch die Analyse gesellschaftlicher Probleme darstellt, dass es in den lebensweltlichen Verhältnissen ansetzt und dadurch feldorientiert ist, dass es sich mit einer Orientierung am Prinzip des stellvertretenden Handelns oder einer advokatorischen Ethik auf alternative Lebensentwürfe und Perspektiven einlässt und dass es die Betonung von Offenheit und Unübersichtlichkeit als zentral ansieht[1769]:

> „Erziehungshilfen – so die Intention – agieren in und mit den Ressourcen der Lebenswelt, um Heranwachsenden und ihren Familien in gerechteren Verhältnissen dazu zu helfen, dass sie sich als Subjekte ihrer Verhältnisse erfahren können."[1770]

1765 Vgl. *Thiersch* 2012: 91ff.
1766 Vgl. *Böhnisch/Schröer/Thiersch* 2005: 250f.
1767 Vgl. *Brumlik* 2004: 159ff.
1768 Vgl. *Grunwald/Thiersch* 2008b: 22f.
1769 Vgl. *Thiersch* 2001: 222f.
1770 *Thiersch* 2001: 216.

In Abgrenzung zu betriebswirtschaftlichen sowie verwaltungstechnischen Umformungen der Arrangements der Hilfen zur Erziehung[1771] und gegen eine Orientierung an Methodensets und Diagnoseverfahren[1772] fordert *Thiersch* mit dem Konzept der Lebensweltorientierung das Bestehen auf dem Verständnis von „Offenheit und Komplexität einer situativ und kommunikativ bestimmten Arbeit.“[1773] Im Hinblick auf die Umsetzung des Konzeptes im Zusammenhang mit neuen Anforderungen an die Kinder- und Jugendhilfe[1774] fordert *Thiersch* eine Radikalisierung des Konzeptes[1775] hinsichtlich der Modernisierungsdefizite in der Kinder- und Jugendhilfe[1776], der Schwierigkeiten in der Zielorientierung, der Verkrustungen und Fehlentwicklungen des Konzeptes selbst sowie der Stellung innerhalb einer Kultur des Sozialen.

Flexible, integrierte und sozialraumorientierte Hilfen zur Erziehung

Aus der Sicht der Lebensweltorientierung stehen die Arrangements, Settings und Institutionen der Hilfe zur Erziehung zur Disposition[1777], bestehende Organisationsstrukturen werden an den Bedürfnissen der jungen Menschen kritisch gebrochen.[1778] Diese Perspektive führt auf einen gemeinsamen fachlich-inhaltlichen Kern der unterschiedlichen Hilfeformen und zum Modell der „Integrierten, flexiblen Erziehungshilfe“.[1779] Dieses

---

1771 Vgl. *Thiersch* 2001: 217.

1772 Vgl. *Pantucek* 1998b: 87.

1773 *Thiersch* 2001: 217.

1774 Als neue Anforderungen sind hier die Verbetriebswirtschaftlichung der Organsiationen und die Vermarktlichung des Erbringungskontextes gemeint, vgl. *Thiersch* 2000: 529, *Thiersch* 2001: 214.

1775 Vgl. *Thiersch* 2000: 534ff.

1776 Vgl. *Thiersch* 2001: 214, *Thiersch* 1995a: 315.

1777 Vgl. *Thiersch* 2000: 539. Die Einlösung von Flexibilisierung und Integration stehen für eine Radikalisierung des Konzeptes der Lebensweltorientierung, vgl. *Thiersch* 1998: 28.

1778 Vgl. *Thiersch* 2001: 225. Es geht jedoch nicht um einen radikalen Bruch mit den vorhandenen Typisierungen von Hilfeformen, sondern um einen differenzierten und angemessenen Umgang mit Flexibilisierung und Integration, vgl. *Thiersch/Grunwald/Köngeter* 2012: 192, auch *Merchel* 2002a: 10.

1779 Dabei zielt der Begriff der Flexibilisierung auf die Organisationsgestaltung und die Professionalisierung innerhalb des Kinder- und Jugendhilfesystems, während der Begriff der Integration die Einbindung über die Grenzen des Kinder-

Modell[1780] ist anschlussfähig an die Forderungen einer lebensweltorientierten Kinder- und Jugendhilfe[1781], radikalisiert diese weiter[1782] und wird als Umsetzung einer lebensweltorientierten Professionalität rekonstruiert.[1783] Die professionstheoretisch bedeutsamen Elemente dieser lebensweltorientierten Professionalität sind die konsequente Orientierung an den Bedürfnissen und Wünschen der Adressat_innen, formuliert als Kritik an den vorgegebenen Organisationen, und ein subjektorientiertes, dialogisch-kommunikatives Fallverstehen jenseits kurativer und psychologischer Diagnoseverfahren vor und während der Hilfen. Weiter wird der Einbezug sozialökologischer Aspekte als Sozialraumorientierung mit ihrer politischen Dimension genannt. Letztlich wird eine Anforderung an die Arbeitsorganisation gestellt, mehr Demokratisierung und Partizipation durch Team-[1784] und Selbstverwaltungs- bzw. Selbstorganisationsstrukturen zu ermöglichen.[1785] Das Modell der flexiblen, integrierten Hilfen setzt darauf, die einzelnen Hilfen stärker am individuellen Bedarf auszurichten, stärker mit Regelangeboten zu verzahnen, fallbezogene und fallunspezifische[1786] Arbeit zu verbinden und neben Einzelfallarbeit auch sozialraum-

---

und Jugendhilfesystems hinaus fokussiert, vgl. *Hamberger/Köngeter/Zeller* 2008: 350. Zur Auseinandersetzung und Präzisierung des Begriffs Flexibilisierung im Sinne der flexiblen Hilfen vgl. *Peters/Struck* 1998: 73ff. Zur Kritik an und den möglichen Risiken in der Verwendung des Begriffs vgl. *Winkler* 1998: 269ff.

1780 Die Vorläufer der flexiblen, integrierten Hilfen sind in der Flexiblen Betreuung im Rauhen Haus in Hamburg (flexible Hilfen) und der Mobilen Betreuung in Celle und Lüneburg (integrierte Hilfen) zu sehen. Beide Ansätze entstanden aus der Notwendigkeit heraus, Jugendliche mit bestimmten Bedarfen nicht mehr mit den vorgehaltenen Regelangeboten zu erreichen. Während der Ansatz flexibler Hilfen eher auf die organisationale Ebene zielte, hatte der Ansatz integrierter Hilfen die Stärkung der subjektorientierten Handlungsebene und die Haltung der Professionellen im Blick, vgl. *Wolff* 2000: 20ff.

1781 Vgl. *Pluto/u. a.* 2007: 254.

1782 Vgl. *BMJFFG* 1990, *Thiersch* 1998: 24 und 28ff.

1783 Vgl. *Wolff* 2000: 34f.

1784 Das Team wird im integrierten Ansatz eher als fachliche Ressource zur Reflexion und im flexiblen Ansatz eher als organisationale Ressource zur Entspezialisierung gesehen, vgl. *Wolff* 2000: 63f. Zu den praktischen Aufgabenstellungen und Funktionen von Teams in einer flexiblen Praxis vgl. *Wolf* 1998: 243ff.

1785 Vgl. zu allem *Wolff* 2000: 34ff.

1786 Zur Abgrenzung von fallunspezifischer und fallbezogener Arbeit vgl. *Budde/Früchtel* 2005: 239.

bezogene Infrastrukturarbeit zu leisten.[1787] Letztlich handelt es sich bei den flexiblen, integrierten Hilfen nicht um einen neuen Angebotstypus, sondern um eine „Neujustierung der Hilfe zur Erziehung in ihrer Gesamtheit“[1788], also die „Ersetzung eines Struktur- und Organisationsprinzips durch ein anderes.“[1789] Dennoch wurden vielerorts letztlich additiv flexible, integrierte Hilfeformen nach § 27 Abs. 2 und 3 SGB VIII neben den üblichen Angeboten nach § 28 bis § 35 SGB VIII geschaffen.[1790] Die Motivation liegt darin, der Versäulung der Hilfen zur Erziehung aus fachlicher Sicht entgegenzuwirken, ohne letztlich radikal die Systematik in ihrer Gesamtheit zu verändern.[1791] Weiter werden sich von der höheren Passgenauigkeit positive Kosteneffekte versprochen.

Jedoch wird auf die Tendenz verwiesen, dass im institutionellen Alltag der Jugendämter, aufgrund der fehlenden fachlichen, einheitlichen Wissensgrundlage der Sozialpädagogik, die Settings der §§ 28-35 SGB VIII als Behandlungsformen wahrgenommen und somit Bedarfe diesen Hilfeformen zugeordnet werden. Die Koordination des fachlichen Handelns erfolgt über Falltypisierung und nicht über fachlich abgesicherte Verfahren zur Generierung einer passgenauen Hilfe.[1792] Solange die diagnostische, institutionelle und buchhalterische Logik der Jugendämter[1793] an einer Versäulung festhält[1794], wird sich kaum eine darauf eingestellte Trägerlandschaft umorientieren.[1795] Dazu würde es aus fachlicher Sicht einer

1787 Vgl. *Krause/Peters* 2009: 189ff, *Wolff* 2000: 17f.

1788 *Pluto/u. a.* 2007: 254.

1789 *Boomgarden* 2001b: 14.

1790 Vgl. *Pluto/u. a.* 2007: 254.

1791 Es geht nicht um Ersetzung des bestehenden Systems, sondern um eine fachlich geleitete Anwendung der Prinzipien Flexibilisierung und Integration. Zu Chancen und Schwierigkeiten der Implementation flexibler, integrierter Hilfen in diesem Sinne vgl. *Thiersch* 1999b: 22ff.

1792 Vgl. *Klatetzki* 1995c: 15f. Dies zeigt sich auch in den aktuellen Statistiken, die den Anteil der flexiblen Hilfen nach § 27 Abs. 2 SGB VIII im ambulanten bei ca. 6 % und im stationären bei 0,4 % ausweisen, vgl. Arbeitsstelle Kinder- und Jugendhilfestatistik 2012: 6.

1793 Auch die Bundes- und Landesstatistiken folgen dieser Logik.

1794 Die versäulte Anwendung der Hilfeformen §§ 28-35 kann als Standardisierungsproblem von Profibürokratien gesehen werden, vgl. *Klatetzki* 1995c: 15ff.

1795 Die Versäulung des SGB VIII führt auch zu einer Versäulung der Anbieterstruktur. Folge ist mangelnde Flexibilität, die eine Orientierung an den Bedarfen des Einzelfalls verhindert und dazu führen kann, schwierige Kinder in Spezialeinrichtungen abzuschieben. Mögliche Lösungen für diese Tendenz werden in der

„alltagsnahen Diagnostik“[1796] vor Gewährung einer Hilfe zur Erziehung und aus organisationstheoretischer Sicht einer Abkehr in Prozessen, Verfahren und Abrechnungen von der versäulten Produktorientierung bedürfen.

Aus einer Orientierung am Konzept der Lebensweltorientierung ergibt sich aus seiner Weiterentwicklung und Konkretisierung folgerichtig eine Flexibilisierung der Hilfen zur Erziehung.[1797] Voraussetzung zu deren Umsetzung ist die Kooperation und Koordination der Hilfen in sozialräumlichen[1798] Bezügen.[1799] Die Perspektive von Integration und Regionalisierung verbindet sich, anders fokussiert, daher auch im „Fachkonzept der Sozialraumorientierung“.[1800][1801] Dieses verfolgt einen sozialökologi-

---

Feld- bzw. Sozialraumorientierung statt einer Einzelfallorientierung gesehen, vgl. *Schmid-Obkirchner* in *Wiesner* 2011a, § 27, Rn. 29a, 37.

1796 Vgl. *Müller* 2008: 41ff.

1797 Vgl. *Hamberger/Köngeter/Zeller* 2008: 347, *Thiersch* 2001: 226.

1798 Zur Unschärfe des Begriffs „Sozialraumorientierung“ in der sozialarbeiterischen Diskussion vgl. *Kessl/Reutlinger* 2007b: 37ff.

1799 Die integrierten, flexiblen Hilfen werden daher auch unter dem Begriff der regionalisierten Hilfen gefasst, vgl. *Wolff* 2000: 17. S. u.

1800 „Sozialraumorientierung“ beschreibt kein einheitliches sozialpädagogisches Arbeitsprinzip. Es lassen sich mindestens zwei Diskussionsstränge unterscheiden. Ersterer kann als „sozialgeografisch-infrastrukturell“ bezeichnet werden. Dieser stellt die vorhandene Umwelt als Infrastruktur für die Adressat_innen in den Fokus und formuliert als Maxime eine zielgruppenübergreifende, ressourcenaktivierende, ganzheitliche und vernetzte Kinder- und Jugendhilfe. Der zweite ist ein „aneignungstheoretisch-subjektorientierter“ Ansatz und fokussiert die Vermittlung von Handlungskompetenz über Ermöglichung von Aneignungstätigkeiten der Subjekte im Sozialraum. Beide Ansätze widersprechen sich in ihrer Ausrichtung und Argumentation, was als Auswirkung des doppelten Mandats rekonstruiert werden kann. So zielt der erste Ansatz auf Verhältnisänderung im Sinne der Veränderungen der Infrastruktur (Hilfe) und der zweite auf Verhaltensänderung im Sinne der Anpassung an gegebene gesellschaftliche Strukturen (Kontrolle). Beide Ansätze stehen im Kontext der Sozialraumdiskussion unvermittelt nebeneinander, vgl. *Sandermann/Urban* 2007: 43ff. Als Ausnahme vgl. *Koch/Wolff* 2005: 377ff. Im Folgenden wird der „sozialgeografisch-infrastrukturelle“ Ansatz weiter verfolgt, weil dieser in der Hilfe zur Erziehung vorherrschend und an die Debatten über Finanzierungsformen, Organisationsmodelle und Governancestrukturen anschlussfähig ist.

1801 Vgl. *Thiersch/Grunwald/Köngeter* 2012: 193. Zum Raumbegriff des Fachkonzeptes Sozialraumorientierung vgl. *Budde/Früchtel* 2005: 238ff, *Noack* 2012: 206ff.

schen und einen personenbezogenen Ansatz[1802] als Verschränkung von Einzelfallorientierung und Infrastrukturentwicklung[1803] und kann mit *Kaufmann* der ökologischen und pädagogischen Interventionsform zugeordnet werden.[1804] Die wichtigsten Handlungsprinzipien des Fachkonzeptes sind die Orientierung an den Interessen und am Willen[1805] der Adressat_innen, die Unterstützung von Eigeninitiative und Selbsthilfe, die Konzentration auf personale und räumliche Ressourcen, die zielgruppen- und bereichsübergreifende Orientierung und die Kooperation und Koordination in räumlichen Bezügen.[1806] Die fachlichen Ansprüche einer sozialraumorientierten Fachkonzeption sind in die Gesetzesberatungen zum KJHG eingeflossen und haben sich an mehreren Stellen im SGB VIII niedergeschlagen.[1807] Für die Hilfen zur Erziehung prominent in der Generalnorm formuliert: bei allen Hilfen soll „das engere soziale Umfeld des Kindes oder des Jugendlichen einbezogen werden.“[1808]

Die Implementierung des Fachkonzeptes in der Kinder- und Jugendhilfe kann als Reaktion auf die Unzulänglichkeiten der Governancestruktur des Kinder- und Jugendhilfesystems rekonstruiert werden.[1809] Dem zugrunde liegt die Annahme einer zunehmenden Unvermittelbarkeit von Lebenswelt und administrativem System, welche sich in den administrativen Mechanismen von Bedarfsselbsterzeugung, institutionellem Eigensinn, Beharrungsvermögen und Kooperationsunfähigkeit zeigt.[1810] Weiter wurden im Zuge der Diskussion um die Verwaltungsmodernisierung die Ansätze des Kontraktmanagements und der dezentralen Fach- und Ressourcenverantwortung auf die Kinder- und Jugendhilfe übertragen[1811], und

---

1802 Vgl. *Hinte* 2012: 670, *Koch/Wolff* 2005: 375. Für die theoretischen Bezüge vgl. *Noack* 2012: 211ff. Hierbei bezeichnet „personenbezogen“ keinen „aneignungstheoretisch-subjektorientierten“ Ansatz, sondern eher eine Form der Adressat_innenorientierung.

1803 Vgl. *Luthe* 2003: 174.

1804 Vgl. *Kaufmann* 2009b: 98ff.

1805 Oder treffender „Orientierung an den Bedürfnissen und Themen der Menschen“ *Lüttringhaus* 2007: 278.

1806 Zur ausführlichen Darstellung vgl. *Hinte/Treeß* 2007: 45ff, *Hinte* 2002: 92ff.

1807 Vgl. *Wiesner* in: *Wiesner* 2011a, Vor § 78a, Rn. 15.

1808 § 27 Abs. 2 S. 1 SGB VIII.

1809 Zum Folgenden vgl. *Noack* 2012: 187ff.

1810 Vgl. *Noack* 2012: 190f mit Bezug auf *Frevel/Dietz* 2008: 52ff. Zu den Brüchen zwischen administrative Systemlogik und lebensweltorientierter Handlungslogik vgl. *Koch/Wolff* 2005: 379ff.

1811 Vgl. *Schnurr* 2005: 99, *KGSt* 1998, vgl. Kap. 1.1.

zwar kritisch betrachtet unter dem Deckmantel einer neuen „Sozialraumorientierung“ der Verwaltung.[1812] Dies lässt sich diskutieren als Veränderung von Form (Neue Steuerung) und Inhalt (Fachkonzept Sozialraumorientierung).[1813] Das Finanzierungssystem über einzelfallbezogene Entgelte wurde als Fehlanreiz interpretiert und die bisherige Verteilung der Verfahrens- und Durchführungsverantwortung als anfällig für eine Erhöhung der Transaktionskosten beschrieben.[1814] Im Kontext der praktischen Umsetzung des Fachkonzepts Sozialraumorientierung wurde eine Neujustierung der Governancestruktur vorgenommen, die jedoch nicht unkritisiert blieb.[1815]

Nach *Hinte* ist die Rezeption der sozialräumlichen Fachkonzeption in der gesamten Kinder- und Jugendhilfe nicht gelungen, sondern hauptsächlich auf Dezentralisierung der behördlichen Dienste, Schaffung von Sozialraumbudgets als Finanzierungsinstrument und Kooperationsstrategien der professionellen Akteure im Stadtteil verkürzt worden.[1816] Diese Verkürzung korrespondiert mit einem Verständnis der „Sozialraumorientierung“ als Modernisierungsstrategie der Verwaltung gegenüber ihren externen Partnern, den Leistungserbringern. In diesem Sinne wird Sozialraumorientierung von einem sozialpädagogischen Arbeitsprinzip in der Sozialen Arbeit zu einem Steuerungsansatz, bei dem Sozialraumorientierung und Sozialraumbudgets im Sinne von Verwaltungsmodernisierung und Kostenmanagement verengt und verschmolzen werden.[1817] Weiter wird konstatiert, dass in der Kinder- und Jugendhilfe die zentralen Steuerungsdimensionen der Einzelfall, die immobilen Raumressourcen mit ihren Investitions- und Auslastungsbedarfen, die behördlichen Organisationsstrukturen und die definierten Zielgruppen darstellen und nicht das Wohngebiet. Dazu wird die Hilfeplanung – verstanden als Verfahren zur Bedarfsbestimmung, Zielentwicklung, Leistungsanbieterauswahl und Steuerung des Hilfeverlaufs – als wenig partizipativ und geprägt von erheblichen

1812 Vgl. *Dahme/Wohlfahrt* 2005: 268.

1813 Vgl. *Boomgarden* 2001b: 17, zur Entwicklung eines sozialraumorientierten Managements, als konsequent fachpolitisch und sozialräumlich reinterpretierte Neue Steuerung vgl. *Bassarak* 2001: 112ff.

1814 Vgl. *Noack* 2012: 190-206.

1815 Zur praktischen Umsetzung und kritischen Würdigung s. u.

1816 Vgl. *Hinte/Treeß* 2007: 88ff. *Wolff* rekonstruiert diese Verkürzungen als Diskursverschiebungen zu Gunsten der Verwaltungsmodernisierung und dem Sozialraumbudget, vgl. *Wolff* 2004: 102ff.

1817 Vgl. *Dahme/Wohlfahrt* 2005: 264ff.

„Effizienz- und Effektivitätsverlusten“[1818] bezeichnet sowie letztlich die Einzelfallfinanzierung als unverträglich mit dem Fachkonzept Sozialraumorientierung dargestellt.[1819]

Das Fachkonzept Sozialraumorientierung meint lebensweltorientiert gelesen die Verzahnung der Kinder- und Jugendhilfeangebote untereinander, die Kooperation mit staatlichen Akteuren, wie Polizei, Justiz, Gesundheitsdienste etc., und den Bezug auf zivilgesellschaftliche Akteure, wie z. B. Vereine und Bürgerinitiativen. Weiter fordert sie den Bezug der institutionalisierten Angebote auf den erfahrbaren Raum der Adressat_innen mit seinen vorhandenen und fehlenden Ressourcen, aber auch deren unterschiedlichen Interessen und Bedürfnissen.[1820]

Die Praxis der Kinder- und Jugendhilfe zeigt sich zunehmend mit vielen Ansätzen auf dem Weg zu einer mehr oder weniger konsequenten Verzahnung der Konzeptionen der Lebensweltorientierung, Flexibilisierung und Integration sowie der Sozialraumorientierung. Zu den konkreten Umsetzungsprojekten flexibler, integrierter, lebensweltorientierter und sozialräumlicher Hilfen zur Erziehung zählen z. B.[1821] die Modellprojekte in Stuttgart[1822] und das INTEGRA[1823] Projekt (Celle).[1824] Auch wenn diese unterschiedlichen Zielen und Ansätzen folgen, ergeben sich unter dem Fokus der Beauftragungsverhältnisse und dem Allokationsmodus der Hilfen zur Erziehung folgende Gemeinsamkeiten. Alle Projekte zielen auf eine

---

1818 Indem *Hinte* in einer „sozialraumorientierten Hilfeplanung“ Effizienz- und Effektivitätsgewinne vermutet (diese werden an keiner Stelle ausgeführt oder nachgewiesen und es bleibt unklar auf was sie sich überhaupt beziehen), leistet er dem Argument Vorschub, mit der Sozialraumorientierung ließe sich Geld sparen.

1819 Vgl. *Hinte/Treeß* 2007: 88ff.

1820 Vgl. *Thiersch/Grunwald/Köngeter* 2012: 193.

1821 Diese sind hier heran gezogen, weil sie gut dokumentiert sind.

1822 Zu allem folgenden für das Stuttgarter Modell vgl. *Stiefel* 2002: 55ff, *Früchtel* 1999: 118ff.

1823 Das INTEGRA-Projekt fand in Celle, Dresden, Erfurt, Frankfurt/Oder und im Landkreis Tübingen statt. Zur Vorgeschichte und Projektstruktur vgl. *Koch/Peters* 2004: 7ff, zu den Zielperspektiven des INTEGRA Projekts vgl. *Koch* 1999: 37ff. Zur Skizzierung der Praxisansätze in den Kommunen vgl. den Sammelband *Koch/Lenz* 1999. Eine umfassende Darstellung der organisationalen, rechtlichen und fachlichen Fragestellungen zum INTEGRA Projekt findet sich im Werkstattbuch INTEGRA, vgl. *Deutschendorf/u. ä.* 2006, ebenso für den Stand der Fachdebatte und ausgewählte Erkenntnisse aus der Umsetzungspraxis, vgl. den Sammelband *Peters/Koch* 2004.

1824 Zu allem folgenden für das INTEGRA-Projekt in Celle vgl. *Schäfer* 2002: 69ff.

konsequentere Umsetzung der Strukturmaximen des Achten Jugendberichts ab. Daraus ergibt sich im Hinblick auf die Beauftragungsverhältnisse eine stärkere Adressat_innen- und Subjektorientierung[1825] und eine flexiblere Hilfegestaltung[1826] durch wandlungsfähige Organisationen.[1827] Im Hinblick auf den Allokationsmechanismus wird eine engere Verzahnung und Kooperation der öffentlichen mit den freien/privaten Trägern[1828] unter Beibehaltung der Gewährleistungsverpflichtung des Jugendamtes angestrebt. In der Konsequenz wird die Trägerpluralität und das Wunsch- und Wahlrecht einer Engführung unterzogen.[1829] So gibt es im Stuttgarter Modell in den administrativ definierten Sozial(planungs)räumen als Leistungsanbieter einen Schwerpunktträger, der nur dann den Auftrag nicht erhält, wenn Eltern explizit von ihrem Wunsch- und Wahlrecht Gebrauch machen oder die Erstellung des flexiblen Angebots unwirtschaftlich wäre. Dann ist es möglich, dass ein anderer freier/privater Träger den Auftrag erhält. Im INTEGRA-Projekt Celle sind zwei bis vier Träger pro Sozialraum von Beginn an „zugelassen". Weiter soll die fallunabhängige bzw. fallunspezifische Arbeit im Kontext der Hilfe zur Erziehung gestärkt werden. Unterschiedlich gehen die Projekte im Hinblick auf die fallunspezifische Arbeit vor: Während in Stuttgart jede Investition der Hilfe zur Erziehung in sozialräumliche Bezüge sich wieder vor dem Einzelfall legitimieren muss, steht im INTEGRA-Projekt Celle die Vermeidung von Hilfen zur Erziehung durch fallunspezifische Arbeit im Vordergrund.

Zur Umsetzung lebensweltorientierter, integrierter, flexibler Hilfen zur Erziehung, die bedarfsgerecht konzipiert sind, werden folgende organisationale Anforderungen formuliert. Die innovativen, lernenden Organisa-

1825 Vgl. *Koch* 1999: 36f. Im INTEGRA-Projekt ist der ASD-Mitarbeiter explizit aufgefordert, die Adressat_innenwünsche stärker in die Hilfegestaltung einzubringen, vgl. *Schäfer* 2002: 73. Konzeptionell formuliert als „Ernstnehmen des Willens der Kundschaft", vgl. *Früchtel* 1999: 120, zur Kritik s. u.

1826 Vgl. *Koch* 1999: 39. Vor allem in Abgrenzung zur sog. Versäulung der Hilfe zur Erziehung nach den §§ 28 – 35 SGB VIII, aber auch in Verbindung mit anderen Hilfen des SGB VIII. Oft in die plakative Bezeichnung „Maßanzüge schneidern" gebracht, vgl. für viele *Früchtel* 1999: 118.

1827 Vgl. *Koch* 1999: 39f.

1828 Vgl. *Koch* 1999: 41f.

1829 Rechtlich sind diese Konstruktionen sehr voraussetzungsvoll, sowohl für die strukturelle Organisation, als auch für den Finanzierungsmodus als Sozialraumbudget, vgl. *Köngeter* 2006: 59ff, *Münder* 2001c: 89ff. Es gilt zu beachten, dass dem § 3 SGB VIII, der u. a. die Trägerpluralität sichert ein objektiv-rechtlicher Gehalt zukommt, vgl. *Münder* 2001c: 51f.

tionen[1830] sollten bezogen auf ihre Teams „induktiv-divergentes“[1831] Denken fördern, multiprofessionell besetzt sein, projekt- bzw. prozessorientiertes Arbeiten an den Hilfearrangements ermöglichen und einfordern, eine kritische Größe nicht überschreiten, die Arbeitsfähigkeit des Teams unterstützen und gewährleisten, sowie Personalentwicklung systematisch betreiben.[1832] Als mögliche Form werden die sog. Jugendhilfestationen bezeichnet, die als Organisationsnetzwerk zwischen Jugendamt und freiem/privatem Träger eine faktische Teilung der sozialräumlichen Verantwortung tragen sollen.[1833] In Jugendhilfestationen werden Hilfen nicht allein durch den ASD gesteuert, sondern Erstkontakt und Eruierung von Bedarfslagen geschehen durch das sozialräumlich orientierte Team von Jugendamt und freiem/privatem Träger. Dadurch soll vor allem mehr Niedrigschwelligkeit erreicht werden und so genannte formlose Hilfen erbracht werden.[1834]

Der Steuerungsmechanismus auf der operativen und der strategischen Ebene, der über INTEGRA implementiert wurde, hat die Gestalt eines kooperativen Verhandlungssystems und wird in Abgrenzung zu den Steuerungsmechanismen Staat und Markt als Netzwerksteuerung bezeichnet.[1835] Weiter müssen Finanzierungsformen[1836] gefunden werden, die eine flexible Anpassung von Hilfearrangements ermöglicht und unterstützt, wie z. B. die Fachleistungsstunde[1837], die jedoch auch eine Re-Spe-

---

1830 Im Sinne lern- und wandlungsfähiger Organisationen, vgl. *Hamberger/Köngeter/Zeller* 2008: 365. Zur ausführlichen Darstellung der Konsequenzen für die Gestaltung sozialer Organisationen als lernende Organisation vgl. *Grunwald* 2008a: 375ff.

1831 „Induktiv-divergentes Denken führt zu neuen, auf die Individualität junger Menschen ausgerichteten Handlungsformen, in dem sich das professionelle Handeln im Einzelfall auf den Prozeß der Problemwahrnehmung konzentriert und von dort argumentativ schlußfolgernd zur Erfindung neuer Hilfearrangements fortschreitet.“ *Klatetzki* 1995c: 19.

1832 Vgl. *Klatetzki* 1995c: 18ff, ebenso *Boomgarden* 2001b: 32.

1833 Vgl. *Hamberger/Köngeter/Ze*ller 2008: 360f.

1834 Vgl. *Hamberger/Köngeter/Zeller* 2008: 365.

1835 Vgl. *Peters* 2006: 40ff. Zur erweiterten Betrachtung vgl. Kap. 2.4.

1836 Kritisch wird bemerkt, dass das Modell der Jugendhilfestation nicht als fachliches Modell, sondern selbst als reines Finanzierungsmodell gesehen wird, vgl. *Lambach* 1995: 41.

1837 Vgl. *Klatetzki* 1995c: 22, *Greese* 1995: 281, *Merchel* 1998c: 21. Empirisch gesehen rechnen die meisten Jugendämter ihre flexiblen Hilfen über Fachleistungsstunden ab, vgl. *van Santen/u. a.* 2003: 262. Später halten *Klatetzki/Winter* fest, dass die Fachleistungsstunde als Instrument dafür zwar geeignet ist, aber in zialisierung zur Folge haben kann.[1838] Als konkrete Umsetzungsmodelle können die „Hilfen aus einer Hand“ als weitreichendste Umsetzung des Gedankens der flexiblen Hilfen gesehen werden. Hier gibt es keine Vorhalteangebote. Konstitutiv ist ein flexibles, multiprofessionelles Team mit möglichst hoher personaler Kontinuität. Da dies radikal mit bisherigen Organisationsformen bricht, hat sich das Modell „Hilfen unter einem Dach“ etabliert, welches die Spezialisierung nicht gänzlich aufgibt.[1839] Dennoch darf Flexibilisierung und Integrierung der Hilfeangebote kein Selbstzweck sein, sondern das Verhältnis von Offenheit und Struktur ist zentral.[1840]

Neben der Fachleistungsstunde wird im Zuge der Sozialraumorientierung zunehmend das Finanzierungsinstrument des Sozialraumbudgets[1841] eingesetzt. Aus fachlicher Sicht soll das Sozialraumbudget einer Unterstützung des Fachkonzeptes Sozialraumorientierung dienen.[1842] Dabei ist die Einführung eines Sozialraumbudgets nur fachlich sinnvoll, wenn die anderen Bausteine, wie z. B. die veränderte Hilfeplanung, der Fokus auf fallunspezifische Arbeit und die konsequente Nachfrageorientierung, ebenfalls umgesetzt werden.[1843] Man erwartet sich vom Budget eine Flexibilisierung der Hilfeformen entgegen der Versäulung bei Einzelfallvergütung und die Aufhebung der „Bittstellerrolle“[1844] der freien/privaten Träger bei gleichzeitiger Beteiligung an der Finanzverantwortung. Aufgrund der fehlenden Konkurrenz werden die positiven Effekte von Markt- und

der Praxis eher als Kontrollinstrument der Jugendämter eingesetzt wird und damit den Professionalisierungsanspruch der flexiblen Hilfen konterkariert, vgl. *Klatetzki/Winter* 2003: 253ff.

1838 Vgl. *Rose* 1995: 33.

1839 Vgl. *Hamberger/Köngeter/Zeller* 2008: 362ff, *Merchel* 1998a: 300ff.

1840 Vgl. *Thiersch* 2000: 539.

1841 Sozialraumbudgets sind in der Praxis unterschiedlich umsetzbar. Die Möglichkeiten reichen von einem flexiblen Steuerungsinstrument bis hin zu einem rigiden – in der Regel rechtswidrigen – Konsolidierungs- und gar Deckelungsinstrument. Für das KGSt-Modell vgl. *KGSt* 1998: 36ff. Für die konkrete Modelle vgl. *Hamberger* 2006: 191ff.

1842 Zur kritischen Auseinandersetzung mit Sozialraumbudgets als Unterstützungsinstrument einer Sozialraumorientierung vgl. *Hinte* 2002: 91ff. Sozialraumbudgets sollten so konzipiert sein, dass sie eine Einzelfallarbeit unterstützt, welche die Ressourcen des Sozialraums nutzt, und gleichzeitig weitere sozialräumliche Ressourcen generiert, vgl. *Hinte* 2002: 94. Zur generellen Kritik dieser Auslegung vgl. *Krölls* 2002: 183ff.

1843 Vgl. *Früchtel/u. a.* 2001: 38f.

1844 *Schäfer* 2002: 78.

Dienstleistungsorientierung sowie Wettbewerb nicht erreicht. Sie sollen über Controlling und Evaluation hergestellt werden.[1845] Ob durch Controlling oder Evaluation diese positiven Effekte gesichert werden können, ist zumindest fragwürdig, da Controlling und Evaluation ja ebenfalls Leistungen – in der Regel des freien/privaten Trägers – sind, die den gleichen Mechanismen der Fehlsteuerung unterliegen wie die Leistungserbringung der Hilfe zur Erziehung selbst. Controlling und Evaluation verändern weder die Beauftragungsverhältnisse noch die Governancestruktur und reproduzieren damit eher die vorhandene Fehlsteuerung.[1846]

Finanztechnisches Ziel ist es, durch die Budgetsteuerung Anreize für die Leistungsanbieter zu schaffen, die Hilfedauer möglichst kurz zu halten[1847], während der ASD mit der Familie den Gegenpart der Bedarfsorientierung einnimmt.[1848] Dieses Modell stellt eine Annäherung an die formalen Beauftragungsverhältnisse in dem Sinne dar, dass die Familie gemeinsam mit dem Jugendamt einerseits dem freien/privaten Träger andererseits gegenübersteht, und nicht wie in den faktisch angenommenen der freie/private Träger mit dem Jugendamt einerseits der Familie andererseits gegenübersteht. Insofern ist das Modell als Arrangement zu verstehen, welches die formalen Beauftragungsverhältnisse in der Umsetzung unterstützen könnte. Es wird an diesem Beispiel deutlich, wie stark der Finanzierungsmodus auf die sich etablierenden Beauftragungsverhältnisse und Governancestrukturen wirken. Ob allerdings der ASD tatsächlich gemeinsam mit der Familie auf die bedarfsgerechte Leistungserfüllung besteht, wenn die Möglichkeit besteht, bei nicht ausgeschöpftem Budget durch den freien/privaten Träger eine Kürzung für nächstes Jahr durchzusetzen, darf bezweifelt werden. Insofern sind die Detailregelungen der Budgetgestaltung für bestimmte Anreizstrukturen bedeutsam.

1845 Vgl. *Schäfer* 2002: 78ff. Weiter wird von Synergien durch wegfallenden Invest in die Fallrekrutierung (gegenüber dem Jugendamt), die Unabhängigkeit von Auslastungsquoten, die Rollenänderung zwischen öffentlichem und freiem/privatem Träger und die Einsparung im Rechnungswesen gesprochen, vgl. ebd. S. 80.

1846 Vgl. Kap. 3.

1847 Dieser Annahme liegt das Modell rational handelnder Wirtschaftssubjekte zu Grunde, vgl. *Dahme/Wohlfahrt* 2005: 275.

1848 Vgl. *Schäfer* 2002: 73 und 78.

Wird Sozialraumorientierung als Umsetzungsweg der Verwaltungsmodernisierung betrachtet, kann als finanztechnisches Ziel die Senkung der Kosten für die Hilfe zur Erziehung angenommen werden.[1849]

Kritische Würdigung

Eine Kritik an der Lebensweltorientierung als Leitparadigma der Sozialen Arbeit ist hauptsächlich im Spannungsfeld von kritischer, reflexiver Theorie und handlungsorientierter Praxis formuliert worden.[1850] So wird der emanzipative und kritische Anspruch vermisst, der in einer radikalen Orientierung am Alltag der Adressat_innen verloren zu gehen droht.[1851] Begrifflich wird dies deutlich in der sowohl deskriptiven wie normativen Verwendung des Alltagsbegriffs.[1852] *Thiersch* versucht dies durch den konsequenten Bezug zur kritischen Alltagstheorie zu verhindern. *Brumlik* argumentiert, dass mit der alltagstheoretischen Wende gerade gelungen sei, der Pädagogik ihre verloren gegangene Utopie zurückzugeben.[1853] *Mollenhauer* erkennt kritisch eine inflationäre Verwendung des Begriffs[1854] Lebensweltorientierung als „berufsmoralische Option".[1855] Er sieht im Konzept der Lebensweltorientierung eine Handlungsempfehlung auf Ebene der Praxis und kein theoretisches Programm. Es birgt die Gefahr die Unterscheidung zwischen Erkenntnistheorie und Praxisanforderungen, die sich im Hinblick auf eine normative Grundlegung sozialpädagogischer Interventionen[1856] unumgehbar stellt, aufzuheben.[1857] Denn die radikale Orientierung an der Lebenswelt der Adressat_innen ist zwar im Hinblick auf eine Verstehensleistung im hermeneutisch-diagnostischen Sinne notwendig, aber in der Planung sozialpädagogischen Handelns nicht

---

1849 Vgl. *Dahme/Wohlfahrt* 2005: 266.
1850 Vgl. zusammenfassend *Füssenhäuser* 2005: 141ff.
1851 Vgl. *Füssenhäuser* 2005: 143 mit Bezug auf *Treptow* 1985: 164ff.
1852 Zur begrifflichen Verwendung von Alltag und Lebenswelt bei *Thiersch*, vgl. *Füssenhäuser* 2005: 151ff.
1853 Vgl. *Brumlik* 1995b: 237f.
1854 *Mollenhauer* spricht von einer „modischen Vokabel" *Mollenhauer* 1997: 18.
1855 *Mollenhauer* 1996: 872.
1856 Vgl. *Brumlik* 2004: 205ff.
1857 Vgl. *Mollenhauer* 1996: 873f, *Mollenhauer* 1992: 103.

hinreichend, da nach einem „rechtfertigungsfähigen Weg“[1858] gefragt werden muss, der für die Adressat_innen gangbar ist.[1859]

Aus systemtheoretischer Sicht wird der Lebensweltorientierung vorgeworfen, eine theoretische Analyse durch moralisch-normative Programmatik zu ersetzen, dadurch den Versuch zu unternehmen, das doppelte Mandat in Richtung Hilfe aufzulösen, und so in letzter Konsequenz das Außenverhältnis der Sozialen Arbeit zu anderen Instanzen zu verkürzen.[1860] Insgesamt kann diese Kritik als Deprofessionalisierungsgefahr gelesen werden. Dementgegen wird auch die Position vertreten, dass die Lebensweltorientierung gerade in einem „institutionell-professionell zentrierten Modell“[1861] verharrt, weil sie sich nur an Lebenswelt, Alltag und Deutung der Adressat_innen „orientiert“. Sie unterlässt die letztliche Übertragung der Souveränität über den Hilfeprozess an die Adressat_innen.[1862] Aus gesellschaftstheoretischer Perspektive wird bemängelt, dass die Lebensweltorientierung die Frage nach Integration und Desintegration nicht mehr stellt. Indem der bisherig gültige Integrationsmodus in und durch Lohnarbeit nicht mehr tragfähig ist, wird erst der Weg frei für eine Zielperspektive der Sozialen Arbeit auf den „gelingenden Alltag“.[1863] Letztlich wird gerade für die Hilfen zur Erziehung kritisiert, dass die Grenze zwischen Hilfe und Kontrolle durch eine konsequente Lebensweltorientierung als „das Zur-Verfügung-Stellen, Ermöglichen, Absichern und Unterstützen von sehr privatem, alltäglichem Leben“ äußerst fragil wird.[1864]

Das Modell der integrierten, flexiblen Hilfen war unterschiedlicher fachlicher Kritik ausgesetzt.[1865] Kritisch an der Flexibilisierung und Integration der Hilfen zur Erziehung werden aus lebensweltorientierter Perspektive die Fragen nach den Grenzen der flexiblen Hilfen, nach dem Verlust des Blicks für bessere bzw. gelingendere Optionen und dem Verhältnis

---

1858 *Mollenhauer* 1997: 32.
1859 Vgl. *Mollenhauer* 1997: 32.
1860 Vgl. *Nocke/Breunung* 2000: 243ff, deren Argumentation stützt sich auf theoretischer Ebene auf die These, dass die im Konzept der Lebensweltorientierung vorausgesetzte Trennung von System und Lebenswelt unzulässig ist.
1861 *Schaarschuch* 2000: 169.
1862 Vgl. *Schaarschuch* 2000: 169.
1863 Vgl. *Schaarschuch* 2000: 168f.
1864 Vgl. *Rose* 1995: 35.
1865 Zusammenfassend, vgl. *Wolff* 2000: 30ff.

von Nähe, Zudringlichkeit und Distanz gesehen.[1866] Aus sozialpädagogischer Perspektive wird die Fokussierung vor allem der flexiblen Hilfen auf die organisationale Erneuerung und die Vernachlässigung der Professionalisierung der Beziehungsarbeit kritisiert.[1867] Anschließend daran wird auch die Entspezialisierung nicht als ausschließlich positiv bewertet[1868] oder gar der Verlust elementarer Bestandteile der Pädagogik selbst beklagt.[1869] Die Anforderung an die Professionellen bei integrierten, flexiblen Hilfen liegt vor allem in der Aufrechterhaltung der Komplexität jedes Einzelfalles. Daraus resultieren das Fehlen von Standardisierungspotential und folgend die Zumutung ständiger Ungewissheit. Organisationstheoretisch würde die avisierte Flexibilisierung eine weitgehende Verflüssigung von Strukturen und den Verzicht auf interne Differenzierung bedeuten.[1870] Damit leisten die flexiblen, integrierten Hilfen – so die Kritik – einen Beitrag zur Individualisierung[1871] und folglich zur Deprofessionalisierung der Sozialpädagog_innen.[1872] Andererseits muss gefragt werden: Welchen Organisationsgrad verträgt eine sozialpädagogische, lebensweltorientierte Arbeit mit den jungen Menschen und ihren Familien?[1873] Durch die Unbestimmtheit der flexiblen Hilfen wird auch ein Problem in der nötigen Standardisierung im Hinblick auf die QE gesehen.[1874] In der praktischen Ausgestaltung, dass ein Träger flexibel und integriert die Hilfen für einen Sozialraum erbringt[1875], wird vor allem die Verhinderung der pluralen Trägerstruktur, bis hin zur Quasimonopolbildung, damit die Erodierung des

1866 Vgl. *Thiersch* 1998: 34. Nicht nur die Hilfe wird niedrigschwelliger auch die Kontrolle, vgl. *Hamberger/Köngeter/Zeller* 2008: 372, *Zeller* 2004: 202f, *Koch/Wolff* 2005: 385.

1867 Vgl. Nie*m*eyer 1998: 48f.

1868 Spezialisierung kann durchaus funktional sein. Ziel sollte eine Balance von Flexibilisierung und Spezialisierung sein, vgl. *Wolf* 1998: 239. Für die Erziehungsberatung vgl. *Menne* 1998: 117f.

1869 Vgl. *Winkler* 1998: 289ff.

1870 Vgl. *Merchel* 1998a: 309ff.

1871 Hier wird kritisch gefragt, ob man mit der Flexibilisierung nicht einem Rationalitätsmythos aufsitzt, vgl. *Hamberger/Köngeter/Zeller* 2008: 372.

1872 Vgl. *Peters/Stru*ck 1998: 256f, die dieser Kritik die ständige Orientierung der flexiblen, integrierten Hilfen an einer Inklusionsoption entgegenhalten.

1873 Vgl. *Müller-Alten* 2003: 415.

1874 Vgl. *Pluto/u. a.* 2007: 255.

1875 Die praktische Ausgestaltung zeigt unterschiedliche Intensitäten der Exklusivität von freien/privaten Trägern. Erklärtes Ziel in allen Praxiskonzepten ist jedoch die Zusammenarbeit mit sozialraumspezifischen Trägern.

Subsidiaritätsprinzips und die faktische Aushöhlung des Wunsch- und Wahlrechts kritisiert. Weiter wird eine unklare Aufgabenabgrenzung zwischen öffentlichem und freiem/privatem Träger und daraus folgend eine größere gegenseitige Abhängigkeit bemängelt.[1876] Auch im Hinblick auf den Status der Adressat_innen wird Kritik geäußert. Trotz Flexibilisierung, Integration und Sozialraumorientierung bleibt das Informationsdefizit der Adressat_innen über Hilfsmöglichkeiten und eigene Rechte im Vorfeld von konkreten Hilfen hoch.[1877] Als mögliche Lösung einiger dieser Probleme, die Einschränkungen der Subjekt- und Rechtsposition der Adressat_innen zur Folge haben, werden Beschwerde-, Widerspruchs- und Einspruchsrechte sowie Rechtsberatung diskutiert.[1878]

Für die Hilfen zur Erziehung ist das Fachkonzept Sozialraumorientierung zwar anschlussfähig, jedoch auch kritisch[1879] zu betrachten. Gegen das Konzept wird vorgebracht, dass es hochgradig voraussetzungsvoll ist und diese Voraussetzungen in der Praxis eher unwahrscheinlich erscheinen. Die hohen Anforderungen beziehen sich vor allem auf die Abkehr von unterkomplexen Kategorien (wie z. B. vorgegebene Sozialisationsziele oder rechtliche und organisationale Vorgaben), auf die Gestaltung der Jugendhilfeplanung und lokaler Kooperationen sowie die hierzu nötigen Ressourcen. Weiter wird die Gefahr gesehen, dass das Fachkonzept für einen „legitimen“ Rückzug der sozialstaatlichen Verantwortung anfällig ist.[1880] Durch die Nutzung von Ressourcen im Sozialraum könnte eine Verschiebung zu ehrenamtlichen Akteuren stattfinden, die sich Kommunen als Einsparmöglichkeiten zu Nutze machen.[1881] Auch wird kritisiert,

1876 Vgl. *Merchel* 1998a: 302ff.

1877 Vgl. *Munsch* 2006: 58. Die befragten Adressat_innen erklärten sich im Nachgang erstaunt über die Möglichkeiten, die sie vor einer Hilfe zur Erziehung gehabt hätten, hätten sie nur davon gewusst.

1878 Vgl. *Hamberger/Köngeter/Zeller* 2008: 371, für die lebensweltorientierte Perspektive vgl. *Thiersch* 2001: 230, *Thiersch* 2000: 542, *Thiersch* 1999b: 30. Als grundlegende Forderung aus dem Partizipationserfordernis vgl. *Trede* 1998: 331f, *Koch/Wolff* 2005: 385, *Böllert* 2003a: 50.

1879 A. A. ist *Schnurr*, der keine kontroverse Debatte um die Sozialraumorientierung mehr erkennt, vgl. *Schnurr* 2005: 99.

1880 Vgl. *Schrapper* 2005: 42ff. A. A. ist *Schnurr*, der die hohen Voraussetzungen ebenfalls sieht, diese jedoch als machbare Herausforderungen formuliert, vgl. *Schnurr* 2005: 101ff.

1881 Vgl. *Wiesner* 2002b: 171, vgl. *Schipmann* 2002: 146. Eine solche Aktivierungsstrategie in der Kinder- und Jugendhilfe lässt sich empirisch nicht bestätigen, vgl. *Grohs* 2010: 422.

dass die Sozialraumorientierung die Bevormundung der Leistungsberechtigten insofern unterstützt, da durch das Fachkonzept inhaltliche, methodische und strukturelle Vorentscheidungen getroffen sind und der individuelle Bedarf aus dem Blick gerät. Weiter erscheint eine romantisierende Konzentration auf den unmittelbaren Sozialraum von Familien, welche die Modernisierungserscheinungen der Pluralisierung von Lebenslagen und Individualisierung (auch im Hinblick auf Erziehungsziele) nicht ernstzunehmen scheint.[1882] Aus einer modernisierungstheoretischen Perspektive bleibt die Orientierung an der *individuellen* Hilfe zur Erziehung bzw. an einer anerkennungstheoretisch-subjektorientierten Ausrichtung unumgänglich.

Daran anschließend ist für den sozialgeografisch-infrastrukturellen Ansatz kritisiert worden, dass mit der Konzentration auf Verhältnisänderung und expliziter Absage an sozialpädagogischer Einflussnahme auf die Adressat_innen[1883] das

> „gesellschaftliche Mandat der Jugendhilfe ideologisch verschleiert, in seiner Wirksamkeit ausgeblendet und dem reflexiven Zugang entzogen“[1884]

wird.

Im Hinblick auf die vorliegende Fragestellung erscheint vor allem das Handlungsprinzip der Orientierung am Willen in den Hilfen zur Erziehung problematisch. Zwar kann damit der Subjektstatus der Adressat_innen und die Rolle der Eltern als Rechtsanspruchsinhaber gestärkt werden, jedoch bleibt erstens die mögliche Befähigungsnotwendigkeit zur Aushandlung der Eltern und zweitens die mögliche Interessens- bzw. Willenskollision von Eltern und Kindern[1885] unausgesprochen. Das Dilemma von faktischen zu formalen Beauftragungsverhältnissen bleibt ungelöst. Zwar könnte das formale Beauftragungsverhältnis in der Willensorientierung theoretisch aufgenommen werden, es bleibt aber wirkungslos, wenn es keine faktische Umsetzung erfährt.

1882 Vgl. *Schipmann* 2002: 136ff, ähnlich *Wiesner* 2002b: 175ff.

1883 Vgl. *Sandermann/Urban* 2007: 51. Konzeptionell verankert in der „Orientierung am Willen der Adressat_innen“, s. o.

1884 *Sandermann/Urban* 2007: 56.

1885 „Ein wesentliches Ziel jeder Erziehung ist die Erziehung zur Mündigkeit. Daraus ergibt sich, dass nicht nur auf das Wohl des Kindes, sondern auch auf seinen Willen so weit wie möglich Rücksicht zu nehmen ist, (...)“ *Stein/Frank* 2010: 301.

Die unterschiedlichen Modelle der Sozialraumbudgetierung sind aus juristischer und fachlicher Perspektive starker Kritik ausgesetzt.[1886] Von den Befürworter_innen wird darauf hingewiesen, dass die möglichen Einwände[1887] gegen das Konzept der Sozialraumbudgetierung, wie die Einschränkung des autonomen Betätigungsrechts freier/privater Träger, eine mögliche Kartellbildung, die Aushöhlung des Wunsch- und Wahlrechts und des Rechtsanspruchs[1888] auf eine Hilfe zur Erziehung, die Verlagerung des Refinanzierungsrisikos auf die freien/privaten Träger, die Vermischung von Entgelt- und Zuwendungsfinanzierung, die Verwischung der Grenzen der Mitwirkungsverpflichtung, die unzureichende Berücksichtigung datenschutzrechtlicher Bestimmungen sowie die Infragestellung der Gesamtverantwortung des Jugendamtes, zwar Gefahren darstellen, aber nicht zwangsläufig aus der Konzeption der Sozialraumbudgets folgen müssten.[1889] Dennoch ist es schlüssig, davon auszugehen, dass durch die Budgetierung

> „real wirkende, im Leistungsträgerinteresse verkörperte Kräfte freigesetzt (…) [werden], welche die Tendenz zur faktischen Beschränkung des individuellen Leistungsanspruches auf bedarfsgerechte Hilfen zur Erziehung sowohl bei der Leistungsgewährung als auch der Leistungserbringung in sich tragen.“[1890]

1886 Vgl. zusammenfassend *Krölls* 2002: 198ff. Aus sozialpädagogischer und professionstheoretischer Sicht vgl. *Schipmann* 2002: 136ff. Für die juristischen Bedenken im Hinblick auf die Rolle des Jugendamtes, der Leistungsberechtigten und Leistungserbringer vgl. *Wiesner* 2002b: 178ff. Für die umfassenden rechtlichen Anforderungen an ein Sozialraumbudget, welches nicht gegen die Vorgaben des SGB VIII verstößt, vgl. *Münder* 2001c: 89ff, *Münder* 2005: 98. Zur kritischen Diskussion konkreter Budgetverträge vgl. *Baltz* 2002: 210ff. Zu Gerichtsentscheidungen über konkrete Modelle einer finanziellen, sozialraumorientierten Steuerung der Hilfen zur Erziehung vgl. *Hinrichs/Gerlach* 2010: 59ff, *Hinrichs* 2013: 116ff. Zu nicht intendierten Effekten bei grundsätzlicher Befürwortung vgl. *Früchtel/u. a.* 2001: 47f.

1887 Vgl. *Baltz* 2002: 213, *Krölls* 2002: 190f, z. B. *Schipmann* 2002: 136ff, *Wiesner* 2002b: 175ff, *Münder* 2002a: 418ff, *Münder* 2001c: 29ff. Mit Bezug auf einschlägige Urteile, vgl. *Münder* 2005: 94.

1888 Rechtlich ist unumstritten, dass der subjektive Rechtsanspruch auf Hilfe zur Erziehung jederzeit (sozialraum-)budgetsprengend ist, vgl. *Münder* 2001c: 30.

1889 Vgl. *Schäfer* 2002: 80ff, *Früchtel/u. a.* 2001: 40f.

1890 *Krölls* 2002: 192. Des Weiteren wird im Ergebnis die Einzelfallfinanzierung aufgegeben, vgl. *Wabnitz* 2003: 143.

Auch wenn *Hinte* als Verfechter des Fachkonzeptes Sozialraumorientierung in der Einzelfallfinanzierung nur Anreize für die freien/privaten Träger sieht, mehr Fälle zu erhalten und deren Dauer künstlich zu verlängern[1891], ist dies womöglich eine Gefahr, jedoch kein empirisch nachgewiesener Fakt. Der Vorteil der Einzelfallfinanzierung liegt ja gerade in ihrer Ziel- und Aufwandsgenauigkeit, wenn der Bedarf im kooperativen, partizipativen Prozess möglichst genau ermittelt wurde. Die Argumentation *Hinte*s ist demnach nur haltbar, wenn die Bedarfsfeststellung zur geeigneten und notwendigen Hilfe nicht gelingt.[1892] Wenn dies der Fall ist, hilft aber auch keine andere Finanzierungsform weiter, schon gar nicht das Sozialraumbudget. Bevor neue Finanzierungsinstrumente mit neuen nicht intendierten Effekten bei der Hilfe zur Erziehung eingeführt werden, sollten die Möglichkeiten zur Steuerung lebensweltorientierter, flexibler, integrierter, sozialraumorientierter Hilfen zur Erziehung durch das prospektive Leistungsentgelt orientiert am Einzelfall weiter ausgeleuchtet werden.[1893]

Letztlich werden dem konsequenten Modell einer flexiblen, integrierten, sozialräumlichen Hilfe zur Erziehung wenige Durchsetzungschancen eingeräumt.[1894] In empirischen Untersuchungen konnte gezeigt werden, dass die konsequente Umsetzung des Modells mit allen fachlichen Anforderungen, die diskutiert werden, in der Praxis nicht erfolgen kann, da es kein einheitliches Verständnis der flexiblen, integrierten Hilfen gibt und sich über den Verlauf zweier Erhebungen auch nicht entwickelt hat.[1895]

Die Konzepte der Lebensweltorientierung, Sozialraumorientierung und der flexiblen und integrierten Hilfen zur Erziehung sind im Hinblick auf ihre Verortung zu Modernisierungstendenzen und den Ansätzen der Dienstleistungsorientierung sowie der Neuen Steuerung ambivalent zu betrachten. Zum einen wenden sie sich gegen eine „zunehmende Spezialisierung und organisatorische Erstarrung"[1896] und erscheinen fachpolitisch ge-

---

1891 Vgl. *Hinte/Treeß* 2007: 109ff.

1892 Vgl. ähnlich *Wiesner* 2001a: 179.

1893 Eine Betrachtung der Entgeltvereinbarung findet in Kap. 2.5.2 und der Auswirkungen von Finanzierungssystemen in Kap. 4 statt.

1894 Vgl. *Merchel* 1998a: 317ff, *Freigang* 1998: 338ff, aus rechtlicher Perspektive vgl. *Münder* 2001c: 94ff. Selbst Befürworter der flexiblen Hilfen vermuten ein hohes Beharrungsvermögen und Widerstände sowohl bei öffentlichen als auch bei freien/privaten Trägern gegen die Flexibilisierung, vgl. *Boomgarden* 2001b: 37ff, *Klatetzki* 1998: 330f.

1895 Vgl. *van Santen/u. a.* 2003: 258ff, *Pluto/u. a.* 2007: 254 und 263f.

1896 *Hamberger/Köngeter/Zeller* 2008: 347.

sehen als ein Gegenentwurf zu den auf Standardisierung zielenden Ansätzen des NSM und der Dienstleistungsorientierung.[1897] Andererseits sind die Ansätze der Sozialraumorientierung, der flexiblen, integrierten Hilfen und der Lebensweltorientierung an die Dienstleistungsorientierung sowie das NSM hoch anschlussfähig.[1898] Die Hilfen zur Erziehung werden als Dienstleistung konzipiert und damit die Adressat_innen in den Mittelpunkt gestellt. Sie sollen als Akteure gesehen und in ihrem Subjektstatus im gesamten Hilfeverlauf gestärkt werden.[1899] So wird ein starker Bezug zur Lebensweltorientierung als Ernstnehmen der Muster von Deutung und Bewältigung des Alltags der Adressat_innen geschaffen.

Eine weitere Ambivalenz zeigt sich in der Forderung nach mehr Flexibilität, die auch im Rahmen der Modernisierung der Kinder- und Jugendhilfe gefordert ist[1900] und auf Bedarfs- und Zielorientierung sowie auf Effektivität und Effizienz setzt. Jedoch wird versucht, dies mit groben Parametern und Standards zu steuern[1901]:

> „Die Strukturen kleiner Lebenswelten entziehen sich dem ersten Blick. Sensibilität und Empathie werden sicher durch Qualitätsverfahren gesteigert, sie werden aber auch überformt und gegen das Flüchtige, Sperrige, Individuelle immunisiert.“[1902]

Das Einlassen und ins Zentrumstellen der Deutungen der Adressat_innen und die Orientierung an deren Lebenswelten setzt eine „strukturierte Offenheit“ voraus, die sich in standardisierten Aufträgen und Leistungen nur schwer abbilden lässt. Im Ergebnis ist das sozialpädagogische Handeln in der konkreten Familie in einer bestimmten Alltagssituation demnach nicht vorhersagbar, weil es Ergebnis eines mühsamen Aushandlungsprozesses ist. Ein weiteres zentrales Element lebensweltorientierter Hilfe ist das Agieren im „sozialen Feld“, in dem annahmegemäß Schwierigkeiten und Belastungen entstehen und reproduziert werden[1903], und daraus resultierend eine „ressourcenorientierte Kooperation“ zwischen relevanten Insti-

---

1897 Vgl. *Schefold* 2008: 109.

1898 Vgl. *Hamberger/Köngeter/Zeller* 2008: 347ff und 370, *Koch/Wolff* 2005: 380. Das Konzept der Lebensweltorientierung setzt „spezifische Akzente in Übereinstimmung, Korrespondenz und Abgrenzung zu anderen Konzepten, z. B. dem der Dienstleistungsorientierung (…)“ *Thiersch* 2000: 533.

1899 Vgl. *Hamberger/Köngeter/Zeller* 2008: 357.

1900 Vgl. *Freigang* 2008: 142.

1901 Vgl. *Schefold* 2008: 118ff.

1902 *Schefold* 2008: 118.

1903 Vgl. *Hamberger/Köngeter/Zeller* 2008: 356 und 367ff.

tutionen nötig ist.[1904] Auch dieser Aspekt als fallunspezifische Arbeit passt nicht in die Steuerungs- und Planungslogik von standardisierten Aufträgen und Leistungen.

Die für die Beauftragungsverhältnisse und den Koordinierungsmechanismus relevanten Aspekte aus dem Konzept der Lebensweltorientierung sind: Hilfen lokal verfügbar zu machen und auf individuelle Bedarfe passgenau abzustimmen, Hilfen niedrigschwellig erreichbar und adressat_innengerecht zugänglich zu gestalten und letztlich die Stellung als Rechtsanspruchsinhaber_in und die Partizipationsmöglichkeiten zu gewährleisten.[1905] Eine zentrale Voraussetzung für die Umsetzung dieser Aspekte ist die Pluralität der Trägerstrukturen in der Sozialen Arbeit, verstanden als fachliche Pluralität im Gegensatz zu konfessioneller versus säkularisierter Pluralität. Sie bietet Wahlmöglichkeiten und fördert durch Konkurrenz Innovation.[1906] Während die Anforderungen in Bezug auf die niedrigschwellige, flexible und an den Adressat_innen orientierte Hilfegestaltung vom Fachkonzept Sozialraumorientierung ebenso gefordert werden, steht es der Forderung nach Pluralität zwecks Innovation eher ablehnend gegenüber.

Die Anforderungen an das sozialpädagogische Handeln im Konzept der Lebensweltorientierung sind geprägt von großer Offenheit.[1907] Das direkte sozialpädagogische Handeln geschieht in der Eigensinnigkeit des Alltags, worin die Grenzen seiner Zielgerichtetheit liegen. Daneben ist das indirekte sozialpädagogische Handeln als Gestaltung von Situationen, Gelegenheiten und Räumen im Rahmen der Lebensweltorientierung ebenso zentraler Bestandteil einer Hilfe zur Erziehung.[1908] Um dies umzusetzen ist der pädagogische Freiraum der Fachkräfte als professionelle Autonomie[1909] unbedingt zu sichern. Er ist notwendige Bedingung für eine lebensweltorientierte Hilfe zur Erziehung, wenn auch nicht hinreichend.

Für die organisationale Verfasstheit der lebensweltorientierten Kinder- und Jugendhilfeträger können drei wichtige Herausforderungen benannt werden. Erstens der Widerspruch zwischen Hilfen und Kontrolle als zweifache Adressat_innenorientierung auf Eltern und Kinder. Hierbei wird die Unterscheidung zwischen formalen und faktischen Beauftragungen inner-

1904 Vgl. *Moch* 2008: 126ff.
1905 Vgl. *Thiersch* 1992a: 179f.
1906 Vgl. *Thiersch* 1992a: 181ff.
1907 Vgl. *Thiersch* 1992a: 38.
1908 Vgl. *Grunwald/Thiersch* 2008b: 29f.
1909 Vgl. für viele *Thiersch* 1995b: 228.

halb der Kinder- und Jugendhilfe auf der organisationalen Ebene ebenso virulent wie die Frage des Sachwalter_innenproblems.[1910] Zweitens der Widerspruch zwischen institutionalisiertem Handeln als Tendenz zur Standardisierung und Vereinheitlichung zum sozialpädagogischen Handeln als lebensweltlich orientierte und damit offene Handlungsform. Und drittens das Verhältnis zwischen öffentlichem und freien/privaten Träger als Kontrollverhältnis aus den hoheitlichen Aufgaben.[1911]

Diese relevanten Aspekte zu gewährleisten, ist für professionelles Handeln unhintergehbar und als fachlicher Anspruch an die Beauftragungsverhältnisse und den Koordinierungsmechanismus zu formulieren. Dies sind demnach die konstitutiven Merkmale der Hilfe zur Erziehung, die nicht durch die Prozesslogik sowie die intendierten und nicht intendierten Effekte der Vereinbarungen nach §§ 78a-g SGB VIII überformt werden dürfen. Da die Rekonstruktion der Hilfe zur Erziehung als lebensweltorientierte Hilfe zur Lebensbewältigung keine analytischen Ansatzpunkte liefert, den Koordinierungsmechanismus und die Beauftragungsverhältnisse theoretisch zu fassen, wird im Folgenden das Paradigma der Sozialen Dienstleistung eingeführt, um die Hilfe zur Erziehung als lebensweltorientierte soziale Dienstleistung zu konzipieren.

2.3.2 Die Hilfen zur Erziehung als soziale Dienstleistungen

Die ersten Diskussionen um die Soziale Arbeit als Dienstleistung[1912] knüpften an soziologische[1913] und betriebswirtschaftliche[1914] Ausarbeitungen an und stellten Fragen der organisationalen Gestaltung und Steuerung sowie der Position sozialer Dienstleistungen im Gesamtsystem wohlfahrtsstaalicher Produktion in den Mittelpunkt. Die Debatte findet im Gesamtkontext soziologischer Ausführungen um Theorien der Dienstleis-

---

1910 Vgl. zur Sachwaltungsproblematik Kap. 2.4.

1911 Zu allen drei Herausforderungen vgl. *Hamberger/Köngeter/Zeller* 2008: 359.

1912 Zur Komplexität des Begriffs, wie er in den Sozialwissenschaften verwendet wird, und den daraus resultierenden Definitions- und Klassifikationsversuchen vgl. *Bauer* 2001: 20ff. Zur etymologischen Auseinandersetzung mit dem Begriff Dienstleistung vgl. *Bauer* 2001a: 49ff, *Effinger* 1998: 37ff.

1913 Vgl. z. B. *Berger/Offe* 1984.

1914 Vgl. z. B. *Bruhn* 2004. Die betriebswirtschaftliche Perspektive kann hier vernachlässigt werden, da sie für die Governancestruktur und Beauftragungsverhältnisse keine wesentlichen Erkenntnisse liefert.

tungsgesellschaft statt. Für die Soziale Arbeit waren die Ausarbeitungen von *Badura/Gross* aus interaktionsanalytischer und von *Berger/Offe* aus gesellschaftsanalytischer Perspektive einflussreich.[1915] In den unterschiedlichen Diskussionen bestand Einigkeit, dass es nicht ausreiche, den Dienstleistungssektor über Residual-[1916], Negativ-[1917] und Additivdefinitionen[1918] zu fassen[1919], sondern die Frage zu klären sei, was Dienstleistungen konstitutiv ausmacht.

Die Grundlegung einer Theorie der „sozialen"[1920] Dienstleistung mit interaktionstheoretischen Elementen geht zurück auf die Ansätze von *Gross/Badura*, die in der Auseinandersetzung um die Gestalt sozialstaatlicher Leistungen einen erheblichen Bedeutungszuwachs sozialer Dienstleistungen gegenüber den Einkommensleistungen konstatieren.[1921] Sie definieren soziale Dienstleistung als Sicherung der

> „Befriedigung zunächst elementarer materieller oder somatischer Bedürfnisse nach Behandlung, Pflege, Beratung und Bildung, wo entweder Selbstversorgung aus der unmittelbaren sozialen Umwelt oder die finanziellen Voraussetzungen zum Kauf solcher Dienstleistungen nicht gegeben sind oder wo das Markt-Preis-System bestimmte, als gesellschaftlich notwendig erachtete Dienste nicht bereitstellt."[1922]

Als entscheidende Abgrenzungsmerkmale zu Einkommensleistungen sehen sie in der sozialen Dienstleistung, dass diese im Hinblick auf den Be-

---

1915 Vgl. *Olk* 1994: 13ff. Zu den verschiedenen Ansätzen im Kontext der Sozialen Arbeit mit weiteren Verweisen vgl. *Schaarschuch* 1999: 548f, *Schaarschuch/Flösser/Otto* 2001: 268f.

1916 Dienstleistung ist alles, was nicht gewinnende oder verarbeitende Produktion ist.

1917 Dienstleistung ist nicht stofflich, nicht lagerfähig, nicht transportfähig usw.

1918 Dienstleistung ist Handel, Versicherung, Erziehung usw.

1919 Zur weiteren Differenzierung begrifflicher Dienstleistungsdefinitionen vgl. *Brommer* 1999: 11ff.

1920 Bisher gibt es keine eindeutige Definition für die Kategorie „soziale" Dienstleistung. Die Ansätze reichen von inhaltlichen Bestimmungen über rechtliche Bestimmungen (orientiert an Sozialleistungsansprüchen) bis hin zu ökonomischen Bestimmungen (orientiert am Ausschlussprinzip). Letztlich ist die Zuordnung von Leistungen zu sozialen Dienstleistungen in Deutschland von Konventionen bestimmt, vgl. zu allem *Cremer/Goldschmidt/Höfer* 2013: 7ff. Für die Hilfen zur Erziehung gelten alle drei Bestimmungsansätze, somit ist ihre Bezeichnung als soziale Dienstleistung in diesem Sinne unstrittig.

1921 Vgl. *Gross/Badura* 1977: 362. Der primäre Fokus von *Gross/Badura* sind dabei Gesundheitsdienstleistungen.

1922 *Gross/Badura* 1977: 362.

dürfnistypus eher diffus und nicht standardisierbar ist, niedriges Rationalisierungspotential aufweist, dezentral produziert wird, nach dem Versorgungsprinzip finanziert wird und ihre „Treffsicherheit“ eher niedrig ist. Weiter sind soziale Dienstleistungen „klientengesteuert“ und „klientenintensiv“, sodass die Effektivität und Effizienz sozialer Dienstleistungen in erheblichem Maße vom sozialen Handeln der Adressat_innen bei der Leistungserstellung und bei der alltäglichen Lebensbewältigung abhängt. Es handelt sich demnach um personenbezogene[1923], soziale Dienstleistungen. Damit werden Präsenz und aktive Beteiligung der Adressat_innen an der Leistungserstellung zum konstitutiven und zentralen Element, da diese nach dem uno-actu-Prinzip erfolgt.[1924] Daraus ergibt sich eine Nichtlagerfähigkeit, Nichttransportierbarkeit und die schwache Rationalisierbarkeit der sozialen Dienstleistung. Durch das uno-actu-Prinzip werden die Adressat_innen zum externen Produktionsfaktor, der für den Dienstleister nicht umfassend steuerbar ist. Die Bedeutung von Interaktion, Kooperation und interpersoneller Kommunikation für die Effektivität und Effizienz der sozialen Dienstleistung ist demnach sehr hoch.[1925] Ein weiteres Strukturmerkmal sozialer Dienstleistung ist deren Erbringung durch Professionelle gegen Entgelt, im Gegensatz zur Erbringung in den Primärgruppen, beruhend auf Gegenseitigkeit, sowie die Transformation des Bedürfnisses in Rechtsansprüche gegen den Staat.[1926] Dieser Ansatz wurde dahingehend kritisiert, dass die Merkmale des Hilfetatbestands und der sozialstaatlichen Rückbindung keineswegs konstitutiv für soziale Dienstleistungen seien.[1927]

Für den Dienstleistungssektor insgesamt ist die soziologisch-funktionale Definition von *Berger/Offe* fruchtbar, nach welcher der Dienstleistungssektor die

> „Gesamtheit jener Funktionen im gesellschaftlichen Reproduktionsprozess umfaßt, die auf die Reproduktion der Formalstrukturen, Verkehrsformen und kulturellen Rahmenbedingungen gerichtet sind, unter denen die materielle Reproduktion der Gesellschaft stattfindet.“[1928]

1923 Im Gegensatz zu sachbezogenen Dienstleistung, wie z. B. Reparatur, vgl. *Bauer* 2001a: 21.

1924 Dieses besagt, dass Produktion und Konsum des Gutes zeitgleich erfolgen.

1925 Vgl. *Gross/Badura* 1977: 363ff, *Effinger* 1994: 33.

1926 Vgl. *Gross/Badura* 1977: 363ff.

1927 Vgl. *Bauer* 1996: 16f.

1928 *Berger/Offe* 1984: 233.

Damit konnte Dienstleistung positiv funktional[1929] als „Normalisierungsarbeit“[1930] gefasst werden. Konstitutiv für Dienstleistungsarbeit aus dieser Perspektive war, dass sie funktional durch einen Vermeidungscharakter ausgezeichnet ist und sie dadurch von systematischer Überkapazität[1931] ausgehen muss. Es bedarf einer Dienstleistungsbereitschaft in Reserve. Folglich lässt sich ihre Produktivität sinnvoll nicht am realen Output, sondern nur am potentiellen Output messen. Oder umgekehrt: Dienstleistungsarbeit hat immer einen Produktivitätsverlust im Sinne nicht ausgelasteter Kapazitäten. Letztlich ist für eine solche Konzeption der Dienstleistung konstitutiv, dass sie eigenen Formen der Lohnbildung folgt, die mit der Schwierigkeit zusammenhängen, leistungsabhängige Löhne zu konstruieren.[1932]

Insgesamt kann das Faktum der Ko-Produktion in uno-actu auf struktureller Ebene und die „Interaktionsintensität“[1933] auf fachlich-inhaltlicher Ebene als entscheidendes Kriterium zur Bestimmung sozialer Dienstleistungsarbeit dienen.[1934]

Diese erste[1935] Diskussionsphase zur Sozialen Arbeit als Dienstleistung fand in einer Zeit des Wirtschaftswachstums und der Expansion staatlicher Leistungen statt.[1936] Eine zweite Diskussionsphase entstand in den 90er-Jahren in Zeiten von Finanzierungsproblemen und wirtschaftlichen Kri-

---

1929 Der funktionale Aspekt, der bei *Offe* als konservativ-formbeschützend erscheint, wurde durch *Häußermann* und *Siebel* um einen dienstleistungsinnovativen Aspekt ergänzt (vgl. *Häußermann/Siebel* 1995: 162), auch bezeichnet als soziale Dienstleistung zweiten Grades, die Effizienz und Effektivität der Dienstleistungen ersten Grades steigern sollen, vgl. *Bauer* 1996: 15 und 24f.

1930 *Offe* 1984b: 296.

1931 Diese analytisch richtige Annahme ständiger Reservekapazitäten kann jedoch schon aufgrund knapper Ressourcen für die konkrete Planung und Gewährleistung der Leistungen der Sozialen Arbeit nicht gehalten werden. Es bedarf einer Steuerung der Kapazitäten bei begrenzten Ressourcen durch Organisationen, vgl. *Olk* 1994: 23, *Schwabe* 1996: 15f. Daher ist ein bestimmter Modus der Erbringung, Allokation und Distribution für soziale Dienstleistungen nötig.

1932 Vgl. *Berger/Offe* 1984: 237ff.

1933 *Oechler* 2009: 52.

1934 Vgl. *Olk/Otto/Backhaus-Maul* 2003: XII, *Offe* 1984b: 295, *Piel* 1996: 90.

1935 Zu der Einteilung in zwei Phasen vgl. *Olk* 1994: 12ff, *Schaarschuch/Flösser/Otto* 2001: 268f. *Galuske* differenziert in eine soziologische in den 80er Jahren und eine ökonomische Debatte in den 90er-Jahren, vgl. *Galuske* 2002b: 245, ebenso *Flösser/Otto* 2003: 48f.

1936 Für eine Zusammenfassung mit Bezug auf die Soziale Arbeit vgl. *Oechler* 2009: 49ff.

sen.[1937] Diese lässt sich aus zwei unterschiedlichen Perspektiven rekonstruieren, die weitgehend unvermittelt nebeneinander bestehen, deren gemeinsamer Bezugspunkt jedoch die Relevanz der Nachfrageseite, also die Stellung des nachfragenden Subjekts ist.[1938] Ein Bezugspunkt dieser zweiten Diskussionsphase ist die Auseinandersetzung um die Steigerung von Effektivität und Effizienz der Angebote und Leistungen. Im Kontext des NSM sollten sich auf organisationaler Ebene die öffentlichen Träger als Dienstleistungsorganisationen begreifen. Auf der Ebene des professionellen Handelns sollten die Familien als „Kundinnen“ modelliert werden, um daraus für die Soziale Arbeit einen Handlungstypus als Dienstleistung zu etablieren.[1939] Diese Entwicklungslinie blieb jedoch aus ihrem Entstehungskontext der Verwaltungsmodernisierung auf Rationalitätskriterien[1940] verkürzt und konnte eine umfassende Grundlegung der Sozialen Arbeit als Dienstleistung nicht fachtheoretisch fundieren[1941], auch wenn diese Debatte um eine stärkere Kund_innenorientierung oberflächlich anschlussfähig an subjektorientierte, lebensweltorientierte Ansätze ist. Letztlich ist die Dienstleistungsdebatte im Kontext des NSM mit ihrer expliziten Privilegierung der Nachfrageseite eine Provokation an die etablierte sozialarbeiterische Praxis.[1942] Dennoch stellt dieser Diskussionsstrang die Orientierung an der Nachfrageseite nicht aus adressat_innenorientierten, sondern aus organisationsorientierten Motiven in den Mittelpunkt.[1943]

1937 Vgl. *Schaarschuch* 1999: 548f.

1938 Vgl. *Schaarschuch* 1999: 550f, *Oechler* 2009: 71 und 74.

1939 Vgl. *Schaarschuch* 2003: 151f. Da es in diesem Kapitel um die fachtheoretische Fundierung der Hilfe zur Erziehung geht, wird diese Perspektive hier nicht weiter verfolgt. Eine kurze Zusammenstellung der wichtigsten Aspekte ist in Kap 1.1 zum NSM erfolgt.

1940 *Olk* beschreibt diesen Diskussionsstrang als Rationalisierungsstrategie zweiter Ordnung, da die Kinder- und Jugendhilfeleistungen selbst effizienter werden sollten. Die Rationalisierung erster Ordnung wird verstanden als eine Effektivitätssteigerung von Dienstleistungsarbeit im Sinne der Verlagerung aus gemeinschaftlichen Erbringungskontexten (z. B. Familie) in berufliche Arbeit, vgl. *Olk* 1994: 16f. Auch in diesem Verständnis der Kinder- und Jugendhilfe als Folge einer Rationalisierung erster Ordnung wird ihr sozialstaatlicher Gehalt deutlich.

1941 Vgl. *Olk* 1994: 30, *May* 1994a: 68, *Effinger* 1998: 30, *Schaarschuch* 1999: 543ff, *Schaarschuch* 2000: 169, *Piel* 1996: 88.

1942 Vgl. *Schaarschuch* 2003: 153. So könnte die Nachfrageseite fachliche Standards in Frage stellen, vgl. *Kulbach/Wohlfahrt* 1996: 116.

1943 Vgl. *Oechler* 2009: 75.

Andererseits entstand in den 90er-Jahren eine professionstheoretische Debatte, die unter Anschluss an ältere Ideen[1944] die Dienstleistungskategorie als Bezugspunkt einer fachlichen Neuausrichtung[1945] der Sozialen Arbeit positioniert hat.[1946] Unter Rückgriff auf die idealtypischen Ausarbeitungen von *Berger/Offe* und *Badura/Gross* entwickelte sich eine Diskussion um die faktische Ausgestaltung der Sozialen Arbeit als Dienstleistung und deren Spezifika. Die konsequente Anwendung der funktionalen Perspektive auf die Soziale Arbeit und speziell die Kinder- und Jugendhilfe führt zu der Formulierung der Sozialen Arbeit als „Normalisierungsarbeit"[1947], als

> "vorsorgliche(...) Vermeidung und kurative(...) Beseitigung von Normverletzungen bzw. (...) Gewährleistung durchschnittlich erwartbarer Identitätsstrukturen".[1948]

Diese Perspektive verweist auf das doppelte Mandat[1949], das auch durch eine Dienstleistungsorientierung nicht umgangen werden kann. Die Soziale Arbeit muss als Dienstleisterin für unterschiedliche Kundentypen verstanden werden. Die wichtigsten sind die Adressat_innen und die „Allgemeinheit", wodurch das doppelte Mandat sowohl rechtlich als auch sozialpädagogisch konstitutiv bleibt.[1950] Soziale Arbeit wird damit zu einer vermittelnden Instanz[1951] zwischen System und Lebenswelt im Sinne der

---

1944 Vgl. z. B. *Olk* 1986: 240ff.

1945 Vgl. *Galuske* 2002b: 250.

1946 Vgl. *Schaarschuch* 1999: 543 und 549f.

1947 *Olk* 1986: 13 mit Bezug auf *Offe* 1984b, vgl. auch *Effinger* 1994: 33.

1948 *Olk* 1994: 23. Neben dieser Perspektive auf das Verhältnis Professionelle zu Adressat_innen gibt es einen Diskussionsstrang, der im Kontext der Dienstleistungsorientierung auch das Verhältnis zwischen Professionelle und Arbeitgeber beleuchtet, vgl. *Effinger* 1998: 30. Dieser Aspekt wird hier als internes Organisationsproblem nicht weiter beachtet.

1949 Dienstleistungstheoretisch verstanden als institutioneller Grundkonflikt, der unauflöslich ist, vgl. *Effinger* 1994: 29, *Effinger* 1998: 43.

1950 Vgl. *Olk* 1986: 12f, *Olk* 1994: 19, *Olk/Otto/Backhaus-Maul* 2003: XXI, *Grunwald/Thiersch* 2003: 82, vgl. *Effinger* 1997: 83, aus rechtlicher Sicht vgl. *Schimke* 2003: 124, dezidiert für das sozialpädagogische Erbringungsverhältnis vgl. *Dulay* 1996: 76f. Gewendet für den Gebrauchswert der Dienstleistung als deren Janusköpfigkeit bezeichnet, vgl. *Bauer* 1996: 21. Auch bei der Dienstleistung muss das Doppelmandat ausbalanciert werden, da sonst die Dienstleistung zur Beliebigkeit verkommt und die Entwicklungstatsache der betroffenen jungen Menschen negiert wird, vgl. *Frommann*, in: *Krause/Peters* 2009: 90.

1951 Vgl. *Rauschenbach* 1999: 99, *Effinger* 1997: 84.

Theorie *Habermas'*, die ihre Dienste an „den Normalisierungsinteressen des Systems wie an der Lebensbewältigung der Subjekte“[1952] auszurichten hat.

Im Neunten Jugendbericht wurde die Dienstleistungsperspektive konsequent auf die Kinder- und Jugendhilfe angewendet, indem durch sozialarbeitswissenschaftliche Argumentation die Subjekte auf der Nachfrageseite ins Zentrum einer modernen Kinder- und Jugendhilfe gestellt wurden.[1953] Die Regelungen des SGB VIII wurden entsprechend rekonstruiert und damit die „Kinder- und Jugendhilfe als Dienstleistung“ als weiteres leitendes Paradigma anerkannt.[1954] Aus rechtlicher Sicht kann in der Ausstattung der Eltern mit dem Rechtsanspruch und den Wunsch-, Wahl- und Beteiligungsrechten für Eltern und junge Menschen im Zuge der Einführung des SGB VIII von einer Dienstleistungsorientierung[1955] als formale Stärkung der Nachfrageseite gesprochen werden. Das zeigt sich vor allem daran, dass mit den geschaffenen Rechtsansprüchen, z. B. auf Hilfe zur Erziehung, die Gewährung der Leistung nur von der Erfüllung der Tatbestandsvoraussetzungen abhängt, also ob erzieherischer Bedarf vorliegt und ob die Hilfe geeignet und notwendig ist. Trifft dies alles zu, so hängt die Inanspruchnahme der Hilfe zur Erziehung nur noch davon ab[1956], ob die Anspruchsberechtigten die Leistung *wollen*. Innerhalb dieser rechtlich verstandenen Dienstleistungsorientierung wird jedoch keine unterwürfige Sozialpädagogik konstruiert, sondern gerade durch die nötige Auslegung der Begriffe „erzieherischer Bedarf“ sowie „notwendige und geeignete Hilfe“, ist ihre Professionalität geradezu herausgefordert.[1957] Die Hilfen zur Erziehung sind zwar rechtlich kodifiziert, aber nur bedingt einer vereinheitlichenden Regelung durch das Gesetz zugänglich.[1958] Die Anerkennung der Hilfe zur Erziehung als „Ko-Produktion“ zeigt sich in den rechtlichen Regelungen an unbestimmten Rechtsbegriffen auf Seiten der Tatbestandsvor-

---

1952 *Galuske* 2002b: 248.

1953 Vgl. *Schaarschuch* 2000: 169f.

1954 Vgl. *BMFSFJ* 1994: 581ff, *Münder* 1995a: 301, *Merchel* 2002a: 10, *Marquard* 2000: 136f, *Weigel* 1999: 40, *Eichenhofer*: 93, *Merchel* 2003c: 39ff, *Fischer* 2005: 121. Zur Unschärfe des Dienstleistungsbegriffs im SGB VIII vgl. *Schimke* 2003: 118f.

1955 Vgl. für viele *Späth* 1994: 55, aus rechtlicher Sicht vgl. *Münder* 1995b: 212ff.

1956 Solange keine Anzeichen für eine Kindeswohlgefährdung zu erkennen sind und keine unverhältnismäßigen Mehrkosten bei der ausgesuchten Hilfe entstehen.

1957 Vgl. *Münder* 1995a: 301f.

1958 *Münder* 2012, § 25, Rz. 14.

aussetzungen und Rechtsfolgen bei gleichzeitiger Sicherung der Partizipationsrechte auf der Nachfrageseite.

Der Neunte Jugendbericht setzt durch die Dienstleistungsorientierung[1959] eine „stärkere Durchsetzung der Nachfragedimension (…) gegenüber der vorherrschenden Anbieterposition“[1960] als Ausgangspunkt der Reformulierung der Verhältnisse von Staat, Leistungsberechtigten und Anbietern. Dazu ist ein Perspektivwechsel[1961] nötig, der das Selbstverständnis und die Problemdeutungen der Adressat_innen gegenüber einer „pragmatischen Koalition“[1962] aus Jugendämtern und Leistungsanbietern stärkt und damit die Dienstleistungsorientierung als „Schlüssel für Partizipation, bürgerschaftliches Engagement und mehr Effektivität“[1963] betont. Die Beteiligung der Adressat_innen kann aus demokratietheoretischer, sozialpädagogischer, dienstleistungstheoretischer, menschenrechtstheoretischer, funktionaler und rechtlicher Perspektive begründet werden.[1964] Eine „stärkere Orientierung an adressatenspezifischer Nachfrage“[1965] wird zum konstitutiven Element einer modernen Kinder- und Jugendhilfe. Damit soll die administrative bzw. organisationale Rationalität zugunsten einer stärkeren Orientierung an der lebensweltlichen Perspektive der Adressat_innen abgebaut werden.[1966] Qualitativ gilt es, zwischen Adressat_innenperspektive und Adressat_innenbeteiligung zu unterscheiden, bleibt bei ersterer doch die paternalistische Grundintention erhalten, solange Professionelle entscheiden, ob die Perspektive der Adressat_innen zur Geltung kommt.[1967] Grundlegend für die Argumentation des Neunten Jugendberichts ist dabei die modernisierungstheoretische Annahme, dass Problembestände, die der Kinder- und Jugendhilfe zugeordnet sind, nicht mehr spezifische Gruppen treffen, sondern zu biografischen Wechselfällen des Lebens werden, die prinzipiell jeden treffen können. Die Inanspruchnahme von Leistungen der Kinder- und Jugendhilfe ist ein „normales“ Risiko in der modernisierten Gesellschaft geworden. Das Konzept impliziert da-

---

1959 Zur Rekonstruktion des Dienstleistungsparadigmas des Neunten Jugendberichts als Professionalisierungsimpuls vgl. *Füssenhäuser* 2007: 288f.
1960 *BMFSFJ* 1994: 584.
1961 Vgl. *Petersen* 1996: 75.
1962 Vgl. *BMFSFJ* 1994: 584.
1963 *Marquard* 2000: 134.
1964 Vgl. Kap 1.4.1 mit den entsprechenden Nachweisen.
1965 *BMFSFJ* 1994: 582.
1966 Vgl. *BMFSFJ* 1994: 586.
1967 Vgl. *Seim* 2000: 159f.

mit eine Normalisierung der Inanspruchnahme von Kinder- und Jugendhilfeleistungen in dem Sinne, dass die Leistungsberechtigten weniger den Kontrollaspekt als den Leistungsaspekt wahrnehmen sollen.[1968] Konsequenterweise wird daran anschließend der Sozialen Arbeit eine zentrale gesellschaftliche Position zugeschrieben[1969], die den Normalisierungstrend ihrer Angebote[1970] noch verstärkt. Gegen diese Generalzuständigkeit der Kinder- und Jugendhilfe und die Annahme, dass sich deren Entwicklung nachfrageorientiert vollzieht, wurden Bedenken geäußert.[1971] Auch die positive Bewertung der modernisierungstheoretischen Entwicklung der Gesellschaft wurde kritisiert, in dem die Soziale Arbeit eher als funktionale Agentur der Sozialpolitik zur Vermittlung zwischen Verlierern und Überflüssigen dieser Entwicklungen rekonstruiert wurde.[1972] Aus der modernisierungstheoretischen Lesart folgt eine Veränderung des Adressat_innenpotentials und es lösen sich konventionalisierte Praxisformen auf, die Belastungen schaffen, aber auch Optionen freigeben. Der Dienstleistungsansatz will unter diesen Bedingungen die Aufgaben der Bildung, Erziehung und Hilfe zur Lebensbewältigung verbinden. Das Konzept zielt auf die Veränderung der Leistungserstellung im Kern, der bis dahin sozialbürokratisch geformt war. Hierzu sind die Bereiche Organisationsentwicklung, Kompetenzentwicklung und Angebotsentwicklung voranzubringen. Zur Analyse von Stand und Prozess dieser Entwicklungen dient ein heuristisches Modell.[1973] Die Entwicklungen in diesen Bereichen sollten mög-

---

1968 Vgl. *BMFSFJ* 1994: 582,.

1969 Soziale Arbeit wird zur Normalinstanz für immer mehr Bürger_innen, vgl. z. B. *Effinger* 1994: 34f, *Thiersch* 1995a: 313.

1970 Vgl. *Böllert* 2003a: 41. Den Bedarf an erzieherischer Unterstützung von Eltern wird es in der zunehmend komplexeren und differenzierten Welt mit ihren Lebensbewältigungsanforderungen wohl immer geben. Die sozialen Dienste werden demnach zukünftig immer gebraucht, die Frage ist nur die nach Art und Form. Der Erfolg sozialer Dienste liegt also nicht mehr darin, dass sie sich selbst überflüssig machen, sondern dass sie sich in Art und Form als Institution weiter empfehlen, vgl. *Wendt* 2008b: 223f.

1971 Vgl. *Münchmeier* 1995: 130f. Für eine Kurzübersicht zu den weiteren kritischen Reaktionen zum Neunten Jugendbericht vgl. *Füssenhäuser* 2007: 301ff.

1972 Für eine kurze Übersicht dieser Diskussion vgl. *Schaarschuch* 2000: 165ff, *Schaarschuch* 1999: 545f. Aus systemtheoretischer Sicht zu bezeichnen als „Exklusionsverwaltung“, vgl. *Bommes/Scherr* 1996: 118f.

1973 Dabei wird ausgehend von einer gesellschaftlichen Modernisierung über Flexibilisierung auf die Organisation gewirkt (Organisationsentwicklung), was der Entwicklungsrichtung „Rationalität“ entspricht. Wieder ausgehend von Moderlichst kongruent verlaufen und die organisationalen (Flexibilisierung), professionellen (Qualifizierung), administrativen (Produktion) und adressat_innenorientierten (Partizipation) Ebenen einbeziehen. Insgesamt wird das Ziel verfolgt, die Nachfrageorientierung zu stärken und die bisherige Anbieterorientierung aufzulösen.[1974] Zur Präzisierung dieser Anforderungen müsste es jedoch Wissen darüber geben, wie Adressat_innen derzeit Problemdeutungen und Handlungsangebote der Kinder- und Jugendhilfe wahrnehmen, verstehen und nutzen. Dazu gibt es jedoch kaum empirische Studien.[1975] Dennoch ist der Ansatz der Dienstleistungsorientierung letztlich am konsequentesten den Weg gegangen, das „prinzipiellen Primat der Nachfrageseite im sozialarbeiterischen Interaktionszusammenhang“[1976] als Ausgangspunkt der organisationalen, professionellen und administrativen Modernisierung der Kinder- und Jugendhilfe anzuerkennen:

> „Auf der Grundlage einer modernisierungstheoretischen Argumentation, in deren Zentrum das Individualisierungstheorem steht, wird somit <<Dienstleistung>> mit der Betonung der Bedürfnis- wie Nachfragedimension sowie mit den zentralen Begriffen der Responsivität und Partizipation qualifiziert.“[1977]

Soziale Dienstleistung bezeichnet in diesem Sinne nicht nur eine bestimmte Produktionsform eines Gutes, sondern begründet sich als professioneller Handlungsmodus.[1978]

An der Fundierung der sozialen Dienstleistung als Normalisierungsarbeit wird kritisiert, dass sie sich auf traditionelle Modernisierungsmuster bezieht und verkennt, dass nicht mehr eindeutig entscheidbar ist, was als normal gilt.[1979] Die Grenzen traditioneller Sozialer Arbeit zeigen sich mit zunehmender Brüchigkeit der Figur des Normalarbeitsverhältnisses als ihr Bezugspunkt in der Auseinandersetzung um die Handlungsausrichtung im

nisierung wird über Qualifizierung auf Professionalisierung gewirkt, was der Entwicklungsrichtung der „Reflexivität“ folgt (Kompetenzentwicklung). Die Verbindung von Professionalisierung und Organisation erfolgt über die Dienstleistung entlang der Entwicklungslinie „Responsivität“ (Angebotsentwicklung), vgl. *BMFSFJ* 1994: 584f.

1974 Vgl. *BMFSFJ* 1994: 583ff. Kritisch hierzu vgl. *May* 1994b: 75f.

1975 Vgl. *Thiersch* 1992a: 34.

1976 *Schaarschuch* 2000: 171.

1977 *Schaarschuch* 2000: 171, auch *Piel* 1996: 103ff.

1978 Vgl. *Schaarschuch* 2000: 172.

1979 Vgl. *Schaarschuch* 1999: 550.

Hinblick auf enttraditionalisierte und individualisierte Lebensformen.[1980] Die professionstheoretischen Entwicklungen konnten daher eine grundlegende Neuausrichtung der Sozialen Arbeit nicht erreichen. Die Entwicklung subjektorientierter und lebensweltlicher Ansätze ist „konzeptionell aus der strukturellen Dominanz der Profession formuliert".[1981] Es fehlt die systematische Verbindung zur Subjektperspektive der Nachfrageseite, oder andersherum: die Dominanz der Angebotsseite wird fortgeschrieben.[1982] Mit Bezug auf die Figur des „social citizenship" versucht *Schaarschuch* eine Reformulierung der Sozialen Arbeit als Dienstleistung, in der weder der einseitigen Auflösung zur Nachfrageseite im Sinne der oben beschriebenen Dienstleistungsdiskussion im Kontext der Neuen Steuerung noch der alleiniger Dominanz der Anbieterseite nachgegeben wird.[1983] In diesem theoretischen Entwurf wird davon ausgegangen, dass der Dienstleistungsbegriff für die Soziale Arbeit theoriefähig ist, und zwar im Kontext einer sozialstaatlichen Dienstleistung mit Nachfrageorientierung jenseits einer klassischen Marktsystematik mit Kund_innenmacht.[1984]

Analytisch wird zur Begründung zwischen dem Erbringungsverhältnis, den Erbringungskontexten[1985] und den gesellschaftlichen Bedingungen differenziert.[1986] Das „Erbringungsverhältnis" personenbezogener sozialer Dienstleistungen ist gekennzeichnet von einer reziproken Produktionsleistung beider beteiligter Seiten. Adressat_in und Professionelle_r sind Produzent_in und Konsument_in zugleich. Mit der Argumentation, dass das Subjekt selbst bestimmt, was es im Dienstleistungsgeschehen für sich selbst wirksam werden lässt[1987], wird das aktiv sein Leben veränderte

1980 Zur kurzen Darstellung dieser beiden Diskussionsstränge mit entsprechenden Hinweisen vgl. *Schaarschuch* 1999: 544f.

1981 *Schaarschuch* 1999: 547.

1982 Vgl. *Schaarschuch* 1999: 547.

1983 Vgl. *Schaarschuch* 1999: 547, *Schaarschuch* 2003: 153f.

1984 Vgl. *Schaarschuch* 2003: 154.

1985 Erbringungskontext wird in anderen Zusammenhängen auch als wohlfahrtsstaatliches Arrangement (vgl. *Kaufmann* 2009b: 134) als Dienstleistungsstruktur (vgl. *Langer* 2007: 224) oder als „das Sozialwesen" (vgl. *Bauer* 1996: 19) bezeichnet. Der Erbringungskontext ist jedoch nicht zu verwechseln mit den Koordinierungsmechanismen Markt, Staat, Gemeinschaft, sondern er wird konstituiert durch unterschiedliche Anteile dieser Koordinierungsmechanismen. In der Kritik an der Dienstleistungsorientierung wird dies häufig gleichgesetzt, vgl. z. B. *May* 1997: 374.

1986 Vgl. dazu *Schaarschuch* 1999: 551ff, *Schaarschuch* 2003: 154ff.

1987 Vgl. *Effinger* 1994: 33, ähnlich *Rose* 1996: 58, *Schmidt* 1996: 37.

Subjekt zum Produzenten und der/die Professionelle zum Ko-Produzenten. *Schaarschuchs* Konzeptionalisierung des Erbringungsverhältnisses eröffnet die Möglichkeit einer kritischen Dienstleistungsdebatte ohne technizistische oder expertokratische Verkürzung.[1988] Der „Erbringungskontext" kann als „staatlich-öffentlicher"[1989] benannt werden und zeichnet sich nach *Schaarschuch* im Gegensatz zum kommerziellen durch folgende Unterschiede aus:

	Konsument_in	
	Kund_in	Nutzer_in
Referenzsystem	Markt	Staat
Steuerungsmedium	Geld	Recht
Entscheidungskriterium	Ökonomisch	Politisch
Einflussnahme durch	*Exit*	*Voice*
Organisation	Manageriell	Administrativ
Initial	Angebot	Nachfrage
Form	Ware	Gut
Dominanter Wertaspekt	Tauschwert	Gebrauchswert
Gesellschaftlicher Integrationsmodus	Warentausch „unsichtbare Hand"	„citizenship", bewusste Gesellschaftlichkeit

Tab. 1: Staatlicher versus marktlicher Erbringungskontext; vgl. Schaarschuch 1999: 556.

Diese Gegenüberstellung ist idealtypisch-polarisierend und lässt keine angemessene Bewertung des besonderen Erbringungskontextes der Hilfe zur Erziehung zu. In Kapitel 2.5 wird daher die Herleitung des Erbringungskontextes der Hilfe zur Erziehung dezidiert aufgegriffen. Die „gesellschaftlichen Bedingungen" sind relevant, da angenommen wird, dass über Besitz und Verkauf der Ware Arbeitskraft eine Inklusion nicht mehr sicher zu erreichen ist und für die Soziale Arbeit die Figur des Normalarbeiterverhältnisses als Bezugspunkt brüchig wird. Daher kann Inklusion nur noch über den Bürger_innenstatus und entsprechende soziale Rechte verwirklicht werden. Eine solche Ausrichtung hat für den Erbringungskontext

1988 Vgl. *Bolay* 1996: 76.

1989 Der Erbringungskontext sozialer Dienstleistungen ist in der Regel durch spezifische, sozialstaatliche und fachlich-professionelle Institutionalisierungsformen strukturiert, vgl. *Schaarschuch* 2000: 172, *Bauer* 1996: 19.

entsprechende Konsequenzen in der Respektierung der zivilen Schutzrechte und dessen systematische Demokratisierung.[1990] Demnach definiert Schaarschuch:

> „Soziale Arbeit als Dienstleistung ist ein vom nachfragenden Subjekt als produktiver Konsument ausgehender und gesteuerter professioneller Handlungsmodus, der im Erbringungskontext des Sozialstaates perspektivisch die Symmetrie des Machtverhältnisses von Nutzer und Professionellem sowie die Demokratisierung der Einrichtungen Sozialer Arbeit zur Voraussetzung hat. Ihr gesellschaftlicher Bezugspunkt und ihre Legitimation ist [sic!] in ihrer Ausrichtung auf die Herstellung, Reproduktion und Sicherung des Bürgerstatus ihrer Nutzer begründet."[1991]

Ergänzend sei hier erwähnt, dass der „professionelle Handlungsmodus" impliziert, dass die Personen, die diese erbringen, dafür bezahlt werden.[1992] Der Ansatz von *Schaarschuch* geht damit über das Konzept der Dienstleistung nach dem Neunten Jugendbericht, welches

> „auf die Steigerung der Leistungsfähigkeit und Qualität des Dienstleistungsprozesses zielt, hinaus (...) und zielt auf eine Politisierung Sozialer Arbeit."[1993]

Auch wenn für die Kinder- und Jugendhilfe insgesamt der Dienstleistungsbegriff von einigen Autor_innen als unbrauchbar abgelehnt wird[1994], kann er vor allem für die Hilfe zur Erziehung fruchtbar gemacht werden. Denn im Hinblick auf das Erbringungsverhältnis sind die konstitutiven Elemente des uno-actu-Prinzips und die Beauftragung durch die Adressat_innen resp. Leistungsberechtigten zumindest formal gegeben. Daran anschließend kann für die Hilfe zur Erziehung mit *Späth* konstatiert werden, dass bei Einhaltung des Freiwilligkeitsprinzips und des Wunsch- und Wahlrechts von Hilfe zur Erziehung als Dienstleistung gesprochen werden kann.[1995] Unter der Dienstleistungsperspektive wird die Hilfe zur Erziehung kategorial verstanden als „öffentlich organisierte personenbezogene Dienstleistungsarbeit".[1996] Hierin zeigt sich sowohl der Aspekt der direk-

---

1990 Vgl. *Schaarschuch* 1999: 551ff.

1991 *Schaarschuch* 2003: 165 (Hwg).

1992 Vgl. *Langer* 2004a: 270, *Cremer/Goldschmidt/Höfer* 2013: 9f.

1993 *Oechler* 2009: 74.

1994 Vgl. z. B. *Wagner, J.* 2007: 135ff.

1995 Vgl. *Späth* 1994: 52ff. Kritisch sieht er das Fehlen des Rechtsanspruchs der Kinder und Jugendlichen und die Gefahr, dass Eltern durch die Bedarfsfeststellung in die Bittstellerrolle geraten, vgl. ebd.: 53.

1996 *Olk/Otto/Backhaus-Maul* 2003: IX.

ten Interaktion mit den Adressat_innen (personenbezogene), der Aspekt der Verberuflichung (Dienstleistungsarbeit), als auch die institutionelle Ebene (öffentlich organisiert). Lediglich der Aspekt des sozialstaatlich verbürgten Leistungsanspruchs auf Hilfe zur Erziehung bleibt blass.[1997] Dieser kann jedoch nach den Ausführungen zur Hilfe zur Erziehung als sozialstaatliche Leistung nicht negiert werden.

Vor dem Verständnis der Hilfe zur Erziehung als sozialstaatlich verbürgte, öffentlich organisierte, personenbezogene Dienstleistung rückt die Frage nach dem genuin Sozialpädagogischen innerhalb dieses Konzeptes in den Blick: der interaktive Prozess in Ko-Produktion. Diese Ko-Produktion findet für die Hilfe zur Erziehung zwar hauptsächlich zwischen den Auftragspädagog_innen und den Adressat_innen statt, aber auch in gemeinwesenbezogenen Tätigkeiten, in denen die Adressat_innen nicht anwesend sind.[1998] In dieser Sicht sind das uno-actu Prinzip und die Ko-Produktion als konstitutive Elemente in Frage gestellt. Daher ist zum Beispiel für die Arbeit des ASD im Jugendamt mit ausgeprägter Sozialraumorientierung und entsprechend hohem Anteil fallübergreifender Aufgaben die Definition dessen Tätigkeiten als „soziale Dienstleistung" kritisiert worden.[1999] Für die Hilfe zur Erziehung als personenbezogene Einzelfallleistung lässt sich diese Definition jedoch verwenden, da vor allem die individuelle Bedarfsprüfung und der subjektive Rechtsanspruch das uno-actu Prinzip und die Ko-Produktion von Beginn an festschreiben, auch wenn im Verlauf der Hilfe einzelfallübergreifende Tätigkeiten hinzukommen. Letztlich steht das „interaktive und kommunikative Handeln"[2000] mit der Familie im Vordergrund.

Das uno-actu-Prinzip und die Ko-Produktion als Kategorien zielen auf der Ebene der sozialpädagogischen Handlungsanforderungen auf Partizipation.[2001] Partizipation und Responsivität stehen im Dienstleistungskon-

---

1997 Vgl. *Bauer* 2001a: 71.

1998 Vgl. *Wendt* 1999: 235.

1999 Vgl. *Ziebarth* 1994: 25f.

2000 *Olk/Otto/Backhaus-Maul* 2003: XII.

2001 Dabei dient Partizipation einerseits für die Stärkung der Ressource für die Angebotsseite (externer Produktionsfaktor) und andererseits als demokratiepolitischer Impuls. Diese Perspektiven speisen sich aus dem Achten und Neunten Jugendbericht. An der Umsetzung von Partizipation in der Praxis darf gezweifelt werden, vgl. Kap. 2.2.4 (m.w.N.), vgl. *Olk/Otto/Backhaus-Maul* 2003: LIII, für die Hilfe zur Erziehung vgl. *Kriener/Petersen* 1999. Aus empirischer Sicht vgl. z. B. *Petersen* 1996: 82.

zept in einem wechselseitigen Zusammenhang, in dem Partizipation zugleich Instrument und Maßstab für Responsivität ist.[2002] Die Bereitschaft der Eltern und jungen Menschen, die pädagogische Leistung als intersubjektiven Prozess mitzugestalten, ist konstitutiv für die Hilfe zur Erziehung als soziale Dienstleistung. Gemeinsame Beratung, Planung und Gestaltung der Hilfen zur Erziehung ist insofern ein Strukturmerkmal pädagogischer Prozesse.[2003] Die partizipative Stellung der Betroffenen im gesamten Erbringungsprozess der Hilfe zur Erziehung speist sich aus unterschiedlichen Begründungszusammenhängen.[2004] Dienstleistungstheoretisch begründet ist die Orientierung an der Nachfrageseite in der Selbstproduktivität der Subjekte und in der Verbesserung der Abstimmung von Angebot und Nachfrage. Im Hinblick auf die Wirkung der Hilfe zur Erziehung ist diese entscheidend davon abhängig, wie der Einbezug der Eltern, Kinder und Jugendlichen in die individuelle Angebotsentwicklung und die Leistungserstellung gelingt.[2005] Dies wiederrum ist abhängig von der Bereitschaft[2006] des Jugendamtes und der Leistungsanbieter, die Hilfe nach Vorstellungen und Wünschen der Betroffenen auszugestalten. Dies sichert, dass Betroffene sich als Entscheidungsbeteiligte begreifen.[2007] Damit wird sich von der Adressat_innenorientierung im Kontext der Dienstleistungsorientierung als Umsetzung von Partizipation eine korrektive Verhinderung einer weiteren Verrechtlichung, Bürokratisierung und institutionellen Erstarrung der öffentlichen und freien/privaten Träger erhofft. In diesem Sinne ist das Konzept der Dienstleistungsorientierung anschlussfähig an das Konzept der flexiblen, integrierten, lebensweltorientierten Hilfe zur Erziehung.[2008] Aus demokratietheoretischer Perspektive ist der Primat der Nachfrageseite gesellschaftlich über den Bezug zur Ausübung des allge-

---

2002 Vgl. *Petersen* 1996: 77.

2003 Vgl. *Schmid-Obkirchner* in *Wiesner* 2011a, § 36, Rn. 2 und 9. Auch *Kaufmann* betont die Bedeutung der Mitwirkungsbereitschaft und die Inanspruchnahmemotivation der Familie, vgl. *Kaufmann* 2009b. S. 105.

2004 Siehe oben, ausführlich vgl. Kap. 1.4.1.

2005 Vgl. *Münder*, in: *Münder/Meysen/Trenczek*, Einleitung, Rn. 61. Aus demokratietheoretischer Perspektive vgl. *Schaarschuch* 2000: 174.

2006 Die Einflussnahme der Eltern, Kinder und Jugendlichen auf die Dienstleistung bedarf der politischen Artikulation. Die Demokratisierung der Jugendämter und Leistungsanbieter wäre hierfür die Voraussetzung, vgl. *Schaarschuch* 2000: 172.

2007 Vgl. *BT-Drs* 11/5948: 73.

2008 Vgl. *Weigel* 1999: 41.

meinen Staatsbürgerstatus der Nutzer_innen legitimierbar[2009], der sich rechtlich und institutionell in der Gewährung von subjektiven, einklagbaren Rechten nieder schlägt.[2010] Eine Stärkung des Subjektstatus der Adressat_innen setzt allerdings auch voraus, dass Beteiligung und Eigenverantwortung im Hilfegeschehen gewünscht sind und zugelassen werden.[2011] Im Hinblick auf ein deutsches Verständnis „entmündigender und stigmatisierender Hilfegewährung“[2012] sind hier Zweifel angebracht. Zur Umsetzung der Dienstleistungsorientierung in den Hilfen zur Erziehung wird davon ausgegangen, dass diese nicht konsequent betrieben wird.[2013] Es existiert weiterhin eine Angebotsorientierung statt Nachfrage- bzw. Bedarfsorientierung, welches durch eine bevormundende Dominanz des Expertensystems gegenüber den Familien gesichert wird.[2014] Bei aller Stärkung der Nachfrageseite, sei es durch die modernisierungstheoretische oder demokratietheoretische Variante des Dienstleistungsorientierungskonzepts, erfährt diese in den Hilfen zur Erziehung drei Einschränkungen. Aus soziologischer Perspektive in der Funktion sozialer Dienstleistung selbst, aus sozialpädagogischer Perspektive an den ethischen Prinzipien der Profession und aus rechtlicher Perspektive am Kindeswohl.

Auch wenn die Orientierung an der Nachfrageseite konstitutiv für die soziale Dienstleistung ist und ihre Wirkung maßgeblich davon abhängt, ist die Orientierung jedoch gleichzeitig durch die Funktion als Normalisierungsarbeit begrenzt. Bei aller Adressat_innenorientierung[2015] bleibt für die Soziale Dienstleistung das Spannungsverhältnis von professionellem,

2009 Vgl. *Schaarschuch* 2000: 172f.

2010 Vgl. *Thiersch* 2003: 92. So verstanden wäre Soziale Arbeit eine Leistung zur Grundrechtswahrung, vgl. ebd.

2011 Kritisch vgl. *Seim* 2000: 169f, die für Norwegen die geringe Subjektstellung der Adressat_innen der paternalistischen Grundhaltung der Fachkräfte und nicht dem Erbringungskontext zuschreibt.

2012 *Bauer* 2001a: 198 für Sozialleistungen im Allgemeinen.

2013 Vgl. *Schimke* 2003: 125, *Späth* 1998: 25.

2014 Vgl. *Späth* 1994: 56f. Er vertritt die These, dass durch die Dominanz des Expertensystems eine bessere Steuerung der Hilfen auf Seiten der Professionellen gesichert werden kann, vgl. ebd. S. 57

2015 Daher geht es im Konzept der „Sozialen Arbeit als Dienstleistung“ auch nicht um eine vereinfachte Serviceorientierung, in der einseitig der „Kunde zum König“ wird, wie zum Teil in *public-choice* Ansätzen modelliert. Die Stärkung von Partizipationsrechten und subjektive Rechtsansprüche auf Sozialleistungen müssen im Blick bleiben, vgl. *Olk/Otto/Backhaus-Maul* 2003: L.

auch im Sinne von stellvertretendem[2016], Handeln und nachfragendem Subjekt konstitutiv, da es nicht einseitig aufgelöst werden kann.[2017] Auch die Abwägung zwischen Teilhaberechten der Adressat_innen und anderen Rechten sowie Pflichten gehört zur professionellen Dienstleistungskunst.[2018] Sozialstaatlich bzw. sozialrechtlich gewendet bleibt in der Dienstleistung das Spannungsfeld von Hilfe und Kontrolle unauflösbar und damit strukturimmanent.[2019] Andererseits wird die Anerkennung des Subjektstatus der Adressat_innen von Schutzimpulsen und Eingriffswünschen[2020] bzw. Anordnungsverhalten im wohlwollend-advokatorischen Sinne[2021] der Fachkräfte bedroht. Dies wohl umso mehr, je stärker der erzieherische Bedarf an die Grenze zur Kindeswohlgefährdung heranreicht.[2022]

Die Neuausrichtung durch die Dienstleistungsorientierung im Hinblick auf den Status der Familien innerhalb der Kinder- und Jugendhilfe zeigt sich auch in der Auseinandersetzung um Begriffe.[2023] So werden unter verschiedenen Perspektiven die Begriffe „Kund_in“, „Klient_in“[2024], „Nutzer_in“[2025], „Verbraucher_in“, „Adressat_in“, „Leistungsberechtigte_r“, „Nachfrager_in“, „Betroffene_r“, „Hilfeempfänger_in“, „Käufer_in“, Bürger_in, Begünstigte_r u. a. für die Akteure im Kontext der Kinder- und Jugendhilfe verwendet.[2026] Die Verwendung des Kundenbe-

2016 Vgl. *Thiersch* 1995a: 318.

2017 Vgl. *Schaarschuch* 2000: 172.

2018 Vgl. *Opielka* 2008: 139.

2019 Vgl. *BMFSFJ* 1994: 583, siehe oben.

2020 Vgl. *Schmid-Obkirchner* in *Wiesner* 2011a, § 36, Rn. 21.

2021 Vgl. *Nullmeier* 2011: 293.

2022 Hierbei spielen sicher auch die Befürchtungen strafrechtlicher Konsequenzen eine Rolle, was die Modellierung als Hochkostensituation unterstreicht.

2023 Für eine kursorische Abwägung der Implikationen, Chancen und Risiken ökonomischer Begriffe vgl. *Müller* 1997: 265ff.

2024 Ablehnend kritisch für diese beiden Begriffe vgl. *Ziebarth* 1994: 11f und 26f.

2025 Vgl. *Schaarschuch* 1999: 555.

2026 Vgl. *Jordan/Reismann* 1998: 84ff. Für eine Auseinandersetzung mit den Begrifflichkeiten im Hinblick auf eine sozialstaatlich, kommerzielle und gemeinschaftliche Positionierung vgl. *Effinger* 1994: 36ff, *Effinger* 1998: 37f. Für eine systematische Betrachtung der Begriffe Klient_in, Nutzer_in, Verbraucher_in und Kund_in vgl. *Bauer* 2001a: 114ff. Zur Kritik am Begriff Kund_in vgl. beispielhaft *Künzel-Schön* 1996: 7f. Zur Frage welches Personenkonzept den Begriffen „Konsument“ und „Klient“ zu Grunde liegt und zur Begründung einer Verwendung des Begriffs „citizen“ aus sozialphilosophischer Sicht vgl. *Volz/Kreuzer* 1998: 74f.

griffs assoziiert[2027] dabei eine Orientierung an Marktmechanismen und betriebswirtschaftlichen Regelsystemen. Für die Hilfe zur Erziehung gelten jedoch folgenreiche Einschränkungen, wie ein beschränkter Markt, die Besonderheit, dass die Familien die Leistung nicht selbst bezahlen, dass mit Eltern, Kindern und der Gesellschaft mehrere „Kundenperspektiven" zu beachten sind und dass die Leistungen nicht gänzlich freiwillig und nach individuellen Präferenzen ausgewählt sind.[2028] Ähnlich verhält es sich mit den Begriffen „Konsument_in" und „Nutzer_in".[2029] Positiv kann durch den Kund_innenbegriff eine stärkere Orientierung an vertraglichen Regelungen entstehen. Diese sorgen für mehr Klarheit, Abgrenzbarkeit und Verlässlichkeit[2030] sowie einer Orientierung an den Wünschen bzw. Bedarfen der Familien. Damit würde auch eher den formalen Beauftragungsverhältnissen entsprochen. Im Begriff „Kund_in" muss nicht unbedingt eine drohende Ökonomisierung der Sozialen Arbeit gelesen werden[2031], sondern können durchaus im positiven Sinn die aktiven Beteiligungsrechte semantisch gestärkt werden.[2032] Allerdings besteht die nicht unbegründete Gefahr, den Begriff Kund_in nach seiner „Einschleusung" nicht mehr nur als produktive Provokation zu verstehen, sondern als analytische Kategorie der Wirtschaftswissenschaften.

Letztlich sind die Unterschiede der sozialen Dienstleistung und des Erbringungskontextes der Hilfe zur Erziehung zu reinen Marktleistungen so groß, dass der Kund_innenbegriff irreführend ist. *Winkler* lehnt den Begriff Kund_in ab und argumentiert, es gäbe gute Gründe von Adressat_innen zu sprechen. Die Jugendhilfe

> „kann sich nicht dabei beruhigen den einzelnen formal den Status der Berechtigten und Befähigten zuzuschreiben, sie mithin allein als Rechtssubjekte wahrzunehmen; sie wird vielmehr danach fragen, ob und inwiefern die Subjekte den ihnen formal zugestandenen Status überhaupt ausfüllen können, ob und inwiefern sie nicht vielmehr einer Begleitung bedürfen, die vielleicht An-

---

2027 Auch wenn der Kundenbegriff nicht ausschließlich auf marktwirtschaftliche Steuerungsprinzipien begrenzt ist, vgl. *Effinger* 1998: 44.

2028 Vgl. *Weigel* 1999: 41, *Olk* 1994: 29, *Olk* 2011: 489.

2029 Für eine Systematisierung in vier Nutzer_innentypen, als Klient_in im Konzept eines paternalistisch-versorgenden Sozialstaats, als Nutzer_in im Konzept der Dienstleistungsorientierung, als Konsument_in im Markt und als Kund_in im aktivierenden Sozialstaat vgl. *Olk* 2011: 484ff.

2030 Vgl. *Effinger* 1994: 39, *Effinger* 1998: 34.

2031 Vgl. *Künzel-Schön* 1996: 6.

2032 Vgl. *Kunstmann* 2001: 141.

waltschaft, zumindest aber stellvertretend Wirklichkeitsdeutungen und Handlungsentscheidungen vornimmt, welchen den in Not geratenen am Ende doch Autonomie verschafft.“[2033]

Dieses Zitat zeigt einen Weg auf, die oben analytisch herausgearbeitete Spannung zwischen formalen und faktischen Beauftragungsverhältnissen semantisch aufzugreifen. Polarisierend stünde der Begriff Leistungsberechtigte_r für die formale und der Begriff Klient_in oder Hilfeempfänger_in für die faktische Seite. Mit dem Begriff Adressat_in lässt sich diese Spannung fassen und für die Soziale Arbeit bearbeitbar machen.

Zusammenschau von Dienstleistungsorientierung und Lebensweltorientierung und kritische Würdigung

Im Hinblick auf die theoretischen Auseinandersetzungen mit dem Dienstleistungsparadigma lassen sich analytisch drei Positionen polarisieren. Erstens eine grundsätzliche Kritik an der Position der Reformulierung der Sozialen Arbeit als Dienstleistung[2034], zweitens eine kritisch-konstruktive Auslotung von Gefahren und Chancen der Neukonzeption[2035] und drittens eine weitgehende Befürwortung der Implikationen des Dienstleistungsparadigmas als Kritik an der fachlich zurückhaltenden Rezeption.[2036] Weiter gilt es zu differenzieren, ob es sich um eine „Dienstleistungsorientierung“ auf organisationaler Ebene im Sinne des NSM oder um eine Reformulierung des Verhältnisses der Adressat_innen zum Staat und zur Sozialen Arbeit auf fachlicher Ebene handelt. Anders formuliert: ob die Dienstleistungsdebatte eher aus einer Perspektive der Ökonomik oder der Soziologie[2037] geführt wird.

In den kritischen Auseinandersetzungen mit einer Theorie der Dienstleistungsorientierung für die Soziale Arbeit wird häufig der Referenzrahmen der neo-klassischen bzw. alt-liberalen Ökonomik mit ihren Rationali-

---

2033 *Winkler* 1998: 289f (Hwg), vgl. *Maelicke* 1993: 32.

2034 Vgl. beispielhaft *Haupert* 2000: 544ff.

2035 Vgl. z. B. *Thiersch* 1995a: 318 oder *May* 1997: 371ff.

2036 Vgl. z. B. *Effinger* 1994 1997 1998. Die Gefahr einer expertokratisch-normativen Übergehung der Adressat_innenperspektive lässt sich durch die „Schaffung realer, d. h. materiell und rechtlich abgesicherter Verhaltensalternativen bei den Adressaten eher begegnen als durch freiwillige Selbstkontrolle der Professionellen.“ *Effinger* 1998: 45.

2037 Vgl. *Grunwald* 2001: 123f.

tätskriterien zu Grunde gelegt.[2038] Demnach werden der Reformulierung der Sozialen Arbeit als Dienstleistung drei Rationalisierungsversprechen unterstellt.[2039] Das erste zielt auf die fachlich verkürzte Diskussion des NSM indem die Etablierung einer kostengünstigeren Wohlfahrtsstruktur versprochen wird. Die beiden anderen stellen die expertokratische Machtposition der Professionellen in Frage. Zum einen im Erbringungsverhältnis im Hinblick auf die Definitionsmacht, was Qualität, darstellt und zum anderen im Erbringungskontext die Stärkung der Position der Adressat_innen als Nachfrageseite. Im Hinblick auf die Konzeption der Dienstleistungsorientierung kennzeichnet *Bolay* diese als „naive Theorie".[2040] Im Referenzrahmen der alt-liberalen Ökonomik[2041] wird der ideale Markt als Koordinierungsmechanismus und der *homo oeconomicus* als Menschenbild[2042] gesetzt. Daraus erwächst zwangsläufig Kritik an der Dienstleistungsorientierung im Hinblick auf Adressat_innen als nutzenmaximierende Kund_innen und freie/private Träger als marktabhängige „gewinnmaximierende" Dienstleistungsunternehmen sowie weitere grundsätzliche Schlussfolgerungen, wie z. B. dass Macht keine Rolle spiele, da über die Steuerung durch Geld positive und negative Anreize entscheidend sind.[2043] Würde diesen Annahmen in einem umfassenden theoretischen Entwurf der Sozialen Arbeit gefolgt, so wird die Grundlage sozialarbeiterischer Professionalität zerstört.[2044] Hauptsächlich wird auf die Unangemessenheit des Äquivalenzprinzips verwiesen, welches dem Reziprozitätsprinzip der Sozialen Arbeit diametral widerspricht. Weiter wird kritisiert, dass die Theoriegenerierung empiriefrei geschieht und der zu analysierende Gegenstand durch die Analyse selbst semantisch konstruiert wird.[2045] Nach *Haupert* ist die

2038 Zur Gefahr einer Interpretation der sozialen Dienstleistung aus marktorientierter Perspektive vgl. *Grunwald* 2001: 120ff.

2039 Vgl. *Bolay* 1996: 75.

2040 Bolay 1996: 76.

2041 Dieses Konzept ist in der Ökonomik nicht unbestritten, vgl. Kap. 3.

2042 Die Verwendung des Modells des *homo oeconomicus* hat in der Ökonomik eher analytischen Wert. Es dient der Rekonstruktion von Wettbewerbsprozessen und reduziert das handelnde Individuum auf wenige Modellannahmen. Zur Bedeutung und Verwendung des Konzepts des *homo oeconomicus* vgl. Kap. 3.1.

2043 Vgl. ausführlich Staub-*Bernasconi* 2007: 20-24.

2044 Vgl. *Haupert* 2000: 544ff.

2045 Vgl. *Haupert* 2000: 544ff.

> „Dienstleistungskategorie unbrauchbar, um ein kategorial so schwieriges Feld wie die Pädagogik oder die Soziale Arbeit definitorisch und noch viel weniger, um sie inhaltlich oder theoretisch zu erfassen.“[2046]

Diese Kritik zielt sowohl auf das NSM als auch auf die Neukonzeption Sozialer Arbeit im Dienstleistungssinne.

Prinzipiell ist *Haupert* zuzustimmen, dass eine theoretische Fundierung der Sozialen Arbeit anhand der Modellannahmen eines fundamentalistischen Alt-Liberalismus für die Profession gefährlich ist und ihre konstitutiven Merkmale überformt.[2047] Daher kann der Argumentation folgend, eine Neuausrichtung der gesamten Sozialen Arbeit unter einer umfassend gültigen Dienstleistungstheorie nicht befürwortet werden. Umso wichtiger ist es, die konstitutiven Elemente der Hilfen zur Erziehung im Kontext der Lebensweltorientierung, ihr bestimmendes fachliches Paradigma, herauszustellen.

Die Perspektive des Alt-Liberalismus auf die Soziale Arbeit im Konzept der Dienstleistungsorientierung kann aber auch als konstruktiver Impulsgeber verstanden werden, der bestimmte Themen in der Theoriediskussion der Sozialen Arbeit wieder mehr in den Fokus gerückt hat. Die wichtigsten sind die Themen

> „Freiheit und Leistung wie die entsprechenden menschlichen Bedürfnisse – sowohl bei der Klientel als auch den Sozialarbeitenden und Führungskräften“[2048],

eine Stärkung der Adressat_innenorientierung sowie der Eigeninitiative sowie Innovation der Adressat_innen und Fachkräfte sowie eine Auseinandersetzung mit den Strukturen und Prozessen der sozialen Organisationen im Sinne des Sozialmanagements.[2049] Nicht zuletzt wird die Ökonomik als wichtige Bezugswissenschaft der Sozialen Arbeit in Erinnerung gerufen.[2050] *Hornstein* weist kritisch bei einer allzu schnellen Hinwendung zu einem naiven Dienstleistungsparadigma auf die Gefahr der Entpolitisie-

---

2046 *Haupert* 2000: 554.

2047 Ähnlich vgl. *Wagner*, J. 2007: 252ff.

2048 *Staub-Bernasconi* 2007: 37.

2049 Vgl. *Staub-Bernasconi* 2007: 37. Auf der Ebene der sozialen Organisationen gelten die gleichen Aspekte als konstruktive Impulse im Gegensatz zur negativ beurteilten Verbetriebswirtschaftlichung, vgl. *Effinger* 1994: 31.

2050 Vgl. *Staub-Bernasconi* 2007: 37, *Kubon-Gilke* 2012a: 600f.

rung hin, wenn die „pädagogisch-politische Seite der Kinder- und Jugendhilfe“[2051] ins Abseits gerät.[2052]

Eine weitere grundsätzliche Kritiklinie bezieht sich auf die strukturelle Verdeckung des doppelten Mandats in der Dienstleistungsorientierung.[2053] In entgegengesetzter Perspektive wird argumentiert, mit der Dienstleistungsorientierung könnte der Blick stärker auf die „Auswahl- und Ausweichmöglichkeiten der Adressaten und (...) ihren realen Verhandlungsspielräumen“[2054] gelenkt werden und damit die Austarierung des doppelten Mandates nicht alleinig den Professionellen auferlegt werden.[2055] Hier stellt sich die Frage, ob das nicht eher ein Fluchtversuch aus der Ambivalenz des professionellen Handelns[2056] ist, die eigentlich innerhalb einer advokatorischen Ethik verhandelt werden müsste. *Thiersch* konstatiert, dass das Verständnis von Dienstleistung das Gewicht in Richtung „Hilfe“ verschiebt ohne das doppelte Mandat aufzuheben.[2057]

Die befürwortende Position der Dienstleistungsorientierung radikalisiert die Aufwertung des Adressat_innenstatus. Sie zielt auf eine „Soziale Arbeit als Kundendienst“[2058] mit der Figur des/der Kund_in als souveräner Bürger_in, der/die

> „als ökonomisch, moralisch und politisch mitverantwortliches Subjekt an den Leistungen kooperativ und aktiv beteiligt ist“.[2059]

Daneben sei es nicht nur aus berufsethischen Gründen, sondern auch aus „der Bearbeitungslogik personenbezogener Dienstleistungen“[2060] notwendig auf Kooperation, Partizipation und Dialog zu setzen. Die Kundenorientierung im Kontext der Sozialen Arbeit interpretiert führt dann zu einem Verständnis als Dialogorientierung.[2061] *Schwabe* kritisiert zurecht, dass in der Dienstleistungsperspektive zu beachten ist, dass es verschiedene

2051 *Hornstein* 1997: 29.
2052 Vgl. *Hornstein* 1997: 29, ähnlich, *Flösser/Otto* 2003: 64.
2053 Vgl. *Merchel* 2000c: 40ff, *Oechler* 2009: 56 und 73. *Galuske* spricht gar vom Verschwinden desselben durch die Dienstleistungskonzeption, vgl. *Galuske* 2002b: 254f.
2054 *Effinger* 1994: 48.
2055 Vgl. *Effinger* 1994: 48.
2056 Vgl. *Frommann* in: *Krause/Peters* 2009: 90ff.
2057 Vgl. *Thiersch* 2002: 130.
2058 *Effinger* 1994: 49.
2059 Vgl. *Effinger* 1998: 35.
2060 *Effinger* 1997: 84.
2061 Vgl. *Effinger* 1997: 83f.

Kund_innen mit unterschiedlichen Machtpotentialen und Interessen gibt, die Eltern zwar als Kunden bezeichnet werden, aber aus ihrer Sicht nicht unbedingt Vertragsfreiheit[2062] herrscht, sie die Leistung nicht bezahlen[2063] und nicht über die Kenntnisse, Fertigkeiten und Fähigkeiten verfügen, zu wählen und zu entscheiden.[2064] In einer Betrachtung der Adressat_innen als gleichwertige, aufgeklärte Kund_innen läge auch die Gefahr, die Soziale Arbeit von ihrem konstitutiven Mandat zu Motivation, Empowerment und Befähigung zur Partizipation bzw. zum Dialog zu entlasten[2065], was Auswirkungen auf den professionellen Handlungsauftrag und das Selbstverständnis der Fachkräfte hätte. Es ginge, plakativ ausgedrückt, nur noch um „Kundenorientierung“ statt „Kundenbefähigung“[2066], auch im Sinne der Befähigung zum Dialog. In den Hilfen zur Erziehung finden sich außerdem nicht nur unterschiedliche Interessen, sondern nicht selten diametral widersprüchliche Perspektiven von Eltern, Kindern, der Gesellschaft sowie fachlicher Aspekte, die vermittelt werden müssen.[2067]

In einer konstruktiv-kritisch gewendeten Lesart der „Nachfrageposition“ insistiert die Dienstleistungsorientierung auf einer stärkeren Bedürfnis- und Interessenartikulation der Adressat_innen sowie deren Partizipation.[2068] Dadurch hat die Betrachtung der Kunde-Anbieter-Beziehung eine „subjekttheoretisch gehaltvolle emanzipative Stoßrichtung“[2069] erhalten. Die Fokussierung der Perspektive der Adressat_innen ist ein zentraler Aspekt der Dienstleistungsorientierung. Auch wenn davon ausgegangen werden muss, dass die Betroffenen der Hilfe zur Erziehung nicht unbedingt in

2062 Hier ist nur die Frage angesprochen, ob Eltern freiwillig einen Antrag auf Hilfe zur Erziehung stellen. Vertragsfreiheit beinhaltet jedoch sowohl das Ob der Inanspruchnahme als auch das Wie der Ausgestaltung der Dienstleistung. Während in dieser Arbeit die Freiwilligkeit vorausgesetzt wird, ist bei der Auswahl und Ausgestaltung der Hilfe durchaus ein Auseinanderklaffen von faktischen und formalen Gegebenheiten festzustellen. Daher ist eine Kritik der fehlenden Vertragsfreiheit, die in der fehlenden Umsetzung des Wunsch- und Wahlrechts liegt, berechtigt.

2063 Vgl. *Schwabe* 1996: 15ff.

2064 Vgl. *Künzel-Schön* 1996: 10f.

2065 Vgl. *Künzel-Schön* 1996: 9f.

2066 Vgl. *Gissel-Palkovich* 2009: 31.

2067 Vgl. *Birtsch/Münstermann/Trede* 2001: 14. Ebenso ist der Aspekt der Freiwilligkeit eingeschränkt, vgl. ebd.

2068 Vgl. *BMFSFJ* 1994: 586. *Grunwald* spricht von einer Radikalisierung der Partizipation durch die Dienstleistungsorientierung, vgl. *Grunwald* 2001: 118.

2069 *Bolay* 1996: 75.

der Lage sind, sich gegen Fremdbestimmung in aktivem Aneignungshandeln für den eigenen Lebensentwurf[2070] einsetzen oder gar durchsetzen zu können. So gesehen ist es notwendig, durch die Anwendung einer advokatorischen Ethik diese Personengruppe zu vertreten, jedoch kann das nicht davon entbinden, gleichzeitig immer im Sinne einer Befähigung darauf hinzuarbeiten, die Adressat_innen in die Lage zu versetzen, ein Stück mehr an Selbstbestimmung zu erlangen. Eine naiv verkürzte advokatorische Ethik kann allzu schnell missbraucht werden, den Expertokratismus gegenüber den Adressat_innen nicht nur zu verschärfen, sondern auch zu legitimieren. Vor diesem Hintergrund ist es der Dienstleistungsorientierung gelungen eine durchaus utopische Zielperspektive zu formulieren, die Adressat_innen der Hilfe zur Erziehung aus der faktischen Abhängigkeit und Bittstellerrolle in eine formal ihr zustehende Subjektposition zu rücken. Oder einfach ausgedrückt: Dienstleistungsorientierung ist die Herausforderung an professionelle Soziale Arbeit, die Befähigung der Adressat_innen zur Selbstbestimmung als zentralen Bezugspunkt neben stellvertretender Deutung und advokatorischer Ethik zu positionieren.

Dabei geht es weder darum, einem „Autonomie-Optimismus“[2071] zu erliegen, noch darum den Adressat_innen die Verantwortung für misslungene Problemlösungsversuche[2072] zuzuschreiben, sondern darum die Prinzipien der Aushandlung, Partizipation und die Berücksichtigung lebensweltlicher Bezüge als Eigenrationalität der Sozialen Arbeit[2073] und damit als konstitutive Elemente der Hilfe zur Erziehung zu beachten.

Die Lebensweltorientierung und die Dienstleistungsorientierung können, nicht zuletzt durch ihre Positionierung über die Jugendberichte der Bundesregierung, als zentrale Paradigmen der Hilfen zur Erziehung gelten. In einer Gegenüberstellung[2074] beider Paradigmen wird der Lebensweltorientierung zwar der Verdienst zugeschrieben, strukturelle Anforderungen an eine moderne Kinder- und Jugendhilfe formuliert zu haben, die auch für zukünftige Gestaltungsaufgaben taugen, jedoch zugleich vorgeworfen, ausschließlich aus professioneller Perspektive formuliert zu sein

---

2070 Vgl. *Heite* 2006: 82f.
2071 *Heite* 2006: 83.
2072 Vgl. *Wagner, J.* 2007: 143.
2073 Vgl. *Füssenhäuser* 2007: 290.
2074 Für eine Übersicht zu Gemeinsamkeiten und Unterschieden vgl. *Grunwald* 2001: 124ff.

und damit systemkonform zu bleiben.[2075] Dementgegen versucht die Dienstleistungsorientierung eine radikale Neupositionierung der Kinder- und Jugendhilfe als wohlfahrtsökologische[2076] Leistung im Gesamtkonzept zukünftiger gesamtgesellschaftlicher und sozialstaatlicher Anforderungen.[2077] Diese unterschiedliche Grundausrichtung zeigt sich anhand der zentralen Prämissen.[2078] Während im Kontext der Lebensweltorientierung auf Prävention gesetzt wird, setzt die Dienstleistungsorientierung auf eine Lebenslagenpolitik. Die Argumentation bezieht sich auf die Engführung traditioneller Präventionskonzepte und ihren Interventionsgehalt in die Lebensführung der Adressat_innen, wohingegen eine Lebenslagenpolitik sich radikal an deren tatsächlichen Lebenslagen orientieren soll.[2079] An der Maxime der Dezentralisierung wird ebenso die systemkonforme Ausrichtung der Lebensweltorientierung deutlich, da sie aus Sicht der Profession auf Verringerung von Zugangsbarrieren und Selektionsprozessen ausgerichtet ist. In der dienstleistungstheoretischen Fundierung wird hieraus die Forderung nach einer „responsiven Programmstruktur“[2080] sozialer Dienste, welche darauf insistiert, die Nachfragebedingungen zum Ausgangspunkt der eigenen Reorganisation zu machen.[2081] Entgegen der Alltagsorientierung setzt die Dienstleistungsorientierung auf eine konsequente Anerkennung des Subjektstatus der Adressat_innen bis hin zur symmetrischen Konstruktion als Basis von kommunikativen Aushandlungsprozessen.[2082] Die Forderung der Demokratisierung der Sozialen Arbeit im Paradigma der Dienstleistungsorientierung wird als Radikalisierung der Maxime Normalisierung gesehen, da sie nicht aus professioneller Sicht Anforderungen an die sozialpädagogische Praxis stellt, Differenzierung

---

2075 Vgl. *Flösser/Otto* 1996c: 179. Genau dem widersprechen *Grunwald/Thiersch*, indem sie sagen, die Lebensweltorientierung insistiere „gegen die Selbstbezüglichkeiten der Soziale Arbeit, gegen die professionseigenen Deutungsmuster von Problemen, gegen die Selbstreferenzialität des institutionalisierten sozialpädagogischen Handelns.“ *Grunwald/Thiersch* 2003: 73.

2076 Verschränkung von Fallarbeit, Milieuarbeit und Strukturarbeit.

2077 Vgl. *BMFSFJ* 1994: 583f, *Flösser/Otto* 1996c: 180.

2078 Für die Lebensweltorientierung vgl. *BMJFFG* 1990: 85ff. Für die Dienstleistungsorientierung vgl. *BMFSFJ* 1994: 583ff.

2079 Vgl. *Flösser/Otto* 1996c: 180f, *Grunwald* 2001: 125, *Grunwald/Thiersch* 2003: 85.

2080 *Flösser/Otto* 1996c: 183.

2081 Vgl. *Flösser/Otto* 1996c: 182ff.

2082 Vgl. *Flösser/Otto* 1996c: 184.

und Spezialisierung abzubauen, sondern wieder im Perspektivwechsel auf die Adressat_innen die Verwirklichung demokratischer Rechte als soziale Bürger_innenrechte einfordert.[2083] Letztlich wird ebenso die Maxime der Partizipation – als Stärkung der Rechtsposition und der tatsächlichen, institutionell abgesicherten Einflussmöglichkeit auf die Problemdefinition und Leistungserbringung – radikalisiert.[2084] Dienstleistungstheoretisch wird den Adressat_innen ein Privileg auf Definition und Beteiligung im Rahmen der Leistungserstellung zugestanden, was dazu führt, dass sie als Bürger_innen zu Entscheider_innen werden.[2085] Im Ergebnis ist die Dienstleistungsorientierung rekonstruierbar als Radikalisierung der Lebensweltorientierung unter Setzung der Figur der Adressat_innen als Bürger_innen mit Rechtsansprüchen auf sozialstaatliche Leistungen.[2086] Trotz aller Unterschiede lässt sich in den gemeinsamen Bezügen rechtfertigen, von der Hilfe zur Erziehung als lebensweltorientierter Dienstleistung zu sprechen.[2087]

Damit lässt sich im Hinblick auf die Beauftragungsverhältnisse festhalten, dass das Paradigma der Lebensweltorientierung nicht unbedingt dazu führt, die faktischen Beauftragungsverhältnisse in der sozialpädagogischen Praxis den formalen anzunähern. Im Paradigma der Dienstleistungsorientierung kann vor allem durch den Referenzpunkt der anspruchsberechtigten Bürger_innen als Träger sozialer Rechte die Forderung an eine Annäherung an die formalen Beauftragungsverhältnisse erkannt werden.

Die Schwachstelle der dienstleistungstheoretischen Ausrichtung der Sozialen Arbeit mit dem *focal point* der Bürger_innen als Inhaber_innen sozialer Rechte ist hingegen die ethische und sozialpädagogisch-interaktionistische Leere. Daher ist das Konzept für eine professionelle Soziale Arbeit nur tragfähig mit der Ergänzung einer advokatorischen Ethik und dem Beziehungsmodell des pädagogischen Bezugs.[2088]

Zusammenfassend fällt eine Bewertung der dienstleistungstheoretischen Fundierungen der Hilfen zur Erziehung amibivalent aus. Positiv zu vermerken ist, dass über die Dienstleistungsdebatten zum einen der insti-

---

2083 Vgl. *Flösser/Otto* 1996c: 184f.

2084 Vgl. *Grunwald* 2001: 125, *Grunwald/Thiersch* 2003: 81 und 85, *Flösser/Otto* 1996c: 185f.

2085 Vgl. *Flösser/Otto* 1996c: 185f.

2086 Ähnlich vgl. *Flösser/Otto* 1996c: 187.

2087 Vgl. *Grunwald* 2001: 126f.

2088 Vgl. *Grunwald* 2001: 119, *Grunwald/Thiersch* 2003: 82.

tutionelle Erbringungskontext der Hilfen und zum anderen das Verhältnis von Adressat_innen zu Staat und Leistungsanbietern wieder in den Fokus gerückt wurde. Weiter kann eine hohe Anschlussfähigkeit an die Lebensweltorientierung als leitendes Paradigma der Hilfe zur Erziehung festgehalten werden. Letztlich ist jedoch offen, inwieweit die Konzeption einer Sozialen Arbeit als Dienstleistung die „Paradoxien professionellen Handelns“[2089] theoretisch fundieren kann.

Kritisch ist nach wie vor die Problematik, dass die Diskussionen um die Dienstleistungsorientierung aus unterschiedlichen Perspektiven geführt werden (fachliche Dienstleistungsorientierung versus Neue Steuerung). Aus meiner Sicht ist dabei die Diskussion um die Neue Steuerung überformt durch Begriffe und Annahmen einer eng verstandenen alt-liberalen Ökonomik und damit ungeeignet für die Analyse der QEV in der Kinder- und Jugendhilfe. Im Hinblick auf die vorliegende Arbeit ist die analytische Kategorisierung *Schaarschuchs* in Erbringungsverhältnis, Erbringungskontext und gesellschaftliche Bedingungen fruchtbar. Demnach dient diese Kategorisierung in der folgenden Analyse als heuristisches Modell, um die QEV als Steuerungsinstrument im Erbringungskontext zu analysieren. Ein Bezug zu den fachlichen dienstleistungstheoretischen Grundlegungen der Sozialen Arbeit[2090] ist aus meiner Sicht notwendig, da sie eine Ebene zur inter-institutionellen Analyse der Akteure der Sozialen Arbeit bieten, die in interaktionistischen, lebensweltorientierten Ansätzen kaum ausformuliert sind.

Im Ergebnis ist die Hilfe zur Erziehung als sozialstaatlich verbürgte, lebensweltorientierte, personenbezogene, soziale Dienstleistung in öffentlichem Auftrag[2091] konzeptioniert. Die Bestimmungsfaktoren des Erbrin-

---

2089 *Gildemeister* 1983: 64. Diese zeigen sich in den Gegensatzpaaren „Professionalität versus Menschlichkeit“, „Professionelles als sich selbst abschaffendes Handeln versus Klientifizierung der Betroffenen“, „Einflussnahme ohne Beeinflussung“ sowie „Kompetenzerweiterung durch Kompetenzreduktion“, vgl. ebd. S. 67ff.

2090 „Der Dienstleistungsbegriff als analytische Kategorie ist integraler Bestandteil einer sozialwissenschaftlich fundierten Theorie Sozialer Arbeit und insofern unverzichtbar.“ *Galuske* 2002b: 255. Als grundlegende Neuorientierung der Sozialen Arbeit insgesamt reicht sie jedoch nicht hin, vgl. ebd. S. 255f.

2091 Hier wird öffentlicher Auftrag entgegen privaten Aufträgen zur personenbezogenen Sozialen Dienstleistung verstanden (vgl. *Effinger* 1998: 41) wie z. B. die Internatserziehung.

gungskontextes dieser Dienstleistung, die im formellen Bereich, gegen Entgelt, professionell erbracht[2092] wird, ist Thema des folgenden Kapitels.

2.4 Die Hilfen zur Erziehung als meritorisches Gut

Im Folgenden wird eine Betrachtung der Hilfen zur Erziehung als handelbares Gut[2093] vorgenommen, also die Frage nach ihrem „ökonomischen Wesen" geklärt. Dies ist zum einen notwendig, um die spätere institutionsökonomische Analyse anschlussfähig zu machen, und zum anderen, um zu eruieren, inwieweit marktliche Steuerungsmechanismen zielführend für die Allokation der entsprechenden Ressourcen sein können. Die Ansicht, Leistungen der Sozialen Arbeit seien keine über den Markt handelbaren Güter, kann spätestens seit ihrer Verberuflichung nicht mehr aufrechterhalten werden. Die Hilfe zur Erziehung wird als berufliche Arbeit erbracht und damit müssen die zur Verfügung stehenden Ressourcen durch einen bestimmten Modus allokiert und die Leistungen distributiert werden.[2094] Zur Analyse der Bedingungen von Allokation und Distribution, hier Erbringungskontext genannt, kann die NIÖ wertvolle Beiträge liefern. Dazu ist es jedoch nötig, die Hilfe zur Erziehung als professionell durch abhängig beschäftigte Personen (seltener auch als Selbstständige) auf dem Arbeitsmarkt erbrachte, durch den Sozialstaat zugeteilte und durch Steuermittel finanzierte Dienstleistung zu rekonstruieren. Hierzu wird die Hilfe zur Erziehung kategorial als sog. „meritorisches Gut" gefasst. Die bisher angestellten Überlegungen zu konstitutiven Elementen der Hilfe zur Erziehung aus sozialpolitischer, sozialrechtlicher und sozialpädagogischer Sicht sind dabei leitend, um nicht affirmativ die weitverbreiteten Kategorien und Begriffe einer klassisch marktförmigen Konstruktion des Erbrin-

---

2092 Im Gegensatz zu informell und unentgeltlich von Laien erbrachten sozialen Dienstleistungen, vgl. *Bauer* 1996: 17f.

2093 In der Ökonomik werden auch Dienstleistungen als Güter betrachtet. Das Verständnis der Dienstleistung als Gut setzt ihre Tauschwert-Eigenschaft voraus. Diese ist für soziale Dienstleistungen insofern strittig, da erstens die Rolle der Inanspruchnahme und Zahlung der Leistung auseinander fallen und zweitens aus sozialhistorischer Sicht diese Tätigkeiten als unentgeltliche und uneigennützige Solidarhandlungen entstanden sind, vgl. *Bauer* 1996: 22f.

2094 Im Übrigen müssen auch bei mildtätiger oder ehrenamtlicher Arbeit allokative und distributive, also ökonomische Entscheidungen getroffen werden.

gungskontextes unkritisch zu übernehmen. Ziel ist es, die Besonderheiten im Gegensatz zu marktüblichen Dienstleistungen herauszuarbeiten.

Zu Beginn des Kapitels stehen begriffliche Klärungen, die in einer allgemeinen Darstellung der wichtigsten Besonderheiten sozialer Dienstleistungen münden. Im Fokus steht damit das in den beiden vorherigen Unterkapiteln angedeutete Problem des paternalistischen Eingriffs, das eng verbunden ist mit der Sachwaltungsproblematik. Im Anschluss daran wird die Hilfe zur Erziehung als meritorisches Gut erfasst.

2.4.1 Begriffliche Klärungen

In den Diskussionen um die „Ökonomisierung“ der Sozialen Arbeit[2095] entsteht immer wieder der Eindruck, der „Markt“ selbst sei ein Akteur, der handeln kann.[2096] Diesem werden eine ausschließliche Orientierung an Effizienz- und Effektivitätskriterien zugeschrieben, die die Besonderheiten der sozialen Dienstleistung überformen würden. Diese Argumentation führt auf zwei Ebenen ins Leere.

Erstens ist der Markt kein Akteur, das ist und bleibt die Gesellschaft oder deren Individuen, sondern er bezeichnet ein bestimmtes Set an Vorschriften, die den Tausch von Gütern reglementieren. Demnach ist der Markt ein Koordinierungsmechanismus mit bestimmten Regeln: eine Institution.[2097] Ein Teil dieser Regeln wird politisch verhandelt und letztlich über die Legislative in Gesetze transformiert.[2098] Dadurch ist das Primat der Politik unhintergehbar, so ist es auch von der „Sozialen Marktwirtschaft“[2099] vorgesehen.[2100] Aus institutionsökonomischer bzw. ordnungspolitischer Perspektive stellt sich die Frage, welcher Koordinierungsmechanismus geeignet ist, die Hilfe zur Erziehung so zu allokieren, dass eine Versorgung mit sozialen Dienstleistungen erreicht werden kann, die dem sozialstaatlichen Anspruch als auch dem fachlichen Anspruch genügen

2095 Vgl. Kap. 1.5.

2096 Z. B: „der Markt begnügt sich damit, danach zu fragen ob Anbieter und Nachfrager sich geeinigt haben“ *Münder* 1998: 11f, bei *Banafsche* bestimmt der Markt das Geschehen und er spaltet die Fachwelt, vgl. *Banafsche* 2010: 253.

2097 Vgl. ausführlich Kap. 3.

2098 Andere Teile sind z. B. Usancen.

2099 Vgl. Kap. 2.1.

2100 Vgl. *Cremer/Goldschmidt/Höfer* 2013: 51.

kann.[2101] Die Frage ist, ob bestimmte Elemente marktlicher Steuerung vorteilhaft für die Bereitstellung der Hilfe zur Erziehung sein können. Grundsätzlich ist zu bedenken, dass hier nicht dem Verständnis gefolgt wird, dass der Markt das Ziel sei, sondern die Frage gestellt wird, wie ein Markt als Mittel zur Ressourcenallokation ausgestaltet sein müsste [2102], um die Hilfen zur Erziehung als sozialstaatlich verbürgte und sozialpädagogisch erbrachte soziale Dienstleistung optimal zu allokieren, wenn sozialstaatliche und fachliche Standards gesetzt sind. Demnach ist ein Verständnis von „Vermarktlichung" als eine Zunahme von marktlichen Steuerungselementen im Mix mit staatlicher Zentralsteuerung und solidarischer Steuerung nachvollziehbar.[2103] In diesem Sinne wird der Begriff weiter verwendet. Eine andere Perspektive der „Vermarktlichung" zielt auf eine Binnenmodernisierung der Sozialen Dienste durch stärkere Ausrichtung an Methoden, Instrumenten und Organisationsgestaltung marktwirtschaftlicher Unternehmen. Hierfür wird der Begriff der „Verbetriebswirtschaftlichung"[2104] verwendet.[2105]

Zweitens sind Effektivität und Effizienz keine bloßen Zielvorgaben der Koordination[2106], sondern drücken immer Verhältnisse aus. Die Effektivität bezeichnet dabei das Verhältnis von angestrebtem Ziel zu erreichtem Ziel unabhängig vom Aufwand. Angenommen zur Deckung des erzieherischen Bedarfs eines Säuglings mit drogenabhängigem, alleinerziehendem Vater wäre eine Betreuung rund um die Uhr mit einer Auftragspädagog_in für die Belange des Vaters und einer Auftragspädagog_in für die Belange des Säuglings geeignet und notwendig. Das würde den Einsatz von acht Vollzeitkräften in dieser Familie bedeuten.[2107] Vorausgesetzt, jede Auftragspädagog_in arbeitet gewissenhaft, wäre dies sehr effektiv. Würde sich der erzieherische Bedarf eklatant verändern, wäre die Hilfe nach Art und

2101 Vgl. ähnlich *Cremer/Goldschmidt/Höfer* 2013: 38.

2102 Vgl. *Cremer/Goldschmidt/Höfer* 2013: 38, *Cremer* 2013: 63, *Schipmann* 2006: 103.

2103 Für dieses Verständnis vgl. z. B. *Gabriel* 2007: 110. *Olk* spricht von gradueller Annäherung an marktliche Steuerungsmechanismen bei Erhaltung der Eigenlogik des öffentlichen Sektors, vgl. *Olk* 1994: 24.

2104 *Möhring-Hesse* 2008: 141.

2105 Vgl. *Möhring-Hesse* 2008: 142ff.

2106 Vgl. z. B. *Hensen* 2006b: 30.

2107 Es müssten 24 Stunden Betreuung abgedeckt werden. Unter der Annahme, dass ein Vollzeittag pro Fachkraft sechs Stunden *face-to-face* Arbeit beinhaltet, wären vier Vollzeitfachkräfte jeweils für Vater und Kind nötig.

Umfang im Rahmen der Hilfeplanung anzupassen. Hingegen drückt Effizienz das Verhältnis von Kosten zu Nutzen oder Aufwand zu Ertrag aus, auch als „Wirtschaftlichkeit“ benannt. Das bedeutet für die Hilfen zur Erziehung, dass ein festgestellter erzieherischer Bedarf und die daraus abgeleiteten Ziele mit einem möglichst geringen Aufwand erreicht werden. Im obigen Beispiel wäre der Einsatz von neun Vollzeitkräften ineffizient, weil der erzieherische Bedarf mit acht Vollzeitkräften gedeckt wäre, möglicherweise wäre er aber effektiv. Der Einsatz von sieben Auftragspädagog_innen wäre ineffektiv und auch ineffizient, weil der Ertrag nicht erreicht wird.

An dieser Stelle scheint wichtig, klarzustellen, dass der erzieherische Bedarf als Maßstab für die notwendigen Ressourcen immer Vorrang vor Wirtschaftlichkeitserwägungen hat. Diese sind nur im Nachrang zulässig. Oder juristisch formuliert Ordnungsmäßigkeit geht vor Wirtschaftlichkeit.[2108]

Zum Effizienzkriterium können drei Konzeptionen unterschieden werden. Eine „professionelle Effizienz“ stellt das professionelle Handeln außerhalb marktförmiger oder staatlicher Kontrolle. Ausschließlich die Profession selbst ist in der Lage, die Effizienz im Einzelfall zu beurteilen, die mit Einhaltung professioneller Standards und Ethik gegeben ist. Adressat_innen und andere Vertragspartner können demnach Effizienz nicht einschätzen. Damit ist Effizienz weder objektivierbar noch messbar. Professionelle sind verantwortlich für den Leistungsoutput, den sie so anlegen, dass damit die gewünschte Wirkung möglich ist.[2109] Klassischerweise wird über eine „betriebswirtschaftliche Effizienz“ gesprochen. Dabei ist vor allem der optimale Einsatz der eingesetzten Ressourcen (professionelles Handeln) zur Erreichung eines Ziels relevant.[2110] Wichtig bei diesem Effizienzkriterium ist, dass ein fachliches Ziel incl. aller Qualitätsaspekte formuliert wird (Ertrag), bei der Hilfe zur Erziehung die Deckung des erzieherischen Bedarfs, und dieser mit möglichst geringem Aufwand erreicht werden soll. Die Kehrseite wäre eine Verschwendung von Ressourcen, die auch moralisch nicht zu rechtfertigen ist.[2111] In der Diskussion in der Sozialen Arbeit wird beim Effizienzkriterium oft der Eindruck erweckt, es solle mit weniger Ressourcen mehr erreicht werden. Die Formu-

2108 Vgl. *Münder* 1996, S 218.
2109 Vgl. *Krone/u. a.* 2009: 94f mit Bezug auf die Professionstheorie *Oevermann*s.
2110 Vgl. *Krone/u. a.* 2009: 96, *Finis Siegler* 2009: 154.
2111 Vgl. *Langer* 2004a: 270.

lierungen reichen von: „Hier sollen mit erheblich weniger Ressourcen bessere Leistungen vollbracht werden“[2112] bis zu völlig absurden Aussagen wie die Feststellung, das Ziel einer Modernisierung der Kinder- und Jugendhilfe sei „Kostenminimierung bei gleichzeitiger Gewinnmaximierung.“[2113] Mit diesen plakativen Anklagen gerät man in eine argumentative Falle, weil dies das ökonomische Relationskriterium Effizienz gar nicht hergibt. Effizienz drückt ein Verhältnis aus und ist ohne Setzung mindestens einer der beiden Faktoren „Aufwand“ oder „Ertrag“ nicht bestimmbar.[2114] Steigender Ertrag bei gleichzeitig sinkendem Aufwand ist analytisch im Sinne der Effizienz schlechterdings nicht möglich, weil bildlich gesprochen es dem Versuch gleicht, bei einer Sanduhr durch Drehen derselben gleichzeitig beide Seiten aufzufüllen. Für die sozialen Dienstleistungen ist das betriebswirtschaftliche Effizienzkriterium mit vielen Bestimmungsproblemen behaftet, die bereits diskutiert wurden.[2115] Als dritte Konzeption kann das Effizienzkriterium unter institutionsökonomischer Perspektive als Heuristik zur Bestimmung von Wohlfahrtsverlusten aufgrund von Transaktionskosten und Agenturkosten begriffen werden.[2116] Das betriebswirtschaftliche und institutionsökonomische Effizienzkriterium hat in der Bewertung des Erbringungskontextes seine Berechtigung, muss aber von Prämissen der Sozialstaatlichkeit[2117] und Professionalität gerahmt werden. Effizienzsteigerungen allein auf Kosten der Qualität oder Zugangs- bzw. Bedarfsgerechtigkeit gilt es zu verhindern und sind dem Kriterium so nicht zuordenbar. Der Markt wird im Folgenden verstanden als eine Institution, also ein Set von Regeln, welche das Zusammentreffen von Angebot und Nachfrage bestimmter Waren und Dienstleistungen ermöglicht. Dabei hat der Markt unterschiedliche Funktionen, man unterscheidet die Koordinationsfunktion, die Informationsfunktion und die Allokationsfunktion.[2118] Inwieweit Märkte in der Lage sind die Funktionen

---

2112 *Figiel* 1997: 25, vgl. *Müller* 1996b: 26, *Rose* 1996: 54, *Fröhlich-Gildhoff* 2004: 31, *Hensen* 2006b: 34, *Burghardt* 2010: 32.

2113 *Buchholz* 2007: 27.

2114 Vgl. *Lambach* 2003: 98.

2115 Vgl. Kap. 1.5 und Kap. 2.3.2.

2116 Vgl. *Krone/u. a.* 2009: 97f.

2117 Vgl. *Cremer/Goldschmidt/Höfer* 2013: 51.

2118 Koordination bedeutet hier, Anbieter und Nachfrager zum gegenseitigen Vorteil zum Tausch zusammenzubringen. Information bedeutet hier die Individuen darüber zu informieren, welche Waren zu welchen Preisen zur Verfügung stehen. Allokation bedeutet hier, dass über die Informationsfunktion Anbieter entscheiso zu erfüllen, dass die politisch gewünschte Versorgung mit sozialen Dienstleistungen ressourcenschonend gelingt, hängt von der konkreten Ausgestaltung der institutionellen Regelungen ab.[2119]

Drittens wird in der sozialwissenschaftlichen Literatur häufig der Begriff der „öffentlichen Güter“ für Leistungen der Sozialen Arbeit verwendet.[2120] Das gängige Verständnis öffentlicher Güter in den Sozialwissenschaften ist, dass sie „von der Gesellschaft aufgrund gesetzlicher Regelungen vorgehalten“[2121] werden. Als Kriterien für öffentliche Güter in diesem Sinne gelten, dass der Anbieter bzw. Gewährleister der Staat ist, dass die Leistungen selbst durch gesetzliche Regelungen normiert sind, und dass diese ganz oder teilweise aus öffentlichen Steuermitteln bezahlt werden. Für solche Güter wurde früher auch der Begriff „Sozialgüter“ verwendet.[2122] Im Umkehrschluss dieser Definition handelt es sich um ein privates Gut, wenn die Leistung weder rechtlich normiert noch garantiert ist und weitgehend mit privaten Mittel bezahlt wird. Demnach gäbe es innerhalb der Sozialen Arbeit sowohl öffentliche (z. B. Leistungen der Kinder- und Jugendhilfe) als auch private Güter (z. B. Betriebssozialarbeit, spendenfinanzierte Beratung). Diese begriffliche Definition ist nachvollziehbar, führt jedoch auch zu Verwirrung, da es in der Ökonomik ebenfalls die Unterscheidung in öffentliche und private Güter gibt, diese jedoch einer anderen Logik folgt.

Aus ökonomischer Sicht wird die Typisierung von Gütern in der Regel anhand von zwei Kriterien vorgenommen. Erstes Kriterium ist das „Ausschlussprinzip“: Wer den Preis nicht zahlen will oder kann oder nicht zur Inanspruchnahme des Gutes berechtigt ist, kann vom Konsum ausgeschlossen werden. Zweites Kriterium ist die Rivalität im Konsum, d. h., wenn ein Gut von einem Individuum konsumiert wird, kann es nicht bzw. nicht ohne Einbußen von einem anderen Individuum konsumiert werden. Güter, die beide Eigenschaften aufweisen, nennt man private Güter. Ist jeweils ein Kriterium erfüllt und das andere nicht, spricht man von Mautgütern (rivalisierender Konsum: nein – Ausschlussprinzip anwendbar: ja) oder Almendegütern (rivalisierender Konsum: ja – Ausschlussprinzip an-

---

den können, ihre Ressourcen in anderer Weise einzusetzen, vgl. *Cremer/Goldschmidt/Höfer* 2013: 39f.

2119 Vgl. *Cremer/Goldschmidt/Höfer* 2013: 40.

2120 Vgl. z. B. *Galuske* 2004b: 6f, *Künzel-Schön* 1996: 10, *Opielka* 2003: 549.

2121 *Künzel-Schön* 1996: 11.

2122 Vgl. z. B. *Tennstedt* 1976: 148.

wendbar: nein). Sind beide nicht erfüllt, spricht man auch von reinen öffentlichen Gütern.[2123] *Wildmann* sieht die Ausschließbarkeit als wichtigstes Kriterium für die Unterscheidung.[2124] Dieses Prinzip ist jedoch nicht hinreichend, da über den Preis Individuuen – bei entsprechenden Eigentumsrechten – immer ausgeschlossen werden können, auch wenn das möglicherweise prohibitiv teuer wäre.[2125] Von daher scheint das Kriterium der Nichtrivalität im Konsum stichhaltiger.[2126] Demnach sind öffentliche Güter solche, die von mehreren Nutzer_innen gleichzeitig konsumiert werden können, ohne dass es zu Nutzeneinbußen einzelner kommt.[2127] Daher wird der Begriff öffentliche Güter in der Regel auf Güter mit nichtrivalisierendem Konsum angewendet (reine öffentliche Güter und Mautgüter).[2128] Sowohl die Nichtrivalität im Konsum als auch die Unmöglichkeit, das Ausschlussprinzip anzuwenden, führen zu einem partiellen oder völligen Marktversagen durch Ineffizienzen.[2129] Das bekannteste Phänomen ist das Trittbrettfahrerproblem.[2130] Für eine funktionierende Marktsteuerung ist die Ausschließbarkeit vom Konsum zwingend.[2131]

Öffentliche Güter können wegen Marktversagen in der Regel nicht ausschließlich über den Marktmechanismus bereitgestellt werden, sondern erfordern staatliche Eingriffe bzw. andere Koordinierungsinstrumente.[2132] Die Entscheidung über die Bereitstellung öffentlicher Güter wird daher in einem politischen Prozess vermittelt[2133], die den Betroffenen ermöglicht,

---

2123 Vgl. *Musgrave/Musgrave/Kullmer* 1975: 5f, *Kirchgässner* 2008: 53, *Cremer/Goldschmidt/Höfer* 2013: 61ff.

2124 Vgl. *Wildmann* 2010: 40.

2125 Vgl. *Kubon-Gilke* 2013: 251, *Stiglitz/Walsh* 2010: 280 und 293ff.

2126 „Öffentliche Güter sind Güter deren Konsum nicht rivalisiert", vgl. *Musgrave/Musgrave/Kullmer* 1975: 55.

2127 Vgl. *Kubon-Gilke* 2013: 251.

2128 Vgl. *Musgrave/Musgrave/Kullmer* 1975: 58.

2129 Selbst wenn das Ausschlussprinzip bei nichtrivalisierenden Gütern anwendbar ist, ist es unerwünscht, da es ineffizient ist, Personen über Preise vom Konsum auszuschließen, wenn die Grenzkosten (die den Preisen entsprechen sollen) Null sind, vgl. *Musgrave/Musgrave/Kullmer* 1975: 56. Effizienzverlust bedeutet hier Wohlfahrtsverlust.

2130 Vgl. *Musgrave/Musgrave/Kullmer* 1975: 56ff, *Wildmann* 2010: 41.

2131 Vgl. *Wildmann* 2010: 40. Ausschließbarkeit bei gleichzeitiger Nichtrivalität im Konsum macht eine ausschließliche Marktsteuerung möglich (Mautgüter), ist aber auch ineffizient.

2132 Vgl. *Kubon-Gilke* 2013: 230f.

2133 Vgl. *Prölß* 2000: 272.

ihre Präferenzen im Abstimmungsverfahren einzubringen, und gleichzeitig die Verpflichtung beinhaltet, zu den Kosten bei zu tragen.[2134]

Nach wirtschaftswissenschaftlicher Definition sind nicht alle Güter, die der Staat finanziert oder anbietet, „öffentliche Güter“. Die Hilfen zur Erziehung sind nach ökonomischer Definition keine öffentlichen Güter, sondern private Güter, da theoretisch Rivalität im Konsum und das Prinzip der Ausschließbarkeit anwendbar ist.[2135] Wenn im Rahmen einer SPFH die Auftragspädagogin A ein Elterngespräch bei Familie X durchführt, kann Familie Y diese nicht gleichzeitig in Anspruch nehmen. Der Platz für Kind X in einem Kinderheim kann nicht gleichzeitig von Kind Y in Anspruch genommen werden. Insofern herrscht Rivalität im Konsum. Der Rechtsanspruch auf die Leistung ist kein Argument gegen die Rivalität im Konsum (Kind Y erhält einen anderen Heimplatz). Es geht in der ökonomischen Definition um den „Verbrauch“ dieses einen bestimmten Gutes.

Die Ausschließbarkeit vom Konsum ist dem Grunde nach gegeben, denn durch die Bedarfsprüfung fällt zumindest bei Nichtvorliegen der Anspruchsberechtigung die öffentliche Finanzierung weg. Durch die Möglichkeit der privaten Bezahlung der Leistung einer/eines Auftragspädagog_in kann das Gut zwar nachgefragt werden, aber in der Regel werden die Preise für private Familienhilfe bzw. einen Heimplatz ausschließende Effekte haben, wie z. B. beim Internat. Außerdem kann über Gebühren eine Kostenbeteiligung festgelegt werden, die ausschließenden Charakter hat. Im Ergebnis bedeutet das bis hierher, dass die Hilfe zur Erziehung nach ökonomischer Definition ein privates Gut ist und die Koordinierung derselben über einen reinen Marktmechanismus *grundsätzlich* möglich ist.

2134 Vgl. *Musgrave/Musgrave/Kullmer* 1975: 7. Zur dezidierten Auseinandersetzung mit Steuerungsproblemen und deren Lösungen bei öffentlichen Gütern im wirtschaftswissenschaftlichen Sinne vgl. *Kubon-Gilke* 2013: 251ff.

2135 Vgl. *Ottnad/Wahl/Miegel* 2000: 26. Für anderere Ansichten, *Trube/Wohlfahrt* 2000: 46 und *Grunow* 2011: 231ff, der jedoch die Typologie der öffentlichen Güter als Heuristik versteht und Soziale Dienstleistungen als „unreine“ öffentliche Güter mit weitgehenden Einschränkungen der beiden Kriterien ansieht. Allerdings bezieht er Nicht-Rivalität auf die Leistung überhaupt und nicht auf die eine bestimmte Leistung und wandelt damit das ökonomische Kriterium ab. Letztlich reduziert sich die Definition öffentlicher Güter dadurch auf die kollektive Finanzierung und Gewährleistung durch den Staat, wodurch „unreine öffentliche Güter“ eine Entscheidungskategorie werden und keine Analysekategorie mehr sind.

Das eine solche Koordinierung unerwünschte Effekte auslöst, wird im Folgenden expliziert.

2.4.2 Vom privaten Gut zum meritorischen Gut

Es bleibt die Frage, ob soziale Dienstleistungen wie die Hilfe zur Erziehung in der Ökonomik ausschließlich als private Güter abgehandelt werden. Das würde bedeuten, dass in der ökonomischen Analyse keinerlei Unterschied zwischen freiwillig angebotenen, freiwillig konsumierten, marktlich gesteuerten und privat bezahlten Gütern einerseits und sozialstaatlich verbürgten, im Konsum gesellschaftlich gewollten, sozialpädagogisch erbrachten und öffentlich bezahlten Gütern andererseits gemacht würde. Auch wenn in manchen Gestaltungsvorschlägen marktradikaler Ökonom_innen die These vertreten wird, über den Markt[2136] ließe sich für die Produktion aller möglichen Güter eine perfekte Ressourcenallokation erreichen[2137], kennt die Ökonomik eine kategoriale Unterscheidung, die für soziale Dienstleistungen und die sozialwissenschaftliche Diskussion um deren Erbringungskontext nutzbar ist. Diese Güterkategorie bezeichnet man als sog. „meritorische Güter“. Sowohl öffentliche Güter als auch private Güter können meritorischen Charakter haben.[2138]

Meritorische Güter sind Güter, bei denen der Staat bzw. die Gesellschaft ein besonderes Interesse daran hat, dass die Menschen um ihrer selbst willen das Gut oder die Leistung in Anspruch nehmen. Bei diesen Gütern bleibt die Nachfrage hinter den gesellschaftlichen Erwartungen (*merit wants*) zurück.[2139] Ein klassisches Beispiel sind Pflichtversicherungen. Um den Konsum meritorischer Güter zu fördern, hat der Staat vier

---

2136 Die Argumentation zielt darauf ab, dass der reine Marktmechanismus immer die effizienteste Allokationslösung darstellt. Allerdings ist dies schon bei klassischen Konsumgütern, wie z. B. Autos, nicht richtig und bei sozialen Dienstleistungen durch weitere Phänomene, die den Marktmechanismus zum Scheitern bringen, schon gar nicht. Zu idealen Märkten und ihren modelltheoretischen Annahmen vgl. Kap 3.

2137 Z. B. bezeichnet als „Credo der Neo-Liberalen“ *Zimmer/Nährlich* 1997: 666.

2138 Vgl. *Musgrave/Musgrave/Kullmer* 1975: 76. A. A. ist *Priddat*, der öffentliche Güter als Spezialfall meritorischer Güter konzeptioniert, vgl. *Priddat* 2008: 156.

2139 Demgegenüber gibt es auch die sog. demeritorischen Güter, bei denen der Staat dafür sorgen will, dass sie nicht oder nur sehr wenig konsumiert werden, wie z. B. Tabak oder Kokain.

Möglichkeiten. Erstens kann er Anreize schaffen, z. B. durch Subventionen an die Nachfrageseite oder Angebotsseite, so dass sich mehr Menschen für das meritorische Gut entscheiden. Zweitens kann er über rechtliche Regelungen erreichen, dass bestimmte Standards einzuhalten sind. Drittens kann er das meritorische Gut (teilweise) kostenfrei stellen und den Konsum zur Verpflichtung erklären.[2140] Viertens kann er über *nudges* („Schubser") den Entscheidungskontext so gestalten, dass sich die Menschen für das gewünschte Verhalten eher entscheiden, als für das unerwünschte.[2141] Alle diese Ansätze haben paternalistische Züge, der Staat greift in die Souveränität von Konsument_innen ein.[2142] Daher ist es nicht allein eine ökonomische Frage, wie diese Güter koordiniert bzw. die nötigen Ressourcen allokiert werden, sondern auch eine politische[2143], im Fall der Hilfe zur Erziehung eine sozialpolitische.

Es gibt keine geschlossene Theorie meritorischer Güter, vielmehr ist es eine Sammelkategorie für Güter, bei denen die Annahme von strikter Souveränität von Konsument_innen unbrauchbar ist.[2144] Die Sichtweise, dass der Staat besser wissen könnte als die Individuen, was für sie gut ist, und daher den Ergebnissen des Wettbewerbs misstraut, ist in der Ökonomik äußerst umstritten, da diese Sicht quer zum methodologischen Individualismus (methodisches Argument) liegt und dem normativen Liberalismus widerspricht, der mündige, aufgeklärte Bürger_innen zum Ausgangspunkt der Überlegungen macht, die autonom nach ihren eigenen Interessen Entscheidungen treffen (normatives Argument). In diesem Sinne sind Eingriffe in die Souveränität von Konsument_innen besonders begründungsbedürftig. Ein häufiges Argument sind Effizienzverluste durch sog. externe Effekte. Diese bezeichnen unerwünschte Auswirkungen auf unbeteiligte Dritte.[2145] In der Meritorik geht es nicht um Auswirkungen auf Dritte, sondern um die Konsument_innen selbst, die sich nicht so verhalten, wie es aus der Sicht des Staates gut für sie wäre. Eine ökonomische Begründung für staatliche Eingriffe in die Konsumentscheidung der Menschen ohne Rückgriff auf das Argument externer Effekte ist nicht ohne weiteres

---

2140 Vgl. *Wildmann* 2010: 44-47, *Stiglitz* 1999: 181, *Schrüfer* 2010: 32.

2141 Vgl. *Thaler/Sunstein* 2008, ausführlicher s. u.

2142 Vgl. *Buestrich/u. a.* 2010: 92.

2143 Vgl. *Cremer/Goldschmidt/Höfer* 2013: 65.

2144 Vgl. *Sturn* 2013: 23ff, der auch eine Systematisierung der bisherigen meritorischen Argumente vorgenommen hat.

2145 Ausführlich s. u.

zu liefern. Zusätzlich stellt sich die Frage, wie der Staat zu seiner Bewertung kommt, was denn besser ist und welche Interessen sich dahinter verbergen.[2146] Demnach wird die Begründung, es lägen „unbefriedigende individuelle Präferenzen“[2147] vor, um staatliche Eingriffe in den Markt zu rechtfertigen, in der Ökonomik mehrheitlich zurück gewiesen. Der Vorwurf lautet, die meritorischen Eingriffe würden paternalistisch die Souveränität von Konsument_innen beschneiden und die Entscheidungsfreiheit sowie damit Freiheitsrechte einschränken. Daher werden zunehmend als veraltete sozialstaatliche Bevormundung abgelehnt.[2148] Diese Begründungsmuster stützen sich auf die Annahme stabiler und konsistenter Präferenzordnungen, wie sie die Ökonomik aus methodologischen Gründen voraussetzt. Für eine eingegrenzte Art von analytischen Fragestellungen ist dieses Modell tauglich, kann aber das Vorhandensein meritorischer Güter nicht erklären.

Die experimentelle Ökonomik und die Verhaltensökonomik zeigen[2149], dass die getroffenen Auswahlentscheidungen von Konsument_innen nicht immer ihre eigentlichen Interessen widerspiegeln. Dies wurde durch die Erweiterungen der Präferenzannahmen aufgegriffen. Präferenzen seien als reflexiv, prozedural und in hierarchischer Ordnung zu verstehen. Damit wird eine moralische Selbstbewertung eigener, niedriger liegender Präferenzen angenommen und im Ergebnis eine Art innere Präferenzdiskrepanz modelltheoretisch möglich.[2150] Diese Annahme kann staatliche Eingriffe legitimieren, wenn gesichert wäre, dass damit durchschnittlich und auf lange Sicht der Einzelne besser gestellt ist.[2151] Der Grund meritorischer Eingriffe durch den Staat ist also nicht, dass Marktprozesse zu ineffizienten Ergebnissen kommen[2152], sondern dass der Staat glaubt, dass es Werte gibt, die über den individuellen Präferenzen stehen. In diesen Bereichen

2146 Vgl. *Sturn* 2013: 16 und 24f, *Kubon-Gilke* 2013: 310, *Kirchgässner* 2013: 41ff.

2147 *Molitor* 1988: 418.

2148 Vgl. *Ullrich* 2005: 114.

2149 Vgl. z. B. die Übersicht über entsprechende Experimente bei *Schulz/Thöni* 2013: 66ff.

2150 Vgl. *Kirchgässner* 2013: 48f, *Sturn* 2013: 24ff.

2151 Vgl. *Sturn* 2013: 16f

2152 Im Hinblick auf Marktineffizienzen wird eine Reihe von Phänomenen diskutiert, die durchaus der Diskussion um die Meritorik nahe stehen, wie z. B. Informationsasymmetrien und externe Effekte. Für die vorliegende Frage ist es wichtig die Meritorikargumente und die Effizienzargumente auseinander zu halten auch wenn sie bei vielen Problemkonstellationen beide vorkommen.

lässt der Staat die Souveränität der Konsument_innen nicht gelten und handelt klassisch paternalistisch. Die paternalistischen Konzeptionen lassen sich nach ihrem Eingriffsgrad in harten Paternalismus durch z. B. Gebote, Verbote und gesetzliche Standards, weichen Paternalismus durch Anreize, wie z. B. Besteuerung, und libertären Paternalismus durch *nudges* unterscheiden.[2153]

Zur analytischen Klärung der Frage nach paternalistischen Eingriffen in den Hilfen zur Erziehung wird kurz auf den Aspekt der Kindeswohlgefährdung eingegangen. Die Eingriffe der Familiengerichte in die elterliche Sorge im Kontext von Gefährdung werden teilweise als Paternalismus bezeichnet.[2154] Diese Position übersieht, dass Eltern im Rahmen ihrer Elternverantwortung Handelnde in Stellvertretung sind.[2155] Vor dem Hintergrund der Konstruktion der elterlichen Sorge als treuhänderisch und fremdnützig zu Gunsten der Kinder[2156], verliert der Eingriff seine paternalistischen Züge und offenbart „nur“ noch eine Sachwaltungsproblematik. Im Hinblick auf das Grundgesetz[2157], die verbürgte soziale Gerechtigkeit im Sinne eines „guten Lebens“, die UN-Menschenrechtskonvention und die UN-Kinderrechtskonvention wird deutlich, dass der handlungsleitende Bezugspunkt bei diesen Eingriffen die Sicherung der Grundrechte der betroffenen Kinder und Jugendlichen darstellt und nicht die Einschränkung des Elternrechts. Die Ausgestaltung der familiengerichtlichen Eingriffe des Staates als Gebote oder teilweiser bzw. vollständiger Entzug der elter-

2153 Vgl. *Kirchgässner* 2013: 44.

2154 Vgl. beispielhaft *Ott* 2013: 197f im Diskurs paternalistischer Familienpolitik.

2155 Vgl. *Rothenburg* 2010: 63, vgl. Kap. 2.2.4.

2156 „Die Eltern haben als Sachwalter des Kindes die freie Entfaltung seiner Persönlichkeit (Art. 2 GG) zu fördern und dürfen ihm nicht etwa ihre eigene Persönlichkeit aufzwingen. (…) Das Elternrecht hat also den Interessen des Kindes zu dienen (…).“ *Stein/Frank* 2010: 300f.

2157 Ähnlich das *BVerfGE*: „der Staat ist nicht nur berechtigt, sondern auch verpflichtet, die Pflege und Erziehung des Kindes sicherzustellen. Diese Verpflichtung des Staates (…) ergibt sich in erster Linie daraus, dass das Kind als Grundrechtsträger selbst Anspruch auf den Schutz des Staates hat. Das Kind ist ein Wesen mit eigener Menschenwürde und dem eigenen Recht auf Entfaltung seiner Persönlichkeit im Sinne der Art. 1 Abs. 1 und Art. 2 Abs. 1 GG. Eine Verfassung, welche die Würde des Menschen in den Mittelpunkt ihres Wertesystems stellt, kann bei der Ordnung zwischenmenschlicher Beziehungen grundsätzlich niemandem Rechte an der Person eines anderen einräumen, die nicht zugleich pflichtgebunden sind und die Menschenwürde des anderen respektieren.“ *BVerfGE* 24, 119 (144 f.).

lichen Sorge sind keine Argumente für eine paternalistische Gestalt dieser Handlungen. Um als paternalistisch zu gelten, ist in diesem Zusammenhang Voraussetzung, dass staatliche Interventionen beabsichtigt

> „in die Willkür- und Handlungsfreiheit eines Menschen eingreifen, so daß dieser Mensch sich hierdurch in seiner Handlungsfreiheit beeinträchtigt fühlt."[2158]

Die Eltern genießen jedoch keine Freiheit in diesem Sinne, alles mit ihren Kindern machen zu können, sondern ihre Freiheit ist rückgebunden an das Wohl des Kindes und damit von Beginn an eine bedingte Freiheit. Familienrechtliche Eingriffe zu Gunsten von Kindern können demnach nicht paternalistischer Natur sein. Deutlich wird dieser Gedanke daran, dass wohl niemand auf die Idee käme, den Entzug der Personensorge bei einem/einer Amtsvormund_in bei Nichterfüllung der entsprechenden Pflichten als paternalistischen Eingriff zu deuten.

Damit soll nicht angedeutet werden, dass darauf verzichtet werden kann, im Rahmen

> „des Normalisierungsauftrages (…) auch gegen unmittelbar geäußerte Präferenzen und Bedürfnisse bestimmter Adressatengruppen"[2159]

zu handeln, um das Kindeswohl durchzusetzen. Es handelt sich nur nicht um paternalistische Eingriffe.

Wenn es aber bestimmte Güter gibt, die aus Sicht einer übergeordneten Instanz mehr oder überhaupt erst nachgefragt werden sollen, als es die unterstellten Präferenzen der Individuen erwarten lassen, und daraus entsprechende Handlungen abgeleitet werden, damit die Menschen *für sich* etwas bestimmtes tun, dann ist das ein Eingriff in die Souveränität von Konsument_innen und sehr wohl paternalistisch. Die damit zusammenhängenden Fragen werden in der Ökonomik unter dem Stichwort der „eingeschränkten Souveränität" von Konsument_innen diskutiert. Eingeschränkte Souveränität bedeutet, dass die Nutzer_innen der sozialen Dienstleistung ihre Interessen nicht selbst souverän vertreten können, was vor allem mit der fehlenden Kaufkraft in Verbindung gebracht wird.[2160] Auf der

2158 *Brumlik* 2004: 233.

2159 *Olk/Otto/Backhaus-Maul* 2003: XXIIf.

2160 Vgl. *Buestrich/u. a.* 2010: 85. Hier wird nochmal sehr deutlich, dass in diesem Zusammenhang von mündigen Personen im Sinne *Brumliks* ausgegangen wird, denen verkürzt gesagt alle Handlungsautonomie zur Verfügung steht, nur nicht die Kaufkraft.

strukturellen Ebene des Verteilungsmechanismus wird diese Problematik über Markt- bzw. Wettbewerbssurrogate zu lösen versucht. Instrumente sind z. B. Gutscheinsysteme, vorausgesetzt es herrscht ausreichend Leistungstransparenz und Wahlmöglichkeit für die Adressat_innen. Weitere Gründe sind Informations- und Machtasymmetrien oder schwache *exit*-Möglichkeiten, die typisch für soziale, personenbezogene Dienstleistungen sind. Hier wirken Beschwerdesysteme oder Modelle der „Verbraucher_innenberatung“ stärkend auf die Souveränität der Konsument_innen.[2161] In den Debatten zum Kund_innenbegriff ist dies für die sozialen Dienstleistungen kontrovers diskutiert worden.[2162] Dem liegt die Annahme zu Grunde, dass es nötig sein kann, die Entscheidungsfreiheit des Einzelnen einzuschränken, da er seine eigenen Bedürfnisse nicht hinreichend erkennt bzw. sich nicht danach verhält.

Einen wichtigen Impuls erhielt die Meritorikdebatte durch die Einführung der Annahme, dass sich kurzfristige und langfristige Präferenzen unterscheiden.[2163] Das meritorische Argument lautet, dass wir kurzfristige Interessen den langfristigen vorziehen und uns damit insgesamt selbst schaden. Um dieses Phänomen zu berichtigen, dienen institutionelle Selbstbindungen, die wir uns auferlegen und die uns zwingen, an die Zukunft zu denken.[2164] Würde man z. B. die Rentenversicherung ausschließlich über den Markt abwickeln und ohne Versicherungspflicht den einzelnen Individuen überlassen, ob und wie sie sich versichern, kann davon ausgegangen werden, dass viele Bürger_innen keine ausreichende Altersvorsorge hätten.[2165]

Aus ökonomischer Sicht wäre für die Hilfe zur Erziehung zu klären, ob sich die „Nachfrageverstärkung“ durch den Staat ausschließlich im Hinblick auf die Entscheidungen der Eltern für sich selbst rechtfertigen lässt. Schließlich handelt es sich um „ihren“ Rechtsanspruch. Eine Begründung der Nachfrageverstärkung im Hinblick auf den möglichen Schaden bzw. die Versäumnisse, die für das Kind durch erzieherische Bedarfe zu be-

---

2161 Vgl. *Jordan/Reismann* 1998: 88, *Brülle/Reis* 1999: 290.

2162 Vgl. *Cremer/Goldschmidt/Höfer* 2013: 71, vgl. Kap. 2.3. In diesem Zusammenhang stehen jedoch nicht nur meritorische Argumente zur Souveränität von Konsument_innen, sondern auch noch andere, vgl. Kap. 2.5.1.

2163 Zum Stand und weiterer Entwicklungslinien der Meritorikdebatte, vgl. *Kubon-Gilke* 2013: 310ff.

2164 Vgl. *Kubon-Gilke* 2013: 318f.

2165 Vgl. *Thaler/Sunstein* 2008: 148ff.

fürchten sind (verstanden als Einschränkung seiner Verwirklichungschancen), zielt auf das Argument der externen Effekte. Nimmt man die Entscheidung des *BVerfGE* zur Grundlage, dass das Wohl des Kindes den Eltern am meisten am Herzen liegt[2166], dann ließe sich der heutige erzieherische Bedarf als Diskrepanz zwischen kurzfristigen und langfristigen Präferenzen deuten. Die oft geäußerte Aussage der Eltern, dass sie nur das Beste für ihre Kinder wollen oder dass es den Kindern besser gehen soll als ihnen, kann als empirische Evidenz dafür gesehen werden.[2167] Als Begründung für den meritorischen Eingriff käme dann eine Zustimmung *ex post* der Eltern in Frage, also würden die Eltern der „Nachfrageverstärkung" durch das Jugendamt nach der Hilfe zur Erziehung als antizipierter Wille der Zukunft zustimmen.[2168] *Olk* spricht davon, die Eltern

> „vor einer ‚falschen' Bestimmung ihrer eigenen Präferenzen zu schützen und sie mit ‚sanftem Zwang' auf ihre eigenen, langfristigen Interessen zu verpflichten."[2169]

Erstens stellt sich die Frage, wie sich die Antizipation der langfristigen Interessen gestalten lässt. Zweitens entkräftet dieses Argument nicht den Paternalismus in der Handlungssituation, da Eltern ihre Mündigkeit im Hier und Jetzt – teilweise abgesprochen – eingeschränkt wird. Die verfassungsrechtliche Grundentscheidung, den Eltern den Erziehungsvorrang einzuräumen, aber als Staat darüber zu wachen, kann ökonomisch betrachtet als „indirekte kollektive Selbstbindung"[2170] verstanden werden, bei eigener Lebensführung der Eltern das Wohl der Kinder nicht aus den Augen zu verlieren. Solche Diskrepanzen zwischen kurz- und langfristigen Präferenzen zu überwinden, wird über den Einsatz von Maßnahmen des weichen und libertären Paternalismus versucht, nicht durch harten Paternalismus

---

2166 Das *BVerfGE* stellte fest, dass „in aller Regel Eltern das Wohl des Kindes mehr am Herzen liegt als irgendeiner anderen Person oder Institution" *BVerfGE* 59, 360 (376).

2167 Empirische Studien, die Eltern retrospektiv befragen, ob sie aus heutiger Sicht einer Hilfe zur Erziehung wieder zustimmen würden, waren hier aufschlussreich.

2168 Konzeptionalisiert als Divergenz zwischen *actual choice* und *retrospective choice* vgl. *Basu* 1976: 221ff.

2169 *Olk* 1994: 24.

2170 *Hiebaum* 2013: 123ff, vgl. auch *Kirchgässner* 2013: 49. Dabei wird davon ausgegangen, dass die höherrangigen reflektierten Präferenzen im politischen Prozess in einer kollektiven Selbstbindung als gesetzliche Regeln münden, vgl. ebd. S. 57.

über Gebote und Verbote.[2171] Dies stützt die These, den erzieherischen Bedarf als Präferenzdiskrepanz der Eltern zu betrachten, da im Kontext der vermeintlich freiwilligen Hilfe zur Erziehung weicher Paternalismus eingesetzt wird (Überredung durch das Jugendamt), während bei der Kindeswohlgefährdung Gebote und Verbote eingesetzt werden.

Die bisher dargestellten Annahmen und Begründungen können als Meritorik im engsten Sinne verstanden werden. Eine Erweiterung ist nötig, wenn man ein ebenfalls klassisches Beispiel für meritorische Argumentationen betrachtet, wie z. B. die Schulpflicht. Angenommen „Schulbildung“ werde nur über den Markt gesteuert, dann würde der Schulbesuch eine bestimmte Summe Geld kosten und diejenigen Eltern, die Bildung für wichtig hielten und es sich leisten können, würden die Bildung für ihre Kinder einkaufen. Manche Eltern würden die Notwendigkeit nicht sehen, andere könnten es sich nicht leisten oder beides. In einer solchen Konstellation entstehen Verteilungsprobleme. Einerseits könnten die Schulen selbst entscheiden, welche Kinder einen Schulplatz bekommen. Es könnte zur *adverse selection* kommen, da Schulen sich Kinder mit vielversprechenden Bildungsaussichten, gewünschtem Sozialverhalten etc. und finanzstarken Eltern aussuchen würden. Weiter käme es zu negativen externen Effekten z. B. auf dem Arbeitsmarkt. Selbst wenn der Staat den Schulbesuch kostenfrei stellen würde, blieben die Probleme erhalten. Solange der Schulbesuch nicht über die Teilnahmepflicht für alle Kinder gilt, ist davon auszugehen, dass die Nachfrage nach Bildung hinter dem gesellschaftlichen wünschenswerten Versorgungsgrad zurückbleibt. Der Staat hat ein Interesse, dass alle Kinder Zugang zu Bildung haben.

Daher tritt der Staat selbst als Anbieter auf und sichert die Teilnahme über die Schulpflicht.[2172] Ökonomisch ist dies einerseits begründbar als positiver externer Effekt der Schulbildung für die gesamte Gesellschaft[2173] und andererseits streng meritorisch, im Sinne der *retrospectiv choice*. Das heißt, dass Kinder und Jugendliche, die möglicherweise selbst nicht zur

---

2171 Vgl. *Kirchgässner* 2013: 45.

2172 Vgl. *Wildmann* 2010: 44-46.

2173 Die Entscheidung der Eltern, ihre Kinder zu versorgen, zu betreuen und zu erziehen hat gesellschaftspolitisch gewünschte externe Effekte (s. u.). Sie führen dazu, dass der nachwachsenden Generation Selbstverantwortlichkeit und Solidarität vermittelt wird und die Voraussetzung für ihre personale Entfaltung geschaffen werden, vgl. *Lampert/Althammer* 2004: 351.

Schule wollen, später der Schulpflicht zustimmen würden.[2174] Damit steht die Frage, ob Kinder die Schule besuchen müssen, weder zur Disposition der Kinder, noch zur Disposition der Eltern.[2175] Für die Hilfe zur Erziehung gilt dies nicht. Wenn Kinder oder Jugendliche eine Hilfe zur Erziehung in Anspruch nehmen wollen, die Eltern dies aber nicht zulassen und keine Kindeswohlgefährdung gegeben ist, kann die Hilfe zur Erziehung nicht geleistet werden. Dies ist vor allem daher problematisch, da davon auszugehen ist, dass gerade die Eltern, deren Kinder eine Hilfe zur Erziehung am ehesten benötigen würden, sie nicht nachfragen würden.[2176] Dennoch wurde aus historischen Gründen kein eigenes Erziehungsrecht der Kinder- und Jugendhilfe abgeleitet, im Gegensatz zur Schule.

Anhand dieses Beispiels wird neben eingeschränkter Souveränität der Konsument_innen ein zweites Problem sichtbar, nämlich dass die Eltern keine Entscheidungen für sich treffen, sondern für ihre Kinder. Es entsteht das sog. Sachwalter_innenproblem (auch Treuhänder_innenproblem). Bei Entscheidungen von Sachwalter_innen über Dritte „wacht" der Staat über deren Betätigung. Der Eingriff in die Entscheidungssouveränität der Minderjährigen wird mit dem Verweis auf ihre noch ausstehende Personwerdung bzw. Mündigkeit begründet.[2177] Da Personwerdung und Mündigkeit im Hinblick auf Kinder und Jugendliche Entwicklungskonzepte darstellen, ist der fortschreitenden Mündigkeit Rechnung zu tragen. Der Erwachsene wird in der Unterstützung der Kindesentwicklung zum „mäeutischen Interpret latenter Entwicklungsaufgaben".[2178] Die Verfassung löst dies normativ durch die stufenweise Ausweitung der eigenen Rechtsposition des

---

2174 Die Schulpflicht lässt sich selbstverständlich auch in Bezug auf andere Perspektiven begründen, z. B. im ethischen Sinne als Schutz gegen die eigene Unvernunft (vgl. *Brumlik* 2004: 246f) oder sozialstaatlich als Grundrechtsverwirklichung der Kinder und Jugendlichen.

2175 Zu sehen ist dies an der immer wiederkehrenden Auseinandersetzung, dass Eltern aus bestimmten Gründen ihre Kinder nicht in öffentliche oder anerkannte private Schulen schicken wollen.

2176 Vgl. ähnlich für die Frage der Bildung *Sturn* 2013: 21f mit Bezug auf *Mill*.

2177 Vgl. *Brumlik* 2005 103f, *Sturn* 2013: 20. Dezidiert für Fragen des Kindeswohls vgl. *Brumlik* 2013b: 5ff.

2178 *Nölke* 1997: 674, der dies in Anlehnung an *Bettelheim* als Anforderung an die professionellen Fachkräfte formuliert. Da diese Anforderung aus der Entwicklungstatsache resultiert (vgl. *Bernfeld* 1981: 51), kann sie auf das Generationenverhältnis zwischen Erwachsenen und Kindern übertragen werden, unabhängig vom professionellen Erziehungsauftrag.

Kindes.[2179] An die elterliche Sorge ist die konstitutive Anforderung geknüpft, die Minderjährigen an den zu treffenden Entscheidungen zu beteiligen:

> „Bei der Pflege und Erziehung berücksichtigen die Eltern die wachsende Fähigkeit und das wachsende Bedürfnis des Kindes zu selbständigem verantwortungsbewusstem Handeln. Sie besprechen mit dem Kind, soweit es nach dessen Entwicklungsstand angezeigt ist, Fragen der elterlichen Sorge und streben Einvernehmen an.“[2180]

Paternalistische Eingriffe bei unmündigen Personen sind in der Ökonomik unbestritten.[2181] Aus der verfassungsrechtlichen Grundsatzentscheidung heraus sind die Eltern erste Sachwalter der Kinder, sie haben das natürliche Recht und die Pflicht zur Kindererziehung (Art. 6 GG).[2182] Der Staat hat, außer bei der Schulpflicht, keinen Zugriff auf die Erziehung der Kinder. Lediglich bei der Kindeswohlgefährdung sind durch die Familiengerichte Eingriffe und Einschränkungen der elterlichen Gewalt vorüberge-

---

2179 Ab dem 7. Lebensjahr tritt die Geschäftsfähigkeit ein (§ 104 BGB), sie ist insofern beschränkt (§ 107 BGB), als die Rechtsverbindlichkeit der Willenserklärung der Kinder, durch die es nicht lediglich einen rechtlichen Vorteil erlangt, die Einwilligung der Eltern voraussetzt (§ 108 BGB). Unter 7-Jährige sind für einen Schaden nicht verantwortlich. Bei Straßenverkehrsunfällen gilt dieser Grundsatz bis zur Vollendung des 10. Lebensjahres. In anderen Bereichen haften Minderjährige zwischen 7. und Vollendung des 18. Lebensjahres nur dann nicht für einen Schaden, wenn ihnen die erforderliche Einsicht fehlt (§ 828 BGB). Mit Vollendung des 10. Lebensjahres hat das Kind ein Anhörungsrecht bei der Frage des Religionswechsels, ab Vollendung des 12. Jahres ist gegen den Willen ein Religionswechsel nicht mehr möglich und ab Vollendung des 14. Jahres kann es die Religionsfrage alleine entscheiden. Weiter beginnt mit 14 die Strafmündigkeit und das unbedingte Anhörungsrecht vor Gericht in Angelegenheiten, welche seine Person betreffen. Auch kann es selbst Beschwerde gegen solche Gerichtsentscheidungen einlegen. Darüber hinaus kann es bzgl. des Sorgerechts selbst Vorschläge unterbreiten, nur selbstständig in seine Adoption einwilligen und nur selbst einer Änderung seines Geburtsnamens zustimmen. Ab dem 15. Lebensjahr haben Minderjährige die Möglichkeit, selbst Anträge auf Sozialleistungen zu stellen. Ab 16 sind sie eidesfähig und können selbständig ein Testament unter Mitwirkung eines Notares errichten. Mit Vollendung des 18. Lebensjahres tritt dann die Volljährigkeit mit der vollen Geschäftsfähigkeit ein.

2180 § 1626 Abs. 2.

2181 Vgl. *Kirchgässner* 2013: 43. Der paternalistische Eingriff bezieht sich hier auf die Kinder und Jugendlichen, die möglicherweise nicht in die Schule wollen.

2182 Das *BVerfGE* führte dazu insbesondere aus, dass „diejenigen, die einem Kinde das Leben geben, von Natur aus bereit und berufen sind, die Verantwortung für seine Pflege und Erziehung zu übernehmen“ *BVerfGE* 24, 119 (150).

hend oder dauerhaft möglich. Die Sachwaltungsproblematik rückt die möglichen Divergenzen zwischen den Wünschen der betroffenen Kindern und Jugendlichen und ihrer Eltern in den Blick.

Allgemein gilt für die gesamte Kinder- und Jugendhilfe, dass Kinder und Jugendliche entsprechend ihrem Entwicklungsstand an allen sie betreffenden Entscheidungen zu beteiligen sind. Auf diese Beteiligungsrechte sind sie hinzuweisen.[2183] Diese Regelung setzt damit die Beteiligungsvorgaben der UN-Kinderrechtskonvention um.[2184] Empirische Untersuchungen zeigen nach wie vor eine Diskrepanz zwischen rechtlichem Anspruch und ausgeübter Praxis.[2185] In Verbindung mit dieser Vorschrift ist das Wunsch- und Wahlrecht für die Hilfen zur Erziehung in § 36 SGB VIII weiter konkretisiert.[2186] Neben den Eltern sind auch Kinder und Jugendliche an der Auswahl der Leistungserbringer zu beteiligen. Im Konfliktfall zwischen Eltern und ihrem Kind soll das Jugendamt vermitteln bzw. prüfen, ob das Familiengericht eingeschaltet werden muss[2187], da der Kindeswille als integraler Bestandteil des Kindeswohls zu begreifen ist.[2188] Im oben angedeuteten Zwangskontext kann der Staat die Eltern zur Inanspruchnahme der Hilfe zum Wohle ihrer Kinder verpflichten.

Bei Familien, in denen Kinder mit erzieherischen Bedarfen leben, die noch unterhalb der Schwelle zur Kindeswohlgefährdung liegen, ist die Sachlage anders. Hier ist die Frage, wie auf die Inanspruchnahme einer Hilfe zur Erziehung hingewirkt werden kann, deren Beantragung den Eltern vorbehalten ist. Da bei Weigerung der Eltern keine Eingriffe des Staates zu Gunsten der Kinder möglich sind[2189], ergeben sich Ansatzpunkte für paternalistisches Handeln des Staates. Die Verfassung definiert erzieherische Bedarfe unterhalb der Kindeswohlgefährdungsschwelle als hinzuneh-

---

2183 Vgl. § 8 Abs. 1 SGB VIII.

2184 Vgl. *Trede* 1998: 325, *Meysen* in: *Münder/Meysen/Trenczek* 2013, § 8 Rn. 1, *Hansbauer* 2000: 51.

2185 Vgl. Kap. 2.2.4.

2186 Hierin heißt es, dass den Wünschen zu entsprechend ist, vgl. *Münder* in: *Münder/Meysen/Trenczek* 2013, § 5 Rn. 1.

2187 Vgl. *Schmid-Obkirchner* in *Wiesner* 2011a, § 36, Rn. 43.

2188 Vgl. *Zitelmann* 2001: 167, *Stein/Frank* 2010: 301.

2189 Es lässt sich durchaus fragen, ob eine andere Rechtskonstruktion der Hilfen zur Erziehung nicht zielführender wäre. Die Implementation der Hilfen zur Erziehung über das Schulrecht würde dem Staat andere Möglichkeiten einräumen im Sinne der Kinder und Jugendlichen zu intervenieren. Eine Tendenz zur rechtlichen Stärkung einer öffentlichen Erziehung ist derzeit nicht zu erkennen.

mendes Lebensschicksal der Kinder.[2190] Insofern trägt die Auseinandersetzung mit Eltern, die erst einmal keine Hilfe beantragen wollen, paternalistische Züge.

In diesem Zusammenhang ist der „libertäre Paternalismus“[2191] im Hinblick auf die Eltern anschlussfähig. Dieser geht davon aus, dass durch institutionelle Settings bestimmte Handlungen angestoßen werden. Dabei werden durch Psychologie und Verhaltensökonomik entdeckte Phänomene der Entscheidungsfindung ausgenutzt. Über eine bestimmte Entscheidungsarchitektur lässt sich das gewünschte Verhalten der Individuen durch sog. *nudges* anschubsen. Dieser Ansatz ist insofern libertär, als die Individuen weiter in ihrer Entscheidung frei sind, etwas zu tun oder nicht, also nicht über Gebote, Verbote oder starke Anreize (z. B. Besteuerung) eingegriffen wird. Paternalistisch ist der Ansatz, da er bestimmte Entscheidungsziele voraussetzt, die eine übergeordnete Instanz (der Staat) für besser hält als andere, z. B. selbst für eine Alterssicherung zu sorgen.[2192] Das Konzept macht sich bestimmte Entscheidungsheuristiken der Individuen und die Tatsache, dass übergeordnete Instanzen über die Möglichkeit verfügen, Rahmenbedingungen zu setzten, zu Nutze. Die normative Frage, welche Ziele anzustreben sind, wird innerhalb des Konzepts nicht beantwortet, es ist prozedural angelegt.

Das Hinwirken auf die Inanspruchnahme einer Hilfe zur Erziehung[2193] ist im Rückgriff auf die sozialstaatlichen Ziele (Herstellung sozialer Gerechtigkeit im Sinne des *capability approach*) normativ begründbar. Der libertäre Paternalismus könnte in den Hilfen zur Erziehung insofern fruchtbar sein, dass man sich die Verfügbarkeitsheuristik[2194] der Eltern und den Präsentationseffekt[2195] zu Nutze macht. Es ginge um die Frage, wie die Ängste vor den befürchteten scharfen Eingriffen des Jugendamtes *ex ante* gemildert bzw. gewendet werden können. Z. B. ließe sich über Öffentlichkeitsarbeit deutlich machen, dass es einen Leistungsanspruch auf Hilfe zur Erziehung gibt, dass die Eltern das Sorgerecht nicht verlieren,

---

2190 *BT-Drs* 11/6002: 5.

2191 Vgl. *Thaler/Sunstein* 2008: 14ff.

2192 Vgl. *Thaler/Sunstein* 2008. Kritisch hierzu: vgl. *Kirchgässner* 2013: 53ff.

2193 Unterhalb der Kindeswohlgefährdungsschwelle.

2194 Diese besagt, dass Menschen bei ihren Entscheidungen die Wahrscheinlichkeiten von Risiken schnell einschätzen, vgl. *Thaler/Sunstein* 2008: 42ff.

2195 Dieser besagt, dass Menschen unterschiedliche Entscheidungen treffen je nachdem wie ihnen Informationen dargeboten werden, vgl. *Thaler/Sunstein* 2008: 57f.

dass hunderte von Familien in „unserer Stadt“ diese Hilfen in Anspruch nehmen etc. Neben diesen rein informativen Instrumenten sind auch niedrigschwellige Kontaktaufnahmen denkbar. Eine einfache Möglichkeit stellen Tage der offenen Tür von Jugendämtern oder Imagekampagnen[2196] dar. Aber auch die im Rahmen „früher Hilfen“ in manchen Städten eingesetzten Babybesuchsdienste könnten so verstanden werden. Der Auslöser für die Kontaktaufnahme durch den Besuchsdienst zu den Eltern ist die Geburt ihres Kindes und nicht die Meldung Dritter. Das bei einem freiwilligen Hausbesuch vorgestellte Angebot, bei Schwierigkeiten oder Belastungen ganz unverbindlich und unbürokratisch hauswirtschaftliche oder sozialpädagogische Hilfe in Anspruch nehmen zu können, kann als *nudge* begriffen werden. Praxiserfahrungen zeigen, dass sich Eltern dadurch bei späteren Schwierigkeiten mit den Kindern eher vorstellen können, den Kontakt zum Jugendamt selbst aufzunehmen.[2197] Insgesamt kann die Debatte um die Niedrigschwelligkeit der ambulanten Hilfen als solche Nachfrageverstärkung gelesen werden, indem der Gesetzgeber für kurze Hilfen das Hilfeplanverfahren erlässt, eine Kostenbeteiligung ausschließt und die Selbstbeschaffung zulässt.[2198] Ob diese Perspektive auf eine Nachfragestärkung durch den Staat mit den Sparzwängen und dem aktivierenden Paradigma in Einklang zu bringen ist, ist eine andere Frage. Es zeigt sich ein Spannungsfeld zwischen proaktiver Gewährung von Rechtsansprüchen und Rationierung durch Verweigerung derselben.[2199] Jugendämter haben die Möglichkeit, durch verschärfte Prüfung der Tatbestandsvoraussetzungen des Rechtsanspruchs auf Hilfe zur Erziehung die gewährten Hilfen zu rationieren.

Für die Hilfen zur Erziehung im Spannungsfeld von staatlichem Zwangseingriff bei Kindeswohlgefährdung und motivierender Hilfe bei

2196 Vgl. aktuell die bundesweite Kampagne „Das Jugendamt – Unterstützung die ankommt“ der Bundesarbeitsgemeinschaft Landesjugendämter unter http://www.unterstuetzung-die-ankommt.de.

2197 Erste Hinweise hierzu lassen sich aus der noch nicht abgeschlossenen Evaluation des Darmstädter Projekts „Kinder schützen – Familien fördern“ ableiten, vgl. *Günther/Israel*, o. J.

2198 *Kunkel* bezeichnet diese Hilfen als „Lockvogelangebote“, vgl. *Kunkel* 2013, Rn. 73.

2199 *Schnath* konstatiert, dass Sozialverwaltungen im Modus aktivierender Sozialpolitik nicht helfend, sondern verweigernd auf Ansprüche reagieren, vgl. *Schnath* 2003: 61f. Ähnliche Vermutungen hat *Meinhold* im Hinblick auf die Kundenfreundlichkeit des Sozialamtes, vgl. *Meinhold* 1994: 44.

Nichtgewährleistung des Kindeswohls stellt sich die Frage, wie die Souveränität der Konsument_innen gestärkt werden kann, bei gleichzeitiger – notwendiger – paternalistischer Einflussnahme. Schon früh wurde erkannt, dass ein Sozialstaat nicht umhinkommt die Bedarfsdeckung mit meritorischen Gütern im Spannungsfeld von „Motivation bis hin zum gesetzlichen Zwang“[2200] zu organisieren.[2201] Etwas salopp formuliert werden in den Hilfen zur Erziehung die Eltern zu „ihrem Glück gezwungen“.[2202]

Es macht jedoch einen Unterschied, ob der Staat versucht, die Nachfrage nach Gütern, die er im meritorischen Sinne für notwendig hält, durch subjektive Rechtsansprüche und die Kostenfreistellung anzuregen oder ob er ganz paternalistisch eine Pflicht zur Inanspruchnahme einführt. Diese Diskussion ist für die Hilfen zur Erziehung zentral und trifft den Widerspruch von formalen und faktischen Beauftragungsverhältnissen. Während im Sinne der formalen Beauftragungsverhältnisse der subjektive Rechtsanspruch und die Kostenerstattung durch den Staat als nachfragestärkender Anreiz gelesen werden kann, erscheint die faktische Beauftragung eher als paternalistische Verpflichtung zur Inanspruchnahme. Beides sind meritorische Argumente.

Das Vorgehen vieler Jugendämter kann als „Quasi-Verpflichtung“ verstanden werden, wenn die Nichtbeantragung der Hilfe durch die Eltern zu einer Meldung an das Familiengericht führen würde und dies den Eltern so mitgeteilt wird. Weiter kann davon ausgegangen werden, dass der Ruf des Jugendamtes in der Öffentlichkeit auch dazu beiträgt, dass die Inanspruchnahme dieser Hilfen unter sanftem Druck des Jugendamtes von den Eltern beantragt wird, da sie sonst befürchten, sanktioniert zu werden.[2203] Diese faktische Perspektive auf die Hilfe zur Erziehung wird teilweise mit einer eigenen professionellen Treuhänderschaft legitimiert:

> „Auch geht es in einigen Fällen darum, treuhänderisch im „wohlverstandenen Interesse“ der Adressat_innen zu handeln, also einen „Zwang zum Konsum“ von Jugendhilfeleistungen auch dann durchzusetzen, wenn der oder die be-

2200 *Tennstedt* 1976: 148.

2201 Vgl. *Tennstedt* 1976: 148.

2202 *Birtsch/Münstermann/Trede* 2001: 14.

2203 Zu indirekten Begründungsversuchen vgl. Kap. 2.2. Eine empirische Untersuchung zur Einschätzung betroffener Eltern über die tatsächlich erlebten Entscheidungsmöglichkeiten im Vorfeld der Hilfe zur Erziehung, wäre hier sehr erhellend.

> treffenden Adressat_innen(-gruppen) andernfalls von diesem Angebot kaum freiwillig Gebrauch gemacht hätten."[2204]

Die Selbstdarstellung der Jugendämter als Behörden, die Präsentation ihrer Leistungen und die Information der Leistungsberechtigten scheinen andererseits noch Potential für mehr Souveränität der Konsument_innen zu bieten bei gleichzeitiger Beibehaltung – notwendiger – (libertär-)paternalistischer Züge der Hilfe zur Erziehung. In der spezifischen Gestalt der Hilfe zur Erziehung als sozialstaatlich verbürgte, sozialpädagogisch erbrachte Dienstleistung mit besonderem historischen Entwicklungshintergrund, ist der paternalistische Gehalt eingeschrieben.

Abzugrenzen von der hier ökonomisch diskutierten Paternalismusfrage ist die Debatte um einen "neuen Paternalismus", die sich am Paradigma des aktivierenden Sozialstaats festmacht. Hier wird vor allem das Prinzip von Leistung und Gegenleistung im Hinblick auf die Hartz-Reformen als paternalistischer Eingriff thematisiert:

> „Der neue Paternalismus sieht sich berechtigt, individuelle Interessen zu beurteilen und er überlässt es nicht wie traditionelle wohlfahrtsstaatlich Programme den Individuen, inwieweit sie ihre Lebensführung an gesellschaftliche Anforderungen anpassen wollen oder nicht."[2205]

Dabei geht es nicht um einmalige Wahlhandlungen, wie z. B.: „Beantrage ich Hilfe zur Erziehung oder nicht?", sondern es geht um ein auf Konformität ausgerichtetes Verhaltensprogramm[2206], dass die Menschen in Zukunft dauerhaft zu anderen Entscheidungen anleiten soll. In ökonomischer Perspektive wäre damit das System der Präferenzbildung Ziel der aktivierenden Politik.

Die Definition der Hilfe zur Erziehung als meritorisches Gut ist ein ökonomisches Argument gegen eine ausschließliche Marktsteuerung, da die marktliche Nachfrage deutlich hinter dem zurück bliebe, was die Gesellschaft, vertreten durch staatstragende Akteure, für wünschenswert erachtet. Bei meritorischen Gütern kann der reine Marktmechanismus das gesellschaftlich erwünschte Maß an Versorgung mit Leistungen nicht erreichen. Daher werden das Zielsystem und die Leistungen in der Kinder- und Jugendhilfe nicht nach dem Marktmechanismus entwickelt, sondern durch politische Aushandlungsprozesse und für die Hilfe zur Erziehung

---

2204 *Olk/Otto/Backhaus-Maul* 2003: XXIIf, vgl. *Olk* 1994: 24.
2205 *Wohlfahrt* 2001a: 85.
2206 Vgl. *Wohlfahrt* 2001a: 85.

letztlich über Gesetzgebungsverfahren festgelegt.[2207] Neben dem Meritorikargument gibt es noch weitere Phänomene, die mit den Besonderheiten sozialer Dienstleistungen zusammenhängen und zu partiellem oder vollständigem Marktversagen führen.

Die weiteren Phänomene sind die sog. externen Effekte, Informationsmängel, die Lock-In-Problematik, die Größenvorteile (sinkende Durchschnittskosten bei größerem Output)[2208] und die nicht-schlüssige Tauschbeziehung; auch das Politikversagen im Sinne des fehlenden politischen *voicing* der schwach durchsetzungsfähigen Wähler_innen kann als Grund für die nicht Marktgängigkeit sozialer, personenbezogener Dienstleistungen gelten.[2209]

Da das reine Marktmodell vollkommene Souveränität der Konsument_innen als wesentliche Voraussetzung formuliert[2210], kann die eingeschränkte Souveränität auch als Effizienzargument staatliche Eingriffe wegen Marktversagen rechtfertigen. Allerdings gibt es keine Märkte, in denen eine vollkommene Souveränität der Konsument_innen[2211] gegeben ist. Letztere ist wie Markt und Wettbewerb als analytisch-heuristisches Modell der Ökonomik zu verstehen.

2207 Vgl. *Olk/Otto/Backhaus-Maul* 2003: XXI, *Olk* 1994: 24, *Backhaus-Maul* 2009: 63.

2208 Vgl. *Cremer/Goldschmidt/Höfer* 2013: 69ff. Die Größenvorteile spielen für die Hilfen zur Erziehung eher keine Rolle. Größenvorteile sind dann relevant, wenn bestimmte soziale Dienstleistungen erst ab einer bestimmten Größenordnung effizient erbracht werden können. Klassisches Beispiel sind Kliniken, die z. B. erst ab einer bestimmten Anzahl gleicher Operationen handlungsorientiertes Expertenwissen generieren können, vgl. ebd.: 70. Allgemein zeigt sich für die großen Wohlfahrtsverbände, dass sie ihre Größenvorteile kaum nutzen, vgl. van *Santen/Seckinger* 2003: 393.

2209 Vgl. *Dimmel* 2008: 221ff.

2210 Vgl. *Galuske* 2002b: 248.

2211 Stilisiert wird das Bild eines „mündigen, freien, vertragsfähigen und –willigen Menschen der Moderne, der ungebunden und frei aller ständischer Fesseln in freier Assoziation Verbindungen eingeht und löst, die einzig und allein seinem [Wohl] und nicht dem Gemeinwesen dienen.“ *Haupert* 2000: 550. Dass es sich um ein analytisches Referenzmodell handelt wird hier unterschlagen.

2.4.3 Besonderheiten sozialer Dienstleistungen als meritorische Güter

Die Hilfe zur Erziehung kann aus ökonomischer Sicht als privates Gut mit meritorischem Charakter und externen Effekten bestimmt werden.[2212] Sie wäre grundsätzlich über den reinen Marktmechanismus koordinierbar. Dies würde aber das Sozialstaatsprinzip mit seiner Zielrichtung auf soziale Gerechtigkeit verletzen, da die tatsächliche Nachfrage nach Hilfe zur Erziehung, auch wenn sie kostenfrei gestellt wäre, hinter gesellschaftlichen Erwartungen zurück bleiben würde. Weiter benötigt der Marktmechanismus die Funktion des Ausschlussprinzips. Aber in Deutschland gibt es einen politischen Konsens, das Ausschlussprinzip für soziale Dienstleistungen nicht gelten zu lassen.[2213] Das Sozialstaatsprinzip, mit dem Ziel der Herstellung sozialer Gerechtigkeit durch mehr Verwirklichungschancen[2214], ist in sozialrechtlichen Ansprüchen kodifiziert. Der Staat sorgt durch sozialpolitische Rahmensetzung für den Zugang aller berechtigten Personen, möglicherweise eingeschränkt durch bestimmte Kriterien (Bedarf, Alter etc.), zu sozialen Dienstleistungen. Dies erreicht er bei den Hilfen zur Erziehung durch den subjektiven Rechtsanspruch und die in der Regel vollständige Refinanzierung[2215] der Leistung. In diesem Sinne kann die sozialstaatliche Finanzierung der Hilfe zur Erziehung als Anreiz des Staates verstanden werden, dieses meritorische Gut in Anspruch zu nehmen. In ökonomischer Perspektive hat das private Gut meritorischen Charakter, es kommt im Hinblick auf die angestrebte Versorgung zu Wohlfahrtsverlusten, also Ineffizienzen. Dies rechtfertigt sozialpolitische Interventionen.[2216] Neben der sozialpolitisch nicht gewünschten Ausschließbarkeit gilt es, weitere Phänomene in den Blick zu nehmen, die zu einem partiellen oder gar vollkommenen Marktversagen führen. Im Ergebnis kommt eine Marktsteuerung auch unabhängig von der meritorischen Begründung ohne staatliche Interventionen nicht zu effizienten Allokations-

2212 Andere Einordnungen gehen von einer Zwitterstellung zwischen privatem und öffentliche Gut mit meritorischem Charakter aus, vgl. *Buestrich/u. a.* 2010: 88.

2213 Vgl. *Cremer/Goldschmidt/Höfer* 2013: 66f, *Cremer* 2013: 64, *Wüstenbecker* 1999: 300, *Ottnad/Wahl/Miegel* 2000: 26.

2214 Vgl. Kap. 2.1.

2215 Auch wenn bei der Hilfe zur Erziehung in stationärer Form eine Kostenbeteiligung vorgesehen ist (§ 91 SGB VIII), kann von der Heranziehung im Einzelfall ganz oder teilweise unter bestimmten Voraussetzungen abgesehen werden, § 92 Abs. 5 SGB VIII.

2216 Vgl. *Cremer/Goldschmidt/Höfer* 2013: 49ff und 63ff.

ergebnissen. Im Folgenden werden diese Phänomene zunächst allgemein behandelt, um sie im nächsten Schritt auf die Besonderheiten der Hilfe zur Erziehung zu beziehen.

Meritorische Güter stehen in engem Zusammenhang mit dem Phänomen der externen Effekte.[2217] Diese (auch als Externalitäten bezeichnet) sind positive oder negative Nebenwirkungen, die nicht über den Preismechanismus abgebildet werden. Es handelt sich um unkompensierte Auswirkungen ökonomischer Entscheidungen auf unbeteiligte Marktteilnehmer. Diese können negativ (externe oder soziale Kosten) oder positiv (externer Nutzen oder sozialer Ertrag) sein.[2218] Externe Effekte führen aufgrund der Diskrepanz zwischen privatem Nutzen und öffentlichem Nutzen zu ineffizienten Allokationen[2219] (Marktversagen) und rechtfertigen ökonomisch gesehen staatliche Interventionen.[2220] Mögliche Lösungen sind die Internalisierung der externen Effekte in die individuellen Entscheidungskalküle der Marktakteure: Eigentums- und Nutzungsrechte sind so zu gestalten, dass sich Verursacher und Empfänger durch Verhandlung auf eine Internalisierung einigen (*Coase*-Theorem). Oder die Einführung sog. *Pigou*-Steuern, die negative Effekte besteuern und positive Effekte subventionieren. Weitere Möglichkeiten sind durchsetzungsfähige Gebote, Verbote oder Auflagen.[2221] Die Hilfe zur Erziehung wird als Leistung verstanden, die positive externe Effekte hat.[2222] Sie hat für die Familien einen individuellen[2223] und darüber hinaus einen gesamtgesellschaftlichen Nutzen, dies ist der sog. externe Effekt.[2224] So lässt sich die Subvention der Hilfe zur Erziehung grundsätzlich mit Effizienzargumenten begründen.[2225]

2217 Vgl. *Wüstenbecker* 1999: 299. Wichtig ist, dass es zwar bei meritorischen Gütern immer externe Effekte gibt, aber diese nicht der Grund der staatlichen Intervention sind, sondern das öffentliche Interesse am Konsum des meritorischen Gutes, vgl. *Stiglitz* 1999: 181. Bei privaten, aber nicht meritorischen Gütern gibt es ebenfalls externe Effekte, z. B. Umweltverschmutzung bei Kohlekraftwerken, weshalb der Staat hier auch interveniert, aber wegen der Marktineffizienz durch externe Effekte und nicht aus meritorischen Gründen.

2218 Vgl. *Kubon-Gilke* 2013: 231ff, *Cremer/Goldschmidt/Höfer* 2013: 69, *Stiglitz/Walsh* 2010: 280, *Musgrave/Musgrave/Kullmer* 1975: 54f.

2219 Vgl. *Stiglitz/Walsh* 2010: 291.

2220 Vgl. *Buestrich/u. a.* 2010: 93.

2221 Vgl. *Kubon-Gilke* 2013: 235ff.

2222 Vgl. *Buestrich/u. a.* 2010: 93f.

2223 Hier verstanden als Erhöhung von Verwirklichungschancen.

2224 Vgl. *Kaufmann* 2009b: 85f.

2225 Vgl. *Buestrich/u. a.* 2010: 94.

Ein weiteres Phänomen, das die Funktionsfähigkeit des Marktes als Koordinierungsmechanismus einschränkt, sind die sog. Informationsasymmetrien.[2226] Das Grundproblem besteht darin, dass nicht alle Marktteilnehmer über die relevanten Aspekte des Tauschs, wie z. B. Qualität der Dienstleistung, Leistungsbereitschaft des Leistungserbringers, Kooperationsbereitschaft der Familie etc., gleich informiert sind.[2227] Diese Informationsasymmetrien können unterschiedlich ausgeprägt sein. Verschärft wird diese Problematik durch die Konstruktion einer „Nicht-schlüssigen Tauschbeziehung".[2228] Aus der dualen Anbieter-Nachfrager Konstellation wird mindestens eine Dreiecksbeziehung aus Anbieter-Nachfrager-Finanzierer. Dadurch fehlen einigen der Akteure entscheidungsrelevante Informationen, z. B. wissen die Familien nichts über Budgetbeschränkungen der Jugendämter. Damit wird die Steuerung von Qualität und Quantität nicht über den Marktmechanismus aus Angebot und Nachfrage, sondern über politische Entscheidungen gesteuert.[2229] Bei den Hilfen zur Erziehung ist die fehlende Kenntnis der Leistungsberechtigten über die Qualität der Leistung sehr ausgeprägt, da es sich um sog. Vertrauensgüter handelt. Diese Güter zeichnen sich dadurch aus, dass im Verlauf des Konsums bzw. der Ko-Produktion und selbst danach durch die Kund_innen nicht einzuschätzen ist, ob die Leistungen der versprochenen Qualität entsprechen.[2230] Die Leistungsberechtigten müssen einerseits in die Expertise der Fachkräfte im Hinblick auf diagnostische Tätigkeiten und die Einhaltung fachlicher Standards bei der Beratung, Begleitung, Erziehung etc. und andererseits auf die Wahrung ihrer Interessen durch die Anbieter vertrau-

2226 Vgl. *Wüstenbecker* 1999: 298f, *Ottnad/Wahl/Miegel* 2000: 26f, *Ottnad* 2000: 274, ausführlich Kap. 3.3.1.

2227 Vgl. *Stiglitz/Walsh* 2010: 286f.

2228 Vgl. *Olk/Otto/Backhaus-Maul* 2003, *Finis Siegler* 2009: 136, *Finis Siegler* 2012: 427, *Möller* 1997: 690. „Nicht-schlüssig" deshalb, weil die Vertragsformel "do ut des" gebrochen wird, da die Funktion der Nachfrage und der Bezahlung nicht bei einer Person liegen, sondern auseinanderfallen, vgl. *Finis Siegler* 2012: 427. Ähnlich die Unterscheidung von *Kunstmann* in Kunden und Käufer, vgl. *Kunstmann* 2001: 140.

2229 Vgl. *Olk/Otto/Backhaus-Maul* 2003: XXII, *Finis Siegler* 2012: 427.

2230 Vgl. *Zimmer/Scholz* 1992: 22f, *Braun* 2007: 135f, *Wüstenbecker* 1999: 298f.

en.[2231] Durch diese Informationsasymmetrien können Qualitätserosionen entstehen oder Märkte für gute Qualitäten ganz verschwinden.[2232]

Als letztes Phänomen der Besonderheiten für soziale Dienstleistungen ist die Lock-In-Problematik zu nennen. Dabei wird davon ausgegangen, dass ein Anbieterwechsel z. B. aufgrund schlechter Qualität mit hohen Kosten verbunden ist. Dies können bei sozialen Dienstleistungen neben hohen materiellen Kosten (Umzug aus einem Pflegeheim in ein anderes) vor allem psychische Kosten sein.[2233] Da es sich bei den Hilfen zur Erziehung um Vertrauensgüter handelt, ist es in der Tat mit hohen Kosten verbunden z. B. eine Familienhilfe abzubrechen, um mit einer anderen Auftragspädagog_in erneut in den Hilfeprozess einzusteigen. Die Lock-In-Problematik verschiebt z. B. auch die Machtpotentiale innerhalb der Marktbeziehungen: Je höher die Kosten zum Vertragsausstieg sind, desto größer ist die Macht diese Abhängigkeit vom jeweiligen Vertragspartner auszunutzen. Die Lock-in-Problematik trifft bei den Hilfen zur Erziehung aber nicht nur die Adressat_innenseite, sondern auch die Leistungsanbieter, denn auch für diese ist ein eigener Abbruch bzw. eine Neuaufnahme einer Familienhilfe mit Kosten verbunden. Weiter wäre auch eine Art „Lock-out Effekt“ zu problematisieren, die in den formalen Beauftragungsverhältnissen aus Sicht des Leistungserbringers relevant sein könnte. Dieser muss damit rechnen, dass die Familie die Hilfe abbricht und somit die Investitionen in die Vertragsanbahnung und das Herstellen von Vertrauen zu Hilfebeginn verloren sind (*sunk costs*). Das Zustandekommen des Auftrages (sozialpädagogisch gesprochen: des Arbeitsbündnisses) scheint für den Koordinierungsmechanismus einer der zentralen Aspekte zu sein, da die klassische Lock-In-Problematik in zweiseitigen Beziehungen im jugendhilferechtlichen Dreieck mit formalen und faktischen Beauftragungsverhältnissen potenziert wird.[2234]

Diese Phänomene machen deutlich, dass eine reine, unregulierte marktliche Steuerung der Hilfen zur Erziehung nicht zu einer effizienten Allokation der Ressourcen führen würde. Dies kann so weit gehen, dass die Ergebnisse der marktlichen Koordination im Feld der Hilfen zur Erziehung den sozialstaatlichen Zielen der sozialen Gerechtigkeit erheblich zu-

2231 Vgl. *Cremer/Goldschmidt/Höfer* 2013: 74, diskutiert am Beispiel der Medizin und Therapie.

2232 Vgl. Kap. 3.

2233 Vgl. *Cremer/Goldschmidt/Höfer* 2013: 76f.

2234 Vgl. ausführlich Kap. 4.

widerlaufen (Meritorikargument) oder eine massive Verschwendung von Ressourcen nach sich ziehen (Effizienzargument). Demzufolge ist eine weitgehend unregulierte, wettbewerbliche, marktliche Koordination der Hilfen zur Erziehung weder sozialstaatlichen Zielen noch sozialpädagogischer Fachlichkeit dienlich und – das ist in diesem Unterkapitel das Wichtige – ökonomisch auch nicht effizient.

Gabriel argumentiert für den Bereich der Pflege ähnlich, indem er grundsätzlich eine reine marktliche Steuerung personenbezogener Dienstleistungen für möglich hält, allerdings darin nicht zwangsläufig eine Steigerung der Effizienz der Dienstleistungserstellung oder gar eine Überlegenheit dieses Steuerungsmechanismus sieht.[2235] Aus diesen Erkenntnissen muss nicht unbedingt folgen, dass der Staat die Koordinierung der Hilfen zur Erziehung ausschließlich nach bürokratischer Zentralsteuerung organisieren sollte. Vor allem, weil dann neue nicht minder gravierende Probleme entstehen können. Die Frage lautet: Welcher institutionelle Mix aus marktlicher, staatlicher und solidarischer Steuerung kommt zum besten Ergebnis?[2236] Damit ist die konkrete Frage nach dem Erbringungskontext für die Hilfe zur Erziehung in Deutschland aufgeworfen und wird im nächsten Abschnitt expliziert.

2.5 Der Erbringungskontext der Hilfe zur Erziehung

Im Folgenden steht die Rekonstruktion des Erbringungskontextes der Hilfe zur Erziehung im Zentrum.

Zu Beginn werden die „Marktakteur_innen" im jugendhilferechtlichen Dreieck, welches das prägende Ordnungsmodell für die Hilfe zur Erziehung darstellt[2237], beschrieben. Damit wird die bereits erfolgte sozialrechtliche und sozialpädagogische Perspektive auf die Akteur_innen der Hilfe zur Erziehung um die ökonomische ergänzt. In den Blick genommen werden die Familien, das Jugendamt und die freien/privaten Träger als „Soziale Dienste".

Im zweiten Teil werden die Vereinbarungen und ihr Kontext gemäß §§ 78a-g SGB VIII ausgeführt, um die Zusammenhänge zwischen den As-

2235 Vgl. *Gabriel* 2007: 119.

2236 Vgl. *Cremer/Goldschmidt/Höfer* 2013: 7, ausführlich *Kubon-Gilke* 2013: 338ff, *Zacher* 2009: 5, ebenso für die Pflege *Gabriel* 2007: 119.

2237 Vgl. *Cremer* 2013: 65.

pekten von Leistung, Qualität, Entgelt und Qualitätsentwicklung deutlich zu machen. Dabei finden sowohl prozedurale wie auch inhaltliche Aspekte der Vereinbarungsarchitektur Beachtung. Zuletzt wird kurz die Diskussion um die Auswirkungen der Einführung der §§ 78a-g SGB VIII dargestellt, die sich zwischen den Polen wettbewerblicher versus korporatistischer Steuerung aufspannt.

2.5.1 Die „Marktakteure“ im jugendhilferechtlichen Dreieck

Die Ökonomik diskutiert unterschiedliche Marktformen, die sich in ihrer Leistungsfähigkeit zur effizienten Ressourcenallokation unterscheiden. Diese Marktformen stehen in direktem Zusammenhang zum Status der Vereinbarungspartner sowie zu den Möglichkeiten und Auswirkungen einer wettbewerblichen Steuerung. Die Marktformen werden nach der Anzahl der Marktakteure auf der Nachfrageseite bzw. Angebotsseite differenziert. Die Anzahl wird in „einer“, „wenige“, “viele“ klassifiziert. Bei zwei Marktseiten und jeweils drei Quantitäten ergeben sich neun Marktformen:

Marktformen		Anzahl der Nachfrager		
		einer	wenige	viele
Anzahl der Anbieter	einer	beidseitiges, bilaterales Monopol	beschränktes Angebotsmonopol	Angebotsmonopol
	wenige	beschränktes Nachfragemonopol	Bilaterales Oligopol	Angebotsoligopol
	viele	Nachfragemonopol (Monopson)	Nachfrageoligopol (Oligopson)	vollständige Konkurrenz (Polypol)

Tab. 2:Marktformen; vgl. Kubon-Gilke 2013: 89.

Die Bewertung, ob es sich um einen, wenige oder viele Anbieter bzw. Nachfrager handelt, hängt von der Anzahl der Unternehmen (nicht etwa der Filialen) und dem relevanten Markt (Einflussbereich) ab.[2238] Im Referenzmodell des idealen Marktes wird für eine effiziente Lösung die vollständige Konkurrenz (Polypol) betrachtet, die dafür sorgt, dass über vollständigen Wettbewerb das effizienteste Preis-Leistungs-Verhältnis hervor

2238 Vgl. *Wildmann* 2010: 179f.

gebracht wird und damit eine Ausschöpfung von Produzenten- und Konsumentenrente in gleicher Aufteilung entsteht. Dabei gelten weitere theoretische Vorannahmen wie vollständige Information, keine externen Effekte, vollständige Souveränität der Konsument_innen usw.[2239] Diese Annahmen gelten auf realen Märkten schon für „einfache" Produkte wie Autos nicht und noch weniger für soziale Dienstleistungen.[2240] Aus ökonomischer Sicht ist das Polypol mit vollständigem Wettbewerb ein analytisches Referenzmodell und kein Abbild realer Märkte[2241], auch wenn das von marktradikalen Vertreter_innen durchaus anders in die Diskussion zur Steuerung und Koordinierung von sozialen Dienstleistungen eingebracht wird. Das Modell dient zur Analyse, welche Chancen und Risiken in einer Marktsteuerung liegen. Selbst im Polypol entstehen durch oben genannte Phänomene Ineffizienzen, die staatliche Eingriffe erfordern.[2242]

Bei den anderen Marktformen sind Ineffizienzen dadurch gegeben, dass eine Marktseite in ihren Verhandlungspotentialen geschwächt ist. So entstehen bei Monopolen, Oligopolen, Monopsen und Oligopsen im Hinblick auf die Konsumenten- bzw. Produzentenrenten Ineffizienzen und bestimmte Diskriminierungsmöglichkeiten.[2243] Die Betrachtung der Marktform im Rahmen der Hilfen zur Erziehung kann unter faktischen und formalen Verhältnissen betrachtet werden. Faktisch lässt sich feststellen, dass in der Regel einem Jugendamt als Nachfrager[2244] mehrere freie/private Träger als Anbieter gegenüber stehen.[2245] Ob die Anzahl der Anbieter eher als wenige oder als viele zu bezeichnen ist, wird von den örtlichen Gegebenheiten abhängen. Im Hinblick auf die Folgen aus der Marktform ist

2239 Vgl. *Stiglitz/Walsh* 2010: 278ff.

2240 S. u.

2241 Vgl. *Stiglitz/Walsh* 2010: 278f, *Zacher* 2009: 8, *Freier* 2000: 302, *Hensen*. 2006b: 38f.

2242 Vgl. *Zacher* 2009: 8.

2243 Vgl. *Kubon-Gilke* 2013: 171ff.

2244 Vgl. Kap. 2.2.4.

2245 Zwar ist davon auszugehen, dass viele freie/private Träger mit mehreren Jugendämtern kooperieren, dennoch ist es folgerichtig anzunehmen, dass es im Hinblick auf die Vereinbarungen nach §§ 78b SGB VIII nur einen Nachfrager gibt, da jeder Träger die QEV mit dem für seinen Sitz örtlich zuständigen Jugendamt abschließt und andere Jugendämter diese Vereinbarung in der Regel anerkennen. Außerdem ist fraglich, ob es freien/privaten Trägern gelingt, ihre Refinanzierungsstruktur auf unterschiedliche Jugendämter so aufzuteilen, dass keine Abhängigkeiten von einem „Hauptrefinanzierer" entstehen. Hierzu wären empirische Untersuchungen hilfreich.

entscheidend, wie groß die Verhandlungsmacht der Anbieterseite ist, also auch, ob Absprachen unter den Anbietern möglich und durchhaltbar sind. Demnach ist die Kinder- und Jugendhilfe im Rahmen der Hilfe zur Erziehung faktisch von monopsonistischen Strukturen (Nachfragemonopol bzw. beschränktes Nachfragemonopol) geprägt[2246]:

> „Das Nachfragemonopol ist relativ selten und im Hinblick auf die Wettbewerbsfähigkeit eines Marktes weit weniger problematisch als das Angebotsmonopol.“[2247]

Der Preis ist in monopolistischen Strukturen, also auch im Monopson nicht exogen (wie bei Polypolen angenommen), sondern endogen. Das heißt, der Monopolist ist in der Preisgestaltung frei.[2248] Das bedeutet, dass die Jugendämter weitgehend die Preisgestaltung bestimmen können, was zu Ineffizienzen führen kann.

Im Konzept der Sozialraumorientierung sieht die Marktform für die Hilfen zur Erziehung anders aus. Da hier in der Regel ein öffentlicher und ein freier/privater Träger als gemeinsames Team mehreren Akteuren auf der Nachfrageseite (Eltern, Jugendliche, Kinder) gegenüber stehen[2249], muss von einem Angebotsmonopol bzw. -kartell ausgegangen werden. Da die Anzahl der Familien mit Anspruch auf Hilfe zur Erziehung relativ klein ist, handelt es sich um ein beschränktes Angebotsmonopol. Hier kann kein vollständiger Wettbewerb hergestellt werden. Selbst wenn über das Wunsch- und Wahlrecht andere nicht für den Sozialraum beauftragte Träger auswählbar sind, wird sich kein Wettbewerb einstellen, da davon ausgegangen werden muss, dass die Informationsdefizite auf der Nachfrageseite zu groß sind. Es besteht auch kein Anreiz für die involvierten Anbieter, auf andere hinzuweisen. Das Jugendamt hat zwar die rechtliche

---

2246 Wohlwissend, dass in manchen Regionen ein Jugendamt von nur einem einzigen großen freien/privaten Träger abhängig ist und demnach auch bilaterale Monopole nicht ungewöhnlich für die Hilfen zur Erziehung sind. Dies dürfte jedoch die Ausnahme sein. Deshalb aber gleich von Anbietermärkten in der Kinder- und Jugendhilfe zu sprechen, ist gewagt, vgl. *Effinger* 1994: 38. Das würde voraussetzen, dass viele Nachfrager einem monopolistischen bzw. oligopolistischen Anbieter gegenüber stehen. Das wäre nur beim formalen Modell mit tatsächlich einem (oder wenigen) Anbieter(n) der Fall. Außerdem widerspräche das dem Gebot der Pluralität.

2247 *Wildmann* 2010: 182.

2248 Vgl. *Wildmann* 2010: 191. Im deutschen Sozialmarkt stehen die Anbieter im Wettbewerb und der Staat lenkt die Preise und Produkte, vgl. *Luthe* 2003: 171.

2249 Vgl. Kap. 2.3.

Pflicht zu informieren und zu beraten, dass dies aber im Hinblick auf eine Schaffung aktiver Wahlmöglichkeiten der Familien geschieht, darf bezweifelt werden.

Im Fall der formalen Verhältnisse stehen wenige Familien (diese mit festgestelltem erzieherischen Bedarf nach § 27 SGB VIII) auf der Nachfrageseite ebenfalls wenigen freien/privaten Trägern auf der Anbieterseite gegenüber. Es ergibt sich nach den formalen Verhältnissen für die Hilfe zur Erziehung ein bilaterales Oligopol. Im Ergebnis heißt das, weder formal noch faktisch – mit oder ohne Fachkonzept Sozialraumorientierung – kann für den Erbringungskontext der Hilfe zur Erziehung ein Polypol erreicht werden und somit keine vollständige Konkurrenz entstehen. Dies ist ein ökonomisch wichtiges Argument gegen die Forderung die korporatistischen Strukturen der Kinder- und Jugendhilfe zu zerschlagen und abzuschaffen, um vollständigen Wettbewerb innerhalb der Hilfe zur Erziehung erreichen. Dieser ist allein aus der Gestalt der Marktform nicht erreichbar. In monopsischen (faktisch) oder oligopolistischen (formal) Marktformen sind staatliche Eingriffe aus Effizienzgründen sinnvoll, um z. B. Effizienzverluste durch einseitiges Ausnutzen von Marktmacht zu vermeiden. Dies gilt vor allem, wenn es wie im Bereich der Hilfe zur Erziehung hohe Markteintrittsbarrieren gibt.[2250] Eine Wandlung in die Marktform des Polypols hätte zur Voraussetzung, den Kreis der anspruchsberechtigten Familien auf Hilfe zur Erziehung auszuweiten und das Wunsch- und Wahlrecht voll zur Geltung zu bringen. Auf Angebotsseite wäre eine aktive Unterstützung von Trägergründungen (durch günstige Darlehen, Beratung etc.) denkbar. Vor allem die Ausweitung der Nachfrageseite ist sozialpolitisch nicht gewollt, da aus der historischen Herleitung die Hilfe zur Erziehung als „Notprogramm" für Lücken im elterlichen Erziehungsprogramm kon-

2250 Allerdings wäre zu untersuchen, wie weit die *Coase-Conjecture* zutrifft, bei der davon ausgegangen wird, dass sich Monopolisten unter bestimmten Bedingungen so verhalten, als wären sie einem vollständigen Wettbewerb ausgesetzt. Dies wird z. B. dann angenommen, wenn die Nachfrageseite bei überhöhten Preisen den Kauf in die Zukunft aufschiebt und auf fallende Preise wartet. Für die Kinder- und Jugendhilfe kann diese Annahme unter faktischen Beauftragungsbedingungen auch auf ein Monopson übertragen werden. Sollte sich ein Jugendamt bei der Entgeltverhandlung nicht durchsetzen können und ein aus seiner Sicht überhöhtes Entgelt abschließen müssen, könnte es die faktische Zuteilung von Hilfen an diesen freien/privaten Träger hinauszögern. Der freie/private Träger wird sich demnach so verhalten, als befände er sich in vollständigem Wettbewerb.

zipiert ist, und aus finanzpolitischen Gründen, weil es eine deutliche Erhöhung der kommunalen Ausgaben bedeuten würde. Die volle Durchsetzung des Wunsch- und Wahlrechts ist durch den besonderen Adressat_innenstatus der Familien nicht erreichbar.[2251]

Eine solche Konstellation ist derzeit bei der Kinderbetreuung in Ballungsräumen beobachtbar. Der Rechtsanspruch eines jeden Kindes ab dem ersten Lebensjahr und der schnelle Ausbau von Angeboten (auch hier werden Trägergründungen aktiv unterstützt) steuert auf eine polypole Marktform zu. Um nicht dem Argument Vorschub zu leisten, Kinderbetreuung ließe sich effizient mit vollständiger Konkurrenz durch einen weitgehend unregulierten Markt steuern, sei an die diskutierten Phänomene erinnert, die Märkte zum Versagen oder gar Zusammenbruch bringen. Sie gelten alle für den Bereich der Kinderbetreuung. Allgemein kann festgehalten werden, dass die Vorteile des Marktmechanismus und des Wettbewerbs nach den Annahmen des Referenzmodells idealer Märkte für die Hilfen zur Erziehung nicht zutreffen. Es ist keine polypole Marktform und kein vollkommener Wettbewerb erreichbar.[2252]

Da es sich bei den Hilfen zur Erziehung um meritorische Güter handelt und es externe Effekte, Informationsasymmetrien, eingeschränkte Souveränität der Konsument_innen und Lock-In-Effekte gibt, führt eine reine Marktsteuerung zu Ineffizienzen. Schon das allein zeigt, dass der Staat gefordert ist. Aus ökonomischer Perspektive ist es ineffizient, den Erbringungskontext der Hilfen zur Erziehung ausschließlich mit marktlichen Steuerungselementen ohne Regulierung und Subventionierung zu konstruieren. Inwieweit einzelne Elemente marktlicher Steuerung in einem bestimmten institutionellen Arrangement dienlich sein können, um im dominant durch Pflichtsystem gesteuerten Erbringungskontext die Effektivität, Effizienz und Qualität der Hilfe zur Erziehung zu erhöhen, bedarf der genaueren Prüfung. Jedenfalls wäre die Schlussfolgerung, der Staat solle ausschließlich administrativ steuern, also Menge, Qualität und Preis ein-

---

2251 Vgl. Kap. 2.5.1.

2252 Der sog. *Bertrand-Wettbewerb* zeigt zwar analytisch, dass unter bestimmten Bedingungen ein Duopol zum gleichen *Nash*-Gleichgewicht gelangt wie ein Polypol, jedoch nur unter Annahme unendlicher Preiselastizität der Nachfrage und gleich hohen Grenzkosten der Anbieter. Allerdings muss für die Hilfe zur Erziehung, bei der es sich um inhomogene Güter handelt, eine geringe Preiselastizität und durch die unterschiedlichen Organisationsformen und verschiedenen Angebotsmix der Anbieter ungleiche Grenzkosten angenommen werden.

seitig vorgeben, ebenso verkürzt wie die Forderung nach ausschließlicher Marktsteuerung.

Um den Erbringungskontext der Hilfe zur Erziehung zu analysieren, wird die Logik der sozialstaatlich verbürgten, sozialrechtlich kodifizierten und sozialpädagogisch erbrachten sozialen Dienstleistung wieder aufgenommen, um die thematisch-analytischen Verbindungen zu den bisher ausgeführten ökonomischen Argumentationen der Hilfe zur Erziehung als meritorisches Gut herzustellen. Daher werden die nachfolgenden Ausführungen nach den Beziehungen im sozialrechtlichen Dreieck strukturiert, welches den Erbringungskontext normiert. Die Grundstruktur des jugendhilferechtlichen Dreiecks wurde in Kapitel 2.2 ausführlich dargestellt. Standen dort die rechtlichen Verbindungen im Vordergrund, geht es im Folgenden um die ökonomischen Verhältnisse dieser Akteure zueinander im Erbringungskontext der Hilfe zur Erziehung. Daher seien sie hier als „Marktakteure“[2253] mit ihren ökonomisch relevanten Interessen in den Blick genommen.

Familien

Zum einen wären die Leistungsberechtigten bzw. Adressat_innen[2254] zu nennen. Dies sind für die Hilfen zur Erziehung erstens die Eltern und zweitens die Kinder und Jugendlichen. Die Hilfe zur Erziehung richtet sich nach der grundgesetzlichen Vorrangstellung der Eltern zwar im Rechtsanspruch an diese, aber letztlich sorgt sie für eine dem Kindeswohl gewährleistende Erziehung, hat also die Kinder und Jugendlichen als Adressat_innen im Blick.[2255] Die Adressat_innen haben womöglich Barrieren, die sie an einer Inanspruchnahme der Hilfe hindern. Im Fall der Hilfen zur Erziehung mag ein Hauptargument die „Ängste bezüglich der nicht abschätzbaren Folgen einer Intervention“[2256] sein. Daraus kann eine unterschiedliche Einschätzung von Fachkräften und Leistungsberechtig-

---

2253 Vgl. *Cremer/Goldschmidt/Höfer* 2013: 87.

2254 In konsequenter ökonomischer Perspektive müsste man diese hier Nutzer_innen nennen, vgl. *Cremer/Goldschmidt/Höfer* 2013: 87. Zu dieser Begriffsproblematik vgl. Kap. 2.3.

2255 So auch die Generalnorm aus § 1 SGB VIII.

2256 *Cremer/Goldschmidt/Höfer* 2013: 92 mit Bezug auf *Mandell/Schram* 2009: 14ff.

ten, was der Bedarf und die angemessene Hilfe darstellen, resultieren. Das grundsätzliche Interesse der Adressat_innen wird eine hohe Dienstleistungsqualität und eine transparente Qualitätsbeurteilung sein.[2257] Weiterhin werden sie ein Interesse haben, zwischen unterschiedlichen Anbietern wählen zu können. Ob die Leistungsberechtigten ein Interesse an Kostenkontrolle haben, ist fraglich, da sie in der Regel die Kosten der Hilfe zur Erziehung gar nicht erfahren[2258] und kein Privatinteresse an niedrigen Kosten haben.

Durch die rechtliche Kodifizierung des Erbringungskontextes der Hilfe zur Erziehung in Form des sozialrechtlichen Dreiecksverhältnisses, erhalten die Adressat_innen formal(!) die Rolle eines aktiven Marktakteurs.[2259] Eine Problematik im Erbringungskontext ist darin zu sehen, dass bei den Hilfen zur Erziehung Kinder und Jugendliche, die Ko-Produzenten der sozialen Dienstleistung sind, sowie die operativ arbeitenden Auftragspädagog_innen die Konditionen der Leistung nicht aushandeln, sondern dies formal die Eltern mit der Leitung des Leistungserbringers und faktisch das Jugendamt mit der Leitung des Leistungserbringers tun.[2260] Damit gibt es im Sinne der Ökonomik mehrere Prinzipal-Agent-Verhältnisse im Kontext der Hilfe zur Erziehung.[2261] Die Eltern sind Leistungsberechtigte und haben den subjektiven Rechtsanspruch auf diese Hilfe, wenn die Tatbestandsvoraussetzungen erfüllt sind. In der Regel geht es darum, für Kinder und Jugendliche eine Verbesserung ihrer (familiären) Sozialisationsbedingungen zu erwirken und ihnen eine positive Entwicklung zu ermöglichen. Hier kommt die Sachwaltungsproblematik zum Tragen. Bevor darauf näher eingegangen wird, steht das Wunsch- und Wahlrecht nach § 5 SGB VIII im Mittelpunkt.[2262]

Das Wunsch und Wahlrecht nach § 5 SGB VIII besagt:

> „Die Leistungsberechtigten haben das Recht, zwischen Einrichtungen und Diensten verschiedener Träger zu wählen und Wünsche hinsichtlich der Gestaltung der Hilfe zu äußern. Sie sind auf dieses Recht hinzuweisen.“[2263]

2257 Vgl. *Cremer/Goldschmidt/Höfer* 2013: 92f, *Struzyna* 2003: 78.

2258 Vgl. *Cremer/Goldschmidt/Höfer* 2013: 92f.

2259 Vgl. *Cremer/Goldschmidt/Höfer* 2013: 87-91 und 93f.

2260 Vgl. *Müller-Alten* 2003: 469.

2261 Vgl. Kap. 3.

2262 Die weiteren Beteiligungsrechte nach § 36 SGB VIII innerhalb der Hilfeplanung spielen für die vorliegende Fragestellung nur eine untergeordnete Rolle, da sie hauptsächlich in der operativen Gestaltung der Hilfen relevant sind.

2263 § 5 Abs. 1 SGB VIII.

Einschränkungen des Wahlrechts ergeben sich durch den Mehrkostenvorbehalt[2264] und bei stationären bzw. teilstationären Hilfen eine Begrenzung[2265] auf Anbieter[2266], die eine Vereinbarung über Entgelt, Leistung und Qualitätsentwicklung mit einem Jugendamt abgeschlossen haben.[2267] Außerdem können keine Anbieter gewählt werden, die nicht in der Lage sind die geeignete und notwendige Hilfe zu erbringen.[2268] Da eine Verpflichtung besteht, mit allen geeigneten teilstationären und stationären Einrichtungen Vereinbarungen nach § 78b SGB VIII abzuschließen, und das Wahlrecht die Leistungsberechtigten auf entsprechende Einrichtungen hinführt, sieht *Wiesner* in der Regelung einen verbraucherschützenden Gehalt.[2269] Die Vereinbarungen haben die Funktion einer Lizenzierung.[2270] Haushaltsargumente oder Steuerungs- und Planungsentscheidungen des öffentlichen Trägers schränken das Wahlrecht hingegen nicht ein.[2271] Das Wahlrecht ist umfassend, frühzeitig sicherzustellen und Ausdruck der „Unterstützungstätigkeit zur Selbstverwirklichung nach eigenen Vorstellungen".[2272] Es spiegelt die Orientierung des SGB VIII an den Interessen

---

2264 Den „Wünschen soll entsprochen werden, sofern dies nicht mit unverhältnismäßigen Mehrkosten verbunden ist" § 5 Abs. 2 S. 1 SGB VIII. Zur Auseinandersetzung was „Mehrkosten" und „unverhältnismäßig" bedeutet vgl. *Lakies* 1997: 216, auch *Stähr/Hilke* 1999: 161.

2265 Die Auswahl eines Anbieters durch die Leistungsberechtigten, der keine entsprechende Vereinbarung hat, ist möglich, wenn dies im Einzelfall bzw. nach dem Hilfeplan geboten ist, vgl. § 5 Abs. 2 S. 2 SGB VIII. Es bleibt aber eine enge Ausnahmeregelung, vgl. *Wiesner* in: *Wiesner* 2011a, § 5 Rn. 18.

2266 Leistungsanbieter im Kontext des Wunsch- und Wahlrechts können nach h. M. frei-gemeinnützige, frei-gewerbliche, öffentliche Träger und Einzelpersonen sein, vgl. *Münder* in: *Münder/Meysen/Trenczek* 2013, § 5 Rn. 7, *Banafsche* 2010: 152. A. A. ist *Kunkel*, der das Wunsch- und Wahlrecht für gewerbliche Anbieter nicht anerkennt, vgl. *Kunkel* 2013, Rn. 69, *Kunkel* 2004: 71f.

2267 Vgl. *Banafsche* 2010: 143ff. Da für ambulante Hilfen Vereinbarungen nach § 77 SGB VIII abzuschließen sind, gilt diese Einschränkung des Wunsch- und Wahlrechts dort nicht, vgl. *Wiesner* in: *Wiesner* 2011a, § 77, Rn. 7.

2268 Vgl. *Münder* in: *Münder/Meysen/Trenczek* 2013, § 5 Rn. 8.

2269 Vgl. *Späth* 1999: 65, *Wiesner* in: *Wiesner* 2011a, Vor § 78a, Rn. 12.

2270 Vgl. *Münder* 2002b: 118.

2271 Das Wunsch- und Wahlrecht kann durchaus in Konflikt mit der Steuerungs- und Gewährleistungsverantwortung des öffentlichen Trägers geraten. Dieser Konflikt darf aber nicht zu Ungunsten des Wunsch- und Wahlrechts aufgelöst werden, vgl. *Münder* in: *Münder/Meysen/Trenczek* 2013, § 5 Rn. 12f. Zur Unzulässigkeit der Einschränkung des Anbieterkreises durch das Jugendamt vgl. *Münder* 2001a: 202f.

2272 *Münder* in: *Münder/Meysen/Trenczek* 2013, § 5 Rn. 2.

der Familien und deren Subjektstatus wider.[2273] Die Beteiligung der Familien an der Auswahl ihres Leistungserbringers kann als ein konstitutives Merkmal Sozialer Arbeit angesehen werden.[2274] Das Wunsch- und Wahlrecht ermöglicht formal den Adressat_innen, ihre Präferenzen klar zum Ausdruck zu bringen und sich als souveräne „Kund_innen“ zu betrachten, die das Angebot beeinflussen.[2275] Letztlich ist für ein wirksames Wahlrecht ein Maß an Überkapazitäten nötig.[2276] Inwieweit diesem formalen Ideal faktisch Genüge getan werden kann, hängt von den tatsächlichen Wahlmöglichkeiten vor Ort, dem Selbstverständnis der Fachkräfte im Jugendamt und den Kompetenzen der Familien ab. Für *Struzyna* spielt das Wunsch- und Wahlrecht aufgrund fehlender realer Vergleichsmöglichkeiten der Angebote durch die Familien in der Praxis kaum eine Rolle.[2277] Die Jugendämter sind verpflichtet, von sich aus abzuklären, welche Trägerwahl den Wünschen der Familie am besten entspricht. Sie müssen diese Wünsche gegebenenfalls eruieren[2278], auch wenn sie möglicherweise aufgrund höherer Kosten oder fehlender Auslastung eigener Einrichtungen anderweitige Anreize haben.[2279] Auch wenn den Adressat_innen abgesprochen wird, ihre Wünsche überhaupt einbringen zu können[2280], entlastet das weder rechtlich noch sozialpädagogisch[2281] die Professionellen davon, die Rolle der Adressat_innen im Leistungsgeschehen zu stärken. Auftrag an die Profession im Sinne einer emanzipatorischen Ausrichtung ist die Stärkung der Souveränität der Adressat_innen zur Ausübung des Wunsch- und Wahlrechts, ökonomisch betrachtet ihrer Souveränität als Konsument_innen. Wie bereits erläutert, sind aus ökonomischer Sicht die paternalistischen Eingriffe in diese Souveränität über die Meritorik be-

2273 Vgl. *Wiesner* in: *Wiesner* 2011a, § 5 Rn. 1.

2274 Vgl. *Fischer* 2005: 106.

2275 Vgl. *Buestrich/u. a.* 2010: 99.

2276 Vgl. *Pluto/u. a.* 2007: 280, *Gadow/u. a.* 2013: 86. Hier spielen die verhandelten Auslastungsquoten eine Rolle.

2277 Vgl. *Struzyna* 2003: 74.

2278 Vgl. *Münder* in: *Münder/Meysen/Trenczek* 2013, § 5 Rn. 2.

2279 Vgl. *Wiesner* in: *Wiesner* 2011a, § 5 Rn. 11a.

2280 Vgl. z. B. *Haferkamp* 1995: 178. Empirisch gesehen antwortet jedes dritte Jugendamt bzw. freier/privater Träger, dass die Adressat_innen mit Partizipation überfordert seien, vgl. *Pluto/u. a.* 2007: 415.

2281 Die Rückbindung fachlichen Handelns an die Wünsche der Adressat_innen, ohne diese absolut zu setzen, steht für professionelles Handeln, vgl. *Gerull/Post* 1999: 15.

gründungsfähig. Wie ist dies jugendhilferechtlich zu bewerten? Im Kontext der Souveränität der Konsument_innen lässt sich fragen, ob das Ziel der Subjektstellung vor allem der Eltern im SGB VIII erreicht worden ist. Auf theoretischer Ebene ist das mit dem Rechtsanspruch auf Hilfe zur Erziehung und den Rechten auf Beteiligung, Auskunft, Aufklärung und Beratung geschehen. Schon die allgemeinen Vorschriften des SGB I verpflichten das Jugendamt, die Eltern umfassend zu informieren und aufzuklären.[2282] Empirische Befunde zeigen zudem, dass Information und Transparenz der Aufgaben und Angebote der Kinder- und Jugendhilfe eine wichtige Voraussetzung für eine freiwillige Beantragung der Hilfe zur Erziehung durch Eltern[2283] und eine Grundvoraussetzung für die Partizipation der Adressat_innen sind.[2284] Ökonomisch betrachtet können vor allem die Informationsrechte als Instrumente zum Abbau von Informationsasymmetrien verstanden werden.

Aus sozialarbeiterischer Sicht sind die bereits 1975 bei der Verabschiedung des SGB I thematisierten Problematiken im Verhältnis von Bürger_in gegenüber Verwaltungsmitarbeiter_in trotz Kund_innen- und Serviceorientierung von Behörden nicht aufgelöst. Die Fragen des Machtaspekts, des Wissensaspekts und der Interaktionsfähigkeit zwischen Behördenmitarbeiter_innen und Bürger_innen[2285] haben vor allem im Jugendamt weiterhin Bedeutung.

Gründe für die Annahme einer eingeschränkten Souveränität von Eltern als Konsument_innen sind z. B., dass sie die Folgen ihrer Entscheidungen nicht selbst zu tragen haben (Sachwaltungsphänomen), dass ihnen möglicherweise das Wissen über gesunde Entwicklungsbedingungen von Kindern fehlt, dass sie über die Hilfsmöglichkeiten und ihre Leistungsansprüche nicht hinreichend informiert sind (Informationsasymmetrie bzw. Wissensaspekt), dass es Zugangsbarrieren zu Behörden und Leistungen gibt, dass sie Sanktionen befürchten (Machtaspekt) oder dass sie im Kontakt mit den Personen, die ihnen Hilfe anbieten, nicht sprachfähig sind (Interaktionsaspekt). *Wiesner* sieht Eltern im Kontext der Hilfen zur Erziehung in der Situation, dass sie als Leistungsberechtigte nicht autonom sind, ge-

2282 Vgl. *Münder* 2005: 96.

2283 Vgl. *Zeller* 2004: 200f, auch wenn hier auf die direkte Kontaktaufnahme in Jugendhilfestationen rekurriert wird.

2284 Vgl. *Pluto/u. a.* 2007: 418f.

2285 Vgl. *Albrecht/Reidegeld* 1976a: 99ff in Bezug auf *Max Weber*.

rade weil sie als Eltern der „Verantwortung für die Entwicklung des Kindes nicht gerecht“[2286] werden.

Die eingeschränkte Souveränität als Konsument_innen wird häufig als Grund angeführt, weshalb eine Koordinierung der Hilfen zur Erziehung über den Markt nicht funktionieren könne, da dieser einen autonomen, souverän nach eigenen Interessen handelnden Menschen unterstelle.[2287] Dass dies für unmündige Menschen nicht zutreffen kann, wird in der Ökonomik schon lange gesehen, und dass aufgrund von Verhaltensunregelmäßigkeiten das auch für mündige Menschen nicht gilt, übrigens gleich für welche Märkte, ist ja gerade die meritorische Begründung für den Eingriff des Staates.

Es geht also um die Frage, was die Menschen neben institutionellen Arrangements noch brauchen, damit ihre Souveränität als Konsument_in entwickelt, gestärkt bzw. zur Geltung gebracht werden kann.[2288] In fachlicher Sicht existiert hier auf den ersten Blick ein Dilemma, setzen doch Lebensweltorientierung und Dienstleistungsorientierung geradezu den Schwerpunkt darauf, sich an den Interessen, Selbstdeutungen und Wünschen der Adressat_innen zu orientieren. Allerdings kann die Destruktion der Borniertheiten[2289] der Adressat_innen und das Responsivitätskonzept[2290] aus ökonomischer Perspektive auch als Einflussnahme auf die Präferenzen der Menschen verstanden werden.

In der Kinder- und Jugendhilfe kann die Frage der eingeschränkten Souveränität der Konsument_innen in den Kontext der Partizipation gestellt werden. Ein Zusammenhang könnte sein: Je mehr Partizipation gelingt, desto geringer ist die Einschränkung der Souveränität. Ein tragfähiges Konzept für die Hilfen zur Erziehung wäre das einer „Souveränität der Konsument_innen durch Partizipation“. Dabei würde weniger ein modellhafter Zustand von Informiertheit, Souveränität usw. zu Grunde liegen, sondern der Abbau der Einschränkungen dieser Aspekte im Vordergrund stehen. Ökonomisch gesehen ginge es um den Abbau von Informationsasymmetrien und die Durchsetzung von Mitwirkungs-, Mitentscheidungs-, Beschwerde- und weiteren Schutzrechten vor vertraglicher Ausbeutung.

2286 *Wiesner* 2002a: 209.

2287 Vgl. *Haupert* 2000: 550, *Struzyna* 2003: 73.

2288 Vgl. *Sesselmeier* 2012: 107 für den Bereich der Sozialversicherungen.

2289 Bereits die Frage, was überhaupt als Borniertheit zu bezeichnen ist, setzt eine normative Bewertung des Fachpersonals voraus.

2290 Vgl. *May* 1997: 377.

In sozialpädagogischer Hinsicht wäre es ein emanzipatorischer Ansatz, die Adressat_innen zu befähigen, ihre Rechte einzufordern und ihre Entscheidungsfreiheit zu stärken.[2291] Die Fachkräfte des Jugendamtes müssten zu „fachlichen qualifizierten Beratern“[2292] werden. *Jordan* fordert, den Adressat_innen mehr (Definitions-)macht zuzuteilen. Sicherlich ist dies für die Hilfen zur Erziehung ein ganz besonders anspruchsvolles Unterfangen, das von den Fachkräften im Jugendamt nicht unbedingt angestrebt wird.[2293] Partizipation in den Hilfen zur Erziehung stellt Anforderungen auf unterschiedlichen Ebenen. Zum einen geht es darum, den Entscheidungs- und Steuerungsprozess der Hilfe zur Erziehung durch Verbesserung der Beratungsangebote, familiengerechte Informationen und familiengerechte Hilfeplanung partizipativer zu gestalten. Zum anderen sind die Positionen der Adressat_innen strukturell zu stärken durch Beschwerderechte, Feedbackmöglichkeiten, förmliche Vertretung (Heimräte), Entwicklung eigener advokatorischer Dienste und Stärkung von Selbsthilfeorganisationen ehemaliger Adressat_innen. Letztlich geht es um die Haltung der Professionellen, eine demokratische Kultur in den entsprechenden Behörden, Trägern und Einrichtungen sowie eine Art sozialrechtlichen Verbraucherschutz.[2294] Die Befähigung zu mehr – ökonomisch gesprochen – „Souveränität als Konsument_innen“ wird zum Kern der Leistungsqualität.[2295] Für die Adressat_innen, die nicht über eine solche Souveränität verfügen (können), sind Verbraucherschutz, Qualitätsmanagement, Zertifizierung und Akkreditierung institutionelle Lösungsansätze zur Sicherung des Leistungsanspruchs.[2296]

2291 Vgl. *Gadow/u. a.* 2013: 251.

2292 Vgl. *Struzyna* 2003: 75.

2293 So die Sicht einer Jugendamtsleitung, vgl. *Teuber* 2002: 20 und 28.

2294 Vgl. *Trede* 1998: 328ff, *Münder* 1998: 12, *Wohlfahrt* 1997: 8, *Bollert* 2003a: 50. Zur Sicherung von Einspruchsrechten vgl. *Thiersch* 2001: 230. Zur rechtlichen Problematik eines unmittelbaren Verbraucherschutzes der Adressat_innen im Rahmen des sozialrechtlichen Dreiecks vgl. *Knösel* 2002: 25f. Für eine empirische Einschätzung des Partizipationsgrades der Adressat_innen bei der Jugendhilfeplanung, Hilfeplanung und innerhalb von Einrichtungen vgl. *Gadow/u. a.* 2013: 250ff.

2295 Vgl. *Dimmel* 2008: 230.

2296 Vgl. *Schütte* 2001: 73.

Im formalen Beauftragungsmodus haben die Familien das Recht, den ausführenden Träger zu wählen (Wahlrecht)[2297], was im Kontext der verfassungsrechtlichen Vorrangstellung der Eltern nur konsequent ist, da ausschließlich die Eltern den Leistungserbringer mit Erziehung, Betreuung usw. ihrer Kinder beauftragen können. Sie schließen einen privat-rechtlichen Vertrag mit dem Leistungserbringer und im Sinne der Vertragsfreiheit können sie nicht gezwungen werden, Verträge mit bestimmten Trägern zu schließen.

Kritisch wird im Hinblick auf das Wahlrecht angemerkt, dass der rechtliche Anspruch häufig aufgrund des „geringen Ausstattungs- und Angebotsgrades“[2298] der Kinder- und Jugendhilfe uneingelöst bleibt. So kann die Konstruktion im sozialrechtlichen Dreieck als anzustrebendes Ideal verstanden werden, in dem die Familien im Rahmen ihres Wahlrechtes aus einem „pluralen Leistungsangebot“[2299] ihren Leistungsanbieter wählen.

Sowohl das formale Wunsch- und Wahlrecht als auch die weitergehende Grundmaxime der Partizipation in der Hilfe zur Erziehung sind in der Praxis als fachliche Standards akzeptiert.[2300] Empirische Studien zeigen auf, dass die Umsetzung des Wunsch- und Wahlrechts sowie die Beteiligung der Adressat_innen noch unzureichend erscheinen. Sie haben wohl eher Auswahlmöglichkeiten zwischen Alternativen, aber sind nicht insgesamt am Auswahlprozess beteiligt. Notwendig wären Informationen über Rechte und Hilfsmöglichkeiten in angemessener Form und mehrfach während des Prozesses. Außerdem braucht es Bedingungen, die Beteiligung stärker ermöglichen, wie z. B. das Selbstverständnis der Fachkräfte oder die Atmosphäre der Gespräche. Andererseits gaben 1/3 der Befragten bei Jugendamt und freien/privaten Trägern an, die Adressat_innen seien mit dem Partizipationsanspruch überfordert.[2301] Insgesamt muss in der Praxis von einer unzureichenden Umsetzung der Partizipation von Adressat_innen sowohl auf der Ebene der operativen Leistungserbringung (innerhalb der Hilfe), der Ebene der Einfallsteuerung (Hilfeplanung nach § 36

2297 Das Wunschrecht bezieht sich auf die operative Ausgestaltung der einzelnen Hilfe (Erbringungsverhältnis) und bleibt wegen der Perspektive auf den Erbringungskontext hier weitgehend unbeachtet.

2298 *Münder* 1995b: 213.

2299 *Wiesner* in: *Wiesner* 2011a, § 5 Rn. 1.

2300 Vgl. *van Santen/u. a.* 2003: 352.

2301 Vgl. *van Santen/u. a.* 2003: 343ff und 352f, vgl. *Pluto/u. a.* 2007: 412ff.

SGB VIII) und der Ebene der Angebotspalette (Jugendhilfeplanung) ausgegangen werden.[2302]

Für das Jugendamt als sozialpädagogische Fachbehörde stellt das Wunsch- und Wahlrecht eine große Herausforderung dar. So kann sie sich

> „nicht mehr darauf zurückziehen, daß die professionellen sozialpädagogischen Experten eh schon wissen, was für Kinder, Jugendliche, Familien «das beste» ist. Dass die Kinder- und Jugendhilfe dann mittels sanfter Strategien, die dem Zugriff und der Auseinandersetzung mit den Leistungsberechtigten entzogen sind, realisiert: durch Zusammenarbeit und Absprache mit bewährten Trägern; durch Förderung inhaltlich erwünschter Angebote, Dienste und Leistungen, durch Planung nach ihren für pädagogisch richtig erachteten Vorstellungen.“[2303]

Die Aufgabe des Jugendamtes besteht darin, die Familien zu befähigen und darin zu beraten, von ihrem Wunsch- und Wahlrecht auch Gebrauch zu machen, und mögliche Divergenzen zwischen Eltern und ihren Kindern unter Anstrebung von Konsens, aber auch in Anerkennung von Dissens einen gangbaren Weg zur Inanspruchnahme der geeigneten und notwendigen Hilfen zu finden. Dabei ist die Souveränität als Konsument_innen eine idealistische Zielkategorie, der es sich anzunähern gilt. Vollständig erreichbar wird sie, wie bei allen Gütern und Märkten, schon allein wegen stets verbleibenden Informationsasymmetrien nie sein.

Soziale Dienste

Ein weiterer Marktakteur sind die Leistungserbringer sozialer Dienstleistungen. Die gemeinnützigen-privaten Träger werden hier als Soziale Dienste bezeichnet, verstanden als institutionalisierte Form der Erbringung sozialer Dienstleistungen. Diese sind dann in der Regel auch „anerkannte Träger“[2304] der Kinder- und Jugendhilfe mit Privilegien im Hinblick auf

---

2302 Vgl. *Gadow/u. a.* 2013: 250ff. Dezidiert für die Beteiligung von Eltern in Einrichtungen der Kinder- und Jugendhilfe vgl. ebd: 297ff, vgl. Kap. 2.2.4.

2303 *Münder* 1995a: 302.

2304 „Die Kirchen und Religionsgemeinschaften des öffentlichen Rechts sowie die auf Bundesebene zusammengeschlossenen Verbände der freien Wohlfahrtspflege“ sind per Gesetz anerkannte Träger der freien Kinder- und Jugendhilfe. Andere Träger müssen die Anerkennung beantragen, wichtige Voraussetzung ist die Gemeinnützigkeit, vgl. § 75 Abs. 1 Ziff. 1 SGB VIII, dennoch trifft diese Regelung auch auf privat-gewerbliche Anbieter zu, vgl. *Münder* in *Münder/*

die Besetzung des JHA und der Beteiligung an der Jugendhilfeplanung. Die Anforderung an die Organisationsform der Sozialen Dienste besteht darin, den Besonderheiten der Erbringung Sozialer Dienstleistungen gerecht zu werden (Erbringungsverhältnis) und gleichzeitig im Auftragsgeflecht des jugendhilferechtlichen Dreiecks und den subsidiär korporatistischen Strukturen (mit zunehmend marktlichen Elementen) zurechtzukommen (Erbringungskontext). Gleichzeitig soll es möglich bleiben, sozialanwaltschaftliche Interessensvertretung (als Kinder- und Jugendhilfepolitik) zu betreiben.[2305] Allgemein werden den Sozialen Diensten drei Funktionsbereiche zugeschrieben: erstens eine sozialanwaltschaftliche Funktion der Interessenvertretung für die Adressat_innen, zweitens eine gemeinschaftsfördernde Funktion durch Ermöglichung von Geselligkeit und selbstbestimmten aktiven Handlungsmöglichkeiten sowie drittens eine leistungserbringende Funktion als Dienstleistungsproduzenten.[2306] Diese „Multifunktionalität“ der großen Wohlfahrtsverbände ist einerseits sehr funktional für die staatlichen Ebenen[2307], andererseits aber auch ein Organisationsdilemma der Wohlfahrtsverbände.[2308] Hinzu kommt ein komplizierter Interessenmix der Adressat_innen, der Kostenträger, angestellten Fachkräfte, der Organisation insgesamt und der entsprechenden Funktionäre.[2309]

Durch die duale Struktur des sozialstaatlichen Arrangements in Deutschland werden die sozialen Dienstleistungen in ganz erheblichem Maße durch soziale Dienste erbracht, die in ihrer Mehrzahl in den großen Wohlfahrtsverbänden organisiert sind[2310] und zusammenfassend als freie Wohlfahrtspflege bezeichnet werden. Wichtige konstitutive Elemente sind die Gemeinnützigkeit und die Autonomie in der Leistungserbringung.[2311]

Meysen/Trenczek 2013, § 4 Rn. 15. A. A. *Kunkel* 2013, Rn. 66. Anerkannte freie Träger der Kinder- und Jugendhilfe haben besondere Rechte, das wichtigste ist die Mitwirkung im JHA, vgl. *Münder* 2012, § 25, Rn. 85.

2305 Vgl. *Cremer* 2013: 71. Auch bezeichnet als Doppelstruktur aus Lobbying und Dienstleistungserstellung, vgl. *Zimmer* 2000: 85.

2306 Vgl. *Olk/Rauschenbach/Sachße* 1995: 14ff, *Olk* 1995: 98.

2307 Vgl. *Olk* 1995: 113.

2308 Vgl. *Grunow* 1995: 265ff.

2309 Vgl. *Kulbach/Wohlfahrt* 1996: 21.

2310 Vgl. *Tennstedt* 1992: 342, *Wüstenbecker* 1999: 297, *Zimmer/Nährlich* 1997: 663, vgl. Kap. 2.2.

2311 Vgl. *Fieseler/Herborth* 2010: 211, *Wabnitz* 2006: 326f, *Kunkel* 2004: 66. Die Autonomie gilt auch für privat-gewerbliche Träger.

Weiter wird eine altruistische Motivation[2312] von den Verbänden selbst als Besonderheit ins Feld geführt. Die großen Verbände verlieren zunehmend an Mitgliedern und die Anzahl kleinerer Organisationen, vor allem der sog. Social Entrepreneurs[2313], nimmt zu.[2314] Ein konstitutives Merkmal im Feld der Kinder- und Jugendhilfe ist die Aufgabenerbringung in einem historisch gewachsenen, „weitverzweigten Netz von Organisationen, Gruppen, Verbänden und Einrichtungen“[2315], was zu Pluralität, aber auch zu Unübersichtlichkeit führt.[2316] Der Staat selbst ist, als öffentlicher Träger, nicht nur Regulierer, sondern kann selbst zum Unternehmer werden und als Anbieter auftreten.[2317] Neben der rechtlichen Dimension des Sozialstaates und seinem Verständnis als Vergesellschaftungsprinzip kann er auch verstanden werden als komplementäres Produktionssystem in Abgrenzung zum Marktsystem. Auslöser sind die unterschiedlichen Gründe des Marktversagens und die dadurch entstehende Unterversorgung mit meritorischen Gütern. Dieses Sozialstaatsverständnis wäre instrumentell, aber im Hinblick auf die Hilfe zur Erziehung anschlussfähig, da aus dem Vergesellschaftungsprinzip und dem normativ-rechtlichen Anspruch nicht unbedingt folgen müsste, dass die Hilfen zur Erziehung als sozialstaatliche Leistung angeboten werden. Als Anbieter fungiert der Staat im Bereich der Hilfen zur Erziehung aber immer seltener.

Wurden seit Beginn die Leistungen der Kinder- und Jugendhilfe in erheblichem Umfang von freien/privaten Träger erbracht, ziehen sich die Kommunen als öffentlicher Träger eigener Angebote immer mehr zurück[2318], auch bezeichnet als „funktionelle Privatisierung“.[2319] Empirisch zeigt sich, dass trotz steigender Inanspruchnahme der Hilfen zur Erziehung die öffentlichen Träger ihre Angebote verringern und die freien/privaten Träger bei den ambulanten und stationären Hilfen zur Erziehung zunehmend an Bedeutung gewinnen. Da diese Güter prinzipiell auch vom Markt angeboten werden könnten, treten neben dem Staat und im Kontext

2312 Vgl. *Ottnad/Wahl/Miegel* 2000: 16, *Ottnad* 2000: 274.
2313 Vgl. *Heinze/Schneiders* 2013: 12.
2314 Vgl. *Zimmer* 2000: 86. Der Prozess der Säkularisierung trifft vor allem die konfessionellen Verbände, vgl. *Heinze/Schneiders* 2013: 4.
2315 *Gernert* 1978: 47.
2316 Vgl. *Boeßenecker* 2006: 46, *Gernert* 1978: 47.
2317 Vgl. *Schrüfer* 2010: 55.
2318 Vgl. *Maelicke* 2005: 33.
2319 Vgl. *Trube/Wohlfahrt* 2000: 44, zur Entstaatlichung sozialer Dienstleistungen vgl. auch *Kessl/Otto* 2002b: 122ff.

des dualen Wohlfahrtssystems in Deutschland neben den gemeinnützigen freien Trägern auch zunehmend privatgewerbliche Anbieter auf.[2320] Die Zunahme erfolgt größtenteils im Segment privat-gewerblicher und nicht verbandlich organisierter Anbieter.[2321] Positiv kann dieser Trend als Stärkung des Subsidiaritätsprinzips und als Entschärfung von Rollenkonflikten gelesen werden.[2322] Wenn der Staat in der Rolle des Agenten und des Prinzipals ist, würde eine Effektivitätskontrolle und Effizienzkontrolle nahezu unmöglich. Die Konsequenz wäre der Gewährleistungsstaat, der sich aus der operativen Erbringung sozialer Dienstleistungen ganz zurückzieht und somit nur noch Prinzipal ist.[2323] Für die Hilfen zur Erziehung blieben als zentrale Aufgaben die Rahmensetzung für den Wettbewerb unter den Leistungserbringern und die Qualitätssicherung.[2324]

Andererseits führt obiger Trend jedoch auch zum Rückzug des Jugendamtes aus eigenen Erfahrungen in der Leistungserbringung[2325], begünstigt Monopolstellungen freier/privater Träger, baut die korporatistische Verflechtung ab und führt möglicherweise zu Einschränkungen des Wunsch- und Wahlrechts. Aufgrund der fehlenden Erfahrung in der eigenen Leistungserbringung gehen auch direkte Informationen über die Bedarfe und Lebenslagen von Adressat_innen verloren. Um dies auszugleichen wäre die konsequente Beteiligung der Adressat_innen an Struktur und Steuerungsentscheidungen des Jugendamtes wichtig. Hier könnte der JHA eine wichtige Rolle übernehmen.[2326] Verstärkend wirkt möglicherweise, wie bereits dargelegt, ein sozialräumlicher Umbau der Hilfe zur Erziehung. Damit wird die Gewährleistungsverantwortung des Jugendamtes gestärkt bei gleichzeitiger Schwächung der Durchführungsverantwortung. Das

---

2320 Vgl. *Wildmann* 2010: 44-46.

2321 Vgl. *van Santen/u. a.* 2003: 185, *Pluto/u. a.* 2007: 199, 219, 251f und 283ff, *Gadow/u. a.* 2013: 100ff.

2322 Vgl. *Pluto/u. a.* 2007: 219 251f: 283ff und 303, *Marquard* 2011: 49.

2323 Vgl. *Prinz* 2007: 144f. Das wird in der Hilfe zur Erziehung nicht funktionieren, hat der Staat hier formal gegenüber den Leistungserbringern keine klassische Prinzipalfunktion. *Prinz* schreibt selbst: „Daher sollte der Staat (…) sich nur noch als Prinzipal für die Hilfebedürftigen betätigen.“ *Prinz* 2007: 145 (Hwg). Doch genau in diesem *„für* die Hilfebedürftigen“ ist der Staat wieder Agent.

2324 Vgl. *Prinz* 2007: 145.

2325 Vgl. *Pluto/u. a.* 2007: 200, 219f und 284. Diese hält *Schröer* als Jugendamtsleiter für besonders wichtig, um an der Qualitätsdiskussion fachlich teilnehmen zu können, vgl. *Teuber* 2002: 28.

2326 Vgl. *Pluto/u. a.* 2007: 219, 251f und 283ff. Vgl. *Marquard* 2011: 49. Die korporatistische Verflechtung selbst kann jedoch auch negativ gesehen werden, s. u.

Konzept der flexiblen Hilfen zielt genau darauf ab. Die strikte Trennung von Gewährung und Durchführung unterstützt induktiv-divergentes Denken und fördert die Orientierung an flexiblen Hilfen.[2327] Diese Entwicklung rechtfertigt an dieser Stelle den Fokus auf die privat-gemeinnützigen und privat-gewerblichen[2328] Anbieter zu legen.

In der Regel bedient sich der öffentliche Träger der Hilfe der freien/privaten Träger. Die gewerblichen Träger sind darauf angewiesen, Gewinne zu erwirtschaften, um zumindest alle Kosten zu decken, Investitionen zu tätigen, sich gegen Risiken abzusichern und letztlich dadurch die Anstellungen der Mitarbeiterschaft zu sichern. Das bedeutet jedoch nicht, dass diese Träger ausschließlich auf kurzfristige Gewinnerzielung aus sind, und auch nicht, dass sie Gewinne maximieren wollen. Außerdem müssen auch gemeinnützige Träger wirtschaftlich handeln[2329], um sich gegen Risiken abzusichern und Realvermögen zu erhalten, letztlich um weiter existieren zu können. Demnach haben alle Leistungserbringer ein Interesse an möglichst hohen Entgelten, jedoch nur im Rahmen dessen, dass die Höhe des Entgelts ihre Wettbewerbsposition, also faktisch die Nachfrage durch das Jugendamt(!), nicht gefährdet. Die Anbieter werden auch wenig Interesse am Entstehen oder Hinzukommen neuer Anbieter haben. Unabhängig von finanziellen Interessen wird unterstellt, dass die Leistungsanbieter ein Interesse haben, qualitativ hochwertige Hilfen zur Erziehung zu erbringen. Dieser Anspruch wird durch den Berufsethos der Sozialen Arbeit[2330] begründet und bei gemeinnützigen Trägern auch durch den entsprechenden Zweck. Ein weiteres existenzielles Argument für eine gute Qualität ist, dass der Nachfragende (ob Jugendamt oder Familie) von der Qualität auch seine Nachfrageentscheidung abhängig macht.[2331] Dabei treten allerdings die bereits erwähnten Probleme der Informationsasymmetrie auf.

2327 Vgl. *Klatetzki* 1995c: 22f.

2328 Zur Verbreitung privat-gewerblicher Anbieter in den Hilfen zur Erziehung vgl. *Gadow/u. a.* 2013: 104ff.

2329 Auch gemeinnützige Träger dürfen Gewinne erwirtschaften, müssen diese aber für den gemeinnützigen Zweck einsetzen. Demnach ist eine Gewinnorientierung gemeinnütziger Träger auch eine Möglichkeit ihren gemeinnützigen Zweck stärker zu verfolgen, vgl. *Meyer* 2008a: 41.

2330 Beispielhaft niedergelegt in den ethischen Prinzipien der International Federation of Social Workers (IFSW) und dem Deutsche Berufsverband für Soziale Arbeit e. V. (DBSH), vgl. *DBSH* 1997: 2ff.

2331 Vgl. zu allem *Cremer/Goldschmidt/Höfer* 2013: 87-91 und 93f.

In der sozialwissenschaftlich-soziologischen Debatte werden die gemeinnützigen Sozialen Dienste theoretisch unterschiedlich gefasst. In allen Ansätzen erscheinen Soziale Dienste in enger Verknüpfung zum Sozialstaat.[2332] Sie stellen seine sozialpädagogische Interventionsform dar[2333] und erscheinen so als funktioneller Teil der Sozialpolitik.[2334] Dennoch sind sie in „ihrer Praxis und (…) Legitimation (…) eigenständig."[2335] Es lassen sich im Hinblick auf die Frage der Beauftragungsverhältnisse und den Erbringungskontext grob zwei Richtungen der Diskussion trennen.

Die erste Richtung zielt auf die Rekonstruktion von Funktionen, expliziten bzw. impliziten Zielen und Auswirkungen der Sozialen Dienste. Hier lassen sich mindestens wohlfahrtsstaatstheoretische, systemtheoretische, modernisierungstheoretische und Ansätze der Kritischen Theorie unterscheiden.[2336] Diese sind vor allem für die Frage der Beauftragungsverhältnisse interessant.[2337]

Im wohlfahrtstheoretischen Ansatz lassen sich drei Perspektiven zur Erklärung der Zunahme von Sozialen Diensten einnehmen, die Rückschlüsse auf das Verständnis von Beauftragungsverhältnissen zulassen. In funktionalistischer Perspektive sind Soziale Dienste ein Instrument, bei der Bewältigung der Risiken und Probleme zu unterstützen, die durch gesellschaftliche Modernisierungsprozesse ausgelöst werden. Soziale Dienste können konflikttheoretisch auch als erfolgreich durchgesetzte Interessen bestimmter Gruppen, deren Anzahl durch Differenzierungsprozesse zunimmt, interpretiert werden. Letztlich können auch professionelle Definitionshoheiten über Bedarfslagen als Expansion aus dem sozialen Sektor selbst für die Entwicklung der Sozialen Dienste in institutioneller Perspektive ausgemacht werden.[2338] Für das Feld der Hilfen zur Erziehung ist nicht von einer Interessensdurchsetzung von betroffenen Eltern oder Kin-

---

2332 Vgl. *Hartmann* 2011: 79, vgl. Kap. 2.1.2.

2333 Vgl. *Kaufmann* 2009b: 128f.

2334 Vgl. *Böhnisch/Arnold/Schröer* 1999: 239, *Ottnad/Wahl/Miegel* 2000: 68.

2335 *Böhnisch/Arnold/Schröer* 1999: 239.

2336 Vgl. *Hartmann* 2011: 78ff.

2337 Die systemtheoretische Perspektive wird hier ausgelassen, weil sie im Hinblick auf die Frage, ob das Jugendamt (Gesellschaft) oder die Eltern (Individuum) einen Auftrag an die Träger als Soziale Dienste erteilt, keine Aussagen zulässt. Die Interpretation des Sozialstaats und der Sozialen Dienste als Vermittlungsinstanz zwischen primären Systemen (vgl. *Hartmann* 2011: 86ff) lässt die Frage, von wem der Inklusionswunsch ausgeht und warum, weitgehend offen.

2338 Vgl. *Hartmann* 2011: 79.

dern und Jugendlichen, sondern von einem Zusammenspiel von zunehmender familiärer Belastung durch Modernisierungsrisiken und die anwaltschaftliche Vertretung der betroffenen Familien durch die gemeinnützigen freien/privaten Träger über ihre Expertise in der Deutung und Definition von Problemlagen und Bedarfen auszugehen. Dies ist auch anschlussfähig an die Konstruktion meritorischer Güter, denn eine Nachfrageentstehung durch die erfolgreiche Durchsetzung eigener Interessen von Gruppen wäre ja ein Zeichen von Souveränität als Konsument_innen und käme einer Durchsetzung eigener Präferenzen gleich. Das Vorhandensein meritorischer Güter spricht demnach für funktionale und institutionelle Erklärungsansätze.

Modernisierungstheoretische Ansätze konstatieren Tendenzen der Pluralisierung und Individualisierung, die eine neue Herausforderung an die Individuen stellen, ihre individuellen Biografien zu konstruieren, jenseits von früheren Normalverläufen. Bei dieser Konstruktionsleistung gilt es, Anforderungen zu bewältigen, die nicht mehr durch lebensweltliche Absicherung aufgefangen werden und dadurch den Bedarf an institutioneller Unterstützung und Absicherung in Form Sozialer Dienste notwendig machen. Diese erhalten eine Doppelfunktion in der klassischen Absicherung von Risiken (soziale Sicherung) und einem Auftrag zur Befähigung, die eigene Biografie in einer reflexiven Moderne zu gestalten. Die Sozialen Dienste werden damit selbst zu reflexiven Organisationen, weil das Festhalten an eigenem norm- und wertegebundenen Handeln dysfunktional erscheint. Diese normative Leerstelle wird durch das Empowerment der Adressat_innen zu schließen versucht, was in eine klassische Tauschbeziehung des Förderns und Forderns mündet.[2339] Letztlich ist hier zwar eine Beauftragung Sozialer Dienste theoretisch das Ziel der sozialpädagogischen Unterstützung im Sinne des Empowerments, doch zu Beginn der Unterstützung kann davon noch nicht ausgegangen werden. Somit ist auch hier ein gesellschaftlicher Auftrag zur Hinwendung zu den Adressat_innen von Nöten, die ja in einer – in der Konsequenz dieses Ansatzes – unübersichtlichen, sie überfordernden Welt den eigenen, beauftragenden Weg zu Sozialen Diensten nicht finden können. Somit ist in dieser theoretischen Perspektive der Weg zu einer Beauftragung durch die Adressat_innen kausal verschlossen.

2339 Vgl. *Hartmann* 2011: 81ff. Zum Empowerment als Aktivierungsstrategie vgl. Kap 2.1.6.

Die in der Tradition Kritischer Theorie stehenden Ansätze sehen die Sozialen Dienste als eingelöstes Versprechen des Sozialstaates im Hinblick auf die Gewährleistung der Reproduktion. Erzieherische Bedarfe erscheinen als Störung der Reproduktionsfähigkeit der Familie. Die Gewährleistung Sozialer Dienste hat auch politische Legitimationsbeschaffung zum Ziel. Sie haben eine Vermittlerrolle zwischen Individuum und Gesellschaft, oder anders formuliert, zwischen Lebenswelt und System. Die Funktion der Sozialen Dienste wird am Schnittpunkt von System- und Sozialintegration verortet.[2340] Die Sozialen Dienste haben die Aufgabe, die Systemimperative und die eigensinnigen Interessen der Lebenswelten auszugleichen, und laufen gleichzeitig Gefahr, dabei kolonialisierend zu wirken. Eine weitere Aufgabe der Sozialen Dienste wird in der Bearbeitung von Pathologien gesehen. Soziale Dienste werden letztlich als Durchgriff der Systemimperative auf das Individuum rekonstruiert und in diesem Sinne auch die „Ökonomisierung“ als zunehmende Verpflichtung der Sozialen Dienste auf die Systemlogik entgegen einer lebensweltlichen Logik verstanden.[2341] Vor diesem Hintergrund ist auch aus der Perspektive der Kritischen Theorie eine Beauftragung Sozialer Dienste ausschließlich aus Sicht der Adressat_innen nicht denkbar, da das Reproduktionsinteresse des Staates zur Aufrechterhaltung kapitalistischer Produktionsprozesse in die Sozialen Dienste eingeschrieben ist.

Zusammenfassend bleibt festzuhalten, dass die sozialwissenschaftlich-sozialpolitischen Rekonstruktionen der Sozialen Dienste für die Hilfen zur Erziehung in unterschiedlichen theoretischen Paradigmen die Notwendigkeit zeigt, den Beauftragungsmodus auch als staatlichen Auftrag (Jugendamt) zu begreifen. Die Rechtsentwicklung zeigt zwar einen anderen Weg, scheint jedoch nicht von einem Marktradikalismus getrieben, sondern von einer konsequenten Subjektorientierung[2342] in der Sozialrechtsentwicklung und dem Druck steigender Kosten der Hilfen zur Erziehung. Ablesbar ist dies an einem ersten Schritt (Einführung des KJHG), durch den die Subjektorientierung gestärkt wurde, und in einem zweiten Schritt (Einführung der §§ 78a-g SGB VIII), der zur Kostendämpfung beitragen sollte.

2340 Vgl. *Hartmann* 2011: 78, der sich auf Argumente von *Offe* und *Habermas* bezieht.

2341 Vgl. *Hartmann* 2011: 84ff. Anschlussfähig ist hier z. B. das Konzept der Lebensbewältigung, vgl. *Böhnisch/Arnold/Schröer* 1999: 239ff.

2342 Für Minderjährige eingekeilt vom elterlichen Erziehungsprimat.

Soziale Dienste der Hilfe zur Erziehung lassen sich demnach sozialwissenschaftlich (soziologisch, sozialarbeitswissenschaftlich, (sozial)pädagogisch, politikwissenschaftlich, sogar ökonomisch) nicht unabhängig von einem mitschwingendem staatlichen Auftrag in der Leistungserbringung rekonstruieren. Dies ist ein theoretisches Argument, weshalb die formalen und faktischen Beauftragungsverhältnisse auseinanderfallen.

Die andere Richtung ist im weitesten Sinne steuerungstheoretisch angelegt und lässt sich in drei verschiedene Perspektiven unterscheiden.[2343] Der erste Ansatz kann als staatszentrierter, reduktionistischer Steuerungsansatz bezeichnet werden. Dieser geht davon aus, dass es ein steuerndes Subjekt (meistens der Staat) und ein zu steuerndes Objekt gibt. Damit Steuerung gelingt, muss das Subjekt steuern können und das Objekt Steuerung zulassen:

> „Der politische Hintergrund des Steuerungsansatzes liegt in der Hoffnung auf eine staatliche Politik, die hinreichend Macht entwickelt, um gesellschaftliche Bereiche zu reformieren, die als erstarrt, verkrustet oder rückständig angesehen werden."[2344]

Je differenzierter das zu steuernde Feld im Hinblick auf Akteure, Inhalte und Verantwortungsteilung, desto schwieriger erscheint die Steuerung, daher werden große Zusammenschlüsse wie z. B. kommunale oder freie Spitzenverbände präferiert.[2345] Für die Hilfe zur Erziehung spielen Spitzenverbände und der Staat als Steuerungsakteur zwar durchaus eine Rolle, jedoch ist diese Perspektive aufgrund der Pluralität des Feldes in Akteuren und Inhalten neben der fehlenden bipolaren Verhandlungsstruktur (Dreiecksverhältnis) wenig ertragreich für Erkenntnisse zu den Beauftragungsverhältnissen und dem Erbringungskontext.

Der zweite nimmt eine steuerungstheoretische Sicht auf die Wohlfahrtsproduktion ein, indem er danach fragt, welche Anteile an der sozialen Dienstleistungsproduktion von wem übernommen werden.[2346] Angestoßen von der Analyse *Etzioni*s, der aufgrund von Marktversagen und Staatsversagen im sog. Dritten Sektor das Potential sieht durch Nutzung der Vorteile von Markt (*efficiency and expertise*) und Staat (*public interest, broader*

2343 Zur Systematisierung dieser drei Ansätze vgl. *Nullmeier* 2011: 284ff.

2344 *Nullmeier* 2011: 285. Hier ist ungeklärt, welche normativen Ziele ein steuernder Staat verfolgt. Modernisierungsbedürftigkeit aufzuheben, wäre höchstens ein Formalziel, aber kein Sachziel.

2345 vgl. *Nullmeier* 2011: 285f.

2346 vgl. *Nullmeier* 2011: 284f, der dies als Verantwortungs-Perspektive bezeichnet.

planning and accountability) gesellschaftliche Probleme zu lösen[2347], entwickelte sich eine Diskussion über die Potentiale Sozialer Dienste.[2348] *Evers/Olk* prägten aus der Kritik an der Wohlfahrtsforschung[2349], die sich hauptsächlich auf die Sphären Staat und Markt als öffentliche und Familien als private bezog, den Begriff des Wohlfahrtspluralismus. Dieser verweist darauf, dass viele Leistungen in gemeinschaftlichen Netzwerken oder eben sozialen Diensten (*non-profit*)[2350] in Verantwortungsteilung und einem Finanzierungsmix erbracht werden.[2351] Sie schrieben den Wohlfahrtsverbänden eine Scharnierfunktion zu, die zwischen dem formellen Sektor (Staat und Markt) und informellen Sektor (Familie) vermittelte, da sie sowohl

> „privat-gemeinschaftliche Beiträge von Familienangehörigen sowie die ehrenamtliche Arbeit aktivierten und organisierten und gleichzeitig im Auftrag des Sozialstaates nach Maßgabe sozialgesetzlicher Regelungen formelle Dienstleistungsangebote in formalen Organisationen unter Mitwirkung von formell Erwerbstätigen bereitstellen“.[2352]

Der Ansatz stellte zum einen die stärkere Betrachtung der informellen Sektoren bei der Wohlfahrtsproduktion heraus, zum anderen führte er zur Kritik an der Typologie von Wohlfahrtsregimen, in denen soziale Dienste keine Rolle spielen, und letztlich zielte er auf die Rolle von Familien und Non-profit-Organisation bei der Lösung von Ko-Produktions- und Kooperationsproblemen.[2353] Beteiligt an der gemischten Wohlfahrtsproduktion (*welfare mix*) sind der öffentlich-rechtliche Leistungsträger, gemeinnützige und privat-gewerbliche Dienstleister, freitätig Mitwirkende, gemeinschaftliche Selbsthilfe und die Individualhaushalte der Bevölkerung.[2354] Die Frage nach dem „Mix“ zielt auf drei Ebenen. Erstens welcher Zusammenstellung an Dienstleistungen sich einzelne Individuen bei der Bewältigung ihrer lebensweltlichen Anforderungen bedienen, zweitens welcher

---

2347 vgl. *Etzioni* 1973: 315ff.

2348 Zu den ökonomischen und politologischen Erklärungsansätzen vgl. *Zimmer/Scholz* 1992: 22ff.

2349 Zu den drei Sektoren der Wohlfahrtsproduktion Staat, Markt, Familie vgl. *Esping-Anderson* 2004: 198.

2350 Zur Charakterisierung von NPO vgl. *Grunwald* 2001: 27ff.

2351 Vgl. *Evers/Olk* 1996, *Böhnisch/Arnold/Schröer* 1999: 245ff.

2352 Vgl. *Evers/Heinze/Olk* 2011b: 19.

2353 Vgl. *Evers* 2011: 267.

2354 Vgl. *Wendt* 2010: 127. Es interagieren staatliche, bürgerschaftliche und marktliche Elemente, vgl. *Evers* 2003: 11.

Mix an Steuerungsmechanismen innerhalb von Organisationen zum Tragen kommt und drittens welcher Sektoren-Mix insgesamt zur Wohlfahrtsproduktion entsteht.[2355] Das Konzept ist demnach anschlussfähig an viele theoretische Diskurse und wirft vielerlei produktive Fragen für den Bereich sozialer Dienstleistungserbringung auf. Andererseits verliert es dadurch auch an theoretischer Konsistenz, da wohlfahrtstheoretische, steuerungstheoretische, handlungstheoretische und organisationstheoretische Aspekte vermengt werden. Diese Problematik findet sich in der gesamten Diskussion über den „Dritten Sektor".

Anschlussfähig an den Ansatz des Wohlfahrtspluralismus ist die Positionierung der sozialen Dienste neben dem formellen und informellen Sektor als „intermediärer Bereich"[2356], „Non-Profit-Sektor"[2357] oder „Dritter Sektor".[2358] Der „Dritte Sektor" ist ein heuristisches Modell zur Abgrenzung von Staat, Markt und Familie. Das wichtigste Abgrenzungskriterium gegenüber Markt und Staat ist das zwingende Vorhandensein von Solidarität als Motiv, Motivation und Medium der Handlungskoordination.[2359] Die Abgrenzung zu Familie wird darin gesehen, dass Solidarität nicht spontan, sondern in Organisationen aktiviert wird.[2360] In der Diskussion um den Dritten Sektor wird mittlerweile im Kontext zu zivilgesellschaftlichen und bürgerschaftlichen Diskursen versucht, den Dritten Sektor als gleichberechtigten Akteur neben Staat und Markt heraustreten zu lassen.[2361] Andererseits wird betont, dass die Sozialen Dienste im Zuge der zunehmenden

2355 Vgl. *Evers* 2011: 267ff.

2356 Problematisch ist die unterschiedliche Verwendung des Begriffs „intermediär". Im Sinne sozialwissenschaftlich-theoretischer Ansätze bezeichnet er eine vermittelnde Instanz zwischen anderen Bereichen. Die Soziale Arbeit hat hier als intermediäre Instanz das Austarieren der Widersprüche von Gesellschaft und Individuum und – für die Hilfe zur Erziehung – von Hilfe und Kontrolle zur Aufgabe, für viele vgl. *Treeß* 1999a: 74f, *Gissel-Palkovich* 2009: 31f, für die Soziale Arbeit insgesamt vgl. *Galuske* 2002b: 246. Aus steuerungstheoretischer Sicht steht „intermediär" als Eigenschaft für Organisationen, die einen Mix der Koordinierungsmechanismen von Markt, Traditionssystem und Pflichtsystem vereinen, vgl. hierzu *Effinger* 1994: 46.

2357 Durch diesen Begriff wird das Abgrenzungsmerkmal der Nicht-Gewinnorientierung fokussiert.

2358 Ursprünglich stammt der Begriff von *Etzioni*.

2359 Vgl. *Zimmer/Priller* 2005: 50ff, zu weiteren Besonderheiten des Dritten Sektors vgl. *Grunow* 1995: 258ff.

2360 Vgl. *Merchel* 2005a: 246.

2361 Vgl. *Zimmer/Priller* 2005: 50ff.

Verrechtlichung und Verberuflichung der Sozialen Arbeit einer wachsenden bürokratischen Überformung unterliegen.[2362] Eine konsistente Theorie des „Dritten Sektors“ oder des intermediären Bereichs gibt es indes noch nicht.[2363] Da ein wichtiges Unterscheidungsmerkmal zu Markt und Staat (besser Marktsteuerung und Zentralsteuerung) der Koordinierungsmodus über Solidarität war, rückte die Diskussion über Steuerungsmechanismen in den Vordergrund.

Dies ist die dritte Sichtweise und kann als klassische Governance-Perspektive verstanden werden. Diese „versucht die Gesamtheit der Kooperationsstrukturen zu erfassen, die der Bereitstellung sozialer Dienste zu Grunde liegen.“ [2364] Es geht weniger um die Akteure, sondern mehr um die Strukturen und Regelungsmuster.[2365] Bei der Beschäftigung mit Sozialen Diensten unter einer Governance-Perspektive tritt systematisch ein Begriffsproblem auf. Dieses kann auf die Vermischung einer akteurszentrierten Steuerungsperspektive und einer strukturzentrierten Governanceperspektive[2366] – oder anders formuliert, einer Vermischung handlungstheoretischer und organisationstheoretischer Argumentationen – zurückgeführt werden.[2367] Im Kontext der Diskussionen um den Dritten Sektor bzw. dem intermediären Bereich wurden den einzelnen Sektoren unterschiedliche Koordinierungsmechanismen bzw. Steuerungsprinzipien zugeordnet.[2368] Eine häufige Darstellung der idealtypischen Regulationsmechanismen sieht folgendermaßen aus[2369]:

2362 Vgl. für viele *Grunow* 1995: 257ff.

2363 Vgl. *Bauer* 2005: 105ff, *Backhaus-Maul/Mutz* 2005: 95, *Merchel* 2005a: 247, *Ottnad* 2000: 274.

2364 *Nullmeier* 2011: 287.

2365 Vgl. *Nullmeier* 2011: 287.

2366 Vgl. *Nullmeier* 2011: 287.

2367 Vgl. *Backhaus-Maul/Mutz* 2005: 99f.

2368 Vgl. *Offe/Heinze* 1986, S485ff.

2369 Ausführlich vgl. *Effinger* 1998: 31ff. Häufig wird auch mit den Begriffen Marktsektor, Staatssektor, informeller Sektor und Non-Profit-Sektor operiert, vgl. *Böhnisch/Arnold/Schröer* 1999: 246ff.

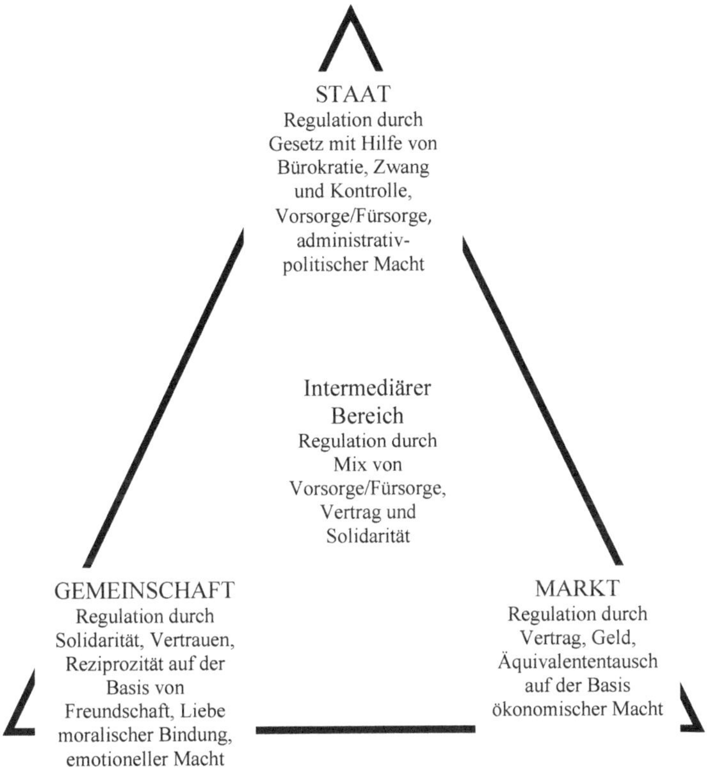

Abb. 4: Idealtypische Regulierungsmechanismen; Effinger 1994:45.

Der Erbringungskontext der Hilfen zur Erziehung wird nach diesem Verständnis im sog. Wohlfahrtsdreieck aus den idealtypischen Koordinationsmechanismen von Markt (Regulationsprinzip: Freiheit), Staat (Regulationsprinzip: Gleichheit) und Gemeinschaft (Regulationsprinzip: Solidarität) dem intermediären Bereich zugeschrieben, welcher sich als gemischtes und dynamisches System aus Elementen aller drei Mechanismen bedient, indem er versucht, die Stärken aller zu nutzen oder umgekehrt die Schwächen zu vermeiden.[2370] Problematisch an dieser Darstellung ist die

2370 Vgl. *Effinger* 1994: 31, *Effinger* 1998: 36, zu den Schwächen und Stärken vgl. *Olk/Rauschenbach/Sachße* 1995: 18 und *Olk* 1995: 100f.

oben genannte Vermischung von Akteur und Mechanismus.[2371] Wenn die Koordinierungsmechanismen gemeint sind, wäre es konsequenter, von Befehlssystemen, Traditionssystemen und Marktsystemen als idealtypische Mechanismen zu sprechen, deren Mix durch Ordnungspolitik festgelegt wird. Der Staat selbst kommt als Mechanismus nicht vor, sondern die befehlssystematische Verwaltung. Weiter muss beachtet werden, dass auch innerhalb der Traditionssysteme und innerhalb der Befehlssysteme das Medium Geld zum Einsatz kommt. Auch die Zuordnung von Verträgen ist problematisch, weil nach dieser Definition z. B. die Institution Ehe dem Markt zuzurechnen wäre. Letztlich findet sich keiner der idealtypischen Regulationsmechanismen in Reinform[2372], sodass prinzipiell analytisch alle Leistungen und Güter intermediär gehandelt werden. *Zacher* erkennt in der Sozialwirtschaft keine nennenswerten Unterschiede zu anderen Wirtschaftsbereichen mehr. Vor allem der Mix aller Koordinierungsmechanismen ist eher ein verbindendes, als ein trennendes Merkmal.[2373]

Daraus ergibt sich die Frage, was dann die intermediären Organisationen[2374] aus organisationstheoretischer Sicht konstitutiv ausmachen könnte, denn ein Mix von Koordinierungsmechanismen findet sich in jeder Organisation[2375], gleich welchem Sektor sie wohlfahrtstheoretisch zugeordnet wird. So gibt es in Unternehmen Hierarchie und auch solidarische Steuerungselemente, wie z. B. an der Diskussion über *Corporate Social Responsibility* zu erkennen ist. Es ist wohl eher die Frage, ob es mittlerweile einen Trend zur Verstärkung des Hybridisierungsgrades aller Organisationsformen gibt, also die Anteile der drei Koordinationsmechanismen verschoben werden.

Ob sich ein spezifischer Mix identifizieren lässt, der intermediäre Organisationen konstitutiv ausmacht und als theoretisches Abgrenzungsmerkmal taugt[2376], ist eher unwahrscheinlich.[2377] Erstens müssten dazu die

---

2371 Vgl. ähnlich *Nullmeier* 2011: 289, der die Gleichsetzung von Governance-Typ und Sektor kritisiert.

2372 Vgl. *Offe* 1984b: 239, *Kaufmann* 2009b: 238, *Wald/Jansen* 2007: 99.

2373 Vgl. *Zacher* 2009: 6.

2374 Im Hinblick auf den Koordinierungsmix auch als „hybride Organisationen“ bezeichnet, vgl. *Evers* 2003: 13, *Heinze/Schneiders* 2013: 7.

2375 Vgl. *Nullmeier* 2011: 287.

2376 Vgl. *Backhaus-Maul/Mutz* 2005: 99.

2377 *Olk/Rauschenbach/Sachße* sind der Auffassung, dass der Dritte Sektor keinen eigenen vierten Koordinierungsmodus ausbildet, vgl. *Olk/Rauschenbach/Sachße* 1995: 17.

Mixturen clusterbar sein, was bisher nicht gelungen ist, und zweitens befinden sich die Mixturen in stetigem Wandel, sodass Kategorisierungen keinen analytischen Bestand hätten.

Selbst wenn es gelänge, den Dritten Sektor in dieser Form theoretisch zu fassen, würde das zu folgenreichen Ausblendungen und Überformungen anderer wichtiger theoretischer Aspekte führen. So würde ein solcher Ansatz eine bestimmte Mixtur als eigenen Koordinierungstypus entwerfen.[2378]

Einen anderen Weg schlagen *Backhaus/Mutz* vor, indem sie die theoretische Fassung des Dritten Sektors in eine integrationstheoretische[2379] und eine steuerungstheoretische Perspektive trennen. Sie gehen davon aus, dass steuerungstheoretisch tatsächlich ein eigenständiger Typus von Koordination die intermediären Organisationen ausmacht, der keinen Mix der drei bekannten darstellt. Sie bezeichnen diesen als „assoziative Gestaltung".[2380] Sollte es gelingen einen solchen Modus trennscharf theoretisch zu fassen, wäre das in der Tat ein wichtiger Schritt zur theoretischen Fundierung sozialer Dienste. Jedoch ist dies bisher nicht erreicht. Die Typologie *Kaufmanns*, die Korporatismus als eigenständigen Steuerungsmodus identifiziert, stellt diesen auch als spezifischen Mix mit dominanten solidarischen Steuerungselementen dar.[2381]

Das analytische Modell des Wohlfahrtspluralismus[2382] zielt darauf ab, bestimmende oder vorherrschende Mechanismen zu beschreiben, um die Sozialen Dienste darin zu verorten, und im Rahmen des Wohlfahrtspluralismus die These aufzustellen, „positive Wohlfahrtseffekte [seien] nur

---

2378 Vgl. *Backhaus-Maul/Mutz* 2005: 99f mit Hinweisen auf weitere entstehende Probleme.

2379 Hier geht es darum, "welche institutionellen Zusammenhänge in welchen Bereichen und in welcher Form soziale Integration tendenziell eher ermöglichen oder erleichtern oder in welcher Hinsicht Desintegrationsprozesse ausgelöst werden", *Backhaus-Maul/Mutz* 2005: 100. Dies zielt auf die sozialintegrative Funktion intermediärer Organisationen unter der Annahme, dass die Integrationsleistungen von Staat, Markt und Familie nicht mehr hinreichen, vgl. *Backhaus-Maul/Mutz* 2005: 100ff

2380 Vgl. *Backhaus-Maul/Mutz* 2005: 100, *Nullmeier* 2011: 288, der Assoziation als Typus von Mehrheitsentscheidungen, also als Grundtyp der Demokratie sieht. Damit ist dieser Typ jedoch nicht konstitutiv für einen „Dritten Sektor".

2381 vgl. *Kaufmann* 2009b: 255ff, s. u.

2382 Vgl. *Evers/Olk* 1996: 23.

durch synergetische Neukombinationen zu erwarten“.[2383] Auch *Offe/Heinze* vertreten die These, dass

> „eine Lösung ordnungspolitischer Probleme nur auf dem Wege einer komplexen Verschränkung und eines Verbundes zwischen den drei „einfachen“ Steuerungsprinzipien zu erzielen sein wird, wobei auszuschließen wäre, daß einer der Bezugswerte auf Kosten der anderen maximiert wird.“[2384]

Hier lassen sich durchaus Tendenzen feststellen, wie z. B. die Implementierung von mehr Marktelementen in Verwaltungsdiensten und Sozialen Diensten bei gleichzeitiger Vernachlässigung der Potentiale bürgerschaftlicher/zivilgesellschaftlicher Elemente.[2385] Die Frage, welche Koordinierungsmechanismen in welchem Verhältnis zum Einsatz kommen (sollen), konstituiert den Erbringungskontext und kann analytisch in die Modelle von alleiniger Leistungserbringung durch das Jugendamt, subsidiärem Korporatismus und vollständigem Wettbewerb polarisiert werden. Diese Frage mündet in einer Diskussion über die zielführenden Governancestrukturen für die Hilfen zur Erziehung.[2386]

In Ergänzung zu dieser kursorischen Betrachtung der gemeinnützigen Sozialen Dienste aus theoretischer Perspektive werden im Folgenden deren konstitutiven Merkmale für das Feld der Hilfe zur Erziehung zusammen getragen. Für NPOs im Bereich der Hilfen zur Erziehung gilt, dass sie für Engagierte und Mitglieder gesellschaftliche Integrationsmöglichkeiten bieten, eine wichtige demokratietheoretische Funktion als Bestandteil zivilgesellschaftlicher Infrastruktur haben[2387], anwaltliche Funktionen für Adressat_innen übernehmen[2388], Kritik- und Kontrollfunktionen gegenüber der Verwaltung einnehmen und Arbeitsplätze zur Verfügung stellen. Weitere Besonderheiten der Sozialen Dienste sind, dass sie die professionelle Erbringung einer sozialen Dienstleistung mit einer werte- und normengebundenen Ausrichtung verbinden, also ihre Logik eher altruisti-

2383 *Böhnisch/Arnold/Schröer* 1999: 246f.
2384 *Offe/Heinze* 1986: 488.
2385 Vgl. *Evers* 2003: 16f.
2386 Vgl. Kap. 2.5.3.
2387 Vgl. *Zimmer/Priller* 2005: 50ff.
2388 Vgl. *Maelicke* 1993: 33, *Zimmer/Priller* 2005: 50ff. Dies ist für die Kinder- und Jugendhilfe als rechtlicher Auftrag verankert: „Jugendhilfe soll zur Verwirklichung des Rechts nach Absatz 1 insbesondere (…) dazu beitragen, positive Lebensbedingungen für junge Menschen und ihre Familien sowie eine kinder- und familienfreundliche Umwelt zu erhalten oder zu schaffen“ § 1 Abs. 3. Ziff. 4 SGB VIII.

scher und moralischer Natur ist.[2389] Weiter ist konstitutiv, dass ihre Konsument_innen eingeschränkt souverän sind, die Nachfrage stark angebotsinduziert ist und es eine geringe Preiselastizität[2390] gibt. Der Erbringungskontext der Sozialen Dienste ist gesetzlich stark reguliert.[2391]

Im SGB VIII sind in den allgemeingültigen Vorschriften wichtige Grundsatzentscheidungen normiert. In § 3 SGB VIII ist die „Vielfalt von Trägern unterschiedlicher Wertorientierungen"[2392] verankert. Damit wird die sog. Pluralität der Trägerlandschaft in der Kinder- und Jugendhilfe gesichert, die als Wesensmerkmal[2393] gilt.[2394] Die Sicherstellung der Pluralität hat nach den Erfahrungen im Nationalsozialismus, in dem alle sozialen Dienstleistungen ideologisch vereinnahmt wurden, einen hohen Stellenwert.[2395] Das beinhaltet, dass auch privat-gewerbliche Organisationen und Einzelpersonen Leistungen der Kinder- und Jugendhilfe erbringen können.[2396] Andererseits kann die Pluralität als Abwälzung staatlicher Verantwortung auf andere gesellschaftliche Akteure begriffen werden.[2397] Empirisch wird für die Hilfen zur Erziehung eine Zunahme der Trägerpluralität festgestellt, was in den Kontext der quantitativen Ausweitung vor allem der ambulanten Hilfen gestellt wird. Damit ist nicht zwangsläufig ein besseres Wahlrecht verbunden.[2398] Diese Vorschrift korrespondiert sowohl mit dem Wunsch- und Wahlrecht, denn ohne Pluralität keine Auswahl, als auch mit der Beachtung der Grundrichtung der Erziehung, denn das Ein-

2389 Vgl. *Zimmer* 2000: 87, *Hartmann* 2011: 77, *Wohlfahrt* 1997: 8, funktional gesehen dienen sie zur Werterhaltung, vgl. *Ottnad/Wahl/Miegel* 2000: 70ff, *Ottnad* 2000: 273.

2390 Eine geringe Preiselastizität besagt, dass eine Preisänderung eines Gutes geringe Änderungen der Angebots- bzw. Nachfragemenge nach sich zieht, *Stiglitz/Walsh* 2010: 101.

2391 Vgl. *Hartmann* 2011: 77.

2392 § 3 Abs. 1. SGB VIII.

2393 *Münder* in *Münder/Meysen/Trenczek* 2013, § 3 Rn. 3, *Gadow/u. a.* 2013: 84.

2394 Die Trägerpluralität wird gefördert durch die Verpflichtung zur partnerschaftlichen Zusammenarbeit nach § 4 Abs. 1 SGB VIII, den bedingten Vorrang freier/privater Träger § 4 Abs. 2 SGB VIII, die Vielfalt von Wertorientierungen und Arbeitsansätzen § 3 SGB VIII und nicht zuletzt das Wunsch- und Wahlrecht der Adressat_innen § 5 SGB VIII. Auch das Recht aller Träger auf Abschluss der Vereinbarungen nach §§ 78a-g SGB VIII stärkt den Pluralitätsgedanken, vgl. *Pluto/u. a.* 2007: 280.

2395 Vgl. *Braun* 2007: 132.

2396 *Münder* in *Münder/Meysen/Trenczek* 2013, § 3 Rn. 7.

2397 Vgl. *Fischer* 2005: 85.

2398 Vgl. *Gadow/u. a.* 2013: 91 und 98.

gehen auf unterschiedliche Grundrichtungen erfordert eine Vielfalt an Wertorientierungen.

Das Verhältnis zwischen Jugendamt und Leistungserbringern wird in § 4 SGB VIII festgelegt. Die öffentliche Kinder- und Jugendhilfe hat mit der freien/privaten Kinder- und Jugendhilfe partnerschaftlich zusammenzuarbeiten und deren Selbstständigkeit zu achten.[2399] Dies gilt als konstitutiver Bestandteil bzw. Leitmotiv der Kinder- und Jugendhilfe.[2400] Die Regelung verweist darauf, dass der freie/private Träger nicht Erfüllungsgehilfe des öffentlichen Trägers ist, sondern seine eigene Aufgabe erfüllt.[2401] Der freie/private Träger unterstützt den öffentlichen Träger bei der Erfüllung seiner Gewährleistungspflicht, ist jedoch nicht dessen Weisungen unterworfen.[2402] Sie entscheiden völlig eigenständig, ob und in welchem Umfang sie Kinder- und Jugendhilfeleistungen anbieten.[2403] Die Ansprüche aus dem SGB VIII richten sich ausschließlich gegen den öffentlichen Träger der Kinder- und Jugendhilfe.[2404] Diese partnerschaftliche Zusammenarbeit als ein Ineinandergreifen von Aktivitäten der freien/privaten und der öffentlichen Kinder- und Jugendhilfe lässt sich als Korporatismus bezeichnen.[2405]

Weiter hat die öffentliche Kinder- und Jugendhilfe von eigenen Diensten und Einrichtungen abzusehen, wenn von anerkannten gemeinnützigen Trägern der Kinder- und Jugendhilfe diese betrieben werden oder rechtzeitig geschaffen werden können.[2406] Auch aus dem Sozialstaatsgebot des Grundgesetzes kann „kein Sozialmonopol des Staates“[2407] begründet werdet. Dieses Verhältnis zwischen freien/privaten und öffentlichen Trägern wird als Subsidiaritätsprinzip bezeichnet.[2408] Dieses Subsidiaritätsver-

2399 Vgl. § 4 Abs. 1 und 2 SGB VIII.
2400 Vgl. *Kunkel* 2013: 224, *Wabnitz* 2006: 327.
2401 *Wiesner* in: *Wiesner* 2011a, § 4 Rn. 5 und 12ff, vgl. *Stähr/Hilke* 1999: 159.
2402 Vgl. *Kunkel* 1998a: 209.
2403 Vgl. *Münder* 2012, § 25, Rn. 15.
2404 Vgl. *Münder* 2012, § 25, Rn. 15.
2405 *Münder* in *Münder/Meysen/Trenczek* 2013, § 4 Rn. 7.
2406 Vgl. § 4 Abs. 1 und 2 SGB VIII.
2407 *Wiesner* in: *Wiesner* 2011a, Vor §§ 11 ff., Rn. 27 (Hwg), vgl. *BVerfGE* 22, 180.
2408 Allerdings wird damit kein Vorrang der freien/privaten Kinder- und Jugendhilfe vor der öffentlichen, sondern eher ein Funktionsschutz der freien/privaten begründet, vgl. *Wiesner* in: *Wiesner* 2011a, § 4 Rn. 17, *Münder* in *Münder/Meysen/Trenczek* 2013, § 4 Rn. 15. Zur Bedeutung des Subsidiaritätsprinzips in der Sozialrechtsentwicklung vgl. Kap. 2.2.

ständnis ist eine sehr eingeschränkte Interpretation des Begriffs. Die Prinzipien des Korporatismus und der Subsidiarität sind im Zuge der aktivierenden Sozialpolitik und der Neuen Steuerung zunehmend in Frage gestellt und mit einem vermeintlich effizienteren Wettbewerb kontrastiert worden.[2409]

Das Jugendamt

Der dritte Akteur ist der Kostenträger, hier das kommunale Jugendamt als öffentlicher Träger der Kinder- und Jugendhilfe.[2410] Die Aufgabe des Jugendamtes besteht bei der Hilfe zur Erziehung hauptsächlich in der Prüfung der Zugangsberechtigung zur Leistung, also der Abklärung des erzieherischen Bedarfs und im meritorischen Sinne der Finanzierung der Leistung. Weiter trägt es die Gesamtverantwortung nach § 79 SGB VIII[2411], mit der Finanzierung- und Planungsverantwortung[2412], muss also die Rechtsansprüche der Leistungsberechtigten quantitativ (erforderliche Hilfen in ausreichendem Maße) und qualitativ (geeignete Hilfen) bedienen, auch wenn kein freier/privater Träger zur Verfügung steht. Die Gesamtverantwortung begründet aber kein Eingriffsrecht in die Autonomie der freien/privaten Träger.[2413] Das Jugendamt, nimmt für die Erfüllung seiner Gewährleistungspflicht im Rahmen der Hilfen zur Erziehung die Angebote freier/privater Träger in Anspruch. Mit diesen bestehen Vereinbarungen gemäß § 78a SGB VIII für den stationären Bereich und Vereinbarungen nach § 77 SGB VIII für den ambulanten Bereich.[2414] Durch diese Inan-

2409 Vgl. Kap. 2.5.3.

2410 In der Struktur der öffentlichen Kinder- und Jugendhilfe spiegelt sich das föderale Prinzip der Bundesrepublik wieder. Das SGB VIII ist zwar Bundesrecht, aber die Länder bestimmen seit der Föderalismusreform I den örtlichen Träger der Kinder- und Jugendhilfe selbst. Die Länder fungieren als überörtliche Träger und haben in vielerlei Themen eigene Ausgestaltungsrechte und Aufgaben, vgl. *Münder* 2011b: 377ff, *Schmid/Wiesner* 2006b: 449ff. „Jugendamt" impliziert hier zur Vereinfachung immer den örtlichen Träger der öffentlichen Kinder- und Jugendhilfe. Die Rolle der Länder wird vernachlässigt und nur bei der Steuerung über Rahmenvereinbarungen zur LV, EV und QEV betrachtet.

2411 Vgl. *Tammen* in *Münder/Meysen/Trenczek* 2013, Vor §§ 79 – 81, Rn. 1.

2412 Vgl. *Wiesner* in: *Wiesner* 2011a, § 79, Rn. 2.

2413 Zu beschränkten Aufsichtsrechten des Jugendamtes vgl. *Kunkel* 2004: 69f, *Wabnitz* 2006: 328f.

2414 Vgl. 2.5.2.

spruchnahme wird der freie/private Träger zum Partner des Jugendamtes zur Erfüllung dessen öffentlich-rechtlicher Gewährleistungspflicht. Das Jugendamt behält über die Hilfeplanung die Steuerungsverantwortung. Der „beauftragte“ freie/private Träger agiert demnach weisungsfrei unter der Steuerungsverantwortung des Jugendamtes.[2415] Der öffentliche Träger hat einerseits die freie/private Kinder- und Jugendhilfe zu fördern (§ 4 Abs. 3 SGB VIII) und ihr den Vortritt zu lassen (§ 4 Abs. 2 SGB VIII), trägtandererseits aber die Letztverantwortung gegenüber dem Leistungsberechtigten.[2416] Dies soll jedoch auch in einem wirtschaftlich sinnvollen Maß geschehen.[2417] Da die Kommunen Schwierigkeiten haben, ihrer Gesamtverantwortung aufgrund von Haushaltssicherungskonzepten nachzukommen[2418], wird diese Anforderung immer bedeutsamer. Die Gesamtverantwortung beinhaltet die Beachtung des Wunsch- und Wahlrechts, des Pluralitätsgrundsatzes, der Grundrichtungen der Erziehung und der partnerschaftlichen Zusammenarbeit.[2419]

Das formale Interesse des Jugendamtes liegt mindestens auf zwei Ebenen. Zum einen hat es als Gewährleister das Interesse, dass möglichst alle Eltern, deren Kinder einen erzieherischen Bedarf haben, die Leistung in Anspruch nehmen können. Im Kontext Politischer Ökonomik wird das auch als Legitimationsaspekt der politisch Verantwortlichen diskutiert. Andererseits hat es ein Interesse an einer effektiven und effizienten Leistungserbringung. Dabei sind diese Begriffe so zu verstehen, dass der kooperativ ermittelte erzieherische Bedarf mit der bewilligten Hilfe so weit wie möglich gedeckt wird (Effektivität) und die Bedarfsdeckung mit den geringstmöglichen Ressourcen erreicht wird (Effizienz). Daher hat das Jugendamt auch ein berechtigtes Interesse an der Steuerung der Hilfen.[2420] *Jordan* formuliert provokant, das Interesse der Jugendämter sei, dass eine gute Kinder- und Jugendhilfe sich durch sinkende Fallzahlen und sinkende

---

2415 Vgl. *Kunkel* 2013: 224.

2416 Vgl. *Münder* 2011c: 384ff.

2417 Einrichtungen und Dienste sollen „unter wirtschaftlich sinnvollem Einsatz öffentlicher und privater Mittel bereitgestellt werden." *BVerfGE* 22, 180, 201. Die Verantwortung trägt das Jugendamt. Zur Spezifizierung des „sinnvollen Maßes“ ist auf die unbestimmten Begriffe der Sparsamkeit und Wirtschaftlichkeit im Kontext der §§ 78a-g SGB VIII zu verweisen, vgl. Kap. 2.5.2.

2418 Vgl. *Tammen* in *Münder/Meysen/Trenczek* 2013, § 79, Rn. 8.

2419 Vgl. *Tammen* in *Münder/Meysen/Trenczek* 2013, § 79, Rn. 12 und 22.

2420 Vgl. *Cremer/Goldschmidt/Höfer* 2013: 91f und 94ff.

Kosten auszeichne[2421]. Dies ließe sich als faktisches Interesse bezeichnen. Durch die eigene Prüfung der Tatbestandsvoraussetzungen sowie das Hilfeplanverfahren (Einzelfallebene) und die Vereinbarungen nach §§ 78a-g SGB VIII (Erbringungskontext) hat das Jugendamt entsprechende Steuerungsinstrumente zur Verfügung. Problematisch bleibt, dass das Jugendamt selbst Vermittler, Qualitätsdefinierer, Kontrolleur, Mengenregulierer, Bedarfsfeststeller, Konzeptpräferierer, Finanzierer, Verhandlungspartner usw. gleichzeitig ist und das noch in partnerschaftlicher Zusammenarbeit.[2422]

Eine weitere Besonderheit besteht darin, dass die Jugendämter eine sog. duale Struktur haben. Sie bestehen aus dem JHA und der Verwaltung. Im allgemeinen Sprachgebrauch ist mit Jugendamt in der Regel die Jugendamtsverwaltung gemeint. Der JHA ist der Verwaltung übergeordnet und entscheidet die Fragen von allgemeiner Bedeutung, insbesondere in Bezug auf die Jugendhilfeplanung. Er besteht aus zwei Fünftel stimmberechtigter Vertreter_innen auf Vorschlag der anerkannten gemeinnützigen Träger und drei Fünftel stimmberechtigter gewählter Vertreter_innen, die der Vertretungskörperschaft angehören oder von dieser als in der Kinder- und Jugendhilfe erfahrene Personen vorgeschlagen werden. Beide Gruppen werden von der Vertretungskörperschaft gewählt. Weiter gehören dem JHA beratende Mitglieder an.[2423] Die Zweigliedrigkeit des Jugendamtes trägt der historisch gewachsenen Struktur der Kinder- und Jugendhilfe Rechnung. Betont wird die besondere Stellung der gemeinnützigen freien/ privaten Träger als zentrale Akteure in der Gestaltung und Erbringung von Angeboten, Leistungen und Diensten.[2424] Durch die Föderalismusreform steht den Ländern die Befugnis zu, im Hinblick auf die Struktur und Organisation der Jugendämter abweichende Regelungen zu treffen. Demnach steht die Zweigliedrigkeit der Jugendämter theoretisch zur Disposition.[2425]

2421 Vgl. *Teuber* 2002: 21.

2422 Vgl. *Müller-Alten* 2003: 469, *Halfar/Schellenberg* 2013: 20.

2423 Vgl. *Münder* 2011b: 379ff.

2424 Zur Geschichte und Bedeutung der Zweigliedrigkeit vgl. *Merchel* 2008: 28ff, aus rechtlicher Sicht vgl. *Banafsche* 2010: 119ff, *Schäfer* in: *Münder/Meysen/Trenczek* 2013, § 70, Rn. 2.

2425 Vgl. Schäfer in: *Münder/Meysen/Trenczek* 2013, Vor §§ 69-71, Rn. 5, *Wiesner* in: *Wiesner* 2011a, § 69, Rn. 5 12ff und 68, *Banafsche* 2010: 116ff. Z. B. hat Baden-Württemberg eine Öffnungsklausel durch Landesrecht geschaffen, vgl. § 3 Abs. 1 LKJHG. Bis 2010 hat davon keine Kommune Gebrauch gemacht, vgl. *Wiesner* in: *Wiesner* 2011a, § 69, Rn. 14.

Durch seine Besetzung von Vertreter_innen der Gebietskörperschaft und Vertreter_innen der anerkannten gemeinnützigen Träger ist er mit der Zuständigkeit für die Jugendhilfeplanung und die Vereinbarungen nach § 78b SGB VIII ein institutionalisierter Ort partnerschaftlicher Zusammenarbeit und sichert den Korporatismus nach wie vor institutionell ab.

Vor wenigen Jahren war empirisch nicht eindeutig, ob der JHA im Hinblick auf die Verteilung abnehmender Finanzmittel und Sicherung von Leistungsqualität als unterstützend und als der Ort zur Aushandlung oder als Hemmnis für die Kinder- und Jugendhilfe wahrgenommen wird.[2426] Jüngste empirische Studien zeigen, dass der JHA als Aushandlungsort kommunaler Jugendhilfeentscheidungen und als Steuerungsmedium wieder an Bedeutung gewonnen hat. Die jugendhilfespezifische Steuerungsform über die besondere Inkorporierung der gemeinnützigen freien/privaten Träger hat nach wie vor Bestand. Durch die Möglichkeit der Bildung von Unterausschüssen werden weitere Akteure eingebunden, die nicht direkt im JHA vertreten sind.[2427] Im Hinblick auf den Vorwurf marktlicher Steuerung der Hilfen zur Erziehung ist der JHA ein überaus gewichtiges Gegenargument, da er eine Art Kontrollgremium über die Gewährleistung von Pluralität, Transparenz und Vergleichbarkeit von Leistungen und Entgelten, Sicherung des Wunsch- und Wahlrechts und der QE darstellt.

Die Jugendhilfeplanung hat auf der örtlichen Ebene im Hinblick auf die Qualitätsdebatte eine zentrale Rolle. Dennoch gibt es keine Anzeichen dafür, dass die Qualitätsdebatte beim Jugendamt strategisch und arbeitsfeldübergreifend geführt wird. Die Erarbeitung und Umsetzung konkreter QE-Konzepte vor Ort wird als wenig verbreitet eingeschätzt.[2428] Über die Jugendhilfeplanung, die hauptsächlich dem JHA obliegt, wird der Bestand und der Bedarf an Leistungen zur Hilfe zur Erziehung erhoben und daraus die entsprechenden Aus-, Um- oder Abbauempfehlungen formuliert, damit die Gewährleistungspflicht für die rechtzeitige Bereitstellung der Hilfe erfüllt werden kann.

2426 Vgl. *Pluto/u. a.* 2007: 340. In der Jugendamtsbefragung 2002 wurde eine zunehmende Politisierung und damit einhergehende Entfachlichung des JHA konstatiert, vgl. *van Santen/u. a.* 2003: 391.

2427 Vgl. *Gadow/u. a.* 2013: 32ff. Zu den hohen Voraussetzungen, die ein JHA braucht, um als Aushandlungsort und Steuerungsmedium zu fungieren vgl. ebd.: 37ff.

2428 Vgl. *Biebricher/Boeßenecker/Weigel-Stollenwerk* 1999: 620ff.

Mittlerweile lassen sich wieder Tendenzen zu einer verstärkt expertokratischen Jugendhilfeplanung bei gleichzeitiger Abnahme der Beteiligung von Familien verzeichnen. Insgesamt verliert die Jugendhilfeplanung in der Praxis an Bedeutung.[2429] Jugendhilfeplanung

> „ist ein unverzichtbares Instrument, um Ziele und Maßnahmen der Kinder- und Jugendhilfe transparent, öffentlich und veränderbar zu machen.“[2430]

Bei der Planung ist auch zu beachten, dass tatsächlich verlässliche Infrastruktur entsteht, also Anbieter für die entsprechende Hilfe zur Erziehung faktisch verfügbar sind. Eine bloße finanzielle Sicherstellung der Leistungsansprüche würde nicht hinreichen, da die Leistungen nicht nur Selbstbeschaffung auf einem Markt angeboten werden.[2431] Das Konzept der Jugendhilfeplanung geht von einer partnerschaftlichen Zusammenarbeit zur Bestandsfeststellung, Bedarfsermittlung und Planung bzw. Realisierung der notwendigen Angebote aus. Ziel ist eine passgenaue Anbieterlandschaft ohne Über- bzw. Unterkapazitäten bei sinnvoller Mittelverwendung und „fairer“ Aufteilung zwischen dem öffentlichen und den freien/ privaten Trägern.[2432] Die konsequente Orientierung an der Dienstleistungsorientierung mit ihrer Nachfrageorientierung löst diese enge Verknüpfung von Bedarfsermittlung und Angebotsplanung auf und bringt Anbieter im Wettbewerb dazu, selbstständig ihre Schlüsse aus den Daten der Jugendhilfeplanung ziehen.[2433] Demnach wäre die Befürchtung, dass nicht bedarfsgerechte Anbieter auf den Markt kommen[2434], eher unwahrscheinlich. Die anerkannten gemeinnützigen Träger sind in die Jugendhilfeplanung einzubeziehen, um die partnerschaftliche Zusammenarbeit und die Pluralität der Trägerlandschaft zu fördern.[2435] Über die partnerschaftliche Zusammenarbeit hinaus geht es aber auch um ein gemeinsames Interesse „an der möglichst verbindlichen Gestaltung eines Handlungsrahmens“.[2436]

2429 Vgl. *Gadow/u. a.* 2013: 34f, 53 und 83.

2430 *Wiesner* in: *Wiesner* 2011a, § 80, Rn. 3.

2431 Vgl. *Wiesner* in: *Wiesner* 2011a, § 79, Rn. 7.

2432 Vgl. *Wiesner* in: *Wiesner* 2011a, § 80, Rn. 10a.

2433 Vgl. *Wiesner* in: *Wiesner* 2011a, § 80, Rn. 10a, hier noch als Forderung formuliert, vgl. *Schmid-Obkirchner* 2011a: 150.

2434 Vgl. *Stähr/Hilke* 1999: 168.

2435 *Tammen* in *Münder/Meysen/Trenczek* 2013, Vor §§ 79 – 81, Rn. 1, *Wiesner* in: *Wiesner* 2011a, § 80, Rn. 7f.

2436 *Wiesner* in: *Wiesner* 2011a, § 80, Rn. 7.

Bei der Jugendhilfeplanung sind auch die Familien einzubeziehen (§ 80 Abs. 1 Nr. 2 SGB VIII), was jedoch im Feld der Hilfe zur Erziehung im Hinblick auf die Eltern etwa nur 14 % der Jugendämter tun.[2437] Die Ansprüche an eine lebensweltorientierte Jugendhilfeplanung für die Hilfe zur Erziehung sind vor allem „Transparenz in der Kooperation, Koordination und Planung“[2438] der Leistungsangebote, die Beteiligung der Adressat_innen, die Möglichkeit, für alle vorhandenen und neuen Anbieter Zugang zu bekommen, sowie verbindliche und in den jeweiligen Funktionen transparente Absprachen zwischen öffentlichem und freien/privaten Trägern.[2439] Man kann festhalten,

> „dass es rechtlich keine Möglichkeiten gibt, aus Bedarfs- oder Planungsgesichtspunkten zu einer Einengung von Angeboten und Anbietern zu kommen.“[2440]

Allerdings wäre es konsequent, auch die gewerblichen Anbieter in die Jugendhilfeplanung einzubeziehen.[2441]

2.5.2 Die Vereinbarungen nach §§ 78a-g SGB VIII

Für die Hilfe zur Erziehung sind die § 77 SGB VIII[2442] für ambulante Hilfen und die §§ 78a-g SGB VIII für die teilstationären und stationären (ganz oder teilweise in einer Einrichtung) Hilfen als Finanzierungsgrundlage relevant.[2443] Bei Leistungen, auf die ein Rechtsanspruch besteht, also auch die ambulanten Hilfen zur Erziehung, entsprechen die Vereinbarungen nach § 77 SGB VIII in ihrer Struktur den Vereinbarungen nach § 78b

---

2437 Vgl. *Pluto/u. a.* 2007: 370.

2438 *Marquard* 2011: 50.

2439 Vgl. *Marquard* 2011: 50.

2440 *Münder* 2001a: 205, *Wiesner* 2003b: 10, *Stähr* 2000: 165.

2441 Vgl. *Stähr/Hilke* 1999: 169.

2442 Wortlaut: „Werden Einrichtungen und Dienste der Träger der freien/privaten Jugendhilfe in Anspruch genommen, so sind Vereinbarungen über die Höhe der Kosten der Inanspruchnahme zwischen der öffentlichen und der freien/privaten Jugendhilfe anzustreben. Das Nähere regelt das Landesrecht. Die §§ 78a bis 78g bleiben unberührt.“ § 77 SGB VIII.

2443 Zu den Unterschieden der Regelungen nach § 77 und § 78b SGB VIII vgl. *Banafsche* 2010: 138ff, *Stähr/Hilke* 1999: 157f, *Wabnitz* 2011b: 470, *Münder* 2002b: 114ff.

SGB VIII und sind in der Praxis inhaltlich ähnlich gestaltet.[2444] Die Betrachtung der Vereinbarungen über Leistung, Entgelt und QE ist auch für die ambulanten Hilfen begründbar, da in der Praxis bereits viele Jugendämter diese über Entgeltvereinbarungen abrechnen.[2445] Auch wenn dadurch formal noch keine LV und QEV notwendig sind, macht eine ernsthafte Entgeltverhandlung keinen Sinn, wenn nicht beschriebene Leistungen und deren Qualität(sentwicklung) Grundlage der Entgeltverhandlung darstellen.

Die §§ 78a-g SGB VIII wurden zum 1.1.1999 nach dem Vorbild der Leistungsfinanzierung in der Sozialhilfe und Pflegeversicherung auch für die Kinder- und Jugendhilfe implementiert.[2446] Allerdings sind die Sozialhilfe und die Pflege durch stärker typisierbare Leistungen geprägt, die bei Vorliegen der Voraussetzungen auf viele Leistungsberechtigte anwendbar sind, während in den Hilfen zur Erziehung stets individuelle Hilfen erbracht werden. Die Regelungen in der Kinder- und Jugendhilfe wurden diesen Besonderheiten angepasst. Ein ausschlaggebender Grund zur Gesetzesänderung war das Bestreben der Kostenbegrenzung.[2447] Das Prinzip der

> „selbstkostendeckenden Pflegesätze [sollte] durch ein System von prospektiven, transparent gestalteten und an zu entwickelnden Qualitätskriterien orientierten Leistungsentgelten ersetzt werden."[2448]

2444 Vgl. *Münder* in: *Münder/Meysen/Trenczek* 2013, § 77, Rn. 2, *Stähr/Hilke* 1999: 157. A. A. ist *Wiesner*, der als Inhalte lediglich den Umfang der Kosten, Aussagen zum Kostenübernahmeverfahren, Nachweispflichten des freien/privaten Trägers oder mögliche Prüfrechte der öffentlichen Träger sieht. Es fehlten Aussagen zu Art, Inhalt, Umfang und Qualität der Leistung, vgl. *Wiesner* in: *Wiesner* 2011a, § 77, Rn. 11.

2445 Vgl. *van Santen/u. a.* 2003: 130, *Pluto/u. a.* 2007: 295. Eine Übertragung der Vereinbarungskonstruktion nach § 78b SGB VIII auf die ambulanten Hilfen ist wahrscheinlich, vgl. *Merchel* 2000e: 15, *Hornstein* 2000: 130, *Peters* 2004: 155. Aus Trägersicht vgl. *Teuber* 2002: 23. Für die rechtliche Sicht, vgl. *Münder* 2002b: 139f und 156, *Banafsche* 2010: 159f. Fachverbände fordern diese Übertragung bereits, vgl. *BVkE* 2011.

2446 Vgl. *Wiesner* 1999a: 3ff.

2447 Vgl. *BT-Drs* 13/10330: 16f, *Figiel* 1998: 233ff, *Wabnitz* 2011b: 471f, *Münder* in: *Münder/Meysen/Trenczek* 2013, § 78b, Rn. 2, *Burghardt* 2010: 32, *Wiesner* in: *Wiesner* 2011a, Vor § 78a, Rn. 1f.

2448 *Münder* in: *Münder/Meysen/Trenczek* 2013, Vor § 78a, Rn. 1. Die letzte gültige (Übergangs)Regelung vor der Einführung der §§ 78a-g SGB VIII war eine pauschale Deckelung der Pflegesätze, um eine Kostendämpfung zu erreichen, vgl.

Ziel war es, Transparenz und Vergleichbarkeit über Leistungen, Entgelte und Qualität herzustellen und damit auch Wettbewerb zu ermöglichen.[2449] Das neue Entgeltsystem ist im Hinblick auf Qualitätssteuerung und -entwicklung relevant, da Finanzierungssysteme eigene Steuerungswirkungen entfalten[2450] und somit eigens berücksichtigt werden müssen.

Die zentralen Elemente der Neuregelung aus Sicht des Gesetzgebers sind die Begrenzung der Kostenübernahme auf Anbieter mit abgeschlossenen Vereinbarungen, die Prospektivität der Entgelte und die Einrichtung einer Schiedsstelle zur Streitschlichtung. Ziele sind die Kostenbegrenzung, die Erhöhung von Transparenz bei Kosten und Leistung sowie eine Verbesserung der Effizienz der eingesetzten Mittel.[2451] Rechtssystematisch erfolgte mit der Konstruktion der §§ 78a-g SGB VIII eine Bestätigung des jugendhilferechtlichen Dreiecksverhältnisses.[2452] Die Leistungsfinanzierung zielt auf die Erfüllung des individuellen Anspruchs der Leistungsberechtigten. Es dürfen demnach keine Regelungen getroffen werden, die dessen Anspruch schmälern.[2453] Die Umstellung vom Selbstkostendeckungsprinzip auf die Vereinbarungsstruktur in den Hilfe zur Erziehung verlief zu Beginn eher schleppend[2454], kann aber mittlerweile als durchgängig implementiert betrachtet werden.

Der § 78a SGB VIII legt den Anwendungsbereich für die Hilfe zur Erziehung auf alle teilstationären und stationären Hilfeformen fest. Dass die Vereinbarungen nach § 78b SGB VIII nicht für die ambulanten Hilfen zur Erziehung gelten, liegt hauptsächlich daran, dass dieser Bereich in den Bundesländern unterschiedlichen Finanzierungsformen folgt und teilweise auch ergänzende Landeszuschüsse gezahlt werden. Daher wurde davon Abstand genommen, über Bundesrecht die Entgeltfinanzierung einzuführen und die herrschende Förderpraxis zu gefährden. Außerdem erschien das Verfahren für den ambulanten Bereich als zu aufwendig und es wurde eine Gefährdung der Niedrigschwelligkeit ambulanter Hilfen befürch-

Baltz 1998: 377, *Stähr* 2000: 159, zur genauen Ausgestaltung der Deckelungsregelung vgl. *Busch* 1997: 201.

2449 Vgl. *Wiesner* in: *Wiesner* 2011a, Vor § 78a, Rn. 5, *Wiesner* 2003b: 13.

2450 Vgl. *Halfar/Schellenberg* 2013: 20f, *Roth* 2013: 16, *Manderscheid* 1995: 239.

2451 Vgl. *BT-Drs* 13/10330: 16.

2452 Vgl. *Stähr/Hilke* 1999: 159, *Münder* 2002b: 156ff.

2453 Vgl. *Stähr* 2000: 171.

2454 Vgl. *van Santen/u. a.* 2003: 126.

tet.[2455] Im Hinblick auf die Nichtdurchsetzbarkeit einer einheitlichen Regelung durch das föderale System (Zustimmungspflicht des Bundesrates) und die Achtung spezifisch herausgebildeter Finanzierungsstrukturen ist diese Zurückhaltung nachvollziehbar. Auch wenn die Vereinbarungen nach § 77 SGB VIII denen nach § 78b SGB VIII von ihrer Struktur her und in der Praxis auch inhaltlich gleichen[2456], kann diese Entscheidung weder inhaltlich[2457] noch verfahrenstechnisch[2458] voll überzeugen.

Der § 78b benennt die Voraussetzungen, die zur Übernahme der Kosten gegenüber dem Leistungsberechtigten[2459] vorliegen müssen. Die Vereinbarungen über

- Inhalt, Umfang und Qualität der Leistungsangebote (Leistungsvereinbarung),
- differenzierte Entgelte für die Leistungsangebote und die betriebsnotwendigen Investitionen (Entgeltvereinbarung) und
- Grundsätze und Maßstäbe für die Bewertung der Qualität der Leistungsangebote sowie über geeignete Maßnahmen zu ihrer Gewährleistung (Qualitätsentwicklungsvereinbarung) müssen abgeschlossen sein.

Im jugendhilferechtlichen Dreieck werden die Vereinbarungen nach § 78b SGB VIII zwischen öffentlichem Träger (Jugendamt) und freiem/privatem

---

2455 Vgl. *Wiesner* in: *Wiesner* 2011a, § 78a, Rn. 5, *Struck* 1999: 20, *Stähr/Hilke* 1999: 167.

2456 Vgl. *Münder* in: *Münder/Meysen/Trenczek*, § 77, Rn. 2.

2457 Im Sinne einer lebensweltorientierten sozialen Dienstleistung ist die SPFH mit hohem Stundenaufwand und entsprechend hohen Kosten im Hinblick auf das Transparenz- und Vergleichsgebot der Leistungen nicht anders zu behandeln als eine Tagesgruppe. Auch leuchtet überhaupt nicht ein, warum bei ambulanten Hilfen die Leistungen nicht zwingend nach Art, Inhalt, Umfang und Qualität beschrieben werden sollen und zuletzt keine QE stattfinden soll. *Späth* vermutet, dass eine über die Vereinbarungen entstehende fachliche Qualifizierung verhindert werden solle, da sie zusätzliche Kosten auslöse, vgl. *Späth* 1999. 64.

2458 Die im Sinne der Fachlichkeit angestrebte Integration ambulanter, teilstationärer und stationärer Hilfen, wird durch die Finanzierungsmodalitäten konterkariert, vgl. *Stähr/Hilke* 1999: 167. Außerdem findet das Schiedsstellenverfahren keine Anwendung.

2459 Das Entgelt wird in der Regel nicht an den Leistungsberechtigten direkt ausgezahlt, der es ja formal dem Leistungserbringer schuldet, sondern durch Abtretung vom Jugendamt direkt an den Leistungserbringer überwiesen, für viele vgl. *Wabnitz* 2011b: 472.

Träger (potentielle Leistungserbringer) geschlossen.[2460] Der Abschluss solcher Vereinbarungen ist zwar nicht zwingend, aber die Verpflichtung des Jugendamtes zur Kostenübernahme besteht in der Regel nur bei Vorliegen der Vereinbarungen.[2461] Demnach haben die freien/privaten Träger ein großes Interesse am Abschluss der Vereinbarungen.[2462] Mit der Regelung sollte erreicht werden, dass ein „entsprechend qualitatives Angebot zur Verfügung steht".[2463] Weiter heißt es, dass die Vereinbarungen mit den Trägern abzuschließen sind, die

> „unter Berücksichtigung der Grundsätze der Leistungsfähigkeit, Wirtschaftlichkeit und Sparsamkeit zur Erbringung der Leistung geeignet sind."[2464]

Für die Hilfen zur Erziehung bedeutet Wirtschaftlichkeit (Effizienz) aus Sicht des Jugendamtes, dass die Deckung des erzieherischen Bedarfs mit einem möglichst geringen Mitteleinsatz erfolgen soll und aus Sicht des Anbieters, dass dieser nicht perspektivisch mit Verlust arbeiten muss. Sparsamkeit richtet den Blick auf kostenvermeidende Aspekte und günstigere Alternativen bei gleichwertig geeigneten Mitteln. Leistungsfähigkeit bedeutet, dass die Anbieter mit dem verhandelten Entgelt und mit ihrer personellen und sachlichen Ausstattung in der Lage sind, die vereinbarte Leistung zu erbringen.[2465] Alle drei Aspekte stehen in engem Zusammenhang und können aufgrund wechselseitiger Abhängigkeit nicht isoliert betrachtet werden.[2466] Die Prüfung von Leistungsfähigkeit, Wirtschaftlichkeit und Sparsamkeit obliegt dem Jugendamt und kann durch externe Vergleiche mit anderen Anbietern oder interne Vergleiche anhand der Frage, ob die Kalkulation einer wirtschaftlichen Betriebsführung entspricht, erfolgen.[2467] Wirtschaftlichkeit und Sparsamkeit stehen nicht nur im Ver-

---

2460 Es handelt sich um öffentlich-rechtliche Verträge, vgl. *Münder* 2011d: 447, *Wabnitz* 2011b: 472, *Wiesner* in: *Wiesner* 2011a, § 78b, Rn. 7.

2461 Eine Verpflichtung zur Kostenübernahme entsteht auch in Einzelfällen nach Maßgabe des Hilfeplans, vgl. § 78b SGB VIII Abs. 3.

2462 Vgl. *Münder* 2011d: 447f.

2463 *Münder* 2001a: 203.

2464 § 78b Abs. 2 S. 1 SGB VIII.

2465 Vgl. *Münder* in: *Münder/Meysen/Trenczek* 2013, § 78b, Rn. 14, *Wiesner* in: *Wiesner* 2011a, § 78b, Rn. 20ff.

2466 Vgl. *Witt* 1995: 155.

2467 Vgl. *Wiesner* in: *Wiesner* 2011a, § 78c, Rn. 12a, *Stähr/Hilke* 1999: 162. In Leipzig sollen zwischen vorgelegten und verhandelten Entgelten durch explizite Prüfung Minderausgaben von ca. 1 Mio. € im Jahr 2000 entstanden sein, vgl. *Pfreundschuh* 2002: 106.

hältnis zu möglichst geringen Entgelten, sondern vor allem auch zu Qualitätsmerkmalen und zur Einzelfallsteuerung.[2468]

Der § 78c SGB VIII regelt den Inhalt der Leistungs- und Entgeltvereinbarung.[2469]

Der § 78d SGB VIII schreibt die Prospektivität der Vereinbarungen vor und verbietet nachträgliche Ausgleiche. Das heißt, dass die Entgelte prospektiv zu verhandeln und nicht aus der Vergangenheit in die Zukunft fortzuschreiben sind.[2470] Ziel ist, dass die freien/privaten Träger wirtschaftlich arbeiten, da Defizite, aber auch Überschüsse bei ihnen verbleiben.[2471]

Die örtliche Zuständigkeit der Vereinbarungen ist in § 78e SGB VIII geregelt. Vertragspartner für die Vereinbarungen ist der örtlich zuständige[2472] öffentliche Träger in dem der freie/private Träger seinen Sitz hat. Werden in der Mehrzahl Leistungen erbracht, für die andere Jugendämter zuständig sind, sind diese zu hören. Die geschlossenen Vereinbarungen sind für alle Jugendämter bindend.[2473] Für die Vereinbarungen können auch Kommissionen im Auftrag der Vertragspartner auf Landesebene gebildet werden.[2474]

Nach § 78f SGB VIII sind die kommunalen Spitzenverbände auf Landesebene angehalten, mit den Verbänden der Träger der freien Kinder- und Jugendhilfe und den Vereinigungen sonstiger Leistungserbringer (gewerblicher eingeschlossen) auf Landesebene Rahmenverträge, allerdings ohne zwingende rechtliche Verbindlichkeit für die örtliche Ebene, zu schließen.[2475] Die Rahmenverträge müssen nicht von allen Landesverbänden ab-

---

2468 Vgl. *Wiesner* 2003b: 11.

2469 S. u.

2470 Vgl. *Wabnitz* 2011b: 473, *Wiesner* in: *Wiesner* 2011a, Vor § 78a, Rn. 6 und § 78d, Rn. 2ff.

2471 *Münder* in: *Münder/Meysen/Trenczek* 2013, § 78d, Rn. 1. Eine Neuverhandlung der Entgelte ist bei unvorhergesehenen wesentlichen Veränderungen der Annahmen, unter denen das Entgelt verhandelt wurde, möglich, vgl. § 78d Abs. 3 SGB VIII.

2472 Dies sind in der Regel die Kreise, kreisfreien Städte und dazu bestimmte Gemeinden auf deren Antrag.

2473 Vgl. *Wabnitz* 2011b: 474, *Münder* in: *Münder/Meysen/Trenczek* 2013, § 78e, Rn. 5, *Wiesner* in: *Wiesner* 2011a, § 78e, Rn. 2ff.

2474 Vgl. § 78e Abs. 3 SGB VIII.

2475 Vgl. *Münder* in: *Münder/Meysen/Trenczek* 2013, § 78f, Rn. 2 und 5, *Wiesner* in: *Wiesner* 2011a, § 78f, Rn. 3. Bindend werden die Rahmenverträge nur, wenn sie Bestandteil der Einzelvereinbarungen werden oder beide Vertragspartner dem Rahmenvertrag beigetreten sind, vgl. ebd.

geschlossen werden, sondern kommen auch zustande, wenn ein potentieller Partner nicht abschließt, aber eine Mehrheit zustimmt.[2476] Sie dienen zur Vereinheitlichung der Standards über Leistungen, Qualität und Entgelt, um große Verwerfungen zwischen einzelnen Jugendämtern zu verhindern und die Vergleichbarkeit von Preis-Leistungs-Verhältnissen zu ermöglichen.[2477]

Zur Streit- und Konfliktschlichtung[2478] ist im Rahmen von § 78g SGB VIII eine Schiedsstelle auf Landesebene einzurichten.[2479] Als wichtige Funktion der Schiedsstellenverfahren wird die „handlungstaktische Vorwirkung“[2480] gesehen, die auch vermeintlich schwachen Verhandlungspartnern einen wirksamen Schutz vor Ausbeutung bieten kann. Ob es sich bei den Schiedsstellen rechtlich um eine Behörde oder ein Vertragshilfeorgan handelt, ist strittig. Es ermöglicht jedenfalls eine inhaltliche Ablösung von der behördlichen Entscheidung und den Einstieg in kooperatives (Neu-)Verhandeln. Sie wird als Entscheidungsorgan sui generis bezeichnet.[2481] In der Praxis kommt es eher selten zu Schiedsstellenverfahren[2482], was daran liegen mag, dass Jugendämter und freie/private Träger als Vereinbarungspartner vor Ort in einer Verantwortungs- aber auch Abhängigkeitsgemeinschaft stehen und das Jugendamt die Gewährleistungs- und Planungsverpflichtung hat. Das Gebot zur partnerschaftlichen Zusammenarbeit mag auch entsprechend wirken.[2483]

Die drei Vereinbarungstypen zu Leistung, Entgelt und Qualitätsentwicklung müssen als Einheit verstanden werden, da sie sich inhaltlich aufeinander beziehen. Isolierte Entgeltvereinbarungen sind nicht vorgesehen.[2484] Die Vereinbarungen haben keinen Zweck an sich, sondern dienen

2476 Vgl. *Münder* in: *Münder/Meysen/Trenczek* 2013, § 78f, Rn. 3.

2477 Vgl. *Stähr* 2000: 167, *Messmer* 2007: 22f, *Gottlieb/Kaufhold/Thomsen* 2003: 88f.

2478 „Kommt eine Vereinbarung nach § 78b Absatz 1 innerhalb von sechs Wochen nicht zustande, nachdem eine Partei schriftlich zu Verhandlungen aufgefordert hat, so entscheidet die Schiedsstelle auf Antrag einer Partei unverzüglich über die Gegenstände, über die keine Einigung erreicht werden konnte.“ § 78g Abs. 2 S. 1 SGB VIII.

2479 Zur ausführlichen Darstellung von Rechtsfragen zum Schiedsstellenverfahren vgl. *Busch* 2000a: 384ff und 2000b: 424ff.

2480 *Wiesner* in: *Wiesner* 2011a, § 78g, Rn. 1.

2481 Vgl. *Wiesner* in: *Wiesner* 2011a, § 78g, Rn. 1ff.

2482 Vgl. *van Santen/u. a.* 2003: 129, *Wabnitz* 2010: 13.

2483 Vgl. *Wabnitz* 2010: 13.

2484 Vgl. *Kröger* 2003: 24f.

ausschließlich dazu, den bedarfsgerechten Rechtsanspruch der Leistungsberechtigten zu sichern. Demnach ist der festgestellte erzieherische Bedarf im Einzelfall maßgeblich und die entsprechende Leistung zu erbringen. Einschränkungen nach Art oder Umfang von Leistungen durch die Vereinbarungen sind nicht zulässig. Auch das Ziel der Kostenersparnis darf nicht über die Einschränkung der Bedarfserfüllung verfolgt werden.[2485] Dennoch ist anzumerken, dass durch die Vereinbarungen eine gewisse Vorprägung der Leistungen geschieht, sodass wenigstens überlegt werden müsste, wie die Interessen der Leistungsberechtigten in die Vereinbarungen einbezogen werden könnten.[2486]

Der Prozess[2487] zum Abschluss der Vereinbarungen wird als kooperativer Aushandlungsprozess gleichwertiger Akteure[2488] im Sinne der partnerschaftlichen Zusammenarbeit (§ 4 Abs. 1 SGB VIII) gesehen. Kein Vereinbarungspartner kann einseitig Inhalte festlegen.[2489] Problematisch ist die Nichtbeteiligung der Adressat_innen bei der Verhandlung der Vereinbarungen[2490], vor allem bei der Qualität kann dies nicht überzeugen.[2491] Beim Entgelt gehen damit die Bewertungen der Adressat_innen als primäre Nachfrager_innen nicht in die Preisfindung ein.[2492] Für alle drei Vereinbarungen gilt, dass auf ihren Abschluss bei Vorliegen der Voraussetzungen ein Anspruch besteht.[2493]

2485 Vgl. *Wiesner* 1999a: 9. Das wirft sogleich die Frage auf, ob Kostenersparnis nicht über Rationierung von Bedarfslagen verfolgt wird. Da das Jugendamt letztlich die Definitionshoheit über die Feststellung des erzieherischen Bedarfs hat, könnte der Kostendruck auf die diagnostischen Maßstäbe durchschlagen. Dieses Problem lässt sich jedoch nicht auf der Ebene der Vereinbarungen lösen, vgl. Kap. 2.4.2. Ein Korrektiv in diesem Sinne könnten die gemeinsamen Teams zwischen Jugendamt und Träger im Fachkonzept Sozialraumorientierung darstellen, mit den bereits diskutierten kritischen Aspekten.

2486 Vgl. *Wiesner* 1999a: 12f, *Wiesner* 2003b: 15.

2487 Für einen idealtypischen Prozessablauf für die Verhandlung der Vereinbarungen vgl. *Kröger* 2003: 26ff.

2488 Vgl. *Merchel* 1999a: 78f, *Münder* 1998: 8.

2489 Vgl. *Busch* 1997: 200f.

2490 S. u.

2491 Siehe unten, vgl. *Tauber* 2002: 22.

2492 Vgl. *Buestrich/u. a.* 2010: 85.

2493 Vgl. *Wabnitz* 2011b: 473f (m.w.N.), *Münder* 2001a: 203. Die Frage, ob auch auf Vereinbarungen nach § 77 ein Anspruch besteht, ist strittig: dagegen vgl. *Wabnitz* 2011b: 470, bei Rechtsanspruchsleistungen im jugendhilferechtlichen Dreieck dafür vgl. *Münder* in: *Münder/Meysen/Trenczek* 2013, § 77, Rn. 15f.

Relevant für die Konstruktion der Vereinbarungen als Steuerungsinstrument ist, dass für den Abschluss der Vereinbarungen die Zuständigkeit des JHA gegeben ist, lediglich jährliche Entgeltanpassungen werden als laufendes Geschäft der Jugendamtsverwaltung angesehen.[2494] In der Praxis können sich Probleme mit der Befangenheit von Mitgliedern des JHA ergeben, wenn es z. B. um die Vereinbarungen eines anerkannten gemeinnützigen Trägers der Kinder- und Jugendhilfe als eigener Anstellungsträger geht. Sind Mitglieder des öffentlichen oder freien/privaten Trägers gleichzeitige Verhandlungspartner, sind sie im JHA von der Beschlussfassung aufgrund von Befangenheit auszuschließen.[2495] Dies ist deshalb bedeutsam, weil die Auswirkungen der Neuregelungen auch in der Stärkung der Steuerungsinstanz Jugendamt gesehen werden.[2496] Durch die Zweigliedrigkeit des Jugendamtes handelt es sich demnach um das Paradoxon einer korporatistischen Steuerungsinstanz, die nichts steuert außer sich selbst.

Die Rahmenvereinbarungen

Die Rahmenvereinbarungen beziehen sich inhaltlich auf alle drei Einzelvereinbarungstypen und formulieren Grundsätze zur generellen Orientierung.[2497] Die Ausführungen müssen als Rahmen genügend Spielraum für die örtlich geschlossenen Vereinbarungen lassen.[2498] Sie fungieren als Bindeglied zwischen bundesrechtlicher Ebene und kommunaler Vereinbarungsebene.[2499] Die Rahmenvereinbarungen haben Orientierungs-, Vorbild-, Entlastungs- und Konsensfunktion.[2500] In der inhaltlichen Gestal-

---

2494 Vgl. *Wabnitz* 2011b: 474f, *Münder* in: *Münder/Meysen/Trenczek* 2013, § 78e, Rn. 9, *Wiesner* in: *Wiesner* 2011a, § 78e, Rn. 5, *Baltz* 1999a: 199f. A. A. vgl. *Kunkel* 2013, Rn. 284. In der Praxis wird der Abschluss der Vereinbarungen als Geschäft der Verwaltung betrachtet, vgl. *Kröger* 2003: 35.

2495 Vgl. *Wiesner* in: *Wiesner* 2011a, § 78e, Rn. 5, *Münder* in: *Münder/Meysen/Trenczek* 2013, § 78e, Rn. 9.

2496 Vgl. *Merchel* 1999a: 72.

2497 Vgl. *Messmer* 2007: 22, *Wiesner* in: *Wiesner* 2011a, § 78f, Rn. 1, *Gottlieb/Kaufhold/Thomsen* 2003: 89.

2498 Vgl. *Münder* in: *Münder/Meysen/Trenczek* 2013, § 78f, Rn. 4.

2499 Vgl. *Wiesner* in: *Wiesner* 2011a, § 78f, Rn. 1, *Gottlieb/Kaufhold/Thomsen* 2003: 88f.

2500 Vgl. *Münder* in: *Münder/Meysen/Trenczek* 2013, § 78f, Rn. 1.

tung der Rahmenverträge sind die Vertragspartner weitgehend frei.[2501] Der fokale Bezugspunkt der Rahmenvereinbarung sollte die individuelle Hilfeplanung nach § 36 SGB VIII sein.[2502] Sie ist „in die vertragliche Konzeption der §§ 78a ff. SGB VIII eingeschlossen."[2503] Dies entspricht der Maßgabe, dass die Vereinbarungen im Dienste des individuellen Rechtsanspruchs stehen. Eine Auswertung aller vorliegenden Rahmenverträge im Jahr 2003 zeigte ein sehr heterogenes Bild mit einer starken Fokussierung auf die Entgeltregelungen.[2504] Unklarheiten bestehen auf der Ebene der Rahmenvereinbarung im Hinblick auf die Qualität der Leistungen als Bestandteil der LV einerseits und ihrer Bewertung und Gewährleistung in der QEV andererseits.[2505] Nur wenige Rahmenvereinbarungen versuchen, den Qualitätsbegriff genauer zu bestimmen. Viele benennen Merkmale von Qualität und arbeiten mit den Dimensionen Struktur-, Prozess-, Ergebnis- sowie Eingangsqualität oder beziehen sich auf Schlüsselprozesse, aber Indikatoren werden kaum vereinbart.[2506] Insgesamt bleibt die Bewertung der QEV auf der Ebene der Rahmenvereinbarungen eher negativ, es handle sich vielfach um Prüfvereinbarungen. Dort wo der Versuch einer wirklichen QEV unternommen wurde, kommt er über eine Vereinbarung zum Dialog nicht hinaus.[2507] Die zentrale Schlüsselrolle der Hilfeplanung im Einzelfall wurde auf der Ebene der Rahmenvereinbarungen noch nicht ausreichend gewürdigt. Weiter wurde in den Rahmenverträgen genau wie in den Vereinbarungen vor Ort die Entwicklung zum prospektiven Entgelt nicht vollzogen.[2508] Erstaunlich ist, dass die meisten Rahmenverträge bei der QE die Rolle der Adressat_innen eher vernachlässigen. Die Gesamtbewertung der Rahmenverträge fällt entsprechend verhalten aus, sie haben die Ansprüche des Gesetzgebers nicht erfüllt.[2509] Zum Umsetzungstand der Vereinbarungen in der Praxis konstatiert *Messmer* nach Auswertung

2501 Vgl. *Wiesner* in: *Wiesner* 2011a, § 78f, Rn. 4, *Münder* in: *Münder/Meysen/Trenczek* 2013, § 78f, Rn. 1, *Gottlieb/Kaufhold/Thomsen* 2003: 89.

2502 Vgl. *Wiesner* in: *Wiesner* 2011a, § 78f, Rn. 5, *Gottlieb/Kaufhold/Thomsen* 2003: 138.

2503 *Gottlieb/Kaufhold/Thomsen* 2003: 97.

2504 Vgl. *Gottlieb/Kaufhold/Thomsen* 2003: 138.

2505 Vgl. *Gottlieb/Kaufhold/Thomsen* 2003: 139, s. u. Dies gilt ebenso für die Vereinbarungen auf örtlicher Ebene.

2506 Vgl. *Gottlieb/Kaufhold/Thomsen* 2003: 130ff.

2507 Vgl. *Gottlieb/Kaufhold/Thomsen* 2003: 145.

2508 Vgl. *Gottlieb/Kaufhold/Thomsen* 2003: 125.

2509 Vgl. *Gottlieb/Kaufhold/Thomsen* 2003: 146.

entsprechender Fachtagungen und Expertenrunden bis 2004 ebenfalls, dass die Vereinbarungspartner formal die Anforderungen des Gesetzgebers erfüllen, aber im Hinblick auf die inhaltliche Auseinandersetzung über Leistungen, Entgelte und Qualität noch weit entfernt scheinen. Auch die Balance einer neuen Rollenverteilung zwischen partnerschaftlicher Zusammenarbeit und reguliertem Wettbewerb scheint noch nicht gefunden. Es ließe sich eine Orientierung der Anbieter an Fragen der Leistung und Qualität und der Jugendämter an Fragen der Entgelte verzeichnen. Weiter werde deutlich, dass der Zusammenhang zwischen den Vereinbarungen nach § 78b SGB VIII und der Hilfeplanung im Einzelfall systematisch unterschätzt werde.[2510]

Nach Durchsicht der aktuellen Rahmenverträge der Länder kann im Hinblick auf die Regelungen zur Leistungsqualität in der LV und der QE in der QEV kein nennenswerter inhaltlicher Fortschritt festgestellt werden. Erstaunlich ist, dass die Rahmenvereinbarungen von sechs Bundesländern älter als 12 Jahre sind, wahrscheinlich in Erstfassung vorliegen.[2511] Bei den Vereinbarungen, die überhaupt seit 2003 aktualisiert wurden[2512], scheint es keine bis wenig inhaltliche Auseinandersetzung zur Qualitätsthematik gegeben zu haben, die einen deutlichen inhaltlichen Fortschritt bedeuten würden.[2513] So wird in keiner Rahmenvereinbarung der Aspekt

---

2510 Vgl. *Messmer* 2007: 42ff.

2511 Brandenburg (1999), Bremen (2001), Mecklenburg-Vorpommern (1999), Saarland (1999), Sachsen-Anhalt (2001) und Thüringen (1999) haben seit der Untersuchung von *Gottlieb/Kaufhold/Thomson* keinen neuen Rahmenvertrag verhandelt. In NRW existiert derzeit kein gültiger Rahmenvertrag. In Hessen wurde der Rahmenvertrag vom Hessischen Landkreistag zum 31.12.2012 gekündigt. Bisher hat sich der Hessische Städtetag noch nicht angeschlossen.

2512 Baden-Württemberg (2006), Bayern (2007), Berlin (2011), Hamburg (2008), Niedersachsen (2012), Rheinland-Pfalz (2005) und Schleswig-Holstein (2009).

2513 Beispielhaft: In Sachsen z. B. ist die Anlage IV „Hinweise für die Erstellung der Qualitätsentwicklungsvereinbarung“ nicht mehr Bestandteil des Rahmenvertrages, sondern eine Muster-QEV. Ob dies daran liegt, dass es keiner Hinweise mehr bedarf oder diese unbrauchbar waren, lässt sich nicht entnehmen, vgl. Rahmenvertrag nach § 78f SGB VIII im Freistaat Sachsen vom 1.11.2012, vgl. Rahmenvertrag nach § 78f Kinder- und Jugendhilfegesetz (KJHG) im Freistaat Sachsen von 1.4.1999.
Berlin hat in seiner Fassung von 2011 eine umfangreiche Anlage zur QE, die wichtige Themen benennt: Der Hilfeplan im Einzelfall steht im Fokus, die Verantwortung zur QE wird bei Jugendamt und Leistungserbringer gleichermaßen gesehen, die Adressat_innen sollen an der QE beteiligt sein, es werden Schlüsselprozesse in den Blick genommen und pro Hilfeform expliziert, Indikatoren

der Wirkungsqualität thematisiert, obwohl dies doch ein großes Bundesmodellprojekt von 2006-2008 zur Qualifizierung der Vereinbarungen nach § 78b SGB VIII war.[2514]

Die Leistungsvereinbarung

In der Leistungsvereinbarung (LV) werden die wesentlichen Leistungsmerkmale festgelegt, durch die diese qualitativ und quantitativ bestimmt ist[2515]:

> „Die Leistungsvereinbarung muss die wesentlichen Leistungsmerkmale, insbesondere
> 1. Art, Ziel und Qualität des Leistungsangebots,
> 2. den in der Einrichtung zu betreuenden Personenkreis,
> 3. die erforderliche sächliche und personelle Ausstattung,
> 4. die Qualifikation des Personals sowie
> 5. die betriebsnotwendigen Anlagen der Einrichtung
>
> festlegen.“[2516]

In der Regel wird in der LV nach Grund- und Zusatzleistungen differenziert.[2517] Diese Aufzählung ist nicht abschließend und zielt auf die strukturellen Voraussetzungen zur Leistungserbringung. Die Gestaltung der pädagogischen Interaktion selbst wird hierin nicht beschrieben, sie findet sich eher auf der Ebene der Konzeptionen.[2518] In der Regel wird der freie/private Träger einen Entwurf der LV vorlegen, der dann Gegenstand der Verhandlung mit dem Jugendamt wird. Im Fokus bei den Verhandlungen

---

werden als notwendig bezeichnet, aber auf die Einzelvereinbarung verlagert, aber wie viele andere Vereinbarungen bleibt sie im „dialogischen stecken“, vgl. Berliner Rahmenvertrag für Hilfen in Einrichtungen und durch Dienste der Kinder- und Jugendhilfe 2011, Anlage B Teil D, E und Teil F.

2514 Vgl. *Albus/u. a.* 2010a: 18f. Eine Ausnahme ist der Rahmenvertrag von Berlin, insofern er mit den Begriffen Wirkung und Ziel operiert, aber die Frage nach Indikatoren bzw. Operationalisierbarkeit den Leistungserbringern im Rahmen des Muster-Qualitätsberichts überlässt, vgl. Berliner Rahmenvertrag für Hilfen in Einrichtungen und durch Dienste der Kinder- und Jugendhilfe 2011, Anlage B Teil F.

2515 *Münder* in: *Münder/Meysen/Trenczek* 2013, § 78c, Rn. 2.

2516 § 78c Abs. 1 S. 1 SGB VIII.

2517 Vgl. *Messmer* 2007: 21, kritisch hierzu: vgl. *Dedekind* 1999: 89f.

2518 Vgl. *Dedekind* 1999: 87, *Wiesner* in: *Wiesner* 2011a, § 78b, Rn. 8 und § 78c Rn. 2.

wird die Qualität der Leistungen stehen, da diese hauptsächlich Auswirkungen auf die zu vereinbarenden Entgelte und die QEV hat.[2519] In der LV spielt Qualität insofern eine Rolle, dass sie direkt als „Qualität des Leistungsangebots“ (fachliche Standards)[2520] und als „Qualifikation des Personals“ angesprochen ist, da diese als zentraler Faktor zur Sicherung von fachlicher Qualität angesehen werden.[2521] Der Träger kann verlangen, die Qualitätsmerkmale in die LV aufzunehmen[2522], da diese entgeltrelevant sind. Empirisch gesehen wird die LV von freien/privaten und öffentlichen Trägern durchaus positiv bewertet, wenngleich dies von der konkreten Ausgestaltung der Verträge abhängt.[2523]

Die LV enthält zwangsläufig abstrakte, generelle Regelungen[2524] für die Hilfen zur Erziehung, da die konkrete Leistung am Bedarf des individuellen Einzelfalls unter Berücksichtigung des Wunschrechts und der Grundrichtung der Erziehung der Eltern sowie der Beteiligung der Kinder und Jugendlichen entwickelt werden muss, konkretisiert durch den Hilfeplan nach § 36 SGB VIII.[2525]

Ob die LV mehr Transparenz und Vergleichbarkeit für die Familien mit sich bringt[2526], darf indes bezweifelt werden. Einerseits kann durch die Relevanz für die Entgelte und andererseits im Sinne der faktischen Beauftragungsverhältnisse jeweils davon ausgegangen werden, dass die LV zur professionell-fachlichen Darstellung der eigenen Leistung dient und damit klar an den Interessen der Jugendämter als Vereinbarungspartner und faktischer „Beleger“ orientiert ist.

2519 Vgl. *Wiesner* in: *Wiesner* 2011a, § 78b, Rn. 8 und § 78c Rn. 2.

2520 Es geht hier nicht um Mindeststandards im Sinne der Betriebserlaubnis (§ 45 SGB VIII), sondern um einen Qualitätsbegriff, der umfassend Ziel und Inhalt der Leistung abdeckt, vgl. *Stähr/Hilke* 1999: 161.

2521 Vgl. *Münder* in: *Münder/Meysen/Trenczek* 2013, § 78c, Rn. 4, *Wiesner* in: *Wiesner* 2011a, § 78c Rn. 3f.

2522 Vgl. *Stähr* 2000: 168.

2523 Vgl. *Bußmann/Esch/Stöbe-Blossey* 2003: 91.

2524 *Wiesner* in: *Wiesner* 2011a, Vor § 78a, Rn. 10, *Wiesner* 2003b: 15.

2525 Vgl. *Stähr* 2000: 163.

2526 Vgl. *Dedekind* 1999: 91.

Die Entgeltvereinbarung

Die Entgeltvereinbarung (EV) enthält Angaben zu den differenzierten Entgelten und den betriebsnotwendigen Investitionen.[2527] Die Änderungen der Finanzierungsmodalitäten hatten Kostentransparenz und Kostensenkung zum Ziel. Das liegt auch daran, dass

> „die Jugendhilfe [kaum] (…) über eigene Einnahmen [verfügt], die als Dienstleistungsentgelte oder Sozialversicherungsbeiträge ausgeprägt sein könnten. Stattdessen müssen die professionellen Leistungen aus allgemeinen Steuermitteln bezahlt werden (…). Sie sind deswegen strukturell limitiert."[2528]

Innerhalb der Kinder- und Jugendhilfe gab es vor dem KJHG nur zweiseitige Finanzierungformen, die ausschließlich das Verhältnis zwischen öffentlichen und freien Trägern über Subventionen, Zuwendungen, Leistungs- bzw. Beschaffungsverträge regelte. Die Leistungsberechtigten kamen nicht vor, die Finanzierungstruktur folgte einem fürsorglichen Verständnis.[2529] Die Einführung der §§ 78a-g SGB VIII war insofern ein Systemwechsel[2530], als sie die Finanzierung auf der Grundlage des jugendhilferechtlichen Dreiecks etablierten.[2531] Diese dreiseitige Finanzierungsform gesteht den Leistungsberechtigten eine subjektive Rolle zu.[2532] Sie haben einen Anspruch auf Leistungserbringung bei Vorliegen der Voraussetzungen, wählen und beauftragen formal den Leistungserbringer, ihre Wünsche hinsichtlich der Leistungserbringung sind zu beachten, sie bleiben das Entgelt schuldig und sie haben einen Anspruch auf Refinanzierung bei Erbringung durch Dritte.[2533] *Kunkel* bezeichnet diese Konstruktion als Auftragsmodell (Delegation). Dieses sieht vor, dass der öffentliche Träger über Vereinbarungen den freien/privaten Träger mit der Übernahme einer

---

2527 Vgl. *Wiesner* in: *Wiesner* 2011a, § 78b, Rn. 10.

2528 *Müller-Alten* 2003: 409.

2529 Vgl. *Busch* 1999a: 261, *Münder* 2011e: 450, *Münder* 2012, § 25, Rn. 93f.

2530 Vgl. *van Santen/u. a.* 2003: 125.

2531 Innerhalb der Kinder- und Jugendhilfe hat sich neben der zweiseitigen Finanzierung (Subvention bzw. Förderung von z. B. Jugendhäusern, § 74 SGB VIII) die dreiseitige Finanzierung (z. B. bei der Hilfe zur Erziehung, § 77 und § 78a SGB VIII) etabliert, vgl. *Münder* 2011e: 451. Ausführlich zur zweiseitigen Finanzierung vgl. ebd.: 451ff, zur Zuwendung/Subvention vgl. *Wabnitz* 2011a: 459.

2532 Vgl. *Münder* 2011e: 450.

2533 Vgl. *Münder* 2012, § 25, Rn. 93f.

Leistung[2534] beauftragt und diesem bei tatsächlicher Inanspruchnahme durch die Leistungsberechtigten ein Entgelt zahlt.[2535] Für die Hilfen zur Erziehung ist die Finanzierungsform der dreiseitigen Abwicklung zwingend, daher sind Sozialraumbudgets für diese Hilfeform unzulässig, wenn sie als zweiseitiger Vertrag zwischen Jugendamt und Sozialraumträger ausgestaltet sind.[2536] Vergaberecht und Wettbewerbsrecht spielt bei dreiseitigen Vertragsbeziehungen in dieser Form keine Rolle, da die Eltern durch das Wunsch- und Wahlrecht Auftraggeberin an den Leistungserbringer sind und nicht die öffentliche Hand.[2537] Manche öffentliche Träger setzen bei rechtsanspruchsbezogenen Leistungen trotz jugendhilferechtlichem Dreieck auf eine zweiseitige Finanzierungsform durch Verträge zwischen Jugendamt und freien/privaten Trägern. Das würde konsequenterweise eine Bindung an das Vergaberecht bedeuten.[2538] Daher ist eine Orientierung in der Praxis am Wunsch- und Wahlrecht der Eltern rechtssystematisch bedeutsam, da bei der „direkten Vergabe“ an Leistungserbringer – abhängig von der Höhe des Finanzvolumens – eine öffentliche Ausschreibung nötig wäre. Das Wunsch- und Wahlrecht in Verbindung mit dem jugendhilferechtlichen Dreieck schützt in diesem Sinne den jugendhilfespezifischen Erbringungskontext.

Die Neuregelung sieht vor, prospektive Entgelte zu verhandeln. Für die stationären Einrichtungen werden diese in der Regel „Pflegesatz“ und für ambulante Leistungen „Fachleistungsstunde“ genannt. Finanzierungsformen sollten einer „aus dem Fall heraus begründeten verantworteten finanziellen Zuständigkeit“[2539] entsprechen und damit die Kostendeckung der Anbieter ebenso wie die Anforderungen der sozialpädagogischen Leistungserbringung erfüllen.[2540] Dem Grunde nach können dies Budgets ebenso wie die Fachleistungsstunde leisten.[2541] Die Prospektivität macht

---

2534 Also rechtlich gesehen nicht mit der Erziehung, Betreuung des Kindes, sondern als Erfüllungsgehilfe des öffentlichen Trägers im Rahmen dessen Gewährleistungspflicht.

2535 Vgl. *Kunkel* 1995b: 355f.

2536 Vgl. *Münder* 2011e: 455, *Wiesner* in: *Wiesner* 2011a, Vor § 78a SGB VIII, Rn. 16ff.

2537 Vgl. *Münder* 2012, § 25, Rn. 96, vgl. *Wiesner* in: *Wiesner* 2011a, Vor § 78a SGB VIII, Rn. 21.

2538 Vgl. *Münder* 2011e: 454.

2539 *Thiersch* 2002: 130.

2540 Vgl. *Witt* 1995: 152.

2541 Vgl. *Thiersch* 2002: 130.

es nötig, die Entgelte vorher zu vereinbaren. Jugendamt und Anbieter verhandeln auf der Grundlage von Leistung und Qualität ein angemessenes Entgelt aus. Die Entgelte müssen leistungsgerecht sein, das heißt, es fließen alle Kosten ein, die durch die Leistungserbringung entstehen. Das bedeutet jedoch nicht, dass die Gestehungskosten relevant sind, sondern Inhalt, Umfang und Qualität der Leistung orientiert am Sparsamkeitsprinzip. Das schließt einen Gewinn weder zwangsläufig ein noch aus, sondern ermöglicht ihn prinzipiell als kalkulatorischen Gewinn, wenn Sparsamkeit gegeben ist. Der Gewinn muss jedoch transparent ausgewiesen werden. Weiter können keine Eigenanteile verlangt werden. Die Betonung der Leistungsgerechtigkeit der Entgelte verweist auf die starke Nachfragemacht der Jugendämter, um sicherzustellen, dass die angeboten Leistungen angemessen honoriert werden. Die freien/privaten Träger müssen die Möglichkeit haben, ihr grundgesetzlich geschütztes Recht der Berufsfreiheit auch ausüben zu können. Die Grundlage für die Entgeltberechnungen sind die Leistungs- und Qualitätsmerkmale, die vereinbart wurden.[2542] Oder kurz: „Das Geld (…) folgt der Leistung“[2543] in verhandelter Qualität.

Für die meisten Jugendämter ist das Ziel in Entgeltverhandlungen die Nichterhöhung der Entgelte. Es ergeben sich drei zentrale Ansatzpunkte zur Steuerung der Kosten: den zu Grunde gelegten Betrag, den Personalschlüssel und die Auslastungsquote. In aktuellen Befragungen zeigt sich als dominante Verhandlungsstrategie der Jugendämter die Erhöhung der Auslastungsquote bei gleichbleibendem Personalschlüssel und Grundbetrag. Eine gezielte Steuerung der Jugendämter über die EV kann aus den Daten nicht hergeleitet werden. Im Gegenteil: Bei 7 % der Jugendämter sind die EV über zehn Jahre alt.[2544] Die Auslastungsquote lag 2004 bei jeder dritten befragten (teil-)stationären Einrichtung der Hilfe zur Erziehung bei 100 % oder höher.[2545] Dies ist vor allem im Hinblick auf das Wahlrecht der Adressat_innen problematisch[2546], da dieses bei Auslastungsquoten von 100 % oder höher faktisch abgeschafft ist. Auch wenn hier deut-

2542 Vgl. *Münder* 2011e: 456f, *Wabnitz* 2011b: 473, *Münder* in: *Münder/Meysen/Trenczek* 2013, § 78c, Rn. 13, *Wiesner* in: *Wiesner* 2011a, § 78c SGB VIII, Rn. 11ff und § 78b, Rn. 23, *Stähr/Hilke* 1999 163, *Stähr* 2000: 169, *Späth* 1999: 66, *Reuter-Spanier/Roth* 1999: 40.

2543 *Wabnitz* 2011b: 473 (Hwg).

2544 Vgl. *Gadow/u. a.* 2013: 65.

2545 Vgl. *Gragert/u. a.* 2005: 14.

2546 Vgl. *Gadow/u. a.* 2013: 65.

lich wird, dass in der Praxis über die Vereinbarungen vom Jugendamt gesteuert wird, ist das nicht die intendierte Funktion der Vereinbarungen. Sie haben ausschließlich Lizenzierungscharakter.[2547]

Die Entgelte werden häufig getrennt ausgewiesen für Standard- oder Grundleistungen, einzelfallbezogene Zusatzleistungen und Investitionskosten.[2548] Eine solche „zweckrationale Zerlegung von Tätigkeiten“[2549] widerspricht den Besonderheiten der Hilfe zur Erziehung und engt die Handlungsautonomie der Fachkräfte ein, was letztlich zu Deprofessionalisierung beitragen kann. Allerdings liegt das nicht am Instrument der Fachleistungsstunde, sondern an seiner Handhabung.[2550]

Die Anerkennung der Besonderheiten sozialer, personenbezogener Dienstleistungen bei der Festlegung der Preise scheint ein generelles Problem. So fehlt z. B. bei der Preisbildung für Module in der ambulanten Pflege die Bedeutung der Kommunikation für die Erstellung des Produkts. Bei der Preissetzung müssen die notwendige Qualifikation des Personals und Zeitkorridore für die Herstellung und Pflege von Vertrauen über Kommunikation beachtet werden. Wenn dies gelingt, können positive Entwicklungen im Hinblick auf die fachliche Qualität erreicht werden.[2551] Die Notwendigkeit, Zeiten für Anbahnung und Herstellung von Kontakt und Vertrauen als notwendige Leistungsbestandteile zu betrachten, kann auf die Hilfe zur Erziehung übertragen werden. Nimmt man die fachlichen Anforderungen der Lebensweltorientierung ernst, wären Zeitkontingente für die Auseinandersetzung mit den Familienmitgliedern zu ihren Problemdeutungen und deren Destruktion ebenso entgeltrelevant zu beachten wie die Alltagsberatung oder der Einbezug des sozialen Umfeldes:

> „Partizipation muss als spezifisches Qualitätsmerkmal mit allem dazu notwendigen Willen zu Aufwand und Umwegigkeiten, die sich heutigem Erledigungsdruck sperren, gewollt und in Ressourcen und Zeitaufwand honoriert werden.“[2552]

2547 Vgl. *Münder* 2002b: 118f. So werden die Vereinbarungen auch als Mittel für eine Erhöhung des steuernden Einflusses der Jugendämter zur Kostenbegrenzung angesehen, vgl. *Stähr* 2000: 161.

2548 Vgl. *Wiesner* in: *Wiesner* 2011a, § 78c, Rn 13, *Merchel* 1999a: 77. Für eine Übersicht zur unterschiedlichen Ausgestaltung und Berechnung von Entgelten in der Praxis, vgl. *Klatetzki/Winter* 2003: 249ff.

2549 *Klatetzki/Winter* 2003: 258.

2550 Vgl. *Klatetzki/Winter* 2003: 253ff.

2551 Vgl. *Gabriel* 2007: 122f.

2552 *Thiersch* 2000: 542.

Auf der Ebene der Vereinbarungen ist es relevant, ob z. B. die Organisation von Solidarität im Sozialraum[2553] „nur" als Mittel zum Zweck im Einzelfall gedacht oder als eigenständiger Leistungsbestandteil der LV und damit entgeltrelevant vereinbart wird.

Zusätzlich besteht die Gefahr, dass durch immer kleinteiligere Leistungsbeschreibungen eher eine standardisierte, detailliert festgelegte Leistung bezahlt wird, als die maßgeschneiderte, flexible und integrierte Hilfe.[2554] Es bleibt bei der schwierigen Aufgabe, abstrakte Leistungen zu beschreiben, die vor allem das hohe Maß an Ungewissheit in der Hilfe zur Erziehung[2555] zu fassen vermögen. Mehr noch, in den Leistungsbestandteilen muss die pädagogische Freiheit, ohne die professionelle Hilfe zur Erziehung nicht möglich ist, gesichert werden.

Die Qualitätsentwicklungsvereinbarung

In den Vereinbarungen nach § 78b SGB VIII wurde explizit der Begriff Qualitäts*entwicklungs*vereinbarung (QEV) gewählt, um der Komplexität und Besonderheit der Hilfe zur Erziehung als lebensweltorientierte Dienstleistung Rechnung zu tragen und gegen den Begriff der Qualitätssicherung abzugrenzen.[2556] Die QEV hat auch Auswirkungen auf die Vorleistung des Jugendamtes, da die Arbeit im Vorfeld mit den Familien auf die Qualität der Leistungserbringung durch den freien/privaten Träger wirkt.[2557] Dies bezieht sich auf den Hilfebeginn, also das Ankommen der Familien beim Jugendamt, wie der weitere Aushandlungsprozess gestaltet wird und vor allem inwieweit das Jugendamt seiner Pflicht zur Information der Familien über ihre Mitwirkungs-, Wunsch- und Wahlrechte nachkommt. Aber auch das Image und die Akzeptanz des Jugendamtes wirken auf die Quali-

2553 Vgl. *KGSt* 1998: 23.

2554 Vgl. *Hinte* 2002: 115.

2555 Vgl. *Müller* 1997: 267.

2556 Vgl. *BT-Drs* 13/10330: 17, *Merchel* 1998b: 382, *Wiesner* 1999a: 10, *Merchel* 1999b: 175f, *Merchel* 2000e: 21, *Struck* 2000b: 4.

2557 Vgl. *Münder* in: *Münder/Meysen/Trenczek* 2013, § 78b, Rn. 8f, *Wiesner* in: *Wiesner* 2011a, § 78b, Rn. 12ff, *Merchel* 1998c: 19, *Merchel* 2000b: 26f, *Struck* 2000b: 5.

tät der Vorleistung.[2558] Die Jugendämter sind durch die Vereinbarungen aufgerufen, ihre „Vorleistungsqualität“ zu prüfen.[2559] Ein zentraler Aspekt ist die Betroffenenbeteiligung vor allem im Rahmen der Hilfeplanung nach § 36 SGB VIII, aber auch innerhalb der direkten Leistungserbringung. Die QEV kann als Instrument genutzt werden, die fachlichen Standards der Beteiligung der Adressat_innen mit den Leistungserbringern festzulegen. Andererseits müssen auch die Jugendämter entsprechende Standards einhalten. So könnten auch höhere Entgelte fällig werden, wenn die Vorleistung des Jugendamtes nicht wie vereinbart erbracht wird. Das bedingt ein kooperatives Verständnis von „Vereinbarung“ über Leistung, Qualität und Entgelt zwischen Jugendamt und freien/privaten Trägern.[2560] Diese Problematik, dass häufig die QE einseitig beim Leistungserbringer verortet wurde[2561], endete mit einer Gesetzesänderung.

Am 1.1.2012 hat der Gesetzgeber im Rahmen des Bundeskinderschutzgesetzes die QE in der Kinder- und Jugendhilfe explizit zur Kernaufgabe der Gesamtverantwortung des Jugendamtes erklärt. Demnach müssen die Jugendämter gewährleisten, dass „eine kontinuierliche Qualitätsentwicklung nach Maßgabe von § 79a SGB VIII erfolgt.“[2562] Die QE ist damit zentrales Element der Gewährleistungsverpflichtung. Die Regelung ist letztlich keine neue Aufgabe, sondern fokussiert und konkretisiert den unbestimmten Rechtsbegriff der „geeigneten“ Einrichtungen und Dienste, die das Jugendamt zu gewährleisten hat. Bereits hier spielten Qualitätskriterien eine Rolle.[2563] Der neue § 79a SGB VIII expliziert dies und bestimmt, dass

> „die Träger der öffentlichen Jugendhilfe Grundsätze und Maßstäbe für die Bewertung der Qualität sowie geeignete Maßnahmen zu ihrer Gewährleistung (...) weiterzuentwickeln, anzuwenden und regelmäßig zu überprüfen [haben]. Dazu zählen auch Qualitätsmerkmale für die Sicherung der Rechte von Kindern und Jugendlichen in Einrichtungen und ihren Schutz vor Gewalt.“[2564]

2558 Vgl. *AFET-Fachausschuss Organisations- und Personalentwicklung* 2001: 220ff, *Merchel* 1998c: 19f, *Merchel* 2000b: 26f, *Merchel* 2000e: 20, *Schmidt* 1996: 37.

2559 Vgl. *Merchel* 1998b: 383, *Merchel* 2000b: 26f.

2560 Vgl. *Bauer* 1999: 21f.

2561 Teilweise wurde dies sogar in Rahmenverträgen festgehalten, vgl. *Gottlieb/ Kaufhold/Thomsen* 2003: 127.

2562 § 79 Abs. 2 Ziff. 2.

2563 Vgl. *Wiesner* in: *Wiesner* 2011a, § 79, Rn. N 1, *DV* 2012: 4.

2564 § 79a SGB VIII S. 1 und 2.

Die Regelung richtet sich an die Jugendämter und stellt eine Professionalisierungsanforderung an die Jugendhilfeplanung dar.[2565] Zuständig ist der JHA.[2566] Die Vorschrift macht das Beschwerde- und Beteiligungsmanagement in Einrichtungen zum verpflichtenden Thema der QE.[2567] Inhaltlich wird mit der Formulierung an die §§ 78a-g SGB VIII angeknüpft. Die QE sollte über den entgeltfinanzierten speziellen Bereich (§ 78a SGB VIII) hinaus auf die gesamte Kinder- und Jugendhilfe ausgedehnt werden.[2568] Relevant ist weiterhin, dass das Jugendamt selbst angehalten ist, für die eigenen Handlungsfelder, z. B. die Hilfeplanung nach § 36 SGB VIII, QE zu betreiben, und dass im Sinne der diskursiven QE die Rolle der Adressat_innen wieder stärker akzentuiert wird.[2569] Die QE in den Hilfen zur Erziehung wird dabei klarer auf beide Akteure, Jugendamt und Leistungserbringer, fokussiert. Ziel ist eine kontinuierliche, kooperative fachliche Steuerung auf örtlicher Ebene.[2570] Der Gesetzgeber hat mit dieser Neuregelung die QE für die gesamte Kinder- und Jugendhilfe zum zentralen Steuerungsfokus erklärt und sich eindeutig gegen einen einseitigen Fokus auf Kostendämpfung positioniert.[2571]

Die in der LV zu benennenden Qualitätsmerkmale der Leistung werden durch die QEV aufgegriffen. Dort werden Grundsätze und Maßstäbe für die Bewertung der Qualität sowie geeignete Maßnahmen zu ihrer Gewährleistung vereinbart. Diese Maßnahmen zur Gewährleistung von Qualität sind insbesondere interne aber auch externe Prüfungsverfahren.[2572] Vor dem Hintergrund der eingeschränkten Souveränität der Konsument_innen werden die Prüfverfahren zum Verbraucherschutzinstrument.[2573] Bei den externen Prüfungsverfahren ist die Autonomie der freien/privaten Träger

---

2565 Vgl. *DV* 2012: 5f, *LVR/LWL* 2013: 9f. Zu den praktischen Schwierigkeiten im Hinblick auf die hohen Erwartungen vgl. *DV* 2012: 8f, *LVR/LWL* 2013 13f. Für einen Verfahrensvorschlag zur praktischen Umsetzung vgl. *LVR/LWL* 2013: 16ff.

2566 Vgl. *Wiesner* in: *Wiesner* 2011a, § 79a, Rn. N 3, *DV* 2012: 11, *LVR/LWL* 2013: 11f.

2567 Vgl. *Tammen* in: *Münder/Meysen/Trenczek* 2013, § 79a, Rn. 6.

2568 Vgl. *Tammen* in: *Münder/Meysen/Trenczek* 2013, § 79a, Rn. 8.

2569 Vgl. *DV* 2012: 5, 7 und 16.

2570 Vgl. *DV* 2012: 7.

2571 Vgl. *DV* 2012: 8, *Tammen* in: *Münder/Meysen/Trenczek* 2013, § 79, Rn. 13, *Wiesner* in: *Wiesner* 2011a, § 79a, Rn. N 4.

2572 Vgl. *Wiesner* in: *Wiesner* 2011a, § 78b, Rn. 18f, *Stähr/Hilke* 1999: 169.

2573 Vgl. *Stähr/Hilke* 1999: 169.

zu achten. Da externe Prüfungen eher auf die Qualität der Leistungen und nicht die QE als solche zielen dürften, wäre eine Zuordnung zur LV angemessener.[2574] In diesem Sinne wäre bei der Überprüfung der Leistungsqualität auch angemessen von Qualitäts*sicherung* zu sprechen und die QE als fortwährenden Prozess der Verbesserung und Weiterentwicklung von Qualität zu verstehen. Dies könnte auch zur klareren Unterscheidung vom Qualitätsverständnis in LV und QEV führen.[2575]

Wiesner schreibt der Qualitätsbeschreibung innerhalb der LV eher Aspekte der Strukturqualität zu, während die QEV auch Prozess- und Wirkungsqualität in den Blick nimmt.[2576] Die Qualitätsaspekte aus der LV und die Verfahrensaspekte der QEV müssen inhaltlich aufeinander bezogen sein.[2577] Durch die Vereinbarungsstruktur wird Qualität und QE erstmals konsequent mit Leistungen und Entgelten verknüpft. Maßnahmen zur QE sind nicht kostenneutral und demnach entgeltrelevant.[2578]

Der Gesetzgeber sah in den Instrumenten zur Entwicklung und Gewährleistung fachlicher Qualität hauptsächlich

> „regelmäßige Supervision und Fortbildung sowie eine systematische Dokumentation der Entwicklung des Kindes bzw. des Jugendlichen“

und geeignete Maßnahmen zur Qualitätsprüfung. Die Aufgabe zur QE liege bei den Einrichtungsträgern und diese sollten aus Kostengründen[2579] möglichst einfach im pädagogischen Alltag umsetzbar sein. Daher bieten sich Qualitätssicherungs- bzw. Selbstevaluierungsmaßnahmen, die die Fachkräfte im operativen Geschäft selbst durchführen können, an.[2580] Evaluation wird zwar als wichtiger Ansatz zur QE gesehen[2581], aber die Beteiligung von Adressat_innen an den Evaluationen ist noch sehr schwach ausgeprägt. Das kann vor dem Hintergrund, dass Qualität zwischen den

---

2574 Vgl. *Wiesner* in: *Wiesner* 2011a, § 78b, Rn. 18f. Die externen Prüfungsrechte werden in den Rahmenvereinbarungen teilweise der QEV zugeordnet, vgl. *Gottlieb/Kaufhold/Thomsen* 2003: 128f.

2575 Vgl. *Gottlieb/Kaufhold/Thomsen* 2003: 110 und 129, vgl. Kap. 1.2.

2576 Vgl. *Wiesner* in: *Wiesner* 2011a, § 78b, Rn. 15, ebenso *Merchel* 2006: 80, *Merchel* 1998b: 384.

2577 Vgl. *Merchel* 1998b: 384.

2578 Vgl. *Merchel* 1999a: 75, *Busch* 1997: 196, *Gottlieb/Kaufhold/Thomsen* 2003: 109.

2579 Denn die QE-Maßnahmen sind selbstverständlich entgeltrelevant.

2580 Vgl. *BT-Drs* 13/10330: 17f, vgl. auch Kap. 1.4.2.

2581 Vgl. *Merchel* 2004a: 371.

Beteiligten ausgehandelt werden muss, nicht befriedigen.[2582] Als zentraler Qualitätsaspekt kann der Einbezug der Adressat_innen in die Leistungserbringung verstanden werden.[2583] Allerdings wird gerade in der Einführung der Vereinbarungen nach §§ 78a-g SGB VIII ein Anreiz gesehen, die QE auf einfach überprüfbare und messbare Indikatoren, wie z. B. die Qualifikation der Fachkräfte, zu konzentrieren. Damit würde eine Orientierung an Partizipation als „unsichtbare Seite"[2584] der Qualität verhindert.[2585] Weitere inhaltliche Vorgaben machte der Gesetzgeber nicht.[2586]

Zum Prozess der QE schlägt *Merchel* ein kooperativ-dialogisches Verfahren vor. Demnach entwickelt der freie/private Träger intern ein Qualitätskonzept, während das Jugendamt intern eigene Qualitätsvorstellungen, -verständnisse und -ansprüche klärt. Im Anschluss diskutieren alle Anbieter mit dem Jugendamt, bestenfalls in einer AG 78, die unterschiedlichen Ideen und Positionen zur Entwicklung einer gemeinsamen Vorstellung. In Einzelverhandlungen zwischen Anbieter und Jugendamt werden die QEVen verhandelt und der JHA beschäftigt sich mit dem daraus entstehenden Qualitätskonzept der Hilfe zur Erziehung vor Ort.[2587]

Merchel sieht folgende Ansprüche des Gesetzgebers an die QEV. Das Qualitätsthema sollte durch die Pflicht zur Vereinbarung und die direkten Auswirkungen auf das Entgelt zu einem relevanten und verbindlichen Teil der regelmäßigen Verhandlungen zwischen Jugendamt und freien/privaten Trägern werden.[2588] Durch die Formulierung „Maßstäbe für die Bewertung der Qualität der Leistungsangebote" wird der Einsatz von evaluierenden Elementen eingefordert. Die Betonung der Qualitäts*entwicklung* fokussiert auf ein „prozesshaft-dynamisches Geschehen"[2589] im Gegensatz

2582 Vgl. *Pluto/u. a.* 2007: 423, vgl. Kap. 1.2.1.

2583 Vgl. *Münder* in: *Münder/Meysen/Trenczek* 2013, § 78b, Rn. 10, *Petersen* 1996: 84, *BMFFSJ* 1998: 14, *BMFSFJ* 2002a: 20, *Abeling/u. a.* 2003: 238ff, *Merchel* 2004b: 149f. Für empirische Nachweise vgl. *Fröhlich-Gildhoff/Engel/Rönnau* 2006: 137, *Blandow* 1999: 45ff, *Blandow/Gintzel/Hansbauer* 1999: 66ff, *Wolf* 2007b: 39f, *Albus/u. a.* 2010a: 9, *Albus* 2011: 44ff.

2584 Vgl. Kap. 1.2.2.

2585 Vgl. *Hansbauer* 2000: 51.

2586 Vgl. *Bauer* 2000: 36.

2587 Vgl. *Merchel* 1998b: 386, *Merchel* 1999b: 182ff, *Merchel* 2000b: 28f, *Merchel* 2003b: 331.

2588 Vgl. *Merchel* 2004a: 372f, *Merchel* 2006: 79f.

2589 *Merchel* 2006: 79, ebenso *Wiesner* in: *Wiesner* 2011a, § 78b, Rn. 12f, *AFET – Fachausschuss Organisations- und Personalentwicklung* 2001: 219.

zu einer technologisch verstandenen Qualitätssicherung. Dieses Verständnis setzt voraus, dass beide Verhandlungspartner ihre relevanten Handlungen gemeinsam betrachten und bewerten. Als Mindestkriterien an eine QEV formuliert er demnach, dass fachlich legitimierte Qualitätskriterien („Maßstäbe für die Bewertung von Qualität“) anhand der Dimensionen Prozess-, Struktur- und Ergebnisqualität benannt werden, ein Verfahren zur Qualitätsbewertung vereinbart wird und das relevante Jugendamtshandeln einbezogen ist. Weitere Elemente könnten die Beteiligung der Familien bei der Qualitätsbewertung[2590] oder trägerübergreifende Ansätze zur QE sein.[2591] In einer empirischen Analyse von QEVen wurde eine extreme Heterogenität in der formalen und inhaltlichen Ausgestaltung der QEV nachgewiesen, aber vor allem der geringe Umsetzungsgrad der Mindestanforderungen aufgedeckt.[2592] Auch empirische Untersuchungen kommen zum Schluss, dass die QEVen die an sie gestellten Anforderungen nicht erfüllen. Vereinbarungen, die tatsächlich Instrumente zur Fortentwicklung der Qualität beinhalten, liegen kaum vor.[2593]

Als Ursachen für die mangelhafte Umsetzung der Anforderung an die Vereinbarung zur QE wird hypothetisch von einer mangelnden Akzeptanz als fachliches Gestaltungsinstrument, der Fokussierung auf die Legitimation eigenen Handelns, einer bloßen Übernahme betriebswirtschaftlicher Semantik, um Modernisierung zu signalisieren, und zuletzt von Defiziten bei der Herausbildung professionellen Handelns ausgegangen.[2594] Ebenso kann die fehlende Wahrnehmung der Prozessverantwortung des Jugendamtes ein Grund für die mangelnde Umsetzung sein.[2595]

Problematisch an der Umsetzung ist, dass die Aufgabe der Beschreibung von Leistung, Qualität und deren Entwicklung ausschließlich auf der Anbieterseite gesehen wird, dass in einer inhaltlichen Auseinandersetzung

---

2590 Vgl. *AFET-Fachausschuss Organisations- und Personalentwicklung* 2001: 220.

2591 Vgl. *Merchel* 2006: 79ff, *Merchel* 2004a: 374ff.

2592 Vgl. *Merchel* 2006: 82f. Als relevante Mindestkriterien dienten die Benennung fachlich legitimierter Qualitätskriterien, der Einbezug der drei Qualitätsdimensionen und Aussagen zum Verfahren der Qualitätsbewertung. Nur etwa jede zehnte analysierte QEV konnte diese Anforderungen alle bedienen, vgl. ebd.: 81ff.

2593 Aus Sicht von freien/privaten und öffentlichen Trägern vgl. *van Santen/u. a.* 2003: 127f. Als Ergebnis einer Analyse von QEVen vgl. *Münder/Tammen* 2003: 51f. Als empirischer Befund einer Studie vgl. *Messmer* 2007: 154.

2594 Vgl. *Merchel* 2006: 87f.

2595 Vgl. *Merchel* 2004a: 378.

zwischen Jugendamt und freien/privaten Trägern Konflikte vermutet werden und dass die Familien auf der Ebene der Vereinbarungen unbeteiligt sind.[2596] Vor allem der letzte Aspekt ist sehr relevant und es ist erstaunlich, dass dieser bisher in den weiteren Diskussionen zur Verhandlung der Vereinbarungen nach § 78b SGB VIII kaum Beachtung findet. Im Hinblick auf die zu untersuchenden Beauftragungsverhältnisse und des Erbringungskontextes wird diese Frage im vierten Kapitel aufgegriffen.

Die praktische Umsetzung der QEV bleibt jedoch weit hinter den Erwartungen des Gesetzgebers zurück[2597], was auch an der zurückhaltenden Ausformulierung der Ansprüche an die QEV im Gesetz[2598] und der schlechten Abgrenzung zum Aspekt der Qualität der Leistung in der LV liegt.

Aus Komplexitätsgründen wird dafür plädiert, lediglich Leitorientierungen zur QE in die Vereinbarungen aufzunehmen, wie die Beschränkung auf besonders zentrale Kriterien mit Schlüsselfunktion[2599], eine Differenzierung nach Bezugsebenen[2600] der Qualitätsaspekte, Indikatorensets mit entsprechenden Kennzahlen[2601] zur Qualitätsbewertung sowie die Benennung der Verfahren zu Dokumentation und Qualitätsbewertung.[2602] Möglicherweise sind diese Schwierigkeiten und Komplexitäten ein Grund dafür, dass fünf Jahre nach Inkrafttreten der gesetzlichen Pflicht zum Abschluss von QEVen in einer Befragung von (teil)stationären Einrichtungen lediglich 9 % bei der Frage nach Maßnahmen zur QE auf QEVen verwiesen.[2603] Als Reaktion aus der Praxis fordern aktuell die Schiedsstellen eine Konkretisierung der rechtlichen Anforderung an die QEV.[2604]

2596 Vgl. *AFET-Fachausschuss Organisations- und Personalentwicklung* 2001: 219.

2597 Vgl. *Merchel* 2005b: 53f.

2598 Vgl. *Münder* in: *Münder/Meysen/Trenczek* 2013, § 78b, Rn. 10, *Wiesner* in: *Wiesner* 2011a, § 78b, Rn. 19a f, *Messmer* 2007: 154.

2599 Solche Kriterien sind z. B. die Praxis einer reflektierten Elternarbeit oder die Ermöglichung von Privat- und Intimsphäre, vgl. *Merchel* 1998b: 384.

2600 Die allgemeine Ebene von Heimerziehung als Kinder- und Jugendhilfeleistung, die spezifische Ebene der konkreten Einrichtung und die individuellen Ebene des Einzelfalls, vgl. *Merchel* 1998b: 384.

2601 Kennzahlen in sozialpädagogischen Feldern sind nicht unproblematisch, aber im bewussten Umgang mit ihren Grenzen durchaus einsetzbar und hilfreich, vgl. *Merchel* 1998b: 384.

2602 Vgl. *Merchel* 1998b: 384f, *Merchel* 1999b: 177ff.

2603 Vgl. *van Santen/u. a.* 2003: 127, *Gragert/u. a.* 2005: 94f.

2604 Vgl. *Block* 2013: 8 mit den entsprechenden inhaltlichen Ausführungen.

Während die Leistungs- und Entgeltvereinbarung auf eine betriebswirtschaftliche Modernisierung ausgerichtet sind, zielt die QEV auf eine fachliche Qualifizierung der Leistungen.[2605] In aktuellen Befragungen wurde deutlich, dass es in ca. jedem zehnten Jugendamtsbezirke Träger ohne QEV gibt.[2606]

Die Qualitätsbewertung durch die Adressat_innen müsste in der QEV als elementares Bewertungskriterium festgeschrieben werden. Auch das wäre ein Beitrag zur QEV als ein Instrument des Verbraucherschutzes.[2607]

2.5.3 Korporatismus versus Wettbewerb

Die Akteure innerhalb der Hilfe zur Erziehung haben verschiedene, rechtlich normierte Positionen zueinander und unterschiedliche Interessen. Die Gestaltung des Erbringungskontextes sollte sich daran orientieren, dass

> „diese teils divergierenden Interessen und Anforderungen im Hinblick auf ein gesellschaftlich akzeptables, dem Einzelnen dienliches und ökonomisch tragfähiges Gesamtsystem“[2608]

hin ausgeglichen werden. Wie bereits ausgeführt, lassen sich die Hilfen zur Erziehung als sozialstaatliche, lebensweltorientierte Dienstleistung nicht über eine auch nur annähernd reine Marktumgebung erbringen. Die Frage nach dem angemessen Koordinierungsmix bleibt offen. Alle sozialpolitischen Reformen der letzten Jahre setzten auf mehr Marktelemente im Bereich der Sozialleistungen und überschätzten dabei die marktliche Koordinierungsfähigkeit.[2609] Ob dies allerdings als Durchdringung aller gesellschaftlichen Bereiche durch ein freies radikales Marktmodell zu interpretieren ist[2610], erscheint aufgrund nach wie vor hoher ordnungspolitischer Regulierung vor allem im Sozialbereich fraglich. Es gilt, die Veränderungen des Erbringungskontextes der Hilfe zur Erziehung im analytischen Spannungsfeld von subsidiärem Korporatismus und wettbewerblichem Markt differenziert zu betrachten.

2605 Vgl. *Merchel* 1999a: 73. Zur Fokussierung einer fachlichen QE durch die QEV vgl. *Merchel* 2000e: 21f.

2606 Vgl. *Gadow/u. a.* 2013: 67.

2607 Vgl. *Stähr* 2000: 172.

2608 *Cremer/Goldschmidt/Höfer* 2013: 105.

2609 Vgl. *Sesselmeier* 2012: 106 für die Sozialversicherungssysteme.

2610 Vgl. *Hensen* 2006b: 26.

Das über Jahrzehnte gewachsene und durch das RJWG normierte Modell des Erbringungskontextes der Hilfen zur Erziehung zeichnete sich durch ein subsidiär-korporatistisches bzw. kooperatives Steuerungsmodell aus. Die klassischen Koordinierungsmechanismen sind Markt, Befehl und Pflicht. Innerhalb wohlfahrtstaatlicher Arrangements ist das Befehlssystem für den Politikvollzug der dominante Modus, während im Bereich der Erbringung sozialstaatlicher Leistungen auch Elemente des solidarischen Pflichtsystems wirksam sind. Für die Koordinierung sozialer Dienstleistungen müssen mindestens drei Probleme gelöst werden. Erstens die Transformierung individueller Präferenzen in Zielgrößen, an denen sich die Akteure orientieren können (Bedarfsnormierung). Zweitens die Abstimmung der Handlungen der beteiligten Akteure für eine effektive Ressourcenallokation zur Bedarfsdeckung. Drittens muss eine Responsivität ermöglicht sein, sodass die Bewertungen der Adressat_innen Lernfolgen bei den Akteuren auslösen.[2611] Als Ausdifferenzierung des solidarischen Koordinierungsmechanismus definiert *Kaufmann* den Steuerungstypus „Korporatismus".[2612] Den Korporatismustypus zeichnet ein stabiles, dauerhaftes Verhandlungssystem autonomer Partner aus. Im Gegensatz zum Markt wird auf die wachsende wechselseitige Abhängigkeit und steigende Reziprozität bei hohen Exitkosten rekurriert. Prinzipiell tendiert dieser Typus zum Ausschluss neuer Partner und die Interessen Dritter bleiben weitgehend unberücksichtigt.[2613] Ein klassisches Beispiel sind Tarifverhandlungen. Während dabei die Regulierung gesamtgesellschaftlicher Konflikte im Vordergrund steht, gibt es auch korporatistische Verflechtungen auf anderer Ebene, die auf eine Entlastung des Staates durch Verlagerung von öffentlichen Aufgaben auf private Organisationen zielen. Das duale System der freien Wohlfahrtspflege ist hierfür das klassische Beispiel.[2614] Für die Hilfen zur Erziehung ist dieser Typus anschlussfähig als ein spezieller und voraussetzungsvoller Sonderfall eines Mix aus Pflichtsystem und Befehlssystem.

2611 Vgl. *Kaufmann* 2009b: 235.

2612 Als fünften Typus wird „Professionalität" identifiziert, verstanden als geschlossenes Expertensystem mit hohem Verwissenschaftlichungsgrad und einer starken Profession, vgl. *Kaufmann* 2009b: 258f. Dieser Typus trifft für den Kontext der Sozialen Arbeit als schwach ausgeprägte Profession und starker Adressat_innenbeteiligung eher nicht zu.

2613 Vgl. *Kaufmann* 2009b: 255ff.

2614 Vgl. *Olk* 1995: 103f.

Neuerdings entwickelt sich eine Debatte um Netzwerke als eigenständiger Koordinierungsmechanismus[2615]:

> „Netzwerke sind geregelte, auf freiwilliger Basis beruhende, relativ dauerhafte Beziehungen zwischen autonomen Akteuren.“[2616]

Dabei ist relevant, inwieweit die Akteure gleichberechtigt und gleichgewichtig sind.[2617] Inwiefern es sich bei der Netzwerksteuerung um einen eigenständigen Koordinierungstypus handelt, ist theoretisch noch nicht explizit gefasst. Für die Hilfe zur Erziehung kann weder im formalen noch im faktischen Sinne von der Steuerung über Netzwerke ausgegangen werden, weil vor allem der Aspekt der Freiwilligkeit nicht zutrifft. Da ein Steuerungsnetzwerk für die Hilfe zur Erziehung ohne Jugendamt nicht denkbar ist, kann die Gewährleistungsverpflichtung nicht als freiwilliger Beitritt in das Netzwerk rekonstruiert werden.

Die starke Inkorporierung der Wohlfahrtsverbände in die Sozialpolitik ist ein spezifisch deutsches Phänomen. Man kann von einer doppelten Inkorporierung sprechen, da die Verbände in den sozialpolitischen Gesetzgebungs- und Gestaltungsprozess einbezogen und gleichzeitig in die Erbringung der sozialen Dienstleistungen eingebunden sind. Damit ergab sich für die Verbände eine Spannung zwischen gesicherter politischer Einflussmöglichkeit und verlässlicher Finanzierung bei gleichzeitiger Einschränkung fachlicher und verbandspolitischer Autonomie. Bis in die 90er-Jahre waren die korporatistischen Privilegien vor allem den Spitzenverbänden der Wohlfahrtspflege und ihren angeschlossenen Einrichtungen und Gliederungen vorbehalten. Spätestens durch das KJHG wurden alle gemeinnützigen Organisationen in das Subsidiaritätsverständnis eingeschlossen.[2618]

Das subsidiär-korporatistische Modell vor der Debatte zum NSM und der Einführung der §§ 78a-g SGB VIII zeichnete sich durch eine wechselseitige Verflechtung von staatlicher Verwaltung und bis dato gemeinnützigen Trägern aus. Diese waren vor allem über die großen Verbände in die politischen Entscheidungs- und Durchführungsprozesse im Sozialen Sek-

2615 Vgl. z. B. den Sammelband von *Fischer/Kosellek* 2013.
2616 *Nullmeier* 2011: 289.
2617 Vgl. *Nullmeier* 2011: 289.
2618 Vgl. *Backhaus-Maul* 2000: 22, *Fedke* 2010: 44f.

tor einbezogen.[2619] Dies reichte von der Definition der politischen Ziele, über Programmentwicklung bis zur Programmumsetzung. Es entstand ein Aushandlungs- und Entscheidungskartell von politischen und verbandlichen Funktionären in gegenseitiger Abhängigkeit. Dieser Erbringungskontext kann folgendermaßen beschrieben werden: Das Angebot von sozialen Dienstleistungen im Hinblick auf Mengen, Kosten und Qualität wurde zwischen Jugendämtern und gemeinnützigen freien/privaten Trägern bilateral und frei von Wettbewerbselementen, also ohne marktliche Steuerung vereinbart. Der Staat finanzierte die Angebote und übernahm die Zugangssteuerung der Leistungsberechtigten zu den einzelnen Angeboten nach Bedarfskriterien. Ziel war es, abgesichert über die fachliche Jugendhilfeplanung die geeigneten und notwendigen Hilfen in ausreichender Menge und erwünschter Qualität verlässlich zur Verfügung zu stellen.[2620] Die Wohlfahrtsverbände befanden sich viele Jahre in einer „privilegierten Symbiose mit dem Staat und einer staatsähnlichen Bürokratisierung"[2621], zusätzlich waren sie durch das Selbstkostendeckungsprinzip von allen wirtschaftlichen Risiken befreit. Sie verfolgten neben den Zielen des Staates, der sie beauftragte, eigene verbandsabhängige, gemeinnützige Ziele. Die zentralen Elemente dieses Erbringungskontextes waren Subsidiarität und Korporatismus, welche bis zur Neuregelung eine privilegierte Stellung der gemeinnützigen freien/privaten Träger gesetzlich sicherten.

Subsidiarität

Dem Begriff „Subsidiarität" liegt kein einheitliches inhaltliches Verständnis zu Grunde. Einmal geht es um das Verhältnis von kleineren und untergeordneten Gemeinwesen zu übergeordneten Gemeinschaften.[2622] Zum anderen ist das Subsidiaritätsprinzip auch als Verhältnis des Privaten zum Öffentlichen bzw. als Verhältnis von Gesellschaft zu Staat zu verste-

2619 Für die Kinder- und Jugendhilfe sind zwei Ebenen relevant, einerseits die großen Wohlfahrtsverbände, die teils divergierende Interessen ihrer Mitgliedsorganisationen gegenüber kommunalen Verbänden vertreten und die einzelnen Verbände auf Ortsebene, die direkt mit der Kommunalverwaltung verhandeln, vgl. *Backhaus-Maul* 2000: 22ff.

2620 Vgl. *Bäcker/u. a.* 2008: 47f, *Backhaus-Maul* 2000: 26.

2621 *Leisering* 2000: 99, *Maelicke* 1993: 33, *Kulbach/Wohlfahrt* 1996: 20.

2622 Vgl. *Enzyklika "Quadragesimo Anno"* 1931. S. u.

hen.[2623] Diese unterschiedlichen Konnotierungen weisen darauf hin, dass der Begriff in unterschiedlichen Kontexten mit divergierenden Zielsetzungen und Interessen als eine Art gesellschaftspolitischer „Kampfbegriff“ verwendet wird.[2624] Im Hinblick auf seine Funktion lassen sich grob zwei Linien trennen. Die erste Linie sieht Subsidiarität als das „zentrale Gestaltprinzip des freiheitlichen Sozialstaats“[2625] oder „grundlegendes Prinzip deutscher Sozialpolitik“.[2626] Das Subsidiaritätsprinzip ist demnach kein Rechtsprinzip, sondern eher ein „Ordnungsprinzip“[2627] oder genereller eine „Frage allgemeiner Staatsklugheit“.[2628] Es ist in diesem Sinne sehr allgemein und gibt keine eindeutigen Handlungsanweisungen.[2629] Das Subsidiaritätsprinzip kann hiernach als Prüfkonzept verstanden werden, welche Ebene mit der Erbringung einer Aufgabe betraut werden soll. Diese Prüfung orientiert sich an der Art der Aufgabe und der Eignung der Ebene für diese Aufgabe. Das Subsidiaritätsprinzip bedeutet also nicht, dass alle Aufgaben, die kein freier/privater Träger erbringt, der Staat erledigen muss oder gar, dass jede Aufgabe an der sich ein freier/privater Träger versuchen will, dem Staat verwehrt bleibt. Letztlich ist das Subsidiaritätsprinzip ein hypothetisches Urteil über die Entscheidung, dass eine entsprechend beschaffene Aufgabe bei Eignung eines freien/privaten Trägers nicht vom Staat übernommen werden sollte. Dieses Urteil fällt jedoch wieder eine staatliche Instanz. Einen generellen Vorrang freier/privater Träger bei bestimmten Aufgaben kann es somit nicht geben.[2630] Das Subsidiaritätsprinzip kann also theoretisch betrachtet als zentraler Aspekt von Theorien der Verantwortungsteilung gesehen werden.[2631] Dabei werden zwei ideengeschichtliche Pole deutlich.[2632] Der erste ist stark an der katholi-

2623 Vgl. *Zacher* 2001: 388.
2624 Vgl. *Heinze* 1986b: 17.
2625 *Zacher* 2001: 388.
2626 Vgl. *Lampert* 2000: 10.
2627 Vgl. *Buestrich/u. a.* 2010: 15. Auch verstanden als „Orientierungshilfe für angemessene Aufgaben- und Lastenverteilung“ *Picot* 1991: 102.
2628 *Luthe* 2003: 170.
2629 Vgl. *Heinze* 1986b: 14.
2630 Vgl. *Krüger* 1964: 773f. *Krüger* schließt das Subsidiaritätsprinzip, in der Lesart der Entscheidung über Verteilung von Aufgaben, für den Staat aus, da in der Konsequenz eine überstaatliche Instanz Beschaffenheit der Aufgabe und Geeignetheit des Trägers entscheiden müsste, vgl. ebd.
2631 Vgl. *Maaser* 2007, ebenso *Heimbach-Steins* 2007, *Große Kracht* 2007.
2632 Vgl. *Buestrich/u. a.* 2010: 21f, *Gadow/u. a.* 2013: 84f, *Merchel* 2008: 16ff, *Flösser/Vollhase* 2006: 78f, *Reinhold* 1999: 307ff.

schen Soziallehre orientiert und betont eine solidarische Vorleistung der größeren Einheiten (Gesellschaft) innerhalb derer die Eigenverantwortung der kleineren Einheiten (Individuen) erst ermöglicht wird. Formuliert wurde diese Sicht in der Enzyklika »Quadragesimo Anno« von Pius XI im Jahr 1931, beeinflusst durch den historischen Kontext des frühen 20. Jahrhunderts. Aus katholischer Sicht wurde in Auseinandersetzung mit den Säkularisierungstendenzen der Vorrang der kleineren und untergeordneten Einheiten vor staatlicher Intervention gefordert. In diesem Sinne wäre das Subsidiaritätsprinzip eine Aufforderung an die Soziale Arbeit, „Empowermentprozesse zu initiieren“[2633], ohne ein Selbstverschulden der Hilfebedürftigkeit durch die Individuen anzunehmen. Der zweite Pol sieht in liberaler Tradition die kleinere Einheit in der Pflicht zur Vorleistung, bevor die größere Einheit unterstützend tätig wird.[2634] Dabei wird die andere Komponente ausgelassen, nämlich dass die größere Einheit den kleineren die Hilfe zur Verfügung stellen soll, dass diese die Aufgaben selbst erledigen können, demnach auch keine Vorleistung der kleineren Einheit verlangt wird.[2635] Dieses liberale Verständnis ist anschlussfähig an die Positionen eines aktivierenden Sozialstaates, in der Betonung des Forderns.

Die zweite Interpretationslinie hingegen versteht das Subsidiaritätsprinzip eindeutig als ein „Steuerungsprinzip“.[2636] So wurde das Subsidiaritätsprinzip in den frühen Auseinandersetzungen um das Verhältnis von öffentlicher zu privater/freier Kinder- und Jugendhilfe instrumentalisiert, um die Position der freien/privaten Verbände zu stärken. Die Argumentation stützte sich auf die größere Nähe der Verbände zu den Lebenswelten der Adressat_innen. Dies mündete bekanntlich in den bedingten Funktionsschutz der freien/privaten vor der öffentlichen Kinder- und Jugendhilfe, der sich im späteren Verlauf zur „partnerschaftlichen Zusammenarbeit“ entwickelte, die neben der gewünschten Kooperation auch die Abhängigkeiten und Annäherungen in den Strukturen und Arbeitsvollzügen zwischen öffentlichen und freien/privaten Trägern ausdrückt.[2637]

Durch die Kritik in den 70er-Jahren an der Bürokratisierung und Entfremdung der großen Wohlfahrtsverbände von ihren Adressat_innen wur-

2633 *Pluto/u. a.* 2007: 279f
2634 Vgl. *Maaser* 2007: 54, *Pluto/u. a.* 2007: 279.
2635 Vgl. *Heinze* 1986b: 15, *Böhnisch/Arnold/Schröer* 1999: 214f, *Lampert* 2000: 10f.
2636 Vgl. z. B. *Reinhold* 1999: 312, *Finis Siegler* 2009: 150.
2637 Vgl. *Heinze* 1986b: 14ff.

de durch die Selbsthilfebewegung eine neue Verhältnisbestimmung zwischen Staat, Verbänden und den Adressat_innen eingefordert.[2638] Die neue christdemokratisch-liberale Koalition machte diesen Ansatz ab 1982 als „Neue Subsidiarität“ zum politischen Programm.[2639] Neue Subsidiarität wurde verstanden als ein staatsentlastendes restauratives Konzept, das seinen Ausgangspunkt bei der politischen Indienstnahme der Selbsthilfebewegung zur Entlastung der Staatsfinanzen nahm.[2640] Funktional zeigen sich in ihm neben der Begrenzung staatlicher Aufgabenwahrnehmung die Sicherung individueller Freiheit und ein solidarischer Hilfeansatz im Gegensatz zu entpersonalisierten Angeboten.[2641] Eng verbunden mit der Diskussion über Neue Subsidiarität ist die über den Wohlfahrtspluralismus. L*amping/u. a.* sehen darin eine Folgediskussion, die durch die angelsächsischen Auseinandersetzung zum „welfare mix“ angestoßen wurde. Inhaltlich lässt sich eine eher marktliberale Position, die dem Staat nur regulative Funktionen zuschreibt, unterscheiden von einer sozialen Entwicklungsperspektive mit dem Ziel einer Wohlfahrtsgesellschaft, in der der Staat ordnungspolitische *und* unterstützende Funktionen hat. Beide Interpretationen sind anschlussfähig an das Konzept des aktivierenden Sozialstaates. Wohlfahrtspluralistische Ansätze fragen nach dem besten Mix der Koordinierungsmechanismen für die Verwirklichung sozialstaatlicher Ziele, letztlich auch durch soziale Dienstleistungen.[2642] Kritisch wird an der Neuen Subsidiarität und dem Wohlfahrtspluralismus gesehen, dass dadurch eine Abschirmung von den staatlichen Modernisierungsstrategien erfolgt, was zu weiteren Effizienzproblemen führen könnte, und dass bestimmte Konflikte vom politischen System fern gehalten werden, was demokratietheoretisch problematisch werden könnte.[2643] Weiter wird problematisiert, dass

---

2638 Vgl. *Reinhold* 1999: 308f, *Lamping/u. a.* 2002: 23. *Münder* sieht in der „Neuen Subsidiarität“ anstatt formalen Kriterien der Verantwortungsteilung inhaltliche Kriterien, wie z. B. wer die Eigeninitiative ermöglicht, vgl. *Münder* 1998: 5, zum Potential der Selbsthilfebewegung für einen entscheidenden Strukturwandel im sozialpolitischen System vgl. *Bieback* 1984: 277f.

2639 Vgl. *Heinze* 1986b: 17ff mit kritischer Bewertung.

2640 In diesem Verständnis ist allerdings davon auszugehen, dass die Umsetzung einer Neuen Subsidiarität nicht gelungen ist, vgl. *Lamping/u. a.* 2002: 23.

2641 Vgl. *Luthe* 2003: 170 (m.w.N.). Die Subsidiarität beugt als Stärkung ehrenamtlichen Engagements einer Expertokratisierung, Bürokratisierung und Erstarrung von Strukturen vor, vgl. *Kunkel* 2013, Rn. 65.

2642 Vgl. *Lamping/u. a.* 2002: 24, siehe oben.

2643 Vgl. *Lamping/u. a.* 2002: 26.

die Sozialverwaltungen von eigener Leistungserbringung weiter entlastet werden und sich dadurch die Regulationsmacht im Erbringungskontext sozialer Dienstleistungen dort stärker konzentriert.[2644]

Die Ausformung des Subsidiaritätsprinzips folgt nicht funktionalen Erfordernissen, sondern ist Ergebnis von Aushandlungsprozessen und damit eine politische Entscheidung. Verantwortungsteilung könnte nämlich auch unter dem Verständnis einer zu bestimmenden Kooperationsform verschiedener gesellschaftlicher Akteure verstanden werden.[2645] Im Sinne des Ansatzes der Verantwortungsteilung ist aus dem Subsidiaritätsprinzip nicht unbedingt ableitbar, dass die sozialen Dienstleistungen ausschließlich durch gemeinnützige freie/private Träger erbracht werden sollten. Ein Einbezug gewerblicher Anbieter in ein solches Subsidiaritätsverständnis ist möglich. Eine wichtige Funktion des Subsidiaritätsprinzips besteht nach *Brumlik* in der Sicherung, dass ein großer Teil der staatlichen Gelder im Sozialsektor in bestimmtem Sinne norm- und wertegebunden eingesetzt wird. Hierfür stehen vor allem die großen Wohlfahrtsverbände.[2646] Dies korrespondiert mit der Besonderheit gemeinnütziger Anbieter gegenüber „marktwirtschaftlichen Unternehmen" und wäre ein Argument gegen ein Subsidiaritätsverständnis, welches die gewerblichen Anbieter mit einbezieht. Andererseits wäre zu fragen, ob die Werte- und Normengebundenheit bei gewerblichen Anbietern nicht über Leitbildtreue, Corporate Social Responsibility und ähnliche Konzepte ebenfalls zu sichern wäre. Im Hinblick auf das Argument der Gewinnverwendung wären z. B. Selbstverpflichtungen denkbar. Jedoch kann davon ausgegangen werden, dass derzeit die Wohlfahrtsverbände am ehesten eine werte- und normenorientierte Verwendung der Mittel glaubhaft machen können.

Für die Hilfe zur Erziehung ist ein Subsidiaritätsverständnis dominant, welches sich aus den historischen Auseinandersetzungen um das Verhältnis von öffentlicher zu privater/freier Erziehung speist. Die Frage der Selbsthilfegruppen spielt für die Hilfe zur Erziehung eine untergeordnete Rolle.

Schon von Beginn an ist das Feld der Kinder- und Jugendhilfe von den Angeboten, Diensten und Leistungen freier/privater Verbände und Einrichtungen geprägt.[2647] Bereits das RJWG hat mit seiner starken Betonung

2644 Vgl. *Kessl/Otto* 2002a: 455.
2645 Vgl. *Maaser* 2007: 54f.
2646 Vgl. *Brumlik* 1995a: 49, *Dithmar/Riemer* 1999: 23.
2647 Hier noch ausschließlich gemeinnützige Träger, vgl. Kap. 2.1.2.

der Rolle der freien Wohlfahrtspflege diese Stellung als Ausdruck des Subsidiaritätsprinzips herausgehoben.[2648] Seit dem JWG ist das Subsidiaritätsprinzip rechtlich verankert[2649] und im SGB VIII durch das Gebot der partnerschaftlichen Zusammenarbeit weiter gestärkt worden. Allerdings wurde hierin kritisch eine Verstaatlichung der gemeinnützigen freien/privaten Träger gesehen.[2650] In der neueren Rechtsentwicklung war bedeutsam, dass dem Subsidiaritätsprinzip und der freien Wohlfahrtspflege verfassungsrechtliche Bedeutung durch Art. 32 des Einigungsvertrages von 1990 verliehen wurde.[2651] Damit wurde es inhaltlich als „verbändezentriertes, formales Subsidiaritätsverständnis“[2652] immer mehr auf die bedingte Vorrangstellung der freien Wohlfahrtspflege vor staatlicher Tätigkeit verengt.[2653] Historisch konnten sich die Freien Wohlfahrtsverbände durch den Funktionsschutz, die Inkorporierung in den JHA/JWA und das Finanzierungsmodell des Selbstkostendeckungsprinzips frei von wirtschaftlichem bzw. existentiellem Druck entfalten. Auch nach der Einführung der §§ 78a-g SGB VIII genießen die freien/privaten Träger einen bedingten Funktionsschutz und sind in Zielsetzung und Durchführung ihrer Aufgaben sowie der Gestaltung ihrer Organisationsstruktur frei[2654], selbst wenn sie vom Jugendamt voll refinanziert werden. Damit bezieht sich bei den Hilfen zur Erziehung das Subsidiaritätsprinzip nur auf die Durchführung der Leistung und nicht auf die Finanzierung.[2655] Für die rechtsanspruchsgesicherten Leistungen wie die Hilfe zur Erziehung ist das Subsidiaritätsprinzip durch den Gesetzgeber die gewerblichen Anbieter ein-

---

2648 Vgl. *Sachße/Tennstedt* 1988: 152.

2649 Vgl. *Gernert* 1978: 61, vgl. Kap. 2.2.2.

2650 Verstaatlichung hier verstanden im Sinne einer engen finanziellen und korporatistischen Verzahnung mit der staatlichen Ebene, vgl. *Flösser/Vollhase* 2006: 80, vgl. Kap. 2.1.3.

2651 Vgl. *Olk/Rauschenbach/Sachße* 1995: 23. Der Einigungsvertrag sieht in den Tätigkeiten der freien Jugendhilfe einen unverzichtbaren Beitrag zur Sozialstaatlichkeit des Grundgesetzes und formuliert eine Förderverpflichtung derselben, Einigungsvertrag, Art. 32.

2652 *Lamping/u. a.* 2002: 23.

2653 Vgl. *Lamping/u. a.* 2002: 22f, *Gadow/u. a.* 2013: 85, *Flösser/Vollhase* 2006: 77.

2654 Vgl. *Fieseler/Herborth* 2010: 211, *Wabnitz* 2006: 326f, vgl. auch Kap. 2.5.1.

2655 Vgl. *Kubon-Gilke* 2013: 569. In der Regel wird unter der subsidiären Erbringung von Leistungen auch das Einbringen von Eigenmitteln des Trägers verstanden. In diesem Sinne kann die volle Refinanzierung der Hilfe zur Erziehung durch Entgelte als Gefahr für die Subsidiarität gesehen werden, vgl. *Stecker/Nährlich* 2005: 185f.

schließend bestimmt worden. Das Subsidiaritätsprinzip kann aus ökonomischer Perspektive als Marktzutrittsbarriere[2656] des öffentlichen Trägers interpretiert werden, was vor dem Hintergrund der Klagen über dessen Rückzug aus der Leistungserbringung auf die Gewährleistungsfunktion als Widerspruch erscheint. *Picot* rekonstruiert das Subsidiaritätsprinzip in diesem Sinne als Verhältnisbestimmung zwischen öffentlichem Dienstprinzip und privatem Erwerbsprinzip und schreibt ihm den Drang zur Privatisierung bzw. zur Dezentralisierung bzw. zur Verselbstständigung von Leistungserbringung zu. Dies sieht er in Analogie zu den Empfehlungen zur Transaktionskostentheorie.[2657] Dies wird in Kapitel 4.3 noch zu diskutieren sein.

Korporatismus

Der Erbringungskontext der Hilfen zur Erziehung war vor der Einführung der §§ 78a-g SGB VIII geprägt durch eine starke korporatistische Verflechtung[2658] zwischen öffentlichem Träger und den anerkannten gemeinnützigen Trägern, und zwar als eine gegenseitige win-win-Situation.[2659] Diese zeichnete sich durch die Gewährleistungsverpflichtung des öffentlichen Trägers und die Inkorporierung der anerkannten gemeinnützigen Träger über den JHA aus.[2660] Der Korporatismus in der Kinder- und Jugendhilfe ist rechtlich abgesichert durch die Zweigliedrigkeit des Jugendamtes (§ 70 und § 71 SGB VIII) und die Aufforderung zur partnerschaftlichen Zusammenarbeit (§ 4 Abs. 1 SGB VIII). Die Zulassung ausschließlich gemeinnütziger Träger in Verbindung mit der Jugendhilfeplanung und dem Zutritt zum JHA sicherte den Korporatismus als Markteintrittsbarriere weiter ab.[2661] Der Kinder- und Jugendhilfebereich erschien als „Transaktionsraum der Vermittlung von (Dienst)leistungen gegen kontrolliertes Ent-

2656 Vgl. *Kulbach/Wohlfahrt* 1996: 62 mit weiteren Kritikpunkten am faktischen Subsidiaritätsprinzip.

2657 Vgl. *Picot* 1991: 114ff.

2658 Vgl. *Olk/Rauschenbach/Sachße* 1995: 22. Korporatismus verstanden als das „planvolle, aufeinander abgestimmte Ineinandergreifen von gesellschaftlichen Gruppen“ *Münder* 1998: 4.

2659 Vgl. *Flösser/Vollhase* 2006: 79ff.

2660 Vgl. *Fischer* 2005: 118ff.

2661 Vgl. *Haferkamp* 1995: 178.

gelt“[2662], der von einem Nachfragemonopol des Jugendamtes (faktisch) und oligopolistischer Anbieterstruktur geprägt war.[2663] Faktisch zeigt sich die enge Verflechtung von Politik und Verbänden als Merkmal des Korporatismus in der Besetzung von hochrangigen Verbandspositionen mit politischen Mandatsträger_innen.[2664] Die Vorteile des korporatistischen Steuerungsmodells wurden weniger steuerungstheoretisch diskutiert, als vielmehr auf der Ebene einer Überlegenheit der gemeinnützigen freien/privaten Träger (Soziale Dienste) gegenüber den öffentlichen Trägern bei der Erbringung sozialer Dienstleistungen. Die Sozialen Dienste sehen ihren Vorteil in einer prinzipiellen Flexibilität in der Reaktion auf die Veränderung sozialer Probleme.[2665] Auch scheinen diese in besonderem Maße geeignet zu sein, eine „Verknüpfung professioneller, personenbezogener Dienstleistungen mit dem Selbstorganisationspotential ihrer Adressaten“[2666] herzustellen. Durch die Aktivierung der Adressat_innen- und Ehrenamtspotentiale können Leistungen kostengünstiger erbracht werden als durch die Kommunen[2667], wenngleich dies für den Bereich der Hilfe zur Erziehung kaum eine Rolle spielt.[2668] Die interne differenzierte Struktur, der werteorientierte Bezug in bestimmte Milieus und die konsequente Verzahnung mit der kommunalen, politischen Ebene werden demnach als Qualitätskriterien positioniert.[2669] Inhaltlich-funktional lassen sich die Sozialen Dienste als eigenständige

> „gesellschaftlich institutionalisierte, lebensweltlich orientierte Reaktion auf typische psychosoziale Bewältigungsprobleme in der Folge gesellschaftlich bedingter sozialer Desintegration bestimmen.“[2670]

2662 *Haferkamp* 1995: 178.

2663 Vgl. *Haferkamp* 1995: 178f.

2664 Vgl. *Buestrich/u. a.* 2010: 22.

2665 Vgl. *Maelicke* 1993: 33, zur Diskrepanz zwischen dem entsprechenden Anspruch der Wohlfahrtsverbände und der Wirklichkeit vgl. *Olk* 1995: 107.

2666 *Effinger* 1994: 43, vgl. *Grunow* 1995: 268.

2667 Vgl. *Landsberg* 2013: 44, vgl. *Grunow* 1995: 267f. Auch ohne Bezug auf einen Kostenvorteil wird der Einbezug der ehrenamtlichen Kräfte als besondere Qualität der Leistungen von den Wohlfahrtsverbänden selbst benannt, vgl. *Maelicke* 1993: 33.

2668 Vgl. *Grohs* 2010: 422.

2669 Vgl. *Manderscheid* 1995: 230ff. Auch wenn sich der Wertebezug zu bestimmten Milieus sich mehr auflöst, vgl. *Backhaus-Maul* 2003: 220f.

2670 *Böhnisch/Arnold/Schröer* 1999: 239.

Sie zeichnen sich dadurch aus, dass sie sozialstaatliche Ansprüche der Adressat_innen sozialpädagogisch in deren Lebenswelt vermitteln.[2671] In steuerungstheoretischer Perspektive wird idealtypisch davon ausgegangen, dass Soziale Dienste „aufgrund der fehlenden Gewinnorientierung nur erforderliche Dienstleistungen zu einem optimalen Preis"[2672] anbieten bzw. ab einem bestimmten Preis mehr Dienstleistungen bereitstellen als gewinnmaximierende Unternehmungen.[2673] Allerdings ist durch Untersuchungen deutlich geworden, dass die Sozialen Dienste durch anderweitige Steuerungsdefizite diesen möglichen Vorteil wieder verspielen.[2674]

Neben diesen Vorteilen und der vermeintlichen Überlegenheit des subsidiär korporatistischen Systems wurde auch Kritik geäußert. Diese bezog sich im Wesentlichen auf das Verhältnis zu den Adressat_innen, auf die Organisation und Position der sozialen Dienste sowie die allokative Leistungsfähigkeit dieses Steuerungssystems. Problematisiert wurde, dass der Korporatismus einer rückwärtsgewandten Fürsorgelogik entsprach und die Adressat_innen zu Objekten degradierte[2675], was auch als Verfestigung mangelnder Souveränität der Konsument_innen gesehen werden kann. Folgerichtig stand das Sachleistungsprinzip in der Kritik, das durch die Leistungserbringung im jugendhilferechtlichen Dreieck die Anbieter-Nachfrage-Beziehung auseinanderfallen lässt. In der Folge wird unterstellt, die Adressat_innen legten keinen großen Wert auf die Qualität der Leistung, da sie diese nicht bezahlen müssten. Es fände keine Stärkung der Souveränität der Konsument_innen statt, eine Kontrolle bis hin zur Abwahl der Angebote durch die Adressat_innen sei nicht möglich.[2676] Die Interessen der Adressat_innen blieben zweitrangig hinter der Bedarfsfeststellung des Sozialstaates.[2677] Die Monopolkommission formulierte für das korporatistische Modell folgende aus ihrer Sicht schwerwiegenden ordnungspolitischen Fehlstrukturen: mangelnde Souveränität und schwache Stellung der Leistungsberechtigten, kein bzw. nur geringer Einfluss der Leistungsberechtigten auf die Qualität und die Ausgestaltung des An-

2671 Vgl. *Böhnisch/Arnold/Schröer* 1999: 240, *Maelicke* 1993: 33.

2672 *Heinze/Schneiders* 2013: 9. Es bleibt jedoch unklar, was mit „optimaler Preis" gemeint ist.

2673 Vgl. *Wüstenbecker* 1999: 302f.

2674 S. u.

2675 Vgl. *Münder* in *Münder/Meysen/Trenczek* 2013, § 4 Rn. 8, *Struzyna* 2003: 73.

2676 Vgl. *Meyer* 2008b: 445f, *Meyer* 2008d: 117ff.

2677 Vgl. *Meyer* 2008b: 446.

gebots, das Problem des Rent-Seeking[2678], Aufbau von Marktmacht, Kartellbildung zugelassener Anbieter sowie die fehlende demokratische Legitimation korporatistischer Absprachen.[2679] Die Gründe werden in der Struktur des sozialrechtlichen Dreiecks ausgemacht, welches formal die Vorteile des Marktmechanismus durch *exit* und *voice* der Nachfrageseite und damit eine Qualitätssicherung durch Entscheidungen der Konsument_innen im Wettbewerb ausschaltet.[2680] Kritisiert werden ein Kartell zwischen öffentlichem Träger und der freien Wohlfahrtspflege sowie die Diskriminierung privat-gewerblicher Anbieter im Hinblick auf Marktzugang, aber auch auf Privilegien wie z. B. Steuerbegünstigungen und Gemeinnützigkeitsrecht.[2681] Im Korporatismus wird ein Grund für Verfestigungen und Trägheitseffekte auf der Seite des Systems[2682] sowie fehlende Innovation und zunehmende Schwerfälligkeit auf Seiten der Organisationen gesehen.[2683] Dies korrespondiert mit den klassischen Schwächen der Zentralsteuerung, der beschränkte Lernfähigkeit und tendenzielle Eigennützigkeit attestiert werden.[2684] Es wurde darauf hingewiesen, dass die Sozialen Dienste teilweise erhebliche systematische Defizite auf der Ebene der Steuerung und Kontrolle[2685] sowie des Managements und der Organisation[2686] aufweisen. Man kann nicht ohne weiteres davon ausgehen, dass werte- und normgebundene Organisationen soziale Dienstleistungen per se mit positiveren Effekten erbringen[2687], also moralisch überlegen sind.[2688]

2678 Rent-Seeking kann als Lobby-Ausgaben bezeichnet werden, vgl. *Richter/Furubotn* 2010 126.

2679 Vgl. *BT-Drs* 13/11291: 331, *Meyer* 2008c: 38ff, *Meyer* 2008e: 209f.

2680 Vgl. *BT-Drs* 13/11291: 333. Zum Problem des *exit* in der Hilfe zur Erziehung vgl. Kap. 1.3.

2681 Vgl. *BT-Drs* 13/11291: 334. Zur Diskriminierung der gewerblichen Träger vgl. *Münder* 2008: 11ff.

2682 *Leisering* 2000: 98. Dies trifft die Prozesse der Bürokratisierung und Verrechtlichung der sozialen Dienste, vgl. *Maelicke* 1993: 33.

2683 Vgl. *Haferkamp* 1995: 179, *Struzyna* 2003: 73, *Nüßle* 1994: 436.

2684 Vgl. *Kaufmann* 2009b: 238.

2685 Vgl. *Stecker/Nährlich* 2005: 183, *Seibel* 1992: 91ff, der von funktionalem Dilettantismus spricht, ebd. S. 207ff.

2686 Vgl. *Grunwald* 2001: 23ff.

2687 Vgl. *Stecker/Nährlich* 2005: 177. „Das Vorhandensein komparativer Wettbewerbsvorteile auf der Ebene gemeinnütziger Organisationen lässt nicht automatisch auf eine effizientere betriebswirtschaftliche Produktion und volkswirtschaftliche Allokation schließen“, vgl. *Stecker/Nährlich* 2005: 195.

Aufgrund von Steuerungs- und Kontrollproblemen kommt es zu Fehlallokationen. Es wird die Frage gestellt, ob „die Produktion sozialer Dienstleistungen aus ökonomisch-sozialpolitischer Perspektive heute noch in den Dritten Sektor gehört."[2689] Im Sinne der Leistungsfähigkeit von Koordinierungsmechanismen wurde dem korporativen Modell eine ineffiziente Ressourcenallokation unterstellt.[2690] Aus demokratietheoretischer Perspektive wurde infrage gestellt, ob es sich bei den korporatistischen Arrangements überhaupt um legitime Formen der Einflussnahme oder nicht eher um die Durchsetzung organisierter, privater Partialinteressen handele[2691], unterstützt durch die personelle Verflechtung von Vereinen und Verbänden mit der Politik.[2692]

Im Kontext der kommunalen Sparzwänge erhöhte sich im Zuge der Diskussionen um einen aktivierenden Sozialstaat[2693] und die Neue Steuerung[2694] Mitte der 90er-Jahre der Druck auf die Restrukturierung des Erbringungskontextes der Hilfen zur Erziehung.[2695] Dabei ist allerdings festzustellen, dass nicht erst das NSM oder die spätere Einführung der §§ 78a-g SGB VIII den Einstieg in eine Veränderung des Erbringungskontextes bewirkten. Ausschlaggebend für eine Lockerung des korporatistischen Modells war bereits die Verabschiedung des KJHG 1990 mit dem Rechtsanspruch der Eltern auf Hilfe zur Erziehung[2696], der konsequenten Orientierung am elterlichen Erziehungsprimat, der Dienstleistungsorientierung und der Gleichbehandlung aller gemeinnützigen freien/privaten Träger. Vor allem die Normen des Wunsch- und Wahlrechts und der Hilfeplanung

---

2688 Vgl. *Cremer/Goldschmidt/Höfer* 2013: 53, *Fedke* 2010: 48. *Boeßenecker* spricht von einem frei-gemeinnützigen Mythos zur Sicherung von Macht und Einfluss, vgl. *Boeßenecker* 2006: 44.

2689 *Stecker/Nährlich* 2005: 195.

2690 Vgl. *BT-Drs* 1311291: 345ff, *Fedke* 2010: 45. Allerdings kann die Einschätzung, dass Korporatismus für alle Ökonomen ein dem Markt unterlegener Koordinierungsmechanismus ist, nicht zugestimmt werden, vgl. *Buestrich/u. a.* 2010: 17. Die Aussagen der Monopolkommission als h. M. der Ökonomik zu verstehen, wäre arg verkürzt.

2691 Vgl. *Offe* 1984b: 250ff, *Backhaus-Maul* 2000: 28.

2692 Vgl. *Fedke* 2010: 45.

2693 Vgl. Kap. 2.1.6.

2694 Vgl. Kap. 1.3.

2695 Vgl. z. B. *Wohlfahrt* 1997: 5ff.

2696 Vgl. *Münder* 1998: 5 und 10.

stärkten die Stellung der Familien – formal – enorm.[2697] Die Konsequenz von garantierten Wahlrechten ist immer ein irgendwie ausgestalteter Wettbewerb.[2698] Gleichzeitig wurde aber auch das Subsidiaritätsprinzip und die duale Struktur des Jugendamtes fortgeschrieben und damit die korporatistische Struktur gefestigt.[2699] Eine Diskussion bei und kurz nach der Einführung des KJHG über Wettbewerbsorientierung zwischen den gemeinnützigen freien/privaten Trägern hat es kaum gegeben, obwohl durch das Wunsch- und Wahlrecht bereits grundlegende Elemente von – zumindest formaler – Konsument_innenwahl und Anbieterkonkurrenz (zwischen den gemeinnützigen freien/privaten Trägern) gegeben waren.[2700] Da liegt die Vermutung nahe, dass aufgrund von Pfadabhängigkeiten und jahrelanger gegenseitiger Verflechtung durch die Neuverabschiedung des KJHG kaum Bewegung in das korporatistische System gekommen ist. Das ist ein Erklärungsansatz für die Differenz zwischen formalen und faktischen Beauftragungsverhältnissen.[2701]

Eine Änderung erfuhr dieser Erbringungskontext mit der Einführung neuer Finanzierungsmodalitäten und der Zunahme privat-gewerblicher Anbieter. Das subsidiär-korporatistische Verhältnis zwischen öffentlicher Kinder- und Jugendhilfe und gemeinnütziger freier/privater Kinder- und Jugendhilfe wurde durch eine Konzentration auf das Leistungserbringungsrecht verändert.[2702] Die Beziehungen zwischen Jugendämtern und Leistungserbringern werden durch Verträge formalisiert.[2703] Die partnerschaftliche Zusammenarbeit im subsidiär korporatistischen System als „closed shop“[2704] von Jugendamt und bestimmten freien/privaten Träger weicht einem offenen Tätigkeitsfeld.[2705] Die Neuordnung der Finanzie-

---

2697 Mit der Einordnung in das SGB wurde der Status der Leistungsberechtigten durch die Auswirkungen des SGB I und SGB X weiter gestärkt, vgl. hierzu *Münder* 1993: 390.

2698 Vgl. *Cremer* 2013: 65.

2699 Vgl. Kap. 2.2.4.

2700 In der Hilfe zur Erziehung gab es schon immer Anbieterkonkurrenz um Auslastung und angemessene Entgelte, vgl. *Merchel* 2003a: 70, *Struzyna* 2003: 72.

2701 So wird z. B. 1999 noch von einer Zentralsteuerung über die Hilfeplanung in den Hilfen zur Erziehung gesprochen, vgl. *Wüstenbecker* 1999: 297.

2702 Vgl. *Wohlfahrt* 1999: 91ff, *Flösser/Otto* 2003: 51, *Münder* 2012, § 25, Rn. 85, 92.

2703 Vgl. *Flösser* 1999b: 27.

2704 Vgl. *Struzyna* 2003: 72.

2705 Vgl. *Wiesner* 2003b: 13.

rungsmodalitäten bedeutete eine Abkehr von der Objektfinanzierung (institutionelle Förderung) und Hinwendung zu einer Subjektförderung (Entgeltzahlung im Einzelfall) für die rechtsanspruchsgesicherten Leistungen. Dieser Wechsel in Verbindung mit dem Wunsch- und Wahlrecht sollte die Nachfrageorientierung stärken.[2706] Die Finanzierungsform transportiert fachpolitische Entscheidungen in den Erbringungskontext der Hilfe zur Erziehung und dient als Impuls zur Modernisierung.[2707] Mit der Einführung der Vereinbarungen nach §§ 78a-g SGB VIII wurde das Selbstkostendeckungsprinzip abgeschafft, das Finanzierungsrisiko auf die Anbieter verlagert und jedem durch die Vereinbarungen lizenzierten Anbieter ermöglicht, Leistungen anzubieten. Damit war beabsichtigt, die freien/privaten Träger gegenseitig in Konkurrenz zu bringen[2708], sie einem Wettbewerb zu unterwerfen[2709] und sie auf das Verhältnis Leistungsberechtigte-Leistungsanbieter zu fokussieren.

Trotz dieser Änderungen werden noch weitreichendere Forderungen nach mehr Wettbewerb und Marktmechanismen gestellt.[2710] Wettbewerb heißt zunächst, dass zwei oder mehr Parteien im Hinblick auf ein gleiches Ziel in Rivalität stehen. Dabei gibt es sowohl gemeinsame Interessen, wie die erhofften „Kooperationsgewinne“, als auch widerstreitende Interessen, z. B. im Hinblick auf die Höhe des Preises oder die Leistungsqualität.[2711] Der Wettbewerb ist funktional durch fünf Anforderungen definiert. Er soll erstens die Akteure dazu anhalten, die eigenen Vorteile in den Blick zu nehmen (Anreizfunktion), zweitens soll er dafür sorgen, dass die Ressourcen effizient eingesetzt werden (Effizienzfunktion), drittens soll er die Nachfrageposition durch die Möglichkeit des Anbieterwechsels stärken (Entmachtungsfunktion), viertens soll er Handlungs- und Wahlfreiheit sichern (Freiheitsfunktion) und letztlich soll er auf Innovation und Entwick-

---

2706 Vgl. *Schmid-Obkirchner* 2011a: 150. Kritisch zur Nachfrageorientierung vgl. *Hensen* 2006b: 36f. Die Nachfrageartikulation sei nur erwünscht, wenn sie mit dem vorhandenen Angebot gedeckt werden kann, vgl. ebd.

2707 Vgl. *Bissinger/u. a.* 2002: 44.

2708 Vgl. *Grunwald* 2001: 21.

2709 Damit es nicht zu einem ausschließlichen Preiswettbewerb kommt, wird ein regulierter Qualitätswettbewerb gefordert, vgl. *BMFSFJ* 2002a: 84, s. u.

2710 Vgl. Monopolkommission in *BT-Drs* 13/11291: 345ff, ausführlich s. u. Die Forderung nach mehr Wettbewerb wird auch als Reaktion auf die Legitimationsverluste der Wohlfahrtsverbände in der Öffentlichkeit bezogen, vgl. *Heinze/Schneiders* 2013: 4f.

2711 Vgl. *Cremer/Goldschmidt/Höfer* 2013: 40.

lung hinwirken (Entdeckungsfunktion).[2712] Diese Funktionen erfüllt der Wettbewerb in vollem Umfang nur bei Vorliegen folgender realitätsferner Annahmen: Erstens nehmen die Anbieter und Nachfrager den Preis als gegeben hin, zweitens haben alle Beteiligten alle nötigen Informationen und drittens haben die Handlungen der einzelnen Akteure keinen Einfluss auf die anderen Akteure.[2713] Das Wettbewerbsprinzip setzt einen funktionierenden Marktmechanismus voraus.[2714] In Gestaltungsempfehlungen aber werden der Markt und der Wettbewerb grundsätzlich und real als „rationalitätssichernde Modi der Koordination“[2715] bezeichnet und als effizienter, innovationsfördernder, qualitativ hochwertige Leistungen sichernder Erbringungskontext angepriesen.[2716] So erklärt sich auch, dass Wettbewerb als „die zentrale Kategorie des neoliberalen Projektes“[2717] wahrgenommen wird. Doch der vollständige Wettbewerb ist ebenso wie der reine Marktmechanismus ein analytisches Referenzmodell, das auf Annahmen beruht, die auf realen Märkten nicht anzutreffen sind.[2718] Mit diesen Modellen lassen sich Stärken und Schwächen einer Steuerungsstruktur im Hinblick auf die Ressourcenallokation analysieren. Sie sind jedoch kein Ziel an sich, das es zu verfolgen gilt.

Die Ökonomik hat mittlerweile in vielfacher Hinsicht herausgearbeitet, dass Marktversagen eher ein typisches Element reiner Marktumgebungen ist[2719]:

> „Der Marktmechanismus [ist] zwar kein so ideales Instrument zur Bereitstellung privater Güter, wie das der Fall sein könnte, funktioniert aber leidlich.“[2720]

2712 Vgl. *Cremer/Goldschmidt/Höfer* 2013: 40ff.

2713 Vgl. *Stiglitz/Walsh* 2010: 278f.

2714 Vgl. *Flösser/Vollhase* 2006: 82. Zu den Voraussetzungen eines reinen Marktmodells in neo-klassischem Sinne vgl. Kap. 3.

2715 *Otto/Schnurr* 2000b: 5.

2716 Vgl. *Flösser/Vollhase* 2006: 81f, *Otto/Schnurr* 2000b: 5, auch bezeichnet als Wettbewerbsideologie, vgl. *Struck* 2000a: 58.

2717 *Schaarschuch* 2003: 151, Es sei nochmal darauf hingewiesen, dass hier das marktradikale Projekt gemeint ist. In neoliberaler Sicht *Rüstows*, stünde die Frage gar nicht zur Debatte, da die Hilfe zur Erziehung per Definition im Marktrand liegt und nicht über den Markt gesteuert werden soll.

2718 Vgl. *Hensen*. 2006b: 38f, *Stiglitz/Walsh* 2010: 278f, *Zacher* 2009: 8, *Freier* 2000: 302.

2719 Vgl. Kap 3.

2720 *Musgrave/Musgrave/Kullmer* 1975: 54.

Für soziale Dienstleistungen aufgrund besonderer Effekte und dem meritorischen Charakter der Leistungen sind die Funktionsstörungen des Marktes virulent. Demnach wird für effiziente Allokation in der Regel ein Teilwettbewerb oder staatlich regulierter Wettbewerb möglich sein[2721], denn wettbewerbliche Anreizstrukturen lassen sich nicht nur in reinen Marktumgebungen herstellen.[2722] Festzuhalten ist, dass die Einführung von mehr Wettbewerb nicht per se zu verbesserten Ergebnissen in der Bereitstellung sozialer Dienstleistungen führt.[2723] Dennoch kann danach gefragt werden, ob wettbewerbliche Elemente in bestimmten Konstellationen nicht Potential entfalten könnten, um die Koordinationsprobleme sozialer Dienstleistungen auch im Hinblick auf deren Qualität besser in den Griff zu bekommen, als andere Instrumente[2724], wie zum Beispiel Vereinbarungen zwischen Leistungsanbieter und Leistungsgewährer.

Als extreme Position einer Vermarktlichung der Kinder- und Jugendhilfe können die Analysen und Forderungen der Monopolkommission gelten. Das Problem, welches die unterstellten Ineffizienzen, Innovationsfeindlichkeiten und Anreizprobleme ausmacht, wird in der staatlichen Rahmensetzung gesehen. Daher soll ein „wettbewerblicher Ordnungsrahmen" geschaffen werden, und zwar durch die Zulassung aller Anbieter, einen ungehinderten Marktzugang, die Abschaffung aller Privilegien der freien Wohlfahrtspflege, die Auflösung der korporatistischen Gremien, vor allem des JHA, die Auflösung personeller Verflechtung zwischen Wohlfahrtspflege und Politik, die Einführung einer erweiterten Dienstleistungshaftung, die Umstellung auf Leistungsverträge, den völligen Rückzug des öffentlichen Trägers aus der Leistungserbringung, die Stärkung der Gewinnorientierung durch Gleichstellung gewerblicher und gemeinnütziger Zielsetzungen sowie die Umstellung von der Objekt- auf die Subjektförde-

---

2721 Vgl. *Zacher* 2009: 9.

2722 Vgl. *Wüstenbecker* 1999: 301. Vielmehr ist es so, dass sich die wettbewerblichen Bedingungen in marktlichen Bereichen endogen bilden, während sie für die Hilfen zur Erziehung exogen durch den Staat gesetzt werden müssen, vgl. *Kubon-Gilke* 2005a: 19f.

2723 Zu den Schwierigkeiten von Wettbewerb in der Kinder- und Jugendhilfe vgl. z. B. *Flösser* 2000a: 298f.

2724 Vgl. *Cremer/Goldschmidt/Höfer* 2013: 40ff. Zu Problemen wettbewerblicher Steuerung vgl. *Kubon-Gilke* 2005a: 30ff.

rung.[2725] Trotz der radikalen Vermarktlichungstendenz dieser Vorschläge wird zumindest gesehen, dass die staatliche Setzung von Qualitätsstandards und anderer Zulassungsbeschränkungen nötig ist, da aufgrund von Informationsasymmetrien auf Seiten der Adressat_innen sonst ein Qualitätsabfall zu befürchten wäre.[2726] Es soll jedoch beachtet werden, dass die Vorgaben des Staates „zielführend, wirksam und nicht zu teuer sind“.[2727]

Angewandt in letzter Konsequenz auf die Hilfen zur Erziehung hieße das z. B. folgendes: Unterschiedliche Organisationen in verschiedenen Rechtsformen betreiben Heimeinrichtungen, manche aus Gemeinwohlinteressen andere aus unternehmerischen Interessen. Das Jugendamt prüft ausschließlich die strukturellen Voraussetzungen des Angebots, wie z. B. Mindestgrößen der Zimmer, Qualifikation des Personals, und erlässt eine zeitlich befristete Betriebserlaubnis mit Prüfungsrechten. Familien mit entsprechenden Hilfebedarfen wenden sich in Begleitung eines „ihnen verbundenen, unabhängigen Fallmanagers“[2728] in freiberuflicher Stellung an das Jugendamt. Gegenüber den Familien stellt das Jugendamt nur noch den Bedarf an erzieherischer Hilfe fest (z. B. ein geeigneter und notwendiger Standardheimplatz) und stellt der Familie ein personengebundenes Budget[2729] zur Inanspruchnahme eines Heimes ihrer Wahl zur Verfügung. Die Familie schaut sich auf dem „Markt“ um und sucht sich ihren Leistungserbringer selbst. Die Informationsasymmetrie aufgrund des Expertentums würde durch unabhängige Fallmanager_innen ausgeglichen. Diese würden bei der Auswahl der Einrichtung beraten, die Leistungsqualität überwachen und eine bedarfskonforme Verwendung der Mittel verantworten. Die Familien steuern das Angebot und auch die Preise mit ihrer Nachfrage. Alle Privilegien der Anbieter werden abgeschafft, es gibt keinen JHA, keine Jugendhilfeplanung, keine partnerschaftliche Zusammenarbeit, keine Vereinbarungen zu Leistung, Entgelt und QE. Die Anbieter betrieben Marktanalysen, Werbung etc. selbstständig. Nur das Subsidiaritätsverständnis im Sinne einer Funktionssperre des Jugendamtes zur Leistungserbringung bleibt. Für das Problem der Qualitätserosion werden neben staat-

---

2725 Vgl. *BT-Drs* 13/11291: 345ff, ebenso *Meyer* 2008a: 41f. Zur Abschaffung der Privilegien der gemeinnützigen freien Träger vgl. *Schipmann* 2006: 90ff und 100ff.

2726 Vgl. *BT-Drs* 13/11291: 346.

2727 *BT-Drs* 13/11291: 346.

2728 Vgl. *Meyer* 2008d: 135.

2729 Alternativ wäre ein Gutschein denkbar.

lich verordneten Qualitätsstandards, Berichtspflichten, Zertifizierungen, Markennamen, Franchisesysteme usw. vorgeschlagen. Die Jugendämter könnten Informationen für die Familien aufbereiten sowie als Beratungs- und Beschwerdestelle fungieren. Zur weiteren Qualitätssicherung sollten Gesprächskreise der ortsansässigen Einrichtungen unter Beteiligung des Jugendamtes inszeniert werden.[2730] Diese vermeintlichen Lösungen führen jedoch wieder zu neuen Problemen. Beispielsweise ist es erstens völlig unklar, wie dem meritorischen Charakter der Hilfe zur Erziehung entsprochen werden soll: Werden die selbstständigen Fallmanager_innen Familien mit Bedarfen suchen? Zweitens haben Fallmanager_innen eigene Interessen, generieren mehrere neue Prinzipal-Agent-Verhältnisse (orientiert am Kind oder den Eltern?) und lösen Kosten aus. Drittens werden soziale Dienstleistungen wie die Hilfe zur Erziehung nicht ohne ein gewisses Maß an zentraler Planung bedarfsgerecht vorzuhalten sein, zumal sie nur ein Teilbereich der gesamten Kinder- und Jugendhilfe darstellen. Viertens werden die Maßnahmen zur Qualitätssicherung, Werbung usw., neue Kosten auslösen. Außerdem sind die geplanten „Gesprächskreise“ nichts anderes als Arbeitsgemeinschaften nach § 78 SGB VIII und somit Teil des korporatistischen Systems. Ob ein solcher wettbewerblicher Rahmen tatsächlich effizienter als ein subsidiär-korporatistischer Erbringungskontext ist, darf zumindest bezweifelt werden. Ergänzend sind Forderungen wie die konsequente Entflechtung von Politik und Verbänden selbst dann nicht umsetzbar, wenn man wollte.

Eine solche Konstruktion des Erbringungskontextes der Hilfe zur Erziehung als reine Marktumgebung käme einem „Systemwechsel erster Ordnung“[2731] gleich. Es ist nach den Ausführungen zur Meritorik und zum Marktversagen vor allem bei Vertrauensgütern ersichtlich, dass diese Konstruktion des Erbringungskontextes zur Konterkarierung sozialstaatlicher Ziele und gleichzeitig zu ökonomischen Ineffizienzen führt, auch wenn die Befürworter hingegen mit Effizienzgewinnen argumentieren.

Von Seiten der Freien Wohlfahrtsverbände gab es massive Kritik an den Forderungen der Monopolkommission, welche in die Reaktion der Bun-

2730 Obige Ausführungen in Anlehnung an *Meyer*, vgl. *Meyer* 2008b: 443f, *Meyer* 2008d: 134, *Meyer* 2008e: 215f. Zu dem Lösungsvorschlag der Fallmanager vgl. auch *Halfar/Schellenberg* 2013: 26.

2731 *Galuske* 2002b: 249.

desregierung eingegangen sind.[2732] Diese verteidigt die korporatistische Struktur der Erbringung sozialer Dienstleistungen in Deutschland und stellt vor allem die Werte- und Gemeinwohlorientierung der gemeinnützigen Träger heraus. Der Korporatismus dürfe aber nicht zu einer Einschränkung der Souveränität der Konsument_innen oder einer ineffizienten Mittelverwendung führen. Daher verfolgt die Bundesregierung weiterhin die Strategie einer moderaten Lockerung der korporatistischen Strukturen durch Stärkung wettbewerbsorientierter Instrumente, ohne einen kompletten Systemwechsel anzustreben.[2733] Die Einführung der §§ 78a-g SGB VIII steht für diese moderate Änderung des korporatistischen Systems. Änderungen ergeben sich durch das Ziel der Gesetzesänderung, den Wettbewerb zu verstärken, Transparenz zu erhöhen und Kosten zu dämpfen.[2734] Konkrete Aspekte sind die Zulassung privat-gewerblicher Anbieter und die Umstellung der Finanzierung auf Leistungsverträge und prospektive Entgelte.[2735] Durch diese Neuordnung des Erbringungskontextes kann prinzipiell ein höherer Effizienzgrad in der Ressourcenallokation erreicht werden, ohne Qualitätserosion oder negative Effekte auf die Fachkräfteentlohnung. Allerdings müssen hierzu die politisch gesetzten Rahmenbedingungen dieses staatlich regulierten Wettbewerbs entsprechend ausgestaltet sein.[2736] Aus rein institutionsökonomischer Sicht lässt sich z. B. fragen, ob die erwarteten Fortschritte durch einen verstärkten Wettbewerb nicht durch weitere Informationsmängel, höhere Transaktionskosten, neue Vertragsunsicherheiten etc. konterkariert werden.[2737]

Kritische Würdigung der Veränderung des Erbringungskontextes durch die §§ 78a-g SGB VIII

Bevor dezidiert auf die vielfältige Kritik an den Neuregelungen und ihre Folgen auf unterschiedlichen Ebenen eingegangen wird, werden die positiven Effekte in den Blick genommen.

2732 Für eine Übersicht zur Kritik am Gutachten der Monopolkommission vgl. *Ottnad/Wahl/Miegel* 2000: 165ff.
2733 Vgl. *BT-Drs* 14/1274: 18ff.
2734 Vgl. *BT-Drs* 13/10330: 16, ausführlich *Stähr* 2000: 162.
2735 Vgl. *Hartmann* 2011: 78.
2736 Vgl. *Kubon-Gilke* 2005a: 38ff.
2737 Vgl. *Zacher* 2009: 9.

Positiv wird ein „erfreuliches Maß an Rechtsklarheit“[2738] gegenüber vorher konstatiert. Im Hinblick auf die Ziele des Gesetzgebers wird allgemein akzeptiert, dass die Beschäftigung mit Leistungstransparenz und -qualität und letztlich auch Kostentransparenz geleistet werden muss.[2739] Die Vereinbarungen schaffen Transparenz und Anreize für mehr Qualitäts- und Wirtschaftlichkeitsorientierung in der Leistungserbringung.[2740] Vor allem die EV erfüllt insofern ihr Ziel, dass sie für mehr Transparenz der Kosten für die freien/privaten Träger und die Jugendämter sorgt.[2741] Die Steigerung der Effektivität ist kein explizites Ziel des Gesetzgebers gewesen, dennoch wird durch die Neuregelung die Möglichkeit zu einer fachlichen (durch klarere Orientierung an Zielen) als auch betriebswirtschaftlichen (durch rationalere Kalkulationen) Effektivitätserhöhung gesehen.[2742] Die Fachleistungsstunde hat bei entsprechender Umsetzung auch ohne marktliche Preisbildungsprozesse das Potential, einen Anreiz für fachliche Innovation und wirtschaftliches Handeln zu setzen.[2743] Die Prospektivität der Entgelte ist ein Anreiz zu wirtschaftlichem Verhalten für die Anbieter, da sie Überschüsse zum gewissen Teil eigenständig einsetzen können.[2744] Die erhofften Einsparungen werden wohl, wenn überhaupt, weniger über Kostendämpfung als über Effizienzgewinne zu realisieren sein.[2745] Selbst bei steigenden Entgelten kann durchaus insgesamt eine Kostenersparnis erreicht werden, wenn die Entgeltsteigerung auf Qualitätssteigerungen der Leistung beruht.[2746] Zu beachten ist, dass die Maßnahmen zur QE Auswirkungen auf das Entgelt haben.[2747] Ob das Jugendamt einseitig Kostensenkungen durch Qualitätsabsenkung durchsetzen kann[2748], wird aufgrund

2738 *Busch* 1999a: 261, vgl. *Stähr/Hilke* 1999: 156, *Stähr* 2000: 164.

2739 Vgl. *Dedekind* 1999: 96.

2740 Vgl. *Messmer* 2007: 23, *Freier* 2000: 305ff. Aus empirischer Sicht vgl. *Bußmann/Esch/Stöbe-Blossey* 2003: 89.

2741 Vgl. *Wendland-Kantert* 1999: 134f.

2742 Vgl. *Merchel* 1999a: 72 und 77, *Stähr/Hilke* 1999: 168, die hierbei auf den Zusammenhang zur Verwaltungsmodernisierung hinweisen.

2743 Vgl. *Haferkamp* 1995: 181.

2744 Vgl. *Wendland-Kantert* 1999: 135.

2745 Vgl. *Merchel* 1999a: 73.

2746 Gründe können kürzere Laufzeiten, höhere Rückführungsquoten etc. sein, vgl. *Stähr/Hilke* 1999: 159, *Stähr* 2000: 162.

2747 Vgl. *Stähr/Hilke* 1999: 168.

2748 Vgl. *Reismann* 2001: 51. Da die Personalkosten der größte Kostenfaktor sind, könnte es zu einer Abwärtsspirale der Qualifikationen kommen, vgl. ebd., *Wohlfahrt* 1997: 10.

des Rechtsanspruchs auf die Vereinbarung und die Möglichkeit des Schiedsstellenverfahrens verneint.[2749] Inwieweit sich ein freier/privater Träger den impliziten oder expliziten Forderungen nach geringeren Entgelten bei geringerer Qualität widersetzen könnte, bleibt offen. Je mehr das Jugendamt faktisch den Anbieter wählt, je stärker wird sich dieser an den Wünschen des Jugendamtes orientieren.

Mit den Neuregelungen sind auch fachliche Ansprüche verbunden, was sich in der Stärkung des Qualitätsthemas zeigt.[2750] Die Leistung und deren Qualität rücken bei Jugendämtern und freien/privaten Trägern stärker in den Vordergrund, da sie die Grundlage für die Entgelte bilden.[2751] Es wird begrüßt, dass die professionellen Akteure auf die Qualitätsthematik durch dauerhafte Auseinandersetzung über anwendbare Verfahren der Qualitätsbewertung und -entwicklung verpflichtet werden.[2752] Der notwendige Diskurs über QE kann zu einer Professionalisierung der Kinder- und Jugendhilfe führen.[2753] Durch die Verbindung von Leistung und Entgelt mit Fragen der Qualität wird das Qualitätsthema, auch durch die Behandlung im JHA, kommunal- bzw. sozialpolitisch relevant.[2754] Aus Sicht eines freien/privaten Trägers ermöglichen die Entgelte einerseits die Stärkung seiner Autonomie und andererseits seiner politischen Akzeptanz, weil sie den Fokus auf die Leistung legen.[2755] Die Leistungsprofile der Anbieter werden transparent und differenziert[2756], was die Möglichkeit qualifizierter Evaluation verbessert.[2757]

2749 Vgl. *Stähr/Hilke* 1999: 162.

2750 Vgl. *Messmer* 2007: 19.

2751 Vgl. *Dedekind* 1999: 93, *Wendland-Kantert* 1999: 135.

2752 Vgl. *Merchel* 1998b: 382.

2753 Vgl. *Wabnitz* 1999: 128, *Späth* 1999: 59ff, *Busch* 1999a: 261. Schon damals wurde eine Ausweitung des bürokratischen Aufwands und die tendenzielle Absenkung von Standards und punktueller Leistungsverkürzung befürchtet, vgl. ebd.: 261.

2754 Vgl. *Merchel* 1998b: 383, *Wiesner* 2003b: 12.

2755 Vgl. *Schmid* 1999: 94f, für den Kontext von Jugendhilfestation im Gegensatz zu einer festgelegten Stellenfinanzierung, die dann entsprechende Stundenanzahl an Leistung erbringen müssen. Zur Kritik am Selbstkostendeckungsprinzip vgl. *Merchel* 1999a: 76.

2756 Vgl. *Messmer* 2007: 155f.

2757 Vgl. *Merten* 2002b: 10.

Positiv an der Neuregelung wird die Stärkung der Wahlmöglichkeiten der Familien[2758] durch mehr Pluralität, neue Anreize und Spielräume für die konkrete Gestaltung und die Weiterentwicklung der Angebote eingeschätzt.[2759] Zur Pluralität tragen die Vereinbarungen insofern bei, dass alle Träger bei Vorliegen der Voraussetzungen einen Anspruch auf Vereinbarungen haben und diesen, wenn nötig, vor der Schiedsstelle durchsetzen können.[2760] Als weiterer positiver Effekt ist eine Auflösung von Erstarrung und Verkrustung des Korporatismus, vor allem als örtliches Verhandlungs- und Leistungserbringungskartell, zu verzeichnen.[2761]

In der Fachdiskussion hat sich eine umfangreiche Debatte zu den Folgen und Risiken sowie vehemente Kritik an den Neuerungen entwickelt.[2762] Allgemein kann gesagt werden, dass es Befürchtungen gab, die Hilfen zur Erziehung werden durch den neuen Erbringungskontext in ihren fachlichen Maximen geradezu ausgehöhlt, Rechtsansprüche abgebaut und nur noch nach Kassenlage entschieden.[2763] Insgesamt sind weder die Hoffnungen auf Kostendämpfung noch die Befürchtungen von zunehmenden Konkursen der Anbieter eingetreten.[2764] Ausschließlich pessimistische Bewertungen haben sich allem Anschein nach nicht bewahrheitet.

Die Vereinbarungen sind mit einer doppelten Zielrichtung angetreten, einerseits sollten sie Kosten dämpfen, andererseits durch Qualitätsorientierung die Fachlichkeit erhöhen. Durch den Trade-off von Personalkosten und Leistungsqualität wurde die Herausforderung zu Lasten der Leis-

---

2758 Vgl. *Münder* 2002b: 118f, *Wiesner* in: *Wiesner* 2011a, § 5 Rn. 29a, *Buestrich/u. a.* 2010: 40ff.

2759 Vgl. *Zacher* 2001: 672. Nachteilig können sich die Spielräume auch auswirken, indem sie z. B. zu Spielräumen der Stagnation werden, vgl. *Zacher* 2001: 672.

2760 Vgl. *Baltz* 1999b: 28.

2761 Vgl. *Struck* 2002: 44, *Olk* 1994: 25.

2762 In Fachkreisen trat aber auch Erleichterung ein, dass die Regelungen der Sozialhilfe und Pflege nicht analog übernommen wurden, sondern eine kinder-und jugendhilfespezifische Lösung erarbeitet wurde, vgl. *Struck* 1999: 35.

2763 Vgl. *Gintzel* 2005: 11, der dies zwar vor dem Hintergrund allgemeiner sozialstaatlicher Entwicklungen diskutiert und den Bezug weder zur Neuen Steuerung noch den Änderungen des Erbringungskontextes explizit herstellt, sich aber implizit auf diese Prozesse bezieht, dem Grunde nach ebenso vgl. *Messmer* 2007: 18, vgl. auch Kap. 1.1.

2764 Vgl. *Messmer* 2007: 50.

tungsqualität aufgelöst.[2765] Deutlich scheint, dass die LV und QEV nicht in vollem Umfang als Steuerungsinstrumente genutzt werden, da in der Praxis ein erheblicher Anteil an Einrichtungen, die über Entgelte finanziert werden keine LV oder QEV haben.[2766]

In einer ersten Kritiklinie wird grundsätzlich infrage gestellt, ob eine Veränderung des Erbringungskontextes auf die Effizienz der eigentlichen Leistung zielen kann. Dabei wird argumentiert, dass bei sozialen Dienstleistungen als „interaktionsnahe, unstetige und nicht standardisierte Arbeitsaufgaben, bei deren Vollzug man sich auf die Situation bzw. den Kunden“[2767] einlassen muss, eine Kontrollfunktion von „normativen und kognitiven Situationsdeutungen“[2768] in professionellen Berufsrollen übernommen wird. Eine Kontrollfunktion durch positive oder negative wirtschaftliche Anreize wird bei Dienstleistungen zwar auch gesehen, aber nicht im Feld klassischer Professionen.[2769] Hierbei wird von einer „professionellen Effizienz“[2770] ausgegangen, wie sie z. B. von *Oevermann* in seiner strukturhermeneutischen Professionstheorie entwickelt wird. Dennoch muss gesehen werden, dass die normativen und kognitiven Situationsdeutungen, auch wenn sie durch Verfahren (Teambesprechung, Supervision etc.) an professionelle Standards rückgebunden sind, nicht losgelöst vom institutionellen Erbringungskontext betrachtet werden können. So werden wirtschaftliche Anreizmechanismen im Erbringungskontext auf die Leistungserbringung Auswirkungen haben[2771], ob man ihnen eine Kontrollfunktion zuschreibt oder nicht:

> „Die steuerungspolitischen Implikationen der gesetzlichen Neuregelungen (…) sickern (…) auf Nebenwegen in die sozialpädagogische Praxis ein“[2772],

---

2765 Vgl. *Messmer* 2007: 36 und 156f. Bei den Hilfen zur Erziehung lassen sich Rationalisierungen ohne Beeinträchtigung der Leistungsqualität kaum vorstellen, vgl. *Wüstenbecker* 1999: 301.

2766 Vgl. *Gadow/u. a.* 2013: 68.

2767 *Berger/Offe* 1994: 262.

2768 *Berger/Offe* 1994: 262.

2769 Vgl. *Berger/Offe* 1994: 262f.

2770 Vgl. *Krone/u. a.* 2009: 94ff.

2771 Vgl. *Otto/Schnurr* 2000b: 7.

2772 *Messmer* 2007: 153. Die Vereinbarungen nehmen mittelbar Einfluss auf die direkte Leistungserbringung der Hilfe zur Erziehung, vgl. *Messmer* 2007: 32.

und werden dort auf der operativen Ebene negativ bewertet[2773], stellt *Messmer* in seiner Studie fest. Wenn sich der Wettbewerbsdruck unter den Leistungsanbietern verschärft, so wird dieser in hohem Maße an die Fachkräfte weitergegeben. Der Konkurrenzdruck belastet die sozialpädagogischen Interaktionsbeziehungen, zum einen im Hinblick auf die Gewinnung der Ko-Produzent_innen[2774] und zum anderen auf die Motivation der Fachkräfte durch Angst vor Arbeitsplatzverlust.[2775] Beides dürfte sich negativ auf die Wirksamkeit der Leistung und die Effizienz niederschlagen. In extremer Position wird dann die ethische Qualität sozialer Dienstleistung gegen eine „betriebswirtschaftlich quantifizierte Quasi-Qualität"[2776] in Stellung gebracht. Hier ist die Profession Sozialer Arbeit gefordert, ihre fachlichen Standards als unhintergehbar zu benennen, wodurch

> „aus professionstheoretischer Sicht der Einsatz der ökonomischen Steuerungsmittel nur dann ethisch legitimiert sein [kann], wenn der zentrale Norm- und Wertbezug der Profession, der in der Interaktion zum Klienten zum Ausdruck kommt, nicht verletzt wird."[2777]

Dass dies gelingen kann zeigen internationale Beispiele.[2778]

Eine zweite Kritik zielt auf die vermeintlich negative Überformung der Hilfe zur Erziehung als lebensweltorientierte Dienstleistung vor allem durch die LV und EV ab. Wichtige Verbindungen ergeben sich zur kritisierten Produktlogik des NSM.[2779] Die in der LV vorgenommene Einteilung in Grundleistung und Zusatzleistung könnte zu einer Zersplitterung des Leistungsangebots führen, was möglicherweise quer zum Anspruch ganzheitlicher, lebensweltorientierter Hilfe steht, einer ausschließlich kostenorientierten Zusammenstellung von Leistungsmodulen Vorschub leistet und die Verhandlungsanfordernisse im Einzelfall erhöht.[2780] Zu den LV sei festgehalten, dass nicht das Instrument an sich problematische Wirkungen entfaltet, sondern seine Handhabung, so müssen z. B. gewünschte sozialpolitische und assoziative Funktionen der Leistungsanbieter über die Ver-

2773 Während auf der Leitungsebene der Anbieter positive Bewertungen überwiegen, vgl. *Messmer* 2007: 154.

2774 Für die Pflege, vgl. *Gabriel* 2007: 119 und 124.

2775 Vgl. *Meyer* 2008a: 44, *Meyer* 2008b: 451.

2776 Vgl. *Bauer* 2003: 43, kritisch hierzu: vgl. *Langer* 2004a: 479.

2777 *Langer* 2004a: 270, ähnlich *Prölß* 2000: 274.

2778 Vgl. *Laan* 2000: 109.

2779 Vgl. Kap. 1.1.4.

2780 Vgl. *Dedekind* 1999: 89f.

träge bzw. Aufträge abgegolten werden.[2781] Für die Hilfe zur Erziehung bedeutet das, dass diese Funktionen in konkreter Form, wie z. B. Aktivitäten im Sinne der Kooperation mit anderen Akteuren, im Sinne der Infrastrukturgestaltung und -erweiterung, im Sinne der Gelegenheiten schaffen für das Zusammentreffen von Adressat_innen untereinander, im Sinne der Unterstützung von Selbsthilfe usw., einen Bestandteil jeder Einzelfallleistung darstellen. Diese Tätigkeiten sind auf jeden Fall konstitutiv für eine professionelle lebensweltorientierte Hilfe zur Erziehung. In Anerkennung der Struktur als subjektiver Rechtsanspruch und Einzelfallleistung ginge es um die „Einpreisung“ von positiven externen Effekten in die Einzelentgelte. Dies kann in einer komplexen, sozialen und personenbezogenen Dienstleistung nicht durch Zerstückelung in Einzeltätigkeiten gelingen, die in der LV möglichst kleinteilig benannt, beschrieben und bepreist sind. Damit sollten die zu beschreibenden Merkmale[2782] in der LV auf struktureller Ebene in höherem Abstraktionsgrad bleiben, um einen angemessenen Gestaltungsspielraum auf der Einzelfallebene in Anerkennung des uno-actu Prinzips und der Ko-Produktion zu belassen.

Die häufig geäußerte Gefahr, dass über die Vereinbarungen einer sozialtechnologischen Rationalisierung, Standardisierung und Bürokratisierung[2783] der sozialpädagogischen Hilfen Vorschub geleistet wird, besteht durchaus, kann aber auch abgewendet werden. Zwar stehen Leistungsbeschreibungen als Standardisierung im Widerspruch zur Hilfeplanung im Einzelfall und zur Jugendhilfeplanung insgesamt, werden aber nur dann zum fachlichen Hindernis, wenn ihnen Priorität eingeräumt wird. Wird hingegen einer partizipativen, kooperativen und prozesshaften Hilfeplanung im Einzelfall und Jugendhilfeplanung insgesamt Priorität eingeräumt, können Leistungsbeschreibungen als ständige Zwischenergebnisse dieser Prozesse Orientierungscharakter haben.

Die Finanzierungsform der Fachleistungsstunde wird im ambulanten Bereich kritisch gesehen, da sie eine standardisierte Herangehensweise an

2781 Vgl. *Backhaus-Maul* 2003: 216f. und 221.

2782 Vgl. Kap. 2.5.2.

2783 Vgl. *Dedekind* 1999: 94, *Wohlfahrt* 1997: 10, *Wohlfahrt* 2000: 287, *Kessl/Otto* 2002b: 137, *Stähr/Hilke* 1999: 169 mit dem Hinweis auf die Gefahr komplizierte Evaluationsverfahren im Rahmen des Qualitätsmanagements zu implementieren.

die Einzelfälle begünstigen und so zu Qualitätseinbußen führen könnte.[2784] Für *Peters/Struck* ist die Einführung der Fachleistungsstunde ein wichtiger Impuls zum Einstieg in den Prozess, soziale Dienstleistungen warenförmig zu erbringen.[2785] Kritisch ist zu sehen, dass durch die zeitliche Bindung der LV und EV eine Flexibilisierung der Leistungen verhindert wird.[2786] Andererseits wird argumentiert, eine Anpassung von Vereinbarungen auf der örtlichen Ebene sei viel schneller möglich und die Deckungsfähigkeit von Kostenpositionen ermögliche für den Träger erst Flexibilität.[2787] Demnach ist dies weniger eine Frage des Instruments als solches, sondern mehr eine Frage der Handhabung und Umsetzung.[2788] Empirisch konnten für die SPFH keine inhaltlichen Unterschiede bei der Leistungserbringung für pauschal bzw. entgeltfinanzierte Leistungen festgestellt werden.[2789] Aus aktueller empirischer Sicht wird darauf hingewiesen, dass die Modularisierung und Individualisierung der Leistungsentgelte eine neue Unübersichtlichkeit produziert haben und mit dem Effekt der tatsächlichen Abbildung entstehender Kosten (Abschreibungen) letztlich eine Kostensteigerung eingetreten ist.[2790]

Eine weitere Kritikperspektive thematisiert die vermeintlich negativen Folgen für die sozialen Dienste im Hinblick auf ihre Binnenstruktur. Diese stehen in enger Verknüpfung mit den Auswirkungen der Neuen Steuerung[2791] und werden als „Verbetriebswirtschaftlichung“[2792] oder „sozial-

---

2784 Vgl. *Gadow/u. a.* 2013: 164. Vgl. auch Kap. 2.3.1. zur Verwendung der Fachleistungsstunde im Kontext der flexible Hilfen.

2785 Vgl. *Peters/Struck* 1998: 78, *Gilbert* 2000: 152, ähnlich *Haupert* 2000: 562f. A. A. ist *Struck*, der diese Gefahr, nur in einer bestimmten Anwendung der Regelung erkennt, während der Gesetzestext dies nicht mal forciert, vgl. *Struck* 2003: 28f.

2786 Vgl. *Dedekind* 1999: 87, *Wiesner* in: *Wiesner* 2011a, § 78b, Rn. 8 und § 78c Rn. 2.

2787 Vgl. *Wendland-Kantert* 1999: 134f.

2788 Vgl. *Klatetzki/Winter* 2003: 258. Aus empirischer Sicht vgl. *Pluto/u. a.* 2007: 512.

2789 Vgl. *Fröhlich-Gildhoff/Engel/Rönnau* 2006: 139f.

2790 Vgl. *Gadow/u. a.* 2013: 65. Zu anderem Ergebnis kommen *Fröhlich-Gildhoff/Engel/Rönnau*, die für die SPFH durch die Fachleistungsstunde in ihrer Studie eine höhere Transparenz für alle Beteiligten ausmachen, vgl. *Fröhlich-Gildhoff/Engel/Rönnau* 2006: 139.

2791 Vgl. Kap. 1.1, vgl. *Merchel* 1996c: 250, vgl. zusammenfassend *Grunwald* 2001: 80ff, *Maaser* 2007: 58.

2792 *Buestrich/u. a.* 2010: 101, *Gadow/u. a.* 2013: 84.

wirtschaftliche Modernisierung“[2793] bezeichnet.[2794] Gängige Strategien sind die interne Restrukturierung am Leitbild eines marktlichen Unternehmens mit Ausgründung, Fusionen, Änderung der Rechtsformen u. a.[2795] Die Fokussierung auf Leistung, Entgelt und Qualität und die Zulassung aller Träger, die die Voraussetzungen erfüllen bietet Anreize für die Neugestaltung von Organisationen.[2796] Es gibt neue Anforderungen an die gemeinnützigen Träger, die inneren Abläufe zu strukturieren, ein „betriebliches Management“ zu entwickeln und die Organisationsabläufe zu effektivieren.[2797] Dabei entstehen Risiken, die bisherige Multifuntkionalität (Dienstleister, Lobbyist, Ehrenamtsagenturen etc.) aufrechtzuerhalten, sowie die Spannung, zwischen einerseits wertegebundenem Profil und Aktivierung von ehrenamtlichem Engagement und andererseits betrieblicher Modernisierung auszubalancieren.[2798] Geht man davon aus, dass sich staatlich-formelle, subsidiär-korporatistische Bedarfsausgleichssysteme zu Sozialunternehmen wandeln, dann werden betriebswirtschaftliche Steuerungselemente gegenüber rein pädagogischen oder sozialpolitischen immer wichtiger.[2799] Es wird nicht nur darauf ankommen, sozialpädagogische und betriebswirtschaftliche Steuerung aufeinander abzustimmen[2800], sondern es wird nötig sein, betriebswirtschaftliches Handeln in den Dienst einer sozialstaatlich verbürgten, sozialpädagogisch erbrachten Hilfe zur Erziehung zu stellen.[2801]

Weiter werden Auswirkungen auf die Geschäftsfeldpolitik der sozialen Dienste insofern befürchtet, dass Wettbewerb um Qualität und Kosten

> „gegenüber den traditionalen wertegebundenen Orientierungen der Verbände (…) gleichgültig-neutral und gegenüber den aus ihnen erwachsenden besonderen Wohlfahrtseffekten blind sind.“[2802]

2793 *Dahme/Kühnlein/Wohlfahrt* 2005: 1.

2794 Vgl. *Kulbach/Wohlfahrt* 1996: 115f, *Backhaus-Maul* 2003: 203ff, *Backhaus-Maul* 2009: 73.

2795 Vgl. *Backhaus-Maul* 2003: 206, *Buestrich/u. a.* 2010: 102ff. Zu Auswirkungen auf die Personalwirtschaft sozialer Dienste vgl. ebd.: 112ff.

2796 Vgl. *Olk* 2000: 112, *Haferkamp* 1995: 179.

2797 Vgl. *Merchel* 2005a: 257 (m.w.N.).

2798 Vgl. *Merchel* 2005a: 257ff.

2799 Vgl. *Effinger* 1994: 31.

2800 Vgl. *Stähr/Hilke* 1999: 168.

2801 Für den gesamten Sozialbereich vgl. *Schellhorn* 1998: 47.

2802 *Böhnisch/Arnold/Schröer* 1999: 249, vgl. auch *Kulbach/Wohlfahrt* 1996: 76f.

Das könne dazu führen, dass bestimmte Aufgaben, wie z. B. „als intermediäre Akteure Ressourcen solidarischer Steuerung zu erschließen“[2803], abgestoßen oder staatlich voll refinanzierte Leistungskomplexe ausgegründet werden.[2804] Gemeinnützige freie/private Träger bedienen alle Segmente sozialer Dienstleistungen, privat-gewerbliche möglicherweise nur lukrative.[2805] Die Wohlfahrtsverbände stehen vor der Entscheidung ‚sich zukünftig auf nicht-marktfähige und marktfähige Leistungen mit entsprechendem Preis- und Qualitätswettbewerb (Wettbewerbsstrategie) oder nur auf nicht-marktfähige Leistungen bei zwangsläufigem Verlust großer Aufgabengebiete (Sozialwohlstrategie) zu konzentrieren.[2806] Nach *Backhaus-Maul* haben die assoziativen und sozialpolitischen Funktionen der freien Wohlfahrtspflege bereits abgenommen.[2807]

Ein weiterer Aspekt betrifft den Einbezug ehrenamtlicher Potenziale. Einerseits wird befürchtet, dass durch das Hinzutreten privat-gewerblicher Anbieter aufgrund ihrer Gewinnorientierung eine Rekrutierung und Bindung von ehrenamtlichem Engagement nicht möglich ist und dies für die Wohlfahrtsverbände durch marktliche Steuerung ebenso erschwert wird.[2808] Andererseits wird dies als Konkurrenz auf sog. „Solidaritätsmärkten, in denen es um die Mobilisierung zivilgesellschaftlicher Unterstützung geht“[2809], gewertet. Diese zeige sich erstens in der Konkurrenz um Problemdeutungen und Legitimationen, da sich kollektive Normbindungen zusehends auflösen, und zweitens ganz konkret im Wandel des

---

2803 *Gabriel* 2007: 125.

2804 Vgl. *Manderscheid* 1995: 238f, ähnlich *Kulbach/Wohlfahrt* 1996: 112f. Zur Notwendigkeit der Überprüfung des Leistungsprofils vgl. *Grunow* 1995: 275f.

2805 Vgl. *Cremer* 2013: 71.

2806 Vgl. *Ottnad/Wahl/Miegel* 2000: 182ff, *Ottnad* 2000: 176f, *Buestrich* 2010: 102f, *Wohlfahrt* 2000: 288, *Manderscheid* 1995: 241. In einem effizienzfokussierten Erbringungskontext wird die Gefahr gesehen, dass soziale Dienste nicht mehr ihre „ursprünglichen und originären sozialethischen, advokatorischen und zivilgesellschaftlichen Ziele zur Geltung bringen“ *Buestrich/u. a.* 2010: 101, vgl. *Dahme/Kühnlein/Wohlfahrt* 2005. *Olk* differenziert in eine Mitgliedschaftslogik (zielt auf Verbreiterung der Unterstützungsbasis durch Mitglieder, Ehrenamtliche usw.) und eine Einflusslogik (zielt auf Stärkung der Stellung gegenüber dem politischen Institutionensystem). Die Wettbewerbsstrategie folge der Einflusslogik und gerate mit der Mitgliedschaftslogik in Konflikt, vgl. *Olk* 1995: 105f und 114f.

2807 Vgl. *Backhaus-Maul* 2009: 79.

2808 Vgl. *Kulbach/Wohlfahrt* 1996: 77, *Sengling* 1999: 114f.

2809 *Bode* 2002: 589.

Ehrenamts zu befristeten, projektorientierten, unverbindlicherem Engagement.[2810] Berechtigt an dieser Kritik ist, dass gemeinnützige freie/private Träger einen besonderen Tätigkeitsmix aufweisen und werte- bzw. normengebundenes Handeln als zusätzlichen Wohlfahrtsgewinn in die soziale Dienstleistungsproduktion einbringen, was durch die ausschließliche Orientierung an einem Wettbewerb über Kosten gefährdet wäre. Wie das Fachkonzept der Sozialraumorientierung zeigt, kann die Erschließung solidarischer Potentiale durchaus auch Bestandteil der vereinbarten Leistung sein. Weiter ist zu beachten, dass in der Erschließung solidarischer Potentiale kritische Aktivierungsmomente gesehen werden können. Die Konkurrenz auf Solidarmärkten entsteht weniger durch die neue Art der Finanzierung und die Zulassung privat-gewerblicher Anbieter, sondern ist eher eine gesamtgesellschaftliche Modernisierungsentwicklung, auf die alle Gruppen, Organisationen und Institutionen zu reagieren haben.

Außerdem ist der Einsatz von ehrenamtlichen Kräften im Kontext der Hilfe zur Erziehung als lebensweltorientierte, soziale Dienstleistung mit Rechtsanspruch und damit zwangsläufig professionell zu erbringender Leistung durchaus auch kritisch zu betrachten.[2811] Es zeigen sich Tendenzen einer neuen Form des Ehrenamts, die über Freiwilligenmanagement und entsprechende Agenturen neue Aufgabenfelder und Möglichkeiten für die Wohlfahrtsverbände bieten.[2812]

Auch wenn es viel Widerstand und Kritik gegen die Neuerungen gab, hat sich ein Teil der Wohlfahrtsverbände auf die Veränderungen bei der sozialen Leistungserstellung ein- und als Konsequenz neu sozialwirtschaftlich aufgestellt[2813], also von der „Wertgemeinschaft zum Dienstleistungsunternehmen".[2814] Dadurch wird eine betriebswirtschaftliche Kompetenz in der Trägerführung unumgänglich.[2815] Andere Verbände hingegen

---

2810 Vgl. *Bode* 2002: 589f, *Ottnad/Wahl/Miegel* 2000: 180, *Grunwald* 2001: 19.

2811 Vgl. z. B. *Busch* 1997: 151 (mwH).

2812 Vgl. *Bode* 2002: 594f, *Heinze/Schneiders* 2013: 10f.

2813 Vgl. *Wohlfahrt* 1999: 96f, *Maaser* 2007: 55f, *Ottnad* 2008: 270, *Wendt* 2010: 128. Diese Neuausrichtung wird zunehmend zur existentiellen Anforderung, vgl. *Boeßenecker* 2006: 46. s. u.

2814 Vgl. *Olk/Rauschenbach/Sachße* 1995: 11ff, *Wohlfahrt* 1997: 9f, *Olk* 1995: 108. Wichtige Trends, die diese Entwicklung forcieren, sind die europäische Integration und die anhaltenden Verwaltungsreformen, vgl. *Olk/Rauschenbach/Sachße* 1995: 23ff, *Olk* 1995: 109ff.

2815 Allerdings nicht als isolierte betriebswirtschaftliche Managementprofessionalität auf Leitungsebene, sondern in Ergänzung sozialarbeiterischer Fachkompebeharren auf alten Strukturen und Prozessen, wodurch sie langfristig ihr Bestehen gefährden.[2816] Eine zunehmende funktionale und organisationale Differenzierung der großen Wohlfahrtsverbände ist wahrscheinlich.

Die umfangreichste Kritik setzt sich auf der kontraktualen Ebene mit den Auswirkungen des konsequenten Umbaus des Erbringungskontextes auseinander. Eine weit verbreitete These besagt, dass die Zulassung privat-gewerblicher Anbieter und die Einführung prospektiver Entgelte als Deprivilegierung der gemeinnützigen freien/privaten Träger eine Schwächung der korporatistischen Struktur und Herstellung eines neuen „Anbietermix" bedeuten.[2817] Diese Reformaspekte werden als ein Indiz für die Vermarktlichung und Privatisierung sozialer Dienstleistungen gesehen:[2818] Sie führten zu einer Verstärkung markt- und vertragsförmiger Orientierungen[2819], welche die „kooperativen Aushandlungs- und Absprachemodalitäten"[2820] ersetzten[2821] und die partnerschaftliche Zusammenarbeit aushöhlten.[2822] Mit der Umstellung auf die Entgeltfinanzierung würden die Rahmenvorgaben für das Verhältnis freier/privater und öffentlicher Kinder- und Jugendhilfe zunehmend außer Kraft gesetzt. An die Stelle des Korporatismus trete ein „Markt", der offen ist für alle Anbieter.[2823] Die partnerschaftliche Zusammenarbeit weiche einer (faktischen) Auftragge-

---

tenz auf Leitungsebene und auf der operativen Ebene, vgl. *Merchel* 1995: 313ff. Zur Gefahr der Zentralisierung und Verlagerung von Entscheidungen auf höhere Hierarchieebenen, die wenig fachliche Kompetenz besitzen vgl. *Nüßle* 1994: 437. Dabei ist betriebswirtschaftliches Handeln nicht der Zweck, sondern ein Mittel zur effizienten Erbringung sozialer Dienstleistungen in fachlicher Qualität.

2816 Vgl. *Heinze/Schneiders* 2013: 14.

2817 Vgl. *Kulbach/Wohlfahrt* 1996: 117, *Münder* 1998: 10ff, *Hartmann* 2011: 80, *Backhaus-Maul* 2000: 29, *Buestrich/u. a.* 2010: 101f, *Merchel* 2005a: 255, *Münder* in *Münder/Meysen/Trenczek* 2013, § 4, Rn. 9, *Heinze/Schneiders* 2013: 5.

2818 Vgl. *Galuske* 2004b: 7, *Reismann* 2001: 52. Zur Rekonstruktion der Transformationsprozesse sozialer Dienstleistungserbringung als „neue Privatisierung" vgl. *Kessl/Otto* 2002b: 122ff. Zur notwendigen Differenzierung des Privatisierungsbegriffs in der Kinder- und Jugendhilfe vgl. *Boeßenecker* 2006: 49ff. Empirisch kann eine Tendenz zur Privatisierung für die Hilfe zur Erziehung nicht nachgewiesen werden, vgl. *Pluto/u. a.* 2007: 58.

2819 Vgl. *Messmer* 2007: 153.

2820 *Merchel* 2005a: 256.

2821 Vgl. *Merchel* 2005a: 256.

2822 Vgl. *Olk* 1994: 22.

2823 *Wiesner* in: *Wiesner* 2011a, § 5 Rn. 29a, *Buestrich/u. a.* 2010: 40ff.

ber-Auftragnehmer-Beziehung[2824], die korporativen und subsidiären Ordnungsmechanismen weichen auf.[2825] Daraus wird die Entstehung eines „gemäßigten Jugendhilfemarktes“[2826] abgeleitet, auch als „Sozialmarkt“[2827], „Wohlfahrtsmarkt“[2828], „Quasi-Markt“[2829] oder „Pseudo-Markt“[2830] benannt. Allerdings lassen sich die Neuregelungen auch als Normierung bereits vorher informell eingesetzter Tendenzen zu Wettbewerb und Konkurrenz reinterpretieren.[2831] Die Auflösung der korporatistischen Struktur und die Deprivilegierung der gemeinnützigen Träger werden auf unterschiedlichen Ebenen kritisiert.

Die erste Ebene zielt auf den Verlust wirtschaftlicher Sicherheit und Forcierung von Wettbewerb zwischen den Anbietern.[2832] Ein wirtschaftliches Risiko der Anbieter entsteht durch Abschaffung des Selbstkostenprinzips auf zwei Ebenen neu. Einerseits können die Familien über ihre Möglichkeit des Hilfeabbruchs und andererseits die Jugendämter über die Hilfeplanung und die Zuweisungssteuerung(!) starken Einfluss auf die Finanzierung von freien/privaten Trägern erlangen.[2833] Durch die Lock-In bzw. Lock-Out-Problematik wird dieser Aspekt noch verschärft, ebenso wird die Spannung von formaler und faktischer Beauftragung im Hinblick auf die Finanzierung der Träger erkennbar. *Merten* sieht in der Entgeltfinanzierung eine Abkehr vom Subsidiaritätsprinzip in klassischer Ausprägung und den Verlust gewachsener Privilegien großer Wohlfahrtsverbände durch die Hinwendung zum Konkurrenzprinzip.[2834]

Im Hinblick auf das Finanzierungssystem wird eine fehlende Wirkungsorientierung[2835], die Verlagerung des Risikos der Auslastungsschwankung

2824 Vgl. *Otto/Schnurr* 2000b: 5f, *Flösser/Otto* 2003: 51, *Buestrich/u. a.* 2010: 101.
2825 Vgl. *Dahme/Kühnlein/Wohlfahrt* 2005: 245f.
2826 *Hinrichs/Gerlach* 2010: 60.
2827 Vgl. z. B. *Wendt* 2010: 128.
2828 Vgl. *Manderscheid* 1995: 245.
2829 Vgl. z. B. *Buestrich/u. a.* 2010: 107, *Galuske* 2004b: 7, *Heinze/Schneiders* 2013: 11, *Wohlfahrt* 2000: 287.
2830 Vgl. *Kessl/Otto* 2002b: 122.
2831 Vgl. *Messmer* 2007: 155, *Struck* 2002: 43, *Struck* 2000a: 59, *Struck* 2003: 30.
2832 Vgl. *Buestrich/u. a.* 2010: 100, *Otto/Schnurr* 2000b: 8.
2833 Vgl. *Kunstmann* 2001: 139.
2834 Vgl. *Merten* 2002b: 10, ähnlich *Dahme/Kühnlein/Wohlfahrt* 2005: 247.
2835 Ein Anbieter wird bei erfolgreicher Arbeit durch „Verlust des Falles“ bestraft, vgl. *Struzyna* 2003: 75.

auf die Anbieter[2836] und damit auf die Stabilität der Beschäftigungsverhältnisse, ein Anreiz zur Mengenexpansion[2837] und steigende Transaktions- und Qualitätskosten beklagt.[2838] Aufgrund dieser Problemstellungen durch das Finanzierungssystem wäre es wichtig, diese Fragen im JHA im Rahmen der Jugendhilfeplanung zu klären.

Durch die Zulassung aller Träger, die die Auflagen erfüllen und der ausschließlichen Orientierung an Kosten wird ein Verdrängungswettbewerb und ein „selbstregulierendes System von Angebot und Nachfrage"[2839] gesehen, in dem Träger mit Auslastungsproblemen vom Markt verschwinden, was die Pluralität eingrenzt und Monopolbildung fördert.[2840] Da jedoch gerade mit den Vereinbarungen Markteintrittsbarrieren abgebaut wurden und kleinere Träger nicht unbedingt nur Nachteile im Preiswettbewerb haben, kann hiervon nicht unbedingt ausgegangen werden. Empirische Befunde[2841] deuten auf eine Zunahme der Pluralität hin.

Unwägbarkeiten bestehen in den Fragen, ob es zu einem transparenten Wettbewerb kommt, ob es einen Verdrängungswettbewerb gibt, der Dumpinganbieter begünstigt und ob die Adressat_innen profitieren oder zum Objekt in einem Vereinbarungskartell verkommen. Mögliche weitere Gefahren sind die Risikoverschiebung zu den freien/privaten Trägern und das sog. „*Creaming*".[2842] Als Korrektur dieser Risiken werden der Rechtsanspruch und die Bedarfsorientierung angeführt.[2843] Ein wichtiges Argument gegen wettbewerbliche Strukturen ist, dass die Familien keine *souveränen* Konsument_innen seien. Erstens seien sie nicht in der Lage, Qualität zu

2836 Vgl. *Münder* 1998: 8. Der kalkulatorische Bezug auf eine Auslastungsquote belohne Träger mit vielen Fällen, vgl. *Busch* 1999a: 261. Auch kann die Steuerung über Auslastungsquote zu Überlast und Qualitätserosion führen, vgl. *Gadow/u. a.* 2013: 66.

2837 In der Einzelfallfinanzierung liegt der Anreiz für die Anbieter nach erzieherischen Bedarfen „zu suchen", um daran gekoppelte Refinanzierungen zu erhalten, vgl. *Wiesner* 2003b: 17.

2838 Vgl. *Halfar/Schellenberg* 2013: 22ff.

2839 *Stähr/Hilke* 1999: 158.

2840 Vgl. *Figiel* 1998: 234, *Wohlfahrt* 1999: 95f, *Kunkel* 2002: 18. Diese Gefahr sehen auch: *Stähr/Hilke* 1999: 168, *Böllert* 2003a: 43f, *Manderscheid* 1995: 242.

2841 Vgl. *Pluto/u. a.* 2007: 200f und 285f, *Gadow/u. a.* 2013: 108 und 181.

2842 Vgl. *Busch* 1997: 195f, *Messmer* 2007: 22, *Struck* 2000a: 58. *Creaming* kann zu Abschiebetendenzen in andere Felder, wie Polizei und Psychiatrie führen, vgl. *Thiersch* 2001: 227. Denkbar ist auch eine Binnendifferenzierung der Anbieterlandschaft innerhalb der Kinder- und Jugendhilfe.

2843 Vgl. *Messmer* 2007: 22.

beurteilen, dadurch falle das Korrektiv reklamierender Kund_innen in der Hilfe zur Erziehung aus.[2844] Zweitens fehle die Steuerungswirkung im Hinblick auf Effizienz über ihre direkte Zahlung.[2845] Die fehlende Qualitätsbeurteilung muss jedoch nicht zwangsläufig für alle Aspekte der Leistungen gelten. Bestimmte vereinbarte Leistungselemente wären durch die Familie sehr wohl überprüfbar, wenn sie bei Hilfebeginn transparent thematisiert würden. Letztlich muss aber statt einer „Glorifizierung der Souveränität von Konsument_innen“[2846] von einer eingeschränkten Souveränität ausgegangen werden.[2847] In der Sozialen Arbeit besteht die Einschränkung mindestens auf vier Ebenen. Im klassischen Sinne gibt es Informationsasymmetrien, im Sinne des jugendhilferechtlichen Dreiecks eine Kaufkraftasymmetrie, im Sinne des doppelten Mandats eine Machtasymmetrie im sozialpädagogischen Verhältnis und im Sinne eines Expertensystems eine Wissensasymmetrie. Dennoch können diese Einschränkungen möglichst gering gehalten werden.

Dass die Familien den Wettbewerb als Konsument_innen nur eingeschränkt funktionieren lassen, ist nur die eine Seite. Es lässt sich ebenso fragen, ob die Jugendämter als „Kundinnen“ nicht ebenfalls wettbewerblich den für sie angenehmsten Träger aussuchen, gesteuert über Kontakte von Fachkräften beim Anbieter zu Fachkräften im Jugendamt.[2848] Mindestens lässt sich feststellen, dass trotz großer Auswahl an Leistungsanbietern die Fachkräfte im Jugendamt auf diejenigen zurückgreifen, mit denen sie gute Erfahrungen gesammelt haben und mit deren Mitarbeiter_innen ein Vertrauensverhältnis besteht.[2849]

Zweitens steht die Implementierung eines Kontraktmanagements und die daraus folgende Stärkung der Position des Jugendamtes im Fokus der Kritik. In Anknüpfung an die Diskurse der Neuen Steuerung wird in der neuen Finanzierungsform eine Verlagerung der Verwaltungsmodernisie-

---

2844 Vgl. *Stähr/Hilke* 1999: 169f.

2845 Vgl. *Tennstedt* 1976: 151, *Buestrich/u. a.* 2010: 100.

2846 So sieht die Monopolkommission die Einschränkung der Souveränität der Konsument_innen bei sozialen Dienstleistungen ausschließlich in der fehlenden Kaufkraft, was z. B. durch Gutscheinmodelle schnell zu überwinden sei, vgl. *BT-Drs* 13/11291: 346, ebenso *Meyer* 2008a: 40f. Dies blendet die Einschränkung der Souveränität von Konsument_innen durch Wissens- und Machtgefälle gegenüber Expert_innen völlig aus.

2847 Beispielhaft dargelegt am Kund_innenbegriff vgl. *Böllert* 2003b: 106f.

2848 Vgl. *Schröder* 1999: 201.

2849 Vgl. *Langer* 2007: 236.

rung (Kontraktmanagement) nach außen gesehen.[2850] Durch die Vereinbarungen nach § 78b SGB VIII werde eine Art neuer Vernetzungstypus zwischen Markt und Staat etabliert, der eine „Umpolung der Ordnungsstruktur auf Netzwerkstruktur"[2851] herbeiführt, die im Ergebnis ein „auf Effizienz und Wettbewerb basierendes Arbeitsregime"[2852] etabliert. Der Staat erhalte die Möglichkeit, die freien/privaten Träger über das Kontraktmanagement an seine normativen Vorgaben zu binden[2853] und weitreichend in deren Autonomie einzugreifen.[2854] Das Kontraktmanagement kombiniere die Elemente Autonomie und Kontrolle zu einem Vernetzungstypus, der als Rationalisierungsmethapher nur noch einen Modernisierungsaspekt kenne, den der Effizienz, und nichts mehr mit steuerungs- oder professionstheoretischen Netzwerkbegriffen gemein habe. Über die Feinsteuerung durch die Vereinbarungen nach §§ 78a-g SGB VIII werde gegenüber den privaten/freien Trägern das Effizienzziel in die Leistungserstellung eingeschrieben.[2855] Hier wird ein völlig verkürzter, fast sinnentleerter Begriff von Effizienz verwendet. Es entsteht der Eindruck, Effizienz sei an sich ein Wert und könnte angestrebt werden.[2856] In der Hilfe zur Erziehung wird die Leistung in der LV mit den entsprechenden Qualitätsanforderungen definiert (Ertrag). Auf dieser Basis wird ein leistungsgerechtes Entgelt verhandelt (Aufwand). Es ist das Gebot der Effizienz, dass der vereinbarte Ertrag mit einem möglichst niedrigen Entgelt erreicht werden kann. Aber der Ertrag (die professionelle Leistung) steht nicht zur Disposition. Das ist nichts anderes als „wirtschaftlich Arbeiten", oder andersherum: alles andere ist Verschwendung. Die Problematik der Definition von Leistung und Qualität ist davon erst einmal unberührt. Die professionstheoretische Auseinandersetzung zur konstitutiven Bestimmung einer sozialpädagogischen, lebensweltorientierten Dienstleistung als Tagesgruppe oder Familienhilfe gilt es anzunehmen, statt einen verschleierten Effizienzbegriff als Feindbild zu stilisieren. So ist *Busch* zuzustimmen, der auffordernd formuliert:

2850 Vgl. *Dahme/Wohlfahrt* 2005: 265, siehe auch Kap. 1.1.2.

2851 *Dahme* 2000: 64.

2852 *Dahme* 2000: 63.

2853 Vgl. *Fischer* 2005: 205. Kontraktmanagement wird auch verstanden als Kompensation des Kontrollverlustes der Verwaltung durch Auflösung des subsidiär korporatistischen Systems, vgl. *Flösser/Otto* 2003: 51.

2854 Vgl. *Backhaus-Maul* 2009: 74.

2855 Vgl. *Dahme* 2000: 62ff, *Dahme/Wohlfahrt* 2001: 12.

2856 Siehe Kap. 2.4.1.

> “Wirtschaftlichkeit der Leistungserbringung läßt sich nicht auf die Frage reduzieren, wie eine Leistung möglichst preiswert zu erlangen ist. Vernünftig wäre das Ziel, daß die Gesamtheit der *erforderlichen* Leistungen möglichst preiswert und ohne Absenkung des Qualitätsstandards *adressatenorientiert* erbracht wird.“[2857]

Dazu müssten die Verhandlungen über die Vereinbarungen nach § 78b SGB VIII aber weniger ein Diskurs über Kosten, sondern primär über Leistungen und deren Qualität sein.[2858] Aufgrund der Finanznot der Jugendämter wird durchaus gesehen, dass diese in den Verhandlungen sich nicht an Leistung und Entgelt orientieren, sondern als Preissetzer auftreten.[2859] Ob durch die Etablierung der Vereinbarungsstruktur eine stärkere Kontrolle der Leistungsanbieter durch das Jugendamt ausgemacht werden kann, da es in Verhandlungen über Leistungen, Entgelte und QE seine Vorstellungen stärker platzieren kann[2860], ist dennoch nicht eindeutig erkennbar. Vor allem durch die Stärkung ihrer Verhandlungsmacht durch Interessensbündelung[2861] und die starke Abhängigkeit der Jugendämter von den freien/privaten Trägern dürfte ein Gleichgewicht entstehen. *Messmer* kommt empirisch zum Schluss, dass über die Vereinbarungsstruktur die Rollen der Beteiligten derart verändert werden, dass partnerschaftlich nicht mehr unbedingt als gleichberechtigt verstanden werden kann. Das Jugendamt trägt die Gesamt-, Planungs- und Steuerungsverantwortung und entscheide faktisch über den Ressourceneinsatz. Im Ergebnis stärke das die Marktmacht des Jugendamtes.[2862] Wie die Jugendämter diese Verhandlungsmacht unter steigendem Kostendruck nutzen, ist offen.[2863] Hingegen haben die Anbieter eine Definitionsmacht über Bedarfe und den Rechtsanspruch auf ihrer Seite[2864], sodass sie einen Balanceakt zwischen

---

2857 *Busch* 1999a: 261f (HdV).

2858 Vgl. *Busch* 1999a: 262.

2859 Vgl. *Wiesner* 2003b: 12, *Struck* 2002: 43 mit extremen Beispielen wie z. B. die Aufforderung eines Jugendamtes gegenüber einem Anbieter, aus dem Tariflohn auszusteigen. Ebenso vgl. *Schipmann* 2006: 97.

2860 Vgl. *Möhring-Hesse* 2008: 155.

2861 Vgl. *Monopolkommission* 1998, 630, *KGSt* 1998: 10.

2862 Vgl. *Messmer* 2007: 40f, ebenso *Wohlfahrt* 2000: 285, *Backhaus-Maul* 2003: 216. Gleichzeitig stellt *Messmer* fest, dass durch die neue Vereinbarungsstruktur die Intensität der Beziehung zwischen Jugendamt und Anbieter zunimmt. Waren sie gut, werden sie besser, waren sie schlecht, werden sie schlechter, vgl. *Messmer* 2007: 155f.

2863 Vgl. *Messmer* 2007: 22.

2864 Vgl. *Messmer* 2007: 160.

Rücksichtnahme und Durchsetzungsmacht bei der Leistungsgewährung[2865] austarieren müssen. Setzt man die Marktmacht des Jugendamtes voraus, ist von einer stärkeren Verstaatlichung[2866] sozialer Dienste und einem „staatlich kontrollierten Wettbewerb"[2867] auszugehen.[2868]

Drittens zeige sich eine Auflösung des Korporatismus auf politischer Ebene. Problematisch wird gesehen, dass durch die Vereinbarungsstrukturen den freien/privaten Trägern die Möglichkeit der Einflussnahme auf die kommunale Sozialpolitik verloren geht, um z. B. eigene Bedarfsdefinitionen oder Problemanzeigen in der Leistungsgewährung einzubringen. Andererseits verliere der Staat genau diese Informationen.[2869] Dies könnte man als Vorteil des subsidiär korporatistischen Steuerungsmechanismus sehen, da im Markt diese Informationen modelltheoretisch in den Preisen stecken, die ja bei sozialen Diensten administriert sind. Für die Hilfen zur Erziehung ist dieses Szenario aber nicht zwangsläufig, da über den JHA und Arbeitsgemeinschaften nach § 78 SGB VIII sehr wohl diese Wissenstransfers nach wie vor stattfinden können.

Neben dieser kritischen Sichtweise, die Neuregelungen dienten einer Abschaffung und Umprogrammierung des korporatistischen Systems, lassen neuere empirische Beiträge erkennen, dass das Beharrungsvermögen der Akteure vor Ort sehr stark ist. So zeigt *Grohs*, dass die Umsetzung des Kontraktmanagement dazu genutzt wird, die vorhandenen korporatistischen Strukturen zu zementieren und keineswegs Transparenz oder einen qualitätsorientierten Wettbewerb zu schaffen. Er spricht von einer „halbierten Kontraktualisierung".[2870] Nachteilig wirkt sich die korporative Verflechtung zwischen Jugendamt und freien/privaten Trägern auf den Eintritt neuer Anbieter und die Stärkung der Rolle der Familie aus.[2871]

2865 Vgl. *Messmer* 2007: 159.

2866 Verstaatlichung hier verstanden als zunehmende Einengung der Gestaltungsspielräume durch bürokratische Vorgaben und Regeln bei gleichzeitiger Lockerung des korporatistischen Systems, vgl. *Möhring-Hesse* 2008: 154ff, *Kessl/Otto* 2002b: 126 und 128f, *Buestrich/u. a.* 2010: 10ff, *Wohlfahrt* 2000: 287. Auch interpretiert als Rückgewinnung staatlicher Steuerungsmacht über die Anbieter, nach Kontrollverlust durch die Lockerung der korporatistischen Struktur durch die Vertragsebene, vgl. *Flösser/Vollhase* 2006: 83, *Schipmann* 2006: 104.

2867 Vgl. *Möhring-Hesse* 2008: 155.

2868 Vgl. *Möhring-Hesse* 2008: 155.

2869 Vgl. *Möhring-Hesse* 2008: 156ff, ähnlich *Kulbach/Wohlfahrt* 1996: 116f.

2870 Vgl. *Grohs* 2010: 424f.

2871 Vgl. *Backhaus-Maul* 2009: 75.

Fachlich regulierter Qualitätswettbewerb

Ein wichtiges Argument der Befürworter_innen einer reinen Marktumgebung für soziale, personenbezogene Dienstleistungen ist die qualitätssteigernde Funktion des Wettbewerbs. Der Wettbewerb kann über Preise (Wirtschaftlichkeit) und Qualitäten (Fachlichkeit) erfolgen.[2872] Durch den Rückzug des Staates aus der direkten Leistungserbringung und der schwierigen Finanzlage der Kommunen wird befürchtet, dass ausschließlich ein ruinöser Preiswettbewerb entsteht.[2873] Allerdings muss dies nicht zwangsläufig so sein, wenn es gelingt einen Wettbewerb um Qualitäten zu etablieren.[2874] Durch eine geeignete Konstruktion der Vereinbarungen, die vor allem die Finanzierung auf Ziel und Zweck der Hilfe im Einzelfall ausrichten, soll Wirtschaftlichkeit und Qualität erreicht werden.[2875] Aufgrund der spezifischen Rahmenbedingungen in Erbringungskontexten für soziale, personenbezogene Dienstleistungen verfolgt staatliche Regulierung das Ziel, einen Qualitätswettbewerb zu implementieren.[2876] Durch die Erwähnung der Qualität in der LV wird Qualität auch im Leistungsbereich wettbewerbsrelevant.[2877] Eine Fokussierung auf Ziele, Werte und Prinzipien, die professionelles Handeln ausmachen[2878], erscheint dadurch wichtiger denn je. Diese in LV im Hinblick auf Art und Qualität der Leistung festzulegen, könnte einem ruinösen Preiswettbewerb einen fachlichen Qualitätswettbewerb entgegen setzen.[2879]

Qualität als Wettbewerbsargument ist allerdings in der Praxis mit einer Reihe von Problemen verbunden.[2880] Wenn im Rahmen der EV eine faktische Deckelung der Budgets des Leistungserbringers erfolgt, hat das weniger Effizienzsteigerungen als vielmehr Qualitätseinbußen zur Folge. Das liegt vor allem daran, dass aufgrund der faktischen Nichtauswahl des An-

2872 Vgl. *Freier* 2000: 304.
2873 Vgl. *Böllert* 2003a: 42f.
2874 Vgl. *Trube/Wohlfahrt* 2000: 44 und 48.
2875 Vgl. *Struzyna* 2003: 76f.
2876 Vgl. *Dimmel* 2008: 217ff.
2877 Vgl. *Gottlieb/Kaufhold/Thomsen* 2003: 108.
2878 Vgl. *Mühlum* 2009: 12.
2879 Vgl. *Böllert* 2003a: 42, *Struzyna* 2003: 79. Prinzipiell wäre das Kontraktmanagement ein geeignetes Instrument, professionelle Standards zu erhalten und einen ruinösen Preiswettbewerb zu verhindern, allerdings fehlt hierzu die Geschlossenheit der Anbieterlandschaft, vgl. *Wohlfahrt* 1997: 11.
2880 Vgl. *Braun* 2007: 136ff.

bieters durch die Familien schlechte Qualität nicht direkt durch Wahlverhalten (*choice*) bestraft wird[2881] und die Familien nicht ohne weiteres Qualität erkennen können, da es sich um Vertrauensgüter handelt. Inwieweit sich ein Qualitätswettbewerb mit der Perspektive des Jugendamtes als Auftraggeber herstellen lässt, ist davon erst mal unberührt.

Weitere Probleme sind die Informationsasymmetrie der Adressat_innen (und auch des Jugendamtes) über die Qualität der Leistung, die mögliche psychische und/oder physische Abhängigkeit der Adressat_innen vom Leistungserbringer und die prinzipielle Intransparenz von Qualität und Standards der Leistung.[2882] Bei sozialen, personenbezogenen Dienstleistungen entstehen drei Qualitätsanforderungen: der Adressat_innenwunsch, der Standard des Anbieters und die Anforderung des Kostenträgers. Aus Sicht der Dienstleistungsökonomik kommt der adressat_innenorientierten Qualität die größte Bedeutung zu. Das ist im Kontext sozialer, personenbezogener Dienstleistungen schwierig, da den Adressat_innen oft die Vorstellung fehlt, was gute Qualität bedeuten würde. Daneben hat der Leistungserstellungsprozess selbst größte Auswirkungen auf die Zufriedenheit mit der Leistung.[2883] In der Konstellation des jugendhilferechtlichen Dreiecks fehlt das qualitätsregulierende Signal der „Verbraucher_innen". Die Anbieter haben eine vorteilhafte Position, da das zahlende Jugendamt nicht sieht, was sie leisten, und die koproduzierenden Adressat_innen nicht bezahlen müssen.[2884] Eine Ausgestaltung des Wettbewerbs im Hinblick auf die Vorgaben des jugendhilferechtlichen Dreiecks unter Beachtung der Hilfe zur Erziehung als lebensweltorientierte, soziale, personenbezogene Dienstleistung ist in zwei Modellen der Ausgestaltung denkbar, die nach der Höhe der Konsument_innenmacht kategorisiert werden können.[2885]

- „Modell der beschränkten Souveränität von Konsument_innen"
- „Kaufkraftmodell"

2881 Vgl. *Stecker/Nährlich* 2005: 184f.
2882 Vgl. *Stecker/Nährlich* 2005: 185.
2883 Vgl. *Braun* 2007: 136ff, vgl. auch Kap. 1.
2884 Vgl. *Gilbert* 2000: 146f.
2885 Vgl. *Braun* 2007: 134f.

Beide Modelle sind jedoch auf der Adressat_innenseite voraussetzungsvoll:[2886]

Eltern müssen den erzieherischen Bedarf bejahen oder dazu befähigt werden, damit sie die Hilfe zur Erziehung beantragen. Hierzu könnten im Sinne des libertären Paternalismus Anreize geschaffen werden.

Da es sich bei der Hilfe zur Erziehung um Vertrauensgüter handelt, sind die vorliegenden Informationsasymmetrien besonders wirkungsvoll. Nicht nur, dass Familien in der Regel weder die konkreten Leistungsanbieter kennen und deren fachlichen Einschätzungen vertrauen müssen bzw. ausgeliefert sind. Erschwerend kommt hinzu, dass sie das System der Kinder- und Jugendhilfe und ihre Stellung darin nicht kennen.

Dadurch wird die Entscheidungssituation zur Hochkostensituation[2887], in der das Image des Jugendamtes und des Anbieters ein wichtiges Entscheidungskriterium ist.

Das Kaufkraftmodell kann für die Hilfen zur Erziehung ausgeschlossen werden. Die Gründe (unaufhebbare Beschränkung der Souveränität der Konsument_innen) wurden bereits ausgeführt. Auch das Modell von Fallmanager_innen ist wenig zielführend.

Aber auch für das Jugendamt ist diese Situation voraussetzungsvoll, müssen doch Verträge (als LV, EV und QEV sowie als Hilfeplan) gestaltet werden, die Leistung und Preise präzise genug bestimmen[2888] und gleichzeitig die Offenheit und Responsivität für eine lebensweltorientierte, soziale personenbezogene Dienstleistung gewährleisten. *Braun* geht davon aus, dass die Anbieter sozialer Dienstleistungen nur über Qualität konkurrieren können, da die Preise staatlich festgelegt sind. Außerdem treten die Leistungsberechtigten nicht als zahlende Kund_innen auf. Dabei wären die werte- und normengebundene Ausrichtung der gemeinnützigen Träger durchaus wahlrelevante Qualitätsmerkmale.[2889] Im Qualitätswettbewerb spielen vor allem die immateriellen Leistungskomponenten, wie die Beziehungsgestaltung eine wichtige Rolle.[2890] Für die Hilfe zur Erziehung würde das bedeuten, dass ein von den Leistungsberechtigten tatsächlich ausgeübtes Wunsch- und Wahlrecht eine Fokussierung einer adressat_innenorientierten Qualität auf Seiten der Anbieter darstellen könnte. Dies

---

2886 Vgl. zu folgendem *Braun* 2007: 135f.
2887 Für die Pflege z. b. adhoc nach einem Schlaganfall.
2888 Vgl. *Gilbert* 2000: 147.
2889 Vgl. *Braun* 2007: 136ff.
2890 Vgl. *Ottnad/Wahl/Miegel* 2000: 28f.

wäre der Fall in formellen Beauftragungsverhältnissen. In den faktischen Beauftragungsverhältnissen hingegen wählt und zahlt das Jugendamt, somit richtet sich die Konkurrenz der freien/privaten Träger untereinander erstens auf die Preisverhandlung und zweitens eine jugendamtsorientierte Qualität. Beispielhaft könnte ein freier/privater Träger aus Sicht des Jugendamtes qualitativ gute Arbeit leisten, wenn er nicht häufig zwischen den Hilfeplangesprächen den Kontakt zum Jugendamt sucht. Dies entlastet die Fachkräfte im Jugendamt. Aus Sicht der Familien könnte dies jedoch genau kontraproduktiv sein, da die Anpassung der Hilfe in Art und Umfang, Unterstützung bei Anträgen an andere Behörden usw. für diese Qualität bedeuten würde.

Dem Jugendamt (hier als Verwaltung und JHA) ist mit dem Elften Kinder- und Jugendbericht die Aufgabe zugeschrieben, einen „fachlich regulierten Qualitätswettbewerb“[2891] der privaten/freien Träger zu gewährleisten. Die Gewährleistung eines Qualitätswettbewerbs ist voraussetzungsvoll. Auf organisationaler Ebene ist die Zweigliedrigkeit des Jugendamtes und die Rolle der Landesjugendämter als Beratungs-, Fortbildungs- und Aufsichtsinstanz und in fachlicher Hinsicht die Orientierung an den Paradigmen der Lebensweltorientierung und Dienstleistungsorientierung vorausgesetzt. Als Ausgangssituation der Sozialisation junger Menschen wird festgestellt, dass diese immer mehr in öffentlichen Räumen und Institutionen stattfindet, die sozialstaatlich verantwortet sind.[2892] Gefordert wird die

> „Schaffung und Sicherung einer sozialen Infrastruktur, Institutionalisierung einer professions- und adressatenorientierten Verwaltungsmodernisierung, Einbindung des Wettbewerbs in die Jugendhilfeplanung, Erprobung von Maßnahmen des Qualitätsmanagements, Sicherstellung der Pluralität der Kinder- und Jugendhilfe und Evaluation als Sozialberichterstattung.“[2893]

Ziel ist

> „die Elemente der Neuen Steuerung und Verwaltungsmodernisierung so mit der Eigenlogik der Kinder- und Jugendhilfe [zu] verknüpf[en], dass sowohl die sozialpädagogische Fachlichkeit der Kinder- und Jugendhilfe als auch die

---

2891 *BMFSFJ* 2002a: 256, *Böllert* 2004: 126ff.

2892 Vgl. *Böllert* 2003a: 38ff, *Böllert* 2004: 126ff. Allerdings ohne, dass sich diese sozialstaatliche Mitverantwortung sozialrechtlich in einer Stärkung des Erziehungsauftrages der Kinder- und Jugendhilfe nieder schlagen würde.

2893 *BMFSFJ* 2002a: 258, *Böllert* 2003a: 38ff.

> Beteiligungschancen und -rechte der Adressatinnen und Adressaten wirkungsvoller zum Tragen kommen.“[2894]

Realisiert werden soll dies nicht durch Abschaffung der besonderen Strukturen innerhalb der Kinder- und Jugendhilfe, sondern durch deren konsequente Nutzung. Eine entscheidende Rolle spielt die professionalisierte kooperative Jugendhilfeplanung, die eine stärkere Beteiligung von kleinen und neuen Anbietern und vor allem der Familien sicherstellen soll. Die Bedarfsdefinition, welche Infrastruktur bzw. Angebote im Hinblick auf Menge und Qualität benötigt werden, wird über den JHA unter Einbezug der Anbieter und der Familien vorgenommen. Die Festlegung von Qualitätsstandards erfolgt durch den JHA, um diese für alle Anbieter transparent und verbindlich werden zu lassen. Die wichtigsten Qualitätsaspekte sind das Fachkräftegebot und die Beteiligung der Adressat_innen, neben der Pluralität des Angebots.[2895]

Grundsätzliche Schwierigkeiten in der Anwendung des Wettbewerbsgedankens erkennt *Merchel* in der prozess- und ergebnisorientierten Qualitätsdefinition der Hilfen zur Erziehung. Diese Dimensionen ließen sich nicht durch Wettbewerbselemente verbessern. Verbesserung durch Wettbewerb würde nur auf gut messbare und beobachtbare Strukturqualitäten zielen.[2896] Ein Problem der Konstruktion des fachlich regulierten Wettbewerbs im Elften Kinder- und Jugendbericht ist das Verständnis der Leistungsvergabe.[2897] Es wird nicht hinreichend expliziert und auf die unterschiedlichen Aufgaben angepasst[2898]. So ist davon die Rede, dass der JHA über ein Interessenbekundungsverfahren Aufträge an die Anbieter vergibt und die Einhaltung der Qualitätsstandards einfordert. So soll ein Wettbewerb über Qualität und nicht über Kosten gesichert werden.[2899] Für die

---

2894 *BMFSFJ* 2002a: 259.

2895 Vgl. *Böllert* 2003a: 46f. Das Modell des fachlich regulierten Qualitätswettbewerbs erfordert die fachliche-inhaltliche Konkretisierung des Qualitätsbegriffs, vgl. *Böllert* 2003a: 54.

2896 Vgl. *Merchel* 2003b: 332f.

2897 Vgl. *Merchel* 2003b: 332. Zur weiteren Kritik an der Konstruktion eines fachlich regulierten Qualitätswettbewerbs vgl. *Merchel* 2002d: 22ff, *Merchel* 2003a, 57ff, *Peters* 2004: 161. Zur Zusammenstellung der Kritik mit Gegenstellungnahme vgl. *Böllert* 2003a: 51, *Böllert* 2004: 129f.

2898 Vgl. *Struck* 2002: 45.

2899 Vgl. *Böllert* 2003a: 48. *Messmer* kann in seiner Studie keinen Hinweis auf Qualität als relevantes Kriterium für „Nachfrageverhalten“ des Jugendamtes oder Anbietervergleiche feststellen, vgl. *Messmer* 2007: 175.

Hilfe zur Erziehung ist diese Konstruktion strukturell nur denkbar innerhalb des Fachkonzepts Sozialraumorientierung mit allen rechtlichen und fachlichen Problematiken. Da hier davon ausgegangen wird, dass sich das Fachkonzept Sozialraumorientierung für die Hilfen zur Erziehung nicht durchsetzen wird[2900], bleibt die Frage, wie der fachlich regulierte Qualitätswettbewerb für die Hilfen zur Erziehung aussehen kann. Das zentrale Anliegen, die Bedarfsdefinition nicht dem freien Spiel des „Quasi-Marktes" zu überlassen, sondern weiterhin in einem gelockert korporatistischen System zu verhandeln, kann auch für die Hilfe zur Erziehung umgesetzt werden. Nötig wäre die konsequente Beteiligung der Familien und möglichst aller Anbieter von Hilfe zur Erziehung vor Ort. Da der JHA nicht vorschreiben oder einschränken kann, welche freien/privaten Träger Hilfen zur Erziehung anbieten, muss die Orientierung an Qualitätsstandards anderweitig gesichert werden, um sie nicht in den Einzelverhandlungen der LV, EV, und QEV dem Preisdruck auszusetzen. Hierzu wäre die eindeutige Beauftragung der Jugendamtsverwaltung, einen entsprechenden Qualitätswettbewerb zu initiieren und nicht auf einseitige Preissenkungen zu setzen, möglich. Der JHA könnte zur Kontrolle die Abschlüsse aller Vereinbarungen nach § 78b SGB VIII in seinen Sitzungen zum Gegenstand machen. Um die durch die Rechtsänderungen gewünschte Stärkung der Rolle der Familien zu sichern, wäre der Einbezug der Familien in die Jugendhilfeplanung, in den JHA[2901] und die Stärkung des Wunsch- und Wahlrechts im Einzelfall innerhalb der Hilfeplanung zu thematisieren. Denkbar wären auch Betroffenenorganisationen ehemaliger Adressat_innen der Hilfe zur Erziehung, die auf Landesebene bei den Verhandlungen zu den Rahmenvereinbarungen teilnehmen oder auf kommunaler Ebene an den Verhandlungen zu LV, EV und QEV direkt beteiligt sind.

Weiter wäre die Rolle der freien/privaten Träger im Kontext der partnerschaftlichen Zusammenarbeit neu zu definieren.[2902] Denn das Ordnungsmodell des Wettbewerbs hat Auswirkungen auf die Stellung der Adressat_innen und der Verbände bzw. freien/privaten Träger.[2903] So ausgestaltet, wäre die subsidiär-korporatistische Struktur der Kinder- und Jugendhilfe ein qualitätssicherndes Element des Erbringungskontextes. Al-

2900 Vgl. Kap. 2.3.1.

2901 Für den Einbezug von Adressat_innen (junge Menschen und Eltern) in den JHA, vgl. *Niehuis* 2000: 268f, *Hensen* 2006c: 181.

2902 Vgl. hierzu ausführlich Kap. 4.

2903 Vgl. *Cremer* 2013: 72.

lerdings dürfte für ein solches Erbringungssystem der Begriff „Wettbewerb", auch eingeschränkt als fachlich regulierter Qualitätswettbewerb, unpassend sein, da einige Funktionen des Wettbewerbs (Anreizfunktion und Effizienzfunktion) nur sehr eingeschränkt, einige nur indirekt (Freiheitsfunktion, Entdeckungsfunktion) und andere nur unter sehr voraussetzungsvollen Bedingungen (Entmachtungsfunktion) erfüllt werden.[2904] Es handelt sich um ein „neues korporatistisches Beziehungsgeflecht"[2905], eine Art „halbierten Korporatismus". Im Weiteren wird in diesem Sinne vom „qualitätsorientierten Erbringungskontext" gesprochen.

Grohs arbeitet in seiner empirischen Studie heraus, dass es von den Gegebenheiten vor Ort abhängig ist, inwieweit es mit den neuen Instrumenten und gesetzlichen Regelungen überhaupt gelingt, das korporatistische Arrangement vor Ort zu verändern. Die Schlüsselvariablen sind erstens Druck zentraler Steuerungspolitiker, zweitens eine effektive Durchsetzung dieser Steuerungsambitionen durch die Verwaltung und drittens das Vorhandensein fachpolitischer Modernisierungskoalitionen in Verwaltung und freien/privaten Trägern. Nur wenn alle drei Faktoren zutreffen ist das Ziel eines fachlich regulierten Qualitätswettbewerbs erreichbar.[2906]

Zusammenfassung und Diskussion

Die Einführung der §§ 78a-g SGB VIII hat zweifelsohne das subsidiär korporatistische System verändert und durch die Einführung von Wettbewerbselementen den Erbringungskontext umgestaltet.[2907] Mit dem Wechsel des Finanzierungsmodells vom Selbstkostendeckungsprinzip hin zu Leistungsentgelten und dem Auftreten privat-gewerblicher Anbieter ist die ehemalige korporatistische Steuerung durch die Stärkung des Wunsch- und Wahlrechts und die Anforderung an Pluralität aufgebrochen worden. Die heftig kritisierte „Vermarktlichung" und „Privatisierung" muss jedoch differenziert betrachtet werden.

2904 Auch *Merchel* kritisiert den Wettbewerbsbegriff, allerdings ausschließlich im Hinblick auf die Effizienzfunktion des Wettbewerbs und die Untauglichkeit des Wettbewerbs als Strategie zur Verbesserung für die Dimension der sozialpädagogischen Ergebnisqualität, während er auf der Ebene der Strukturqualität durchaus nutzbar sei, vgl. *Merchel* 2003a: 58f, *Merchel* 2003b: 332.

2905 Vgl. *Boeßenecker* 2006: 45.

2906 Vgl. *Grohs* 2010: 425ff.

2907 Vgl. *Wiesner* 1999a: 11.

1. Zuerst sei vorweggenommen, dass der Gesetzgeber mit der Einführung des § 79 a SGB VIII nach über zehn Jahren Diskussion zur Neuen Steuerung und der Neuregelung der §§ 78a-g SGB VIII

> „die Qualitätsentwicklung als einen elementaren fachlichen Steuerungsmodus der Kinder- und Jugendhilfe nunmehr für alle Aufgabenbereiche ausdrücklich festgeschrieben [und] (....) einseitigen ökonomischen Steuerungsanforderungen eine Absage erteilt [hat], bei denen fachliche Anforderungen den Sparanforderungen untergeordnet werden."[2908]

Die Einführung der QEV kann demnach auch als ein „Modernisierungs- und Professionalisierungsschub"[2909] gesehen werden.

2. Es ist (noch) kein Bestreben erkennbar, sich dem Referenzmodell der polypolen Marktform bei vollkommenem Wettbewerb annähern zu wollen.[2910] Hierzu wären andere Maßnahmen wesentlich zielführender gewesen, z B. wie von der Monopolkommission vorgeschlagen die Abschaffung der Zweigliedrigkeit des Jugendamtes[2911], Abschaffung aller Privilegien gemeinnütziger Träger, Ausweitung des Rechtsanspruchs etc.[2912] Ergänzend könnte noch die Ausstattung der Familien mit zweckgebundener Kaufkraft für die Hilfe zur Erziehung, bei gleichzeitiger Kontrolle durch das Jugendamt, ob ein Anbieter „eingekauft" wurde und die Hilfe geleistet wird, genannt werden (Kaufkraftmodell). Solche Entwicklungen wären tatsächlich eine Vermarktlichung, die aus fachlicher und ökonomischer Sicht zu Ineffizienzen und Qualitätserosionen führen könnten. Demnach kann *Banafsche* nicht zugestimmt werden, die konstatiert:

> „Die freien Träger sind daher künftig dem Spiel der freien Kräfte am Markt ausgesetzt."[2913]

Dagegen spricht, dass die Familien nicht an den Entgeltverhandlungen teilnehmen, die Leistungsangebote weiterhin intransparent sind, die Souveränität der Konsument_innen eingeschränkt bleibt und weiterhin kartell-

---

2908 *Tammen* in: *Münder/Meysen/Trenczek* 2013, § 79a Rn. 13, vgl. *DV* 2012: 8. A. A. vgl. *Beckmann/u. a.* 2003b: 9, die im Jahr 2003 ausschließlich Kostenersparnis als Motiv der Neuregelungen als unstrittig konstatierten.

2909 *Hansbauer* 2000: 50.

2910 Vgl. *Jordan/Reismann* 1998: 93.

2911 Trotz der Möglichkeiten der Länder seit der Föderalismusreform ist kein flächendeckender Eingriff in die bisherigen Strukturen erfolgt, s. o.

2912 Vgl. Kap. 2.5.1.

2913 *Banafsche* 2010: 161.

artige Strukturen zwischen Jugendämtern und Anbietern existieren[2914], die auch aus einer funktionalen Angewiesenheit des Staates auf die Sozialen Dienste resultiert.[2915] *Brumlik* betont, dass vor allem die subsidiäre Leistungserbringung dem Sozialmarktmodell entgegensteht.[2916] Ein ruinöser Verdrängungswettbewerb der gemeinnützigen freien/privaten Träger kann nicht als kausale Folge der Neuregelung abgeleitet werden[2917] und ist aufgrund der vorgeschriebenen Pluralität und Jugendhilfeplanung ebenfalls nicht zu erwarten. Außerdem können die neuen Strukturen auch einen Druck auslösen, der mit Stärkung korporatistischer Orientierung beantwortet wird.[2918] Dem Verdrängungswettbewerb wird mit einer kooperativen Angebotsplanung entgegen gewirkt.[2919] Um nicht die Planung, welches Angebot für welchen Bedarf geschaffen wird, ausschließlich in die Verhandlungen der Einzelvereinbarungen zu legen[2920], ist der Einbezug in den JHA zwingend erforderlich. Daher können neu hinzukommende privat-gewerbliche Träger nicht mit den gleichen Chancen auf Inanspruchnahme rechnen.[2921] Letztlich stellt die Hilfeplanung im Einzelfall das zentrale Instrument der Angebotssteuerung dar.[2922]

Von einer vollkommen wettbewerblichen Konkurrenz der Leistungsanbieter untereinander kann ebenso keine Rede sein, ihr stehen die institutionalisierten Formen der partnerschaftlichen Zusammenarbeit mit dem Ju-

---

2914 Vgl. *Schipmann* 2006: 96,.

2915 Am Beispiel der Spitzenverbände, vgl. *Olk* 1995: 113.

2916 Vgl. *Dithmar/Riemer* 1999: 24. Auch wenn er dieses nur auf das Verhältnis der Wohlfahrtsverbände untereinander bezieht, ändert das nichts daran, dass auch die privat-gewerblichen Träger in subsidiärem Sinne die Leistungen erbringen. Denn den Anspruch der Familien auf Hilfe zur Erziehung könnte der Staat theoretisch alleine mit eigenen Angeboten erbringen. Dass dies aufgrund der historisch gewachsenen dualen Struktur und den unmöglich zu tätigenden Investitionen höchst unwahrscheinlich ist, ist unstrittig.

2917 Diese Einschätzung wird in einer empirischen Studie auch nur von weniger als einem Drittel der befragten Jugendhilfeausschussvorsitzenden vorgetragen, während zwei Drittel mit höherer Wirtschaftlichkeit und ca. 46 % mit höherer Qualität rechnen, vgl. *Bußmann/Esch/Stöbe-Blossey* 2003: 89.

2918 Vgl. *Wohlfahrt* 2000: 288, auch *Manderscheid* 1995: 244f, der davon ausgeht, dass öffentliche und freie/private Träger (er meint wohl die gemeinnützigen) enger zusammenarbeiten, um unter den schwierigeren Bedingungen wenigstens eine Bestandssicherung der Leistungen zu erreichen.

2919 Vgl. *Stähr/Hilke* 1999: 170.

2920 Vgl. *Gadow/u. a.* 2013: 65.

2921 Vgl. *Struzyna* 2003: 73, *Manderscheid* 1995: 237.

2922 Vgl. *Gottlieb/Kaufhold/Thomsen* 2003: 142, *Wabnitz* 1999: 124.

gendamt, vor allem im JHA und die jahrelange Koexistenz eingesessener Träger entgegen. Der Gesetzgeber wollte keinen freien, vollständigen Wettbewerb, der ausschließlich über Angebot und Nachfrage die Angebotssteuerung vornimmt, sondern hat über die Vereinbarungsstruktur einen garantierten Zugang aller Leistungsanbieter gewährleistet, um einen kontrollierten Wettbewerb zu erreichen.[2923] *Struck* kann hier gefolgt werden, der vorgeschlagen hat, sich auf den austarierten Rahmen des SGB VIII zu beziehen und diesen zu gestalten, ohne auf Wettbewerb zu verweisen.[2924] Die Ausgestaltung der Vereinbarungen nach §§ 78a-g SGB VIII zeigt, dass es darum geht, Leistungen und Qualitäten zu profilieren, um anschließend die entsprechenden Entgelte zu ermitteln.[2925] Die Beteiligung über den JHA schützt vor ruinösem Wettbewerb, da dieser zuständig für die Vereinbarungen nach §§ 78a-g SGB VIII ist. Aufgrund des empirisch festgestellten Bedeutungsgewinns des JHA[2926] kann von einer durchgängigen Tendenz zu stärkerer hierarchischer bzw. marktlicher Steuerung nicht ausgegangen werden. In einem strengen marktlichen System wäre weder Platz für eine partnerschaftliche Zusammenarbeit noch für Jugendhilfeplanung.[2927] Aus empirischer Sicht sind die lokalen Akteurslandschaften trotz einiger Veränderungen erstaunlich stabil und in ihren unterschiedlichen regionalen Traditionen verhaftet.[2928]

Eine formale Wettbewerbssituation wäre nur gegeben, wenn das Wahlrecht der Familien greift, hiervon kann keine Rede sein. Auch das Jugendamt kann kein Interesse an einem umfänglichen Konkurrenzverhalten der Anbieter haben, weil faktisch freie/private und öffentliche Träger aufein-

---

2923 Vgl. *Stähr/Hilke* 1999: 163, *Boeßenecker* 2006: 49. Ein weiteres Indiz der zurückhaltenden Intention des Gesetzgebers ist, dass die Forderungen der Monopolkommission nicht weiter umgesetzt wurden.

2924 Vgl. *Struck* 2002: 45.

2925 Eine kleine, nicht-repräsentative empirische Untersuchung bei Fachkräften aus allen Bereichen der Kinder- und Jugendhilfe legt den Schluss nahe, dass häufig ein Wettbewerb über Kosten besteht und die Auftragsvergabe anhand von Kosten, politischen Beziehungen oder Monopolstellung geschieht. Andererseits zeigt sich, dass eine Auftragsvergabe anhand von Qualität und Erfolg der Leistung (bei ca. 30 %) stark mit steigender Vergütung der Fachkräfte korreliert, vgl. *Wagner* 2010: 299ff.

2926 Vgl. *Gadow/u. a.* 2013: 32ff.

2927 Vgl. *Stähr/Hilke* 1999: 158.

2928 vgl. *Bußmann/Esch/Stöbe-Blossey* 2003: 99. Analysiert im Hinblick auf den Wandel der Trägerstrukturen als Indikator für einen Wandel des korporatistischen Systems, vgl. *Grohs* 2010: 421.

ander angewiesen sind[2929], was auch als Kehrseite der partnerschaftlichen Zusammenarbeit begriffen werden kann.[2930] Vor allem in den Bereichen, die nicht durch Rechtsansprüche gesichert sind, entstehen aus der gegenseitigen Angewiesenheit, die sog. „korporatistischen Verhandlungskartelle“, die zu Lasten der Pluralität von Angeboten und der Ausrichtung an den Wünschen der Adressat_innen gehen, da alle auf alle[2931] Rücksicht nehmen. Damit wird der kleinste gemeinsame Nenner in Sachfragen zur durchsetzungswahrscheinlichsten Variante. Von einer freien Aushandlung kann nicht gesprochen werden. Abhilfe könnte eine Streitkultur schaffen, die jedoch eine unabhängigere Finanzierung der Träger bei allen Leistungen voraussetzen würde.[2932] Für die Vereinbarungen nach § 78b SGB VIII ist die Verhandlungskultur zwischen Jugendamt und freiem/privaten Träger weitgehend unbekannt, es liegen keine empirischen Studien dazu vor. Es kann jedoch davon ausgegangen werden, dass sich hier ähnliche Verhandlungsmodi ausbilden, da es auch die gleichen Träger sein könnten die Leistungen mit und ohne Rechtsanspruch anbieten.

Langer stößt in seiner Studie in vier Jugendamtsbezirken im Bereich Hilfe zur Erziehung auf den Widerspruch, dass Pluralität und Privatisierung der Anbieterstrukturen bei gleichzeitiger Konzentration auf wenige Träger und Marktschließung trifft. Es entsteht kein Wettbewerb, da über Netzwerkstrukturen gesteuert wird.[2933] Die Einführung wettbewerbsorientierter Instrumente hat zwar zu Beginn der Neuregelung (1998-2002) zu einem Anstieg privat-gewerblicher Anbieter geführt, der jedoch seit 2002 nicht weiter zu verzeichnen ist.[2934] Damit zeigen sich die Auswirkungen weniger in der Zusammensetzung der Trägerlandschaft, als vielmehr in der Binnenmodernisierung der Träger selbst.[2935]

Ob die Leistungsberechtigten tatsächlich von der Neuregelung profitieren werden, hängt davon ab, ob die neuen (Wettbewerbs-)Regeln eingehalten werden.[2936] Dass es Tendenzen innerhalb der Kinder- und Jugendhilfe

---

2929 Vgl. *Boeßenecker* 2006: 45. Im Hinblick auf partnerschaftliche Zusammenarbeit vgl. *Wiesner* in: *Wiesner* 2011a, § 4 Rn. 8, *Wabnitz* 2006: 326.

2930 Vgl. *Wabnitz* 1998: 7.

2931 Die gemeinnützigen freien Träger untereinander und gegenüber dem Jugendamt.

2932 Vgl. *Thiersch* 1992a, S 190ff.

2933 Vgl. *Langer* 2007: 234ff.

2934 Vgl. *Gadow/u. a.* 2013: 104ff.

2935 Vgl. *Grohs* 2010: 428, *Gadow/u. a.* 2013: 108.

2936 Vgl. *Wiesner* 1999a: 11, *Wiesner* 2003b: 13. *Wiesner* hatte noch Bedenken aufgrund der Rollenkollision der Jugendämter als Anbieter. Diese Problematik gibt, einen offensiven Kostenwettbewerb zu Lasten fachlicher Qualität zu betreiben, sei damit nicht geleugnet.[2937]

3. Die aktive Unterstützung von mehr Pluralität in der Kinder- und Kinder- und Jugendhilfe hat ein erhebliches, fachliches Innovationspotential. Vor allem die formal relativ einfache Formierung kleiner Träger kann neue fachliche Impulse im Sinne von „notwendigen Herausforderungen, Unruhen und Fantasien“[2938] setzen. Hierzu leisten auch gewerbliche Träger ihren Beitrag.[2939] Zudem ist deren Zulassung in der Kinder- und Jugendhilfe die Umsetzung der grundgesetzlich geschützten Freiheit der Berufsausübung. Eine Abschottung des Arbeitsfeldes vor gewerblichen Anbietern wäre weiterhin weder inhaltlich begründbar noch rechtlich durchhaltbar gewesen.[2940]

4. Die Verhandlungen von Leistungen und von prospektiven Entgelten sind kein marktliches, sondern eindeutig ein Instrument der Zentralsteuerung. So ist die Entwicklung neuer Leistungsangebote nach wie vor (jugendhilfe-)planerisch gesteuert, der gemeinnützige Teil der Anbieter genießt weiterhin Privilegien, die Entgelte werden unabhängig von den Leistungsberechtigten verhandelt und der Zugang zur Leistung ist über Rechtsansprüche unabhängig von finanzieller Leistungsfähigkeit gesichert. Dass die Anbieter vorher sagen sollen, welche Leistungen zu welcher Qualität und zu welchem Preis sie anbieten wollen, anstatt im Nachgang alle angefallenen Kosten erstattet zu bekommen, hat mit Vermarktlichung nichts zu tun, sondern mit Planung. Der Preismechanismus des Marktes regelt sich über Angebot und Nachfrage im „freien Spiel der Kräfte“. Jeder einzelne Anbieter und Nachfrager nimmt den Preis als gegeben, weil er die eigene Kaufentscheidung als zu gering ansieht, als dass sie preisändernde Auswirkungen haben könnte. Die Entgeltverhandlung hat damit nichts gemein. Aus ökonomischer Sicht kann man sagen, dass die Preise administriert sind, was auch nötig ist,

---

dürfte sich durch den Rückzug der Jugendämter aus der Leistungserbringung entschärft haben.

2937 Zu den Risiken preisgesteuerter Kostenwettbewerbe vgl. *BMFSFJ* 2002a: 257, *Böllert* 2004: 125ff.

2938 *Thiersch* 2000: 540.

2939 Zur Sicherung von Pluralität kann ein regulierter Wettbewerb dienen, vgl. *Struck* 2000a: 59.

2940 Ähnlich vgl. *Münder* 2008: 12f.

> „da funktionsfähige Märkte Konsumenten voraussetzen, die kompetente Entscheider sind. (…) Außerdem handelt es sich hier um Vertrauensgüter, zu deren Erzielung sich der Klient in einem besonderen Maße offenbaren muss, wodurch er leicht ausbeutbar wird. Den Missbrauchsmöglichkeiten müssen Marktregulierungen durch Preisvorgaben, strafrechtlich sanktionierte berufsspezifische und berufsethische Normen entgegenwirken.“[2941]

Die Entgelte sind demnach keine Marktpreise[2942], da sie die üblichen marktlichen Preisfunktionen nicht erfüllen, weshalb auch nicht von einem Sozialmarkt gesprochen werden kann. *Zacher* leitet die Forderung ab, sich entweder für ein reines marktliches Steuerungssystem oder für eine zentrale Steuerung zu entscheiden.[2943] Auch wenn man dieser Analyse folgt, liegt die Lösung nicht unbedingt in einer Reduzierung des Mix´, da vor allem die Reinformen der Koordinierungsmechanismen extreme Ineffizienzen verursachen, was im Kontext von Staatsversagen und Marktversagen diskutiert wird.

Außerdem wird durch die externe Vergleichsmöglichkeit im Hinblick auf Sparsamkeit, Leistungsfähigkeit und Wirtschaftlichkeit auch bei Entgelten oder Gebühren ein marktähnlicher Mechanismus zur Preisanpassung im Rahmen der Zentralsteuerung wirksam.[2944]

5. Es konnte eine formale Aufwertung des Wunsch- und Wahlrechts der Adressat_innen erreicht werden. Durch den kontrollierten Wettbewerb folgt, dass formal die Leistungserbringer untereinander in einem Wettbewerb um die Aufträge der leistungsberechtigten Eltern stehen. Das Wunsch- und Wahlrecht wird daher als wesentlicher „Knotenpunkt wettbewerblicher Steuerung sozialer Dienste und Einrichtungen“[2945] verstanden. Legt man jedoch die faktischen Beauftragungsverhältnisse zu Grunde, kann davon ausgegangen werden, dass die Leistungsanbieter gegenüber dem Jugendamt im Wettbewerb stehen und daher ihre Leistungen und Qualitätsversprechen an dessen Wünschen und Interessen ausrichten. In der Praxis wird den Familien häufig nur ein Leistungsanbieter vom Ju-

2941 *Gabriel* 2007: 122.

2942 Vgl. *Witt* 1995: 157, *Haferkamp* 1995: 177.

2943 Vgl. *Zacher* 2005: 1ff nach *Griep/Renn* 2011: 34ff.

2944 Vgl. ähnlich *Witt* 1995: 157.

2945 *Luthe* 2003: 171. *Luthe* schreibt, das Wunsch- und Wahlrecht wird dazu aufgewertet, vgl. ebd. Da stellt sich die Frage, zu was es vorher abgewertet war.

gendamt vorgestellt.[2946] Im Sinne der „halbierten Modernisierung“[2947] müsste gerade die Stärkung der Position der Familien ein zentrales Anliegen der Profession Sozialer Arbeit sein. Jedoch wäre auch im formalen Beauftragungsverhältnis die Ausübung des Wahlrechts selbst in einem weitgehend von Angebot und Nachfrage gesteuerten Markt nicht ausreichend, die Qualität der Hilfe zur Erziehung sicher zu stellen.[2948] Dies liegt vor allem an den ausgeprägten Informationsasymmetrien hinsichtlich fachlicher Bewertungskriterien der Qualität und den divergierenden Interessen zwischen Familien und Jugendamt.

6. Die Position der gemeinnützigen Träger ist keineswegs gefährdet. In empirischen Untersuchungen wurde gezeigt, dass sich die freien/privaten Träger tendenziell an die Erfordernisse von Wettbewerb und prospektiver Refinanzierung vor allem durch interne betriebswirtschaftliche Rationalisierung anpassen, es aber auch Werbeaktivitäten gibt. Gleichzeitig wird versucht, subsidiär, korporatistische Elemente unter neuen Bedingungen aufrecht zu erhalten, wie z. B. die Bildung regionaler Verhandlungskartelle[2949], die Nutzung der langjährigen Beziehungen zum Kostenträger bei der Verhandlung und Rejustierung eines neuen Angebots- und Finanzierungsmix. Ziel dieser Strategien ist, das eigene Subsidiaritätsprofil zu erhalten und gleichzeitig eine neue Serviceorientierung zum Kostenträger und den Adressat_innen zu bieten.[2950] Die Träger stellen sich im Bereich ihrer Dienstleistungen auf die neuen Bedingungen ein[2951] und suchen eine Balance mit ihren verbandlichen Interessen[2952] und ihren Aufgaben als Anwalt für die Betroffenen. Für die Hilfen zur Erziehung scheint diese Strategie sogar institutionell gesichert, da durch die Konstruktion des JHA

2946 Vgl. *Münder* 2005: 94f.

2947 *Otto/Schnurr* 2000b: 18, die eine Modernisierung auf der Ebene von Struktur und Steuerung erkennen, aber die fachliche Modernisierung vermissen. Dies zeigt sich auch im Verständnis von LV und EV als eher betriebswirtschaftliche Modernisierung, die stark verfolgt wird, und der QEV als eher fachliche Modernisierung, die eher vernachlässigt wird, vgl. *Merchel* 2000f: 164.

2948 Vgl. *Späth* 1994: 54.

2949 Der Vorwurf, es könnten sich überregionale Kartelle bilden, überschätze jedoch die Macht der Verbände gegenüber ihren selbstständigen Mitgliedern, vgl. *Cremer* 2013: 66.

2950 Vgl. *Bode* 2002: 591ff, am Beispiel der Caritas, ähnlich vgl. *Gadow/u. a.* 2013: 109.

2951 Vgl. *Wohlfahrt* 1997: 12, *Dahme/Kühnlein/Wohlfahrt* 2005: 248ff, ähnlich in ihrer empirischen Studie *Bußmann/Esch/Stöbe-Blossey* 2003: 92.

2952 Vgl. *Gadow/u. a.* 2013: 109.

für die anerkannten, also zwingend gemeinnützigen freien/privaten Träger die Bildung von Verhandlungs-, Beziehungs- und Vertrauenskapital zum Kostenträger weiterhin gegeben ist und die privat-gewerblichen hiervon ausgeschlossen sind. Eine Konsequenz aus den Forderungen der Monopolkommission wäre ja gerade die Abschaffung des JHA und der Arbeitsgemeinschaften nach § 78 SGB VIII gewesen.

In dieser Lesart sind die Änderung des einseitigen Verwaltungsaktes hin zum gegenseitigen Vertrag mitnichten eine Auflösung des Subsidiaritätsprinzips[2953], sondern eine Stärkung der Position freier/privater Träger[2954] gegenüber dem Jugendamt innerhalb des Subsidiaritätsprinzips.

Auch haben frei-gemeinnützige Träger der Hilfe zur Erziehung bestimmte komparative Vorteile gegenüber Staat und Markt, die vor allem in der Rekrutierung ehrenamtlicher Potentiale (kann als Alleinstellungsmerkmal und Qualitätsaspekt positioniert werden) und dem Zugang zu privaten Mitteln (Spenden, Lotterieeinahmen, Fundraising, Mitgliedsbeiträge usw.) gesehen werden, die sich durch Steuervergünstigungen im Gemeinnützigkeitsrecht noch verstärken.[2955] Auch haben sie einen komparativen Vorteil durch ihre Nähe zu den Adressat_innen, den Kooperationspartnern vor Ort, ehrenamtlichen Helfer_innen und nicht zuletzt zum Jugendamt.[2956] Vor allem die großen Wohlfahrtsverbände haben als weiterhin korporatistisch verflechtete und ressourcenstarke Akteure eine überlegene Ausgangsposition, innerhalb des staatlich regulierten Wettbewerbs ihre Position zu behaupten.[2957] Die Wertegebundenheit von gemeinnützigen freien/privaten Trägern, ausgedrückt in „wertegebundener Dienstleistung“[2958], kann ein entscheidender Vorteil im Wettbewerb um Aufträge gegenüber privat-gewerblichen Anbietern sein.[2959] Neben der Wertegebundenheit

---

2953 Vgl. *Flösser* 1999b: 27.

2954 In empirischen Studien artikulieren freie/private Träger diese Sichtweise auch, vgl. z. B. *Bußmann/Esch/Stöbe-Blossey* 2003: 91.

2955 Vgl. *Strecker/Nährlich* 2005: 177 und 186f, *Cremer* 2013: 71, *Ottnad* 2000: 270.

2956 Vgl. *Göler von Ravensburg* 2002: 34.

2957 Vgl. *Backhaus-Maul* 2000: 30.

2958 Vgl. *Olk/Rauschenbach/Sachße* 1995: 32.

2959 Vgl. *Finis Siegler* 2009: 168. Mit der Nachfrageentscheidung hat man gleichzeitig noch etwas Gutes getan. Hierfür muss die nachgefragte Leistung selbstverständlich qualitativ in Ordnung sein, vgl. *Klug* 2001: 46. Die Wertegebundenheit alleine recht als Qualitätsmerkmal nicht mehr aus, vgl. *Manderscheid* 1995: 249.

können auch eine „Gemeinschaftsphilosophie“[2960] und die Multifunktionalität[2961] als Alleinstellungsmerkmal dienen. Ebenso kann die Strategie einer verstärkten Interessenvertretung bestimmter Adressat_innengruppen durch Skandalisierung sozialer Probleme das Profil der großen Wohlfahrtsverbände weiter glaubhaft stärken.[2962] Damit verfügen sie über ein spezielles Bündel an Organisationszielen, das als Alleinstellungsmerkmal gelten kann, da dies weder staatliche Organisationen (außer die allgemeine Verfassungstreue) noch Dienstleistungs- oder Produktionsbetriebe glaubhaft anbieten können. Dies gilt auch noch, nachdem die Basis der wertbasierten Gemeinschaften in Erosion begriffen ist. Das führt im Wesentlichen dazu, dass sich der Werte- und Normenkanon erweitert und differenziert, jedoch weiterhin den sozialen Diensten vorbehalten bleibt.

Auch wenn es immer um eine professionelle und fachlich an Qualitätsstandards orientierte Hilfe zur Erziehung geht, führt die Werteorientierung eines gemeinnützigen Sozialen Dienstes zu einem speziellen Profil, das sowohl nach innen (*corporate identity*) als auch nach außen (Wahlentscheidung der Adressat_innen) positive Wirkungen hat.[2963]

7. Das vertrauensvolle partnerschaftliche Verhältnis zwischen Jugendamt und freien/privaten Trägern als Korporatismus wurde durch die Vereinbarungen nach §§ 78a-g SGB VIII verändert, aber nicht abgeschafft. Es ist nach wie vor sozialpolitisch gewollt, was an den sozialrechtlichen Regelungen im SGB VIII erkennbar ist. Das Festhalten am Subsidiaritätsprinzip[2964] und der Zweigliedrigkeit des Jugendamtes, trotz anderweitiger Vorstöße einiger Bundesländer[2965], sind Belege für die breite sozialpolitische Akzeptanz des korporatistischen Systems. Selbst die Einführung der Vereinbarungen nach §§ 78a-g SGB VIII stärkt über die abzuschließenden Rahmenverträge auf Spitzenverbandsebene erneut korporatistische Elemente.[2966] Kritisch betrachtet wird der Korporatismus zu einem Instrument der Kostenbegrenzung, anstatt zu einer Weiterentwicklung der Angebote.[2967] Die freien/privaten Träger werden zu einer Art Subunternehmer,

2960 Vgl. *Nullmeier* 2011: 295.
2961 Vgl. *Backhaus-Maul* 2009: 79.
2962 Vgl. *Olk* 1995: 115f.
2963 Vgl. *Klug* 2001: 46.
2964 Vgl. *Buestrich/u. a.* 2010: 19f.
2965 Vgl. *Struck* 2000a: 57, *Kunkel* 2002: 18.
2966 Vgl. *Buestrich/u. a.* 2010: 23.
2967 Vgl. *Buestrich/u. a.* 2010: 23.

dadurch verliert das traditionelle Subsidiaritätsverständnis an Gültigkeit. Ihnen wird zwar ein Spagat abverlangt zwischen marktorientierter Dienstleister und wertegebundener Verantwortung, der jedoch nicht unlösbar ist.[2968] Es bleibt eine wichtige Frage, wie das konstitutive Gestaltungselement einer partnerschaftlichen Zusammenarbeit in der Kinder- und Jugendhilfe im Kontext der neu geschaffenen Vereinbarungsbeziehungen aufrechterhalten werden kann.[2969] Die partnerschaftliche Zusammenarbeit zwischen öffentlichen und freien/privaten Trägern (sowohl gemeinnützig als auch gewerblichen) werden sich nur dann auf eine reine Marktbeziehung reduzieren, wenn die Zusammenarbeit im JHA, die Vorgaben der Jugendhilfeplanung und die Chancen von Arbeitsgemeinschaften nach § 78 SGB VIII konsequent vernachlässigt, missachtet oder abgebaut werden. Der Umkehrschluss wäre im Übrigen, dass das Selbstkostendeckungsprinzip und der Ausschluss privatgewerblicher Anbieter konstitutives Element von partnerschaftlicher Zusammenarbeit gewesen seien.

Empirische Untersuchungen der Vereinbarungen nach § 78b SGB VIII zeigen, dass der Wechsel zur Vereinbarung von Leistungen und vor allem prospektiven Entgelten zwischen gleichberechtigten Partnern nicht vollzogen wurde und weiterhin von einer korporatistischen Arbeitsteilung ausgegangen werden könne. Die Anbieter „entscheiden“ weitgehend über die Leistung und die Jugendämter über die „Preise“.[2970] Es wird viel davon abhängen, ob die Vereinbarungen vor Ort kooperativ, partnerschaftlich und gleichwertig geführt werden.[2971] Insgesamt sind die Veränderungen eher als Modernisierung des Korporatismus zu begreifen.[2972]

8. Es darf bezweifelt werden, dass sich die politisch-korporatistischen Verflechtungen durch die Neuregelung tatsächlich auflösen. Von einem ehemaligen, kommunalen Spitzenpolitiker wird beispielsweise befürchtet, dass die Ziele der §§ 78a-g SGB VIII nicht erreicht werden, da weiterhin „syndikalistisches Denken“[2973] vorherrscht, die Anbieter versuchen, möglichst hohe Entgelte zu verhandeln, und sich darauf verlassen, bevorzugt

---

2968 Vgl. *Stähr* 2000: 165.
2969 Vgl. *Dedekind* 1999: 95.
2970 Vgl. *Münder/Tammen* 2003: 50ff, für die Rahmenverträge ähnlich vgl. *Gottlieb/Kaufhold/Thomsen* 2003: 125.
2971 Vgl. *Dedekind* 1999: 95f.
2972 Vgl. *Merchel* 2005a: 256f.
2973 Vgl. *Pfreundschuh* 2002: 106.

bedient zu werden.[2974] Inwieweit die Einflussnahme der Wohlfahrtsverbände auf die politisch Verantwortlichen im korporatistischen Sinne noch reicht, wird unterschiedlich bewertet. Während *Fischer* ihnen nach wie vor aufgrund ihrer Privilegien eine dominante Stellung als parastaatliche Organisationen einräumt[2975], sehen *Pluto/u. a.* ihren Einfluss und ihre Reputation bei den politisch Verantwortlichen schwinden.[2976] Auch hier wird auf die faktischen Beauftragungsverhältnisse rekurriert, denn formal ist die Reputation der Wohlfahrtsverbände bei den „wählenden" Familien bedeutsamer. Sicherlich spielt die Reputation bei den politisch Verantwortlichen im Hinblick auf nicht-rechtsanspruchsgesicherte Leistungen weiterhin eine große Rolle. Dies bedeutet einen Spagat für freie/private Träger, die in beiden Segmenten der Kinder- und Jugendhilfe Leistungen anbieten, da ihnen sowohl öffentlicher Träger als auch die Familien als formale Auftraggeber gegenüber stehen. Bisher, so scheint es, wird dieser Spagat einseitig zu Gunsten der öffentlichen Träger aufgelöst.

Aus der Sicht des Sozialstaates kann er aber auf die großen Wohlfahrtsverbände kaum verzichten, da ihm für die gesetzlichen Regelungen des Erbringungskontextes der Hilfen zur Erziehung das nötige Wissen fehlt. Allein das sichert ihre weitere Inkorporierung ab. Aus Sicht der Verbände selbst müssen sie sozialpolitisch aktiv bleiben, um ihre eigenen und anwaltschaftliche Interessen zu vertreten.[2977]

In einer Zusammenschau ist von einer widersprüchlichen Entwicklung auszugehen, die sowohl marktliche Elemente und gleichzeitig korporatistische Elemente stärkt.[2978] Eine Stärkung von Kooperation und Netzwerken ist auch aus fachlicher Sicht nötig, nimmt man die Strukturmaximen der Lebensweltorientierung ernst.[2979] Die Rede vom Ende des Korporatismus ist verfehlt.[2980] Es handelt sich vielmehr um einen Umbau zu einem neuen Steuerungsmix, der das Verhältnis marktlicher und korporatistischer Steuerungselemente und damit auch das Subsidiaritätsprinzip neu justiert

2974 Vgl. *Pfreundschuh* 2002: 106.

2975 Vgl. *Fischer* 2005: 87, von einer nach wie vor sicheren politischen Lobby für die Verbände geht auch *Manderscheid* aus, vgl. *Manderscheid* 1995: 236.

2976 Vgl. *Pluto/u. a.* 2007: 303.

2977 Vgl. *Cremer* 2013: 66f.

2978 Vgl. *Fedke* 2010: 47.

2979 Vgl. *Wohlfahrt* 2000: 285.

2980 Vgl. *Olk* 1995: 120. Grundsätzlich wird dem korporatistischen dualen System ein hohes Maß an Resistenz bescheinigt, vgl. *Manderscheid* 1995: 248f.

hat.[2981] Der pessimistischen Interpretation, dass ein umfänglicher Marktmechanismus angestrebt ist und nur durch die Strukturkonservativität und starke Pfadabhängigkeit des deutschen Systems dieser Mix aus Korporatismus und Markt entsteht[2982], wird hier nicht gefolgt. Vielmehr erscheint es realistisch, davon auszugehen, dass im Sinne evolutorischer Institutionenentwicklung dieser Mix aus korporatistischen und marktlichen Elementen das Ergebnis eines Suchprozesses ist, welches einer stärkeren Fokussierung von Qualität und Effizienz einerseits und subsidiär-korporatistischer Verantwortungsgemeinschaft andererseits gerecht werden kann. Es handelt sich demnach nicht um ein Übergangsstadium[2983], sondern um die derzeit entstandene Lösung dieses Problems.

Für die Änderungen, die im Hinblick auf die Beauftragungsverhältnisse und den Erbringungskontext der Hilfen zur Erziehung relevant sind, kann die Pluralisierung und Säkularisierung der Trägerlandschaft, die Stärkung der Familien gegenüber dem Jugendamt und den Leistungserbringern, die Einführung der prospektiven Entgeltabrechnung auf Basis der Definition von Leistung und Qualität sowie die Notwendigkeit einer Stärkung von Jugendhilfeplanung und JHA zusammengefasst werden. Mit diesen Elementen ist der neue Koordinierungsmix der Hilfe zur Erziehung konstitutiv beschrieben.

Die Hilfe zur Erziehung ist nach ihrer Fokussierung aus vier Perspektiven von mehrseitigen gegenseitig abhängigen strukturellen Dilemmata geprägt:

Aus sozialstaatlicher Sicht werden die Hilfen zur Erziehung zur Herstellung sozialer Gerechtigkeit im Sinne der Erweiterung von Verwirklichungschancen zugesagt, bleiben jedoch für Kinder und Jugendliche jenseits der Kindeswohlgefährdungsgrenze durch das Elternrecht versperrt und gegebenenfalls faktisch uneingelöst. Weiter müssen sie aus strukturell limitierten Steuermitteln finanziert werden, was den Sozialstaat zu einer effizienten Ressourcenallokation aufruft.

Aus sozialrechtlicher Sicht ist der Paradigmenwechsel zur Leistungsverwaltung mit den Leistungsberechtigten als Subjekte zwar formal vollzogen, jedoch in der faktischen Umsetzung unerreicht. Am deutlichsten tritt dies im Hinblick auf die Auftraggeberstruktur in der Hilfe zur Erziehung zu Tage. Dabei handelt es sich um eine außerordentlich komplexe

---

2981 Vgl. *Fedke* 2010: 46.
2982 Vgl. *Fedke* 2010: 47.
2983 Vgl. *Wohlfahrt* 1997: 12f.

Gemengelage. Im Sinne der sozialstaatlichen verbürgten Leistung zur Herstellung sozialer Gerechtigkeit muss die Sozialpolitik als erster Auftraggeber verstanden werden. Da es sich um eine professionell erbrachte lebensweltorientierte Hilfe handelt, entfaltet auch die Profession auftraggebenden Charakter im Hinblick auf unhintergehbare Standards. Letztlich ist durch die Konzeption einer sozialen Dienstleistung die Beauftragung durch die Adressat_innen selbst fokussiert.

Die Beauftragungsverhältnisse könnten in diesem Sinne auch hierarchisiert werden, dass erstens der sozialstaatliche Auftrag, zweitens der professionelle Auftrag und drittens der Adressat_innenauftrag zur Geltung kommt.[2984]

Aus sozialpädagogischer Sicht ist die Eingebundenheit der Hilfe zur Erziehung in sozialstaatliche und sozialrechtliche Kontexte ein struktureller Widerspruch zur pädagogischen Freiheit und Offenheit, die als konstitutiv für eine lebensweltorientierte soziale Dienstleistung gelten muss. Weiter ergibt die Eingebundenheit in organisationale Kontexte, die zunehmend einer betriebswirtschaftlichen Neuordnung unterliegen, ein weiteres zu bewältigendes Spannungsfeld.

Aus ökonomischer Sicht ist die Hilfe zur Erziehung ein meritorisches Gut mit mehreren Besonderheiten, die einen komplizierten Koordinierungsmix erfordern. Die Gestaltung des Erbringungskontextes der Hilfen zur Erziehung muss sich die Anforderungen einer lebensweltorientierten, sozialen Dienstleistung zum Ausgangspunkt nehmen, um nicht bei der Orientierung an einem „normalen Gütermarkt“ einer „Entstandardisierung und Entfachlichung der Sozialen Arbeit“[2985] Vorschub zu leisten. Zusätzliche Marktelemente in der Steuerung führen nicht per se dazu, dass die prinzipiellen Vorteile einer effizienten Ressourcenallokation verwirklicht werden können. Dennoch bleibt zu prüfen, inwieweit Verbesserungen möglich sind. Die Frage, ob der Marktmechanismus tatsächlich effizienter ist als das subsidiär-korporatistische Modell, wird sich auch in der Höhe der Transaktionskosten zeigen müssen. Die Umstellung auf mehr marktliche Instrumente im Koordinierungsmix muss nicht zwangsläufig ausdrücken, dass man unterstellt, die Leistungen an sich wären zu teuer, von schlechter Qualität und wirkten nicht[2986], sondern es könnten auch Effizienzreserven in den Transaktionskosten liegen.

2984 Vgl. *Möhring-Hesse* 2008: 147.
2985 *Thiersch* 2003: 89.
2986 Vgl. so aber z. B. *Buestrich/u. a.* 2010: 49.

3. Die Neue Institutionenökonomik als theoretisches Analysemodell der institutionellen Umgebung der Hilfen zur Erziehung

Die Perspektive der vorgelegten Arbeit wird von der Annahme geleitet, dass die institutionellen und rechtlichen Rahmenbedingungen innerhalb des Systems der Kinder- und Jugendhilfe die gegenseitige Vertragsgestaltung von Familie, Jugendamt und Leistungserbringer bei der Durchführung der Hilfe zur Erziehung als Dienstleistungsbündel – oder sozialpädagogisch gesprochen: deren Kooperation und Ko-Produktion – stark beeinflussen. Die Gestaltung der Auftragnehmer-Auftraggeber-Verhältnisse und die zugrundeliegenden Verträge haben, aufgrund der damit verbundenen Anreize auf die handelnden Akteure, nicht unerheblichen Einfluss auf die Qualität und die Wirtschaftlichkeit der sozialen, personenbezogenen Dienstleistung.[2987] Die Neue Institutionenökonomik (NIÖ) liefert Ansätze, um zu analysieren unter welchen institutionellen Bedingungen die Anreize für alle Beteiligten im Kontext der Hilfen zur Erziehung am größten sind, sowohl effektiv (im Sinne erreichter qualitativer fachlicher Standards und Wirkungen) als auch effizient (im Sinne wirtschaftlichen Mitteleinsatzes) mit zu arbeiten.

Im Hinblick auf die folgenden Ausführungen zum institutionsökonomischen Ansatz und seiner Anwendung in der Analyse ist zu beachten, dass es dabei um die Analyse und Bewertung der jetzigen Regelungen zum Erbringungskontext der Hilfe zur Erziehung geht. Dabei werden die ökonomischen Ansätze in eher traditioneller Weise angewandt, um die Auswirkungen von formalen, faktischen und marktradikalen Ausprägungen des Erbringungskontextes zu analysieren. Damit erhält man Hinweise darauf, welche Wirkungen der durch die Vereinbarungen grundgelegte, eher kompetitive Modus des Erbringungskontextes entfaltet.[2988] Diese Erkenntnisse sind fruchtbar, um Überlegungen zu Reformen und ganz anderen Designs des Erbringungskontextes darzustellen. Bei der Entwicklung von

2987 Vgl. *Bußmann/Esch/Stöbe-Blossey* 2003: 95.

2988 Die Anwendung des an dieser Stelle eher traditionellen ökonomischen Ansatzes auf die Auswirkungen der jetzigen rechtlichen Regelungen zur QEV, leitet sich aus dem Isolationsprinzip ab und wird im Kap. 4 begründet.

Gestaltungsempfehlungen ist die Anwendung des eher traditionellen ökonomischen Analyseansatzes nicht mehr hinreichend und muss durch sozialpsychologische und/oder soziologische Annahmen erweitert werden. Diese Erweiterung wird in Kapitel 4.4 vorgenommen.

Bevor in die konkreten theoretischen Ansätze der Transaktionskostenanalyse und Prinzipal-Agent-Theorie eingeführt wird, ist vorher auf die Frage zu antworten, was an der NIÖ eigentlich neu ist und was unter Institutionen in dieser Arbeit verstanden wird.

3.1 Die Neue Institutionenökonomik (NIÖ) – eine Einführung

Die Neue Institutionenökonomik ist eine Teildisziplin der Wirtschaftswissenschaft (Ökonomik). Einführend werden die Grundannahmen der neoklassischen Ökonomik[2989] kurz dargestellt, um die Entwicklung der NIÖ in Abgrenzung dazu zu rekonstruieren. Die Entwicklung der NIÖ erfolgte als Teilentwicklung der Neuen Mikroökonomik insgesamt. Es lassen sich zwei Hauptentwicklungslinien nachzeichnen: die erste anhand der Diskussion um den *homo oeconomicus*[2990] und die zweite anhand der Entstehung der Informationsökonomik. Zu Beginn des Abschnittes wird der Institutionenbegriff für die weitere Arbeit festgelegt.

3.1.1 Institutionen

Institutionen sind in unterschiedlichen Fachgebieten Gegenstand der wissenschaftlichen Analyse.[2991] *Kubon-Gilke* systematisiert die Definitionsansätze von Institutionen in kulturalisitische, die eher in der Soziologie

---

2989 Für eine ausführliche Übersicht der historischen Entwicklungen in der Ökonomik vgl. z. B. *Ziegler, B.* 2008.

2990 Die Darstellung der Diskussion um das Verhaltensmodell des *homo oeconomicus* verfolgt hier zwei Zecke. Zum einen werden die Entwicklungslinien der NIÖ deutlich und zum anderen wird der *homo oeconomicus* gleichzeitig als heuristisches Analysemodell eingeführt.

2991 Neben den ökonomischen Diskursen über Institutionen haben sich vor allem soziologische und sozialpsychologische entwickelt. Im Rahmen der Sozialarbeitswissenschaften lässt sich eine systematische Beachtung und Analyse von Institutionen noch nicht erkennen. So schreibt z. B. *Nikles*, dass Institution und Organisation oft synonym gebraucht werden und rekurriert ausschließlich auf verbreitet sind, und individualistische, die eher in der Ökonomik verbreitet sind.[2992] In der NIÖ sind demnach die individualistischen Ansätze prägend. Institutionen sind innerhalb der NIÖ zentraler Gegenstand des Interesses, da ihnen die Funktion zugeschrieben wird,

> „die vorhandenen Abstimmungen von Interaktionen – z. B. aufgrund der beschränkten Rationalität und des opportunistischen Verhaltens – zu optimieren, etwa abzusichern oder vorzuschreiben."[2993]

Die institutionelle Steuerung zielt auf die Reduktion von Unsicherheit, die Stärkung langfristiger Entscheidungsgründe und die Erhöhung von Arbeitsteilung.[2994] Es geht darum, das Koordinationsproblem (nicht wissen) und das Motivationsproblem (nicht wollen) zu lösen bzw. zu entschärfen, das in Folge von Arbeitsteilung und Spezialisierung ensteht.[2995] Es haben sich zwei unterschiedliche Definitionsperspektiven von Institutionen in der NIÖ herausgebildet. Im ersten Fall wird eine Institution als Ergebnis eines Spiels definiert, während im zweiten eine Institution die Regeln eines Spiels bezeichnet.[2996] Nach *North* sind Institutionen die

> „Spielregeln einer Gesellschaft oder, förmlicher ausgedrückt, die von Menschen erdachten Beschränkungen menschlicher Interaktion. Dementsprechend

---

einen soziologischen Institutionenbegriff, den er systemtheoretisch unterlegt, vgl. *Nikles* 2008: 10ff.

2992 Für die vorliegende Arbeit wird dem methodologischen Individualismus folgend ein individualistischer Institutionenbegriff zu Grunde gelegt. Der Grund liegt darin, den ökonomischen Ansatz in seiner rudimentärsten und reduktionistischsten Form für die Analyse der Kinder- und Jugendhilfe einzuführen, um der Gefahr zu entgehen, den Gegenstand der Jugendhilfe mit komplexeren Annahmen, die aus der Ökonomik entwickelt wurden, mehr als nötig zu überformen. Die maximale Reduktion der ökonomischen Annahmen wird als Freiraum betrachtet, der mit der Grundlegung der fachlichen Anforderung im Hinblick auf das Kinder- und Jugendhilfesystem gefüllt werden soll, um in nachfolgenden Analysen differenzierte Annahmen zu treffen. Eine Erweiterung des institutionsökonomischen Ansatzes erfolgt in Kap. 4.

2993 *Langer* 2004a: 277.

2994 Vgl. *Voigt* 2002: 25.

2995 Vgl. *Picot/u. a.* 2012: 6ff

2996 Die erste Definition ist fruchtbar, wenn die Analyse die Genese und Evolution von Institutionen in den Blick nimmt. In dieser Arbeit werden jedoch bestehende Institutionen vorausgesetzt, demnach wird der Sicht auf Institutionen als Regeln eines Spiels gefolgt. Das bedeutet, dass die Institutionen im Rahmen der Forschungsfrage als exogen gegeben unterstellt werden, vgl. *Voigt* 2002: 33.

> gestalten sie die Anreize im zwischenmenschlichen Tausch, sei dieser politischer, gesellschaftlicher oder wirtschaftlicher Art.“[2997]

Institutionen können formlos, formgebunden, geschaffen oder selbst entstanden sein. Wenn institutionelle Arrangements Auswahlmöglichkeiten des Einzelnen limitieren sollen, brauchen sie Sanktionsmechanismen, die Regelverstöße ahnden.[2998] Allgemeiner definiert *Richter* Institutionen als

> „ein auf ein bestimmtes Zielbündel abgestelltes System von Normen einschließlich deren Garantieinstrumente, mit dem Zweck, das individuelle Verhalten in eine bestimmte Richtung zu steuern".[2999]

Auch er differenziert in formale (Recht) und informelle Institutionen und unterscheidet die formalen weiter in Institutionen im Sinne von objektivem und subjektivem Recht.[3000] Eine sehr weite Definition liefern *Erlei/Leschke/Sauerland*, indem sie einen Vertrag (bzw. Vertragssystem) oder eine Regel (bzw. Regelsystem) inklusive der Durchsetzungsmechanismen als Institution verstehen. Für sie ist es unerheblich, ob die Regelsysteme formellen (z. B. Gesetze) oder informellen (z. B. Kultur) Charakter haben. In Abgrenzung dazu verstehen sie Organisation als Institution mit der personellen und sachlichen Dimension. Demnach beinhalten Organisationen Regelsysteme, Vertragssysteme, alle betroffenen Akteure, die Mitarbeiterschaft und die Sachanlagen. Die Institutionen bilden einen Rahmen für das individuelle Handeln der Beteiligten. Folgend haben Veränderungen dieser institutionellen Rahmenbedingungen Auswirkungen auf das Verhalten der Beteiligten.[3001] Eine klarere Differenz zwischen Organisation und Institution schafft *North*, indem er zwischen Spielregeln und Spielern trennt. Das bedeutet, dass unterschieden werden muss zwischen Regeln (Institution) einerseits und Strategie sowie Können (Organisation) anderseits.[3002] Dem-

---

2997 *North* 1992: 3.

2998 Vgl. *North* 1992: 4f.

2999 *Richter* 1994: 2. Auch *Voigt* nimmt eine Definition von Institutionen vor, allerdings führt er diese auf „allgemein bekannte Regeln“ zurück, was dazu führt, dass Firmen keine Institutionen darstellen, vgl. *Voigt* 2002: 26f und 79. Diese Definition ist problematisch, da das Kriterium der allgemeinen Bekanntheit nicht operationalisierbar ist. Außerdem bleibt unklar, welchen Analysegewinn es mit sich bringt auf die Anerkennung institutioneller Arrangements, die nur einem Teil der Akteure bekannt ist, zu verzichten.

3000 Vgl. *Richter* 1994: 2.

3001 Vgl. *Erlei/Leschke/Sauerland* 2007: 22f, die damit der Sichtweise von *North* folgen.

3002 Vgl. *North* 1992: 5.

nach könnte je nach Forschungsansatz und Forschungsfrage z. B. das Gebilde Jugendamt theoretisch als Organisation mit seinen Fachkräften und deren Strategien und Können oder als Institution mit seinem Regel- und Vertragsgeflecht rekonstruiert werden.[3003] Für die folgende Analyse gilt, das Jugendamt, die freien/privaten Träger und die Familie als Institution zu betrachten.[3004] Die Vereinbarungen nach §§ 78a-g SGB VIII strukturieren die Kooperationsmöglichkeiten[3005] der freien/privaten Träger und Jugendamt und müssen demnach auch selbst als formal objektive[3006] Institution betrachtet werden. Zu beachten ist, dass die Gestaltungsempfehlungen der angestellten Analyse nicht direkt auf die Organisationsstrukturen zielen, sondern auf die institutionelle Umgebung der Organisationen Jugendamt und freie/private Träger.

Der Betrachtungsgegenstand der Wirtschaftswissenschaften kann als menschliches Handeln unter Knappheitsproblemen[3007] oder als wirtschaftliches Handeln im weitesten Sinne[3008] verstanden werden. Dabei geht es aber nicht um das Handeln an sich, sondern eher um die Rekonstruktion von Wettbewerbsbedingungen, unter denen ein bestimmtes Handeln auftritt. Weiter werden Prognosen aufgestellt, mit welchem Verhalten zu rechnen ist, wenn man bestimmte Rahmenbedingungen setzt. Demnach dient die Anwendung der Ökonomik in den Sozialwissenschaften der Erklärung des Zusammenhangs von *Rahmenbedingungen* und menschlichen Handelns und Verhaltens. Dabei trifft die Ökonomik keine Wertungen, ob es sich um ein *gutes* oder ein *schlechtes* Handeln im ethischen bzw. moralischen Sinne handelt. Ökonomik wird als eine positive Wissenschaft im

---

3003 In der Konsequenz aus dem methodologischen Individualismus bringt diese Unterscheidung keinen Erkenntnisgewinn, da kein von Personen unabhängiges Organisationshandeln und keine eigenen Organisationsziele unterstellt werden.

3004 Die als Aggregate unter der weiter entwickelten *homo oeconomicus* Annahme handeln, vgl. Kap. 3.4.2.

3005 Dies gilt auch für die weiteren das Kinder- und Jugendhilfesystem gestaltenden institutionellen Regelungen, wie das Subsidiaritätsprinzip, das Pluralitätsgebot, die Zweigliedrigkeit des Jugendamtes und das Wunsch- und Wahlrecht, um die wichtigsten zu nennen, vgl. für einen vollständigen Überblick Kap. 2.5.

3006 Im Sinne *Richters*, vgl. *Richter* 1994.

3007 Vgl. *Erlei/Leschke/Sauerland* 2007: 3.

3008 Vgl. *Schrüfer* 2010: 13.

Sinne *Max Webers* gesehen, der von der wertfreien Wissenschaft spricht.[3009] Da es schwierig, ist den Gegenstand der Ökonomik von denen anderer Sozialwissenschaften abzugrenzen, wird im Folgenden stärker der *ökonomische Ansatz* fokussiert, um die Ökonomik als Wissenschaft zu konturieren.[3010] Dem Wirtschaften werden zwei Funktionen zugeschrieben, die Existenzfunktion (nicht verhungern, verdursten, erfrieren) und die Sinnfunktion (Anerkennung, Teilhabe, Kreativität). Grundsätzlich kreisen die Fragen des Wirtschaftens um das Knappheitsproblem, welches zwei Ausprägungen kennt. Zum einen ist die Frage relevant, was und wie viel aus den begrenzt vorhandenen Ressourcen (Boden, Arbeit, Kapital, Wissen) erwirtschaftet wird (Güter) bzw. auf was wegen der Begrenztheit der Ressourcen verzichtet werden soll. Diese Entscheidung begründet das sogenannte Allokationsproblem. Eine weitere Knappheit ergibt sich daraus, dass die Unbegrenztheit der Bedürfnisse auf eine Begrenztheit der Güter stößt. Das heißt, es muss auch eine Entscheidung darüber getroffen werden, wie die vorhandenen Güter verteilt werden. Das mündet im sogenannten Distributionsproblem. Da sowohl Güter als auch Ressourcen der Knappheit unterliegen- leitet sich aus ihrem Verhältnis das „ökonomische Prinzip“[3011] ab. Dieses stellt sich als Minimalprinzip (festgelegte Menge an Gütern mit minimalem Ressourceneinsatz erstellen) und Maximalprinzip (aus festgelegter Menge an Ressourcen die maximale Gütermenge erstellen) dar.[3012]

Zentrale Grundannahmen der Klassischen Mikroökonomik[3013] bestehen darin, dass die privaten Haushalte an ihrer Nutzenmaximierung und die

3009 Mit der Zuordnung der Ökonomik zu den positiven Wissenschaften, zu denen auch die Naturwissenschaften gehören, werden oft auch methodische Ansätze und Grundannahmen der Naturwissenschaften der Ökonomik zugeschrieben. Dies ist jedoch ein Fehlschluss, den *Kirchgässner* ausführlich aufarbeitet, vgl. *Kirchgässner* 2008.

3010 Vgl. *Becker* 1993: 3.

3011 *Ramb* spricht vom ökonomischen Prinzip als Optimierungskalkül, vgl. *Ramb* 1993: 21.

3012 Vgl. *Wildmann* 2010: 2-16.

3013 Die Mikroökonomik ist mit der Makroökonomik Bestandteil der Wirtschaftstheorie, einem Zweig der VWL. Die traditionelle Mikroökonomik analysiert das ökonomische Verhalten einzelner repräsentativer Wirtschaftssubjekte (private Haushalte und Unternehmen) als auch die Verteilung der Güter innerhalb der Gesellschaft. Demnach entwickelten sich drei theoretische Hauptgebiete: die Theorie der Haushalte, die Theorie der Unternehmung und die Gleichgewichtstheorie, vgl. beispielhaft *Voigt* 2002.

Unternehmen an ihrer Gewinnmaximierung[3014] interessiert sind. Diese Maximierungsstrategie verfolgen beide Akteure rational. Daher werden die Entscheidungen, die private Haushalte bzw. Unternehmen zu treffen haben, als gegebene Alternativen betrachtet, die unter Kosten-Nutzen-Abwägung entschieden werden, bei unveränderten Präferenzen.[3015] Weiter wird angenommen, dass in Preisen die Knappheiten von Gütern und Produktionsfaktoren vollständig abgebildet sind und über die Koordination des Marktes demnach immer ein Gleichgewicht über Angebot und Nachfrage angestrebt wird. Man spricht davon, dass wie durch eine „unsichtbare Hand" (*invisible hand*) die einzelnen Faktoren über den Preis (Gleichgewichtspreis[3016]) in eine effiziente Verwendung gelenkt werden. In diesem Gleichgewicht[3017] findet die sog. Markträumung statt. Es wird keine externe oder zentrale Koordinierungsinstanz benötigt[3018], der Marktmechanismus sorgt für ein effizientes Ergebnis. Dieser Fall wird als vollkommener Wettbewerb[3019] bezeichnet, der sich nur in einem vollkommenen Marktsystem einstellen kann. Dieses Modell geht davon aus, dass nur homogene Güter gehandelt werden, also auch keine Qualitätsunterschiede auf einem Markt herrschen. Weiter wird angenommen, dass die Nachfragenden keinerlei zeitliche, räumliche und/oder personelle bzw. persönliche Präferenzen haben, sondern sich nur am Preis orientieren. Und zuletzt wird angenommen, dass völlige Markttransparenz herrsche, also alle Marktteilnehmenden symmetrisch die verfügbaren Informationen besitzen. Ist eine dieser Bedingungen verletzt, spricht man von unvollkomme-

3014 Dabei kann die Gewinnmaximierung des Unternehmens auch als Nutzenmaximierung der Eigentümer/in rekonstruiert werden. Damit wird dem Umstand Rechnung getragen, dass Unternehmensgewinn kein Ziel an sich ist, sondern auch durch die Präferenzen und Restriktionen der handelnden Personen bestimmt ist, vgl. *Kirchgässner* 2008: 15.

3015 Diese Annahmen werden im Modell des *homo oeconomicus* weiter expliziert.

3016 Zu den unterschiedlichen Preisfindungsmodellen des Recontracting oder des Tâtonnement vgl. *Erlei/Leschke/Sauerland* 2007: 45f.

3017 Grundlage ist die Gleichgewichtstheorie von *Arrow/Debreu*.

3018 Die neoklassische Theorie setzt zwei Institutionen voraus: Privateigentum und Markt. Um das Funktionieren des Marktes erklären zu können braucht das Modell aber eine/n Auktionator/in oder Börsenmakler/in und Spielregeln des Marktes, vgl. *Schumann/Meyer/Ströbele* 2011, 485.

3019 Für den vollkommenen Wettbewerb ist eine polypole Marktform notwendig. Die Analyse der vorherrschenden Marktform ist wichtig, um den Preismechanismus zu verstehen. Für die Kinder- und Jugendhilfe vgl. Kap. 2.5.1.

nen Märkten.[3020] Ein wichtiger Fokus der volkswirtschaftlichen Analyse liegt auf den jeweiligen Restriktionen, die durch Knappheit eines Faktors, wie z. B. Wissen, Einkommen oder Zeit verursacht werden. Die forschungsleitende Frage lautet, wie es gelingt, den knappen Faktor so einzusetzen, dass die Bedürfnisbefriedigung ein höchstmögliches Maß erreicht. Für die Bearbeitung dieser Frage wird in der Regel ein Faktor als knapp und damit als Restriktion bezeichnet und alle anderen Faktoren als konstant gesetzt (ceteris-paribus-Annahme[3021]).

Für die klassische Mikroökonomik sind die Modelle des vollkommenen Marktes grundlegend. Entgegen der Modellannahmen der neoklassischen Theorie ist es mittlerweile unbestritten, dass der Markt als Koordinierungsmechanismus nicht immer perfekt funktioniert, also nicht immer ein effizientes[3022] Ergebnis (first *best*) liefert. Die Existenz von nichtmarkträumenden Preisen auch auf Märkten mit freier Preisbildung ist ein Beispiel hierfür.[3023] Ursachen für das Marktversagen sind z. B. ein unvollkommener Wettbewerb (Monopole), die Existenz von externen Effekten[3024], fehlende Eigentumsrechte sowie unvollständige und asymmetrische Information.[3025] Asymmetrische Informationsverteilung geht davon aus, dass die

---

3020 Vgl. z. B. *Schrüfer* 2010: 13ff und 109ff, *Wildmann* 2010: 127ff, *Stiglitz/Walsh* 2010: 29-34, *Erlei/Leschke/Sauerland* 2007: 43-46, *Richter/Furubotn* 2010: 1f, *Schumann* 2011: 215ff. Für eine umfangreiche Einführung in das Grundmodell des vollkommenen Marktes vgl. für alle *Stiglitz/Walsh* 2010: 63-274.

3021 Die ceteris-paribus-annahme wird in der ganzen Volkswirtschaft explizit oder implizit verwendet, vgl. *Schlicht* 1993: 3 (HiO).

3022 Als effizientes Koordinierungsergebnis wird in diesem Zusammenhang das *Pareto*-Optimum gesehen. Dies besagt, dass ein herrschender Zustand dann besser ist als ein anderer, wenn es nicht gelingt, durch eine andere Verteilung der Güter (oder andere Produktionsentscheidungen bei knappen Ressourcen) den Nutzen von Personen zu steigern, ohne gleichzeitig den Nutzen mindestens einer anderen Person zu verringern. Als weiteres Konzept hat sich das *Haldor-Hicks*-Kriterium etabliert, welches eine Re-Allokation zulässt, wenn dadurch mehr Personen in Summe hinzugewinnen, als andere Personen in Summe verlieren. Effizienz ist demnach erreicht, wenn die Summe aller Vorteile das Höchstmaß erreicht hat, vgl. zur ausführlichen Darstellung und Kritik *Erlei/Leschke/Sauerland* 2007: 16-19, *Kubon-Gilke* 2013: 128ff.

3023 Nichtmarkträumende Preise werden von der NIÖ mit unvollständiger Information erklärt, vgl. *Schumann/Meyer/Ströbele* 2011, 460.

3024 Vgl. Kap. 2.4.3.

3025 Vgl. *Stiglitz/Walsh* 2010: 280, *Brunner/Kehrle* 2009: 376-418, *Schumann/Meyer/Ströbele* 2011: 458 und *Schrüfer* 2010: 55. Ein weiterer Grund für Marktversagen ist z. B. der öffentliche Charakter von Gütern. Öffentliche Güter

Anbieterseite die Qualität ihrer Güter kennt und die Nachfrageseite nicht. Die Nachfrageseite kann nur nach persönlichen, räumlichen u. ä., aber nicht sachlichen Präferenzen entscheiden. Sie geht zwar von Qualitätsunterschieden aus, kann diese aber nicht begründen.[3026] Die Beachtung dieser Informationsprobleme als Grund für Marktunvollkommenheiten und deren Einbeziehung in die Analyse ist konstitutiv für die Neue Mikroökonomik.[3027] Aus der Annahme unvollständiger Informationen der Akteure folgt das Problem, dass Entscheider_innen in ökonomischer Perspektive unter Unsicherheit bzw. unter Risiko entscheiden müssen. Für das Verhalten bei Unsicherheit gibt es unterschiedliche Verhaltensregeln, die entwickelt wurden, die sich z. B. darin unterscheiden, inwieweit zumindest Wahrscheinlichkeiten über das Eintreten von Ereignissen bekannt sind.[3028] Ungewissheit hingegen wird als Zustand definiert, in dem Akteure nicht in der Lage sind, ihren Erwartungsnutzen zu kalkulieren. Im Zustand des Risikos bzw. der Unsicherheit können wenigstens einer endlichen Zahl von möglichen Zuständen verschiedene Wahrscheinlichkeiten zugeordnet werden. Regeln können als Möglichkeit für Akteure verstanden werden um rational mit Unsicherheit umzugehen.[3029] Vor allem die Frage des Risikos spielt im Rahmen der Prinzipal-Agent-Theorie eine Rolle.[3030]

Die Auseinandersetzung mit dem Modell des *homo oeconomicus* kann als zentrale Entwicklungslinie zur Neuen Institutionenökonomie gedeutet werden. Im Folgenden wird das klassische Modell skizziert. Anschließend werden anhand der geübten Kritik die zentralen Erweiterungen neoklassischer Theorie aufgezeigt.

---

spielen für die hier aufgeworfene Fragestellung keine Rolle, da die Hilfe zur Erziehung kein öffentliches Gut ist, vgl. Kap. 2.4.

3026 Vgl. *Schumann* 1992: 416. „Unvollständige Information (…) sollten allerdings nicht mit irrationalem oder sprunghaftem Verhalten verwechselt werden." *Becker* 1993: 5.

3027 Vgl. *Kirchgässner* 2008: 67, *Schrüfer* 2010: 13ff und 109ff.

3028 Zu nennen wären vor allem das *Bayes*sche Verhalten (bekannte Wahrscheinlichkeiten) sowie das Prinzip des unzureichenden Grundes, das Maximin Kriterium und das Optimismus-Pessimismus-Kriterium (selbst Wahrscheinlichkeiten sind nicht bekannt), vgl. *Schumann/Meyer/Ströbele* 2011: 427f.

3029 Vgl. *Voigt* 2002: 23.

3030 Vgl. Kap. 3.2.1.

3.1.2 Homo oeconomicus

Das ökonomische Verhaltensmodell des *homo oeconomicus* dient zur Analyse des menschlichen Handelns bei Knappheitsproblemen. Dieses zeichnet sich durch bestimmte Grundannahmen aus, die tautologisch gesetzt werden. Das neoklassische Modell des *homo oeconomicus* steht zu Beginn, um über die aufgenommene Kritik seine moderne Version auszuführen. Sechs Prinzipien fassen den Kern des neoklassischen Modells.[3031] Erstens das Individualprinzip, dem zugolge Individuen ihr Handeln an eigenen Präferenzen also selbstinteressiert oder egoistisch orientieren.[3032] Weiter wird angenommen, dass das Individuum die einzige Quelle von Werten ist, die Bewertungsmaßstäbe für Alternativen, die des Individuums sind. Zweitens gilt das Prinzip der Problemorientierung: Nicht das menschliche Verhalten in all seinen Facetten wird analysiert, sondern ein spezielles Verhalten in der zu analysierenden Knappheitssituation, durch die auch die Präferenzen und Restriktionen bestimmt sind. Das dritte Prinzip beschreibt die Trennung von Präferenzen und Restriktionen. Die ökonomische Analyse fragt nach dem Zusammenhang von Restriktionsänderung auf das Verhalten, daher wird in der Regel davon ausgegangen, dass Präferenzänderungen nicht Auslöser für Verhaltensänderungen sind. Es handelt sich um einen methodischen Trick, um von Restriktionsänderungen auf Verhaltensänderungen zu schließen.[3033] Dies wird damit begründet, dass sich Präferenzen in der Regel wesentlich langsamer ändern als Restriktionen. Folglich werden die Präferenzen für die Analyse als stabil angenommen. Als methodische Vereinfachung ist auch das vierte Prinzip zu verstehen, nach dem alle Individuen rationale Entscheidungen treffen, also nach einer Kosten-Nutzen-Abwägung ihren relativen Vorteil suchen (Prinzip der Nutzenmaximierung). Die Nicht-Einzelfall-Betrachtung ist das fünfte Prinzip, dem zugolge immer das Verhalten einer großen Zahl von Akteuren analysiert wird und nie das Verhalten einzelner Individuen. Der Ökonomik kommt es weder auf eine

> „Erklärung des menschlichen Verhaltens im Einzelfall noch auf eine Erklärung individuellen Handelns im Allgemeinen (…) [an], sondern auf das reprä-

---

3031 Vgl. *Erlei/Leschke/Sauerland* 2007: 2-6, *Voigt* 2002: 26ff.

3032 *Kirchgässner* bezeichnet diesen Aspekt auch als Eigenständigkeit und weist darauf hin, dass die Interessen anderer in den Präferenzen der handelnden Subjekte durchaus enthalten sind, vgl. *Kirchgässner* 2008: 16.

3033 Vgl. *Becker* 1993.

sentative Verhalten der Menschen (bzw. dessen Änderung) abhängig von wesentlichen Knappheitsrestriktionen (bzw. deren Veränderung).“[3034]

Dazu werden in der Analyse mehrere Individuen zu sogenannten Aggregaten (Konsument_innen, Unternehmer_innen, Wähler_innen) zusammengefasst.[3035] Sechstens ist das Prinzip des methodologischen Individualismus zu nennen. In Abgrenzung zu holistischen Konzepten, hier dem methodologischen Kollektivismus[3036], wird angenommen, dass alle Eigenschaften sozialer Systeme auf die Eigenschaften und Anreizsysteme der sie jeweils konstituierenden Individuen zurückgehen. Die theoretischen Annahmen über individuelles Verhalten müssen demnach Ausgangspunkt der Analyse von sozialen Systemen wie Gruppen, Haushalten, Institutionen usw. sein.[3037] Für *Becker* machen im Hinblick auf das Verhaltensmodell die Annahmen des nutzenmaximierenden Verhaltens und die Präferenzstabilität den Kern des ökonomischen Ansatzes aus.[3038]

Die Kritik am *homo oeconomicus* ist sowohl in der wirtschaftswissenschaftlichen Literatur selbst[3039], aber vor allem in der – im engeren Sinne – sozialwissenschaftlichen und geisteswissenschaftlichen Literatur allgegenwärtig. Die Vorwürfe reichen vom Infragestellen der speziellen Annahmen des Modells bis hin zum Angriff auf die ökonomischen Grundannah-

---

3034 *Erlei/Leschke/Sauerland* 2007: 6.

3035 Vgl. *Kirchgässner* 2008: 21.

3036 Diese Annahme liegt den vorherrschenden soziologischen Theorien zu Grunde. Diese gehen davon aus, dass es zur Erklärung gesellschaftlicher Phänomene notwendig ist, die Beziehungen zwischen kollektiven Aggregaten und nicht individualistisches Verhalten zu betrachten. Dieses Paradigma ist im *homo sociologicus* niedergelegt. Jedoch gibt es auch im Kontext der Soziologie Ansätze, die gesellschaftstheoretische Fragestellungen unter der Annahme individualistischen Verhaltens, also mit dem *homo oeconomicus* versuchen zu erklären. Die Begründung liegt in der Notwendigkeit der Mikrofundierung gesellschaftlicher Makrophänomene. Zur kritischen Auseinandersetzung mit dem *homo sociologicus* vgl. z. B. *Opp* 1986: 7ff.

3037 Das bedeutet jedoch nicht zwangsläufig, dass es gleich sei, ob Individuen alleine oder in Kollektiven handeln. Die Gruppensituation wird dann aber als sich auswirkender Faktor auf Restriktionen und Präferenzen der Individuen angenommen und nicht als selbstständig handelndes Aggregat. Deutlich widersprochen werden muss der Kritik, der methodologische Individualismus ginge von vereinzelten, nicht in sozialer Interaktion stehender Individuen aus, vgl. *Kirchgässner* 2008: 23-24.

3038 Vgl. *Becker* 1993: 4. Der für ihn relevante dritte Aspekt des Marktgleichgewichts bezieht sich nicht auf das Verhaltensmodell.

3039 Vgl. z. B. *Kubon-Gilke* 2012b: 199ff.

men insgesamt.[3040] Die Hauptkritik am Modell des *homo oeconomicus* entzündet sich an der Rationalitätsannahme. So kritisiert *Brodbeck*, dass in den Lehrbüchern der Ökonomik das „hohe Lied der menschlichen Rationalität gesungen"[3041] wird. Die vehemente Kritik an diesem Modell wird vor allem dadurch provoziert, dass der *homo oeconomicus* als Individuum verstanden wird, der alle nötigen Informationen besitzt, alle seine Handlungsalternativen und deren Konsequenzen kennt und aus diesen in Sekundenschnelle seine Handlungen auswählt. Dabei schwingt mit, dass die Figur des *homo oeconomicus* konkrete Annahmen enthält, wie sich Menschen im Allgemeinen verhalten.[3042] Dieses „Zerrbild"[3043] hat jedoch nichts mehr mit der modernen Modellierung des Verhaltensmodells[3044] gemein, welches den Tatsachen Rechnung trägt, dass Individuen erstens nie vollständig informiert sind, zweitens selbst bei vollständiger Information nicht alle Alternativen durchdenken können und drittens nicht immer nach dem optimalen Nutzen streben:

> „Im Gegensatz zur traditionellen Lehrbuchversion, ist der moderne homo oeconomicus eben nicht immer und überall ein Optimierer"[3045].

Für *Kirchgässner* ist diese Annahme des optimal handelnden Individuums ein Grund dafür, dass das Konzept des *homo oeconomicus* immer wieder stark kritisiert wurde. Er räumt ein, dass dies daran liegt, dass viele Lehrbücher der Ökonomik diese veraltete Sichtweise des Verhaltensmodells vertreten. Die Rationalitätsannahme drückt nicht aus, dass Individuen immer optimal handeln[3046], sondern dass Individuen nicht zufällig oder will-

---

3040 Vgl. z. B. *Brodbeck* 2009: 5-21, der der Wirtschaftswissenschaft als älteste Sozialwissenschaft vorwirft, ein physikalisches Denkmodell zu Grunde zu legen, und dies vor allem im Hinblick auf die eingesetzten Methoden begründet.

3041 *Brodbeck* 2009: 189.

3042 „Die Figur des homo oeconomicus sollte nicht als Behauptung über die Eigenschaften von Menschen im allgemeinen wahrgenommen werden, sondern als Behauptung über ihre Handlungsweisen in bestimmten Situationen. Die Frage ist nicht, ob der Mensch so ist, sondern vielmehr, in welchen Situationen er sich verhält, als sei er so." *Zintl* 1989: 60f (Hwg).

3043 *Kirchgässner* 2008: 28.

3044 Vor allem ist zu bedenken, dass es nicht um die Grundlegung einer Verhaltenstheorie geht, sondern um eine Heuristik sozialer Phänomene, vgl. *Langer* 2004a: 312.

3045 *Kirchgässner* 2008: 30.

3046 Vgl. *Kirchgässner* 2008: 17. Auch bedeutet Rationalität nicht, dass vollkommene Informiertheit herrscht, sondern optimale, vgl. *Zintl* 1989: 53.

kürlich auf Änderung ihrer Handlungsmöglichkeiten reagieren. Sie tun dies systematisch unter Beachtung ihrer Zielvorstellungen. Die Handlungsmöglichkeiten verändern sich durch Handeln anderer Individuen oder Veränderungen der natürlichen Umwelt. Daraus ergibt sich, dass das Verhalten von Individuen über die Veränderung ihrer Restriktionen beeinflussbar ist.[3047] Restriktionen bezeichnen den Handlungsspielraum des Individuums, welcher zum Beispiel durch Einkommen, Preise und rechtliche Rahmenbedingungen begründet ist. Innerhalb dieses Handlungsspielraumes wählt das Individuum rational seine Entscheidung, ohne jedoch alle Handlungsalternativen zu kennen. Die Präferenzen spiegeln Wertvorstellungen des Individuums wieder und gelten in der Modellannahme als unabhängig von den Restriktionen.[3048] Eine in diesem Sinne bedeutende Kritik[3049] innerhalb der Ökonomik am Modell des *homo oeconomicus* nahm *Simon* durch seine Figur der „begrenzten Rationalität" (*bounded rationality*) vor, indem er davon ausgeht, dass Menschen nicht in der Lage seien,

> „alle denkbaren Alternativen wahrzunehmen, alle Konsequenzen denkbarer Alternativen abzuschätzen und eine vollständige und konsistente Bewertung möglicher Ereignisse wahrzunehmen."[3050]

Nach *Simon* ist der Mensch nicht darauf ausgerichtet das optimale Kosten-Nutzen Verhältnis zu erreichen, sondern er setzt sich subjektiv erfüllbare Anspruchsniveaus und strebt diese an.[3051] Begründet wird dies u. a. mit Unsicherheit unter der Entscheidungen getroffen werden. Aus der begrenzten Rationalität leitet *Simon* ab, dass der Mensch regelgesteuert Entscheidungen trifft. Dieser ökonomische Ansatz macht bei der Analyse menschlichen Verhaltens bei Knappheitsproblemen auf die elementare Rolle von Regeln bzw. Regelsystemen (Institutionen) aufmerksam.[3052] Auch wenn *Simon* selbst sein Modell als Gegenentwurf zum *homo oeconomicus* versteht, kann es als eine konsequente Weiterentwicklung betrachtet werden, da die zentralen Elemente, wie die

---

3047 Vgl. *Kirchgässner* 2008: 18.

3048 Vgl. *Kirchgässner* 2008: 13f.

3049 Vgl. *Voigt* 2002: 29f.

3050 *Erlei/Leschke/Sauerland* 2007: 7.

3051 Das sog. „satisficing". Anstelle von Maximierung tritt „generell eine befriedigende (*satisficing*) Realisierung von Zielgrößen wie Gewinn, Marktanteil oder Umsatz" *Schumann/Meyer/Ströbele* 2011: 483 (Hwg).

3052 Vgl. *Erlei/Leschke/Sauerland* 2007: 7-12.

> „Trennung zwischen Präferenzen und Restriktionen, die Bewertung (eines Teils) der Alternativen, unter den bewerteten Alternativen die Entscheidung gemäß dem relativen Vorteil und damit die Beeinflussbarkeit dieses Verhaltens durch veränderte Umweltbedingungen (Anreize)“[3053],

gelten.[3054]

Neben dem Aspekt der Rationalität wird auch die Annahme, dass Menschen eigennützig, egoistisch oder gar opportunistisch agieren, in Frage gestellt. Die Annahme des Eigeninteresses impliziert, dass der *homo oeconomicus* sich seinen Mitmenschen gegenüber erst einmal neutral verhält. Viele Beispiele von Entscheidungen von Unternehmer_innen und Konsument_innen legen die Annahme eines eigennützigen Verhaltens nahe. Dennoch verhalten sich Individuen auch egoistisch, obwohl sie sich anders, z. B. kooperativ, verhalten könnten.[3055] Dies bezeichnet *Williamson* in seiner Modellierung der handelnden Individuen im Kontext seiner Transaktionskostenanalyse als Opportunismus.[3056] In der ökonomischen Analyse geht es nicht um eine Bewertung des Verhaltens, sondern um die Frage, welche Ergebnisse in Handlungssituationen zu erwarten sind, je nachdem, ob sich die handelnden Individuen eigeninteressiert, opportunistisch oder kooperativ verhalten. Man kann davon ausgehen, dass sich altruistisches Verhalten am ehesten dort zeigt, wo enge persönliche Bindungen zwischen den handelnden Akteuren bestehen. *Kirchgässner* zeigt nachvollziehbar, dass altruistisches Verhalten zwar im tatsächlichen Handeln der Individuen eine große Rolle spielt, dennoch kommt er zu dem

---

3053 *Kirchgässner* 2008: 31. *Kirchgässner* vermutet, dass auf Märkten der Anreiz zu rationalem Verhalten im Sinne des traditionellen Modells größer ist als bei politischen oder bürokratischen Entscheidungen, vgl. *Kirchgässner* 2008: 31. Demnach kann davon ausgegangen werden, dass es unterschiedliche Niveaus der Eingeschränktheit der Rationalität gibt, die sich ebenfalls durch die institutionellen Arrangements beeinflussen lassen.

3054 Weitere Kritikpunkte, die gegen das Modell des *homo oeconomicus* ins Feld geführt werden, sind zum einen, dass er sich entgegen dem *homo sociologicus* nicht an Normen orientiere, und zweitens, dass es sich um ein behavioristisches Modell handele. Der Vorwurf des Behaviorismus lässt sich vor allem dadurch entkräften, dass der *homo oeconomicus* in der Lage ist, strategisch zu handeln, wie im Rahmen der Spieltheorie zu erkennen ist. Im Hinblick auf den *homo sociologicus* ist es für den *homo oeconomicus* gerade rational, sich an Regeln zu orientieren, zumindest in Standardsituationen. Zur ausführlichen Besprechung dieser Kritik vgl. *Kirchgässner* 2008: 27ff.

3055 Vgl. *Kirchgässner* 2008: 45ff.

3056 Vgl. Kap. 3.3.

Schluss, dass im Rahmen ökonomischer Analysen eine Beachtung des Altruismus vernachlässigbar erscheint.[3057]

Letztlich wird auch an der Art der Modellierung von Präferenzen und Restriktionen Kritik geübt. Diese sind nach *Kirchgässner* besonders wichtig, da sie die Entscheidungssituation der einzelnen Individuen bestimmen. Das Entstehen und die Änderung von Präferenzen werden in ökonomischen Modellen häufig völlig ausgeblendet. Bei der Modellierung der Präferenzen entstehen drei wichtige Kritikpunkte. Erstens wird problematisiert, dass die Präferenzen als konstant gesetzt werden und dass bei Unkenntnis der Handlungsalternativen überhaupt keine Präferenzbildung möglich sei. *Kirchgässner* zeigt, dass es vielmehr an einem zu engen Präferenzbegriff liegt, dass auf die Veränderungen der Präferenzen als Erklärung von Verhaltensänderungen zurückgegriffen wird, obwohl dies nicht nötig wäre. In den meisten Fällen kann über die Änderung der Restriktionen und/oder des Informationsstandes der Verhaltenswandel ausreichend erklärt werden. Zweitens wird diskutiert, ob man die faktischen Präferenzen akzeptieren oder deren Veränderung anstreben sollte. Hier scheint die analytische Trennung in eine konstitutionelle und nachkonstitutionelle Ebene sinnvoll. Auf der nachkonstitutionellen Ebene wären die Präferenzen als gegeben anzunehmen. Auf der konstitutionellen Ebene könnte die Frage lauten, welche institutionellen Arrangements einen Wandel der Präferenzen „zum Besseren" fördern könnten. Diese Perspektive ist anschlussfähig an die Debatte um meritorische Güter. Drittens ist der Frage nachzugehen, welche Rolle der Altruismus in diesem Modell spielt.[3058] Weiter ist festzustellen, dass Präferenzen im modernen Modell des *homo*

3057 Gründe sind z. B., dass es häufig für die Analyse nicht primär ist, ob von altruistischem oder egoistischem Verhalten ausgegangen wird, weil die Annahme der Rationalität entscheidender ist. Weiter ist davon auszugehen, dass Altruismus keine typische Verhaltensweise darstellt. Und drittens hängt es wesentlich von den Kosten ab, ob sich Individuen altruistisch oder egoistisch verhalten, vgl. *Kirchgässner* 2008: 59ff. Zusammenfassend hält *Kirchgässner* fest, dass „die Annahme des Eigennutzes der Individuen zunächst eine neutrale Annahme ist, die moralisch besonders positives wie besonders verwerfliches Verhalten ausschließt, dass sie deshalb für das durchschnittliche menschliche Verhalten in vielen Situationen typisch und insofern auch realistisch ist." *Kirchgässner* 2008: 62. Allerdings ist dies stark vom Untersuchungsgegenstand abhängig. Spieltheoretisch lässt sich im Ultimatumspiel zeigen, dass „[i]ndependent of the game form, subjects often rely on what they consider a fair or justified result." *Güth/Schmittberger/Schwarze* 1982: 384.

3058 Vgl. *Kirchgässner* 2008: 27-45.

oeconomicus nicht mehr allein materieller Art sind, sondern vielerlei Güter diese Präferenzen bestimmen können.[3059] Wie gezeigt wurde, ist das klassische Modell des *homo oeconomicus* im Laufe der Zeit vor allem im Hinblick auf die Aspekte der Rationalität, Nutzenmaximierung, Eigennutz, Präferenzen und Restriktionen bedeutend weiterentwickelt worden, um in bestimmten Fragestellungen zu besseren Erklärungsansätzen menschlichen Verhaltens zu gelangen. *Kirchgässner* bescheinigt dem modernen *homo oeconomicus*, dass er entgegen der klassischen Variante „mit beiden Beinen fest auf der Erde steht“[3060].

Die Frage, ob dieses Modell für eine Analyse im Kontext der Hilfen zur Erziehung tauglich ist, ist jedoch noch offen. Zur Beantwortung ist es nötig, der Frage nachzugehen, in welchen Situationen der Einsatz des *homo oeconomicus*-Modells angemessen ist. *Zintl* führt aus, dass die mikrotheoretische Verwendung von Rationalmodellen nur in spezifischen Situationen möglich ist.[3061] Die relevante Unterscheidung aus der Ökonomik liegt darin, ob es sich um Kleinkostensituationen oder um Hochkostensituationen handelt. Situationen, in denen Individuen keine direkten bzw. spürbaren Nutzen oder Kosten von ihren Entscheidungen haben, werden als Kleinkostensituation bezeichnet, in denen vor allem „moralisches Handeln“ eine große Rolle spielt. Die Kosten beziehungsweise Nutzen werden externalisiert. Es lassen sich zwei Arten unterscheiden:

- Die Entscheidung des Einzelnen ist für ihn selbst und alle anderen Individuen nicht relevant, hat jedoch große gesellschaftliche Relevanz (z. B. Wähler_in).
- Die Entscheidung des Einzelnen hat keine Relevanz für die Entscheider, aber Relevanz für andere Individuen (z. B. Richter_in).[3062]

3059 Vgl. *Kirchgässner* 2008: 75. „Diese tieferliegenden Präferenzen beziehen sich auf grundlegende Aspekte des Lebens, wie Gesundheit, Prestige, Sinnfreude, Wohlwollen, oder Neid, die nicht immer in einer festen Relation zu Marktgütern und –leistungen stehen“ *Becker* 1993: 4. Nach dieser Ansicht könnten jedoch beliebige Argumente in die Nutzenfunktion modelliert werden und damit ginge die Aussagekraft der Ergebnisse verloren.

3060 *Kirchgässner* 2008: 78.

3061 Vgl. *Zintl* 1989: 62.

3062 Auch wenn man das Verhalten von Richter_innen mit dem Verhalten von Bürokrat_innen im Sinne fehlender direkter Auswirkungen auf die Entscheider_innen vergleichen kann, sind Bürokrat_innen nicht in gleicher Weise frei von Restriktionen vgl. *Kirchgässner* 2008: 163. Für die Kinder- und Jugendhilfe bleibt festzuhalten, dass zwar Jugendamtsfachkräfte auch nicht mit den direkten Kos-

Im Kontext solcher Situationen sind die Restriktionen, denen die handelnden Individuen in ihrem Verhalten unterliegen, weitaus weniger relevant, als ihre Präferenzen. Dadurch wird Handeln, welches sich an gesellschaftlichen Normen orientiert, in diesen Zusammenhängen häufig auftreten.[3063]

Demgegenüber zeichnen sich Hochkostensituationen dadurch aus, dass „massiver Druck auf dem Akteur lastet, sich allein an (...) ′objektiv ermittelbaren′ Kosten zu orientieren."[3064] Diese Kosten sind insofern objektiv, als dass die individuelle Bewertung der Kosten keine Rolle spielt, sondern ausschließlich die von außen, z. B. institutionell, an die Handlungssituation gelegte Bewertung dominant ist:

> „Es handelt sich um Situationen, in den selektive Perzeption bestimmter Situationsaspekte massiv belohnt wird bzw. die Berücksichtigung individueller Eigenheiten massiv bestraft wird."[3065]

Im Kontext solcher Hochkostensituationen kommt *Zintl* in seiner weitergehenden Analyse zu dem Schluss, dass hier das Rationalmodell mit den Annahmen der stabilen, exogenen Präferenzen und der Maximierungshypothese ein angemessenes Analyseinstrument auch für realweltliche Situationen darstellt.[3066] Diese Annahme kann empirisch gestützt werden.[3067] Pointiert kann man sagen: Je höher der Kostendruck der betrachteten Situation, je geeigneter erscheint die Verwendung des *homo oeconomicus* als Rationalmodell. Die Frage, die bleibt, ist, ob es sich bei den Hilfen zur Erziehung um Hochkostensituationen handelt?[3068]

Mit diesen Ausführungen ist deutlich geworden, dass es beim Einsatz des *homo oeconomicus*-Modells nicht darauf ankommt, ob sich damit treffend das Verhalten einzelner Individuen beschreiben lässt. Sondern es ist die Frage relevant, wie sich bestimmte Restriktionsänderungen in be-

---

ten bzw. Nutzen ihrer Entscheidungen konfrontiert werden, aber sehr wirksamen Restriktionen, wie z. B. Hierarchien, Verwaltungsanweisungen und –verfügungen, weitreichenden rechtlichen Vorgaben, und nicht zuletzt im Kontext des staatlichen Wächteramts starken Verfahrensregulierungen unterliegen. Ihre Präferenzen können als relativ stabil angenommen werden. Der Typ 1 spielt innerhalb der Kinder- und Jugendhilfe keine Rolle.

3063 Vgl. *Kirchgässner* 2008: 151ff.

3064 *Zintl* 1989: 61.

3065 *Zintl* 1989: 61.

3066 Vgl. *Zintl* 1989: 64.

3067 Vgl. *Rese/Schons* 2013: 464ff.

3068 Vgl. die Ausführung in Kap. 3.4 und Kap. 2.2.4.

stimmten Situationen auf das allgemeine Verhalten auswirken werden.[3069] Dabei ist es nötig, sehr genau die zugrunde gelegten Annahmen zu explizieren und zu begründen, welche Aspekte des *homo oeconomicus*-Modells wie verwendet werden. Mit der theoretischen Modellierung des Analysemodells ist es möglich, eine konkrete Fragestellung mit stark reduzierten Annahmen zu beleuchten, jedoch nicht komplexe Zusammenhänge erschöpfend theoretisch zu fassen.[3070]

In der Rekonstruktion der Entwicklung des Verhaltensmodells des *homo oeconomicus* konnten die zentralen Erweiterungen der Klassischen Ökonomik aufgezeigt werden. Diese Erweiterungen prägen mittlerweile das Verständnis einer neuen, modernen Volkswirtschaftslehre, für die *Stiglitz/Walsh* fünf zentrale Kernideen als Grundlegung definieren. Erstens der *trade off*, der den Zielkonflikt bezeichnet, dass eine Entscheidung für etwas auch immer eine Entscheidung gegen etwas anderes ist, weil Knappheit herrscht (Allokationsproblem). Zweitens ist die Frage relevant, warum Entscheider_innen bei sich ändernden Bedingungen für oder gegen eine bestimmte Alternative entscheiden. Bei diesen Entscheidungen reagieren Menschen auf „Anreize". Diese zu erkennen ist wichtig, um die Entscheidungen zu verstehen. Weiter ist die Kernidee des „Handels" zentral. Dabei wird davon ausgegangen, dass kaum jemand all das selbst produzieren kann, was er benötigt. Daher tauscht er Produkte und Dienstleistungen mit anderen. Die Volkswirtschaftslehre zeigt, dass bei diesem Tausch zwischen zwei Akteuren (Individuen, Unternehmen) beide Seiten profitieren. Dies wird als freier Handel bezeichnet.[3071] Jede Situation des freien Handels nennt die Volkswirtschaftslehre Markt. Der freie Handel auf Märkten macht einen Großteil des Waren- und Dienstleistungstauschs in modernen Gesellschaften aus. Aber der Marktmechanismus bringt nicht

---

3069 Hierzu verwendet das Modell eine sog. Kostenheuristik. „Der *homo oeconomicus*-Test liefert damit positive Folgenabschätzungen, die mit der 'Kostenheuristik' zu neuen Erklärungen von Makrophänomenen führen (…). Dieses Problemverarbeitungsverfahren macht damit eine normative Folgenbewertung alternativer institutioneller Arrangements anschlussfähig, die sich ebenfalls an der Kategorie erweiterter monetärer Kosten, also Informations-, Zeit-, Risiko-, Transaktionskosten bis hin zu sozialen oder psychischen 'Kosten', abarbeitet." *Langer* 2004a: 281.

3070 Vgl. Kap. 3.4.

3071 Diese Tauschhandlungen zwischen Individuen werden demnach vor dem ökonomischen Analysemodell als soziale Interaktion interpretiert, vgl. *Kirchgässner* 2008: 20.

immer das gewünschte – effiziente – Ergebnis, sodass teilweise der Staat eingreift, um die Ressourcenaufteilung, Einkommensgestaltung und Entscheidung was produziert wird zu regeln. Dies findet vor allem in den Bereichen Sicherheit, Gesundheit, Bildung u. a. statt.[3072] Als vierte Kernidee wird die Rolle von „Informationen" genannt. Da sich in der Volkswirtschaftslehre alles um die Entscheidungsfindung bei Knappheit dreht, kommt den Informationen eine entscheidende Schlüsselrolle zu. Denn um eine Abwägung zwischen Alternativen vorzunehmen, ist es von zentraler Bedeutung, die entsprechenden Informationen zu den Alternativen zu kennen. In einigen Bereichen ist die Rolle der Information so wichtig, dass die gesamte Leistungsfähigkeit des Marktes davon abhängen kann. Die Verteilung der hergestellten Produkte und Dienstleistungen wird als fünfte Kernidee bezeichnet. Es ist in Frage zu stellen, ob die Marktwirtschaft eine gerechte Verteilung vornimmt und ob der Staat nicht eingreifen muss, um Umverteilungen zur Erreichung von Gerechtigkeit vorzunehmen.[3073]

Trotz dieser Weiterentwicklungen sind die derzeit wohl einflussreichsten Konzeptionen der Ökonomik immer noch die Neoklassik und der Keynesianismus, die sich vor allem darin unterscheiden, wie selbstregulierend und funktional der reine Marktmechanismus eingeschätzt und welche Rolle dem Staat zugestanden wird. In beiden Ansätzen spielen institutionelle Arrangements als Auswirkungen auf das Handeln der Wirtschaftssubjekte kaum eine Rolle. Dennoch gab es innerhalb der ökonomischen Konzeptionen immer wieder Ansätze, die die Rolle der Institutionen in den Blick nahmen, die daher als „alte" Institutionenökonomik bezeichnet werden können.[3074] *Coase*, einer der wichtigsten Wegbereiter der NIÖ, sah den entscheidenden Unterschied darin, dass die „old institutionalists were concerned in the main with describing institutions rather than with analyzing them (...)."[3075] *Weise* definiert die klassische mikroökonomische Theorie als status-quo orientiert und auf die „Analyse individuellen Verhaltens zum Zwecke der Maximierung der Bedürfnisbefriedigung bei knappen Ressourcen"[3076] begrenzt. Diesen Ansatz hält er für völlig unzureichend und liefert als wichtigste Gegenargumente, dass die Präferenzen

3072 Vgl. *Musgrave/Musgrave/Kullmer* 1975: 3.

3073 Vgl. *Stiglitz/Walsh* 2010: 7-28.

3074 Für einen historischen Überblick über die Bedeutung der Institutionen innerhalb ökonomischer Konzeptionen vgl. *Erlei/Leschke/Sauerland* 2007: 26-40.

3075 *Coase* 1997: 3.

3076 *Weise/u. a.* 2002: 4.

von Individuen nicht unveränderlich vorgegeben sind, die Individuen in wechselseitigen Beeinflussungen von Zwängen und Anreizen agieren und damit vor allem das Wirtschaften nicht als Zustand, sondern als Prozess begriffen und analysiert werden muss.[3077] Die Entstehung der NIÖ ist eng verknüpft mit dem bahnbrechenden Aufsatz „The nature oft he firm" von *Coase* aus dem Jahr 1937. Er stellte folgende Grundfrage: Warum entstehen Unternehmen, wenn doch nach klassischer ökonomischer Theorie der freie Markt den effizientesten Koordinierungsmechanismus für Angebot und Nachfrage darstellt? Denn das Unternehmen zeichnet sich durch zentrale Planung und durch hierarchische Handlungsanweisungen aus, beides Instrumente, die dem Markt fremd sind. Die NIÖ kritisiert, dass Unternehmen als *black box* behandelt wurden.[3078] Dies begründete einen der beiden großen Stränge der NIÖ: die Analyse der „Institutionen am Markt." *Coase* stellte fest, dass es Kosten der Marktbenutzung geben müsse und dass diese zur Bildung von Unternehmen (Firmen) führen. Damit begründete er den Transaktionskostenansatz, obwohl er selbst diesen Begriff nicht prägte.[3079] Er arbeitete heraus, dass nicht nur auf Märkten die Faktorallokation über den Preismechanismus stattfindet, sondern auch innerhalb von Unternehmen eine Faktorallokation über Anweisungen erfolgt. Demnach sind Unternehmen zu verstehen als Institutionen der Koordination wirtschaftlicher Aktivitäten. Die Allokation innerhalb von Unternehmen ist deshalb vorteilhaft und dauerhaft gegenüber dem Marktmechanismus, weil die Nutzung des Marktes als Koordinationsmechanismus Kosten verursacht und nicht, wie die klassische Theorie annahm, kostenlos sei. Diese Kosten sind u. a. Informationskosten über Preise, potentielle Vertragspartner_innen und weiter Kosten der Vertragsaushandlung, des -abschlusses und der -anpassung. Letztlich sind es also Transaktionskostenersparnisse, die als Zusammenführung von wirtschaftlichen Handlungen zu einer dauerhaften Unternehmung führen. Durch die Frage, warum dann nicht alle Transaktionen in einer großen Unternehmung abgewickelt werden, kommt *Coase* zum Schluss, dass es einen Punkt gibt, ab dem die unternehmensinterne Koordination offensichtlich wieder teurer wird als die Marktkoordinati-

---

3077 Vgl. *Weise/u. a.* 2002: 5f.

3078 Vgl. *Schumann/Meyer/Ströbele* 2011, 485.

3079 Vgl. *Erlei/Leschke/Sauerland* 2007: 41. Die Entdeckung der Transaktionskosten kann als Revolution der Mikroökonomik bezeichnet werden, zumal ihre Höhe erheblich ist. Man geht von mindestens 50-60 % des Netto-Inlandsprodukts aus, vgl. *Richter/Furubotn* 2010: 53f.

on.[3080] Die sich daraus entwickelnde Transaktionskostentheorie ist heute einer der beiden wichtigsten Teilbereiche der „Institutionen am Markt" und wird unterschieden in den Messkosten- und den Governance-Struktur-Ansatz. Der andere Teilbereich beschäftigt sich mit der Analyse von Auftraggeber-Auftragnehmer-Verhältnissen in der sog. Prinzipal-Agent-Theorie. Der zweite große Strang der NIÖ betrachtet „Institutionen im politischen Sektor" und kann in die Neue Politische Ökonomik, die Verfassungsökonomik und die Theorie der Verfügungsrechte (*property-rights*) unterteilt werden.[3081] Dieser Strang wird nicht weiter verfolgt, da er für die vorliegende Fragestellung eine untergeordnete Rolle spielt.[3082] Diese Systematisierung zielt auf den Gegenstandsbereich der Analysen, während man als theoretisches Grundgerüst der NIÖ die Prinzipal-Agent-Theorie, die Transaktionskostentheorie und die property-rights-Theorie ansieht.[3083]

In Abgrenzung zur Klassischen Ökonomik seien die Erweiterungen wiederholt, die vor allem im Rahmen der Analysen der NIÖ Beachtung finden und für die vorliegende Arbeit von Belang sind. Erstens wird infrage gestellt, dass unter allen Umständen, auch bei Marktversagen, eine polypolistische Marktform gesamtgesellschaftlich die effiziente Lösung sei. Zweitens wird den präferenzfreien Auswahlentscheidungen eine Absage erteilt, indem sehr wohl davon ausgegangen wird, dass es räumliche, personelle und zeitliche Präferenzen (z. B. gute Erfahrungen mit einem Anbieter) gibt. Weiter wird angenommen, dass vollständige Markttransparenz nicht möglich ist. Das betrifft mehrere Probleme, so z. B. dass nicht alle

---

3080 Vgl. *Schumann/Meyer/Ströbele* 2011: 486f. Zur Kritik der Erklärung der Unternehmung allein durch Transaktionskosten vgl. z. B. *Pirker* 2000: 72ff.

3081 Vgl. *Erlei/Leschke/Sauerland* 2007.

3082 Zwar wird im Kontext der Politischen Ökonomik eine Theorie der Bürokratie entfaltet, die für die Betrachtung der Restriktionen innerhalb der Jugendamtsverwaltung von Interesse sein kann, jedoch sind die relevanten Probleme für die Qualitätsfrage auch in diesem Zusammenhang Ausprägungen des Prinzipal-Agent-Verhältnisses. Weiter könnten auch Betrachtungen der property-rights (z. B. im Hinblick auf absolute Verfügungsrechte: Schadensersatzansprüche von Kindern bei schlechter Qualität der Hilfe zur Erziehung) erkenntnisreich sein, aber sie sind im Rahmen der Vereinbarungen nach 78a-g SGB VIII nicht verhandelbar. Die wirksamen Erkenntnisse aus der property-rights-Theorie, wie die relativen Verfügungsrechte, gestalten sich ebenfalls als P-A-Problem.

3083 Vgl. beispielhaft *Saam* 2002: 37. Sie sieht den Hauptunterschied der drei Ansätze in den unabhängig betrachteten Variablen. Für die Prinzipal-Agent-Theorie sind dies Risikoneigung und Informationssysteme, während es für die Transaktionskostentheorie die Faktorspezifität und die Transaktionshäufigkeit sind.

Informationen verfügbar sind, dass sie nicht richtig verstanden werden, dass Informationen nicht kostenlos sind usw. Viertens wird in der klassischen Mikroökonomik davon ausgegangen, dass der Findungsprozess des Gleichgewichtspreises problemlos und kostenlos verläuft. Das stimmt jedoch so nicht, da auch der Koordinierungsmechanismus des Marktes Kosten verursacht.[3084] Auch wird in der neoklassischen Ökonomik realitätsfern unterstellt, dass es keine Täuschungsabsichten gibt, keine Glaubwürdigkeitsverluste durch Vertragsverletzungen oder -ausstiege entstehen, keine rechtlichen Rahmenbedingungen für die Vertragseinhaltung existieren. Weiter werden insgesamt die „Spielregeln" selbst, ihre Entstehung und Wirkungen für den Handel nicht beachtet. Letztlich können Nachfrager und Anbieter nicht völlig losgelöst von ihren inneren Strukturen und Entscheidungsfindungsprozessen als Einheit interpretiert werden.[3085] Weiter wäre noch die Abkehr von der Annahme vollständiger Rationalität zu nennen, da die Vertreter_innen der NIÖ die Annahme der beschränkten Rationalität für zweckmäßiger halten.[3086] Insgesamt wird deutlich, dass vor allem Regel- und Vertragssysteme und damit institutionelle Restriktionen, ausgeblendet bleiben. Man kann also festhalten, dass die neoklassische Theorie davon ausgeht, dass Institutionen keinen Einfluss darauf haben, wie darüber entschieden wird, mit welchen Ressourcen, welche Güter produziert werden, also „allokationsneutral" seien.[3087] Die neoklassische Theorie geht von einer Welt symmetrischer Information ohne Transaktionskosten aus. Aus dieser Perspektive ist es durchaus nachvollziehbar, dass Ineffizienzen am Markt in fehlendem Wettbewerb gesehen werden und nicht nach anderen Gründen für ineffiziente Allokationen gesucht wird.[3088] Diese Beratungstradition führender Ökonom_innen gegenüber sozialpolitischen Entscheidern zur Gestaltung institutioneller Rahmenbedingungen schreibt sich bis heute fort, sodass sich auch die Soziale Arbeit immer wieder mit der Forderung nach mehr Wettbewerb konfrontiert sieht und zunehmend die Änderungen der Sozialgesetzgebung der letzten Jahre

---

3084 Unabhängig davon, ob er als unsichtbarer Auktionator (Tâtonnement) oder durch ständige Vertragsverhandlungen (Re-Contracting) funktioniert.

3085 Vgl. *Erlei/Leschke/Sauerland* 2007: 46ff.

3086 Vgl. *Voigt* 2002: 22.

3087 Vgl. *Richter/Furubotn* 2010: 15.

3088 Vgl. *Richter/Furubotn* 2010: 172.

Wettbewerbselemente einführt.[3089] Es wird daher zu zeigen sein, dass nicht die Marktform (z. B. Polypol statt Monopol) bzw. der Wettbewerb entscheidend für die effiziente Allokation der Ressourcen – die wirtschaftliche Erbringung der Hilfe zur Erziehung zu vereinbarter Qualität – ist, sondern die institutionellen Arrangements und deren Anreizwirkungen im Kontext asymmetrischer Information und Transaktionskosten einflussreicher sind.

3.2 Formale Vertragstheorie

Unter dem Begriff der Formalen Vertragstheorie werden die Annahmen zur Modellierung einiger Grundprobleme der NIÖ gefasst. Mit dem methodologischen Individualismus lässt sich nicht direkt erklären, wie aus den Präferenzen und Handlungen von Individuen Organisationen entstehen. Hierzu führt die Agenturtheorie das Konstrukt der Verträge ein[3090]:

> „Organisationen und ihre Umweltbeziehungen werden als Netzwerke von impliziten oder expliziten Verträgen betrachtet, die zwischen den Beteiligten zur Regelung ihrer Interaktionen geschlossen werden."[3091]

Bei der Modellierung von Transaktionskosten werden zusätzlich zu den zentralen Annahmen des Verhaltensmodells des *homo oeconomicus* zwei Nebenbedingungen fokussiert. Erstens die *unvollkommene Voraussicht.* Diese drückt aus, dass der Akteur nicht mit Bestimmtheit sagen kann, was die Zukunft bringt. Zweitens die *asymmetrische Informationsverteilung.* Diese wird hier verstanden als das, was andere besser oder mehr wissen als man selbst bzw. umgekehrt. Diese Nebenbedingungen tragen dem Umstand Rechnung, dass vollkommene Voraussicht bzw. symmetrische Informationsverteilung entweder nicht möglich oder prohibitiv teuer ist.[3092] Die asymmetrische Information spielt in der Prinzipal-Agent-Theorie eine entscheidende Rolle.[3093] Die unvollkommene Voraussicht lässt es nicht zu, Verträge so zu gestalten, dass alle zukünftigen Eventualitäten berücksichtigt werden können. Dies wird vor allem dann relevant, wenn es um län-

---

3089 Dies ist vor allem zu beobachten im Bereich der Pflege, der Arbeitsvermittlung, der Sozialhilfe und der Kinder- und Jugendhilfe.

3090 Vgl. *Saam* 2002: 13.

3091 *Saam* 2002: 13.

3092 Vgl. *Richter/Furubotn* 2010: 217.

3093 Vgl. Kap. 3.2.1.

gerfristig angelegte Leistungen geht.[3094] Weiter hat diese unvollkommene Voraussicht Auswirkungen auf die Durchsetzung der Verträge. Gerichte sind nicht in der Lage sind, alle relevanten Tätigkeiten oder Informationen zu überprüfen und die Ungewissheit über künftige Entwicklungen können die Vertragsabfassung selbst unmöglich machen. Daher werden einvernehmlich Verträge abgeschlossen, die Spielraum für nachträgliche Anpassungen lassen, in der stillen Übereinkunft diese Lücken zu gegebener Zeit zu schließen. Schließlich wirkt sich unvollkommene Voraussicht am stärksten bei nicht-vertraglichen Vereinbarungen aus, da hier keinerlei gerichtliche Überprüfbarkeit möglich erscheint. Diese unterschiedlichen Formen der Vertragsgestaltung werden in den Modellen der vollständigen, unvollständigen und sich-selbst-durchsetzenden Verträge behandelt.[3095] Die Vertragstheorie erklärt die Abweichungen von der *first best*-Lösung des reinen Marktmechanismus mit dem rationalen Handeln der Akteure unter asymmetrischer Information und mit Kosten für Transaktionen. Lösungen werden demnach nicht unbedingt in mehr Markt, sondern je nach Transaktion in mehr Hierarchie gesehen[3096]:

> „Für größere Effizienz wesentlich sind demnach organisatorische Verbesserungen, Maßnahmen zur Transaktionskostensenkung und/oder Anreizverbesserung, Maßnahmen zur Risikominderung und Vertrauensstärkung und dgl."[3097]

Saam unterscheidet für die Verwendung innerhalb der Agenturtheorie vier Vertragsarten.[3098] Erstens klassische Verträge, bei denen vor Vertragsabschluss die Inhalte klar definierbar und nach Vertragsabschluss von Dritten klar überprüfbar sein müssen. Zweitens neoklassische Verträge, deren Unterschied zum vorherigen darin besteht, dass *ex ante* keine Spezifizierung möglich ist. Daher benötigen diese Verträge ein gewisses Maß an Flexibilität, ohne gleichzeitig dem Vertragspartner zu ermöglichen, eingetretene Änderungen zu seinem Vorteil auszunutzen. Dies wird durch die Bindung

---

3094 Es gibt real nur wenige Märkte, die sich den Bedingungen der vollkommenen Voraussicht annähern, sog. Kassamärkte. Da in der Kinder- und Jugendhilfe die Leistung selbst als ein längerer Prozess gefasst werden muss, liegt hier der Gegenpol eines Kassamarktes vor.

3095 Vgl. *Richter/Furubotn* 2010: 218f.

3096 Vgl. *Richter/Furubotn* 2010: 172.

3097 *Richter/Furubotn* 2010: 172.

3098 Vgl. *Saam* 2002: 13f, auch *Williamson* 1990b: 78ff in Anlehnung an *McNeil* 1978, der drei Rechtsformen unterscheidet: klassisches, neoklassisches und relationales Recht.

an Standards, Indizes u. ä. erreicht. Relationale Verträge bilden die dritte Variante, die sich dadurch auszeichnen, dass sie ein hohes Maß an impliziten Vereinbarungen und stillschweigenden Einverständnissen aufweisen. Typisch ist diese Vertragsart bei langfristigen Kooperationsbeziehungen. Als letztes kann der implizite Vertrag als Metapher verstanden werden, wenn er nicht im rechtlichen Sinne gebraucht wird. In der NIÖ lassen sich zwei Verwendungen finden: als Beziehungsvertrag, in dem die soziale Beziehung selbst implizit Gegenstand des Vertrages wird und daraus schwache Solidarität resultiert, und als Vertretungsvertrag. Letzterer bezeichnet eine Form der sozialen Beziehung, in dem die positiven und negativen Konsequenzen von Vertretungshandlungen den zu vertretenden Akteuren zugerechnet werden.[3099]

Für die Hilfe zur Erziehung wird zu klären sein, welche Vertragsformen sich zwischen den Akteuren Jugendamt, freie/private Träger und Familie herausbilden bzw. durch staatliche Vorgaben bestimmt sind.

Im Kontext der folgenden Prinzipal-Agent-Theorie sind Verträge

> „eine Antwort auf asymmetrische Informationsverteilung zwischen weisungsberechtigten Prinzipalen und weisungsgebundenen, aber im Eigeninteresse mit Informationsvorsprung handelnden Agenten."[3100]

3.2.1 Die Prinzipal-Agent-Theorie[3101]

Die Prinzipal-Agent-Theorie (P-A-Theorie) nimmt ein bestimmtes Verhältnis zweier Akteure in den Blick:

> „Whenever one individual taking the action for another, an *agency- relationship* arises. The individual taking the action is called the *agent*, the patient the *principal*."[3102]

Das entscheidende Kriterium ist, dass es eine_n Auftraggeber_in (Prinzipal) und eine_n Auftragnehmer_in (Agent) gibt. Die Konstruktion des Prinzipal-Agent-Verhältnisses lässt sich folgendermaßen fassen:

3099 Vgl. *Saam* 2002: 14f.

3100 *Schuman* 1992: 431 (Hwg)

3101 Bei den Begriffen „Prinzipal" und „Agent" wird auf die Nennung beider Geschlechter im allgemeinen Zusammenhang der Theorie verzichtet. In konkreten Bezügen wird die entsprechende Form verwendet, z. B. die Familie als Prinzipalin.

3102 *Pratt/Zeckhauser* 1985b: 2 (HiO).

> „One (the agent) must choose an action from a number of alternative possibilities. The action affects the welfare of both the agent and another person, the principal. The principal, at least in the simplest cases, has the additional function of prescribing payoff rules; that is, before the agent choose the action, the principal determines a rule that specifies the fee to be paid to the agent as a function of the principal's observation of the results of the action."[3103]

Der Prinzipal beauftragt den Agenten mit der Erfüllung einer bestimmten Aufgabe in seinem Namen, und zur Erleichterung überträgt er einen bestimmten Entscheidungsspielraum.[3104] Diese Konstellation findet sich in unserem Wirtschaftssystem sehr häufig[3105], das bekannteste ist das Arbeitgeber_in-Arbeitnehmer_in Verhältnis. Das Prinzipal-Agent-Verhältnis bringt zwei zentrale Probleme hervor. Erstens das Informationsproblem für den Prinzipal, der die Ausführung der delegierten Aufgabe nicht beobachten kann. Zweitens die unterschiedliche Verteilung des Risikos zwischen Prinzipal und Agent. Die P-A-Theorie geht der Frage nach, wie der Vertrag zwischen beiden unter diesen Bedingungen optimal ausgestaltet werden kann. Demnach ist die Informationsasymmetrie auch eine Voraussetzung für eine P-A-Beziehung. *Saam* nennt zwei Gründe für die Entstehung einer P-A-Beziehung. Erstens der Agent hat Informationen (Kompetenzen), die Aufgabe zu erfüllen, die der Prinzipal nicht hat. *Oder* der Agent kann die Aufgabe zu niedrigeren Kosten erbringen als der Prinzipal selbst.[3106] Neben dem Arbeitgeber_in-Arbeitnehmer_in-Verhältnis, wird oft das Verhältnis von Management und Eigentümer_in analysiert. Die Trennung dieser beiden Funktionen kommt im heutigen Kapitalismus vor allem in großen Unternehmen immer häufiger vor. Damit besteht die Möglichkeit und auch Gefahr, dass die Interessen des Managements nicht deckungsgleich mit denjenigen der Eigentümer_innen sind. Es könnte sich eine Unternehmenspolitik durchsetzen, die nicht mehr am Eigentümerinteresse der Gewinnmaximierung orientiert ist, sondern an den Interessen des Managements. Diese Fragestellung hatte das Ausgabepräferenzmodell von *Williamson* zum Gegenstand, welches das Verhalten des Managements im Verhältnis zu den Anteilseigner_innen bei Unternehmen untersucht und als Vorläufer der P-A-Theorie gelten kann. Zentrale Erkenntnis ist, dass ein nutzenmaximierendes Management sich in einem bestimmten

---

3103 *Arrow* 1985: 37.
3104 Vgl. *Richter/Furubotn* 2010: 173.
3105 Vgl. *Arrow* 1985: 37.
3106 Vgl. *Saam* 2002: 8 und 19.

institutionellen Arrangement so verhalten wird, dass es für eigene Stabskosten[3107] mehr ausgibt, als die Ausgaben, die den Gewinn des Unternehmens maximieren würden. Das geschieht, weil die Anteilseigner_innen die Personalausgaben des Managements nicht überwachen können und ihnen das Handeln des Managements solange gleichgültig ist, wie sie ihre eigenen zufriedenstellenden Gewinne als Dividenden, erhalten. Damit wird nur ein *second best* Ergebnis erreicht. Die Kritik an diesem Analysemodell bezieht sich auf die fehlende Grundlegung der Vertragsstruktur zwischen Management und Eigentümern, die das Verhalten der jeweiligen Parteien erklärt, und auf das Ausblenden der Nutzenmaximierung („zufriedenstellende Gewinne“) der Eigentümer. Ebensowenig liefert es für die Einführung der Stabsausgaben eine Begründung.[3108] In großen Unternehmen besteht jedoch immer die Möglichkeit des Managements, entgegen den Interessen der Eigentümer_innen zu handeln, allerdings nicht unbegrenzt, und es ist auch nicht immer lohnend.[3109] In neueren Ansätzen werden jedoch anstatt der Gewinnmaximierung alternative Zielsetzungen des Unternehmens, wie z. B. die Umsatzmaximierung, diskutiert. Im Hinblick auf die Strategien[3110], denen das Management folgt, werden unter der Frage der Nutzenmaximierung des Managements folgende Ansätze betrachtet. Erstens erscheint die Abwägung zwischen Einkommen und Freizeit als Maximierungsansatz des Managements schlüssig. Weiter wird versucht eine allgemeine Präferenzfunktion für das Management zu entwickeln. Eine Maximierung des Lebenszeiteinkommens ist der dritte Ansatz. Der vierte betrachtet das Ausgabepräferenzmodell von *Williamson*, der bestimmte Ausgaben des Managements in den Blick nimmt, vor allem die Verwendung ermessensfreier Gewinne für z. B. Stabsausgaben.[3111] In all diesen Fällen ist es notwendig, den Eigentümer_innen einen befriedigenden Gewinn, im Sinne *Simons*, zu sichern.

Bevor die beschriebene Problematik als Grundproblem in Beauftragungssituationen betrachtet werden kann, ist festzuhalten, dass diesem Auftraggeber-Auftragnehmer-Verhältnis eine formelle *oder* informelle Be-

---

3107 Definiert als Opportunismus des Managements.

3108 Für die Herleitung, die Ergebnisse, die zugrunde gelegten Annahmen bzw. Bedingungen und deren Kritik vgl. *Richter/Furubotn* 2010: 223f.

3109 Vgl. zu den Begründungen *Schumann/Meyer/Ströbele* 2011: 477f.

3110 Relevant ist auch die zeitliche Dimension, so setzen sich z. B. bei der „take the money and run“ Strategie kurzfristige Interessen des Managements durch.

3111 Vgl. *Schumann/Meyer/Ströbele* 2011: 481ff.

auftragung zu Grunde liegt, also im obigen Sinne ein Vertrag. Nach Abschluss dieses Vertrages (*ex post*) kommt es zu mehreren Problemen. Erstens ist es dem Prinzipal nicht möglich, kostenlos und perfekt zu überwachen, ob der Agent seinen Auftrag gemäß den Interessen des Prinzipals erfüllt.[3112] Zweitens erhält der Agent während seiner Tätigkeit Informationen, die der Prinzipal nicht hat. In diesem Zusammenhang hat man es also mit verstecktem Handeln (*hidden action*) und versteckten Informationen (*hidden information*) zu tun. Beides sind Elemente des moralischen Risikos (*moral hazard*).[3113] Das Informationsdefizit besteht jedoch nicht nur nach Vertragsabschluss, sondern auch davor. Hier geht es darum, dass der Prinzipal vor der Beauftragung nicht weiß, welche Fähigkeiten und Kompetenzen der Agent hat (*hidden characteristics*). In obigem Beispiel wäre es die Frage, wie die Eigentümer_innen das Management auswählen. Diese Problematik wird unter dem Begriff *adverse selection*[3114] (Auswahl eines geeigneten Agenten) diskutiert. Dabei ist der Informationsvorsprung des Agenten dergestalt, dass er am allerbesten weiß, welche Leistungen er erbringen kann und wie motiviert er ist, während der Prinzipal hier nur begrenzte Informationen hat.[3115] Als drittes Grundproblem wird behandelt, dass vor Vertragsabschluss über Leistungen verhandelt wird, die nicht ganz genau beschrieben werden können. Daraus entsteht ein unvollständiger Vertrag, aufgrund dessen der Agent Investitionen tätigt. Erst im weiteren Verlauf wird jedoch klar, ob es zum Tausch kommt, also der Prinzipal die Leistung abnimmt. Die Folgen dieses Informationsdefizits über die genauen Möglichkeiten, Interessen und Absichten des jeweils anderen begründen das *hold up*-Problem[3116]. Ein weiteres Problem in P-A-Beziehung ist, dass das Ergebnis der Arbeit nicht ausschließlich vom Agenten abhängig ist[3117], sondern auch von exogenen Schocks.[3118] Da diese nicht vom Agent beeinflussbar bzw. zu verantworten sind, trägt er keine Schuld an einem schlechten Ergebnis bei exogenem Schock und könnte daher immer

3112 Vgl. *Arrow* 1985: 37.

3113 S. u.

3114 *Adverse selection* kann mit Negativauslese oder Gegenauslese übersetzt werden, zur Erklärung s. u.

3115 Vgl. *Richter/Furubotn* 2010: 173-177 und 218, *Picot/u. a.* 2012: 89ff.

3116 Vgl. Kap. 1.2.2.3.

3117 Vgl. *Arrow* 1985: 37.

3118 Zu verstehen als unvorhersehbare Änderung exogener Variablen, vgl. *Voigt* 2002: 86. Die P-A-Theorie behandelt exogene Schocks (Umwelteinflüsse) als monolithischen Block, der zufällig auftritt, vgl. *Saam* 2002: 21.

behaupten, es läge nicht an ihm. Zugrunde gelegt wird, dass der Agent nicht immer im Interesse des Prinzipals handelt. Damit sind die drei zentralen Akteure in der P-A-Theorie benannt: der Agent, der Prinzipal und die Natur als Akteur für exogene Schocks.

Die P-A-Theorie beschäftigt sich „mit den Konsequenzen asymmetrischer Information zwischen Vertragspartnern“[3119]. Die P-A-Probleme entstehen, weil durch Informationsasymmetrien der Prinzipal nicht genau weiß, was der Agent kann oder will (*ex ante*)[3120] und was er tut oder weiß (*ex post*)[3121]. *Fees* unterscheidet in spieltheoretischer Perspektive zwischen unvollständiger und unvollkommener Information. Mit unvollständiger Information bezeichnet er die bessere Informiertheit eines Spielers über exogene Sachverhalte (z. B. bei *adverse selection* oder *hidden information*) während unvollkommene Information für eine *hidden action* bzw. *moral hazard*-Konstellation stehen.[3122] Dies ist für die Modellierung von Spielen von Bedeutung, wenn es darum geht, wer den ersten Zug macht und wie sich das Informationsniveau danach verändert.

Innerhalb von P-A-Beziehungen entstehen Kosten, diese Informationsasymmetrien abzubauen bzw. die Anreize für eine möglichst gute Deckung der Interessen von Prinzipal und Agent zu erreichen[3123], die sog. *agency costs*[3124]. Ziel ist es, als *second best*-Lösung, diese Agenturkosten so niedrig wie möglich zu halten, um sich der *first best*-Lösung (einer Welt ohne *agency costs*) anzunähern. Durch die Vertragsgestaltung sollen die Agencykosten gesenkt werden.[3125] *Saam* fasst das Ziel der Agenturtheorie folgendermaßen zusammen:

> „Im Mittelpunkt der Agenturtheorie steht die vertragliche Gestaltung der Beziehung zwischen Prinzipal und Agent. (…) Es geht darum, mögliche Agen-

3119 *Voigt* 2002: 84 (Hwg).

3120 Vgl. *Pratt/Zeckhauser* 1985b: 3.

3121 Vgl. *Pratt/Zeckhauser* 1985b: 2.

3122 Vgl. *Fees* 2000: 579-582.

3123 Dabei sind die Kosten der Informationsangleichung das auslösende Problem und die Interessensangleichung von Prinzipal und Agent ein Folgeproblem der Informationsasymmetrie, vgl. *Schumann/Meyer/Strobele* 2011. 452.

3124 Agenturkosten “sind all jene Kosten, die vom Prinzipal aufgewandt werden, um das eigennutzorientierte Verhalten des Agenten einzuschränken.“ *Voigt* 2002: 85.

3125 Vgl. *Pratt/Zeckhauser* 1985b: 3.

turprobleme zu antizipieren, und effektiv zu lösen, zu vermeiden oder zu begrenzen."[3126]

Die P-A-Theorie stellt demnach die Informationsdifferenz zwischen Prinzipal und Agent in den Mittelpunkt des Analyseinteresses. Weiter kombiniert sie diesen Aspekt mit der Risikoteilung. Liegen keine Informationsdifferenzen vor, wird der Gewinn geteilt, wenn Agent und Prinzipal risikoneutral sind. Ist der Agent risikoneutral gibt es eine einfache Lösung. Der Agent trägt das volle Risiko und Informationsasymmetrie spielt kein Rolle. Der Prinzipal behält einen festen Anteil des Gewinns und zahlt den Rest an den Agenten aus, der dadurch keine Abschwächung seiner Anreize hat. Das zentrale Beispiel ist die Naturalpacht. Der Landbesitzer verpachtet sein Land zu einer festen Pacht unabhängig vom Output. Der Output hängt von den Anstrengungen des Farmers (vom Verpächter nicht zu beobachten) und von äußeren Umständen (Wetter) ab. Das heißt der Farmer strengt sich stark an und hat hohen Ertrag, solange „das Wetter mitspielt", das ist jedoch sein volles Risiko. Ist der Farmer risikoavers ist das keine gute Lösung mehr für ihn. Da es schlüssig ist, davon auszugehen, dass alle Menschen ab einer für sie bestimmten Risikohöhe risikoavers sind, braucht es eine andere Lösung.[3127] Für die optimale Gestaltung von Verträgen spielt die Risikoverteilung demnach eine wichtige Rolle. In der Regel wird der Prinzipal als risikoneutral und der Agent als risikoavers modelliert.[3128] Die P-A-Theorie widmet sich also dem Zielkonflikt zwischen Anreizsystemen und Risikoverteilung.[3129]

Nach *Langer* liegt der

> „theoretische Kern und originäre Beitrag des Prinzipal-Agent-Ansatzes (...) neben seiner methodischen Vielfalt in der theoretischen Deskription und Reformulierung bekannter Interaktionsprobleme (in institutionellen Handlungskontexten und Organisationen) in anreizorientierte Beschreibungen und Problemlösungen."[3130]

Die Konstellationen innerhalb der Sozialen Arbeit sind geprägt von P-A-Verhältnissen.[3131] Im Zentrum der P-A-Theorie stehen neben dem Verhält-

---

3126 *Saam* 2002: 9.

3127 Vgl. *Arrow* 1985: 44f.

3128 Vgl. *Williamson* 1990a: 111, Vgl. *Saam* 2002: 20.

3129 Vgl. *Williamson* 1990a: 111.

3130 *Langer* 2004a: 310.

3131 Vgl. aus unterschiedlichen Blickwinkeln: *Finis Siegler* 1997, *Emanuel* 2001, *Langer* 2004a.

nis von asymmetrischen Informationen die Risikokosten und die damit verbundene Anreizintensität.[3132] Die entscheidenden Problemmodellierungen für die vorliegende Fragestellung heißen *adverse selection* (*hidden characteristiks*), *hold up* (*hidden intentions*) und *moral hazard* (*hidden action, hidden information,/hidden knowledge*).[3133] Die folgende Zusammenstellung der Grundtypologien der Agenturprobleme folgt in der Reihenfolge ihres zeitlichen Auftretens in den P-A-Beziehungen. Alle Agenturprobleme werden aus der Perspektive des Prinzipals betrachtet.[3134] Am Ende der Abschnitte werden jeweils die in der Literatur diskutierten Lösungsdesigns für die Probleme kurz dargestellt.

Adverse selection

Die Probleme, die unter *adverse selection* gefasst werden, liegen alle vor (*ex ante*) Vertragsabschluss. Das bedeutet, dass ein Prinzipal vor Vertragsabschluss nicht weiß, wie z. B. die tatsächlichen Fähigkeiten, Motivation usw. des Agenten zu beurteilen sind (*hidden characteristics*). Der Agent weiß dies sehr wohl. Ein eindrückliches Beispiel für diese Situation ist das Bewerbungsgespräch, in dem sich Prinzipal (Arbeitgeber_in) und Agent (Arbeitnehmer_in) vor Vertragsabschluss (Arbeitsvertrag) gegenüber sitzen. Bei der Lösungssuche ist es hilfreich, zuerst davon auszugehen, dass keine asymmetrischen Informationen vorliegen, um eine *first best* Lösung zu bestimmen.

Die Funktionsweise von Märkten mit Informationsasymmetrie unterscheidet sich deutlich von denjenigen mit gleichverteilter Information. Man geht davon aus, dass vor Vertragsabschluss die Verkäufer_innen (Insider) Informationen über das angebotene Produkt oder die Dienstleistung besitzen, die die Käufer_innen (Outsider) nicht besitzen. Die Verkäufer_innen haben einen Informationsvorsprung. Eingeführt wurde dieses Modell von *Aklerof* mit seinem berühmten Beispiel des Gebrauchtwagen-

3132 Vgl. *Erlei/Leschke/Sauerland* 2007: 103.

3133 In manchen Lehrbüchern wird *hold up* als Transaktionskostenproblem interpretiert, da dort der Fokus auf den Vertragsnachverhandlungskosten liegt, vgl. z. B. *Erlei/Leschke/Sauerland* 2007: 207. Da aber bei *hold up* Informationsasymmetrien ausschlaggebend sind, werden sie mit *moral hazard* und *adverse selection* behandelt. Zu den unterschiedlichen Begriffsdefinitionen und deren Verwendung im Kontext positiver bzw. normativer Agenturtheorie vgl. *Saam* 2002: 28f

3134 Vgl. *Saam* 2002: 28ff.

marktes. Ein anderes Beispiel ist die Lotterie: Angenommen der/die Lotteriebetreiber_in weiß genau, welche Lose gewinnen, weiter angenommen, dass – sinnvollerweise – der Gewinn den Lospreis übersteigt, dass würde der/die Lotteriebetreiber_in von seinem Geld alle Gewinnlose kaufen und die Nieten blieben zurück für die Outsider. Dies bezeichnet man als Negativauslese oder *adverse selection.* Angenommen die Käufer wüssten vom Informationsvorsprung des Verkäufers und das Insider-trading wäre legal, dann würden sie keine Lose kaufen, da sie nur mit Nieten rechnen. Wenn alle Käufer_innen so handeln, verschwindet der Lotteriemarkt.[3135] Der Neuwagenmarkt ist ein Beispiel für einen Markt mit weitgehender Informationssymmetrie. In der klassischen Theorie werden die Güter als homogen betrachtet, also hätten hier alle Neuwagen die gleiche Qualität. Demnach würde sich ein Gleichgewichtspreis bilden, der zur Markträumung führt. Allerdings ist es auch beim Neuwagenmarkt keineswegs so, dass es nicht auch hier Qualitätsunterschiede gäbe, jedoch sind sie vor Vertragsabschuss beiden Marktseiten bekannt (öffentliche Information).[3136] Nimmt man an, dass die Qualität dadurch messbar ist, dass sie sich vollständig im Preis abbildet, entstehen für die unterschiedlichen Qualitäten von Autos entsprechend unterschiedliche Märkte mit separaten Marktpreisen. Je höher die Qualität, desto höher der Marktpreis. Märkte auf denen qualitativ unterschiedliche Güter gehandelt werden, die aber öffentliche Information gewährleisten, verhalten sich wie Märkte mit qualitativ homogenen Gütern. Ändert man die Modellannahme dahingehend, dass keine Marktseite die Qualität der Güter einschätzen kann, also symmetrische Qualitätsungewissheit herrscht, ändert am Ausgang der Marktallokation nichts. Allseitig unbekannte Informationen werden bei der Entscheidungsfindung ignoriert und bleiben ohne Einfluss auf den Gleichgewichtspreis. Geht man davon aus, dass nur eine Marktseite die entsprechenden Qualitätsinformationen besitzt spricht man von privater Information. Die Annahmen lauten zusammengefasst wie folgt: Die Qualität der Gebrauchtwagen ist heterogen, die Verkäufer_innen kennen die Qualität ihrer Autos, die Käufer_innen können nur Durchschnittsqualitäten aber keine individuellen Qualitäten der Autos beobachten. Angenommen, dass die Informationsübertragung prohibitiv teuer wäre, entsteht folgende Situation: Aus der ursprünglichen und nicht aufhebbaren Informationsasymmetrie folgt, dass alle Autos zum

3135 Vgl. *Milde* 1988.
3136 Dadurch entstehen verschiedene Märkte, je nach Qualitätsstandard.

gleichen Preis gehandelt werden. Wenn die Käufer_innen, die nichts über die Qualität des Autos wissen, eine_n Verkäufer_in danach fragen, werden alle Verkäufer_innen immer sagen, ihre Autos haben höchste Qualität. Hohe Qualität ermöglicht, wie oben gesehen, hohe Preise. Da die Käufer_innen aber von der *Durchschnitts*qualität wissen, können nicht alle Autos höchste Qualität haben. Das heißt, nach Befragung mehrerer Verkäufer_innen ist den Käufer_innen klar, dass es Qualitätsunterschiede gibt, also die Verkäufer_innen in Bezug auf ihre Qualität teilweise täuschen, somit deren Informationen für Käufer_innen wertlos sind. Die Käufer_innen können dies aber nicht einzelnen Verkäufer_innen nachweisen, da die Qualität einzelner Güter für sie nicht erkennbar ist. Demnach werden die Autos zum Durchschnittspreis gehandelt, der die Durchschnittsqualität reflektiert. Es beginnen folgende Überlegungen. Die Verkäufer_innen, die wissen, dass ihr Auto mehr wert ist als der derzeit zu erzielende Durchschnittspreis, werden *nicht* verkaufen (unter der Annahme, dass sie die bessere Qualität gegenüber anderen Autos den Käufer_innen nicht erkennbar machen können). Die Anbieter_innen nehmen eine Selbstselektion vor, begründet durch das Wissen über die wahre Qualität ihres Autos. Das Gebrauchtwagenangebot wird entlang der sog. Reservationsqualität in zwei Bereiche eingeteilt. Die Grenze ist der Marktpreis.[3137] Die Entscheidungsregel für Anbieter_innen lautet demnach:

> „Verkaufe nicht, wenn die tatsächliche Qualität besser ist, als die Reservationsqualität (Anbieter mit guten Qualitäten ziehen ihre Wagen vom Markt zurück). Verkaufe nur dann, wenn die tatsächliche Qualität schlechter ist als die Reservationsqualität (nur schlechte Qualitäten verbleiben auf dem Markt)."[3138]

Im Ergebnis verschwinden die guten Qualitäten vom Markt und es bleiben nur die Autos schlechter Qualität (*lemons*) übrig. Durchschnittspreise begünstigen immer schlechte Qualitäten im Sinne einer Subventionierung.[3139] Die Käufer_innen werden in Kenntnis des Selbstselektionsprozesses davon ausgehen, dass die Güter auf Märkten mit privater Information schlechte Qualität haben müssen. Sie können sogar vom Durchschnittspreis auf die Durchschnittsqualität Rückschlüsse ziehen, wobei die Quali-

3137 Vgl. *Milde* 1988.
3138 *Milde* 1988: 3. (Awg).
3139 Dies ist vor allem interessant, sobald die Anbieter_innen reine Preisnehmer sind und der Gleichgewichtspreis extern gesetzt wird. Im Hinblick auf die Finanzierungssysteme der Hilfen zur Erziehung wird dies noch analysiert.

tät immer vom Preis beeinflusst ist und nicht umgekehrt (preisinduzierter Qualitätseffekt). Vereinfacht gesagt, sinkt der Preis weiter, weil durch den Rückzug guter Qualitäten auch die Durchschnittsqualität sinkt. Diese endogene Bestimmtheit der Durchschnittsqualität ist das Charakteristikum von *lemon*-Märkten.[3140] Aus dem Verhalten der Verkäufer_innen gewinnt der/die Käufer_in also wichtige Hinweise für die Kaufentscheidung, das Verhältnis von Durchschnittsqualität und Marktpreis ergibt seine objektive Präferenzrate. Diese bestimmt neben der subjektiven Präferenzrate seine Kaufentscheidung. Die subjektive Präferenzrate sagt aus, welchen Preis die Käufer_innen zu zahlen bereit sind, um eine weitere Qualitätseinheit zu erhalten. Daraus ergibt sich auch für die Käufer_innen eine Entscheidungsregel:

> „Kaufe nur dann, wenn die objektive Präferenzrate größer ist als die subjektive. Kaufe nicht, wenn die objektive Präferenzrate kleiner ist als die subjektive."[3141]

Anders ausgedrückt: Solange die Käufer_innen erwarten können, dass die tatsächliche Qualität, die sie für den Kaufpreis erhalten, größer ist als das, was sie maximal für die Qualität bereit sind zu zahlen, werden sie kaufen. In einer Marktanalyse lässt sich zeigen, dass durch die Kaufentscheidung der Käufer_innen erst einmal ein Angebotsüberschuss entsteht. Darauf reagiert der Markt mit Preissenkungen (die in diesem Fall ein Hinweis auf sinkende Durchschnittsqualität darstellen). Dies wird die Zahlungsbereitschaft bzw. Kaufentscheidung der Käufer_innen weiter negativ beeinflussen. Dadurch ziehen sich die Anbieter_innen der Autos mit den vergleichsweise hohen Qualitäten vom Markt zurück. Diese „Spirale" endet in einem Gebrauchtwagenmarkt, indem nur die schlechtesten Wagen zum niedrigen Gleichgewichtspreis gehandelt werden. Alle Autos deren Qualität über diesem minimalen Gleichgewichtspreis liegt, haben den Markt verlassen. Dieses Ergebnis ist auch den strikten Modellannahmen geschuldet.[3142] Dennoch lässt sich auch für die Lockerung dieser Annahmen zeigen, dass die Segmente mit den schlechteren Qualitäten übrig bleiben und die schlechten dann die ganz schlechten Qualitäten subventionieren. Oder

---

3140 In Märkten mit symmetrischer Information ist die Durchschnittsqualität hingegen exogen bestimmt, weshalb die Qualität hier den Preis bestimmt und nicht umgekehrt.

3141 Milde 1988: 4. (Awg).

3142 Vor allem die konstanten subjektiven Präferenzraten von Käufer_inen und Verkäufer_innen begünstigen diesen Ausgang.

umgekehrt. Auf *lemon*-Märkten verschwinden zuerst die besten Qualitäten vom Markt oder die besten Qualitäten müssen die schlechten subventionieren. Es zeigt sich ein Marktversagen oder gar ein völliger Zusammenbruch des Marktes. Ein zentrales Problem auf *lemon*-Märkten ist die Informationsasymmetrie und die angenommene Nichtübertragbarkeit von Informationen. Dies ist sicherlich ein modelltheoretischer Extremfall. In der Realität können Käufer_innen z. B. eigene Ressourcen einsetzen, um Informationen über Qualitäten zu erhalten (direkte Informationsgewinnung[3143]). So könnten Käufer_innen ein Gutachten beauftragen, das Informationsasymmetrien abbaut (Informationserträge schafft), allerdings gleichzeitig Informationskosten auslöst.[3144] Neben der direkten Informationsgewinnung gibt es auch die indirekte Informationsgewinnung, beschrieben als Signalverhalten (*signaling*) der Verkäufer_innen. Die Verkäufer_innen guter Qualitäten bieten demnach Kontrakte mit kombinierten Konditionen an, diese müssen so gestaltet sein, dass die uninformierte Marktseite daraus die überlegene Qualität der Güter glaubhaft ableiten kann. Die Idee ist, dass es für die Anbieter_in schlechter Qualität nicht profitabel ist, die gleichen Kontrakte anzubieten, wie die Qualitätsanbieter. Man kann kostspieliges und kostenloses Signalisieren unterscheiden. Kostspielig ist das Signalisieren dann, wenn dessen Kosten im Gegensatz zu einer Marktsituation mit öffentlichen Informationen zu einer realen Wohlfahrtseinbuße für die Verkäufer_innen führt. Es entstehen Kosten zur Glaubhaftmachung der guten Qualität (positive Informationskosten). Beispiele für den Gebrauchtautomarkt wären lange Garantiezeiten. Bei der kostenlosen Signalisierung reagieren die guten Qualitäten nicht mit Marktrückzug, sondern mit endogener Absenkung der eigenen Qualität. Die Verkäufer_innen könnten z. B. Extras aus dem Auto ausbauen und gesondert verkaufen. Damit entsteht für sie – im besten Falle – kein Wohlfahrtsverlust.[3145]

3143 Informationsasymmetrien können jedoch nur verringert, aber nicht vollständig beseitigt werden, vgl. *Schumann/Meyer/Ströbele* 2011: 458.

3144 Hierbei entstehen weitere Folgeprobleme. Erstens ist die Frage, ob das Gutachten den qualitativen Anforderungen genügt, also ob die begutachtende Stelle über Reputation verfügt. Im Zweifel braucht man ein Gutachten über die Gutachterinstanz. Außerdem hat die Gutachterinstanz ein *moral hazard* Problem mit ihren Mitarbeiter_innen, vgl. *Kubon-Gilke* 2013: 276.

3145 Vgl. *Milde* 1988.

In dieser Modellierung wird auch davon ausgegangen, dass die Transaktion einmalig stattfindet. Entstehen jedoch längerfristige Beziehungen zwischen Verkäufer_innen und Käufer_innen verändert sich die Situation. Durch mehrfache Transaktionen werden Informationsasymmetrien abgebaut, da die Käufer_innen merken, bei wem sie gute oder schlechte Ware erhalten. Entweder sie suchen bei gleichem Preis das bessere Angebot aus oder sie akzeptieren beim schlechteren Angebot nur noch einen niedrigeren Preis. Die Anbieter_innen guter Qualität können so neben schlechten Qualitäten bestehen und werden versuchen, ihre Reputation auf- und auszubauen.[3146] Dies ist vor allem in Märkten relevant, in denen die gleichen Anbieter_innen immer wieder auf die gleichen Nachfrager_innen treffen. Für die Kinder- und Jugendhilfe ist dies der Fall, und unter dem Aspekt der QE ist das *adverse selection*-Problem auch das zentrale Problem, das es bei der Auswahl eines Leistungsanbieters für eine Hilfe zu lösen gilt. Vorwegnehmend kann festgestellt werden, dass Reputation ein entscheidendes Element der Lösung von P-A-Problemen in der Kinder- und Jugendhilfe darstellt. Die Abhängigkeit der Reputationswirkung von der Dauer und Wiederholung der Kooperation wird in Kapitel 4 dargestellt.

Ein weiteres Lösungsdesign für *adverse selection* stellen *screening* und Selbstwahlschemata dar. Beim *screening* versucht der Prinzipal seine Auswahlinstrumente zu verbessern, z. B. durch eine Probezeit oder ein Assessment-Center. Selbstwahlschemata bedeuten, dass der Prinzipal unterschiedliche Vertragsangebote anbietet, die z. B. verschiedene Verteilungen des Risikos oder des Ertrags des Agenten beinhalten. Danach kann der Agent einen bestimmten Vertrag auswählen und so seine Anstrengungsbereitschaft oder Risikobereitschaft *ex ante* offenbaren.[3147]

Hold up

Das *hold up*-Problem bezieht sich auf den Zeitpunkt nach Vertragsabschluss. Es geht darum, dass der Prinzipal die möglichen verborgenen Absichten des Agenten *ex ante* nicht kennt. Er weiß also nicht, wie sich der Agent nach Vertragsabschluss in seinem Leistungsverhalten entwickelt (*hidden intensions)*. Der Prinzipal kann nach Vertragsabschluss den Op-

3146 Vgl. *Kirchgässner* 2008: 69.
3147 Vgl. *Saam* 2002: 34f.

portunismus des Agenten zwar beobachten, aber nicht verhindern, zumindest nicht, ohne prohibitive Kosten auf sich zu nehmen. Das Problem ist, dass der Prinzipal in ein Abhängigkeitsverhältnis zum Agenten gerät, da er z. B. spezifische Investitionen getätigt hat, die nicht mehr rückgängig gemacht werden können. Das *hold up*-Problem ist damit eng verbunden mit der Problematik aus der Transaktionskostentheorie zu den spezifischen Investitionen.[3148] Diese könnten z. B. in spezialisiertem Fachwissen durch Fortbildung liegen. Bei Vertragsauflösung würde der Prinzipal sowohl die Kosten der Vertragsanbahnung und -schließung verlieren, als auch die Kosten zur Einarbeitung und Fortbildung[3149], man spricht von sog. *sunk costs*. Diskutierte Lösungen für *hidden intensions* Probleme sind die einseitige Abhängigkeit in eine gegenseitige zu transformieren oder eine Interessensangleichung durch institutionelle Integration zu erreichen.[3150] *Saam* sieht Autoritätssysteme als typische Lösung von *hidden intensions* Problemen an. In der Bildung von Hierarchie besitzt der Prinzipal Sanktionsmöglichkeiten gegenüber dem Agenten. Das Problem der Beobachtbarkeit der Handlungen des Agenten als Folgeleistung der Anweisung des Prinzipals bleibt jedoch ungelöst.[3151] Diese Autoritätssysteme können als mögliches Ergebnis der Transformation in beidseitige Abhängigkeit bzw. institutionelle Integration interpretiert werden. Unter dem Fokus des *hold up* bleibt der Prinzipal jedoch in der schwächeren Position, weil sich an der grundlegenden Informationsasymmetrie nichts ändert.

Moral hazard

So wie sich bei *adverse selection* ein Informationsproblem vor Vertragsabschluss betrachten lässt, stellt sich dieses Problem in anderer Form auch nach Vertragsabschluss (*ex post*). Das Problem des *moral hazard* bezeichnet das Verhältnis zwischen einem Prinzipal und einem Agenten bei asymmetrischer Information nach Vertragsabschluss. In der Regel wird unterschieden zwischen zwei Arten von asymmetrischer Information. Zum Ersten ist dem Prinzipal nicht bekannt, was genau der Agent nach Vertragsab

3148 Vgl. *Picot/u. a.* 2012: 93f.

3149 Dabei ist selbstverständlich zu fragen, wer die Fortbildungskosten trägt.

3150 Vgl. *Langer* 2004a: 334.

3151 Vgl. *Saam* 2002: 33. Beispiele sind Leistungszusagen, die erst dann gewährt werden, wenn der Agent sich über längere Zeiträume loyal gezeigt hat.

schluss tut (*hidden action*), und zweitens erhält der Agent nach Arbeitsaufnahme Informationen, die dem Prinzipal nicht bekannt sind (*hidden information*).

Das typische Beispiel für *hidden action* ist die Anstrengung des Agenten. Ausgehend vom Grundsatz, dass eine höhere Anstrengung des Agenten den Outcome des Prinzipals erhöht, hat die Anstrengung des Agenten für diesen also einen direkten Wert. Allerdings kann der Prinzipal in der Regel nicht feststellen, ob der Agent so emsig, fleißig, sorgfältig wie möglich gehandelt hat. Der Grund liegt im Wissensvorsprung des Agenten über sein Können. Ein bekanntes Beispiel ist die Arzt-Patient Beziehung: Der Patient kann aufgrund des Expertenwissens des Arztes nicht einschätzen, ob dieser ihn bestmöglich behandelt hat.[3152] Demnach ist das P-A-Problem vom Grundsatz her ein Anreizproblem, welches über die Vertragsgestaltung zu lösen versucht wird. Anreizprobleme entstehen immer dann, wenn jemand entweder nicht die negativen Konsequenzen seiner Handlungen voll tragen muss oder auch den positiven Ertrag seiner Handlungen nicht voll erhält. Zwei Aspekte sind zentral. Wie sehr strengt sich der Agent an und wie risikofreudig ist er? Im Beispiel eines Unternehmens kommt als *first best*-Lösung für das P-A-Problem zwischen Eigentümern und Management der Verkauf derjenigen Unternehmensanteile an die jeweiligen Manager, die dafür verantwortlich sind, in Betracht. Jedoch werden die Manager zum einen nicht das Kapital zum Erwerb haben und zum anderen werden sie nicht das Risiko eingehen, ein stabiles Gehalt gegen ein variables Eigentümereinkommen zu tauschen. Außerdem werden P-A-Probleme bleiben, da nicht jeder für sich alleine arbeiten kann, sondern auch als Eigentümermanager wieder Agenten braucht. Eine *second best*-Lösung wären leistungsabhängige Löhne.[3153] Damit lässt sich das Interesse des Prinzipals mit dem Interesse des Agenten stärker in Übereinstimmung bringen. Als weitere Lösung des Problems bleibt dem Prinzipal die Kontrolle, indem er misst, was die Agenten tun sollten und was sie tatsächlich tun. Aber auch diese Kontrolle muss zwangsläufig unvollständig bleiben, auch wenn die längerfristigen Beziehungen zwischen Prinzipal

---

3152 Vgl. *Arrow* 1985: 38.

3153 Je höher dabei die Risikoaversion des Agenten, desto höher muss der Anteil der fixen Entlohnung sein, vgl. *Schumann/Meyer/Ströbele* 2011: 456. Leistungsabhängige Löhne führen jedoch auch zu Folgeproblemen. So könnte sich der Agent auf die Leistungsbestandteile konzentrieren, die gut messbar sind und auf den Leistungslohn Auswirkungen haben.

und Agent die Kontrollwirkung verbessern.[3154] Im Rahmen der formalen Vertragstheorie wird das *hidden action*-Problem unter folgenden Annahmen behandelt. Der Prinzipal hat den Agenten mit einer bestimmten Aufgabe betraut, die er für den Prinzipal ausführen soll. Der Prinzipal kann nicht das Ausmaß der Anstrengungen (*action*) des Agenten überprüfen, somit hat der Agent mehr Informationen über seine Anstrengungen als der Auftraggeber (asymmetrische Information). In der Annahme, dass das Verhalten des Agenten aber Auswirkungen auf das Ergebnis der übertragenen Leistung hat, kann der Prinzipal mittelbare Rückschlüsse aus den Arbeitsergebnissen (realisierte Gewinne[3155]) ziehen. Man spricht von sog. sicheren Ergebnissen, der Prinzipal schließt also direkt vom Ergebnis der Leistung des Agenten auf dessen Anstrengung. Mehr Anstrengung des Agenten bedeutet in dieser Modellierung auch mehr Gewinn. Der Prinzipal bietet dem Agenten ein bestimmtes Anreizschema (Lohn, Gehalt o. ä.). Das Verhältnis zwischen diesem Lohn und den Kosten seiner (durch den Prinzipal nicht direkt kontrollierbaren) Anstrengung macht das Nutzenniveau des Agenten aus. Sowohl Prinzipal als auch Agent werden als nutzenmaximierend und risikoneutral angenommen. Unterstellt wird hier, dass der Lohn eine feste Komponente hat und einen variablen (am Gewinn orientierten) Anteil aufweist. Weiter wird angenommen, dass der Prinzipal weiß, wie der Zusammenhang von gewinnabhängigem Lohnanteil, Anstrengung und Grenzkosten der Anstrengung beim Agenten gelagert sind. Oder einfacher: Der Prinzipal weiß, dass er mit einer bestimmten Höhe des gewinnabhängigen Lohnes eine bestimmte Anstrengung beim Agenten erzielt. Vorausgesetzt, dass der Agent das Angebot annehmen oder ausschlagen kann, wird er zusagen, wenn der Prinzipal ihm wenigstens seinen Reservationsnutzen[3156] bietet, und absagen, wenn das Angebot darunter liegt. Der Annahme folgend, dass der Prinzipal seine Nettogewinne maximieren will, bietet der dem Agenten gerade so viel, dass dieser annimmt. Damit wird die Partizipationsbedingung verbindlich. Im Ergebnis wird der Agent hier faktisch zum alleinigen Anteilseigner des Unternehmens. Da

3154 Vgl. *Stiglitz* 1999: 567-573.

3155 Bei klarem Zusammenhang von Gewinn und Anstrengung.

3156 Reservationsnutzen bezeichnet das Nutzenniveau zu dem der Agent gerade noch bereit ist, die Aufgabe zu übernehmen. Es wird z. B. dadurch bestimmt, dass eine andere Beschäftigung als nächstbeste Beschäftigung in Frage kommt, wenn der Reservationsnutzen unterschritten wird. Das Zusagen unter Einhaltung des Reservationsnutzens wird „Partizipationsbedingung“ genannt.

der Prinzipal den Arbeitseinsatz nicht beobachten kann, ist es optimal den Gewinn, der vom Einsatz des Agenten abhängig ist, voll an diesen auszuzahlen. Der Agent erhält 100 % der Gewinne und trägt das volle Risiko. Damit dieser aber den vollen Gewinnanteil erhält, muss er einen bestimmten Betrag an den Prinzipal zahlen, hieraus ergibt sich das klassische Franchise-Modell. Werden die optimale Anstrengung und das Gewinnmaximum erreicht, erhält der Agent effektiv die Hälfte des Gewinns. Dies gilt jedoch nur im Falle sicherer Ergebnisse. Sobald die Ergebnisse unsicher sind, also durch exogene Schocks gekennzeichnet werden, ändert sich die Situation. Demnach sind die Gewinne nicht mehr nur durch die Anstrengung des Agenten, sondern auch durch die exogenen Schocks beeinflusst. Als weitere Annahmeänderung[3157] wird angenommen, dass der Agent risikoavers und der Prinzipal risikoneutral ist.[3158] Unter der Annahme, dass der Prinzipal die Anstrengungen des Agenten unmittelbar wahrnehmen kann (symmetrische Information), kann eine *first best*-Lösung für unsichere Ergebnisse bei risikoneutralem Prinzipal und risikoaversem Agent[3159] modelliert werden, die dadurch gekennzeichnet ist, dass der Agent einen festen Lohn erhält und der Prinzipal das gesamte Risiko trägt. Bei der Annahme, dass die Anstrengung des Agenten nicht direkt beobachtbar ist, kann die *first best*-Lösung nicht mehr erreicht werden. Wenn der Agent einen festen Lohn erhält, wird er seine Anstrengungen einstellen (folgt aus der Opportunismus-Annahme). Daher ist wieder ein gewinnabhängiger Lohn nötig, der aber nur eine *second best*-Lösung darstellt. Wenn die Risikoscheuheit des Agenten oder die Unsicherheit des Ergebnisses genügend groß ist, muss der Prinzipal einen bestimmten Fixlohn zahlen, damit der Agent überhaupt den Vertrag annimmt. Die Höhe des variablen Gewinnanteils, den der Prinzipal bieten muss, um das optimale Anstrengungsniveau zu erreichen, hängt dann von der Risikoscheuheit, den Grenzkosten

---

3157 Für die Risikoneutralität von Agent und Prinzipal erhielte man die gleichen Ergebnisse wie bei sicheren Ergebnissen.

3158 Das wird damit begründet, dass der Agent nicht die gleichen Diversifizierungsmöglichkeiten für seine Investitionen wie der Prinzipal hat.

3159 Die Modellierung der Risikoscheuheit wird über den *von Neumann-Morgenstern*-Nutzen erreicht. Hierbei wird angenommen, dass alle Entscheidungen unter Unsicherheit eine Wahl zwischen Lotterien darstellen. Man kann nie genau wissen, welche Folgen eine Entscheidung hat. Es werden zwar Wahrscheinlichkeitseinschätzungen vorgenommen, doch ein Restrisiko bleibt. Dieser Entscheidungsprozess wird im Konstrukt des Erwartungsnutzens abgebildet, vgl. *Richter/Furubotn* 2010: 232, *Erlei/Leschke/Sauerland* 2007: 103ff.

der Anstrengung und der Unsicherheit des Ergebnisses ab. Der Prinzipal muss eine Wohlfahrtseinbuße in Kauf nehmen.[3160] Das bedeutet aber auch, dass die Lohnform als Problemlösung herangezogen wird, und damit der Lohn funktional überlastet wird.[3161]

Das zweite *moral hazard*-Problem ist das der versteckten Information:

> „In the hidden information problems, the agent has made some observation that the principal has not made. The agent uses (and should use) this observation in making decisions; however, the principal cannot check whether the agent has used his or her information in the way that best serves the principal's interest."[3162]

Demnach ist der Prinzipal nicht in der Lage, zu erfahren, welche Informationen der Agent erhält und ob dieser die Informationen zu Gunsten des Prinzipals einsetzt.

Als Lösungsdesigns für die Probleme *hidden information* und *hidden action* werden in erster Linie Anreizsysteme diskutiert.[3163] Diese dienen dazu, den Agenten am Ertrag der Produktion zu beteiligen, um seinen Anreiz zu erhöhen, sich anzustrengen und seine erhaltenen Informationen im Sinne der Gesamtertragssteigerung zu nutzen. Im Grunde geht es um eine Interessensangleichung von Agent und Prinzipal. Durch die Aushandlung von Anreizsystemen entstehen Verhandlungskosten, die als Agenturkosten in die Bewertung, wie weit sich das Anreizsystem lohnt, eingehen müssen. Da der Agent risikoavers modelliert wird, wird seine Bereitschaft, ertragsabhängige Entlohnung nach Anreizsystemen anzunehmen, in direktem Verhältnis zu seinen Möglichkeiten, das Ergebnis verlässlich zu beeinflussen stehen. Oder anders: Je abhängiger das Ergebnis von exogenen

---

3160 Vgl. *Richter/Furubotn* 2010: 225-240.

3161 Vgl. *Kubon-Gilke* 2013: 294ff. Das Problem funktional belasteter Löhne verschärft sich bei steigender Risikoaversion und asymmetrischen Informationen, so dass in der Folge nicht-markträumende Löhne gezahlt werden müssen. Das ist eine Erklärung dafür, dass Arbeitslosigkeit durch zu hohe Löhne, weil funktional überlastet, entsteht.

3162 *Arrow* 1985: 39.

3163 Empirische Studien zeigen, dass erfolgsabhängige Anreizsysteme eher selten sind. Sondern es werden eher standardisierte Anreizsysteme eingesetzt, wie z. B. Dienstalter, Firmenzugehörigkeit etc. Eine Erklärung liegt darin, dass Agenten sich zu sehr auf die Bestimmung und Messung von Erfolgen konzentrieren würden, wenn darüber ihr Erfolgshonorar gesteuert würde. Das reduziere die Zeit, um für die Unternehmung zu arbeiten, vgl. *Saam* 2002: 40. Dieses Beispiel zeigt wie wichtig es ist, den trade-off zwischen Agenturkosten und Einbußen durch P-A-Probleme zu beachten.

Schocks, desto höher wird die vom Agenten verlangte Grundvergütung sein, um sein Risiko zu kompensieren.[3164]

Eine weitere Möglichkeit, das *hidden action*-Problem zu lösen, besteht in Kontroll- oder Informationssystemen (*monitoring*). Sie dienen der Disziplinierung des Agenten. Informationssysteme sollen die Informationsasymmetrie zugunsten des Prinzipals verschieben. Eingesetzt werden Berichts-, Budget- und Dokumentationssysteme.[3165] Kontrollsysteme liefern neben den informativen Größen auch soll/ist-Vergleiche. Es kann keine perfekten Kontroll- und Informationssysteme geben, auch sind sie oft mit immensen Agenturkosten verbunden.[3166] Überwachung kann zusätzlich zu der Betrachtung des Outcome weitere Informationen liefern. Grundsätzlich gilt, dass die Beschaffung von Informationen etwas kostet. Problematisch an diesen Instrumenten ist, dass sie das Grundproblem der P-A-Beziehung nicht angehen. Die Informationen bzw. die Kontrolle muss auch wieder beauftragt werden. Da der Prinzipal dies nicht selber tun kann oder dies prohibitiv teuer wäre, braucht er wieder einen Agenten. Beauftragt er den zu kontrollierenden Agenten mit der Information oder Evaluation, muss davon ausgegangen werden, dass dieser Agent kein Interesse oder mindestens ein opportunistisch angeleitetes Eigeninteresse an der Berichterstattung, Evaluation etc. hat. Wird der Agent schließlich extern evaluiert, entstehen zwei neue Probleme. Erstens konzentriert sich der Agent nur noch auf gut messbare und darstellbare Aufgaben. Zweitens stellt sich die Frage, wer den Kontrolleur im Sinne des Prinzipals kontrolliert? Auch die sog. Selbstbindung ist eine Möglichkeit das *hidden-action* Problem zu lösen:

> „Der Agent verpflichtet sich zu bestimmten Leistungen, z. B. zur Lieferung von Informationen über seinen Arbeitseinsatz, gegenüber dem Prinzipal und vereinbart mit diesem Sanktionen für den Fall der Nichterfüllung."[3167]

Das bei *adverse selection* vorgestellte *screening* kann auch als Lösungsdesign für *hidden knowledge* betrachtet werden.

3164 Vgl. *Saam* 2002: 31f. Als Beispiele gelten Prämienzahlungen, Dienstreisen, Mitgliedschaft in prestigeträchtigen Kommissionen, Teambildung, Kapitalbeteiligung.

3165 Auch die in der Sozialen Arbeit vor allem diskutierte Evaluation kann als Informations- bzw. Kontrollinstrument interpretiert werden, vgl. Kap 1.2.

3166 Vgl. *Saam* 2002: 32.

3167 *Saam* 2002: 34f. Beispiele sind Tätigkeitsberichte, die allerdings mindestens stichprobenartig kontrollierbar sein müssen bzw. auch kontrolliert werden.

Es folgt eine Übersicht zu den Problemen und Lösungsansätzen in der P-A-Theorie:

Agenturproblem	Qualitäts-unsicherheit *adverse selection*	*hold up*	*moral hazard*	
Zeitpunkt	Vor Abschluss des Vertrags	Nach Abschluss des Vertrags	Nach Abschluss des Vertrags	Nach Abschluss des Vertrags
Art der Informations-asymmetrie	*hidden characteristics*	*hidden intentions*	*hidden know-ledge / hidden information*	*hidden action*
Informationsproblem des Prinzipals z. B.	Qualifikation des Agenten unbekannt	Absichten des Agenten unbekannt	Fachwissen oder Prozess-wissen des Agenten unbe-kannt	Anstrengun-gen und Arbeitseinsatz des Agenten nicht beob-achtbar
Verhaltenstransparenz	*ex post* bekannt	*ex post* bekannt	*ex post* verborgen	*ex post* verborgen
Randbedingung	Informations-ineffizienz	*sunk costs*	Informations-ineffizienz	Ressourcen-plastizität
Lösungsansätze z. B.	Signaling, Screening, Selbstwahl-schemata	Autoritätssys-teme, spiel-theoretische Lösungsde-signs	Signaling, Screening, Selbstwahl-schemata	Anreizsyste-me, Selbstbin-dung, Kon-trollsysteme "*boiling-in-oil*" Verträ-ge[3168]

Tab. 3: Übersicht über Agenturprobleme und deren Lösungen; in Anlehnung an Saam 2002: 30.

Grundsätzliche Lösungsdesigns für Agenturprobleme lassen sich auch aus der Spieltheorie entwickeln, die zur Formalisierung strategischer Interaktionssituationen dient. P-A-Beziehungen werden als Hybrid aus kooperati-

3168 Diese Vertragsart sieht sehr hohe Vertragsstrafen für den Agenten vor, wenn ein Ergebnis eintritt, das bei hoher Anstrengung äußerst unwahrscheinlich wäre. Sinnvoll sind „boiling in oil"-Verträge dann, wenn das vom Prinzipal unerwünschte Handeln mit hoher Wahrscheinlichkeit zu beobachtbaren Ergebnissen führt, die unter wünschenswertem Handeln mit deutlich niedriger Wahrscheinlichkeit eintreten. Weiter darf der Agent nicht zu risikoavers sein und er muss durch den Prinzipal glaubhaft bestraft werden können, vgl. *Erlei/Leschke/Sauerland* 2007: 168.

ven und nicht-kooperativen Spielen dargestellt. Agenturprobleme, die sich nur begrenzt über Autoritätssysteme entschärfen lassen, können als Gefangenendilemma modelliert werden.[3169] Diese können z. B. als Dilemma oder als Kooperation modelliert werden. Es können Erkenntnisse gewonnen werden, ob sich Individuen kooperativ, nicht kooperativ oder altruistisch verhalten, bzw. welchen Strategien sie folgen. In der Realität gibt es viele Situationen, in denen kooperatives Verhalten zu besseren Gesamtergebnissen führt als egoistisches Verhalten. Die modellierten Spiele bestehen aus den Komponenten Spieler, Regeln, Strategien, Annahmen über Informationsverteilung, Auszahlungsfunktion und Ergebnis. Im Hinblick auf das Ergebnis ist das *Nash*-Gleichgewicht bedeutsam, in dem sich kein Spieler durch einen Strategiewechsel besserstellen kann, angenommen die anderen Spieler behalten ihre Strategie bei. Dabei geht es um die jeweils besten Antworten aufeinander.[3170] Man unterscheidet in Koordinationsspiele, in denen sich beide Spieler besser stellenkönnen, Nullsummenspiele, in denen der Gewinn des einen der Verlust des anderen ist, und *mixed-motive*-Spiele, in denen sowohl Koordination als auch Konflikt als Konstellation vorkommen. Das bekannteste *mixed-motive*-Spiel ist das og. Gefangenendilemma[3171]. Dieses heuristische Modell wird kurz vorgestellt, da in dessen Anwendung vielversprechende Erkenntnisse für die Wirkungen institutioneller Arrangements liegen können.[3172] Für den Kontext der Sozialen Arbeit ist die Rekonstruktion von Kooperationsproblemen als Gefangenendilemma besonders perspektivenreich, weil damit innerhalb des ökonomischen Ansatzes deren Interaktionsorientierung[3173] anschlussfähig wird:

> „Das Gefangenendilemma in seiner klassischen Form bildet einen Zustand der sozialen Interdependenz ab; die Handlungsbedingungen einer Person be-

3169 Vgl. *Saam* 2002: 34.

3170 Vgl. *Holler/Illing* 2009: 10.

3171 Vgl. *Voigt* 2002: 36ff.

3172 Für die zu betrachtende Konstellation in den Hilfen zur Erziehung ist dies besonders perspektivenreich, da hier eine Kooperationsverpflichtung von freiem/privatem Träger und Jugendamt besteht, die in bestimmte institutionelle Rahmenbedingungen eingebettet ist, die möglicherweise zu *second best*-Lösungen führen. Die Vereinbarungen nach Paragraph 78a-g SGB VIII bestimmen diese Rahmenbedingungen in dominanter Weise. Zur konkreten Anwendung vgl. Kap. 4.

3173 Auch die P-A-Theorie selbst kann als Interaktionstheorie bezeichnet werden, vgl. *Saam* 2002: 5 in Bezug auf *Wolff* 1999.

> stehen (zum Teil) in Abhängigkeit zu den Handlungen und Handlungsmöglichkeiten des anderen Akteurs.“[3174]

Das typische Beispiel für das Gefangenendilemma ist ein Strafprozess gegen zwei Straftäter, die beschuldigt werden, gemeinsam eine Reihe von Verbrechen begangen zu haben. Beide wurden von der Polizei auf frischer Tat verhaftet und getrennt inhaftiert. Beiden droht wegen der bekannten Tat 2 Jahre Gefängnis. Die Staatsanwaltschaft vermutet jedoch, dass beide gemeinsam mehrere schwere Verbrechen begangen haben, die sie mindestens für zwölf Jahre hinter Gitter bringt. Dies kann sie jedoch nicht beweisen und ist auf ein Geständnis von mindestens einem der beiden angewiesen. Die Staatsanwaltschaft bietet Straffreiheit für denjenigen, der ein komplettes Geständnis ablegt (Kronzeuge). Würden beide gestehen, müssten sie zehn Jahre Strafe hinnehmen. Die beiden Handlungsalternativen (Strategien) für jeden Einzelnen bestehen also im Schweigen oder Gestehen. Unter der Annahme, dass beide rational und eigeninteressiert handeln, stellt sich die Situation folgendermaßen dar. Wenn Gefangener 1 davon ausgeht, dass Gefangener 2 gesteht, dann wird er auch gestehen (10 Jahre statt 12 Jahre). Geht er davon aus, dass Gefangener 2 schweigt, dann wird er ebenfalls gestehen (Freispruch statt 2 Jahre). Für Gefangenen 1 ist somit Gestehen die dominante Strategie. Angenommen, Gefangener 2 trifft die gleiche Abwägung, so werden beide gestehen und damit ihre *first best*-Lösung, nämlich durch Schweigen zwei Jahre zu bekommen, verfehlen. Das bedeutet,

> „dass es durchaus Situationen geben kann, bei denen individuell rationales Verhalten *kein* effizientes Gesamtergebnis nach sich zieht.“[3175]

Die *first best*-Lösung wäre durch kooperatives Handeln, hier im Sinne einer Absprache, zu Stande gekommen. D. h. aber nicht, dass kooperatives Handeln immer zu gesellschaftlich besseren Ergebnissen führt, da die Auswirkungen auf Dritte diese schlechter stellen könnte.[3176]

3174 *Langer* 2004a: 288.
3175 *Kubon-Gilke* 2013: 210.
3176 Vgl. *Kirchgässner* 2008: 51.

Gefangener 2		Gefangener 1: Gestehen	Gefangener 1: Schweigen
	Gestehen	10 Jahre für beide	12 Jahre für 1 Freispruch für 2
	Schweigen	12 Jahre für 2 Freispruch für 1	2 Jahre für beide

Tab. 4: Gefangenen-Dilemma

In einem bekannten anderen Dilemma, dem sogenannten „Kampf der Geschlechter", wird die *first best*-Lösung nicht durch Kooperationen, sondern durch Altruismus ermöglicht. Allerdings nur, solange einmal gespielt wird. Sobald das Spiel wiederholt wird, kann durch eine vereinbarte Kooperationsregel ein Ausgleich herbei geführt werden.[3177]

Spieltheoretische Modellierungen haben als heuristisches Modell jedoch auch Schwächen. Neben der Kritik, dass Spielern oft vollständige Rationalität unterstellt wird[3178], wird vor allem kritisiert, dass die Spieltheorie in der klassischen Anwendung die Transaktionskosten völlig außer Acht lässt.[3179] Daher wird in der vorliegenden Arbeit die Transaktionskostentheorie zusätzlich als Analyseinstrument herangezogen.

Zusammenfassend lässt sich die P-A-Theorie als interaktionistische Theorie verstehen. In der Modellierung zweier Akteure, die in einem Beauftragungsverhältnis zueinander stehen und versuchen eine Tauschbeziehung unter der Zuhilfenahme einer impliziten oder expliziten Vertragsgestaltung zu realisieren, wird der interaktionistische Charakter deutlich. Bestätigt wird dieser weiter durch die Modellierung der P-A-Probleme als soziale Dilemmasituation bzw. der spieltheoretischen Bezüge zur P-A-Theorie.

Die Annahmen der P-A-Theorie in Bezug auf die Akteure stehen in Analogie zu den weiter entwickelten *homo oeconomicus* Annahmen. Es wird individuelle Nutzenmaximierung, begrenzte Rationalität[3180] und Op-

3177 Vgl. *Kirchgässner* 2008: 52f. Die Annahme, dass sich weitere Lösungsmöglichkeiten über langfristige Spielsequenzen ergeben, ist für das Feld der Hilfe zur Erziehung wichtig, da hier langfristige und mehrmalige Interaktionen entstehen.

3178 Vgl. *Voigt*: 41. Dies stößt auf gleichartige Kritik und Verteidigung wie die Rationalitätsannahme des *homo oeconomicus*.

3179 Vgl. *North* 1992: 18.

3180 „Für die positive Agenturtheorie hat sich die begrenzte Rationalität als fruchtbare Annahme erwiesen" *Saam* 2002: 12.

portunismus unterstellt. Der Innovationsgehalt der NIÖ und damit auch der P-A-Theorie drückt sich vor allem in der Einbeziehung des institutionellen Rahmens in die Analyse aus.[3181] Dies ist auch der Gewinn für die vorliegende Fragestellung, da in der bisherigen Qualitätsdiskussion in der Kinder- und Jugendhilfe die Fragen institutioneller Arrangements durchweg vernachlässigt wurden. Demnach soll durch diese Arbeit die Qualitätsdiskussion um diesen Aspekt erweitert werden, ohne aber zu weit die Fortentwicklungen der Analysetheorien der NIÖ vorwegzunehmen. Es gilt zuerst zu klären, wie mit den sehr vereinfachten, rudimentären Grundannahmen eine Annäherung an den Gegenstand der Hilfe zur Erziehung erreicht werden kann. Die schrittweise Ausweitung der Analysekriterien und eine Erhöhung der Komplexität des Modells kann erst im Anschluss Schritt für Schritt vorgenommen werden, da sonst die Gefahr besteht den Gegenstand zu überformen.

Auf eine umfassende kritische Würdigung der P-A-Theorie wird an dieser Stelle verzichtet.[3182] Einige relevante Aspekte sind in der Diskussion um das *homo oeconomicus* Modell auch bereits angesprochen. Als wichtiger Kritikpunkt explizit erwähnt werden muss die stark dyadische Orientierung der P-A-Theorie. Zwar wurde diese Kritik in den Ansätzen zur Teamproduktion[3183] und Mehr-Prinzipal, Mehr-Agenten bzw. mehrstufigen Modellen[3184] aufgenommen, jedoch bilden immer noch dyadische Modelle die Hauptanalyseform der P-A-Theorie. Für die Fragestellung dieser Arbeit wird ein daraus abgeleiteter Aspekt relevant. Die P-A-Theorie geht ohne Begründung davon aus, dass es sich im Verhältnis von Prinzipal und Agent immer um ein formelles oder informelles Vertragsverhältnis handelt, welches eindeutig und allen Beteiligten transparent ist. Im Verlauf der Darstellung des hier betrachteten Kinder- und Jugendhilfesystems wird gezeigt, dass diese Annahme unzureichend ist. Es entstehen vielmehr signifikant andere P-A-Probleme, wenn es einen formellen Prin-

---

3181 Vgl. *Saam* 2002: 46.

3182 Für eine explizit auf die P-A-Theorie orientierte Kritik vgl. die umfassende Darstellung bei *Saam* 2002: 50ff. Für eine Kritik der NIÖ im Hinblick auf die Vernachlässigung der Verhaltensrelevanz von Institutionen vgl. *Kubon-Gilke* 1997. Für die Kinder- und Jugendhilfe besonders relevant ist die Kritik *Dees*, der die Verpflichtung des Agenten gegenüber dem Prinzipal als einseitig kritisiert, ethische Rahmenbedingungen vernachlässigt sieht und Lösungen vermisst, die ethische Normen einschließen, vgl. *Dees* 1992: 35, nach *Saam* 2002: 43.

3183 Vgl. *Alchian/Demsetz* 1972: 777ff.

3184 Für eine umfassende Zusammenstellung vgl. *Kah* 1994: 45ff.

zipal (Eltern mit Beauftragung des freien/privaten Trägers und Rechtsanspruch gegen das Jugendamt) und einen faktischen[3185] Prinzipal (das Jugendamt) gibt. Einen Versuch, diese Sondersituation im Hinblick auf die P-A-Theorie zu strukturieren, hat *Langer*[3186] mit seinem DOPAM unternommen. Zwar stand für ihn die doppelte Beauftragung der sozialarbeiterischen Fachkraft durch Arbeitgeber_in und Adressat_in im Mittelpunkt des Interesses, jedoch lassen sich auch für die vorliegende Fragestellung die Erkenntnisse dieses Modells nutzen. Gelungen und nutzbar ist vor allem seine Konzeption des „unmündigen Prinzipals". Das Modell wird im Folgenden kurz skizziert.

3.2.2 Das Doppelte Prinzipal-Agent-Modell (DOPAM)

Langer hat 2004 den Ansatz der P-A-Theorie für die Soziale Arbeit fruchtbar gemacht, indem er das Auftragsverhältnis von Adressat_in zur Fachkraft und Arbeitgeber_in zur Fachkraft als P-A-Verhältnis berücksichtigt. Kernstück seiner Arbeit ist das DOPAM, welches durch seine institutionsökonomische Anreizanalyse Hinweise über Wirkungen und Folgen institutioneller Arrangements liefert. Im Gegensatz zur vorliegenden Arbeit abstrahiert das DOPAM als Mikrofundierung auf nur zwei P-A-Verhältnisse in der Sozialen Arbeit. Im Folgenden werden in Anlehnung an *Langer* dessen Konkretisierung der Annahmen der P-A-Theorie für die Soziale Arbeit dargestellt und seine Ergebnisse der Analyse mit dem DOPAM referiert. Für die Interaktionen der professionellen Sozialen Arbeit wird in diesem Zusammenhang auf die dienstleistungstheoretische Perspektive zurück gegriffen.[3187]

3185 Die Faktizität dieser Rolle ergibt sich aus der Wahrnehmung der Eltern, dass das Jugendamt die Hilfe gewährt, einleitet und steuert, und für den freien/privaten Träger durch die Zahlung der Hilfe durch das Jugendamt. Formulierungen wie „Das Jugendamt belegt einen Träger" zeigen diese Wahrnehmung deutlich.

3186 Vgl. *Langer* 2004a.

3187 Vgl. *Langer* 2004a: 304-494. Die Perspektive *Langer*s ist zwar von der Frage geleitet, in welchem Verhältnis Professionsökonomik und Professionsethik im Hinblick auf die Legitimierung Sozialer Arbeit stehen, dennoch sind seine Grundlegungen im Rahmen der Anwendung der Analyseinstrumente der NIÖ für die hier diskutierte Fragestellung übertragbar. Die wechselseitige Rückbindung von Ethik und Effizienz in Rückgriff auf *Homan*s moralökonomischen Ansatz bietet *Langer* die Möglichkeit, den professionsethischen Anspruch So-

In den Verhaltensannahmen expliziert er die individuelle Nutzenmaximierung unter zwei Dimensionen. Erstens unter der Dimension Anreize, Nutzen und Präferenzen:

> „In jeder Austauschbeziehung wirken eine Vielzahl von Anreizen und Sanktionen. Mit ihnen kann man erklären, welches die Gründe dafür sind, dass ein Akteur in einer Interaktion kooperiert oder die bewirken, dass eine Interaktion im Konflikt endet oder gar nicht erst zustande kommt. Dies beruht auf der Annahme, dass die Interessen von Agent und Prinzipal auseinanderfallen können und dass die Agenten durchaus Anreize haben, eigene Interessen durchzusetzen, also nach ihren Präferenzen zu handeln.“[3188]

Und zweitens unter der des Opportunismus und konfligierender Interessen:

> „Die Annahme des Opportunismus ist für die PA-Theorie vor allem erkenntnistheoretisch bedeutsam und intuitiv plausibel als ein Element sozialer Interaktionen, obwohl sie im Kontext der Sozialen Arbeit auf den ersten Blick kontraintuitiv wirkt. Doch zeigt selbst die alltägliche Erfahrung, dass die Vertragspartner *ex ante* ihre Versprechen nicht unbedingt halten, sondern zur Ausbeutung von Vertragsbeziehungen bereit sind, genauer, diese präferieren. Durch diese Interpretation werden die Akteure nicht zu 'bad guys', sondern werden Unsicherheit und Risiko in Transaktionen und spezifischen Investitionen in Rechnung gestellt. Es geht also nicht um die Skizzierung eines Hobbesschen Naturzustandes, sondern um die Frage, wie die Interaktionsprobleme vermindert werden können.“[3189]

Weiter spezifiziert er die Nutzenmaximierung und die Präferenzen in professionellen Arbeitsbündnissen der Sozialen Arbeit. Zum einen rekonstruiert er die Präferenzorientierung als Subjektstatus der Adressat_innen und zum anderen positioniert er im Rückgriff auf *Finis-Siegler* die Nutzenmaximierung kompatibel mit altruistischem Verhalten. In der Annahme von Opportunismus, Präferenzen und Interessen liegt eine modelltheoretische Immunisierung gegen den Objektstatus der Adressat_innen in der Sozialen Arbeit:

---

zialer Arbeit ebenso zu bedienen, wie den Kriterien einer effizienten, effektiven und qualitativen sozialen Dienstleistung zu genügen. Ihm ist es gelungen eine ökonomische Analyse vorzulegen, die den Gegenstand der Sozialen Arbeit nicht überformt, sondern in seinen konstitutiven Elementen ernst nimmt. Er folgt nicht der konträren Gegenüberstellung von Sozialer Gerechtigkeit versus Effizienz, sondern integriert das Effizienzkriterium, vgl. *Langer* 2004a: 3ff.

3188 *Langer* 2004a: 320.

3189 *Langer* 2004a: 321.

> „Mit der Zuschreibung eigener Präferenzen wird dem Akteur grundsätzlich, und sei es kontrafaktisch, mit heuristischer Absicht Rationalität und damit der Subjektstatus unterstellt, der sich in eigenen Präferenzen artikuliert. (...). In der hier vorgeschlagenen Lesart unterstellt das Akteurmodell des *homo oeconomicus* gerade keinen instrumentalisierten Zugriff auf Akteure, sondern es wird die Möglichkeit für jeden Akteur unterstellt, sich gegen vorgegebene Normen oder Erwartungen zu entscheiden."[3190]

Die Unterscheidung von substantieller und formaler Nutzenmaximierung wird von *Finis-Siegler* eingeführt[3191], um die paradigmatische Annahme, dass Individuen nutzenmaximierend handeln (formal), von der Festlegung zu maximierender Ziele (substanziell) zu unterscheiden. So wird altruistisches Verhalten mit der gleichen Nutzenmaximierungsstrategie für Dritte wie für die eigene Person eingesetzt[3192]:

> „Gerade diese Rationalitätsannahmen lassen es fruchtbar erscheinen, die Möglichkeit des Eigennutzes oder des zeitweiligen Opportunismus von Professionellem oder Klienten in Rechnung zu stellen. Eigennutz erscheint dann nicht mehr im Lichte egoistischen Strebens, sondern vielmehr als Interessenswahrnehmung und -durchsetzung gemäß individuellen Präferenzen, unter Umständen gegen bestehende Normen oder Regeln."[3193]

Vor diesem Hintergrund rekonstruiert *Langer* die Interaktionen zwischen Professionellen und Adressat_innen als soziale Dilemmata,

> „die aus ihrer Aufgabe erwachsen, zwei vollkommen unterschiedliche 'Organisationsprinzipien' zu vereinbaren: Solche, die am zentralen Ort der konkreten Einrichtung Sozialer Arbeit institutionalisiert sind (explizite Verträge und Routinen im innerorganisationalen Netzwerk) und das der vertrauensorientierten Absicherung professioneller Arbeitsbündnisse in der Interaktion zwischen Professionellen und Adressaten (relationale und implizite Verträge)."[3194]

Für die Kinder- und Jugendhilfe gilt es, ein drittes Organisationsprinzip mit einzubeziehen, nämlich dass des Finanzierers der Leistung, also das Jugendamt. Auch dieses Verhältnis ist von expliziten Verträgen geprägt.

3190 *Langer* 2004a: 322. *Langer* weist gleichzeitig darauf hin, dass das Modell aber nur innerhalb eingeschränkter Annahmen zur Analyse dienlich ist, vgl. *Langer* 2004a: 322.

3191 Vgl. *Finis Siegler* 2009: 111ff.

3192 Vgl. *Langer* 2004a: 323, *Finis Siegler* 2009: 115.

3193 *Langer* 2004a: 323.

3194 *Langer*,2004: 351.

Inwieweit hier aber auch implizite Absprachen und „Vertrauen unter Profis“ eine Rolle spielen, gilt es noch zu analysieren.[3195]

Das DOPAM differenziert drei Kontexte in der Sozialen Arbeit. Erstens die Dienstleistungsarbeit als P-A-Verhältnis zwischen Anstellungsträger und Fachkraft, zweitens die Interaktion oder Dienstleistung als P-A-Verhältnis zwischen Adressat_in und Fachkraft und als drittes der gesellschaftliche Kontext der Dienstleitungserbringung, der jedoch kein klassisches P-A-Verhältnis begründet.

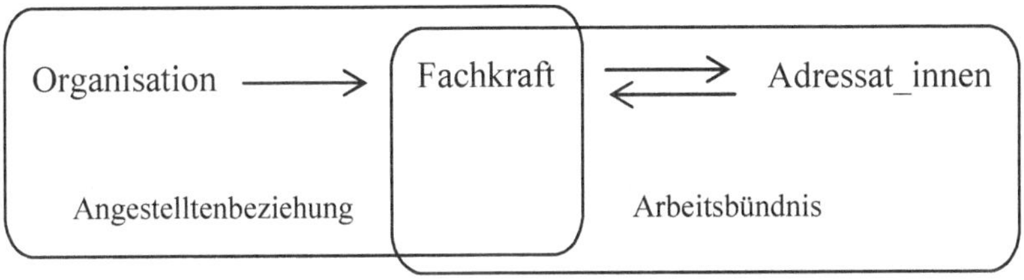

Abb. 5: Das Doppelte Prinzipal-Agent-Modell; vgl. Langer 2004a: 380.

Als theoretische Ergänzung der P-A-Theorie nimmt *Langer* die Diskussionen um „Vertrauen“ und „unmündige Prinzipale“ in Agenturkonstellationen auf, um vor allem spezifischer die Soziale Arbeit analysieren zu können. Vertrauen wird dabei als relevanter Bestandteil impliziter Verträge thematisiert, die vor allem in der Beziehung zwischen Adressat_innen und Professionellen eine Rolle spielen:

> „Die Merkmale des ›uno actu‹-Prinzips der Dienstleistungsproduktion, der Vertrauensgüter und der Wechselseitigkeit des Austauschverhältnisses, lenken auch ohne die Integration der normativen Implikationen (z. B. die Co-Produktion) den Blick auf das Organisationsprinzip impliziter Verträge (weiche Faktoren, Vertrauen) im Prinzipal Agent-Modell sozialer Dienstleistung.“[3196]

Vertrauen[3197] wird verstanden als eigener Steuerungsmechanismus, der innerhalb der impliziten Verträge Wirkung entfaltet. Im Rahmen der Vertrauensbeziehung zwischen Professionellem und Adressat_in spielen so-

3195 Vgl. Kap 4.

3196 *Langer* 2004a: 424.

3197 Zur dezidierten Auseinandersetzung mit der Genese von Vertrauen vgl. Kap. 4.

ziale und psychologische Anreize und Sanktionen[3198] eine große Rolle, die nicht monetärer bzw. kontrollierender Art sind.[3199] *Ripperger* modelliert die P-A-Beziehung als Vertrauensbeziehung. Dabei ist der Vertrauensgeber Prinzipal und der Vertrauensnehmer Agent.[3200] Das Angebot an Vertrauen durch den Prinzipal und die Annahme des Angebots durch den Agenten führt zu einem impliziten Vertrag, über den immaterielle Güter getauscht werden. Das heißt, es wird kein expliziter Vertrag geschlossen. Dies scheint für das Verhältnis Fachkraft zu Adressat_in konstitutiv zu sein[3201]:

> „Bei seiner Vertrauensentscheidung muss sich der Vertrauensgeber an den alltagsweltlich gegebenen sozialen und psychischen Anreizmechanismen orientieren. Dies ist aus der Perspektive des Professionellen in doppelter Hinsicht von Bedeutung. Er muss als Vertrauensnehmer verstehen, unter welchen Anreiz- und Sanktionssystemen eine riskante Vorleistung des Klienten geschehen kann, und als Anreizgeber muss er verstehen, welche Anreiz- und Sanktionssysteme überhaupt für den potentiellen Anreiznehmer relevant sind."[3202]

Langer entwickelt folgende Lösungsansätze für die P-A-Probleme im Hinblick auf das Zustandekommen einer Vertrauensbeziehung zwischen Adressat_in und Professionellem als Voraussetzung eines Arbeitsbündnisses.[3203] Als erstes sieht er die Notwendigkeit, eine Vertrauensatmosphäre zu schaffen, damit Kooperation und Vertrauen entstehen können. Im Hinblick auf die Bearbeitung des *adverse selection*-Problems stellt er die Lösungsstrategie der *Reputation* in den Mittelpunkt. Hierzu muss der Professionelle seine Reputation deutlich machen, also z. B. im Stadtteil bekannt und präsent sein. Adressat_innen können dann innerhalb der Beziehungsnetzwerke des Stadtteils durch *screening* ihren Informationsstand über die Vertrauenswürdigkeit des Professionellen erhöhen. Der Professionelle

3198 *Langer* spricht mit Bezug auf *Ripperger* von sozio-psychischen Anreizen und Sanktionen als kostengünstiges Substitut für explizite monetäre Anreizsysteme, vgl. *Langer* 2004a: 427. Es ist leicht nachvollziehbar, dass sozio-psychische Anreize und Sanktionen eine hohe Relevanz in Vertrauensbeziehungen als P-A-Beziehung haben. Dass diese jedoch kostengünstige Substitute sind, ist zu bezweifeln. Auch Vertrauen erfordert unter Umständen hohe Investitionen monetärer und nicht-monetärer Art. Sie sind nach meiner Auffassung sogar als hochspezifische Investitionen im Sinne *Williamsons* zu bezeichnen.

3199 Vgl. *Langer* 2004a: 427.

3200 Vgl. *Ripperger* 2003: 73.

3201 Vgl. *Langer* 2004a: 429.

3202 *Langer* 2004a: 429.

3203 Zum Folgenden, vgl. *Langer* 2004a: 439-444.

wiederum muss Signale senden (*signaling*), die von den potentiellen Adressat_innen verstanden werden. Der Arbeitgeber der Professionellen kann auch über die Zusage, sich an ethische Kodizes zu halten, Reputation erzeugen (*signaling*). Weiter spielt die Identität des Professionellen eine Rolle, und zwar in dem Sinn, dass sie wiederholt in Austauschprozesse mit identischen Personen und Gruppen gehen. Auch vorgezogene Vertrauensinvestitionen in Niedrigkostensituationen können bei der Verringerung der Informationsasymmetrie helfen, z. B. niedrigschwellige, präventive Hilfekontakte zwischen Professionellen und Adressat_innen. Vorvertraglich kann auch eine aktive Vorinvestition durch den Professionellen geleistet werden. Diese kann die Aufrechterhaltung von Kooperation auf Seiten der Adressat_innen positiv beeinflussen.[3204] Für die Lösung des *hold up*-Problems schlägt *Langer* die diskursive Herstellung und Harmonisierung gemeinsamer Interessen bzw. die Bearbeitung von Interessensdissens vor. Diese kann durch ein hohes Maß an Transparenz in der Arbeitsbeziehung durch den Professionellen erreicht werden.

Die zweite theoretische Ergänzung der P-A-Theorie ist die der „unmündigen Prinzipale“. Ein anschauliches Beispiel unmündiger Prinzipale in einer P-A-Beziehung sind die Beziehungen innerhalb einer Familie. Die Kinder sind Prinzipale gegenüber den Eltern, ihre Erziehung, Bildung und Pflege in ihrem Sinne durchzuführen.[3205] Die Kinder-Prinzipale können die Eltern-Agenten nicht anweisen und auch kaum beaufsichtigen. Innerhalb der Sozialen Arbeit gilt es also, auch Konstellationen zu beachten, in denen der Agent den Prinzipal anweist und kontrolliert.[3206] Hier sind dann dritte Parteien nötig, die die Rechte der Prinzipale einfordern bzw. schützen.[3207] Die Mündigkeit der Prinzipale (im Kontext der NIÖ als Vertragsfähigkeit konzeptioniert) zeigt sich darin, ob der Prinzipal eine Wahlmöglichkeit bezüglich der Agenten hat und ob er die Leistung freiwillig in Anspruch nimmt. In der ökonomischen Theorie wird dies als Souveränität der

---

3204 Vgl. *Langer* 2004a: 443. Allerdings stellt sich hier die Frage, unter welchen Bedingungen ein Agent bereit ist, eine solche Vorinvestition zu tätigen, die man als klassische Akquisekosten bezeichnen könnte.

3205 Auch die Gesellschaft kann in diesem Kontext als Prinzipal modelliert werden.

3206 Vgl. *Langer* 2004a: 448.

3207 Aus ethischer Perspektive hat dieses Problem *Brumlik* im Rahmen seiner advokatorischen Ethik behandelt und auch Lösungswege aufgezeigt, vgl. *Brumlik* 2004. Die Frage der Legitimation Sozialer Dienste wird von *Brumlik* aus ethischer Sicht beantwortet, doch die Frage der nötigen institutionellen Rahmenbedingungen für solche Dienste bleibt weiter unklar.

Konsument_innen bezeichnet. Für die Soziale Arbeit ist diese Souveränität in Frage gestellt, da es sich um meritorische Güter[3208] handelt. Aus der Meritorik wird dann zwangsläufig, auch für die Soziale Arbeit, ein Eingriff in die Präferenzstrukturen der Prinzipale abgeleitet.[3209] Als Lösung gilt es, institutionelle Arrangements zu finden, die es ermöglichen, konfligierende Interessen zu artikulieren, ein Mindestmaß an Wahlmöglichkeiten zu gewährleisten, die Adressat_innenrechte zu schützen und darüber hinaus Einspruchs- und Beschwerdestellen einzurichten.[3210]

Zusammenfassend entwickelt *Langer* aus seiner mikrofundierten Analyse der Adressat_innen-Professionellen-Beziehung und der Professionellen-Arbeitgeber-Beziehung Konsequenzen aus drei Perspektiven.[3211] Erstens werden mit dem DOPAM aus der Analyse der Anreiz- und Sanktionsmechanismen für den Kontext der Sozialen Arbeit drei Elemente besonders relevant:

- „Die effizienzrelevante Bedeutung impliziter Verträge und der weichen Faktoren in der professionellen Dienstleistungsproduktion und die daran anschließende Anreizanalyse.
- Die Frage nach den Präferenzen der Adressaten-Prinzipale bzw. die Befähigung zur Vertragsmündigkeit der Klienten und die alternative Reformulierung entschlussfähiger Diskussionen um die normativen Grundlagen der Sozialen Arbeit vor dem Hintergrund des ökonomischen Paradigmas.
- Das Problem der technischen und konsensualen Legitimierung professioneller Leistungserbringung und die Diskussion um die Partizipation der beteiligten Akteure.“[3212]

Die zweite Perspektive richtet sich auf das professionelle Handeln selbst. Dabei differenziert er im expliziten Verhältnis zur Ökonomik jeweils den

3208 Der Bezug zur Dualität von Hilfe und Kontrolle ist für *Langer* unzureichend, weil auch im Hilfekontext die Leistung keineswegs nur an den Adressat_innenbedürfnissen ausgerichtet ist, sondern eine vorgelagerte Definition von Bedarfen durch die Sozialpolitik vorgenommen wird, vgl. *Langer* 2004a: 452. Dies ist allerdings nur insofern richtig, als im Mündigkeitspostulat nicht auch die Finanziererrolle enthalten ist. Wäre das der Fall, würden Adressat_innen im Rahmen ihrer Souveränität als Konsument_innen durchaus Leistungen frei nach ihren Bedürfnissen verhandeln. Der Meritorik wäre genüge getan, wenn der Staat grundsätzlich diese Leistungen subventioniert.

3209 Vgl. *Langer* 2004a: 448-458.

3210 Vgl. *Langer* 2004a: 486.

3211 Vgl. *Langer* 2004a: 479-491.

3212 *Langer* 2004a: 480.

„organisationalen Erbringungskontext“[3213], die Professionalisierung[3214] und die Adressat_innen[3215]. Als dritte Perspektive gilt die Zustimmungsfähigkeit zu den professionellen Dienstleistungsangeboten. Hier werden die Aspekte aus den Erkenntnissen der Analyse zu „unmündige Prinzipale“ und Meritorik als Gestaltungsfragen reformuliert.[3216]

Diese Erkenntnisse werden in der vorliegenden Arbeit nicht unmittelbar auf die P-A-Beziehung zwischen freiem/privatem Träger und Familie angewendet. Sie dienen vielmehr mittelbar dazu, zu prüfen, inwieweit Regelungen innerhalb der QEV den genannten Gestaltungsempfehlungen widersprechen.

3.3 Transaktionskostentheorie (TAK-Theorie)

Coase stellte fest, dass es Firmen gibt, weil die Koordination über Märkte nicht kostenlos ist, sondern Transaktionskosten[3217] auslöst. Es gibt also Firmen, weil die firmeninterne Allokation über Hierarchien kostengünstiger ist als über den Markt. Doch auch die Allokation innerhalb von Firmen

---

3213 Dabei geht es um die Sozialagenturen selbst und die folgende Probleme: „Hohe Personalfluktuation bei langen Einarbeitungszeiten; ins Leere laufendes Controlling und Berichtswesen; die Selektion nach erfolgsversprechenden und schwierigen Fällen; eigeninteressierte Organisationen statt flexibler Bedürfnisorientierung; Bestandsicherung statt Bedarfssicherung“ *Langer* 2004a: 482.

3214 Hier wird zentral in Rechnung gestellt, dass Professionelle in den Sozialagenturen Angestellte sind, die Deutungs-, Handlungs-, und Beurteilungskompetenz benötigen, nicht nur im Hinblick auf die Adressat_innen, sondern auch im Hinblick auf ökonomische und institutionelle Herausforderungen. Die Professionalität muss demnach um diese Aspekte erweitert werden.

3215 Adressat_innen werden in Perspektive des DOPAM zum „konstitutionellen Produktionsfaktor“ *Langer* 2004a: 484. Das Arbeitsbündnis und die Mitwirkung sind Elemente der Dienstleistungsproduktion und unter Effizienzgesichtspunkten zu beachten.

3216 Als Instrument, um konfligierende Interessen zu artikulieren, ein Mindestmaß an Wahlmöglichkeiten zu gewährleisten und die Adressat_innenrechte zu schützen, wird die agenturspezifische Interpretation von *code of ethics* (professionelle Ethik Standards) vorgeschlagen. Diese münden in einem *code of practice*, vgl. *Langer* 2004a: 486 in Anlehnung an *Banks* 2001. Die Transformation der ethischen Kodizes in einen *code of practice* ist nötig, da sie „nicht ohne die Institutionalisierung in einer Organisation funktionsfähig“ (*Langer* 2004a: 69) sind.

3217 *Arrow* bezeichnet Transaktionskosten als Betriebskosten der Wirtschaft, vgl. *Arrow* 1969: 47.

ist nicht kostenlos, sondern verursacht Organisationskosten. Die Expansion der Firma hält solange an, wie die zusätzlichen Organisationskosten niedriger sind als die Markttransaktionskosten.[3218] Die Kernfrage der TAK-Theorie lässt sich auf die Formel „make or buy it" bringen. Ist es effizienter[3219] eine Leistung innerhalb der Organisation selbst durchzuführen oder sie auf dem Markt einzukaufen?

Für das Kinder- und Jugendhilfesystem ist dies relevant, weil der Steuerungsmechanismus, ob neue Dienstleistungen vom Jugendamt, also in „Ausweitung der Firma" erbracht werden oder von anderen Anbietern bezogen werden, nicht von der Höhe der Transaktionskosten abhängt, sondern durch das Subsidiaritätsprinzip vorgegeben ist. Die Frage nach der QE ist dieser Entscheidung nachgelagert, denn die Entwicklung und Sicherung der Qualität einer Leistung hängt stark davon ab, ob sie über Hierarchie oder Markt abgewickelt wird. Die Frage, ob das Subsidiaritätsprinzip in der Kinder- und Jugendhilfe zu unnötig hohen Transaktionskosten führt, und damit die Nachfrage nach meritorischen Güter negativ beeinflusst, wird noch zu prüfen sein.[3220] Ökonomisch betrachtet liegt der Schluss nahe, dass die Tauschhäufigkeit von Gütern auch von deren Transaktionskosten abhängt. Dies macht sich der Staat zu Nutze, indem er zum Beispiel Transaktionskosten für bestimmte Güter oder Dienstleistungen absichtlich erhöht.[3221] Das bedeutet aber auch, dass das Ziel, die Transaktionskosten möglichst niedrig zu halten, nicht nur ein Gebot der effizienteren Ressourcenverwertung ist, sondern auch die Tauschhäufigkeit erhöhen kann. Für den Kontext meritorischer Güter heißt das, dass der Staat dafür sorgen muss, dass die Transaktionskosten meritorischer Güter möglichst gering sein müssen, damit deren Tauschhäufigkeit erhöht wird.

3218 Vgl. *Voigt* 2002: 78. Zur Kritik der Erklärung der Unternehmung allein durch Transaktionskosten vgl. z. B. *Pirker* 2000: 72ff.

3219 Im Sinne einer institutionsökonomischen Effizienz.

3220 Vgl. Kap. 4.

3221 Z. B. indem er den Warentausch an Feiertagen einschränkt und bei Zuwiderhandlung Strafen verhängt. Dadurch erhöhen sich die Transaktionskosten derart, dass sich ein Verstoß gegen das Gesetz nicht lohnt, vgl. *Voigt* 2002: 55. Davon zu unterscheiden sind die meisten Steuern und Zölle, die nicht die Transaktion, sondern das Produkt selbst verteuern.

Die wohl am weitesten ausgebaute TAK-Theorie[3222] ist der *Governance-Struktur Ansatz*[3223] von *Williamson*. Ausgangspunkt seiner Überlegungen war der oben genannte Artikel von *Coase* „the nature of the firm“:

> „The prevailing approach, until about 1960, was to view the firm technological (...) rather than in contractual/organizational terms. Comparative contractual issues were ignored because (1) boundary of the firm was taken as given (being defined mainly by economies of scale and scope), (2) property-right were assumed to be well-defined, and (3) disputes, if any, were assumed to be costlessly and efficaciously decided by the courts.“[3224]

Diese drei Aspekte stellte *Williamson* in Frage und entwickelte die heute dominierende Governance-Richtung der TAK-Theorie. In den klassischen ökonomischen Ansätzen wurde das Unternehmen als Produktionsfunktion abstrahiert. Welche Prozesse und Strukturen innerhalb der Organisation vorherrschen, war irrelevant, die Firma war eine *black box*. Diesem Verständnis setzt der Transaktionskostenansatz das Unternehmen als *Governance-Struktur* entgegen. Demnach sind Institutionen Vertragsgeflechte, deren Zweck darin besteht, Transaktionskosten zu minimieren. Die Transaktion ist die analytische Basiseinheit der TAK-Theorie. Im Mittelpunkt des Analyseinteresses steht die Vertragsform. Jedes Problem, das sich als Vertragsproblem darstellen lässt, ist somit der TAK-Theorie grundsätzlich zugänglich. Sobald eine Aufgabe durch eine_n Auftragnehmer_in erfüllt werden soll, ist ein expliziter oder impliziter Vertrag nötig. Diese Vertragsgestaltung löst Transaktionskosten aus. Man unterscheidet *ex ante*- und *ex post*-Transaktionskosten. *Ex ante* fallen Entwurfs-, Ver-

---

3222 Die TAK-Theorie kann in den Messkostenansatz und den Governance-Struktur Ansatz unterschieden werden. Beim Messkostenansatz stehen Mehrdeutigkeiten von Leistungen im Mittelpunkt, z. B. die Frage, wer welchen Anteil am Outcome eines Produktionsprozesses bei Teamarbeit liefert, vgl. *Picot/u. a.* 2012: 76. Der Governance-Struktur Ansatz fragt nach der Auswirkung spezifischer Vertragsarten auf die Höhe der Transaktionskosten bestimmter Leistungen.

3223 In einigen Übersetzungen wird für „Governancestructure“ der Begriff Beherrschungs und Überwachungssystem verwendet. Hier soll der Begriff der Governance-Struktur beibehalten werden, da er meiner Ansicht nach zutreffender ist. Erstens setzt er stärker auf die Wechselbezüglichkeit und Angewiesenheit der Beteiligten und zweitens zeigt er auf, dass es um Strukturen geht, innerhalb derer verschiedene Systeme zum Einsatz kommen können.

3224 *Williamson* 1990a: 105.

handlungs- und Absicherungskosten an.[3225] Geht man davon aus, dass alle *ex post* Vertragsstreitigkeiten von Gerichten „sachgerecht, scharfsinnig und mit geringen Kosten“[3226] gelöst werden könnten, wären die Gerichtskosten chronologisch die letzte Transaktionskostenart in einer Tauschbeziehung. Da dies jedoch nicht der Realität entspricht, fallen *ex post*-Transaktionskosten in Form von Fehlanpassungskosten, Kosten des Feilschens, Kosten der Einrichtung von Governance-Strukturen und Kosten des Sicherungsaufwandes für Zusagen an.[3227] Die TAK-Theorie stellt ein Analyseinstrument dar, mit dem man Erkenntnisse gewinnt, wie man Governance-Strukturen absichtsvoll so gestalten kann, dass bestimmte Probleme vermieden werden können. Im institutionellen Wettbewerb haben sich die Governance-Strukturen jedoch eher nach dem Prinzip des *trial and errors* entwickelt. Für die Hilfe zur Erziehung kann dies nicht angenommen werden, da ihr Erbringungskontext als sozialstaatliche Leistung von Beginn an stark durch ordnungspolitische Vorgaben gerahmt war.

Die Perspektive auf Transaktionen und die daraus entstehenden Kosten ist wesentlich für die gesamte NIÖ. Mit der Inblicknahme der Transaktionskosten wird das neoklassische Modell zu einem realitätsnäheren Modell erweitert, denn es ist im Sinne einer wirtschaftlichen Praxis nur folgerichtig davon auszugehen, dass die Beschaffung von Informationen Kosten verursacht und deren Verarbeitung und Verwendung für Planungen und Vertragsgestaltungen unvollständig bleiben muss (begrenzte Rationalität).[3228] Demnach kann man die TAK-Theorie auch als Theorie unvollständiger Verträge bezeichnen[3229]:

> „Transaction cost economics maintains that all complex contracts are unavoidably incomplete (by reason of bounded rationality). Accordingly, it is impossible to address and resolve all of the relevant contracting issues in advance – best efforts at ex ante incentive alignment notwithstanding. Instead, much of the relevant contracting action spills over into the contract execution interval and must be resolved ex post by whatever governance apparatus has been provided. Agency theory and transaction cost economics are thus distin-

---

3225 Vgl. *Williamson* 1990b: 17ff. Oft genannt werden *ex ante* noch die Suchkosten, um überhaupt einen geeigneten Partner zu finden, s. u.

3226 *Williamson* 1990b: 23.

3227 *Ex ante*- und *ex post*-Transaktionskosten müssen gleichzeitig bedacht werden, da sie immer in Wechselwirkungen stehen, vgl. *Williamson* 1990b: 24.

3228 Vgl. *Brunner/Kehrle* 2009: 398.

3229 Vgl. *Fees* 2000: 582.

guished by the fact that the ex ante incentive alignment emphasis of the former gives way to an ex post governance structure emphasis by the latter."[3230]

In Abgrenzung zur P-A-Theorie liegt der Fokus auf *ex post*-Strategien. Die P-A-Theorie hingegen nimmt an, dass relevanten Aspekte über Anreizschemata *ex ante* gelöst werden können.[3231] Die *ex ante*-Betrachtung von Vertragsgestaltung wird explizit der P-A-Theorie zugeschrieben. Prinzipale schließen Verträge im vollen Bewusstsein der Risiken ab.[3232] Der Anspruch, die gesamte Verhandlungstätigkeit über eine Beauftragung *ex ante* zu bedenken und unterzubringen, kann nicht erfüllt werden. Vielmehr finden über die gesamte Tauschzeit Verhandlungen statt. Während demnach die P-A-Theorie durch Analyse der Beauftragungsverhältnisse versucht zu zeigen, wie *ex ante* möglichst vollständige Verträge aussehen (durch Anreiz- und Entlohnungsmodalitäten), geht die TAK-Theorie immer von unvollständigen Verträgen aus und fragt eher danach, welche institutionelle Umgebung für die betrachtete Leistung die geringsten Transaktionskosten verursachen.

In der Analyse werden stets unterschiedliche Institutionen miteinander verglichen, um diejenige mit den geringsten Transaktionskosten zu finden. Es geht nicht darum, Transaktionskosten absolut zu bestimmen.[3233] Im Vergleich zu anderen ökonomischen Theorien misst die TAK-Theorie den Verhaltensannahmen mehr Bedeutung bei, erkennt die Auswirkungen der Faktorspezifität als zentralen Aspekt der ökonomischen Analyse, versteht Unternehmen als Governance-Struktur und räumt der *ex post*-Betrachtung von Verträgen mit Schwerpunkt außergerichtlicher Regelungen[3234] den Vorrang gegenüber *ex ante*-Betrachtungen ein.

Interessanterweise sind die Lösungen der Theorie oft komplizierter als die sich in der Praxis durchgesetzten Regelungen, so werden Ärzt_innen nicht nach Ergebnis, sondern nach den von ihnen behaupteten, aber vom Agenten nicht beobachtbaren Anstrengungen bezahlt. Dass sich diese Regelungen durchgesetzt haben, kann daran liegen, dass das Aushandeln wirksamer (komplizierter) Verträge hohe Kosten verursacht.[3235] Mittler-

3230 *Williamson* 1990a: 111.

3231 Vgl. *Williamson* 1990a: 110f.

3232 Vgl. *Williamson* 1990b: 31.

3233 Vgl. *Williamson* 1990b: 25f.

3234 Die TAK-Theorie bezweifelt ganz explizit die Wirksamkeit gerichtlicher Regelungen, vgl. *Williamson* 1990b: 33.

3235 Vgl. *Arrow* 1985: 49.

weile sind viele Mechanismen entwickelt worden, die Anreize bieten sollen, sich nicht opportunistisch, sondern vertragstreu zu verhalten. Für den staatlichen Bereich sind dies z. B. Zivilgerichte zur Durchsetzung von Verträgen und im privat-wirtschaftlichen Bereich z. B. Bonus-Systeme privater Krankenkassen. Nach Ansicht der TAK-Theorie sind solche Institutionen nur nötig, da sich Individuen opportunistisch verhalten.[3236]

Nach *Williamson* findet eine Transaktion statt,

> „wenn ein Gut oder eine Leistung über eine technische trennbare Schnittstelle hinweg übertragen wird. Eine Tätigkeitsphase wird beendet; eine andere beginnt."[3237]

Es gibt unterschiedliche Arten von Transaktionskosten. *Richter/Furubotn* unterscheiden Markttransaktionskosten, Unternehmenstransaktionskosten und Politische Transaktionskosten. Bei den Markttransaktionskosten geht es für zwei Tauschpartner darum, herauszufinden, wer überhaupt in Frage kommt, mit mir zu tauschen. Dann müssen beide Informationen übereinander sammeln und auswerten und verhandeln, unter welchen Bedingungen der Tausch zu Stande kommt. Kommt es zur Transaktion, muss noch geklärt werden, wie man sich absichert, damit beide Tauschpartner ihre Vereinbarung erfüllen. Daraus folgen erstens Such- und Informationskosten, die im klassischen Produktbereich z. B. durch Tests und Qualitätskontrollen entstehen. Im Bereich der Dienstleistungserstellung entstehen Informationskosten durch eine Prüfung von Eignung und Befähigung des Anbieters. Weiter entstehen Verhandlungs- und Entscheidungskosten, die vor allem relevant sind, wenn Vereinbarungen schriftlich abgefasst werden, da z. B. juristische oder inhaltliche Beratung nötig wird. Als letzte Kostenform entstehen die Überwachungs- und Durchsetzungskosten[3238], deren wichtigste Vertreterin im Rahmen dieser Arbeit die Qualitätsüberwachungskosten darstellen. Demnach können alle Koordinierungsschwierigkeiten des Marktes unter einem weiten Verständnis den Transaktionskosten zugeordnet werden.[3239] Die Unternehmenstransaktionskosten nehmen die internen Transaktionen innerhalb von Organisationen in den Blick. Alle diese Kosten stehen im Zusammenhang mit der Erfüllung von Arbeitsverträgen der Beschäftigten. Relevant sind z. B. Kosten bei der

---

3236 Vgl. *Kirchgässner* 2008: 48, nach *Williamson* 1985.
3237 *Williamson* 1985: 1.
3238 Vgl. *Richter/Furubotn* 2010: 57-65, *Erlei/Leschke/Sauerland* 2007: 200.
3239 Vgl. *Kubon-Gilke* 2013: 328.

Einstellung und Auswahl von Beschäftigten, Kosten zur Schaffung, Erhaltung oder Veränderung der Organisation (Personalverwaltung etc.) und die Kosten, die durch den Betrieb der Organisation entstehen, wie z. B. die Überwachung der Beschäftigung auf Einhaltung der Anordnungen. Als letzte Kategorie werden die politischen Transaktionskosten genannt, sie können analog der Markttransaktionskosten aufgefasst werden und setzen sich hauptsächlich aus Kosten zur Schaffung, Erhaltung oder Veränderung der politischen Ordnung und der Betriebskosten des Gemeinwesens zusammen.[3240] Die Höhe von Transaktionskosten steht in Abhängigkeit zum Verhalten der Akteure. Das wird besonders deutlich im Hinblick auf Überwachungs- und Durchsetzungskosten, die z. B. vom Maß an gegenseitigem Vertrauen abhängig sind.[3241] Damit wird Vertrauen zum zentralen Element in der Verringerung von Transaktionskosten.[3242] Eine einfache Skizzierung der Transaktionskostentheorie lautet wie folgt:

> „Effiziente wirtschaftliche Strukturen und Prozesse sind in einer arbeitsteiligen Welt dann gegeben, wenn die Reibungen, die bei der Abstimmung zwischen den diversen Beteiligten auftreten können, möglichst gering sind. Angesichts unterschiedlichen Wissens und Könnens, unterschiedlicher Interessen, begrenzter Erkenntnismöglichkeiten und potentiell opportunistischer Verhaltensweisen treten derartige Reibungen beim Leistungsaustausch auf Märkten wie auch bei der innerbetrieblichen Produktion notwendigerweise auf. Sie zeigen sich in Form von Aktivitäten für Informationsversuche [hier ist wohl eher Informationssuche gemeint, M.E.], Verhandlungen, Koordination, Steuerung, Kontrolle, Anpassungsmaßnahmen an Änderungen."[3243]

Zu den wichtigsten Annahmen gehört, dass die Akteure bei *Williamson* beschränkt rational[3244] und opportunistisch sind.[3245] Er konstituiert die beteiligten Personen als „contractual man". Zwar bezieht sich *Williamson*

3240 Vgl. *Richter/Furubotn* 2010: 57-65. Für die Arbeit werden im Folgenden vor allem die Markttransaktionskosten und die Unternehmenstransaktionskosten oder genauer die Organisationstransaktionskosten im Fokus stehen.

3241 Vgl. *Richter/Furubotn* 2010. 64f.

3242 Für die Soziale Arbeit hat dies *Langer* herausgearbeitet, vgl. *Langer* 2004a.

3243 Picot 1990: XIII.

3244 „Die Annahme positiver Transaktionskosten ist eng verbunden mit der Annahme beschränkter Rationalität, weil die Annahme vollständiger Rationalität die Abwesenheit von Transaktionskosten impliziert." *Voigt* 2002: 24.

3245 Vgl. *Williamson* 1985: 44, *Voigt* 2002: 87. Zur ausführlichen Begründung der beschränkten Rationalität und Opportunismus vgl. *Williamson* 1990b: 49-59. *Williamson* nimmt an, dass Menschen zeitweilig opportunistisch sind und dass unterschiedliche Vertrauenswürdigkeiten im Vorhinein nur selten klar sind. Deshier auf *Simon*, jedoch nimmt er entgegen dem *satisficing* Verhalten doch das maximierende Verhalten an.[3246] Das opportunistische Verhalten wird als eigennütziges Verhalten verstanden, das auch Täuschung, List und Betrug beinhaltet, sowohl in krasser Form als auch subtil.[3247] Beide Formen können *ex ante* als *adverse selection* oder *ex post* als *moral hazard* auftreten. Da das opportunistische Verhalten sich durch das Zurückhalten oder Verzerren von Informationen ausdrückt, ist es keine Verhaltensannahme im klassischen Sinne, sondern ist in der maximierenden Verhaltensannahme in Situationen asymmetrischer Information bereits angelegt.

Williamson versucht die Auswahlkriterien für bestimmte Vertragsarten, die unter den obigen Annahmen gewählt werden, zu systematisieren. Solche Kriterien sind z. B. Häufigkeit und Faktorspezifität.[3248] Besonders das Vorliegen von „spezifischer Investition“[3249] scheint relevant. Dies kann Sach- oder Humankapital betreffen oder den Standort eines Gutes.[3250] Eine spezifische Investition zeichnet sich dadurch aus, dass sie für eine bestimmte Transaktion erst getätigt werden muss. Sie ist dann aber auf nur diese Transaktion ausgelegt. Die nächstbeste Verwendung ist für die Produzent_innen weniger rentabel.[3251] Bei der Umwidmung für eine andere Transaktion entstehen Kosten, sog. *sunk costs*. Eine Lösungsmöglichkeit liegt in der Fusion von Zulieferer_in und Abnehmer_in.[3252] *Williamson* leitet aus diesen drei Annahmen spezifische implizite Vertragsarten ab, die in der folgenden Tabelle dargestellt sind.

---

halb wird *ex ante* versucht, diese Aspekte zu erfassen, und *ex post* versucht , Absicherungen einzubauen, vgl. *Williamson* 1990b: 73.

3246 Vgl. *Schumann/Meyer/Ströbele* 2011, 488.

3247 Vgl. *Williamson* 1985: 47.

3248 Vgl. *Voigt* 2002: 87.

3249 Für die Faktorspezifität vgl. *Williamson* 1990b: 59-64.

3250 *Erlei/Leschke/Sauerland* nennen ohne Anspruch auf Vollständigkeit: Standortspezifität, Sachkapitalspezifität, Humankapitalspezifität, Widmungsspezifität, Markennamenkapitalspezifität und temporäre Spezifität, vgl. *Erlei/Leschke/Sauerland* 2007: 204f.

3251 Dies könnte z. B. die Anschaffung eines Spezialfahrzeugs sein, das nur für diese Transaktion einsetzbar ist.

3252 Vgl. *Voigt* 2002: 87ff.

Beschränkte Rationalität	Opportunismus	Spezifische Investitionen	Implizite Vertragsart
nein	Ja	ja	Planung
ja	nein	ja	Versprechen
ja	ja	nein	Wettbewerb
Ja	ja	Ja	Governance

Tab. 5: Vertragsarten; in Anlehnung an Williamson 1990: 35.

Im ersten Fall werden in der Situation vollständige Rationalität, Opportunismus und spezifische Investitionen unterstellt. Damit können alle Eventualitäten beachtet werden (Planung). Es kommt zu vollständigen Verträgen ohne Auseinandersetzungen *ex post* über deren Auslegung. Sobald beschränkte Rationalität vorliegt, die Akteure aber nicht opportunistisch handeln und trotzdem spezifische Investitionen tätigen, reichen gegenseitige Versprechen, da niemand seinen Vorteil ausnutzt. Es entstehen die sog. sich selbstdurchsetzenden Verträge.[3253] Im dritten Fall herrschen beschränkte Rationalität und Opportunismus, jedoch sind keine spezifischen Investitionen nötig. Dann herrscht Wettbewerb, da Güter und Dienstleistungen kostenfrei umgewidmet werden können. Es kommt zum effizienten Ergebnis. Liegen jedoch alle drei Elemente vor, so werden eigene Governance-Strukturen entwickelt, da weder Planung, Versprechen noch Wettbewerb die geeignete Vertragsgestaltung für die Tauschsituation darstellt. In diesem vierten Fall formuliert *Williamson* einen organisatorischen Imperativ:

> „Organisiere Transaktionen so, daß die begrenzte Rationalität sparsam eingesetzt wird, die Transaktionen aber gleichzeitig vor den Risiken des Opportunismus geschützt werden."[3254]

Neben der Entwicklung einer eigenen Governance-Struktur sind zwei weitere Lösungen denkbar. Es könnte kein Tausch statt finden[3255] und es könnte nicht über den Markt, sondern innerhalb der Organisation[3256] ge-

3253 Allerdings ist auch bei vorliegendem Opportunismus möglich, dass sich selbstdurchsetzende Verträge ergeben.
3254 *Williamson* 1990b: 36 (Hwg).
3255 Diese Lösung ist im Rahmen der Hilfen zur Erziehung aufgrund des Rechtsanspruchs ausgeschlossen.
3256 Diese Lösung würde in der Regel dem Subsidiaritätsprinzip zuwider laufen.

tauscht werden, z. B. durch Fusion von Zulieferer_in und Produzent_in.[3257]

Im Anschluss an diese Systematisierung stellt *Williamson* die Frage, von welchen Faktoren die Wahl für bestimmte Governance-Strukturen abhängt. Er unterscheidet drei Dimensionen von Transaktionen: deren Häufigkeit, deren Unsicherheit und - die wichtigste - deren Faktorspezifität. Die Faktorspezifität bringt zum Ausdruck, dass der in die Tauschbeziehung eingebrachte Faktor so spezifisch ist, dass er nicht ohne weitere Kosten für anderweitige Tauschhandlungen verwendet werden kann. Man spricht von Einzweckinvestitionen und Mehrzweckinvestitionen. Die letzteren sind für die Vertragsgestaltung unerheblich, da kein Risiko (auf *sunk costs*) besteht, wenn der Vertrag nicht zu Stande kommt oder abgebrochen wird. Bei Investitionen unterscheidet man fixe und variable Kosten, beide enthalten möglicherweise spezifische und unspezifische Anteile (bzw. Mischformen). *Williamson* klassifiziert vier Arten von Faktorspezifität, nämlich im Hinblick auf den Standort, das Humankapital, das Sachkapital und zweckgebundene Sachwerte. Die Faktorspezifität hat eine hohe Bedeutung für die TAK-Theorie, jedoch wird dies nur deutlich unter der Annahme von begrenzter Rationalität, Opportunismus und Unsicherheit. Unsicherheit versteht *Williamson* als strategische Verhaltensunsicherheit. Die sich auf Opportunismus mit List zurückführenlässt. Also auch strategisches Zurückhalten von Informationen oder bewusste Falschinformation einschließt. Verhaltensunsicherheiten werfen nur dadurch Probleme auf, dass Vertragsnachverhandlungen angemessen oder gar nötig sind. Wären Transaktionen äußeren Einflüssen entzogen, würden die Vertragspartner auf eine Durchsetzung der Verträge, wenn nötig über Gerichte, pochen und es wäre unerheblich, ob Verhaltensunsicherheit bestünde. Die Verhaltensunsicherheit steht in enger Wechselwirkung zur Faktorspezifität, denn bei hoher Faktorspezifität werden die Lücken in den Verträgen mit steigender Verhaltensunsicherheit immer größer. Unter der Dimension der Häufigkeit wird die Anzahl der getätigten Transaktionen gefasst. Unter der Annahme, dass bei hoher Faktorspezifität die Governance-Struktur sehr spezifisch sein muss, wird abgeleitet, dass sich diese aufgrund der hohen Kosten spezifischer Governance-Strukturen nur bei darüber häufig abge-

3257 Vgl. *Voigt* 2002: 89f.

wickelten Transaktionen lohnt. Es geht also um die Auslastung der spezifischen Governance-Struktur[3258]:

> „Ist die Häufigkeit gering, aber der Bedarf an individuell abgestimmter Kontrolle groß, dann bietet sich die Möglichkeit an, die Erfordernisse der ähnlichen, aber voneinander unabhängigen Transaktionen zusammenzufassen. Die gerichtliche Regelung wird unter derartigen Umständen für gewöhnlich durch ein Schiedsverfahren ersetzt."[3259]

Eine zentrale These der TAK-Theorie ist die der fundamentalen Transformation. Bei Tauschhandlungen, bei denen spezifische Investitionen nötig sind, verändert sich das Anbieter-Nachfragerverhältnis mit der Häufigkeit der Transaktion. Nur weil sich *ex ante* mehrere Anbieter_innen gegenüber stehen, die in den Bietprozess um den Auftrag einsteigen, heißt das nicht, dass auch für folgende Bietprozesse mehrere Anbieter_innen vorkommen. Das ist stark von den nötigen spezifischen Investitionen abhängig. Derjenige, der den ersten Auftrag erhält und Einzweckinvestitionen (egal welcher Art) tätigt, hat bei der nächsten Bieterrunde Vorteile gegenüber anderen Bietern. Es kommt in der Folge zu einer Situation bilateralen Verhandelns. Diese fundamentale Transformation wirkt demnach stark auf den Vertrag.[3260]

Wie schon erwähnt, sind im Kontext der Transaktionskostentheorie die Frage der Häufigkeit und Faktorspezifität entscheidend für die Wahl der Governance-Strukturen. Eine Systematisierung, welche Governance-Struktur für welche Transaktionsformen vorteilhaft ist, zeigt folgende Tabelle:

<table>
<tr><td colspan="2"></td><td colspan="3">Eigenschaften des Investitionsgutes (Ausmaß der Spezifität)</td></tr>
<tr><td colspan="2"></td><td>Nichtspezifisch</td><td>Gemischt</td><td>Idiosynkratisch</td></tr>
<tr><td rowspan="2">Häufigkeit</td><td>Gelegentlich</td><td rowspan="2">Markt Governance (klassische Verträge)</td><td>Trilaterale Governance (neoklassische Verträge)</td><td rowspan="2">Vereinheitlichte Governance</td></tr>
<tr><td>Wiederholt</td><td>Bilaterale Governance
(relationale Verträge bzw. Kooperation)</td></tr>
</table>

Tab. 6: Governancestrukturen; in Anlehnung an Williamson 1990: 89.

3258 Vgl. *Williamson* 1990b: 59ff.
3259 *Williamson* 1990b: 69.
3260 Vgl. *Williamson* 1990b: 70.

Die Marktgovernance ist immer dort vorteilhaft, in denen wiederholt oder gelegentlich unspezifische Transaktionen getätigt werden. Die Akteure der Tauschhandlungen müssen sich nicht kennen (anonymer Tausch, da sich jeder Akteur ohne große Kosten woandershin wenden kann). Die Beziehung an sich hat keinen großen Wert, sie ist austauschbar.[3261] Sollte sich in der Analyse herausstellen, dass wir es in der Kinder- und Jugendhilfe mit gemischtspezifischen oder gar hochspezifischen Transaktionen zu tun haben, deutet sich hier ein weiteres ökonomisches Argument gegen die ausschließliche Marktsteuerung der Hilfe zur Erziehung an.

Die trilaterale Governance entsteht im Kontext *gelegentlicher* gemischtspezifischer und hochspezifischer Transaktionen. Der Prinzipal hat ein großes Interesse an der Erfüllung des Vertrages, weil spezielle Investitionen getätigt wurden und deren Weiterverwertung und Bewertung problematisch ist. Je spezifischer die Investition, desto höher der Anreiz für den Prinzipal, die Transaktion aufrecht zu erhalten.[3262] Die Abwicklung einer solchen Transaktion über Marktmechanismus wäre unbefriedigend.[3263] Im Kontext der neoklassischen Verträge wird auch nicht der Gang zum Gericht gewählt, der in der Regel die Transaktionen sofort unterbricht, sondern der Weg über Schiedsstellen gesucht, um die Leistungserbringung zu bewerten und Streitigkeiten zu lösen. Für wiederkehrende gemischtspezifische und hochspezifische Transaktionen wurden in der Regel spezialisierte Governance-Strukturen zwischen den beiden selbstständigen Partnern entwickelt, die sog. bilaterale Governance. Eine Sonderform ist die vereinheitlichende Governance, die die Selbstständigkeit beider Partner aufgibt, dem Markt die Transaktion entzieht und durch vertikale Integration die Tauschhandlung innerhalb einer Unternehmung über Hierarchie steuert:

> „Bei Transaktionen, die von Investitionen in dauerhafte, transaktionsspezifische Güter gestützt werden, kommt es zu einer restriktiven Bindung an den Partner („lock-in"-Effekt), weshalb der Tausch zwischen autonomen Partnern für gewöhnlich durch einheitliches Eigentum abgelöst wird (vertikale Integration)."[3264]

3261 Vgl. *Williamson* 1990b: 83.
3262 Vgl. *Williamson* 1990b: 84f.
3263 Vgl. *Williamson* 1990b: 84.
3264 *Williamson* 1990b: 61.

Die dritte Annahme der Unsicherheit wird nicht gesondert berücksichtigt, da davon ausgegangen wird, dass sie immer in genügendem Maße vorhanden ist.

Die TAK-Theorie ist von unterschiedlichen Seiten erheblicher Kritik ausgesetzt[3265], daher wird sie im Kontext der Fragestellung auch nicht heran gezogen, um alleinig die Entstehung bestimmter institutioneller Arrangement zu erklären oder alleinig die „besten" institutionellen Arrangements empfehlen zu können. Vielmehr geht es hier in der Anwendung der TAK-Theorie darum, die Frage nach den Qualitätsüberwachungskosten als Bestandteil des Erbringungsrahmens in den Blick zu nehmen und danach zu fragen, ob die QEV als Instrument nicht übermäßige Transaktionskosten verursacht, ohne nennenswerten Fortschritt in der QE zu bieten. Es läuft auf die Frage hinaus, ob die stärkeren Standardisierungs- und Überwachungsbemühungen in der Hilfe zur Erziehung (auch im Kontext des NSM) nicht zu weit höheren Kosten bei doch eher gleichbleibenden Leistungsqualitäten führen. Für diesen Analysekontext scheint die TAK-Theorie vielversprechende Impulse zu liefern.

3.4 Zusammenfassung der modelltheoretischen Annahmen

Die Verwendung des ökonomischen Ansatzes ist in den sozialwissenschaftlichen Diskussionen immer wieder als unzureichend kritisiert worden, da vor allem psychologische und soziologische Aspekte bei der Modellierung ausgeblendet würden. Aber in der Ökonomik selbst wird dies thematisiert und begründet. Die ökonomischen Bezugspunkte sind nie fix, und demnach sind auch die konstant gesetzten Annahmen immer vorläufig, da

> „economic processes are built on psychological factors and are embedded in and interact with sociological processes."[3266]

Diese psychologischen und soziologischen Bedingungen werden in den Datenkranz verschoben, da erstens bisher keine umfassende Sozialtheorie

3265 Vgl. als Übersicht z. B. *Sydow* 1999: 166ff. Zur Kritik der Erklärungskraft des Transaktionskostenansatzes zur Bildung von Firmen vgl. *Pirker* 2000: 72ff. Zur Kritik im Hinblick auf die Spezifika des Non-Profit-Bereichs vgl. *Finis Siegler* 2001: 16ff. Zur soziologischen Kritik vgl. z. B. *Bröckling* 2007: 133ff.

3266 *Schlicht* 1985: 2.

vorliegt, anhand derer diese Bedingungen in die ökonomische Analyse als Variablen eingeführt werden können[3267], und zweitens bei hinreichend langsamen Veränderungen tatsächlich variable Größen auch als exogene Größen gesetzt werden können.

Wie gezeigt wurde, ist es in der Tat so, dass die Festlegung darauf, welche Faktoren als relevant gekennzeichnet werden oder in den Datenkranz verschoben werden, hinreichend begründet sein muss. Mit jeder Entscheidung, bestimmte Aspekte als exogen zu betrachten, reduziert man die komplexen Interdependenzen der Akteure und lässt damit bestimmte Erklärungsmuster aus dem Blick. Jedoch kann es für bestimmte Fragestellungen nötig sein, eine hohe Reduktion dieser Faktoren vorzunehmen, um überhaupt erste Analyseerkenntnisse zu gewinnen. Diese Erkenntnisse dienen demnach nicht dazu, eindeutige Gestaltungsempfehlungen zu geben, sondern eher dazu weitere theoretische und empirische Forschungsfragen anzustoßen und die Erklärungsmodelle weiter zu differenzieren. Eine Möglichkeit zur Systematisierung der vorzunehmenden Abstraktionen und Vereinfachungen bietet das Isolationsprinzip von *Schlicht*[3268]. Es gilt zu unterscheiden zwischen Daten und Variablen. Die Daten bezeichnen diejenigen Bedingungen, die als konstant gesetzt werden, und die Variablen sind Phänomene, die es zu erklären gilt.[3269] Das Isolationsprinzip besagt ganz allgemein, dass die als Daten angenommen Faktoren im Hinblick auf den untersuchten Prozess hinreichend stabil sein müssen.[3270] Im Speziellen unterscheidet *Schlicht* die inhaltliche und die hypothetische Isolation. Die inhaltiche Isolation besagt, dass die Faktoren, die „unwichtig" sind, in den Datenkranz verschoben werden. Das heißt,

> „they do not significantly affect the relationships under study, and do not supersede or destroy them."[3271]

3267 Vgl. *Schlicht* 1985: 2, *Kubon-Gilke* 1997: 285ff, die eine Erweiterung des ökonomischen Ansatzes der NIÖ vornimmt, indem sie Präferenzen nicht mehr komplett exogenisiert, sondern deren Interdependenz mit Institutionen zum Ausgangspunkt ihrer Überlegungen macht. Sie zieht sozialpsychologische Verhaltenstheorien heran, um diese endogenen Präferenzen als moralische Kosten im Kontext der Transaktionskostenanalyse zu modellieren.

3268 Vgl. *Schlicht* 1985.

3269 Vgl. *Schlicht* 1985: 2.

3270 Vgl. *Schlicht* 1985: 6.

3271 *Schlicht* 1985: 18.

Werden relevante Faktoren aus der Betrachtung herausgenommen, um die Analyse zu vereinfachen und damit Teilantworten oder Vergleichsmaßstäbe zu erhalten, die durch erweiterte Analyse ausgebaut werden, spricht man von hypothetischer Isolation.[3272] Das inhaltliche Isolationsprinzip beschreibt er wie folgt:

> „A substantive isolation requires those factors transformed into data by means of the ceteris paribus clause have to be sufficiently stable with regard to the processes we want to explain such that the movements of the data do not destroy or supersede the relations we are studying in our model. This is the isolation principle."[3273]

Das Isolationsprinzip hat zwei Ausprägungen: die temporale und kausale Isolation. Die temporale Isolation verlangt, dass sich die Daten im Vergleich zu den Variablen langsamer verändern[3274], während die kausale Isolation voraussetzt, dass die Rückwirkungen der Daten auf die Variablen hinreichend schwach sein müssen.[3275] Im Folgenden wird die Auswahl der modelltheoretischen Annahmen zusammenfassend dargestellt und begründet.

3.4.1 Methodologischer Individualismus

Die erste Frage ist die, inwiefern die einzelnen Akteure selbst modelliert werden. Ausgehend vom methodologischen Individualismus ist das Verhalten jedweder Gruppe auf das individuelle Verhalten der einzelnen Mitglieder zurückzuführen. Da sich die Ökonomik aber nicht mit dem konkreten Verhalten einzelner Individuen beschäftigt, sondern Aggregate von handelnden Personen als Akteure modelliert, wird in der vorliegenden Arbeit, diesem Ansatz folgend, das Jugendamt, der freie/private Träger und die Familie jeweils als Aggregat von individuellen Einzelhandlungen modelliert. Diese Reduzierung und Ausblendung interner Steuerungslogiken, Abhängigkeiten und Motive der einzelnen Mitglieder dieser Akteure ist für die vorliegende Fragestellung insofern legitim, als dass die betrachtete QEV zwischen der Leitung des Jugendamtes und der Leitung des freien/ private Trägers geschlossen wird. Es ist davon auszugehen, dass Änderun-

3272 Vgl. *Schlicht* 1985: 18.
3273 *Schlicht* 1985: 19 (Hwg).
3274 Vgl. *Schlicht* 1985: 20.
3275 Vgl. *Schlicht* 1985: 21.

gen in dieser Vereinbarung keine derartig relevante Kontextänderung für die einzelnen Mitarbeiter_innen auslöst, dass diese z. B. völlig andere Präferenzen entwickeln und damit ein Rückschluss auf die Wirkungen der Restriktionsänderung unzulässig wäre.

Weiter bleibt die Frage, ob damit vor allem das Jugendamt und die freien/privaten Träger als *black box*[3276] behandelt werden. In gewisser Hinsicht wird in der P-A-Analyse von den internen Mechanismen der Verhaltenssteuerung und Verhaltensbindung aufgrund der Heuristik abstrahiert, um vor allem den ersten Schritt einer Analyse des überaus komplexen Kinder- und Jugendhilfesystems zu unternehmen. Um die interne Dimension der Akteure dennoch zu beachten, wird mit der Transaktionskostentheorie nach Auswirkungen der Vereinbarung als Steuerungsinstrument gefragt. Vor allem die Frage nach der Steuerungslogik des Subsidiaritätsprinzips verspricht neue Erkenntnisse.

3.4.2 Institutionen

Das Jugendamt, der freie/private Träger und die Familie sind als Institution zu begreifen, die als Aggregate der einzelnen Individualhandlungen miteinander agieren. Die im verwendeten Institutionenbegriff dieser Arbeit konstitutiven Elemente treffen auf das Jugendamt, die freien/privaten Träger und die Familie zu. Demnach sind diese drei Akteure im Sinne der NIÖ als Institutionen zu definieren und damit grundsätzlich den Analyseinstrumenten dieses Ansatzes zugänglich. Für das Jugendamt und freie/private Träger ist dies sicher unstrittig nachvollziehbar. Bei der Feststellung, dass Familien als Institutionen im Sinne der NIÖ modellierbar sind, ist die Frage aufgeworfen, wie denn Familie, die von Zuneigung, Vertrauen und Liebe strukturiert und getragen wird, an einen ökonomischen Ansatz anschlussfähig ist.

Versteht man ökonomische Theorie als Wahlhandlungstheorie, so ist sie in der Lage, familiäre Entscheidungen zu erklären und zu prognostizieren. Auch hier geht es nur darum, generelle Aussagen über typisches Verhalten von Familien zu machen.[3277] *Ribhegge* rekonstruiert Familie

3276 *Voigt* 2002: 81.
3277 Vgl. *Ribhegge* 1993: 63f.

> „als eine effiziente Institution zur Reduzierung von Transaktionskosten und zum Schutz von familialen Investitionen, insbesondere im affektiven Bereich“[3278].

Das Verhältnis zwischen Familie und freien/privaten Trägern wurde sowohl aus sozialpädagogischer Sicht als Arbeitsbündnis[3279] als auch aus ökonomischer Sicht als Prinzipal-Agent-Verhältnis[3280] vertragstheoretisch rekonstruiert.

3.4.3 Prinzipal-Agent-Theorie und Transaktionskostentheorie

Die expliziten Annahmen der P-A-Theorie seien kurz wiederholt:[3281]

- Methodologischer Individualismus.
- Vertragstheoretisches Verständnis von Institutionen.
- Individuelle Verhaltensannahmen: Nutzenmaximierung, begrenzte Rationalität, Opportunismus.
- Interaktion zwischen Prinzipal und Agent ist gekennzeichnet durch Informationsasymmetrie, unterschiedliche Risikoverteilung, Zielkonflikte und Beauftragung als explizite oder implizite Arbeitsteilung.
- Die Umwelt der Agenturbeziehung ist geprägt durch Effizienzanforderung, Unsicherheit und Ressourcenplastizität.
- Agenturkosten, Agenturprobleme und mögliche Lösungsdesigns.
- Die Dyade als basale Grundstruktur der P-A-Beziehung, wobei diese im Kontext der Arbeit eine Differenzierung in formale und faktische P-A-Beziehung erfährt.

Die Frage, ob in der vorliegenden Konstellation aus Jugendamt, freiem/privatem Träger und Familie ein Beauftragungsverhältnis im Sinne der P-A-Theorie vorliegt, ist ebenso einsichtig wie uneindeutig. Da in der betrachteten Konstellation der Leistungserbringer (freier/privater Träger), die Leistungsempfängerin (Familie) und der Kostenträger (Jugendamt) in einem Dreiecksverhältnis stehen, entstehen zwangsläufig P-A-Beziehungen. Uneindeutig sind diese deshalb, weil im Verlauf der Arbeit aufgezeigt wurde, dass es zwischen formaler und faktischer Beauftragung zu unterscheiden gilt. Ist es aus rechtlicher Sicht eindeutig, dass die freien/privaten

3278 *Ribhegge* 1993: 72.
3279 Vgl. *Müller* 1985: 119ff.
3280 Vgl. *Finis Siegler* 2009: 12.
3281 In Anlehnung an *Saam* 2002: 139.

Träger von den Familien beauftragt sind, ist das beobachtbare Verhältnis in der Praxis dergestalt, dass das Jugendamt die freien/privaten Träger beauftragt.[3282] Insofern wird es darum gehen, aus unterschiedlichen Perspektiven die Beauftragungsverhältnisse zu beleuchten.

Aus dem Blickwinkel der TAK-Theorie ist unstrittig, dass sich im Verhältnis von Jugendamt, freiem/privatem Träger und den Familien eine Governance-Struktur zeigt - dass es nötig ist, zwischen den drei Akteuren vielfältige Transaktionen zu tätigen, ebenso. So muss ein Aushandlungsprozess stattfinden zwischen Jugendamt und Familie über den Hilfebedarf, die Auswahl des geeigneten Angebots nach Form, Dauer und Umfang sowie die Auswahl des geeigneten freien/privaten Trägers. Im Verhältnis von freiem/privatem Träger zu Familie gilt es zu klären, was die genauen Inhalte der Leistung sein können, also was die Familie als eigenen Bedarf formuliert und was der freie/private Träger im Leistungsspektrum hat. Endlich muss zwischen Jugendamt und freiem/privatem Träger sicher gestellt sein, dass der tätige freie/private Träger für eine bestimmte Leistung in einer bestimmten Qualität ein entsprechendes Entgelt in einer bestimmten Form[3283] erhält. All diese Verhandlungsprozesse sind Transaktionen im Sinne der TAK-Theorie. In der vorliegenden Arbeit wird das letzte Verhältnis also die Verhandlung der LV, EV und QEV im Fokus stehen.

3.4.4 Homo oeconomicus Annahme

Das Modell des *homo oeconomicus* ist häufig in solchen Fällen gut einsetzbar, in denen es sich um Hochkostensituationen handelt. Für die Situation in den Hilfen zur Erziehung kann das bejaht werden. Die freien/privaten Träger sind in der Situation, dass sie einen vereinbarten Qualitätsstandard zu einem wettbewerbsfähigen Preis liefern müssen. Da Hilfen zur Erziehung *local goods*[3284] sind, müssen sie im gegenteiligen Fall damit rechnen, weniger Aufträge zu erhalten, was in der Finanzierungsstruktur über Fachleistungsstunden und der Marktform eines Monopson schnell zur existenziellen Krise des freien/privaten Trägers werden könnte. Für das

3282 Vgl. Kap 2.2.4.

3283 Hier sind unterschiedliche Arten der Honorierung gemeint. Derzeit sind im Bereich der Hilfen zur Erziehung hauptsächlich Leistungsentgelte vorgesehen.

3284 Anbieter sind stark abhängig vom Jugendamt, weil meist Substitutionsmöglichkeiten fehlen, vgl. *Wüstenbecker* 1999: 301.

Jugendamt besteht ebenfalls eine Hochkostensituation, da zum einen der Finanzierungsdruck sehr hoch ist[3285] und zum anderen die Gewährleistungsverpflichtung für das Kindeswohl aus dem staatlichen Wächteramt als fachlicher Druck wirkt. Fehlgesteuerte Hilfen zur Erziehung können für das Jugendamt also aus finanzieller, wie aus fachlicher Sicht ebenfalls zu extremen organisationalen Krisen werden. Für die Familien handelt es sich um eine Hochkostensituation, da die Konsequenz aus gescheiterten Hilfen zur Erziehung als Folge weitergehende Eingriffe der Jugendämter als sozialstaatliche Behörde nach sich ziehen könnte.[3286] Oder anders formuliert: Die Angst der Familien vor der Herausnahme ihrer Kinder, macht die Hilfe zur Erziehung zur Hochkostensituation. Demnach handeln alle drei Akteure in der Konstellation der Hilfe zur Erziehung in Hochkostensituationen, was die Unterstellung des opportunistischen Verhaltens im Kontext der *homo oeconomicus* Annahme begründet. Weiter wird von begrenzter Rationalität und stabilen Präferenzen ausgegangen.

3285 Vgl. Kap 1.1.

3286 *Langer* begründet allgemeiner die gesamte Soziale Arbeit als Hochkostensituation für die Adressat_innen, vgl. *Langer* 2004a: 405.

4 Möglichkeiten und Grenzen der Vereinbarungen gemäß § 78b SGB VIII zur Qualitätssteuerung aus institutionsökonomischer Perspektive

An dieser Stelle sei nochmal darauf hingewiesen, dass die folgende Analyse sich auf die Bewertung des derzeitigen Erbringungskontexts (formal und faktisch) bezieht und mit den traditionellen Annahmen der NIÖ arbeitet. In Kapitel 4.4 wird unter Beachtung der dabei entwickelten Hinweise auf eventuelle Fehlanreize durch die derzeitige Regelungen zum Erbringungskontext ein eigenes „Modell trilateral-korporatistischer Qualitätssteuerung in partnerschaftlicher Zusammenarbeit“ entwickelt. Hierzu ist es jedoch erforderlichs die Annahmen der ökonomischen Analyse zu erweitern.

In der folgenden Analyse des Erbringungskontextes der Hilfe zur Erziehung mit der P-A-Theorie und der TAK-Theorie werden die bisher erarbeiteten konstitutiven Elemente der Hilfe zur Erziehung als sozialstaatlich verbürgte, sozialrechtlich normierte, sozialpädagogisch vermittelte und meritorische Leistung normativ gesetzt. Als Ausdruck des Sozialstaatsprinzips soll die Hilfe zur Erziehung die Verwirklichungschancen der Kinder und Jugendlichen gewährleisten und unter diesem Verständnis soziale Gerechtigkeit verwirklichen.[3287] Der Zugang zur Hilfe zur Erziehung im Bedarfsfall wird aus sozialstaatlicher Perspektive zum zentralen Aspekt. Das bedeutet, dass das Defektieren der Jugendämter im Hinblick auf die Hilfegewährung im bekannten Bedarfsfall von vornherein normativ ausgeschlossen ist, ebenso jede Form der Rationierung über Budgetierung, Festlegung von Hilfelaufzeiten, Verzögerung des Hilfebeginns etc. Unstrittig ist, dass sich in der Praxis gegenteilige Beispiele[3288] finden lassen. Aus der sozialrechtlichen Normierung ergeben sich weitere Aspekte, die als konstitutiv für das Kinder- und Jugendhilfesystem in seiner historischen Entstehung gesehen werden können.[3289] Hierzu gehören insbesondere die

3287 Vgl. Kap. 2.1.

3288 Aus den Ergebnissen seiner empirischen Studie leitet *Langer* eine „schleichende Rationierung“ ab, die dadurch entsteht, dass der ASD für vergleichbare Bedarfe weniger Fachleistungsstunden bewilligt, vgl. *Langer* 2007: 241.

3289 Vgl. Kap. 2.1 und 2.2.

partnerschaftliche Zusammenarbeit von Jugendamt und freien/privaten Trägern, das Pluralitätsgebot, das Subsidiaritätsprinzip in der besonderen Lesart innerhalb der Kinder- und Jugendhilfe[3290], die Autonomie der freien/privaten Träger sowie die Gewährleistungsverpflichtung und Planungsverantwortung des Jugendamtes. Aus der Rekonstruktion der Hilfe zur Erziehung als lebensweltorientierte, soziale Dienstleistung sind vor allem die Aspekte der Offenheit und Responsivität gesetzt, die eine relative Autonomie der Fachkräfte bzw. der Organisationen erfordern.[3291] Aus dem meritorischen Charakter ergibt sich die Anforderung, eine nachfrageerzeugende bzw. nachfrageverstärkende institutionelle Umgebung zu designen.[3292]

Die normativen Elemente aus der sozialstaatlichen, sozialrechtlichen und meritorischen Grundlegung der Hilfe zur Erziehung können als Nebenbedingung formuliert werden, während die sozialpädagogischen Anforderungen analytisch als exogene Präferenzen der Professionellen gesehen werden.

Aus der bisherigen Analyse des Erbringungskontextes der Hilfe zur Erziehung ist hervorgegangen, dass es zwischen formalen und faktischen Verhältnissen zu unterscheiden gilt. Demnach ist der Status der Adressat_innen im Hinblick auf Wunsch- und Wahlrecht, Beteiligung an allen sie betreffenden Entscheidungen und Beachtung der Grundrichtung der Erziehung nur im formalen Beauftragungsverhältnis vorausgesetzt, während diese Aspekte im faktischen unterentwickelt sind. Um die Polarität zu rein marktlichen Lösungen zu verdeutlichen, wird an einigen Stellen auch eine „marktradikale" Version des Erbringungskontextes betrachtet. Die in Kapitel 3.4 zusammengefassten modelltheoretischen Annahmen gelten für alle Szenarien.

Für die Unterscheidung der faktischen, formalen und marktradikalen Konstruktion des Erbringungskontextes werden folgende Aspekte zu Grunde gelegt:

3290 Vgl. Kap. 2.5.3.
3291 Vgl. Kap. 2.3.
3292 Vgl. Kap. 2.4.

	Formal	Faktisch	Marktradikal
Marktform	Bilaterales Oligopol (Oligopson)*	Monopson (beschränktes)*	Polypol
Auftraggeber	Familie	Jugendamt	Familie
Anbieterzulassung	Fachkräftegebot, Teilw. Betriebserlaubnis LV, EV, QEV Subsidiaritätsprinzip Pluralitätsgebot	wie formaler Kontext, allerdings beeinflusst von der Einschätzung des Jugendamts über Bedarfe und von politischen Machtverhältnissen	alle erhalten eine Zulassung bei Einhaltung von überprüften Minimalstandards, wie z. B. Betriebserlaubnis, Fachkräftegebot
Finanzierung	Familie an Anbieter mit Refinanzierungsanspruch gegen das Jugendamt	Jugendamt an Anbieter	Jugendamt stattet Familie mit Kaufkraft aus (z. B. Gutschein); Familie zahlt Anbieter
Qualitätssteuerung	Leistungsqualität in LV und QE in QEV *choice* und *voice* der Familien	Weitgehende Selbststeuerung der Anbieter	*choice* und *exit* der Familien, endogen durch institutionellen Wettbewerb
Angebotssteuerung	JHA, kooperative Jugendhilfeplanung bei starker Beteiligung von Familien in partnerschaftlicher Zusammenarbeit mit den freien/ privaten Trägern	JHA mit verwaltungszentrierter Jugendhilfeplanung und unter starkem politischen Einfluss	Nachfrage der Familie
Besonderheiten	Partnerschaftliche Zusammenarbeit von öffentlichen und freien Trägern. Starkes Wunsch- und Wahlrecht der Familien	Partnerschaftliche Zusammenarbeit von öffentlichen und freien Trägern. Kaum Beachtung des Wunsch- und Wahlrechts	Wegfall von Privilegien der gemeinnützigen Anbieter, JHA, Jugendhilfeplanung Subsidiaritätsprinzip, Pluralitätsgebot, partnerschaftlicher Zusammenarbeit.

* Wenn viele Anbieter angenommen werden, wovon in der Regel nicht auszugehen ist.

Tab. 7: Erbringungskontext der Hilfe zur Erziehung; eigene Darstellung.

Für eine institutionsökonomische Analyse ist relevant, welche Vertragsarten zum Einsatz kommen.[3293] Die Vereinbarungen nach § 78b SGB VIII weisen auf den ersten Blick eine große Übereinstimmung mit den Merk-

3293 Für die Merkmale der Vertragsarten vgl. *Picot/u. a.* 2012: 19f, vgl. auch Kap. 3.2.

malen der modellhaften neoklassischen Verträge auf. Sie beinhalten eine konkrete Laufzeit, sind teilweise unvollständig, die Identität der Vertragspartner_innen ist von Bedeutung und die Beilegung von Streitigkeiten erfolgt über Schiedsstellen. Die Besonderheit der Hilfe zur Erziehung besteht in der Zweistufigkeit der Vertragskonstruktion. So kann der Hilfeplan nach § 36 SGB VIII im Einzelfall als relationaler Vertrag verstanden werden, der unvollständig ist, weil die Identität der Vertragspartner_innen von Bedeutung ist und Streitigkeiten weder von Gerichten noch von Schiedsstellen lösbar sind. Allerdings ist das wichtige Merkmal eines relationalen Vertrages, nämlich die auf Dauer angelegte Beziehung, nicht gegeben. Es sei denn, man geht vom faktischen Beauftragungsmodell aus und sieht in der immer wiederkehrenden Zusammenarbeit zwischen Jugendamt und freiem/privatem Träger diese dauerhafte Beziehung. Im formalen Beauftragungsverhältnis kann nur von einer befristeten, einmaligen Auftragskonstruktion ausgegangen werden. Auch für die Vereinbarungen ist die Vertragszuordnung vollends nicht stimmig. Die *teilweise* Unvollständigkeit kommt durch Anwendung von Standardisierungen, Indizes etc. zustande. Genau hier liegt die Problematik der Vereinbarungen, da sie durch Standardisierungen (wie vom NSM avisiert) den Regelungsgegenstand Hilfe zur Erziehung überformt. Dies gilt für die LV ebenso wie für die QEV. Unter Anerkennung der konstitutiven Merkmale der Hilfe zur Erziehung kann es sich bei den Vereinbarungen nur um unvollständige, also relationale Verträge handeln.

Aus institutionsökonomischer Sicht weisen die gewählten Vertragskonstruktionen der Vereinbarungen nach § 78b SGB VIII und des Hilfeplans nach § 36 SGB VIII auf eine gewollte Standardisierung und Anwendung des formalen Beauftragungsverhältnisses hin.

Konstruierte man die Vereinbarung und den Hilfeplan als relationalen Vertrag, was aus sozialarbeitswissenschaftlicher Sicht konsequent wäre, so müssten auf beiden Ebenen die Adressat_innen eine gewichtige Position im Hinblick auf die Vertragsgestaltungen erhalten. Auf der Ebene der Hilfepläne ist dies formal vorgesehen, aber faktisch kaum umgesetzt. Auf der Vereinbarungsebene sind die Adressat_innen nicht beteiligt.[3294]

Bevor explizit die Qualitätssteuerung zum Thema gemacht wird, folgt eine kurze Betrachtung der Frage nach den eingesetzten Entlohnungssys-

---

3294 Eine mittelbare Beteiligung ließe sich über die kooperative Jugendhilfeplanung konstruieren, deren Ergebnisse in die Vereinbarungen einfließen. Jedoch ist die Beteiligung der Adressat_innen an der Jugendhilfeplanung kaum ausgeprägt.

temen. Aus ökonomischer Perspektive kann gezeigt werden, dass die Form des Entlohnungssystems Auswirkungen auf die Qualität der Leistungen hat.[3295] Bezugseinheiten für die Preisermittlung können die Kosten pro Anzahl der Adressat_innen, pro erbrachte Leistung oder pro Ergebnis sein.[3296] Bei der Hilfe zur Erziehung ist die Preisfestlegung durch die Vereinbarungen nach § 78b SGB VIII an die Leistung gekoppelt. Dabei entsteht das Problem, dass die leicht beschreibbaren (messbaren) Merkmale eher ungeeignet sind, qualitative Ausprägungen anzuzeigen.[3297] Die Leistung „Heimerziehung" ließe sich z. B. über vier Elterngespräche pro Monat, davon mindestens eins im Haushalt der Eltern, spezifizieren. Die Häufigkeit der Elterngespräche kann im ersten Schritt als Indikator für Qualität betrachtet werden. Eine Aussage über die Qualität der Elterngespräche selbst oder gar über die Leistung „Heimerziehung" insgesamt lässt sich daraus nicht ableiten.

In Anlehnung an gesundheitsökonomische Analysen lässt sich zeigen, dass das Modell der prospektiven Entgelte im Gegensatz zum Selbstkostendeckungsprinzip durchaus eine bessere Steuerung im Hinblick auf Qualität und Effizienz gewährleisten kann. Allerdings ist dies abhängig vom Grad der Zersplitterung der Leistung. Je kleinteiliger und standardisierter die Leistungspakete verhandelt werden, desto stärker wird der ökonomische Anreiz, nur noch genau diese Tätigkeiten durchzuführen.[3298] Inhaltlich führt das zum einen zu mangelnder Offenheit und Responsivität der Leistung und zum anderen zur Vernachlässigung von sinnvollen, aber durch das bewilligte Leistungspaket nicht erfassten Tätigkeiten. Beides muss als qualitätsreduzierend eingeschätzt werden.

Wie bereits dargelegt, werden sich Leistungsanbieter an den Qualitätsanforderungen dessen orientieren, der die Entlohnung (mit)bestimmt. Durch die §§ 78a-g SGB VIII wächst die Abhängigkeit der freien/privaten Träger von den Jugendämtern, und damit steigt die Orientierung an den Maßgaben, Interessen und Wünschen des Jugendamtes anstatt der Familien.[3299] *Gross/Badura* sahen in der Beeinflussung des angewandten Bebzw. Entlohnungssystem durch die Adressat_innen einen zentralen Faktor

3295 Vgl. *Kubon-Gilke* 2005b: 90f.

3296 Vgl. *Gilbert* 2000: 148.

3297 Vgl. *Gilbert* 2000: 149f.

3298 Zur dezidierten Herleitung vgl. *Kubon-Gilke* 2005b: 92ff.

3299 Vgl. *Blandow/Gintzel/Hansbauer* 1999: 66. Allein aus der Nicht schlüssigen Tauschbeziehung folgt die Orientierung der Anbieter an den Interessen des Jufür die Qualitätssteuerung. Die Beeinflussung könnte über Geld, Gutscheine, Streiks oder „direkte Aktionen" erfolgen.[3300] Sie forderten eine permanente „Reorientierung auf die Bedürfnisse der Nachfragenden"[3301]. Das Entgeltsystem der Hilfe zur Erziehung kennt nur die Akteure freie/private Träger und Jugendamt, die miteinander verhandeln. Problematisch an der Vereinbarungsstruktur ist, dass die Jugendämter als Verhandlungspartner an der Entgeltverhandlung mehr Interesse haben als an der Leistungsverhandlung.[3302] Hingegen haben die Adressat_innen ein großes Interesse an der Leistungsverhandlung und der QE, sind von den Vereinbarungen jedoch ausgeschlossen. Die Adressat_innen haben weder Einfluss auf und in der Regel auch keine Kenntnis von den Entgelten der Leistungsanbieter.

Eine andere Herangehensweise wäre die Bildung einer Art prospektiver Pauschale pro Familie in unterschiedlicher Höhe bei gleichzeitiger Vorgabe von Mindeststandards. Dann würde man davon ausgehen, dass es in der Hilfe zur Erziehung so etwas wie Fallgruppen gibt. Da es sich jedoch um individuelle Leistungen handelt, würden *Creaming*-Effekte wahrscheinlich. Außerdem müssten die og. Mindeststandards wiederum aufwendig kontrolliert werden, da es einen starken Anreiz gäbe, durch Qualitätssenkungen finanzielle Freiräume zu schaffen.

Empirisch gesehen verhandeln die Jugendämter teilweise EVen seit Jahren nicht neu bzw. gehen mit dem Ziel in Verhandlungen, Entgelte nicht zu verändern, was einer faktischen Kürzung gleichkommt, oder gar bei gleichem Entgelt die Auslastungsquote zu erhöhen.[3303] Dies sind Hinweise darauf, dass es in erster Linie nicht um leistungsgerechte und damit auch qualitätsgerechte Entgelte geht. Der Strategie der alleinigen Steuerung über Preissetzung wollte der Gesetzgeber mit der LV und QEV entgegenwirken. Jedoch werden deren Potentiale kaum genutzt. *Späth* geht davon aus, dass ein Qualitätsabbau der Angebote der Hilfe zur Erziehung durch die Verhandlungsmacht der Jugendämter in den Vereinbarungen keine Aussicht auf Erfolg haben dürfte, solange die Spitzenverbände ihre Beauftragung als Interessensvertretung der Adressat_innen ernst nehmen.[3304]

---

gendamtes, vgl. *Finis Siegler* 2009: 136. Die Nicht-schlüssige Tauschbeziehung wurde durch die Vereinbarung formalisiert.

3300 Vgl. *Gross/Badura* 1977: 377.

3301 *Gross/Badura* 1977: 377 (Hwg).

3302 Vgl. *Witt* 1995: 157.

3303 *Gadow/u. a.* 2013: 65f.

3304 Vgl. *Späth* 1999: 67.

Allerdings wäre hier kritisch zu fragen, inwieweit die Wohlfahrtsverbände für diese Interessenvertretung demokratisch legitimiert sind.[3305]

Die Entscheidung für oder gegen ein bestimmtes Entlohnungssystem hat demnach Folgen für die Qualitätssteuerung. Im Rahmen der Vereinbarungen nach § 78b SGB VIII ist der Spielraum zur Ausgestaltung für die Akteure in der Praxis recht groß. In der vorliegenden Arbeit wird der Qualitätssteuerung Priorität eingeräumt, sodass die normative Vorgabe des Gesetzgebers, zuerst die Qualität der Leistung und deren QE zu vereinbaren und aufbauend darauf ein leistungs- und qualitätsgerechtes Entgelt zu verhandeln, ernst genommen wird. In dieser Perspektive bedeutet leistungs- und qualitätsgerecht konsequenterweise nicht nur gerecht, was die Höhe des Entgelts angeht, sondern vor allem auch, was die Gestaltung des gesamten Entlohnungssystems mit seinen Anreizwirkungen angeht.

In Kapitel 1.2 wurde gezeigt, dass es keinen fachwissenschaftlichen Konsens gibt, was als Qualität der Hilfe zur Erziehung zu gelten hat. Es wurden lediglich konstitutive Elemente herausgearbeitet, ohne deren Einhaltung nicht von Qualität die Rede sein kann. Hierzu gehört die umfängliche Beteiligung der Adressat_innen an allen Phasen der Leistungserbringung, die Gewährleistung professioneller Autonomie als Gestaltungsspielraum und die lebensweltorientierte Offenheit bzw. dienstleistungstheoretische Responsivität im Hinblick auf die Leistung selbst. Weiter scheint unstrittig, dass die Bewertung von Qualität durch die Adressat_innen – neben weiteren Perspektiven – unumgehbar ist und die rechtlichen Struktur- und Verfahrensbestimmungen als fachliche Standards[3306] verstanden werden können. All diese Aspekte sind damit qualitäts- und vereinbarungsrelevant.

Die Auseinandersetzung darüber, ob Wirkungen als messbare Legalbewährung, infrastrukturelle Möglichkeiten, adressat_innenorientierte Einschätzung[3307] oder Maß an Verwirklichungschancen[3308] verstanden werden, ist noch lange nicht beendet. Für die Frage der QEV als Instrument zur Qualitätssteuerung ist das nur mittelbar relevant, da diese Qualitätsverständnisse mit verschiedenen sozialpädagogischen Ansätzen und Perspektiven in Verbindung stehen. Unter der Anerkennung des Vielfaltsgebotes

3305 Vgl. *Backhaus-Maul* 2009: 77.
3306 Vgl. *Jordan* 2001: 50.
3307 Vgl. *Finkel* 2003: 27ff.
3308 Vgl. *Albus/u. a.* 2010a.

an Ansätzen und Methoden im SGB VIII sind demnach auch unterschiedliche Qualitätsmodelle über die Vereinbarungen verhandelbar.

Die QEV stellt die Anforderung an freie/private Träger, sich im Hinblick auf Grundsätze und Maßstäbe für die Bewertung der Qualität der Leistungsangebote sowie über geeignete Maßnahmen zu ihrer Gewährleistung dem Jugendamt gegenüber festzulegen. Bleibt man dabei stehen, könnten die freien/privaten Träger vereinbaren, die Maßstäbe und Grundsätze XY und die Gewährleistungsmaßnahme Z umzusetzen. Das hätte jedoch ohne die Möglichkeit der Prüfung bzw. der Berichterstattung der freien/privaten Träger an die Jugendämter keine qualitätsrelevanten Auswirkungen. *Prinz* ist der Auffassung, dass die Leistungsqualität auf jeden Fall unternehmensextern kontrolliert werden muss.[3309] Demnach werden die freien/privaten Träger spätestens bei der Verlängerung der QEV dem Jugendamt über die Erkenntnisse bzw. Ergebnisse der QE berichten (müssen). Dies wird vor allem im Kontext der Neuregelung des § 79a SGB VIII deutlich, nach dem die jeweilige Qualitätssteuerung „weiterzuentwickeln, anzuwenden und regelmäßig zu überprüfen" ist. Konkretisiert wird dies an den Rechten der Kinder und Jugendlichen in Einrichtungen. Dabei wird ein ganz besonderes Problem deutlich: Es entsteht die Situation, dass die freien/privaten Träger, die ein Eigeninteresse an QE haben, jedoch nicht alle interne Daten, Informationen und Erkenntnisse dem Jugendamt offenbaren wollen, dazu tendieren werden, zwei Systeme der QE zu betreiben.[3310] Der Anreiz zur Vorenthaltung bestimmter Informationen, vor allem von Fehlern, Mängeln[3311] und nicht erreichten Zielen[3312], liegt in der dualen Vereinbarungskonstruktion Jugendamt - freie/private Träger und der möglichen Abstrafung durch das Jugendamt. Inwiefern das Jugendamt überhaupt Druck ausüben kann, hängt in erster Linie von der tatsächlichen Trägerlandschaft vor Ort (Marktform) ab, also ob es alternative Anbieter gibt oder es sich um ein bilaterales Monopol (faktisch) oder ein beschränktes Angebotsmonopol (formal) handelt. Gibt es zumindest einen weiteren geeigneten freien/privaten Träger, kann das Jugendamt über Verhandlungen der Vereinbarungen Druck ausüben, indem es die Vereinba-

---

3309 Vgl. *Prinz* 2007: 146.

3310 Vgl. *Kubon-Gilke* 2005b: 82.

3311 Man denke z. B. an häufige Beschwerden von Kindern und Jugendlichen in einer Heimeinrichtung.

3312 Obwohl genau im transparenten, vertrauensvollen Umgang mit Fehlern, Mängeln und nicht erreichten Zielen der zentrale Kern von QE liegt.

rungen nicht abschließt bzw. fortschreibt, bevor die Fehler, Mängel usw. beseitigt sind. Das Schiedsstellenverfahren kann hier nur bedingt einen Ausweg für die freien/privaten Träger bieten, da der wirtschaftliche Druck allein bei ihnen liegt und die Verfahren Zeit brauchen. Zudem ist der Ausgang des Verfahrens ungewiss.

Im faktischen Erbringungskontext kann auch auf der operativen Ebene durch „Nichtbelegung" des entsprechenden Anbieters durch den ASD „abgestraft" werden. Allein diese Konstruktion kann dazu führen, dass die QE der freien/privaten Träger nach außen als Legitimations- und Werbestrategie begriffen und betrieben wird. Ein Gewinn für die Adressat_innen im Hinblick auf die Leistungsqualität ist damit nicht verbunden. Im Gegenteil diese Konstellation bietet Anreize zur Verschärfung von Informationsasymmetrien.

4.1 Analyse der QEV als Instrument zur Qualitätssteuerung anhand der Prinzipal-Agent Theorie

Die Analyse nach der P-A-Theorie wird hier als Heuristik verstanden, um in Abhängigkeit von Informationsasymmetrien zwischen Prinzipalen und Agenten zu bestimmen, wie weit sich die Ressourcenallokation für die Leistungserbringung in bestimmter Qualität einem modellhaft optimalen (*first best*) Ergebnis annähert.[3313] Eine wesentliche Annahme ist, dass Agenten und Prinzipale unterschiedliche Ziele verfolgen. Die Annahme, dass Jugendämter und freie/private Träger in absoluter Interessenkongruenz nur an der Maximierung des Wohls der Familien interessiert sind, kann als naive Annahme verworfen werden. Wäre dem so, dann hätte es keinen Grund gegeben, das NSM einzuführen, Verträge zu schließen, Klage- und Beschwerderechte der Adressat_innen einzufordern etc. Es ist vielmehr davon auszugehen, dass Jugendamt und freie/private Träger unterschiedliche Nutzen maximieren wollen. Es geht also darum, nach institutionellen Arrangements zu suchen, die trotz der Probleme möglichst nahe an die optimale Ressourcenallokation vor allem im Sinne des Qualitätsniveaus der Leistung herankommen. Zu prüfen ist, welche Möglichkeiten und Grenzen die Vereinbarungen nach § 78b SGB VIII hierbei haben.

3313 Vgl. *Ebers/Gotsch* 2006: 264.

Die Überlegungen nehmen ihren Ausgang an der konkreten Situation der Leistungserbringung zwischen Auftragspädagog_in und Familie, wie sie von *Langer* in seinem DOPAM entwickelt wurden. Von dort aus wird argumentiert, dass eine institutionsökonomische Analyse der Vereinbarungen nach § 78b SGB VIII nicht ausschließlich über eine Mikrofundierung leistbar ist, sondern eine Erweiterung zu einem birelationalen Modell des Erbringungskontextes nötig erscheint.

4.1.1 Erweiterung des DOPAM zu einem birelationalen Modell

In Kapitel 3.2.2. wurde das DOPAM vorgestellt, die grafische Abbildung ist hier wiederholt:

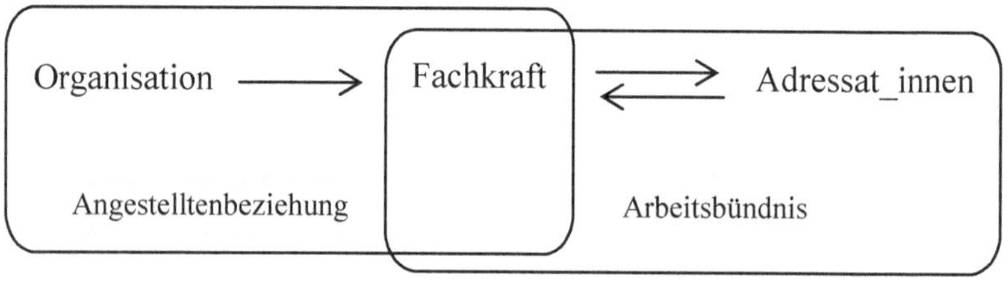

Abb. 5: Das Doppelte Prinzipal-Agent-Modell; vgl. Langer 2004a: 380.

Es ist evident, dass sich die doppelte P-A-Beziehung des DOPAM auflöst, wenn die Fachkraft als selbstständige_r Unternehmer_in agiert. Dadurch sind jedoch die Probleme im Erbringungskontext der Hilfe zur Erziehung nicht gelöst, da durch das Jugendamt weitere P-A-Beziehungen begründet werden. Demnach ist für die hier aufgeworfene Fragestellung ein birelationales Modell zu entwickeln, das nicht als konsequente Mikrofundierung konstruiert ist. So werden die relevanten Akteure für die Hilfe zur Erziehung in den aggregierten Institutionen freier/privater Träger, Jugendamt und Familie gefasst, während eine konsequente Mikrofundierung die akteursspezifischen Konstellationen zwischen Eltern, Kindern (mit P-A-Verhältnis und Sachwalter_innenproblem), Fachkraft im ASD und Auftragspädagog_in beim freien/privaten Träger mit den jeweiligen organisationalen Einbindungen zum Ausgangspunkt nehmen müsste.[3314] Die daraus resultierenden P-A-Verhältnisse werden in einem Exkurs aufgezeigt, aber nicht in der Analyse expliziert. Für die vorliegende Fragestellung zu Grenzen und Möglichkeiten der Qualitätssteuerung durch die Vereinbarungen nach § 78b SGB VIII ist für den Einstieg in die Analyse anhand der P-A-Theorie eine Reduzierung von Komplexität notwendig, wohlwissend, dass dadurch interne Wechselwirkungen von Beauftragungsverhältnissen ausgeblendet werden. Ebenso werden durch die modelltheoretischen Annahmen auf eine Endogenisierung der Präferenzbildung, also die Wechselwirkung von Präferenzen und institutionellen Arrangements verzichtet. Daraus folgt, dass keine expliziten Gestaltungsvorschläge für den Erbringungskontext entwickelt werden können. Es lassen sich aber sehr wohl problematische Konstruktionen im Erbringungskontext aufzeigen sowie weitere wichtige theoretische und empirische Fragestellungen aufwerfen. Im Sinne der modelltheoretischen Annahmen zeigt sich folgender Erbringungskontext als birelationales Modell:

3314 Zur Arbeitsgeberorganisation als Prinzipal der Fachkraft vgl. *Langer* 2004a: 381ff.

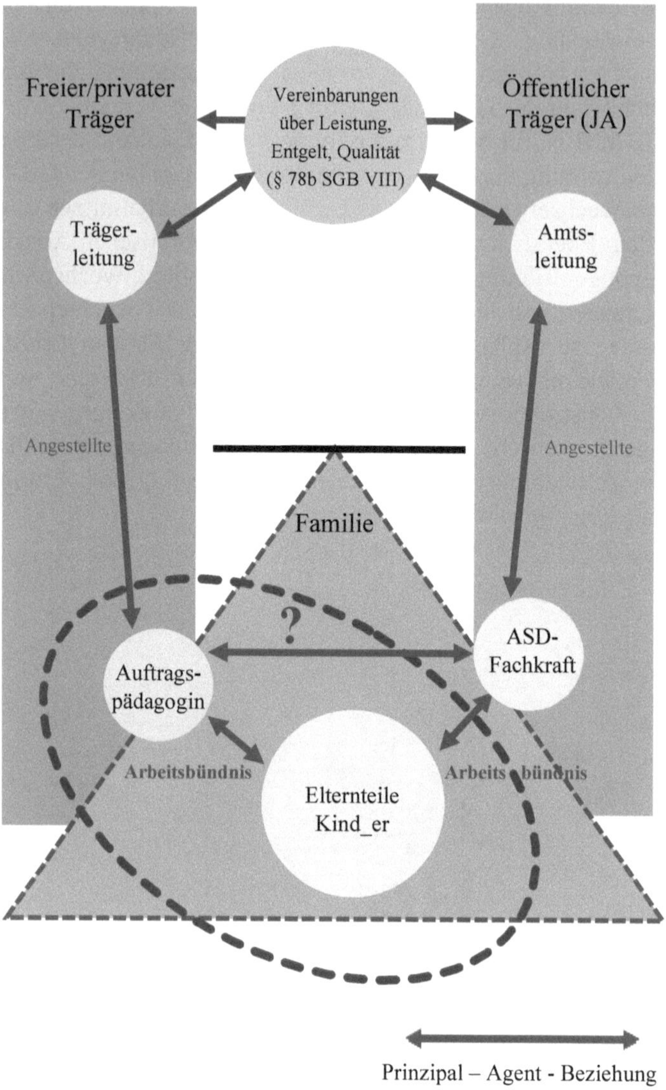

Abb. 6: Birelationales Prinzipal-Agent-Modell; eigene Darstellung.[3315]

3315 Die P-A-Beziehung ist als Doppelpfeil dargestellt, weil sich im Verlauf der Leistungserstellung diese Verhältnisse zwischen den Akteuren je nach Teilleistung umkehren können. Das ändert jedoch nichts daran, dass hier im Sinne der formalen und faktischen Auftragsverhältnisse die freien/privaten Träger haupt-

Diese Verhältnisse sind birelational, weil sie, von der Familie aus gesehen, in zwei Richtungen Arbeitsbündnisse bzw. Prinzipal-Agent Beziehungen begründen. Im Hinblick auf die Professionellen ergeben sich ebenfalls auf zwei Seiten Angestelltenverhältnisse und damit P-A-Verhältnisse. Das Verhältnis zwischen ASD-Fachkraft im Jugendamt (JA) und der Auftragspädagog_in ist nicht eindeutig. Das liegt an der Unterscheidung von formalen bzw. faktischen Verhältnissen. Im formalen Sinne ergibt sich hier auch eine Art „Arbeitsbündnis", oder besser: eine Arbeitskoalition zu Gunsten der Familie. Diese begründet sich fachlich-inhaltlich in der Ko-Produktion der Hilfe zur Erziehung, in die der ASD stark involviert ist, und im weitgehenden Anspruch an die Partizipation der Familie, der die Fachkraft des ASD und des freien/privaten Trägers in diesem Sinne auf gemeinsame Ziele verpflichtet. Aus rechtlicher Sicht wird dieses Verhältnis als Umsetzung der partnerschaftlichen Zusammenarbeit rekonstruierbar. Im faktischen Sinne könnte hier von einer Art „verdecktem Angestelltenverhältnis" ausgegangen werden. Dies zeigt sich in der Praxis besonders eindrücklich am Problem der „Scheinselbstständigkeit", wenn z. B. selbstständige Familienhelfer_innen für ein einziges Jugendamt tätig sind.

Im Hinblick auf die Verortung der Vereinbarungen über Leistung, Entgelt und Qualität wird deutlich, dass diese auf der Leitungsebene verhandelt werden, auf die weder die Familie noch die operativen Ebenen des Jugendamtes oder der Leistungserbringer Einfluss haben. Vor allem die Abgeschnittenheit der Familien von dieser Ebene ist relevant.

Exkurs: Erweiterung des birelationalen Modells

Im Folgenden wird in einem Exkurs gezeigt, dass durch die modelltheoretische Vereinfachung einige komplexe Zusammenhänge verdeckt werden, die in weitergehenden Analysen zu beachten wären. Durch die interne Differenzierung von Jugendämtern und auch ab einer bestimmten Größe von freien/privaten Trägern entstehen weitere Hierarchieebenen, die weitere interne P-A-Beziehungen begründen. Es kann davon ausgegangen werden, dass zumindest im Jugendamt eine mittlere Hierarchieebene zwischen Amts- bzw. Fachbereichsleitung und operativer Ebene im ASD besteht. In

sächlich als Agenten und das Jugendamt bzw. die Familie als Prinzipale modelliert werden.

der Regel wird durch die Struktur von Amt, Abteilung und Team sogar von drei Ebenen auszugehen sein.

Auch innerhalb der Familie ist zu beachten, dass – wie in Kapitel 2.2.4 gezeigt – P-A-Verhältnisse bestehen, die zusätzlich durch die Sachwaltungsproblematik geprägt sind. In dieser Perspektive wird deutlich, wie schwierig eine qualitätsorientierte Steuerung der Hilfe zur Erziehung ist, da der Erbringungskontext von mehreren organisationsinternen und organisationsübergreifenden P-A-Verhältnissen mit der Sachwaltungsproblematik in den Familien strukturiert ist. Innerhalb all dieser P-A-Verhältnisse gibt es mehr oder weniger ausgeprägte Informationsasymmetrien.

Eine Besonderheit entsteht zusätzlich durch die Konstruktion des JHA. Der JHA ist der Jugendamtsverwaltung übergeordnet, somit kann auch dieses als P-A-Verhältnis rekonstruiert werden.[3316] Wie bereits gezeigt, ist formal dieser Zusammenschluss aus freien/privaten Trägern und politisch Verantwortlichen des öffentlichen Trägers für den Abschluss der Vereinbarungen zuständig. Damit kann dieses Gremium in erheblichem Ausmaß den Erbringungskontext steuern. Inwiefern in dieser Konstruktion eine Chance für eine förderliche Qualitätssteuerung bei gleichzeitiger annehmbarer Effizienz, besteht wird in Kapitel 4.4 beleuchtet.

Weiterhin ist zu beachten, dass die kommunale Ebene in überörtliche Strukturen eingebettet ist. Für den öffentlichen Träger ist die Behörde Landesjugendamt mit dem LJHA relevant. Für die freien/privaten Träger sind vor allem die überörtlichen Zusammenschlüsse, hauptsächlich im Rahmen der Spitzenverbände und ebenfalls der LJHA von Belang. Im Hinblick auf die Vereinbarungen werden auf dieser Ebene die Rahmenverträge geschlossen, die zur Vereinheitlichung beitragen sollen.[3317]

Richtet man unter Beachtung der Unterscheidung in faktische und formale Beauftragungsverhältnisse und des DOPAM´s nach *Langer* den Blick auf die Fachkraft des freien/privaten Trägers, wird dessen agenturtheoretisches Trilemma deutlich. War im DOPAM die Problematik, dass die Fachkraft mit den Adressat_innen und der eigenen Organisation zwei Prinzipalen zu dienen hat, zeigt sich durch das faktische Beauftragungsverhältnis, dass es drei Prinzipale sind. Vereinfacht gesagt, hat die Auftragspädagog_in den Prinzipalen Vorgesetzte_r, Familie und ASD-Fachkraft zu folgen. Dass dies nicht in Interessenkongruenz ausgeführt werden

3316 Vgl. *Schneider/Beckmann/Roth* 2011: 85ff.
3317 Vgl. Kap. 2.5.2.

kann, ist evident. Es ist eine interessante empirische Frage, wie die Auftragspädagog_innen dieses Trilemma ausgestalten, denn zu lösen ist es für sie nicht.

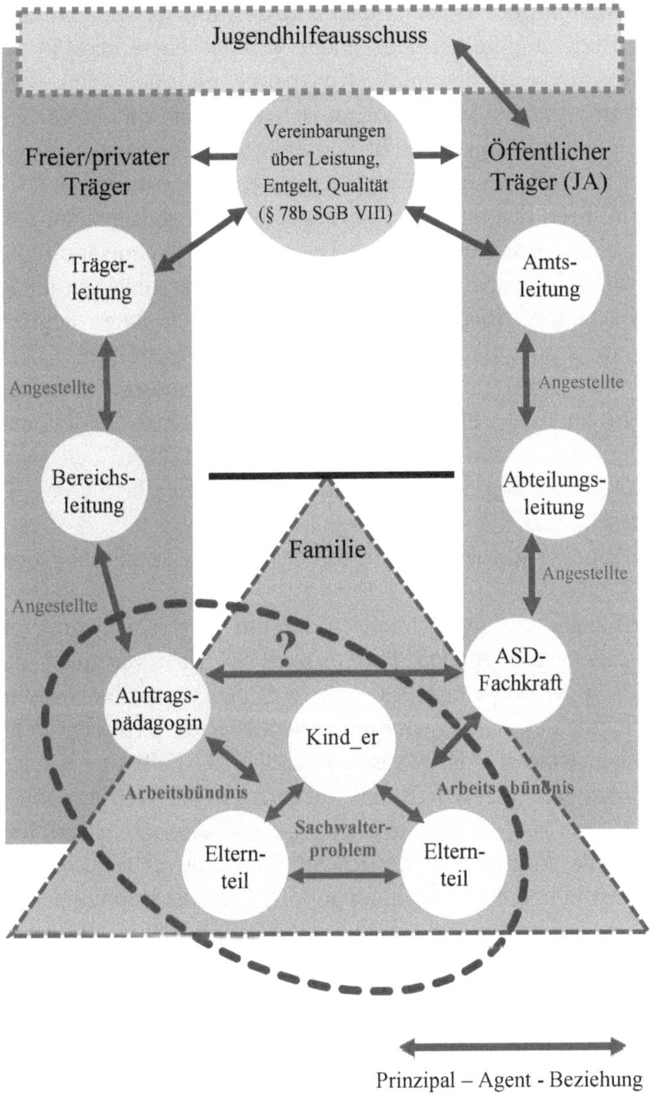

Abb. 7: Erweitertes birelationales Prinzipal-Agent-Modell; eigene Darstellung

4.1.2 Vertrauen als focal point der Qualitätssteuerung

Langer kommt über sein mikrofundiertes Analysemodell der doppelten P-A-Beziehung in der Sozialen Arbeit[3318] zu interessanten Einsichten für die institutionelle Gestaltung des Erbringungskontextes, die weitgehend auch für die Hilfe zur Erziehung gelten. Ausgehend von der These, dass in den bisherigen Auseinandersetzungen über Effizienz, Qualität und Effektivität die Besonderheit der direkten sozialpädagogischen Interaktion als Kernbestandteil professioneller Tätigkeit nicht konsequent in Rechnung gestellt wurde, kommt er zu zwei zentralen Folgerungen. Erstens wird implizit die Anforderung formuliert, institutionelle Arrangements so zu gestalten, dass Vertrauenskultur und Vertrauensatmosphäre zwischen Organisation und Fachkraft sowie die Aufnahme, Gestaltung und Sicherung von Vertrauensbeziehungen zwischen Auftragspädagog_in und Adressat_innen begünstigt werden. Zweitens postuliert er im Hinblick auf die technische Effizienz, dass der Einsatz ökonomischer Anreiz- und Sanktionsmechanismen nicht zwangsläufig zu einer Leistungsgerbringung mit höherem Effizienzgrad führt. Es kann sogar davon ausgegangen werden, dass sie sich negativ auf die Gestaltung der impliziten Verträge auf der Grundlage von z. B. Vertrauen nierderschlagen.[3319]

Diese beiden Aspekte werden im Folgenden für die Vereinbarungsebene expliziert.

Bei den Hilfen zur Erziehung handelt es sich um Vertrauensgüter. Voraussetzung für einen gelingenden Hilfeprozess ist das Vertrauen der Adressat_innen in die Kompetenz des Anbieters und die aktive Mitwirkung.[3320] Dabei handelt es sich sowohl um generalisiertes Vertrauen in das Expert_innensystem (hier die Hilfe zur Erziehung als Feld der Kinder- und Jugendhilfe) als auch um spezifisches Vertrauen in die Vertreter_innen des Expert_innensystems (Fachkräfte).[3321] Der P-A-Ansatz bedarf hier einer Erweiterung, da aufgrund der eingeschränkten Souveränität der Familie als Konsumentin und der Relevanz von Vertrauen die impliziten Verträge und „sozio-psychische Anreiz- und Sanktionssysteme“ an Relevanz

---

3318 Eine institutionstheoretische Analyse dieses Verhältnisses als Mikrofundierung hat *Langer* vorgelegt, vgl. *Langer* 2004a: 379ff.

3319 Vgl. *Langer* 2004a: 474ff.

3320 Dabei ist die Ko-Produktion eine normative Implikation im Prinzipal-Agent-Ansatz für soziale, personenbezogene Dienstleistungen, vgl. *Langer* 2004a: 424.

3321 Vgl. *Wagenblass* 2001: 1936.

gewinnen.[3322] Agenturtheoretisch kann Vertrauen als „moralischer Steuerungsmechanismus“[3323] verstanden werden. Neben Vertrauen könnte vor allem in Kontexten der Sozialen Arbeiten ebenso Macht als zentraler Steuerungsmechanismus in das Agenturmodell eingeführt werden.[3324] *Saam* kommt in ihrer ausführlichen Analyse von Macht in Agenturbeziehungen jedoch zu dem Schluss, dass Machtbasen und Machteinsatz nicht dazu geeignet sind, Agenturprobleme direkt zu lösen. Macht dient eher als Sekundärmechanismus zur Durchsetzung von Lösungsstrategien.[3325] Weiter ist in konsequenter Lesart der Hilfe zur Erziehung als lebensweltorientierter Dienstleistung Vertrauen als Voraussetzung einer gelingenden Ko-Produktion relevanter als Macht und Zwang.

Vertrauen kann in der P-A-Theorie als interaktionsspezifischer Aspekt gedeutet werden, der neben monetären Anreizen und Kontrollen als Lösungsmechanismus für Agenturprobleme gelten kann.[3326] Vertrauen ist die

> „freiwillige Erbringung einer riskanten Vorleistung unter Verzicht auf explizite vertragliche Sicherungs- und Kontrollmaßnahmen gegen opportunistisches Verhalten in der Erwartung, daß sich der andere, trotz fehlen solcher Schutzmaßnahmen, nicht opportunistisch verhalten wird.“[3327]

Die Vertrauensvorleistung wird bei Enttäuschung zu *sunk costs*. *Ripperger* konstruiert die P-A-Beziehung als Vertrauensbeziehung. Sie nimmt den Prinzipal als Vertrauensgeber und den Agent als Vertrauensnehmer an.[3328] Um im Kontext institutionsökonomischer Analysen Vertrauen als relevanten Mechanismus konsistent verwenden zu können, ist dessen theoretische Fundierung nötig. Es ist die Frage zu klären, wie und warum Vertrauen

---

3322 Vgl. *Langer* 2004a: 424.

3323 *Langer* 2004a: 424, vgl. Kap. 3.2.2.

3324 Vgl. *Langer* 2004a: 425ff. *Saam* hat den Machtaspekt in die Agenturtheorie eingebracht und unterscheidet zwischen Machtbasen und Machteinsatz.

3325 Vgl. *Saam* 2002: 257ff. Die Übertragung auf die Soziale Arbeit hat *Langer* geleistet und resümiert, dass aufgrund der Relevanz impliziter Vertragsverhältnisse in der Sozialen Arbeit die Relevanz von Vertrauen größer ist, vgl. zusammengefasst *Langer* 2004a: 425f.

3326 Vgl. *Langer* 2004a: 427. Ob Vertrauen als ein „kostengünstiges Substitut für explizit monetäre Anreizsysteme“ (*Langer* 2004a: 427) gesehen werden kann, ist jedoch nicht in jedem Fall gegeben. Hier spielen die Kosten für Vertrauensaufbau, Vertrauenssicherung und Risikoneigung der Akteure eine große Rolle, vgl. auch Kap. 3.2.2.

3327 *Ripperger* 1998: 45.

3328 Vgl. *Ripperger* 1998: 72ff.

entsteht. Dies lässt sich im alleinigen Rückgriff auf ökonomische Theorien nicht leisten. Daher ist eine Erweiterung durch andere sozialwissenschaftliche Ansätze von Nöten. Im Kontext der Koordination durch Netzwerke wird dies in Kapitel 4.4 kurz expliziert.

Die Anerkennung der Hilfe zur Erziehung als Vertrauensgut rückt auf der operativen Ebene der sozialpädagogischen Interaktion das Agenturproblem des *hold up* in den Mittelpunkt, weil die riskante Vorleistung des Prinzipals (Familie) an Vertrauen durch den Agent (Auftragspädagog_in) ausbeutbar wird[3329]:

> „Das Informationsproblem lautet hier: Wie können beide Akteure wissen, dass das geschenkte Vertrauen und das Abhängigkeitsverhältnis nicht missbraucht wird?“[3330]

Für die Ko-Produktion zwischen Auftragspädagog_in und Familie ist relevant, dass es sich um ein wechselseitiges Vertrauensverhältnis handelt. Die Herstellung dieser Ko-Produktion ist dezidierter Auftrag an die/den Auftragspädagog_in. Ihre Interaktion mit der Familie muss demnach davon geprägt sein, die riskante Vorleistung der Vertrauensinvestition durch die Familie aktiv zu unterstützen. Die Auftragspädagog_in investiert zu Beginn in Maßnahmen der Vertrauenswürdigkeit als Vorinvestition in die Hilfe zur Erziehung. Vertrauen wird zum zentralen Bestandteil eines impliziten Vertrages in der P-A-Beziehung zwischen Familie und Auftragspädagog_in. Relevant für den Vertrauensaufbau ist die Reputation als Vertrauensmanifesta, z. B. durch Bekanntheit des freien/privaten Trägers im Stadtteil.[3331] Hier bietet sich z. B. das Kennenlernen des freien/privaten Trägers für Hilfe zur Erziehung durch Ferienspiele als Niedrigkostensituationen an.

Die Qualität der Hilfe zur Erziehung steht in direktem Zusammenhang mit dem Vertrauen in der Beziehung zwischen Familie und Leistungsanbieter.[3332] Es ist davon auszugehen, dass dieses Vertrauensverhältnis in gewisser Weise vorbestimmt wird durch die Erfahrungen der Familie mit dem Jugendamt. Damit gewinnt nicht nur die fachliche Bedarfseinschätzung als Vorleistung des Jugendamtes Relevanz für die Qualität der späteren Hilfe zur Erziehung, sondern auch der Umgang mit der Familie im

---

3329 Vgl. *Ripperger* 1998: 85f.
3330 *Langer* 2004a: 431.
3331 Zur dezidierten Herleitung für die Soziale Arbeit vgl. *Langer* 2004a: 430ff.
3332 *Effinger* 1994: 35.

Hinblick auf Transparenz, Information, Wertschätzung usw. bei der Antragsstellung insgesamt.[3333]

Ausgehend von diesen Erkenntnissen für die Ebene der direkten Interaktion entstehen zwei zentrale Konsequenzen für die Vereinbarungsebene. Zum einen wird hier für die kontraktuale Ebene die These vertreten, dass die Gestaltung einer Vertrauensatmosphäre zwischen freier/privater Träger (Arbeitgeberorganisation) und Auftragspädagog_in und einer Vertrauensbeziehung zwischen Auftragspädagog_in und Familie maßgeblich davon beeinflusst wird, ob es gelingt auf der Vereinbarungsebene eine Vertrauensatmosphäre zwischen Jugendamt und freien/privaten Trägern – und möglicherweise Adressat_innenorganisationen – herzustellen (Vertrauen als Modus der Vereinbarungen). Damit werden das *hold up-* und das *moral hazard*-Problem auch auf der Vereinbarungsebene zu zentralen Agenturproblemen. Ersteres ist sogar noch virulenter, da von hohen spezifischen Investitionen ausgegangen werden muss.[3334] Zum anderen bedeuten oben genannte Erkenntnisse für die inhaltliche Ebene, dass über die Vereinbarungen nach § 78b SGB VIII die Schaffung von Vertrauensatmosphäre und Vertrauensbeziehung nicht nur zugelassen, sondern aktiv gefördert werden müsste (Vertrauen als Inhalt der Vereinbarungen).

Für die inhaltliche Ebene der Vereinbarungen ist wieder das Verhältnis freier/privater Träger zur Familie sowie Jugendamt zur Familie relevant. *Wagenblass* weist auf unverzichtbare

> „spezifische Kontextbedingungen und Voraussetzungen auf unterschiedlichen Ebenen des Gesamtsystems"[3335]

hin, die zum Aufbau von generalisiertem Vertrauen nötig sind. Übertragen auf die operative Ebene der Hilfen zur Erziehung gehören hierzu insbesondere Informationen und Wissen über den Rechtsanspruch auf die Leistung, die Partizipationsmöglichkeiten der Familien, die Struktur und Funktion des Erbringungskontextes und seiner Akteure sowie die verschiedenen Hilfemöglichkeiten:

> „Informationen können durch eigenes Wissen, stellvertretendes Wissen anderer Personen oder durch allgemeine Diskurse in der Öffentlichkeit gewonnen werden."[3336]

3333 S. u. die Ausführungen zur Informationsasymmetrie.
3334 Vgl. Kap. 4.3.
3335 *Wagenblass* 2001: 1940 (Hwg).
3336 *Wagenblass* 2001: 1940 (Hwg).

Daran anknüpfend ist die Transparenz über die Entscheidungswege, die Bedarfsfeststellung, den Auswahlprozess von Anbieter sowie Art und Umfang der Hilfe und den Hilfeplanungsprozess zentral.[3337]

Die Familien haben im Hinblick auf unterschiedliche Aspekte und verschiedene Phasen der Hilfegewährung und –erbringung[3338] Informationsnachteile. Diese Informationsnachteile können als „faktische Informationsasymmetrien" bezeichnet werden, da sie einerseits nicht prinzipiell gegeben sind[3339], andererseits in der Regel von den Familien aber nicht aktiv ausgeglichen werden. Sie bleiben faktisch asymmetrisch. Die faktische Informationsasymmetrie steht in Verbindung mit der meritorischen Gestalt der Hilfe zur Erziehung. Der Abbau der Informationsnachteile wäre Aufgabe der Jugendämter im Rahmen ihrer Aufklärungspflicht. Dies würde bereits zu Beginn der Kontakte zwischen Jugendamt und Adressat_innen auf mehr Befähigung letzterer zielen. Dies könnte positive Auswirkungen auf die Leistungsqualität im Sinne der Ko-Produktion entfalten und würde gleichzeitig die sozialstaatliche und meritorische Gestalt der Hilfe zur Erziehung stärken.

Sobald nämlich nur die vorher gut informierten Familien die Hilfe freiwillig in Anspruch nehmen können, verkehrt sich der ausgleichende sozialstaatliche Anspruch in sein Gegenteil.[3340] Auf die Informationsasymmetrie über den Leistungsanspruch folgt chronologisch diejenige über die Hilfsmöglichkeiten im Kontext der Hilfe zur Erziehung.[3341] Die nächste Phase der Informationsasymmetrie ist die der Auswahl des Leistungsanbieters. In diesen drei Phasen zeigt sich die Informationsasymmetrie hauptsächlich zwischen Adressat_innen und Jugendamt. Während bei der Umsetzung der konkreten Hilfe mit dem freien/privaten Träger die Informationsasymmetrie zwischen diesem und der Familie und dem Jugendamt besteht. An dieser kurzen Darstellung soll deutlich werden, dass die Familien von Beginn an mit mehrfachen Informationsasymmetrien gegenüber

---

3337 Vgl. *Wagenblass* 2001: 1940.

3338 Zu Informationsasymmetrien in der Bedarfsbestimmungsphase und der Verrichtungsphase vgl. *Finis Siegler* 2009: 140ff.

3339 Die Familien könnten sich die Information über den Leistungsanspruch, die möglichen Hilfen und die Leistungsanbieter prinzipiell beschaffen.

3340 Vgl. *Albrecht/Reidegeld* 1976b: 245f, die diese Frage unter der Durchsetzungsfähigkeit sozialer Rechte diskutieren.

3341 Selbstverständlich kann die angemessene Hilfeleistung auch außerhalb der Hilfe zur Erziehung, z. B. in einer Hortbetreuung oder Leistungen der Jugendberufshilfe, liegen. Dies wird jedoch hier nicht weiter betrachtet.

freien/privaten Trägern und Jugendamt konfrontiert sind. Es wird hier die These vertreten, dass eine alleinige Intervention zu mehr Informiertheit und Transparenz in der Phase der eigentlichen Hilfeerbringung und der Bewertung der Qualität des freien/privaten Trägers unzureichend ist. Vielmehr wird der Abbau von Informationsasymmetrien als Lernprozess der Familie verstanden, der bereits frühzeitig gemeinsam zu beginnen ist und für den das Jugendamt die Verantwortung im Sinne seiner rechtlichen Pflichten zur Aufklärung, Beratung und Auskunft nach SGB I und der Pflicht zur Beratung und Unterstützung der Eltern nach § 1 SGB VIII Abs. 3 Ziff. 2 zu übernehmen hat. Auch aus professionstheoretischer Sicht ist die Information und Befähigung der Adressat_innen geboten. Umgesetzt werden kann diese Anforderung im Rahmen eines zwar nicht herrschaftsfreien, aber herrschaftsreflektierenden Diskurses.

Als institutionelles Instrument kann die

> „Etablierung und Gewährleistung adressatenspezifischer Rechte und Widerspruchsmöglichkeiten“[3342]

einen wichtigen Beitrag zum Vertrauensaufbau in das System leisten.[3343] Auswirkungen auf die Vertrauenserwartungen haben neben den Eigenschaften der Auftragspädagog_in auch Vorerfahrungen der Adressat_innen, das Image des freien/privaten Trägers und der Ruf des Systems Kinder- und Jugendhilfe.

Der freie/private Träger und die Familie müssen demnach ein Vertrauensverhältnis erst aufbauen, es ist für eine Verbesserung der Erfolgsbedingungen notwendig. Hierfür ist eigene Zeit einzuplanen. Demgegenüber ist Zeitersparnis ein zentraler Rationalisierungsansatz marktlicher Steuerung.[3344] Dieser Widerspruch kann jedoch aufgelöst werden, wenn „Zeit haben“ für den Aufbau von Vertrauen, Vertrauenswürdigkeit und Reputation im Rahmen der Prozessqualität zu einer relevanten Größe erklärt wird. Dies würde zum Bestandteil der Leistung und damit auch entgeltrelevant. Ob sich diese Investitionen nur über den Einzelfall abrechnen lassen oder als „Bekanntheit“ des freien/privaten Trägers im Sozialraum einzelfallübergreifend ermöglicht werden, ist dabei nicht entscheidend. Es ist viel-

3342 *Wagenblass* 2001: 1940 (Hwg).

3343 Vgl. *Wagenblass* 2001: 1940.

3344 Gezeigt am Beispiel der Pflege vgl. *Gabriel* 2007: 120f. Für die Besonderheit der Beziehung und den Vertrauensaspekt für alle sozialen Dienstleistungen vgl. *Boeckh/Huster/Benz* 2011: 154.

mehr wichtig, dass ein Vertrauensverhältnis, die Vertrauenswürdigkeit und die Reputation bei Hilfebeginn nicht vorausgesetzt werden kann und dass die Herstellung beim freien/privaten Träger Kosten verursacht. In dieser Frage könnten gemeinnützige Träger Vorteile gegenüber gewerblichen Trägern haben, da sie auf einen möglichen Vertrauensvorschuss der Familien hoffen können. Begründbar ist dies durch die Bekanntheit der entsprechenden „Marke“ (z. B. Diakonie) oder der Annahme der Familien, dass NPO keine Anreize zur Qualitätsabsenkung bei gleichzeitiger Profiterhöhung haben. Allerdings entstehen durch die Abschaffung dieser Residualansprüche auch Nachteile, wie z. B. interne Ineffizienzen, nachteilige Risikobewirtschaftung:[3345]

> „Das moralische Risiko, auf Kostendruck nicht mit einer effizienteren Leistungserbringung sondern einer qualitativ schlechteren Leistungen zu reagieren, besteht unabhängig von der Gewinnorientierung eines Unternehmens. Ohne externe Qualitätskontrolle kann auch von Non-Profit-Unternehmen infolge von Governance-Problemen keine auf Dauer uneingeschränkte hohe Qualität erwartet werden.“[3346]

Im Folgenden steht die Frage des Vertrauens zwischen Jugendamt und freiem/privaten Träger in den Vereinbarungsverhandlungen im Fokus. Der Erbringungskontext der Hilfe zur Erziehung sollte so gestaltet werden, dass er den Vertrauensaufbau und die Vertrauenswürdigkeit aller beteiligten Akteure unterstützt. Im Hinblick auf die Vereinbarungen ist das Vertrauen zwischen Jugendamt und freiem/privatem Träger relevant. Das Jugendamt kann aufgrund der Informationsasymmetrie die Leistungsqualität der freien/privaten Träger nicht allumfassend einschätzen. Eine Kontrolle der Leistungsqualität jederzeit und überall würde zu prohibitiv hohen Kontrollkosten führen. Da wäre es institutionsökonomisch effizienter, das Jugendamt würde alle Leistungen selbst erbringen. Da dies aufgrund des Subsidiaritätsprinzips und des Pluralitätsgebots rechtlich nicht gewollt ist[3347], bleibt dem Jugendamt nur, auf die Einhaltung der vereinbarten QE-Verfahren zu vertrauen und gegebenenfalls stichprobenartige Kontrollen durchzuführen. Empirische Studien zeigen, wie zentral das Vertrauen des Jugendamtes in die Leistungserbringer bei der Umsetzung der Hilfe zur Erziehung ist.[3348] Vertrauen innerhalb der Verhandlungen der Vereinbarun-

---

3345 Vgl. *Picot/u. a.* 2012: 366ff.

3346 *Prinz* 2007: 145.

3347 S. u.

3348 Vgl. *Fröhlich-Gildhoff/Engel/Rönnau* 2006: 140.

gen ist von höherer Bedeutung, wenn Vertrauen auch im Nachgang zum verlässlichen Gut innerhalb der operativen Arbeit werden soll.

Es ist evident, dass mehr einseitige Berichtspflichten und Nachweise keine Vertrauenskultur fördern. Das Spiel gegenseitigen Vertrauens zwischen Jugendamt und freien/privaten Trägern könnte durch eine starke Kontrollorientierung in der QEV zu einem Spiel gegenseitigem Misstrauens führen und in einer „Mißtrauensspirale“[3349] enden.[3350] *Langer* weist auf den Verdrängungseffekt durch externe Steuerungs-, Kontroll- und Anreizmechanismen hin, sodass durch diese intrinsische Motivationen zerstört werden können. Das ist für Vertrauensgüter besonders relevant, da Vertrauen in Abhängigkeit von intrinsischer Motivation steht.[3351] Misstrauen führt dazu, dass mehr Ressourcen in Kontroll- und Sanktionsmechanismen umgelenkt werden.[3352] Im Umkehrschluss lässt dies die Vermutung zu, dass die Einführung solcher Mechanismen, wie teilweise durch das NSM, zu Vertrauensverlusten führt. Das stützt die These:

> „je mehr einseitige Kontrolle von außen die Entwicklungsprozesse in der Jugendhilfe lenkt, desto schlechter wird ihre Qualität.“[3353]

Vertrauen und Konsens gelten als Merkmale erfolgreicher Zusammenarbeit zwischen freien/privaten Trägern und Jugendamt oder Adressat_innen.[3354] In diesem Sinne kann die partnerschaftliche Zusammenarbeit, solange sie durch Vertrauen ausgezeichnet ist, als wirkungsvolles Substitut von expliziten Kontroll- und Sanktionsmechanismen wirken und helfen, Agenturkosten zu senken. Vertrauen wird zum *focal point* der Qualitätsfrage in den Hilfe zur Erziehung auf operativer und kontraktualer Ebene.

Eng verbunden mit der Frage nach Vertrauen in P-A-Beziehungen ist der Aspekt der Reputation. Diese kann sich auf alle drei Formen der Agenturprobleme positiv auswirken, da sie Verhaltensunsicherheiten reduzieren kann. Im Hinblick auf *adverse selection* müsste sich Reputation als Profilbildung des freien/privaten Trägers zeigen, indem er in den Verhandlungen von sich aus seine Stärken wahrheitsgemäß benennt und seine Schwächen nicht verheimlicht. Bei der Problematik des *hold up* wäre Re-

3349 *Ripperger* 1998: 69.
3350 Vgl. *Ripperger* 1998: 69f.
3351 Vgl. *Langer* 2004a: 459f, *Picot/u. a.* 2012: 108f.
3352 Vgl. *Ripperger* 1998: 60.
3353 *Figiel* 1997: 27.
3354 Vgl. *Fischer* 2005: 266f.

putation (in Form von Kulanz) hilfreich, um zu signalisieren, dass man sich fair verhält.[3355] Gleichzeitig ist die Reputation bei *hold up* ein Pfand des Prinzipals, der den guten Ruf des Agenten beschädigen könnte, was für diesen nachteilig wäre.[3356] Die Reputation, als gewissenhafter und engagierter freier/privater Träger zu gelten, könnte bei *moral hazard* auch Verhaltensunsicherheiten[3357] verringern.[3358]

4.1.3 Das birelationale Modell in der Analyse als Prinzipal-Agent-Verhältnisse

Für die Hilfe zur Erziehung treten drei Akteure in Kooperation: die Familie, das Jugendamt und der freie/private Träger. In der folgenden institutionsökonomischen Analyse werden die Grundtypen von Informationsasymmetrien zwischen diesen Akteuren im Hinblick auf die Qualitätssteuerung über die QEV betrachtet und eine Einschätzung der Lösungsdesigns vorgenommen. Dabei wird zwischen den faktischen und formalen Beauftragungsverhältnissen unterschieden. Auf die „marktradikale" Konstruktion wird nur dann Bezug genommen, falls sie deutlich andere Auswirkungen zeigt. Die formale Beauftragungssituation ist dadurch geprägt, dass Jugendamt und freier/privater Träger die LV, EV und QEV auf der Leitungsebene ihrer Organisationen verhandeln, während die Einzelfallsteuerung stark von den Familien beeinflusst wird. Sie wählen den freien/privaten Träger aus, haben großen Einfluss auf die Aushandlung der Einzelfallleistung und beauftragen die Leistungserbringung. Es wird vorausgesetzt, dass die Familien hierzu entweder in der Lage sind oder vor allem durch das Jugendamt befähigt werden. Dies ist als kontinuierlicher Prozess zu verstehen, sodass es gerade zu Beginn einer Hilfe auch eine anwaltschaftliche Vertretung der Interessen der Familie durch das Jugendamt geben kann. Hier zeigt sich

3355 Vgl. *Spremann* 1990: 578.
3356 Vgl. *Langer* 2004a: 395f.
3357 Hier als endogene Unsicherheit über die Motivation der Akteure verstanden, vgl. *Ripperger* 1998: 56.
3358 Vgl. *Spremann* 1990: 578.

> „die ganze anthropologische Ambivalenz zwischen Autonomieermächtigung und –befähigung einerseits und sozialer Kontrolle und Abhängigkeitserzeugung andererseits“[3359].

Wie bereits dargelegt, ist sie nicht aufhebbar, sondern lediglich austarierbar.[3360]

Die faktische Beauftragungssituation geht davon aus, dass das Jugendamt den freien/privaten Träger auswählt, die Leistung hauptsächlich mit dem Anbieter aushandelt und diesen beauftragt. Diese Konstellation zementiert eine Angebotsorientierung. Sie fördert und bestätigt „Belegungs- und Aufnahmeroutinen“[3361] von freien/privaten Trägern und Jugendämtern. Es entsteht sowohl auf der operativen Verhandlungsebene (Hilfeplan) als auch auf der Vereinbarungsebene (LV, EV, QEV) eine duale Verhandlungssituation der gleichen Akteure, auch wenn es sich in der Regel um unterschiedliche Hierarchieebenen[3362] der jeweiligen Organisationen handelt.

Im Folgenden werden die typischen Informationsasymmetrieprobleme der P-A-Theorie, *adverse selection* (*hidden characteristics*), *hold up* (*hidden intention*) und *moral hazard* (*hidden action* und *hidden knowledge*), betrachtet.[3363]

Adverse selection

Beim Informationsproblem der *hidden characteristic* geht es darum, dass der Prinzipal das Problem hat, den geeigneten Agenten für die avisierte Aufgabe zu finden. Aufgrund der unvollständigen Informationen über die Kompetenz- und Leistungseigenschaften des Agenten bestehen Qualitätsunsicherheiten. Der Prinzipal trägt das Risiko, einen „ungeeigneten“ Agenten auszuwählen.[3364]

3359 *Schulz-Nieswandt* 2009: 91.

3360 *Schulz-Nieswandt* schlägt hierzu die Orientierung an einer „Ethik der Achtsamkeit“ vor, vgl. *Schulz-Nieswandt* 2009: 91.

3361 Vgl. *Hamberger* 2008: 22.

3362 Auch hier ist die Konstellation der z. B. selbstständigen Familienhelfer_innen interessant, da hierbei dieselbe Person die Vereinbarung nach § 78b SGB VIII und die Hilfepläne nach § 36 verhandelt.

3363 Vgl. *Spremann* 1990: 564ff, vgl. Kap. 3.2.1.

3364 Vgl. *Ebers/Gotsch* 2006: 263.

Angewendet auf die operative Ebene der Hilfe zur Erziehung geht es darum, im Einzelfall nach einer „sozialpädagogischen Bedarfseinschätzung“ mit der Familie den geeigneten freien/privaten Träger für diesen Auftrag auszuwählen. Im Falle der faktischen Beauftragung trifft diese Entscheidung das Jugendamt nach den Aspekten der Bedarfsangemessenheit, der Passung und der Erfahrungswerte. Es wählt also einen freien/ privaten Träger, dessen Auftragspädagog_in für den fachlich-inhaltlichen Auftrag geeignet erscheint, für die Familie emotional-persönlich passt und mit dem bisher aus Sicht des Jugendamtes gute Erfahrungen gemacht wurden. Die relevanten Entscheidungskriterien sind die LV des freien/privaten Trägers (soweit auf der operativen Ebene bekannt), seine Konzeptionen und in erster Linie – dafür spricht die empirische Evidenz – die Erfahrungen der relevanten Fachkraft mit dem Anbieter.[3365] Im formellen Beauftragungsverhältnis trifft diese Entscheidung die Familie. Deren relevante Entscheidungskriterien sind wohl eher der Bekanntheitsgrad und das Image des freien/privaten Trägers und in erster Linie der persönliche Eindruck den die Fachkräfte hinterlassen. Es ist empirisch evident, dass es der Familie hauptsächlich darum geht „wer“ (welche Person und auch welcher Träger) die Hilfe zur Erziehung durchführt und z. B. ob die Person ins Haus kommt oder wie oft Treffen stattfinden. Konzeptionelle Aspekte sind für die Familien nachrangig.

Zur Lösung dieses Informationsproblems werden eigens eingesetzte Fallmanager_innen, die die Interessen der Familien vertreten, vorgeschlagen.[3366] Hier entstehen aber neue P-A-Probleme (Fallmanager_innen haben eigene Interessen) und zusätzliche Kosten.[3367] Die Nachteile aus Interessenskonflikten von Prinzipalen und Agenten bzw. die Überwachungs- und Regelungskosten sind umso höher, je stärker der Marktmechanismus im Steuerungsmix ausgeprägt ist.[3368] Abhilfe für die Problematik der *adverse selection* auf der Einzelfallebene könnten unabhängige Zertifizierungen, Eignungsnachweise und Standards bei Qualifikation des Personals einerseits und Markennamen oder Informationsangebote andererseits schaf-

---

3365 Gute Erfahrungen von ASD-Fachkräften mit freien/privaten Trägern sind in empirischen Studien als relevanter Auswahlaspekt nachweisbar, vgl. z. B. *Langer* 2007: 236.

3366 Vgl. *Meyer* 2008a: 44.

3367 Vgl. *Zacher* 2009: 12.

3368 Vgl. *Zacher* 2009: 13.

fen.[3369] *Langer* schlägt für die vorvertragliche Phase drei Lösungsmechanismen in seinem Model des *code of practice* vor. Die klassischen agenturtheoretischen Lösungen der Zielharmonisierung und Senkung der Informationsasymmetrie neben der spezifisch für soziale Dienstleistung geltenden Vertrauensbildung. Die Zielharmonisierung soll erreicht werden durch Wahlmöglichkeiten der Adressat_innen, die Zulassung einer Dritten Partei zur Interessensvertretung der Adressat_innen und die Freisetzung von Präferenzen. Zur Senkung der Informationsasymmetrie sind *signaling* und *screening* angeführt. Für den Vertrauensaufbau sieht er ein *screening* auf Vertrauensreputation und die Möglichkeit von Niedrigkostensituationen als Möglichkeiten.[3370]

Auf der Ebene der Vereinbarungen über Leistung, Entgelt und Qualität zwischen Jugendamt und freiem/privatem Träger stellt sich dieses Problem als Zulassungsentscheidung dar. Zwar kann hier nicht die Geeignetheit für den Einzelfall geprüft werden, aber die Entscheidung, ob ein freier/privater Träger überhaupt in den Kreis der Auswählbaren kommt, wird hier getroffen. Es handelt sich also um ein zweistufiges *adverse selection*-Problem: Erstens, wie entscheidet die Prinzipalseite, wer Zugang zum Feld der Hilfe zur Erziehung erhält? Zweitens, wie wird aus dieser Gruppe der geeignete Agent im Einzelfall ausgewählt? Im formalen Beauftragungsverhältnis fallen diese beiden Entscheidungen unterschiedlichen Prinzipalen zu. Das Jugendamt trifft die erste Entscheidung unter Ausschluss der Familien, die zweite fällt die Familie, im besten Falle unter Beratung durch das Jugendamt. Aus der Perspektive der Familien werden die Vereinbarungen selbst zu einem Zertifizierungsinstrument, das sie als uninformierte Prinzipale schützen soll. Faktisch werden beide Entscheidungen vom Jugendamt getroffen.

Im Hinblick auf die QEV entsteht die Informationsasymmetrie, dass die freien/privaten Träger wissen, welche „Qualität" sie liefern. Sie haben ein eigenes Verständnis von Qualität und wissen in der Regel, wie gut sie dieses umsetzen.[3371] Würde der Erbringungskontext von einem wohlwollen-

3369 Vgl. *Meyer* 2008a: 41.

3370 Vgl. *Langer* 2004a: 490.

3371 Hier wird die modelltheoretische Vereinfachung des bilateralen Modells deutlich, da die verhandelnde Leitungskraft des freien/privaten Trägers im Hinblick auf die Arbeitsleistung ihrer angestellten Fachkraft das gleiche Informationsproblem hat, wie das Jugendamt im Hinblick auf die Arbeitsleistung des freien/privaten Trägers.

den, allwissenden und vorausschauenden Jugendamt gesteuert, wäre die Frage nach der Qualität der Leistung ein ausschließlich internes Problem der freien/privaten Träger. Alle qualitativen und quantitiven Bedarfe der Adressat_innen, deren Anforderungen und Wünsche an die Leistungsqualität sowie die umgesetzte Leistungsqualität wären dem Jugendamt bekannt. In den verhandelten Entgelten bildeten sich alle Informationen ab und sie wären genauso hoch wie die entsprechenden Preise in einem idealen Marktsystem. Im Verlauf der Arbeit wurde ausführlich begründet, warum es erhebliche Steuerungsprobleme im Kontext einer meritorischen, sozialen, personenbezogenen Dienstleistung gibt, die weder vom reinen Marktmechanismus noch von reiner hierarchischer Steuerung ohne weiteres gelöst werden können. Im Hinblick auf die Qualitätssteuerung liegt dies vor allem an den Informationsasymmetrien.

Welche Rolle spielen die oben genannten Lösungsdesigns des *adverse selection*-Problems der Offenbarungen in Form von *screening* durch den Prinzipal sowie *signaling* und Selbstwahlschemata durch den Agenten auf der Vereinbarungsebene? Die Konstruktion der QEV setzt bei der Lösung des *adverse selection*-Problems keine dieser Mechanismen konsequent ein. Es werden „Grundsätze und Maßstäbe für die Bewertung der Qualität der Leistungsangebote“ und „geeignete Maßnahmen zu ihrer Gewährleistung“ vereinbart. Damit bleibt es *ex ante* bei einem „Qualitätsversprechen“ und der vagen Hoffnung des Jugendamtes auf einen sich selbstdurchsetzenden Vertrag. Die QEV kann zwar als Selbstbindung des freien/privaten Trägers an eine entsprechende QE interpretiert werden, jedoch kann die Bindungswirkung als schwach eingeschätzt werden. Dies liegt an der schwierigen Umsetzung von Sanktions- und Kontrollmöglichkeiten zur QE. Die Informationsasymmetrie über die Qualität des Leistungserbringers wird in fast gleicher Schärfe in die *ex post*-Phase des Leistungsvertrages verschoben.

Theoretisch ließe sich über Selbstwahlschemata im Rahmen der LV, EV, QEV das Problem der *adverse selection* mildern. Das Jugendamt könnte z. B. unterschiedliche Entgeltsysteme anbieten, um die freien/privaten Träger zu veranlassen, ihre Selbsteinschätzung zu ihrer eigenen Dienstleistungsqualität zu offenbaren.

Selbstwahlschemata werden in der Regel zur Preisdifferenzierung und Offenbarung der Zahlungsfähigkeit der Nachfrageseite eingesetzt. Sie funktionieren nur dann, wenn ein Aspekt isoliert werden kann, der die potentiellen Tauschpartner im Hinblick auf das gewünschte Kriterium (hier das Qualitätsniveau) in unterschiedliche Gruppen aufspalten kann.[3372] Da die Frage nach der Qualität in der Hilfe zur Erziehung immer noch ungeklärt ist, lassen sich solche Aspekte, die nicht gleich wieder in die technokratische Produktlogik fallen, nur schwer finden. Um den Ansatz deutlich zu machen, dient folgendes Beispiel, das jedoch auch nicht unproblematisch ist: Das Jugendamt könnte für die gleiche Leistung „Heimerziehung" zwei Entgelte anbieten. Im ersten Fall bietet es ein niedrigeres Entgelt als Pauschalsatz pro Betreuungstag im Heim ohne Nebenbedingung an. Im zweiten Fall steht ein etwas höheres Pauschalentgelt zur Auswahl, allerdings mit der Auflage, dass die Heimeinrichtung nicht einseitig die Betreuung der Kinder/Jugendlichen beenden darf. Der Hintergrund ist, dass Heimeinrichtungen, wenn Kinder/Jugendliche sehr „schwierig" und damit ressourcenintensiv werden, mit einer Aufkündigung des Betreuungsarrangements reagieren und eine Verlegung provozieren könnten. Mit der Wahl einer der beiden unterschiedlichen Entgeltverträge würde eine Heimeinrichtung ihre Bereitschaft zur Auseinandersetzung und ihre Qualität im Umgang mit potentiell aufwendigen Betreuungsverhältnissen offenbaren. Problematisch ist der entstehende Anreiz zum *Creaming*. Da aus fachlicher Sicht keine Selbstverpflichtung zur Aufnahme von den freien/privaten Trägers vereinbart werden kann (aufgrund der anderen Kinder/Jugendlichen in den Gruppen), ist diese Konstruktion als problematisch einzuschätzen. Das Selbstwahlschemata könnte auch genutzt werden, um über die Verhandlung von Leistungspaketen die Spezialisierungsbereitschaft des freien/privaten Trägers herauszufinden. Inwiefern die Spezialisierung als positive oder negative Qualität bewertet wird, ist eine andere Frage. Kritisch kann man davon ausgehen, dass das Kontraktmanagement der KGSt über die Produktorientierung genau solche Selbstwahlschemata ermöglichen wollte, jedoch um den Preis der Überformung der konstitutiven Merkmale der Hilfe zur Erziehung.

Interessant wären Versuche, Selbstwahlschemata zur QE selbst zu entwickeln. Im Anschluss an diese Analysen wird ein „Modell trilateral-korporatistischer Qualitätssteuerung in partnerschaftlicher Zusammenarbeit" vorgestellt. In den Vereinbarungen nach § 78b SGB VIII könnte man die verpflichtende Teilnahme an einem solchen kollektiven Lernprozess[3373], der auf Kooperation, Offenheit, Fehlerfreundlichkeit etc. setzt, anbieten

3372 Vgl. *Spremann* 1990: 578f.
3373 Vgl. *Herrmann* 1995a: 143ff.

oder die üblichen (Selbst-)Evaluationsinstrumente, Berichtswesen usw. einfordern. In der Entscheidung, am Modell teilzunehmen, würden die freien/privaten Träger ihre Bereitschaft und Kompetenz, sich darauf einzulassen, offenbaren und gleichzeitig den anderen, oft als die Fachlichkeit hemmend eingeschätzten Instrumenten entgehen. Ob dadurch ein *gelingender* kollektiver Lernprozess entstehen kann, ist selbstverständlich von weiteren Aspekten abhängig. Allerdings ließe sich das Angebot des Jugendamtes, einen solchen Prozess der QE gemeinsam und offen zu gestalten, von den freien/privaten Trägern als Vertrauensvorschuss deuten. Gleichwohl muss die Teilnahme und die Erarbeitung von Ergebnissen in diesem Modell als spezifische Investition gesehen werden, die wiederum ausbeutbar macht.

Ebenfalls gut funktionieren könnten Signalisierungsstrategien der freien/privaten Träger. Geht man davon aus, dass gute Qualität der freien/ privaten Träger positiv mit der Qualifikation und Erfahrung ihrer Fachkräfte korreliert[3374], ergibt sich daraus eine Signalisierungsstrategie. Damit Signale funktionieren, braucht es einen „gepoolten Markt“, und damit sie glaubwürdig sind, müssen die Signalisierungskosten für die guten Anbieter unter dem Signalisierungsnutzen liegen, und für die weniger guten Anbieter umgekehrt.[3375] Freie/private Träger könnten durch ihre sehr gut qualifizierten und erfahrenen Fachkräfte Seminare, Fortbildungen, Fachtage etc. in Kooperation mit etablierten Instituten, Hochschule etc. anbieten und diese Veranstaltungen bewerben sowie für Fachkräfte aus den Jugendämtern und anderen freien/privaten Trägern öffnen. Damit würden sie ein sekundäres Signal[3376] für die Qualität ihrer Mitarbeiter_innen setzen, die über den einfachen Nachweis von Qualifikationszertifikaten hinaus geht und entsprechend Ressourcen für das Signal aufwenden. Es würde sich herumsprechen, dass die freien/privaten Träger, deren Fachkräfte selbst in der Aus-, Fort- und Weiterbildung tätig sind, eine hohe Leistungsqualität erbringen. In den Verhandlungen ließe sich ein höheres Entgelt verlangen. Die freien/privaten Träger, die eine weniger gute Qualität erzeugen, hätten deutlich höhere Kosten dieses Signal zu erzeugen, da sie zuerst in die wei-

---

3374 Für das Signalisieren in der Sozialen Arbeit zwischen arbeitssuchender Fachkraft und möglichem Arbeitgeber durch Qualifizierung vgl. *Langer* 2004a: 391f.

3375 Vgl. *Picot/u. a.* 2012: 133f.

3376 Das Signal ist sekundär, weil es nur indirekt die Qualität der Mitarbeiter_innen anzeigt.

tere Qualifizierung ihrer Fachkräfte investieren, die Kontakte aufbauen und über entsprechende Erfahrungen verfügen müssten.

Das *screening* durch das Jugendamt ist für den Bereich der Hilfe zur Erziehung ebenso denkbar. Es dürfte einige Möglichkeiten geben, die Informationsbasis über einen freien/privaten Träger, mit dem eine erste Vereinbarung ansteht, einzuholen. In erster Linie können Recherchen im Internet, in den relevanten Netzwerken vor Ort usw. unternommen werden. Weiter könnte mit dem Träger vereinbart werden, dass er sich in Stadtteilgremien, professionellen Netzwerken, Ausschüssen, dem ASD usw. vorab selbst präsentiert.

Allerdings ist davon auszugehen, dass die *screening*-Bemühungen des Jugendamtes die Informationsunsicherheit nur verringern und nicht beseitigen.[3377] Daher ist hier auf das Kosten-Nutzen Verhältnis von *screening*-Aktivitäten zu achten.

Letztlich kann festgehalten werden, dass die Vereinbarungen nach § 78b SGB VIII mögliche Ansatzpunkte zur Minderung des Problems der *adverse selection* bieten, diese aber bisher in keiner Weise genutzt bzw. nicht mal als solche erkannt werden. Die bisher eingesetzten Instrumente und Verfahren verschärfen viel eher die Informationsasymmetrien und sind kaum in der Lage, Vertrauensinvestitionen in den Leistungserbringungskontext zu fördern. Dadurch, dass die Jugendämter nicht wissen können, ob sie einen qualitativ hochwertigen Leistungsanbieter mit dem Vereinbarungsabschluss „zulassen", neigen sie womöglich einerseits zum Einsatz bürokratischer, kontrollorientierter QE-Instrumente und andererseits zum Abschluss eines möglichst niedrigen Entgelts. Die Risikobewertung des Jugendamtes wird möglicherweise noch zu Ungunsten des freien/privaten Trägers dadurch verschärft, dass dieser einen Rechtsanspruch auf die Vereinbarungen nach § 78b SGB VIII hat. Der Grund dieser Regelung ist einsichtig: man wollte verhindern, dass die Jugendämter mit verwehrten Vereinbarungen „Marktschutz" betreiben. Dieser Rechtsanspruch wird als wichtige Errungenschaft für eine Öffnung der Anbieterlandschaft, eine stärkere Marktorientierung und letztlich eine Stärkung der Verhandlungsposition der Anbieter und des Wunsch- und Wahlrechts der Familien gesehen. Will man jedoch eine wirkungsvolle „Zertifizierung" für das *adverse selection* Problem auf der operativen Ebene erreichen, ist diese Regelung womöglich kontraproduktiv. Es wäre empirisch zu prüfen, ob sich Jugend-

3377 Vgl. *Picot/u. a.* 2012: 134ff.

ämter in den Verhandlungen anders verhalten würden, wenn sie die Möglichkeit hätten, Anbietern aufgrund von Qualitätsmängeln eine Vereinbarung zu verweigern. Man kann zur Vermutung gelangen, dass dieses Dilemma der Jugendämter über die EV gelöst wird. Ohne eine wirksame Bearbeitung des Problems der *adverse selection* ist eine Entgeltstrategie der Jugendämter rational, alle Anbieter auf qualitative Mindeststandards und einen vergleichsweise niedrigen administrativ gesetzten Preis zu verhandeln.

Es ist anzunehmen, dass die niedrigen Entgelte mit Qualitätserosion erkauft werden. Studien haben gezeigt, dass profitorientierte Anbieter zwar effizienter, aber auch zu niedrigeren Qualitätsstandards gearbeitet haben.[3378] Eine lückenlose und präzise Erfassung von Qualitätsstandards[3379] ist jedoch aus agentur- und transaktionskostentheoretischer Sicht nicht Bestandteil der Lösung, sondern eher des Problems.

Hold up

Das zweite relevante Problem betrifft die Leistungserstellungsphase als *ex post*-Phase der Vertragsschließung. Das *hold up*-Problem hat zwei Ausprägungen. Erstens hat der Agent nach Vertragsschluss die Möglichkeit, Regelungslücken oder fehlende Sanktionsmöglichkeiten zu seinen Gunsten auszunutzen (*diskretionärer Handlungsspielraum*). Zweitens kann der Agent die Abhängigkeit des Prinzipals ausnutzen, die dieser durch die Vertragsbeziehung und spezifische Investitionen eingegangen ist.[3380] Der Begriff „Überfall" deutet darauf hin, dass der Agent sein eigentliches Verhalten offenbart und dieses für den Prinzipal ungünstig ist. Aus Sicht des Prinzipals erscheint dieses Verhalten „unfair", allerdings hat er keine Möglichkeit, den Agenten zu „fairem" Verhalten zu zwingen.[3381]

Für die operative Hilfe zur Erziehung im formalen Beauftragungsmodell sind es hauptsächlich die spezifischen Vertrauensinvestitionen einer Familie in die Arbeit mit dem freien/privaten Träger, die das *hold up*-Problem ausmachen. Für sie würde ein Wechsel des Anbieters hohe psychische Kosten auslösen, auch als *Lock-In*-Effekt bezeichnet. Die Investi-

3378 Vgl. *Gilbert* 2000: 151.
3379 Vgl. *Gilbert* 2000: 151f.
3380 Vgl. *Ebers/Gotsch* 2006: 264.
3381 Vgl. *Spremann* 1990: 569.

tion in den Vertrauens- und Beziehungsaufbau zum Anbieter wären aus Sicht der Familie *sunk cost*. Das *hold up*-Problem in dieser Ausprägung steht in enger Verbindung zur Frage der Transaktionskosten. Die Familie wird durch diese Konstellation ausbeutbar. Der freie/private Träger weiß, dass die Familie nicht ohne weiteres auf einen anderen Anbieter umsteigen wird, und kann seine Qualität absenken, ohne einen *exit* zu fürchten.

Wie bereits gezeigt, gibt es hierbei allerdings auch eine Art *Lock-Out*-Effekt, da ein Abbruch der Hilfe zur Erziehung durch die Familien nicht ungewöhnlich ist. Die Familie kann in den Widerstand gehen und wenig spezifische Investitionen tätigen, während aber der freie/private Träger aufgerufen ist, stark spezifisch (durch einen Vertrauensvorschuss[3382]) zu investieren. Da das Scheitern und möglicherweise Neuanbahnen mit einem anderen freien/privaten Träger hauptsächlich zu Kosten des Jugendamtes geht, gibt es hier auch ein *hold up*-Problem des formalen Prinzipals gegenüber dem Agent. Der Anbieterwechsel führt zu *sunk costs* des Jugendamtes, da einerseits erneute Verhandlungskosten im Einzelfall anstünden und andererseits die notwendigen Investitionen in den Vertrauens- und Beziehungsaufbau zur Familie erneut refinanziert werden müssten.

Die Lösung des *hold up*-Problems erfolgt in der Regel über Hierarchiesysteme. Der Prinzipal erhält Anweisungsrechte und Sanktionsrechte gegenüber dem Agenten, um sicherzustellen, dass dieser den diskretionären Handlungsspielraum im Sinne des Prinzipals nutzt.[3383] Im Sinne der TAK-Theorie besteht die Lösung in vertikaler Integration.[3384] Allerdings gibt es Mehr-Parteien-Konstellationen, in denen es nicht notwendig oder gar ineffizient ist, die Eigentumsrechte auf denjenigen Akteur zu übertragen, der die spezifischen Investitionen tätigt.[3385]

Im faktischen Beauftragungsverhältnis ist die vertikale Integration aus Sicht des Pluralitätsgebotes und der spezifischen jugendhilfepolitischen Lesart des Subsidiaritätsprinzips nicht gewollt. Aus dieser Perspektive verschärft das Subsidiaritätsprinzip das *hold up*-Problem. Im formalen Beauftragungsverhältnis läge die agenturtheoretische Lösung darin, dass die Familie einen befristeten Anstellungsvertrag mit den Fachkräften der Hilfe zur Erziehung schließt und den Großteil der Entlohnung bei Erfüllung der

3382 Vgl. *Langer* 2004a: 434ff.

3383 Vgl. *Spremann* 1990: 580.

3384 Vgl. Kap. 4.3.3.

3385 Zur ausführlichen Darstellung des entsprechenden *Hart/Moore*-Modells der „unverzichtbaren Akteure“ vgl. *Kubon-Gilke* 1997: 171ff.

Gesamtleistung direkt zahlt (mit bewilligten Mitteln des Jugendamtes). So kann sie durch Anweisung den diskretionären Handlungsspielraum des Agenten beschränken und sich gegen die Ausbeutung aufgrund spezifischer Investitionen schützen. Allerdings blieben in einer solchen Konstruktion die Probleme der *adverse selection* und des *moral hazard* bestehen. Eine solche Konstruktion hat keine praktische Relevanz.

Für die inhaltliche Ebene der Vereinbarungen wäre die Frage, ob Lösungsmechanismen für das *hold up*-Problem von freiem/privatem Träger und Familie durch das Jugendamt verhandelbar wären. Im Hinblick auf den Aufbau von Reputation ist die Unterscheidung in formale und faktische Beauftragungsverhältnisse besonders folgenreich. Es stellt sich die Frage, ob der freie/private Träger seine Reputation beim Jugendamt oder bei den Familien aufbaut. Es kann davon ausgegangen werden, dass die beiden Varianten unterschiedliche Investitionen erfordern. Wenn sich das Jugendamt im Hinblick auf die eigene Arbeitsbelastung beschränkt rational und opportunistisch verhält, wird ein freier/privater Träger, der die Bearbeitung der Hilfe zur Erziehung in der administrativen Logik des Jugendamtes gewährleistet, Reputation aufbauen. Dies könnte z. B. dadurch geschehen, dass darauf hingearbeitet wird, dass der ASD nur an den regulären Hilfeplanterminen mit dem „Fall behelligt“ wird und die Vorstellungen des ASD über Art und Umfang eher gestützt werden als die der Familie. Aus Sicht der Familie hingegen könnte ein freier/privater Träger genau dadurch Reputation erwerben, indem er dem Jugendamt widerspricht, dessen Unterstützung bei Anliegen der Familien einfordert usw.

Im faktischen Beauftragungsverhältnis wird der freie/private Träger einen *hold up* vermeiden, da es sich um wiederkehrende Aufträge handelt. Das Jugendamt wird bei einem *hold up* versuchen, den Bedarf an Hilfe zur Erziehung mit anderen freien/privaten Trägern zu decken. Es hat demnach direkte Sanktionsmöglichkeiten, auch wenn diese selbst wieder Transaktionskosten auslösen. Solange diese jedoch insgesamt niedriger ausfallen als der Verlust durch den *hold up*, besteht ein Anreiz, keinen weiteren Auftrag zu erteilen. Ein *hold up* im faktischen Beauftragungsverhältnis führt zu einem Reputationsverlust, der umgehend bestraft werden könnte. Dies schützt das Jugendamt vor entsprechenden Strategien des freien/privaten Trägers. Im formalen Beauftragungsverhältnis funktioniert dieser Mechanismus nicht so direkt, da es nicht um wiederkehrende Aufträge geht. Eine Familie könnte demnach einen *hold up* nur durch eigenen *exit* bestrafen, was ihrerseits mit sehr hohen Transaktionskosten verbunden ist (Vertrauens- und Beziehungsinvestitionen, soweit bereits geleistet, werden zu *sunk costs*). Ein freier/privater Träger hätte einen Reputationsverlust bei den Familien nur zu befürchten, wenn sichergestellt wäre, dass die Information anderen wählenden Familien zugänglich wäre. Hierfür könnten sich unabhängige Beschwerdestellen oder in eingeschränktem Maße auch das Jugendamt selbst eignen.

Die glaubwürdige Reputation eines Anbieters kann vor allem bei Vertrauensgütern[3386] über die *corporate identity* aufgebaut werden. Sie motiviert und bindet die Fachkräfte im Innenverhältnis und hat wichtige Signalwirkung nach außen für die Nachfrageseite (Jugendamt oder Familie).[3387]

Dem formalen Beauftragungsverhältnis folgend, müsste das Jugendamt über die QEV Reputationsmöglichkeiten der freien/privaten Träger gegenüber den Familien unterstützen und sichern. Einerseits könnten Maßnahmen der Reputationsförderung entgeltrelevant als QE-Maßnahme vereinbart werden. Andererseits könnte sich der freie/private Träger über die QEV verpflichten an bestimmten Maßnahmen der Bewertung durch Familien teilzunehmen, der Veröffentlichung von Beschwerden zuzustimmen etc. Damit wäre durch die QEV eine tatsächliche Minderung der Agenturprobleme möglich, die derzeit eher über die faktische Beauftragung durch das Jugendamt zu lösen versucht werden.

Interessanterweise greifen die Vereinbarungen nach § 78b SGB VIII diese Lösungsdesigns nicht auf. Image- oder bekanntheitsfördernde Maßnahmen spielen keine Rolle. Die Informationsasymmetrien werden demnach nicht abgebaut, sondern weiter verschärft. Das liegt vor allem daran, dass die Auseinandersetzung über Qualität auf die Leitungsebene verlagert wurde und damit neben der horizontalen Informationsasymmetrie zwischen freiem/privatem Träger und Jugendamt eine vertikale hinzukommt, da die Leitungsebene auf Informationen der operativen Ebene angewiesen ist.[3388] In der theoretischen Diskussion wird zwar die Relevanz des Hilfeplans als zentralem Steuerungsinstrument gegenüber den Vereinbarungen nach § 78b SGB VIII betont[3389], aber eher vor dem inhaltlichen Argument,

---

3386 S. u.

3387 Vgl. *BT-Drs* 13/11291: 702 (Monopolkommission).

3388 Die organisationsinternen Informationsasymmetrien werden hier nicht behandelt, sie sind Bestandteil der Theorie der Unternehmung, siehe auch Kap. 4.2.3.

3389 Vgl. *Wiesner* in: *Wiesner* 2011a, § 78f, Rn. 5. Zur Unterschätzung des systematischen Zusammenhangs von Hilfeplan und Vereinbarungen nach § 78b SGB VIII vgl. *Messmer* 2007: 42ff.

über die Vereinbarungen nicht die Einzelfallorientierung der Hilfe zur Erziehung im Sinne von Fallgruppen zu überformen. Die darin liegende Problematik der Mehrebenen-Informationsasymmetrie wird nicht gesehen.

Auf der kontraktualen Ebene der Verhandlungen über Leistung, Entgelt und Qualität stehen Jugendamt und freier/privater Träger in einer *gegenseitig* abhängigen Aushandlungssituation, die eine zukünftige Arbeitsleistung des freien/privaten Trägers und eine Refinanzierungsleistung des Jugendamtes betrifft. So ist in Rechnung zu stellen, dass durch die gemeinsame Ko-Produktion von freiem/privatem Träger, Jugendamt und Familie auch das Jugendamt gegenüber dem freien/privaten Träger *hold up*-Möglichkeiten hat.

Die Verhaltensunsicherheiten[3390], die in der grundsätzlichen Kooperation (nicht in der Kooperation im Einzelfall) von Jugendamt und freiem/privatem Träger liegen, betreffen aus Sicht des Jugendamtes die Frage, inwieweit vor allem die vereinbarten „geeigneten Maßnahmen zur Qualitätsgewährleistung“ durchgeführt werden bzw. die Ergebnisse offen und ehrlich kommuniziert werden. Mit dem Abschluss der Vereinbarung hat das Jugendamt den freien/privaten Träger „lizensiert“ und ihm grundsätzlich die Möglichkeit eingeräumt, in Einzelfällen tätig zu werden. Die Vereinbarung regelt den „Markteintritt“ und soll die Nachfrageseite vor Schlechtleistung schützen.

Die freien/privaten Träger wiederum sind mit der Informationsasymmetrie konfrontiert, ob im Hinblick auf die Qualität im Einzelfall das Jugendamt die entsprechende Vorleistung erbringt.[3391] Das Besondere an dieser Situation aus agenturtheoretischer Sicht ist, dass erstmal lediglich über Auftragspotentiale verhandelt wird. Bei Abschluss der Vereinbarungen weiß der freie/private Träger nicht, ob er in einem Einzelfall zum Einsatz kommen wird. Er kennt nicht unbedingt die Konkurrenz in seinem Angebotssegment, weiß also nicht, mit welcher Auftragslage – oder betriebswirtschaftlich: Auslastung – er rechnen kann. Hier zeigt sich ein Webfehler der Neuorganisation des Erbringungskontextes. War das Ziel der Vereinbarungen nach § 78b SGB VIII, die freien/privaten Träger gegenseitig in einen Qualitätswettbewerb zu bringen, wird hier deutlich, dass dies nur

3390 Z. B. im Hinblick auf Ehrlichkeit, Entgegenkommen, Offenheit, Fairness, Fähigkeit, Kompetenz, Fleiß, Anstrengung, vgl. *Spremann* 1990: 562.

3391 Hier wird eine weitere grundsätzliche Problematik im faktischen Beauftragungsverhältnis deutlich. Das Jugendamt ist betriebswirtschaftlich gesprochen Zulieferer und Endabnehmer im gleichen Einzelfall.

gelingt, wenn der „Markt" transparent ist. Davon kann nicht ausgegangen werden. Zwar kann das Jugendamt in den Verhandlungen „drohen", es gäbe einen Anbieter, der das Gleiche billiger mache, aber die Wirkung dieser Drohung hängt davon ab, wie glaubwürdig sie eingesetzt werden kann. Weiter ist diese Durchsetzungsmacht des Jugendamtes eingehegt von der Möglichkeit der freien/privaten Träger sich abzusprechen und von der prinzipiellen Abhängigkeit des Jugendamtes von den freien/privaten Trägern. Auch die normative Vorgabe der partnerschaftlichen Zusammenarbeit und die korporatistische Struktur durch den JHA können hier disziplinierend wirken. Es ist davon auszugehen, dass in einem subsidiär korporatistischen System über dyadische Verhandlungen kein Wettbewerb entstehen kann, da Markttransparenz fehlt (sowohl über Preise als auch Qualitäten). Hinzu kommt, dass die Informationen über die Leistungsqualität an der operativen Ebene entstehen und aufwendig und verlustbehaftet auf die Ebene der Vereinbarungspartner (Leitungsebene) transportiert werden müssen.

Das Jugendamt weiß bei Vereinbarungsschluss nicht, ob der freie/private Träger im Einzelfall zur Verfügung steht, also ob er Kapazitäten frei hat und den Auftrag annimmt. Die beidseitigen Verhaltensunsicherheiten bestehen *ex ante* im formalen und im faktischen Beauftragungsverhältnis gleichermaßen. Die Unsicherheit über das tatsächliche Auftragspotential sei beiden Seiten in gleichem Maße unterstellt. Daher kann in der Analyse hiervon zur Vereinfachung erstmal abstrahiert werden, wohlwissend, dass im faktischen Beauftragungsverhältnis und der Marktform eines Monopsons das Jugendamt hier weniger Nachteile als der freie/private Träger zu befürchten hätte.

In den Verhandlungen über die Vereinbarung nach § 78b SGB VIII antizipieren beide Akteure die Situation der konkreten Auftragserbringung als eine Beauftragung in einem konkreten Einzelfall.

In diesem Einzelfall ist die Leistungserbringung auf das Ko-Produktionsverhältnis zwischen Auftragspädagog_in und Familie verwiesen, also abhängig von der Kooperationsbereitschaft und Kooperationsfähigkeit der Familie. Es ist unstrittig, dass das Verhalten der Familie in der Interaktion eine hohe Relevanz für das Gelingen der Hilfen und damit auch den Ressourceneinsatz hat. Dies hat *Langer* in seinem DOPAM expliziert, indem er die Ko-Produktion als pädagogisches Grunddilemma in einem Gefangenendilemma zwischen Auftragspädagog_in und Adressat_in modelliert.[3392] Die Kooperationsbereitschaft und Kooperationsfähigkeit der Familie ist *ex ante* beiden Akteuren nicht bekannt. Daher ist es zunächst legitim, agenturtheoretisch die Kooperation der Adressat_innen auf der Vereinbarungsebene als exogenen „Schock" zu modellieren. Es ist aus der Verhandlungssituation über die Vereinbarungen nicht vorhersehbar, wie sich die Familien verhalten. Da die soziale, personenbezogene Dienstleistung in Ko-Produktion das Herzstück der Hilfe zur Erziehung[3393] ist, kann die Exogenisierung dennoch nicht befriedigen.

Daher sollen die zentralen Elemente, die *Langer* in seiner agenturtheoretischen Mikrofundierung für die Beziehung zwischen Auftragspädagog_in und Familie erarbeitet hat, hier als Nebenbedingungen eingespeist werden. Zentral ist neben den klassischen Agenturlösungen der Zielharmonisierung und der Minderung von Informationsasymmetrie der Lösungsmechanismus der „Vertrauensbildung". Demnach müsste die Vereinbarungsgestaltung über Leistung, Entgelt und Qualität den freien/privaten Träger mindestens in die Lage versetzen, wenn nicht sogar anreizen, Reputation aufzubauen, diese in Niedrigkostensituationen zu signalisieren und seinen Fachkräften zu ermöglichen, Vertrauensvorschüsse in das Arbeitsbündnis mit den Familien zu geben.[3394]

Es ist davon auszugehen, dass dies dann gelingen kann, wenn auch in der Aushandlungssituation über Auftragspotentiale zwischen Jugendamt und freien/privaten Trägern eine Vertrauensatmosphäre herrscht. Eine von Vertrauen geprägte Vereinbarungsverhandlung kann dadurch repräsentiert werden, dass beide Seiten kooperieren. Was kann dieses kooperative Verhalten in den Verhandlungen ermöglichen bzw. stärken? Die normative Anforderung an eine partnerschaftliche Zusammenarbeit, die auf grundsätzliches kooperatives Agieren der Akteure zielt, wird nicht hinreichend wirksam.

Fairness auf Seiten der Jugendämter in den Verhandlungen über die Vereinbarungen nach § 78b SGB VIII könnte dazu führen, dass die privaten/freien Träger auf der Ebene der Einzelfallbeauftragung (egal durch wen) aufgrund der Reziprozitätserwartung und der Tatsache der (zumindest erhofften) sich wiederholenden Austauschbeziehung auf ein *hold up*

3392 Vgl. *Langer* 2004a: 470ff.

3393 Innerhalb der Hilfe zur Erziehung gäbe es noch fallbezogene Tätigkeiten, die nicht in Ko-Produktion stattfinden, z. B. Informationsbeschaffung.

3394 Vgl. *Langer* 2004a: 437ff.

verzichten. Aus dieser Perspektive könnten die Vereinbarungen weniger einen inhaltlichen Beitrag als einen atmosphärischen Beitrag im Sinne des Vertrauensvorschusses leisten.

Aus agenturtheoretischer Sicht können die Vereinbarungen nach § 78b SGB VIII als Instrumente rekonstruiert werden, die grundlegenden Probleme der *adverse selection*, des *hold up* und des *moral hazard* zu mildern. Dabei ist für die Hilfe zur Erziehung zu beachten, dass diese Probleme zweimal kaskadenförmig nacheinander entstehen. So ist zum Beispiel die Qualitätsunsicherheit des Jugendamtes gegenüber einem freien/privaten Träger als Problem der *adverse selection* bei den Verhandlungen selbst relevant und nach der „Zulassung" durch Abschluss der Vereinbarungen auf der Einzelfallebene erneut präsent. Dies ist vor allem deshalb nicht lösbar, da der freie/private Träger einen Anspruch auf den Abschluss der Vereinbarungen hat. Es soll z. B. die QEV dazu dienen, das Problem der *adverse selection* auf der Vereinbarungsebene derart zu entschärfen, sodass es sich auf der Einzelfallebene nicht mehr stellt. Konkret: Es soll durch die Verhandlung der QEV als Qualitätszertifizierung dafür gesorgt werden, dass auf der Einzelfallebene nur noch qualitativ hochwertige freie/private Träger in Anspruch genommen werden können. Diese Funktion der QEV ist auch ein wichtiges Argument aus transaktionskostentheoretischer Sicht, da ohne diesen Effekt die Verhandlungskosten der QEV zu Ineffizienzen in der Gesamterstellung der Hilfe zur Erziehung führen, wenn auf der Einzelfallebene das Problem der *adverse selection* unentschärft bleibt.

Aus agenturtheoretischer Sicht ist durch die Informationsasymmetrien die Verhandlungssituation über Auftragspotentiale und der Antizipation des Verhaltens im konkreten Einzelfall ein Gefangenendilemma.[3395] Das Jugendamt will einen potentiellen Leistungsanbieter, der bedarfsgerechte Leistungen in gewünschter Qualität zum angemessenen Entgelt erbringt. Das ist die Verhaltenserwartung an den freien/privaten Träger. Er soll im Einzelfall ein gutes „Arbeitsergebnis" erzielen. Die Verhaltenserwartung an das Jugendamt ist eine Vorleistung[3396] in gewünschter Qualität, die Zahlung eines angemessenen Entgeltes und die Empfehlung zu (formal) bzw. direkt weiteren Beauftragungen (faktisch). Das Jugendamt hat durch

3395 Für folgende Ausführungen (vgl. *Meyer* 2004: 191) für den Bereich der Unternehmensberatung.

3396 Erstkontakt mit der Familie, Aufklärung, Beratung, Anamnese, sozialpädagogische Diagnose, Empowerment usw.

das Tätigwerden des freien/privaten Trägers im Einzelfall einen Nutzen *x*, der abstrakt mit der Erfüllung seiner Gewährleistungsverpflichtung bezeichnet werden kann. Die Kosten entsprechen dem im Hilfeplan festgelegten Umfang der Hilfe multipliziert mit dem verhandelten Entgelt an den freien/privaten Träger *w.* Für den freien/privaten Träger sind die erzielten Entgelte sein Nutzen *w*. Der pädagogische Nutzen ist hiermit nicht verneint, sondern für die Analyse mit 0 normiert. Seine Kosten sind die ihm entgangenen andere Aufträge *D,* also klassische Opportunitätskosten.

Die Hilfe zur Erziehung ist eine äußerst komplexe, schwierig beobachtbare und ebenso schwierig bewertbare Leistung. Daraus ergibt sich ein hoher diskretionärer Handlungsspielraum für den freien/privaten Träger (Agenten). Der freie/private Träger hat mehrere Möglichkeiten, diesen Spielraum zu seinen Gunsten auszunutzen. So formulierte die KGSt:

> „Die Befürchtungen öffentlicher Träger gehen dahin, daß
> - die freien Träger sich durch öffentliche Gelder auch über den jeweiligen Vertragsgegenstand hinaus finanzieren,
> - die Leistungen seitens der freien Träger nicht wirtschaftlich erbracht werden,
> - die freien Träger andere als die vereinbarten Leistungen erbringen,
> - die freien Träger durch Eigenmittel erheblich größere Spielräume für die Erbringung der gleichen Leistung haben, (...)
> - freie Träger sich – trotz anders lautender Vereinbarungen – auf ein je trägerspezifisches Klientel konzentrieren.“[3397]

Man könnte weitere Möglichkeiten finden: Der freie/private Träger setzt auf standardisierte Betreuungsarrangements, anstatt auf die vereinbarte individualisierte, bedarfsgerechte Leistung, oder er rechnet hohe Overheadkosten durch teureres Leitungspersonal ab, die aber kaum die Leistungsqualität verbessern, oder er generiert durch seine Tätigkeit neue Bedarfe in der Familie.

Idealtypisch kann davon ausgegangen werden, dass der freie/private Träger zwei Handlungsalternativen besitzt. Erstens kann er die diskretionären Handlungsspielräume dazu nutzen, sich möglichst wenig einzubringen, was geringe Kosten zur Folge hätte: d_L. Es wird davon ausgegangen, dass dies auch die Qualität der Leistung und demnach den Nutzen für das Jugendamt schmälert: x_L. Diese Handlungsalternative sei als *unkooperativ* bezeichnet. Zweitens kann er sich *kooperativ* verhalten und im Rahmen seiner Möglichkeiten trotz der alternativen Optionen sich für eine mög-

3397 *KGSt* 1998: 9.

lichst gute Wirkung x_h anstrengen. Die dadurch entstehenden höheren Kosten bezeichnet als d_H. Es ist zu beachten, dass höhere Anstrengung der Auftragspädagog_in in der Hilfe zur Erziehung nicht unbeschränkt linear zu besseren Wirkungen führt. Es ist vielmehr davon auszugehen, dass es einen Punkt gibt, ab dem weitere Anstrengungen der Auftragspädagog_in die Wirkung wieder verschlechtert, weil es zur Überversorgung im Sinne „gelernter Hilflosigkeit" kommt.[3398] Weiter ist grundsätzlich an die fehlende Kausalität von Leistung und Wirkung zu erinnern. Diese ändert allerdings nichts daran, dass der freie/private Träger zwischen mehreren Handlungsalternativen wählen kann, die hier auf zwei Extreme analytisch reduziert werden.

Auch das Jugendamt hat Handlungsspielräume im Hinblick auf die Leistungserstellung, die es unterschiedlich ausüben kann. Noch einmal die KGSt:

> „Auf der anderen Seite befürchten freie Träger, daß
> - sie durch öffentliche Vorgaben übermäßig geknebelt werden und durch die Einflußnahme auf ihre Arbeit mehr und mehr an Profil verlieren,
> - der öffentliche Träger für die Erbringung der gleichen Leistung erheblich mehr Mittel zur Verfügung hat und somit die eigenen, ohnehin knappen Reserven unnötig strapaziert werden,
> - der Personalbestand insbesondere bei nur kurzfristig laufenden Verträgen fortwährend gefährdet ist,
> - bei Einzelfallfinanzierung das Vorhalten eines festen Personalstamms oder einer bestimmten Anzahl von "Plätzen" erheblich mehr Mittel erfordert als erstattet werden."[3399]

Weiter könnte das Jugendamt immer weiter seine Vorleistungsqualität reduzieren und diese Arbeit somit in die operative Hilfeerbringung durch den freien/privaten Träger verlagern, ohne dass es entgeltrelevanter Bestandteil wäre, oder mehrfach die Anforderungen in einem Einzelfall erhöhen, ohne den Umfang der Hilfe zu erweitern, usw.

Dieses Verhalten des Jugendamtes soll als *unkooperativ* bezeichnet und mit einem Nutzenzuwachs von *I* ausgedrückt werden. Das *I* steht für die Investitionen, die der freie/private Träger tätigt und die sich das Jugendamt aneignen kann. In der *kooperativen* Strategie verbleiben diese Investitionen beim freien/privaten Träger.

3398 Vgl. *Langer* 2004a: 422.
3399 *KGSt* 1998: 10.

Es entsteht folgende Auszahlungsmatrix:

		Jugendamt	
Freier/ privater Träger		kooperieren	nicht kooperieren
	kooperieren	$w\text{-}d_H$ / $x_H\text{-}w$	$w\text{-}\ d_H\text{-}I$ / $x_H\text{-}w\text{+}I$
	nicht kooperieren	$w\text{-}d_L$ / $x_L\text{-}w$	$w\text{-}d_L\text{-}I$ / $x_L\text{-}w\text{+}I$

Tab. 8: Gefangenendilemma zwischen freien/privaten Trägern und Jugendamt; in Anlehnung an Meyer 2004: 198.

Im Hinblick auf die Präferenzordnung bei beschränkt rational, nutzenmaximierenden Akteuren ergibt sich für das Jugendamt, dass die Auszahlung für eine ‚gute Leistung minus Entgelt plus geraubte Investition' besser ist als ‚gute Leistung minus Entgelt' besser ist als ‚schlechte Leistung minus Entgelt plus geraubte Investition' besser ist als ‚schlechte Leistung minus Entgelt'. Oder formal ausgedrückt: $x_H\text{-}w\text{+}I > x_H\text{-}w > x_L\text{-}w\text{+}I > x_L\text{-}w$. Für den freien/privaten Träger gilt analog: $w\text{-}d_L > w\text{-}d_H > w\text{-}d_L\text{-}I > w\text{-}\ d_H\text{-}I$. Wie aus Kap. 3.2.1 bekannt, ist die dominante Strategie *nicht kooperieren/ nicht kooperieren* als *pareto-inferiorer* Zustand. Beide Akteure könnten sich besser stellen, wenn sie kooperieren würden. Dabei ist nochmals darauf hinzuweisen, dass mit diesem Modell keine empirische Realitäten abgebildet und keine unmittelbare Verhaltensprognosen angestellt werden[3400], sondern es als Heuristik dient, kritische Anfragen an die institutionellen Arrangements zu stellen und nach förderlichen Rahmungen zu suchen, die helfen eine Kooperationsstrategie für dergestalte Interaktionssituationen zu verwirklichen.

Aus der Gesamtdiskussion über das NSM[3401] konnte der Eindruck entstehen, dass den freien/privaten Trägern bzw. allgemein den Wohlfahrtsverbänden im sozialen Dienstleistungssektor implizit der Vorwurf gemacht wurde, sie würden Ressourcen verschwenden und sich nicht den Zielen ihrer Auftraggeber (hier sind die Kostenträger gemeint) unterwerfen. Analog der Analyse *Meyer*s[3402] wird hier durch die Darstellung des Interaktionsproblems in den Verhandlungen nach § 78b SGB VIII davon ausgegangen, dass nicht die freien/privaten Träger die „Schuldigen" sind, sondern dass die Nicht-Kooperation durch die Struktur der Verhandlungssituation

3400 Vgl. *Meyer* 2004: 198.
3401 Vgl. Kap. 1.1.
3402 Vgl. *Meyer* 2004: 199.

induziert wird. Trotz der korporatistischen Grundstruktur ist nicht sicher, dass der freie/private Träger die entsprechenden Gegenleistungen des Jugendamtes (nicht nur das Entgelt, sondern die Vorleistung des ASD sowie während des gesamten Hilfeverlaufs dessen kooperatives Verhalten) erhält, wodurch der seinerseits mit seinen Investitionen zurückhaltend agiert. Dies antizipiert das Jugendamt, was dazu führt, dass bereits die Vorleistung des Jugendamtes hinter den Möglichkeiten zurück bleibt und ein insgesamt suboptimales Ergebnis entsteht. Es wäre für b*eide* Seiten rational, eine Strategie der „präventiven Gegenausbeutung"[3403] zu verfolgen.

Die im NSM implizit vertretene Strategie, die freien/privaten Träger mit bestimmten einseitigen Sanktions- oder Kontrollmechanismen sowie Wettbewerb auf hohe Anstrengungsniveaus anreizen zu wollen, greift demnach zu kurz; abgesehen davon, dass die Gefahr besteht, über Kontrollmechanismen intrinsische Motivationen zu zerstören.[3404] Es zeigt sich durch die analytische Modellierung der Verhandlungssituation[3405], dass beide Akteure prinzipiell daran interessiert sind, eine höhere gegenseitige Erwartungssicherheit herzustellen, wozu vor allem auch die Bereitschaft zählt, Informationen offen zu legen, als auch sich kontrollieren zu lassen.[3406] Es wird demnach bei *hold up* nicht mehr die agenturtheoretisch favorisierte Lösung der Interessensangleichung präferiert, sondern nach institutionellen Rahmungen gesucht, die Interessen der Akteure besser miteinander zu vermitteln, um eine „wechselseitige Besserstellung und Reduktion der Interaktionsrisiken"[3407] zu erreichen. Durch die dreiseitige Konstellation zwischen freiem/privatem Träger, Jugendamt und Familie sowie möglicher Beteiligung dritter Parteien zur Unterstützung der Familien bei einer wahrscheinlichen Mischform von faktischen und formalen Beauftragungsverhältnissen ist davon auszugehen, dass eine Interessenangleichung noch schwieriger wird.

3403 Vgl. *Meyer* 2004: 199, FN 248.

3404 Siehe oben.

3405 Es ist offenkundig, dass hier der Tautologievorwurf an die Modellierung provoziert wird. Es erscheint jedoch aus der rechtlichen Konstruktion der Vereinbarungen, aus der impliziten Zielrichtung ihrer Entstehung im Kontext des NSM und nicht zuletzt aus eigenen Verhandlungserfahrungen des Autors legitim, von einer Dilemmasituation auszugehen.

3406 Vgl. *Meyer* 2004: 200.

3407 *Meyer* 2004: 200.

Moralisches Risiko

Das letzte Problem betrifft ebenfalls die Leistungserbringungsphase. Es geht einerseits um die Frage, wie der Agent die Informationen, die er während der Leistungserstellung erhält, nutzt (*hidden knowledge*), und andererseits darum, dass der Prinzipal die Anstrengungen des Agenten nicht beobachten kann (*hidden action*). Bei *hidden action* wird in der Regel davon ausgegangen, dass das Leistungsergebnis, aber nicht der tatsächliche Beitrag des Agenten bekannt ist:

> „Die Qualitätsprobleme bezeichnen, dass der Professionelle ein nicht passendes Angebot macht oder machen kann oder es an Sorgfalt bei der Leistungserbringung mangeln lässt."[3408]

In der Hilfe zur Erziehung ist durch die Ko-Produktion als *face-to-face*-Interaktion[3409] beides schwer festzustellen. Das *hidden knowledge*-Problem zeigt sich vor allem durch die restriktiven Bestimmungen des Sozialdatenschutzes als besonders virulent.[3410] Außerdem besteht bei der Hilfe zur Erziehung als soziale, personenbezogene Einzelfallhilfe das Problem, dass möglicherweise der Prinzipal das Handeln des Agenten zwar beobachten, aber nicht bewerten kann.[3411] Aus diesem Grund sind auch Überwachungsinstrumente (Berichtswesen, Controlling, Evaluationen, usw.) fast nutzlos.

Auf der operativen Ebene der Hilfe zur Erziehung ist im formalen Beauftragungsverhältnis der Wissensvorsprung des freien/privaten Träger vor der Familie bedeutend kleiner als im faktischen Beauftragungsverhältnis vor dem Jugendamt. Zwar ist es für die Familie im Hinblick auf fachliche Angemessenheitskriterien schwierig zu beurteilen, ob der freie/private Träger sich sehr angestrengt hat oder nicht, aber da ein Großteil der Leistung uno-actu in Ko-Produktion stattfindet, kann sich die Familie durchaus ein Urteil bilden. Die Familien „erleben" die Leistungsqualität der freien/privaten Träger direkt und entwickeln hierzu auch eine Einschätzung. Allerdings ist diese Einschätzung aufgrund des Vertrauensgutcharakters der Hilfe zur Erziehung nur ein Teil der Leistungsqualität. Beurteilbar ist z. B., wie sehr sich die Familien beteiligt fühlten, jedoch kaum,

3408 *Langer* 2004a: 421 (Hwg).
3409 Vgl. *Finis Siegler* 2009: 44.
3410 Vgl. *Langer* 2004a: 392.
3411 Vgl. *Langer* 2004a: 394.

wie angemessen die sozialpädagogische Interaktion war. Die Jugendämter wissen letztlich am wenigsten, welche Qualität die freien/privaten Träger in ihrer Leistungserstellung erreichen. Daher kann davon ausgegangen werden, dass die Informationsasymmetrie im Hinblick auf die Leistungsqualität der freien/privaten Träger gegenüber den Jugendämtern sogar noch größer ist als gegenüber den Familien. Daran ändert auch nichts, dass die Jugendämter als Fachbehörden über professionelle Angemessenheitskriterien verfügen, da ihnen die entscheidenden Informationen fehlen, auf die sie diese anwenden könnten.

Das Jugendamt weiß als faktischer Prinzipal weder, welche Informationen der freie/private Träger in der Arbeit mit der Familie erhält, noch wie diese einzuordnen sind. Ebensowenig kann er das Engagement des freien/privaten Trägers im Rahmen der Auftragserfüllung überwachen oder prüfen. Aus dem *moral hazard*-Problem erwachsen in der Praxis Lösungsmechanismen, die nicht als zielführend einzuschätzen sind. Der Lösungsmechanismus der Ergebnisbeteiligung als Interessensangleichung ist durch die Schwierigkeit der Wirkungsbewertung und der hohen Unberechenbarkeit durch die Ko-Produktion und andere externe Einflüsse aus Sicht der Agenten kaum wirksam. Andere Lösungsdesigns können als Versuch einer „Verbesserung des Informationssystems“[3412] begriffen werden. So tendieren immer mehr Jugendämter dazu, sich dezidiert jeden Kontakt zur Familie vom freien/privaten Träger dokumentieren zu lassen. Innerhalb dieser Dokumentationen werden dann teilweise im Nachgang bestimmte Leistungen (z. B. Eis essen mit dem Jugendlichen) herausgestrichen und nicht entlohnt. Diese Form der vermeintlichen Kontrolle des Agenten ist in mehrerer Hinsicht kontraproduktiv. Es wirkt sich negativ auf das Vertrauensverhältnis zwischen Jugendamt und freien/privaten Träger und auf dessen Motivation aus. Es werden insgesamt die Transaktionskosten erhöht, da die Dokumentation angefertigt (freier/privater Träger) und kontrolliert (Jugendamt) werden muss. Für einen rational handelnden freien/privaten Träger wächst der Anreiz zu täuschen, da er davon ausgehen muss, dass angemessene Leistungen nicht entlohnt werden, da das Jugendamt die Angemessenheit von „Eis essen mit einem Jugendlichen“ im Einzelfall nicht beurteilen kann. Diese Form der Kontrolle geht so weit, dass mancherorts die Familien die Dokumentation des freien/privaten Trägers quittieren müssen.

3412 *Ebers/Gotsch* 2006: 266 (Hwg).

Neben den benannten negativen Auswirkungen lösen diese extern vorgegebenen Berichts- und Dokumentationspflichten Transaktionskosten aus, die für kleine Anbieter ein Drittel der gesamten Arbeitszeit ausmachen können.[3413]

Als Lösungsdesigns für *hidden action* kommen Anreizsysteme, Selbstbindung, Kontrollsysteme und "*boiling-in-oil*" Verträge in Frage. Es werden aber auch Instrumente des Vertrauens- und Reputationsaufbaus diskutiert.[3414]

Die erfolgsabhängige Vergütung der freien/privaten Träger als konkretes Lösungsdesign für *moral hazard*–Probleme (monetäres Anreizsystem) ist für die Hilfe zur Erziehung nicht ohne weiteres einsetzbar. Grundsätzlich besteht hier das Problem Erfolg überhaupt zu operationalisieren und zu verifizieren. Sollte man sich auf Indikatoren der Erfolgsmessung geeinigt haben, tritt das Problem der Fokussierung auf indikatorrelevante Tätigkeiten und Vernachlässigung anderer ebenso wichtiger, aber nicht nachweisbarer Tätigkeiten auf. Außerdem kann eine Ausrichtung der Leistungserbringung an Mess- und Erhebungszeitpunkten entgegen einer bedarfsorientierten Zeitgestaltung der Leistungserbringung stattfinden. Auch die Frage der Beeinflussbarkeit des Ergebnisses der Leistungen und die Zurechnung der Anteile des freien/privaten Trägers sind nur schwierig lösbar.

Für die Hilfe zur Erziehung wurde im Rahmen des Projektes Wirkungsorientierte Jugendhilfe mit Bonus-Malus-Modellen experimentiert, die als klassisches Anreizsystem verstanden werden können. Allerdings verfehlten diese ihre Wirkung und wurden nicht weiter verfolgt. Ergebnisorientierte Verträge werden scheitern, da durch das Technologiedefizit die Wirkungen der Leistung nicht im ausreichenden Maße vom Einfluss des Agenten abhängen.[3415] Wenn sich die erzielte Wirkung nur sehr unberechenbar der Leistung des Agenten zurechnen lässt, dann hat der Agent das größere Risiko auf seiner Seite, die Höhe des zu erwartenden Entgelts wird unkalkulierbar. Daraus folgt, dass der Agent eine höhere Vergütung einfordert, quasi als Risikoaufschlag, und sich die Bedingungen für den Prinzipal wieder verschlechtern. Letztlich gibt es einen Trade-off zwi-

---

3413 Vgl. *Oppen* 2011: 3f.

3414 Vgl. *Kubon-Gilke* 2005b: 90.

3415 Zu den Problemen der ergebnisorientierten Vergütung aus agenturtheoretischer Sicht vgl. *Ebers/Gotsch* 2006: 267f.

schen Risikoverteilung und Anreizsteuerung.[3416] Es ist davon auszugehen, dass die freien/privaten Träger für solche Vertragsformen zu risikoavers sind, da sie allein wegen ihrer durchschnittlichen Größe Risiken schlecht stemmen können.

Verschärft wird dieses Problem durch Multi-Tasking-Aufträge, in denen mehrere Handlungen vom freien/privaten Träger auszuführen sind, um die Leistungswirkung zu erreichen. Weder Jugendamt noch Familie können die einzelnen Teilleistungen umfänglich beobachten bzw. bewerten. Dies ist in der Hilfe zur Erziehung konstitutiv. Anreizverträge können bei zeitkonkurrenten und nicht zeitkonkurrenten Teilleistungen dazu führen, dass der Agent angereizt wird, zu Lasten des Prinzipals zu handeln. Es ist bei solchen Konstellationen effizient auf Anreizverträge zu verzichten.[3417]

Des Weiteren entsteht ein agenturtheoretisch interessanter Problemwandel: Durch den Versuch, das *hidden-action*-Problem auf Seiten der freien/privaten Träger durch wirkungsorientierte Entgelte zu mindern, entstehen für das Jugendamt seinerseits *hidden-action*-Anreize. Durch die eigenen Leistungsbeiträge des ASD im Hilfeverlauf könnte die Auszahlung der erfolgsabhängigen Komponenten systematisch torpediert werden.[3418] Dies mag auf den ersten Blick unsinnig erscheinen, da das Jugendamt damit gegen seine eigenen Präferenzen der Gewährleistungspflicht für bedarfsgerechte Hilfe zur Erziehung handelt. Allerdings sind Konstellationen denkbar, in denen dieses Handeln im Hinblick auf das Ziel Kostenersparnis Sinn macht. So könnten Investitionen der Fachkraft des Jugendamtes in Tätigkeiten, die positiv auf die Leistungsentlohnung wirken, unterlassen werden. Konkret: Angenommen, ein Entgeltbestandteil einer ambulanten Hilfe zur Erziehung (Erziehungsbeistandschaft) ist an den Versetzungserfolg des Kindes in der Schule geknüpft. Ferner sei angenommen das Kind ist versetzungsgefährdet, weil einerseits die Leistungen mangelhaft sind und andererseits das Sozialverhalten aus Sicht der Schule zunehmend untragbar wird. Es kann angenommen werden, dass eine Intervention der ASD-Fachkraft in der Schule (Gespräche mit Lehrkräften und Schulleitung) auf den zweiten Aspekt einen größeren Erfolg verspricht, als wenn dies die Auftragspädagog_in übernimmt. Die ASD-Fachkraft würde mit ihrer eigenen Investition die Auszahlung an den freien/privaten Träger erhöhen, zahlt also doppelt. Angenommen, die ASD-Fachkraft hat einen

3416 Vgl. *Ebers/Gotsch* 2006: 265, *Picot/u. a.* 2012: 147.
3417 Vgl. *Picot/u. a.* 2012: 164ff.
3418 Vgl. *Meyer* 2004: 202, am Beispiel der Unternehmensberatung.

zeitlichen Trade-Off zwischen der Unterstützung dieser Hilfe zur Erziehung und einer Investition in einer anderen Hilfe zur Erziehung, die keine leistungsentlohnten Aspekte direkt unterstützt (sie hat nur einen Termin frei). Dann wird sie von ihrer Organisation den Anreiz erhalten, sich für die zweite Investition zu entscheiden. Klar ist, dass ihre professionellen Präferenzen sie zu einer Lösung des Trade-Offs nach Bedarfsgesichtspunkten führen, also danach welche Familie ihre Investition dringender braucht. Dieser Konflikt ist ein Kernbestandteil des mikrofundierten DO-PAM, in dem die ASD-Fachkraft als Agent dem Prinzipal Jugendamt als ihrem Arbeitgeber und dem Prinzipal Familien folgen soll.

Eine leistungsabhängige Entgeltregelung ist also äußerst voraussetzungsvoll und möglicherweise kontraproduktiv. Sie ist

> „nicht als probates Mittel zur Stabilisierung wechselseitiger Verhaltenserwartungen einzustufen“[3419].

Eine einfache und klare Entgeltregelung, die explizit diskretionäre Handlungsspielräume belässt, ist vorteilhafter, wenn andere institutionelle Arrangements die Wahl der kooperativen Strategie, also die Minderung der Interaktionsrisiken unterstützen.[3420]

Ein weiteres Lösungsdesign sind Überwachungssysteme. Für die Hilfe zur Erziehung kämen *monitoring, controlling* und *reporting* in Betracht. Prinzipiell setzten diese Verfahren auf Standardisierung und Operationalisierung der Handlungen der Agenten, wonach sie für die Hilfe zur Erziehung unter Anerkennung der konstitutiven Merkmale unbrauchbar sind, auch wenn die Sozialmanagementliteratur diese Instrumente propagiert.[3421] Unter Qualitätsaspekten ging es hier um eindeutige Qualitätsstandards und Qualitätssicherung im technischen Sinne sowie Evaluationen.[3422] Es stellt sich nach den bisherigen Ausführungen die Frage, welchen Erkenntniswert die „Qualitätsberichte“ für das Jugendamt noch haben. Aus ökonomischer Perspektive werfen die Instrumente der (Selbst-)Evaluation bzw. des Controllings schwerwiegende Probleme auf im Hinblick auf die wahrheitsgemäße Bewertung der eigenen Arbeit, die Fokussierung auf bestimmte der Evaluation zugängliche Tätigkeiten, die Auswirkungen auf Zeitpräferenzen usw. Demnach sind (Selbst-) Evalua-

---

3419 *Meyer* 2004: 202 (Hwg).

3420 Vgl. *Meyer* 2004: 203.

3421 Vgl. Kap. 1.

3422 Vgl. ähnlich *Langer* 2004a: 393.

tionen für die interne QE mit Bedacht zu entwickeln und einzusetzen, jedoch für einen Nachweis der Qualitätssteuerung nach außen eher ungeeignet. Aus professionstheoretischer Sicht implizieren diese Instrumente die Standardisierung und Operationalisierung der Hilfe zur Erziehung und damit deren Qualitätserosion. Außerdem führt die Handhabung von zwei Systemen der QE bei den privaten/freien Trägern zu einer Erhöhung der Kosten.[3423] Im Kontext der Qualitätsüberwachung sind dies klassische Transaktionskosten.

Auch die Möglichkeit über „*boiling-in-oil*-Verträge", freie/private Träger auf ein hohes Anstrengungsniveau zu bringen, ist für die Hilfe zur Erziehung nur schwer denkbar. Für diese Vertragskonstruktionen sind eindeutig bestimmbare Ergebnisse nötig, die keine hohe Abhängigkeit von exogenen Schocks haben dürfen. Das Maß an Ergebnisunsicherheit ist bei der Hilfe zur Erziehung aber vergleichsweise hoch.

Als theoretische Lösungsdesigns entwickeln sowohl *Meyer* als auch *Langer* aus unterschiedlichen Blickrichtungen und in gegenseitiger Unkenntnis drei zentrale Elemente: Berufsethos, Vertrauen und Reputation.[3424] In der hier konstruierten Interaktionsbeziehung tragen beide Akteure prinzipiell das gleiche Berufsethos, den der Sozialen Arbeit. Können die Akteure in ihren Handlungen ihrem Berufsethos folgen, erhöht sich ihr Nutzen.[3425] Das Berufsethos ist Bestandteil der professionellen Präferenz und kann als Aspekt der Selbstbindung begriffen werden. Eine spezielle Form, die Informationsasymmetrien in den P-A-Beziehung für schwierig zu überwachende professionelle Dienstleistungen zu mindern, stellen neben Reputation auch Selbstbindungs- und Identifikationssysteme und vor allem ethische Kodizes dar, wenn sie durch praktische Kodizes verstärkt werden. Einen *code of practice* in Anlehnung an *Banks* konstituiert *Langer* als perspektivenreiches Lösungsdesign für die Agenturproblematiken in der Sozialen Arbeit.[3426]

Das Vertrauen spielt, wie oben gezeigt, im Kontext der Hilfe zur Erziehung selbst eine wichtige Rolle. Aber auch in den Verhandlungen zwischen Jugendamt und freiem/privatem Träger ist es ein wichtiger Mechanismus, um Kooperation zu ermöglichen. In faktischen Beauftragungsver-

---

3423 Vgl. *Kubon-Gilke* 2005b: 82f. Aus agenturtheoretischer Sicht für die Soziale Arbeit vgl. *Langer* 2004a: 463ff.

3424 Vgl. *Meyer* 2004: 204f, *Langer* 2004a: 486ff.

3425 Vgl. *Meyer* 2004: 204.

3426 Vgl. *Langer* 2004a: 486ff.

hältnissen ist dies vor allem daher relevant, da es um wiederkehrende Kooperationen geht. Der Missbrauch des Vertrauens kann zum Abbruch der „Geschäftsbeziehung“ führen, was aus der gegenseitigen Abhängigkeit von Jugendamt und freiem/privatem Träger für beide nachteilig wäre. Allerdings ist davon auszugehen, dass es aufgrund der höheren spezifischen Investitionen des freien/privaten Trägers für diesen noch folgenreicher ist.

Im formalen Beauftragungsverhältnis ist die Situation komplizierter, da zwar das Jugendamt die Familie beraten und aufklären kann, also über schlechte Erfahrungen mit freien/privaten Trägern informieren könnte, aber letztlich die Familie entscheiden würde. Diese hat jedoch erstmal selbst keine nachträglichen Sanktionsmöglichkeiten gegenüber einem freien/privaten Träger, der das Vertrauen der Familie ausnutzt. Hier erhält die Reputation ihre Relevanz. Sie führt zu einer Interessensangleichung[3427] von Agent und Prinzipal. In geeigneten institutionellen Rahmenbedingungen des Erbringungskontextes kann ein Vertrauensbruch gegenüber einer Familie zu Reputationsverlusten für zukünftige Aufträge führen. Reputation wirkt als Pfand gegen Vertrauensmissbrauch, allerdings nur, solange die Interaktionsserie nicht endet. Sonst würde im „Endgame“ die Pfandfunktion verloren gehen. Hier kann davon ausgegangen werden, dass es sich um ein wiederkehrendes Spiel handelt und die Akteure ein Interesse daran haben, auch über ihre eigene Berufszeit hinaus beidseitig vorteilhafte Interaktionsbeziehungen für die Organisationen aufrecht zu erhalten. Das liegt auch daran, dass weder eine Jugendamtsleitung noch eine NPO-Leitung die Strategie *„take the money and run“* verwirklichen kann.[3428] Bei gewerblichen Anbietern wäre dies grundsätzlich möglich, aber der finanzielle Anreiz für eine vollständige Defektion erscheint eher gering.

Das Problem des *moral hazard* in der Hilfe zur Erziehung lässt sich scheinbar nicht im direkten Verhältnis zwischen Jugendamt und freiem/privatem Träger entschärfen. Hierzu ist der Einbezug der Familien zwingend erforderlich, da sie einen Teil der Informationen haben, die das Jugendamt zur Einschätzung des Anstrengungsniveaus benötigt.

Aus agenturtheoretischer Sicht wird an der prozessualen Dynamik der Informationsasymmetrien im Hilfe- und Verhandlungsverlauf, der Schwie-

---

3427 Vgl. *Picot/u. a.* 2012: 97f.

3428 Das wäre übrigens anders bei leistungsorientierter Bezahlung. Hier könnten Anreize zu unkooperativem Verhalten im letzten Berufsjahr entstehen, um einen Bonus auf Kosten des Kooperationspartners mitzunehmen, da der Vertrauensverlust nicht mehr sanktioniert werden kann.

rigkeiten in den birelationalen P-A-Verhältnissen und der Komplexität von kontraktualer und operativer Ebene deutlich, dass *ex ante* keine hinreichende Lösung durch wohlüberlegte Vertragsgestaltung der vorausgehenden, übergeordneten Vereinbarungen erreicht werden kann. Daher ist die Betrachtung auf die *ex post*-Nachverhandlungen im Kontext der Transaktionskostenanalyse und die Bedeutung von spezifischen Investitionen zentral.[3429]

4.2 Analyse der QEV als Instrument zur Qualitätssteuerung anhand der Transaktionskostentheorie

Die TAK-Theorie in der Ausarbeitung von *Williamson* hat im Gegensatz zum Agenturansatz stärker die *ex-post*-Governance im Blick. Sie setzt demnach die Unvollständigkeit von Verträgen voraus und fokussiert die Nachverhandlungsbedingungen nach Vertragsschluss. Im Kontext der TAK-Analyse ist die Frage nach der Vorhersehbarkeit bzw. Unsicherheit der Transaktion, nach deren Häufigkeit und vor allem nach deren Faktorspezifität relevant.[3430] Diese müssen für die formalen bzw. faktischen Beauftragungsverhältnisse gesondert betrachtet werden. Als kurzer Exkurs wird eine „marktradikale" Variante betrachtet.

Für die Hilfe zur Erziehung kann auf jeden Fall beschränkte Rationalität angenommen werden, da gerade bei sozialen, personenbezogenen Dienstleistungen eine vollständige Vorhersehbarkeit der Eventualitäten, die im Vertrag vorab geregelt werden müssten, ausgeschlossen werden kann.[3431] Dies gilt für die operative Ebene des Einzelfalls ganz besonders, aber auch für die Ebene der Vereinbarungen nach § 78b SGB VIII, da diese über erwartete, aggregierte Einzelfälle geschlossen werden. Somit schreibt sich die Unvorhersehbarkeit der Hilfeplanverfahren als Verträge über den Einzelfall in die Vereinbarung nach § 78 SGB VIII als Metavertrag über Einzelverträge fort. Es handelt sich ja gerade nicht um Vereinbarungen über standardisierte Leistungsbündel. Auch die Annahme des Op-

3429 Vgl. Kap. 4.3.

3430 Vgl. Kap. 3.3.

3431 Wichtige Argumente sind das Technologiedefizit, die Ko-Produzentenschaft der Adressat_innen und die starke Einwirkung exogener Schocks (z. B. Arbeitsplatzverlust eines Elternteils) auf die zugrunde gelegte Ausgangslage bei Vertragsgestaltung.

portunismus der Akteure bei der Hilfe zur Erziehung erscheint legitim, da es sich um Hochkostensituationen[3432] handelt.

Im formalen Erbringungskontext ist die Transaktion der Hilfe zur Erziehung unter Beachtung der Auftraggeberschaft der Familien sowie deren Wunsch- und Wahlrecht als gelegentlich bzw. einmalig zu beurteilen. Faktisch hingegen handelt es sich um wiederkehrende Transaktionen, die ebenfalls spezifisch sind. Die wiederkehrende Transaktion zwischen Jugendamt und dem jeweiligen freien/privaten Träger ist offensichtlich, da immer wieder Hilfen bewilligt werden und entsprechende Beauftragungen zwischen Familien und freien/privaten Trägern stattfinden, die eine Kostenerstattung durch das Jugendamt nötig machen.[3433] Die einmalige Transaktion eines Jugendamtes mit einem speziellen freien/privaten Träger mag vorkommen, ist jedoch die Ausnahme. Außerdem werden beide Akteure davon ausgehen, dass, wenn die Ersttransaktion für beide Seiten mindestens befriedigend verläuft, es zu weiteren Transaktionen kommen *könnte*. Das reicht aus, um die entsprechende Governance-Struktur analog zu einem dauerhaften Partner anzuwenden bzw. zu entwickeln.[3434]

Die Hilfen zur Erziehung sind als idiosynkratisch anzusehen:

> „Ausgeprägt hochspezifische Transaktionen liegen vor, wenn das zur Produktion nötige Sach- und Humankapital weitgehend spezialisiert ist, so daß von Geschäften zwischen Unternehmen keine merklichen Skalenerträge zu erwarten wären, die der Käufer (oder Verkäufer) nicht auch selbst erzielen könnte (durch vertikale Integration).“[3435]

Aufgrund der Einzelfallorientierung und des hohen Einflusses der Adressat_innen auf die Leistungen sind diese nicht standardisierbar. Für jeden Einzelfall müssen durch anspruchsvolle und teilweise langwierige Verhandlungen mit den Adressat_innen die Art und der Umfang der Hilfe ausgehandelt werden. Diese wird dann unter Einsatz von personellen und sächlichen Ressourcen vom Anbieter umgesetzt.

3432 Vgl. Kap. 3.4.

3433 Hier ist zu beachten, dass nicht die Verhandlung der QEV selbst als Transaktion im Blickpunkt steht, denn diese Transaktion wäre hochspezifisch und gelegentlich. Damit ist sie der trilateralen Governance zuzuordnen und es erscheint folgerichtig, dass Streitigkeiten über die Vereinbarung selbst von Schiedsstellen (§ 78g SGB VIII) beigelegt werden.

3434 Dies ist vor allem dadurch begründet, dass es nicht ohne weiteres möglich ist, andere geeignete Anbieter zu finden.

3435 *Williamson* 1990b: 85.

Die nötigen Investitionen sind für Anbieter von Hilfe zur Erziehung hoch spezifisch z. B. dadurch, dass in Räumlichkeiten in einem bestimmten Stadtteil oder in der Nähe eines bestimmten Kooperationspartners (z. B. Schule) investiert wird und diese nicht einfach verlagert werden können. Ebenso werden spezifische Fortbildungen des Personals durchgeführt, die auf bestimmte Bedarfslagen abgestimmt sind, die (im besten Fall) aus der örtlichen Jugendhilfeplanung hervorgehen. Denkbar wäre z. B. die Bedarfslage für SPFH mit psychisch kranken Eltern in einer Großstadt. Weiter werden auch spezifische Investitionen in Kooperationsstrukturen getätigt. Vor allem im Hinblick auf die Lebensweltorientierung und die geforderte Sozialraumorientierung der Hilfe zur Erziehung ist eine enge Vernetzung der Anbieter von Hilfe zur Erziehung mit den Partnern aus dem Bereich Schule, Gesundheit, Justiz etc. fachlich geboten. Außerdem ist die Zusammenarbeit mit diesen Stellen rechtlich[3436] gefordert. Hinzu kommt eine Vernetzung mit anderen Initiativen, Vereinen, Gruppen usw. im unmittelbaren Umfeld im Sinne einer gemeinwesenorientierten[3437] Kinder- und Jugendhilfe. Alle diese „Netzwerkinvestitionen" sind örtlich gebunden und würden bei einem Wechsel des „Standortes" zumindest teilweise zu *sunk costs*. Das Vorhandensein von spezifischen Investitionen ist im Übrigen ein weiteres ökonomisches Argument gegen reinen Wettbewerb im Erbringungskontext der Hilfe zur Erziehung.

Bei Leistungen hoher Spezifität geht die TAK-Theorie davon aus, dass ein gewisses Maß an Autonomie aufgegeben und langfristige Kooperation eingegangen werden müssen, bis hin zu vertikaler Integration, da sonst die Leistungen nicht angeboten werden können.[3438] An dieser Stelle sei erneut das *Hart/Moore*-Modell erwähnt, dass diesbezüglich effiziente Ausnahmen nachweist. Es lässt sich folgern, dass es aus transaktionskostentheoretischer Sicht eigentlich sinnvoll erscheint, dass die Hilfe zur Erziehung im Sinne der vertikalen Integration vom Jugendamt selbst erbracht wird. Es ist davon auszugehen, dass durch die Abwicklung der Hilfe zur Erziehung über den Modus der Hierarchie Transaktionskosten gesenkt werden könnten. Vor allem im Hinblick auf die faktischen Beauftragungsverhältnisse wird dies deutlich. Faktisch beauftragen die Fachkräfte aus dem ASD den jeweiligen freien/privaten Träger mit der Erbringung der vereinbarten Hil-

3436 Vgl. § 81 SGB VIII: Strukturelle Zusammenarbeit mit anderen Stellen und öffentlichen Einrichtungen.
3437 Vgl. *Kreft/Mielenz* 2000: 363ff.
3438 Vgl. *Picot* 1991: 112.

fe zur Erziehung. Zuvor sind jedoch inhaltlich anspruchsvolle und zeitlich langwierige Aushandlungsprozesse unter Einbezug der Adressat_innen nötig. In den empirischen Studien zur Wirkungsorientierung wurde immer wieder darauf hingewiesen, dass verbindliche Verfahrensregelungen ein positiver Wirkfaktor sind. Sie sollen helfen, die komplexen, zeitaufwändigen Abstimmungsverfahren zwischen den Fachkräften zu vereinfachen.[3439] Es ist zu beachten, dass es hier nicht um die Standardisierung der Leistungserstellung selbst geht (Prozessqualität), sondern um eine Vereinheitlichung und Formalisierung der sog. Unterstützungsprozesse, also genau genommen um Strukturqualität.[3440] Die Verhandlungskosten hierfür dürften bei vertikaler Integration signifikant sinken.

Im Hinblick auf freie/private Träger sind die Überwachungs- und Überprüfungsmöglichkeiten aufgrund ihrer Autonomie sehr eingeschränkt. Über komplizierte Vereinbarungen muss sichergestellt werden, dass die freien/privaten Träger allgemein den Mindeststandards zur Leistungserbringung genügen, und auf der Einzelfallebene muss über die Hilfeplanung eine Vergewisserung über die Qualität der Leistungserbringung hergestellt werden. Eine Lösung über Hierarchie erscheint naheliegend, da über die Möglichkeit des Direktionsrechtes der Jugendamtsleitung über den ASD als auch über die leistungserstellenden Fachkräfte die Überwachung und Sicherstellung von Qualität unter geringeren Transaktionskosten möglich erscheint. Dabei ist selbstverständlich zu beachten, dass innerhalb einer Unternehmung ebenfalls Informationsasymmetrien herrschen und P-A-Ketten die Qualitätssteuerung erschweren. Es entfallen auf jeden Fall die Verhandlungskosten über Maßstäbe und Instrumente der QE mit unterschiedlichen Anbietern und die QE wird zum rein internen Steuerungsproblem.

Im formalen Beauftragungsverhältnis sieht dies anders aus, da die Eltern ein Wunsch- und Wahlrecht besitzen, ihre Grundrichtung der Erziehung beachtet werden muss und sie den Anbieter beauftragen. Demnach steht das Pluralitätsgebot und das Wunsch- und Wahlrecht einer vollständigen vertikalen Integration entgegen. Auch die vorherrschende Lesart des Subsidiaritätsprinzips in der Kinder- und Jugendhilfe spricht gegen eine alleinige Leistungserstellung durch das Jugendamt selbst. Entgegengesetzt gelangt *Picot* aus einer spezifischen Sicht des Subsidiaritätsprinzips zu de-

---

3439 Vgl. *Albus/u. a.* 2009: 56 und für die Hilfeplanung *Albus/u. a.* 2010a: 55ff, *Albus* 2011: 45.

3440 Vgl. *Albus/u. a.* 2010a: 43, vgl. auch Kap. 1.2.2.

ckungsgleichen Empfehlungen wie die TAK-Theorie. Die selbstständige Einheit schafft die Leistungserbringung nicht autonom in Eigenverantwortung und Eigenhilfe, weswegen die Aufgabe von Autonomie bis zum völligen Aufgehen in einer anderen Einheit (vertikale Integration) zulässig ist.[3441] Daraus allerdings abzuleiten, dass sich

> „ökonomische Effizienzaussagen mit den anthropologisch-ethischen Sollvorstellungen des Subsidiaritätsprinzips weitgehend decken"[3442],

ist doch etwas gewagt. Würde aus der TAK-Theorie folgen, dass im Hinblick auf die Hilfe zur Erziehung eine Leistungserstellung durch das Jugendamt die geringsten Transaktionskosten verursachen würde, hieße das noch lange nicht, dass aus dem Subsidiaritätsprinzip die gleiche Empfehlung abzuleiten wäre. Dies kann im Einzelfall zutreffen. Es ist aber weder die effiziente Organisation der Leistungen noch das Subsidiaritätsprinzip alleiniger Maßstab der Entscheidung für oder gegen einen bestimmten Leistungsanbieter. Vielmehr wird eine Abwägung zu treffen sein zwischen der avisierten Trägerpluralität, dem bedingten Vorrang freier/privater Träger und den vertretbaren Kosten der Leistungserbringung. Im Sinne des subsidiär-kooperativen Erbringungskontexts wären solche Entscheidungen vom JHA zu treffen.

Aus Sicht der Familien könnte es vorteilhaft sein, wenn die bedarfsprüfende und hilfebewilligende Stelle von der leistungserbringenden Stelle getrennt ist. So ergeben sich Möglichkeiten der anwaltschaftlichen Vertretung von Familien, die ansonsten nicht gegeben wären.

Aus ökonomischer Perspektive ist zu beachten, dass die Frage, ob in der Gesamtbetrachtung das Jugendamt oder ein freier/privater Träger mit höherem Effizienzgrad[3443] die Hilfe zur Erziehung erbringen kann, nicht nur von den Transaktionskosten, sondern auch von den Leistungskosten abhängt. Da die Rahmenbedingungen für öffentliche und freie/private Träger nicht gleich sind, kann nicht nur anhand der Transaktionskosten eine Einschätzung getroffen werden. So ist zum Beispiel das tarifliche Gehaltsgefüge zu beachten, nachdem möglicherweise ein freier/privater Träger

---

3441 So argumentiert *Picot*, vgl. *Picot* 1991: 110ff.

3442 *Picot* 1991: 115. Er bezieht sich auf die Effizienzkriterien der Transaktionskosten- und Property-Rights-Theorie.

3443 Im Hinblick auf die Effizienzbetrachtung sind alle Kosten mit einzubeziehen, auch die der Informationsbeschaffung, der Qualitätsentwicklung, der Vertragsgestaltung und der Kontrolle der Beauftragungen, vgl. *Zacher* 2009: 10.

durch niedrigere Löhne trotz deutlich höherer Transaktionskosten gegenüber dem Jugendamt einen Kostenvorteil hat.

Unter dem alleinigen Gesichtspunkt der Transaktionskosten kann es also sein, dass es effizient ist, Standardleistungen anzubieten.[3444] Dies ist vor allem im Hinblick auf die hohen Verhandlungskosten im Bereich der Hilfe zur Erziehung relevant. Unter dieser Perspektive ist der implizite Steuerungsdruck des NSM auf eine Standardisierung der Leistungen des Kinder- und Jugendhilfesystems transaktionskostentheoretisch nachvollziehbar. Allerdings ist die Konsequenz, wie oben hergeleitet, dass in der Folge eine dem Wesen nach andere Leistung angeboten wird als die fachlich und rechtlich vorgesehene. Ausgehend von einer fachlich fundierten Hilfe zur Erziehung muss in Rechnung gestellt werden, dass zu deren Erbringung vergleichsweise hohe Transaktionskosten konstitutiv sind:

> „Je größer die Schwierigkeiten bei der Leistungsbewertung (Beschreibung der Leistung, Bestimmung eines Preises etc.) sind, desto höher sind die zur Überwindung dieser Probleme aufzuwendenden Transaktionskosten“[3445] und „hohe Transaktionskosten relativieren die Vorteile einer marktlichen Steuerung.“[3446]

Damit soll nicht gesagt werden, dass in den Transaktionskosten der Hilfe zur Erziehung nicht dennoch Effizienzreserven lägen, die ohne negative Auswirkungen auf die Leistung realisiert werden könnten.

Allerdings ist zu beachten, dass vor allem die wirkungsorientierte Steuerung tendenziell zu mehr Bürokratie[3447] und damit zu höheren Transaktionskosten führt.

Die TAK-Theorie geht davon aus, dass, je spezifischer die Leistungsbeziehung ausgestaltet ist, desto stärker werden integrative, langfristige, kooperative bzw. hierarchische Vertragsformen gewählt. Oder andersherum: desto ungeeigneter sind marktförmige Vertragsformen.[3448] Daraus lässt sich folgern, dass die Standardisierungsbemühungen des NSM darauf abzielen, die Hilfe zur Erziehung in ihrer Spezifität zu reduzieren und damit als Gut im Sinne der zu wählenden Verträge marktgängiger zu machen. Damit sind wir wieder beim Vorwurf, die Hilfe zur Erziehung zur Ware zu verformen. Hier zeigt sich jedoch, dass dies nicht die Konsequenz einer

---

3444 *Zacher* 2009: 11.
3445 *Picot* 1985: 224f.
3446 *Wüstenbecker* 1999: 299.
3447 Vgl. *Kettiger/Schwander* 2011: 123f.
3448 Vgl. *Picot* 1985: 224f.

Ökonomisierung oder besser der Anwendung einer ökonomischen Theorie darstellt, sondern dem Dogma[3449] folgt, der Markt sei für alles und überall der beste Koordinierungsmechanismus. Aus den in dieser Arbeit entfalteten konstitutiven Merkmalen der Hilfe zur Erziehung als Ausgangspunkt der Überlegung folgt, dass es sich um ein Gut von sehr hoher Spezifität handelt und somit integrative, langfristige, kooperative bzw. hierarchische Vertragsformen nötig erscheinen. Die Frage ist, wie diese zu gestalten sind, damit die Transaktionskosten unter Beachtung der Besonderheiten der Hilfe zur Erziehung so gering wie möglich bleiben, aber auch so hoch wie nötig sind. In diesem Sinne sind die LV, EV und QEV auch als transaktionskostensenkend für die Einzelfallverhandlungen im Hilfeplan zu verstehen. Jede Hilfe zur Erziehung kann theoretisch aufgrund des Hilfeplans nach § 36 SGB VIII geleistet und entgolten werden. Jedoch sollen in der Regel die Rahmen über die LV, EV, und QEV abgesteckt sein.[3450] Im faktischen Beauftragungsverhältnis haben wir es mit einer quasi-hierarchischen Vertragsform zu tun. Die LV, EV und QEV wirken wie ein Arbeitsvertrag zwischen Arbeitnehmer_in und Arbeitgeber_in, während der Hilfeplan im Einzelfall wie die konkrete Arbeitsanweisung wirkt. Die LV, EV und QEV führen demnach auch zur Aufgabe von Autonomiespielräumen auf beiden Seiten. Im formalen Beauftragungsverhältnis haben die LV, EV und QEV Lizenzierungscharakter, während der Hilfeplan einem Dienstleistungsvertrag entspricht.

Wenn davon ausgegangen wird, dass die Hilfen zur Erziehung nach wie vor innerhalb einer korporatistischen Struktur in partnerschaftlicher Zusammenarbeit zwischen Jugendamt und freien/privaten Trägern erbracht werden[3451], und damit die „Auftragserteilung" im „closed shop"[3452] erfolgt, kann dieser „Jugendhilfemarkt" auch als Kooperationszusammenhang begriffen werden.[3453] Aus transaktionskostenökonomischer Sicht lä-

3449 Die Behauptung, eine Welt ohne Staatseingriffe sei die beste aller Welten, ist ein Dogma, vgl. *Kirchgässner* 1988: 131.

3450 Aus Sicht einer Gebrauchswertorientierung liegt hier die Gefahr, dass Aneignungsmöglichkeiten der Familien auf operativer Ebene durch die Vorgaben der Vereinbarungen eingeengt werden, vgl. *Beckmann/Richter* 2005: 141.

3451 Normativ gesichert über die rechtlichen Regelungen zur Subsidiarität, partnerschaftlichen Zusammenarbeit, Jugendhilfeplanung und JHA.

3452 Vgl. *Struzyna* 2003: 72.

3453 Vgl. *van Santen/Seckinger* 2003: 406ff.

ge damit sein großer Vorteil in der Sicherstellung eines gegenseitigen Vertrauens der Kooperationspartner durch persönliche Beziehungen.[3454]

4.3 Bewertung der QEV als Instrument der Qualitätssteuerung aus institutionsökonomischer Perspektive

Es ist unstrittig, dass der Erbringungskontext der Hilfe zur Erziehung und in diesem die QE einen Ordnungsrahmen benötigt.[3455] Bevor in kurzer Revision die wichtigsten Erkenntnisse der erfolgten Analysen auf die Hilfe zur Erziehung fokussiert werden, sei der Blick nochmals auf die Rolle der Adressat_innen gelenkt.

Die empirisch überprüften Veränderungen des subsidiär-korporatistischen Erbringungskontextes durch die Neuregelungen fallen entweder so aus, dass er relativ stabil bleibt oder ein Machtzuwachs des Jugendamtes festgestellt wird. Eine Stärkung der Adressat_innen, rechtlich im Sinne des Wunsch- und Wahlrechts, dienstleistungstheoretisch im Sinne der Responsivität oder lebensweltheoretisch im Sinne der Offenheit und Alltagsorientierung, findet kaum statt. Eine These wäre, dass die Stärkung der Adressat_innen auf der Einzelfallebene kaum Wirkung entfaltet, da die Rahmung durch die LV, EV, und QEV so dominant ist und nur wenig Aspekte hierzu beinhaltet. Oder die Aspekte sind zwar in den Vereinbarungen niedergelegt, aber auf der operativen Ebene nicht bekannt. Aus der operativen Praxis scheint es auch kaum Veränderungsimpulse hierzu zu geben.

Außerdem wird durch die LV, EV und QEV ein duales Verhandlungssystem etabliert, um ein Erbringungsdreieck bzw. -sechseck zu steuern. Es bleibt

> „die Steuerungsfunktion solcher Dreiparteien-Verträge solange unterkomplex und unzureichend, solange die Nutzerseite nicht systematisch in die Definition von Leistungen und Qualitätsmerkmalen einbezogen wird."[3456]

Wenn die Betroffenenbewertung der Qualität zwar als Instrument in die QEV aufgenommen wird, aber letztlich Jugendamt und freie/private Träger wieder die Definitionsmacht über die Evaluationsformen und -fragen

---

3454 Vgl. *van Santen/Seckinger* 2003: 412.
3455 Vgl. *Braun* 1999: 118.
3456 *Otto/Schnurr* 2000b: 16.

haben[3457], kann von einer adressat_innenorientierten QE nicht gesprochen werden.

In seinen agenturtheoretischen Überlegungen kommt *Langer* zu dem Vorschlag, dass *ex ante* eine „Dritte Partei“ für die Stärkung der Interessen der „unmündigen Prinzipale“ gegenüber der Organisation eingeführt werden sollte.[3458] Dieser Vorschlag erscheint nach den bisherigen Überlegungen unzureichend. Es erscheint nicht möglich, dass sich eine einzelne Familie auf der operativen Ebene auch mit Unterstützung einer dritten Partei als Wünscherin, Wählerin, Beauftragerin und Qualitätsbewerterin durchsetzt, während auf der übergeordneten Ebene Jugendamt und freier/privater Träger die Rahmung – im Sinne des NSM sehr kleinteilig – in den Vereinbarungen bereits verhandelt haben. Das Kontraktmanagement verstärkt die Professionslastigkeit des Kinder- und Jugendhilfesystems. Dadurch werden die betroffenen Familien auch formal aus der Mitgestaltung und Beteiligung dieser Kooperationsstrukturen ausgegrenzt.[3459] Hier zeigt sich auch eine Zieldivergenz zwischen inhaltlicher Professionalisierung und struktureller Modernisierung. Wird im Rahmen der fachlichen Qualitätsdiskussionen die Partizipation im breiten Sinne als Dreh- und Angelpunkt für Wirksamkeit und Qualität der Leistungen positioniert, wird diese im Kontext der Steuerungsmodernisierung systematisch ausgehebelt. Die Adressat_innen werden

> „nicht bzw. nicht hinreichend in den Aushandlungsprozess zwischen Dienstleistungserbringer und öffentlichen Stellen einbezogen, in dem die Ziele der Maßnahmen definiert und entsprechende Kostenerstattungen vereinbart werden.“[3460]

Eine konsequente Beteiligung der Adressat_innen in einer geeigneten Form an den Verhandlungen über LV, EV und QEV scheint geboten. Die betroffenen Familien sind jedoch keine „einflussstarken und organisierten kollektiven Akteure.“[3461] Für den Gesundheitsbereich wurden solche Konstruktionen angedacht. Allerdings konnte die Patient_innenseite bisher nicht als starke Kraft neben den anderen korporatistischen Akteuren (Krankenkassen, Ärzteschaft, Pharmaindustrie, staatliche Institutionen

---

3457 Vgl. *AFET-Fachausschuss Organisations- und Personalentwicklung* 2001: 220.

3458 Vgl. *Langer* 2004a: 449ff.

3459 Vgl. *Kulbach/Wohlfahrt* 1996: 116.

3460 *Graf/Babic/Castro* 2013: 178.

3461 *Backhaus-Maul* 2009: 76.

etc.) etabliert werden.[3462] Für die Kinder- und Jugendhilfe könnte ihre kommunale Verortung der Entscheidungs- und Ausführungsträger sowie die Struktur des JHA und der AG's nach § 78 SGB VIII positiv auf die Etablierung solcher Strukturen wirken, zumal die Beteiligungsmetapher in den Kommunen generell hoch im Kurs steht.

Wenn man den Teil der Adressat_innen betrachtet, die im *Weber*schen Sinne Beherrschte der Bürokratie sind[3463], dann ließe sich fragen, wie es ermöglicht werden kann, dass diese Gegenorganisationen schaffen.[3464] Die Adressat_innen müssen zum Akteur auf der Ebene des subsidiär-korporatistischen Systems werden, nur so kann der „Jugendamt – freier/privater Träger – Klüngel" im Sinne einer stärkeren Orientierung an Bedürfnissen und Sichtweisen von Adressat_innen aufgelöst werden. Hier führt auch der Hinweis nicht weiter, dass an den Verhandlungen über Vereinbarungen die Jugendhilfeplanung zu beteiligen sei und diese schließlich die Adressat_innensicht zu erheben und vertreten habe. Erstens ist empirisch gesehen die Adressat_innenbeteiligung an der Jugendhilfeplanung stark unterentwickelt sowie rückläufig[3465] und zweitens dürfte es einen Unterschied machen, ob sich Adressat_innen selbst vertreten oder advokatorisch vertreten werden. Eine Möglichkeit wäre der Einbezug organisierter Kinder- und Jugendhilfeinitiativen, die analog der Sozialhilfeinitiativen eine Artikulation der Interessen der betroffen Familien in die Verhandlungen einbringen können. Es bedürfte einer kollektiven Vertretung der Adressat_inneninteressen. Allerdings bleibt hier zu beachten, dass durch das Sachwalter_innenproblem die kollektive Selbstvertretung der Interessen von Kindern und Jugendlichen erschwert bleibt. Denkbar wäre sie dennoch. Die damit entstehenden Probleme der Legitimation von Vertretungen und Initiativen wären zu beachten.

Wird das Sozialstaatsprinzip und das Demokratieprinzip für die Kinder- und Jugendhilfe ernst genommen ist die Erweiterung der Interessensvertretung von Kindern und Jugendlichen sowie deren Eltern innerhalb des JHA anzustreben.[3466] Und zwar nicht durch repräsentative Sachwalter_innen, sondern durch die Betroffenen selbst. Hier wäre über alternative Formen nachzudenken, die neben den JHA treten und über „Kinderbeauftrag-

3462 Vgl. *Olk* 2011: 493f.
3463 Vgl. *Albrecht/Reidegeld* 1976b: 242.
3464 Vgl. *Albrecht/Reidegeld* 1976b: 242.
3465 Vgl. *Gadow/u. a.* 2013: 53f.
3466 Vgl. *Pitschas* 2002: 222f.

te" oder „Ombudsstellen" hinausgehen.[3467] Zur Umsetzung eines Ansatzes der gesteigerten Einflussnahme von Kindern, Jugendlichen und Eltern an der Ausgestaltung von Hilfe zur Erziehung (strukturell auf der Ebene von LV und konkret in der Hilfeplanung) wäre ein Erbringungskontext, der partnerschaftliche Kooperation begünstigt, zielführender als ein Verdrängungswettbewerb.[3468]

Voraussetzung für einen solchen Ansatz wäre die Unterstützung von Vereinigungen der Betroffenen; jedoch nicht im Sinne einer Aktivierungsstrategie, nach der die Adressat_innen ihre Bedarfe und Probleme selber lösen, sondern in dem Sinne, dass sie ihre Rechte und Interessen vertreten und an der Verhandlung über Vereinbarungen teilnehmen. Die Verlagerungen der Verhandlungen in den JHA unter Beteiligung von Betroffenen wären ebenfalls denkbar. Sollte sich eine Vertretung der Adressat_innen in den Verhandlungen etablieren, würden die Wohlfahrtsverbände in dieser Frage allerdings ihr Interessensvertretungsmandat verlieren.

Die Unterstützung von Selbsthilfeorganisationen ehemaliger Jugendhilfeadressat_innen ist in Deutschland unterentwickelt im Gegensatz zu anderen Ländern.[3469] Ob die Jugendämter eine Stärkung der Adressat_innen aktiv forcieren (unabhängig ob auf struktureller Ebene oder operativer Ebene), darf bezweifelt werden. Empirisch zeigt sich, dass Jugendämter Adressat_innen (und auch Einrichtungen), die selbst aktiv werden um Leistungen nachzufragen (Selbstbeschaffung), eher als eine Zumutung werten.[3470] Im Verhältnis zu den freien/privaten Trägern werden Adressat_innen „sogar als Störfaktor von Trägerinteressen hingestellt"[3471]. Es ist wohl richtig, dass wir es mit einem „strukturell noch immer paternalistisch wohlmeinenden Systems der Erziehungshilfen"[3472] zu tun haben.

Die Tatsache, dass bei der Hilfe zur Erziehung die Kostenträger der Leistungen (Jugendämter) auch die Art und den Umfang der Leistungen im Einzelfall entscheidend mit definieren, ist nicht unproblematisch. Es kann von einer kostenträgerinduzierten Nachfrage gesprochen werden. Im

3467 Vgl. *Pitschas* 2002: 227.
3468 Vgl. *Pitschas* 2002: 248.
3469 Vgl. *Trede* 1998: 332.
3470 Vgl. *Hamberger* 2008: 360.
3471 *Kulbach* 1998: 447.
3472 *Thiersch* 2002: 132. Allerdings zeigt sich dies nicht nur auf struktureller Ebene, sondern auch in der Aufnahme der direkten Interaktion, vgl. *Künzel-Schön* 1996: 13.

Zusammenspiel der Probleme von *moral hazard*, *hold up* und *adverse selection* sowie einer kostenträgerinduzierten Nachfrage wird deutlich, dass es sich bei der Qualitätssteuerung im Zusammenspiel mit der Kostensteuerung um ein schwieriges sozialpolitisches Gestaltungsproblem handelt.[3473] Triviale Lösungen sind nicht zu erwarten.

An der bisherigen Umsteuerung wird positiv gesehen, dass das Jugendamt zur fokalen Steuerungsinstanz geworden ist und über prospektive Entgelte und LVen Kosten steuern kann.[3474] Dies darf jedoch bezweifelt werden, da die Kostenentwicklung in der Hilfe zur Erziehung auf der Einzelfallebene stärker beeinflussbar ist als auf der strukturellen Ebene[3475] und insgesamt keine Kostenreduktion erreicht wurde.[3476] So kann z. B. nicht nachvollzogen werden, ob eine Senkung des Entgeltes auf Vereinbarungsebene nicht zu höheren Stundenkontingenten pro Fall auf der operativen Ebene führten. Das wäre empirisch zu prüfen.

Das Jugendamt ist als zentraler Steuerungsakteur im Kinder- und Jugendhilfesystem mit unterschiedlichen Legitimationsgrundlagen ausgestattet. Als politische Organisation ist dies die Konkurrenz um Wählerstimmen und Wiederwahl. Als Arbeitsorganisation sind vor allem Kooperation und (technische) Effizienz relevant.[3477] Als Fachbehörde sind dies der berufliche Ethos und eine professionelle Effizienz.[3478] Diese unterschiedlichen Legitimationsgrundlagen stehen in einem Spannungsverhältnis zueinander, welches nicht auflösbar erscheint[3479], jedoch austariert werden muss. Außerdem ist zu beachten, dass das Jugendamt als Agentur für meritorische Güter eine weitere sozialstaatliche Legitimationsgrundlage erhält. Diese Funktion, Familien aktiv auf ihre Rechtsansprüche auf Hilfe zur Erziehung hinzuweisen und auf die Inanspruchnahme hinzuwirken, wird nur unzureichend erfüllt. So lässt sich z. B. bei Veranstaltungen wie dem Weltkindertag oder kommunalen Familienfesten beobachten, dass sich die Jugendämter öffentlich mit ihren Angeboten wie Jugendarbeit, Familienbildung, Kinderbetreuung, Ferienfreizeiten etc. präsentieren,

---

3473 *Kirchgässner* hat auf die Probleme im Zusammenhang von *moral hazard*, *adverse selection* und anbieterinduzierter Nachfrage im Kontext der Krankenversicherung aufmerksam gemacht, vgl. *Kirchgässner* 2008: 74.

3474 Vgl. *Buestrich/u. a.* 2010: 123.

3475 Vgl. *Wiesner* 2003b: 19.

3476 Vgl. *Gadow/u. a.* 2013: 65.

3477 Vgl. *Naschold/Bogumil* 2000: 230.

3478 Vgl. *Langer* 2004a: 90ff, *Krone/u. a.* 2009: 94ff.

3479 Vgl. *Naschold/Bogumil* 2000: 230.

während eine aktive Bewerbung der Leistung Hilfe zur Erziehung[3480] außen vor bleibt. Dies schwächt erstens den meritorischen Gehalt der Hilfe zur Erziehung, verhindert zweitens eine Vertrauensvorleistung in Niedrigkostensituationen für die Familien und damit drittens eine wirksame Vertrauensvorleistung in die Kooperationsbereitschaft mit den freien/privaten Trägern.

Der Erbringungskontext müsste so gestaltet sein, dass ein Aushandlungsmodus, der die unterschiedlichen Interessen von Politik, Verwaltung, Fachlichkeit, Sozialstaatlichkeit und Adressat_innen vermitteln kann, ermöglicht wird.

Die Anlage der bisherigen Vereinbarungen nach §§ 78a-g SGB VIII ist dafür nicht geeignet. Sie setzen z. B. auf Verlässlichkeit, die im politischen Prozess nicht gegeben ist[3481], und auf eine rational-standardisierbare Logik, die den professionellen Handlungsvollzügen der Sozialen Arbeit widersprechen.[3482] Auf den Punkt gebracht lässt sich die anspruchs- und voraussetzungsvolle Anforderung an einen institutionellen Erbringungskontext zur Qualitätssteuerung der Hilfe zur Erziehung so formulieren:

> „Zentral geht es um die Institutionalisierung des im Hinblick auf die Bedürfnisgerechtigkeit der Dienstleistungserbringung produktiven Widerspruchs und die Ermöglichung von diskursiven und konfliktförmigen Verfahren der Auseinandersetzung von Nutzern, Professionellen und politischen Repräsentanten auf verschiedenen Ebenen mit dem Ziel, zu (temporären) Konsensen über Inhalt, Form und Qualität sozialer Dienste zu gelangen."[3483]

Die Betrachtungen und Beurteilungen in der agentur – und transaktionskostentheoretischen Analyse der Vereinbarungen nach § 78b SGB VIII sind zugegebenermaßen typisiert und skizzenhaft. Tatsächliche Gestaltungsempfehlungen können nur anhand der Analyse der konkreten Bedingungen des Erbringungskontextes vor Ort geschehen. Zentrale Fragestellungen dabei wären:

- Wie genau gestaltet sich die Marktform, d. h., gibt es einen, wenige oder viele freie/private Träger, die Hilfe zur Erziehung anbieten?
- Wie ist die bisherige Zusammenarbeit zwischen Jugendamt und freier/privater Träger im Einzelfall, aber auch auf der Vereinbarungsebene zu

3480 Als Ausnahme kann vielleicht das Pflegekinderwesen gelten.
3481 Vgl. *Naschold/Bogumil* 2000: 231, vgl. auch Kap. 1 und 2.
3482 Vgl. *Flösser* 1996a: 70, vgl. auch Kap. 1.1.
3483 Vgl. *Schaarschuch* 1996b: 23 (Hwg).

bezeichnen? Ist sie eher partnerschaftlich-kooperativ-vertrauensvoll oder eher einseitig-unkooperativ-misstrauisch?[3484]

- Wie ist die Form der Beauftragungsverhältnisse vor Ort einzuschätzen, folgt sie eher dem formalen oder eher dem faktischen Modell? D. h., wie stark wird gelingende Beteiligung der Familien – vor allem das Wunsch- und Wahlrecht – umgesetzt?
- Wie weit sind die fachlichen Tätigkeiten in den Hilfen zur Erziehung beim freien/privaten Träger und im Jugendamt von Produktorientierung und Kontraktmanagement überformt und demnach standardisiert und operationalisiert?

Umgekehrt lässt sich jedoch recht deutlich schlussfolgern, dass die Steuerung der Qualität in der Hilfe zur Erziehung durch die Vereinbarungen nach § 78b SGB VIII eher unkooperatives Verhalten zwischen Jugendamt und freien/privaten Trägern fördert und kooperative Interaktionen systematisch verhindert. Somit kann vorsichtig die These formuliert werden, dass mit dem qualitätsorientierten Kontraktmanagement in seiner jetzigen Form mit Ineffizienzen in Form von Wohlfahrtsverlusten in der Gesamtbetrachtung der Hilfe zur Erziehung zu rechnen ist.

Dieses Analyseergebnis kommt auch deshalb zu Stande, weil im Rahmen des Isolationsprinzips die situative Verhaltensbindung der Akteure und die „verhaltenssteuernde Kraft von Regeln“[3485] in situativen Kontexten zunächst in den Datenkranz verschoben werden. Die rechtlichen Regelungen des § 78b SGB VIII konstituieren einen Modus kompetitiver Akteure. Dieser Modus kann durch bindende Normen auch nicht durch die Akteure oder einen institutionellen Wettbewerb in einen anderen Modus überführt werden. Das erlaubt – auch unter Beachtung sozialpsychologischer und/oder soziologischer Ansätze – Präferenzen als stabil zumindest in kurzfristiger Perspektive anzusehen und mit dem Fokus auf ökonomische Anreize zu analysieren. Dadurch wird die strategische Verhaltensbindung durch die Annahme stabiler Präferenzen der Akteure bei der Erklärung der Variablen stark gewichtet. Dies ist für die Analyse der derzeitigen Regelung des Erbringungskontextes durch das rechtlich normierte Instrument der Vereinbarungen nach § 78b SGB VIII begründbar, weil diese Re-

---

3484 Oder handelt es sich – anders ausgedrückt – um einen bürokratisch-autoritären oder fachlich-kooperativen Stil der Verhandlungen? Vgl. *Backhaus-Maul* 2009: 74.

3485 *Kubon-Gilke* 1997: 378.

geln selbst implizit von der dominanten Wirkung strategischer Verhaltensbindung ausgehen. So wird z. B. implizit vom gesteuerten Qualitätswettbewerb durch die Vereinbarungen ausgegangen, ohne die verhaltenssteuernde Rückwirkung der Regeln im situativen Kontext zu beachten. Wenn an späterer Stelle eine alternative Governancestruktur beurteilt wird, die einem anderen Steuerungsmodus entspricht, müssen diese Annahmen erweitert werden, weil in diesem Fall Wirkungen auf Präferenzen, Motive und Einstellungen entstehen, die analytisch nicht vernachlässigt werden dürfen. Dies ist um so bedeutsamer, je umfassender die geplanten Veränderungen des Governancemodus in den Gestaltungsvorschlägen ausfallen.

Aus dieser Perspektive werden im folgenden Kapitel die Eckpunkte einer möglichen institutionellen Umgebung skizziert, die die konstitutiv-normativen Merkmale der Hilfe zur Erziehung, das formale Beauftragungsverhältnis sowie ein professionelles Berufsethos unter Beachtung der Erkenntnisse aus der institutionstheoretischen Analyse in Rechnung stellt und gleichzeitig auf QE zielt.

Exkurs: marktradikaler Erbringungskontext

Die Auswirkungen eines marktradikalen Erbringungskontextes aus transaktionskostentheoretischer Sicht sind ambivalent zu betrachten. Die Lösung, die der Marktmechanismus anbietet, zielt auf die Stärkung der Souveränität der einzelnen Konsument_innen. Mit der Gewährung der Hilfe zur Erziehung als Sachleistung soll die Qualitätssicherung im Verantwortungsbereich des Jugendamtes gehalten werden. Im Marktkontext wäre eine Gewährung als Geldleistung vorgesehen, die die Qualitätsbewertung ausschließlich in die Hände der Adressat_innen legen würde.[3486] Damit würde erstens ein Großteil der Such- und Informationskosten im Rahmen des Wunsch- und Wahlrechts den Familien aufgebürdet. Dies kann man aus rein betriebswirtschaftlicher Perspektive der Jugendämter und freien/privaten Träger durchaus als sinnvolle Strategie der Senkung eigener Transaktionskosten werten. Auch aus Sicht einer aktivierenden Sozialpolitik[3487] lässt sich ein solches Vorgehen begründen. Jedoch ist diese Konstruktion weder voraussetzungs- noch folgenlos. Im marktradikalen Er-

3486 Vgl. *Bauer* 1996: 24 am Beispiel der Pflege.
3487 Vgl. Kap. 2.1.6.

bringungskontext ist die weitgehende Informiertheit der Familien über Anbieter und Leistungen eine Voraussetzung zur Qualitätssteuerung. Ohne entsprechende Informationen und Kompetenzen zu deren Nutzung sind die Elemente *choice* und *exit* wirkungslos. Das würde bedeuten, dass die Jugendämter aus ihrem Interesse heraus, keine Schlechtleistungen zu finanzieren, die Familien informieren und anleiten müssten, den „richtigen" Anbieter zu finden oder dritte Instanzen zu finanzieren, die diese Aufgabe übernehmen. Zweitens würden für die Anbieter womöglich doppelte Transaktionskosten zur Qualitätssteuerung für die Signalisierung und den Nachweis von Qualität gegenüber den auswählenden Familien und dem Jugendamt bzw. den Dritten fällig.

Für eine tatsächliche Steuerungswirkung eines Wunsch- und Wahlrechts müssten die Familien über „Marktkenntnisse" verfügen, die in der Regel nur bei den Fachkräften des Jugendamtes vorhanden sind. Im Sinne einer dienstleistungsorientierten Kinder- und Jugendhilfe müssten die Fachkräfte ihre Marktkenntnis teilen und die Familien mit den relevanten Informationen versorgen, damit diese eine Entscheidung treffen können. Dies wird eher skeptisch beurteilt, da die Fachkräfte dadurch einen Machtverlust hinnehmen müssten.[3488] Eine Folge wäre, dass sich die freien/ privaten Träger radikal an den für die Familien relevanten Signalen orientieren würden, die nicht unbedingt fachlichen Qualitätskriterien entsprechen müssten. Daraus resultiert, dass die Jugendämter ihre Anstrengungen, die „fachliche" Qualität der Anbieter zu sichern und zu entwickeln, noch verstärken müssten, was wiederum Qualitätsprüfungskosten erhöht. Wird in dieser Konstruktion noch verstärkt auf eine wirkungsorientierte Einzelfallvergütung gesetzt, entstehen *Creaming*-Effekte[3489], die die Gesamtproblematik weiter verschärfen:

> „Um dem Problem einer unbefriedigenden Ergebnisqualität und damit einer Reputationseinbuße zu begegnen, könnten Leistungserbringer versucht sein, Klienten, bei denen sie eine eingeschränkte oder fehlende Kooperationsfähigkeit und Kooperationsbereitschaft vermuten, an andere Anbieter „weiterzureichen".[3490]

Es zeigt sich, dass durch den Versuch, im marktradikalen Erbringungskontext die Fiktion der informierten, souveränen Kund_innen umzusetzen, mit

3488 Vgl. *Blandow/Gintzel/Hansbauer* 1999: 66.
3489 Vgl. *Depner/Trube* 2001: 234.
3490 *Braun* 2007: 137.

einer Verlagerung der Transaktionskosten für Such-, Informations-, und Qualitätssteuerungskosten einhergeht. Diese werden aus der direkt dyadischen Beziehung Jugendamt – freier/privater Träger in eine Kettenbeziehung Jugendamt – Familie – freier/privater Träger umgeleitet. Es ist davon auszugehen, dass damit nicht nur keine Ersparnis von Transaktionskosten erreichbar ist, sondern es sogar zu deren Erhöhung kommt. Angenommen, die marktlichen Vertragsformen werden ungeachtet der konstitutiven Elemente der Hilfe zur Erziehung durchgesetzt, z. B. indem formal eine Standardisierung durch Produktbeschreibungen herbeigeführt wird. Das hätte aus transaktionskostentheoretischer Sicht die Folge, dass keine Transaktionen mehr zustandekämen. Dies erklärt sich daraus, dass die Hilfe zur Erziehung aufgrund ihres Charakters trotz der Abwicklung über marktliche Vertragsformen ein hohes Maß an Spezifität als professionelle soziale, personenbezogene Dienstleistung hat und demnach die Abwicklung über reine Märkte prohibitiv hohe Transaktionskosten auslösen würde. Damit würde sich bei Einhaltung der fachlich-konstitutiven Merkmale der Hilfe zur Erziehung als hochspezifische Leistung die Aufgabe ihrer meritorischen Gestalt ergeben, sobald weitgehende marktliche Steuerungsmechanismen zum Einsatz kommen. Dies bestätigt im Umkehrschluss die Argumentation, dass bei meritorischen Gütern Märkte nur leidlich funktionieren.

4.4 Ein Modell trilateral-korporatistischer Qualitätssteuerung in partnerschaftlicher Zusammenarbeit

Der folgende Ausblick einer Weiterentwicklung vom fachlich regulierten Qualitätswettbewerb zu einer trilateral-korporatistischen Qualitätssteuerung in partnerschaftlicher Zusammenarbeit soll nicht als konkrete ordnungspolitische Gestaltungsempfehlung verstanden werden. Es geht vielmehr darum, in einem theoretischen Entwicklungsmodell den Erbringungskontext der Hilfe zur Erziehung stärker von den konstitutiven Merkmalen der sehr speziellen Dienstleistung und den formalen Verhältnissen her zu denken.

Die institutionsökonomische Betrachtung zeigt, dass *first-best*-Lösungen nicht erreichbar sind. Für Transaktionen mit unspezifischen Investitionen, geringem Abstimmungsbedarf und gleichzeitiger geringer Unsicherheit stellt der Markt die effiziente Governance-Form dar. Der Marktmechanismus kann eine große Anzahl von Akteuren koordinieren, die sich abseits aggregierter Individualnutzen nicht kennen müssen. Daher gelingt es aber nur schwer, diese auf ein gemeinsames, übergeordnetes Ziel hin zu koordinieren.[3491] Die Koordinierung der Akteure auf ein Gesamtziel (eine kinder- und familienfreundliche Umwelt zu schaffen) ist konstitutiver Bestandteil der Hilfe zur Erziehung als sozialstaatliche Leistung. Die Voraussetzungen für die Vorteilhaftigkeit des Marktmechanismus treffen für die Hilfe zur Erziehung nicht zu. Eine Marktbenutzung wäre sehr teuer (durch hohe Transaktionskosten) oder der Markt wäre informationsineffizient (die Beschaffung der fehlenden Informationen wäre wiederum sehr teuer).[3492] Aber auch eine Hierarchieallokation ist nicht immer sinnvoll. Die Governancestruktur der Hierarchie eignet sich für langfristige komplexe Transaktionen, bei hoher Unsicherheit und großem Abstimmungsbedarf bei gleichzeitig spezifischen Investitionen. Über Hierarchie lassen sich Akteure auf ein gemeinsames Ziel hin (Unternehmensziel) koordinieren.[3493] Auf den ersten Blick erscheint Hierarchie, also die vertikale Integration aller Anbieter der Hilfe zur Erziehung in das Jugendamt, als transaktionskostentheoretisch zu bevorzugende Governance-Form. Durch die Nebenbedingungen des Pluralitäts- und Subsidiaritätsgebots ist diese Möglichkeit jedoch nicht umsetzbar. Zudem gibt es auch aus institutionsökonomischer Sicht ein Gegenargument. Sobald die Organisation zur Transaktionskoordinierung eine gewisse Größe und Komplexität übersteigt, kann es zu Hierarchieversagen kommen. Es kommt zu Informationsdefiziten bzw. Informationsüberlastungen an den Entscheidungsspitzen, und das opportunistische Verhalten kann aufgrund schwieriger werdender Kontrollen zunehmen.[3494] Dies ist für die Hilfe zur Erziehung sehr plausibel, wenn man bedenkt, dass die öffentlichen Träger der Jugendhilfe derzeit rund ein Drittel der Hilfe zur Erziehung in Eigenregie anbieten.[3495] Diese müssten demnach ihre eigenen Aktivitäten in diesem Feld verdreifachen. Das zöge entsprechende Konsequenzen für die Größe und Komplexität des Aufgabengebietes der Hilfe zur Erziehung innerhalb der Jugendamtsverwaltung nach sich.

3491 Vgl. *Wald/Jansen* 2007: 95.

3492 Vgl. *Spremann* 1990: 576ff.

3493 Vgl. *Wald/Jansen* 2007: 96.

3494 Vgl. *Wald/Jansen* 2007: 96.

3495 Laufende Hilfen zur Erziehung, Eingliederungshilfe und Hilfe für junge Volljährige zum Stichtag 31.12.2011, vgl. *Statistisches Bundesamt* 2012: 11.

Wenn weder Markt noch Hierarchie in weitgehender Reinform eingesetzt werden können, haben beide Tauschseiten einen Vorteil, wenn sie sich auf andere Kooperationsdesigns einigen oder solche Designs adaptieren, von denen eine dann den *second best*-Fall darstellt und zum Standard wird. Diese können nach härteren und weicheren sowie bilateralen und kollektiven Designs unterschieden werden. Die Unterscheidung in „härter“ bzw. „weicher“ kann auch in „formell“ und „informell“ übersetzt werden. Weiche Designs sind z. B. Lob und Tadel oder das Wecken impliziter Ansprüche, während harte Designs Konventionalstrafen oder Gewinnbeteiligungen umfassen[3496]:

> „Zur Unterscheidung kollektiver von bilateralen Designs: Kooperation wird im Rahmen eines Kollektivs organisiert, wenn (...) eine soziale Gemeinschaft mit Gesetzen, Traditionen und Werten die Beziehung zwischen A und B prägt.“[3497]

Für die Lösung des Koordinierungs- und Motivationsproblems[3498] bei langfristigen komplexen Transaktionen, die spezifische Investitionen nötig machen, von Unsicherheit geprägt sind und großen Abstimmunsbedarf zwischen den Akteuren fordern, während gleichzeitig viele Akteure auf ein gemeinsames Ziel ausgerichtet werden sollen, bietet sich die Governance-Form der Netzwerke an.

Netzwerke sind im Prinzip in der Lage, Informationsüberlastung und opportunistisches Verhalten zu vermeiden. Sind die zentralen Governancemechanismen im Markt die Preise und in der Hierarchie die Weisung, spielt im Netzwerk gegenseitiges Vertrauen eine große Rolle. Die hier betrachteten formellen, hierarchischen Netzwerke[3499] sind in der Trias der Koordinierungsmechanismen am ehesten den Traditionssystemen zuzuordnen. Die Analogie zu Traditionssystemen liegt nahe, weil sich die Akteure bekannt sind und in langfristige Kooperationen treten. Die zentralen Steuerungsmodi sind demnach Rechte und Pflichten. Allerdings brauchen diese eine Basis der gegenseitigen Einhaltung u. a. für stabile Erwartungen der Gegenseitigkeit. Als eine solche mögliche Basis kann Vertrauen ver-

3496 Vgl. *Spremann* 1990: 576ff.
3497 *Spremann* 1990: 577.
3498 Vgl. *Picot/u. a.* 2012: 6ff.
3499 S. u.

standen werden. Damit ist Vertrauen kein Steuerungsmechanismus an sich[3500], sondern Grundlage für eine Governance im Sinne der Traditionssysteme, die als anderer Koordinierungsmechanismus andere verhaltens- und Motivationsbegleiterscheinungen mit sich bringt. *Cleppien/Kosellek* unterscheiden einen starken und einen schwachen Vertrauensbegriff, wobei in der steuerungstheoretischen Verwendung der schwache Vertrauensbegriff zum Tragen kommt. Dieser ist im Sinne eines „Sich-verlassen-auf" zu verstehen.[3501] Davon abgegrenzt zeichnet sich starkes Vertrauen durch

> „die spezifische Bezugnahme einer Vertrauensperson (B) auf die Verletzlichkeit des Vertrauenden (A) als Antwort auf die Zuschreibung von Vertrauenswürdigkeit an die Vertrauensperson"[3502]

aus. Starkes Vertrauen ist demnach keine grundlegende Voraussetzung für die Stabilisierung eines Traditionssystems resp. Netzwerks, kann aber deren Folge sein[3503] und andere Sicherungsmechanismen teilweise substituieren.[3504] Vertrauen in Bezug auf Netzwerke kann funktional als Vertrauen *für* Netzwerke (Sich-verlassen-auf), systemisch als Vertrauen *gegenüber* dem Netzwerk selbst (spezifische Form des Systemvertrauens) oder handlungstheoretisch als Vertrauen *im* Netzwerk (vertrauensvolle Kommunikation) verstanden werden.[3505] Im Folgenden wird schwaches Vertrauen *für* Netzwerke im Hinblick auf seine Bedeutung für die institutionsökonomische Analyse betrachtet.

Für die Einführung von Vertrauen in die institutionsökonomischen Betrachtungen sind jedoch erweiterte Annahmen über das Verhalten der Akteure nötig. Eine Modellierung von Vertrauen als ausschließlich rationaler Entscheidungsprozess[3506] ist nicht konsistent. So leitet sich aus der konsequenzialistischen Analyse ab, dass eine unter allen Umständen haltbare moralische Verhaltensbindung nicht erklärbar ist. Zwar kann sich Vertrauen (für Agent und Prinzipal) lohnen, doch das ist situativen Abhängigkei-

---

3500 Entgegen den systemtheoretischen Konzeptionen von Vertrauen, das im Hinblick auf Netzwerke als Koordinierungsmedium analog Geld und Macht verstanden wird, vgl. *Cleppien/Kosellek* 2013: 190.

3501 Vgl. *Cleppien/Kosellek* 2013: 185ff.

3502 *Cleppien/Kosellek* 2013: 185.

3503 Aus soziologischer Sicht wird institutionellen Rahmungen vertrauensbildender Charakter zugeschrieben, vgl. *Endreß* 2002: 78f.

3504 Dies ist der Umkehrschluss aus der Annahme, dass institutionelle Mechanismen eine „Alternative zu Vertrauenskonstellationen bilden" *Endreß* 2002:78.

3505 Vgl. *Cleppien/Kosellek* 2013: 193ff.

3506 Vgl. *Rippberger* 1998: 268.

ten unterworfen und kann sich schnell ändern. Da das alle wissen, sind glaubhafte Bindungen über Vertrauen mit diesen Annahmen nicht verstehbar.[3507] Vielmehr gilt es, mentale Modelle[3508] in Rechnung zu stellen, die *Gründe* für situative Verhaltensbindungen liefern. Die theoretischen Möglichkeiten der Begründung von situativer Verhaltensbindung über mentale Modelle sind vielfältig. So kämen aus soziologischer Sicht vor allem Theorien der Identitätsbildung in Betracht, wie z. B. die Ansätze von *Erikson*[3509], *Claessens*[3510] oder *Krappmann*[3511], da vor allem die Frage, warum Menschen Vertrauen schenken, mit den Prozessen der Identitätsbildung zusammenhängen.

Auch die soziologischen Theorien zu unterschiedlichen Handlungstypen (z. B. von *Max Weber* oder *Jürgen Habermas*) können als Beitrag zum Phänomen der situativen Verhaltensbindung verstanden werden. Sie haben aber wenig Erklärungskraft dafür, aus welchem Grund in welcher Situation ein bestimmter Handlungstypus gewählt wird.[3512] Demnach gilt es, nach Ansätzen zu suchen, die die Bewertung der Handlungssituation selbst zum Gegenstand machen.

Ein an der kognitiven Sozialpsychologie orientiertes Modell stellt *Esser* mit dem Modell der *Frame-Selection* vor, mit dem er zu erklären versucht, unter welchen Umständen welcher Handlungstyp von Akteuren aktualisiert wird. Kern des Modells ist

> „die Selektion eines gedanklichen Modells der Situation einerseits und die des Modus der Informationsverarbeitung bei der weiteren Selektion des Handelns andererseits.“[3513]

Für die weiteren Überlegungen wird hier auf einen sozialpsychologischen Ansatz Bezug genommen, wie er von *Kubon-Gilke* angewendet wird.[3514] Zentrales Erklärungsmoment ist das gestaltpsychologische Konzept der „Gefordertheit“, welches situative Verhaltensbindungen und deren Wechselwirkung mit strategischen Verhaltensbindungen erfassbar macht[3515]:

3507 Vgl. *Esser* 2005: 91f.
3508 Vgl. *Denzau/North* 1994: 3ff.
3509 Vgl. *Erikson* 1971.
3510 Vgl. *Claessens* 1976: 67ff.
3511 Vgl. *Krappmann* 2000.
3512 Vgl. *Esser* 2005: 89ff.
3513 *Esser* 2005: 95.
3514 Vgl. *Kubon-Gilke* 1997, insbes. S. 381ff.
3515 Vgl. *Kubon-Gilke* 1997, insbes. S. 348.

> „Mit Gefordertheit wird umschrieben, daß bestimmte Gegebenheiten oder Situationen ein bestimmtes Verhalten von den Individuen fordern können, weil Bewertungen und Präferenzen eben nicht allein willkürliche emotionale Ergänzungen oder Begleiterscheinungen bestimmter Tatsachen sind, sondern weil Werte in gesetzmäßiger Weise durch den von den Individuen wahrgenommenen Kontext hervorgerufen werden können.“[3516]

Aus dieser Sicht werden Präferenzen in „gesetzmäßiger Weise durch den Kontext, wie ihn Individuen wahrnehmen, hervorgerufen.“[3517] Im Hinblick auf die Wahrnehmung von Situationen wird argumentiert, dass diese bestimmten Gesetzmäßigkeiten folgt. Durch diese gesetzmäßige Wahrnehmung der Situation entstehen strukturgeleitete Gefordertheiten. Für die institutionsökonomische Analyse ist dann interessant, „nach welchen Gesetzmäßigkeiten denn die Regeln entstehen, die entsprechende Gefordertheiten verursachen.“[3518] Nach einer Diskussion der zentralen Gesetzmäßigkeiten[3519] der Wahrnehmung und Regelbildung[3520] kommt *Kubon-Gilke* zum Schluss, dass Präferenzen

---

3516 *Kubon-Gilke* 1997: 355 (Hwg).

3517 *Kubon-Gilke* 1997: 356 (Hwg).

3518 *Kubon-Gilke* 1997: 359 (Hwg).

3519 Dies sind die Ganzheitlichkeit der Wahrnehmung, Wahrnehmungsschemata, Nivellierung und Akzentuierung, der *gestalt switch* und die Interdependenz von Schemata, vgl. *Kubon-Gilke* 1997: 360ff.

3520 Zusammenfassend wird für die Regelbildung angenommen:
„Regeln sind kognitive Gebilde, die sich nach dem Prägnanzgesetz bilden. Auch soziale Sachverhalte werden derart wahrgenommen, daß einfache, klare und abgegrenzte Prinzipien gebildet werden, die diese Sachverhalte im wesentlichen erfassen. Konkrete Ereignisse oder Sachverhalte werden erfaßt, indem Übereinstimmungen und Abweichungen mit der approximativen Regel konstatiert und mittels Nivellierungs- und Akzentuierungsprozessen eingeordnet werden. Die kognitive Regelbildung hat auch Konsequenzen für Emotionen, Motivationen und Verhalten, bzw. genauer: Kognitionen, Emotionen und Motivationen sind eng miteinander verbunden. Die Wahrnehmungsgesetze und die emotive Kraft der Regeln können Gefordertheiten begründen, das eigene Verhalten so auszurichten, daß den Regeln gemäß gehandelt wird. Unprägnanzen können darauf ‚drängen‘, beseitigt, berichtigt oder entzerrt zu werden. Kontinuierliche Änderungen von Objekten können diskrete Wechsel von Kategorien nach sich ziehen (*gestalt switch*). Werden die Abweichungen der konkreten Sachverhalte von der approximativen Regel immer größer, können andere Regeln diese möglicherweise mit größerer Prägnanz erfassen. Neue Regeln werden typischerweise auch mit anderen Gefordertheiten einhergehen. Regeln sind nicht unabhängig voneinander. Die Kontextabhängigkeit der Wahrnehmung äußert sich auch darin, daß

> „systematisch in Abhängigkeit des wahrgenommenen Kontextes (...) entstehen und sich verändern und der Kontext (als Schema, Regel, auch Institution) Verhaltenswirkungen entfaltet.“[3521]

Das Verhalten unterliegt demnach einem *framing*-Effekt. Für institutionsökonomische Analysen folgt daraus, zu beachten, dass sich Regeln an einer Tendenz zur „guten Gestalt“ orientieren, also nicht beliebig designt werden können, und die Regeln unmittelbar auf Verhalten wirken. Auf den Punkt gebracht: Situative Verhaltensbindungen werden als Konsistenzstreben der Individuen in ihren jeweiligen, strukturiert wahrgenommenen Kontexten rekonstruiert. Damit sind neben strategischen Verhaltensbindungen auch situative Verhaltensbindungen in der Institutionenanalyse modellierbar. Die modelltheoretische Konsequenz ist eine Endogenisierung von Präferenzen.

Aus sozialpsychologischer Sicht lässt sich im Hinblick auf Verträge annehmen, dass es Institutionen gibt, die z. B. durch *framing*-Effekte derart auf das Verhalten der Akteure Einfluss nehmen, dass diese sich nicht opportunistisch verhalten. Zum Verständnis, dass Akteure eine insgesamt vorteilhaftere kooperative Strategie wählen und auf einen individuellen Vorteil verzichten, kann neben anderen die Gefordertheit als Erklärungsmoment dienen. Dem Aspekt der Gefordertheit unterliegt sowohl die Einhaltung des Vertrages selbst, als auch die Vertragsinhalte. Die Akteure fühlen sich demnach aus sozialpsychologischer Sicht in einem bestimmten Umfang zur Einhaltung von Vereinbarungen gebunden. Die unterschiedlichen situativen Effekte bezeichnet *Reitz* als Vertrauen. Dieses entsteht durch glaubhafte, situative Selbstbindungen zur Kooperation und durch glaubhafte Sanktionsmöglichkeiten durch Dritte.[3522] Vertrauen kann demnach als Folge einer „Quasi-Objektivität von Institutionen“[3523] verstanden

---

die Gesamtheit der Regeln und Kategorien eine sinnhafte Struktur des Ganzen erzeugen muß (Tendenz zur generellen Prägnanz). Verschiedene Selbstbilder bzw. Gesamtschemata können somit zu unterschiedlichen – wenn auch stets prägnanten – Gerechtigkeitsregeln und Gefordertheiten führen. In diesem Zusammenhang wurde der Begriff der moralischen Kosten für die koordinationsrelevanten Konsequenzen solcher situativen Effekte eingeführt. Die Gesetze der Regelbildung führen dazu, daß sich Regeln weder in jedem Fall adaptiv anpassen, noch, daß sie unveränderliche soziale Tatsachen sind.“ *Kubon-Gilke* 1997: 394.

3521 *Kubon-Gilke* 1997: 376.

3522 Vgl. *Kubon-Gilke* 1997: 410ff.

3523 *Kubon-Gilke* 1997: 418.

werden.[3524] Zur modelltheoretischen Endogenisierung der Auswirkungen von situativen Verhaltensbindungen führt *Kubon-Gilke* die Kategorie der moralischen Kosten ein und erweitert damit den Ansatz der NIÖ. Die moralischen Kosten sind als Teil der Transaktionskosten zu verstehen und ihre Höhe steht in Abhängigkeit von der Kooperationsbereitschaft der Akteure sowie dem Ausmaß an opportunistischem Verhalten. Niedrige moralische Kosten liegen demnach vor, wenn trotz relevanter Verhaltensbindungsprobleme die Akteure kooperative Strategien wählen, ein gemeinschaftliches Ziel verfolgen etc.[3525] Das Konzept der moralischen Kosten ist anschlussfähig an den Sozialkapitalansatz nach *Coleman*[3526]. Nach *Coleman* schaffen Institutionen oder soziale Gruppen unter bestimmten Voraussetzungen Sozialkapital. Es entsteht aus dem Beziehungsgeflecht zwischen Individuen.[3527] Sozialkapital wird hier verstanden als

> „Solidarität, Selbstorganisationsfähigkeit und sozialstrukturell bedingtem Vertrauen in Normen“[3528].

Das Ausmaß an Sozialkapital innerhalb von Beziehungen hat Auswirkungen auf die Höhe der Transaktionskosten, vor allem der Koordinierungskosten. Eine als zusammengehörig wahrgenommene Gemeinschaft kann die Ausbildung einer Reziprozitätsregel der Gruppenmitglieder begünstigen[3529]:

> „Die Wahrscheinlichkeit zur Kooperationslösung steigt, wenn Mitglieder *einer* wahrgenommen Gruppe interagieren“[3530].

Baker und *Granovetter* betonen, dass

> „Sozialsysteme durch ihre Interdependenzen u. U. gegenseitiges Vertrauen und darauf gegründete Verhaltenserwartungen generieren könnten.“[3531]

Vertrauen kann Transaktionskosten senken helfen, vor allem in Kooperationen, die durch asymmetrische Informationen, Unsicherheit und Anreiz-

---

3524 Vgl. *Kubon-Gilke* 1997: 417f mit Bezug auf *Reitz* 1992: 97.
3525 Vgl. *Kubon-Gilke* 1997: 54ff.
3526 Vgl. *Kubon-Gilke* 1997: 420ff. Zur Anschlussfähigkeit und den Unterschieden von moralischen Kosten und dem Sozialkapitalansatz vgl. ebd.
3527 Vgl. *Kubon-Gilke* 1997: 420ff.
3528 *Jansen/Wald* 2007: 190.
3529 Vgl. *Kubon-Gilke* 1997: 420ff.
3530 *Kubon-Gilke* 1997: 428.
3531 *Kubon-Gilke* 1997: 421.

beschränkungen geprägt sind.[3532] Vertrauen dient dazu, einen nicht vertraglich festgelegten Raum *ex post* zu begünstigen, in dem Flexibilitäten als Chancen genutzt werden können, ohne sich der Ausbeutung preiszugeben.[3533] Vertrauen unterstützt demnach auch Innovation.

Ob es in einem Netzwerk zu Vertrauen kommen kann, ist abhängig von den Erfahrungen der Akteure mit vorangegangenen Transaktionen untereinander sowie der sozialen Einbettung der Akteure, also von den Beziehungen, die unabhängig von direkten Transaktionen entstehen. Hiervon hängt auch ab, ob kooperative Strategien stabil bleiben und sich Reziprozitätsregeln durchsetzen.[3534]

Vertrauen ist damit nicht nur der *focal point* der Qualitätsfrage in den Hilfen zur Erziehung selbst, sondern auch des Erbringungskontextes.

Ausgehend von der Annahme, dass die bisherigen Bemühungen zur QE hauptsächlich als organisationsinterne Aufgabe begriffen wurden[3535], zeigt sich aus der institutionsökonomischen Analyse, dass dieser Ansatz unzureichend ist bzw. die Steuerungsprobleme noch verschärft. Allerdings forciert die Konstruktion der Vereinbarungen nach § 78b SGB VIII diese Konzentration auf interne QE-Verfahren. Aus fachpolitischer[3536] und aus institutionsökonomischer Sicht ist eine einrichtungsübergreifende QE vielversprechend, wenn die rechtlichen Vorgaben der partnerschaftlichen Zusammenarbeit, Pluralität, sowie die fachlichen Anforderung der Paradigmen der Lebensweltorientierung und Dienstleistungsorientierung als vorausgesetzt angenommen werden.

Insgesamt kann für die Kinder- und Jugendhilfe konstatiert werden, dass es im Hinblick auf die Steuerungsmodelle zu widersprüchlichen Entwicklungen kommt. Einerseits werden technokratisch-expertendominierte Steuerungsmodelle und Instrumente gestärkt (z. B. NSM) und andererseits rücken adressat_innenorientierte Verhandlungsmodelle wieder stärker in den Vordergrund.[3537] Das hier vorgestellte Modell versteht sich als Beitrag zur zweitgenannten Gruppe mit einer netzwerkartigen Governance-Form.

QE der Hilfe zur Erziehung unter Berücksichtigung ihrer konstitutiven Elemente kann aus fachlicher Sicht nur angemessen betrieben werden,

3532 Vgl. *Kubon-Gilke/Sturn/Held* 2005: 9.
3533 Vgl. *Kubon-Gilke/Sturn/Held* 2005: 9.
3534 Vgl. *Jansen/Wald* 2007: 196, *Wald/Jansen* 2007: 98f.
3535 Vgl. *Merchel* 2013: 193f.
3536 Zur Begründung vgl. *Merchel* 2013: 194f.
3537 Vgl. *Gadow/u. a.* 2013: 24f.

wenn die trägerbezogenen Bemühungen in ein trägerübergreifendes Qualitätskonzept, in eine örtliche Infrastrukturplanung und in einen Dialog mit den zentralen Akteuren, vor allem auch den Adressat_innen einbezogen sind.[3538] Zielführend für eine qualitätsorientierte und effiziente Steuerung der Hilfe zur Erziehung ist das Prinzip „Steuern über Aushandlung“[3539]. Der zentrale Ort für diese moderne und angemessene Form des Regierens ist der JHA[3540]:

> „Qualifiziert sich die Jugendhilfe in ihrer zukünftigen Entwicklung so, dass sie die Zusammenarbeit von Jugendämtern, freien Trägern *und* Adressat/innen verbessert, so beschreitet sie einen empirisch belegten Weg zur Steigerung von Prozess- und Ergebnisqualität.“[3541]

Damit der JHA seine Steuerungsfunktion wahrnehmen kann, ist es notwendig, dass in ihm die relevanten Akteure vertreten sind, er regelmäßig tagt und dass wichtige Themen in AGs und Unterausschüssen intensiv bearbeitet werden können.[3542] Die kritischen Einwände gegen den JHA als „unzulässige Bevorzugung eines „Teilvolks“ gegenüber dem demokratisch allein legitimierten Gesetzgeber“[3543] ergeben kein starkes Argument gegen eine solche Konstruktion. Erstens dürfen sich die Beschlüsse des JHA nur im vorgegebenen Rahmen der Beschlüsse der Vertretungskörperschaft bewegen, zweitens erlässt die Vertretungskörperschaft die Geschäftsordnung des JHA, drittens ist durch die Besetzungsvorgabe die Mehrheit der politischen Vertreter_innen der Vertretungskörperschaft gesichert und viertens werden alle Mitglieder des JHA von der Vertretungskörperschaft gewählt. Ein Aufweichen der hierarchischen Bindung der Exekutive an die Legislative als demokratisches Prinzip[3544] kann nicht unbedingt aus dieser Konstruktion abgeleitet werden. Vielmehr ließe sie sich institutionsökonomisch sogar als Verkleinerung der Informationsasymmetrie zwischen politisch Verantwortlichen und Exekutive begreifen. Dieser Aspekt wäre im Kontext der Politischen Ökonomie weiter analysierbar.

Zur Qualitätssteuerung der Hilfe zur Erziehung wird hier ein Modell trilateral-korporatistischer Qualitätssteuerung in partnerschaftlicher Zusam-

3538 Ähnlich vgl. *Merchel* 2013: 195.
3539 *Gadow/u. a.* 2013: 25.
3540 Vgl. *Gadow/u. a.* 2013: 37.
3541 *Albus/u. a.* 2010a: 166.
3542 Vgl. *Gadow/u. a.* 2013: 37.
3543 *Nullmeier* 2011: 288.
3544 Vgl. *Nullmeier* 2011: 288.

menarbeit vertreten. Dies bedeutet, dass die dyadische Vereinbarungskultur, die Informationsasymmetrien verschärft und Vertrauensinvestitionen erschwert, überführt wird in eine Netzwerkstruktur, in der das Jugendamt, alle freien/privaten Träger der Hilfe zur Erziehung aus dem entsprechenden Zuständigkeitsbereich und legitimierte Vertreter_innen der Adressat_innenseite gleichberechtigt vertreten sind. Eine solche „fachliche Qualitätsgemeinschaft“[3545] könnte als AG § 78 SGB VIII formalisiert werden und für eine konsistente QE im Feld der Hilfe zur Erziehung sorgen. Im Hinblick auf Form und Inhalt der Institutionalisierung einer solchen Qualitätsgemeinschaft zur QE in den Hilfen zur Erziehung sind viele Aspekte rechtlich normiert. Die Gruppe der infrage kommenden Anbieter ist in § 78a SGB VIII eindeutig geklärt. Auch sind über die Vereinbarungen ein Teil der Themen vorgegeben. Die Qualitätsgemeinschaft besteht aus vertikalen (Jugendamt-freier/privater Träger) und horizontalen (freier/privater Träger-freier/privater Träger) (Netzwerk-)Beziehungen. Das Jugendamt hat aufgrund der Ressourcenmacht eine besondere Stellung innerhalb der Qualitätsgemeinschaft. Letztlich ist bei einer funktionierenden Struktur des JHA diese Macht aber begrenzt. Entscheidend ist, dass die freien/privaten Träger sich freiwillig über die QEV binden, an dieser Qualitätsgemeinschaft teilzunehmen. Ein solcher Zusammenschluss kann als „formelles, hierarchisches Dienstleistungsnetzwerk“ verstanden werden, das im Gegensatz zu sozialen Netzwerken aus organisationalen Akteuren mit unterschiedlichen Interessen besteht, die mit ganz bestimmten anderen Akteuren in langfristige Kooperation treten.[3546] Das Netzwerk ist formal, weil es über vereinbarte Teilnahme in der QEV formalisiert ist, und es ist hierarchisch, weil das Jugendamt als ein zentraler Akteur gelten kann. *Langer* argumentiert, dass in solchen Netzwerken Vertrauen, Reputation, Pragmatismus als typische Integrationsfaktoren vorkommen, die im Gegensatz zu anderen Koordinierungsmechanismen Transaktionskosten senken helfen, aber auch Schließungstendenzen verstärken können. Den Vorteil für das Jugendamt erkennt er in geringeren Kosten und den Zugang zu Anbietern von bekannter Qualität.[3547] Dieses Modell steht bei *Langer* im Zusammenhang mit sozialräumlichen Konzepten (fachlich und/oder budgetorientiert), die er empirisch untersucht. Diese Form des Erbringungs-

---

3545 *Merchel* 2013: 195.

3546 Vgl. *Langer* 2007: 233ff mit Bezug auf die Netzwerktheorie von *Hakan Hakansson* und *Jan Johanson*, *Hakansson/Johanson* 1993: 35ff.

3547 Vgl. *Langer* 2007: 237.

kontextes dehnt entsprechend das formale Beauftragungsverhältnis aus. Hier „beauftragt“ das Jugendamt die freien/privaten Träger und die Familien kommen in der Analyse nicht vor. Außerdem ist unklar, inwieweit durch ein solches Netzwerk für das Jugendamt eine „bekannte Leistungsqualität“ entstehen soll. Es könnte sich ebenso um ein „kooperatives Täuschungsmanöver"[3548] der freien/privaten Träger handeln. Weiter ist nach wie vor die Frage offen, wie im Hinblick auf ein wiederholtes, endendes Spiel die Kooperationslösung durch Vertrauen und Reputation als stabiles Gleichgewicht gesichert werden soll, da die Kooperationslösung durch Rückwärtsinduktion gefährdet ist.

Die Qualitätsgemeinschaft wird demnach im Sinne einer formalen Selbstkategorisierung verstanden. Gelingt diese formale Selbstkategorisierung, ist mit niedrigeren moralischen Kosten zu rechnen[3549] als in den dyadischen Verbindungen zur Vereinbarungsverhandlung. Es wird davon ausgegangen, dass im Sinne des Konzepts der Gefordertheit eine solche Qualitätsgemeinschaft eine verhaltenssteuernde Kraft in sich entfaltet und Vertrauen begünstigt.

Einer Jugendhilfeplanung, die QE als „kollektiven Lernprozess“[3550] zwischen allen relevanten Akteuren versteht, käme innerhalb dieser Vorgehensweise ein zentraler Stellenwert zu.[3551] Voraussetzung für einen solchen kollektiven Lernprozess wären Offenheit, Fehlerfreundlichkeit und Diskursbereitschaft.[3552] Weiter muss deutlich werden, dass es wirklich um Qualität geht, die Mitarbeiterschaft aller Organisationen beteiligt sind, die Ergebnisse transparent und zeitnah offen gemacht werden und es keine Verlierer gibt.[3553] Wichtig wäre weiter eine Verständigung über die Misserfolgstoleranz und nicht nur eine Erfolgsorientierung.[3554] In Anerkennung der partnerschaftlichen Zusammenarbeit bei gleichzeitiger Wahrnehmung der Gewährleistungsverantwortung ist das Jugendamt verantwortlich für die Ausstattung dieses Netzwerks mit den entsprechenden Ressourcen, damit es arbeitsfähig ist.

3548 *Wiens* 2013: 296.
3549 Vgl. *Kubon-Gilke* 1997: 430 und 444.
3550 Vgl. *Herrmann* 1995a: 143ff.
3551 Vgl. *Merchel* 2013: 196.
3552 Vgl. *Merchel* 2013: 196.
3553 Vgl. *Braun* 2008: 128ff, der diese Aspekte für einen innerverbandlichen Qualitätswettbewerb postuliert.
3554 Vgl. *Braun* 2007: 138.

Ziel ist die gemeinsame Arbeit an Fragen, Themen, Verfahren, Merkmalen und Indikatoren, die für eine QE in den Hilfen zur Erziehung Relevanz haben. Die Netzwerkstruktur ist in der Lage, wesentlich informationseffizenter zu koordinieren als die Hierarchie. Dadurch sinken Informations- und Koordinationskosten. Dies wird als struktureller Netzwerkeffekt bezeichnet.[3555] Damit schließt dieses Modell an die Wirksamkeitsdialoge[3556] im Projekt Wirkungsorientierte Jugendhilfe an. Hier wurden im dialogischen Verfahren gemeinsame Interpretationen von Ergebnissen durch beteiligte Träger vorgenommen.[3557] Wichtige Erkenntnis war,

> „dass eine qualitativ hochwertige Weiterentwicklung der Jugendhilfelandschaft nur kooperativ gelingen kann und an den lokalen Besonderheiten anknüpfen muss. Der Wirkungsdialog steigert das Wissen um die lokalen Besonderheiten. Als Voraussetzung für ein offenes Kooperationsklima gilt aber auch hier eine vertrauensvolle Atmosphäre, die von gegenseitigem Respekt für die Arbeit des Kooperationspartners geprägt ist.“[3558]

Im Gegensatz zu den Wirksamkeitsdialogen wird hier institutionsökonomisch für eine solche Form der QE argumentiert. Dabei ist zentral, dass die spezifischen Investitionen, die von den beteiligten freien/privaten Trägern getätigt werden, nicht ausgebeutet werden können. So wurden im Projekt die hohen Kosten der Wirksamkeitsdialoge betont[3559]: Es müsste dafür Sorge getragen werden, dass für alle freien/privaten Träger die Kosten für die Teilnahme an einer fachlichen Qualitätsgemeinschaft als entgeltrelevant refinanziert werden. Es ist davon auszugehen, dass eine solche fachliche Qualitätsgemeinschaft, wenn sie erfolgreich arbeitet, also auch die freien/privaten Träger hohe spezifische Investitionen leisten, Effizienzgewinne im Gesamtsystem der Hilfe zur Erziehung erreicht. Hieran wären die freien/privaten Träger zum Schutz ihrer spezifischen Investitionen zu beteiligen. Dies setzt ein Umdenken bei den Kostenträgern voraus. Ausgaben im Feld der Hilfe zu Erziehung wären nicht mehr zu senkende Kosten, sondern zu sichernde Investitionen.

Weiter müsste eine stärkere jugendhilfeplanerischer Vernetzung aller Handlungsfelder der Kinder- und Jugendhilfe im Hinblick auf die Schaf-

3555 Vgl. *Wald/Jansen* 2007: 101.
3556 Vgl. *Albus/u. a.* 2009: 51.
3557 Vgl. *Albus/u. a.* 2009: 51.
3558 *Albus/u. a.* 2009: 52.
3559 Vgl. *Albus/u. a.* 2009: 52.

fung einer „Ressourcenlandschaft“[3560] für die Adressat_innen betrieben werden. So könnten Gelegenheiten der Vertrauensinvestition in Niedrigkostensituationen entstehen.

Ein solches Modell würde die Forderung nach klassischem Wettbewerb zwischen den freien/privaten Trägern unberücksichtigt lassen. Die innovationsfördernde Funktion des Wettbwerbs könnte über andere Instrumente substituiert werden. Innovationen wären im Kontext der Vereinbarungen nach § 78b SGB VIII auf kommunaler Ebene auf jeden Fall möglich, sind aber vom kommunal-sozialpolitischen Gestaltungswillen und den finanziellen Möglichkeiten der einzelnen Kommune abhängig.[3561] Es geht um „Chancen zum verantwortlichen Produktexperimentieren.“[3562] Konkret wäre denkbar, einen Qualitätspreis auszuschreiben, z. B. für innovative Ansätze zur Beteiligung von jungen Kindern, der von der Qualitätsgemeinschaft vergeben und vom Jugendamt gestellt wird. Es muss sichergestellt sein, dass die Nutzungsrechte der Ergebnisse für alle freien/privaten Träger in der Qualitätsgemeinschaft kostenfrei ermöglicht wird. Auch das wäre in einer QEV zu vereinbaren. Für die Teilnahme an diesem Wettbewerb haben alle freien/privaten Träger einen Anreiz, da sie zum einen die Möglichkeit der Auszeichnung (Geld und Reputation) und zum anderen die Möglichkeit der Antizipation des neuen Ansatzes haben. Ein weiteres interessantes Instrument zur Innovationsförderung stellen Qualitätsentwicklungsbegehungen[3563] dar.

Ist bisher davon gesprochen worden, dass „Kooperation im Wettbewerb“[3564] möglich ist, wäre hier davon zu sprechen, dass Konkurrenz in kooperativer Umgebung möglich ist.

Innerhalb dieser Qualitätsgemeinschaft sollten alle EV und LV transparent sein und deren Veränderungen auch offen thematisiert werden. Im Sinne einer kollektiven Bewertung von Ergebnissen der Jugendhilfeplanung und Erfahrungen der freien/privaten Trägern und Einschätzung der vertretenen Adressat_innen lässt sich eine bedarfsgerechte Infrastruktur für die Hilfe zur Erziehung bereit stellen, in der im besten Falle jeder das tut, was er am besten kann. Der Vorteil ist, dass zum einen die Expertise aller an allen relevanten Steuerungsentscheidungen einfließen kann, wäh-

3560 *Emanuel* 2012: 44f.

3561 Vgl. *Backhaus-Maul* 2009: 71.

3562 *Schulz-Nieswandt* 2009: 98.

3563 Vgl. *Albus/u. a.* 2010a: 60f.

3564 *Haas* 2010: 119.

rend in den Einzelverhandlungen jeweils nur die Expertise eines freien/privaten Trägers und des Jugendamtes zum Zuge kommen, die – wie gesehen – dominiert sind von strategischem Verhalten, das zu Nicht-Kooperation führt. Zum anderen wird verhindert, dass jeder freie/private Träger neue Bedarfe in jugendhilfeplanerischen Daten und/oder aus seinen Erfahrungen erkennt und entsprechende Leistungen entwickelt. Im marktradikalen Modell wird hierin genau die Innovationskraft gesehen, im Sinne dessen, dass sich dann der Schnellste und Beste am Markt durchsetzt. Allerdings ist das für die Hilfe zur Erziehung als soziale, personenbezogene, meritorische Dienstleistung nicht möglich. Es muss aus fachlicher Sicht eine Abstimmung über die Bedarfsangemessenheit herbeigeführt werden, und es sind hohe spezifische Vorinvestitionen nötig, um überhaupt eine neue Leistung platzieren zu können. Das Risiko zum Scheitern liegt ausschließlich beim Anbieter. Sollten unabhängig voneinander zwei Anbieter die gleiche Idee entwickeln, aber nur einer zum Zuge kommen, wären alle Investitionen *sunk costs*, die direkt oder indirekt das Jugendamt und die Familien zu tragen hätten.

Prinzipiell ist davon auszugehen, dass sich im Hinblick auf die Offenbarung der freien/privaten Träger im Sinne der Fehlerfreundlichkeit gegenüber dem Jugendamt in einem solchen Gremium auch ein Gefangenendilemma konstruieren lässt. So hat jeder freie/private Träger aus seinen Überlegungen heraus einen Anreiz, nicht zuzugeben, dass es ein Problem in einer Hilfe gab, aus der man lernen könnte, da er befürchtet, Reputation zu verlieren und weniger Aufträge zu bekommen. Für alle freien/privaten Träger wäre es aber insgesamt besser, sie würden alle mit offenen Karten spielen. Es stellt sich bekanntermaßen ein suboptimales Ergebnis ein, bei dem bei allen freien/privaten Trägern immer alles super läuft.

Spieltheoretisch ist die Konstellation des n-Gefangenendilemmas vor allem deshalb von 2-Personen-Dilemmata zu unterscheiden, da die Sanktion einer Defektion nicht mehr nur den defektierenden Akteur, sondern die gesamte Gruppe trifft. Die bis dahin kooperierenden Akteure werden als bedingt kooperativ Handelnde ebenfalls zur Defektion wechseln. Auf lange Sicht (bei vielen Wiederholungen) setzt sich Defektion durch, es sei denn, es interagieren nur unbedingt freundliche Strategien.[3565] Eine Simulationsstudie in Anlehnung an *Axelrod*s bekanntes Turnier mit dem Sieger

3565 Vgl. *Diekmann/Manhart* 1989: 140.

tit-for-tat[3566] zeigt für n-Personen-Dilemmata, dass mit der Zunahme der Gruppengröße, die Kooperation erodiert. Dennoch sind freundliche, bedingt kooperative und streng provozierbare Strategien relativ robust gegenüber der Gruppengröße und das auch in unfreundlicher Umwelt.[3567] Die Nicht-Kooperation im Gefangenendilemma kann stabil überwunden werden, wenn sich ein genügend großer Teil zur Kooperation verpflichtet. Hierfür sind jedoch wiederum glaubhafte Selbstbindungen dieses entscheidenden Teils nötig. Der Vorteil gegenüber den dyadischen Vereinbarungen ist, dass es die Gemeinschaft bei genügend Kooperativen „aushält", wenn einzelne defektieren[3568]:

> „Eine Vertrauensatmosphäre ist dadurch bestimmt und funktionsfähig, dass eine kritische Anzahl von Akteuren erreicht wird, die der Strategie ‚Vertrauen' folgen, so dass von diesem Punkt an ‚Vertrauen' eine selbstverstärkende Tendenz aufweist."[3569]

Es bleibt eine stabile Koalition. Diese Möglichkeit ist in der gewollten Isolation der freien/privaten Träger in den Vereinbarungen mit dem Jugendamt nicht umsetzbar.

Das Entstehen von gegenseitigem Vertrauen kann als relationaler Netzwerkeffekt beschrieben werden. Durch wiederholte Transaktionen tauschen Akteure nicht mehr nur Mengen- und Preisinformationen, sondern auch transaktionsübergreifende Informationen. Dadurch entsteht Vertrauen und Verhaltenserwartung, die opportunistischem Verhalten entgegenwirken können.[3570] Die Grundlage für Vertrauen in einem Kooperationskontext wird durch persönliche Erfahrungen und gemeinsame Praxis (Konzeptentwicklung etc.) gelegt.[3571]

Das Argument, dass ein Trägerkartell durch Absprachen eine solche Qualitätsgemeinschaft und letztlich das Jugendamt dominieren kann, ist nicht sehr überzeugend. Eine solche Situation, die stabil bleibt, dürfte äußerst voraussetzungsvoll sein. Ausgeschlossen ist sie sicher nicht. Jedoch

---

3566 *Axelrod* hat gezeigt, dass Vertrauen unter bestimmten Umständen auch zwischen rationalen, eigennützigen Akteuren entstehen kann, vgl. *Wald/Jansen* 2007: 101. Jedoch ist hierfür die Einschränkung der wählbaren Strategiemengen Voraussetzung. Mit steigender Anzahl von Wiederholungen und steigender Anzahl von Spielern erzielen komplexe Strategien höhere Auszahlungen als *tit-for-tat*.

3567 Vgl. *Diekmann/Manhart* 1989: 144ff.

3568 Für ein Beispiel zum Allmende-Problem vgl. *Nutzinger* 2010.

3569 *Langer* 2004a: 440f.

3570 Vgl. *Wald/Jansen* 2007: 101.

3571 Vgl. *Schrader* 2001:150.

kann davon ausgegangen werden, dass die Umsteuerung zu einem trilateral-korporatistischen Modell in partnerschaftlicher Zusammenarbeit vor allem von Vertrauensvorleistungen des Jugendamtes abhängt. Im Sinne der *tit-for-tat*-Strategie dürften die freien/privaten Träger diese Vertrauensofferte des Jugendamtes honorieren.

Das würde bedeuten, dass die QEV aus Sicht der P-A-Analyse einen Anreiz zur kooperativen Strategie legen müsste. In der bisherigen Ausformung als Einzelvereinbarung zwischen Jugendamt und freiem/privatem Träger wird diese Funktion konterkariert. Demnach müsste die QEV dazu genutzt werden, dass sich alle Akteure auf ein solches institutionelles Kooperationsarrangement verpflichten. Die Grundsätze und Maßstäbe für die Bewertung der Qualität würden demnach in diesem Gremium gemeinsam Schritt für Schritt aus den Erfahrungen der alltäglichen Arbeit mit den Familien und in der Kooperation zwischen Jugendamt und freiem/privatem Träger entwickelt. Dabei würden sowohl die rechtlichen Standards, die bisher entwickelten fachlichen Qualitätsaspekte und die Sichtweisen der Adressat_innen einfließen. Die geeignete Maßnahme zur ihrer Gewährleistung wäre der kollektive Lernprozess.

Für eine gelingende QE sollte eine einrichtungsübergreifende Atmosphäre der Fehlerfreundlichkeit zwischen den freien/privaten Trägern und dem Jugendamt entwickelt werden. Aus Fehlern zu lernen scheint in einem Feld, in dem systematisch Nichtwissen, Ungewissheit, Unsicherheit und Risiko[3572] herrschen oder andersherum Offenheit im Handeln notwendige Bedingung ist, die einzig sinnvolle Möglichkeit zu sein, QE zu betreiben. Es erscheint intuitiv richtig, dass die Qualität einer Leistung, die offen und responsiv in Ko-Produktion erbracht werden soll[3573] und deren wirksamer Handlungsmodus ein reflexiver und nicht ein standardisierter ist[3574], nur mit Verfahren und Instrumenten entwickelt werden kann, die ebenfalls offen, responsiv, reflexiv und kooperativ sind.

Sie kann jedenfalls nicht über Standardisierung erreicht werden, da hiermit die konstitutiven, professionellen Elemente der Hilfe zur Erziehung überformt würden. Allerdings scheint die Praxis von einem offenen, fehlerfreundlichen, gemeinsamen Lernprozess weit entfernt[3575], dabei soll-

3572 Vgl. *Kade/Seitter* 2003: 53ff.

3573 Vgl. Kap. 2.3.

3574 Vgl. *Albus/u. a.* 2010a: 166.

3575 In empirischen Studien zeigt sich, dass aus Fehlern, seien sie auf institutioneller oder professioneller Ebene, nicht gelernt wird, vgl. *Hamberger* 2008: 374f.

te der konstruktiv lernende Umgang mit Fehlern Bestandteil einer reflexiven Profession sein.[3576]

Bis hierher handelt es sich jedoch noch um ein bilaterales Modell, das aus Sicht der Adressat_innen als *top down*-Planung verstanden werden muss. Als Gegenstromverfahren ist daher die Stärkung der Adressat_innenseite als Empowerment im Einzelfall, aber vor allem auch auf der planerischen Vereinbarungsebene notwendig.[3577] Die Beteiligung der Adressat_innen an den Planungsprozessen sichert die Bedarfsorientierung der Angebote.[3578] Die

> „Bedürfnisperspektive und Bedarfsexpertise [müssen sich] dialogisch treffen (…), sich im gegenseitigen Respekt zur problemlösenden Synthese treiben“[3579].

Außerdem muss bei Netzwerkstrukturen beachtet werden, dass diese dazu tendieren, sich zu schließen und eine hohe Abschottung gegenüber Umweltanforderungen entwickeln können.[3580] Die Interessenvertretung der Adressat_innen kann dazu ein Korrektiv sein. Sie kann jedoch auch Teil der Abschottung werden.

Die Beteiligung der Adressat_innen wurde im Verlauf der Arbeit als wesentliches Qualitätskriterium hinreichend begründet. Für die folgenden Überlegungen gilt es, zu unterscheiden, dass die Adressat_innenbeteiligung sowohl auf der Ebene der Leistungserbringung selbst, als auch auf der Ebene der QE eine zentrale Rolle spielt.[3581] Im Hinblick auf die avisierte fachliche Qualitätsgemeinschaft interessiert hier vor allem die zweite Ebene. Es stellt sich die Frage, wie Adressat_innen angemessen in die Auseinandersetzung über Qualitätsdefinitionen, Qualitätsmodell, Qualitätskriterien sowie die Instrumente zur Gewährleistung und Bewertung derselben einbezogen werden könnten.

3576 Vgl. *Jordan* 2001: 52.

3577 Ähnlich fordert *Finis Siegler* ganz allgemein für die Soziale Arbeit die gleichzeitige Realisierung von kommunikativer Sozialplanung und Empowerment der Adressat_innen, vgl. *Finis Siegler* 2009: 187f.

3578 Vgl. *Gadow/u. a.* 2013: 53.

3579 *Schulz-Nieswandt* 2009: 100. Der entsprechende Prozess folgt einer „Ethik der Achtsamkeit“, vgl. ebd.

3580 Vgl. *Wald/Jansen* 2007: 102.

3581 Zur Unterscheidung der beiden Ebenen vgl. *Merchel* 2013: 199f.

Auf die „Einbeziehung von Adressaten in verfahrensrelevante Gremien“[3582] folgt konsequent die Repräsentation von Adressat_innen in der entsprechenden AG § 78 SGB VIII. Dabei wäre die Aufgabe, aus dem Kreis der betroffenen Familien (die Hilfe zur Erziehung erhalten oder erhalten haben) Vertreter_innen (Erwachsene, Jugendliche, Kinder) zu rekrutieren, die in diesen Sitzungen am Diskurs über Qualität(-sentwicklung) teilnehmen. Falls vorhanden, könnte auch auf entsprechende Heimräte etc. zurückgegriffen werden. Wichtig ist, dass die Adressat_innen selbst ihre Vertretung übernehmen, auch wenn sie durch andere Professionelle unterstützt werden. Zu denken wäre z. B. daran, dass Kinderbeauftragte die betroffenen Kinder- und Jugendlichen begleiten, unterstützen und coachen.

Da QE als konstitutiver Bestandteil von Jugendhilfeplanung rekonstruiert werden kann, ist die Beteiligung der betroffenen Familien in diesem Sinne an der QE der Hilfe zur Erziehung auf der Ebene der Vereinbarungen sogar rechtlich gefordert. Die formale Gestaltung einer solchen AG § 78 SGB VIII ließe sich über eine Geschäftsordnung leicht festlegen.

Dieser kurze Abriss der Organisation der QE in den Hilfe zur Erziehung als Netzwerkstruktur soll nicht darüber hinwegtäuschen, dass die Netzwerkbildung und vor allem dessen produktive Aufrechterhaltung äußerst voraussetzungsvoll sind. Im Kontext ihrer Untersuchung zur Kooperation in der Kinder- und Jugendhilfe haben *van Santen/Seckinger* erste Ansätze zu einem theoretischen Analysemodell für interinstitutionelle Kooperationen in diesem Feld geleistet. Eine ihrer zentralen Thesen besagt, dass es durch interinstitutionelle Kooperation zu einer Vervielfältigung von Anforderungen kommt, die gelöst werden müssen. Ihre analytischen Ebenen umfassen das einzelne Individuum, die Herkunftsorganisation, den Kooperationszusammenhang selbst und die gesellschaftlichen Anforderungen und Bedingungen. Es wird aber nicht argumentiert, die Kooperation sei dadurch ineffizient oder nutzlos. Es ist nur nicht trivial, sie zu gestalten.[3583] Dies zeigt, wie komplex sich die Anforderungen an und die Wechselwirkungen in einem Erbringungskontext für soziale, personenbezogene Dienstleistungen der Sozialen Arbeit gestalten.

Aus der Auseinandersetzung mit der Neustrukturierung des Erbringungskontextes der Hilfe zur Erziehung wurde deutlich, dass die „einfa-

---

3582 *Merchel* 2013: 200.
3583 Vgl. van *Santen/Seckinger* 2003: 406ff.

che" Änderung des ordnungspolitischen Rahmens im Sinne von Gesetzesänderungen aufgrund der eigenwilligen Verarbeitung innerhalb des Kinder- und Jugendhilfesystems nicht zwangsläufig zu den gewünschten Effekten führt. Im Hinblick auf eine Änderung der Governancestruktur in die oben dargestellte Richtung, kann von einem „kulturellen Wandel komplexer sozialer Systeme"[3584] für alle drei Akteursgruppen gesprochen werden. Es wäre zu überlegen, inwiefern eine Art gesteuerte, pfadabhängige Evolution der institutionellen Rahmenbedingungen möglich sein kann. Experimentierklauseln zur Eröffnung von innovativen und kreativen Steuerungsmodi könnten dabei hilfreich sein. Weiter ist davon auszugehen, dass hierfür nicht unerhebliche Ressourcen[3585] aufgewendet werden müssen, die ebenfalls als Transaktionskosten zu betrachten wären.

Das vorgestellte Modell ist zwar keine explizite Gestaltungsempfehlung, enthält aber als erweiterter analytischer Referenzrahmen implizit Forschungsfragen für Theorie und Praxis, die als dringend zur weiteren Bearbeitung der Thematik angesehen werden:

Auf der Ebene empirischer Forschung:

- Wie werden aus empirischer Sicht die Verhandlungen zwischen Jugendämtern und freien/privaten Trägern konkret geführt (teilnehmende Beobachtung in den Verhandlungen)?
- Wie nehmen Familien ihre eigenen Gestaltungs- und Definitionsmöglichkeiten im Hinblick auf die formalen und faktischen Beauftragungsverhältnisse wahr?
- Wie entsteht Qualität in den Hilfe zur Erziehung (*Honig*)?

Auf der Ebene der Theorieentwicklung

- Weiterentwicklung einer advokatorischen Ethik hin zu einer „Dienstleistungsethik"[3586].

3584 Vgl. *Schulz-Nieswandt* 2009: 98.

3585 Es ist sicherlich nicht falsch, anzunehmen, dass in die Anfertigung der Produktbeschreibungen innerhalb der Sozialverwaltungen erhebliche Ressourcen geflossen sind. Diese stehen dann nicht für andere Aufgaben zur Verfügung. In Anbetracht der Unzulänglichkeiten von Produktbeschreibungen für die Hilfe zur Erziehung, wäre eine Investition dieser Ressourcen z. B. in die Qualifizierung der Fachkräfte im ASD oder in Projekte zum Ausprobieren neuer Governanceformen mit den freien/privaten Träger effizienter einzuschätzen.

3586 Vgl. *Müller* 1997: 270.

- Weiterentwicklung der ökonomischen Modellierung von Dienstleistungen der Sozialen Arbeit aus der Perspektive der Fachwissenschaft (DOPAM, birelationales Prinzipal-Agent-Modell)

Auf der Ebene der Praxisentwicklung

- Wie kann die aktive Initiierung und Unterstützung von Betroffenenvereinigungen im Feld der Hilfe zur Erziehung gestaltet werden?
- Wie kann eine trilateral-korporatistische Steuerung in partnerschaftlicher Zusammenarbeit vor Ort experimentell entwickelt werden?

Weitere theoretische wie empirische Forschungsanstrengungen sind nötig, die Auswirkungen institutioneller Arrangements auf die Allokation und Distribution der Ressourcen, aber auch die Leistungserbringung direkt zu erhellen. Neben weiteren institutionsökonomischen Analysen auf der Ebene der Vereinbarungen, wie in der vorliegenden Arbeit, sind interaktionsorientierte Forschungen auf der direkten Akteursebene zu forcieren. Die Untersuchung der Wechselwirkungen der Interaktionsmodi auf der direkten Akteursebene zu den institutionellen Arrangements wäre als Konklusion einer soziologisch-sozialpsychologisch-(ordnungs-)ökonomischen Forschungsrichtung weiter voranzutreiben.

5 Zum Schluss

Die Verwendung des ökonomischen Ansatzes verfolgte zweierlei Ziele.

Erstens sollten innerhalb der Ökonomik die Gestaltungsempfehlungen zur Neujustierung des Erbringungskontextes der Hilfe zur Erziehung hin zu mehr Markt überprüft werden. Vom Ausgangspunkt der Bestimmung der konstitutiven Charakteristika der Hilfe zur Erziehung als sozialstaatlich verbürgte, sozialrechtlich normierte, sozialpädagogisch vermittelte und meritorische Leistung wurde unter Anwendung der TAK-Theorie und P-A-Theorie gezeigt, dass der Marktmechanismus keineswegs eine effiziente Allokation ermöglicht. Damit wurden *aus erziehungswissenschaftlicher* Perspektive ökonomische Argumente zusammen getragen, die gegen eine reine Marktumgebung für die Hilfe zur Erziehung sprechen. Außerdem wurden ökonomisch relevante Argumente gegen die vermeintliche Standardisierung der Hilfe zur Erziehung geliefert.

Zweitens entstand diese Arbeit mit dem Anspruch, aus der ökonomischen Analyse des Erbringungskontextes der Hilfe zur Erziehung auch erziehungswissenschaftlich relevante Aspekte zu destillieren, die für die institutionellen Umgebungen von Leistungen im Bereich Bildung, Erziehung und Betreuung bedeutsam sind, damit diese ihrem spezifischen Auftrag gerecht und ohne Verschwendung finanzieller Mittel erbracht werden können. Hierzu wurde ein sehr vereinfachtes ökonomisches Modell verwendet, um im ersten Schritt einen Einstieg in die Analyse zu finden, die den Gegenstand nicht überformt, sondern ihm sicherlich – in selbstkritischer Betrachtung – nicht gerecht wird. Soziale Institutionen wie Jugendämter, freie/private Träger und auch Familien sind methodologisch aus reinem methodischem Individualismus nur unzureichend erfasst. Er muss mindestens die

> „Möglichkeit und Wirklichkeit der Aggregation nichtintendierter Nebenfolgen sogar wohlbegründeter Handlungen einräumen"[3587].

Jedoch erscheint diese Vorgehensweise gerechtfertigt, da keine absoluten Gestaltungsempfehlungen abgeleitet, sondern Forschungsfragen formuliert werden. Diese beziehen sich sowohl auf empirisch zu prüfende Sachver-

---

3587 *Brumlik* 2004: 249.

halte, als auch auf die weitere Elaborierung des verwendeten ökonomischen Ansatzes.

So wäre hier vor allem die Frage der exogenen stabilen Präferenzen zu betrachten. Eine Erweiterung des ökonomischen Ansatzes in Fragen der Präferenzbildung und der Wahrnehmung von Handlungsalternativen wäre vielversprechend[3588], vor allem für den Akteur Familie scheint dies relevant. Die ausschließlich anreizorientierte Außensteuerung kann nicht alleinige Perspektive der Gestaltungsempfehlungen sein. Die Präferenzänderungen und Präferenzbildung muss stärker in den Blick genommen werden. Das „ökonomische“ Handeln muss durch den Sinn des Handelns anthropologisch geerdet und in seiner kulturellen Dimension erfasst werden. Dies wäre der Weg vom *homo oeconomicus* zum *homo culturales*.[3589]

In den Wirtschaftswissenschaften wurden Gerechtigkeitsfragen oft ausgeblendet oder anderen Disziplinen überlassen, sodass die sozialpolitischen Fragestellungen hauptsächlich als Allokationsproblem ohne normative Bezüge diskutiert wurden. Wenn dann noch beachtet wird, dass als Referenzmodell der ideale Markt als Koordinierungsmechanismus diente, ist der Schluss nicht weit, dass die Herstellung von Gerechtigkeit vor allem durch umverteilende Maßnahmen erhebliche Allokationsverzerrungen und Verschlechterungen in der materiellen Versorgung nach sich ziehen.[3590] In Kapitel 3 wurde ausführlich dargelegt, dass es erhebliche Probleme der Marktsteuerung gibt, bis hin zu Marktversagen. Weiter wurde expliziert, dass das *homo oeconomicus*-Modell nur sehr eingeschränkt als Analysemodell geeignet ist[3591] und keineswegs der ideale Markt und das klassische *homo oeconomicus*-Modell zur ausschließlichen Grundlage sozialpolitischer Gestaltungsempfehlungen gemacht werden dürfen.

Die vorliegende Arbeit will einen Beitrag leisten, die Soziale Arbeit in die Lage zu versetzen, selbstständige, ökonomisch sinnvolle Gestaltungsempfehlungen zu formulieren und damit auch zweifelhaften Forderungen neo-klassischer Vertreter_innen etwas entgegen zu setzen.

3588 Zur Wahrnehmung von Handlungsalternativen vgl. z. B. *Frey* 1988: 181ff.

3589 Vgl. *Goldschmidt/Nutzinger* 2009b: 9ff, vgl. ergänzend den gesamten Sammelband *Goldschmidt/Nutzinger* 2009a.

3590 Vgl. *Kubon-Gilke* 2013: 420.

3591 Beides führte dazu, dass auch in den Wirtschaftswissenschaften zunehmend Gerechtigkeitstheorien und Gerechtigkeitsfragen Beachtung fanden, vgl. *Kubon-Gilke* 2013: 420.

Literatur

Abeling, Melanie/Bollweg, Petra/Flösser, Gaby/Schmidt, Mathias/Wagner, Melissa (2003): Partizipation in der Kinder- und Jugendhilfe. In: Sachverständigenkommission Elfter Kinder- und Jugendbericht (Hg.) (2003): Kinder- und Jugendhilfe im Reformprozess. Materialien zum Elften Kinder- und Jugendbericht. Bd. 2, München: Verl. DJI, S. 225-304.

Ackermann, Stefan (2001): Das GAB-Verfahren - ein konkreter Weg der Qualitätssicherung und Qualitätsentwicklung in der Jugendhilfe. In: AFET Mitglieder-Rundbrief, Hannover: Arbeitsgemeinschaft für Erziehungshilfe e.V. – AFET, 2001, H. 2, S. 28-34.

AFET – Arbeitsgruppe „Neue Steuerungsformen in der Erziehungshilfe" (1996): Neues Steuerungsmodell für die Kommunalverwaltung und seine Auswirkungen auf die Erziehungshilfe. In: GiSA, 50. Jg., 1996, H. 2, S. 43-50.

AFET-Fachausschuss Organisations- und Personalentwicklung (2001): Qualitätsentwicklungsvereinbarungen – Chancen zur Weiterentwicklung der Hilfe zur Erziehung. In: JAmt, 74. Jg., 2001, H. 5, S. 219-222.

AGJ (Hg.) (2009): Übergänge – Kinder und Jugendhilfe in Deutschland, vorgelegt anlässlich 60 Jahre Arbeitsgemeinschaft für Kinder- und Jugendhilfe – AGJ, Berlin: Eigenverl.

Ahlheim, Rose/Hülsemann, Wilfried/Kapczynski, Helmut (1974): Gefesselte Jugend. Fürsorgeerziehung im Kapitalismus, 3. Aufl., Frankfurt a. M.: Suhrkamp.

Aklerof, George (1970): The Market for "Lemons": Quality Uncertainty and the Market Mechanisms. In: Quarterly journal of economics, Vol. 84, 1970, No. 3, S. 488-500.

Albrecht, Richard/Reidegeld, Eckard (1976a): Soziales Recht und Verwaltungspraxis. Zur Durchsetzungschance des Sozialgesetzbuches – soziologische Anmerkungen. In: Soziale Arbeit, 25. Jg., 1976, H. 3, S. 97-105.

Albrecht, Richard/Reidegeld, Eckard (1976b): Soziales Recht und Verwaltungspraxis. Zur Durchsetzungschance des Sozialgesetzbuches – soziologische Anmerkungen. In: Soziale Arbeit, 25. Jg., 1976, H. 6, S. 241-253.

Albus, Stefanie (2011): Wirksame Hilfe zur Erziehung durch Beteiligung?! In: Dialog Erziehungshilfe, 2011, H. 4, S. 43-47.

Albus, Stefanie/Greschke, Heike/Klingler, Heike/Messmer, Heinz/Micheel, Heinz-Günter/Otto, Hans-Uwe/Polutta, Andreas (2009): Elemente Wirkungsorientierter Jugendhilfe und ihre Wirkungsweisen: Erkenntnisse der wissenschaftlichen Evaluation des Bundesmodellprogramms. In: Institut für soziale Arbeit e.V. (ISA) (Hg.) (2009): Wirkungsorientierte Jugendhilfe, Bd. 9. Eine Schriftenreihe des ISA zur Qualifizierung der Hilfe zur Erziehung, Münster, S. 24-60.

Albus, Stefanie/Greschke, Heike/Klingler, Heike/Messmer, Heinz/Micheel, Heinz-Günter/Otto, Hans-Uwe/Polutta, Andreas (2010a): Wirkungsorientierte Jugendhilfe. Abschlussbericht der Evaluation des Bundesmodellprogramms „Qualifizierung der Hilfen zur Erziehung durch wirkungsorientierte Ausgestaltung der Leistungs-, Entgelt- und Qualitätsvereinbarungen nach §§ 78a ff SGB VIII" Münster: Waxmann u. a.

Albus, Stefanie/Micheel, Heinz-Günter/Polutta, Andreas/Ziegler, Holger (2010b): Empirie der Wirkungsorientierung – Perspektiven einer evidenzbasierten Professionalisierung. In: Otto, Hans-Uwe/Polutta, Andreas/Ziegler, Holger (Hg.) (2010a): What works - Welches Wissen braucht die soziale Arbeit? Zum Konzept evidenzbasierter Praxis. Opladen/Farmington Hills: Budrich, S. 231-244.

Alchian, Armen (1970): Information Costs, Pricing, and Resource Unemployment. In: Phelps, Edmund/Archibald, George C. /Alchian, Armen (Hg.) (1970): Microeconomic Fundations of Employment and Inflation Theory, New York: WW Norton & Co., S. 27-52.

Alchian, Armen A./Demsetz, Herold (1972): Production, Information costs and Economic Organization. In: American Economic Review, Vol. 62, 1972, S. 777-795.

Anhorn, Roland/Bettinger, Frank/Stehr, Johannes (Hg.) (2007): Foucaults Machtanalytik und Soziale Arbeit. Eine kritische Einführung und Bestandsaufnahme. Wiesbaden: VS Verl. f. Sozialwiss.

Arbeiterwohlfahrt Bundesverband e.V. (Hg.) (1988): Die Nationalsozialistische Volkswohlfahrt, Bonn: Eigenverl.

Arbeitsgemeinschaft für Erziehungshilfe (AFET) e.V. – Bundesvereinigung (Hg.) (1999): Werkstatt: Qualitätsentwicklung in der Erziehungshilfe, Sonderveröffentlichung, Nr. 5/1999.

Arnold, Jens/Adams, Daniela (2004): Die Theorie hinter EVAS. In: Knab, Eckhart/ Macsenaere, Michael (Hg.) (2004): Evaluationsstudie erzieherischer Hilfen (EVAS). Eine Einführung. 1. Aufl., Freiburg i. B.: Lambertus, S. 14-25.

Arnold, Ulli (2009): Qualitätsmanagement in Sozialwirtschaftlichen Organisationen. In: Arnold, Ulli/Maelicke, Bernd (Hg.) (2009): Lehrbuch der Sozialwirtschaft, 3. Aufl., Baden-Baden: Nomos, S. 458-496.

Arnold, Ulli/Maelicke, Bernd (Hg.) (2009): Lehrbuch der Sozialwirtschaft, 3. Aufl., Baden-Baden: Nomos.

Arrow, Kenneth J. (1985): The Economics of Agency. In: Pratt, John W./Zeckhauser, Richard J. (Hg.) (1985a): Principals and Agents. The Structure of Business, Boston, MA: Harvard Business School Press, S. 37-51.

Aßländer, Michael S./Ulrich, Peter (Hg) (2009): 60 Jahre Soziale Marktwirtschaft. Illusionen und Reinterpretationen einer ordnungspolitischen Integrationsformel, 1. Aufl., Bern: Haupt.

Bäcker, Gerhard/Bispinck, Reinhard/Hofemann, Klaus/Naegele, Gerhard/Neubauer, Jennifer (2010): Sozialpolitik und soziale Lage in Deutschland, Bd. 2, 5. durchges. Aufl., Wiesbaden: VS Verl. f. Sozialwiss.

Bäcker, Gerhard/Bispinck, Reinhard/Hofemann, Klaus/Naegele, Gerhard/Neubauer, Jennifer (2008): Sozialpolitik und soziale Lage in Deutschland, Bd. 1, 4. grundl. überarb. u. erw. Aufl., Wiesbaden: VS Verl. f. Sozialwiss.

Backhaus-Maul, Holger (2000): Wohlfahrtsverbände als korporative Akteure. Über eine traditionsreiche sozialpolitische Institution und ihre Zukunftschancen. In: APuZ, 52. Jg., 2000, H. 26-27, S. 22-30.

Backhaus-Maul, Holger (2003): Die Subsidiaritätsidee in den Zeiten der Kostenrechnung. In: Olk, Thomas/Otto, Hans-Uwe (Hg.) (2003): Soziale Arbeit als Dienstleistung. Grundlegungen, Entwürfe und Modelle. Neuwied: Luchterhand, S. 194-225.

Backhaus-Maul, Holger (2009): Akteure in der Sozialwirtschaft: institutionalisierte Routinen und neue Gestaltungsspielräume. In: ArchsozArb, 40. Jg., 2009, H. 3, S. 62-84.

Backhaus-Maul, Holger/Mutz, Gerd (2005): Die organisationssoziologische Entgrenzung des Dritten Sektors. Zur Handlungskoordination und –logik gemeinnütziger Organisationen. In: Birkhölzer, Karl/Klein, Ansgar/Zimmer, Annette/Priller, Eckhard (Hg.) (2005): Dritter Sektor/Drittes System. Theorie, Funktionswandel und zivilgesellschaftliche Perspektiven, Wiesbaden: VS Verl. f. Sozialwiss., S. 93-103.

Bakic, Josef/Diebäcker, Marc/Hammer, Elisabeth (Hg.) (2008): Aktuelle Leitbegriffe der Sozialen Arbeit. Ein kritisches Handbuch. Wien: Löcker.

Baltz, Jochem (1998): Leistungsentgelte in der Jugendhilfe. Die Neuordnung der Rechtsgrundlagen für die Finanzierung von Jugendhilfeleistungen durch Art. 2 – Änderung des SGB VIII – des 2. SGB XI-ÄndG – Teil 1. In: NDV, 78. Jg., 1998, H. 12, S. 377-381.

Baltz, Jochem (1999a): Zehn Antworten auf Rechtsfragen aus der Praxis der neuen Finanzierungsregelungen. In: Kröger, Rainer (Hg.) (1999): Leistung, Entgelt und Qualitätsentwicklung in der Jugendhilfe. Arbeitshilfen mit Musterbeispielen zur praktischen Umsetzung der §§ 78 a-g SGB VIII, Neuwied/Kriftel: Luchterhand, S. 189-206.

Baltz, Jochem (1999b): Leistungsentgelte in der Jugendhilfe. Die Neuordnung der Rechtsgrundlagen für die Finanzierung von Jugendhilfeleistungen durch Art. 2 – Änderung des SGB VIII – des 2. SGB XI-ÄndG – Teil 2. In: NDV, 79. Jg., 1999, H. 1, S. 24-28.

Baltz, Jochem (2002): Sozialraumbudgetierung. Wohlfahrtspolitische und jugendhilferechtliche Würdigung der Modelle sozialräumlicher Budgetierung, insbesondere am Beispiel der Modelle in Stuttgart und Celle. In: Merten, Roland (Hg.) (2002a): Sozialraumorientierung. Zwischen fachlicher und rechtlicher Machbarkeit, Weinheim/München: Juventa, S. 203- 217.

Banafsche, Minou (2010): Das Recht der Leistungserbringung in der Kinder- und Jugendhilfe zwischen Korporatismus und Wettbewerb, Hamburg: Kovač.

Bänfer, Mathias (1999): Personalentwicklung als Aspekt der Qualitätsentwicklung in der Erziehungshilfe. In: Arbeitsgemeinschaft für Erziehungshilfe (AFET) e.V. – Bundesvereinigung (1999): Werkstatt: Qualitätsentwicklung in der Erziehungshilfe, Sonderveröffentlichung, Nr. 5/1999, S. 25-27.

Barabas, Friedrich/Sachße, Christoph (1974): Funktion und Grenzen der Reform des Jugendhilferechts. In: Kritische Justiz, 7. Jg., 1974, H. 1, S. 28-44.

Barabas, Friedrich/Sachße, Christoph (1975): Historische Entwicklungen und gegenwärtige Reformtendenzen im Jugendhilferecht. In: Jordan, Erwin (Hg.) (1975): Jugendhilfe. Beiträge und Materialien zur Reform des Jugendhilferechts, Weinheim/Basel: Beltz, S. 112-126.

Bassarak, Herbert (1998): Bewegung ohne Fortschritt. In: Socialmanagement, 8. Jg., 1998, H. 2, S. 11-14.

Bassarak, Herbert (2001): Die Modernisierung der Jugendhilfe: vom Einzelfall zum sozialraumorientierten Management. In: Boeßenecker, Karl-Heinz/Trube, Achim/Wohlfahrt, Norbert (Hg.) (2001): Verwaltungsreform von unten? Lokaler Sozialstaat im Umbruch aus verschiedenen Perspektiven, Münster: Votum, S. 108-125.

Basu, Kaushik (1976): Retrospective choice and merit goods. In: Finanzarchiv, 34. Jg., 1976, H. 2, S. 220–225 .

Bauer, Cornelia (1999): Hilfeplanung (§ 36 KJHG) als Qualitätskriterium in der Erziehungshilfe. In: Arbeitsgemeinschaft für Erziehungshilfe (AFET) e.V. – Bundesvereinigung (1999): Werkstatt: Qualitätsentwicklung in der Erziehungshilfe, Sonderveröffentlichung , Nr. 5/1999, S. 18-24.

Bauer, Rudolph (1996): Hier geht es um Menschen dort um Gegenstände. Über Dienstleistungen, Qualität und Qualitätssicherung. In: Widersprüche, 16. Jg., 1996, H. 61, S. 11– 49.

Bauer, Rudolph (2000): Vom Wiegen wird das Schwein nicht fetter. Zur Kritik einer betriebswirtschaftlichen Verrechnung der Qualität von Sozialer Arbeit. In: Sozialmagazin, 25. Jg., 2000, H. 10, S. 33-41.

Bauer, Rudolph (2001a): Personenbezogene soziale Dienstleistungen. Begriff, Qualität und Zukunft, 1. Aufl., Wiesbaden: Westdt. Verl.

Bauer, Rudolph (2003): Die Aushöhlung Sozialer Grundrechte hat viele Gesichter. In: Sozialextra, 27. Jg., H. 5, S. 42-43.

Bauer, Rudolph (2005): Ist der „Dritte Sektor" theoriefähig? Anmerkungen über Heterogenität und Intermediarität. In: Birkhölzer, Karl/Klein, Ansgar/Zimmer, Annette/Priller, Eckhard (Hg.) (2005): Dritter Sektor/Drittes System. Theorie, Funktionswandel und zivilgesellschaftliche Perspektiven, Wiesbaden: VS Verl. f. Sozialwiss., S. 105-109.

Bauer, Cornelie/Dittrich, Jochen/Schäfer, Georg (1999): Controlling im Bereich der Erziehungshilfe. In: Arbeitsgemeinschaft für Erziehungshilfe (AFET) e.V. – Bundesvereinigung (1999): Werkstatt: Qualitätsentwicklung in der Erziehungshilfe, Sonderveröffentlichung, Nr. 5/1999, S. 44-54.

Bäumer, Gertrud (1929a): Die historischen und sozialen Voraussetzungen der Sozialpädagogik und die Entwicklung ihrer Theorie. In: Nohl, Herrmann/Pallat, Ludwig (Hg.) (1929): Handbuch der Pädagogik, Bd. 5, Langensalza: Beltz, S. 3-17.

Bäumer, Gertrud (1929b): Das Jugendwohlfahrtswesen. In: Nohl, Herrmann/Pallat, Ludwig (Hg.) (1929): Handbuch der Pädagogik, Bd. 5, Langensalza: Beltz, S. 18-26.

Becker, Gary (1993): Der ökonomische Ansatz zur Erklärung menschlichen Verhaltens, 2. Aufl., Tübingen: Mohr Siebeck.

Becker, Rolf (Hg.) (2009a): Lehrbuch der Bildungssoziologie. 1. Aufl., Wiesbaden: VS Verl. für Sozialwiss.

Becker, Rolf (2009b): Bildungssoziologie - Was sie ist, was sie will, was sie kann. In: Becker, Rolf (Hg.) (2009a): Lehrbuch der Bildungssoziologie. 1. Aufl., Wiesbaden: VS Verl. für Sozialwiss., S. 9-34.

Becker, Rolf (2009c): Ausgewählte Klassiker der Bildungssoziologie. In: Becker, Rolf (Hg.) (2009a): Lehrbuch der Bildungssoziologie. 1. Aufl., Wiesbaden: VS Verl. für Sozialwiss., S. 459-497.

Becker, Irene/Hauser, Richard (2009): Soziale Gerechtigkeit - ein magisches Viereck. Zeitdimensionen, Politikanalysen und empirische Befunde, Berlin: Ed. Sigma.

Becker, Ulrich/Hockerts, Hans G./Tenfelde, Klaus (Hg.) (2010): Sozialstaat Deutschland. Geschichte und Gegenwart, Bonn: Dietz.

Becker-Lenz, Roland (2004): Rekonstruktive Problem-, Prozess- und Strukturevaluation als Beitrag zur Qualitätsentwicklung und –sicherung. In: Beckmann, Christof/ Otto Hans-Uwe/Richter Martina/Schrödter Mark (Hg.) (2004a): Qualität in der sozialen Arbeit. Zwischen Nutzerinteresse und Kostenkontrolle. Leverkusen: Leske + Budrich, S. 283-291.

Beckmann, Christof (2009): Qualitätsmanagement und Soziale Arbeit. Wiesbaden: VS Verl. f. Sozialwiss.

Beckmann, Christof/Richter, Martina (2005): „Qualität“ sozialer Dienste aus der Perspektive ihrer Nutzerinnen und Nutzer. Theoretische und methodologische Annäherungen. In: Oelerich, Gertrud/ Schaarschuch, Andreas (Hg.) (2005): Soziale Dienstleistungen aus Nutzersicht - Zum Gebrauchswert Sozialer Arbeit. Reinhardt, München, S. 132-147.

Beckmann, Christof/Otto, Hans-Uwe/Richter, Martina/Schrödter, Mark (Hg.) (2003a): Qualität in der sozialen Arbeit. Zwischen Nutzerinteresse und Kostenkontrolle, Leverkusen: Leske + Budrich.

Beckmann, Christof/Otto, Hans-Uwe/Richter, Martina/Schrödter, Mark (2003b): Negotiating Qualities – Ist Qualität eine Verhandlungssache? In: Beckmann, Christof/ Otto, Hans-Uwe/Richter, Martina/Schrödter, Mark (Hg.) (2003a): Qualität in der sozialen Arbeit. Zwischen Nutzerinteresse und Kostenkontrolle, Leverkusen: Leske + Budrich, S. 9-31.

Beckmann, Christof/Otto, Hans-Uwe/Schaarschuch, Andreas/Schrödter, Mark (2007): Qualitätsmanagement und Professionalisierung in der Sozialen Arbeit. Ergebnisse einer Studie zu organisationalen Bedingungen ermächtigender Formalisierung. In: ZSR, 53. Jg., 2007, H. 3, S. 275-295.

Behnisch, Michael/Miers, Sorina (2011): Wer nicht will, der hat schon? Oder: Wie Elternarbeit gelingt. Überlegungen zum Umgang mit scheinbar nicht motivierten Eltern. In: Sozialmagazin, 36. Jg., 2011, H. 4, S. 10-17.

Bellermann, Martin (2001): Sozialpolitik. Eine Einführung für soziale Berufe, 4. Aufl., Freiburg i. B.: Lambertus.

Beniers, Sabine/Engelbrecht, André/Kirchner, Bettina/Pfau, Armin/Schröter, Katrin (Hg.) (2000): Wie jugendhilfefähig ist Politik - wie politikfähig ist die Jugendhilfe? Beiträge zur IGFH-Jahrestagung 1999 in Nürnberg, Frankfurt a. M.: IGFH-Eigenverl.

Benz, Arthur/Lütz, Susanne/Schimank, Uwe/Simonis, Georg (Hg.) (2007): Handbuch Governance. Theoretische Grundlagen und empirische Anwendungsfelder. 1. Aufl., Wiesbaden: VS Verl. für Sozialwiss.

Berger, Johannes/Offe, Claus (1984): Die Entwicklungsdynamik des Dienstleistungssektors. In: Offe, Claus (Hg.) (1984a): "Arbeitsgesellschaft". Strukturprobleme und Zukunftsperspektiven, Frankfurt a.M./New York: Campus, S. 229-270.

Berger, Roger (2013): Fördern drohende Verluste Kooperation? Evidenz aus einem negativen Gefangenendilemma. In: Zeitschrift für Soziologie, 42. Jg., 2013, H. 6, S. 446-462.

Bergmann-Krauss, Barbara (1973): Die Erziehungshilfen im Entwurf. In: np, 3. Jg., 1973, Sonderheft: Kritik am Diskussionsentwurf eines neuen Jugendhilfegesetzes, Neuwied: Luchterhand, S. 91-98.

Bernfeld, Siegfried (1981): Sisyphos oder die Grenzen der Erziehung, 4. Aufl., Frankfurt a. M.: Suhrkamp.

Bernzen, Christian (2001): Organisation der Jugendhilfe – rechtliche und ethische Fragen. In: RdJB, 49. Jg., 2001, H. 1, S. 12-24.

Beywl, Wolfgang/Heiner, Maja (2000): Interne Evaluation (Selbstevaluation). Darstellung des Verfahrens. In: Merchel, Joachim (Hg.) (2000a): Qualitätsentwicklung in Einrichtungen und Diensten der Erziehungshilfe. Methoden, Erfahrungen, Kritik, Perspektiven. 1. Aufl., Frankfurt a.M.: IGFH-Eigenverl., S. 111-132.

Bieback, Karl-Jürgen (1984): Leistungsabbau und Strukturwandel im Sozialrecht. In: Kritische Justiz, 17. Jg., 1984, H. 3, S. 257-278.

Biebricher, Martin (2003): Das Konzept der Selbstbewertung des Qualitätsmanagements in der Jugendhilfe (SQ-J). In: Boeßenecker, Karl-Heinz/Vilain, Michael/Biebricher, Martin/Buckley, Andrea/Markert, Andreas (Hg.) (2003): Qualitätskonzepte in der sozialen Arbeit. Eine Orientierung für Ausbildung, Studium und Praxis, Weinheim: Beltz, S. 141-151.

Biebricher, Martin/Boeßenecker, Karl-Heinz/Weige-Stollenwerk, Nicole (1999): Qualitätsmerkmale und Qualitätsentwicklung in der Sozialen Arbeit. In: np, 29. Jg., 1999, H. 6, S. 616-622.

Bieritz-Harder (2010): Das Existenzminimum der Fürsorge – ein Kernelement des Sozialstaatsprinzips? In: Mührel, Eric (Hg.) (2010a): Der Staat und die Soziale Arbeit. Bestandsaufnahme und Perspektiven eines fragwürdigen Verhältnisses, Essen: Verl. Die Blaue Eule, S. 17-22.

Birkhölzer, Karl/Klein, Ansgar/Zimmer, Annette/Priller, Eckhard (Hg.) (2005): Dritter Sektor/Drittes System. Theorie, Funktionswandel und zivilgesellschaftliche Perspektiven, Wiesbaden: VS Verl. f. Sozialwiss.

Birtsch, Vera (1997): Modernes Management contra Lebensweltorientierung oder wer soll wen in der Jugendhilfe steuern? In: Jugendhilfe, 35. Jg., 1997, H. 5, S. 258-271.

Birtsch, Vera/Münstermann, Klaus/Trede, Wolfgang (Hg.) (2001): Handbuch Erziehungshilfen. Leitfaden für Ausbildung, Praxis und Forschung, Münster: Votum.

Bissinger, Stephan/Böllert, Karin/Liebig, Reinhard/Lüders, Christian/Marquardt, Peter/ Rauschenbach, Thomas (2002): Grundlagen der Kinder- und Jugendhilfe. Strukturanalysen zu fachlichen Eckwerten, Organisation, Finanzen und Personal. In: Sachverständigenkommission Elfter Kinder- und Jugendbericht (Hg.) (2002a): Strukturen der Kinder- und Jugendhilfe. Eine Bestandsaufnahme, Bd. 1, München: Verl. DJI, S. 9-45.

Blandow, Jürgen (1999): Beteiligung als Qualitätsmerkmal in der Heimerziehung. In: Kriener, Martina/Petersen, Kerstin (Hg.) (1999): Beteiligung in der Jugendhilfepraxis. Sozialpädagogische Strategien zur Partizipation in Erziehungshilfen und bei Vormundschaften, Münster: Votum, S. 45-62.

Blandow, Jürgen/Gintzel, Ullrich/Hansbauer, Peter (1999): Partizipation als Qualitätsmerkmal in der Heimerziehung. Eine Diskussionsgrundlage, Münster: Votum.

Blanke, Bernhard/ von Bandemer, Stephan/Nullmeier, Frank/Wewer, Göttrik (Hg.) (2005): Handbuch zur Verwaltungsreform, 3. völlig überarb. und erw. Aufl., Wiesbaden: VS Verl. f. Sozialwiss.

Block, Marita (2013): Schiedsstellenvorsitzende regen Novellierung des § 78b SGB VIII an. In: Dialog Erziehungshilfe, 2013, H. 4, S. 8-10.

Blüm, Norbert/Zacher, Hans Friedrich (Hg.) (1989): 40 Jahre Sozialstaat Bundesrepublik Deutschland, 1. Aufl., Baden-Baden: Nomos.

Bock, Karin/Thole, Werner (Hg.) (2004a): Soziale Arbeit und Sozialpolitik im neuen Jahrtausend, 1. Aufl., Wiesbaden: VS Verl. f. Sozialwiss.

Bock, Karin/Thole, Werner (2004b): Sozialstaat im Wandel – Einleitung. In: Bock, Karin/Thole, Werner (Hg.) (2004a): Soziale Arbeit und Sozialpolitik im neuen Jahrtausend, 1. Aufl., Wiesbaden: VS Verl. f. Sozialwiss., S. 9-20.

Bode, Ingo (2002): Service statt Subsidiarität? Die Organisation katholischer Wohlfahrt im Zeitalter der Vermarktlichung. In: ZSR, 48. Jg., 2002, H. 5, S. 586-600.

Boeckh, Jürgen/Huster, Ernst-Ulrich/Benz, Benjamin (2011): Sozialpolitik in Deutschland. Eine systematische Einführung, 3. grundl. überarb. und erw. Aufl., Wiesbaden: VS Verl. f. Sozialwiss.

Boeßenecker, Karl-Heinz (2006): Soziale Dienstleister als Marktakteure. Der Gesundheitssektor als Trendsetter auch für die Jugendhilfe? In: Hensen, Gregor (Hg.) (2006a): Markt und Wettbewerb in der Jugendhilfe. Ökonomisierung im Kontext von Zukunftsorientierung und fachlicher Notwendigkeit, Weinheim/München: Juventa, S. 43-60.

Boeßenecker, Karl-Heinz/Trube, Achim/Wohlfahrt, Norbert (Hg.) (2001): Verwaltungsreform von unten? Lokaler Sozialstaat im Umbruch aus verschiedenen Perspektiven, Münster: Votum.

Boeßenecker, Karl-Heinz/Vilain, Michael (2013): Spitzenverbände der Freien Wohlfahrtspflege. Eine Einführung in Organisationsstrukturen und Handlungsfelder sozialwirtschaftlicher Akteure in Deutschland, 2. Aufl., Weinheim/Basel: Beltz Juventa.

Boeßenecker, Karl-Heinz/Vilain, Michael/Biebricher, Martin/Buckley, Andrea/Markert, Andreas (Hg.) (2003): Qualitätskonzepte in der sozialen Arbeit. Eine Orientierung für Ausbildung, Studium und Praxis; Ergebnisse aus dem Forschungsschwerpunkt Wohlfahrtsverbände, Sozialwirtschaft der Fachhochschule Düsseldorf, Weinheim: Beltz.

Bogumil, Jörg (2013): Neues Steuerungsmodell und Doppik in der Praxis. Erfahrungen aus den Kommunalverwaltungen. In: Deutsches Pfarrerblatt, 113. Jg., 2013, H. 5, S. 284-287.

Bogumil, Jörg/Grohs, Stephan/Kuhlmann, Sabine (2006): Ergebnisse und Wirkungen kommunaler Verwaltungsmodernisierung in Deutschland – Eine Evaluation nach zehn Jahren Praxiserfahrung. In: Politische Vierteljahresschrift, Sonderheft 37, S. 151-184.

Böhnisch, Lothar (1980a): Ein Leitfaden zur Einschätzung staatlicher Jugendpolitik. In: Böhnisch, Lothar/Müller-Stackebrandt, Jutta/Schefold, Werner (Hg.) (1980): Jugendpolitik im Sozialstaat. Befunde und Perspektiven, München: Juventa, S. 13-42.

Böhnisch, Lothar (1980b): Jugendpolitik und Sozialpolitik. In: Böhnisch, Lothar/Müller-Stackebrandt, Jutta/Schefold, Werner (Hg.) (1980): Jugendpolitik im Sozialstaat. Befunde und Perspektiven, München: Juventa, S. 193-233.

Böhnisch, Lothar (1994): Gespaltene Normalität. Lebensbewältigung und Sozialpädagogik an den Grenzen der Wohlfahrtsgesellschaft, Weinheim/München: Juventa.

Böhnisch, Lothar (1999): Sozialpädagogik und Sozialpolitik. Gemeinsame Traditionslinien und ihre aktuellen Bezüge. In: Fatke, Reinhard (Hg.) (1999): Erziehung und sozialer Wandel. Brennpunkte sozialpädagogischer Forschung, Theoriebildung und Praxis. ZfP, 39. Beiheft, Weinheim: Beltz, S. 261-276.

Böhnisch, Lothar (2001): Sozialpädagogik der Lebensalter. Eine Einführung. 3. überarb. und erw. Aufl., Weinheim/München: Juventa.

Böhnisch, Lothar/Arnold, Helmut/Schröer, Wolfgang (1999): Sozialpolitik. Eine sozialwissenschaftliche Einführung, Weinheim: Juventa.

Böhnisch, Lothar/Kuhlen, Vera (1973): Kritikperspektiven für die Beurteilung eines neuen Jugendhilferechts. In: np, 3. Jg., 1973, Sonderheft: Kritik am Diskussionsentwurf eines neuen Jugendhilfegesetzes, Neuwied: Luchterhand, S. 9-22.

Böhnisch, Lothar/Lösch, Hans (1973): Das Handlungsverständnis des Sozialarbeiters und seine institutionelle Determination. In: Otto, Hans Uwe/Schneider, Siegfried (Hg.) (1973): Gesellschaftliche Perspektiven der Sozialarbeit, Neuwied/Berlin: Luchterhand, S. 21-40.

Böhnisch, Lothar/Müller-Stackebrandt, Jutta/Schefold, Werner (Hg.) (1980): Jugendpolitik im Sozialstaat. Befunde und Perspektiven, München: Juventa.

Böhnisch, Lothar/Schefold, Werner (1985): Lebensbewältigung. Soziale und pädagogische Verständigung an den Grenzen der Wohlfahrtsgesellschaft, Weinheim: Juventa.

Böhnisch, Lothar/Schröer, Wolfgang/Thiersch, Hans (2005): Sozialpädagogisches Denken. Wege zu einer Neubestimmung, Weinheim: Juventa.

Bolay, Eberhard (1996): Scham und Beschämung. Subjekttheoretische Überlegungen zur Prozeßqualität in helfenden Beziehungen. In: Widersprüche, 16. Jg., 1996, H. 61, S. 75-91.

Bolay, Eberhard/Herrmann, Franz (Hg.) (1995): Jugendhilfeplanung als politischer Prozess. Beiträge zu einer Theorie sozialer Planung im kommunalen Raum, Neuwied/Kriftel/Berlin: Luchterhand.

Böllert, Karin (2000): Dienstleistungsarbeit in der Zivilgesellschaft. In: Müller, Siegfried/Sünker, Heinz/Olk, Thomas/Böllert, Karin (Hg.) (2000): Soziale Arbeit. Gesellschaftliche Bedingungen und professionelle Perspektiven: Hans-Uwe Otto zum 60. Geburtstag gewidmet, Neuwied: Luchterhand, S. 241-252.

Böllert, Karin (2001): Zwischen Selbstevaluation und Fremdevaluation – Methodische Ansätze des Qualitätsmanagements. In: Jessen, Dörte (Hg.) (2001): Qualitätsmanagement in der Jugendhilfe. Dokumentation der Fachtagung vom 30. November und 01. Dezember 2000 in Dresden, Arbeitsgruppe Fachtagungen Jugendhilfe, Berlin: Verein für Kommunalwiss., S. 109-125.

Böllert, Karin (2003a): Fachlich regulierter Qualitätswettbewerb. In: Sozialpädagogisches Institut des SOS-Kinderdorf e. V. (Hg.) (2003): Qualitätsentwicklung und Qualitätswettbewerb. Dokumentation der Fachtagung „Qualitätsentwicklung und Qualitätswettbewerb in der stationären Erziehungshilfe" 7. und 8. November 2002 in Berlin, München: Eigenverl., S. 36-56.

Böllert, Karin (2003b): Soziale Arbeit zwischen kommunitaristischer Vereinnahmung und den Herausforderungen der Dienstleistungsgesellschaft. In: Olk, Thomas/Otto, Hans-Uwe (Hg.) (2003): Soziale Arbeit als Dienstleistung. Grundlegungen, Entwürfe und Modelle, Neuwied: Luchterhand, S. 90-114.

Böllert, Karin (2004): Qualität und Wettbewerb sozialer Dienste. In: Beckmann, Christof/Otto Hans-Uwe/Richter Martina/Schrödter Mark (Hg.) (2004a): Qualität in der sozialen Arbeit. Zwischen Nutzerinteresse und Kostenkontrolle. Leverkusen: Leske + Budrich, S. 121-132.

Bommes, Michael/ Scherr, Albert (1996): Soziale Arbeit als Exklusionsvermeidung, Inklusionsvermittlung und/oder Exklusionsverwaltung. In: np, 26. Jg., 1996, H. 2, S. 107-123.

Boomgaarden, Theo (1999): Qualitätskriterien und Qualitätsbeurteilung für flexible erzieherische Hilfen. In: Merchel, Joachim (Hg.) (1999d): Qualität in der Jugendhilfe. Kriterien und Bewertungsmöglichkeiten, 2. Aufl., Münster: Votum, S. 264-285.

Boomgaarden, Theo (Hg.) (2001a): Flexible Erziehungshilfen im Sozialraum. Theoretische Grundlagen und praktische Erfahrungen, Münster: Votum.

Boomgaarden, Theo (2001b): Flexible Erziehungshilfen im Sozialraum – mehr als nur ein neues Konzept. In: Boomgaarden, Theo (Hg.) (2001): Flexible Erziehungshilfen im Sozialraum. Theoretische Grundlagen und praktische Erfahrungen, Münster: Votum, S. 10-65.

Borsche, Sven (2001a): Kinderrechte – Versuch einer Übersicht. Teil I: Entwicklungen und Grundlagen. In: Jugendhilfe, 39. Jg., 2001, H. 4, S. 173-180.

Borsche, Sven (2001b): Kinderrechte – Versuch einer Übersicht. Teil II: Die Rechte des Kindes im Einzelnen. In: Jugendhilfe, 39. Jg., 2001, H. 5, S. 257-264.

Braun, Hans (1999): Möglichkeiten und Grenzen der Qualitätssicherung in sozialen Diensten. In: Bremische Evangelische Kirche (Hg.) (1999): Qualität für Kinder - zwischen Markt und Menschlichkeit. Analysen - Bedingungen – Konzepte, Seelze-Velber: Kallmeyer, S. 105-120.

Braun, Hans (2004): Wirtschaftlichkeit und Qualitätsorientierung in sozialen Diensten. In: Peterander, Franz/Speck, Otto (Hg.) (2004): Qualitätsmanagement in sozialen Einrichtungen. 2. Aufl., München/Basel: Reinhardt, S. 31-43.

Braun, Hans (2007): Bereitstellung sozialer Dienstleistungen durch Staat, Markt oder freie Wohlfahrtspflege: Die dienstleistungstheoretische Perspektive (Korreferat). In: Dabrowski, Martin/Wolf, Judith (Hg.) (2007): Aufgaben und Grenzen des Sozialstaates, Paderborn: Schöningh, S. 131-140.

Braun, Hans (2008): Wettbewerb in der freien Wohlfahrtspflege. In: Die neue Ordnung, 62. Jg., 2008, H. 2, S. 126-134.

Bremische Evangelische Kirche (Hg.) (1999): Qualität für Kinder - zwischen Markt und Menschlichkeit. Analysen - Bedingungen – Konzepte, Seelze-Velber: Kallmeyer.

Bringewat, Peter (2001): Tod eines Kindes. Soziale Arbeit und strafrechtliche Risiken, 2. Aufl., Baden-Baden: Nomos.

Bröckling, Ulrich (2007): Das unternehmerische Selbst. Soziologie einer Subjektivierungsform, 1. Aufl., Frankfurt a. M.: Suhrkamp.

Brodbeck, Karl-Heinz (2009): Die fragwürdigen Grundlagen der Ökonomie. Eine philosophische Kritik der modernen Wirtschaftswissenschaften, 4. Aufl., Darmstadt: WBG.

Brommer, Eva (1999): Qualitätsmanagement im Dienstleistungsbereich. Evaluierung der Einführung von DIN EN ISO 9000 ff. bei einem Reisevermittler, 1. Aufl., Berlin: Beuth.

Bruhn, Manfred (2004): Qualitätsmanagement für Dienstleistungen. Grundlagen, Konzepte, Methoden, 5. verb. Aufl., Berlin/u. a.: Springer.

Brülle, Heiner/Reis, Claus (1999): Einführung: Qualität in der Sozialen Arbeit. In: ArchsozArb., 29. Jg., 1999, H. 1, S. 286-291.

Brumlik, Micha (1987): Ist eine advokatorische Ethik möglich? In: Thiersch, Hans/ Rauschenbach, Thomas (Hg.) (1987): Die herausgeforderte Moral. Lebensbewältigung in Erziehung und sozialer Arbeit. Bielefeld: KT Verl., S. 59-72.

Brumlik, Micha (1995a): Der importierte Korporatismus: Plädoyer für die verbandliche Wohlfahrtspflege? In: Rauschenbach, Thomas/Sachße, Christoph/Olk, Thomas (Hg.) (1995): Von der Wertgemeinschaft zum Dienstleistungsunternehmen. Jugend- und Wohlfahrtsverbände im Umbruch, 1. Aufl., Frankfurt a. M.: Suhrkamp, S. 34-53.

Brumlik, Micha (1995b): Hans Thiersch und die Utopie des geglückten Alltags. In: np, 25. Jg., 1995, H. 3, S. 237-238.

Brumlik, Micha (2004): Advokatorische Ethik. Zur Legitimation pädagogischer Eingriffe, 2. Aufl., Berlin: Philo.

Brumlik, Micha (2007): Soll ich je zum Augenblicke sagen… Das Glück: Beseligender Augenblick oder erfülltes Leben? In: Kessl, Fabian/Reutlinger, Christian/Ziegler, Holger (Hg.) (2007): Erziehung zur Armut? Soziale Arbeit und die ‚neue Unterschicht', Wiesbaden: VS Verl. f. Sozialwiss., S. 81-96.

Brumlik, Micha (2013a): Gerechtigkeit und Empathie. Zur ethischen Grundlage sozialer Dienste. In: Spatscheck, Christian/Wagenblass, Sabine (Hg.) (2013): Bildung, Teilhabe und Gerechtigkeit. Gesellschaftliche Herausforderungen und Zugänge sozialer Arbeit; Weinheim/Basel: Beltz Juventa; S. 51-53.

Brumlik, Micha/Keckeisen, (1976): Etwas fehlt. Zur Kritik und Bestimmung von Hilfsbedürftigkeit für die Sozialpädagogik. In: Kriminologisches Journal, 8. Jg., 1976, H. 4. S. 241- 262.

Brumlik, Micha/Merkens, Hans (Hg.) (2007): Bildung macht Gesellschaft. Opladen/ Farmington Hills: Budrich.

Brunner, Sibylle/Kehrle, Karl (2009): Volkswirtschaftslehre, München: Vahlen.

Buchholz, Thomas (2007): Das Modell des Fachlich Regulierten Qualitätswettbewerbs. Modernisierung der Kinder- und Jugendhilfe. In: Sozialmagazin, 32. Jg., 2007, H. 6, S. 26-35.

Budde, Wolfgang/Früchtel, Frank (2005): Sozialraumorientierte Soziale Arbeit – ein Modell zwischen Lebenswelt und Steuerung. In: NDV, 85. Jg., 2005, H. 7, S. 238 – 242 und 85. Jg., 2005, H. 8, S. 287 – 292.

Buestrich, Michael/Burmester, Monika/Dahme, Heinz-Jürgen/Wohlfahrt, Norbert (2010): Die Ökonomisierung Sozialer Dienste und Sozialer Arbeit. Entwicklungen - Theoretische Grundlagen - Wirkungen, 2. unveränd. Aufl., Baltmannsweiler: Schneider Verl. Hohengehren.

Bührer, Walter (Hg.) (1999): Die Schweiz unter Globalisierungsdruck. Staatliches Handeln mit und gegen wirtschaftliche Logik, Aarau/Frankfurt a. M./Salzburg: Sauerländer.

Bünder, Peter (2002): Qualitätsentwicklung in der Jugendhilfe. Transparenz und Partizipation als „missing link" im Allgemeinen Sozialen Dienst. In: Jugendhilfe, 40. Jg., 2002, H. 2, S. 93-97.

Bundesminister für Jugend, Familie und Gesundheit (BMJFG) (1972a): Dritter Jugendbericht, Bonn: Eigenverl.

Bundesminister für Jugend, Familie und Gesundheit (BMJFG) (1972b): Diskussionsentwurf eines Jugendhilfegesetzes, Bonn: Eigenverl.

Bundesminister für Jugend, Familie, Frauen und Gesundheit (BMJFFG) (1990): Achter Jugendbericht, Bonn: Eigenverl.

Bundesministerium für Arbeit und Soziales (BMAS) (2013): Sozialbericht 2013, Bonn: Eigenverl.

Bundesministerium für Arbeit und Sozialordnung und Bundesarchiv (Hg.) (2001): Bd. 1. Grundlagen der Sozialpolitik, Baden-Baden: Nomos.

Bundesministerium für Familie, Frauen, Senioren und Jugend (BMFFSJ) (1998): Leistungen und Grenzen von Heimerziehung. Ergebnisse einer Evaluationsstudie stationärer und teilstationärer Erziehungshilfen, Forschungsprojekt Jule, 1. Aufl., Stuttgart/Berlin/Köln: Kohlhammer.

Bundesministerium für Familie, Senioren, Frauen und Jugend (BMFSFJ) (1994): Neunter Jugendbericht, Bonn: Eigenverl.

Bundesministerium für Familie, Senioren, Frauen und Jugend (BMFSFJ) (Hg.) (1997): Evaluation der sozialpädagogischen Praxis. Materialien zur Qualitätssicherung in der Kinder- und Jugendhilfe, Bd. 11, Bonn.

Bundesministerium für Familie, Senioren, Frauen und Jugend (BMFSFJ) (1999): Selbstbewertung des Qualitätsmanagements. Eine Arbeitshilfe. Materialien zur Qualitätssicherung in der Kinder- und Jugendhilfe, Bd. 24, Berlin: Eigenverl.

Bundesministerium für Familie, Senioren, Frauen und Jugend (BMFSFJ) (2000): Handbuch zur Neuen Steuerung in der Kinder- und Jugendhilfe. Eine Arbeitshilfe für öffentliche und freie Träger, Stuttgart/Berlin/Köln: Kohlhammer.

Bundesministerium für Familie, Senioren, Frauen und Jugend (BMFSFJ) (2001): Qualitätsentwicklung in der ambulanten Kinder- und Jugendhilfe. Materialien zur Qualitätssicherung in der Kinder- und Jugendhilfe, Bd. 30, Berlin: Eigenverl.

Bundesministerium für Familie, Senioren, Frauen und Jugend (BMFSFJ) (2002a): Elfter Kinder- und Jugendbericht, Bonn: Eigenverl.

Bundesministerium für Familie, Senioren, Frauen und Jugend (BMFSFJ) (2002b): Effekte erzieherischer Hilfen und ihre Hintergründe. Schriftenreihe Bd. 219, Stuttgart: Kohlhammer.

Bundesverwaltungsamt (2013): Common Assessment Framework – Verbesserung öffentlicher Organisationen durch Selbstbewertung, Köln.

Burghardt, Heinz (2010): Die Profession Sozialer Arbeit im geltenden Recht und als Rechtsgebot. In: Mührel, Eric (Hg.) (2010a): Der Staat und die Soziale Arbeit. Bestandsaufnahme und Perspektiven eines fragwürdigen Verhältnisses, Essen: Verl. Die Blaue Eule, S. 23-39.

Busch, Manfred (1997): Das vorzeitige Ende pluraler Angebotsstrukturen und Mitwirkungsrechte in der Jugendhilfe? In: ZfJ, 84. Jg., 1997, H. 5, S. 149-152, H. 6, S. 193-202 und H. 7/8, S. 261-270.

Busch, Manfred (1999a): Örtliche Zuständigkeit für den Abschluss von Vereinbarungen und andere verfahrensrechtliche Aspekte zu §§ 78 a ff. SGB VIII. In: ZfJ, 86. Jg., 1999, H. 7/8, S. 255-262.

Busch, Manfred (1999b): Qualitätsentwicklung im Sozialen. Nichts leichter als das in der Jugendhilfe. In: Jugendhilfe, 37. Jg., 1999, H. 5, S. 258-264.

Busch, Manfred (2000a): Verfahren der Schiedsstelle nach § 78 g SGB VIII. In: ZfJ, 87. Jg., 2000, H. 10, S. 384-391.

Busch, Manfred (2000b): Verfahren der Schiedsstelle nach § 78 g SGB VIII (Teil 2). In: ZfJ, 87. Jg., 2000, H. 11, S. 424-432.

Bußmann, Ulrike/ Esch, Karin/ Stöbe-Blossey, Sybille (2003): Neue Steuerungsmodelle - frischer Wind im Jugendhilfeausschuß? Die Weiterentwicklung der neuen Steuerungsmodelle: Tendenzen und Potenziale am Beispiel der Jugendhilfe. Opladen: VS Verl. für Sozialwiss.

Büssow, Jürgen (1973): Vorschläge des DGB und ihre Berücksichtigung im Diskussionsentwurf. In: np, 3. Jg., 1973, Sonderheft: Kritik am Diskussionsentwurf eines neuen Jugendhilfegesetzes, Neuwied: Luchterhand, S. 22-31.

Bütow, Birgit/Chassé, Karl A./Hirt, Rainer (Hg.) (2008): Soziale Arbeit nach dem sozialpädagogischen Jahrhundert. Positionsbestimmungen sozialer Arbeit im Post-Wohlfahrtsstaat. Opladen/Farmington Hills: Budrich.

Butterwegge, Christoph (2005): Krise und Zukunft des Sozialstaates. 2. durchges. Aufl., Wiesbaden: VS Verl. für Sozialwiss.

Chassé, Karl A./Wensierski, Hans-Jürgen von (Hg.) (2002): Praxisfelder der sozialen Arbeit. Eine Einführung, 2. Aufl., Weinheim/München: Juventa.

Claessens, Dieter (1976): Familie und Wertsystem : eine Studie zur "2., sozio-kulturellen Geburt" des Menschen, 2. überarb. Aufl., Berlin : Duncker & Humblot.

Cleppien, Georg/Kosellek, Tobias (2013): Vertrauen in Netzwerk(en). In: Fischer, Jörg/ Kosellek, Tobias (Hg.) (2013): Netzwerke und Soziale Arbeit. Theorien, Methoden, Anwendungen, Weinheim/Basel: Beltz Juventa, S. 176-198.

Coase, Ronald (1937): The Nature of the firm. In: Economica, New Series, Vol. 4, 1937, No. 16, S. 386-405.

Coase, Ronald (1997): An Interview with Ronald Coase. In: International Society for New Institutional Economics, Newsletter, Vol. 2, 1997, No. 1, St. Louis, S. 3-10.

Combe, Arno/Helsper, Werner (Hg.) (1997): Pädagogische Professionalität. Untersuchungen zum Typus pädagogischen Handelns. 2. Aufl., Frankfurt a. M.: Suhrkamp.

Cremer, Georg (2013): Wohlfahrtsverbände im Wettbewerb: Plädoyer für eine ordnungspolitische Perspektive. In: ArchsozArb, 44. Jg., 2013, H. 2, S. 62-73.

Cremer, Georg/Goldschmidt, Nils/Höfer, Sven (2013): Soziale Dienstleistungen. Ökonomie, Recht, Politik, Tübingen: Mohr Siebeck.

Dabrowski, Martin/Wolf, Judith (Hg.) (2007): Aufgaben und Grenzen des Sozialstaates, Paderborn: Schöningh.

Dahme, Heinz-Jürgen (2000): Kontraktmanagement und Leistungsvereinbarungen – Rationalisierung des sozialen Dienstleistungssektors durch Vernetzung. In: TuP, 51. Jg., 2000, H. 2, S. 62-67.

Dahme, Heinz-Jürgen /Kühnlein, Gertrud /Wohlfahrt, Norbert (2005): Zwischen Wettbewerb und Subsidiarität. Wohlfahrtsverbände unterwegs in die Sozialwirtschaft. Berlin: Edition Sigma.

Dahme, Heinz-Jürgen/Wohlfahrt, Norbert (2001): Zur Theorie eines aktivierenden Sozialstaats (I). Aktivierender Staat: Neues Leitbild für die Sozial- und Gesellschaftspolitik?, in: TuP, 52. Jg., 2001, H.1, S. 10-14.

Dahme, Heinz-Jürgen/Wohlfahrt, Norbert (2002): Aktivierender Staat: Ein neues sozialpolitisches Leitbild und seine Konsequenzen für die soziale Arbeit. In: np, 32. Jg., 2002, H. 1, S. 10-32.

Dahme, Heinz-Jürgen/Wohlfahrt, Norbert (2005): Recht und Finanzierung. In: Kessl, Fabian/Reutlinger, Christian/Maurer, Susanne/Frey, Oliver (Hg.) (2005): Handbuch Sozialraum, 1. Aufl., Wiesbaden: VS Verl. f. Sozialwiss., S. 263-278.

Dahme, Heinz-Jürgen/Wohlfahrt, Norbert (2006): Strömungen und Risiken der Verwaltungsmodernisierung. In: Hensen, Gregor (Hg.) (2006a): Markt und Wettbewerb in der Jugendhilfe. Ökonomisierung im Kontext von Zukunftsorientierung und fachlicher Notwendigkeit, Weinheim/München: Juventa, S. 61-76.

Dahme, Heinz-Jürgen/Wohlfahrt, Norbert (2011): Qualität. In: Otto, Hans-Uwe/ Thiersch, Hans (Hg.) (2011): Handbuch Soziale Arbeit, 4. völlig neu bearb. Aufl., München: Reinhardt, S. 1176-1185.

Dedekind, Marion (1999): Die Leistungsbeschreibung. Qualitätsdiskussion zwischen Aktionismus und notwendiger Neuorientierung? In: Kröger, Rainer (Hg.) (1999): Leistung, Entgelt und Qualitätsentwicklung in der Jugendhilfe. Arbeitshilfen mit Musterbeispielen zur praktischen Umsetzung der §§ 78 a-g SGB VIII, Neuwied/ Kriftel: Luchterhand, S. 85-97.

Dees, J. Gregory (1992): Pricipals, Agents and Ethics. In: Bowie, Norman/Freemann, Edward (Hg.) (1992): Ethics and Agency Theory, New York: Oxford Universitiy Press, S. 25-58.

Denninger, Erhard (1969): Jugendfürsorge und Grundgesetz. In: Kritische Justiz, 2. Jg., 1969, H. 4, S. 379-385.

Denzau, Arthur T./North, Douglass (1994): Shared Mental Models: Ideologies and Institutions. In: Kyklos, Vol. 47, 1994, No. 1, S. 3-31.

Depner, Rolf/Trube, Achim (2001): Der Wandel der Gesellschaft und die Qualitätsdebatte im Sozialsektor. In: np, 31. Jg., 2001, H. 3, S. 217-238.

Derleder, Peter (2007): Rechtsstaat – Sozialstaat – Kulturstaat. Überlegungen zur Fortentwicklung alter Theorien. In: Kritische Justiz, 40. Jg., 2007, H. 2, S. 110-123.

Deutschendorf, René/Hamberger, Matthias/Koch, Josef/Lenz, Stefan/Peters, Friedhelm (Hg.) (2006): Werkstattbuch INTEGRA. Grundlagen, Anregungen und Arbeitsmaterialien für integrierte, flexible und sozialräumlich ausgerichtete Erziehungshilfen, Weinheim/München: Juventa.

Deutscher Berufsverband für Soziale Arbeit e.V. (DBSH) (1997): Grundlagen für die Arbeit des DBSH e. V. Ethik in der Sozialen Arbeit. Beschluss der Bundesmitgliederversammlung des DBSH vom 21.-23. November 1997 in Göttingen.

Deutscher Verein für öffentliche und private Fürsorge (DV) (2012): Qualitätsentwicklung in der Kinder- und Jugendhilfe – Diskussionspapier des Deutschen Vereins zum Umgang mit §§ 79, 79 a SGB VIII, Berlin: Eigenverl.

Dewe, Bernd (1998): „Lebenswelt" – eine Orientierung für die Sozialarbeit? In: Pantuček, Peter/Vyslouzil, Monika (Hg.) (1998): Theorie und Praxis lebenswelt-orientierter Sozialarbeit, St. Pölten: Sozaktiv e.V., S. 13-27.

Diekmann, Andreas/Manhart, Klaus (1989): Kooperative Strategien im Gefangenendilemma. Computersimulation eines N-Personen-Spiels. In: Analyse & Kritik, 11. Jg., 1989, S. 134-153.

Dimmel, Nikolaus (2008): Recht und Wettbewerb. In: Bakic, Josef/Diebäcker, Marc/ Hammer, Elisabeth (Hg.) (2008): Aktuelle Leitbegriffe der Sozialen Arbeit. Ein kritisches Handbuch. Wien: Löcker, S. 217-232.

Dithmar, Christiane/Riemer, Holger (1999): Die Soziale Ungleichheit ist fühlbar gestiegen. Geld zum Verteilen ist nicht mehr da. Interview mit Micha Brumlik und Birger Priddat. In: Diakonie, 1999, H. 6, S. 20-25.

Dobner, Petra (2007): Neue soziale Frage und Sozialpolitik, 1. Aufl., Wiesbaden: VS Verl. f. Sozialwiss.

Donabedian, Avedis (1982): An exploration of Structure, Process and Outcome as Approaches to Quality Assessment. In: Selbmann, Hans-Konrad/Überla, Karl (Hg.) (1982): Quality Assessment of Medical Care. Gerlingen: Bleicher, S. 69-92.

Döring, Diether (2004): Sozialstaat, Frankfurt a. M.: Fischer.

Ebers, Mark/Gotsch, Wilfried (2006): Institutionsökonomische Theorien der Organisation. In: Kieser, Alfred (Hg.) (2006): Organisationstheorien, 6. Aufl., Stuttgart: Kohlhammer, S. 248-308.

Eckl, Peter (1975): Kritische Anmerkungen zum Diskussionsentwurf. In: Jordan, Erwin (Hg.) (1975): Jugendhilfe. Beiträge und Materialien zur Reform des Jugendhilferechts, Weinheim/Basel: Beltz, S. 60-73.

Edeling, Thomas/Jann, Werner/Wagner, Dieter (Hg.) (1999): Institutionenökonomie und Neuer Institutionalismus. Überlegungen zur Organisationstheorie. Leverkusen: Leske + Budrich.

Effinger, Herbert (1994): Soziale Arbeit als Kundendienst - Innovation oder Regression? Professionelle Begleitung in schwierigen Lebenspassagen als personenbezogene Dienstleistung in intermediären Organisationen. In: Widersprüche, 14. Jg., 1994, H. 52, S. 29-53.

Effinger, Herbert (1997): Dialogorientierung Sozialer Arbeit. Thesen zur fachlichen Bedeutung der Dienstleistungs- und Kundenorientierung. In: NDV, 77. Jg., 1997, H. 3, S. 82-86.

Effinger, Herbert (1998): Kundenorientierung Sozialer Arbeit – Ökonomische Engführung oder Erweiterung des Sozialen. In: Pantuček, Peter/Vyslouzil, Monika (Hg.) (1998): Theorie und Praxis lebenswelt-orientierter Sozialarbeit, St. Pölten: Sozaktiv e.V., S. 29-48.

Effinger, Herbert (2002): Tempora horribiles?! Provokationen und Fragen zur Gegenwart der Zukunft der Sozialen Arbeit. In: Sozialmagazin, 27. Jg., 2002, H. 4, S. 16-23.

Effinger, Herbert/Körber, Klaus (2004): Sozialunternehmer, Freiberufler oder Bedienstete: Professionalisierung im intermediären Bereich. In: np, 34. Jg., 2004, H. 1, S. 46-56.

Eichenhofer, Eberhard (2011): Der Gegenstand des Kinder- und Jugendhilferechts und der Standort im Rechtssystem. In: Münder, Johannes/Wiesner, Reinhard/Meysen, Thomas (Hg.) (2011): Kinder- und Jugendhilferecht. Handbuch, 2. Aufl., Baden-Baden: Nomos, S. 88-100.

Eichmann, Rainer (1996): Neue Steuerung im Bereich Jugend und Soziales: der KGSt –Ansatz. In: Forum Jugendhilfe, 34. Jg., 1996, H. 3, S. 41-47.

Emanuel, Markus (2001): Von den Schwierigkeiten einer Qualitätsentwicklung in der Jugendhilfe. In: ZfJ, 88. Jg., 2001, H. 4, S. 133-143.

Emanuel, Markus (2012): Professionalisierung der Schulsozialarbeit aus jugendhilfeplanerischer Sicht. In: Hollenstein, Erich / Nieslony, Frank (2012) (Hg.): Handlungsfeld Schulsozialarbeit: Profession und Qualität. Baltmannsweiler: Schneider Verlag Hohengehren, S. 39-51.

Emanuel, Markus/Müller-Alten, Lutz (2008): Qualität der Hilfen zur Erziehung, Arbeitspapiere der Evangelischen Fachhochschule Darmstadt, 2008, Nr. 11, Darmstadt: Eigenverl.

Endreß, Martin (2002): Vertrauen, Bielefeld: transcript.

Engel, Matthias/Flösser, Gaby/Gensink, Gesine (1996): Qualitätsentwicklung in der Dienstleistungsgesellschaft – Perspektiven für die Soziale Arbeit. In: Heiner, Maja (Hg.) (1996a): Qualitätsentwicklung durch Evaluation, Freiburg i. B.: Lambertus, S. 48-67.

Engelke, Ernst/Borrmann, Stefan/Spatscheck, Christian (2008): Theorien der sozialen Arbeit. Eine Einführung, 4. Aufl., Freiburg i. B.: Lambertus.

Engels, Stefan (1997): Kinder- und Jugendschutz in der Verfassung; Verankerung, Funktion und Verhältnis zum Elternrecht. In: AÖR, 122. Jg., H. 2, 1997, S. 213 - 246.

Erikson, Erik (1971): Identität und Lebenszyklus: Drei Aufsätze, Frankfurt a. M.: Suhrkamp.

Erlei, Mathias/Leschke, Martin/Sauerland, Dirk (2007): Neue Institutionenökonomik, 2. überarb. u. erw. Aufl., Stuttgart: Schaeffer-Poeschel.

Erler, Michael (2003): Systemische Familienarbeit. Eine Einführung, Weinheim: Juventa.

Esch, Karin/Klaudy, Elke Katharina/Micheel, Brigitte/Stöbe-Blossey, Sybille (2006): Qualitätskonzepte in der Kindertagesbetreuung. Ein Überblick, Wiesbaden: VS Verl. F. Sozialwiss.

Esping-Andersen, Gosta (2004): Die gute Gesellschaft und der neue Wohlfahrtsstaat. In: ZSR, 50. Jg., 2004, H. 1/2, S. 189-210.

Esser, Hartmut (2005): Rationalität und Bindung. In: Held, Martin/Kubon-Gilke, Gisela/Sturn, Richard (Hg.) (2005): Normative und institutionelle Grundfragen der Ökonomik. Jahrbuch 4. Reputation und Vertrauen, Marburg: Metropolis, S. 85-111.

Etzioni, Amitai (1973): The Third Sector and Domestic Missions. In: Public Administration Review, Vol. 33, 1973, No. 4, S. 314-323.

Evers, Adalbert (2003): Soziale Unternehmen - die Zukunft öffentlicher sozialer Dienstleistungen anders denken! In: TuP, 54. Jg., 2003, H. 1, S. 11-17.

Evers, Adalbert (2011): Wohlfahrtsmix im Bereich sozialer Dienste. In: Evers, Adalbert/Heinze, Rolf G./Olk, Thomas (Hg.) (2011a): Handbuch Soziale Dienste, Wiesbaden: VS Verl. f. Sozialwiss., S. 265-283.

Evers, Adalbert/Heinze, Rolf G./Olk, Thomas (Hg.) (2011a): Handbuch Soziale Dienste, Wiesbaden: VS Verl. f. Sozialwiss.

Evers, Adalbert/Heinze, Rolf G./Olk, Thomas (2011b): Einleitung: Soziale Dienste – Arenen und Impulsgeber Sozialen Wandels. In: Evers, Adalbert/Heinze, Rolf G./ Olk, Thomas (Hg.) (2011a): Handbuch Soziale Dienste, Wiesbaden: VS Verl. f. Sozialwiss., S. 9-34.

Evers, Adalbert/Olk, Thomas (Hg.) (1996a): Wohlfahrtspluralismus. Vom Wohlfahrtsstaat zur Wohlfahrtsgesellschaft, Opladen: Westdeutscher Verl.

Evers, Adalbert/Olk, Thomas (1996b): Wohlfahrtspluralismus – Analytische und normativ-politische Dimensionen eines Leitbegriffs. In: Evers, Adalbert/Olk, Thomas (Hg.) (1996a): Wohlfahrtspluralismus. Vom Wohlfahrtsstaat zur Wohlfahrtsgesellschaft, Opladen: Westdeutscher Verl., Seite 9-60.

Eyßell, Tim (2012): Wandel der lokalen Kooperationsformen am Beispiel der Jugendhilfe. Vom „Kungelkorporatismus" zu europaweiten Ausschreibungen. In: Fachgebiet Sozialpolitik am Institut für Sozialwesen der Universität Kassel (Hg.) (2012): Infrastrukturwandel im Wohlfahrtsstaat. Formen, Prozesse, Konsequenzen. Dokumentation zur Jahrestagung, Kassel, S. 56-80.

Fachgebiet Sozialpolitik am Institut für Sozialwesen der Universität Kassel (Hg.) (2012): Infrastrukturwandel im Wohlfahrtsstaat. Formen, Prozesse, Konsequenzen. Dokumentation zur Jahrestagung, Kassel.

Faller, Peter/Witt, Dieter (Hg.) (1991): Dienstprinzip und Erwerbsprinzip. Baden-Baden: Nomos.

Faltermeier, Josef/Fuchs, Petra (Hg.) (1996): Hilfeplanung konkret. Praktische und fachpolitische Handlungsstrategien zur Qualitätssicherung in der Jugendhilfe. Schriftenreihe Deutscher Verein für Öffentliche und Private Fürsorge, Bd. 34, Stuttgart/Berlin/Köln: Kohlhammer.

Farhauer, Oliver (2002): Sozialpolitische Implikationen ausgewählter vertragstheoretischer Lehren. In: Sozialer Fortschritt, 51. Jg., 2002, H. 1, S. 12-15.

Fatke, Reinhard (Hg.) (1999): Erziehung und sozialer Wandel. Brennpunkte sozialpädagogischer Forschung, Theoriebildung und Praxis. ZfP, 39. Beiheft, Weinheim: Beltz.

Fedke, Christioph (2010): Zwischen (Neo)Korporatismus und Markt. In: Sozialmagazin, 35. Jg., H. 2, S. 44-51.

Feess, Eberhard (2000): Mikroökonomie. Eine spieltheoretisch- und anwendungsorientierte Einführung, 2. Aufl., Marburg: Metropolis.

Felisch, Paul (1912): Ein deutsches Jugendgesetz. In: Deutsche Juristen Zeitung, 17. Jg., 1912, S. 19-25.

Felisch, Paul (1917): Ein deutsches Jugendgesetz. Berlin: Mittler.

Ferber, Christian von/Kaufmann, Franz-Xaver (Hg.) (1977): Soziologie und Sozialpolitik. In: KZfSS, 29. Jg., 1977, Sonderheft 19, Opladen: Westdt. Verl.

Fichtner, Otto (1975): Neue Ansätze und Rechte Diskussionsentwurf. In: Jordan, Erwin (Hg.) (1975): Jugendhilfe. Beiträge und Materialien zur Reform des Jugendhilferechts, Weinheim/Basel: Beltz, S. 53-59.

Fieseler, Gerhard/Herborth, Reinhard (2010): Recht der Familie und Jugendhilfe. Arbeitsplatz Jugendamt/Sozialer Dienst, 7. Aufl., Köln: Luchterhand.

Figiel, Hermann (1997): Qualitätskriterien in der Jugendhilfe. In: TuP, 48. Jg., 1997, H. 11, S. 25-28.

Figiel, Hermann (1998): Perspektivenwechsel in der Finanzierung der Jugendhilfe – Zur Neuregelung der §§ 77 ff KJHG. In: TuP, 49. Jg., 1998, H. 6, S. 232-234.

Finis Siegler, Beate (2009): Ökonomik sozialer Arbeit. 2. Aufl., Freiburg i.B.: Lambertus.

Finis Siegler, Beate (2012): Gut gemeint - aber auch gut gemacht? - Das Bildungs- und Teilhabepaket aus steuerungstheoretischer Sicht. In: NDV, 92. Jg., 2012, H. 9, S. 425-431 und H. 10, S. 484-489.

Finkel, Margarete (2003): Zur Messbarkeit der Leistungen von Heimerziehung. Evaluation in der Heimerziehung und das Evaluationsverfahren der JULE-Studie. In: Möller, Michael (Hg.) (2003): Effektivität und Qualität sozialer Dienstleistungen. Ein Diskussionsbeitrag. Kassel: Unidruckerei, S. 26-49.

Fischer, Jörg (2005): Die Modernisierung der Jugendhilfe im Wandel des Sozialstaates, 1. Aufl., Wiesbaden: VS Verl. f. Sozialwiss.

Fischer, Jörg/Kosellek, Tobias (Hg.) (2013): Netzwerke und Soziale Arbeit. Theorien, Methoden, Anwendungen, Weinheim/Basel: Beltz Juventa.

Fleck, Ludwik (2011): Denkstile und Tatsachen. Gesammelte Schriften und Zeugnisse, Berlin: Suhrkamp.

Flösser, Gaby (1996a): Kontraktmanagement – Das neue Steuerungsmodell für die Jugendhilfe. In: Flösser, Gaby/Otto Hans-Uwe (Hg.) (1996a): Neue Steuerungsmodelle für die Jugendhilfe, Neuwied/ Kriftel/Berlin: Luchterhand, S. 55-74.

Flösser, Gaby (1996b): Von der Neuorganisation der sozialen Dienste der 70er Jahre zum Kontraktmanagement in den 90er Jahren – Lehren aus vergangenen Verwaltungsreformen. In: Merchel, Joachim/Schrapper, Christian (Hg.) (1996a): "Neue Steuerung". Tendenzen der Organisationsentwicklung in der Sozialverwaltung, Münster: Votum, S. 18-31.

Flösser, Gaby (1999a): Vorwort. In: Arbeitsgemeinschaft für Erziehungshilfe (AFET) e.V. – Bundesvereinigung (Hg.) (1999): Werkstatt: Qualitätsentwicklung in der Erziehungshilfe, Sonderveröffentlichung, Nr. 5/1999, S. 2-5.

Flösser, Gaby (1999b): Wieviel Staat braucht die Soziale Arbeit? Qualitätsmerkmale Sozialer Dienste. In: GiSA, 53. Jg., 1999, H. 2, S. 25-31.

Flösser, Gaby (2000a): Vom Ende des Korporatismus zum Wettbewerb ohne Ende? In: Otto, Hans-Uwe/Schnurr, Stefan (Hg.) (2000a): Privatisierung und Wettbewerb in der Jugendhilfe. Marktorientierte Modernisierungsstrategien in internationaler Perspektive, Neuwied: Luchterhand, S. 291-300.

Flösser, Gaby (2000b): EFQM–Das Modell der European Foundation of Quality Managment zur Qualitätsbewertung. In: Merchel, Joachim (Hg.) (2000a): Qualitätsentwicklung in Einrichtungen und Diensten der Erziehungshilfe. Methoden, Erfahrungen, Kritik, Perspektiven. 1. Aufl., Frankfurt a.M.: IGFH, S. 161-168.

Flösser, Gaby (2001): Eine Einführung in die Qualitätsdebatte: Begriffs(er)klärungen, Modelle und Konzepte. In: Jessen, Dörte (Hg.) (2001): Qualitätsmanagement in der Jugendhilfe. Dokumentation der Fachtagung vom 30. November und 01. Dezember 2000 in Dresden, Arbeitsgruppe Fachtagungen Jugendhilfe, Berlin: Verein für Kommunalwiss., S. 9-17.

Flösser, Gaby/Oechler, Melanie (2004): Chancen und Risiken von Qualitätsmanagement in der Sozialen Arbeit. In: Beckmann, Christof/Otto Hans-Uwe/Richter Martina/Schrödter Mark (Hg.) (2004a): Qualität in der sozialen Arbeit. Zwischen Nutzerinteresse und Kostenkontrolle. Leverkusen: Leske + Budrich, S. 175-183.

Flösser, Gaby/Otto Hans-Uwe (Hg.) (1996a): Neue Steuerungsmodelle für die Jugendhilfe, Neuwied/ Kriftel/Berlin: Luchterhand.

Flösser, Gaby/Otto Hans-Uwe (1996b): Neue Steuerungsmodelle für die Jugendhilfe. In: Flösser, Gaby/Otto Hans-Uwe (Hg.) (1996a): Neue Steuerungsmodelle für die Jugendhilfe, Neuwied/ Kriftel/ Berlin: Luchterhand, S. 7-11.

Flösser, Gaby/Otto, Hans-Uwe (1996c): Professionelle Perspektiven der Sozialen Arbeit. Zwischen Lebenswelt- und Dienstleistungsorientierung. In: Grunwald, Klaus/ Ortmann, Friedrich/Rauschenbach, Thomas/Treptow, Rainer (Hg.) (1996): Alltag, Nicht-Alltägliches und die Lebenswelt. Beiträge zur lebensweltorientierten Sozialpädagogik, Weinheim/München: Juventa, S. 179-188.

Flösser, Gaby/Otto, Hans-Uwe (2003): Dienstleistung für die Dienstleister: Kontextsteuerung für professionelles Handeln in den sozialen Diensten. In: Olk, Thomas/ Otto, Hans-Uwe (Hg.) (2003): Soziale Arbeit als Dienstleistung. Grundlegungen, Entwürfe und Modelle. Neuwied: Luchterhand, 46-66.

Flösser, Gaby/Vollhase, Matthias (2006): Freie Wohlfahrtspflege zwischen subsidiärer Leistungserbringung und Wettbewerb. In: Hensen, Gregor (Hg.) (2006a): Markt und Wettbewerb in der Jugendhilfe. Ökonomisierung im Kontext von Zukunftsorientierung und fachlicher Notwendigkeit, Weinheim/München: Juventa, S. 77-88.

Flug, Otto (1929): Die Fürsorgeerziehung. In: Nohl, Herrmann/Pallat, Ludwig (Hg.) (1929): Handbuch der Pädagogik, Bd. 5, Langensalza: Beltz, S. 181-194.

Föcking, Fredericke (2010): Expertenwissen, Politikberatung und die Entstehung des Bundessozialhilfegesetzes von 1961. In: Becker, Ulrich/Hockerts, Hans G./Tenfelde, Klaus (Hg.) (2010): Sozialstaat Deutschland. Geschichte und Gegenwart, Bonn: Dietz, S. 103-122.

Frech, Siegfried/Schmidt, Josef (Hg.) (2004): Der Sozialstaat. Reform, Umbau, Abbau? Schwalbach/Ts.: Wochenschau-Verl.

Freier, Dietmar (2000): Bestimmung Sozialer Dienstleistungen über den Markt. In: TuP, 51. Jg., 2000, H. 8, S. 301-307.

Freigang, Werner (1998): Was verhindert die Verbreitung von integrierten Erziehungshilfen? In: Peters, Friedhelm/Trede, Wolfgang/Winkler, Michael (Hg.) (1998): Integrierte Erziehungshilfen. Qualifizierung der Jugendhilfe durch Flexibilisierung und Integration? Frankfurt a. M.: IGFH-Eigenverl., S. 338-349.

Freigang, Werner (2008): Lebensweltorientierung in den Hilfen zur Erziehung. In: Grunwald, Klaus/Thiersch, Hans (Hg.) (2008a): Praxis lebensweltorientierter sozialer Arbeit. Handlungszugänge und Methoden in unterschiedlichen Arbeitsfeldern, 2. Aufl., Weinheim/München: Juventa, S. 137-145.

Frevel, Bernhard/Dietz Berthold (2008): Sozialpolitik kompakt, 2. Aufl., Wiesbaden: VS Verl. f. Sozialwiss.

Frey, Bruno S. (1988): Ein ipsatives Modell menschlichen Verhaltens. Ein Beitrag zur Ökonomie und Psychologie. In: Analyse & Kritik, 10. Jg., 1988, H. 2., S. 181-205.

Fritze, Agnès/Maelicke Bernd/Uebelhart Beat (Hg.) (2011): Management und Systementwicklung in der Sozialen Arbeit. Baden-Baden: Nomos.

Fröhlich-Gildhoff, Klaus (2003): Einzelbetreuung in der Jugendhilfe. Konzepte, Prozesse und wirksame Faktoren. Münster: Lit.

Fröhlich-Gildhoff, Klaus (2004): Weniger Kohle macht arm. In: Sozial Extra, 28. Jg., 2004, H. 7/8, S. 34-37.

Fröhlich-Gildhoff, Klaus/Engel, Eva Maria/Rönnau, Maike (2006): SPFH im Wandel? Untersuchungsergebnisse zu Konzepten, Praxis und Rahmenbedingungen der Sozialpädagogischen Familienhilfe. Freiburg i. Br: FEL.

Fröse, Marlies (Hg.) (2005): Management Sozialer Organisationen. Beiträge aus Theorie, Forschung und Praxis – Das Darmstädter Management-Modell, Bern/Stuttgart/ Wien: Haupt.

Früchtel, Frank (1999): Stuttgart: Den Tanker wenden – Umbau der Hilfen zur Erziehung. In: Koch, Josef/Lenz, Stefan (Hg.) (1999): Auf dem Weg zu einer integrierten und sozialräumlichen Kinder- und Jugendhilfe. Dokumentation des 2. Bundestreffens INTEGRA der IGFH in Blankensee 1999, 1. Aufl., Frankfurt a. M.: IGFH-Eigenverl., S. 118-123.

Früchtel, Frank/Budde, Wolfgang/Herweg, Oliver (2010): Die Entdeckung der Wirksamkeit. Von der technologischen zur sozialarbeiterischen Rationalität. In: Sozialmagazin, 35. Jg., 2010, H.1, S. 28-38.

Früchtel, Frank/Krieg-Rau, Christine/Scheffer, Thomas (2001): Eine neue Fachlichkeit und ihr Finanzierungsinstrument. In: Früchtel, Frank/Lude, Werner/Scheffer, Thomas/Weißenstein, Regina (Hg.) (2001): Umbau der Erziehungshilfe. Von den Anstrengungen, den Erfolgen und den Schwierigkeiten bei der Umsetzung fachlicher Ziele in Stuttgart, Weinheim/München: Juventa, S. 37-48.

Früchtel, Frank/Lude, Werner/Scheffer, Thomas/Weißenstein, Regina (Hg.) (2001): Umbau der Erziehungshilfe. Von den Anstrengungen, den Erfolgen und den Schwierigkeiten bei der Umsetzung fachlicher Ziele in Stuttgart, Weinheim/ München: Juventa.

Furubotn, Eirik G./Richter, Rudolf (Hg.) (1990): The New institutional economics. A collection of articles from the Journal of institutional and theoretical economics, Tübingen: Mohr.

Füssenhäuser, Cornelia (2005): Werkgeschichte(n) der Sozialpädagogik. Klaus Mollenhauer - Hans Thiersch - Hans-Uwe Otto; der Beitrag der ersten Generation nach 1945 zur universitären Sozialpädagogik, Baltmannsweiler: Schneider Verl. Hohengehren.

Gabriel, Karl (2007): Bereitstellung sozialer Dienstleistungen durch Staat, Markt oder freie Wohlfahrtspflege? In: Dabrowski, Martin/Wolf, Judith (Hg.) (2007): Aufgaben und Grenzen des Sozialstaates, Paderborn: Schöningh, S. 109-129.

Gabriel, Karl/Große Kracht, Hermann-Josef (Hg.) (2006): Joseph Höffner (1906-1987). Soziallehre und Sozialpolitik. "Der personale Faktor...", Paderborn: Schöningh.

Gabriel, Thomas (2000): Qualitätssicherung in der britischen Jugendhilfe – die „Looking after Children“- Initiative (LaC). In: ZfJ, 87. Jg., 2000, H. 9, S. 327-336.

Gabriel, Thomas (2007): Wirkungen von Heimerziehung - Perspektiven der Forschung. In: Institut für soziale Arbeit e.V. (ISA) (Hg.) (2007a): Wirkungsorientierte Jugendhilfe, Bd. 1. Eine Schriftenreihe des ISA zur Qualifizierung der Hilfe zur Erziehung, Münster, S. 14-18.

Gabriel, Thomas/Keller, Samuel/Studer, Tobias (2007): Wirkungen erzieherischer Hilfen – Metaanalyse ausgewählter Studien. Wirkungsorientierte Jugendhilfe. In: Institut für soziale Arbeit e.V. (ISA) (Hg.) (2007c): Wirkungsorientierte Jugendhilfe, Bd. 3. Eine Schriftenreihe des ISA zur Qualifizierung der Hilfe zur Erziehung, Münster, S. 4-36.

Gadow, Tina/Peucker, Christian/Pluto, Liane/van Santen, Eric/Seckinger, Mike (2013): Wie geht´s der Kinder- und Jugendhilfe? Empirische Befunde und Analysen, Weinheim/Basel: Beltz Juventa.

Galuske, Michael (2002a): Flexible Sozialpädagogik. Elemente einer Theorie Sozialer Arbeit in der modernen Arbeitsgesellschaft, Weinheim: Juventa.

Galuske, Michael (2002b): Dienstleistungsorientierung – ein neues Leitkonzept Sozialer Arbeit? In: np, 32. Jg., 2002, H. 3, S. 241-258.

Galuske, Michael (2004a): Auf dem Weg in das „zweite sozialpädagogische Jahrhundert"? In: Bock, Karin/Thole, Werner (Hg.) (2004a): Soziale Arbeit und Sozialpolitik im neuen Jahrtausend, 1. Aufl., Wiesbaden: VS Verl. f. Sozialwiss., S. 45-71.

Galuske, Michael (2008): Fürsorgliche Aktivierung – Anmerkungen zu Gegenwart und Zukunft Sozialer Arbeit im aktivierenden Staat. In: Bütow, Birgit/Chassé, Karl A./ Hirt, Rainer (Hg.) (2008): Soziale Arbeit nach dem sozialpädagogischen Jahrhundert. Positionsbestimmungen sozialer Arbeit im Post-Wohlfahrtsstaat, Opladen/ Farmington Hills: Budrich, S. 9-28.

Galuske, Michael/Rosenbauer, Nicole (2008): Diagnose und Sozialtechnologie. In: Bakic, Josef/Diebäcker, Marc/Hammer, Elisabeth (Hg.) (2008): Aktuelle Leitbegriffe der Sozialen Arbeit. Ein kritisches Handbuch. Wien: Löcker, S. 73-90.

Garvin, David (1984): What Does "Product Quality" Really Mean? In: Sloan Management Review, 26. Jg., Fall 1984, H. 1, S. 25-43.

Gehres, Walter (1997): Wirkungen von Heimunterbringung. Klientenorientierte Evaluationsforschung als ein wesentlicher Beitrag zur Qualitätssicherung Sozialer Dienste. In: np, 27. Jg., 1997, H. 2, S. 176-181.

Gernert, Wolfgang (1978): Jugendhilfe, 3. neu bearb. Aufl., München/Basel: Reinhardt.

Gerull, Peter (2000): Hand- und Werkbuch. Soziales Qualitätsmanagement. Konzepte und Erfahrungen, EREV-Schriftenreihe, Hannover.

Gerull, Peter (2001): Qualität und Qualitätsentwicklung in den Erziehungshilfen. In: Birtsch, Vera/Münstermann, Klaus/Trede, Wolfgang (Hg.) (2001): Handbuch Erziehungshilfen. Leitfaden für Ausbildung, Praxis und Forschung, Münster: Votum, S. 440-457.

Gerull, Peter/Post, Eckehart (1999): Qualitätssicherung durch Kunden- und Mitarbeiterbefragungen. In: Unsere Jugend, 51. Jg., 1999, H. 1, S. 15-23.

Giddens, Anthony (1988): Die Konstitution der Gesellschaft. Grundzüge einer Theorie der Strukturierung, Frankfurt a. M.: Campus.

Giersch, Herbert (1960): Allgemeine Wirtschaftspolitik. Grundlagen, Bd. 1, Wiesbaden: Betriebswirtschaftl. Verl. Dr. Th. Gabler.

Giesecke, Hermann (1980): Die Jugendarbeit, 5. völlig neu bearb. Aufl., München: Juventa.

Giesecke, Hermann (1981): Vom Wandervogel bis zur Hitlerjugend. Jugendarbeit zwischen Politik und Pädagogik, München: Juventa.

Gilbert, Neil (2000): Dienstleistungskontrakte: Strategien und Risiken. In: Otto, Hans-Uwe/Schnurr, Stefan (Hg.) (2000a): Privatisierung und Wettbewerb in der Jugendhilfe. Marktorientierte Modernisierungsstrategien in internationaler Perspektive, Neuwied: Luchterhand, S. 143-154.

Gildemeister, Regine (1983): Als Helfer überleben. Beruf und Identität in der Sozialarbeit/Sozialpädagogik, Neuwied: Luchterhand.

Gintzel, Ullrich/Hirschfeld, Uwe/Lindenberg, Michael (Hg.) (2011): Sozialpolitik und Jugendhilfe, 1. Aufl., Frankfurt a.M.: IGFH-Eigenverl.

Gissel-Palkovich, Ingrid (2009): ASD - die falsch verstandene Dienstleistungsorientierung? Unfreiwilligkeit im Rahmen einer verständigungs-/dienstleistungsorientierten Kinder- und Jugendhilfe. In: Sozialmagazin, 34. Jg., 2009, H. 2, S. 30-34.

Glenneschuster, Joachim (2001): Kinder und Jugendliche und ihre Beteiligung an der Verwaltungsreform. In: Boeßenecker, Karl-Heinz/Trube, Achim/Wohlfahrt, Norbert (Hg.) (2001): Verwaltungsreform von unten? Lokaler Sozialstaat im Umbruch aus verschiedenen Perspektiven, Münster: Votum, S. 179-190.

Goldschmidt, Nils/Nutzinger, Hans G. (Hg.) (2009a): Vom homo oeconomicus zum homo culturalis. Handlung und Verhalten in der Ökonomie. Münster: LIT.

Goldschmidt, Nils/Nutzinger, Hans G. (2009b): Handlung und Verhalten in der Ökonomie. Eine Einführung aus kulturökonomischer Sicht. In: Goldschmidt, Nils/Nutzinger, Hans G. (Hg.) (2009a): Vom homo oeconomicus zum homo culturalis. Handlung und Verhalten in der Ökonomie. Münster: LIT, S. 9-19.

Göler von Ravensburg, Nicole (2002): Herausforderungen der lokalen Ökonomie für die professionelle Soziale Arbeit. In: ArchsozArb, 33. Jg., 2002, H. 3, S. 28-48.

Gottlieb, Heinz-Dieter/Kaufhold, Susanne/Thomsen, Monika (2003): Rahmenverträge nach § 78 f Achtes Buch Sozialgesetzbuch (SGB VIII / Kinder- und Jugendhilfe). Eine Untersuchung im Auftrag des Bundesministeriums für Familie, Senioren, Frauen und Jugend, Abschlussbericht. In: Verein für Kommunalwissenschaften (Hg.) (2003): Aktuelle Beiträge zur Kinder- und Jugendhilfe. Bd. 39, 2003, Berlin, S. 83-155.

Grabher, Gernot (Hg.) (1993): The embedded firm. On the socioeconomics of industrial networks. London u.a: Routledge.

Graf, Gunter/Babic, Bernhard/Castro, Oscar Germes (2013): Der Capability Approach als Ansatz zur Stärkung der Adressatenperspektive in der Kinder- und Jugendhilfe. In: Graf, Gunter/Kapferer, Elisabeth/Sedmak, Clemens (Hg.) (2013): Der Capability Approach und seine Anwendung. Fähigkeiten von Kindern und Jugendlichen erkennen und fördern. Wiesbaden: Springer, S. 177-200.

Graf, Gunter/Kapferer, Elisabeth/Sedmak, Clemens (Hg.) (2013): Der Capability Approach und seine Anwendung. Fähigkeiten von Kindern und Jugendlichen erkennen und fördern. Wiesbaden: Springer.

Gragert, Nicola/van Santen, Eric/Seckinger, Mike (2005): Eltern – die vergessenen Kooperationspartner der stationären Hilfen? In: ArchsozArb, 36. Jg., 2005, H. 2, S. 74-86.

Greese, Dieter (1973): Die gesellschaftspolitische Relevanz der Jugendhilfereform. In: np, 3. Jg., 1973, Sonderheft: Kritik am Diskussionsentwurf eines neuen Jugendhilfegesetzes, Neuwied: Luchterhand, S. 3-9.

Greese, Dieter (1994): Die Amtsperson als Dienstleister. In: Widersprüche, 14. Jg., 1994, H. 53, S. 59-62.

Greese, Dieter (1995): Das Heim als <<komprimierter>> Alltag. In: np, 25. Jg., 1995, H. 3, S. 279-281.

Greiß, Franz/Meyer, Fritz (Hg.) (1961): Wirtschaft, Gesellschaft und Kultur. Festgabe für Alfred Müller-Armack, Berlin: Duncker & Humblot.

Griep, Heinrich/Renn, Heribert (2011): Das Recht der Freien Wohlfahrtspflege. Grundlagen und Perspektiven, Freiburg i. B.: Lambertus.

Grohs, Stephan (2007): Reform der Jugendhilfe zwischen Neuer Steuerung und Professionalisierung. Eine Bilanz nach 15 Jahren Modernisierungsdiskurs. In: ZSR, 53. Jg., 2007, H. 3, S. 247-274.

Grohs, Stephan (2010): Lokale Wohlfahrtsarrangements zwischen Beharrung und Wandel: Die widersprüchlichen Effekte von Ökonomisierung und Kontraktmanagement. In: dms, 3. Jg., 2010, H. 2, S. 413-432.

Grohs, Stephan/Bogumil, Jörg (2011): Management Sozialer Dienste. In: Evers, Adalbert/Heinze, Rolf G./Olk, Thomas (Hg.) (2011a): Handbuch Soziale Dienste. Wiesbaden: VS Verl. f. Sozialwiss., S. 299-314.

Gross, Peter/Badura, Bernhard (1977): Sozialpolitik und soziale Dienste: Entwurf einer Theorie personenbezogener Dienstleistungen. In: Ferber, Christian von/Kaufmann, Franz-Xaver (Hg.) (1977): Soziologie und Sozialpolitik, KZfSS, 29. Jg., Sonderheft 19, Opladen: Westdt. Verl., S. 361-385.

Große Kracht, Hermann-Josef (2007): Wohlfahrtsverantwortung zwischen Sozialstaat und Bürgergesellschaft (Korreferat). In: Dabrowski, Martin/Wolf, Judith (Hg.) (2007): Aufgaben und Grenzen des Sozialstaates, Paderborn: Schöningh, S. 43-51.

Grossenbacher, Silvia (Hg.) (1997): Schule und soziale Arbeit in gefährdeter Gesellschaft, Bern/Stuttgart/Wien: Haupt.

Grunow, Dieter (1995): Zwischen Solidarität und Bürokratie: Organisationsprobleme von Wohlfahrtsverbänden. In: Rauschenbach, Thomas/Sachße, Christoph/Olk, Thomas (Hg.) (1995): Von der Wertgemeinschaft zum Dienstleistungsunternehmen. Jugend- und Wohlfahrtsverbände im Umbruch, 1. Aufl., Frankfurt a. M.: Suhrkamp, S. 253-279.

Grunow, Dieter (1996): Auf dem Weg zur „neuen Fehlsteuerung"? Bürgernähe und Kundenorientierung in der Sozialverwaltung. In: Merchel, Joachim/Schrapper Christian (Hg.) (1996a): "Neue Steuerung". Tendenzen der Organisationsentwicklung in der Sozialverwaltung, Münster: Votum, S. 32-60.

Grunow, Dieter (2003): Verwaltungsveränderungen im Widerspruch: kommunaler „Modernisierung" In: Olk, Thomas/Otto, Hans-Uwe (Hg.) (2003): Soziale Arbeit als Dienstleistung. Grundlegungen, Entwürfe und Modelle. Neuwied: Luchterhand, S. 107-193.

Grunow, Dieter (2011): Soziale Dienste als „Öffentliches Gut". In: Evers, Adalbert/ Heinze, Rolf G./Olk, Thomas (Hg.) (2011a): Handbuch Soziale Dienste, Wiesbaden: VS Verl. f. Sozialwiss., S. 229-244.

Grunwald, Klaus (2001): Neugestaltung der freien Wohlfahrtspflege. Management organisationalen Wandels und die Ziele der Sozialen Arbeit, Weinheim: Juventa.

Grunwald, Klaus (2008a): Manageriale Organisationsgestaltung im Kontext einer Lebensweltorientierten Sozialen Arbeit. In: Grunwald, Klaus/Thiersch, Hans (Hg.) (2008a): Praxis Lebensweltorientierter sozialer Arbeit. Handlungszugänge und Methoden in unterschiedlichen Arbeitsfeldern, 2. Aufl., Weinheim/München: Juventa, S. 375-402.

Grunwald, Klaus (2008b): Qualitätsentwicklung als Herausforderung eines professionellen sozialpädagogischen Handels im Kontext einer Lebensweltorientierten Sozialen Arbeit. In: Grunwald, Klaus/Thiersch, Hans (Hg.) (2008a): Praxis Lebensweltorientierter sozialer Arbeit. Handlungszugänge und Methoden in unterschiedlichen Arbeitsfeldern, 2. Aufl., Weinheim/München: Juventa, S. 467-483.

Grunwald, Klaus (Hg.) (2009): Vom Sozialmanagement zum Management des Sozialen? Eine Bestandsaufnahme, Baltmannsweiler: Schneider Verl. Hohengehren.

Grunwald, Klaus/Ortmann, Friedrich/Rauschenbach, Thomas/Treptow, Rainer (Hg.) (1996): Alltag, Nicht-Alltägliches und die Lebenswelt. Beiträge zur lebensweltorientierten Sozialpädagogik, Weinheim/München: Juventa.

Grunwald, Klaus/Steinbacher, Elke (2007): Organisationsgestaltung und Personalführung in den Erziehungshilfen. Grundlagen und Praxismethoden. Weinheim, München: Juventa.

Grunwald, Klaus/Thiersch, Hans (2003): Lebenswelt und Dienstleistung. In: Olk, Thomas/Otto, Hans-Uwe (Hg.) (2003): Soziale Arbeit als Dienstleistung. Grundlegungen, Entwürfe und Modelle, Neuwied: Luchterhand, S. 67-89.

Grunwald, Klaus/Thiersch, Hans (Hg.) (2008a): Praxis Lebensweltorientierter sozialer Arbeit. Handlungszugänge und Methoden in unterschiedlichen Arbeitsfeldern, 2. Aufl., Weinheim/München: Juventa.

Grunwald, Klaus/Thiersch, Hans (2008b): Das Konzept Lebensweltorientierte Soziale Arbeit – einleitende Bemerkungen. In: Grunwald, Klaus/Thiersch, Hans (Hg.) (2008a): Praxis Lebensweltorientierter sozialer Arbeit. Handlungszugänge und Methoden in unterschiedlichen Arbeitsfeldern, 2. Aufl., Weinheim/München: Juventa, S. 13-39.

Grunwald, Klaus/Thiersch, Hans (2011): Lebensweltorientierung. In: Otto, Hans-Uwe/ Thiersch, Hans (Hg.) (2011): Handbuch Soziale Arbeit, 4. völlig neu bearb. Aufl., München: Reinhardt, S. 854-863.

Günder, Richard (1999): Hilfen zur Erziehung. Eine Orientierung über die Erziehungshilfen im SGB VIII, Freiburg i. B.: Lambertus.

Güth, Werner/Schmittberger, Rolf/Schwarze, Bernd (1982): An experimental analysis of ultimatum bargaining. In: Journal of Economic Behavior and Organization, Vol. 3, 1982, No 4, S. 367-388.

Haas, Hanns-Stephan (2007): Kooperation und Koopetition. In: Herrmann, Volker/ Horstmann, Martin (Hg.) (2010): Wichern drei - gemeinwesendiakonische Impulse. Neukirchen-Vluyn: Neukirchener; S. 115-120.

Häberlein, Ludwig (1981): Vom Sozialstaatsprinzip und Wesen des Sozialstaates. In: Zeitschrift für Sozialhilfe, 20. Jg., 1981, H. 3, S. 65-72.

Habermas, Jürgen (1981): Zur Kritik der funktionalistischen Vernunft, 1. Aufl., Frankfurt a. M.: Suhrkamp.

Habermas, Jürgen (1994): Faktizität und Geltung: Beiträge zur Diskurstheorie des Rechts und des demokratischen Rechtsstaats, 4. Aufl., Darmstadt: WBG.

Hafeneger, Benno (1990): Jugendpolitik - gibt es sie noch? In: np, 20. Jg., 1990, H. 1, S. 87-89.

Hafeneger, Benno (1994): Jugendpolitik in der Krise – Krise in der Jugendpolitik. In: np, 24. Jg., 1994, H. 2, S. 168-179.

Haferkamp, Rainer (1995): Ohne Preis keinen Fleiß? Die Fachleistungsstunde als Steuerungsinstrument flexibel organisierter Erziehungshilfen im Finanzierungssystem der Jugendhilfe. In: Klatetzki, Thomas (Hg.) (1995a): Flexible Erziehungshilfen. Ein Organisationskonzept in der Diskussion, 2. überarb. Aufl., Münster: Votum, S. 164-182.

Hakansson, Hakan/Johanson, Jan (1993): The network as a governance structure. Interfirm cooperation beyond markets and hierarchies. In: Grabher, Gernot (Hg.) (1993): The embedded firm. On the socioeconomics of industrial networks. London u.a: Routledge, S. 35-51.

Halfar, Bernd/Schellberg, Klaus (2013): Das Verhältnis von Leistungserbringern und Leistungsträgern: Finanzierung bei leeren Kassen. In: ArchsozArb, 44. Jg., 2013, H. 2, S. 18-30.

Hamberger, Matthias (2006): Finanzierungsmodelle zur Stützung fachlicher Ziele. In: Deutschendorf, René/Hamberger, Matthias/Koch, Josef/Lenz, Stefan/Peters, Friedhelm (Hg.) (2006): Werkstattbuch INTEGRA. Grundlagen, Anregungen und Arbeitsmaterialien für integrierte, flexible und sozialräumlich ausgerichtete Erziehungshilfen, Weinheim/München: Juventa, S. 191-204.

Hamberger, Matthias (2008): Erziehungshilfekarrieren. Belastete Lebensgeschichte und professionelle Weichenstellungen. 1. Aufl., Frankfurt a. M.: IGFH.

Hamberger, Matthias/Köngeter, Stefan/Zeller, Maren (2008): Integrierte und flexible Hilfen. In: Grunwald, Klaus/Thiersch, Hans (Hg.) (2008a): Praxis Lebensweltorientierter sozialer Arbeit. Handlungszugänge und Methoden in unterschiedlichen Arbeitsfeldern, 2. Aufl., Weinheim/München: Juventa, S. 347-374.

Hänlein, Andreas/Tennstedt, Florian (2012): § 2 Geschichte des Sozialrechts. In: von Maydell, Bernd/Ruland, Franz/Becker, Ulrich (Hg.) (2012): Sozialrechtshandbuch (SRH), 5. Aufl., Baden-Baden: Nomos, S. 67-111.

Hansbauer, Peter (2000): Vom Qualitäts- zum Partizipationsdiskurs?: Überlegungen zur Qualitätsentwicklung in stationären Hilfen (§ 78 b SGB VIII). In: ZfJ, 87. Jg., 2000, H. 2, S. 50-56.

Hansbauer, Peter/Kriener, Martina (2000): Soziale Aspekte der Dienstleistungsqualität in der Heimerziehung: Anmerkungen und empirische Hinweise zu den anstehenden Qualitätsentwicklungsvereinbarungen nach §§ 78a-g SGB VIII. In: np, 30. Jg., 2000, H. 3, S. 254-270.

Hansen, Eckhard (1997): Qualitätsaspekte Sozialer Dienstleistungen zwischen Professionalisierung und Konsumentenorientierung. Qualitätsdiskurse in Großbritannien und Deutschland. In: ZfS, 43. Jg., 1997, H. 1, S. 1-28.

Hansen, Eckhard (2000): Rahmenbedingungen nationaler Qualitätsdiskurse im Bereich personenbezogener Sozialer Dienstleistungen am Beispiel der Länder England und Deutschland. In: Müller-Kohlenberg, Hildegard/Münstermann, Klaus (Hg.) (2000): Qualität von Humandienstleistungen. Evaluation und Qualitätsmanagement in Sozialer Arbeit und Gesundheitswesen, Opladen: Leske + Budrich, S. 233-240.

Happe, Günter (1982): Jugendhilferecht und Deutscher Verein. Ein Überblick anläßlich des 60jährigen Jubiläums des Reichsjugendwohlfahrtsgesetzes. C. Das JWG nach dem Scheitern der Jugendhilferechtsreform. In: Nachrichtendienst des Deutschen Vereins für öffentliche und private Fürsorge, 62. Jg., 1982, H. 12, S. 388-390.

Harnach-Beck, Viola, (1999): Ohne Prozessqualität keine Ergebnisqualität. Sorgfältige Diagnostik als Voraussetzung für erfolgreiche Hilfe zur Erziehung. In: Peters, Friedhelm (Hg.) (1999): Diagnosen – Gutachten – hermeneutisches Fallverstehen. Rekonstruktive Verfahren zur Qualifizierung individueller Hilfeplanung, Frankfurt a. M.: IGFH-Eigenverl., S. 27-48.

Harnach-Beck, Viola (2003): Psychosoziale Diagnostik in der Jugendhilfe. Grundlagen und Methoden für Hilfeplan, Bericht und Stellungnahme, 4. Aufl., Weinheim/München: Juventa.

Hartmann, Anja (2011): Soziale. Dienste: Merkmale,. Aufgaben. und. Entwicklungstrends. aus. der. Perspektive. In: Evers, Adalbert/Heinze, Rolf G./Olk, Thomas (Hg.) (2011a): Handbuch Soziale Dienste, Wiesbaden: VS Verl. f. Sozialwiss., S. 76-93.

Harvey, Lee/Green, Diana (2000): Qualität definieren. Fünf unterschiedliche Ansätze. In: Helmke, Andreas/Hornstein, Walter/Terhart, Ewald (Hg.) (2000): Qualität und Qualitätssicherung im Bildungsbereich. Schule, Sozialpädagogik, Hochschule. ZfP, 41. Beiheft. Weinheim/Basel: Beltz Verlag, 17-39.

Hasenclever, Christa (1978): Jugendhilfe und Jugendgesetzgebung seit 1900. Göttingen: Vandenhoeck und Ruprecht.

Haupert, Bernhard (2000): Wider die neoliberale Invasion der Sozialen Arbeit. Theoretische Neuorientierung zwischen Dienstleistung und Profession - Markt und Moral - Mensch und Kunde? In: np, 30. Jg., 2000, H. 6, S. 544-569.

Haupt, Peter (2001): Die Wohlfahrtsverbände gehören zu den wichtigsten Partnern eines aktivierenden Sozialstaats. In: TuP, 52. Jg., 2001, H. 6, S. 234-236.

Häußermann, Hartmut/Siebel, Walter (1995): Dienstleistungsgesellschaften, Frankfurt a. M.: Suhrkamp.

Heid, Helmut (2000): Qualität: Überlegungen zur Begründung einer pädagogischen Beurteilungskategorie. In: Helmke, Andreas/Hornstein, Walter/Terhart, Ewald (Hg.) (2000): Qualität und Qualitätssicherung im Bildungsbereich. Schule, Sozialpädagogik, Hochschule. ZfP, 41. Beiheft, Weinheim/Basel: Beltz, S. 41-51.

Heidenreich, Regine (1999): Zur Transformation europäischer Wohlfahrtsstaaten: Auswirkungen auf Lebensläufe und Risiken. In: Sozialer Fortschritt, 48. Jg., 1999, H. 8, S. 196-201.

Heimbach-Steins, Marianne (2007): Wohlfahrtsverantwortung Ansätze zu einer sozialethischen Kriteriologie für die Verhältnisbestimmung von Sozialstaat und freier Wohlfahrtspflege. In: Dabrowski, Martin/Wolf, Judith (Hg.) (2007): Aufgaben und Grenzen des Sozialstaates, Paderborn: Schöningh, S. 9-42.

Heiner, Maja (Hg.) (1996a): Qualitätsentwicklung durch Evaluation, Freiburg i. B.: Lambertus.

Heiner, Maja (1996b): Evaluation zwischen Qualifizierung, Qualitätsentwicklung und Qualitätssicherung. In: Heiner, Maja (Hg.) (1996a): Qualitätsentwicklung durch Evaluation, Freiburg i. B.: Lambertus, S. 20-47.

Heiner, Maja (1996c): Ziel- und kriterienbezogenes Qualitätsmanagement in der Sozialen Arbeit. Vom Katalogisieren der Aktivitäten zur Reflexion von Qualitätskriterien. In: Merchel, Joachim/Schrapper Christian (Hg.) (1996a): "Neue Steuerung". Tendenzen der Organisationsentwicklung in der Sozialverwaltung. Münster: Votum-Verl., S. 210-230.

Heiner, Maja (2000): Interne Evaluation institutioneller Steuerung und pädagogischer Reflexion. In: Müller-Kohlenberg, Hildegard/Münstermann, Klaus (Hg.) (2000): Qualität von Humandienstleistungen. Evaluation und Qualitätsmanagement in Sozialer Arbeit und Gesundheitswesen, Opladen: Leske + Budrich, S. 207-226.

Heiner, Maja (2004): Qualitätsentwicklung durch externe und interne Evaluation. In: Peterander, Franz/Speck, Otto (Hg.) (2004): Qualitätsmanagement in sozialen Einrichtungen. 2. Aufl., München, Basel: Reinhardt, S. 132-151.

Heinsohn, Gunnar/Knieper, Rolf (1974): Erziehungsreform in der Bundesrepublik. In: Kritische Justiz, 7. Jg., 1974, H. 1, S. 1-27.

Heinze, Rolf, G. (Hg.) (1986a): Neue Subsidiarität: Leitidee für eine zukünftige Sozialpolitik? Opladen: Westdt. Verl.

Heinze, Rolf, G. (1986b): „Neue Subsidiarität“ – Zum soziologischen und politischen Gehalt eines aktuellen sozialpolitischen Konzepts. In: Heinze, Rolf, G. (Hg.) (1986a): Neue Subsidiarität: Leitidee für eine zukünftige Sozialpolitik? Opladen: Westdt. Verl., S. 13-38.

Heinze, Rolf G. (2003): Der schwere Abschied von "Vater Staat": zur Überwindung der institutionellen Trägheit des deutschen Wohlfahrtsstaates. In: np, 33. Jg., 2003, H. 2, S. 147-161.

Heinze, Rolf G./Schneiders, Katrin (2013): Vom Wohlfahrtskorporatismus zur Sozialwirtschaft? Zur aktuellen Situation der freien Wohlfahrtspflege in Deutschland. In: ArchsozArb, 44. Jg., 2013, H. 2, S. 4-17.

Heite, Catrin (2006): Nutzen – Nutzung – Nutzer_innen. In: SLR, 2006, H. 52, S. 81-84.

Hekele, Kurt (2005): Sich am Jugendlichen orientieren. Ein Handlungsmodell für subjektorientierte soziale Arbeit, Weinheim/München: Juventa.

Held, Martin/Kubon-Gilke, Gisela/Sturn, Richard (Hg.) (2002): Normative und institutionelle Grundfragen der Ökonomik. Jahrbuch 1. Gerechtigkeit als Voraussetzung für effizientes Wirtschaften, Marburg: Metropolis.

Held, Martin/Kubon-Gilke, Gisela/Sturn, Richard (Hg.) (2005): Normative und institutionelle Grundfragen der Ökonomik. Jahrbuch 4. Reputation und Vertrauen, Marburg: Metropolis.

Held, Martin/Kubon-Gilke, Gisela/Sturn, Richard (Hg.) (2013): Normative und institutionelle Grundfragen der Ökonomik. Jahrbuch 12. Grenzen der Konsumentensouveränität, Marburg: Metropolis.

Heller, Herrmann (1930): Rechtsstaat oder Diktatur. Recht und Staat in Geschichte und Gegenwart. Bd. 68, Tübingen: Mohr.

Helmke, Andreas/Hornstein, Walter/Terhart, Ewald (Hg.) (2000): Qualität und Qualitätssicherung im Bildungsbereich. Schule, Sozialpädagogik, Hochschule. ZfP, 41. Beiheft, Weinheim/Basel: Beltz.

Helsper, Werner/Hörster, Reinhard/Kade, Jochen (Hg.) (2003): Ungewissheit. Pädagogische Felder im Modernisierungsprozess. Weilerswist: Velbrück.

Henke, Heinz (1973): „Leerformeln im neuen Jugendhilferecht" – Zu den Voraussetzungen der Erziehungshilfen im Diskussionsentwurf. In: np, 3. Jg., 1973, Sonderheft: Kritik am Diskussionsentwurf eines neuen Jugendhilfegesetzes, Neuwied: Luchterhand, S. 38-43.

Hensen, Gregor (Hg.) (2006a): Markt und Wettbewerb in der Jugendhilfe. Ökonomisierung im Kontext von Zukunftsorientierung und fachlicher Notwendigkeit, Weinheim/München: Juventa.

Hensen, Gregor (2006b): Markt und Wettbewerb als neue Ordnungsprinzipien. Jugendhilfe zwischen Angebots- und Nachfrageorientierung. In: Hensen, Gregor (Hg.) (2006a): Markt und Wettbewerb in der Jugendhilfe. Ökonomisierung im Kontext von Zukunftsorientierung und fachlicher Notwendigkeit, Weinheim/München: Juventa, S. 25-41.

Hensen, Gregor (2006c): Rekonstruktion der Ökonomisierung zwischen subjektbezogenen Strategien und gesellschaftlichen Herausforderungen. In: Hensen, Gregor (Hg.) (2006a): Markt und Wettbewerb in der Jugendhilfe. Ökonomisierung im Kontext von Zukunftsorientierung und fachlicher Notwendigkeit, Weinheim/München: Juventa, S. 159-186.

Hentschel, Volker (1983): Geschichte der deutschen Sozialpolitik 1880-1980. Frankfurt a. M.: Suhrkamp.

Herpich-Behrens, Ulrike/Müller-Fritzsche, Monika (1999): Leitbildentwicklung in Organisationen der öffentlichen und freien Jugendhilfe. In: Arbeitsgemeinschaft für Erziehungshilfe (AFET) e.V. – Bundesvereinigung (1999): Werkstatt: Qualitätsentwicklung in der Erziehungshilfe, Sonderveröffentlichung, Nr. 5/1999, S. 6-14.

Herringer, Norbert (2006): Empowerment in der Sozialen Arbeit: Eine Einführung, 3. erw. u. akt. Aufl., Stuttgart: Kohlhammer.

Herrmann, Franz (1995a): <<Gelingende Partizipation>> als kollektiver Lernprozeß. Annäherungen an ein komplexes Thema. In: Bolay, Eberhard/Herrmann, Franz (Hg.) (1995): Jugendhilfeplanung als politischer Prozess. Beiträge zu einer Theorie sozialer Planung im kommunalen Raum. Neuwied/ Kriftel/Berlin: Luchterhand, S. 143-189.

Herrmann, Franz (1995b): Jugendhilfeplanung – Instrument >> Outputorientierter Steuerung << oder politischer Prozess? In: Bolay, Eberhard/Herrmann, Franz (Hg.) (1995): Jugendhilfeplanung als politischer Prozess. Beiträge zu einer Theorie sozialer Planung im kommunalen Raum, Neuwied/ Kriftel/Berlin: Luchterhand, S. 309-330.

Herrmann, Cora (2007): Zur Transformation der Vorstellung von „guter Arbeit" - Aneignungsweisen der Qualitätsdebatte in der stationären Kinder- und Jugendhilfe. In: Anhorn, Roland/Bettinger, Frank/Stehr, Johannes (Hg.) (2007): Foucaults Machtanalytik und Soziale Arbeit. Eine kritische Einführung und Bestandsaufnahme. Wiesbaden: VS Verl. f. Sozialwiss., S. 295-308.

Herrmann, Volker/Horstmann, Martin (Hg.) (2010): Wichern drei - gemeinwesendiakonische Impulse. Neukirchen-Vluyn: Neukirchener.

Hiebaum, Christian (2013): Korrektur individueller Entscheidungen zwischen Paternalismus und kollektivem Handeln. In: Held, Martin/Kubon-Gilke, Gisela/Sturn, Richard (Hg.) (2013): Normative und institutionelle Grundfragen der Ökonomik. Jahrbuch 12. Grenzen der Konsumentensouveränität, Marburg: Metropolis, S. 119-137.

Hinrichs, Knut (2013): Sozialräumliche Umsteuerung in der Hamburger Jugendhilfe: ein „figelinsches" Reformwerk, das viele Rechtsfragen aufwirft. In: Forum Erziehungshilfe, 19. Jg., 2013, H. 2, S. 116-120.

Hinrichs, Knut/Gerlach, Florian (2010): „Osnabrücker Modell" der Sozialraumorientierung in der Jugendhilfe verstößt gegen Grundrechte der Leistungserbringer und Strukturprinzipien des Jugendhilferechts. In: Forum Erziehungshilfe, 16. Jg., 2010, H. 1, S. 59-61.

Hinte, Wolfgang (1996): Optimierte Kommunalverwaltung statt offensiver sozialer Arbeit – eine kritische Zwischenbilanz der neuen Steuerungsmodelle. In: TuP, 47. Jg., 1996, H. 4, S. 2-11.

Hinte, Wolfgang (2002): Fälle, Felder und Budgets. Zur Rezeption sozialraumorientierter Ansätze in der Jugendhilfe. In: Merten, Roland (Hg.) (2002a): Sozialraumorientierung. Zwischen fachlicher und rechtlicher Machbarkeit, Weinheim/München: Juventa, S. 91-126.

Hinte, Wolfgang (2012): Von der Gemeinwesenarbeit über die Sozialraumorientierung zur Initiierung von bürgerschaftlichem Engagement. In: Thole, Werner (Hg.) (2012): Grundriss Soziale Arbeit. Ein einführendes Handbuch, 4. Aufl., Wiesbaden: VS Verl. f. Sozialwiss., S. 663-676.

Hinte, Wolfgang/Lüttringhaus, Maria/Oelschlägel, Dieter (Hg.) (2007): Grundlagen und Standards der Gemeinwesenarbeit. Ein Reader zu Entwicklungslinien und Perspektiven, 2. akt. Aufl., Weinheim: Juventa.

Hinte, Wolfgang/Treeß, Helga (2007): Sozialraumorientierung in der Jugendhilfe. Theoretische Grundlagen, Handlungsprinzipien und Praxisbeispiele einer kooperativ-integrativen Pädagogik, Weinheim/München: Juventa.

Hockerts, Hans G. (2001): Periodisierung des Gesamtwerks. Abgrenzung der Bände. In: Bundesministerium für Arbeit und Sozialordnung und Bundesarchiv (Hg.) (2001): Bd. 1. Grundlagen der Sozialpolitik, Baden-Baden: Nomos, S. 185-198.

Hofemann, Klaus (2005): Handlungsspielräume des Neuen Steuerungsmodells (NSM). In: Schubert, Herbert (Hg.) (2005a): Sozialmanagement. Zwischen Wirtschaftlichkeit und fachlichen Zielen, 2. überarb. und erw. Aufl., Wiesbaden: VS Verl. f. Sozialwiss., S. 27-47.

Höffner, Joseph (2006): Der Start zu einer neuen Sozialpolitik. In: Gabriel, Karl/ Große Kracht, Hermann-Josef (Hg.) (2006): Joseph Höffner (1906-1987). Soziallehre und Sozialpolitik : "Der personale Faktor…", Paderborn: Schöningh, S. 157-172.

Hollenstein, Erich (1993): Wirkungsanalysen in der ambulanten Erziehungshilfe. Eine Evaluationsstudie in der Erziehungswissenschaft. In: np, 23. Jg., 1993, H. 4, S. 346-360.

Hollenstein, Erich / Nieslony, Frank (2012) (Hg.): Handlungsfeld Schulsozialarbeit: Profession und Qualität. Baltmannsweiler: Schneider Verlag Hohengehren.

Holler, Manfred J./Illing, Gerhard (2009): Einführung in die Spieltheorie, 7. Aufl., Berlin/Heidelberg: Springer.

Hollerith, Erich (1995): Qualitätssicherung und Qualitätsförderung als Aufgaben des Trägers von sozialen Einrichtungen. Teil 1: Grundlegende Überlegungen zum Qualitätsmanagement. In: EJ, 72. Jg., 1995, H. 5, S. 11-15.

Hohmann, Karl/Schönwitz, Dietrich/Weber, Hans-Jürgen/Wünsche, Horst Friedrich (Hg.) (1988): Grundtexte zur Sozialen Marktwirtschaft, Stuttgart: Fischer, 1988.

Honig, Michael-Sebastian (2002): Pädagogische Qualität als erziehungswissenschaftliches Problem. In: Neue Praxis, 32. Jg., 2002, H. 3, S. 216-230.

Honig, Michael-Sebastian/Joos, Magdalena/Schreiber, Norbert (Hg.) (2004): Was ist ein guter Kindergarten? Theoretische und empirische Analysen zum Qualitätsbegriff in der Pädagogik, Weinheim/München: Juventa.

Honig, Michael-Sebastian/Neumann, Sascha (2004): Wie ist »gute Praxis« möglich? Pädagogische Qualität als Gegenstand erziehungswissenschaftlicher Forschung. In: Beckmann, Christof/Otto Hans-Uwe/Richter Martina/Schrödter Mark (Hg.) (2004a): Qualität in der sozialen Arbeit. Zwischen Nutzerinteresse und Kostenkontrolle. Leverkusen: Leske + Budrich., S. 251-281.

Hörmann, Martina (1999): Lila Gütesiegel, oder was? Die Qualitätsdebatte in der Mädchenarbeit. In: Sozialmagazin, 24. Jg., 1999, H. 9, S. 14-19.

Horn, Christoph (2003): Zum Begriff der Gerechtigkeit. Die philosophischen Hintergründe der aktuellen Debatte. In: Die politische Meinung, 48. Jg., 2003, H. 409, S. 25-36.

Hornstein, Walter (1997): Jugendhilferecht und Sozialpädagogik. Das KJHG, oder: Vom unaufhaltsamen Eindringen der Sozialpädagogik in das Jugendhilferecht. In: RdjB, 45. Jg., 1997, H. 1, S. 26-30.

Hornstein, Walter (2000): Qualität und Evaluation in der Sozialpädagogik. In: Helmke, Andreas/Hornstein, Walter/Terhart, Ewald (Hg.) (2000): Qualität und Qualitätssicherung im Bildungsbereich. Schule, Sozialpädagogik, Hochschule. ZfP, 41. Beiheft, Weinheim/Basel: Beltz, S. 129-136.

Hornstein, Walter (2003): Was macht die Politik mit der Jugend? Über die nicht einlösbaren Versprechungen, mit denen Politik die Jugend zu gewinnen sucht. In: ZfP, 49. Jg., 2003, H. 6, S. 870-883.

Hosemann, Wilfried/Trippmacher, Brigitte (2003a): Soziale Arbeit und soziale Gerechtigkeit, 1. Aufl., Baltmannsweiler: Schneider Verl. Hohengehren.

Hosemann, Wilfried/Trippmacher, Brigitte (2003b): Einleitung. In: Hosemann, Wilfried/Trippmacher, Brigitte (2003a): Soziale Arbeit und soziale Gerechtigkeit, 1. Aufl., Baltmannsweiler: Schneider Verl. Hohengehren, S. 1-10.

Hübner-Funk, Sibylle (1973): Ideologiekritische Reflexionen zu Sprache und Erziehungsverständnis des Entwurfs. In: np, 3. Jg., 1973, Sonderheft: Kritik am Diskussionsentwurf eines neuen Jugendhilfegesetzes, Neuwied: Luchterhand, S. 53-69.

Injac, Nenad (2007): Die Entwicklung des Qualitätsmanagements im 20./21.Jahrhundert. In: Pfeifer, Tilo/Schmitt, Robert (Hg.) (2007): Masing Handbuch Qualitätsmanagement, 5. Aufl., München: Hanser, S. 15-34.

Institut für soziale Arbeit e.V. (ISA) (Hg.) (2007a): Wirkungsorientierte Jugendhilfe, Bd. 1. Eine Schriftenreihe des ISA zur Qualifizierung der Hilfe zur Erziehung, Münster.

Institut für soziale Arbeit e.V. (ISA) (Hg.) (2007b): Wirkungsorientierte Jugendhilfe, Bd. 2. Eine Schriftenreihe des ISA zur Qualifizierung der Hilfe zur Erziehung, Münster.

Institut für soziale Arbeit e.V. (ISA) (Hg.) (2007c): Wirkungsorientierte Jugendhilfe, Bd. 3. Eine Schriftenreihe des ISA zur Qualifizierung der Hilfe zur Erziehung, Münster.

Institut für soziale Arbeit e.V. (ISA) (Hg.) (2007d): Wirkungsorientierte Jugendhilfe, Bd. 4. Eine Schriftenreihe des ISA zur Qualifizierung der Hilfe zur Erziehung, Münster.

Institut für soziale Arbeit e.V. (ISA) (Hg.) (2009): Wirkungsorientierte Jugendhilfe, Bd. 9. Eine Schriftenreihe des ISA zur Qualifizierung der Hilfe zur Erziehung, Münster.

Jann, Werner (2005): Neues Steuerungsmodell. In: Blanke, Bernhard/von Bandemer, Stephan/Nullmeier, Frank/Wewer, Göttrik (Hg.) (2005): Handbuch zur Verwaltungsreform, 3. völlig überarb. und erw. Aufl., Wiesbaden: VS Verl. f. Sozialwiss., S. 74-84.

Jans, Karl-Wilhelm (1982): Jugendhilferecht und Deutscher Verein. Ein Überblick anläßlich des 60jährigen Jubiläums des Reichsjugendwohlfahrtsgesetzes. B. Das JWG nach der Novelle von 1961 und die Jugendhilferechtsreform. In: Nachrichtendienst des Deutschen Vereins für öffentliche und private Fürsorge, 62. Jg., 1982, H. 12, S. 383-387.

Jansen, Dorothea/Wald, Andreas (2007): Netzwerktheorien. In: Benz, Arthur/Lütz, Susanne/Schimank, Uwe/Simonis, Georg (Hg.) (2007): Handbuch Governance. Theoretische Grundlagen und empirische Anwendungsfelder. 1. Aufl., Wiesbaden: VS Verl. für Sozialwiss., S. 188-199.

Japp, Klaus P./Olk, Thomas (1981): Zur Neuorganisation Sozialer Dienste. In: Projektgruppe Soziale Berufe (Hg.) (1981): Sozialarbeit: Problemwandel und Institutionen, Expertisen II, München: Juventa, S. 82-115.

Jarass, Hans D./Pieroth, Bodo (2004): Grundgesetz für die Bundesrepublik Deutschland. Kommentar, 7. Aufl., München: Beck.

Jessen, Dörte (Hg.) (2001): Qualitätsmanagement in der Jugendhilfe. Dokumentation der Fachtagung vom 30. November und 01. Dezember 2000 in Dresden, Arbeitsgruppe Fachtagungen Jugendhilfe, Berlin: Verein für Kommunalwiss.

Jestaedt, Matthias (2011): Das Kinder- und Jugendhilferecht und das Verfassungsrecht. In: Münder, Johannes/Wiesner, Reinhard/Meysen, Thomas (Hg.) (2011): Kinder- und Jugendhilferecht. Handbuch, 2. Aufl., Baden-Baden: Nomos, S. 101-128.

Jordan, Erwin (Hg.) (1975): Jugendhilfe. Beiträge und Materialien zur Reform des Jugendhilferechts, Weinheim/Basel: Beltz.

Jordan, Erwin/Reismann, Hendrik (1998): Qualitätssicherung und Verwaltungsmodernisierung in der Jugendhilfe, Münster: Votum.

Jordan, Erwin (2001): Zwischen Kunst und Fertigkeit – Sozialpädagogisches Können auf dem Prüfstand. In: ZfJ, 88. Jg., 2001, H. 2, S. 48-53.

Kade, Jochen/Seitter, Wolfgang (2003): Jenseits des Goldstandards. Über Erziehung und Bildung unter den Bedingungen von Nicht-.Wissen, Ungewissheit Risiko und Vertrauen. In: Helsper, Werner/Hörster, Reinhard/Kade, Jochen (Hg.) (2003): Ungewissheit. Pädagogische Felder im Modernisierungsprozess. Weilerswist: Velbrück, S. 50-72.

Kaesler, Dirk (Hg.) (2007): Klassiker der Soziologie, Bd. II. Von Talcott Parsons bis Anthony Giddens. 5. überarb., akt. u. erw. Aufl., München: C. H. Beck.

Kah, Arnd (1994): Profitcenter-Steuerung: ein Beitrag zur theoretischen Fundierung des Controlling anhand des Principal-agent-Ansatzes, Dissertation, Stuttgart: Schäffer-Poeschel.

Kalter, Birgit/Schrapper Christian (Hg.) (2006): Was leistet Sozialraumorientierung? Konzepte und Effekte wirksamer Kinder- und Jugendhilfe, Weinheim/München: Juventa.

Kamiske, Gerd F./Brauer, Jörg-Peter (2008): Qualitätsmanagement von A bis Z. Erläuterungen moderner Begriffe des Qualitätsmanagements, 6. Aufl., München: Hanser.

Karsten, Maria-Eleonora (1998/1999): Keine Qualität ohne Qualifizierung des Personals. In: ArchsozArb, 29/30. Jg., 1998/1999, H. 4/1, S. 419-429.

Kaufmann, Franz-Xaver (1997): Herausforderungen des Sozialstaates, Frankfurt a. M.: Suhrkamp.

Kaufmann, Franz-Xaver (2001): Der Begriff Sozialpolitik und seine wissenschaftliche Deutung. In: Bundesministerium für Arbeit und Sozialordnung und Bundesarchiv (Hg.) (2001): Bd. 1. Grundlagen der Sozialpolitik, Baden-Baden: Nomos, S. 3-101.

Kaufmann, Franz-Xaver (2003): Die Entstehung sozialer Grundrechte und die wohlfahrtsstaatliche Entwicklung, Paderborn/u. a.: Schöningh.

Kaufmann, Franz-Xaver (2009a): Schutz – Sicherung – Befähigung. Dauer und Wandel im Sozialstaatsverständnis. In: ZSR, 55. Jg., 2009, H. 1, S. 13-23.

Kaufmann, Franz-Xaver (2009b): Sozialpolitik und Sozialstaat. Soziologische Analysen, 3. Aufl., Wiesbaden: VS Verl. f. Sozialwiss.

Keicher, Rolf/Anhorn Roland (Hg.) (2005): Privatisierung als Chance? Straffälligenhilfe zwischen marktwirtschaftlicher und staatlicher Steuerung. Freiburg i. B.: Lambertus.

Kersting, Wolfgang (2000): Theorien der sozialen Gerechtigkeit, Stuttgart: Metzler.

Kessl, Fabian (2001): Teilnahme oder Teilhabe? Anmerkungen zur Debatte um die zivilgesellschaftlichen Potenziale des Wohlfahrtsstaates. In: np, 31. Jg., 2001, H. 2, S. 129-145.

Kessl, Fabian (2006): Aktivierungspädagogik statt wohlfahrtsstaatlicher Dienstleistung? Das aktivierungspolitische Re-Arrangement der bundesdeutschen Kinder- und Jugendhilfe. In: ZSR, 52. Jg., 2006, H. 2, S. 217-232.

Kessl, Fabian/Otto, Hans-Uwe (2002a): Aktivierende Soziale Arbeit - Anmerkungen zu neosozialen Programmierungen Sozialer Arbeit: Aktivierung: Neuprogrammierungen des Sozialen. In: np, 32. Jg., 2002, H. 5, S. 444-457.

Kessl, Fabian/Otto, Hans-Uwe (2002b): Entstaatlicht? Die neue Privatisierung personenbezogener sozialer Dienstleistungen. In: np, 32. Jg., 2002, H. 2, S. 122-139.

Kessl, Fabian/Otto, Hans-Uwe (2011): Soziale Arbeit und soziale Dienste. In: Evers, Adalbert/Heinze, Rolf G./Olk, Thomas (Hg.) (2011a): Handbuch Soziale Dienste, Wiesbaden: VS Verl. f. Sozialwiss., S. 389-403.

Kessl, Fabian/Otto, Hans-Uwe (Hg.) (2009): Soziale Arbeit ohne Wohlfahrtsstaat? Zeitdiagnosen, Problematisierungen und Perspektiven, 1. Aufl., Weinheim: Juventa.

Kessl, Fabian/Reutlinger, Christian (Hg.) (2007a): Sozialraum. Eine Einführung, 1. Aufl., Wiesbaden: VS Verl. f. Sozialwiss.

Kessl, Fabian/Reutlinger, Christian (2007b): Die sozialpädagogische Rede von der Sozialraumorientierung. In: Kessl, Fabian/Reutlinger, Christian (Hg.) (2007a): Sozialraum. Eine Einführung, 1. Aufl., Wiesbaden: VS Verl. f. Sozialwiss., S. 39-58.

Kessl, Fabian/Reutlinger, Christian/Maurer, Susanne/Frey, Oliver (Hg.) (2005): Handbuch Sozialraum, 1. Aufl., Wiesbaden: VS Verl. f. Sozialwiss.

Kettiger, Daniel/Schwander, Marianne (2011): Wirkungsorientierung in der Sozialen Arbeit – Möglichkeiten und Grenzen. In: Fritze, Agnès/Maelicke Bernd/Uebelhart Beat (Hg.) (2011): Management und Systementwicklung in der Sozialen Arbeit. Baden-Baden: Nomos, S. 114-133.

Keupp, Heiner (2000): Der Sozialstaat auf dem Prüfstand (I): Zur „Kultur des Sozialen“ – Kommunitaristisch inspirierte Anregungen. In: TuP, 51. Jg., 2000, H. 6, S. 203-208.

Kiehl, Walter (2001): Die Schubumkehr – Verzerrungseffekte der „Neuen Steuerungsmodelle“ für Sozialrechtsnormen. In: Sozialmagazin, 26. Jg., 2001, H. 5, S. 14-19.

Kieser, Alfred (Hg.) (2006): Organisationstheorien, 6. Aufl., Stuttgart: Kohlhammer.

Kirchgässner, Gebhard (1988): Die neue Welt der Ökonomie. In: Analyse & Kritik, 10. Jg., 1988, H. 2, S. 107-137.

Kirchgässner, Gebhard (1997): Auf der Suche nach dem Gespenst des Ökonomismus. Einige Bemerkungen über Tausch, Märkte und die Ökonomisierung der Lebensverhältnisse. In: Analyse & Kritik, 19. Jg., 1997, H. 2, S. 127-152.

Kirchgässner, Gebhard (2008): Homo oeconomicus. Das ökonomische Modell individuellen Verhaltens und seine Anwendung in den Wirtschafts- und Sozialwissenschaften, 3. Aufl., Tübingen: Mohr Siebeck.

Kirchgässner, Gebhard (2013): Sanfter Paternalismus, meritorische Güter und der normative Individualismus. In: Held, Martin/Kubon-Gilke, Gisela/Sturn, Richard (Hg.) (2013): Normative und institutionelle Grundfragen der Ökonomik. Jahrbuch 12. Grenzen der Konsumentensouveränität, Marburg: Metropolis, S. 41-62.

Klatetzki, Thomas (1994): Zwei Modelle zur Beurteilung von Non-Profit-Organisationen. In: Widersprüche, 14. Jg., 1994, H. 53, S. 35-40.

Klatetzki, Thomas (Hg.) (1995a): Flexible Erziehungshilfen. Ein Organisationskonzept in der Diskussion, 2. überarb. Aufl., Münster: Votum.

Klatetzki, Thomas (1995b): Eine kurze Einführung in die Diskussion über flexible Erziehungshilfen. In: Klatetzki, Thomas (Hg.) (1995a): Flexible Erziehungshilfen. Ein Organisationskonzept in der Diskussion, 2. überarb. Aufl., Münster: Votum, S. 5-12.

Klatetzki, Thomas (1995c): Innovative Organisationen in der Jugendhilfe. Kollektive Repräsentationen und Handlungsstrukturen am Beispiel der Hilfen zur Erziehung. In: Klatetzki, Thomas (Hg.) (1995a): Flexible Erziehungshilfen. Ein Organisationskonzept in der Diskussion, 2. überarb. Aufl., Münster: Votum, S. 13-25.

Klatetzki, Thomas (1998): Noch einmal: Was sind flexibel organisierte Erziehungshilfen? In: Peters, Friedhelm/Trede, Wolfgang/Winkler, Michael (Hg.) (1998): Integrierte Erziehungshilfen. Qualifizierung der Jugendhilfe durch Flexibilisierung und Integration?, Frankfurt a. M.: IGFH-Eigenverl., S. 322-337.

Klatetzki, Thomas (1999): Qualitäten der Organisation. In: Merchel, Joachim (Hg.) (1999d): Qualität in der Jugendhilfe. Kriterien und Bewertungsmöglichkeiten, 2. Aufl., Münster: Votum, S. 61-75.

Klatetzki, Thomas/Winter, Hagen (2003): Die Finanzierungsform der Fachleistungsstunde, administrative Kontrolle und die Technisierbarkeit der Sozialen Arbeit. In: Olk, Thomas/Otto, Hans-Uwe (Hg.) (2003): Soziale Arbeit als Dienstleistung. Grundlegungen, Entwürfe und Modelle. Neuwied: Luchterhand, S. 249-259.

Kleve, Heiko (2001): Systemtheorie und Ökonomisierung Sozialer Arbeit. Zur Ambivalenz eines sozialarbeiterischen Trends. In: np, 31. Jg., 2001, H. 1, S. 29-40.

Klieme, Eckhard/Tippelt, Rudolf (Hg.) (2008): Qualitätssicherung im Bildungswesen. ZfP, 53. Beiheft, Weinheim/Basel: Beltz.

Klug, Wolfgang (2001): Anwaltschaft oder Dienstleistung... und/oder beides? Wertorientiertes Management in caritativen Nonprofit-Organisationen. In: Sozialmagazin, 26. Jg., 2001, H. 10, S. 40-48.

Knab, Eckhart/Macsenaere, Michael (Hg.) (2004): Evaluationsstudie erzieherischer Hilfen (EVAS). Eine Einführung. 1. Aufl., Freiburg i. B.: Lambertus.

Knösel, Peter (2002): Verbraucherschutz und Qualität in der Jugendhilfe. In: Jugendhilfe, 40 Jg., 2002, H. 1, S. 21-26.

Koch, Christian (2003): Balanced Scorecard (BSC). In: Boeßenecker, Karl-Heinz/ Vilain, Michael/Biebricher, Martin/Buckley, Andrea/Markert, Andreas (Hg.) (2003): Qualitätskonzepte in der sozialen Arbeit. Eine Orientierung für Ausbildung, Studium und Praxis, 1. Aufl., Weinheim: Beltz, S. 15-22.

Koch, Josef (1999): Gegen Ausgrenzung und Abschottung – Zielperspektiven integrierter und flexibler Hilfen. In: Koch, Josef/Lenz, Stefan (Hg.) (1999): Auf dem Weg zu einer integrierten und sozialräumlichen Kinder- und Jugendhilfe. Dokumentation des 2. Bundestreffens INTEGRA der IGFH in Blankensee 1999, 1. Aufl., Frankfurt a. M.: IGFH-Eigenverl., S. 33-47.

Koch, Josef/Lenz, Stefan (Hg.) (1999): Auf dem Weg zu einer integrierten und sozialräumlichen Kinder- und Jugendhilfe. Dokumentation des 2. Bundestreffens INTEGRA der IGFH in Blankensee 1999, 1. Aufl., Frankfurt a. M.: IGFH-Eigenverl.

Koch, Josef/Peters, Friedhelm (2004): Das Projekt Integrierte, flexible Erziehungshilfen. In: Peters, Friedhelm/Koch, Josef (Hg.) (2004): Integrierte erzieherische Hilfen. Flexibilität, Integration und Sozialraumbezug in der Jugendhilfe, 1. Aufl., Weinheim: Juventa, S. 7-25.

Koch, Josef/Wolff, Mechthild (2005): Erziehungshilfen und lokale Integration. In: Kessl, Fabian/Reutlinger, Christian/Maurer, Susanne/Frey, Oliver (Hg.) (2005): Handbuch Sozialraum, 1. Aufl., Wiesbaden: VS Verl. f. Sozialwiss., S. 375-392.

Koditek, Thomas (1997): Voraussetzungen sozialpädagogischer Wirkungsforschung. In: Bundesministerium für Familie, Senioren, Frauen und Jugend (BMFSFJ) (Hg.) (1997): Evaluation der sozialpädagogischen Praxis. Materialien zur Qualitätssicherung in der Kinder- und Jugendhilfe, Bd. 11, Bonn, S. 50-55.

Kohl, Jürgen (2000): Der Sozialstaat: Die deutsche Version des Wohlfahrtsstaates - Überlegungen zu seiner typologischen Verortung. In: Leibfried, Stephan/Wagschal, Uwe (Hg.) (2000a): Der deutsche Sozialstaat. Bilanzen - Reformen – Perspektiven, Frankfurt a. M.: Campus, S. 115-152.

Kommunale Gemeinschaftsstelle (KGSt) (1993): Organisation der Jugendhilfe. Ziele, Aufgaben und Tätigkeiten des Jugendamtes. KGSt Bericht 3/1993, Köln.

Kommunale Gemeinschaftsstelle (KGSt) (1994a): Das neue Steuerungsmodell. Begründungen. Konturen. Umsetzung. KGSt Bericht 5/1993, Köln.

Kommunale Gemeinschaftsstelle (KGSt) (1994b): Outputorientierte Steuerung. KGSt Bericht 9/1994, Köln.

Kommunale Gemeinschaftsstelle (KGSt) (1995a): Das neue Steuerungsmodell: Definition und Beschreibung von Produkten. KGSt Bericht 8/1994, Köln.

Kommunale Gemeinschaftsstelle (KGSt) (1995b): Qualitätsmanagement. KGSt Bericht 6/1995, Köln.

Kommunale Gemeinschaftsstelle (KGSt) (1995c): Aufbauorganisation in der Jugendhilfe. KGSt Bericht 3/1995, Köln.

Kommunale Gemeinschaftsstelle (KGSt) (1996): Integrierte Fach- und Ressourcenplanung in der Jugendhilfe. KGSt Bericht 3/1996, Köln.

Kommunale Gemeinschaftsstelle (KGSt) (1997): Qualitätsmanagement II: Der Einstieg in die Praxis über die Selbstbewertung. KGSt Bericht 8/1997, Köln.

Kommunale Gemeinschaftsstelle (KGSt) (1998): Kontraktmanagement zwischen öffentlichen und freien Trägern in der Jugendhilfe. KGSt Bericht 12/1998, Köln.

Kommunale Gemeinschaftsstelle (KGSt) (2000): Strategisches Management IV. Fachbereichsstrategien am Beispiel der Jugendhilfe. KGSt Bericht 11/2000, Köln.

Kommunale Gemeinschaftsstelle (KGSt) (2007): Das Neue Steuerungsmodell: Bilanz der Umsetzung. KGSt Bericht 2/2007, Köln.

Kommunale Gemeinschaftsstelle (KGSt) (2009): Qualitätsmanagement. Eine Orientierung für die kommunale Praxis. KGSt Bericht 2/2009, Köln.

Köngeter, Stefan (2006): Juristische Aspekte flexibler und sozialraumorientierter Erziehungshilfen. In: Deutschendorf, René/Hamberger, Matthias/Koch, Josef/Lenz, Stefan/Peters, Friedhelm (Hg.) (2006): Werkstattbuch INTEGRA. Grundlagen, Anregungen und Arbeitsmaterialien für integrierte, flexible und sozialräumlich ausgerichtete Erziehungshilfen, Weinheim/München: Juventa, S. 59-72.

Köpp, Christina/Neumann, Sascha (2003): Sozialpädagogische Qualität. Problembezogene Analysen zur Konzeptualisierung eines Modells, Weinheim/München: Juventa.

Korff, Wilhelm (Hg.) (1999): Handbuch Wirtschaftsethik. Ethik wirtschaftlichen Handelns, Bd. 3, Gütersloh: Gütersloher Verl.-Haus.

Kränzl-Nagl, Renate/Mierendorff, Johanna/Olk, Thomas (Hg.) (2003): Kindheit im Wohlfahrtsstaat. Gesellschaftliche und politische Herausforderungen, Frankfurt a. M.: Campus.

Krappmann, Lothar (2000): Soziologische Dimensionen der Identität. Strukturelle Bedingungen für die Teilnahme an Interaktionsprozessen, 9. Aufl., Stuttgart: Klett-Cotta.

Krause, Hans-Ullrich/Peters, Friedhelm (Hg.) (2009): Grundwissen erzieherische Hilfen. Ausgangsfragen, Schlüsselthemen, Herausforderungen, 3. Aufl., Weinheim/ München: Juventa.

Krause, Hans-Ulrich (2000): Kommentierung und Bewertung des Verfahrens für die Erziehungshilfe. In: Merchel, Joachim (Hg.) (2000a): Qualitätsentwicklung in Einrichtungen und Diensten der Erziehungshilfe. Methoden, Erfahrungen, Kritik, Perspektiven. 1. Aufl., Frankfurt a.M.: IGFH, S. 69-75.

Kreft, Dieter/Mielenz, Ingrid (2000): Kinder- und Jugendhilfegesetz/SGB VIII und Gemeinwesenarbeit (GWA). In: Müller, Siegfried/Sünker, Heinz/Olk, Thomas/Böllert, Karin (Hg.) (2000): Soziale Arbeit. Gesellschaftliche Bedingungen und professionelle Perspektiven: Hans-Uwe Otto zum 60. Geburtstag gewidmet, Neuwied: Luchterhand, S. 363-373.

Kreft, Dieter/Mielenz, Ingrid (Hg.) (2013): Wörterbuch Soziale Arbeit. Aufgaben, Praxisfelder, Begriffe und Methoden der Sozialarbeit und Sozialpädagogik. 7. vollst. überarb. und akt. Aufl., Weinheim/Basel: Beltz Juventa.

Kreft, Dieter/Müller, Wolfgang (2008): Konzepte, Methoden, Verfahren und Techniken in der Sozialen Arbeit – Ein praxisorientierter Versuch für das Handeln nach den Regeln der Kunst. In: TuP, 59. Jg., 2008, H. 2, S. 134-143.

Kreft, Dieter/Münder, Johannes/Jordan, Erwin (Hg.) (1996): Mut zur Veränderung. Soziale Arbeit zwischen Aufbruch und alltäglichen Mühen. Münster: Votum.

Kriener, Martina (2001): Beteiligung als Gestaltungsprinzip. In: Birtsch, Vera/Münstermann, Klaus/Trede, Wolfgang (Hg.) (2001): Handbuch Erziehungshilfen. Leitfaden für Ausbildung, Praxis und Forschung, Münster: Votum, S. 128-148.

Kriener, Martina/Petersen, Kerstin (Hg.) (1999): Beteiligung in der Jugendhilfepraxis. Sozialpädagogische Strategien zur Partizipation in Erziehungshilfen und bei Vormundschaften, Münster: Votum.

Kröger, Rainer (Hg.) (1999): Leistung, Entgelt und Qualitätsentwicklung in der Jugendhilfe. Arbeitshilfen mit Musterbeispielen zur praktischen Umsetzung der §§ 78 a-g SGB VIII, Neuwied/Kriftel: Luchterhand.

Kröger, Rainer (2003): Leistungs-, Entgelt- und Qualitätsentwicklungsvereinbarung als Einheit oder unterschiedliche Verfahren und Perspektiven der Umsetzung. In: Sozialpädagogisches Institut des SOS-Kinderdorf e. V. (Hg.) (2003): Qualitätsentwicklung und Qualitätswettbewerb. Dokumentation der Fachtagung „Qualitätsentwicklung und Qualitätswettbewerb in der stationären Erziehungshilfe“ 7. und 8. November 2002 in Berlin, München: Eigenverl., S. 22-35.

Krölls, Albert (2002): Die Sozialraumorientierung aus jugendhilfepolitischer und jugendhilferechtlicher Sicht. Ein rechtswidriges Sparprogramm mit fragwürdigem jugendhilfepolitischem Nutzen. In: Merten, Roland (Hg.) (2002a): Sozialraumorientierung. Zwischen fachlicher und rechtlicher Machbarkeit, Weinheim/München: Juventa, S. 183-201.

Kroll-Schlüter, Herrmann (1975): Jugendhilfe und Elternrecht. In: Jordan, Erwin (Hg.) (1975): Jugendhilfe. Beiträge und Materialien zur Reform des Jugendhilferechts, Weinheim/Basel: Beltz, S. 198-204.

Kromrey, Helmut (2000): Die Bewertung von Humandienstleistungen. Fallstricke bei der Implementations- und Wirkungsforschung sowie methodische Alternativen. In: Müller-Kohlenberg, Hildegard/Münstermann, Klaus (Hg.) (2000): Qualität von Humandienstleistungen. Evaluation und Qualitätsmanagement in Sozialer Arbeit und Gesundheitswesen, Opladen: Leske + Budrich, S. 19-57.

Krone, Sirikit/Langer, Andreas/Mill, Ulrich/Stöbe-Blossey, Sybille (2009): Jugendhilfe und Verwaltungsreform. Zur Entwicklung der Rahmenbedingungen sozialer Dienstleistungen, Wiesbaden: VS Verl. f. Sozialwiss.

Krüger, Herbert (1964): Allgemeine Staatslehre, Stuttgart: Kohlhammer.

Kubon-Gilke, Gisela (1997): Verhaltensbindung und die Evolution ökonomischer Institutionen, Marburg: Metropolis.

Kubon-Gilke, Gisela (2002): Effizienz, Gerechtigkeit und die Theorie des guten Lebens. In: Held, Martin/Kubon-Gilke, Gisela/Sturn, Richard (Hg.) (2002): Normative und institutionelle Grundfragen der Ökonomik. Jahrbuch 1. Gerechtigkeit als Voraussetzung für effizientes Wirtschaften, Marburg: Metropolis, S. 329-357.

Kubon-Gilke, Gisela (2005a): Wettbewerbliche Steuerung der Sozialen Arbeit. In: Keicher, Rolf/Anhorn Roland (Hg.) (2005): Privatisierung als Chance? Straffälligenhilfe zwischen marktwirtschaftlicher und staatlicher Steuerung, Freiburg i. B.: Lambertus, S. 18-44.

Kubon-Gilke, Gisela (2005b): "The Impact of Incentive Schemes on Quality and Efficiency. Problems of Building up Quality Standards in the Social Sector". In: Fröse, Marlies (Hg.) (2005): Management Sozialer Organisationen. Beiträge aus Theorie, Forschung und Praxis – Das Darmstädter Management-Modell, Bern/Stuttgart/Wien: Haupt, S. 79 – 99.

Kubon-Gilke, Gisela (2012a): Stolz und Vorurteil: zum ambivalenten Verhältnis von Sozialarbeitswissenschaft und Ökonomik. In: np, 42. Jg., 2012, H. 6, S. 585-602.

Kubon-Gilke, Gisela (2012b): Ökonomik der Nachhaltigkeit: Anmerkungen zu Ethik und Menschenbild. In: Rogall, Holger/Binswanger, Hans-Christoph/Ekardt, Felix/Grothe, Anja/Hasenclever, Wolf-Dieter/Hauchler, Ingomar/Jänicke, Martin/Kollmann, Karl/Michaelis, Nina V./Nutzinger, Hans G./Scherhorn, Gerhard (Hg.) (2012): Jahrbuch 2012/2013 Nachhaltige Ökonomie. Im Brennpunkt: Green Economy, Marburg: Metropolis, S. 199-221.

Kubon-Gilke, Gisela (2013): Außer Konkurrenz. Sozialpolitik im Spannungsfeld von Markt, Zentralsteuerung und Traditionssystemen. Ein Lehrbuch und mehr über Ökonomie und Sozialpolitik, 2. akt. u. erw. Aufl., Marburg: Metropolis.

Kubon-Gilke, Gisela/Sturn, Richard/Held, Martin (2005): Ökonomik des Vertrauens – Stellenwert von Vertrauen in der Ökonomik. In: Held, Martin/Kubon-Gilke, Gisela/Sturn, Richard (Hg.) (2005): Normative und institutionelle Grundfragen der Ökonomik. Jahrbuch 4. Reputation und Vertrauen, Marburg: Metropolis, S. 7-35.

Kühn, Dietrich (1995): Neue Steuerungsmodelle der Sozialverwaltung – Chancen und Gefahren. In: np, 25. Jg., 1995, H. 4, S. 340-348.

Kühnlein, Gertrud (2001): Verwaltungsmodernisierung und Nutzerorientierung: Bürgerbüros und gebündelte Verwaltungsleistungen. In: Boeßenecker, Karl-Heinz/Trube, Achim/Wohlfahrt, Norbert (Hg.) (2001): Verwaltungsreform von unten? Lokaler Sozialstaat im Umbruch aus verschiedenen Perspektiven, Münster: Votum, S. 128-138.

Kulbach, Roderich (1995): Das Neue Steuerungsmodell in der Jugendhilfe: Umsetzungsprobleme bei der Produktentwicklung. In: EJ, 72. Jg., 1995, H. 4, S. 3-8.

Kulbach, Roderich (1998): Qualitätsmanagement in der Sozialen Arbeit (I): Strategien für eine adressatenbezogene Qualitätspolitik – Zum Stand der fachtheoretischen Diskussion. In: TuP, 49. Jg., 1998, H. 12, S. 443-447.

Kulbach, Roderich/Wohlfahrt, Norbert (1996): Modernisierung der öffentlichen Verwaltung? Konsequenzen für die freie Wohlfahrtspflege, Freiburg i. B.: Lambertus.

Kuhlmann, Carola (2013): Erziehung und Bildung. Einführung in die Geschichte und Aktualität pädagogischer Ideen, Wiesbaden: Springer.

Kuhlmann, Carola/Schrapper, Christian (2001): Zur Geschichte der Erziehungshilfen von der Armenpflege bis zu den Hilfen zur Erziehung. In: Birtsch, Vera/Münstermann, Klaus/ Trede, Wolfgang (Hg.) (2001): Handbuch der Erziehungshilfen. Leitfaden für Ausbildung, Praxis und Forschung, Münster: Votum, S. 282-328.

Kunkel, Peter-Christian (1995a): Jugendhilfe – Hilfe durch Leistung und Eingriff. Erster Teil: Jugendhilfe im System von Leistungs- und Eingriffsverwaltung. In: Jugendhilfe, 33. Jg., 1995, H. 5, S. 277-284.

Kunkel, Peter-Christian (1995b): Jugendhilfe – Hilfe durch Leistung und Eingriff. Zweiter Teil: Leistung und Eingriff im Vergleich. In: Jugendhilfe, 33. Jg., 1995, H. 6, S. 348-359.

Kunkel, Peter-Christian (1998a): Rechtsfragen der Hilfe zur Erziehung und des Hilfeplanungsverfahrens nach den Reformgesetzen. In: ZfJ, 85. Jg., 1998, H. 5, S. 205-210.

Kunkel, Peter-Christian (1998b): Rechtsfragen der Hilfe zur Erziehung und des Hilfeplanungsverfahrens nach den Reformgesetzen. In: ZfJ, 85. Jg., 1998, H. 6, S. 250-257.

Kunkel, Peter-Christian (2002): Erosion des Subsidiaritätsprinzips? In: Sozialextra, 26. Jg., 2002, H. 1, S. 16-20.

Kunkel, Peter-Christian (2004): Freie Träger – Partner oder Auftragnehmer des öffentlichen Trägers? In: Forum Jugendhilfe, 42. Jg., 2004, H. 1, S. 64-73.

Kunkel, Peter-Christian (2013): Jugendhilferecht. Systematische Darstellung für Studium und Praxis, 7. völlig neu bearb. Aufl., Baden-Baden: Nomos.

Kunstmann, Wilfried (2001): Kunde, Käufer, Patient, Klient – Die Rolle des Hilfebedürftigen in der Sozialen Arbeit. In: TuP, 52. Jg., 2001, H. 4, S. 138-142.

Kunstreich, Timm (1996): Das "Neue Steuerungsmodell" (NSM). Essay über die Hegemonie konservativer Modernisierung. In: Widersprüche, 16. Jg., 1996, H. 59, S. 57-73.

Kunstreich, Timm (2011): „Keine Leistung ohne Gegenleistung“ oder „Recht auf Teilhabe“ – Sozialpolitik und Politik des Sozialen im Neoliberalismus. In: Gintzel, Ullrich/Hirschfeld, Uwe/Lindenberg, Michael (Hg.) (2011): Sozialpolitik und Jugendhilfe, 1. Aufl., Frankfurt a. M.: IGFH-Eigenverl., S. 27-39.

Künzel-Schön, Marianne (1996): Vom "Klienten" zum "Kunden"? In: TuP, 47. Jg., 1996, H. 11, S. 6-14.

Kupffer, Heinrich (1999): Was ist das "Produkt" der Jugendhilfe? In: Unsere Jugend, 51. Jg., 1999, H. 7/8, S. 309-315.

Kutscha, Martin (1984): Vom zeitgemäßen Sozialstaatsverständnis. In: Kritische Justiz, 17. Jg., 1984, H. 3, S. 383-396.

Laan, Geert van der (2000): Handlungsspielräume von Sozialarbeitern unter Marktbedingungen - Das Beispiel Niederlande. In: Otto, Hans-Uwe/Schnurr, Stefan (Hg.) (2000a): Privatisierung und Wettbewerb in der Jugendhilfe. Marktorientierte Modernisierungsstrategien in internationaler Perspektive, Neuwied: Luchterhand, S. 87-110.

Lakies, Thomas (1996): Probleme des Jugendhilferechts im System des Sozialgesetzbuches. In: Zentralblatt für Jugendrecht, 83. Jg., 1996, H. 11, S. 451-456.

Lakies, Thomas (1997): Hilfen zur Erziehung im System des Sozialgesetzbuches. In: Jugendhilfe, 35. Jg., 1997, H. 4, S. 213-225.

Lambach, Rolf (1995): Jugendhilfestationen als organisatorische Form. In: In: Klatetzki, Thomas (Hg.) (1995a): Flexible Erziehungshilfen. Ein Organisationskonzept in der Diskussion, 2. überarb. Aufl., Münster: Votum, S. 37-41.

Lambach, Rolf (2003): Messung von Ergebnisqualität. In: Sozialpädagogisches Institut des SOS-Kinderdorf e. V. (Hg.) (2003): Qualitätsentwicklung und Qualitätswettbewerb. Dokumentation der Fachtagung „Qualitätsentwicklung und Qualitätswettbewerb in der stationären Erziehungshilfe" 7. und 8. November 2002 in Berlin, München: Eigenverl., S. 95-103.

Lampert, Heinz (2000): Reformschädliche Schieflagen der Sozialstaatskritik. In: Sozialer Fortschritt, 49. Jg., 2000, H. 1, S. 7-15.

Lampert, Heinz/Althammer, Jörg (2004): Lehrbuch der Sozialpolitik, 7. überarb. und vollst. aktual. Aufl., Berlin/u. a.: Springer.

Lamping, Wolfram/Schridde, Henning/Plaß, Stefan/Blanke, Bernhard (2002): Der aktivierende Staat. Positionen, Begriffe, Strategien: Studie für den Arbeitskreis Bürgergesellschaft und Aktivierender Staat der Friedrich-Ebert-Stiftung, Bonn: Eigenverl.

Landert, Charles (1996): Externe und interne Evaluation – Schnittstellen und Übergänge. In: Heiner, Maja (Hg.) (1996a): Qualitätsentwicklung durch Evaluation, Freiburg i. B.: Lambertus, S. 68-84.

Landsberg, Gerd (2013): Nur noch kurz die Welt retten? Die Zukunft der Wohlfahrtsverbände an der Seite der Kommunen. In: ArchsozArb, 44. Jg., 2013, H. 2, S. 44-50.

Landschaftsverband Rheinland (LVR)/Landschaftsverband Westfalen-Lippe (LWL) (Hg.) (2013): Qualitätsentwicklung in der örtlichen Kinder- und Jugendhilfe. Orientierungshilfe zur Umsetzung der Regelungen in §§ 79, 79a SGB VIII, Münster/ Köln.

Langer, Andreas (2004a): Professionsethik und Professionsökonomik. Legitimierung sozialer Arbeit zwischen Professionalität, Gerechtigkeit und Effizienz, Regensburg: Transfer-Verl.

Langer, Andreas (2004b): Professionsökonomik, Verträge und Vertrauen. Zur Mikrofundierung professioneller Dienstleistungen durch die Agenturtheorie am Beispiel der Sozialen Arbeit. In: zfwu, 5. Jg., 2004, H. 3, S. 284-305.

Langer, Andreas (2007): Dienstleistungsstrukturen in der Sozialen Arbeit zwischen Verwaltungsreform und Professionalisierung. In: ZSR, 53. Jg., 2007, H. 3, S. 223-246.

Langnickel, Hans (2003) Das EFQM-Modell für Excellence – Der Europäische Qualitätspreis. In: Boeßenecker, Karl-Heinz/Vilain, Michael/Biebricher, Martin/Buckley, Andrea/Markert, Andreas (Hg.) (2003): Qualitätskonzepte in der sozialen Arbeit. Eine Orientierung für Ausbildung, Studium und Praxis, Weinheim: Beltz, S. 38-47.

Lanwer, Willehad (2013): Vitalpolitik und Inklusion am Beispiel der Politik für Menschen mit Beeinträchtigungen. Unveröffentl. Manuskript.

Leibfried, Stephan/Wagschal, Uwe (Hg.) (2000a): Der deutsche Sozialstaat. Bilanzen - Reformen – Perspektiven, Frankfurt a. M.: Campus.

Leibfried, Stephan/Wagschal, Uwe (2000b): Der deutsche Sozialstaat. Bilanzen - Reformen - Perspektiven. In: Leibfried, Stephan/Wagschal, Uwe (Hg.) (2000a): Der deutsche Sozialstaat. Bilanzen - Reformen – Perspektiven, Frankfurt a. M.: Campus, S. 8-50.

Leisering, Lutz (2000): Kontinuitätssemantiken: Die evolutionäre Transformation des Sozialstaates im Nachkriegsdeutschland. In: Leibfried, Stephan/Wagschal, Uwe (Hg.) (2000a): Der deutsche Sozialstaat. Bilanzen - Reformen – Perspektiven, Frankfurt a. M.: Campus, S. 91-114.

Leisering, Lutz (2004): Der deutsche Sozialstaat – Entfaltung und Krise eines Sozialmodells. In: Frech, Siegfried/Schmidt, Josef (Hg.) (2004): Der Sozialstaat. Reform, Umbau, Abbau? Schwalbach/Ts.: Wochenschau-Verl., S. 10-42.

Lenhardt, Gero/Offe, Claus (1977): Staatstheorie und Sozialpolitik. Politisch-soziologische Erklärungsansätze für Funktionen und Innovationsprozesse der Sozialpolitik. In: Ferber, Christian von/Kaufmann, Franz-Xaver (Hg.) (1977): Soziologie und Sozialpolitik, KZfSS, 29. Jg., Sonderheft 19, Opladen: Westdt. Verl., S. 98-127.

Lenz, Albert (2001): Partizipation von Kindern in Beratung und Therapie. Entwicklungen, Befunde und Handlungsperspektiven, Weinheim: Juventa.

Lessenich, Stephan (1996): Umbau, Abbau, Neubau? Der deutsche Sozialstaat im Wandel. In: Leviathan, 24. Jg., 1996, H. 2, S. 208-221.

Lindner, Werner (2000): Dienstleistungsqualität in der Kinder- und Jugendarbeit: Von der Produkt- zur Prozessorientierung. In: Päd. Blick, 8. Jg., 2000, H. 1, S. 34-49.

Lob-Hüdepohl, Andreas/Lesch, Walter (Hg.) (2007): Ethik Sozialer Arbeit – Ein Handbuch: Einführung in die Ethik der Sozialen Arbeit, Paderborn: Schöningh.

Lotz, Karl-Erich (1998): Einige Anmerkungen zum Thema Qualitätssicherung/Qualitätsmanagement. In: AFET – Mitglieder-Rundbrief - Arbeitsgemeinschaft für Erziehungshilfe, 27. Jg., 1998, H. 1, S. 35-38.

Lüders, Christian (1997): Neue Steuerung in der Jugendhilfe: Versuch einer Standortbestimmung nach der ersten Aufregung. In: Diskurs, 7. Jg., 1997, H. 1, S. 76-81.

Luhmann, Niklas (1981): Politische Theorie im Wohlfahrtsstaat. München/Wien: Günter Olzog Verlag.

Luhmann, Niklas/Schorr, Karl E. (Hg.) (1982a): Zwischen Technologie und Selbstferenz. Fragen an die Pädagogik. Frankfurt a. M.: Suhrkamp.

Luhmann, Niklas/Schorr, Karl E. (1982b): Das Technologiedefizit der Erziehung und die Pädagogik. In: Luhmann, Niklas/Schorr, Karl E. (Hg.) (1982a): Zwischen Technologie und Selbstferenz. Fragen an die Pädagogik. Frankfurt a. M.: Suhrkamp, S. 11-40.

Lukas, Helmut/Strack Gerhold (Hg.) (1996): Methodische Grundlagen der Jugendhilfeplanung, Freiburg i. B.: Lambertus.

Luthe, Ernst-Wilhelm (1993): Die sozialpädagogische Freiheit. Rechtsgrundlagen funktionaler Autonomie in der Sozialverwaltung. In: ZfSH/SGB, 32. Jg., 1993, H. 10 S. 514.

Luthe, Ernst-Wilhelm (2003): Der aktivierende Sozialstaat im Recht. In: NDV, 83. Jg., 2003, H. 5, S. 167-177.

Lüttringhaus, Maria (2007): Zusammenfassender Überblick: Leitstandards der Gemeinwesenarbeit. In: Hinte, Wolfgang/Lüttringhaus, Maria/Oelschlägel, Dieter (Hg.) (2007): Grundlagen und Standards der Gemeinwesenarbeit. Ein Reader zu Entwicklungslinien und Perspektiven, 2. akt. Aufl., Weinheim: Juventa, S. 277-281.

Maas, Udo (1993): Leistungen der Jugendhilfe als Sozialleistungen. In: NDV, 73. Jg., 1993, H. 12, S. 465-476.

Maas, Udo (1996): Der Hilfeplan nach § 36 KJHG und das jugendhilferechtliche Verwaltungsverfahren. In: ZfJ, 83. Jg., 1996, H. 4, S. 113-119.

Maas, Udo (1997): Das mißverstandene KJHG: Privatisierung der öffentlichen Jugendhilfe als „Neue Fachlichkeit": Kein Auftrag, keine Verantwortung – keine Kompetenz? In: ZfJ, 84. Jg., 1997, H. 3, S. 70-76.

Maaser, Wolfgang (2007): Die Ambivalenz der Wohlfahrtsverantwortung (Koreferat). In: Dabrowski, Martin/Wolf, Judith (Hg.) (2007): Aufgaben und Grenzen des Sozialstaates, Paderborn: Schöningh, S. 53-61.

Macsenaere, Michael (2007): Verfahren zur Wirkungsmessung in den erzieherischen Hilfen: Jugendhilfe-Effekte-Studie (JES). In: Institut für soziale Arbeit e.V. (ISA) (Hg.) (2007a): Wirkungsorientierte Jugendhilfe, Bd. 1. Eine Schriftenreihe des ISA zur Qualifizierung der Hilfe zur Erziehung, Münster, S. 25-31.

Macsenaere, Michael/Herrmann, Timo (2004): Design und Erhebungsinstrumente. In: Knab, Eckhart/Macsenaere, Michael (Hg.) (2004): Evaluationsstudie erzieherischer Hilfen (EVAS). Eine Einführung. 1. Aufl., Freiburg i. B.: Lambertus, S. 26-41.

Maelicke, Bernd (1993): Umbau statt Ausbau. In: Socialmanagement, 3. Jg., 1993, H. 3, S. 30-34.

Maelicke, Bernd (Hg.) (1998): Freie Wohlfahrtspflege im Übergang zum 21. Jahrhundert, 1. Aufl., Baden-Baden: Nomos.

Maier-Rigaud, Gerhard (1998): Folgen des "Neoliberalismus" für Beschäftigung und Umwelt: In: Renner, Andreas/Hinterberger, Friedrich (Hg.) (1998): Zukunftsfähigkeit und Neoliberalismus. Zur Vereinbarkeit von Umweltschutz und Wettbewerbswirtschaft, Baden-Baden: Nomos, S. 157 – 174.

Maier-Rigaud, Frank P./Maier-Rigaud, Remi (2009): Rüstows Konzept der Sozialen Marktwirtschaft – Sozial- und wettbewerbspolitische Dimensionen einer überwirtschaftlichen Ordnung. In: Aßländer, Michael S./Ulrich, Peter (Hg) (2009): 60 Jahre Soziale Marktwirtschaft. Illusionen und Reinterpretationen einer ordnungspolitischen Integrationsformel, 1. Aufl., Bern: Haupt, S. 69-94.

Mandell, Betty R./Schram, Barbara (2009): An Introduction to Humen Services. Policy and Practice, 7. ed., Boston [u. a.]: Pearson.

Manderscheid, Hejo (1995): Freie Wohlfahrtspflege vor Ort: Vom Wertepluralismus zur fachlichen Differenzierung. In: Rauschenbach, Thomas/Sachße, Christoph/Olk, Thomas (Hg.) (1995): Von der Wertgemeinschaft zum Dienstleistungsunternehmen. Jugend- und Wohlfahrtsverbände im Umbruch, 1. Aufl., Frankfurt a. M.: Suhrkamp, S. 228-252.

Markert, Andreas (2003): Evaluation. In: Boeßenecker, Karl-Heinz/Vilain, Michael/ Biebricher, Martin/Buckley, Andrea/Markert, Andreas (Hg.) (2003): Qualitätskonzepte in der sozialen Arbeit. Eine Orientierung für Ausbildung, Studium und Praxis, Weinheim: Beltz, S. 48-58.

Marquard, Peter (2000): Strategien kommunaler Sozialarbeit: Regionalisierung und Demokratisierung als fachliche Strukturprinzipien. In: ZfJ, 87. Jg., 2000, H. 4, S. 134-140.

Marquard, Peter (2011): Aktivierung und Teilhabe im Spannungsverhältnis privater und öffentlicher Verantwortung – Herausforderungen an die Kinder- und Jugendhilfe. In: Gintzel, Ullrich/Hirschfeld, Uwe/Lindenberg, Michael (Hg.) (2011): Sozialpolitik und Jugendhilfe, 1. Aufl., Frankfurt a. M.: IGFH-Eigenverl., S. 41-53.

Maurer, Andrea/Schmid, Michael (Hg.) (2002): Neuer Institutionalismus. Zur soziologischen Erklärung von Organisation, Moral und Vertrauen Frankfurt a. M./New York: Campus.

Maurer, Hartmut (2007): Staatsrecht I. Grundlagen, Verfassungsorgane, Staatsfunktionen, 5. Aufl., München: Beck.

May, Christian (2007): Die balanced scorecard in einer Jugendhilfeeinrichtung. Anwendung betriebswirtschaftlicher Steuerungsinstrumente in sozialen Einrichtungen, Saarbrücken: VDM Müller.

May, Michael (1994a): Soziale Dienstleistungsproduktion und Legitimationsprobleme des Sozialstaats. In: Widersprüche, 14. Jg., 1994, H. 52, S. 65-71.

May, Michael (1994b): „The times, they are a-changing". Von der Kommunalen Sozialarbeitspolitik zur sozialen Dienstleistungsproduktion: Ein Kommentar zum 9. Jugendbericht der Bundesregierung. In: Widersprüche, 14. Jg., 1994, H. 53, S. 73-77.

May, Michael (1997): Kritik der Dienstleistungsorientierung in der sozialen Arbeit. In: np, 27. Jg., 1997, H. 4, S. 371-377.

May, Michael (2010): Aktuelle Theoriediskurse sozialer Arbeit. Eine Einführung, 3. Aufl., Wiesbaden: VS Verl. f. Sozialwiss.

Meinhold, Marianne (1994): Was heißt "Qualitätssicherung" bei sozialen Dienstleistungen? In: Widersprüche, 14. Jg., 1994, H. 53, S. 41-49.

Meinhold, Marianne (1995): Über einige Mißverständnisse in den aktuellen Qualitätsdiskussionen. In: np, 25. Jg., 1995, H. 3, S. 288-292.

Meinhold, Marianne (1998) Qualitätssicherung und Qualitätsmanagement in der sozialen Arbeit. Einführung und Arbeitshilfen. 3. erg. Aufl., Freiburg i.B.: Lambertus.

Meinhold, Marianne (2003): Qualitätssicherung in der Sozialen Arbeit: Plädoyer für einen eigenen Weg. In: Olk, Thomas/Otto, Hans-Uwe (Hg.) (2003): Soziale Arbeit als Dienstleistung. Grundlegungen, Entwürfe und Modelle. Neuwied: Luchterhand, S. 130-149.

Meinhold, Marianne/Matul, Christian (2003): Qualitätsmanagement aus der Sicht von Sozialarbeit und Ökonomie, Baden-Baden: Nomos.

Menne, Klaus (1995): Erziehungsberatungsstellen und Kinder- und Jugendhilfestationen. In: Klatetzki, Thomas (Hg.) (1995a): Flexible Erziehungshilfen. Ein Organisationskonzept in der Diskussion, 2. überarb. Aufl., Münster: Votum, S. 110-124.

Merchel, Joachim (1995): Sozialmanagement: Problembewältigung mit Placebo-Effekt oder Strategie zur Reorganisation der Wohlfahrtsverbände? In: Rauschenbach, Thomas/Sachße, Christoph/Olk, Thomas (Hg.) (1995): Von der Wertgemeinschaft zum Dienstleistungsunternehmen. Jugend- und Wohlfahrtsverbände im Umbruch, 1. Aufl., Frankfurt a. M.: Suhrkamp, S. 297-320.

Merchel, Joachim (1996a): Fachliche Anforderungen an die Jugendhilfe versus Ökonomisierung der Verwaltung? „Neue Steuerung“ im Kontext des Kinder- und Jugendhilfegesetzes. In: Merchel, Joachim/Schrapper Christian (Hg.) (1996a): "Neue Steuerung". Tendenzen der Organisationsentwicklung in der Sozialverwaltung, Münster: Votum, S. 145-167.

Merchel, Joachim (1996b): Hilfeplanung als treibendes Element bei der Modernisierung der Jugendhilfe: Anmerkungen zur jugendhilfepolitischen Bedeutung des § 36 KJHG. In: Faltermeier, Josef/Fuchs, Petra (Hg.) (1996): Hilfeplanung konkret. Praktische und fachpolitische Handlungsstrategien zur Qualitätssicherung in der Jugendhilfe. Schriftenreihe Deutscher Verein für Öffentliche und Private Fürsorge, Bd. 34, Stuttgart/Berlin/Köln: Kohlhammer; S. 97-122.

Merchel, Joachim (1996c): Neue Steuerung in der Jugendhilfe: handlungsfeldspezifische Differenzierungen im Kontext pluraler Trägerstrukturen: 1. und 2. Teil. In: Nachrichtendienst des Deutschen Vereins für öffentliche und private Fürsorge, 76. Jg., 1996, H. 7, S. 213–220 und H. 8, S. 248-257.

Merchel, Joachim (1998a): „Hilfen aus einer Hand“ – ein Traum sozialpädagogisch ambitionierter Reformer? In: Peters, Friedhelm/Trede, Wolfgang/Winkler, Michael (Hg.) (1998): Integrierte Erziehungshilfen. Qualifizierung der Jugendhilfe durch Flexibilisierung und Integration? Frankfurt a. M.: IGFH-Eigenverl., S. 297-321.

Merchel, Joachim (1998b): Qualitätsentwicklung als gesetzlicher Auftrag: Überlegungen zu Bedeutung und Umsetzung des neuen § 78 b SGB VIII. In: NDV, 77. Jg., 1998, H. 12, S. 382-387.

Merchel, Joachim (1998c): Qualitätskriterien und Qualitätsentwicklung in der Sozialpädagogischen Familienhilfe. In: Jugendhilfe, 36. Jg., 1998, H. 1, S. 16-31.

Merchel, Joachim (1999a): Leistungsvereinbarung, Entgeltvereinbarung, Qualitätsentwicklungsvereinbarung. Anmerkungen zu den drei Vereinbarungsformen. In: Kröger, Rainer (Hg.) (1999): Leistung, Entgelt und Qualitätsentwicklung in der Jugendhilfe. Arbeitshilfen mit Musterbeispielen zur praktischen Umsetzung der §§ 78 a-g SGB VIII, Neuwied/Kriftel: Luchterhand, S. 71-84.

Merchel, Joachim (1999b): Die Qualitätsentwicklungsvereinbarung. Welche Anforderungen sind an die Akteure in der Praxis zu stellen? In: Kröger, Rainer (Hg.) (1999): Leistung, Entgelt und Qualitätsentwicklung in der Jugendhilfe. Arbeitshilfen mit Musterbeispielen zur praktischen Umsetzung der §§ 78 a-g SGB VIII, Neuwied/Kriftel: Luchterhand, S. 170-185.

Merchel, Joachim (1999c): Wohin steuert die Jugendhilfe? Innovationsfähigkeit der Jugendhilfe zwischen neuen Steuerungsmodellen und Debatten um Jugendamtsstrukturen. In: Jugendhilfe, 37. Jg, 1999, H. 3, S. 138-149.

Merchel, Joachim (Hg.) (1999d): Qualität in der Jugendhilfe. Kriterien und Bewertungsmöglichkeiten, 2. Aufl., Münster: Votum.

Merchel, Joachim (1999e): Qualitätsbewertung in der Heimerziehung. In: Merchel, Joachim (Hg.) (1999d): Qualität in der Jugendhilfe. Kriterien und Bewertungsmöglichkeiten, 2. Aufl., Münster: Votum, S. 244-263.

Merchel, Joachim (Hg.) (2000a): Qualitätsentwicklung in Einrichtungen und Diensten der Erziehungshilfe. Methoden, Erfahrungen, Kritik, Perspektiven, 1. Aufl., Frankfurt a. M.: IGFH-Eigenverl.

Merchel, Joachim (2000b): Qualitätsentwicklung in der Erziehungshilfe: Anmerkungen zum Stellenwert der Qualitätsdiskussion und zu ihren methodischen Anforderungen. In: Merchel, Joachim (Hg.) (2000a): Qualitätsentwicklung in Einrichtungen und Diensten der Erziehungshilfe. Methoden, Erfahrungen, Kritik, Perspektiven, 1. Aufl., Frankfurt a.M.: IGFH-Eigenverl., S. 11-39.

Merchel, Joachim (2000c): Qualitätsentwicklungsvereinbarung: Perspektiven einer trägerübergreifenden Qualitätsentwicklung in der regionalen Jugendhilfe. In: Merchel, Joachim (Hg.) (2000a): Qualitätsentwicklung in Einrichtungen und Diensten der Erziehungshilfe. Methoden, Erfahrungen, Kritik, Perspektiven, 1. Aufl., Frankfurt a. M.: IGFH-Eigenverl., S. 247-276.

Merchel, Joachim (2000d): Verwaltungsmodernisierung und sozialarbeiterische Fachlichkeit – ein „Spiel ohne Sieger“? In: Otto, Hans-Uwe/Schnurr, Stefan (Hg.) (2000a): Privatisierung und Wettbewerb in der Jugendhilfe. Marktorientierte Modernisierungsstrategien in internationaler Perspektive, Neuwied: Luchterhand, S. 275-281.

Merchel, Joachim (2000e): Qualitätsentwicklung durch Gesetz? Zur Bedeutung des KJHG für die Qualitätsentwicklung in der Jugendhilfe. In: ZfJ, 87. Jg., 2000, H. 1, S. 15-21.

Merchel, Joachim (2000f): Zwischen Hoffnung auf Qualifizierung und Abwehrreflex. Zum Umgang mit dem Qualitätsthema in der Jugendhilfe. In: Helmke, Andreas/ Hornstein, Walter/Terhart, Ewald (Hg.) (2000): Qualität und Qualitätssicherung im Bildungsbereich. Schule, Sozialpädagogik, Hochschule. ZfP, 41. Beiheft, Weinheim/Basel: Beltz, S. 161-182.

Merchel, Joachim (2001): Rahmenvereinbarung zur Qualitätsentwicklungsvereinbarung. Ein Beispiel, wie man es nicht machen sollte. In: Forum Erziehungshilfen, 7. Jg., 2001, H. 5, S. 309-313.

Merchel, Joachim (2002a): Lebensweltorientierung und Partizipation – zwei Maximen des KJHG. In: Sozial extra, 26. Jg., 2002, H. 1, S. 8-11.

Merchel, Joachim (2002b): Zur wirkungsorientierten Gestaltung von Vereinbarungen nach § 78a ff. In: Schröder, Jan (Hg.) (2002a): Wirkungsorientierte Gestaltung von Qualitätsentwicklungs-, Leistungs- und Entgeltvereinbarungen nach § 78a ff. Dokumentation des Expertengesprächs „Wirkungsorientierte Gestaltung von Qualitätsentwicklungs-, Leistungs- und Entgeltvereinbarungen nach § 78a ff.“, Bonn, S. 17-21.

Merchel, Joachim (2002c): Kernfragen der Qualitätsentwicklung und an die Anforderungen an die professionelle Handlungskompetenz in der Sozialen Arbeit. In: NDV, 82. Jg., 2002, H. 4, S. 126-134.

Merchel, Joachim (2002d): Der „fachlich regulierte Qualitätswettbewerb“? In: Sozialextra, 26. Jg., 2002, H. 6, S. 19-25.

Merchel, Joachim (2003a): „Qualitätssteuerung“ über „Qualitätswettbewerb“ – eine realistische und angemessene Perspektive für die Erziehungshilfe? In: Sozialpädagogisches Institut des SOS-Kinderdorf e. V. (Hg.) (2003): Qualitätsentwicklung und Qualitätswettbewerb. Dokumentation der Fachtagung „Qualitätsentwicklung und Qualitätswettbewerb in der stationären Erziehungshilfe“ 7. und 8. November 2002 in Berlin, München: Eigenverl., S. 57-71.

Merchel, Joachim (2003b): Steuerung der Erziehungshilfen im fachpolitischen Diskurs: Steuerungsmöglichkeiten, Steuerungsakteure und fachliche Perspektiven – Teil 1 und 2. In: NDV, 83. Jg., 2003, H. 7/8, S. 314-319 und S. 329-333.

Merchel, Joachim (2003c): Zehn Jahre Kinder- und Jugendhilfegesetz – Zwischenbilanz zur Reform der Jugendhilfe. In: Sachverständigenkommission Elfter Kinder- und Jugendbericht (Hg.) (2003): Kinder- und Jugendhilfe im Reformprozess. Materialien zum Elften Kinder- und Jugendbericht. Bd. 2, München: Verl. DJI, S. 9-142.

Merchel, Joachim (2004a): Evaluation im Kontext von Finanzierungsvereinbarungen? Evaluation als Bestandteil von Qualitätsentwicklung im Rahmen der Vereinbarungen nach §§ 78 a ff. SGB VIII. In: RdJB, 52. Jg., 2004, H. 3, S. 371-388.

Merchel, Joachim (2004b): Qualität als Verhandlungssache. Kontraktsteuerung und Professionalisierung sozialer Dienste. In: Beckmann, Christof/Otto Hans-Uwe/Richter Martina/Schrödter Mark (Hg.) (2004a): Qualität in der sozialen Arbeit. Zwischen Nutzerinteresse und Kostenkontrolle. Leverkusen: Leske + Budrich, S. 133-154.

Merchel, Joachim (2005a): Wohlfahrtsverbände, Dritter Sektor und Zivilgesellschaft. In: Evers, Adalbert/Heinze, Rolf G./Olk, Thomas (Hg.) (2011a): Handbuch Soziale Dienste. Wiesbaden: VS Verl. f. Sozialwiss., S. 245-264.

Merchel, Joachim (2005b): Was hat die Qualitätsdebatte in der Jugendhilfe gebracht? Versuch einer Zwischenbilanz. In: ArchsozArb, 36. Jg., 2005, H. 2, S. 38-59.

Merchel, Joachim (2006): § 78b SGB VIII als Instrument zur Qualitätsentwicklung in der Erziehungshilfe? Ergebnisse einer Inhaltsanalyse von Qualitätsentwicklungsvereinbarungen. In: ZKJ, 2. Jg., 2006, H. 6, S. 78-90.

Merchel, Joachim (2008): Trägerstrukturen in der sozialen Arbeit. Eine Einführung, 2. überarb. Aufl., Weinheim/München: Juventa.

Merchel, Joachim (2009): Zur Debatte um „Sozialmanagement“. Anmerkungen zu Bilanz und Perspektiven nach annähernd 20 Jahren. In: Grunwald, Klaus (Hg.) (2009): Vom Sozialmanagement zum Management des Sozialen? Eine Bestandsaufnahme, Baltmannsweiler: Schneider Verl. Hohengehren, S. 62-84.

Merchel, Joachim (2010): Qualitätsmanagement in der sozialen Arbeit. Eine Einführung, 3. Aufl., Weinheim/München: Juventa.

Merchel, Joachim (2013): Qualitätsmanagement in der Sozialen Arbeit. Eine Einführung, 4. Aufl., Weinheim/Basel: Beltz Juventa.

Merchel, Joachim/Schone, Reinhold (1999): Qualitätskriterien für ambulante Erziehungshilfen. In: Merchel, Joachim (Hg.) (1999d): Qualität in der Jugendhilfe. Kriterien und Bewertungsmöglichkeiten, 2. Aufl., Münster: Votum, S. 221-243.

Merchel, Joachim/Schrapper Christian (Hg.) (1996a): "Neue Steuerung". Tendenzen der Organisationsentwicklung in der Sozialverwaltung, Münster: Votum.

Merchel, Joachim/Schrapper Christian (1996b): Einleitung. Neue Steuerung in der Sozialverwaltung – Hoffnungen, Skepsis und Fragen gegenüber einem Modernisierungskonzept. In: Merchel, Joachim/Schrapper, Christian (Hg.) (1996a): "Neue Steuerung". Tendenzen der Organisationsentwicklung in der Sozialverwaltung, Münster: Votum, S. 7-15.

Merkens, Hans (2013): Netzwerke und Neoinstitutionalismus. In: Fischer, Jörg/Kosellek, Tobias (Hg.) (2013): Netzwerke und Soziale Arbeit. Theorien, Methoden, Anwendungen, Weinheim/Basel: Beltz Juventa, S. 78-91.

Merten, Roland (Hg.) (2000): Systemtheorie sozialer Arbeit. Neue Ansätze und veränderte Perspektiven, Opladen: Leske + Budrich.

Merten, Roland (Hg.) (2002a): Sozialraumorientierung. Zwischen fachlicher und rechtlicher Machbarkeit, Weinheim/München: Juventa.

Merten, Roland (2002b): Sozialraumorientierung im Widerstreit zwischen fachlicher Innovation und rechtlicher Machbarkeit. In: Merten, Roland (Hg.) (2002a): Sozialraumorientierung. Zwischen fachlicher und rechtlicher Machbarkeit, Weinheim/München: Juventa, S. 9-17.

Merten, Roland/Sommerfeld, Peter/Koditek, Thomas (Hg.) (1996): Sozialarbeitswissenschaft - Kontroversen und Perspektiven, Berlin: Luchterhand.

Messmer, Heinz (2007): Jugendhilfe zwischen Qualität und Kosteneffizienz, Wiesbaden: VS Verl. f. Sozialwiss.

Metzler, Gabriele (2003): Der deutsche Sozialstaat. Vom bismarckschen Erfolgsmodell zum Pflegefall, Stuttgart/München: Dt. Verl.-Anst.

Meyer, Matthias (2004): Prinzipale, Agenten und ökonomische Methode. Von einseitiger Steuerung zu wechselseitiger Abstimmung. Tübingen: Mohr Siebeck.

Meyer, Dirk (2008a): Markt und Wettbewerb in der Kinder- und Jugendhilfe? Möglichkeiten der Ausgestaltung anhand von Fallbeispielen. In: Sozialmagazin, 33. Jg., 2008, H. 1, S. 40-44.

Meyer, Dirk (2008b): Systemwechsel in der Sozialwirtschaft: Ausschreibungen und personengebundene Budgets. In: TuP, 59. Jg., 2008, H. 6, S. 443-452.

Meyer, Dirk (2008c): Wettbewerbsbeschränkungen in der Kinder- und Jugendhilfe. In: Sozialmagazin, 33. Jg., 2008, H. 5, S. 38-41.

Meyer, Dirk (2008d): Markt - Staat - Wettbewerb in der Sozialwirtschaft - Ein Versuch zur Klärung mancher Irrtümer und Halbwahrheiten in der aktuellen Diskussion. In: Jahrbuch für Wirtschaftswissenschaften, Bd. 59, 2008, H. 2, S. 114-140.

Meyer, Dirk (2008e): Die Kinder- und Jugendhilfe im Spannungsfeld zwischen Korporatismus und Markt. In: Sozialer Fortschritt, 57. Jg., 2008, H. 7/8, S. 208-217.

Meysen, Thomas (2011): Rechtsfolgen bei der Verletzung fachlicher Standards. In: Münder, Johannes/Wiesner, Reinhard/Meysen, Thomas (Hg.) (2011): Kinder- und Jugendhilferecht. Handbuch, 2. Aufl., Baden-Baden: Nomos, S. 406-419.

Mierendorff, Johanna (2010): Kindheit und Wohlfahrtsstaat. Entstehung, Wandel und Kontinuität des Musters moderner Kindheit, Weinheim/München: Juventa.

Milde, Hellmuth (1988): Die Theorie der adversen Selektion. In: Wirtschaftswissenschaftliches Studium, 17. Jg., 1988, H. 1, S. 1-6.

Moch, Matthias (2008): Familienergänzende Erziehungshilfen. In: Grunwald, Klaus/Thiersch, Hans (Hg.) (2008a): Praxis lebensweltorientierter sozialer Arbeit. Handlungszugänge und Methoden in unterschiedlichen Arbeitsfeldern, 2. Aufl., Weinheim/München: Juventa, S. 123-136.

Möhring-Hesse, Matthias (2008): Verbetriebswirtschaftlichung und Verstaatlichung. Die Entwicklung der Sozialen Dienste und der Freien Wohlfahrtspflege. In: ZSR, 54. Jg., 2008, H. 2, S. 141-160.

Molitor, Bruno (1988): Meritorisierung des Gutes "Sicherheit"? In: Hohmann, Karl/ Schönwitz, Dietrich/Weber, Hans-Jürgen/Wünsche, Horst Friedrich (Hg.) (1988): Grundtexte zur Sozialen Marktwirtschaft, Stuttgart: Fischer, 1988, S. 417-425.

Mollenhauer, Klaus (1974): Theorien zum Erziehungsprozess;. Zur Einführung in erziehungswissenschaftliche Fragestellungen, 2. Aufl., München: Juventa.

Mollenhauer, Klaus (1992): Jugendhilfe. Modernitätsanforderungen und Traditionsbestände für die sozialpädagogische Zukunft. In: Rauschenbach, Thomas/Gängler, Hans (Hg.) (1992): Soziale Arbeit und Erziehung in der Risikogesellschaft, Neuwied: Luchterhand, S. 101-117.

Mollenhauer, Klaus (1996): Kinder- und Jugendhilfe. Theorie der Sozialpädagogik – ein thematisch kritischer Grundriß. In: ZfP, 42. Jg., 1996, H. 6, S. 869-886.

Mollenhauer, Klaus (1997): Nachdenken über Erziehung – Schwierigkeiten mit der Moderne. In: Grossenbacher, Silvia (Hg.) (1997): Schule und soziale Arbeit in gefährdeter Gesellschaft, Bern/Stuttgart/Wien: Haupt, S. 13-39.

Mollenhauer, Klaus (1998): Was heißt <<Sozialpädagogik>>. In: np, 28. Jg., 1998 [1966], S. 429-435.

Mollenhauer, Klaus/Brumlik, Micha/Wudtke, Hubert (1975): Die Familienerziehung, München: Juventa.

Mollenhauer, Klaus/Uhlendorff, Uwe (1992): Sozialpädagogische Diagnosen, Weinheim/München: Juventa.

Möller, Michael (1997): Das „Neue Steuerungsmodell": Konsequenzen für die soziale Arbeit. In: Zeitschrift für Sozialreform, 43. Jg., 1997, H. 9, S. 685-703.

Möller, Michael (Hg.) (2003): Effektivität und Qualität sozialer Dienstleistungen. Ein Diskussionsbeitrag. Kassel: Unidruckerei.

Mörsberger, Thomas (1997): Wer mißversteht hier das KJHG? Eine Entgegnung zu U. Maas „Das mißverstandene KJHG". In: ZfJ, 84. Jg., 1997, H. 5, S. 157-159.

Mörsberger, Thomas/Restemeier, Jürgen (Hg.) (1997): Helfen mit Risiko. Zur Pflichtenstellung des Jugendamtes bei Kindesvernachlässigung; Dokumentation eines Strafverfahrens gegen eine Sozialarbeiterin in Osnabrück, Neuwied: Luchterhand.

Mosebach, Ursula (1997): Die Qualität sozialer Dienstleistungen. In: Jugendwohl, 78. Jg., 1997, H. 5, S. 218-226.

Mrozynski, Peter (1999): Die Feststellung des erzieherischen Bedarfs bei den Hilfen zur Erziehung als materiell- und verfahrensrechtliches Problem. In: ZfJ, 86. Jg., 1999, H. 12, S. 467-475.

Mückenberger, Ulrich (1976): Thesen zur Funktion und Entwicklung des Sozialrechts. In: Kritische Justiz, 9. Jg., 1976, H. 4, S. 341-358.

Mühlum, Albert (Hg.) (2004): Sozialarbeitswissenschaft. Wissenschaft der Sozialen Arbeit, Freiburg i. B.: Lambertus.

Mühlum, Albert (2009): Strategien jenseits von Fürsorge und Markt. Über ökonomische Sozialarbeit und soziale Ökonomie. In: Sozialmagazin, 34. Jg., 2009, H. 1, S. 10-21.

Mührel, Eric (Hg.) (2010a): Der Staat und die Soziale Arbeit. Bestandsaufnahme und Perspektiven eines fragwürdigen Verhältnisses, Essen: Verl. Die Blaue Eule.

Mührel, Eric (2010b): Die heutige Infragestellung des Staates und der Sozialen Arbeit. In: Mührel, Eric (Hg.) (2010a): Der Staat und die Soziale Arbeit. Bestandsaufnahme und Perspektiven eines fragwürdigen Verhältnisses, Essen: Verl. Die Blaue Eule, S. 9-14.

Mührel, Eric (2010c): Die gute Gesellschaft? Marktwirtschaft – Ordnungs- und Sozialpolitik – Soziale Arbeit. In: Mührel, Eric (Hg.) (2010a): Der Staat und die Soziale Arbeit. Bestandsaufnahme und Perspektiven eines fragwürdigen Verhältnisses, Essen: Verl. Die Blaue Eule, S. 99-109.

Müller, Burkhard (1985): Die Last der grossen Hoffnungen. Methodisches Handeln und Selbstkontrolle in sozialen Berufen. Weinheim: Juventa.

Müller, Burkhard (1996a): Produktorientierung in der Jugendarbeit. Eine Falle und eine Chance. In: Dt. Jugend, 44. Jg., 1996, H. 2, S. 72-81.

Müller, Burkhard (1996b): Qualitätsprodukt Jugendhilfe. Kritische Thesen und praktische Vorschläge. Freiburg i. B.: Lambertus.

Müller, Burkhard (1997): Erziehungshilfe als Marktgeschehen? In: np, 27. Jg., 1997, H. 3, S. 265-270.

Müller, Burkhard (1999): Probleme der Qualitätsdiskussion in sozialpädagogischen Handlungsfeldern. In: Merchel, Joachim (Hg.) (1999d): Qualität in der Jugendhilfe. Kriterien und Bewertungsmöglichkeiten, 2. Aufl., Münster: Votum, S. 43-60.

Müller, Burkhard (2000): Evaluationskompetenz und Innovationskompetenz. Oder: Interne Evaluation als Ziel, externe Evaluation als Mittel. In: Müller-Kohlenberg, Hildegard/Münstermann, Klaus (Hg.) (2000): Qualität von Humandienstleistungen. Evaluation und Qualitätsmanagement in Sozialer Arbeit und Gesundheitswesen, Opladen: Leske + Budrich, S. 227-232.

Müller, Burkhard (2004): Qualitätsverhandlungen in der kommunalen Leistungsverwaltung. In: Beckmann, Christof/Otto Hans-Uwe/Richter Martina/Schrödter Mark (Hg.) (2004a): Qualität in der sozialen Arbeit. Zwischen Nutzerinteresse und Kostenkontrolle. Leverkusen: Leske + Budrich, S. 199-210.

Müller, Burkhard (2008): Alltagsnahe Diagnose und der „Allgemeine Soziale Dienst" (ASD). In: Grunwald, Klaus/Thiersch, Hans (Hg.) (2008a): Praxis lebensweltorientierter sozialer Arbeit. Handlungszugänge und Methoden in unterschiedlichen Arbeitsfeldern, 2. Aufl., Weinheim/München: Juventa, S. 41-53.

Müller, Burkhard (2012): Sozialpädagogisches Können. Ein Lehrbuch zur multiperspektivischen Fallarbeit, 7. Aufl., Freiburg i. B.: Lambertus.

Müller, Carl W. (1988): Wie Helfen zum Beruf wurde, Bd. 1. Eine Methodengeschichte der Sozialarbeit 1883 – 1945, 2. überarb. u. erw. Aufl., Weinheim/Basel: Beltz.

Müller, Carl W. (1992): Wie Helfen zum Beruf wurde. Bd. 2. Eine Methodengeschichte der Sozialarbeit 1945 – 1990, 2. erw. Aufl., Weinheim/Basel: Beltz.

Müller, Franz-Werner (1996): Outputorientierung – Wer steuert wen wohin? In: Jugendwohl, 77. Jg. 1996, H. 10, S. 453-462.

Müller, Hardy (2002): Wirkungsorientierte Finanzierungsformen. Teil 1. In: Schröder, Jan (Hg.) (2002a): Wirkungsorientierte Gestaltung von Qualitätsentwicklungs-, Leistungs- und Entgeltvereinbarungen nach § 78a ff. Dokumentation des Expertengesprächs „Wirkungsorientierte Gestaltung von Qualitätsentwicklungs-, Leistungs- und Entgeltvereinbarungen nach § 78a ff.“, Bonn, S. 22-39.

Müller, Siegfried/Sünker, Heinz/Olk, Thomas/Böllert, Karin (Hg.) (2000): Soziale Arbeit zwischen Politik und Dienstleistung, Neuwied: Luchterhand.

Müller, Siegfried/Sünker, Heinz/Olk, Thomas/Böllert, Karin (Hg.) (2000): Soziale Arbeit. Gesellschaftliche Bedingungen und professionelle Perspektiven: Hans-Uwe Otto zum 60. Geburtstag gewidmet, Neuwied: Luchterhand.

Müller, Wolfgang C. (2002): «Diagnose»: Das ungeliebte Handwerk – Herausforderung für die Fachleute des Jugendamtes. In: TuP, 52. Jg., 2002, H. 1, S. 42-45.

Müller-Alten, Lutz (2003): Die funktionalistische Struktur des Systems Jugendhilfe. Eine kritische Auseinandersetzung mit dem KJHG. In: ZfJ, 90. Jg., 2003, H. 11, S. 405-417 und H. 12, S. 467-484.

Müller-Alten, Lutz (2004): Die funktionalistische Struktur des Systems Jugendhilfe. Eine kritische Auseinandersetzung mit dem KJHG. In: ZfJ, 91. Jg., 2004, H. 1, S. 15-21.

Müller-Kohlenberg, Hildegard (1997): Evaluation von sozialpädagogischen Maßnahmen aus unterschiedlicher Perspektive: Die Sicht der Träger, der Programmanager/-innen und der Nutzer/-innen. In: Bundesministerium für Familie, Senioren, Frauen und Jugend (BMFSFJ) (Hg.) (1997): Evaluation der sozialpädagogischen Praxis. Materialien zur Qualitätssicherung in der Kinder- und Jugendhilfe, Bd. 11, Bonn, S. 8-20.

Müller-Kohlenberg, Hildegard (2004): Jenseits der »Neutralität« Empowerment-Evaluation, der transformative/emanzipative Ansatz und die Rolle von Adressaten und Evaluationsteam. In: Beckmann, Christof/Otto Hans-Uwe/Richter Martina/Schrödter Mark (Hg.) (2004a): Qualität in der sozialen Arbeit. Zwischen Nutzerinteresse und Kostenkontrolle. Leverkusen: Leske + Budrich, S. 369-378.

Müller-Kohlenberg, Hildegard/Kammann, Cornelia (2000): Die NutzerInnenperspektive in der Evaluationsforschung. In: Müller-Kohlenberg, Hildegard/Münstermann, Klaus (Hg.) (2000): Qualität von Humandienstleistungen. Evaluation und Qualitätsmanagement in Sozialer Arbeit und Gesundheitswesen, Opladen: Leske + Budrich, S. 99-120.

Müller-Kohlenberg, Hildegard/Münstermann, Klaus (Hg.) (2000): Qualität von Humandienstleistungen. Evaluation und Qualitätsmanagement in Sozialer Arbeit und Gesundheitswesen, Opladen: Leske + Budrich.

Münchmeier, Richard (1995): Unterwegs zur Dienstleistungsorientierung? Zum Neunten Jugendbericht der Bundesregierung. In RdJB, 43. Jg., H. 2, S. 125-135.

Münder, Johannes (1990a): Das Jugendwohlfahrtsgesetz von 1922 - „in Kraft getreten“ - 1953. In: RdJB, 38. Jg., 1990, H. 1, S. 43-53.

Münder, Johannes (1990b): Das neue Kinder- und Jugendhilfegesetz. In: np, 20. Jg., 1990, H. 4, S. 341-354.

Münder, Johannes (1993): Umsetzungsprobleme des neuen Kinder- und Jugendhilfegesetzes. In: RdJB, 41. Jg., 1993, H. 4, S. 388-399.

Münder, Johannes (1995a): Neues Jugendhilferecht und Dienstleistungsorientierung – Das Ende der Pädagogik. In: np, 25. Jg., 1995, H. 3, S. 301-302.

Münder, Johannes (1995b): Die maßgeblichen gesetzlichen Stellwerke für Jugendhilfe als Dienstleistung. In: Jugendhilfe, 33. Jg., 1995, H. 4, 212-217.

Münder, Johannes (1996): Qualitätsstandards bei Sozialleistungen. Einige juristische Orientierungen angesichts neuer Unübersichtlichkeiten. In: Kreft, Dieter/Münder, Johannes/Jordan, Erwin (Hg.) (1996): Mut zur Veränderung. Soziale Arbeit zwischen Aufbruch und alltäglichen Mühen. Münster: Votum, S. 214-224.

Münder, Johannes (1998): Von der Subsidiarität über den Korporatismus zum Markt? In: np, 28. Jg., 1998, H. 1, S. 3-12.

Münder, Johannes (2000): Jugendhilfe und Elternverantwortung - eine schwierige Balance. In: ZfJ, 87. Jg., 2000, H. 3, S. 81-85.

Münder, Johannes (2001a): Wer erbringt wem gegenüber Leistungen? Zum sozialrechtlichen Dreiecksverhältnis im Kinder- und Jugendhilferecht. In: Jugendhilfe, 39. Jg., 2001, H. 4, S. 196-205.

Münder, Johannes (2001b): Bürokratie oder rechtsstaatliche Garantie. Zum Verfahrensrecht im Kinder- und Jugendhilferecht. In: Jugendhilfe, 39. Jg., 2001, H. 3, S. 136-144.

Münder, Johannes (2001c): Sozialraumorientierung und das Kinder- und Jugendhilferecht. Rechtsgutachten im Auftrag von IGfH und SOS-Kinderdorf e. V. In: Sozialpädagogisches Institut des SOS-Kinderdorf e. V. (Hg.) (2001): Sozialraumorientierung auf dem Prüfstand. Rechtliche und sozialpädagogische Bewertungen zu einem Reformprojekt in der Jugendhilfe, München: Eigenverl., S. 6-124.

Münder, Johannes (2002a): Sozialraumorientierung aus rechtlicher Sicht. In: ZfJ, 89. Jg., 2002, H. 11, S. 416-422.

Münder, Johannes (2002b): Finanzierungsstrategien in der Kinder- und Jugendhilfe. In: Sachverständigenkommission Elfter Kinder- und Jugendbericht (Hg.) (2002a): Strukturen der Kinder- und Jugendhilfe. Eine Bestandsaufnahme. Bd. 1, München: Verl. DJI, S. 105-162.

Münder, Johannes (2005): Sozialraumkonzepte auf dem Prüfstand. In: ZfJ, 92. Jg., 2005, H. 3, S. 89-98.

Münder, Johannes (2008): Zum rechtlichen Rahmen der (Gleich-)stellung von privatwirtschaftlichen Trägern der Jugendhilfe der Kinder- und Jugendhilfe. In: Blickpunkt Jugendhilfe, 23. Jg, 2008, H. 1, S. 8-13.

Münder, Johannes (2011a): Das Verhältnis zwischen öffentlicher und freier/privater Jugendhilfe. In: Münder, Johannes/Wiesner, Reinhard/Meysen, Thomas (Hg.) (2011): Kinder- und Jugendhilferecht. Handbuch, 2. Aufl., Baden-Baden: Nomos, S. 185-191.

Münder, Johannes (2011b): Die Träger der öffentlichen Jugendhilfe. In: Münder, Johannes/Wiesner, Reinhard/Meysen, Thomas (Hg.) (2011): Kinder- und Jugendhilferecht. Handbuch, 2. Aufl., Baden-Baden: Nomos, S. 376-382.

Münder, Johannes (2011c): Gesamtverantwortung, Gewährleistung, Planungsverantwortung. In: Münder, Johannes/Wiesner, Reinhard/Meysen, Thomas (Hg.) (2011): Kinder- und Jugendhilferecht. Handbuch, 2. Aufl., Baden-Baden: Nomos, S. 383-388.

Münder, Johannes (2011d): Die Leistungserbringung und die Wahrnehmung der anderen Aufgaben. In: Münder, Johannes/Wiesner, Reinhard/Meysen, Thomas (Hg.) (2011): Kinder- und Jugendhilferecht. Handbuch, 2. Aufl., Baden-Baden: Nomos, S. 442-449.

Münder, Johannes (2011e): Finanzierungsstrukturen bei der Leistungserbringung oder Aufgabenwahrnehmung durch Dritte. In: Münder, Johannes/Wiesner, Reinhard/Meysen, Thomas (Hg.) (2011): Kinder- und Jugendhilferecht. Handbuch, 2. Aufl., Baden-Baden: Nomos, S. 450-458.

Münder, Johannes (2012): § 25 Kinder- und Jugendhilferecht. In: von Maydell, Bernd/Ruland, Franz/Becker, Ulrich (Hg.) (2012): Sozialrechtshandbuch (SRH), 5. Aufl., Baden-Baden: Nomos, S. 1194-1221.

Münder, Johannes/Meysen, Thomas/Trenczek, Thomas (Hg.) (2013): Frankfurter Kommentar zum SGB VIII: Kinder- und Jugendhilfe, 7. vollst. überarb. Aufl., Baden-Baden/Weinheim/München: Nomos, Juventa.

Münder, Johannes/Tammen, Britta (2003): Die Vereinbarungen nach §§ 78a ff. SGB VIII. Eine Untersuchung von Leistungs-, Entgelt- und Qualitätsentwicklungsvereinbarungen. Eine Studie im Auftrag des Bundesministeriums für Familie, Senioren, Frauen und Jugend. In: Verein für Kommunalwissenschaften (Hg.) (2003): Aktuelle Beiträge zur Kinder- und Jugendhilfe. Bd. 39, 2003, Berlin, S. 11-81.

Münder, Johannes/Wiesner, Reinhard/Meysen, Thomas (Hg.) (2011): Kinder- und Jugendhilferecht. Handbuch, 2. Aufl., Baden-Baden: Nomos.

Munsch, Chantal (2006): Wie erleben AdressatInnen die Hilfen? In: Deutschendorf, René/Hamberger, Matthias/Koch, Josef/Lenz, Stefan/Peters, Friedhelm (Hg.) (2006): Werkstattbuch INTEGRA. Grundlagen, Anregungen und Arbeitsmaterialien für integrierte, flexible und sozialräumlich ausgerichtete Erziehungshilfen, Weinheim/München: Juventa, S. 52-59.

Munsch, Chantal (2007): Wirkungen erzieherischer Hilfen aus Nutzersicht. In: Institut für soziale Arbeit e.V. (ISA) (Hg.) (2007a): Wirkungsorientierte Jugendhilfe, Bd. 1. Eine Schriftenreihe des ISA zur Qualifizierung der Hilfe zur Erziehung, Münster, S. 41-48.

Murswieck, Axel (Hg.) (1976): Staatliche Politik im Sozialsektor, München: R. Piper.

Musgrave, Richard A./Musgrave, Peggy B./Kullmer, Lore (1975): Die öffentlichen Finanzen in Theorie und Praxis, Bd. 1, 1. Aufl., Tübingen: Mohr.

Nährlich, Stefan (2001): Der Bürger als Träger von Infrastruktureinrichtungen. In: Boeßenecker, Karl-Heinz/Trube, Achim/Wohlfahrt, Norbert (Hg.) (2001): Verwaltungsreform von unten? Lokaler Sozialstaat im Umbruch aus verschiedenen Perspektiven, Münster: Votum, S. 168-178.

Naschold, Frieder/Bogumil, Jörg (2000): Modernisierung des Staates. New public management in deutscher und internationaler Perspektive, 2. Aufl., Opladen: Leske + Budrich.

Negt, Oskar (2011): Privatisierung, Flexibilisierung und Unternehmertum und die Rolle der helfenden Berufe. In: Gintzel, Ullrich/Hirschfeld, Uwe/Lindenberg, Michael (Hg.) (2011): Sozialpolitik und Jugendhilfe, 1. Aufl., Frankfurt a. M.: IGFH-Eigenverl., S. 19-25.

Niehuis, Edith (2000): Politische Zukunftsperspektiven einer am Gemeinwohl orientierten Jugendhilfe. In: Otto, Hans-Uwe/Schnurr, Stefan (Hg.) (2000a): Privatisierung und Wettbewerb in der Jugendhilfe. Marktorientierte Modernisierungsstrategien in internationaler Perspektive, Neuwied: Luchterhand, S. 261-270.

Niemeyer, Christian (1998): Integrierte Erziehungshilfen – Jugendhilfereform aus dem Geist der Pädagogik. In: Peters, Friedhelm/Trede, Wolfgang/Winkler, Michael (Hg.) (1998): Integrierte Erziehungshilfen. Qualifizierung der Jugendhilfe durch Flexibilisierung und Integration? Frankfurt a. M.: IGFH-Eigenverl., S. 36-51.

Nikles, Bruno W. (1998): Der Fall des Jugendamtes? Anmerkungen zum Versuch, das Jugendamt einer falschverstandenen "Neuen Steuerung" zu opfern. In: Jugendwohl, 79. Jg., 1998, H. 5, S. 208-220.

Nikles, Bruno W. (2008): Institutionen und Organisationen der Sozialen Arbeit. Eine Einführung, München/Basel: Reinhardt.

Noack, Michael (2012): Sozialraumorientierung und Soziales Kapital. In: Fachgebiet Sozialpolitik am Institut für Sozialwesen der Universität Kassel (Hg.) (2012): Infrastrukturwandel im Wohlfahrtsstaat. Formen, Prozesse, Konsequenzen. Dokumentation zur Jahrestagung, Kassel, S. 187-244.

Nocke, Joachim/Breunung, Leonie (2000): Die Systeme und die Lebenswelt der Sozialarbeiter. In: Merten, Roland (Hg.) (2000): Systemtheorie sozialer Arbeit. Neue Ansätze und veränderte Perspektiven, Opladen: Leske + Budrich, S. 243-265.

Nohl, Herrmann/Pallat, Ludwig (Hg.) (1929): Handbuch der Pädagogik, Bd. 5, Langensalza: Beltz.

Nölke, Eberhard (1997): Strukturelle Paradoxien im Handlungsfeld der Maßnahmen öffentlicher Ersatzerziehung. In: Combe, Arno/Helsper, Werner (Hg.) (1997): Pädagogische Professionalität. Untersuchungen zum Typus pädagogischen Handelns. 2. Aufl., Frankfurt a. M.: Suhrkamp, S. 649-677.

North, Douglass (1984): Transaction Costs, Institutions, and Economic History. In: Furubotn, Eirik G./Richter, Rudolf (Hg.) (1990): The New institutional economics. A collection of articles from the Journal of institutional and theoretical economics, Tübingen: Mohr, S. 203-213.

North, Douglass (1992): Institutionen, institutioneller Wandel und Wirtschaftsleistung, Tübingen: Mohr.

Nullmeier, Frank (2011): Governance sozialer Dienste. In: Evers, Adalbert/Heinze, Rolf G./Olk, Thomas (Hg.) (2011a): Handbuch Soziale Dienste, Wiesbaden: VS Verl. f. Sozialwiss., S. 284-298.

Nüßle, Werner (1994): Qualitätssicherung in der Sozialarbeit – Tabu oder Notwendigkeit? In: np, 24. Jg., 1994, H. 5, S. 434-442.

Obermayer, Klaus (1979): Der Sozialstaat als Herausforderung zur Menschlichkeit: Zur Geschichte und aktuellen Bedeutung des in Art. 20 Abs. 1 und Art. 28 Abs. 1 Satz 1 GG verankerten Sozialstaatsprinzips. In: Recht der Arbeit, 32. Jg., 1979, H. 1, S. 8-16.

Oechler, Melanie (2009): Dienstleistungsqualität in der Sozialen Arbeit. Eine rhetorische Modernisierung, 1. Aufl., Wiesbaden: VS Verl. f. Sozialwiss.

Oelerich, Gertrud/Schaarschuch, Andreas (Hg.) (2005): Soziale Dienstleistungen aus Nutzersicht - Zum Gebrauchswert Sozialer Arbeit, München/Basel: Reinhardt.

Oelkers, Jürgen (2005): Reformpädagogik. Eine kritische Dogmengeschichte, 4. Aufl., Weinheim/München: Juventa.

Oelkers, Nina (2009): Die Umverteilung von Verantwortung zwischen Staat und Eltern. Konturen post-wohlfahrtsstaatlicher Transformation eines sozialpädagogischen Feldes. In: Kessl, Fabian/Otto, Hans U. (Hg.) (2009): Soziale Arbeit ohne Wohlfahrtsstaat? Zeitdiagnosen, Problematisierungen und Perspektiven, 1. Aufl., Weinheim: Juventa, S. 71-86.

Oevermann, Ulrich (1997): Theoretische Skizze einer revidierten Theorie professionellen Handelns. In: Combe, Arno/Helsper, Werner (Hg.) (1997): Pädagogische Professionalität. Untersuchungen zum Typus pädagogischen Handelns. 2. Aufl., Frankfurt a. M.: Suhrkamp, S. 70-182.

Offe, Claus (Hg.) (1984a): "Arbeitsgesellschaft". Strukturprobleme und Zukunftsperspektiven, Frankfurt a. M./New York: Campus.

Offe, Claus (1984b): Das Wachstum der Dienstleistungsarbeit: Vier soziologische Erklärungsansätze. In: Offe, Claus (Hg.) (1984a): "Arbeitsgesellschaft". Strukturprobleme und Zukunftsperspektiven. Frankfurt a. M./New York: Campus, S. 291-319.

Offe, Claus (2006): Strukturprobleme des kapitalistischen Staates. Aufsätze zur Politischen Soziologie, veränd. Neuausg., Frankfurt a. M./New York: Campus.

Offe, Claus/Heinze, Rolf G. (1986): Am Arbeitsmarkt vorbei. Überlegungen zur Neubestimmung „haushaltlicher“ Wohlfahrtsproduktion in ihrem Verhältnis zu Markt und Staat. In: Leviathan, 14. Jg., 1986, H. 4, S. 471-495.

Offermann, Volker (1998): Krise des Sozialstaates oder Sozialstaat in der Krise? In: np, 28. Jg., 1998, H. 3, S. 226-244.

Olk, Thomas (1986): Abschied vom Experten. Sozialarbeit auf dem Weg zu einer alternativen Professionalität, Weinheim: Juventa.

Olk, Thomas (1994): Jugendhilfe als Dienstleistung. Vom öffentlichen Gewährleistungsauftrag zur Machtorientierung. In: Widersprüche, 14. Jg., 1994, H. 53, S. 11-33.

Olk, Thomas (1995): Zwischen Korporatismus und Pluralismus: Zur Zukunft der Freien Wohlfahrtspflege im bundesdeutschen Sozialstaat. In: Rauschenbach, Thomas/Sachße, Christoph/Olk, Thomas (Hg.) (1995): Von der Wertgemeinschaft zum Dienstleistungsunternehmen. Jugend- und Wohlfahrtsverbände im Umbruch, 1. Aufl., Frankfurt a. M.: Suhrkamp, S. 98-122.

Olk, Thomas (2000): Der <<aktivierende Staat>>. Perspektiven einer lebenslagenbezogenen Sozialpolitik für Kinder, Jugendliche, Frauen und ältere Menschen. In: Müller, Siegfried/Sünker, Heinz/Olk, Thomas/Böllert, Karin (Hg.) (2000): Soziale Arbeit. Gesellschaftliche Bedingungen und professionelle Perspektiven: Hans-Uwe Otto zum 60. Geburtstag gewidmet, Neuwied: Luchterhand, S. 99-118.

Olk, Thomas (2009): Transformationen im deutschen Sozialstaatsmodell. Der „Sozialinvestitionsstaat" und seine Auswirkungen auf die Soziale Arbeit. In: Kessl, Fabian/ Otto, Hans U. (Hg.) (2009): Soziale Arbeit ohne Wohlfahrtsstaat? Zeitdiagnosen, Problematisierungen und Perspektiven, 1. Aufl., Weinheim: Juventa, S. 23-34.

Olk, Thomas (2011): Dienstleistungsbeziehungen: Bürger, Nutzer, Konsumenten und Koproduzenten. In: Evers, Adalbert/Heinze, Rolf G./Olk, Thomas (Hg.) (2011a): Handbuch Soziale Dienste, Wiesbaden: VS Verl. f. Sozialwiss., S. 482-498.

Olk, Thomas/Evers, Adalbert/Heinze, Rolf G. (2001): Baustelle Sozialstaat. Umbauten und veränderte Grundrisse. In: Zeitschrift für Sozialreform, 47. Jg., 2001, H. 6, S. 569-584.

Olk, Thomas/Otto, Hans-Uwe (Hg.) (2003): Soziale Arbeit als Dienstleistung. Grundlegungen, Entwürfe und Modelle, Neuwied: Luchterhand.

Olk, Thomas/Otto, Hans-Uwe/Backhaus-Maul, Holger (2003): Soziale Arbeit als Dienstleistung - Zur analytischen und empirischen Leistungsfähigkeit eines theoretischen Konzepts. In: Olk, Thomas/Otto, Hans-Uwe (Hg.) (2003): Soziale Arbeit als Dienstleistung. Grundlegungen, Entwürfe und Modelle, Neuwied: Luchterhand, S. IX-LXXII.

Olk, Thomas/Rauschenbach, Thomas/Sachße, Christoph (1995): Von der Wertgemeinschaft zum Dienstleistungsunternehmen. Oder: über die Schwierigkeit, Solidarität zu üben. Eine einführende Skizze. In: Rauschenbach, Thomas/Sachße, Christoph/ Olk, Thomas (Hg.) (1995): Von der Wertgemeinschaft zum Dienstleistungsunternehmen. Jugend- und Wohlfahrtsverbände im Umbruch, 1. Aufl., Frankfurt a. M.: Suhrkamp, S. 11-33.

Olk, Thomas/Speck, Karsten (2008): Qualität und Qualitätsentwicklung in der Sozialpädagogik. In: Klieme, Eckhard/Tippelt, Rudolf (Hg.) (2008): Qualitätssicherung im Bildungswesen. ZfP, 53. Beiheft, Weiheim/Basel: Beltz, S. 76-95.

Omer, Haim/Schlippe, Arist von/Du Bois, Reinmar (2010): Autorität ohne Gewalt. Coaching für Eltern von Kindern mit Verhaltensproblemen: "Elterliche Präsenz" als systemisches Konzept, 7. Aufl., Göttingen: Vandenhoeck & Ruprecht.

Opielka, Michael (1987): Strukturprobleme sozialpolitischer Alternativen. In: Opielka, Michael/Ostner, Ilona (Hg.) (1987): Umbau des Sozialstaats, 1. Aufl., Essen: Klartext-Verl., S. 122-136.

Opielka, Michael (2003): Was spricht gegen die Idee eines aktivierenden Sozialstaats? Zur Neubestimmung von Sozialpädagogik und Sozialpolitik. In: np, 33. Jg., 2003, H. 6, S. 543-557.

Opielka, Michael (2008): Welchen Sozialstaat braucht die Soziale Arbeit der Zukunft? In: Bütow, Birgit/Chassé, Karl A./Hirt, Rainer (Hg.) (2008): Soziale Arbeit nach dem sozialpädagogischen Jahrhundert, Positionsbestimmungen sozialer Arbeit im Post-Wohlfahrtsstaat, Opladen/Farmington Hills: Budrich, S. 127-142.

Opielka, Michael/Ostner, Ilona (Hg.) (1987): Umbau des Sozialstaats, 1. Aufl., Essen: Klartext-Verl.

Opp, Karl-Dieter (1986): Das Modell des Homo Sociologicus. Eine Explikation und eine Konfrontierung mit dem utilitaristischen Verhaltensmodell. In: Analyse & Kritik, 8. Jg., 1986, H. 1, S. 1-27.

Oppen, Maria (1999): Qualitätsmanagement in sozialen Dienstleistungsorganisationen – Konzepte, Instrumente und Umsetzung. In: ArchsozArb, 29. Jg., 1999, H. 1, S. 292-318.

Oppen, Maria (2011): Dienstleistungsarbeit unter öffentlich-privater Regie – größere Chancen und mehr risiken. In: WZBrief Arbeit, 10. Jg., 2011, H. 6, S. 2-6.

Orthbandt, Eberhard (1982): Jugendhilferecht und Deutscher Verein. Ein Überblick anläßlich des 60jährigen Jubiläums des Reichsjugendwohlfahrtsgesetzes. A. Zur Vorgeschichte, Entstehung und Reform des RJWG von 1910 bis 1961. In: Nachrichtendienst des Deutschen Vereins für öffentliche und private Fürsorge, 62. Jg., 1982, H. 12, S. 375-382.

Ortmann, Günther/Sydow, Jörg/Türk, Klaus (Hg.) (2000): Theorien der Organisation. Die Rückkehr der Gesellschaft. 2., durchges. Aufl., Wiesbaden: Westdeutscher Verl.

Ott, Notburga (2013): Familienpolitik - Paternalistische Eingriffe in familiale Entscheidungen und Gesellschaftliche Reproduktion. In: Held, Martin/Kubon-Gilke, Gisela/Sturn, Richard (Hg.) (2013): Normative und institutionelle Grundfragen der Ökonomik. Jahrbuch 12. Grenzen der Konsumentensouveränität, Marburg: Metropolis, S. 183-200.

Ottnad, Adrian (2000): Die Rolle der Freien Wohlfahrtspflege in der Sozialen Marktwirtschaft. In: Sozialer Fortschritt, 49. Jg., 2000, H. 11/12, S. 270-278.

Ottnad, Adrian (2001): Auf der Suche nach der sozialen Zukunft: Zivilgesellschaft als Chance. In: Diakonie, 27. Jg., 2001, H. 1, S. 18-21.

Ottnad, Adrian/Wahl, Stefanie/Miegel, Meinhard (2000): Zwischen Markt und Mildtätigkeit. Die Bedeutung der Freien Wohlfahrtspflege für Gesellschaft, Wirtschaft und Beschäftigung, München: Olzog.

Otto, Hans-Uwe (Hg.) (2001): Handbuch Sozialarbeit, Sozialpädagogik, 2. völlig überarb. Aufl., Neuwied: Luchterhand.

Otto, Hans-Uwe (2009): Soziale Gerechtigkeit ist möglich – zur analytischen und konzeptionellen Orientierung der Kinder- und Jugendhilfe in der Auseinandersetzung mit einem gesellschaftlichen Grundmuster. In: AGJ (Hg.) (2009): Übergänge – Kinder und Jugendhilfe in Deutschland, vorgelegt anlässlich 60 Jahre Arbeitsgemeinschaft für Kinder- und Jugendhilfe – AGJ, Berlin: Eigenverl., S. 101-110.

Otto, Hans-Uwe/Polutta, Andreas/Ziegler, Holger (Hg.) (2010a): What works - Welches Wissen braucht die soziale Arbeit? Zum Konzept evidenzbasierter Praxis. Opladen, Farmington Hills: Budrich.

Otto, Hans-Uwe/Polutta, Andreas/Ziegler, Holger (2010b): Zum Diskurs um evidenzbasierte Soziale Arbeit. In: Otto, Hans-Uwe/Polutta, Andreas/Ziegler, Holger (Hg.) (2010a): What works - Welches Wissen braucht die soziale Arbeit? Zum Konzept evidenzbasierter Praxis. Opladen, Farmington Hills: Budrich, S. 7-25.

Otto, Hans-Uwe/Scherr, Albert/Ziegler, Holger (2010): Wieviel und welche Normativität benötigt die Soziale Arbeit? Befähigungsgerechtigkeit als Maßstab sozialarbeiterischer Kritik. In: np, 40. Jg., 2010, H. 2, S. 137-163.

Otto, Hans Uwe/Schneider, Siegfried (Hg.) (1973): Gesellschaftliche Perspektiven der Sozialarbeit, Neuwied/Berlin: Luchterhand.

Otto, Hans-Uwe/Schnurr, Stefan (Hg.) (2000a): Privatisierung und Wettbewerb in der Jugendhilfe. Marktorientierte Modernisierungsstrategien in internationaler Perspektive, Neuwied: Luchterhand.

Otto, Hans-Uwe/Schnurr, Stefan (2000b): „Playing the Market Game?" – Zur Kritik markt- und wettbewerbsorientierter Strategien einer Modernisierung der Jugendhilfe in Internationaler Perspektive. In: Otto, Hans-Uwe/Schnurr, Stefan (Hg.) (2000a): Privatisierung und Wettbewerb in der Jugendhilfe. Marktorientierte Modernisierungsstrategien in internationaler Perspektive, Neuwied: Luchterhand, S. 3-20.

Otto, Hans-Uwe/Schrödter, Mark (2009): Befähigungs- und Verwirklichungsgerechtigkeit im Post-Wohlfahrtsstaat. In: Kessl, Fabian/Otto, Hans-Uwe (Hg.) (2009): Soziale Arbeit ohne Wohlfahrtsstaat? Zeitdiagnosen, Problematisierungen und Perspektiven, 1. Aufl., Weinheim: Juventa, S. 71-86.

Otto, Hans-Uwe/Thiersch, Hans (Hg.) (2011): Handbuch Soziale Arbeit, 4. völlig neu bearb. Aufl., München: Reinhardt.

Otto, Hans-Uwe/Thiersch, Hans/Böllert, Karin (2001): Handbuch der Sozialarbeit, Sozialpädagogik. 2. Aufl., Neuwied: Luchterhand.

Otto, Hans-Uwe/Ziegler, Holger (Hg.) (2010a): Capabilities – Handlungsbefähigung und Verwirklichungschancen in der Erziehungswissenschaft, 2. Aufl., Wiesbaden: VS Verl. f. Sozialwiss.

Otto, Hans-Uwe/Ziegler, Holger (2010b): Der Capabilities-Ansatz als neue Orientierung in der Erziehungswissenschaft. In: Otto, Hans-Uwe/Ziegler, Holger (Hg.) (2010a): Capabilities – Handlungsbefähigung und Verwirklichungschancen in der Erziehungswissenschaft, 2. Aufl., Wiesbaden: VS Verl. f. Sozialwiss., S. 9-13.

Otto, Hans-Uwe/Ziegler, Holger (Hg.) (2012a): Das Normativitätsproblem der Sozialen Arbeit. Zur Begründung des eigenen und gesellschaftlichen Handelns, np, 11. Sonderheft, Lahnstein: Verl. Neue Praxis.

Otto, Hans-Uwe/Ziegler, Holger (2012b): Gesetzt aber nicht Begründet – Das Normativitätsproblem der Sozialen Arbeit. In: Otto, Hans-Uwe/Ziegler, Holger (Hg.) (2012a): Das Normativitätsproblem der Sozialen Arbeit. Zur Begründung des eigenen und gesellschaftlichen Handelns, np, 11. Sonderheft, Lahnstein: Verl. Neue Praxis, S. 3-10.

Pantuček, Peter (1998a): Lebensweltorientierte Individualhilfe. Eine Einführung für soziale Berufe, Freiburg i. B.: Lambertus.

Pantuček, Peter (1998b): Einige methodische Konsequenzen des lebensweltorientierten Zugangs. In: Pantuček, Peter/Vyslouzil, Monika (Hg.) (1998): Theorie und Praxis lebenswelt-orientierter Sozialarbeit, St. Pölten: Sozaktiv e.V., S. 87-103.

Pantuček, Peter/Vyslouzil, Monika (Hg.) (1998): Theorie und Praxis lebenswelt-orientierter Sozialarbeit, St. Pölten: Sozaktiv e.V.

Papier, Hans-Jürgen (2012): § 3 Der Einfluss des Verfassungsrechts auf das Sozialrecht. In: von Maydell, Bernd/Ruland, Franz/Becker, Ulrich (Hg.) (2012): Sozialrechtshandbuch (SRH), 5. Aufl., Baden-Baden: Nomos, S. 112-162.

Pauer-Studer, Herlinde (2003): Freiheit, Gleichheit, Gerechtigkeit und die Privatsphäre. In: Hosemann, Wilfried/Trippmacher, Brigitte (Hg.) (2003a): Soziale Arbeit und soziale Gerechtigkeit, 1. Aufl., Baltmannsweiler: Schneider Verl. Hohengehren, S. 12-20.

Peterander, Franz/Speck, Otto (Hg.) (2004): Qualitätsmanagement in sozialen Einrichtungen. 2. Aufl., München, Basel: Reinhardt.

Petermann, Ulrike/Petermann, Franz/Büttner, Peter/Krause-Leipoldt, Carsten/Nitkowski, Dennis (2008): Effektivität kinderverhaltenstherapeutischer Maßnahmen in der Jugendhilfe: Das Training mit aggressiven Kindern. In: Verhaltenstherapie, 18. Jg., 2008, H. 2, S. 101-108.

Peters, Friedhelm (1998): Chancen professionellen Handelns in integrierten, flexiblen, sozialräumlich orientierten Erziehungshilfen. In: Peters, Friedhelm/Trede, Wolfgang/Winkler, Michael (Hg.) (1998): Integrierte Erziehungshilfen. Qualifizierung der Jugendhilfe durch Flexibilisierung und Integration? Frankfurt a. M.: IGFH-Eigenverl., S. 250-268.

Peters, Friedhelm (Hg.) (1999): Diagnosen – Gutachten – hermeneutisches Fallverstehen. Rekonstruktive Verfahren zur Qualifizierung individueller Hilfeplanung, Frankfurt a. M.: IGFH-Eigenverl.

Peters, Friedhelm (2004): Qualitätsentwicklung unter den Bedingungen von Markt und Wettbewerb. In: Beckmann, Christof/Otto Hans-Uwe/Richter Martina/Schrödter Mark (Hg.) (2004a): Qualität in der sozialen Arbeit. Zwischen Nutzerinteresse und Kostenkontrolle. Leverkusen: Leske + Budrich, S. 155-171.

Peters, Friedhelm (2006): Welcher Qualitätsgewinn ist bei veränderter Kooperation zu verzeichnen? In: Deutschendorf, René/Hamberger, Matthias/Koch, Josef/Lenz, Stefan/Peters, Friedhelm (Hg.) (2006): Werkstattbuch INTEGRA. Grundlagen, Anregungen und Arbeitsmaterialien für integrierte, flexible und sozialräumlich ausgerichtete Erziehungshilfen, Weinheim/München: Juventa, S. 40-43.

Peters, Friedhelm/Hamberger, Matthias (2004): Integrierte flexible, sozialräumliche Hilfen (INTEGRA) und der Erziehungshilfediskurs. In: Peters, Friedhelm/Koch, Josef (Hg.) (2004): Integrierte erzieherische Hilfen. Flexibilität, Integration und Sozialraumbezug in der Jugendhilfe, 1. Aufl., Weinheim: Juventa, S. 27-56.

Peters, Friedhelm/Koch, Josef (Hg.) (2004): Integrierte erzieherische Hilfen. Flexibilität, Integration und Sozialraumbezug in der Jugendhilfe, 1. Aufl., Weinheim: Juventa.

Peters, Friedhelm/Struck, Norbert (1998): Flexible Hilfen und das Neue Steuerungsmodell – oder: warum Flexibilität nicht gleich Flexibilität ist. In: Peters, Friedhelm/Trede, Wolfgang/Winkler, Michael (Hg.) (1998): Integrierte Erziehungshilfen. Qualifizierung der Jugendhilfe durch Flexibilisierung und Integration? Frankfurt a. M.: IGFH-Eigenverl., S. 73-94.

Peters, Friedhelm/Trede, Wolfgang/Winkler, Michael (Hg.) (1998): Integrierte Erziehungshilfen. Qualifizierung der Jugendhilfe durch Flexibilisierung und Integration? Frankfurt a. M.: IGFH-Eigenverl.

Petersen, Kerstin (1996): Partizipation als Indikator responsiver Sozialer Arbeit. Die AdressatInnenperspektive in der Jugendhilfe. In: Flösser, Gaby/Otto Hans-Uwe (Hg.) (1996a): Neue Steuerungsmodelle für die Jugendhilfe, Neuwied [u. a.]: Luchterhand, S. 75-87.

Pfeifer, Tilo/Schmitt, Robert (Hg.) (2007): Masing Handbuch Qualitätsmanagement, 5. Aufl., München: Hanser.

Pfeiffer-Schaupp, Hans-Ulrich (2000a): Qualitätsgedusel als Begleitmusik zum Stellenabbau: Kritische Aspekte der Qualitätssicherung. In: Sozialmagazin, 25. Jg., 2000, H. 5, S. 54-59.

Pfeiffer-Schaupp, Hans-Ulrich (2000b): Die Verpackung des Dürftigen oder die Sicherung des Banalen. Risiken und Nebenwirkungen der Qualitätssicherung – Vorschlag für Basisstandards. In: Hochschulbrief der Evang. Fachhochschulen in Südwestdeutschland, 2000, H. 26, S. 2 – 9.

Pfeiffer-Schaupp, Hans-Ulrich (2001): Vom Einfachen, das schwierig zu machen ist: Leitfragen und Basisstandards für Qualität in der Sozialen Arbeit. In: Sozialmagazin, 26. Jg., 2001, H. 1, S. 16-21.

Pfreundschuh, Gerhard (2000): Kostensenkung durch zielgenaue Fall- und Prozesssteuerung in der Jugendhilfe. In: DAVorm, 73. Jg., 2000, H. 11, S. 943-962.

Pfreundschuh, Gerhard (2002): Wege zur Sozialraumorientierung in der Jugendhilfe. In: Das Jugendamt, 75. Jg, 2002, H. 3, S. 102-106.

Phelps, Edmund/Archibald, George C. /Alchian, Armen (Hg.) (1970): Microeconomic Fundations of Employment and Inflation Theory, New York: WW Norton & Co.

Picot, Arnold (1985): Transaktionskosten. In: DBW, 45. Jg., 1985, H. 2, S. 224-225.

Picot, Arnold (1990): Vorwort zur deutschen Ausgabe. In: Williamson, Oliver (1990): Die ökonomischen Institutionen des Kapitalismus, Tübingen: Mohr Siebeck, S. XIII-XV.

Picot, Arnold (1991): Subsidiaritätsprinzip und ökonomische Theorie der Organisation. In: Faller, Peter/Witt, Dieter (Hg.) (1991): Dienstprinzip und Erwerbsprinzip. Baden-Baden: Nomos, S. 102-116.

Picot, Arnold/Dietl, Helmut/Franck, Egon/Fiedler, Marina/Royer, Susanne (2012): Organisation. Theorie und Praxis aus ökonomischer Sicht. 6. völlig überarb. Aufl., Stuttgart: Schäffer-Poeschel.

Piel, Konstanze (1996): »… denn Qualität ist das beste Rezept«. In: Flösser, Gaby/Otto Hans-Uwe (Hg.) (1996a): Neue Steuerungsmodelle für die Jugendhilfe, Neuwied/Kriftel: Luchterhand, S. 88-109.

Pies, Silke/Schrapper, Christian (2003): Fachlichkeit im Hilfeplanprozess. Fachliche Standards und Qualitätsentwicklung als Elementprofessioneller Identität. In: FORUM Jugendhilfe, 41. Jg., 2003, H. 1, S. 51-62.

Pilz, Frank (2004): Der Sozialstaat. Ausbau – Kontroversen – Umbau, Bonn: Bpb.

Pirker, Reinhard (2000): Die Unternehmung als soziale Institution. Eine Kritik der Transaktionskostenerklärung der Firma: In: Ortmann, Günther/Sydow, Jörg/Türk, Klaus (Hg.) (2000): Theorien der Organisation. Die Rückkehr der Gesellschaft. 2., durchges. Aufl., Wiesbaden: Westdeutscher Verl., S. 67-80.

Pitschas, Rainer (2002): Strukturen und Verfahrensweisen des Jugendamtes im kooperativen Rechts- und Sozialstaat. In: Sachverständigenkommission Elfter Kinder- und Jugendbericht (Hg.) (2002a): Strukturen der Kinder- und Jugendhilfe. Eine Bestandsaufnahme. Bd. 1. München: Verl. DJI, S. 163-263.

Pluto, Liane (2005): Verwaltungsmodernisierung bei Jugendämtern - Impulse, Entwicklungen, Bewertungen. In: ArchsozArb, 36. Jg., 2005, H. 2, S. 20-36.

Pluto, Liane (2011): Verlässliche Mitwirkungsmöglichkeiten schaffen! Herausforderungen bei der Verwirklichung von Partizipationsprozessen in den Hilfen zur Erziehung. In: Dialog Erziehungshilfe, 2011, H. 4, S. 48-53.

Pluto, Liane/Gragert, Nicola/van Santen, Eric/Seckinger, Mike (2007): Kinder- und Jugendhilfe im Wandel. Eine empirische Strukturanalyse, München: Verl. DJI.

Polligkeit, Friedeberg (1930): Das Reichsgesetz für Jugendwohlfahrt, 2., neubearb. u. verm. Aufl., Berlin: Carl Heymann.

Pothmann, Jens (2001): Kennzahlen: zur Bedeutung und Verwendung eines ökonomischen Informations- und Steuerungsinstrumentes in der Kinder- und Jugendhilfe. In: ZfJ, 88. Jg., 2001, H. 12, S. 441-451.

Pradel, Joachim (2007): Die Idee des Qualitätsmanagements und ihre Umsetzung in sozialen Dienstleistungsunternehmen (Teil I und II). In: TuP, 58. Jg., 2007, H. 1, S. 44-54 und 58. Jg., 2007, H. 2, S. 55-64.

Pratt, John W./Zeckhauser, Richard J. (Hg.) (1985a): Principals and Agents. The Structure of Business, Boston: Harvard Business School Press.

Pratt, John W./Zeckhauser, Richard J. (1985b): Principals and Agents: An Overview. In: Pratt, John W./Zeckhauser, Richard J. (Hg.) (1985a): Principals and Agents. The Structure of Business, Boston: Harvard Business School Press, S. 1-36.

Priddat, Birger P. (2008): Öffentliche Güter als politische Güter. In: ZögU, 31. Jg., 2008, H. 2, S. 152-173.

Prinz, Aloys (2007): Neubestimmung der Rollen von Staat, Markt und freier Wohlfahrtspflege bei der Bereitstellung sozialer Dienstleistungen (Korreferat). In: Dabrowski, Martin/Wolf, Judith (Hg.) (2007): Aufgaben und Grenzen des Sozialstaates, Paderborn: Schöningh, S. 141-149.

Projektgruppe Soziale Berufe (Hg.) (1981): Sozialarbeit: Problemwandel und Institutionen Expertisen II, München: Juventa.

Prölß, Reiner (1996): Der Kunde als Produkt der neuen Steuerung?: „Steuerung nach dem KJHG – Bedarfsbefriedigung und Qualitätssicherung im Kontext von Pluralität und Partnerschaft“. In: Forum Jugendhilfe, 34. Jg., 1996, H. 1, S. 44-54.

Prölß, Reiner (2000): Was haben die Modernisierungsansätze der neunziger Jahre gebracht? – Eine Zwischenbilanz. In: Otto, Hans-Uwe/Schnurr, Stefan (Hg.) (2000a): Privatisierung und Wettbewerb in der Jugendhilfe. Marktorientierte Modernisierungsstrategien in internationaler Perspektive, Neuwied: Luchterhand, S. 271-274.

Puhl, Ria (2001): Vertragen sich KJHG und ASD?: Neue Steuerung und Jugendhilfeplanung im Vergleich: Konsequenzen für Konzeption und professionelles Profil kommunaler Jugendhilfe im Allgemeinen Sozialen Dienst. In: Sozialmagazin, 26. Jg., 2001, H. 2, S. 38-45.

Ramb, Bernd-Thomas (1993): Die allgemeine Logik des menschlichen Handelns. In: Ramb, Bernd-Thomas/Hartwig, Karl-Hans (Hg.) (1993): Ökonomische Verhaltenstheorie, München: Vahlen, S. 1-31.

Ramb, Bernd-Thomas/Hartwig, Karl-Hans (Hg.) (1993): Ökonomische Verhaltenstheorie, München: Vahlen.

Ramm, Thilo (1986): Förderung der Familie im Sozialstaat – Anspruch und Wirklichkeit. In: NDV, 66. Jg., 1986, H. 4, S. 158-164.

Rauschenbach, Thomas (1999) Das sozialpädagogische Jahrhundert. Analysen zur Entwicklung sozialer Arbeit in der Moderne. Weinheim.

Rauschenbach, Thomas/Gängler, Hans (Hg.) (1992): Soziale Arbeit und Erziehung in der Risikogesellschaft, Neuwied: Luchterhand.

Rauschenbach, Thomas/Sachße, Christoph/Olk, Thomas (Hg.) (1995): Von der Wertgemeinschaft zum Dienstleistungsunternehmen. Jugend- und Wohlfahrtsverbände im Umbruch, 1. Aufl., Frankfurt a. M.: Suhrkamp.

Rauschenbach, Thomas/Züchner, Ivo/Schilling, Matthias (2011): Die Bedeutung der Kinder- und Jugendhilfe in Deutschland. In: Münder, Johannes/Wiesner, Reinhard/Meysen, Thomas (Hg.) (2011): Kinder- und Jugendhilferecht. Handbuch, 2. Aufl., Baden-Baden: Nomos, S. 40-66.

Rebbe, Friedrich-Wilhelm (2000): „Qualitätsentwicklung nach dem EFQM (European Foundation for Quality Management) – Ein Modell für die Jugendhilfe?". In: AFET, 2000, H. 1, S. 4-9.

Reckwitz, Andreas (2007): Anthony Giddens. In: Kaesler, Dirk (Hg.) (2007): Klassiker der Soziologie, Bd. II. Von Talcott Parsons bis Anthony Giddens, 5. überarb., akt. u. erw. Aufl., München: C. H. Beck, S. 311-337.

Rehm, Max (1925): Das Kind in der Gesellschaft. Abriß der Jugendwohlfahrt in Vergangenheit und Gegenwart. Ein Ausschnitt aus Sittengeschichte, Rechtsgeschichte, Gesellschaftslehre und Sozialpolitik, München: Reinhardt.

Reichard, Christoph (2003): Managementreformen in der deutschen Kommunalverwaltung – eine Skizze ihrer Kernelemente und ihres Entwicklungsstandes. In: Olk, Thomas/Otto, Hans-Uwe (Hg.) (2003): Soziale Arbeit als Dienstleistung. Grundlegungen, Entwürfe und Modelle. Neuwied: Luchterhand, S. 3-27.

Reinhold, Andreas (1999): Kooperation und Konkurrenz. Das Subsidiaritätsprinzip als Steuerungsinstrument. In: Dt. Jugend, 47. Jg., 1999, H. 7-8, S. 307-316.

Reinke, Sebastian (2010): Privatisierung des Maßregelvollzugs nach Paragraphen 63, 64 StGB, Paragraph 7 JGG und der Aufgaben nach Paragraphen 81, 126a StPO. Dargestellt am Beispiel des Brandenburger Modells. Potsdam: Univ.-Verl.

Reis, Claus/Schulze-Böing, Matthias (Hg.) (1998a): Planung und Produktion sozialer Dienstleistungen: die Herausforderung "neuer Steuerungsmodelle", Berlin: Edition Sigma.

Reis, Claus/Schulze-Böing, Matthias (1998b): Einleitung: Neue Steuerungsmodelle für die Produktion sozialer Dienstleistungen? Folgerungen aus einem produktiven Mißverständnis. In: Reis, Claus/Schulze-Böing, Matthias (Hg.) (1998a): Planung und Produktion sozialer Dienstleistungen: die Herausforderung "neuer Steuerungsmodelle", Berlin: Edition Sigma, S. 9-31.

Reismann, Hendrik (2001): 10 Jahre KJHG: Wende von der obrigkeitsstaatlich orientierten zur dienstleistungsorientierten Jugendhilfe: Eine Zwischenbilanz (II). In: TuP, 52. Jg., 2001, H. 2, S. 49-53.

Reitz, Martin (1992): Vertrauen aus ökonomischer Sicht, Studienarbeit, Technische Hochschule Darmstadt, Insititut für Volkswirtschaftslehre.

Renner, Andreas/Hinterberger, Friedrich (Hg.) (1998): Zukunftsfähigkeit und Neoliberalismus. Zur Vereinbarkeit von Umweltschutz und Wettbewerbswirtschaft, Baden-Baden: Nomos.

Renner, Andreas (1999): Neoliberalismus - Versuch einer Begriffsklärung. In: Bührer, Walter (Hg.) (1999): Die Schweiz unter Globalisierungsdruck. Staatliches Handeln mit und gegen wirtschaftliche Logik, Aarau/Frankfurt a. M./Salzburg: Sauerländer, S. 35-50.

Rese, Mario/Schons, Laura Marie (2013): Durchsetzung sozialer Normen in Hochkostensituationen. Eine experimentelle Untersuchung von Responderverhalten im Ultimatumspiel unter variierendem ökonomischen Druck. In: Zeitschrift für Soziologie, S. 42. Jg., 2013, H. 6, S. 463-482.

Reuter-Spanier, Dieter/Roth, Xenia C. (1999): Aufgaben- und Leistungsbeschreibungen/ Qualitätsentwicklungsvereinbarungen. In: Arbeitsgemeinschaft für Erziehungshilfe (AFET) e.V. – Bundesvereinigung (1999): Werkstatt: Qualitätsentwicklung in der Erziehungshilfe, Sonderveröffentlichung, Nr. 5/1999, S. 38-43.

Ribhegge, Hermann (1993): 3. Kapitel: Ökonomische Theorie der Familie. In: Ramb, Bernd-Thomas/Hartwig, Karl-Hans (Hg.) (1993): Ökonomische Verhaltenstheorie, München: Vahlen, S. 63-87.

Richter, Ingo (2001): Kinder- und Jugendhilferecht und Sozialrecht. In: Otto, Hans-Uwe (Hg.) (2001): Handbuch Sozialarbeit, Sozialpädagogik, 2. völlig überarb. Aufl., Neuwied: Luchterhand, S. 1020-1029.

Richter, Ingo (2002): Der Elfte Kinder- und Jugendbericht. Aufwachsen in öffentlicher Verantwortung. Dossier. In: DJI-Bulletin, 2002, 58, S. 4-8.

Richter, Ingo (2008): Rechtsnorm und Lebenswelt. Ist eine lebensweltorientierte Auslegung und Anwendung von Gesetzen möglich? In: Grunwald, Klaus/Thiersch, Hans (Hg.) (2008a): Praxis lebensweltorientierter sozialer Arbeit. Handlungszugänge und Methoden in unterschiedlichen Arbeitsfeldern, 2. Aufl., Weinheim/ München: Juventa, S. 453-466.

Richter, Rudolf (1994): Institutionen ökonomisch analysiert. Zur jüngeren Entwicklung auf einem Gebiet der Wirtschaftstheorie, Tübingen: Mohr.

Richter, Rudolf/Furubotn, Eirik G. (2010): Neue Institutionenökonomik, 4. überarb. u. erw. Aufl., Tübingen: Mohr Siebeck.

Ripperger, Tanja (2005): Ökonomik des Vertrauens. Analyse eines Organisationsprinzips, 2. Aufl., Tübingen: Mohr Siebeck.

Ritter, Gerhard A. (1989): Der Sozialstaat. Entstehung und Entwicklung im internationalen Vergleich, München: Oldenbourg.

Rogall, Holger/Binswanger, Hans-Christoph/Ekardt, Felix/Grothe, Anja/Hasenclever, Wolf-Dieter/Hauchler, Ingomar/Jänicke, Martin/Kollmann, Karl/Michaelis, Nina V./ Nutzinger, Hans G./Scherhorn, Gerhard (Hg.) (2012): Jahrbuch 2012/2013 Nachhaltige Ökonomie. Im Brennpunkt: Green Economy, Marburg: Metropolis.

Rose, Barbara (1995): Flexibel organisierte Erziehungshilfen. Ein Konzept und seine Risiken. Oder: Vom Lob des Patchworking. In: Klatetzki, Thomas (Hg.) (1995a): Flexible Erziehungshilfen. Ein Organisationskonzept in der Diskussion, 2. überarb. Aufl., Münster: Votum, S. 26-36.

Rose, Barbara (1996): Qualität muß unterschieden werden! Anmerkungen zur derzeitigen Qualitätsdebatte in der sozialen Arbeit aus der Sicht der Jugendhilfe. In: Widersprüche, 16. Jg., 1996, H. 61, S. 51 – 63.

Rose, Barbara (2004): Wer bestimmt die Qualität? Anmerkungen zum Qualitätsdiskurs und seinen Wirkungen in der Sozialen Arbeit. In: Beckmann, Christof/Otto Hans-Uwe/Richter Martina/Schrödter Mark (Hg.) (2004a): Qualität in der sozialen Arbeit. Zwischen Nutzerinteresse und Kostenkontrolle. Leverkusen: Leske + Budrich, S. 211-220.

Rosendahl, Bernhard (1999): Sozialarbeit und Sozialpolitik. Über die Veränderung der Verflechtung von Politikformulierung und Implementation. In: np, 29. Jg., 1999, H. 5, S. 447-456.

Roth, Günter (2013): Im Nebel von Moral, Macht und Geld: Gratwanderungen Sozialer Arbeit in der Sozialwirtschaft am Beispiel der Berliner Treberhilfe. In: np, 43. Jg., 2013, H. 1, S. 3-18.

Rothenburg, Eva-Maria (2010): „In eigener Verantwortung" – Leerformel oder Programm? In: Mührel, Eric (Hg.) (2010a): Der Staat und die Soziale Arbeit. Bestandsaufnahme und Perspektiven eines fragwürdigen Verhältnisses, Essen: Verl. Die Blaue Eule, S. 59-72.

Rugor, Regina/Studzinski, Gundula von (2003): Qualitätsmanagement nach der ISO Norm. Eine Praxisanleitung für MitarbeiterInnen in sozialen Einrichtungen, Weinheim: Beltz.

Rüstow, Alexander (1961): Paläoliberalismus, Kommunismus und Neoliberalismus. In: Greiß, Franz/Meyer, Fritz (Hg.) (1961): Wirtschaft, Gesellschaft und Kultur. Festgabe für Alfred Müller-Armack, Berlin: Duncker & Humblot, S. 61-70.

Rüstow, Alexander (Hg.) (1963a): Rede und Antwort. Ludwigsburg: Hoch.

Rüstow, Alexander (1963b): Wirtschaft als Dienerin der Menschlichkeit. In: Rüstow, Alexander (Hg.) (1963a): Rede und Antwort, Ludwigsburg: Hoch, S. 76–91.

Rüstow, Alexander (1963c): Sozialpolitik diesseits und jenseits des Klassenkampfes. In: Rüstow, Alexander (Hg.) (1963a): Rede und Antwort, Ludwigsburg: Hoch, S. 116-134.

Rüstow, Alexander (1963d): Die staatspolitischen Voraussetzungen des wirtschaftlichen Liberalismus. In: Rüstow, Alexander (Hg.) (1963a): Rede und Antwort, Ludwigsburg: Hoch, S. 249-274.

Saam, Nicole (2002) Prinzipale, Agenten und Macht. Eine machttheoretische Erweiterung der Agenturtheorie und ihre Anwendung auf Interaktionsstrukturen in der Organisationsberatung, Tübingen: Mohr Siebeck.

Sachße, Christoph (Hg.) (1994a): Wohlfahrtsverbände im Wohlfahrtsstaat. Historische und theoretische Beiträge zur Funktion von Verbänden im modernen Wohlfahrtsstaat, Kassel: Gesamthochschulbibl.

Sachße, Christoph (1994b): Die freie Wohlfahrtspflege im System kommunaler Sozialpolitik. Aktuelle Probleme aus historischer Perspektive. In: Sachße, Christoph (Hg.) (1994a): Wohlfahrtsverbände im Wohlfahrtsstaat. Historische und theoretische Beiträge zur Funktion von Verbänden im modernen Wohlfahrtsstaat, Kassel: Gesamthochschulbibl., S. 11-34.

Sachße, Christoph (1996): Recht auf Erziehung - Erziehung durch Recht. Entstehung, Entwicklung und Perspektiven des Jugendhilferechts. In: Zeitschrift für Sozialreform, 42. Jg., 1996, H. 9, S. 557-571.

Sachße, Christoph/Tennstedt, Florian (1988): Geschichte der Armenfürsorge in Deutschland. Bd. 2. Fürsorge und Wohlfahrtspflege 1871-1929, 2. verb. u. erw. Aufl., Stuttgart/Berlin/Köln: Kohlhammer.

Sachße, Christoph/Tennstedt, Florian (1992a): Der Wohlfahrtsstaat im Nationalsozialismus. In: Zeitschrift für Sozialreform, 38. Jg., 1992, H. 3, S. 129-148.

Sachße, Christoph/Tennstedt, Florian (1992b): Der Wohlfahrtsstaat im Nationalsozialismus. Geschichte der Armenfürsorge in Deutschland. Bd. 3, Stuttgart/Berlin/Köln: Kohlhammer.

Sachße, Christoph/Tennstedt, Florian (1998): Geschichte der Armenfürsorge in Deutschland. Bd. 1. Vom Spätmittelalter bis zum 1. Weltkrieg, 2. verb. u. erw. Aufl., Stuttgart/Berlin/Köln: Kohlhammer.

Sachße, Christoph/Tennstedt, Florian (2012): Geschichte der Armenfürsorge in Deutschland. Bd. 4. Fürsorge und Wohlfahrtspflege in der Nachkriegszeit 1945 – 1953, Stuttgart: Kohlhammer.

Sachverständigenkommission Elfter Kinder- und Jugendbericht (Hg.) (2003): Kinder- und Jugendhilfe im Reformprozess. Materialien zum Elften Kinder- und Jugendbericht. Bd. 2, München: Verl. DJI.

Sachverständigenkommission Elfter Kinder- und Jugendbericht (Hg.) (2002a): Strukturen der Kinder- und Jugendhilfe. Eine Bestandsaufnahme. Bd. 1, München: Verl. DJI.

Sandermann, Philipp/Urban, Ulrike (2007): Zur <Paradoxie> der sozialpädagogischen Diskussion um Sozialraumorientierung in der Jugendhilfe. In: np, 37. Jg., 2007, H. 1, S. 42-57.

Sauter, Robert (2000): Ergebnisqualität im Nebulösen? Praktische Umsetzung der Wirkungsorientierung in Feldern der Kinder- und Jugendhilfe. In: Thema Jugend, 2000, H. 4, S. 8-9.

Schaarschuch, Andreas (1994): Soziale Dienstleistungen im Regulationszusammenhang. In: Widersprüche, 14. Jg., 1994, H. 52, S. 73-89.

Schaarschuch, Andreas (1996a): Dienst-Leistung und Soziale Arbeit. Theoretische Überlegungen zur Rekonstruktion Sozialer Arbeit als Dienstleistung. In: Widersprüche, 16. Jg., 1996, H. 59, S. 87-97.

Schaarschuch, Andreas (1996b): Der Staat, der Markt, der Kunde und das Geld …? Öffnung und Demokratisierung – Alternativen zur Ökonomisierung sozialer Dienste. In: Flösser, Gaby/Otto, Hans-Uwe (Hg.) (1996a): Neue Steuerungsmodelle für die Jugendhilfe, Neuwied/Kriftel/Berlin: Luchterhand, S. 12-32.

Schaarschuch, Andreas (1999): Theoretische Grundelemente Sozialer Arbeit als Dienstleistung. Ein analytischer Zugang zur Neuorientierung Sozialer Arbeit. In: np, 29. Jg., 1999, H. 6, S. 543-560.

Schaarschuch, Andreas (2000): Gesellschaftliche Perspektiven sozialer Dienstleistung. In: Müller, Siegfried/Sünker, Heinz/Olk, Thomas/Böllert, Karin (Hg.) (2000): Soziale Arbeit. Gesellschaftliche Bedingungen und professionelle Perspektiven: Hans-Uwe Otto zum 60. Geburtstag gewidmet, Neuwied: Luchterhand, S. 165-177.

Schaarschuch, Andreas (2003): Die Privilegierung des Nutzers. Zur theoretischen Begründung sozialer Dienstleistung. In: Olk, Thomas/Otto, Hans-Uwe (Hg.) (2003): Soziale Arbeit als Dienstleistung. Grundlegungen, Entwürfe und Modelle, Neuwied: Luchterhand, S. 150-169.

Schaarschuch, Andreas/Flösser, Gaby/Otto, Hans-Uwe (2001): Dienstleistung. In: Otto, Hans-Uwe/Thiersch, Hans/Böllert, Karin (2001): Handbuch der Sozialarbeit, Sozialpädagogik. 2. Aufl., Neuwied: Luchterhand, S. 266-274.

Schaarschuch, Andreas/Schnurr, Stefan (2004): Konflikte um Qualität. Konturen eines relationalen Qualitätsbegriffs. In: Beckmann, Christof/Otto Hans-Uwe/Richter Martina/Schrödter Mark (Hg.) (2004a): Qualität in der sozialen Arbeit. Zwischen Nutzerinteresse und Kostenkontrolle. Leverkusen: Leske + Budrich, S. 309-323.

Schäfer, Georg (2002): Realisierung der Sozialraumorientierung: Praktische Perspektiven. Beispiel der Stadt Celle/Bundesmodell INTEGRA. Projektverlauf und Veränderungen in der Praxis. In: Merten, Roland (Hg.) (2002a): Sozialraumorientierung. Zwischen fachlicher und rechtlicher Machbarkeit, Weinheim/München: Juventa, S. 69-90.

Schefold, Werner (2008): Lebenswelten von Kindern im Prozess der Flexibilisierung teilstationärer Angebote. In: Grunwald, Klaus/Thiersch, Hans (Hg.) (2008a): Praxis lebensweltorientierter sozialer Arbeit. Handlungszugänge und Methoden in unterschiedlichen Arbeitsfeldern, 2. Aufl., Weinheim/München: Juventa, S. 109-121.

Schellhorn, Walter (1998): Neubestimmung des Verhältnisses zwischen öffentlichen und freien Trägern. In: Maelicke, Bernd (Hg.) (1998): Freie Wohlfahrtspflege im Übergang zum 21. Jahrhundert, 1. Aufl., Baden-Baden: Nomos, S. 43-51.

Scherpner, Hans (1966): Geschichte der Jugendfürsorge, Göttingen: Vandenhoeck u. Ruprecht.

Scherr, Albert (2012): Wieviel und welche Normativität benötigt Soziale Arbeit? Oder: Warum eine auf kritische Entlarvung ausgerichtete Theoriebildung in der Sozialen Arbeit zwar unverzichtbar, aber auch unzureichend ist. In: Otto, Hans-Uwe/Ziegler, Holger (Hg.) (2012a): Das Normativitätsproblem der Sozialen Arbeit. Zur Begründung des eigenen und gesellschaftlichen Handelns. np, 11. Sonderheft, Lahnstein: Verl. Neue Praxis, S. 11-22.

Scherrer, Wennemar (1996): Qualitätssicherung in der Kinder- und Jugendhilfe. In: Heiner, Maja (Hg.) (1996a): Qualitätsentwicklung durch Evaluation, Freiburg i. B.: Lambertus, S. 9-19.

Scherrer, Wennemar (1997): Qualitätssicherung in der Sozialen Arbeit. In: Bundesministerium für Familie, Senioren, Frauen und Jugend (BMFSFJ) (Hg.) (1997): Evaluation der sozialpädagogischen Praxis. Materialien zur Qualitätssicherung in der Kinder- und Jugendhilfe, Bd. 11, Bonn, S. 56-59.

Schilling, Johannes (1997): Das Neue Steuerungsmodell – Eine Herausforderung an die berufliche Kompetenz. In: Jugendwohl, 78. Jg., 1997, H. 7-8, S. 384-388.

Schilling, Matthias (2000): Die Kinder- und Jugendhilfe und die KGSt: Eine wechselseitige Anregung mit zeitweisen Irritationen. In: RdJB, 48. Jg., 2000, H. 2, S. 143-158.

Schimke, Hans-Jürgen (2003): Der Dienstleistungsansatz im KJHG. In: Olk, Thomas/ Otto, Hans-Uwe (Hg.) (2003): Soziale Arbeit als Dienstleistung. Grundlegungen, Entwürfe und Modelle, Neuwied: Luchterhand, S. 117-129.

Schipmann, Werner (2002): Sozialraumorientierung in der Jugendhilfe. Kritische Anmerkungen zu einem (un-)zeitgemäßen Ansatz. In: Merten, Roland (Hg.) (2002a): Sozialraumorientierung. Zwischen fachlicher und rechtlicher Machbarkeit, Weinheim/München: Juventa, S. 127-149.

Schipmann, Werner (2006): Privat-wirtschaftliche Leistungsanbieter als Wegbereiter von sozialer Marktentwicklung in der Jugendhilfe. Zur Notwendigkeit einer Neustrukturierung. In: Hensen, Gregor (Hg.) (2006a): Markt und Wettbewerb in der Jugendhilfe. Ökonomisierung im Kontext von Zukunftsorientierung und fachlicher Notwendigkeit, Weinheim/München: Juventa, S. 89-110.

Schirilla, Nausikaa (2003): Verordnete Autonomie – zur repressiven Pädagogik in aktuellen sozialpolitischen Konzepten, in: Sozialmagazin, 28. Jg., 2003, H. 3, S. 28-41.

Schlicht, Ekkehart (1985): Isolation and aggregation in economics, Berlin: Springer.

Schlicht, Ekkehart (1994): Probleme mit dem ökonomischen Ansatz. Kommentar zu Peter Weises Apologie der ökonomischen Methode. In: EuS, 5. Jg., 1994, H. 2, S. 335-337.

Schlick, Christopher M./Rochhold, Simone (2007): Qualitätsmanagement bei Dienstleistungen. In: Pfeifer, Tilo/Schmitt, Robert (Hg.) (2007): Masing Handbuch Qualitätsmanagement, 5. Aufl., München: Hanser, S. 941-954.

Schmid, Heike/Wiesner, Reinhard (2006a): Die Kinder- und Jugendhilfe und die Föderalismusreform. Teil 1. In: ZKJ, 2. Jg., 2006, H. 9, S. 392-396.

Schmid, Heike/Wiesner, Reinhard (2006b): Die Kinder- und Jugendhilfe und die Föderalismusreform. Teil 2. In: ZKJ, 2. Jg., 2006, H. 10, S. 449-454.

Schmid, Peter (1999): Integrierte, flexible und sozialraumbezogene Erziehungshilfe aus Sicht eines freien Trägers. In: Koch, Josef/Lenz, Stefan (Hg.) (1999): Auf dem Weg zu einer integrierten und sozialräumlichen Kinder- und Jugendhilfe. Dokumentation des 2. Bundestreffens INTEGRA der IGFH in Blankensee 1999, 1. Aufl., Frankfurt a. M.: IGFH-Eigenverl., S. 87-98.

Schmid-Obkirchner, Heike (2011a): Kinder- und Jugendhilfe als personenbezogene Sozialleistung. In: Münder, Johannes/Wiesner, Reinhard/Meysen, Thomas (Hg.) (2011): Kinder- und Jugendhilferecht. Handbuch, 2. Aufl., Baden-Baden: Nomos, S. 143-150.

Schmid-Obkirchner, Heike (2011b): Besondere Vorschriften bei den individuellen Hilfen: Steuerungsverantwortung, Mitwirkung, Hilfeplan, Zusammenarbeit, §§ 36 a, 36, 37 SGB VIII. In: Münder, Johannes/Wiesner, Reinhard/Meysen, Thomas (Hg.) (2011): Kinder- und Jugendhilferecht. Handbuch, 2. Aufl., Baden-Baden: Nomos, S. 300-310.

Schmidt, Manfred G. (2004): Sozialpolitik der DDR, 1. Aufl., Wiesbaden: VS Verl. f. Sozialwiss.

Schmidt, Manfred G. (2005): Sozialpolitik in Deutschland: Historische Entwicklung und internationaler Vergleich, 3. vollst. überarb. und erw. Aufl., Wiesbaden: VS Verl. f. Sozialwiss.

Schmidt, Manfred G. (2011): Das politische System Deutschlands. Institutionen, Willensbildung und Politikfelder, Lizenzausg. der 2., überarb., akt. und erw. Aufl., Bonn: bpb.

Schmidt, Manfred G./Ostheim, Tobias/Siegel, Nico A. (2007): Der Aufbau staatlicher Sozialpolitik im deutschen Kaiserreich. In: Schmidt, Manfred G./Ostheim, Tobias/Siegel, Nico A./Zohlnhöfer, Reimut (Hg.) (2007): Der Wohlfahrtsstaat. Eine Einführung in den historischen und internationalen Vergleich, 1. Aufl., Wiesbaden: VS Verl. f. Sozialwiss., S. 123-130.

Schmidt, Manfred G./Ostheim, Tobias/Siegel, Nico A./Zohlnhöfer, Reimut (Hg.) (2007): Der Wohlfahrtsstaat. Eine Einführung in den historischen und internationalen Vergleich, 1. Aufl., Wiesbaden: VS Verl. f. Sozialwiss.

Schmidt, Martin (2004): Qualitätskonzepte in der Jugendhilfe. In: Peterander, Franz/Speck, Otto (Hg.) (2004): Qualitätsmanagement in sozialen Einrichtungen. 2. Aufl., München, Basel: E. Reinhardt, S. 282-295.

Schmidt, Mathias (1996): Modernisierung der Profession – ohne professionelle Modernisierung? Zum Verhältnis von Professionalisierung und Verwaltungsreform in der Jugendhilfe. In: Flösser, Gaby/Otto Hans-Uwe (Hg.) (1996a): Neue Steuerungsmodelle für die Jugendhilfe. Neuwied/Kriftel/Berlin: Luchterhand, S. 33-54.

Schnath, Matthias (2003): Nationalismus, Verwahrlosung, Kriminalität: was der "aktivierende" Sozialstaat aktiviert. In: Sozialmagazin, 28. Jg., 2003, H. 7/8, S. 56-63.

Schneider, Armin/Beckmann, Kathinka/Roth, Daniela (2011): Jugendhilfe: Ausschuss? Ein Gremium zwischen uneingelösten Versprechen und abgebremsten Möglichkeiten, Opladen/Berlin/Farmington Hills: Budrich.

Schneider, Heinz (1964): Die öffentliche Jugendhilfe zwischen Eingriff und Leistung: Eine juristisch-sozialpädagogische Analyse der Aufgaben des Jugendamtes und ihrer gesetzlichen Regelung, Berlin: Luchterhand.

Schneider, Heinz (1968): Die Mitarbeit im Jugendwohlfahrtsausschuß dargestellt im Rahmen einer Einführung in die Jugendhilfe. Schriften der Arbeiterwohlfahrt, Bd. 21, Bonn: Eigenverl.

Schnurr, Johannes (2005): Der Einzelfall, der Sozialraum und die Endlichkeit von Ressourcen. Praxiserfahrungen bei der Einführung sozialräumlicher Konzepte in der Jugendhilfe. In: ZfJ, 92. Jg., 2005, H. 3, S. 99-104.

Schnurr, Stefan (1998): Jugendamtsakteure im Steuerungsdiskurs. In: np, 28. Jg., 1998, H. 4, S. 362-382.

Schönig, Werner (2004): Transformation des Sozialstaats - Herausforderungen an die Soziale Arbeit. In: TuP, 55. Jg., 2004, H. 3, S. 4-10.

Schrader, Josef (2001): Bindung, Vertrag, Vertrauen. Grundlagen der Zusammenarbeit in Weiterbildungseinrichtungen. In: Hessische Blätter für Volksbildung, 51. Jg., 2001, H.2, S. 142-154.

Schramm, Michael (2007): Gerechtigkeitskonzeptionen im Widerstreit. Ansätze einer Theorie der "flexiblen Gerechtigkeit". In: Dabrowski, Martin/Wolf, Judith (Hg.) (2007): Aufgaben und Grenzen des Sozialstaates, Paderborn: Schöningh, S. 63-89.

Schrapper, Christian (1996): Organisation und Legitimation einer öffentlichen Verantwortung für private Lebensschicksale. Zur Bedeutung der Organisationsfrage in den Debatten über den fachlichen und sozialpolitischen Stellenwert des Jugendamtes. In: Merchel, Joachim/Schrapper Christian (Hg.) (1996a): "Neue Steuerung". Tendenzen der Organisationsentwicklung in der Sozialverwaltung. Münster: Votum-Verl., S. 61-88.

Schrapper, Christian (1997): Elternrecht, Kindeswohl und staatliches Wächteramt. Der verfassungsrechtliche Handlungsrahmen und der gesetzliche Handlungsauftrag in der Kinder- und Jugendhilfe. In: Forum Erziehungshilfen, 3. Jg., 1997, H. 1, S. 4-8.

Schrapper, Christian (1999): Stolpersteine und Fallstricke einer dienstleistungsorientierten Modernisierung der öffentlichen Verwaltung am Beispiel der Jugendhilfe. In: GiSA, 53. Jg., 1999, H. 2, S. 33-43.

Schrapper, Christian (2005): Grenzen und Perspektiven einer sozialraumorientierten Gestaltung der Jugend- und Erziehungshilfen. Oder: Warum ist es so schwierig, was viele so gut finden? In: Kalter, Birgit/Schrapper, Christian (Hg.) (2006): Was leistet Sozialraumorientierung? Konzepte und Effekte wirksamer Kinder- und Jugendhilfe, Weinheim/München: Juventa, S. 41-53.

Schrapper, Christian (2013): Diagnostik, sozialpädagogische und Fallverstehen. In: Kreft, Dieter/Mielenz, Ingrid (Hg.) (2013): Wörterbuch Soziale Arbeit. Aufgaben, Praxisfelder, Begriffe und Methoden der Sozialarbeit und Sozialpädagogik. 7. vollst. überarb. und akt. Aufl., Weinheim/Basel: Beltz Juventa, S. 205-213.

Schröder, Jan (1999): Wettbewerb in der Kinder- und Jugendhilfe. Versuch einer Annäherung an ein sperriges Thema. In: NDV, 79. Jg., 1999, H. 6, S. 201-206.

Schröder, Jan (Hg.) (2002a): Wirkungsorientierte Gestaltung von Qualitätsentwicklungs-, Leistungs- und Entgeltvereinbarungen nach § 78a ff. Dokumentation des Expertengesprächs „Wirkungsorientierte Gestaltung von Qualitätsentwicklungs-, Leistungs- und Entgeltvereinbarungen nach § 78a ff.“, Bonn.

Schröder, Jan (2002b): Wirkungen – was ist das und wie können sie „vereinbarungstauglich“ gemacht werden? In: Schröder, Jan (Hg.) (2002a): Wirkungsorientierte Gestaltung von Qualitätsentwicklungs-, Leistungs- und Entgeltvereinbarungen nach § 78a ff. Dokumentation des Expertengesprächs „Wirkungsorientierte Gestaltung von Qualitätsentwicklungs-, Leistungs- und Entgeltvereinbarungen nach § 78a ff.“, Bonn, S. 6-16.

Schrödter, Mark (2007): Soziale Arbeit als Gerechtigkeitsprofession. Zur Gewährleistung von Verwirklichungschancen. In: np, 37. Jg., 2007, H. 1, S. 3-27.

Schrödter, Mark/Ziegler, Holger (2007): Was wirkt in der Kinder- und Jugendhilfe? Internationaler Überblick und Entwurf eines Indikatorensystems von Verwirklichungschancen. In: Institut für soziale Arbeit e.V. (ISA) (Hg.) (2007b): Wirkungsorientierte Jugendhilfe, Bd. 2. Eine Schriftenreihe des ISA zur Qualifizierung der Hilfe zur Erziehung, Münster, S. 5-64.

Schrüfer, Klaus (2010): Allgemeine Volkswirtschaftslehre, 3. überarb. Aufl., Berlin: Berliner Wiss.-Verl.

Schubert, Herbert (Hg.) (2005a): Sozialmanagement. Zwischen Wirtschaftlichkeit und fachlichen Zielen, 2. überarb. und erw. Aufl., Wiesbaden: VS Verl. f. Sozialwiss.

Schubert, Herbert (2005b): Kontraktmanagement. In: Schubert, Herbert (Hg.) (2005a): Sozialmanagement. Zwischen Wirtschaftlichkeit und fachlichen Zielen. 2. überarb. und erw. Aufl., Wiesbaden: VS Verl. für Sozialwiss., S. 147-166.

Schulte, Gerhard/Sengling, Dieter (2003): Neue Steuerung und freie Wohlfahrtspflege – Markterfolg durch fachliche Qualität, betriebswirtschaftliche Kompetenz und ethische Bindung. In: Olk, Thomas/Otto, Hans-Uwe (Hg.) (2003): Soziale Arbeit als Dienstleistung. Grundlegungen, Entwürfe und Modelle. Neuwied: Luchterhand, S. 284-301.

Schulz, Jonathan/Thöni, Christian (2013): Paternalismus, Rationalität, systematische Fehler, nudges: Befunde der experimentellen Ökonomik. In: Held, Martin/Kubon-Gilke, Gisela/Sturn, Richard (Hg.) (2013): Normative und institutionelle Grundfragen der Ökonomik. Jahrbuch 12. Grenzen der Konsumentensouveränität, Marburg: Metropolis, S. 63-82.

Schulze-Fielitz, Anke/Bamberg, Hans-Dieter (1998): Mitarbeitermotivation – Bedingung und Folge erfolgreicher Verwaltungsreform. Befunde und Überlegungen zur Jugendhilfe. In: Soziale Arbeit, 47. Jg., 1998, H. 4, S. 121-126.

Schulz-Nieswandt, Frank (2009): Perspektiven der Sozialwirtschaft: eine multidisziplinäre Deutung des normativ-rechtlich-ökonomischen Regimewandels. In: ArchsozArb, 40. Jg., 2009, H. 3, S. 86-102.

Schumann, Jochen (1992): Grundzüge der mikroökonomischen Theorie, Berlin: Springer.

Schumann, Jochen/Meyer, Ulrich/Ströbele, Wolfgang (2011): Grundzüge der mikroökonomischen Theorie, 9. Aufl., Berlin: Springer.

Schuppert, Gunnar Folke (1998a): Die öffentliche Verwaltung im Kooperationsspektrum staatlicher und privater Aufgabenerfüllung: Zum Denken in Verantwortungsstufen. In: Die Verwaltung, 31. Jg., 1998, H. 3, S. 415-447.

Schuppert, Gunnar Folke (1998b): Staatsaufsicht im Wandel. In: Die öffentliche Verwaltung, 51. Jg., 1998, H. 19, S. 831-838.

Schütte, Wolfgang (2001): Modernisierung von Innen? Auf dem Weg zu einem anderen Sozialstaat: Verwaltungsreformen und ihre Folgen für öffentliche Dienstleistungen. In: ArchsozArb, 32. Jg., 2001, H. 2, S. 52-74.

Schwabe, Matthias (1996): Wer sind unsere Kunden? Wie definieren sich unsere Aufträge? Worin bestehen unsere Leistungen? Wie die Dienstleistungs-Metapher der Jugendhilfe zu neuen Einsichten verhelfen kann! In: Widersprüche, 16. Jg., 1996, H. 59, S. 11-56.

Schwabe, Matthias (2000): Das Hilfeplangespräch zwischen Anspruch und Wirklichkeit. Teil 1: Grundkonstellation und Spannungsfelder. In: Jugendhilfe, 38. Jg., 2000, H. 4, S. 195-204.

Seckinger, Mike/Stiemert-Strecker, Sigrid/Teuber, Kristin (2000): Partizipation und Empowerment – neue Aspekte für die Qualität Sozialer Arbeit (?). In: Teuber, Kristin/Stiemert-Strecker, Sigrid/Seckinger, Mike (Hg.) (2000): Qualität durch Partizipation und Empowerment. Einmischungen in die Qualitätsdebatte, Tübingen: dgvt-Verl., S. 7-15.

Seghezzi, Hans Dieter (2007): Konzepte - Modelle – Systeme. In: Pfeifer, Tilo/Schmitt, Robert (Hg.) (2007): Masing Handbuch Qualitätsmanagement, 5. Aufl., München: Hanser, S. 152-171.

Seibel, Wolfgang (1992): Funktionaler Dilettantismus. Erfolgreich scheiternde Organisationen im "Dritten Sektor" zwischen Markt und Staat. Baden-Baden: Nomos.

Seim, Sissel (2000): Marktförmige Steuerungsmodelle und Nutzerpartizipation – Zwischen Anspruch und Wirklichkeit. In: Otto, Hans-Uwe/Schnurr, Stefan (Hg.) (2000a): Privatisierung und Wettbewerb in der Jugendhilfe. Marktorientierte Modernisierungsstrategien in internationaler Perspektive, Neuwied: Luchterhand, S. 155-173.

Seithe, Mechthild (2001): Praxisfeld Hilfe zur Erziehung. Fachlichkeit zwischen Lebensweltorientierung und Kindeswohl, Opladen: Leske + Budrich.

Selbmann, Hans-Konrad/Überla, Karl (Hg.) (1982): Quality Assessment of Medical Care. Gerlingen: Bleicher.

Sengling, Dieter (1999): "Soziale Arbeit braucht Vertrauen": die Hilfe für Menschen verlangt Zeit und Haltungen, die über die betriebswirtschaftliche Betrachtung des Produktes Sozialarbeit hinausgehen. In: Blätter der Wohlfahrtspflege, 146. Jg., 1999, H. 5/6, S. 111-115.

Sesselmeier, Werner (2012): Widersprüche sozialer Integration in Zeiten der Ökonomisierung sozialer Sicherung. In: Sozialer Fortschritt, 61. Jg., 2012, H. 5, S. 104-110.

Sozialpädagogisches Institut des SOS-Kinderdorf e. V. (Hg.) (2001): Sozialraumorientierung auf dem Prüfstand. Rechtliche und sozialpädagogische Bewertungen zu einem Reformprojekt in der Jugendhilfe, München: Eigenverl.

Sozialpädagogisches Institut des SOS-Kinderdorf e. V. (Hg.) (2002): Jugendhilfe als soziale Dienstleistung. Materialien 2, München: Eigenverl.

Sozialpädagogisches Institut des SOS-Kinderdorf e. V. (Hg.) (2003): Qualitätsentwicklung und Qualitätswettbewerb. Dokumentation der Fachtagung „Qualitätsentwicklung und Qualitätswettbewerb in der stationären Erziehungshilfe“ 7. und 8. November 2002 in Berlin, München: Eigenverl.

Späth, Karl (1994): Erziehungshilfen als soziale Dienstleistungen. In: Widersprüche, 14. Jg., 1994, H. 53, S. 51-58.

Späth, Karl (1996): Vom KJHG zur KGST: braucht Erziehungshilfe neue Steuerung? In: Jugendhilfe, 34. Jg., 1996, H. 6, S. 350-360.

Späth, Karl (1998): Brauchen Jugendhilfe und Heimerziehung Qualitätsmanagement? In: Jugendwohl, 79. Jg., 1998, H. 1, S. 17-28.

Späth, Karl (1999): Erwartungen an die neuen Regelungen der §§ 78a-g KJHG. In: Jugendwohl, 80. Jg., 1999, H. 2, S. 59-69.

Spatscheck, Christian/Wagenblass, Sabine (Hg.) (2013): Bildung, Teilhabe und Gerechtigkeit. Gesellschaftliche Herausforderungen und Zugänge sozialer Arbeit; Weinheim/Basel: Beltz Juventa.

Speck, Karsten (2006): Qualität und Evaluation in der Schulsozialarbeit. Konzepte, Rahmenbedingungen und Wirkungen. Wiesbaden: VS Verl. f. Sozialwiss.

Speck, Otto (2004): Marktgesteuerte Qualität - eine neue Sozialphilosophie? In: Peterander, Franz/Speck, Otto (Hg.) (2004): Qualitätsmanagement in sozialen Einrichtungen. 2. Aufl., München, Basel: E. Reinhardt, S. 15-30.

Spremann, Klaus (1990): Asymmetrische Information. In: ZfB, 60. Jg., 1990, H. 5/6, S. 561-586.

Stähr, Axel (2000): Die Leistungsvereinbarung als neues Instrument in der Jugendhilfe (§§ 78a bis 78g SGB VIII). In: RdJB, 48. Jg., 2000, H. 2, S. 159-180.

Stähr, Axel/Hilke, Andreas (1999): Die Leistungs- und Finanzierungsbeziehungen im Kinder- und Jugendhilferecht vor dem Hintergrund der neuen §§ 78a bis 78 g SGB VIII. In: ZfJ, 86. Jg., 1999, H. 5, S. 155-170.

Statistisches Bundesamt (2012): Statistiken der Kinder- und Jugendhilfe. Erzieherische Hilfe, Eingliederungshilfe für seelisch behinderte junge Menschen, Hilfe für junge Volljährige – Einzelhilfen. Wiesbaden: Eigenverl.

Staub-Bernasconi, Silvia (1994): Wird die UNO zur Sozialarbeiterin oder wird die Soziale Arbeit zur Menschenrechtsprofession? In: Olympe. Feministische Arbeitshefte zur Politik. 1. Jg, 1994, H. 1, S. 82-89.

Staub-Bernasconi, Silvia (2007): Soziale Arbeit: Dienstleistung oder Menschenrechtsprofession? Zum Selbstverständnis Sozialer Arbeit in Deutschland mit einem Seitenblick auf die internationale Diskussionslandschaft. In: Lob-Hüdepohl, Andreas/ Lesch, Walter (Hg.) (2007): Ethik Sozialer Arbeit – Ein Handbuch: Einführung in die Ethik der Sozialen Arbeit, Paderborn: Schöningh, S. 20-53.

Stecker, Christina/Nährlich, Stefan (2005): Die ‚dunkle Seite' von Dritte-Sektor-Organisationen. Funktionen, Effekte und Konsequenzen. In: Birkhölzer, Karl/Klein, Ansgar/Zimmer, Annette/Priller, Eckhard (Hg.) (2005): Dritter Sektor/Drittes System. Theorie, Funktionswandel und zivilgesellschaftliche Perspektiven, Wiesbaden: VS Verl. f. Sozialwiss., S. 177-198.

Stein, Ekkehart/Frank, Götz (2010): Staatsrecht, 21. Aufl., Tübingen: Mohr Siebeck.

Steinmeyer, Fritz-Joachim (1975): Öffentliche Träger und freie Vereinigungen in der Jugendhilfe. In: Jordan, Erwin (Hg.) (1975): Jugendhilfe. Beiträge und Materialien zur Reform des Jugendhilferechts, Weinheim/Basel: Beltz, S. 154-158.

Stiefel, Marie-Luise (2002): Reform der Erziehungshilfe in Stuttgart. In: Merten, Roland (Hg.) (2002a): Sozialraumorientierung. Zwischen fachlicher und rechtlicher Machbarkeit, Weinheim/München: Juventa, S. 55-67.

Stiemert-Strecker, Sigrid/ Teuber, Kristin/Seckinger, Mike (2000): Partizipation, Empowerment und Qualität - ein Trialog. In: Teuber, Kristin/Stiemert-Strecker, Sigrid/ Seckinger, Mike (Hg.) (2000): Qualität durch Partizipation und Empowerment. Einmischungen in die Qualitätsdebatte, Tübingen: dgvt-Verl., S. 35-53.

Stiglitz, Joseph (1999): Volkswirtschaftslehre, 2. Aufl., München: Oldenbourg.

Stiglitz, Joseph/Walsh, Carl (2010): Mikroökonomie. Bd. I zur Volkswirtschaftslehre, 4. überarb. u. akt. Aufl., München: Oldenbourg.

Stolleis, Michael (2001): Historische Grundlagen. Sozialpolitik in Deutschland bis 1945. In: Bundesministerium für Arbeit und Sozialordnung und Bundesarchiv (Hg.) (2001): Bd. 1. Grundlagen der Sozialpolitik, Baden-Baden: Nomos, S. 199-332.

Strack, Gerhold (Hg.) (1996): Einführung. In: Lukas, Helmut/Strack, Gerhold (Hg.) (1996): Methodische Grundlagen der Jugendhilfeplanung, Freiburg i. B.: Lambertus, S. 11-27.

Struck, Norbert (1996): Neue Steuerungsmodelle in der Jugendhilfe aus der Sicht freier Träger. In: Merchel, Joachim/Schrapper, Christian (1996a): "Neue Steuerung". Tendenzen der Organisationsentwicklung in der Sozialverwaltung, Münster: Votum, S. 258-275.

Struck, Norbert (1997a): Sozialrechtliche Qualitätsbestimmungen und die Diskussion des Qualitätsthemas in der Jugendhilfe. In: ZfJ, 84. Jg., 1997, H. 5, S. 153-157.

Struck, Norbert (1997b): Neue Steuerung - Zwischenbilanz aus Sicht freier Träger. In: Forum Erziehungshilfen, 3. Jg., 1997, H. 4, S. 203-206.

Struck, Norbert (1999): Die Entwicklung neuer Entgeltregelungen. Wie verlief die Diskussion vom ersten Entwurf zur Formulierung der §§ 78a-g? In: Kröger, Rainer (Hg.) (1999): Leistung, Entgelt und Qualitätsentwicklung in der Jugendhilfe. Arbeitshilfen mit Musterbeispielen zur praktischen Umsetzung der §§ 78 a-g SGB VIII, Neuwied/Kriftel: Luchterhand, S. 17-36.

Struck, Norbert (2000a): Partnerschaftliche Kooperation oder marktwirtschaftlicher Wettbewerb? Zur Zukunft der Zusammenarbeit von öffentlicher und freier Jugendhilfe. In: ZfJ, 87. Jg., 2000, H. 2, S. 57-60.

Struck, Norbert (2000b): Qualitätsdiskussion in der Kinder- und Jugendhilfe: Chancen und Fallstricke. In: Thema Jugend, 2000, H. 4, S. 2-5.

Struck, Norbert (2002): Jugendhilfe und Wettbewerb. In: Forum Jugendhilfe, 40. Jg., 2002, H. 2, S. 42-45.

Struck, Norbert (2003): Leistungs-, Entgelt- und Qualitätsentwicklungsvereinbarung nach §§ 78 a ff SGB VIII – ein Kommentar. In: AFET, 2003, H. 1, S. 26-33.

Strunk, Andreas (1998a): Neue Steuerungsmodelle in der Sozialverwaltung und ihre Bedeutung für die Freie Wohlfahrtspflege. In: Maelicke, Bernd (Hg.) (1998): Freie Wohlfahrtspflege im Übergang zum 21. Jahrhundert, 1. Aufl., Baden-Baden: Nomos, S. 53-70.

Strunk, Andreas (1998b): Neue Steuerung: Und wie soll es weitergehen? In: TuP, 49. Jg., 1998, H. 10, S. 369-373.

Struzyna, Karl-Heinz (2002): Wirkungsorientierte Finanzierungsformen. Teil 2. In: Schröder, Jan (Hg.) (2002a): Wirkungsorientierte Gestaltung von Qualitätsentwicklungs-, Leistungs- und Entgeltvereinbarungen nach § 78a ff. Dokumentation des Expertengesprächs „Wirkungsorientierte Gestaltung von Qualitätsentwicklungs-, Leistungs- und Entgeltvereinbarungen nach § 78a ff.“, Bonn, S. 40-56.

Struzyna, Karl-Heinz (2003): Gibt es Perspektiven für eine Weiterentwicklung des Qualitätswettbewerbes? In: Sozialpädagogisches Institut des SOS-Kinderdorf e. V. (Hg.) (2003): Qualitätsentwicklung und Qualitätswettbewerb. Dokumentation der Fachtagung „Qualitätsentwicklung und Qualitätswettbewerb in der stationären Erziehungshilfe“ 7. und 8. November 2002 in Berlin, München: Eigenverl., S. 72-83.

Struzyna, Karl-Heinz (2007): Wirkungsorientierte Jugendhilfe – Hintergründe, Intentionen und Ziele des Bundesmodellprogramms. In: Institut für soziale Arbeit e.V. (ISA) (Hg.) (2007a): Wirkungsorientierte Jugendhilfe, Bd. 1. Eine Schriftenreihe des ISA zur Qualifizierung der Hilfe zur Erziehung, Münster, S. 5-13.

Sturn, Richard (2013): Grenzen der Konsumentensouveränität und die Perspektiven der Meritorik. In: Held, Martin/Kubon-Gilke, Gisela/Sturn, Richard (Hg.) (2013): Normative und institutionelle Grundfragen der Ökonomik. Jahrbuch 12. Grenzen der Konsumentensouveränität, Marburg: Metropolis, S. 15-39.

Sturn, Richard/Held, Martin/Kubon-Gilke, Gisela (2002): Unproblematische Effizienz und problematische Gerechtigkeit? Dimensionen eines Trade-offs besonderer Art. In: Held, Martin/Kubon-Gilke, Gisela/Sturn, Richard (Hg.) (2002): Normative und institutionelle Grundfragen der Ökonomik. Jahrbuch 1. Gerechtigkeit als Voraussetzung für effizientes Wirtschaften, Marburg: Metropolis, S. 11-49.

Suchanek, Andreas (2002): Das Verhältnis von Effizienz und Gerechtigkeit aus vertragstheoretischer Sicht. In: Held, Martin/Kubon-Gilke, Gisela/Sturn, Richard (Hg.) (2002): Normative und institutionelle Grundfragen der Ökonomik. Jahrbuch 1. Gerechtigkeit als Voraussetzung für effizientes Wirtschaften, Marburg: Metropolis, S. 133-152.

Sünker, Heinz (1989): Bildung, Alltag und Subjektivität. Elemente zu einer Theorie der Sozialpädagogik, Weinheim: Dt. Studien-Verl.

Sünker, Heinz (2002): Soziale Gerechtigkeit, Sozialpolitik und Soziale Arbeit. In: np, 32. Jg., 2002, H. 2, S. 108-121.

Sydow, Jörg (1999): Quo Vadis Transaktionskostentheorie? – Wege, Irrwege, Auswege. In: Edeling, Thomas/Jann, Werner/Wagner, Dieter (Hg.) (1999): Institutionenökonomie und Neuer Institutionalismus. Überlegungen zur Organisationstheorie. Leverkusen: Leske + Budrich; S. 165-220.

Thaler, Richard H./Sunstein, Cass R. (2009): Nudge : wie man kluge Entscheidungen anstößt, Berlin: Econ-Verl.

Tammen, Britta (2011): Hilfen zur Erziehung. In: Münder, Johannes/Wiesner, Reinhard/Meysen, Thomas (Hg.) (2011): Kinder- und Jugendhilferecht. Handbuch, 2. Aufl., Baden-Baden: Nomos, S. 245-276.

Tegethoff, Hans G. (1995): Schlankheitskur für die Jugendhilfe. Rationalisierung nach dem Modell der Kommunalen Gemeinschaftsstelle für Verwaltungsvereinfachung (KGSt). In: np, 25. Jg., 1995, H. 2, S. 132-150.

Tennstedt, Florian (1976): Zur Ökonomisierung und Verrechtlichung in der Sozialpolitik. In: Murswieck, Axel (Hg.) (1976): Staatliche Politik im Sozialsektor, München: R. Piper, S. 139-165.

Tennstedt, Florian (1992) Die Spitzenverbände der Freien Wohlfahrtspflege im dualen Wohlfahrtsstaat. Ein historischer Rückblick auf die Entwicklung in Deutschland. In: Soziale Arbeit, 41. Jg., 1992, H. 10/11, S. 342-356.

Tennstedt, Florian (1997): Peitsche und Zuckerbrot oder ein Reich mit Zuckerbrot? Der Deutsche Weg zum Wohlfahrtsstaat 1871—1881. In: Zeitschrift für Sozialreform, 43. Jg., 1997, H. 2, S. 88-101.

Teuber, Kirstin (2002): Wer erbringt eigentlich wem gegenüber welche Dienstleistung? Ein Trialog zwischen Peter Büttner, Erwin Jordan und Hubertus Schröer. In: Sozialpädagogisches Institut des SOS-Kinderdorf e. V. (Hg.) (2002): Jugendhilfe als soziale Dienstleistung. Materialien 2, München: Eigenverl., S. 18-33.

Teuber, Kristin/Stiemert-Strecker, Sigrid/Seckinger, Mike (Hg.) (2000): Qualität durch Partizipation und Empowerment. Einmischungen in die Qualitätsdebatte, Tübingen: dgvt-Verl.

Theuvsen, Ludwig (1999): Transaktionskostentheorie: Anwendungen auf Non-Profit-Organisationen. In: Edeling, Thomas/Jann, Werner/Wagner, Dieter (Hg.) (1999): Institutionenökonomie und Neuer Institutionalismus. Überlegungen zur Organisationstheorie. Leverkusen: Leske + Budrich; S. 221-244.

Thiersch, Hans (1992a): Lebensweltorientierte soziale Arbeit. Aufgaben der Praxis im sozialen Wandel, Weinheim: Juventa.

Thiersch, Hans (1992b): Das sozialpädagogische Jahrhundert. In: Rauschenbach, Thomas/Gängler, Hans (Hg.) (1992): Soziale Arbeit und Erziehung in der Risikogesellschaft, Neuwied: Luchterhand, S. 9-23.

Thiersch, Hans (1995a): Wohlfahrtsstaat im Umbruch – Perspcktiven der Sozialen Arbeit. In: np, 25. Jg., 1995, H. 3, S. 311-321.

Thiersch, Hans (1995b): Alltagshandeln und Sozialpädagogik (1978). In: np, 25. Jg., 1995, H. 3, S. 215-233.

Thiersch, Hans (1998): Notizen zum Zusammenhang von Lebenswelt, Flexibilität und flexiblen Hilfen. In: Peters, Friedhelm/Trede, Wolfgang/Winkler, Michael (Hg.) (1998): Integrierte Erziehungshilfen. Qualifizierung der Jugendhilfe durch Flexibilisierung und Integration? Frankfurt a. M.: IGFH-Eigenverl., S. 24-35.

Thiersch, Hans (1999a): Staat – Eine Skizze. Jahrestagung der Gilde Soziale Arbeit 1999: Sozialstaat. In: GiSA, 53. Jg., 1999, H. 2, S. 43-53.

Thiersch, Hans (1999b): Integrierte und flexible Hilfen. In: Koch, Josef/Lenz, Stefan (Hg.) (1999): Auf dem Weg zu einer integrierten und sozialräumlichen Kinder- und Jugendhilfe. Dokumentation des 2. Bundestreffens INTEGRA der IGFH in Blankensee 1999, 1. Aufl., Frankfurt a. M.: IGFH-Eigenverl., S. 15-32.

Thiersch, Hans (2000): Lebensweltorientierung in der Sozialen Arbeit – als radikalisiertes Programm. Eine Skizze. In: Müller, Siegfried/Sünker, Heinz/Olk, Thomas/ Böllert, Karin (Hg.) (2000): Soziale Arbeit. Gesellschaftliche Bedingungen und professionelle Perspektiven: Hans-Uwe Otto zum 60. Geburtstag gewidmet, Neuwied: Luchterhand, S. 529-545.

Thiersch, Hans (2001): Erziehungshilfen und Lebensweltorientierung – Bemerkungen zu Bilanz und Perspektiven. In: Birtsch, Vera/Münstermann, Klaus/Trede, Wolfgang (Hg.) (2001): Handbuch Erziehungshilfen. Leitfaden für Ausbildung, Praxis und Forschung, Münster: Votum, S. 213-233.

Thiersch, Hans (2002): Ambulante Erziehungshilfen und das Konzept der Lebensweltorientierung. In: Chassé, Karl A./Wensierski, Hans-Jürgen von (Hg.) (2002): Praxisfelder der sozialen Arbeit. Eine Einführung, 2. Aufl., Weinheim/München: Juventa, S. 121-133.

Thiersch, Hans (2003): Gerechtigkeit und Soziale Arbeit. In: Hosemann, Wilfried/ Trippmacher, Brigitte (Hg.) (2003a): Soziale Arbeit und soziale Gerechtigkeit, 1. Aufl., Baltmannsweiler: Schneider Verl. Hohengehren, S. 82-94.

Thiersch, Hans (2012): Gutes Leben im Konzept des gelingenderen Alltags. In: Otto, Hans-Uwe/Ziegler, Holger (Hg.) (2012a): Das Normativitätsproblem der Sozialen Arbeit. Zur Begründung des eigenen und gesellschaftlichen Handelns. np, Sonderheft, 11. Lahnstein: Verl. Neue Praxis, S. 90-94.

Thiersch, Hans/Grunwald, Klaus/Köngeter, Stefan (2012): Lebensweltorientierte Soziale Arbeit. In: Thole, Werner (Hg.) (2012): Grundriss Soziale Arbeit. Ein einführendes Handbuch, 4. Aufl., Wiesbaden: VS Verl. f. Sozialwiss., S. 175-196.

Thiersch, Hans/Rauschenbach, Thomas (Hg.) (1987): Die herausgeforderte Moral. Lebensbewältigung in Erziehung und sozialer Arbeit. Bielefeld: KT Verl.

Thole, Werner (Hg.) (2012): Grundriss Soziale Arbeit. Ein einführendes Handbuch, 4. Aufl., Wiesbaden: VS Verl. f. Sozialwiss.

Thole, Werner/Cloos, Peter (2000): Soziale Arbeit als professionelle Dienstleistung. Zur »Transformation des beruflichen Handelns« zwischen Ökonomie und eigenständiger Fachkultur. In: Müller, Siegfried/Sünker, Heinz/Olk, Thomas/Böllert, Karin (Hg.) (2000): Soziale Arbeit zwischen Politik und Dienstleistung, Neuwied: Luchterhand, S. 535-556.

Trede, Wolfgang (1998): Kindern und Jugendlichen eine Stimme geben! Partizipation – ein vernachlässigtes Steuerungsinstrument in den Erziehungshilfen. In: Jugendhilfe, 36. Jg., 1998, H. 6, S. 324-333.

Treeß, Helga (1999a): Zu einer integrierten Sichtweise sozialer Arbeit. In: Koch, Josef/ Lenz, Stefan (Hg.) (1999): Auf dem Weg zu einer integrierten und sozialräumlichen Kinder- und Jugendhilfe. Dokumentation des 2. Bundestreffens INTEGRA der IGFH in Blankensee 1999, 1. Aufl., Frankfurt a. M.: IGFH-Eigenverl., S. 71-76.

Treeß, Helga (1999b): Qualitätsentwicklung im Rahmen integrativ-kooperativer Kinder- und Jugendhilfe - mehr eine inhaltlich-konzeptionelle Herausforderung als ein rechtlich gefordertes Verfahren. In: Gemeinsam leben, 7. Jg., 1999, H. 1, S. 16-22.

Trenczek, Thomas (2002): Garantenstellung und Fachlichkeit - Anmerkungen zu strafrechtlich aufgezwungenen, aber inhaltlich notwendigen Qualitätsdiskussionen in der Jugendhilfe. In: ZfJ, 89. Jg., 2002, H. 10, S. 383-385.

Treptow, Rainer (1985): Raub der Utopie. Zukunftskonzepte bei Schütz und Bloch. Kritik der Alltagspädagogik, Bielefeld: KT-Verlag.

Trube, Achim (2001): Hauptelemente des Neuen Steuerungsmodells – Kurzcharakteristik und Systematisierung kommunaler Ansätze. In: Boeßenecker, Karl-Heinz/ Trube, Achim/Wohlfahrt, Norbert (Hg.) (2001): Verwaltungsreform von unten? Lokaler Sozialstaat im Umbruch aus verschiedenen Perspektiven, Münster: Votum, S. 32-65.

Trube, Achim (2003): Aktivierender Sozialstaat - Programmatik, Praxis und Probleme. In: NDV, 83. Jg., 2003, H. 8, S. 334-341.

Trube, Achim/Wohlfahrt, Norbert (2000): Privatisierung und Ausgliederung Sozialer Dienste – Qualitätskriterien für einen verantwortungsbewussten Umgang. In: TuP, 51. Jg., 2000, H. 2, S. 43-48.

Uhlendorff, Uwe (2010): Sozialpädagogische Diagnosen III: Ein sozialpädagogisch-hermeneutisches Diagnoseverfahren für die Hilfeplanung, 3. Aufl., Weinheim/München: Juventa.

Uhlendorff, Uwe/Cinkl, Stephan/Marthaler, Thomas (2008): Sozialpädagogische Familiendiagnosen. Deutungsmuster familiärer Belastungssituationen und erzieherischer Notlagen in der Jugendhilfe, 2. überarb. Aufl., Weinheim/München: Juventa.

Ullrich, Carsten (2005): Soziologie des Wohlfahrtsstaates. Eine Einführung, Frankfurt am Main/New York: Campus.

Urban, Ulrike (2001): Individuelle Hilfeplanung im strukturellen Widerspruch Sozialer Arbeit. In: np, 31. Jg, 2001, H. 4, S. 388-400.

Utermann, Kurt (1973): Verschaukelung der Jugendhilfe! Die geplante Einordnung des Jugendhilferechts in das Sozialgesetzbuch und seine Verschmelzung mit dem Fürsorgerecht. In: np, 3. Jg., 1973, Sonderheft: Kritik am Diskussionsentwurf eines neuen Jugendhilfegesetzes, Neuwied: Luchterhand, S. 113-119.

van Santen, Eric (1998): 'Output' und 'outcome' der Implementierung Neuer Steuerung: empirische Befunde zu den Erscheinungsformen und Folgen der Neuen Steuerung in der Kinder- und Jugendhilfe. In: np, 28. Jg., 1998, H. 1, S. 36-49.

van Santen, Eric/Mamier, Jasmin/Pluto, Liane/Seckinger, Mike/Zink, Gabriela (2003): Kinder- und Jugendhilfe in Bewegung. Aktion oder Reaktion?: eine empirische Analyse, München: Verl. DJI.

van Santen, Eric/Seckinger, Mike (2003): Kooperation: Mythos und Realität einer Praxis. Eine Empirische Studie zur interinstitutionellen Zusammenarbeit am Beispiel der Kinder- und Jugendhilfe, München: Verl. DJI.

Verein für Kommunalwissenschaften (Hg.) (2003): Aktuelle Beiträge zur Kinder- und Jugendhilfe. Bd. 39, 2003, Berlin.

Vilain, Michael (2003a): DIN EN ISO 9000ff.: 2000. In: Boeßenecker, Karl-Heinz/Vilain, Michael/Biebricher, Martin/Buckley, Andrea/Markert, Andreas (Hg.) (2003): Qualitätskonzepte in der sozialen Arbeit. Eine Orientierung für Ausbildung, Studium und Praxis; Ergebnisse aus dem Forschungsschwerpunkt Wohlfahrtsverbände, Sozialwirtschaft der Fachhochschule Düsseldorf, Weinheim: Beltz, S. 23-37.

Vilain, Michael (2003b): Das Konzept QUI. In: Boeßenecker, Karl-Heinz/Vilain, Michael/Biebricher, Martin/Buckley, Andrea/Markert, Andreas (Hg.) (2003): Qualitätskonzepte in der sozialen Arbeit. Eine Orientierung für Ausbildung, Studium und Praxis; Ergebnisse aus dem Forschungsschwerpunkt Wohlfahrtsverbände, Sozialwirtschaft der Fachhochschule Düsseldorf, Weinheim: Beltz, S. 175-196.

Vobruda, Georg (1987): Sozialstaatskritik. Die neokonservative Konstellation. In: Opielka, Michael/Ostner, Ilona (Hg.) (1987): Umbau des Sozialstaats, 1. Aufl., Essen: Klartext-Verl., S. 103-107.

Vogel, Martin Rudolf (1960): Das Jugendamt im gesellschaftlichen Wirkungszusammenhang. Ein Forschungsbericht, Köln/Berlin: Heymann.

Voigt, Stefan (2002): Institutionenökonomik, 2. durchges. Aufl., München: Fink.

Volz, Fritz R./Kreuzer, Thomas (1998): <<Konsument, Klient oder Bürger?>> Sozialphilosophische Skizze zu einem tragfähigen Personenverständnis für die Sozialpädagogik. In: np, 28. Jg., 1998, H. 1, S. 71-76.

von Bandemer, Stephan (2001): Aktivierender Staat, New Governance und Arbeitsmarkt- und Beschäftigungspolitik. In: Zeitschrift für Sozialreform, 47. Jg., 2001, H. 6, S. 605-618.

von Bandemer, Stephan (2005): Qualitätsmanagement. In: Blanke, Bernhard/von Bandemer, Stephan/Nullmeier, Frank/Wewer, Göttrik (Hg.) (2005): Handbuch zur Verwaltungsreform, 3. völlig überarb. und erw. Aufl., Wiesbaden: VS Verl. f. Sozialwiss., S. 452-460.

von Maydell, Bernd/Ruland, Franz/Becker, Ulrich (Hg.) (2012): Sozialrechtshandbuch (SRH), 5. Aufl., Baden-Baden: Nomos.

von Spiegel, Hiltrud (1997): Perspektiven der Selbstevaluation. In: Bundesministerium für Familie, Senioren, Frauen und Jugend (BMFSFJ) (Hg.) (1997): Evaluation der sozialpädagogischen Praxis. Materialien zur Qualitätssicherung in der Kinder- und Jugendhilfe, Bd. 11, Bonn, S. 32-49.

von Spiegel, Hiltrud (1999): Selbstevaluation – Qualitätsentwicklung und Qualitätssicherung von unten. In: Merchel, Joachim (Hg.) (1999d): Qualität in der Jugendhilfe. Kriterien und Bewertungsmöglichkeiten, 2. Aufl., Münster: Votum, S. 351-373.

von Spiegel, Hiltrud (2002): Qualität selbst bestimmen. Das Konzept "Qualitätsentwicklung, Qualitätssicherung und Selbstevaluation in der Kinder- und Jugendarbeit". In: Deutsche Jugend, 50. Jg., 2002, H. 6, S. 256-264.

Voß, Gerd-Günter/Pongratz, Hans J. (1998): Der Arbeitskraftunternehmer. Eine neue Grundform der Ware Arbeitskraft? In: KZfSS, 50. Jg., 1998, H. 1, S. 131-158.

Wabnitz, Reinhard J. (1998): Zur Rolle der freien Jugendhilfe aus der Sicht des Bundesjugendministeriums. In: Jugendwohl, 79. Jg., 1998, H. 1, S. 4-17.

Wabnitz, Reinhard J. (1999): Qualitätsentwicklung als gesetzliche Aufgabe. In: ZfJ, 86. Jg., 1999, H. 4, S. 123-128.

Wabnitz, Reinhard J. (2003): Die Kinder- und Jugendhilfe im Spannungsfeld von Sozialraumorientierung, Wettbewerbsrecht und SGB VIII. In: NDV, 83. Jg., 2003, H. 4, S. 141-146.

Wabnitz, Reinhard J. (2006): Autonomie und Wettbewerb der Träger der freien Jugendhilfe versus Steuerungsverantwortung der Träger der öffentlichen Jugendhilfe. Rechtsfragen bei Hilfen zur Erziehung. In: ZKJ, 2. Jg., 2006, H. 7/8, S. 326-333.

Wabnitz, Reinhard J. (2010): Zur Arbeit der Schiedsstellen nach § 78g SGB VIII in den Jahren 2000 bis 2008. In: ZKJ, 5. Jg., 2010, H. 1, S. 12-16.

Wabnitz, Reinhard J. (2011a): Die Subventionierung/Zuwendung. In: Münder, Johannes/Wiesner, Reinhard/Meysen, Thomas (Hg.) (2011): Kinder- und Jugendhilferecht. Handbuch, 2. Aufl., Baden-Baden: Nomos, S. 459-469.

Wabnitz, Reinhard J. (2011b): Entgelte, Vereinbarungsrecht, §§ 77, 78 a ff. SGB VIII. In: Münder, Johannes/Wiesner, Reinhard/Meysen, Thomas (Hg.) (2011): Kinder- und Jugendhilferecht. Handbuch, 2. Aufl., Baden-Baden: Nomos, S. 470-476.

Wabnitz, Reinhard J. (2011c): Rechtsschutz im Vereinbarungsrecht der §§ 78a ff. SGB VIII. In: Münder, Johannes/Wiesner, Reinhard/Meysen, Thomas (Hg.) (2011): Kinder- und Jugendhilferecht. Handbuch, 2. Aufl., Baden-Baden: Nomos, S. 540-545.

Wagenblass, Sabine (2001): Vertrauen. In: Otto, Hans-Uwe (Hg.) (2001): Handbuch Sozialarbeit, Sozialpädagogik, 2. völlig überarb. Aufl., Neuwied: Luchterhand, S. 1934-1942.

Wagner, Jutta (2007): Ökonomische Denkmodelle als sozialpädagogische Strukturprinzipien? Hamburg: Dr. Kovac.

Wagner, Karl (2007): Ausgestaltung von QM-Systemen auf Basis der ISO-9000-Reihe. In: Pfeifer, Tilo/Schmitt, Robert (Hg.) (2007): Masing Handbuch Qualitätsmanagement, 5. Aufl., München: Hanser, S. 173-205.

Wagner, Wolf (2010): Vergütung und Wettbewerb in der Sozialen Arbeit. Ergebnisse einer Langzeitbeobachtung und einer Online-Umfrage. In: Soziale Arbeit, 59. Jg., 2010, H. 8, S. 299-302.

Wald, Andreas/Jansen, Dorothea (2007): Netzwerke. In: Benz, Arthur/Lütz, Susanne/Schimank, Uwe/Simonis, Georg (Hg.) (2007): Handbuch Governance. Theoretische Grundlagen und empirische Anwendungsfelder. 1. Aufl., Wiesbaden: VS Verl. für Sozialwiss., S. 93-103.

Warzecha, Birgit (1999): Qualitätsentwicklung: Kooperation zwischen der Verhaltensgestörtenpädagogik und der Kinder- und Jugendhilfe. In: Zeitschrift für Heilpädagogik, 50. Jg., 1999, H. 2, S. 46 – 52.

Weber, Gottfried (1973): Neue Perspektiven und alte Grenzen im „Diskussionsentwurf eines Jugendhilfegesetzes" – Kritische Bemerkungen zum ersten Abschnitt. In: np, 3. Jg., 1973, Sonderheft: Kritik am Diskussionsentwurf eines neuen Jugendhilfegesetzes, Neuwied: Luchterhand, S. 32-37.

Weigel, Georg (1999): Kinder in ambulanten Maßnahmen der Erziehung. In: Weigel, Georg/Winkler, Michael (Hg.) (1999): Kinder- und Jugendhilfe. Kinder in Maßnahmen - verbandliche Stellungnahmen. Materialien zum Zehnten Kinder- und Jugendbericht / Sachverständigenkommission Zehnter Kinder- und Jugendbericht, Bd. 5, München: Verl. DJI, S. 9-52.

Weigel, Georg/Winkler, Michael (Hg.) (1999): Kinder- und Jugendhilfe. Kinder in Maßnahmen - verbandliche Stellungnahmen. Materialien zum Zehnten Kinder- und Jugendbericht / Sachverständigenkommission Zehnter Kinder- und Jugendbericht, Bd. 5, München: Verl. DJI.

Weise, Peter/Brandes, Wolfgang/Eger, Thomas/Kraft, Manfred (2002): Neue Mikroökonomie, 4. vollst. überarb. Aufl., Heidelberg: Physica.

Weiß, Peter (1975): Öffentliche Träger und freie Vereinigungen in der Jugendhilfe. In: Jordan, Erwin (Hg.) (1975): Jugendhilfe. Beiträge und Materialien zur Reform des Jugendhilferechts, Weinheim/Basel: Beltz, S. 159-164.

Wendland-Kantert, Joachim (1999): Die Entgeltvereinbarung aus der Sicht eines freien Trägers. Welche Chancen liegen in dem neuen Finanzierungssystem? In: Kröger, Rainer (Hg.) (1999): Leistung, Entgelt und Qualitätsentwicklung in der Jugendhilfe. Arbeitshilfen mit Musterbeispielen zur praktischen Umsetzung der §§ 78 a-g SGB VIII, Neuwied/Kriftel: Luchterhand, S. 123-144.

Wendt, Wolf R. (1999): Gemischte Wohlfahrt: eine Bilanz des Sozialen am Ende des Jahrtausends - die sozialen Megatrends im 20. Jahrhundert. In: Blätter der Wohlfahrtspflege, 146. Jg., 1999, H. 11/12, S. 233-238.

Wendt, Wolf R. (2008a): Geschichte der Sozialen Arbeit. Die Gesellschaft vor der sozialen Frage, 5. Aufl., Stuttgart: Lucius & Lucius.

Wendt, Wolf R. (2008b): Geschichte der sozialen Arbeit 2. Die Profession im Wandel ihrer Verhältnisse, 5. Aufl., Stuttgart: Lucius & Lucius.

Wendt, Wolf R. (2010): Umsorge im Gemeinwesen. Der sozialwirtschaftliche Gestaltungsauftrag zwischen Staat und Bürger. In: Mührel, Eric (Hg.) (2010a): Der Staat und die Soziale Arbeit. Bestandsaufnahme und Perspektiven eines fragwürdigen Verhältnisses, Essen: Verl. Die Blaue Eule, S. 127-138.

Wiens, Marcus (2013): Vertrauen in der ökonomischen Theorie. Eine mikrofundierte und verhaltensbezogene Analyse, Berlin: Lit.

Wiesner, Reinhard (1990): Der mühsame Weg zu einem neuen Jugendhilfegesetz. Zur Geschichte der Neuordnung des Jugendhilferechts. In: RdJB, 38. Jg., 1990, H. 2, S. 112-125.

Wiesner, Reinhard (1997): Nachwort. Brauchen wir schärfere Gesetze? In: Mörsberger, Thomas/Restemeier, Jürgen (Hg.) (1997): Helfen mit Risiko. Zur Pflichtenstellung des Jugendamtes bei Kindesvernachlässigung; Dokumentation eines Strafverfahrens gegen eine Sozialarbeiterin in Osnabrück, Neuwied: Luchterhand, S. 211-219.

Wiesner, Reinhard (1999a): Die jugendhilfepolitische Bedeutung der Neuordnung der Entgeltfinanzierung. Welche Auswirkungen hat die neue gesetzliche Regelung auf die fachliche Entwicklung der Jugendhilfe? In: Kröger, Rainer (Hg.) (1999): Leistung, Entgelt und Qualitätsentwicklung in der Jugendhilfe. Arbeitshilfen mit Musterbeispielen zur praktischen Umsetzung der §§ 78 a-g SGB VIII, Neuwied/Kriftel: Luchterhand, S. 3-16.

Wiesner, Reinhard (1999b): Die Neuregelung der Entgeltfinanzierung in der Kinder- und Jugendhilfe. In: ZfJ, 86. Jg., 1999, H. 3, S. 79-85.

Wiesner, Reinhard (2001a): Sozialraumorientierung und das Kinder- und Jugendhilfegerecht – ein Kommentar aus der Sicht des Bundesgesetzgebers. In: Sozialpädagogisches Institut des SOS-Kinderdorf e. V. (Hg.) (2001): Sozialraumorientierung auf dem Prüfstand. Rechtliche und sozialpädagogische Bewertungen zu einem Reformprojekt in der Jugendhilfe, München: Eigenverl., S. 175-181.

Wiesner, Reinhard (2001b): Braucht die Jugendhilfe neue Strukturen? In: JAmt, 74. Jg., 2001, H. 1, S. 3- 8.

Wiesner, Reinhard (2002a): Eltern auf der Anklagebank? Eine Besprechung von Münder, Johannes/Mutke, Barbara/Schone, Reinhold. Kindeswohl zwischen Jugendhilfe und Justiz - Professionelles Handeln in Kindeswohlverfahren, Münster 2000: Votum. In: RdJB, 50. Jg., 2002, H. 2, S. 204-209.

Wiesner, Reinhard (2002b): Die Leitideen des KJHG und ihre Vereinbarkeit mit dem sozialräumlichen Planungsansatz. In: Merten, Roland (Hg.) (2002a): Sozialraumorientierung. Zwischen fachlicher und rechtlicher Machbarkeit, Weinheim/München: Juventa, S. 167-182.

Wiesner, Reinhard (2003a): Die rechtliche Stellung von Kindern im Sozialstaat. In: Kränzl-Nagl, Renate/Mierendorff, Johanna/Olk, Thomas (Hg.) (2003): Kindheit im Wohlfahrtsstaat. Gesellschaftliche und politische Herausforderungen, Frankfurt a. M.: Campus, S. 153-182.

Wiesner, Reinhard (2003b): Vier Jahre Neuregelung des Paragrafen 78 a ff. SGB VIII – Erwartungen und Erkenntnisse aus der Sicht des Bundesgesetzgebers. In: Sozialpädagogisches Institut des SOS-Kinderdorf e. V. (Hg.) (2003): Qualitätsentwicklung und Qualitätswettbewerb. Dokumentation der Fachtagung „Qualitätsentwicklung und Qualitätswettbewerb in der stationären Erziehungshilfe" 7. und 8. November 2002 in Berlin, München: Eigenverl., S. 6-20.

Wiesner, Reinhard (2005): Das Gesetz zur Weitentwicklung der Kinder- und Jugendhilfe. In: Forum Erziehungshilfen, 11. Jg., 2005, H. 4, S. 245-249.

Wiesner, Reinhard (2011a): SGB VIII - Kinder- und Jugendhilfe. Kommentar, 4. Aufl., München: Beck.

Wiesner, Reinhard (2011b): Die Entwicklung des Kinder- und Jugendhilferechts. In: Münder, Johannes/Wiesner, Reinhard/Meysen, Thomas (Hg.) (2011): Kinder- und Jugendhilferecht. Handbuch, 2. Aufl., Baden-Baden: Nomos, S. 67-87.

Wiesner, Reinhard (2011c): Sozialpädagogische Angebote und staatliches Wächteramt. In: Münder, Johannes/Wiesner, Reinhard/Meysen, Thomas (Hg.) (2011): Kinder- und Jugendhilferecht. Handbuch, 2. Aufl., Baden-Baden: Nomos, S. 169-184.

Wildmann, Lothar (2010): Einführung in die Volkswirtschaftslehre, Mikroökonomie und Wettbewerbspolitik, 2., überarb. und verb. Aufl., München: Oldenbourg.

Williamson, Oliver (1985): The economic institutions of capitalism: firms, markets, relational contracting. London: Free Press.

Williamson, Oliver (1990a): A Comparison of Alternativ Approaches to Economic Organization. In: Furubotn, Eirik G./Richter, Rudolf (Hg.) (1990): The New institutional economics. A collection of articles from the Journal of institutional and theoretical economics, Tübingen: Mohr, S. 104-114.

Williamson, Oliver (1990b): Die ökonomischen Institutionen des Kapitalismus, Tübingen: Mohr Siebeck.

Williamson, Oliver (2005): Transaction Cost Economics. In: Menard, Claude/Shirley, Mary (Hg.) (2005): Handbook of New Institutional Economics, Dordrecht/Berlin/Heidelberg [u. a.]: Springer, S. 41-65.

Willutzki, Siegfried (2000): Kindeswohl zwischen Elternrecht und staatlichem Wächteramt. In: DAVorm, 73. Jg., 2000, H. 5, S. 377-388.

Winkler, Katja (2007): Menschenwürde als Ausgangspunkt und Ziel flexibler Gerechtigkeit (Korreferat). In: Dabrowski, Martin/Wolf, Judith (Hg.) (2007): Aufgaben und Grenzen des Sozialstaates, Paderborn: Schöningh, S. 99-108.

Winkler, Michael (1988): Eine Theorie der Sozialpädagogik : über Erziehung als Rekonstruktion der Subjektivität. Stuttgart: Klett-Cotta.

Winkler, Michael (1997): Die Lust am Untergang: Polemische Skizzen zum Umgang der Sozialpädagogik mit ihrer eigenen Theorie. In: np, 27. Jg., 1997, H. 1, S. 54-67.

Winkler, Michael (1998): Fachlichkeit durch Auflösung – Überlegungen zur Situation der Jugendhilfe. In: Peters, Friedhelm/Trede, Wolfgang/Winkler, Michael (Hg.) (1998): Integrierte Erziehungshilfen. Qualifizierung der Jugendhilfe durch Flexibilisierung und Integration? Frankfurt a. M.: IGFH-Eigenverl., S. 269-296.

Winkler, Michael (2000): Qualität und Jugendhilfe. Über Sozialpädagogik und reflexive Modernisierung. In: Helmke, Andreas/Hornstein, Walter/Terhart, Ewald (Hg.) (2000): Qualität und Qualitätssicherung im Bildungsbereich. Schule, Sozialpädagogik, Hochschule. ZfP, 41. Beiheft, Weinheim/Basel: Beltz, S. 137-159.

Winkler, Michael (2001): Auf dem Weg zu einer Theorie der Erziehungshilfen. In: Birtsch, Vera/Münstermann, Klaus/Trede, Wolfgang (Hg.) (2001): Handbuch Erziehungshilfen. Leitfaden für Ausbildung, Praxis und Forschung, Münster: Votum, S. 247-281.

Winkler, Michael (2008): Management und Steuerung. In: Bakic, Josef/Diebäcker, Marc/Hammer, Elisabeth (Hg.) (2008): Aktuelle Leitbegriffe der Sozialen Arbeit. Ein kritisches Handbuch. Wien: Löcker; S. 120-136.

Witt, Hans-Peter (1995): Vor- und Nachteile der Finanzierungsform der sozialpädagogischen Fachleistungsstunde in der Jugendhilfe. In: Klatetzki, Thomas (Hg.) (1995a): Flexible Erziehungshilfen. Ein Organisationskonzept in der Diskussion, 2. überarb. Aufl., Münster: Votum, S. 152-163.

Witt, Ulrich (1989): Wissen, Präferenzen und Kommunikation – eine ökonomische Theorie. In. Analyse & Kritik, 11. Jg., 1989, H. 1, S. 94-109.

Wohlfahrt, Norbert (1997): Mehr Wettbewerb – Folgen für freie Träger und ihre sozialen Dienste. In: TuP, 47. Jg., 1997, H. 8, S. 5-13.

Wohlfahrt, Norbert (1998): Sozialverwaltungs - Reform in der BRD: eine Zwischenbilanz. In: TuP, 48. Jg., 1998, H. 10, S. 363-373.

Wohlfahrt, Norbert (1999): Von der Subsidiarität zum Markt: Zum Reformbedarf sozialer Dienste und ihrer Finanzierungsstruktur. In: Bremische Evangelische Kirche (Hg.) (1999): Qualität für Kinder - zwischen Markt und Menschlichkeit. Analysen - Bedingungen – Konzepte, Seelze-Velber: Kallmeyer, S. 91-103.

Wohlfahrt, Norbert (2000): Markt und Wettbewerb im Verhältnis zwischen öffentlichen und freien Trägern der Jugendhilfe. In: Otto, Hans-Uwe/Schnurr, Stefan (Hg.) (2000a): Privatisierung und Wettbewerb in der Jugendhilfe. Marktorientierte Modernisierungsstrategien in internationaler Perspektive, Neuwied: Luchterhand, S. 283-290.

Wohlfahrt, Norbert (2001a): Der aktivierende Sozialstaat: Konzept und Konsequenzen einer veränderten Sozialpolitik. In: NDV, 81. Jg., 2001, H. 3, S. 82-86.

Wohlfahrt, Norbert (2001b): Vom Neuen Steuerungsmodell zum strategischen Management. In: Boeßenecker, Karl-Heinz/Trube, Achim/Wohlfahrt, Norbert (Hg.) (2001): Verwaltungsreform von unten? Lokaler Sozialstaat im Umbruch aus verschiedenen Perspektive, Münster: Votum, S. 66-70.

Wolf, Klaus (1998): Jugendhilfestationen in Mecklenburg-Vorpommern. In: Peters, Friedhelm/Trede, Wolfgang/Winkler, Michael (Hg.) (1998): Integrierte Erziehungshilfen. Qualifizierung der Jugendhilfe durch Flexibilisierung und Integration? Frankfurt a. M.: IGFH-Eigenverl., S. 225-249.

Wolf, Klaus (2000): Macht, Pädagogik und ethische Legitimation. In: EJ, 77. Jg., 2000, H. 4, S. 197 – 206.

Wolf, Klaus (2007a): Wirkungsorientierung in den Hilfen zur Erziehung. In: Institut für soziale Arbeit e.V. (ISA) (Hg.) (2007a): Wirkungsorientierte Jugendhilfe, Bd. 1. Eine Schriftenreihe des ISA zur Qualifizierung der Hilfe zur Erziehung, Münster, S. 19-24.

Wolf, Klaus (2007b): Metaanalysen von Fallstudien erzieherischer Hilfen hinsichtlich von Wirkungen und „wirkmächtigen" Faktoren aus Nutzersicht. In: Institut für soziale Arbeit e.V. (ISA) (Hg.) (2007d): Wirkungsorientierte Jugendhilfe, Bd. 4. Eine Schriftenreihe des ISA zur Qualifizierung der Hilfe zur Erziehung, Münster, S. 5-40.

Wolff, Brigitta (1999): Organisationsökonomik. In: Korff, Wilhelm (Hg.) (1999): Handbuch Wirtschaftsethik. Ethik wirtschaftlichen Handelns, Bd. 3, Gütersloh: Gütersloher Verl.-Haus, S. 111-131.

Wolff, Mechthild (2000): Integrierte Erziehungshilfen. Eine exemplarische Studie über neue Konzepte in der Jugendhilfe, Weinheim/München: Juventa.

Wolff, Mechthild (2004): Integrierte Erziehungshilfen versus Verwaltungslogik. Von Diskursverschiebungen und ihren Effekten. In: Peters, Friedhelm/Koch, Josef (Hg.) (2004): Integrierte erzieherische Hilfen. Flexibilität, Integration und Sozialraumbezug in der Jugendhilfe, 1. Aufl., Weinheim: Juventa, S. 101-110.

Woog, Astrid (2008): Lebensweltorientierte Soziale Arbeit in Familien. In: Grunwald, Klaus/Thiersch, Hans (Hg.) (2008a): Praxis lebensweltorientierter sozialer Arbeit. Handlungszugänge und Methoden in unterschiedlichen Arbeitsfeldern, 2. Aufl., Weinheim/München: Juventa, S. 87-108.

Wüstenbecker, Michael (1999): Zwischen marktlichem Wettbewerb und zentraler Steuerung: Wie werden soziale Dienstleistungen „richtig" allokiert? In: Sozialer Fortschritt, 48. Jg., 1999, H. 12, S. 297-303.

Zacher, Hans F. (1989): Vierzig Jahre Sozialstaat – Schwerpunkte der rechtlichen Ordnung. In: Blüm, Norbert/Zacher, Hans F. (Hg.) (1989): 40 Jahre Sozialstaat Bundesrepublik Deutschland, 1. Aufl., Baden-Baden: Nomos, S. 23-129.

Zacher, Hans F. (2005): Die Marktillusion in der Sozialwirtschaft. In: RsDE, 58. Jg., 2005, S. 1 – 36.

Zacher, Hans F. (2000): Der deutsche Sozialstaat am Ende des Jahrhunderts. In: Leibfried, Stephan/Wagschal, Uwe (Hg.) (2000a): Der deutsche Sozialstaat. Bilanzen - Reformen – Perspektiven, Frankfurt a. M.: Campus, S. 53-90.

Zacher, Hans F. (2001): Grundlagen der Sozialpolitik in der Bundesrepublik Deutschland. Bundesministerium für Arbeit und Sozialordnung und Bundesarchiv (Hg.) (2001): Bd. 1. Grundlagen der Sozialpolitik, Baden-Baden: Nomos, S. 333-684.

Zacher, Hans F. (2003): Der soziale Bundesstaat. In: ZFSH/SGB, 42. Jg., 2003, H. 8, S. 451-470.

Zacher, Hans F. (2008): Abhandlungen zum Sozialrecht II, Heidelberg: C.F. Müller.

Zacher, Johannes (2009): Wirtschaftsordnungen für die Sozialwirtschaft. In: ArchsozArb, 40. Jg., 2009, H. 3, S. 4-34.

Zeller, Maren (2004): Partizipation im Kontext flexibler Erziehungshilfen. In: Peters, Friedhelm/Koch, Josef (Hg.) (2004): Integrierte erzieherische Hilfen. Flexibilität, Integration und Sozialraumbezug in der Jugendhilfe, 1. Aufl., Weinheim: Juventa, S. 195-218.

Ziebarth, Uwe (1994): Abschied vom Klienten. Ein Organisations- und Handlungsmodell im Amt für Soziale Dienste als Jugendamt vor Ort. In: Widersprüche, 14. Jg., 1994, H. 52, S. 11-28.

Ziegler, Bernd (2008): Geschichte des ökonomischen Denkens. Paradigmenwechsel in der Volkswirtschaftslehre, 2. Aufl., München: Oldenbourg.

Ziegler, Holger (2008): Sozialpädagogik nach dem Neo-Liberalismus: Skizzen einer post-sozialstaatlichen Formierung Sozialer Arbeit. In: Bütow, Birgit/Chassé, Karl August/Hirt, Rainer (Hg.) (2008): Soziale Arbeit nach dem sozialpädagogischen Jahrhundert. Positionsbestimmungen sozialer Arbeit im Post-Wohlfahrtsstaat. Opladen [u. a.]: Budrich, S. 159-176.

Ziegler, Holger/Schrödter, Mark/Oelkers, Nina (2012): Capabilities und Grundgüter als Fundament einer sozialpädagogischen Gerechtigkeitsperspektive. In: Thole, Werner (Hg.) (2012): Grundriss Soziale Arbeit. Ein einführendes Handbuch, 4. Aufl., Wiesbaden: VS Verl. f. Sozialwiss., S. 297-310.

Zimmer, Annette (2000): Das Sozialstaatsmodell Deutschland – Bedeutung des dritten Sektors. In: TuP, 51. Jg., 2000, H. 3, S. 83-90.

Zimmer, Annette/Nährlich, Stefan (1997): Krise des Wohlfahrtsstaates und New Public Management. In: Zeitschrift für Sozialreform, 43. Jg., 1997, H. 9, S. 661-684.

Zimmer, Annette/Priller, Eckhard (2005): Der Dritte Sektor im aktuellen Diskurs. In: Birkhölzer, Karl/Klein, Ansgar/Zimmer, Annette/Priller, Eckhard (Hg.) (2005): Dritter Sektor/Drittes System. Theorie, Funktionswandel und zivilgesellschaftliche Perspektiven, Wiesbaden: VS Verl. f. Sozialwiss., S. 49-70.

Zimmer, Annette/Scholz, Martina (1992): Ökonomische und politologische Theorieansätze. Der Dritte Sektor zwischen Markt und Staat. In: Forschungsjournal Neue Soziale Bewegungen, 47. Jg., 1992, H. 4, S. 21-39.

Zintl, Reinhardt (1989): Der Homo Oeconomicus: Ausnahmeerscheinung in jeder Situation oder Jedermann in Ausnahmesituationen? In: Analyse & Kritik, 11 Jg., 1989, H. 1, S. 52-69.

Zippelius, Reinhold/Würtenberger, Thomas (2008): Deutsches Staatsrecht. Ein Studienbuch, 32. Aufl., München: Beck.

Zitelmann, Maud (2001): Kindeswohl und Kindeswille : im Spannungsfeld von Pädagogik und Recht. Münster: Votum.

Sonstige Literatur

Arrow, Kenneth J. (1969): The Organization of Economic Activity: Issues Pertinent to the Choice of Market versus Non-market Allocations. In: Analysis and Evaluation of Public Expenditures: The PPP System, Volume 1, Washington: Government Printing Office, S. 47–64, PDF Nachdruck, S. 1-16. Download unter: http://www.ec on.ucsb.edu/~tedb/Courses/UCSBpf/readings/ArrowNonMktActivity1969.pdf [Abruf 08.06.2012].

Bauer, Rudolph (2001b): Qualitätsdiskussion. In: Observatorium für die Entwicklung Sozialer Dienste 2001, Arbeitspapier Nr. 2, Frankfurt a. M. Download unter: www.soziale-dienste-in-europa.de/Anlage16856/Arbeitspapier_Nr._2.pdf [Abruf: 07.12.2013].

Brumlik, Micha (2013b), Kindeswohl und advokatorische Ethik. In: EthikJournal, 1. Jg., 2013, H. 2. Download unter: http://www.ethikjournal.de/fileadmin/user_upload /ethikjournal/Texte_Ausgabe_2_10-2013/Brumlik__Kindeswohl_und_advokatorisc he_Ethik__EthikJournal_1_2013_2.pdf [Abruf: 19.02.2014].

Buckley, Andrea/Boeßenecker, Karl-Heinz (2006): Qualitätsentwicklung in der Sozialen Arbeit. Projektbericht. Schriftenreihe Arbeitsmaterialien, Nr. 22, Düsseldorf/ Göttingen: Eigenverl. http://fhdd.opus.hbz-nrw.de/volltexte/2007/325/pdf/AM22.pd f [Abruf: 11.01.2014].

Bundesarbeitsgemeinschaft der Freien Wohlfahrtspflege (BAGFW) (Hg.) (2012): Qualitätsziele der Wohlfahrtsverbände zur Erreichung ihrer spezifischen Dienstleistungsqualität. Berlin. Download unter: www.gabfw-qualitaet.de/uploads/media/120 828_QMZieleBAGFW_02.pdf [Abruf 05.02.2014].

Bundesverband katholischer Einrichtungen und Dienste der Erziehungshilfen e.V. (BVkE) (Hg.) (2011): Landesweite Rahmenvereinbarungen für ambulante Erziehungshilfen – analog §§ 78 a-g. Gemeinsames Positionspapier des Bundesverband katholischer Einrichtungen und Dienste der Erziehungshilfen e.V. (BVkE) und des Deutschen Caritasverbandes (DCV), Freiburg i. B. Download unter: http://caritas.erzbist um-koeln.de/export/sites/caritas/caritas/download/2011-11_Landesweite_RV_fuer_ ambualte_HzE.pdf [Abruf: 15.02.14].

Finis Siegler, Beate (2001): NPOs ökonomisch betrachtet. Münsteraner Diskussionspapiere zum Nonprofit-Sektor, Nr. 15, Münster. Download unter: https://www.google. com/url?q=http://www.aktive-buergerschaft.de/fp_files/Diskussionspapiere/2001wp -band15.pdf&sa=U&ei=8p8QU_ekDIqUtAa0tIDgBg&ved=0CAYQFjAA&client=i nternal-uds-cse&usg=AFQjCNFSlJi-buVSX1-cmtmL6RnJZ87cCQ [Abruf 28.02.2014].

Galuske, Michael (2004b): Der aktivierende Sozialstaat. Konsequenzen für die Soziale Arbeit. Studientexte aus der Evangelischen Hochschule für Soziale Arbeit Dresden. 4/2004. Download unter: http://www.ehs-dresden.de/fileadmin/hochschule/Veroeff entlichungen/Studientexte/Studientext_2004-04_Galuske.pdf [Abruf 22.02.2014].

Gintzel, Ullrich (2005): Sozialstaat im Umbruch - Abschied von sozialer Gerechtigkeit? Der Wertewandel und seine Folgen für die Erziehungshilfe. Studientexte aus der Evangelischen Hochschule für Soziale Arbeit Dresden. 1/2005. Download unter: http://www.ehs-dresden.de/fileadmin/hochschule/Veroeffentlichungen/Studientexte/Studientext_2005-01_Gintzel.pdf [Abruf 22.02.2014].

Gragert, Nicola/Pluto, Liane/van Santen, Eric/Seckinger, Mike (2005): Entwicklungen (teil)stationärer Hilfen zur Erziehung. Ergebnisse und Analysen der Einrichtungsbefragung 2004, 2. korr. Fassung, München. Download unter: www.dji.de/bibs/64_4528.pdf [Abruf am 16.08.2013].

Günther, Marga/Israel, Sylke (o. J.): Frühe Hilfen: Steuerung und Wirkanalyse des Darmstädter Modells „Kinder schützen –Familien fördern". Forschungsprojekt an der Evangelischen Hochschule Darmstadt unter der Leitung von Marga Günther. Hinweise entnommen aus Arbeitspapieren für die Interpretationsgruppe.

Nutzinger, Hans (2010): Institutionenökonomik. Materialien IV, S. 1-13. Download unter: http://cms.uni-kassel.de/unicms/fileadmin/groups/w_030506/Lehre/instoekIV_n-personen-spiele.pdf [Abruf am 16.03.2013].

Tiedemann, Paul (2003): Načelo socialne države v nemški ustavi: navodilo sodstvu ali le argumentativni okras? [Das Sozialstaatsprinzip der deutschen Verfassung - Rechtsprechungsdirektive oder Begründungsornament?] In: Družboslovne Razprave XIX, 42, Ljubljana, S. 95ff. Download unter: http://www.dr-tiedemann.de/sozialstaat.pdf [Abruf am 22.02.2014].

Kolibri 360 GmbH
Ferdinand-Jühlke-Straße 7
99095 Erfurt, Deutschland
produktsicherheit@kolibri360.de